Daniela Schetar, Friedrich Köthe

Toskana

»Der lustigste Gottesdienst ist, den Teufel in die Hölle zu schicken.«

Giovanni Boccacio
(1313–1375, florentinischer Dichter)

Impressum

Daniela Schetar, Friedrich Köthe
Reise Know-How Toskana

erschienen im
Reise Know-How Verlag Peter Rump GmbH,
Osnabrücker Str. 79,
33649 Bielefeld
Deutschland
+49 521-946490
info@reise-know-how.de

4., neu bearbeitete und aktualisierte Auflage 2024

ISBN 978-3-8317-3858-8

Gestaltung und Bearbeitung
Umschlag: Peter Rump, der Verlag (Layout);
André Pentzien (Realisierung)
Inhalt: G. Pawlak, Wayan Rump, der Verlag (Layout);
André Pentzien (Realisierung)
Karten: GeoKarta, Dipl.-Geogr. Heiner Newe, Altensteig-Wart, Thomas Buri
Fotonachweis: Daniela Schetar und Friedrich Köthe (sk)
Lektorat: Andrea Hesse
Lektorat (Aktualisierung): André Pentzien

Druck und Bindung
Druck- und Verlagshaus
Zarbock GmbH & Co. KG,
Frankfurt am Main

Printed in Germany

Bibliografische Information der Deutschen Nationalbibliothek
Die Deutsche Nationalbibliothek verzeichnet diese Publikation in der Deutschen Nationalbibliografie; detaillierte bibliografische Daten sind im Internet über http://dnb.dnb.de abrufbar.

Anzeigenvertrieb
KV Kommunalverlag GmbH & Co. KG,
Alte Landstraße 23, 85521 Ottobrunn
Tel. 089 928 096-0, infokommunal-verlag.de

Bildlegende Umschlag und Vorspann
Titelfoto: Landschaft in den Weinbergen der Toskana
(Adobe Stock © alexanderuhrin)
Vordere Umschlagklappe: Casole d'Elsa bei Siena punktet mit Panoramalage (sk)
Kleines Foto: Türklopfer in der Altstadt Volterras (sk)
S. 1: Siena: Als ehemalige Kolonie Roms teilen sich beide Städte das Wappen – Wölfin mit Zwillingen (sk)
S. 2/3: Berühmte Zypressenallee bei Asciano: Agriturismo Baccoleno (sk)

Wir freuen uns über Kritik, Kommentare und Verbesserungsvorschläge, gern per E-Mail an info@reise-know-how.de.

Daniela Schetar, Friedrich Köthe
TOSKANA

Vorwort

Warum uns die Toskana nicht loslässt, werden wir häufig auch von Freunden gefragt. Die Antwort darauf fällt uns nicht leicht, und nicht, weil wir dazu nichts zu sagen hätten. Im Gegenteil! Beim Nachdenken über unsere Liebe zu diesem Landstrich gerät uns viel zu viel in den Kopf, wir könnten gar nicht mehr aufhören zu erzählen. Nirgendwo sonst auf der Welt – so empfinden wir immer, wenn wir uns auf den Weg in den Süden machen – gibt es so viele Möglichkeiten, seinen Urlaub abwechslungsreich und bunt zu gestalten. An einem Tag im Meer schwimmen und an den weißen, unverschämt weiten und langen Sandstränden entspannen und bei Sonnenuntergang mit einem Eis am Ufer entlang promenieren. Am nächsten Tag von einem Weltkulturerbe zum nächsten springen und in den Gassen der Städte, Dörfer und Weiler in Romanik, Gotik und Renaissance schwelgen. Am dritten Tag eine Fahrt zu den auf Hügeln wachenden, von Weinreben umgebenen Schlössern, Burgen und Villen unternehmen und die weltbesten Tropfen verkosten, grüne Hügel, blauen Himmel und die Spaliere spitzer Zypressen vor Augen. Am vierten Tag der Hitze entfliehen und durch die kühlen Wälder hoch zu einer Einsiedelei wandern und in einer einfachen Landkneipe mit Pasta und offenem Wein den Tag beschließen. Am fünften Tag auf Spurensuche die Zeugen der etruskischen Vergangenheit entdecken und später in freier Natur in einem weißen Sinterbecken liegen, sich Thermalwasser über die Schultern prasseln lassen und auf den Sternenhimmel warten. Am sechsten Tag in die Geschichte eintauchen und die Familie *Medici* bewundern dafür, dass sie der Nachwelt so viel Bedeutendes hinterlassen hat, aber sie verurteilen für ihr machiavellisches Machtstreben – und den Abend in Gesellschaft von Monsieur *Puccini* und „Madame Butterfly“ beenden. Und am

251tsk

Landgut bei Cinigiano in der Provinz Grosseto

siebten Tag von Kloster zu Kloster reisen, auf krummen Wegen durch dichte Wälder zu den Abteien pilgern, in denen Ordensväter wie der heilige *Franziskus, Gualberto* von den Vallombrosanern oder *Romualdo* von den Kamaldulensern wirkten. Kurz, wenn wir Ruhe brauchen, aber auf Anregungen nicht verzichten möchten, wenn wir ausgezeichnet essen und trinken (und dabei nicht verarmen) wollen, wünschen, Kunst und Kultur (ohne Druck und Zeigefinger) zu erleben, Entspannung suchen für Körper und Geist – dann, ja dann kommt für uns eigentlich nur die Toskana in Frage. Möge es Ihnen wie uns ergehen.

Ihre Daniela Schetar
und Friedrich Köthe

Inhalt

12 Anhang 672

Eingang zur Altstadt von Loro Ciuffenna

252t sk

Kartenverzeichnis

Provinzen der Toskana
0 20 km
©Reise Know-How
Toska01 4/24
EMILIA-ROMAGNA
LIGURIEN
MARKEN
UMBRIEN
LATIUM
TOSKANA
MASSA-CARRARA (MS)
Carrara
Massa
LUCCA (LU)
Lucca
PISTOIA (PT)
Pistoia
PRATO (PR)
Prato
FIRENZE (FI)
Firenze
Pisa
PISA (PI)
Livorno
LIVORNO (LI)
AREZZO (AR)
Arezzo
Siena
SIENA (SI)
Grosseto
GROSSETO (GR)
Gorgona
Capraia
ARCIPELAGO
Elba
Pianosa
TOSCANO
Montecristo
Giglio

Hinweise zur Benutzung

Nicht verpassen!

Die Highlights der Region erkennt man an der **gelben Markierung.**

UNSER TIPP: ...

... steht für spezielle Empfehlungen der Autorin und des Autors: abseits der Hauptpfade, nach ihrem persönlichen Geschmack.

Der Schmetterling ...

... zeigt an, wo man besonders gut Natur erleben kann oder Angebote im Bereich des nachhaltigen Tourismus findet.

Kinder-Tipps

Das Symbol kennzeichnet Sehenswürdigkeiten und Aktivitäten, an denen auch kleine Toskana-Urlauber ihre Freude haben.

Verweise auf die Stadtpläne

1 Die **farbigen Nummern** in den „Praktischen Tipps" der Ortsbeschreibungen verweisen auf den jeweiligen **Karteneintrag.**

Updates nach Redaktionsschluss

Auf der Produktseite dieses Reiseführers in unserem Internetshop finden Sie zusätzliche Informationen und wichtige Änderungen.

„Zugabe!"-Kästen

Die Toskana ist natürlich extrem reich an Sehenswürdigkeiten, doch die meisten Besucher müssen eine enge Auswahl treffen. Für all diejenigen, die eine Stadt/Region und ihre bekanntesten Attraktionen schon sehr gut kennen, haben wir noch einige **zusätzliche interessante Sehenswürdigkeiten** zusammengetragen.

Preiskategorien der Restaurants

Diese gelten für eine Mahlzeit mit mindestens zwei Gängen pro Person bzw. in einer Pizzeria eine Pizza jeweils ohne Getränke:

① bis 15 Euro
② 15–30 Euro
③ 30–50 Euro
④ über 50 Euro

Preiskategorien der Unterkünfte

Die Angaben beziehen sich dabei stets auf die Unterbringung für zwei Personen in einem Doppelzimmer in der Hauptsaison inkl. Frühstück.

① bis 75 €
② 75–125 €
③ 125–175 €
④ über 175 €

GPS-Koordinaten

Die GPS-Koordinaten in diesem Buch sind als geografische Koordinaten (Breite und Länge, Lat./Lon.) in Dezimalgrad angegeben, also z.B. so:
GPS N 52.00017, E 8.49119. Weitere Infos zum Thema unter www.reise-know-how.de/gps.

Steckbrief Toskana

- **Name:** Regione Toscana
- **Hauptstadt:** Firenze (Florenz)
- **Höchster Berg:** Monte Amiata (1738 m üNN)
- **Längster Fluss:** Arno (241 km)
- **Fläche:** 22.990 km² (Italien 301.000 km²)
- **Bevölkerung:** 3,66 Mio. (Italien 59 Mio.)
- **Bevölkerungsdichte:** 159 Einw./km² (Italien 196 Einw./km²))
- **Präsident:** *Enrico Rossi*
- **Website:** www.regione.toscana.it
- **Wappen:** Pegasus auf rotem Grund
- **Landesvorwahl:** 0039
- **Währung:** Euro
- **Zeitzone:** Mitteleuropäische Zeit
- **Arbeitslosigkeit:** 4,4 % (Italien 7,3 %, jeweils 2023)
- **Tourismus:** 45,2 Mio. Übernachtungen (2023)

Verlockende Aussicht

239t sk

Die Regionen im Überblick

1 Florenz (Firenze) und Umgebung | 30

Das Flaggschiff der Toskana mit Kunstmäzenen wie den Medici und Meistern wie Michelangelo, Berge, Villen und Wälder im Hinterland, die sehenswerten Städte **Prato** (S. 92) und **Pistoia** (S. 99) und natürlich alle nur vorstellbaren kulinarischen Highlights.

2 Chianti, Val di Pesa, Val d'Elsa, Valdarno | 132

Sehnsuchtslandschaft mit sanften Hügeln, herrischen Burgen und Zypressen am Horizont – und natürlich das Wichtigste: Wein, so weit die Füße tragen. Fürs Geistige sind dann die in den Wäldern versteckten Klöster zuständig.

3 Arezzo, Casentino, Pratomagno, Valdichiana, Valtiberina | 178

Lange Täler, dicht bewaldete Bergrücken und **Arezzo** (S. 183), Kleinod der Ost-Toskana, mit charmanter Altstadt und atemraubender Kunst. Naturfreunde kommen bei Wanderungen in den Schutzgebieten auf ihre Kosten.

4 Lucca, Garfagnana, Alpi Apuane, Svizzera Pesciatina | 236

Hundert Kirchen, enge Gassen, weite Plätze und hohe Berge im Rücken – für Kulturliebhaber mit Bewegungsdrang und Ruhigere, die lieber in Thermen wie **Montecatini** (S. 263) kuren.

5 Pisa, Riviera della Versilia/Apuana | 300

Ein schiefer Turm und noch sooo Vieles mehr, eine Universitätsstadt mit Riviera-Anschluss, ideal für Fans von Strand und Kunst, dazu noch Freiluft-Oper am See und eine Menge **Marmor** in den Bergen.

I. del Giglio

6 Livorno, Riviera degli Etruschi | 354

Hafenstadt mit ganz eigener Ausstrahlung und Tor zur **Etruskischen Riviera** (S. 388) mit feinsandigen, tiefen Traumstränden, sommerlichem Abfeiern, kleinen, feinen Weingütern im Hinterland und viel Antike.

7 Siena, San Gimignano, Volterra, Crete, Colline Metallìfere | 400

Das Triumvirat mittelalterlichen Städtebaus mit Tälern und Bergen, eine Landschaft für Menschen, die weit blicken wollen, etwas herb, aber mit ihren Braun-, Gelb- und Ockertönen auch **voller verheißungsvoller Stimmung.**

8 Grosseto, Maremma | 464

Der vielleicht attraktivste Küstenabschnitt der Toskana, Cowboys der Maremma im Hinterland und im Landesinneren wehrhafte Burgstädte, Thermalquellen und die schönsten etruskischen Gräber.

9 Montepulciano, Val d'Orcia, Monte Amiata | 542

Montepulciano und Montalcino, die starke Konkurrenz des Chianti-Weins, der höchste Berg der Toskana und die „ideale" Renaissance-Stadt **Pienza** (S. 560) – Weinverkostung verbindet sich im Südosten der Toskana aufs Beste mit Geschichte und Kultur.

Reiserouten und Touren

Auch wenn die Toskana relativ überschaubar erscheint (ihre Fläche entspricht in etwa der des Bundeslandes Hessen) – sie ist Europas Herz der Renaissance und so gibt es enorm viel an Kunst und Kulturlandschaften zu sehen. Aber auch das Angebot an spröder, widerspenstiger Natur ist groß und natürlich sind die kulinarischen Genüsse in fester und flüssiger Form alleine schon eine Reise wert. Man sollte sich also ausreichend Zeit nehmen. Wer **zwei Wochen** mitbringt, wird die Region schon recht gut kennenlernen können, die eine oder andere Wanderung unternehmen, ab und an ins Meer springen und in den Städten die bedeutendsten Sehenswürdigkeiten, Museen und Ausstellungen besuchen.

253t sk

Verkehrsmittel

Das Wegenetz der Toskana ist feinmaschig und sehr gut ausgebaut, Autobusse bilden das Rückgrat des öffentlichen Verkehrssystems. Doch sind die Fahrpläne auf die Bedürfnisse der Werktätigen zugeschnitten und die Fahrzeiten an den Wochenenden stark eingeschränkt.

Das **eigene Fahrzeug** verspricht hier Flexibilität und Unabhängigkeit – besonders auch, wenn man die kleineren Orte, Weingüter oder abseits gelegene Klöster und Kirchen besuchen oder Wanderungen unternehmen will.

Wer aber von Stadt zu Stadt reist und beabsichtigt, sich mehr mit Kultur zu beschäftigen und Kunst und Geschichte in den großen städtischen Museen erleben möchte, der ist mit **Bussen** (und auf bestimmten Strecken auch mit der **Eisenbahn**) gut bedient. Und will man dennoch einmal übers Land fahren, ein **Mietwagen** (oder auch ein Leihfahrrad) findet sich fast überall.

Tourenvorschläge

Im Folgenden werden **vier Touren** vorgestellt, zwei von ihnen (Nr. 2 und 3) sind für Selbstfahrer geeignet, Tour 1 ist eine Städtereise für Bahnfahrer (oder Flugreisende) mit Zugweiterreise. Tour 4 schließlich ist für die Pilger, die die Toskana auf Schusters Rappen erleben, sich

hautnah in der Natur bewegen und den Spuren des Erzbischofs von Canterbury folgen wollen.

Tour 1: Die Städte des Nordens – auf die Schnelle (mit dem Zug)

Hurtig, hurtig, viel Zeit haben Sie nicht! Zwei Tage **Florenz,** einen Tag **Prato** und **Pistoia,** einen Tag **Lucca** und einen Tag **Pisa.** Ein Auto benötigen Sie dazu nicht, die Eisenbahn ist das Mittel der Wahl. Ob Sie die ganze Zeit in Florenz stationiert bleiben oder mit Sack und Pack in ein Hotel in Lucca und/oder Pisa umziehen, bleibt Ihnen überlassen. Im besten Fall landen Sie morgens auf dem Flughafen von Florenz und haben dann noch den ganzen Tag Zeit für die Medici-Stadt. Auch der folgende Tag ist für diese reserviert. Prato und Pistoia sind dann ausgezeichnet per Zug an einem Tag zu entdecken. Auch die Fahrt nach Lucca und die Weiterfahrt nach Pisa dauert nicht allzu lange. Und in Pisa können Sie dann wieder den Flieger nach Hause besteigen.

- **Dauer:** Fünf Tage mit vier Übernachtungen.
- **Transport:** Eisenbahn.
- **Reisezeit:** ganzjährig (Städtereise).
- **Tag 1:** Am Morgen Anreise, Besichtigung Florenz.
- **Tag 2:** Besichtigung Florenz.
- **Tag 3:** Fahrt nach Prato (25 Min.), Weiterfahrt nach Pistoia (20 Min.), Rückfahrt nach Florenz (40 Min., optional Übernachtung in Pistoia).
- **Tag 4:** Fahrt von Florenz nach Lucca (80 Min. bzw. Weiterfahrt von Pistoia 45 Min.), Besichtigung, Übernachtung.
- **Tag 5:** Fahrt von Florenz nach Pisa (50 Min. bzw. Weiterfahrt von Lucca 30 Min.), Besichtigung, Abreise.

[<] Der Weiler Campocatino in den Alpi Apuane

Tour 2: Badeurlaub – auf den Spuren römischer Händler und Soldaten (mit dem Auto)

Die **Via Aurelia** – heute die Staatsstraße Nr. 1 (SS1) - verbindet Carrara im Norden entlang der toskanischen Küste mit der Halbinsel Monte Argentàrio im Süden (120 km vor Rom). Einst war sie eine der wichtigsten, wenn nicht die wichtigste Straße des antiken Rom, und auch heute gilt die parallel zur SS1 verlaufende Autobahn A12 als eine der Hauptschlagadern für den italienischen Verkehr. Wer an der Küste cruisen und den Tag mit einem Bad im Meer ausklingen lassen will, ist auf dieser Strecke genau richtig. Zur kulturellen Erbauung liegen auch einige der bedeutendsten Städte am Wegesrand: **Lucca, Pisa, Livorno, Grosseto.**

- **Dauer:** In sechs Tagen mit fünf Übernachtungen sollte man die Strecke ohne große Hast absolvieren können (beliebige Verlängerungen sind natürlich möglich).
- **Strecke:** um 800 km.
- **Transport:** Eigenes Fahrzeug.
- **Reisezeit:** Wer baden will, wählt die Monate Juni, Juli oder September (und vielleicht noch den Oktober), keinesfalls aber den August - denn dann platzt die Küste aus allen Nähten; will man nicht ins Wasser, gehen alle Monate, sogar der Dezember; nur in den Monaten Januar und Februar haben viele Restaurants und Hotels geschlossen.
- **Tag 1:** Start in **Carrara,** Entdeckung des Hinterlandes und der Marmorbrüche, Fahrt in die „Jugendstilstadt“ **Viareggio,** dort Baden und Übernachtung.
- **Tag 2:** Fahrt nach **Lucca,** Besichtigung und Übernachtung.

▷ Blick vom Eremo di San Viviano auf einen aufgelassenen Marmorbruch

■ **Tag 3:** Fahrt nach **Pisa,** Besichtigung und am frühen Nachmittag Fahrt und Baden nach und in **Marina di Pisa.** Weiterfahrt nach **Livorno,** um das dortige (recht ausgeprägte) Nachtleben zu erkunden, Übernachtung.

■ **Tag 4:** In den Süden geht es nun entlang der **Riviera degli Etruschi** mit ihren attraktiven, ausnehmend langen und breiten (und im Hochsommer heillos überfüllten) Sandstränden.

■ **Tag 5:** Nach einem Abstecher zum herrlichen **Golfo di Barrati** (unbedingt ins Wasser springen!) und über den Fährhafen **Piombino** (Elba!) und **Grosseto** gelangt man in die Sehnsuchtslandschaft der **Maremma** (Baden!) und schließlich zum südlichsten Punkt der Reise, zur Halbinsel der Reichen und Schönen: **Monte Argentàrio.** Übernachtung in **Orbetello** (Baden!).

■ **Tag 6:** Nun steht die Rückfahrt an. Keine schlechte Wahl ist die Streckenführung über die eindrucksvollen Tuffsteinstädte **Pitigliano** und **Sovana** (mit etruskischen Grabmälern) und den großen Widersacher der Medici-Stadt Florenz: **Siena.** Dann heißt es sich aber eilen, um noch abends über die Autobahnen den Ausgangspunkt zu erreichen.

254t sk

Tour 3: Die große Toskana-Tour – von Stadt zu Stadt

Einmal quer durch die Toskana – soll dies in einem vernünftigen Zeitrahmen erledigt sein, heißt es, eine Auswahl an Städten zu treffen. Schließlich will man ja nicht nur Kultur tanken, sondern auch an den kulinarischen Genüssen teilhaben. So startet man mit **Florenz als Basis** (zwei Tage sind ausreichend) und begibt sich dann auf die Reise in den Süden, schlägt über San Gimignano, Volterra und Siena einen Bogen nach Arezzo, streift die Weinberge um Montepulciano und Montalcino, lenkt dann Richtung Küste, der man ab Piombino über Livorno nach Norden bis Pisa und Lucca folgt und über Pistoia und Prato nach Florenz zurückkehrt.

- **Dauer:** Zehn Tage (mit neun Übernachtungen) dauert die Grand Tour, und viel Zeit und Luft hat man dabei nicht – wer's ruhiger angehen will (oder öffentliche Verkehrsmittel wählt), dehnt seine Fahrt besser auf 14 Tage aus.
- **Strecke:** um 800 km.
- **Transport:** Eigenes Fahrzeug (oder Bahn/Bus).
- **Reisezeit:** Wie für Tour 2 gilt: Den August sollte man meiden, und im Januar/ Februar haben viele Restaurants und Hotels geschlossen, sonst wählt man die Zeit nach eigenem Gusto: Wer die Hitze nicht scheut, nimmt den Sommer, wer die aufblühende Natur liebt, reist eher im Frühling, und im Herbst ist die ganze Toskana und auch die Küste ein fast besinnlicher Ort.
- **Tag 1:** Anreise, Besichtigung Florenz, Übernachtung.
- **Tag 2:** Besichtigung Florenz, Übernachtung.
- **Tag 3:** Fahrt nach San Gimignano, Besichtigung, Weiterfahrt nach Volterra, Besichtigung und Übernachtung.
- **Tag 4:** Fahrt nach Siena, Besichtigung und Übernachtung.
- **Tag 5:** Fahrt nach Arezzo (keinesfalls verpassen: Cappella Bacci!), Besichtigung, dann Weiterfahrt in die Renaissance-Stadt Pienza und Übernachtung.
- **Tag 6:** Besichtigung und Weinkauf in Montepulciano und in Montalcino, Weiterfahrt nach Massa Marìttima und Übernachtung im schönsten Mittelalter.
- **Tag 7:** Fahrt an den Golfo di Baratti, dort baden (und die Grabungen besuchen), dann Weiterfahrt nach Livorno und nach einem Zug durchs Nachtleben ins Bett sinken.
- **Tag 8:** Fahrt nach Pisa. Besuch des Platzes der Wunder mit dem Schiefen

Turm, Entdeckung der „restlichen" Stadt und Übernachtung.

- **Tag 9:** Fahrt in die Stadt der 100 Kirchen: Lucca. Nach der Besichtigung kann hier übernachtet werden.
- **Tag 10:** Fahrt über Pistoia und Prato zurück nach Florenz, Abreise.

Tour 4: Auf Schusters Rappen – der Frankenweg

Zeit muss man natürlich mitbringen, die Tagesetappen sind vergleichsweise kurz, und wer die gesamte toskanische Via Francigena auf den Spuren von *Sigerich dem Ernsten* absolvieren will, hat zu tun. Im Jahr 990 wanderte er als Bischof von Ramsbury nach Rom, um vom Papst zum Erzbischof ernannt zu werden, und kehrte in 80 Tagesreisen als **Erzbischof von Canterbury** nach England zurück. Die damals dokumentierten Etappen bilden die Basis des heutigen Pilgerweges (am authentischsten folgt man ihm deshalb von Süd nach Nord, obwohl die meisten den Weg in umgekehrter Reihenfolge bewandern).

- **Dauer:** Auf 16 Tagesetappen mit 17 Übernachtungen (inkl. An- und Abreisetag) summiert sich der Frankenweg auf toskanischem Boden; am Wegesrand sind Pilgerherbergen ausgewiesen (und es sind nicht die schlechtesten).
- **Strecke:** 380 km.
- **Transport:** Schuhwerk.
- **Reisezeit:** Wer nicht sehr hitzeresistent ist, sollte den Hochsommer ausschließen, der Winter wiederum ist in den Höhenlagen bitterkalt und Schnee keine Seltenheit, sondern die Regel. Also wählt man vernünftigerweise das Frühjahr oder den Herbst.

Informationen: z.B. auf www.visittuscany.com (dt.) oder www.viafrancigenatoscana.it (engl.).

- **Tag 1 bis Tag 16:** Die Strecke verläuft von Süd nach Nord über die Orte Acquapendente, Radicofani, San Quirico d'Orcia, Ponte d'Arbia, Siena, Monteriggioni, San Gimignano, Gambassi Terme, San Miniato, Altopascio, Lucca, Camaiore, Massa, Sarzana, Aulla, Pontremoli bis zum Cisa-Pass. Durchschnittlich muss mit 400 Höhenmeter pro Etappe gerechnet werden, auf zwei Etappen werden es aber über 1000 Höhenmeter, die Längen pro Tag bewegen sich zwischen 15 und 35 km (meist um 25 km). Die Unterkünfte sollten besser vorausgebucht werden.

LEGENDE

- Winter
- Frühjahr/Herbst
- Sommer

Calzio in Costume
Dieses historische Sportereignis hat seinen Ursprung im 15. Jh. und ist eine Mischung aus Fußball und Rugby. Die „Rauferei um einen Ball" findet jeweils am **24. Juni** ausschließlich in Florenz statt.

Giostra dell' Archidado
An den **ersten beiden Juni-Wochenenden** findet alljährlich in Cortona das große Mittelalterfest statt.

Skifahren
Im **Januar/Februar** ist Skisaison am Monte Amiato

Carnevale di Viareggio
Februar/März: Die größten (und längsten) Faschingsfeiern Italiens

JAN | FEB | MÄR | APR | MAI | JUN

Palio di Buti
Am **ersten Sonntag nach dem 17. Januar** findet alljährlich in Buti (Pisa) ein traditionelles Pferderennen statt. Start ist um 14.30 Uhr.

Aprilia Allstars-Festival
Fest der Zweiradhelden an der Rennstrecke im Mugello **(Wochenende Anfang Mai)**

Carnevale di San Gimignano
An den letzten vier Tagen vor dem Ende der Karnevalszeit wird in San Gimignano vor historischer Kulisse das traditionelle Karnevalsfest mit zahlreichen Ständen und Spielen gefeiert. Auch die obligatorische Parade mit bunten Umzugswagen darf hier nicht fehlen.

Luminaria di San Ranieri
Alljährlich am **16. Juni** erstrahlt ganz Pisa im Kerzenschein.

Teatro Povero
Theaterfestival von und mit den Bewohnern Monticchielos.
Ende Juli bis Mitte August.

Boccaccesca
Kulinarische Präsentationen u.a. der Cipolla-Zwiebel in Certaldo.
Wochenende Mitte Oktober.

Barga Jazz
Festival in Barga an den **letzten zwei Augustwochen.**

Feste del Palio
Renaissancespektakel in Sansepolcro.
Zweite Septemberwoche.

Sommerfeste allerorten
Im **Juli und August** finden in der Toskana zahlreiche Sommerfeste statt („Estate di ...")

Rassegna del Chianti Classico
Weinverkostung in Greve di Chianti
Wochenende Mitte Oktober.

Badesaison
Mitte Mai bis Mitte September ist Badesaison an der gesamten Küste.

Mercato del Tartufo Bianca
Trüffelfeste in San Miniato. **Letzte drei Novemberwochenenden.**

JUL | AUG | SEP | OKT | NOV | DEZ

Palio in Siena
Alljährlich treten die 17 Stadtteile Sienas (Contraden) in einem gnadenlosen Pferderennen gegeneinander auf der Piazza del Campo an. Nichts für Zartbesaitete! Termine: **2. Juli und 15. August.**

Fiera del Cacio
Käsemesse in Pienza.
Eine Woche Anfang September.

La Castagna in Festa
Alles rund um die Esskastanie in Arcidosso. **Zweite Oktoberhälfte.**

Puccini Festival
Oper am See bei Viareggio.
Ende Juli bis Ende August.

Stadtfest Prato
Präsentation des hl. Gürtels, der angeblich einst Maria Magdalenas Gewänder schnürte.
8. September.

Ferragosto
Ganz Italien spielt verrückt und macht Party.
Am Wochenende rund um den 15. August.

Mercatini di Natale
Die Weihnachtsmärkte in Florenz (Piazza Santa Croce) und Arezzo (Piazza Grande) gelten als besonders stimmungsvoll.

Zehn Orte zum Staunen

221t sk

Die Schlucht quer durch Loro Ciuffenna | 172
Wie ein riesiger Schnitt teilt die Klamm des Wildbaches Ciuffenna den Ort Loro an der Flanke des Pratomagno. Der Bach ist zahm und plätschert ruhig am Talgrund vor sich hin bergab und treibt die Mühlenräder. Doch wenn er reißend wird, hält man sich besser von ihm fern. Pittoreske Römerbrücke, Mühle, Naturstein, Treppen und Gassen – so schön kann die Toskana abseits sanfter Hügel sein.

218t sk

Masaccios „Madonna mit Kind" in Cascia Regello | 173
Das „Trittico di San Giovenale" wurde erst 1961 als *Masaccios* Arbeit entdeckt. Seitdem ranken sich Legenden um das Bild und seine Symbolik, Sachverständige überschlagen sich in Interpretationen: Kinderhand als Pentagram, kufische Schriftzeichen im Heiligenschein (die „Es gibt keinen Gott neben Allah" bedeuten sollen). Ein neben dem Triptychon aufgestellter Touchscreen führt in die Mysterien des Bildes ein.

219t sk

Montecatinis freizügige Jugendstil-Therme | 264
Nackt und schön, der Jugendstil kennt keine Grenzen. Überlebensgroß zeigen sich Allegorien wie „Schönheit", „Quelle" oder „Kraft" – die Fliesenkunst der Terme Tettuccio in Montecatini Terme beglückt über den Hähnen, aus denen die Gesundung versprechenden Wässer für die Bresthaften fließen. Ist das Glas vollgezapft, geht es nippend die Kolonnaden entlang, unter der Rotunde durch und an Springbrunnen vorbei.

217t sk

Das Vespa-Museum in Pontedera | 282
Rennvespa? Unglaublich, aber wahr! Im Piaggio-Museum gibt's noch viel mehr zu sehen: die erste Vespa von 1943, Vespa mit Beiwagen, die „Monthlery" mit Stromlinienverkleidung von 1950 (137 km/h schnell) und ihr Nachfolger „Siluro" (1951, 171 km/h), Vespa mit Raketenwerfer für die Fremdenlegion ... bis zum Jubiläumsmodell von 2015, designed by *Giorgio Armani*.

220t sk

Der wunderschöne Kreuzgang von Torri | 423
Nicht zu erkennen von außen, was sich hinter den abweisenden Mauern verbirgt. Tor, Glocke – unmissverständliche und sehr beschränkte Öffnungszeiten, die Dame, die das ehemalige Kloster des Weilers Torri heute bewohnt, benötigt ihre Ruhe. Zur rechten Zeit aber, am rechten Ort! Keinen schöneren Kreuzgang gibt es in der Toskana, dreistöckig, intim, kunstvoll, ein Ort der Ruhe und Kontemplation.

An Marmorbrüchen vorbei zum Passo di Vestitio | 351
Die nah der Stadt liegenden Marmorbrüche von Carrara sind immer gern besucht, rauf ins Gebirge in die Alpi Apuane und rüber in das Tal von Garfagnana fahren Touristen seltener. Doch gerade bei den Marmorbrüchen oben in den Bergen taumelt die Fantasie. Was mussten die Menschen der Antike leisten, um den kostbaren Stein ans Meer zu schaffen, damit er, auf Schiffe verladen, die unersättlichen Baustellen Roms speisen konnte?

301t sk

Abbazia di San Galgano | 528
Mit San Galgano kam die Gotik nach Italien. Frühmorgens sollte man hierher kommen, am besten im beginnenden Herbst, wenn Nebelfetzen durchs Tal ziehen und die Kirchenmauern ins Unwirkliche rücken. Seitenwälle, Pfeiler, Kapitelle, der Baukörper ist bis aufs Dach intakt. Mächtig ragen die Mauern hoch und künden von Reichtum in Glauben und weltlichem Besitz.

224t sk

Die vergessene Krypta von Giugnano | 531
Nahe Roccastrada: Kein Schild deutet auf eine Kirche oder Sehenswürdigkeit hin, ein Sträßlein zweigt ab, führt zu einem Agriturismo. Dort nachgefragt, führt der Besitzer den Gast zu einem Loch im Wald. Eisenleiter, Halbdunkel – die Kirchenruine ist fast vergessen, kein Archäologe kümmert sich, kein Ministerium. Vielleicht ist es deswegen so aufregend, in die romanische Krypta hinabzusteigen!

300t sk

Die Gräber von Chiusi | 575
Zur Einstimmung auf einen Besuch der Grabstellen rund um Chiusi ganz im Osten sollte man das Nationalmuseum in Chiusi besuchen und einen ersten Eindruck etruskischer Hochkultur sammeln. Dann geht es unter fachkundiger Führung zu den gut gesicherten Gräbern. Skulpturen und Malereien künden von einer Zeit voll Kunstverständnis, zu der die Römer noch in Hütten hausten.

225t sk

Giardino di Daniel Spoerri | 586
Ein weißer Mann schwebt an einer Fassade, Büsten aus Gold im Wald, Vulkanschlote auf einer Wiese ... Kunst international in einem Landschaftspark von 16 ha Größe. Seit den 1990er Jahren haben über 50 Künstler über 100 Installationen in die Natur hineingepasst – und es hat kein Ende.

226t sk

Fünf Orte zum Träumen

228t sk

Eine Bank tief in den Bergen | 176

Die endlose Kurverei durch den dichten Wald des Pratomagno entlang eines Tales endet auf über 1000 m Höhe in dem winzigen Weiler Rocca Ricciarda, dem man nur allzu deutlich ansieht, dass hier dem Winter zu trotzen eine wirkliche Herausforderung war. Heute sind die Häuschen entlang der einzigen Gasse nur im Sommer oder am Wochenende bewohnt. Hindurchspaziert, wartet am Ende eine Holzbank mit Ausblick – für den ganz eigenen Moment.

229t sk

Park der Villa Reale di Marlia | 256

Hohe Bäume, wilde Büsche, gestutzte Hecken, die Sichtachsen sind grandios, die intimen Plätze aber nicht minder. Zitrusbäumchen rahmen ein Becken, die Götter Roms in Stein wachen auf Sockeln, hier eine Grotte für Pan, dort ein Theater aus Pflanzen gebaut, die Bühne eine Wiese, an anderer Stelle bilden Wasserspiele ein Theater. Die Schwester *Napoleons* hat hier gelebt, auf ihren Spuren denkt man sich ins 19. Jh.

302t sk

Das Kloster von Bose bei San Gimignano | 445

Ganz unerwartet öffnet sich der Wald zur Lichtung, eigentlich eher ein Garten, die Klosterbauten strahlen hell im Sonnenlicht. Dass die Gärtner ihr Herzblut für den Park geben, sieht man ihm an. Im kleinen Laden verkaufen die Mönche von ihnen getöpferte (ästhetisch überaus gelungene) Keramiken. Und laden Gäste zum gemeinsamen Gebet in ihre kleine Kirche – ganz früh am Morgen, mittags und am Abend.

227t sk

Über den Dächern von Roccatederighi | 530

Enge und krumme Gassen, in Durchgängen geduckt unter Häusern entlang – wenige Orte sind so sehr Mittelalter. Weit oben auf einem Felskamm zieht sich das Dorf in die Länge und am Ende, vor dem Abgrund bei der Kirche, türmt sich der Stein ein weiteres Mal hinauf. Dort hochgeklettert und der Welt entrückt, ist „Unten" nicht mehr wichtig, lässt sich von alten Zeiten träumen.

231t sk

Freies Baden in den Becken San Cascianos | 579

Heiße Quellen hat die Toskana genug, zahlreiche Thermen sind in der Region verteilt, als Badeparadies oder auch Teil eines Hotels. Ebenso besitzt San Casciano dei Bagni seine großzügige Thermenlandschaft mit allen Annehmlichkeiten. Doch unterhalb des Ortes sind *die* Becken aufgemauert, in denen unter freiem Himmel jedem und zu jeder Stunde Wasser und die Gedanken fließen.

Fünf Orte zum Schlemmen

235t sk

Marmellata di Cipolle aus Certaldo | 150

Die roten Zwiebeln aus Certaldo sind unabdinglich, um diese „Konfitüre" herzustellen. Nur sie besitzen diese ganz gewisse Süße, die für das Chutney nötig ist. Die Zwiebeln kochen mit Rosinen und Balsamico, mit Lorbeer, Zucker, weißem Wein und einem Gläschen Cognac, bis die Masse eindickt. Die Zwiebel-Marmelade wird zu Käse oder Schinken und zu kaltem Fleisch gereicht.

236t sk

Prosciutto Crudo in Greve di Chianti | 152

Warum gerade Greve so berühmt ist für seine Schinken? Weil hier die Tradition so weit zurückreicht und weil man sich Zeit für sie nimmt. Bevor man sie zerteilt und auf die Teller bringt, reifen die Schinken bis zu eineinhalb Jahren. Die Scheiben sollten nicht zu dünn geschnitten sein und ihr Geschmack ist kräftiger als der der Konkurrenz (aus Parma oder San Daniele); mit weißem Brot und rotem Wein sind sie ein Hochgenuss.

232t sk

Cacciucco in Livorno | 368

Vor allem: Wenn Sie Fischeintopf bestellen – dann nur mit Rotwein. Mit Weißem begingen Sie ein Sakrileg. Das Fischgericht war früher keine teure Mahlzeit, hinein kommt nämlich nicht der Edelfisch, sondern Getier der zweiten Wahl. Fünf Arten Fisch und Krebs sind nötig (denn schließlich kommt im Wort das „c" auch fünfmal vor). Man kocht sie mit Tomaten und gießt den Eintopf dann in eine Schale mit einer Schicht von abgeflammtem Brot.

234t sk

Salumi di Cinghiale in Scansano | 483

Für Wurst vom Wildschwein gibt es vielerlei Rezepte, auch die Salami taucht in unterschiedlichen Gewändern auf, mit Fenchel, Paprika und Rotwein, mit Trüffel, Knoblauch oder Nüssen. Man hat die Qual der Wahl, die Tische der Maremma sind sehr reich gedeckt. Und wer verarbeitetes Fleisch weit von sich weist, kauft an den Theken einfach Käse – auch er ist köstlich.

233t sk

Pecorino in Pienza | 560, 571

Pecorino ist nichts Besonderes? Doch, der aus Pienza schon. Der Käse aus Milch einer sardischen Schafsrasse reift nämlich für mindestens 90 Tage im Barrique-Fass, erst dann dürfen die 1–1,5 kg schweren, runden Käselaibe das Gütesiegel DOP tragen. Gegessen wird er mit Brot und Öl. Seinen kräftigen Geschmack begleitet auch ausgezeichnet die Zwiebelmarmelade aus Certaldo.

1

Florenz und Umgebung

» Keine Stadt der Welt ist so sehr Renaissance wie das „Athen der Neuzeit“ – Kunst und Kultur begegnen Besuchern auf Schritt und Tritt.

[<] Die Fontana del Nettuno, der Neptunbrunnen, auf der Piazza della Signoria in Florenz

FLORENZ UND UMGEBUNG

Wer Florenz nicht gesehen hat, wird die Toskana nicht verstehen. Der Kulminations- und Ausgangspunkt der Hochkultur der Renaissance ist umgeben von schroffen Gebirgen im Norden und lieblichen Hügelwelten des Chianti im Süden.

Florenz und Umgebung

Museen, Galerien und herrliche Villen beschäftigen Touristen und Einheimische gleichermaßen. Die Hauptstadt der Region Toskana ist Pflichtprogramm bei einer Fahrt in die Sehnsuchtslandschaften des nördlichen Mittelitalien. Florenz liegt in dem breiten und fruchtbaren Tal, das der Arno über die Zeit geschaffen hat. An seinem silbernen Band versammeln sich die schönsten Museen der Welt mit Renaissancekunst von Meistern wie *Leonardo da Vinci, Michelangelo* oder *Donatello.* Die größten Baumeister ihrer

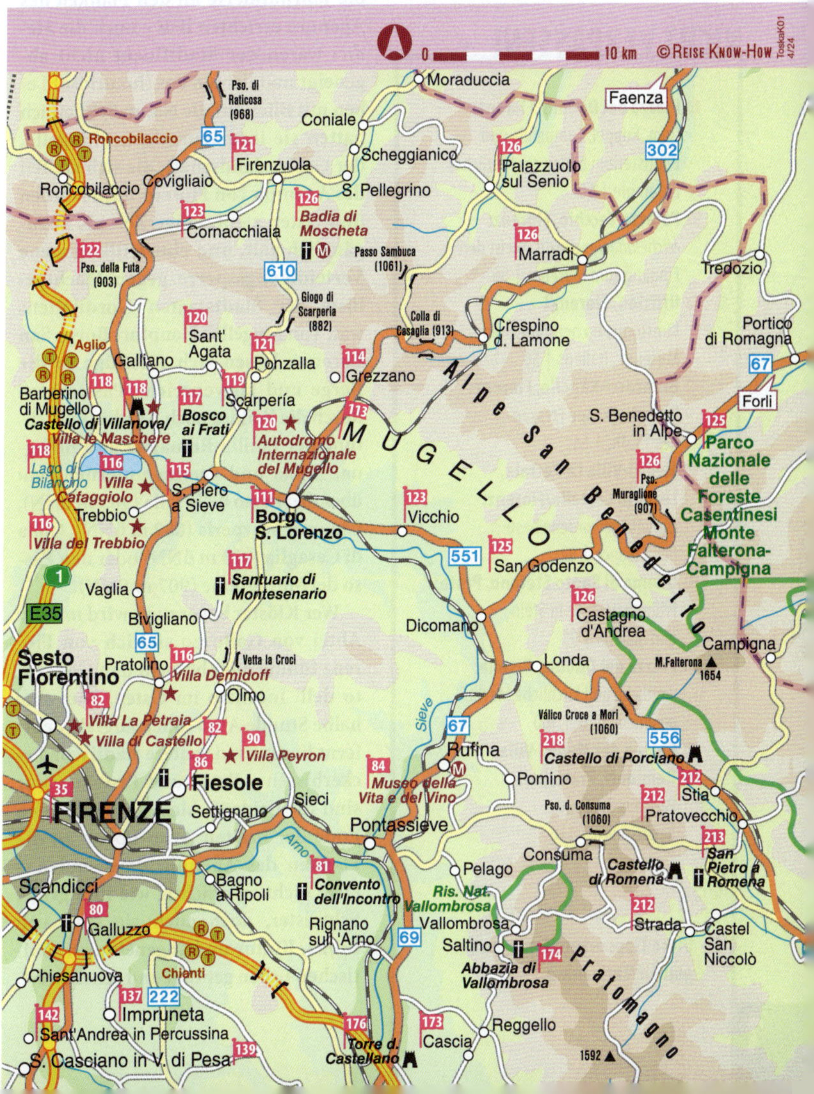

Zeit schufen bahnbrechende Architektur, und dennoch ist Florenz eine ganz normale Stadt, in der man lebt und sein Arrangement mit den stetigen Touristenströmen gefunden hat – und in der man stolz ist darauf, dass jedes Gemäuer vor Geschichte trieft.

NICHT VERPASSEN!

- **Piazza del Duomo, Florenz:** Dom, Kuppel, Campanile und Baptisterium bilden ein herrliches Ensemble | 50
- **Palazzo Vecchio, Florenz:** *Michelangelos* „David" weist den Eingang zum Museum | 56
- **Uffizien, Florenz:** Kunstorgie im berühmtesten Museum Italiens | 56
- **Brancacci-Kapelle, Florenz:** beeindruckende Fresken des 15. Jh. | 66
- **Medici-Villa La Petraia, Località Castello/Florenz:** zur Villa gewordene beste Renaissance | 82
- **Duomo di Santo Stefano, Prato:** Frührenaissance in Stein und Malerei | 95
- **Piazza del Duomo, Pistoia:** weltliche und kirchliche Macht an einem Platz | 100
- **Garten der Medici-Villa Demidoff, Pratolino:** Park aus der Spät-Renaissance | 116

Diese Tipps erkennt man an der gelben Markierung.

Wem es in der Stadt zu heiß wird (sei es wegen sommerlicher Temperaturen oder dem Gedränge in den Gassen), der fährt nach Norden in die kühleren Hügel in das nicht so bedrängte Fiesole. Oder er besucht eine der vielen Villen, die sich die Familie *Medici* über die Jahrhunderte an den Flanken des Apennin errichten ließ – auch die *Medici* waren der Stadtflucht nicht abgeneigt und liebten das (luxuriöse) Leben mit Blick auf die Natur. Schließlich hatten sie ihre Wurzeln im Mugello, der Gebirgslandschaft, die sich als Teil des Apennin von Florenz nach Norden und Osten zieht, lange Zeit als unzugänglich galt, und eine willkommene Verteidigungssperre gegen Machtgelüste der Stadtstaaten Norditaliens war. Von Mugellos Hauptort Borgo San Lorenzo lassen sich Ausflüge in die Berge und kurvenreiche Passfahrten durch die Wälder nach Norden in Richtung der Emilia-Romagna und Bologna, Imola und Faenza unternehmen: über den Passo della Futa (903 m üNN), Giogo di Scarperia (882 m üNN), Colla di Casaglia (913 m üNN) oder den Passo del Muraglione (907 m üNN).

Wer Klöster bevorzugt, wird mit der Abtei von Galluzzo südlich von Florenz fündig oder besucht den Convento dell' Incontro im Osten. Nur eine halbe Stunde Auto- oder Zugfahrt entfernt liegen zwei weitere städtische Leckerbissen – Prato und Pistoia. Zwar sind die beiden – sich am nördlichen Ende der breiten Arno-Ebene an die Flanken des Apennin drängenden – Orte nicht so prächtig wie ihre große Schwester, doch auch sie sind von Kunst, Kultur und angenehmem städtischen Leben geprägt und sehenswert.

Florenz

■ 50 m üNN, 362.000 Einw.

Die **Diva der toskanischen Städte** spielt ihre Rolle zu Recht. Nirgends sonst ist die Dichte an Kunstwerken, an historisch bedeutenden Gebäuden und die der Menschen in den Gassen so dicht. Dennoch hat sich Florenz **(Firenze)** seinen Charme bewahrt.

Wer Florenz nicht gesehen hat, wird die **Geschichte** der Toskana nicht begreifen. Die Stadt der *Medici* beherrschte schließlich die gesamte Region, nachdem sie Jahrhunderte um die Vorherrschaft kämpfen musste. Die Steuern, die der Handel brachte, machten sie zu einer der reichsten Städte der Renaissance überhaupt. Und so präsentiert sie sich dem heutigen Betrachter als elegante, lebendige und liebenswerte Residenz für die Einheimischen ebenso wie für die Touristen.

Die Highlights für Kinder

- Das **Modellbahnmuseum** in **Florenz** | 48
- Die **Kaiserburg** in **Prato** | 93
- Der **Zoologische Garten** in **Pistoia** | 111
- Bewegtes **Dorfleben in Miniformat** im Mugello **(Sant'Agata)** | 120
- Wie die **Steinzeitmenschen** lebten: im Mugello **(Sant'Agata)** | 120

Geschichte

Römische Veteranensiedlung

Die Geschichte der strahlenden Kunstmetropole begann 59 v. Chr. ganz banal mit der Gründung eines römischen *castrum* am Ufer des Arno auf Veranlassung *Julius Cäsars.* „Ager florentinus – Blühender Ort" war eine von unzähligen **Veteranensiedlungen,** die *Caesar* anordnete, denn jedem verdienten Soldaten stand im Alter ein eigenes Stück Land zu. Die Mauern der Siedlung lagen im Bereich der jetzigen Altstadt, die Äcker zogen sich streng parzelliert bis zum heutigen Prato hin. Die **verkehrsgünstige Lage** an Via Cassia/Clodia (von Rom nach Genua), Via Volterrana (von Fiesole nach Volterra) und Via Pisana (von Spina nach Pisa) sorgte für **Aufschwung.** Im schachbrettartig angelegten *castrum* kreuzten sich *decumanus* (Via Strozzi/Corso) und *cardo* (Via Calimala/Roma) am Forum, der heutigen Piazza Repubblica. **Florentia,** so der damalige Name, wuchs schnell und überflügelte sowohl die etruskischen Nachbarstädte Fiesole und Volterra als auch benachbarte *castri* wie Lucca an Größe und Bedeutung. Unter Kaiser *Diokletian* wurde sie im 3. Jh. **Verwaltungszentrum der Provinz Tuscia et Umbria.** Das **Christentum,** das *Diokletian* noch heftig bekämpfte, fand Ende des 4. Jh. Eingang in Florenz; auf Initiative des heiligen *Ambrosius von Mailand* nahm Kaiser *Gratian* den neuen Glauben an und erklärte Florenz zum Bischofssitz. *Ambrosius* persönlich weihte die Chiesa San Lorenzo zur Kathedrale.

Völkerwanderungen

Florenz' Lage in einer Ebene war einerseits Garant für Wohlstand dank florierender Landwirtschaft und Handel, andererseits war die Stadt relativ schutzlos Überschwemmungen des Arno und feindlichen Einfällen ausgeliefert. Nachdem im 5./6. Jh. die Völkerwanderung über die Stadt hinweggefegt war, blieben **Ostgoten** als neue Herrscher über die verbliebenen 1000 Einwohner. Florenz versank in Bedeutungslosigkeit und gewann wenig hinzu, als die **Langobarden,** ursprünglich aus dem Raum des heutigen Mecklenburg stammend und zwischenzeitlich im Donauraum als Vasallen Ostroms siedelnd, Italien 568 eroberten. Deren König *Alboin* (526–572) wählte Pavia zu seinem Sitz, seine Nachfolger schenkten Florenz zehn neue Kirchen. Auch die Markgrafen von Tuszien als Stellvertreter der Karolinger – *Karl der Große* hatte die Langobarden 774 besiegt – ließen Florenz links liegen und residierten in Lucca. Erst unter *Hugo von Andenburg* (945–1001) wurde Florenz um das Jahr 1000 **Residenzstadt.** 1055 erhielt sie Reichsunmittelbarkeit.

Geschlechterkriege

Diese erste wirtschaftliche und kulturelle Blüte der Stadt, die sogenannte **Protorenaissance** im 11./12. Jh., fand ihren Ausdruck im Bau des Baptisteriums, der Kirche Santi Apostoli und des Klosters San Miniato al Monte, das dem um 250 in Florenz gefolterten und ermordeten heiligen *Minias* gewidmet war. Wie stark Markgrafen, Papst oder Kaiser in Florenz waren, blieb Schwankungen unterworfen. 1138 wurde erstmals ein Konsul benannt, der erste Podestà (eine Art Bürgermeister) ist für 1158 verbürgt. Noch regierten die Markgrafen mit, aber der Weg war frei für die mächtigen Geschlechter, für die Entstehung der Handelshäuser und Banken und für die Machtübernahme durch die *Medici.* Man baute Brücken über den Arno, verstärkte die Stadtmauer, die nun erstmals auch Santo Spirito jenseits des Flusses Arno umschloss, und unterteilte das Stadtgebiet in sechs *sestieri* (Sechstel), eine Struktur, die bis heute Bestand hat. Nach und nach eroberten die Florentiner benachbarte Siedlungen und Kastelle und erweiterten so ihr Einflussgebiet. Reiche Familien legten sich Geschlechtertürme zu. Über 160 bis zu 70 m hohe Wohnburgen zählte die Stadt. Fehden untereinander trugen die Adeligen buchstäblich von Turm zu Turm über den Köpfen der Bürger aus. Und Anfang des 13. Jh. gründeten sich die ersten *arti,* **Gilden,** als Interessenvertretungen von Kaufleuten und Bankiers.

Kaiser und Papst

Das gesamte 13. Jh. markierte ein tief gehender **Konflikt** zwischen **weltlichem** und **kirchlichem Machtanspruch** im Heiligen Römischen Reich, der die Florentiner und von dort ausgehend die gesamte Toskana in zwei Lager spaltete. Die **Guelfen** standen auf Seite des Papstes und des von ihm unterstützten Welfenkaisers **Otto IV.,** während die **Ghibellinen** – Anhänger der Wiblinger (nach der Stauferburg Waiblingen bei Stuttgart) – die Partei des Stauferkaisers

Friedrich II. vertraten. Florenz rechnete sich traditionell zur Guelfen-Partei, was 1300 sogar einen seiner prominentesten Bürger, den Ghibellinen *Dante Alighieri*, ins Exil nach Verona zwang. Von der Unterstützung des Papstes versprachen sich besonders Kaufleute Vorteile, eröffnete sein Wohlwollen ihnen doch die Möglichkeit, im Fernhandel von den internationalen Beziehungen des Kirchenstaats zu profitieren. Anhänger des Kaisers war traditionell der Adel. Im Laufe dieses Konfliktes gingen die ursprünglichen Loyalitäten allerdings fast gänzlich verloren. Schlachten, Eroberungen und Zerstörungen feindlicher Kastelle wurden nur zum Zweck des Einfluss- und Landgewinns ausgetragen. In Florenz mündeten diese Auseinandersetzungen in der **Machtübernahme durch das Volk,** in diesem Fall wohlhabende Kaufleute und Handwerker.

Wirtschaftsblüte und Kultur

So kriegerisch das 13. Jh. auch war – es sah zugleich den Aufstieg zu Wohlstand und eine Blüte der Kunst. Das Duecento prägten ambitionierte **Bauprojekte** – Palazzo del Podestà (Bargello), Dom, Campanile, Santa Croce und Santa Maria Novella wurden errichtet. Über 100.000 Menschen lebten zu dieser Zeit in der Stadt, und Künstler wie *Cimabue* (etwa 1240–1300) und *Arnolfo di Cambio* (um 1245–um 1310) entwarfen die **Grund-linien der Renaissance** als Gegenbewegung zur als fremd und dumpf empfundenen Gotik aus dem Norden.

Wirtschaftlich ging es weiterhin aufwärts: 1252 prägte der Stadtstaat den ersten **Florin** der Welt, eine Feingoldmünze

Alle Macht dem Volke!

Zwei Familien standen in ständigem Streit und wollten ihn 1216 mit der **Heirat** je eines ihrer Mitglieder beilegen. Der Bräutigam entschied sich aber beim Polterabend anders. Die Brauteltern ließen den Erwählten meucheln, die Fehde entbrannte aufs Neue und riss die ganze Führungsschicht, die Magnaten, in wechselnde Koalitionen. Man beschoss sich von Wohnturm zu Wohnturm, unten standen die leidtragenden Bürger. 1245 kam es zur **„Schlacht am Dom"** zwischen Guelfen und Ghibellinen, 1248 wurden die Guelfen aus der Stadt getrieben, und 1250 sagte das Volk: „Es reicht!" Die inzwischen zu Wohlstand gekommenen **Handwerker und Händler rebellierten,** Florenz erhielt eine **neue Verfassung:** Neben die Magnaten trat ein Stadtkommandant (Capitano del Popolo) mit zwölf Weisen und einem Rat aus 36 Bürgern. Zur Sicherung schuf dieser Rat 20 Volkskompanien, das **Primo Popolo** war geboren. Nun konnten die Magnaten nicht mehr über die Köpfe der Einwohner hinweg schalten und walten. Sie mussten sogar auf ihr wichtiges Statussymbol, die Geschlechtertürme, verzichten – der Rat verfügte, sie alle in rund 30 m Höhe zu kappen.

In dieser Zeit wurde der Herrschaftsbereich von Florenz ausgedehnt, aber als es 1260 gegen Siena ging, schlugen die Magnaten zurück, sie verrieten das eigene Heer und übernahmen wieder die Macht. Das Primo Popolo konnten sie aber nicht vollständig rückgängig machen. In den Gremien saßen nun Guelfen, Ghibellinen und Neutrale. Ab 1282 entstand ein Rat mit 14 Mitgliedern, die sich Beistand auch bei den Stadtzünften holten. Aus diesem Rat ging die **Signoria** hervor, die Stadtregierung, die schließlich nur noch aus Zunftvorstehern (Prioren) und einem Vertreter des Volkes bestand.

mit 3,65 g. 1289 beendete eine **neue Verfassung** endgültig den Einfluss des Adels auf die Stadtpolitik. Sie sah einen aus Zunftmitgliedern bestehenden „Rat der Hundert“ vor, der Gesetzesvorlagen genehmigen musste, bevor diese von vier weiteren – vom Volk gewählten – Räten abgesegnet werden konnten. Damit waren die **Zünfte** bestimmende Macht in der Stadt. Die Leibeigenschaft wurde abgeschafft, Amtszeiten auf wenige Monate beschränkt, mehrere Ämter in Personalunion waren verboten, ebenso wie die Wiederwahl. Die Amtsinhaber bestimmte man durch ein Losverfahren. Von 1299 bis 1330 dauerte der Bau einer neuen Stadtmauer, die mit 8,5 km Länge, 73 Türmen und 15 Toren eine Fläche von über 5 km² umschloss.

Bankrott und Pest

Licht und Schatten prägten auch das 14. Jh., das Trecento. Als Vorläufer der Universität wurde im Jahre 1321 das Studium Generale ins Leben gerufen, zugleich aber verschärften sich die Spannungen zwischen Guelfen und Ghibellinen bzw. Weißen und Schwarzen, wie sich die Gruppierungen inzwischen nannten. Zwei wichtige Bankhäuser verspekulierten sich mit Krediten und gingen bankrott, der Arno trat über die Ufer, und gleich zweimal wütete der Schwarze Tod in Florenz. Mitte des 14. Jh. hatte die Stadt nur noch 40.000 Einwohner.

1378 lehnten sich die Wollarbeiter gegen die Arbeitsbedingungen auf und eroberten sechs Wochen lang die Macht in der Stadt. Einer der Führer dieses Aufstands, *Salvestro* aus der Sippe der **Medici** (1331–1388), verriet schließlich seine Gefolgsleute und bereitete damit den Weg für den Aufstieg seiner Familie. Vor diesem Hintergrund von Katastrophen und Aufständen entstanden in Florenz die größten **Kunstwerke:** *Donatello, Brunelleschi, Botticelli,* Fra *Angelico, Giotto,* später auch *Leonardo da Vinci, Michelangelo* und viele andere schmückten die Stadt mit all ihrem Talent.

Auf zu neuen Ufern!

Obwohl die **Medici** ihren Aufstieg erst Ende des 14. Jh. begannen, gehörten sie schon bald zu den vermögendsten Häusern des Kontinents. Als Bankiers und Händler suchten sie immer neue Einnahmequellen, und ihr Blick schweifte auch in die Ferne. Sie beauftragten 1499 den Florentiner Seefahrer und Navigator **Amerigo Vespucci,** sich in der Welt umzuschauen. Er kam weit übers Meer, und sein Name stand Pate für einen neuen Kontinent: Amerika.

Die Oligarchen

Nach der Revolte der Wollarbeiter löste die **Oligarchie weniger Familien** die demokratischen Strukturen im Stadtstaat ab. Der bereits Ende des 14. Jh. mit einem beträchtlichen Reichtum ausgestatteten Familie **Medici** sollte dabei eine herausragende Rolle zukommen: Sie erhielten vom Papst das Recht, alle Gelder des Heiligen Stuhls zu verwalten. Als der *Medici Giovanni* (1360–1429) starb, erbte *Cosimo „der Ältere“* (1389–1464) das

Vermögen seines Vaters. Sein sagenhafter Reichtum und sein Ansehen in der Stadt zog ihm die Missgunst anderer Adelsfamilien zu – besonders aber die der *Albizi*. Schließlich wurde *Cosimo*, der bereits weitsichtig sein Geld in Sicherheit gebracht hatte, 1433 aus der Stadt vertrieben. Ein Jahr später kehrte er wieder heim und schlug zurück.

Familienbesitz

Cosimo nahm dabei die Position eines nahezu unsichtbaren Strippenziehers ein. Bis auf wenige Ausnahmen, die ihm die Bürgerpflicht auferlegte, hatte er nie einen offiziellen Verwaltungsposten inne. Äußerlich war er Kaufmann und Bankier, im Hintergrund lavierte er jedoch so geschickt, dass binnen kürzester Zeit die meisten wichtigen Positionen im Stadtstaat durch seine Parteigänger besetzt waren und die großen Konkurrenten der *Albizi* aus der Stadt verbannt wurden. Sein immenses Vermögen erlaubte es *Cosimo*, zahlreiche Bauvorhaben aus der Privatschatulle zu finanzieren, so die Errichtung oder Erweiterungen von San Lorenzo, Santa Croce, San Marco und *Brunelleschis* Domkuppel. Nach *Cosimos* Tod 1464 übernahm sein Sohn *Piero „Il Gottoso“* („Der Gichtige“) für fünf Jahre die Geschäfte. Auf ihn folgte 1469 dessen Sohn **Lorenzo „Il Magnifico“** („Der Prächtige“, 1449–1492), dessen Portefeuille allerdings bei Weitem nicht mehr so gut gefüllt war wie das des Großvaters. *Lorenzo* verzichtete auf Zurückhaltung und bediente sich kurzerhand aus dem Stadtsäckel,

☐ Der Ponte Vecchio, eine der ältesten Segmentbogenbrücken der Welt

256t sk

um seine Geschäfte zu stützen. Trotzdem musste er mehrere Filialen in Europa schließen. Stark an Philosophie interessiert, begründete er die Platonische Akademie, eine Gruppe von Humanisten, die sich mit neuplatonischen Ideen und Konzepten beschäftigte. Als Mäzen unter Künstlern wie *Michelozzo* und *Michelangelo* porträtierte ihn *Ottavio Vannini* im 17. Jh. auf einem Fresko, das heute im Palazzo Pitti zu sehen ist.

Kurze Auszeit

Doch die offenere Herrschaftsausübung sorgte für Unmut und mündete in einem **Anschlag** auf *Lorenzo* und seinen Bruder *Giuliano* im April 1478. *Giuliano* starb, *Lorenzo* konnte fliehen und überlebte. In Florenz schlug die Stimmung wieder zugunsten der *Medici* um. Die Verschwörer, darunter der Erzbischof von Pisa, wurden an den Fenstern des Palazzo Vecchio aufgeknüpft. *Lorenzos* Sohn **Piero** (1472–1503), ab 1492 an der Macht, ging als „Lo Sfortunato" („Der Glücklose") in die Geschichte ein. Er verantwortete die erste, 18 Jahre dauernde Unterbrechung der Medici-Herrschaft. Als der französische König 1494 gegen Neapel marschierte, überließ ihm *Piero* ohne Rücksprache mit dem Rat von Florenz kampflos die Küste. Der Rat vertrieb ihn aus der Stadt, organisierte sich unter Mitwirkung des Dominikaners **Girolamo Savonarola** neu und bestand nun aus 3000 Mitgliedern. Diese

Scheiterhaufen der Eitelkeiten

Girolamo Savonarola (1452–1498) widmete sein Leben als Bußprediger dem Kampf gegen Luxus und Verkommenheit der Reichen, und das einfache Volk bejubelte ihn. Als Prior des Klosters San Marco nach Florenz gerufen, betrat er eine Bühne, die ihm so gerade recht kam. Die Verschwendungssucht in der Stadt war auf ihrem Höhepunkt angekommen, und wenn er predigte, füllten die einfachen Menschen die Kirchen. Schließlich wurde sein Kreuzzug in die Straßen getragen, alles eingesammelt, was als Symbol der Verkommenheit gelten konnte: jegliche Luxusgegenstände, Musikinstrumente, die nicht der kirchlichen Erbauung dienten, weltliche Kunst, Spiele, sogar Spiegel, die doch nur der Pflege der Eitelkeit dienten. Am 7. Februar 1497 auf der Piazza delle Signoria zu einem riesigen Haufen getürmt und angezündet, verbrannte alles. Und ein Jahr später noch einmal, am 17. Februar 1498. In der Stadt herrschte Angst; um der Erstürmung der Häuser durch radikale Jugendliche zuvorzukommen, gaben die Bürger freiwillig weg, was den Ruch des Luxus hatte. Die Stimmung wandte sich aber bald gegen *Savonarola*. Schon 1497 hatte ihn der Papst exkommuniziert und Teile des Klerus von Florenz waren in Opposition zu *Savonarola* getreten. Als er dann 1498 die Mehrheit im Rat verlor und der Papst androhte, jegliche kirchliche Handlung in Florenz zu untersagen, nähme man *Savonarola* nicht gefangen, drang der Pöbel ins Kloster San Marco ein, *Savonarola* kam in den Kerker. Mit Folterung presste man ihm das Geständnis ab, dass er des Teufels sei. Das Urteil lautete auf Erhängen und anschließend Scheiterhaufen. Am 23. Mai 1498 vollstreckte man das Urteil auf der Piazza della Signoria, die Asche *Savonarolas* trug der Arno davon.

fast basisdemokratische Institution verlor jedoch bald an Einfluss, und *Savonarola* fand ein grausames Ende (s. Kasten). Neuer starker Mann wurde 1498 **Piero Soderini,** der den Machtbereich von Florenz 1509 auf Pisa ausdehnte und den Kaufleuten der Stadt damit den direkten Meerzugang sicherte.

Rückkehr in die Heimat

Die **Rückkehr der Medici an die Macht** hatte *Lorenzo* – ohne es zu ahnen – vorbereitet, als er seinen Sohn *Giovanni* (1475–1521) für eine kirchliche Laufbahn vorsah und ihn mit 13 Jahren 1489 zum Kardinal erheben ließ. In dieser Funktion und ab 1513 als **Papst Leo X.** tat *Giovanni* alles, um seiner Familie die Rückkehr nach Florenz und an die Macht zu ermöglichen. Um den Florentinern klarzumachen, mit wem sie sich auf Händel eingelassen hatten, ließ er die Stadt Prato niederbrennen und plündern. Florenz gab auf, trennte sich von *Soderini,* und die *Medici* kehrten heim – unter der Auflage, keine öffentlichen Ämter anzustreben. Es dauerte gerade mal 16 Tage, dann war der Große Rat aufgelöst. Die Herrschaft übernahm der *Medici* Kardinal *Giulio* (1478–1534), der 1523 als **Papst Clemens VII.** den Heiligen Stuhl bestieg. Seine Macht über Florenz behielt er; als Vertreter vor Ort ernannte er den der Familie verbundenen Kardinal *Passerini.*

Die absolute Macht

Bis 1537 erlebte Florenz Belagerungen, Machtwechsel, Intrigen und politische Morde, die sich alle im Umkreis des Medici-Klans abspielten. Schließlich übernahm **Cosimo I.** (1519–1574) aus einer Nebenlinie die Stadtgeschäfte, eroberte kurzerhand die ewige Konkurrentin Siena und errichtete einen straff organisierten absolutistischen Staat, dessen neuralgische Punkte er durch Festungsbauten sicherte. 1569 krönte ihn der Papst zum **Großherzog der Toskana.** Während er einerseits als harter, grausamer Herrscher gefürchtet war, tat *Cosimo I.* zugleich viel für die **Kunst:** In seine Regierungszeit fiel der Bau der Uffizien durch *Giorgio Vasari.* Seine Nachfolger aber erlebten den Niedergang der Stadt und konnten ihn nicht aufhalten: Die Tuch- und Wollwirtschaft litt immer heftiger unter der Konkurrenz aus England. Und erneut dezimierte die Pest die städtische Bevölkerung.

Österreicher und Franzosen

Als der letzte Großherzog *Gian Gastone* 1737 ohne Nachkommen starb, fiel Florenz zusammen mit dem Großherzogtum Toskana an die **Habsburger.** Unter Großherzog *Leopold I.* erlebte die Toskana ab 1765 **Reformen** wie die Abschaffung der Todesstrafe, die Teilsäkularisierung des Großherzogtums und eine Landreform, die Kleingrundbesitzer bevorzugte. Florenz erhielt eine Stadtbeleuchtung und Straßenschilder.

Oppositionelle Florentiner begrüßten 1799 den Einmarsch französischer Truppen, erhofften sie sich doch von **Napoleon** eine Belebung des republikanischen Gedankens. Das französische Intermezzo war 1815 beendet, die Habsburger wieder eingesetzt.

Endlich Italien

1859 trat das Großherzogtum dem **Königreich Italien** bei, und Florenz fungierte von 1865 bis 1871 als Hauptstadt. Eines der malerischsten Altstadtviertel mit dem Alten Markt und dem jüdischen Ghetto wich dem Neubauprojekt der klassizistisch-herrschaftlichen Piazza Repubblica. Obwohl Florenz und die Toskana traditionell linksorientiert und weltoffen waren und die Sozialisten die Mehrheit besaßen, entwickelte sich die Stadt zu einem **Zentrum des Mussolini-Faschismus** mit einem besonders engmaschigen Organisationsnetz und den meisten Parteimitgliedern in ganz Italien. Florenz erhielt diverse „repräsentative" Neubauten, darunter den Bahnhof Santa Maria Novella (Firenze SMN) und das große Stadion, in dem die „Schwarzhemden" ihre Veranstaltungen zelebrierten. Nachdem die Italiener im Jahre 1943 *Mussolini* schließlich gestürzt und die Waffenbruderschaft mit Deutschland aufgekündigt hatten, besetzten deutsche Truppen am Florenz. Mit Ausnahme des Ponte Vecchio zerstörten die **Deutschen** alle Brücken ihrer letzten Verteidigungslinie, die amerikanische Luftwaffe bombardierte die Stadt. Am 4. August 1944 marschierten die **Alliierten** ein.

Nach dem Krieg

Seit 1946 ist Florenz **Hauptstadt der Provinz Toskana.** Die Nachkriegspolitik prägten nach einem kurzen sozialistisch-kommunistischen Beginn vorrangig christsoziale Bürgermeister.

Auch im 20. Jahrhundert suchte eine **Naturkatastrophe** die Stadt heim: Am 4. November 1966 ertränkte der Arno das ganze Stadtgebiet, 34 Menschen starben in den Fluten und zahlreiche Kunstwerke wurden zerstört. Ein gutes Vierteljahrhundert später, 1982, erhielt Florenz den Titel eines **UNESCO-Weltkulturerbes.**

Heute

2014 machte ein Florentiner in der Politik landesweit Furore: Der 1975 geborene **Matteo Renzi,** 2004–2009 Präsident der Provinz Florenz und 2009–2014 Bürgermeister der Renaissancestadt, stieg als Vorsitzender des Partito Democratico zum Ministerpräsidenten Italiens (2014–2016) auf. Nachfolger in Florenz wurde sein Parteifreund **Dario Nardella,** der bei den Kommunalwahlen 2014 knapp 60 % der Stimmen erhielt und 2019 noch einmal in seinem Amt bestätigt wurde. Die katastrophalen Corona-Jahre (die dem Großraum Florenz einen rechnerischen Verlust von rd. 1 Mrd. Euro einbrachten) sieht er heute auch als Chance, den oftmals zerstörerischen Besucheransturm der Vor-Corona-Zeit in einen qualitätsvollen Tourismus zu wandeln.

Sehenswertes

Die Altstadt von Florenz ist **verkehrsberuhigt,** die Einfahrt verboten (Hotelgäste dürfen nur nach Voranmeldung und unter Angabe des Nummernschildes ihres Fahrzeugs zur Gepäckabgabe einfahren). Da die Entfernungen überschaubar sind, kann man alle Sehenswürdigkeiten ganz gut zu Fuß erreichen.

Vom Bahnhof zur Piazza del Duomo

Ausgangspunkt des ersten Innenstadtrundgangs ist der zwischen 1932 und 1934 errichtete **Hauptbahnhof Santa Maria Novella.** 60 Mio. Reisende im Jahr machen Firenze SMN zu einem der belebtesten stadteingebundenen Bahnhöfe Europas. Aus der Vogelperspektive wirkt der Komplex wie ein Rutenbündel mit eingebundenem Beil – die Machtinsignie altrömischer Konsuln wurde zur Bauzeit des Bahnhofs von den italienischen Faschisten als Symbol missbraucht.

Unweit des Bahnhofs beherrscht die zugleich mächtig und elegant wirkende Fassade der **Kirche Santa Maria Novella** den gleichnamigen Platz. Das Gotteshaus dokumentiert den Übergang von Gotik zur Renaissance im Duecento/Trecento, dem 13./14. Jh. 1246 wurde der Grundstein gelegt, 1300 war das Innere fertig, doch die dunkelgrün-weiße Fassade wurde erst im 15. Jh. durch *Giovanni Bertini* nach Plänen von *Leon Battista Alberti* vollendet. Gesimse gliedern den Baukörper horizontal; Voluten, geschwungene Schnecken, nehmen beidseits der Attika die Kreisform auf. Im Kircheninneren überwältigen die gewaltigen Deckengewölbe und die schlanken Säulen der Basilika, deren Bögen freien Blick auf die Seitenschiffe gewähren. Vom Hauptportal bis zum Chor misst der Baukörper 99 m. Ausgestattet ist der Kirchenraum mit einer Fülle an **Kunstschätzen:** So dem 2 x 2,50 m messenden, bemalten Kruzifix mit seiner körperlich-menschlichen Darstellung Jesu aus der Hand des jungen *Giotto* (um 1290) im Mittelschiff. Geradezu revolutionär präsentiert das Fresko an der Wand des Seitenschiffes die „Dreifaltigkeit" mit Jesus am Kreuz, dem Heiligen Geist als Taube darüber und Gottvater im Hintergrund, dazu Maria und Josef und das kniende Stifterehepaar in der neuen Technik der perspektivischen Darstellung – die Florentiner seien damals in langen Schlangen angestanden, so heißt es, um dieses Meisterwerk von *Masaccio* (1427) zu bestaunen. In der Hauptchorkapelle hat *Ghirlandaio* Szenen aus den Leben Marias und *Johannes des Täufers* verewigt und auch zahlreiche Florentiner Bürger in zeitgenössischer Kleidung hineingemalt; in der Cappella Strozzi di Mantova linker Hand des Hauptchors am Beginn des rückwärtigen Hauptschiffes verewigte *Nardo di Cione* 1357 Szenen aus *Dantes* „Göttlicher Komödie". Einen weiteren Höhepunkt stellt in der Kapelle unmittelbar links vom Hauptchor das Kruzifix von *Brunelleschi* (1420) dar. Er bildet Jesus feingliedrig, mit edlen Gesichtszügen und gänzlich nackt ab. Der Eingang zum **Museum** befindet sich linker Hand der Hauptfassade. Geradezu idyllisch wirkt der Grüne Kreuzgang (Chiostro Verde), den ein von Weiden umstandener, zierlicher Springbrunnen schmückt. Fresken wie „Die Erschaffung Adams und der Tiere" und „Die Erschaffung Evas und Sündenfall" von *Paolo Uccello* (1397–1475) schmücken die der Kirche zugewandten Mauern.

UNSER TIPP: An der Nordseite schließt die Cappella degli Spagnoli an, die Spanische Kapelle – der ehemalige Kapitelsaal. *Andrea Bonaiuto* stattete sie 1367 mit prächtigen Fresken zum Thema der Heilswerdung des Menschen aus, darunter das Gemälde der **Streitenden Kirche,** in dem der Florentiner Dom so abgebildet ist, wie ihn sich der Maler da-

Legende siehe S. 47

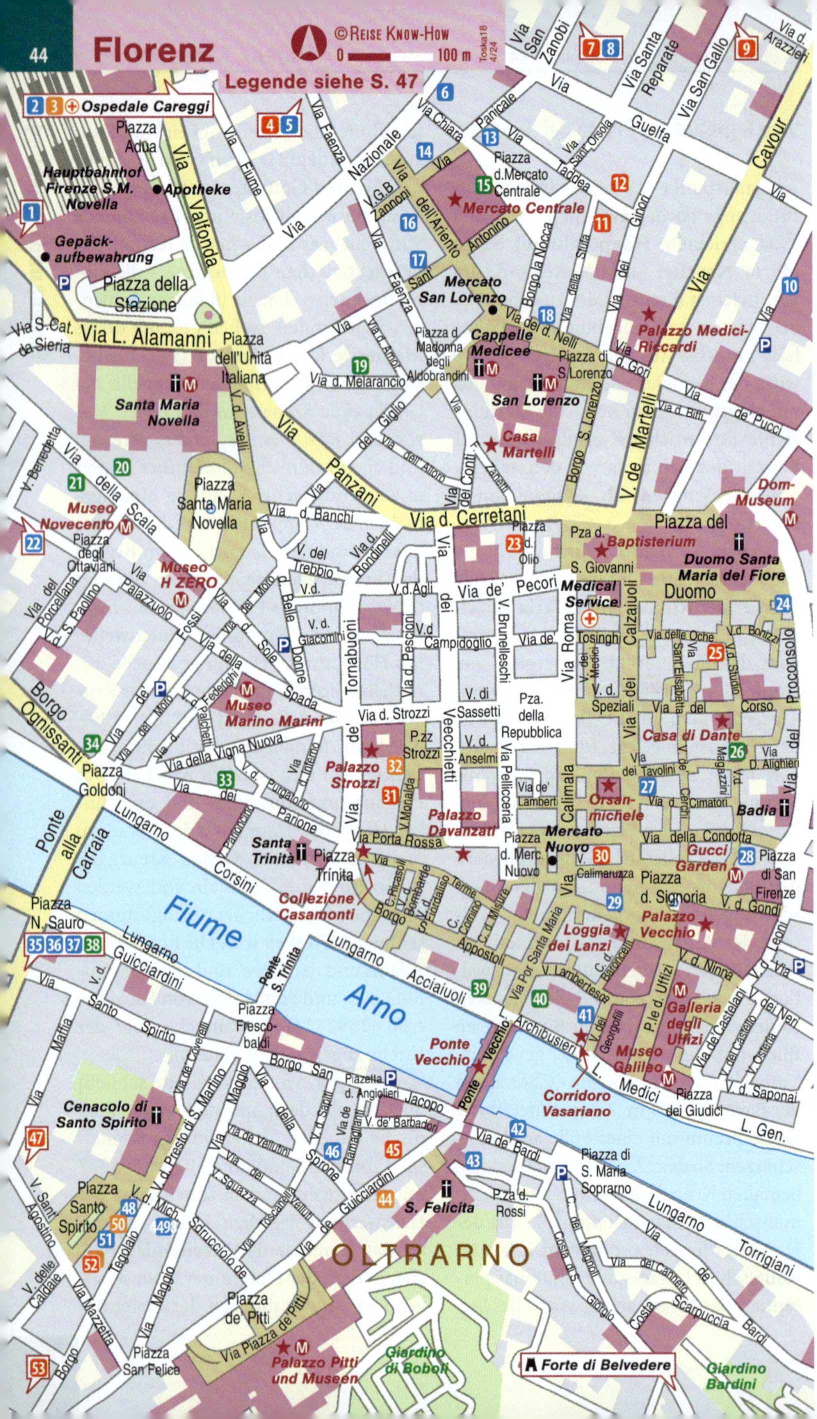

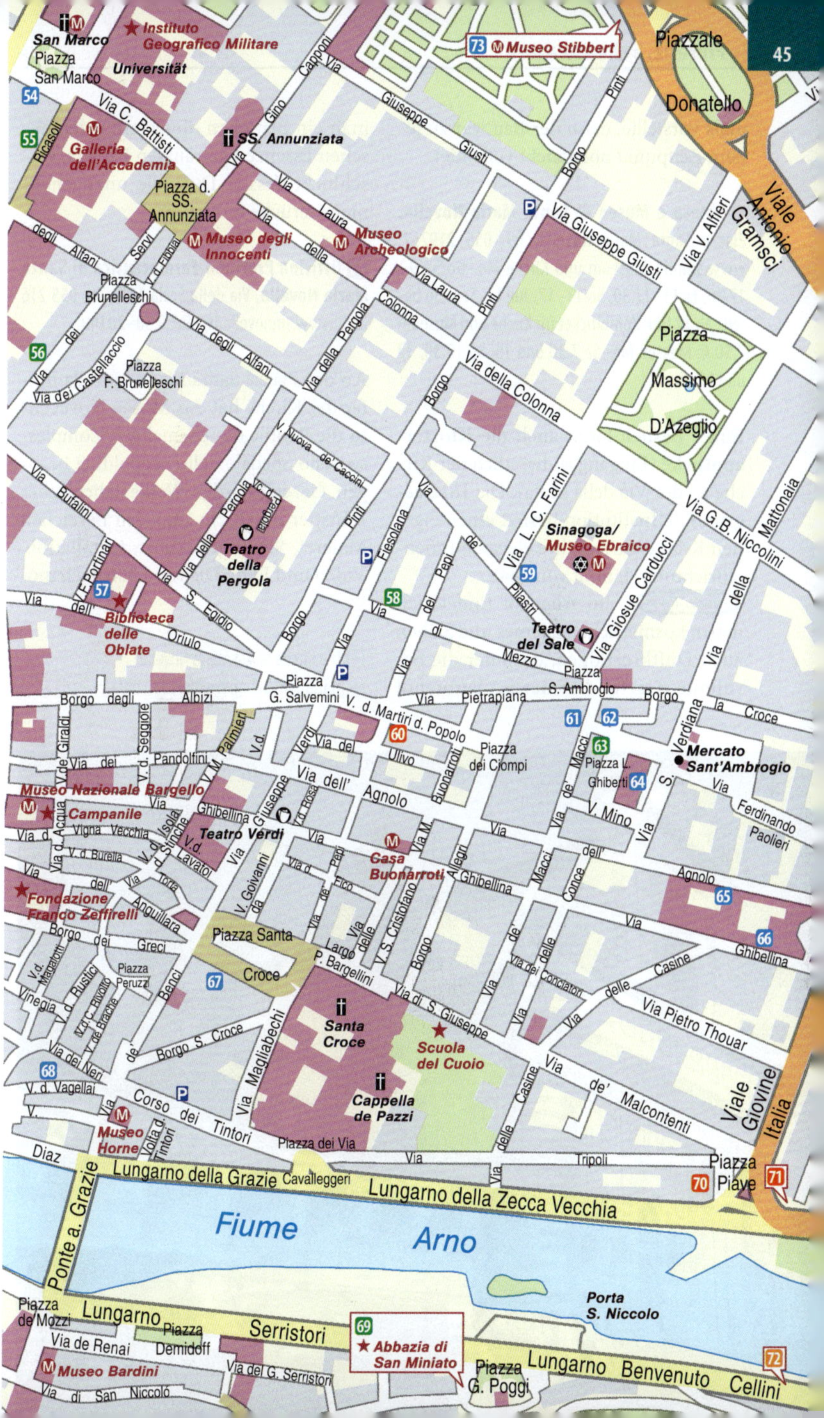
San Marco
Piazza San Marco
Instituto Geografico Militare
Universität
73 Museo Stibbert
Piazzale Donatello
54
55
Via C. Battisti
Galleria dell'Accademia
SS. Annunziata
Piazza d. SS. Annunziata
Museo degli Innocenti
Museo Archeologico
Via Giuseppe Giusti
Viale Antonio Gramsci
Via V. Alfieri
Piazza Brunelleschi
Via degli Alfani
Via della Pergola
Via della Colonna
Piazza Massimo D'Azeglio
56
Piazza F. Brunelleschi
Via dei Castellaccio
V. Nuova de' Caccini
Via Bufalini
Teatro della Pergola
Via L. C. Farini
Sinagoga/ Museo Ebraico
Via G.B. Niccolini
Mattonaia
57
Biblioteca delle Oblate
Via dell' Oriuolo
Via S. Egidio
58
59
Via Pilastri
Teatro del Sale
Via Giosue Carducci
Via di Mezzo
Piazza S. Ambrogio
Borgo degli Albizi
Piazza G. Salvemini
V. d. Martiri d. Popolo
Via Pietrapiana
Borgo la Croce
60
61
62
63
64
Piazza dei Ciompi
Piazza L. Ghiberti
Mercato Sant'Ambrogio
Via Ferdinando Paolieri
Via dei Pandolfini
Via dell' Agnolo
Museo Nazionale Bargello
Campanile
Via Ghibellina
Teatro Verdi
Casa Buonarroti
V. Mino
65
66
Fondazione Franco Zeffirelli
Borgo dei Greci
Piazza Santa Croce
67
Largo P. Bargellini
Piazza Peruzzi
Via dei Conciatori
Via delle Casine
Via Pietro Thouar
Via di S. Giuseppe
Santa Croce
Scuola del Cuoio
Cappella de Pazzi
Borgo S. Croce
68
V. d. Vagellai
Via dei Neri
Corso dei Tintori
Via Magliabechi
Via de' Malcontenti
Viale Giovine Italia
Museo Horne
Piazza dei Via
Via Tripoli
Piazza Piave
70
71
Diaz
Lungarno della Grazie
Cavalleggeri
Lungarno della Zecca Vecchia
Fiume Arno
Ponte a. Grazie
Porta S. Niccolo
Piazza de'Mozzi
Lungarno Serristori
Piazza Demidoff
Via de Renai
69
Abbazia di San Miniato
Via del G. Serristori
Museo Bardini
Via di San Niccolò
Piazza G. Poggi
Lungarno Benvenuto Cellini
72

mals vorstellte, denn der Bau war zu jenem Zeitpunkt noch nicht vollendet.

■ **Chiesa e Museo di Santa Maria Novella,** Piazza Santa Maria Novella, Tel. 055 219257, www.smn.it. Museum und Kirche Mo–Do/Sa 9–17.30, Fr 11–17.30, So 13–17, Juli bis Sept So bereits ab 12 Uhr, Kombiticket für Kirche und Museum 7,50 €; Messen Mo–Sa 7.30 und 18, So 10.30, 12 und 18 Uhr.

Einen Besuch lohnt auch die **Klosterapotheke** (Eingang südwestlich der Kirche an der Via della Scala). Die 1612 gegründete Institution besitzt einen eigenen Kräutergarten; ihre elegante Inneneinrichtung stammt von 1848.
Unser Tipp: Im Angebot findet sich neben kosmetischen Cremes und Salben auch Duftkreationen, darunter die berühmte **Carta d'Armeria.** Verbrennt man ein Blättchen dieses mit orientalischen Essenzen getränkten Papiers, verschluckt dessen Duft alle unangenehmen Gerüche im Raum.

23 Officina Profumo-Farmaceutica di Santa Maria Novella, Via della Scala 16/R, Tel. 055 216 276, www.smnovella.it, tägl. 9.30–20 Uhr.

An der Piazza Santa Maria Novella hinter der Kirche hat das **Museo Novecento** die Räume des ehemaligen Complesso dello Spedale delle Leopoldine bezogen. Gezeigt werden Werke italienischer Künstler des 20. Jh., aus den Bereichen Malerei, Skulpturenkunst, Installation, Video und Film. Die rund 300 nach mo-

Die Kirche Santa Maria Novella empfängt die Bahnreisenden als Erstes

006t sk

Legende zu Florenz (Seite 44)

Übernachtung
4 Archi Rossi Hostel
7 Hostel Plus
9 Residenza Johlea
11 Hotel San Lorenzo
12 Hotel Collodi
23 Relais del Duomo
25 Albergo Firenze
30 Olga's House
31 Golden Tower Hotel
45 Old Bridge
47 Ostello Santa Monaca
52 Palazzo Guadagni
53 Tasso Hostel
60 Hotel Bodoni
70 River Hotel
71 Camping in Town

Nachtleben
3 Café de Paris
32 Yab Glamour Club
44 Roof Bar Scaletta
50 Volume
52 Roof Bar Palazzo Guadagni
72 Pinocchio Jazz

Einkaufen
15 Perini
19 Conad City
20 Officina Profuma di Santa Maria Novella
21 Dolce Forte
26 Taddei
33 Letizia Fiorini
34 Antica Farmacia Münstermann
38 La Citè Libreriacafè
39 Ateseta
40 Martelli
55 Antiquariat Gozzini
56 Conad Supermarkt
58 Mrs. Macis
63 Lisa Corti
69 Farmacia Monastica

Essen und Trinken
1 Pizzeria Giotto
2 Spera i Spera
5 Trattoria Guelfa
6 Caffè Mò Si
8 Il Vegetariano
10 Gelateria Carabé
13 La Burrasca
14 La Divina Enoteca
16 Pizzeria Le Follie di Romualdo
17 Trattoria Palle d'Oro
18 Trattoria Sergio Gozzi
22 Ristorante Nirvana
24 Gelateria Edoardo
27 I Due Fratellini
28 Gucci Osteria
29 Caffè Rivoire
35 Gelateria Sbrino
36 Ristorante l'Brindellone
37 IO Osteria Personale
41 Enoteca 'Ino
42 Ristorante Golden View
43 Enoteca Le Volpi e l'Uva
46 Gelateria della Passera
48 Ristorante I Raddi
49 Pizzeria Gusta Pizza
51 Ristorante Tamerò
54 Focacceria Pugi
57 Caffetteria delle Oblate
59 Ristorante Ruth's
61 Ristorante Teatro del Sale
62 Ristorante Cibrèo
64 Trattoria da Rocco
65 Caffè Le Murate
66 Pizzeria Le Carceri
67 Ristorante Boccadama
68 Ristorante Brac
73 Boutique della Pasta Fresca

dernen museumsdidaktischen Prinzipien vorgestellten Exponate werden in regelmäßigem Turnus ausgetauscht, sodass sich der Besuch dieser Sammlung immer wieder lohnt. Wer keine Zeit hat, das Museo Marino Marini zu besichtigen (→ Kasten „Florenz: Zugabe"), findet hier mehrere Werke des toskanischen Malers und Bildhauers.

■ **Museo Novecento,** Piazza Santa Maria Novella 10, Complesso dello Spedale delle Leopoldine, www.museonovecento.it, Tel. 055 286132, Fr–Mi 11–21 Uhr, 9,50 €.

An der Piazza gleich südlich lockt das **Modellbahnmuseum HO** zurecht Familien mit Kindern an. Die Miniaturlandschaft auf 280 m² mit über 1 km Gleisen lässt keine Wünsche offen. Garnituren aus allen Epochen drehen ihre Kreise, fahren durch Städte und übers Land.

■ **Museo H ZERO,** Piazza degli Ottaviani 2, Tel. 055 283619, www.hzero.com, Mi–Mo 10–19 Uhr, 12 €, Kind 6/8 €.

Die Via del Giglio führt auf den Renaissancekomplex von **Kirche San Lorenzo** und **Biblioteca Laurenziana** zu, dessen unverputzte Ostfassade ungewöhnlich anmutet. Es gab Pläne *Michelangelos*, diesen Mangel zu beheben, doch wurden sie nicht ausgeführt. Die Marktstände des **Mercato San Lorenzo** rahmen den mächtigen Bau ein und nehmen ihm die Strenge. San Lorenzo ist eng mit der Familie *Medici* verknüpft. Ab 1421, im ruhmvollen Quattrocento, ließ *Cosimo I.* den verfallenen Bau einer Vorgängerkirche durch *Brunelleschi* im Renaissancestil umgestalten. Das Ergebnis war eine dreischiffige Säulenbasilika mit etwas düsterem Innenraum. In ihr verwirklichte *Brunelleschi* seine Vision einer Synthese frühchristlicher und mittelalterlicher Architektur, die als „Renaissance" einen Siegeszug von Florenz aus bis in die Nachbarländer antreten sollte. Noch war diese Synthese aber nicht vollkommen – die Fundamente des Vorgängerbaus verhinderten perfekte Proportionen.

Das fast kalt wirkende Gotteshaus schmückt sich mit einigen Preziosen, so den berühmten Kanzeln mit Bronzereliefs der Leidensgeschichte Jesu aus der Werkstatt *Donatellos*. Direkt vor dem Hauptchor markiert die im Boden eingelassene, runde Grabplatte für *Cosimo I.* den Standort der Medici-Gruft, in der auch *Donatello* beigesetzt wurde. Die **Alte Sakristei** (Sagrestia Vecchia) gilt als eines der stimmigsten Werke *Brunelleschis;* Stuck und die mit bewegten Heiligen geschmückten Bronzetüren stammen von *Donatello*. Das Deckenfresko zeigt einen Sternenhimmel, wie er am 5. Juli 1422 über Florenz zu sehen war.

Im **Museo del Tesoro** in der Krypta sind sakrale Objekte aus dem 14. bis zum 19. Jh. versammelt. Wertvollster Teil der Ausstellung: ein Christus aus Silber (1444) von *Michelozzo*, Teil eines für *Cosimo I.* geschaffenen Kruzifixes.

Das Gebäude der **Biblioteca Laurenziana** errichtete *Michelangelo* ab 1524 für die Büchersammlung des *Medici Giulio* bzw. Papst *Clemens VII.* Kostbarkeiten der Buchkunst wurden so der Öffentlichkeit zugänglich, darunter der „Codex Vergilius Mediceus" aus dem 5. Jh. sowie Handschriften von *Dante*, *Boccaccio* und *Petrarca*. Die Glasfenster des Lesesaals sind mit den heraldischen Symbolen der *Medici* geschmückt.

■ **Chiesa San Lorenzo, Museo del Tesoro, Biblioteca Laurenziana,** Piazza San Lorenzo, Tel. 055 2645184, www.operamedicealaurenziana.org, www.bmlonline.it. Komplex ohne Bibliothek Mo–Sa 10–17.30 Uhr (Kassenschluss 60 Min. vor Ende), Bibliothek Mo–Fr 10–13.30 Uhr (Kassenschluss 30 Min. vor Ende), Kirche mit Sakristei, Kreuzgängen, Krypta, Schatzkammer und Fundamenten 9 €, Bibliothek 5 €; Messen Mo–Sa 9.30/18, So 9.30/11/18 Uhr.

Vor dem Besuch des nächsten architektonischen Highlights lohnt ein Bummel über den Mercato San Lorenzo auf der Piazza San Lorenzo und in der Via dell' Ariento. Über die westlich anschließende Piazza Madonna degli Aldobrandini ist das **Museo delle Cappelle Medicee** zugänglich, das eigentlich zum Komplex von San Lorenzo gehört, aber als eigenständiges Museum geführt wird. Der Zugang zu den beiden prunkvoll ausgestatteten Kapellen, die von den *Medici* nach Erlangung des Herzogtitels 1605 in Auftrag gegeben wurden, erfolgt durch eine **Krypta,** in der 50 Familienmitglieder bürgerlicher Herkunft ihre letzte Ruhe gefunden haben. Eine Treppe führt hinauf in die ungemein prunkvolle **Cappella dei Principi,** die Fürstenkapelle. 350 Jahre sollte es dauern, bis das Bauwerk nach einem Entwurf von *Don Giovanni* (1567–1621) fertiggestellt werden konnte. Dem unehelichen Sohn von *Cosimo I.* stand bei Planung und Ausführung der erfahrene Architekt *Bernardo Buontalenti* (1531–1608) zur Seite. Den ursprünglichen Plan, die Fürstenkapelle direkt an den Hauptchor von San Lorenzo anzuschließen und durch die Kirche zugänglich zu machen, mussten die beiden allerdings fallen lassen. Dennoch konnten sie ungeniert in kostbarster Ausstattung schwelgen: Altar und Wände sind in aufwendiger Pietra-dura-Technik (Mosaike aus Halbedelsteinen) verkleidet und wurden erst 1939 fertiggestellt. Sechs Granitsarkophage stehen in den Nischen unter der 59 m hohen Kuppel, die *Pietro Benvenuti* 1828–38 klassizistisch in leuchtenden Farben ausmalte. Über zweien der Särge wachen Bronzestatuen von *Cosimo II.* und *Ferdinando I.* Im Sockelbereich sind 16 toskanische Städtewappen angebracht.

UNSER TIPP: In scharfem Kontrast zum überbordenden Prunk und zur Farbigkeit steht die **Neue Sakristei** (Sagrestia Nuova), die *Michelangelo* zwischen 1520 und 1534 nach dem Vorbild von *Brunelleschis* Alten Sakristei in San Lorenzo als zweite Grabkapelle der *Medici* schuf. Papst *Leo X.* hatte den Auftrag für die Grabstelle von *Lorenzo II.* und die Gräber für dessen Sohn *Giuliano,* Enkel *Lorenzo* und Bruder *Giuliano* erteilt. *Michelangelo* schuf zwei fürstenherrliche Grabstätten mit beispielhafter plastischer Gestaltung (für Sohn *Giuliano* und Enkel *Lorenzo*). Auf den Sarkophagen lagern Allegorien der Tageszeiten, in den Nischen darüber thronen die idealisierten Gestalten der Begrabenen in römischen Rüstungen. Sakraler Mittelpunkt des Mausoleums ist die bewegende Skulptur der *Madonna lactans,* der stillenden Madonna. Sehr restriktiv wird der Zugang zum **Stanza Segreta** gehandhabt, die 10 x 3 m messende Kammer, in der sich Michelangelo 1530 – vermeintlich von den Medici verfolgt – für 2 Monate zurückgezogen und die Wände mit Skizzen bedeckt hatte, teils Fingerübungen, teils Vorstudien für die Ausmalung der Sakristei darüber.

■ **Museo delle Cappelle Medicee,** Piazza Madonna degli Aldobrandini, Tel. 055 2388602, www.bargellomusei.beniculturali.it; tgl. 8.15–18.50 Uhr, Kassenschluss 40 Min. vor Ende, 9 €, unter 25 Jahre 2 €, Stanza Segreta nur nach Voranmeldung (Tel. 055 294883, 20 € zusätzlich), Ticketvorbestellung auf https://webshop.b-ticket.com (3 € Reservierungsgebühr); 3-Tages-Ticket mit Orsanmichele, Palazzo Davanzati und Bargello-Museum 21 €.

Nach so viel Kultur entführt der **Mercato Centrale** in den prallen Alltag der Florentiner. Farben, Düfte, Aromen, Stimmengewirr – man könnte sich hier ewig aufhalten und mit allen Sinnen genießen. Zwei Etagen mit einer Fläche von über 6000 m² befriedigen alle nur vorstellbaren kulinarischen Bedürfnisse. Dies auch ganz konkret, denn eine Fülle von Imbissständen lockt zur Verkostung, darunter Nerbone, dessen Panini, u.a. gefüllt mit *trippa* (Kutteln) oder *lampredotto* (Labmagen), zwei typisch florentinischen Speisen, legendär sind. Vorbild für den zwischen 1869 und 1873 durch *Giuseppe Mengoni* errichteten Mercato waren die Pariser Markthallen, die das Florentiner Pendant nach Fertigstellung überrundete. Sie war damals die größte Markthalle für Lebensmittel in Europa.

■ **Mercato Centrale,** Piazza del Mercato Centrale, www.storicomercatocentrale.it, Mo–Fr 7–15, Sa 7–17 Uhr, Imbissstände der 1. Etage tgl. 10–24 Uhr.

■ **Achtung:** Die Eintrittskarten für das **Grande Museo del Duomo** (Taufkirche, Campanile, Museum, Terrassen, Kuppel) können persönlich im Büro an der Piazza del Duomo 14/B gekauft oder online gebucht werden: https://operaduomofirenze.skiperformance.com. Der Komplex ist nicht in der Firenze Card enthalten. Der Eingang zur Kuppel und zu den Terrassen ist die Porta della Mandorla an der Nordseite des Doms, der zum Campanile liegt an dessen Ostseite.

Mittelpunkt des historischen wie auch des heutigen Florenz ist die **Piazza del Duomo,** beherrscht von den Renaissancefassaden des Doms, seines **Campanile** und des **Battistero** und gesäumt von historischen Bauten zwischen Gotik und Renaissance. Vor dem Besuch des Doms sei die Besichtigung des achteckigen **Baptisteriums** empfohlen, dessen Fassade *Brunelleschi* zwar mit Marmor-

009t sk

Tuttifrutti auf dem Mercato Centrale

intarsien ein klassisches Renaissanceaussehen gab, dessen Wurzeln aber weitaus tiefer, ins 11. Jh., zurückreichen. Das bronzene Südportal modellierte *Andrea Pisano* 1336. In 28 Feldern erzählt er die Lebensgeschichte *Johannes des Täufers,* dem das Gotteshaus geweiht ist. Am Nordportal goss rund 70 Jahre später *Lorenzo Ghiberti* Leben und Wirken Jesu in Bronze. Auch die alles überstrahlende Porta del Paradiso (Paradiespforte) nach Osten gestaltete *Ghibertis* Werkstatt zwischen 1426 und 1452. Wie Gemälde, mit tiefer Perspektive und Naturtreue, wirken die zehn Platten mit Motiven aus dem Alten Testament auf den Betrachter. *Ghiberti,* der sich anfangs schwer tat mit dem Bronzeguss, schwingt sich hier zu wahrer Meisterschaft auf. Übrigens sind dies nur Kopien; die Originale werden im Dommuseum gezeigt. Im Inneren beeindruckt das Kuppelmosaik in 26 m Höhe, ein Werk des *Andrea Tafi* (um 1320). Die Apsis schmückt das von *Donatello* und *Michelozzo* 1428 angefertigte Grabmal für Papst *Johannes XXIII.* Der auf dem Konstanzer Konzil abgesetzte und inhaftierte Gegenpapst bestellte einst die *Medici* als Bankiers der Kurie und sorgte maßgeblich für deren Reichtum. Die bedankten sich, indem sie ihn durch eine hohe Geldzahlung auslösten.

■ **Battistero di San Giovanni,** Piazza di San Giovanni, Tel. 055 2302885, www.operaduomo.firenze.it, tgl. 8.30–19.30 Uhr (1. So/Monat bis 14 Uhr), Kombiticket (Ghiberti-Pass) mit Dommuseum und Santa Reparata 15 € (keine Barzahlung); Messen Mo–Sa 10.30 Uhr.

Je nachdem, welche Warteschlange das schnellere Vorankommen verspricht, stehen Dom oder Campanile als nächstes an. Der **Duomo Santa Maria del Fiore** – seit 1412 nach der Lilie *(fiore)* auf dem Wappen der Republik benannt – entstand auf Fundamenten der Vorgängerkirche Santa Reparata von 406. 1296 erhielt *Arnolfo di Colle di Val d'Elsa* den Bauauftrag. Nach seinem Tod 1302 dauerte es 50 Jahre, bis *Franceso Talenti* übernahm, und schließlich betrat 1420 *Brunelleschi* die Bühne mit einem nie gesehenen Projekt, einer gigantischen, 90 m hohen Kuppel, die er in 14 Jahren

008t sk

☒ Die Domkuppel: schöner An- und Ausblick

Bauzeit ohne ein am Boden verankertes Lehrgerüst aufmauern ließ. Im Jahre 1436 erfolgte die Kuppelweihe; 1467, nach dem Tod *Brunelleschis,* wurde die Laterne aufgesetzt.

Mit 169,50 m Länge und 104 m Breite ist Santa Maria eines der größten Gotteshäuser der Welt, wirkt aber trotz ihrer gewaltigen Maße fast zierlich. Das ist ein Verdienst der strukturell stark gegliederten Außenwände, die durch Farbsetzung unterschiedlichen Marmors (rotem aus der Maremma, weißem aus Carrara und grünem aus Prato) verstärkt wird. Der Fassadenschmuck stammt allerdings hauptsächlich aus dem 19. Jh. Hauptattraktion des Außenbaus ist das östliche Nordportal Porta della Mandorla, 1408 von *Niccolò Piero d'Arezzo* geschaffen (Ornamente der Pfosten und Architrav), während *Nanni di Bianco* und *Donatello* für das Madonnen-Relief verantwortlich zeichneten (1414). *Ghirlandaio* schließlich setzte das Lünettenmosaik (Bogenfeld) ein.

Der äußerlich so verheißungsvolle Dom wirkt mit seiner Kargheit im Inneren auf viele enttäuschend. Zahlreiche Kunstwerke der ursprünglichen Kirchenausstattung sind im Museo dell' Opera del Duomo zu besichtigen. Beachtenswert sind die drei Glasfenster an der Westwand von *Niccolò di Piero.* Im Zentralraum beeindrucken die bemalten Rundfenster an der Kuppelbasis und das Fresko des Jüngsten Gerichts von *Giorgio Vasari* und *Federico Zuccari* (1572–79). Mit dem Reiterbild im linken Seitenschiff verewigte *Paolo Uccelli* 1436 den englischen Feldhauptmann *John Hawkwood,* der im Sold des florentinischen Heeres diente; gleich daneben ein weiterer Reiter – *Niccola da Tolentino* – von *Andrea del Castagno* (1456). In Höhe der vierten Säule des linken Schiffes ehrte *Domenico di Michellino* 1465 *Dante Alighieri* mit einem Gemälde. Man sieht den Dichter mit seiner „Göttlichen Komödie“ in Händen, um ihn herum Motive des Werks und eine Stadtansicht. Im rechten Seitenschiff am ersten Pfeiler geht es gegen Eintritt hinunter zur **Krypta** der Vorgängerkirche Santa Reparata, wo 1972 das marmorne Grabmal *Brunelleschis* aufgefunden wurde.

UNSER TIPP: Unverzichtbar ist der Aufstieg zur **Kuppellaterne** (Aufgang im rechten Seitenschiff kurz vor dem Querhaus). 463 Stufen schrauben sich zwischen den beiden Kuppelschalen nach oben, einmal betreten, gibt es kein Zurück – Einbahnstraße. Die parabelförmige Konstruktion der Kuppel ist der Bauweise geschuldet: Jeder gemauerte Ring hatte den nächsten zu tragen. Von oben eröffnet sich ein **Traumblick** über Kuppel, Dom und Piazza.

Wer die **Domterrassen** entlang des Langschiffs sehen will, kann dies auf einer eigens arrangierten Domtour (dabei sind 150 Stufen hinauf zu bewältigen).

Wer noch nicht genug hat, erklimmt die 463 Stufen des frei stehenden **Campanile** an der Südwestecke der Kirche. *Giotto,* der die Arbeiten am Dom zu Beginn des 14. Jh. übernommen hatte, vernachlässigte das Gotteshaus und baute ab 1334 stattdessen lieber am Turm, *Andrea Pisano* und *Taddeo Gaddi* setzten das Projekt nach seinen Plänen fort. 1358 war der Campanile im Stil der italienischen Gotik vollendet.

■ **Duomo Santa Maria del Fiore,** Piazza del Duomo, Tel. 055 2302885, www.duomofirenze.it, http://operaduomo.firenze.it, Dom Mo–Sa 10.15–

15.45, Krypta Santa Reparata Mo–Sa 10.15–16, So 13.30–16, Kuppel Mo–Sa 8.15–16.30, So 12.45–16.30, Campanile tgl. 8.15–18.45 Uhr; Domterrassen derzeit nur mit Sonderführung (Tel. 055 2645789); Eintritt Dom frei, Brunelleschi-Pass mit Kuppel, Turm, Museum, Baptisterium und Santa Reparata 30 €, Giotto-Pass mit Turm, Museum, Baptisterium und Santa Reparata 20 €, jeweils nur Barzahlung. Mehrere Messen täglich ab 7.30 Uhr.

Die Kunstwerke, die man im Duomo vermisst, sind im hypermodern gestalteten **Dommuseum (Opera dell'Duomo)** in der ehemaligen Dombauhütte und im früheren Teatro degli Intrepidi versammelt: auf drei Ebenen und in 20 Räumen nach dreijähriger Bauzeit und 50 Mio. ausgegebenen Euro. Zu den bedeutendsten Stücken gehören die Originalbronzen von *Ghibertis* Paradiespforte am Baptisterium, eine anrührende Pietà, ausgewiesen als Alterswerk *Michelangelos* (das er selbst wegen eines Fehlers im Marmor zerschlug und das später wieder zusammengefügt wurde), Renaissancekanzeln von *Donatello* und *Luca della Robbia* oder *Donatellos* grandiose „Maddalena penitente", eine verhärmte, in Lumpen gekleidete *Magdalena* aus Holz. Interessant ist auch die detailgetreue Nachbildung der alten Domfassade von *Arnolfo di Cambio,* die 1587 zerstört wurde - ein gigantisches Ausstellungsstück, für das eigens ein Saal von 40 m Länge, 15 m Breite und 20 m Höhe geschaffen werden musste. Zum Abschluss kann man auf der Dachterrasse das Panorama mit Domkuppel bestaunen.

■ **Opera dell'Duomo,** Piazza del Duomo 9, Tel. 055 2302885, http://operaduomo.firenze.it, tgl. 8.30–19 Uhr, nur Kombitickets → bei Duomo und Battistero.

Vom Domplatz an den Arno

Ein Bummel durch die von Filialisten gesäumte Fußgängerzone Via dei Calzaiuoli nach Süden führt zur malerisch im Gassengewirr verborgenen **Casa di Dante,** in der der große Dichter 1265 angeblich geboren wurde. Sein heutiges Aussehen verdankt das Haus umfänglichen Renovierungen im 19. Jh. Die multimedial-interaktive Ausstellung zu Dantes Leben und Wirken ist durchaus sehenswert. Gleich daneben erhebt sich die **Torre della Castagna,** in dem sich 1282 erstmals die Zunftvorsteher der Stadt (Priori delle Arte) versammelten.

■ **Casa di Dante,** Via Santa Margharita 1, Tel. 055 219416, www.museocasadidante.it, tgl. 10–18, Nov.–März Mo–Fr 10–17, Sa/So 10–18 Uhr, 8 €.

UNSER TIPP: Macht sich Müdigkeit bemerkbar? Dann versprechen **27 I Due Fratellini** in der Via dei Cimatori 38 (→ „Essen und Trinken") Linderung. Die „Brüderchen" sind eine Florentiner Institution, und ihre Panini mit allen nur vorstellbaren Füllungen preiswert.

Meisterwerke florentinischen Kunstschaffens zeigt das **Nationalmuseum Bargello** im zinnengeschmückten *palazzo* aus der Mitte des 13. Jh. Seit 1865 beherbergt der Palast auf drei Etagen das Nationalmuseum. Gleich zu Beginn begrüßen Skulpturen aus dem 16. Jh. die Besucher, darunter *Michelangelos* Marmor-„Bacchus" (1496/97), „David-Apoll" (1532) und „Brutus" (1540). Über die ehemaligen Gefängniszellen der Loggia Verone in der ersten Etage geht es in den Donatello-Saal mit Werken aus dem frühen 15. Jh. (u.a. *Donatello, Michelozzo, Luca della Robbia*). Den bronzenen „David" in der Gestalt des Merkur ließ *Donatello* 1430 im Auftrag von *Cosimo* gießen, der „David" aus Marmor entstand 1409 für den Dom. Die Bewerbungsarbeiten von *Ghiberti* und *Brunelleschi* für das Portal am Battistero di San Giovanni sind ebenfalls ausgestellt. Eindrucksvoll ist die Sammlung der *Medici* aus dem Nahen Osten im anschließenden „Islamischen Saal". Die Fresken in der Cappella di Maria Maddalena (13./14. Jh.) werden von einigen Kunsthistorikern *Giotto* zugeschrieben. Elfenbeinschnitzereien vom 5. bis zum 17. Jh. folgen im anschließenden Ausstellungsraum. Barockskulpturen, Bronzen und Waffen können im zweiten Stock besichtigt werden.

■ **Museo Nazionale del Bargello,** Via del Proconsolo 4, Tel. 055 2388606, www.bargellomusei.beniculturali.it, So/Mo/Mi–Fr 8.15–13.50, Sa 8.15–18.50 Uhr, jeden 2. und 4. So/Monat geschl., 10 €, 3-Tages-Ticket mit Medici-Kapellen, Orsanmichele und Palazzo Davanzati 21 €.

UNSER TIPP: Wer einen Höhepunkt der Florentiner Renaissancemalerei auf sich wirken lassen möchte, kommt an einem Besuch der **Badia Fiorentina** gegenüber dem Bargello nicht vorbei. Die im 10. Jh. gegründete Benediktinerabtei gehörte einmal zu den reichsten Klöstern Italiens. Charakteristisch ist der 70 m hohe, sechseckige Spitzturm der 1285 errichteten Kirche, in der die **„Marienerscheinung des heiligen Bernhard"** von *Filippino Lippi* (1486) in unglaublicher Plastizität die Nordwand schmückt. Sehenswert ist auch der doppelstöckige „Kreuzgang der Orangenbäume" (Chiostro degli Aranci, Zugang über den Chor) mit Fresken zum Leben des heiligen *Benedikt.*

■ **Badia Fiorentina,** Via del Proconsolo, Tel. 055 264402, www.badiafiorentina.org. Nur Mo 15–17.30 Uhr, 3 €, Messen u.a. So 11 und 18.30 Uhr.

Und schon folgt das nächste, vielleicht größte Highlight der Florenz-Besichtigung, die **Piazza della Signoria,** das weltliche Herz der Stadt, gesäumt von Loggia della Signoria (Loggia dei Lanzi) und Palazzo della Signoria (Palazzo Vecchio), geschmückt mit *Michelangelos* „David" und *Donatellos* „Judith mit Holofernes" sowie *Ammanatis* Neptunbrunnen. Wo anfangen? Vielleicht mit dem Rahmen, den die Fassaden an Ost- und Nordseite bilden. Im Osten der im 14. Jh. für die städtischen Gilden errichtete Tribunale di Mercatanzia und der Palazzo della Condotta (13.–14. Jh.), im Norden, östlich der Via de' Cerchi, Palazzo Uguccioni (1559, heute Hotel) und die Casa del Garbo (12. Jh., im 19. Jh. umgebaut). Westlich der Via de' Cerchi reihen sich Palazzo und Casa Guidacci (13. Jh.) sowie der Palazzo Bombicci (18. Jh.) ein, davor *Cosimo I.* als Reiter (1595) von *Giambologna.*

Weitere **weltberühmte Skulpturen** schmücken dieses Piazza-Gesamtkunstwerk: **„Herkules und Cacus"** rechts des Eingangs zum Palazzo Vecchio wurden von *Baccio Bandinelli* 1534 in Marmor gehauen. Links davon steht in unsterblicher Schönheit und mit einer Körperhöhe von 5,17 m **Michelangelos „David"** (natürlich in Kopie, Original in der Accademia, → dort), den der Meister 1501–04 im Auftrag der Wollweber formte. Der **„Neptunbrunnen"** von *Bartolomeo Ammannati* wurde anlässlich der Hochzeit des *Medici Francesco* mit *Johanna von Österreich* 1565 in Auftrag gegeben (2018 restauriert). Eine runde,

010t sk

Das Bildprogramm der Piazza della Signoria ist gewaltig – links Michelangelos „David"

in das Pflaster eingelassene Sandsteinplatte davor bezeichnet die Stelle, an der *Savonarola* hingerichtet wurde. Und zu guter Letzt findet sich hier auch eine Kopie von *Donatellos* steinernem **„Marzocco"** (1420, Original im Bargello-Museum). Der 1,35 m hohe, heraldische Löwe ist das Symbol der bürgerlichen Macht der Florentiner Republik.

Mit ihren eleganten Arkadenbögen beherrscht die 1382 erbaute **Loggia dei Lanzi** die Südseite. Sie diente als Empfangsraum der Signoria. *Simone Talenti* und *Benci di Cione* entwarfen eine antiken Vorbildern nachempfundene Festhalle mit drei mächtigen Rundbögen auf hohen, stark gegliederten Pfeilern. Unter den Medici-Herzögen wandelte sich die Loggia zur Präsentationshalle bildhauerischer Werke. Zwei Löwen flankieren den Treppenaufgang. Unter dem linken Bogen triumphiert der in Bronze gegossene *Perseus* über die *Medusa* (*Benvenuto Cellini*, 1554). Der rechte Bogen schützt die Marmorgruppe „Raub der Sabinerinnen" von *Giambologna* (1583).

Gucci-Groupies, die sich eine kleine Atempause im schwindelerregenden Renaissanceparcours gönnen möchten, der nun mit Palazzo Vecchio und Uffizien bevorsteht, finden im **Tribunale di Mercatanzia** den außerordentlichen **Gucci Garden.** Es ersetzt seit 2018 das Gucci Museum mit einer Ausstellung zur Geschichte des Modehauses (Gucci Visions) und einem Verkauf der Gucci-„Standards" und einigem, das nur hier (!) in den Auslagen liegt. Noblesse oblige: Das angeschlossene Restaurant *(Gucci Osteria)* unter *Massimo Bottura* leuchtet mit einem Stern, und schräg gegenüber kann man im *Gucci Girardino*

25 frühstücken und bis in die Nacht Cocktails schlürfen.

■ **Gucci Garden,** Piazza della Signoria 10, Tel. 055 75923302, www.gucci.com, tgl. 10–19 Uhr, 8 €. **28** **Gucci Osteria**③, Tel. 055 7593302, tgl. 12.30–15, 19.30–22 Uhr, Gucci Giardino 25, Tel. 055 75927012, tgl. 10–24 Uhr.

Den mit gotischen Zwillingsfenstern und zinnengekröntem Wehrgang geschmückten **Palazzo Vecchio** entwarf *Arnolfo di Cambio* zwischen 1299 und 1314 als Sitz der *signori,* der jeweils für zwei Monate berufenen Amtsträger der Stadtrepublik. *Michelozzo* baute ihn 1454 im Stil der Frührenaissance um. 1532, die Republik war untergegangen, zogen die Herzöge der *Medici* ein, allerdings wechselten sie schon kurze Zeit später in den Palazzo Pitti – daher der Name „Alter Palast". Wahrzeichen ist der **94 m hohe Turm** mit seinen 223 Stufen. Unterhalb des Wehrgangs heben sich die farbenfroh freskierten Wappen der Toskana vom Braun der Mauern ab. Im Inneren sind die Prachträume, **Quartieri Monumentali,** zu besichtigen. Einer der aus dem 14. Jh. erhaltenen Räume ist der Waffensaal. Der Salone dei Cinquecento (Saal der 500) in der ersten Etage diente mit über 1000 m² Fläche als Versammlungsort für den Rat der Stadt. Von *Michelangelo* stammt die Skulptur „Genius des Sieges" (1534) gegenüber dem Eingang. Im angrenzenden **Quartiere di Eleonora di Toledo** lebte die erste Frau von *Cosimo I.* in einer Zimmerflucht mit u.a. Schreib- und Speisezimmer, Grünem Salon und intimer Kapelle (1540 ausgemalt von *Bronzino*). Das **Studiolo di Francesco I.** haben über 30 Künstler nach Plänen *Vasaris* im Stil des Manierismus ausgestattet (1574). Von *Vasari* stammen auch die meisten Gemälde der anschließenden Zimmer. Jeder Raum ist einem Mitglied der Familie *Medici* zugeordnet, besonders prunkvoll wirkt der Saal für Papst *Leo X.*

Vasari schuf auch das Gemälde „Allegorie der Erde" (1557) im Hauptsaal des **Quartiere degli Elementi** in der zweiten Etage. Von der Saturn-Loggia eröffnet sich ein herrlicher Blick über den Arno zum Piazzale Michelangelo. Ein weiterer bemerkenswerter Raum ist die **Sala dell' Udienza** mit dekorativer Kassettendecke (*Giuliano da Mariano,* 1476) und Fresken von *Checchino Salviati* (1548).
Die **Sala dei Gigli,** der Liliensaal, ist voller Lilienmotive und zeigt ein eindrucksvolles Renaissancefresko von *Ghirlandaio,* der nicht nur die Heiligen *Zenobio, Stefano* und *Lorenzo* auf die Wand bannte, sondern die Fläche mit illusionistischen Pfeilern und Bögen strukturierte.
UNSER TIPP: Ein weiterer Leckerbissen ist der **Saal der 200.** Hier ist die wertvolle Sammlung der Wandteppiche *(Arazzi)* von Cosimo I. ausgestellt, die – um 1550 entstanden – die alttestamentarische Josefsgeschichte erzählen, eines der Hauptwerke der Renaissance-Tapisserien.

■ **Palazzo Vecchio mit Quartieri Monumentali,** Piazza della Signoria, Tel. 055 2768325, https://musefirenze.it, Palast Fr–Mi 9–19, Do 9–14, Turm (nicht bei Regen) Fr–Mi 9–17, Do 9–14 Uhr, Turm und Museum je 12,50 €, Museum mit Sonderausstellung 17,50 €.

Der schmale Durchgang zwischen Palazzo Vecchio und Loggia dei Lanzi gibt den Weg frei zur **Galleria degli Uffizi.** „Frühling" von *Botticelli,* die „Verkündigung" von *Leonardo da Vinci,* weiter *Mi-*

chelangelos „Heilige Familie", *Raffaellos* „Maria mit dem Stieglitz" und *Tizians* „Venus von Urbino" sind nur einige der Kostbarkeiten dieser Ausstellung. Schon das Gemälde „Frühling" verlangt, bei angemessener Würdigung, viel Zeit, denn es soll als Allegorie im Sinne einer neoplatonischen Philosophie verstanden werden. *Botticelli* fertigte das Gemälde anlässlich der Hochzeit des *Medici Lorenzo* mit *Semiramide Appiano* 1482 an. Es sollte *Lorenzo* daran erinnern, nicht nur Handelnder zu sein, sondern auch Erkenntnis zu suchen. Das Museum ist ein Konglomerat von Meisterwerken der Bildenden Kunst, das in seiner Fülle zu erschlagen droht – deshalb ist es sinnvoll, sich auf einzelne Epochen zu beschränken und eventuell einen zweiten Besuch vorzusehen. Empfehlenswert ist auch die Ticket-Reservierung, die lange Wartezeiten erspart.

Nachdem die *Medici* 1532 den Palazzo Vecchio bezogen hatten, gaben sie 1560 *Vasari* den Auftrag zum Bau des Verwaltungskomplexes, der 1580 abgeschlossen und durch einen Wandelgang über den Ponte Vecchio mit dem Palazzo Pitti, dem neuen Wohnsitz der *Medici*, verbunden wurde (s. Vasari-Korridor). Schon zu dieser Zeit kam in den Uffizien auch die Kunstsammlung der *Medici* unter. Bereits der lange schmale Platz der Uffizien wirkt wie ein Saal – das Skulpturenwerk in den Nischen der beiden Arkadengänge ist eine gewaltige Ouvertüre für die Reise in die Vergangenheit und zu ihren Protagonisten aus Kunst und Wissenschaft. Am Arno schließt der Komplex mit einer die beiden Flügel verbindenden Loggia ab.

⟩ Vergängliche Kunstwerke

Dreißig Säle fordern die Aufmerksamkeit der Besucher. Hier nur einige Beispiele: Drei Madonnenbilder aus dem 13. Jh. von *Giotto* und *Cimabue* zählen zu den Höhepunkten in Saal 2; die Säle 5 und 6 widmen sich gotischer Kunst, Saal 7 und 8 huldigen Meistern der Renaissance, *Filippino Lippi* begegnet Besuchern im Saal 8 des Quattrocento. Die Säle 10 bis 14 dienten einst als Theater, heute sind in ihnen vornehmlich Werke von *Botticelli* und *Ghirlandaio* ausgestellt. In Saal 15 begegnet man *Leonardo da Vincis* **„Verkündigung"**, Saal 16 zeigt Landkarten des 16. Jh. ... In Saal 25 hängt u.a. die „Heilige Familie" von *Michelangelo*, in Saal 26 Gemälde von *Raffael* und *Andrea del Sarto*. Und so geht es über *Tizian, El Greco, Rubens* und *Canaletto* weiter zu den „neuen Sälen", den ab Beginn des 21. Jh. eingerichteten „Blauen" (ausländische Maler des 16. bis 18. Jh.), „Roten" (*Maniera moderna*, vor allem *Michelangelo*) und „Gelben" (Florentiner Gemälde des 18. Jh.). Zwischen

011tsk

2015 und 2023 leitete der Deutsche *Eike Schmidt* die Uffizien und brachte viel frischen Wind ins Museum. So ließ er die verstellten Fensterflächen des Südbaus öffnen und ermöglichte den Blick auf die Stadt, packte *Botticellis* Gemälde in Klimakästen, sodass man aus nächster Nähe deren Details bewundern kann, und sorgte mit Weg- und Zugangsoptimierung für kürzere Wartezeiten an den Eingängen.

■ **Galleria degli Uffizi,** Piazzale degli Uffizi 6, Tel. 055 2388651, www.uffizi.it, Di–So 8.15–18.30, Juni–Sept. Di bis 22 Uhr (Einlass bis 60 Min. vor Ende), 25 €, Mitte Nov.–MItte Feb. 12 €, Audioführer in deutscher Sprache 6 €, Online-Reservierung (oder telefonisch unter 055 294883) verpflichtend (4 € Reservierungsgebühr), 5-Tage-Pass 38 € (mit Palazzo Pitti und Giardino di Boboli, im Winter für 18 €).

Nächstes Ziel ist der **Ponte Vecchio,** der seit mehr als 750 Jahren den Arno überspannt und nach einer Flut, die 1333 die alte Holzbrücke hinweggerissen hatte, stabil in Stein entstand. Beim Neubau wurden auch die Häuschen für Handwerker und Läden vorgesehen, die das Geländer ersetzen und bis auf einen kurzen mittleren Abschnitt den Blick auf Fluss und Stadt versperren. Dafür gibt's viel Geglitzer zu bewundern – hier stellen traditionell Goldschmiede ihre Ware aus. Die Brücke verbindet das Zentrum mit Oltrarno, dem Stadtteil „jenseits des Arno", in den die Adelsfamilien im 16. Jh. aus der beengten Innenstadt umsiedelten. Damit die *Medici* ungesehen und trockenen Fußes vom Palazzo Pitti an ihre wirtschaftlichen und politischen Wirkungsstätten rund um die Piazza della Signoria gelangen konnten, wurde der gedeckte **Vasari-Korridor** über den Ponto Vecchio zu den Uffizien angelegt und mit Kunstwerken geschmückt – *Velazquez* und *Rembrandt* sind vertreten, außerdem eine Galerie von Selbstporträts bekannter Künstler wie *Bernini, Rubens* und *Delacroix.*

■ **Corridoio Vasariano,** Piazzale degli Uffizi 6, Tel. 055 2388621625, www.uffizi.it. Wegen Restaurierungsarbeiten seit 2016 geschlossen, soll er laut Website ab Mai 2024 wieder zugänglich sein; die genauen Besuchsmodalitäten sind bei Drucklegung dieses Buches noch nicht bekannt (entweder individuell oder in geführten Gruppen, mit einem Eintritt um 25 € sollte man rechnen).

Östlich der Piazza del Duomo

Nun geht es weg vom Trubel und hinein in die gemächlichere Atmosphäre der Viertel östlich und nordöstlich des Doms. Ganz schnell ist man im Alltag der Florentiner angekommen, passiert einfache Cafés und Lebensmittelgeschäfte. Da hier auch die Universität angesiedelt ist, sind viele junge Leute unterwegs. Ein Tipp: Die **Biblioteca delle Oblate** (ein ehemaliger Konvent aus dem 14. Jh.) hat einen kleinen, ruhigen Garten mit Sitzbänken und auf dem Dach eine wenig bekannte Caffetteria (s. Kapitel „Essen und Trinken").

Mit der **Galleria dell'Accademia** besitzt dieser Teil der Innenstadt aber ebenfalls eines der großen Highlights (mit Warteschlangen), und das nicht

☒ Brunnen auf der Piazza della Santissima Annunziata

nur, weil Michelangelos makelloser „David" im Original zu besichtigen ist. Dieser verdankt seine Existenz der Tatsache, dass *Leonardo da Vinci* 1501 den Auftrag ablehnte, eine Skulptur aus einem von der Signoria erworbenen Marmorblock zu modellieren – die Chance für den 26-jährigen *Michelangelo*, dessen „David", 1504 vollendet, eigentlich beim Dom aufgestellt werden sollte. Stattdessen landete er für die nächsten knapp 400 Jahre auf der Piazza della Signoria, bis er in der Galleria dell' Accademia seinen geschützten Platz fand. Die Sala di Giotto seitlich der Tribuna del David präsentiert Gemälde des 15. Jh. aus *Giottos* Werkstatt, die zwei benachbarten Säle sind dem 13. und 14. Jh. vorbehalten (Gotik in Florenz). Eindrucksvoll der „Baum des Lebens" von *Pacino di Bonaguida* von 1310. Eine umfangreiche Sammlung historischer Instrumente komplettiert das Museum.

■ **Galleria dell'Accademia,** Via Ricasoli 58–60, Tel. 055 2388609, www.galleriaaccademiafirenze.it, Di–So 8.15–18.50 Uhr (Einlass bis 30 Min. vor Ende), 126 €, bei Sonderausstellungen mehr, Reservierung telefonisch unter 055 294883 oder Online-Reservierung (4 € zusätzlich, Sa/So Reservierung verpflichtend).

Wenige Schritte weiter schmücken die eleganten Renaissancearkaden der **Wallfahrtskirche Santissima Annunziata** den gleichnamigen, ruhigen Platz. *Michelozzo* gestaltete die Vorhalle, als er im 15. Jh. an Stelle einer älteren Wallfahrtskirche den heutigen Bau errichtete. Im 16. Jh. wurde das Gotteshaus fertiggestellt und der **Chiostrino dei Voti,** ein kleiner Vorhof, mit spektakulären Fresken ausgemalt, darunter der „Himmelfahrt Mariens" von *Rosso Fiorentino* (1513/14) und *Andrea del Sartos* „Geburt Mariens" (1515). Das wundertätige Marienbild, Auslöser der Wallfahrt, wird in einem eigens von *Michelozzo* angefertigten Marmortabernakel in der Seitenkapelle gleich links vom Eingang zum Langhaus aufbewahrt. Ungewöhnlich ist der kreisförmige, mit barocken Gemälden geschmückte Chor, der die reich mit Grabmälern ausgestattete Kirche abschließt. Im Kreuzgang **Chiostro dei Morti** befinden sich zahlreiche Grabstätten prominenter Bürger und ein weiteres Meisterwerk von *Sarto,* die „Madonna del Sacco" (1525) – die Heilige Familie auf der Flucht im Moment der Ruhe.

■ **Chiesa Santissima Annunziata,** Piazza SS. Annunziata, Tel. 055 266181, tgl. 7–12.45, 16–18.30, So auch 20.45–21.45 Uhr; **Messen** Mo–Sa 7, 8, 9, 10, 11, 12 u. 18 Uhr, So 7.30, 8.30, 10, 11.30, 13, 18 und 21 Uhr.

012tsk

013t sk

Auch den um 1620 erbauten Palast der Großherzogin Maria Magdalena von Österreich schräg gegenüber charakterisieren elegante Arkaden. Das darin untergebrachte **Archäologische Museum** birgt seit 1880 eine der weltweit bedeutendsten Sammlungen etruskischer Exponate, zusammengestellt aus den Kollektionen der *Medici* und der Lothringer Fürsten. Darunter befindet sich die 80 cm hohe, bronzene „Chimäre von Arezzo" aus dem 5. Jh. v. Chr. Die 1845 bei Chiusi entdeckte „Françoisvase" (benannt nach ihrem Finder) in der Vasenabteilung gilt als eines der schönsten Werke attischer Keramik. Die Ägyptische Abteilung zeigt Papyrusrollen, Sarkophage und natürlich Mumien.

■ **Museo Archeologico,** Piazza Santissima Annunziata 9b, Tel. 055 23575, Okt.–Mitte Juni Mo/Mi 8.30–14, Di/Do 8.30–19, Fr/Sa und jeden 1. So/Monat 8.30–14, Mitte Juni–Sept. Mo–Mi 8.30–14, Do 13.30–19, Fr/Sa und jeden 1. So/Monat 8.30–14,Uhr, Einlass bis 45 Min. vor Ende, 8 €.

UNSER TIPP: Einer der ältesten Botanischen Gärten Europas verbirgt sich hinter hohen Mauern. Den **Orto Botanico** gründete *Cosimo I.* 1545 als **Giardino dei Semplici** („Garten der Heilkräuter"). Mit über 5000 Pflanzenspezies, darunter eine im 18. Jh. gepflanzte Eibe, bietet er Naturkundlern interessantes Anschauungsmaterial. Ein Besuch lohnt, auch wenn man sich nicht für Botanik interessiert, denn besonders an heißen Sommertagen bietet der Garten **Ruhe und Schatten** im hektischen Getriebe.

■ **Orto Botanico,** Via P. A. Micheli 3, Tel. 055 275 7402, www.sma.unifi.it, Di–So 10–18/19, Nov.–März bis 16 Uhr, 6 €.

Zurück am Arno, begeistert östlich der Uffizien und des Ponte Vecchio die vielfarbige, allerdings erst im 19. Jh. so gestaltete Fassade von **Santa Croce.** Das Ende des 14. Jh. erbaute Gotteshaus des Franziskanerklosters ist Ruhestätte prominenter Florentiner. Gleich am Eingang beim Grabmal für den Staatskanzler *Carlo Marsuppini* (15. Jh., von *Settignano*) sieht man im Boden die Grabplatte für *Lorenzo Ghiberti.* Am westlichen Ende des linken Seitenschiffs befindet sich das **Grabmal von Galileo Galilei** (1737), und ihm gegenüber wurde im rechten Seitenschiff **Michelangelo** beigesetzt. Die von *Vasari* für *Michelangelo* 1564 entworfene Kapelle feiert mit drei Allegorien die Talente des Verstorbenen, Architektur, Bildhauerei und Malerei. *Dantes* Grab daneben ist nur Schein (1829), doch **Niccolò Machiavelli** (1469–1527), der als Staatsphilosoph die Politiker von Moral und Sitte freistellte, ruht tatsächlich hier. Ebenso wie der Komponist **Gioacchino Rossini** (1792–1868). Den Abschluss des linken Seitenschiffes bildet die **Cappella Castellani** mit Fresken von *Agnolo Gaddi* (1380) und einer Statue aus der Werkstatt der Familie *della Robbia.* Weitere Fresken in den Seitenkapellen stammen u.a. von *Taddeo Gaddi* („Das Leben Marias", 1338), und *Giotto* (Cappella Peruzzi, Johannes der Täufer und Evangelist; Cappella Bardi, Leben des heiligen *Franziskus* von 1320). Sehenswert ist auch die **Cappella Medici** von *Michelozzo* mit Werken von *Andrea della Robbia* (1480). Am Ende des linken Seitenschiffes ist in der **Cappella Bardi** ein Kruzifix von *Donatello* zu sehen, das *Brunelleschi* wegen der bäuerlichen Züge des Heilands für nicht allzu gelungen hielt. Der Kreuzgang rechts der Hauptfassade führt zum **Museum** und der von *Brunelleschi* 1430–64 errichteten **Pazzi-Kapelle.** Das Abendmahlfresko von *Taddeo Gaddi* (1340) im ehemaligen Refektorium war jahrhundertelang unter Putz versteckt. Spektakulär ist das 3,90x4,30 m große, bemalte **Kreuz von Cimabue.** Im Okt. 2017 geriet die Kirche in die Schlagzeilen, da sich ein Stein aus der Decke gelöst hatte und einen spanischen Touristen erschlug.

☐ Die Fassade der Chiesa Santa Croce zeigt den typischen Wechsel des Baumaterials

■ **Chiesa und Museo dell'Opera di Santa Croce,** Piazza Santa Croce 16, Tel. 055 2466105, Onlinebuchung unter www.santacroceopera.it, Eingang Largo Bargellini (links der Hauptfassade), Mo–Sa 9.30–17.30, So 12.30–17.45 Uhr (Einlass jeweils bis 17 Uhr), Kirche und Museum 8 € (und 1 € Vorverkauf, Audioguide 3 €); Messen Mo–Sa 18 Uhr.

Die **Scuola del Cuoio,** die nach dem Zweiten Weltkrieg für Waisen gegründete Schule des Lederhandwerks, residiert in einem Flügel des Franziskanerklosters. Die Besichtigung, die in jedem Fall per E-Mail oder telefonisch angekündigt werden muss, gibt einen Überblick über die komplexen Techniken der **traditionellen Lederverarbeitung,** ist ein bisschen auch Verkaufsveranstaltung, und man kommt dabei in den Genuss, den von *Michelozzo* erbauten und mit Fresken aus der Schule von *Domenico Ghirlandaio* dekorierten Kreuzgang zu besichtigen.

■ **Scuola del Cuoio,** Via San Giuseppe 5r (Zugang auch über die Kirche Santa Croce), Tel. 055 244533, www.leatherschool.biz, Mo–Fr 10–18 Uhr (Arbeitszeit der Handwerker), ab 16 € für 60 Min. Führung.

Oltrarno – jenseits des Arno

Den Ponte Vecchio überquerend und geradeaus der Via de Giucciardini folgend, ist der **Palazzo Pitti** das nächste Ziel. Der 1457 für einen Geldhändler errichtete Palast diente ab 1549 als Wohnsitz der *Medici* und später als Residenz der italienischen Könige. Zwischen 1865 und 1871 lebte König *Viktor Emanuele II. von Savoyen* in der Anlage.

Palazzo Pitti: Tickets

Für die fünf Ausstellungen im Palazzo Pitti gilt ein **Einheitsticket,** das Eintritt erlaubt in die Galleria Palatina mit den Königlichen Gemächern (Appartamenti Reali), die Galleria d'Arte Moderna, in die Schatzkammer (Tesoro dei Granduchi) und in das Modemuseum (Museo della Moda e del Costume). Für den **Giardino di Boboli** gilt ein eigenes Ticket, das auch Zugang zum Porzellanmuseum in der Palazzina del Cavalieri im Garten gewährt. Eine Reservierung für den Palazzo Pitti ist angeraten, um Wartezeiten zu vermeiden.

Der Palazzo und der angeschlossene **Boboli-Garten – Giardino di Boboli** (zusammen mit den **Villen und Gärten der Medici** UNESCO-Welterbe) beherbergen mehrere Museen sowie die Galleria Palatina, eine der weltweit schönsten Gemäldesammlungen.

Brunelleschi war Architekt des Palastes, der als Inbegriff des Renaissancestils gilt. Die *Medici* beauftragten dann 1560 *Ammanati,* das Gebäude zu erweitern und den Park anzulegen. Er entwickelte den ursprünglich nur aus dem Mittelbau bestehenden Palast zur Dreiflügelanlage, die mit ihrer Fassade aus roh behauenem Stein massig und unnahbar wirkt.1620 und 1640 kamen weitere Anbauten hinzu, 1783 entstanden die beiden der Straße zugewandten Seitenflügel. Seit 1828 ist die Kunstsammlung öffentlich zugänglich.

Der im Stil des Manierismus geschmückte Innenhof erlaubt den Zugang zu Museen und Garten. Die 26 Säle der **Galleria Palatina** befinden sich im linken Flügel der ersten Etage des Palastes. Hier sind die Wände mit Werken von *Raffael, Tiziano, Correggio, Rubens, van Dyck, Pietro da Cortona* und weiteren Meistern der Renaissance und des Barock geradezu tapeziert. Die Gemälde sind nicht chronologisch arrangiert, hängen entsprechend ihrer Wirkung im Raum oder sind thematisch zusammengefasst. Zudem sind die Säle reich mit Fresken ausgestattet. Wie in den anderen großen Kunstmuseen, empfiehlt sich auch hier ein Audioguide, der Besucher durch diese Schatzkammer der Bildenden Kunst begleitet und Details erläutert. Im Folgenden einige der wichtigsten Werke und ihre Standorte.

UNSER TIPP: **Raffael: Donna Velata** (1514, Sala di Giove), die angeblich *Raffaels* Geliebte, eine Bäckerstochter aus Siena, zeigt. Madonna del Granduca (1506, Sala Saturno), Porträts von *Agnolo* und *Maddalena Doni* (1507, Sala Saturno), Porträt von *Tommaso Inghirami* (1510, Sala Saturno), Madonna della Seggiola (1514, Sala Saturno), Erscheinung des Ezechiel (1518, Sala Saturno), Madonna dell' Impanata (1514, Sala di Ulisse).

■ **Rubens:** Die vier Philosophen (1612, Sala di Marte), Auferstehung (1616), Die drei Grazien (1622, Sala dei Putti), Bildnis der *Isabella Clara Eugenia* (1625, Sala di Apollo).

■ **Tiziano:** Bildnis des *Piero Aretino* (1545, Sala di Venere), die häufig kopierte Maria Magdalena (1548, Sala di Apollo), Bildnis des *Medici Ippoliti* (1532, Sala di Marte) sowie das rätselhafte Porträt „Der junge Engländer" (1540, Sala di Apollo).

Die **Königlichen Gemächer** (Appartamenti Monumentali/Reali) im rechten Flügel des Palastes bestehen aus 14 prunkvoll mit Fresken bemalten Räumen und Zimmerfluchten, in denen die Mitglieder des Hauses *Savoyen* lebten. In den kostbaren Möbeln, Vorhängen, Seidentapeten sowie Wandteppichen spiegeln sich Kunstströmungen von Renaissance bis Biedermeier.

Die **Galerie der Modernen Kunst** (Galleria d'Arte Moderna) zeigt in der zweiten Etage Werke aus dem späten 18. Jh. bis zum Beginn des Ersten Weltkriegs. In den prächtigen Räumlichkeiten lebten einst die Großherzöge. Die Galerie fokussiert sich auf Neoklassik, Romantik und Werke der „Macchiaioli" genannten, impressionistisch beeinflussten Bewegung, die sich 1855–65 speziell in Florenz entwickelte und auf Freilichtmalerei beschränkte. Der Name leitet sich von der Malweise mit fleckenartigen Farbflächen (*macchia* = „Fleck") ab.

014t sk

⌃ Statuette im Garten von Boboli

Die **Schatzkammer der Medici** *(Tesoro dei Granduchi)* befindet sich im Parterre und im Mezzanin der Sommerwohnung (linker Seitentrakt). In ihr zu sehen sind u.a. Vasen von *Lorenzo dem Prächtigen* aus Halbedelsteinen, Steinschnitte (Kameen mit erhabenem und Gemmen mit vertieftem Relief) aus der Sammlung *Cosimos I.*, Bergkristall- und Elfenbeinarbeiten (wie eine Vase des *Medici Mattias*), die Juwelen von *Anna Maria Luisa* und Bernstein von *Maria Magdalena von Österreich,* Waffen und Uhren. Eine Abteilung widmet sich der zeitgenössischen Schmuckkunst. Des

Florenz: Zugabe!

■ **Museo Marino Marini** in der säkularisierten Kirche San Pancrazio (14. Jh.) – über 170 Werke des toskanischen Bildhauers und Malers *Marino Marini* (1901–1980); Piazza San Pancrazio, Tel. 055 219 432, www.museomarinomarini.it, Sa–Mo 10–19 Uhr (Aug. geschl.), 10 €.

■ **Palazzo Medici-Riccardi mit Cappella dei Magi** – gutes Beispiel für die Profanarchitektur der Renaissance, errichtet Mitte des 15. Jh. für *Cosimo I.*, sehenswert die Kapelle mit vielfarbigem Marmorfußboden und kostbaren Fresken; Via Cavour 3, Tel. 055 2760340, www.palazzomediciriccardi.it, Do–Di 9–19 Uhr (letzter Einlass 18.30 Uhr), 10 €.

■ **Orsanmichele** – ab 1336 über viele Jahrhunderte Getreidespeicher und Wallfahrtsort, heute sind die Arkaden im Erdgeschoss vermauert und bergen eine gotische Kapelle für das wundertätige Marienbild sowie Statuen der Allegorien der Zünfte; Via Arte della Lana, Tel. 055 2388606, www.bargellomusei.beniculturali.it, Mo/Mi–Sa 8.30–18.30, So 8.30–13.30 Uhr, 8 €, 3-Tages-Ticket mit Bargello-Museum, Cappelle Medicee und Palazzo Davanzati 21 €.

■ **Museo Galileo,** Pilgerort für Galileo-Bewunderer im Palazzo Castellani (14. Jh.) am Arno-Ufer nahe der Uffizien – Originalinstrumente des Meisters, aber auch eine Instrumentensammlung der *Medici;* Piazza dei Giudici 1, Tel. 055 265311, www.museogalileo.it, tgl. 9.30–18 Uhr, 10 €.

■ **Chiesa und Museo di San Marco** für Freunde von Renaissancefresken – Fra *Angelico* hat im 14./15. Jh. seine Kreativität in den Dienst der Kirche gestellt (ein begnadeter und sehr inniger Maler, dessen tiefer Glaube aus den Bildern spricht). Piazza San Marco 3, Tel. 055 2388608, www.firenzemusei.it, Kirche Mo–Sa 9.30–12, 16–17.30, Museum tgl. 8.15–13.50 Uhr außer 2./4. Mo/Monat u. 1./3./5. So/Monat, Einlass bis 30 Min. vor Ende, 8 €; Messen Mo–Sa 7.30/18, So 10.30, 11.30, 12.30/18.30 Uhr.

■ **Casa Michelangelo Buonarroti,** auch wenn *Michelangelo* höchstselbst hier nie gelebt hat, seine Verwandten taten es ab dem 16. Jh. bis 1858 – im Erdgeschoss die Kunstsammlung der Familie *Buonarroti,* neben Werken des großen Meisters archäologische Fundstücke; Via Ghibellina 70, Tel. 055 241 752, www.casabuonarroti.it, März–Okt. Mi–Mo 10–17, Winter 10–16.30 Uhr, 8 €.

■ **Sinagoga/Museo Ebraico,** 1874–82 nach dem Vorbild der Hagia Sophia in Istanbul erbaut – das neomaurische Gotteshaus ist Mittelpunkt der etwa tausend Mitglieder zählenden jüdischen Gemeinde (Museum mit historischen liturgischen Objekten); Via Farini 6, Tel. 055 2346654, www.jewishflorence.it, Fr 10–17, So–Do 10–18.30, Winter bis 15/17.30 Uhr, Einlass bis 45 Min. vor Ende, 6,50 € (Buchung obligatorisch, 1 €).

■ **Istituto Geografico Militare** – wer sich für historische Kartenwerke und Globen interessiert, ist hier richtig. In Bibliothek und Museum sind wunderbare Werke ausgestellt, darunter kostbare Atlanten (aus einer Sammlung von 700 Exemplaren ab dem Ende des 16. Jh.) und das „Isolario" von *Benedetto Bordone,* der darin alle 1547 bekannten Inseln der Welt auflistete; Via Cesare Battisti 10/12, Tel. 055 2732229, www.igmi.org, Mo–Fr 9–13 Uhr nach Voranmeldung, Eintritt frei.

■ **Villa Careggi (UNESCO-Welterbe),** eine der ältesten Medici-Villen (um 1420) am Stadtrand von Florenz, sie markiert den Übergang vom befestigten Landhaus hin zum der Natur sich öffnenden Bauwerk, Viale Gaetano Pieraccini 17, am nordöstlichen Stadtrand, aktuell in Renovierung.

■ **Villa Poggio Imperiale (UNESCO-Welterbe),** 1565 in den Besitz der *Medici* gelangte, schlossartige Prachtvilla, ab 1618 in Besitz der Kaiserschwester *Maria Magdalena von Österreich,* heute eine Schule; Piazzale del Poggio Imperiale 1 (3 km südlich des Zentrums in den Hügeln).

■ **Museo della Casa Fiorentina Antica/Palazzo Davanzati** – Palast aus der Mitte des 14. Jh., dessen Ausstellung in Lebensführung und -stil des florentiner Adels einführt; Via Porta Rossa 13, Tel.

055 0649460, www.bargellomusei.beniculturali.it, Di–Do 8.15–13.50, Fr–So 13.15–18.50 Uhr, Einlass bis 40 Min. vor Ende, 6 €, 3-Tagesticket mit Bargello-Museum, Cappelle Medici und Orsanmichele 21 €.

■ **Casa Martelli** – Adelsresidenz mit exquisiter Sammlung, darunter das Bild „Anbetung des Kindes" (Piero Cosimo, 1505); Via Ferdinando Zannetti 8, Tel. 055 0649420, www.bargellomusei.beniculturali.it, Einlass Di 13.30, 14.30, 15.30, 16.30, Sa 9, 10, 11, 12 Uhr, Eintritt frei.

■ **Museo Stefano Bardini** – Sammlung des Antiquitätenhändlers mit Gemälden, Skulpturen, Musikinstrumenten und antiken Möbeln + Bereich zur Stadtgeschichte; Via dei Renai 37, Tel. 055 2342427, Fr–Mo 11–17 Uhr, 7 €.

■ **Museo Stibbert** – Museum des 19. Jh. mit vor allem Waffen und Rüstungen auch aus Japan und dem Orient (und schönem Park); Via Federico Stibbert 26, Tel. 055 475520, www.museostibbert.it, Mo–Mi 10–14, Fr–So 10–18, Park tgl. 9–17/19 Uhr (Winter/Sommer), 10 €, Park frei.

■ **Museo degli Innocenti** – Gemälde im (von Brunelleschi im frühen 15. Jh. geplanten) Waisenhaus und eine Ausstellung zu den Kindern des Hospizes; Piazza della Santissima Annunziata 12, Tel 055 2037122, www.museodeglinnocenti.it, tgl. 9.30–19 Uhr, 9 €.

■ **Fondazione Franco Zeffirelli** – Skizzen und Bühnenbilder des Theater und Opernregisseurs (1923–2019); Piazza di S. Firenze 5, Tel. 055 281038, www.fondazionefrancozeffirelli. com, Di–So 10–18 Uhr (Einlass bis 60 Min. vor Ende), 12 €.

■ **Museo Horne** – Sammlung des englischen Gelehrten (1864–1916) u.a. mit Gemälden von Giotto und Sambologna; Via dei Benci 6, Tel. 055 244661, www.museohorne.it, tgl. 10–14 Uhr, 7 €.

■ **Collezione Casamonti** – Ein Überblick über die geschichtliche Entwicklung der Kunst des 20. Jh.; Piazza di Santa Trinita 1, Tel. 055 602030, https://collezionerobertocasamonti.com, Mi– So 11.15–19 Uhr, Eintritt 12 €.

Weiteren hat japanisches und chinesisches Porzellan aus der Medici-Sammlung ihren Platz gefunden.

Der Fundus der **Kostümgalerie** *(Museo della Moda e del Costume)* im rechten, parkseitigen Anbau, dem **Palazzina Meridiana,** besteht aus über 6000 historischen und Theaterkostümen und Accessoires aus fünf Jahrhunderten.

■ **Galleria Pallatina, Appartamenti Monumentali, Galleria d'Arte Moderna, Tesoro dei Granduchi, Museo della Moda e del Costume,** Piazza Pitti, Tel. 055 294883, www.uffizi.it, Di–So 8.15–18.30 Uhr (Einlass bis 1 Std. vor Ende), 16 €, Mitte Nov.–Mitte Feb. 10 €, Vorausbuchung 3 €, 5-Tages-Ticket mit Uffizien und Garten 38 € (Nebensaison 18 €), Tagesticket mit Garten 22 € (Nebensaison 14 €).

Den **Boboli-Garten** ließ die Frau von *Cosimo I., Leonora von Toledo,* auf dem Gelände eines ehemaligen Steinbruchs anlegen. Antike Skulpturen, Renaissancefiguren, Springbrunnen, Grotten und Themengärten verstecken sich unter den Bäumen und zwischen den Hecken. Parkbänke wird man allerdings vergeblich suchen. Vom Palast nach links gelangt man zum Bacchusbrunnen, an dem der Hofzwerg *Cosimos I.* auf einer Schildkröte reitend verewigt ist, und weiter zum Eingang der bemerkenswerten **Buontalenti-Grotte,** den links Apollo und rechts Ceres flankieren. Die Sklavenfiguren von *Michelangelo* in der Grotte sind Kopien, die Venus schuf *Giambologna.* Nach Süden gehend, passiert man die Ziegengrotte und gelangt am Kaffeehaus (1776) und der Forte di Belvedere vorbei zur Palazzina del Cavaliere aus dem 18. Jh., in der die europäische **Porzellansammlung** (Museo delle Porcellane) der *Medici* ausgestellt ist. Zu sehen ist Porzellan aus Meißen und Sèvres sowie von der 1737 gegründeten toskanischen Manufaktur Doccia.

Über die Treppenanlagen, vorbei am Neptunbrunnen und zahlreichen Figuren, gelangt man wieder hinunter zum Palast mit dem Artischockenbrunnen (1641) unterhalb des ehemals für Hoffeste genutzten (ungeschlossenen) Amphitheaters. Im Westteil des Parks klettert die steile, „Viottolone" genannte Zypressenallee zum Isolotto hinauf. Ein Schwanenteich mit Inselchen, auf dem der Ozeanbrunnen steht, belohnt die Mühe des Aufstiegs. Zu Füßen des „Oceanus" von *Giambologna* (1576) räkeln sich die Allegorien der Flüsse Nil, Ganges und Euphrat.

■ **Giardino di Boboli, Museo delle Porcellane,** Piazza Pitti, Tel. 055 294883, www.uffizi.it, tgl. ab 8.15 Uhr (1. und letzter Mo im Monat geschl.), Schließung April–Sept. 18.30, März/Okt. 17.30, Nov.–Feb. 16.30 Uhr, Einlass bis eine Stunde vor Kassenschluss, 10 € (Nebensaison 6 €), Vorausbuchung 3 €, Kombitickets → Palazzo Pitti. Porzellanmuseum (wegen Renovierung bis auf Weiteres geschlossen.)

Firenzecard

Ab der ersten Nutzung **drei Tage gültige Karte** für 85 €: freier Eintritt in den meisten Museen und weiteren Sehenswürdigkeiten. Online-Verlängerung als „Firenzecard Restart" um 48 Stunden möglich (bei Drucklegung aufgrund einer Aktion kostenlos, sonst 28 €). Domkomplex und öffentlicher Nahverkehr sind nicht enthalten.

Erhältlich ist die Karte vor Ort bei den Touristeninformationen, teilnehmenden Museen und über das Internet.

■ **www.firenzecard.it**

UNSER TIPP: Vom Palazzo Pitti nach Westen gelangt man zur charmanten **Piazza Santo Spirito** mit schattigen Ruheplätzen und einladenden Cafés.

An der Piazza del Carmine liegt die **Kirche Santa Maria del Carmine.** Hier verdient die spektakuläre **Cappella Brancacci,** die mehrere Künstler im Auftrag eines wohlhabenden Seidenhändlers im 15. Jh. mit überaus farbintensiven und realistischen Fresken ausmalten, besondere Aufmerksamkeit. Während das Gotteshaus im 18. Jh. ein Raub der Flammen und danach barock/frühklassizistisch neu errichtet wurde, entkam der Freskenschatz wie durch ein Wunder der Zerstörung. *Masolino, Masaccio* und *Filippino Lippi* zeichnen für die Wandbilder verantwortlich. Selten ist die große Erkenntnis der Renaissance, die Entdeckung der Perspektive, so deutlich zu bewundern wie an diesen Fresken, z.B. am Bild „Tempelsteuer" von *Masaccio,* hinter dessen zentraler Szene – der Menschengruppe um Jesus – der Blick in eine Gebirgslandschaft schweifen kann. Wegen der empfindlichen Fresken dürfen nur wenige Besucher gleichzeitig in die Kapelle; eine Reservierung ist also unbedingt zu empfehlen.

Im Abendmahlsaal des Klosters neben der Kirche zeigt die Fondazione Romano die **Sammlung des Salvatore Romano** mit Skulpturen und abgelösten Fresken von der Römerzeit bis ins 17. Jh. Beachtenswert: die gotische Originalbemalung des Saales aus dem 14. Jh.

007t sk

Chiesa di San Frediano am „anderen Arno-Ufer" – Oltrarno

■ **Cappella Brancacci, Fondazione Romano,** Piazza del Carmine, Tel. 055 2768224, https://ticketsmuseums.comune.fi.it, Mo/Fr/Sa 10–17, So 13–17 Uhr, Einlass bis 45 Min. vor Ende, 7 €, Reservierung obligatorisch (telefonisch/online), Sa/So/Mo Besuch nur zusammen mit der Fondazione Romano (nur Sa–Mo offen), Ticket dann 10 €.

■ **Santa Maria del Carmine,** Mo–Sa 9–12, 17–18.45, So 8.30–12, 17–18.45 Uhr.

Noch ein Stück weiter westlich ragt augenfällig die barocke Kuppel der Kirche **San Frediano in Cestello** (um 1450, Kuppel von 1700, Ausmalung von *Antonio Gabbiani*) eines ehemaligen Karmeliterklosters auf.

Aussichtspunkte im Osten

Einige nicht ganz so bedeutende Sehenswürdigkeiten an den Hügeln östlich des Palazzo Pitti seien besonders passionierten Fotografen empfohlen, denn sie geben wunderbare Aussichtspunkte ab. Allen voran der monumentale Piazzale Michelangelo. Auf dem Weg dahin passiert man den **Forte di Belvedere,** der die schöne Aussicht, die er verspricht, meist nicht halten kann, denn er ist nur zu besonderen Veranstaltungen zugänglich.

UNSER TIPP: Eine elegante Alternative – zu erklimmen über eine stilvolle, von Rosen und Iris gerahmte Barocktreppe – bietet die **Aussichtsloggia des Giardino Bardini,** dessen Anlage auf das 15. Jh. zurückgeht und der, nach langem Erbstreit nun der Stadt Florenz gehörend, 2007 wiedereröffnet werden konnte. Von April bis Oktober lädt ein Café in der Loggia zur Pause mit Aussicht und einem kleinen Snack ein. Das dem Garten angeschlossene **Museum** zeigt eine interessante Sammlung von Antiquitäten.

- **Giardino/Villa Bardini,** Via Costa San Giorgio 2 (weiterer Eingang an der Via dei Bardi 1r), Tel. 055 294883,, www.villabardini.it, Museum derzeit nur mit Sonderausstellungen, Park tgl. 10–16 Uhr (jeden ersten und letzten Mo/Monat geschl.), Einlass bis 1 Std. vor Ende, Park 6 € (oder Ticket des Boboli-Gartens).

1873 begann man mit der Gestaltung des **Piazzale Michelangelo** und schloss die Arbeiten zwei Jahre später mit der Aufstellung einer bronzenen Kopie des „David" und der Medici-Gräber auf dem Sockel ab. Die monumentale Anlage wirkt nicht gerade anheimelnd, doch der Blick reicht weit über Arno und Altstadt. Noch ein Stück weiter (und höher) bieten sich Kloster und Kirche **San Miniato al Monte** als weitere Panoramastationen und zugleich sehr sehenswerte Gotteshäuser an, denn sie stammen im Kern aus dem 11. Jh. Die Fassaden aus weißem und grünem Marmor entstanden um 1100. In der Krypta unter dem Chor befindet sich die Grabstelle des heiligen *Minias*. Bemerkenswert sind die im 13. und 14. Jh. aufgetragenen Fresken im Kirchenschiff und der Intarsienboden aus dem Jahr 1207. Er zeigt ornamentale Muster und ein Tierkreiszeichen. In der Klosterapotheke gibt es Süßes und Gesundes.

- **San Miniato al Monte,** Via Monte alle Croci, Tel. 055 2342731, www.sanminiatoalmonte.it, Mo–Sa 9.30–13, 15–19, So 8.15–13, 15–17 Uhr; Messen Mo–Sa 18, So 8.30, 10, 11.30 u. 17.30 Uhr, werktags und So um 17.30 Uhr auf Latein mit gregorianischen Gesängen.

Praktische Informationen

Touristeninformation

- **www.feelflorence.it**
- **Ufficio Turismo Via Cavour,** Via Cavour 1/R, Tel. 055 290832, Mo–Sa 9–19 So 9–14 Uhr.
- **Ufficio Turismo Borgo Santa Croce,** Borgo Santa Croce 29R, Tel. 055 2691207, Mo–Sa 9–19, So 9–14 Uhr.
- **Ufficio Turismo Flughafen,** Peretola Via del Termine 11, Ankunftshalle, Tel. 055 315874, tgl. 9–19 Uhr.
- **Ufficio Turismo Bahnhof,** Piazza Stazione 4/a, Tel. 055 212245, Mo–Sa 9–19, So 9–14 Uhr.

Gepäckaufbewahrung

- **Luggage Point,** Bahnhof Santa Maria Novella (Mo–Fr 10.30–13, 15.30–17.30 Uhr, 5 €/Stück/Tag) und Via De'Guicciardini/Ponte Vecchio (Selbstbedienung 24/7, 1,80 €/Stück/Stunde, max 9,90 €/24 h), www.luggagepoint.it.

[>] Am Domplatz von Florenz

Führungen

■ **City Sightseeing,** Abfahrt Bahnhof, Piazza Stazione 1, Tel. 055 290451, www.firenze.city-sightseeing.it, Linie A: alle 15 Min. 9 bis 19, im Sommer bis 23 Uhr, 1 Std. Fahrtzeit mit 18 Haltestellen; Linie B: jede volle Stunde 10 bis 19, im Sommer bis 20 Uhr: 2 Std. Fahrtzeit mit 24 Haltestellen. Ticket je nach Saison 20–25 €.

■ **Mit dem Fahrrad,** Tel. 055 281103, www.ibikeflorence.com, 10 Uhr und April–Okt. auch 15 Uhr, ab 35 € (mit Rad, Helm, Wasser und einem Eisdielenstopp), ca. 180 Min.

■ **Im Untergrund zu antiken Fundamenten,** Tel. 347 5380457, www.artemidefirenze.com, Spezialtouren zu unregelmäßigen Terminen ab 25 € zzgl. Eintritte.

■ **Arno-Bootsfahrt,** Tel. 347 7982356, www.renaioli.it, Mai–Sept. 10–20 Uhr, um 30 €/60 Min.

■ **Florenz kulinarisch,** With Locals, Tel. 312 02440076, www.withlocals.com, Foodtouren durch die Stadt ab 72 €.

Unterkunft

Hotels

31 **Golden Tower Hotel & Spa**④, Piazza Strozzi 11/R, Tel. 055 287860, www.goldentowerhotel.it. Wenn Luxus, dann richtig. Das todschicke, zentral gelegene Boutiquehotel verwöhnt mit exquisiter Einrichtung und einem wunderschönen Spa.

70 **River Hotel**③, Lungarno della Zecca Vecchia 18, Tel. 055 2343529, www.hotelriver.com. Das aufmerksam geführte Hotel unweit von Santa Croce besticht durch seine Lage am Arno und für Standard und Lage günstige Preise.

12 **Hotel Collodi**③, Via Taddea 6, www.hotelcollodi.com, Tel. 055 291317. Nahe dem Mercato Centrale besitzt das nach Pinocchios Erfinder benannte Hotel zwölf helle, geschmackvoll möblierte Zimmer mit Bad, TV, Klimaanlage und Minibar.

UNSER TIPP: 52 **Palazzo Guadagni**③, Piazza di Santo Spirito 9, Tel. 055 2658376, www.palazzoguadagni.com. Unvergleichliche Lage mit Traum-Loggia über dem Platz in einem Renaissancepalast. Elegante, teils mit Fresken dekorierte 14 Zimmer, die mit Antiquitäten eingerichtet sind. Ideal für ein romantisches Wochenende!

60 **Hotel Bodoni**②, Via dei Martiri del Popolo 27, Tel. 055 240741, www.hotelbodoni.it. Sehr günstiges Hotel (mit leichtem Hostelcharakter) in einem modernen Gebäude im Zentrum; einfach, bunt eingerichtet, mit nettem Personal und einem guten Frühstück (auch Mehrbettzimmer verfügbar). Die Dachterrasse lädt zu Sonnenbad und Absacker trinken ein.

25 **Albergo Firenze**②, Piazza de Donati 4, Tel. 055 268301, www.hotelfirenze-fi.it. 57 zweckmäßig eingerichtete, saubere Zimmer mit Bad, Klimaanlage und TV zwischen Dom und Palazzo Vecchio. Die Zimmer nach vorne haben Schallschutz!

015t sk

11 **Hotel San Lorenzo**②, Via Rosina 4, Tel. 055 2382913, www.sanlorenzohotel.it. Nahe dem Mercato Centrale sind die acht einfach und freundlich eingerichteten Zimmer in einem Palast aus dem 15. Jh. untergebracht.

Bed & Breakfast

9 **Residenza Johlea**②-③, Via San Gallo 72/80, Tel. 055 4633292, www.antichedimorefiorentine.it. Das charmante, mit historischen Möbeln eingerichtete B&B ist Teil eines kleinen „Imperiums", das *Lea* und *Johann Vitta* in Florenz rund um die Via San Gallo aufgebaut haben. Gäste können unter sehr elegant bis eher einfach möblierten B&Bs wählen oder aber gleich ganz autonom in unabhängigen Apartments nächtigen.

30 **Olga's House**②-③, Via Calimaruzza 4, Tel. 345 7512035, www.olgashouse.it. Genug von Seide, Rüschen, Brokat, Schleifchen und Nippes – bei *Olga* geht es ganz kühl zu. Die Zimmer sind modern eingerichtet, manche würden sagen, bar jeglicher Atmosphäre, aber das hat seinen Reiz – und die Gastgeber sind überaus charmant!

45 **Old Bridge**②, Via Guicciardini 22 nero, Tel. 055 2654262, www.florenceoldbridge.com. Tolle Lage im Geschehen zwischen Ponte Vecchio und Palazzo Pitti, zwei Zimmer und eine Suite in der 2. Etage, jeweils mit Bad, das Frühstück wird gegenüber in einer Bar eingenommen (5 €/Person extra), sauber und zweckmäßig-elegant eingerichtet.

23 **Relais del Duomo**②, Piazza dell'Olio, Tel. 055 210147, www.relaisdelduomo.it. Unweit vom Dom, in der 1. Etage eines Palastes aus dem 17. Jh., befinden sich vier ruhige Zimmer mit Bad, Klimaanlage und TV (Mindestaufenthalt zwei Nächte).

Hostels

4 **Archi Rossi Hostel**②, Via Faenza 94R, Tel. 055 290804, www.hostelarchirossi.com. Hell, sauber und ein bisschen abgedreht, ist das Hostel eine der wirklichen Empfehlungen mit symapthischen Machern, viel Kontakt und besten Ratschlägen; auch Zweibettzimmer, alle Räume mit eigenem Bad.

47 **Ostello Santa Monaca**①-②, Via Santa Monaca 6, Tel. 055 268338, www.ostellosantamonaca.com. Privates Ostello mit Küchenbenutzung, Aufenthaltsraum, Waschmaschinen und TV, einfach, aber sauber und nahe der Piazza Santo Spirito gut gelegen. Vier-Bett-Zimmer und Schlafsaal.

53 **Tasso Hostel**①-②, Via Villani 15, Tel. 055 060 2087, www.tassohostelflorence.com. Hier trifft Hostel auf Theater und Musik. Das Haus in Oltrarno besitzt nicht nur 12 Zimmer (Einzel, Doppel und Mehrbett, teils mit eigenem Bad), sondern auch einen hübschen Garten, eine große Lounge und eine Bühne, auf der von Do bis Sa lokale Größen mit Musik oder Schauspiel auftreten. Die Zimmer sind eher schlicht eingerichtet, in den Gemeinschaftsbereichen herrscht Shabby Chick, doch aller Komfort (Schließfächer, Waschraum, Haartrockner etc.) ist vorhanden.

7 **Hostel Plus Florence**①-②, Via di Santa Caterina d'Alessandria 15, Tel. 055 6286347, www.plushostels.com. Modernes Hostel mit Hotelkomfort und allen Annehmlichkeiten, heiß begehrt, deshalb unbedingt reservieren! Der Clou sind ein Indoor- und ein Outdoor-Pool. Mit Cafeteria, Bar und Terrasse sowie WLAN. Doppelzimmer und Schlafsäle.

Camping

71 **Camping in Town,** Viale Generale Dalla Chiesa 1–3, Tel. 055 4698300, www.firenze.humancompany.com, ganzjährig geöffnet. 4 km vom Zentrum im Grünen und in Nähe des Arno. 2014 eröffneter Platz mit Wasserpark. In die Stadt kommt man toll mit dem Rad am Flussufer entlang.

Essen und Trinken

Ristoranti & Co.

37 **IO Osteria Personale**④, Borgo San Frediano 167/R, Tel. 055 9331341, www.io-osteriapersona

⊡ Es gibt sie noch in Florenz, die ganz normalen kleinen Läden!

le.it, Mo–Sa 19.30-22 Uhr. Todschick und kulinarisch richtig aufregend, *das* Lokal für eine gepflegten Abend, an dem man die kreative Küche (etwa Perlhuhnravioli mit Broccolicreme oder *quinoa risotto* mit *burrata*) mit ausgesuchten Weinen junger Wilder genießt. Empfehlenswertes Menü!

62 **Cibrèo**③-④, Via del Verrocchio 8/R, Tel. 055 23 41100, www.cibreo.com, tgl. 19–22.30, Fr–So auch 12.30–14.30 Uhr. Das Ristorante ist *die* Adresse, um teuer und elegant zu speisen (wenn man vorbestellt hat). Pasta findet man nicht auf der Karte der Vorspeisen, dafür Suppen und Polenta (z.B. mit frischen Kräutern). Weniger formell geht es in der **Trattoria Il Cibreino** gegenüber zu, doch sind die Preise immer noch gepflegt. Drittes Standbein des Cibreo-Clans ist das gleichnamige **Café** um die Ecke. Ebenfalls dazu gehört das **Cibléo,** eine feine Adresse für orientalische Gerichte (Via del Verrocchio 2/R).

51 **Tamerò**③, Piazza Santo Spirito 11/R, Tel. 055 282596, www.tamerofirenze.com, tgl. 17–24, Sa/So ab 12 Uhr. Das Szenelokal macht mit *open kitchen* und Industrieambiente so richtig auf Lifestyle. Aber wer Rummel mag (und DJ-Sessions ab 22 Uhr), ist hier richtig, und das Essen – von Pasta über Kebab bis Burger – ist gut.

42 **Golden View**③, Via de' Bardi 58/R, Tel. 055 214 502, www.goldenview.it, Mi–So 12–15, 18.30–23 Uhr. Von außen realisiert man die sich am Arno-Ufer mit Blick auf den Ponte Vecchio hinziehende Großanlage gar nicht, die Bar, Café, Restaurant, Pizzeria, Weinkeller und Kunstgalerie umfasst. Leicht unterkühlt eingerichtet, bezaubert das Panorama in exklusiver Lage, was besonders – aber nicht nur – die Touristen aus Übersee anzieht, die nicht auf's Geld schauen.

61 **Teatro del Sale**②-③, Via dei Macci 111/R, Tel. 055 2001492, www.teatrodelsale.com, Do–Sa 19.30–23, Sa/So 12–14.30 Uhr. 15 € kostet die Mitgliedschaft, dann darf man ein Jahr lang hinein ins Salztheater und sich abends am Buffet für um die 45 € den Bauch vollschlagen. Im Eingangsbereich wird natürlich Salz verkauft, vom Himalaya, aus Bolivien, Madagaskar, Peru, Persien und Italien: rein oder mit Aromen, aber auch Marmeladen, Gewürze und Eingelegtes füllen die Regale. In der Lounge Area stehen breite Fauteuils, Bücher, Zeitungen und Magazine bereit, beim Diner spielt die Musik auf,

303t sk

oder es wird ein Varieté gegeben. Ein rundum gelungener Abend sollte garantiert sein.

Unser Tipp: 13 **La Burrasca**②, Via Panicale 6/R, Tel. 055 215827, Di–Sa 12–15, 19–22.30 Uhr. Tageskarte, kein Fisch, kein Freisitz, unauffällig, billig, aber einer der charmantesten Orte der Stadt mit schnörkellosem, schmackhaftem Essen. Das einheimische Publikum ist durchmischt und immer guter Laune.

5 **Guelfa**②, Via Guelfa 103/R, Tel. 055 2133066, www.trattoriaguelfa.it, tgl. 12–14.45, 19–22.45 Uhr. Die rustikale, kleine Trattoria setzt auf ländliche Küche und toskanische Standards wie *bistecca*, Wildschwein und *ribollita*. Fisch gibt es nur freitags.

Calcio

Das ziemlich **heftige Ballspiel** geht auf das 16. Jh. zurück und war damals den Adligen vorbehalten. Sein Name „Giuco del Calcio Fiorentino" wurde auf „*calcio* – Tritt", verkürzt, was den kampfbetonten Charakter dieser florentinischen Fußballvariante gut zum Ausdruck bringt. In mehreren Spielen treten jeweils zwei der insgesamt vier Mannschaften aus den vier Stadtteilen gegeneinander an: die Grünen von S. Giovanni, die Blauen von S. Croce, die Roten von S. Maria Novella und die Weißen von S. Spirito. Sie tragen eine Art Landsknecht-Beinkleid in ihren jeweiligen Farben. Traditionell gibt es genau 33 Regeln, in denen auch festgelegt ist, was nicht erlaubt ist: hinterhältige Schläge und Tritte gegen den Kopf. Ansonsten darf man Kopfstöße aus- und Faustschläge verteilen, den Ellbogen gegen Nasen trümmern und seine Gegner ungestraft würgen. Immerhin prügeln sich auf jeder Seite des mit Sand aufgeschütteten Platzes 27, mithin insgesamt 54 Mann um den Ball. Immer wieder müssen Blessierte das Feld räumen. Bei einem der vier Clubs mitspielen zu dürfen, ist der ganze Stolz traditionsbewusster Florentiner.

48 **I Raddi**②-③, Via d'Ardiglione 47/R, Tel. 055 211072, www.trattoriairaddi.it, Mo–Sa 12.30–14.30, 19.30–23 Uhr. Seit ein junges Team das Traditionslokal übernommen hat, zieht es die Florentiner wieder in Scharen in das kleine Restaurant. Die typischen Speisen bekommen unter den kundigen Händen des Küchenchefs *Alfonso di Noia* einen aufregenden Pfiff – so das Rindertartar, das sich mit frischem Fenchel und Balsamicoreduktion in ein erstaunliches Geschmackserlebnis verwandelt. Die Karte ist klein und wechselt monatlich; unbedingt reservieren.

17 **Palle d'Oro**②, Via S. Antonino 43–45/R, Tel. 055 288383, www.trattoriapalledorofirenze.com, Mo–Sa 12–14.30, Fr/Sa auch 19–22.30 Uhr. Man geht nach hinten durch und speist an kleinen Tischen zwischen Einheimischen. Norditalienische Spezialitäten wie *bollito misto* (Fleischeintopf) oder Florentinisches wie *trippa* (Kutteln). Die Antipasti und Primi kosten um 7 € und Secondo nicht viel mehr als 10 €.

59 **Ruth's**②, Via I. C. Farini 2/A, Tel. 055 2480888, www.kosheruth.com, 10.30–15.30, 18.30–22 Uhr, Fr nur mittags, Sa nur abends. Unter den wachen Fotoaugen von *Kafka* und *Groucho Marx* wird leckeres, koscheres Essen bereitet, das man an Holztischen neben der Synagoge einnimmt.

Unser Tipp: 73 **Boutique della Pasta Fresca** ①-②, Via Cirillo Domenico 2, Tel. 055 578087, Mo–Sa 7.30–14.30 Uhr. Das kleine Lokal begann seine Karriere als Verkaufsstelle für hausgemachte Pasta. Die bildet auch heute noch die Basis aller Speisen, für die ganz Florenz dem jungen Team die Türen einrennt – es muss deshalb stets schnell gehen, ist aber nicht weniger schmackhaft.

Unser Tipp: 36 **I'Brindellone**②, Piazza Piattellina 10, Tel. 055 217879, www.facebook.com/iBrindellone, Di–So 12–14, 19.15–22 Uhr. Natürlich düst gelegentlich der Bus vorbei, doch die Einheimischen stört's nicht, dafür ist das Essen (Bistecca Fiorentina!) zu gut und zu günstig. Für den, der nicht reserviert hat, findet sich ab und an ein kleines Zeitfenster; rustikale Küche in sehr großen Por-

304t sk

tionen, immer überlaufen und immer zu Scherzen aufgelegtes Personal!

64 **Da Rocco**①, Piazza Ghiberti/Mercato di Sant' Ambrogio, Tel. 339 8384555, www.daroccotrattoria.com, Mo–Sa 10–14.45 Uhr. Fertige Gerichte von *Donatella,* schnell und günstig. Es hat seinen Grund, dass sich im Da Rocco Arbeiter und Beamte zum Mittagessen treffen. Typische Florentiner Küche, schmackhaft und in Markthallenatmosphäre.

18 **Sergio Gozzi**①, Piazza S. Lorenzo 8/R, Tel. 055 281941, www.facebook.com/TrattoriaGozzi; Mo–Sa 12–15 Uhr. Seit 100 Jahren wird hier hinter den Marktständen versteckt zu Mittag gegessen. Die Einrichtung ist schlicht, dafür illuminieren riesige Leuchten den Gastraum, in dem einfache, leckere Küche wie Spaghetti alle Sarde für 7 € oder Roastbeef für 10 € serviert wird. Ist und isst man zu mehreren, bestelle man das *bistecca fiorentina* (40 €/kg), authentisch und köstlich.

57 **Caffetteria delle Oblate**①, Via dell'Oriuolo 24, Tel. 055 0948429, Mo 14–19, Di 9–19, Mi–Sa 10–22.30 Uhr. Auf der Dachterrasse der öffentlichen Bibliothek nur ein Katzensprung vom Dom ist das touristische Getümmel „meilenweit" weg und der Imbiss mit Blick auf die Domkuppel günstig.

Pizza & Co.

66 **Le Carceri**②, Piazza Madonna della Neve 3, Tel. 055 2479327, www.ristorantelecarceri.it. Di–Sa 12–15, 19–23.30 Uhr. Hierher kommt man in erster Linie wegen des Ambientes – wo kann man sonst in ehemaligen Gefängniszellen essen? Meist gibt es Pizze, Focacce und Calzoni.

UNSER TIPP 49 **Gusta Pizza**①, Via Maggio 46/R, Tel. 055 285068, www.facebook.com/GustapizzaFirenze, Di–So 11.30–15.30, 19–23 Uhr. Nahe der Piazza Pitti gibt es den Fans des Lokals zufolge die beste Pizza der Toskana – und tatsächlich, sie kommt aus dem Steinofen, ihr Rand wirft dunkle Blasen, und sie ist soooo lecker; effizientes Personal, überschaubare Varianten, klein und proppenvoll.

54 **Focacceria Pugi**①, Piazza San Marco, Tel. 055 280981, www.fornopugi.it, Mo–Sa 8–19 Uhr. Hier gibt es die wohl beste *schiaccata* der Stadt. Diese Spezialität aus Mehl, Olivenöl, Schmalz und Eiern wird auf dem Blech gebacken. Über den Tresen gereicht, isst man sie direkt aus dem Papier.

Kleine Pause auf der Piazzetta beim Casa Dante

2 Spera i Spera①, Via Cernaia 9/R, Tel. 055 495 286, www.pizzeriaspera.it. Di–Fr 12–14, Di–So 19–22 Uhr. Wohl eine der besten Pizzerie der Stadt (neapolitanischer Stil), und das zu günstigen Preisen. Ist der Andrang groß, leidet aber der Service.

16 Le Follie di Romualdo②, Viale Europa 4, Tel. 055 4931923, www.lefolliediromualdo.it, tgl. 12–16, 19–24 Uhr. Eine der landesweit meistgelobten Pizzerie, neapolitanisch natürlich; bei so viel Zuspruch sind die Preise hoch.

1 Giotto①, Via Francesco Veracini, 22/D, Tel. 055 332332, www.pizzeriagiotto.it, Di–So 19.30–23 Uhr. Pizzamania! Die Einzige, die Echte! Einfacheres, kleines und sehr sauberes Pizzeria-Bistrot mit (wieder einmal) den besten Teigfladen der Welt.

Vegetarisch/Vegan

22 Nirvana③, Via Il Prato, 4/B, Tel. 346 6381015, www.nirvanaristorante.it, Di–So 12–15, 19–23 Uhr. Klare Linien, postmodernes Subkontinental-Ambiente mit Buddha, effizientes Personal und eine Carbonara, die ihresgleichen sucht; auch Veganer werden zufriedengestellt.

68 Brac②, Via dei Vagellai 18/R, Tel. 055 0944877, www.libreriabrac.net, tgl. 10–24 Uhr. Eine Kombination aus Kunstbuchhandlung, Galerie und vegetarischem Restaurant. Auf dem Menü stehen auch zahlreiche vegane Gerichte, die Atmosphäre ist lässig und entspannt. Beliebt auch zum Brunch.

8 Il Vegetariano①, Via delle Ruote 30/R, Tel. 055 475030, www.il-vegetariano.it, Mo–Fr 12.30–14.30, Di–So 19.30–22.30 Uhr. Bestellt wird am Küchenfenster, z.B. Standards der vegetarischen Küche und Ausgefalleneres wie Couscous, vorzügliche Nachspeisen und Getränke (auch Bio-Bier und -Wein), informelle Atmosphäre.

67 Boccadama②, Piazza S. Croce 25–26/R, Tel. 055 243640, https://ristoranteboccadama.business.site, 11–15.30, 19–23 Uhr. In den gemütlich eingerichteten Gastzimmern oder auf der Terrasse kann man sich an den Holztischen durch die Weine probieren und dazu gute toskanische Küche zu immer noch moderaten Preisen genießen.

Enoteche/Cantine

14 La Divina Enoteca②, Via Panicale 19/R, Tel. 055 292723, ww.ladivinaenoteca.it, Di–So 10.30–20.30 Uhr. Eine Institution für die Weinprobe mit Häppchen und Vorspeisentellern – nur etwas für ernsthafte Verkoster.

27 I Due Fratellini②, Via dei Cimatori 38/R, Tel. 055 2396096, www.iduefratellini.com, tgl. 11–16.30, Sa/So bis 18 Uhr. Die beiden Brüder sind schon immer da und die Gäste auch. Ein Glas Wein im Stehen und dazu ein belegtes Brötchen – typischer geht's nicht.

43 Le Volpi e l'Uva②, Piazza del Rossi 1/R, Tel. 055 2398132, www.levolpieluva.com, Mo–Sa 12–21 Uhr. Wer auf der Terrasse sitzen will, muss mit Sicherheit warten, drinnen kommt man schneller an ein Glas, in das vornehmlich Weine von unbekannteren kleinen Produzenten gegossen werden. Dazu gibt's Crostoni, Käse oder eine Wurstplatte.

UNSER TIPP: **41 'Ino**①-②, Via dei Georgofili 3–7/R, Tel. 055 214154, www.inofirenze.com, tgl. 12–15 Uhr. *Alessandro Frassicas* große Leidenschaft gilt selbst kreierten Panini, für die tout Florenz zu seiner Bottega di Alimentari e Vini unweit der Uffizien pilgert. Außerdem gibt's Weine, Lebensmittel, Kochbücher und, wenn der Chef Zeit hat, einen netten Schwatz.

Süßes

24 Edoardo, Piazza del Duomo 45/R, Tel. 055 281055, www.edoardobio.com, Mi–Mo 11.30–22.30/23 Uhr. Nach dem Dom können Sie sich hier gleich erneut anstellen; das Bioeis und die Sorbets sind stadtbekannt und wirklich die Wartezeit wert.

6 Caffè Mò Sì, Via Nazionale 106/R, Tel. 055 6145323, tgl. 7–18.30, Sa bis 20 Uhr. Die echte, die wahre, die perfekte neapolitanische Bar mit köstlichen Cornetti und einer Crema auf dem Espresso, die ihresgleichen sucht und sie woanders nie finden; auch leckere Panini.

35 Sbrino Gelatificio Contadino, Via Dei Serragli 32R, Tel. 055 6142071, www.instagram.com/sbrinofirenze, tgl. 13–23 Uhr. Noch so ein Eisladen mit

Warteschlange und dem besten Speiseeis der Stadt, hier als „Eis vom Bauern" u.a. mit den Variationen „Orange/Campari" oder „Marsala-Zabaione".

10 **Carabé,** Via Ricasoli 60/R, Tel. 055 942478, www.facebook.com/carabe.firenze, tgl. 12–19 Uhr. Der Sizilianer *Antonio Lisciandro* hat sich mit seiner *fattoria del gelato* einen Jugendtraum erfüllt – aber auch ohne das Spektakel eines „Vergnügungsparks" schmecken seine *gelati* und *granite* unschlagbar.

46 **Gelateria della Passera,** Via Toscanella 15/R, Tel. 055 291882, https://gelateriadellapassera.it, Di–So 12–24 Uhr. In ihrer Diele in Oltrarno bringt die Eismeisterin *Cinzia Otri* nie mehr als 20 Sorten in die Vitrine, die haben es aber in sich: So fein abgestimmt findet man selten köstliches Kaltes: Pflaume, Mandel, Pudding, Kastanie, Mojito, Tee ...

65 **Le Murate – Caffè Letterario,** Piazza delle Murate, Tel. 055 2346872, www.lemurate.it, tgl. 10.30–1 Uhr. Das schicke Café residiert im Kulturkomplex Le Murate, dem ehem. Florentiner Gefängnis. Es fungiert als Tagescafé, kleines Restaurant, Bar und Veranstaltungsort für Lesungen.

Anstellen lohnt sich – hier gibt es feinstes Eis

305t sk

29 **Caffè Rivoire,** Piazza della Signoria 5/R, Tel. 055 2214412, www.rivoire.it, tgl. 10.30–23.30 Uhr. Traditionsadresse auf der Piazza della Signoria, was das Personal hier und da eindrücklich und unschön klarzumachen weiß. Die hausgemachte Trinkschokolade allerdings ist wie eh und je köstlich.

Apero und Abend

3 **Café de Paris,** Piazza Dalmazia 7/R, Tel. 055 422 0505, www.cafedeparis.it, tgl. 19–2 Uhr. In kubischer Einrichtung treffen sich schicke Menschen mit Livemusik oder DJ; draußen sitzt es sich angenehm zum Gucken und Beguckt-werden – auch gute Adresse für den Aperitif mit Knabberteller.

52 **Roof Bar Palazzo Guadagni,** Piazza Santo Spirito, Tel. 055 2658376, www.palazzoguadagni.com, tgl. 15–22/22.30, Sa/So ab 13 Uhr. Angesagter geht es nicht, Instagram-Protagonisten in auffälligem Outfit geben sich „die Klinke in die Hand"; dennoch: angenehmes Sitzen in der Terrassenkühle über Florenz mit Cocktails und Häppchen.

44 **Roof Bar Scaletta,** Via Guicciardini 13, Tel. 055 283028, www.panoramarestaurantlascaletta.com, Di–So 18.30–22 Uhr. Wenn's nicht so voll ist, kann man auch für einen Drink vorbeischauen; das Vogelnest mit nur einer Handvoll Plätze bietet fantastische Blicke über die Stadt.

72 **Pinocchio Jazz,** Viale D. Giannotti 13, Tel. 055 683388, www.facebook.com/pinocchiojazz, Sa 21.30–1 Uhr. Im Pinocchio treten die Bekannten und Unbekannteren vor meist studentisch-intellektuellem Publikum auf. Die Drinks sind günstig und die Atmosphäre entspannt.

UNSER TIPP: 50 **Volume,** Piazza Santo Spirito 3/R, Tel. 055 2381460, www.volume.fi.it, tgl. 17.30–2 Uhr. Vintage-Nachtleben in einem ehemaligen Hutmacherladen, mit Live-Auftritten italienischer Chansonniers und feinen Cocktails.

32 **Yab Glamour Club,** Via dei Sassetti 5/R, Tel. 055 215160, www.yab.it, Mo/Mi–Sa 23.30–4.30 Uhr, Mindestkonsum oder Eintritt. Auch wenn Live-

musik oder DJs den Schönen nach Öffnung einheizen, so richtig los geht's meist erst um 1 Uhr. Gelegentlich kommt auch mal Prominenz (nicht nur) aus Italien.

Veranstaltungen

Kulturveranstaltungen

■ **Nuovo Teatro del'Opera,** Viale Fratelli Rosselli 15, Tel. 055 2001278, www.maggiofiorentino.com. Florenz' futuristisches Opernhaus (auch *Teatro del Maggio Musicale Fiorentino* genannt) ist ein multifunktionaler Veranstaltungsort für Oper, Ballett und Konzerte mit einzigartigem Freiluft-Auditorium auf dem Dach. Eine weitere Spielstätte der Oper ist das klassizistische Schmuckstück **Teatro Goldoni.**

■ **Teatro della Pergola,** Via della Pergola 18–32, Tel. 055 2264353, www.teatrodellapergola.com. Sehenswertes Logentheater von 1657 mit zwei Sälen (1500 und 300 Plätze). Im Pergola wurden die Opern von *Mozart* in Italien uraufgeführt. Es werden Theaterstücke und Konzerte gegeben.

■ **Teatro del Sale.** Erst im Restaurant essen, dann Kulturgenuss bei Theater, Konzert oder Varieté (→ „Essen und Trinken").

■ **Teatro Verdi,** Via Ghibellina 91/R, www.teatroverdifirenze.it, Tel. 055 212320. Theaterstücke, Konzerte und Tanzaufführungen im Logentheater von 1901 mit 1500 Plätzen. Das Äußere mag abschrecken, innen ist das Theater mehr als akzeptabel.

Feste

■ **Scoppio del Carro:** An Ostersonntag ziehen weiße Ochsen einen Karren vor den Dom, dessen Ladung aus Feuerwerkskörpern durch eine vom Hochaltar des Doms abgeschossene, mit einem Führungsseil zum Karren geleitete Rakete entzündet wird. Klappt's nicht, droht Bauern und Händlern ein schlimmes Jahr.

■ Der musikalische Mai **Maggio Musicale Fiorentino** reicht bis in den Juli. Zehn Wochen lang werden Konzerte und Theateraufführungen gegeben – z.B. *Wagners* „Götterdämmerung" oder *Shakespeares* „Macbeth". Berühmte Künstler wie *Lang Lang* treten auf, und zum Schluss gibt's ein Konzert auf der Piazza della Signoria (www.maggiofiorentino.com).

■ Christi Himmelfahrt (Mai, Juni) pilgern Familien zur **Festa del Grillo** in den Parco delle Cascine, ursprünglich, um für die Kinder Grillen als Boten des Frühlings zu fangen. Doch als die Grillen knapp wurden, musste man sie kaufen. Heute ist dies von der Kommune verboten, und man behilft sich mit Bildern und Gezirpe vom Band. Dennoch ist der Tag immer noch ein Volksfest mit Verkaufsständen und Fahrgeschäften für die Kleinen.

■ Am Tag des **Stadtpatrons San Giovanni** (Johannes der Täufer), dem 24. Juni, findet der berühmte **Calcio in Costume** (→ Kasten) auf der Piazza S. Croce statt. Weitere Spiele werden davor und danach ausgetragen (www.calciostoricofiorentino.it). Den Abend beschließt ein meist grandioses Feuerwerk (die Fucochi) auf dem Piazzale Michelangelo.

UNSER TIPP: Wer sich an den **Ponte Santa Trinità** begibt, sieht die **Fuochi di San Giovanni** stilvoll mit dem Ponte Vecchio im Vordergrund.

■ Am 7. September begehen die Florentiner mit ihren Kindern auf der Piazza SS. Annunziata das Laternenfest **Festa della Rificolona.** Angeblich geht es auf den Einzug der siegreichen Soldaten der Stadtrepublik in Siena am 2. August 1555 zurück, bei dem die Krieger ihre Lanzen mit Lampions schmückten. Das Laternenfest endet dann am Arno, der stimmungsvoll mit schwimmenden Laternen illuminiert wird.

■ Ende November läuft Florenz den **Firenze Marathon.** Bis zu 10.000 Teilnehmer aus ganz Europa starten am Piazzale Michelangelo um 9 Uhr und kommen nach einer Distanz von genau 42,195 km an der Piazza S. Croce ins Ziel (www.firenzemarathon.it).

☒ Es gibt nichts, was es nicht gibt
in der Bottega del Chianti im Borgo Santi Apostoli

Verkehr

■ **Park & Ride:** Der Parkplatz Parcheggio Villa Costanza hat an der A1 eine eigene Autobahnab- und -zufahrt am südwestlichen Stadtrand (www.parcheggiovillacostanza.it) mit über 500 Stellplätzen; die Tramlinie T1 Leonardo verbindet ihn in 22 Min. mit dem Zentralbahnhof Santa Maria Novella (Parkgebühr Pkw 1–4 Std. 2 €, 4–10 Std. 5 €, 24 Std. 7 €, 7 Tage 20 €, Camper 1–4 Std. 3 €, 24 Std. 10 €; Tramticket 1,70 €).

■ **Flughafen:** Der Flughafen „Amerigo Vespucci/Peretola" liegt 5 km außerhalb und bietet Verbindungen nach Frankfurt, München und Zürich. Wesentlich mehr Flüge verzeichnet der Flughafen von Pisa „Galileo Galilei" (→ dort), Züge nach Florenz vom Flughafen Pisa stündl., vom Hauptbahnhof Pisa (Busverbindung in die Stadt) häufiger (von Flughafen Pisa etwa 16 € einfach, Fahrzeit ab 70 Min.).

Aeroporto di Firenze, Tel. 055 3061399, www.aeroporto.firenze.it; die Tramlinie **T2 Vespucci** fährt in kurzen Abständen und in 20 Min. zur Piazza Unità (So–Do 5–0.30, Fr/Sa 5–2 Uhr, Ticket 1,70 €; www.gestramvia.it).

■ **Bahn:** Stazione Firenze Santa Maria Novella/SMN, Piazza della Stazione in Zentrumsnähe; an der Hauptstrecke von Norditalien nach Rom mit zahlreichen Fernzugverbindungen, Vorortzüge nach Prato Centrale und Lucca.

■ **ZTL (Zona a Traffico Limitato):** Der Innenstadtbereich ist in weiten Teilen für den motorisierten Individualverkehr gesperrt, die Einfahrt ohne Genehmigung wird mit drastischen Geldstrafen geahndet. Die Hotelvorfahrt ist nach Vorankündigung (Nummernschild und ungefähre Ankunftszeit dem Hotel mitteilen) möglich. Das Fahrzeug ist nach Gepäckabgabe schnellstens wieder aus der ZTL-Zone zu entfernen!

■ **Stadtbus:** Das städtische Busnetz der Firma AT (Autolinee toscane) ist dicht geknüpft; Tickets an Parkuhren (Einzelfahrt 1,70 €, für 90 Min. gültig, Zehn-Fahrten-Karte 15,50 €, Drei-Tagesticket → Firenzecard), Kiosk der ATAF am Bahnhof (dort Linienplan und Tickets), Bustickets auch in allen Ta-

259t sk

bakläden (mit einem „T" für tabacchi). Löst man die Fahrkarte im Bus, kostet sie 3 € (der Busfahrer ist nicht verpflichtet, Wechselgeld herauszugeben). Fahrkarten müssen entwertet werden; www.at-bus.it (auch englisch).

■ **Parken:** Parkplätze am Straßenrand sind in Florenz inexistent. Man muss auf die großen Parkhäuser ausweichen oder auf die kleinen privaten Garagen. Viele Hotels arbeiten mit einer zusammen, bei der man einen Sonderpreis erhält (um 25 € für 24 Std. muss man dennoch rechnen); www.fipark.com.

Parterre, Via Madonna della Tosse 9, 1000 Plätze, 2 €/Std., 15 €/Tag; **Fortezza Fiera,** Piazzale Caduti nei Lager, 520 Plätze, 1,60 €/Std., 20 €/Tag; **Sant'Ambrogio,** Piazza Lorenzo Ghiberti, insgesamt 380 Plätze, Mo–Sa 7–14 Uhr 1. Std 1 €, 2. Std. 2 €,die folgende Std. 3 €, ab 14 Uhr 2 €/Std.; **Mercato Centrale,** Via San Antonio, 180 Plätze, Mo–Sa 7–14 Uhr 1. Std. 2 €, 2. Std. 3 €, folgende Stunden 8 €, ab 14 Uhr 2 €/Std.; **Stazione Santa Maria Novella,** Piazza della Stazione, insgesamt 900 Plätze, 3,80 €/Std.

■ **Taxi:** Florenz wird von Radiotaxis 24 Stunden lang am Tag versorgt. Für alle Fahrten sollte das Taxameter eingeschaltet sein. Für eine kurze Fahrt im Zentrum muss man mit rund 10 € rechnen, nachts und an Sonn-/Feiertagen kommen weitere Aufschläge hinzu. Taxi-Standplätze gibt es u.a. am Bahnhof, Piazza della Repubblica, Piazza Duomo, Piazza Santa Maria Novella, Piazza Santa Croce und Piazza Santa Trinità; CO.TA.FI, www.4390.it, Tel. 0554390; SOCOTA, www.4242.it, Tel. 055 4242.

Einkaufen

Märkte

■ Florenz' Hauptmarkt ist der **Mercato Centrale** (Marktstände Mo–Fr 7–14, Sa 7–17 Uhr, Lokale in der ersten Etage tgl. 9–24 Uhr, www.mercatocentrale.it) mit zahlreichen Ständen für Fisch, Fleisch, Obst und Gemüse, Wurst und Käse, Brot und Gewürze.

■ Vornehmlich von Einheimischen besucht wird der Lebensmittelmarkt **Mercato di Sant'Ambrogio** (Mo–Sa 7–14 Uhr, www.mercatosantambrogio.it) im Osten der Altstadt.

■ Nur noch Touristen besuchen den Straßenmarkt **Mercato San Lorenzo** rund um die Chiesa San Lorenzo in der Via dell'Ariento/Piazza San Lorenzo (Di–Sa 8–19 Uhr). Taschen und Tücher, Leder und Lack, Hemden und Hosen sind hier im Angebot.

■ Unter den hohen Arkaden der **Loggia del Mercato Nuovo** (auch Mercato del Porcellino/Ferkelmarkt, Via Porta Rossa, tgl. 9–18.30 Uhr, www.mercatodelporcellino.it) aus dem Jahr 1551 wird Geflochtenes aus Stroh und Souvenirs verkauft.

■ Im **Parco delle Cascine** findet jeden Di (7–14 Uhr) der größte **Flohmarkt** statt, doch es gibt auch Lebensmittel, Haushaltswaren etc.

■ Weitere **Lebensmittelmärkte** sind auf der Piazza Santo Spirito und beim Mandela Forum nordöstlich der Piazza della Libertà zu finden (jeweils Mo–Sa 7–14 Uhr).

Ein **Bio-Lebensmittelmarkt** wird jeden dritten So des Monats auf der Piazza del Carmine abgehalten (www.lafierucola.org).

■ Blumen bekommt man jeden Do auf dem städtischen **Blumenmarkt** in der Via Pellicceria an der Piazza della Repubblica (8–14 Uhr).

■ Wer gerne in **Antiquitäten** stöbert, ist jeden zweiten So (9–19 Uhr, außer Juli/Aug.) des Monats auf der Piazza Santo Spirito gut aufgehoben.

Supermarkt

■ **Conad,** Mo–Sa 8.30–20, So 10.30–20 Uhr. In der Altstadt zwischen Piazza Duomo und Piazza SS. Annunziata (56 Via dei Servi 56/R) und nahe der Piazza Unità (19 Via del Melarancio 7/9R).

Bücher

55 **Antiquariat Gozzini,** Via Ricasoli 103/R, Tel. 055 212433, www.gozzini.it. Bietet mit 150.000 Büchern in 23 Räumen auf drei Etagen seit 150 Jahren alles, was das Herz eines Bibliophilen höher schlagen lässt – nicht nur auf Italienisch.

38 La Cite Libreriacafé, Borgo San Frediano 20/R, Tel. 055 210387, www.lacitelibreria.info. Buchhandlung und Kaffeehaus, das mit Veranstaltungen das Kulturleben der Stadt bereichert.

Spezialitäten

15 Perini, Mercato Centrale, Tel. 055 2398306, www.facebook.com/GastronomiaPerini. Bei Perini liegen in der überbordenden Auslage unter hängenden Schinken Köstlichkeiten wie Pecorino al Tartufo, Parmigiano mit Balsamico, zahlreiche Salamiarten, eingelegte Kapern und natürlich Vin Santo.

21 Dolce forte, Via della Scala 21, Tel. 055 219 116, www.dolceforte.it. Die hohe Kunst der Schokoladenherstellung – mit kreativen Resultaten.

Allerlei

33 Letizia Fiorini, Via di Parione 60/R, Tel. 348 9146911. Eine der letzten Puppenmacherinnen der Stadt versieht unweit der Ponte Carraia ihr Handwerk. Allerdings sind ihre Geschöpfe keine zuckersüßen Prinzessinnen, sondern kunterbunte, freche Handpuppen, die ein bisschen an die Muppets erinnern. In ihrem winzigen Laden zeigt *Letizia* gerne, wie ihre „Kinder" entstehen.

63 Lisa Corti, Piazza Ghiberti 33/R, Tel. 055 2001 860, www.lisacorti.com. Farbenfrohe Stoffe, geschmackvolle Keramik, auch Möbel und Kinderkleidung sind im Angebot – ein buntes Kontrastprogramm zum grau-beige-schwarzen Einerlei.

58 Mrs. Macis, Borgo Pinti 38, Tel. 055 2476700, www.instagram.com/mrsmacis_firenze. Schmuck und Kleidung wie aus den 1940er–60er Jahren – farbenfroh, verspielt, ein Puppenstubenambiente.

20 Officina Profumo-Farmaceutica di Santa Maria Novella, Via della Scala 16/R, Tel. 055 216276, https://eu.smnovella.com, Mo–Sa 9–19 Uhr. Ein Reich historischer Düfte und Kräuter.

40 Martelli, Via Por Santa Maria 18/R, www.martelligloves.com. Feine, handgenähte Handschuhe der gehobenen Preiskategorie aus Leder in allen erdenklichen Ausführungen.

26 Taddei, Via S. Margherita 11, Tel. 055 2398 960, www.taddeileatherflorence.com. Lederartikel wie Schatullen, Bucheinbände und Geldbeutel stellt der Familienbetrieb seit über 70 Jahren her, eine kleine Manufaktur wie aus einer anderen Zeit.

34 Antica Farmacia Münstermann, Piazza Carlo Goldoni 2/R, Tel. 055 210660, www.munstermann.it. Seit 1897 versorgt die Apotheke die Florentiner mit homöopathischen Heilmitteln und allem, was der Schönheit zuträglich ist, also Crèmes und Parfums. Alleine die historische Einrichtung ist eine Schau, und das berühmte Münstermanner Eau de Toilette gibt es in 43 verschiedenen Duftrichtungen.

69 Farmacia Monastica di San Miniato al Monte, Via Monte alle Croci, Tel. 055 2342731, www.sanminiatoalmonte.it, tgl. 10–12.15, 16–18 Uhr. Leckere Süßigkeiten (Zitronenkuchen!), Kerzen und Kräuterprodukte aus der Werkstatt des Klosters und weiterer Benediktinerabteien.

39 Ateseta, Lungarno degli Acciaiuoli, 2, www.atesetafirenze.it. Schöne, witzige und geschmackvolle Hemden, Krawatten und Schals aus Seide.

Gesundheit

- **Medizinischer Service für Touristen/Medical Service,** Via Roma 4 (bei der Piazza Duomo), Tel. 055 475411, www.medicalservice.firenze.it, Mo–Fr 11–12, 13–15, 17–18, Sa 11–12, 13–15 Uhr, Hausbesuche rund um die Uhr, Konsultationen und Behandlungen werden direkt gezahlt.
- **Uniklinik/Ospedale Careggi,** Largo Brambilla 3, Tel. 055 794111, Notruf 118, www.aou-careggi.toscana.it, Notdienst rund um die Uhr.
- **Zahnärztlicher Notdienst/Urgenze Dentali,** Via del Ponte Rosso 1, Tel. 800 912100, www.dentistanostop.it, Mo–So 8–20 Uhr.
- **Apotheke/Farmacia Comunale,** am Bahnhof Santa Maria Novella, Tel. 055 216761, www.farmaciecomunalifirenze.it/it/farmacie, 24/7 geöffnet.

Ausflüge in die Umgebung

Für die Ausflüge sollte man ausreichend Zeit einplanen, der Verkehr rund um die Stadt und auch auf den Schnellstraßen kommt mehrmals am Tag zum Erliegen (meist zwischen 8 und 10, zwischen 12 und 15 und zwischen 17 und 19 Uhr).

Galluzzo

Die **Kartause von Galluzzo** auf dem Monte Acuto 6 km südlich von Florenz am Zusammenfluss von Emo und Greve und über der Autobahn nach Siena wirkt wie eine Festung, nicht wie ein Kartäuserkloster, das es einmal war. Seine respektable Größe erhielt es über die Jahrhunderte mit steten Erweiterungen. 1341 wurde die Anlage begonnen, der Platz war bewusst gewählt, die Höhe und der Schutz der beiden Flüsse versprach die Abgeschiedenheit, die die Ordensregeln auferlegten. Auch untereinander durften die zwölf Brüder, die zu Beginn hier oben lebten, nicht miteinander sprechen - nur zum Gebet traf man sich. Die Mönchszellen sind entsprechend angelegt. Das Kloster galt in der Renaissance als eines der schönsten und reichsten der Toskana, die Kunstsammlung war legendär. Bis ins 19. Jh. hinein pflegte man mit ihr die Tradition der Kunst-Erziehung der Florentiner. *Napoleons* Truppen setzten dem mit der Plünderung der Kartause ein Ende.

In der **Pinakothek** im ehemaligen Palast des Klosterstifters *Niccolò Acciaiuoli* sind Lünettenfresken von *Jacopo da Pontormo* aus dem Jahr 1525 zu sehen, die ursprünglich den Kreuzgang schmückten. Der Vertreter des Florentiner Manierismus hatte u.a. für die *Medici* in der Villa Poggio gearbeitet. In die Kartause flüchtete er vor der Pest und änderte hier nicht nur seinen Lebensstil, sondern auch seine malerischen Themen - weg von Mystik und Idylle hin zur religiösen Dramatik. Weitere Kunstwerke entstammen dem 14.–18. Jh.

Vor allem die Kreuzgänge des Klosters sollte man nicht versäumen. In den intimen, doppelstöckigen, 10 x 19 m messenden Kreuzgang der Laienbrüder gelangten diese direkt vom Speisesaal aus, von der oberen Galerie gingen ihre Zimmer ab. Vom **großen Kreuzgang** (60 x 70 m), den 66 Majolika-Medaillons aus der Werkstatt *della Robbia* schmücken, erreichten die Mönche ihre Zellen - jeweils ein Bet- und ein Schlafraum sowie ein vom Nachbarn nicht einsehbarer Garten für die Nutzpflanzen. Das Essen nahmen sie an einer Durchreiche entgegen. Der Kreuzgang des Kolloquiums ist wieder privater, er misst 16,50 x 19 m. Heute bewohnen Zisterzienser das Kloster, die sich ihren Lebensunterhalt teils mit der Restaurierung von Büchern, teils mit dem Brennen geistiger Getränke verdienen.

In der **Apoteca** werden auf Holzfeuer vergorene Blüten, Kräuter und Wurzeln destilliert und verkauft - natürlich auch Grappa aus Trester vom Chianti.

[>] Die Kartause von Galluzzo

■ **Certosa del Galluzzo,** Via della Certosa 1, Tel. 055 2049226, www.certosadifirenze.it, Führungen (Minimum 5 Pers.) Di–Sa 10, 11, 15, 16, So 15, 16 Uhr (ca. 45 Min. Dauer), Laden Di–So 9–12, 15–17 Uhr, Spende erwünscht; **Messen** So 10 u. 11 Uhr; **Anfahrt:** Mit Bus Nr. 37 von Stazione SMN nach Tavarnuzze, Haltestelle Certosa.

Convento dell'Incontro

UNSER TIPP: Wer Entspannung von der Hektik in Florenz sucht, findet sie beim **Incontro-Konvent** 13 km östlich von Florenz. In exklusiver Höhe von 557 m genießt man einen unvergleichlichen **Blick.** Im 8. Jh. war hier oben eine Kapelle, für das 12. Jh. ist ein Oratorium nachgewiesen. Zu Beginn des 18. Jh. entstand dann der Konvent. 1944 sah das Kloster heftige Kämpfe zwischen deutschen Panzergrenadieren und englischer Infanterie, bei denen der Glockenturm stark beschädigt wurde.

■ **Convento dell'Incontro,** Via dell'Incontro 1 (Località Villamagna/Bagno a Ripoli), www.obiettivofrancesco.org, Führungen für Gruppen nach tel. Anmeldung unter 333 4370837.

Die Medici-Villen

Viele Landhäuser der *Medici* sind seit 2013 **UNESCO-Welterbe.** Die Villen Demidoff, Il Trebbio und Cafaggiolo liegen im Mugello im Norden (→ dort), wo die Familie *Medici* ursprünglich herkommt. Die Besichtigungen der Villen La Petraia, Castello, Poggio und Ferdinanda – alle im Westen/Nordwesten – lassen sich gut bei einem Tagesausflug zusammenfassen (wenn man früh aufbricht). Weitere Villen sind in der ganzen Toskana verteilt. Sie dienten nicht nur als idyllische Landsitze und der Erholung, sondern waren auch Fluchtburgen in unsicheren Zeiten, weswegen sich einige recht wehrhaft geben.

017tsk

Ursprünglich war die **Villa La Petraia (UNESCO-Welterbe)** 7 km nordwestlich des Zentrums eine Burg, deren Turm aus dem 14. Jh. noch erhalten ist. Sie gelangte 1531 durch Enteignung in den Besitz der *Medici* und wurde von *Fernandino* 1591 seinen Bedürfnissen entsprechend durch *Bernardo Buontalenti* umgestaltet. Der Wehrturm wandelte sich zum Belvedere, das fast quadratische Gebäude umschließt einen Innenhof, den 1648 *Volterrano* mit Szenen aus dem Leben der *Medici* großflächig freskierte. Um das sehenswerte Ensemble zu schützen (und einen Ballsaal zu erhalten), errichtete man Mitte des 19. Jh. – die Villa war nun in Besitz des Hauses *von Savoyen* – das Glasdach. In der Villa beeindruckt die Originalskulptur der Venus Fiorenza von *Giovanni di Bologna*, die einmal den Brunnen vor der Villa schmückte (heute ist er mit einer Kopie versehen) – eine Badende, die, sich graziös wendend, Wasser aus ihrem Haar wringt. Sehenswert sind auch die Gemälde von Medici-Anwesen aus der Vogelperspektive sowie die üppig dekorierten Repräsentationsräume von *Vittorio Emanuele*. Anmutige Fresken aus dem 17. Jh. schmücken die Hauskapelle. *Niccolò Tribolo* schuf die südlich der Villa auf drei Etagen gelegene Hanggartenanlage im streng geometrischen Gartenideal der Renaissance – *giardino all'italiana*. Hinter der Villa entstand zu Beginn des 18. Jh. nach Plänen des böhmischen Landschaftsarchitekten *Joseph Frietsch* als Kontrapunkt ein Englischer Park.

326t sk

■ **Villa Medicea La Petraia,** Via della Petraia 40, Località Castello, Tel. 055 452691, https://museitoscana.cultura.gov.it, Führungen stündlich, Di–So April–Sept. Park 8.30–18.30, Villa Führung 9.30, 10.30, 11.30, 12.30, 14, 15, 16, 17 Uhr, März/Okt. Park 8.30–17.30 Uhr, Villa wie oben (außer um 17 Uhr), Nov.–Feb. Park 8.30–16.30 Uhr, Villa wie oben (außer um 16/17 Uhr), Eintritt bis 1 Std. vor Ende; Anfahrt von Stazione SMN mit Bus Nr. 2 nach Calenzano, mit Bus Nr. 28 nach Volpaia, jeweils Haltestelle Sestese Crocette (dann 15 Min. Fußweg).

Die **Villa di Castello (UNESCO-Welterbe)** fünf Gehminuten von La Petraia, einst der bevorzugte Landsitz von *Cosimo I.*, ist nicht frei zugänglich, wohl aber ihr **Garten,** der weitgehend in der Originalkonzeption erhalten ist. Die Anlage gelangte 1480 in den Besitz der *Medici*, 1538 beauftragte *Cosimo Giorgio Vasari* mit dem Umbau des Gebäudes und *Niccolò Tribolo* mit der Gartengestaltung. Wie bei der Nachbarvilla entstand auch hier eine geometrisch konzipierte Anlage auf drei Etagen. Hecken, Beeteinfassungen, Baumreihen und Pflanzkübel schaffen das Tableau für zahlreiche Ein-

Kunstvoll bedacht: die Fresken in der Villa La Petraia

bauten wie Wasserspiele, Grotten, Labyrinthe und Figuren (an denen *Giovanni di Bologna* beteiligt war). Der Hauptbrunnen zeigt den Kampf zwischen Herkules und dem Riesen Antäus (*Bartolomeo Ammanati*). Auf der zweiten Terrasse wachsen 500 Zitruspflanzen, von denen drei aus dem 17. Jh. stammen sollen. UNSER TIPP: Die **Tiergrotte** ist ein ausgezeichnetes Beispiel für den Manierismus in der Renaissance. Die ursprünglich für die Villa entstandenen Gemälde von *Botticelli* („Geburt der Venus", „Frühling") sind in den Uffizien zu sehen. In der Villa residiert die 1582 gegründete Accademia della Crusca, heute die wichtigste Institution für Erforschung, Pflege und Erhalt der italienischen Sprache.

■ **Giardino della Villa Medicea di Castello,** Via di Castello 47, Località Castello, Tel. 055 452691, https://museitoscana.cultura.gov.it, Besichtigung der Villa nach Voranmeldung, Garten Di–So 8.30–16.30/18.30 Uhr (variiert nach Saison), Einlass bis 30 Min. vor Ende.

8 km südlich von Prato, 20 km westlich vom Zentrum und 18 km von der Villa La Petraia entfernt entstand die **Villa Poggio a Caiano** für *Lorenzo* („Il Magnifico"), der 1485 *Giuliano di Sangallo* beauftragte. Sie wurde zum wegweisenden Bauwerk der Frührenaissance und zu einer der schönsten Medici-Villen. Die von Arkadenbögen getragene Vorhalle der ersten Etage mit ihren Säulen und dem Majolika-Fries zitiert die Antike aufs Beste. Die das Gebäude umlaufende Parterreloggia steht für die Verbindung der Bewohner mit der Landschaft – Gebäude sollen sich der Natur nicht verschließen. *Lorenzo* erlebte die Fertigstellung nicht mehr. Sein Sohn, Papst *Leo X.*, ließ die Villa innen mit Freskenzyklen schmücken, die die Meister seiner Zeit ausführten: *Pontormo, Andrea del Sarto* und *Franciabigio.* Ihren Beinamen „Villa Ambra" erhielt die Anlage, weil *Poliziano,* ein Zeitgenosse *Lorenzos,* Professor und Erzieher seiner Kinder, hier eine seiner Homer-Schriften, die „Ambra", zu Papier brachte.

Das **Museum für Stillleben** *(natura morta)* in der obersten Etage der Villa, das einzige seiner Art in Italien, zeigt über 200 Werke aus dem 16. bis 18. Jh. Die Ausstellung erlaubt die Entwicklung der Sammlung über die Generationen. Ein Schwergewicht liegt auf den Bildern des auf Stillleben spezialisierten *Bartolomeo Bimbi* (1648–1729), darunter ein Gemälde mit 17 Zitrussorten. Nahe der Villa lockt die Fiaschetteria l'Mulino zur Rast (→ „Praktische Informationen").

■ **Villa Medicea di Poggio a Caiano,** Piazza dei Medici 14, Tel. 055 877012, https://museitoscana.cultura.gov.it, Di–So Park 8.15–17 Uhr (Einlass bis 30 Min. vor Ende), Villa nur mit Führung (stündlich ab 8.30 Uhr, letzte Führung 15.30), **Museo Natura Morta** nur nach tel. Voranmeldung; **Anfahrt** von Stazione SMN mit Bahn nach Prato und Bus Nr. 210 bis Haltestelle Scuderie Mediccee (ca. 60 Min.).

Die **Villa La Ferdinanda (UNESCO-Welterbe)** in Artimino 8 km südlich von Poggio a Caiano, in unvergleichlicher Panoramalage über klassischer Toskana-Landschaft errichtet, geht auf *Ferdinando I.* zurück. Der Medici-Fürst holte für den Neubau 1594 *Bernardo Buontalenti.* 100 Jahre nach der Entstehung der Villa von Poggio a Caiano hatte sich die Renaissance gewandelt und mühte sich nicht mehr mit puristischen Zitaten der

Ausflüge in die Umgebung: Zugabe!

- In Artimino das modern konzipierte **Museo Archeologico „Francesco Nicosia"** mit Funden aus etruskischen Grabungsstätten der Umgebung; Piazza San Carlo 3, Tel. 055 8718124, www.parcoarcheologicocarmignano.it, Do–Di 9.30–13.30, Sa/So auch 15–18, Nov.–Jan. Sa/So 9.30–13.30, 14–16 Uhr, 4 €.
- In der **Kirche San Michele** in Carmignano das Gemälde „Visitazione – Heimsuchung" (um 1530) von *Pontormo;* Piazza SS. Francesco e Michele 1, tgl. 7.30–18, Winter bis 17 Uhr.
- Das Weinmuseum mit Enoteca **Museo della Vita e del Vino** in der Renaissance-Villa Poggio Reale auf einem Hügel bei Rufina 25 km nordöstlich von Florenz; Via Duca della Vittoria 7, Rufina, Tel. 055 8396533, www.comune.rufina.fi.it, Sa/So 9–12.30 Uhr, sonst nach Vereinbarung, Eintritt 3 €.
- In Pontassieve 12 km östlich von Florenz die von *Cosimo I.* 1555 in Auftrag gegebene **Ponte Mediceo** über den Sieve, eine zweibogige Ziegelbrücke.
- **Villa Medicea La Màgia (UNESCO-Welterbe),** im 14. Jh. errichtete, 1583 in Medici-Besitz gelangte Villa mit Park, die u.a. zur Jagd genutzt wurde, heute als Veranstaltungsort für Festivitäten genutzt; Via Vecchia Fiorentina I Tronco 63, Quarrata, Tel. 0573 774500, www.villalamagia.com, 15 km südwestlich von Prato, Mai–Juli/Sept. Garten So 16–20 Uhr, 2 €, Hausführung So 16 Uhr (nur nach Voranmeldung, 8 €), sonst jeden 3. So.
- **Villa Bellosguardo Caruso/Museo Caruso** in Lastra a Signa (12 km westlich von Florenz) – ob man nun im Museum auf den Spuren des großen Tenors *Enrico Caruso* wandeln möchte, der die Renaissancevilla von 1906–21 besaß, oder einfach nur den eleganten Palazzo, die schönen Gärten und die berühmte Aussicht genießt, der Abstecher lohnt sich; Via Bellosguardo 32, Tel. 055 8721783, www.villacaruso.it, Mi–So 9/10–13, Sa/So auch 15–17/18 Uhr, 5 €.
- **Oratorio di Santa Caterina delle Ruote** in Bagno a Ripoli – äußerlich strenges und schlichtes Gotteshaus (14. Jh.), das im Inneren ein Feuerwerk restaurierter Fresken entfacht, die um das Martyrium der heiligen *Katharina von Alexandria* kreisen, angefertigt von *Pietro Nelli* und *Spinello Aretino;* heute wird das Oratorio regelmäßig an Hochzeitsgesellschaften vermietet und kann nur anlässlich solcher Events oder bei Voranmeldung über ufficio.cultura@comune.bagno-a-ripoli.fi.it besichtigt werden.

Antike. Zwar gibt es auch hier eine Vorhalle, doch ist sie in das Bauwerk integriert und zur Loggia geworden. Den wuchtigen Baukörper mit seinen angedeuteten Ecktürmen lockern keine Arkaden, nur die Freitreppe schwingt weit hinaus in die Natur. Wegen ihrer zahlreichen Schornsteine trägt die Anlage auch den Namen „Villa dei Cento Camini". Die Villa steht in Privatbesitz und wird für Hochzeiten etc. vermietet. Gleich nebenan befinden sich das Hotel Paggeria Medicea und die Restaurants Biagio Pignatta und Da Delfina (→ „Praktische Informationen").

- **Villa La Ferdinanda,** Via Papa Giovanni XXIII, Tel. 055 875141, www.artimino.com, Besichtigung nach Voranmeldung per E-Mail unter villa@artimino.com; **Anfahrt** von Stazione SMN mit Bahn nach Prato und dann mehrfach umsteigen.

Von der Freitreppe der Villa La Ferdinanda schwebt so manche Braut herab

Praktische Informationen

Unterkunft

■ **Paggeria Medicea**④, bei der Villa La Ferdinanda in Artimino/Camignano, Viale Papa Giovanni XXIII 1, Tel. 055 875141, www.melia.com. Die Unterkunftseinheiten des Komforthotels verteilen sich auf das Hauptgebäude sowie mehrere umgebaute und renovierte Altstadthäuser von Artimino. Alle Gäste haben Zugang zu den Einrichtungen wie Pool, Restaurant und Weinkeller.

■ **B&B I Parigi Corbinelli**③ – bei der Certosa von Galluzzo, Via Luigiana 12, Tel. 055 2048483, www.iparigi.com. In ländlicher Umgebung und unweit der Kartause gelegen, verspricht die Unterkunft Entspannung nach einem anstrengenden Tag in Florenz.

UNSER TIPP: **Ostello Antico Spedale**①-③, Via del Bigallo e Apparita 14, Bagno a Ripoli, Tel. 055 630907, www.anticospedalebigallo.it. Einstmals Pilgerherberge, Hospiz, Kloster, heute ein ebenso originelles wie angenehmes Hostel mit zehn „Boxen" (durch Holzwände und Vorhänge abgetrennte Zweibettzimmer), mehreren *camerate* genannten Schlafsälen mit fünf bzw. acht Betten auf hölzernen Podesten, die Renaissancevorbildern nachempfunden sind, und sechs Doppelzimmern mit Bad. Klösterlich-schlichte Einrichtung, üppiges Frühstück, WiFi, Fahrradverleih und Blick auf Florenz inklusive.

Essen und Trinken

■ **Biagio Pignatta**④, Viale Papa Giovanni XXIII 1, bei der Villa La Ferdinanda in Artimino/Carmignano, Tel. 055 8751406, www.artimino.com, tgl. 12.30–14.30, 19–22.30 Uhr. Spezialitäten wie *ribollita alla carmignanese* serviert das edle Restaurant neben der Villa im entsprechend vornehmen Ambiente.

■ **Pasticceria Ruggini**①, Piazza Niccolò Acciaioli, 212, Galluzzo, Tel. 055 0944176, Mo 6–16, Mi–Fr

019tsk

6–20, Sa/So 6–14 Uhr. Seit über 100 Jahren gibt's in den Vitrinen Süßes satt: Törtchen und Torten, Kringel und Kekse, haltbar oder frisch zum Sofortverzehr.

■ **Da Delfina**③, Via della Chiesa 1, bei der Villa La Ferdinanda in Artimino/Carmignano, Tel. 055 871 8074, www.dadelfina.it. Di–So 19.30– 22.30, Mi–So auch 12.30–15 Uhr. Gute toskanische Küche, viele Gerichte vom Grill, dazu von der Terrasse eine wunderbare Fernsicht.

■ **Ikke c'e c'e**②, Via Arrendevole, Locàlita Elzana bei Carmignano, Tel. 055 8718303, Do–So 19–22.30, So auch 12.30–15.30 Uhr. Einfache, rustikale Toskana-Küche und gute Pizza am künstlich angelegten Lago Lillo, 8 km nördlich von Artimino.

■ **Fiaschetteria l'Mulino**②, Via Cancellieri 29, Villa Poggio a Caiano, Tel. 055 8779541, http://fiaschetteriaimulino.com. Di–So 12–15, 18–24 Uhr. Das nur wenige Schritte von der Villa entfernte Lokal ist zugleich Enoteca und Ristorante. Zu den Spezialitäten zählen Pasta mit Wildschweinragout, *trippa, baccalà* und verschiedene Steaks, z.B. in Balsamico.

Fiesole

■ 295 m üNN, 14.000 Einw., Florenz 8 km

Wegen der fantastischen Sicht auf das sich am glitzernden Band des Arno 250 m unterhalb ausbreitende Florenz, wegen der auch im Hochsommer erträglichen Temperaturen, wegen der Kunstschätze und nicht zuletzt wegen der Zeugnisse seiner langen Vergangenheit – Fiesole lohnt einen Ausflug.

Vorbei an herrschaftlichen Villen in prächtigen Parkanlagen und im Schatten mächtiger Bäume führt die Via San Domenico hoch zum Sattel auf einem Bergrücken und zum großzügigen Hauptplatz Piazza Mino da Fiesole, einst das altrömische Forum. Die Historie des Ortes reicht wesentlich weiter in die Vergangenheit als die von Florenz.

Geschichte

Fiesole war eine der wichtigsten Siedlungen der **Etrusker** und die Stadtmauer von 3 km Länge für die damalige Zeit gewaltig. Als so mächtig galt die Stadt, dass sie von **Rom** als gleichwertiger Partner gesehen wurde, mit dem man gemeinsam gegen die Gallier kämpfte. Erst 90 v. Chr., als Fiesole am Aufstand der Italiker gegen Rom teilgenommen hatte, erklärte es der römische Senat nach Niederschlagung der Revolte zur Kolonie. Im frühen **Mittelalter** erlebte Fiesole diverse **Zerstörungen.** Während Florenz in der fruchtbaren Ebene und an den Handelswegen wirtschaftlich immer mehr erstarkte, blieb der Bergstadt dies versagt. Schließlich schickte Florenz 1125 Soldaten nach Fiesole, die bis auf Dom und Bischofssitz alles dem Erdboden gleichmachten. Damit waren die Würfel im Machtpoker endgültig gefallen, und im 15. Jh. übernahm Fiesole seine neue Rolle: als Villenvorort von Florenz.

Sehenswertes

Im Fußgängerbereich des nach dem Bildhauer *Mino da Fiesole* benannten Hauplatzes steht ein bronzenes **Reiterdenkmal,** das die Begegnung von *Vittorio Emanuele II.* mit *Garibaldi* am Fluss Teano 1860 zeigt, bei der *Garibaldi* seinen Machtanspruch auf Süditalien an den König abtrat. Das elegante Rathaus östlich und erhöht hinter dem 1906 aufgestellten Standbild, den **Palazzo Pretorio** aus dem 14. Jh., hat man um 1450 mit einer zweistöckigen Loggia und über die Jahre mit zahlreichen Familienwappen versehen. Das Gebäude rechts daneben, das **Oratorium Santa Maria Primerana,** entstand im 10. Jh. auf den Fundamenten einer frühchristlichen Basilika. Die Fassade wurde im 16. Jh. neu gestaltet, der Portikus mit seinen ionischen Säulen im 19. Jh. angefügt. Sehenswert sind im schlichten Inneren die Terrakotta-Skulptur aus der Werkstatt *Andrea della Robbias* und zwei Marmorreliefs von *Francesco da Sangallo.*

■ **Oratorio Santa Maria Primerana,** Piazza Mino da Fiesole, tgl. 10–19 Uhr, Winter bis 17 Uhr.

Das **Seminario Vescovile,** das Bischofsseminar, schließt die Piazza Mino da Fiesole an der Westseite ab. Als Folge des

Konzils von Trient und dessen Reformbeschlüssen errichtet und 1637 eingeweiht, erweiterte man den Bau 1697 und 1726 zur heutigen imposanten Größe. Nur eine Gasse trennt ihm vom fast zierlich wirkenden Bischofspalast, der mit dem Dom entstand, aber mehrmals erneuert wurde. Seine Fassade stammt aus dem Jahr 1675.

Ihm gegenüber bringt die **Kathedrale des heiligen Romulus** mit ihrem Naturstein einen Hauch Mittelalter über den Platz, auch wenn ihr heutiges äußeres Erscheinungsbild zu einem nicht geringen Teil der Neugotik des 19. Jh. zu danken ist. Die dem Bischofspalast zugewandte Fassade zeigt dennoch ihren Ursprung - eine dreischiffige romanische Basilika. Auf das Jahr 1028 geht sie zurück, im 13. Jh. fanden Erweiterungen statt. Geweiht ist sie dem Märtyrer *Romulus,* Bischof von Fiesole. Wie der Gründer Roms soll auch er unter Wölfen aufgewachsen sein. Die Veränderungen über die Jahrhunderte fanden ihren Höhepunkt 1887, als man im Geschmack der Zeit umfangreiche Umbauten vornahm. Der 42 m hohe, schlanke und zinnenbekrönte Glockenturm geht auf das beginnende 13. Jh. zurück, im 17. und 18. Jh. änderte man sein Aussehen. Das schlichte Innere des Doms zeigt sich mit romanischen Rundbögen, die als geometrisch exakte Halbkreise zwischen den Säulen spannen, fortgeführt im Durchbruch zur Apsis mit dem erhöht angelegten Chor. Die dreischiffige Krypta unterhalb mit dem Grabmal von *Romulus* ist mit einem Kreuzgratgewölbe versehen, das ein Sternenhimmel schmückt. 1990 fand man hier die Fundamente des altrömischen Kapitols. Das Absperrgitter der Krypta ist von 1349, die Ausmalung aus dem 15. Jh. Beachtenswert sind auch die Geometrie des offenen hölzernen Dachstuhls, das Triptychon am Hauptaltar von *Bicci di Lorenzo* von 1450 (mit einem Abbild von *Romulus*) und die Fresken der Apsis mit Szenen aus dem Leben des Bischofs. Die reiche Ausmalung der Cappella Salutati im Presbyterium rechts stammt von *Cosimo Rosselli,* der künstlerisch ebenso wertvolle Marmorsarkophag von *Mino da Fiesole,* beides aus dem 15. Jh.

■ **Cattedrale di San Romolo,** Piazzetta della Cattedrale 1, Tel. 055–599566, www.diocesifiesole.it, tgl. 7.30–12, 15–18 Uhr, Winter bis 17 Uhr.

An den Dom direkt anschließend, zeigt das **Bandini-Museum** seit 1913 Sakralkunst, die einer der Wissenschaftler der Florentiner Biblioteca Medicea Laurenziana - der Kanoniker *Angiolo Maria Bandini* - im 18. Jh. gesammelt hatte. Darunter befinden sich frühbyzantinische Exponate und polychrome Majoliken aus dem 13. bis 15. Jh. Eindrucksvoll sind das Tafelkreuz in der Mittelalterabteilung (1. Etage) und die Keramiken aus der Werkstatt der *della Robbia.* Das Gebäude im Liberty-Stil wurde eigens für die Sammlung errichtet.

■ **Museo Bandini,** Via Giovanni Dupré 1, Tel. 055 5961293, www.museidifiesole.it, Ticketverkauf Via Portigiani 3 (Tourismus-Info), April–Sept. tgl. 9–19, März/Okt. tgl. 10–18, Nov.–Feb. Fr–So 10–15 Uhr, 5 €, mit Arch. Museum und Zone 12 € (Firenzecard gültig).

Das **Museum in der Jakobs-Kapelle,** dem im 11. Jh. erbauten und mehrfach umgestalteten Oratorium des Bischofspalastes (Zugang westlich der Kathedrale in der steilen Gasse), zeigt liturgische Gegenstände des Bistums und spannt den Bogen von der Spätgotik über Renaissance, Barock bis hin zum Klassizismus. Zu den wertvollsten Exponaten gehören die Mitra des Bischofs *Salutati* von 1460 und ein Kelch aus demselben Jahrhundert.

■ **Museo della Cappella di San Jacopo,** Via San Francesco 4, Tel. 055 5961293, nur für Gruppen und nach Voranmeldung.

Geht man weiter bergan, gelangt man zur **Aussichtsterrasse Sant'Alessandro** mit einer kleinen Grünanlage und einem herrlichen Panoramablick auf Florenz. Neben dem Denkmal für die Gefallenen des Ersten Weltkrieges befindet sich auch ein Mahnmal für von der SS im Zweiten Weltkrieg getötete Carabinieri. Die **Basilica Sant'Alessandro** geht auf das 3. Jh. zurück, davor stand hier ein etruskischer, dann ein Bacchus geweihter römischer Tempel. Die Kirche ist säkularisiert und wird für Sonderausstellungen und Konzerte genutzt.

Von der Basilika sind es nur noch wenige Schritte zum **Konvent San Francesco** und den Giardini Pubblici am höchsten Punkt Fiesoles, einst Standort der etruskischen Akropolis. 1210 gab es hier eine Kapelle, 1330 gründeten Augustiner das Kloster, das 1407 die Franziskaner übernahmen. Zum Verweilen lädt nicht nur der üppig mit Blumen bepflanzte Kreuzgang (15. Jh.) ein. Die ganze Anlage strahlt Ruhe und Frieden aus. Das **Missionsmuseum** zeigt neben liturgischen Geräten Sammlungsstücke aus aller Welt (vornehmlich aber aus China und Ägypten). Die erste linke Seitenkapelle der mit einer gotischen Fassade erhaltenen Kirche schmückt das Gemälde „Mariä Verkündigung“ von *Raffaelino del Garbo;* am Hauptaltar prunkt eine

020t sk

„Kreuzigung" von *Nero di Bicci* (beide aus dem 15. Jh.). Für den Rückweg bietet sich der **Stadtpark** an.

Convento di San Francesco/Museo Missionario, Via San Francesco 13, Tel. 055 59175, www.fratifiesole.it, Konvent tgl. 9 Uhr bis Sonnenuntergang, Museum tgl. 10–12, 14–17 Uhr (So Morgen geschl.).

Über 3,5 ha erstreckt sich das **archäologische Grabungsgelände** hinter Dom und Bandini-Museum. Die ersten Grabungen in der Zone nahm der preußische Freiherr *Friedemann von Schellersheim* zwischen 1809 und 1814 vor. Seine Arbeit setzte man erst 1870 fort, 1873 kaufte die Kommune das Land, und eine erste Ausstellung der Funde fand 1878 im Rathaus statt. Die Sicht auf die Hügellandschaft vom Halbrund des **Teatro Romano** ist fantastisch. Bis zu 3000 Menschen haben einst dem Bühnenspektakel des im 1. Jh. v. Chr. nach griechischen Vorbildern erbauten Theaters beigewohnt (heute sind es bei den Veranstaltungen des **Estate Fieseole,** des Musiksommers, nicht weniger). 34 m misst die Basis des Theaters. Die Bühnenanlage selbst ist nur noch in ihren Fundamenten zu erahnen. Westlich markieren drei Rundbögen die Ruinen der Thermen, ebenfalls aus dem 1. Jh. v. Chr. Von der **etruskisch-römischen Tempelanlage** östlich des Theaters aus dem 4. Jh. v. Chr. sind nur rudimentäre Fundamente vorhanden. Geweiht war sie wohl Jupiter, Juno und Minerva. Das **Archäologische Museum** beim Eingang (1914 erbaut) gleicht einem ionischen Tempel und bewahrt die Funde aus der Region, darunter Bronzen, Reste eines Marmorfrieses von der Bühne des Theaters und im Antiquarium die Sammlung Crostini.

UNSER TIPP: Das kleine **Caffè Teatro Romano** bietet von seiner Terrasse einen hübschen Blick auf das Grabungsgelände.

Area Archeologica/Museo Civico, Via Portigiani 3, Museum Via Portigiani 1, Tel. 055 5961293, www.museidifiesole.it, April–Sept. tgl. 10–19, März/Okt. tgl. 10–18, Nov.–Feb. Mi–Mo 10–15 Uhr 10 €, mit **Bandini Museum** 12 € (Firenzecard gültig).

1,5 km südwestlich von Fiesole liegt das **Kloster San Domenico,** dessen Kirche ein Gemälde Fra *Angelicos* birgt. Er lebte hier ab 1420 fast 20 Jahre, bevor er hinunter nach Florenz und ins Kloster San Marco wechselte, um es auszumalen. Das Gemälde von 1425 hängt in der ersten Kapelle links, war einst Teil eines den Hauptaltar schmückenden Triptychons und zeigt die Mutter mit dem Kind im Kreise der Heiligen *Thomas von Aquin, Barnabas, Domenikus* und *Petrus von Verona.* Der Hintergrund wurde 1501 von *Lorenzo di Credi* erneuert. Drei der vier Heiligen sind Franziskaner, *Barnabas* wurde als Namensvetter eines reichen Gönners des Klosters – *Barnaba degli Agli* – abgebildet. Ein weiteres Gemälde *Angelicos* verkauften die klamm gewordenen Brüder 1611, ein drittes ließ *Napoleon* requirieren.

Convento San Domenico di Fiesole, Piazza San Domenico 4 (Bushaltestelle der Linie 7), Tel. 055 598837, www.dominicanes.it, Mo–Fr 8–12, 16–18, Sa 8–12, So 16–18 Uhr, **Messen** Mo–Sa 7.30, So 10.30, 12 Uhr.

[<] Kreuzgang des Konvents San Francesco

UNSER TIPP: Die **Badia Fiesolana** an der von San Domenico nach Westen abzweigenden Straße ist nur 200 m entfernt (gegenläufige Einbahnstraße!). Die **Fassade** der auf das Jahr 1028 zurückgehenden Abteikirche blieb weitestgehend unvollendet und ist unbedingt einen Blick wert. Nur der Mittelteil der Verblendung aus weißem und grünem Marmor wurde ausgeführt, umgeben ist er von graubraunem Ziegelwerk. Das Innere des in Kreuzform errichteten Gotteshauses wurde in der Renaissance neu gestaltet, mehrere Medici-Wappen sind zu sehen, z.B. im Schnittpunkt, am Langschiff und am Gewölbe der Apsis. 1778 wurde die Abtei aufgelöst, heute ist das Gebäude einer der Sitze der Europäischen Universität.

■ **Badia Fiesolana,** Via della Badia dei Rocettini 9, Tel. 055 4685 407, www.eui.eu, Mo–Fr 8–19, Winter 17 Uhr.

Villa Peyron

Villa und Garten 4 km südlich von Fiesole sind noch recht jung (ab 1914). Der aus einer Tuchhändlerfamilie stammende *Angelo Peyron* beauftragte den Florentiner Architekten *Giovannozzi* mit dem Umbau des Landgutes. Heraus kam ein vom Historismus beeinflusstes Bauwerk und eine Monumentalanlage (auf nach Florenz hin absteigenden Terrassen), die sich aus einem streng formalen Garten und einem Park zusammensetzt.

■ **Villa Peyron,** Via Vincigliata 2, Tel. 055 2006 6206, www.bardinipeyron.it, tgl. 10–18 Uhr nach Voranmeldung, Garten und Villa 10 € pro Person (mindestens 15 Personen, ca. 2 Std.); Anfahrt mit AT-Bus Nr. 47 (Haltestelle Villa Peyron).

Fiesole: Zugabe!

■ **Tabernacolo del Poggerello:** Tabernakel mit Steinwerk und Fresken vom Ende des 15. Jh. aus der Schule *Ghirlandaios;* an der Piazzetta del Ghirlandaio (über die Via Antonio Gramsci vom Hauptplatz nach Osten).

■ **Museo Fondazione Primo Conti:** Ausstellung mit Werken des Florentiner Avantgardemalers *Primo Conti* (1900–1988); Villa le Coste, Via Dupré 18, Tel. 055 597095, www.fondazioneprimoconti.org, Mo–Fr 9–14 Uhr, Eintritt 3 €, Firenze Card gültig.

■ Der am besten erhaltene **Stadtmauerabschnitt** aus etruskischer Zeit – in der Via delle Mura Etrusche (nördlich der Archäologischen Zone).

■ **Villa Palmieri:** eingegangen in die Literaturgeschichte als der paradiesische Ort des dritten Tages in *Boccaccios* deftigem Roman „Decamerone“, mehrmaliger Urlaubsort von Queen *Victoria von England;* Via Boccaccio, nicht zu besuchen.

■ **Villa Medicea Belcanto (UNESCO-Welterbe):** 1461 von *Michelozzo* für *Giovanni di Medici,* Sohn *Cosimos d. Ä.,* an einem Steilhang errichtet, Prototyp einer Renaissance-Villa mit Garten, Sitz der Platonischen Akademie, einem von *Lorenzo di Medici* unterstützten Gelehrtenkreis; Via Beato Angelico 2, www.villamedicifiesole.it, nur Park und nur für Gruppen nach Voranmeldung per Mail an annamarchimazzini@gmail.com.

■ **Parco Montececeri:** ein 44 ha großes Schutzgebiet mit mittelalterlichen Steinbrüchen, wo *Leonardo da Vinci* 1505 seine glücklosen Flugexperimente durchführte; Via Cave Maiano (2 km nördlich).

Praktische Informationen

Touristeninformation

■ **Ufficio Turismo Fiesole,** Via Portigiani 3, Tel. 055 5961282, www.comune.fiesole.fi.it, April/Mai tgl., Juni–Sept. Fr–Mo, Okt. Fr–So 10–13, 15–17/18 Uhr (Neben-/Hauptsaison).

Unterkunft

UNSER TIPP: **Fattoria di Maiano**④, Via Cave di Maiano 2, Tel. 055 599600, www.fattoriadimaiano.com, Restaurant Di–So mittags, Mi–Sa auch abends. Das Weingut mit großem Obstgarten und Olivenhainen vermietet hübsche Apartments in historischen Häusern. Ländliches Ambiente und grandioser Blick auf Florenz.

■ **Agriturismo Il Viaio**②, Via Dei Bassi 11 (10 km südöstlich von Fiesole bei Compiobbi), Tel. 055 659 4071, www.facebook.com/agriturismoilviaio. Sehr komfortabler Agriturismo mit 5 Zimmern (eigenes Bad, Küchenzeile und Klimaanlage) in einer umgebauten Scheune; Schwimmbad, keine Verpflegung.

■ **Villa Bonelli**③, Via F. Poeti 1/3, Tel. 055 59513, www.hotelvillabonelli.com. Das Mittelklassehotel 500 m vom Zentrum ist gemessen an den Preisen in Fiesole günstig und durchaus ausreichend für einen Aufenthalt von wenigen Tagen.

■ **Camping Panoramico,** Via Peramonda 1, Fiesole, Tel. 055 599069, https://campingpanoramicofiesole.com. Komfortabler, schattiger Platz in Aussichtslage, Camperservice, Pool, Restaurant.

Essen und Trinken

■ **Ristorante/Pizzeria San Domenico**①-②, Piazza San Domenico 11, Tel. 055 59182, www.pizzeriasandomenico.it, tgl. 12–15, 19–23.30 Uhr. An der Hauptstraße nach Florenz mit Freisitz, ausgezeichneten Pizze und sehr empfehlenswerten Antipasti und Dolce. Mi geschl.

■ **Casa del Popolo**①-②, Via Giacomo Matteotti, 25/27, Tel. 055 597002, tgl. 7.30–21.30 Uhr. Rustikales Bierlokal mit toller Sicht auf Florenz und einfacher, leckerer Küche, die man allerdings mögen muss: Es werden meist alle Arten von Innereien serviert.

■ **La Reggia degli Etruschi**③, Via S. Francesco 18, Tel. 055 59385, www.lareggiadeglietruschi.com, tgl. 19–22, Sa/So auch 12.30–15 Uhr. Egal ob mit seiner Küche oder dem Panoramablick über Florenz oder mit beidem – das Ausflugslokal überzeugt. Typischen Pastagerichte und *bistecce* in verschiedenster Zubereitung.

■ **Vinandro**②, Piazza Mino da Fiesole 33, Tel. 055 59121, www.vinandro.it, Mi–Mo 12–14.30, 19–22.30 Uhr. Toskanische Gerichte wie *ribollita* und natürlich *trippa* und *bistecca* in rustikal-gemütlichem Ambiente am Hauptplatz.

Süßes

Gelateria Siciliana①, Piazza Mino da Fiesole 44, Tel. 055 599865, www.facebook.com/Gelateria.Siciliana.Fiesole, tgl. 10.30–22.30 Uhr. Pizza (und mehr) und Eis in gängigen und leicht schrägen Geschmacksrichtungen (wie beispielsweise Bier).

Verkehr

■ **Bus:** Buslinie Nr. 7 von Haltestelle Firenze/La Pira (beim Botanischen Garten), ca. 20 Min.

■ **Parken:** gebührenpflichtig Via Gramsci, Piazza Garibaldi, frei Via Dupré, Via delle Mura Etrusche.

Feste

■ **Estate Fiesolana,** zahlreiche Veranstaltungen von Lesungen über Theater und Freiluftkino bis zu klassischer und Jazz-Musik an verschiedenen Orten wie in den Kirchen und im Teatro Romano in der Archäologischen Zone, www.instagram.com/estatefiesolana.

Prato

■ 61 m üNN, 195.000 Einw., Florenz 20 km

Prato stand immer im Schatten der großen Schwester Florenz. Auch politisch konnte sich die **zweitgrößte Stadt der Toskana** erst 1992 lösen, als man sie aus der Florentiner Provinzverwaltung entließ und zur Hauptstadt einer neu geschaffenen Provinz erklärte (auch wenn es „nur“ die zweitkleinste Italiens ist). Dabei hat die Stadt am Bisenzio an Kunst und Kulturhistorie einiges zu bieten.

Wie ein unregelmäßiges Sechseck ist das **Zentrum** Pratos geformt, sein Herz ist die Piazza del Comune mit dem Palazzo Pretorio. Die Sehenswürdigkeiten innerhalb der Stadtmauern westlich des Flusses sind ohne lange Märsche zu Fuß zu entdecken. Der Bahnhof befindet sich in der Neustadt am östlichen Ufer. Das chinesische Viertel (s.u.) erstreckt sich nördlich der Altstadt entlang der Via Pistoiese mit ihren zahlreichen Schuh- und Bekleidungsgeschäften.

Pratomusei Card

An den Kassen des Palazzo Pretorio und des Museo del Tessuto erhält man für 16 € die Karte mit freiem Zugang zu Palazzo Pretorio, Museo del Tessuto, Kunstgalerie Luigi Pecci; Dommuseum und Cappella Maggiore im Dom. Infos: www.prato-musei.it.

Geschichte

Vor 800 Jahren und heute, Prato ist *die* italienische Stadt für **Textilien.** Bereits im 12. Jh. sorgten die Wollspinnereien für immensen Reichtum, mit dem die Kaufleute den Florentinern durchaus Paroli bieten konnten. 1187 freie Kommune geworden und 1248 als kaiserlicher Stützpunkt des Staufers *Friedrichs II.* geadelt, holte sich Prato die besten Künstler, errichtete prächtige Kirchen und Paläste und sorgte für Sicherheit vor dem missgünstigen Nachbarn, indem es unter die Fittiche des Neapel der *Anjou* flüchtete. Die zeigten allerdings wenig Interesse an den Machtspielen im Norden und verkauften Prato 1351 an Florenz. Wenigstens konnte Prato eine Teilautonomie aushandeln. Tuchproduktion und -absatz prosperierten weiterhin – bis heute. Nur sind es jetzt Tausende von Chinesen, die völlig unterbezahlt und zu unmenschlichen Bedingungen in den Fabrikhallen schuften und für den wohlgefüllten Stadtsäckel sorgen (bei einem nicht unüblichen Stundenlohn von 1 € für die Arbeiter/innen). Prato besitzt nach Paris und Mailand mit immerhin geschätzten 25.000 Chinesen die **drittgrößte Chinatown Europas** (seit ein paar Jahren verkleinert sich ihre Zahl allerdings ständig).

Sehenswertes

Ältestes Großbauwerk ist die **Kaiserburg,** auf Geheiß *Friedrichs II.* 1242 bis 1248 von *Riccardo da Lentini* errichtet, erste Besichtigungsstation 300 m südwestlich des Parkplatzes auf der Piazza Mercatale. Sie gilt als eine der besterhaltenen Burgen Italiens. Die Ecktürme sind den vier Himmelsrichtungen zugewandt und waren ursprünglich wesentlich höher (1768 zurückgebaut). Der Tod des Staufers 1250 ließ die Burg im Inneren unvollendet. Im Sommer finden auf dem Castello Freiluftaufführungen statt.

■ **Castello dell'Imperatore,** Piazza Santa Maria delle Carceri, Tel. 0574 38207, www.cittadiprato.it, Mi–Mo April–Sept. 10–13, 16–20, Okt.–März 10–16 Uhr.

An der Piazza stand früher im Mittelalter ein Gefängnis, das außen ein Bild der Madonna mit dem Kinde zwischen den Heiligen *Leonhard* und *Stefan* schmückte. Da dieses Bild Wunder vollbracht haben soll, erbaute *Giuliano di Sangallo* im Auftrag von *Lorenzo* Ende des 15. Jh. die **Basilica Santa Maria delle Carceri** mit dem Grundriss eines mit einer Zentralkuppel ausgestatteten griechischen Kreuzes. Der blau-weiße Majolika-Fries entlang der Vierung unter der Kuppel stammt von *Andrea della Robbia,* ebenso die vier Tondi mit den Evangelisten in den Eckzwickeln der Kuppel. Die Buntglasfenster entwarf *Domenico Ghirlandaio.* Das wundertätige Bild ist in den Hauptaltar integriert. Die Kerker (und

260t sk

ein wundertätiges Marienbild) an einer der Mauern, die der Kirche als Fundament dienten, verliehen ihr ihren Namen.

■ **Santa Maria delle Carceri,** Piazza Santa Maria delle Carceri 21, Tel. 0574 27933, tgl. 6.45–12, 16–19 Uhr; Kerker nur Mo–Sa um 17 Uhr (in der Sakristei nachfragen).

Entlang der **Franziskanerkirche** gelangt man zur Piazza San Francesco d'Assisi. Der Backsteinbau ist das älteste Gotteshaus der Stadt (1281). Die in ihrer Einfachheit eindrückliche Fassade zeigt die typische Verwendung zweier Baumaterialien zur farblichen Gliederung, in diesem Fall heller Kalkstein und grüner Serpentin.

■ **Chiesa San Francesco,** Piazza San Francesco 10, Tel. 0574 31555, www.sanfrancescoprato.it, Mo–Sa 9.30–12, 16–17.30 Uhr.

Einige Schritte weiter in die Via Rinaldesca führen zum **Palazzo Datini** – einem spätgotischen Profanbau, in dem der sagenhaft reiche Kaufmann und Tuchhändler *Francesco Datini* lebte (1335–1410; sein Grabstein liegt vor dem Hauptaltar der Franziskanerkirche). Er handelte mit über 200 Städten in ganz Europa, in Afrika und Arabien und gilt als Erfinder der kaufmännischen Buchführung und der unbedingten Zahlungsanweisung – des Wechsels. Sein Motto „Im Namen Gottes und des Geschäftes" stand auf all seinen Kontenbüchern. An der Fassade sind noch Teile der in seinem Todesjahr entstandenen Fresken zu seinem Leben erhalten. In besserem Erhaltungszustand ist der Wandschmuck im Inneren aus den Händen des *Niccolò di Pietro Gerini* (um 1390) – beachtenswert der *San Cristoforo* und der Zyklus im Innenhof. 1870 hat man bei einer Sanierung des Gebäudes in einer vermauerten Kammer Zehntausende Handelsunterlagen, Verträge und Kontenbücher des Hauses *Datini* gefunden. Einige der für die Forschung äußerst wertvollen Schriftstücke sind im Museum ausgestellt, alle anderen befinden sich im angeschlossenen Archiv.

■ **Museo Casa Francesco Datini,** Via Ser Lapo Mazzei 43, Tel. 0574 604187, www.museocasadatini.it, April–Sept. tgl. 10–13, 16–19, Nov.–März Mo/Mi/ Fr/Sa 10–13, 16–19, So 10–13 Uhr.

Nach Norden gehend, gelangt man zur Piazza del Comune mit dem Denkmal für den Handelsherren *Datini*. Der **Palazzo Pretorio,** ursprünglich ein guelfischer Geschlechterturm, war ab 1284 der Amtssitz des Capitano del Popolo. Unterschiedliche Baumaterialien, kriegerische Zinnen, Glockenturm, weltoffene Freitreppe, gotische Biforienfenster, kleine quadratische Wandöffnungen – am wuchtig wirkenden Palast haben Jahrhunderte hingewirkt. Ins **Stadtmuseum** gelangt man über die Freitreppe. Es hat nach 20-jährigen Renovierungsarbeiten 2014 wiedereröffnet und ist eines der schönsten und lehrreichsten der Toskana. Über 3000 Exponate aus den Bereichen der Kunst und des städtischen Lebens lassen vergangene Zeiten auferstehen. Werke u.a. von *Bernardo Daddi, Donatello, Filippino Lippi* und *Franceseo Botticini,* aber auch moderne Arbeiten wie von *Arrigo del Rigo* oder *Jacques Lipchitz* sind ausgestellt.

■ **Museo Civico,** Piazza del Comune, Tel. 0574 1934996, www.palazzopretorio.prato.it, Mi–Mo 10.30–18.30 Uhr, 8 € (Pratomusei Card gültig).

Über die Via Cesare Guasti nach Westen erreicht man die Piazza San Domenico mit dem **Museum der Wandmalerei** im 1238 gegründeten und 1322 erweiterten Kloster San Domenico. Das Museum, das man über den eleganten Kreuzgang aus dem 15. Jh. betritt, widmet sich der Freskenkunst und zeigt Werke (die in Prato und Umgebung aus konservatorischen Gründen abgenommen werden mussten), aber auch die Techniken, die notwendig sind, um Fresken zu entfernen, an einen anderen Ort zu verbringen und zu restaurieren. Auch die Vorskizzen für einige berühmte Fresken sind ausgestellt, darunter die des Tabernakels Sant'Anna von *Agnolo Gaddi* (1395) und die von *Paolo Uccello* für Pratos Kathedrale.

☐ Die Kaiserburg in Prato stammt aus dem 13. Jahrhundert

■ **Museo di Pittura Murale,** Piazza San Domenico 8, Tel. 0574 440501, www.diocesiprato.it, 2024/25 wegen Umbau geschlossen.

In einem Bogen geht es jetzt wieder nach Osten zur Piazza Duomo mit der **Kathedrale di Santo Stefano** und dem **Dommuseum.** Die unübliche Außenkanzel ist der Blickfang der Fassade. 998 taucht eine Kirche an dieser Stelle erstmals in den Schriften auf, 1211 begann *Guidetto da Como* mit dem Bau des heutigen Gotteshauses, der mehrere Jahrhunderte andauerte. 1317 fanden Erweiterungen statt, 1340 kam der Campanile hinzu, und 1457 war die vorgeblendete Fassade angebracht, im Stil der Zeit mit weißen und grünen Steinen in Wechsellage. Bereits im 13. Jh. war an der rechten Frontecke ein hölzerner Balkon zu sehen. Auf ihm wurde an bestimmten Feiertagen der „Sacro Cingole" gezeigt, der **„Heilige Gürtel",** der Sage nach einstmals die Gewänder Marias schnürend und von einen Kaufmann im 12. Jh. nach Prato gebracht. 1428 war der hölzerne Balkon nicht mehr repräsentativ genug, und man holte *Donatello* und *Michelozzo,* die in zehn Jahren die **steinerne Kanzel,** eines ihrer Meisterwerke, schufen. Eine zentrale Säule trägt den Baldachin, ein Bronzesockel den Kanzelkorb. Die perfekten Proportionen stammen von *Michelozzo, Donatello* meißelte aus dem Stein die Relieffelder mit tanzenden Putten (Kopie, Original im Dommuseum). Im Inneren setzt sich die Farbgestaltung der Wechsellagen an den Tragebögen fort. Hier kommt der dunkelgrüne Serpentin besonders gut zur Geltung und verleiht dem Gotteshaus ein nahezu maurisches Gepräge. Gleich links des Eingangs befindet sich die 1385 zur Aufbewahrung des Heiligen Gürtels eingefügte Kapelle. Fresken, u.a. von *G. Pisano* und *A. Gaddi,* schildern die Gürtellegende.

Unser Tipp: Die **Cappella Maggiore** malte *Filippo Lippi* aus, das Highlight im Inneren der Kathedrale und eines der wichtigsten Werke der Frührenaissance. Besonders in dem ab 1452 – mit Unterbrechungen – in 16 Jahren geschaffenen Freskenzyklus zum Leben *Johannes des Täufers* gilt das **„Gastmahl des Herodes“** als wegweisend. Die zentralperspektivische Gestaltung mit weiten Räumen und Durchblick auf die Landschaft nimmt die Ideen der Renaissance in die Bildgestaltung auf. Auch mit der Ausführung des Tanzes der grazil schwebenden *Salome* hat *Lippi* nachfolgende Künstlergenerationen geprägt (und wohl seine Geliebte, die Nonne *Lucrezia Buti,* verewigt). Auch die Seitenkapellen verdienen Beachtung: Rechts anschließend feiern Fresken von *Paolo Uccello* die Auferstehung Mariens (1435/36), schräg gegenüber thront die „Madonna dell’Uli-

261t sk

vio", von den Brüdern *da Maiano* 1480 angefertigt.

Das **Museum der Dombauhütte** neben der Kathedrale im Bischofspalast zeigt den Kirchenschatz Pratos, Gemälde aus dem Dom, darunter das „Begräbnis des San Girolamo" von *Filippo Lippi* aus dem Jahr 1453, und die Originalreliefs der Außenkanzel. Auch das **Antiquarium** ist sehenswert. Der romanische Kreuzgang geht auf das 12. Jh. zurück und zeigt grüne Serpentin- und weiße Marmorsäulen mit beeindruckenden Tierkapitellen.

- **Duomo,** Piazza Duomo, 7.30–12, 13–19, Winter bis 17 Uhr, Eintritt frei; **Cappella Maggiore/ Museo dell'Opera del Duomo,** Di–Sa 10–17, So 13–17 Uhr, 8 € (Pratomusei Card gültig).
- **Ostensione della Sacra Cintola/Präsentation des Heiligen Gürtels** auf der Außenkanzel Ostern, 1. Mai, 15. Aug., 8. Sept., Weihnachten.
- **Campanile,** im Sommer abendliche Besteigung an jeweils einem Tag der Woche (Info über die Touristeninformation).

Prato: Zugabe!

- **Kreuzigungsgemälde** (1395) von *Niccolò di Pietro Gerini* in der Cappella Migliorati der Franziskanerkirche; s. oben.
- Im **Museo del Tessuto** Stoffe aus 15 Jahrhunderten und von allen Kontinenten, Exponate zur Textilproduktion; Via Puccetti 3, Tel. 0574 611 503, www.museodeltessuto.it, Di–Do 10–15, Fr/Sa 10–19, So 15–19 Uhr, 8 €, Pratomusei Card gültig.
- **Centro per l'Arte Contemporanea Luigi Pecci,** zeitgenössischer Kunst gewidmetes Zentrum mit ständiger und wechselnder Ausstellung, interdisziplinäres Forum für Kunst und Didaktik, großer Skulpturenpark; Viale della Repubblica 277, Tel. 0574 5317, www.centropecci.it, Do–So 10–19 Uhr, 10 €, Pratomusei Card gültig.
- **Medici-Villen** im Süden Pratos; → „Florenz, Ausflüge in die Umgebung".
- **Galleria Palazzo Alberti,** 60 Gemälde (16.–18. Jh.) in der ersten Etage im Gebäude und aus der Sammlung der Sparkasse, darunter „Muttergottes mit Kind" von *Filippo Lippi,* „Kreuzigung mit jüdischem Friedhof" von *Giovanni Bellini* und „Dornenkrönung" von *Caravaggio;* Via degli Alberti 2, Tel. 800 167619, https://gallerieditalia.com, Sa/So 10.30–19 Uhr, Eintritt frei.

Praktische Informationen

Touristeninformation

- **Ufficio Turismo Prato,** Piazza del Comune, Tel. 0574 1837859, www.pratoturismo.it, Mo–Sa 9.30–19, So 9.30–18.30 Uhr.

Unterkunft

9 **Albergo Il Giglio**①-②, Piazza San Marco 14, Tel. 0574 37049, www.albergoilgiglio.it. Mittelklassehaus mit nur zwölf Zimmern mit Klimaanlage (sechs von ihnen mit eigenem Bad); sympathisches Familienhotel mit hilfsbereiten Gastgebern.

◁ Die Kanzel der Kathedrale von Prato

8 Accasa & Accanto al Centro②, Viale Piave 37, Tel. 338 8470786, www.accantoalcentro.com. Das zentral gelegene B&B belegt zwei Etagen eines Stadthauses, die Zimmer sind hell und freundlich eingerichtet. Das Gastgeberpaar *Sonia* und *Alessandro* empfängt Gäste mit großer Herzlichkeit.

Essen und Trinken/Süßes

UNSER TIPP: **7 I Frari**②, Via Garibaldi 120, Tel. 0574 961875, www.facebook.com/ifrariprato, tgl. 18–2 Uhr. Was kommt heraus, wenn sich ein Regisseur, ein Maler und ein Archäologe zusammentun? Ein bisschen toskanische *fiaschetteria* und ein Schuss venezianisches *cicchetti e ombra* – kurzum, ein sehr sympathisches, daher auch sehr gut besuchtes, winziges Lokal im Stadtzentrum, in dem es köstliche Appetithappen, einfache Mahlzeiten und gute Weine zu verkosten gilt, zu sehr komfortablen Preisen.

11 La Vecchia Cucina di Soldano③, Via Pomeria 23, Tel. 0574 34665, www.trattoriasoldano.it, Mo–Sa 12.30–14.30, 19.30–22 Uhr. Seit 1918 eine kulinarische Institution in Prato mit typischen Gerichten der Region – Mortadella di Prato, *sedani ripieni* (gefüllter Sellerie) und zum Abschluss Biscotti di Prato mit Vino Santo – hochdelikat!

10 Cucina 6Zero③, Via Alfredo Guaducci 1, Tel. 328 7761626, www.cucina6zero.it, Mo–Sa 9–22.30 Uhr. Das Restaurant am Rande eines Tennisplatzes vereint mediterrane Fusionsküche mit stylishem Ambiente und hat – gemessen an der Qualität – erträgliche Preise.

4 Marcellino Pane e Vino①, Via Benedetto Cairoli 7, Tel. 348 0799969, www.facebook.com/marcellinopanevinoPrato, Mo–Do 12–15, 17–21, Fr 12–15, 17–2, Sa 12–2 Uhr. Belegtes Fladenbrot z.B. mit Mortadella oder Auberginen mit Parmesan.

1 Le Barrique②, Via Giuseppe Mazzoni 19, Tel. 057 430151, www.lebarrique.it, tgl. 12–24 Uhr (Küche durchgehend). Für den Imbiss oder das Dinner: Crostoni (belegte Brotscheiben), Piadine (eine Art Pizza) oder enfach nur Taglieri (mit Wurst oder Käse befüllte Holzbrettchen).

6 Pasticceria Pralinae, Via Giuseppe Garibaldi 116/118, Tel. 0574 831479, www.facebook.com/pralinae, Di–So 8–13,16–19, Fr–So auch 21.30–0.30 Uhr. Die gefüllten Cornetti sind schon ein Erlebnis, die Törtchen echte Kunstwerke und die Capuccini auch ein Augenschmaus.

Apero und Abend

3 Caffè Poirot, Via Benedetto Cairoli 56, Tel. 388 3220566, tgl. 10–23 Uhr. Kristalllüster satt, Barock und Lederfauteuils, dazu Kaffee, Kuchen, Snacks und Cocktails.

262t sk

Der Palazzo Pretorio in Prato zeigt seine Bauphasen sehr deutlich

5 **Lab 59100,** Via Settesoldi 25, Tel. 348 0588 427, tgl. 16–2 Uhr. Die perfekte Szene-Kneipe für den Apero mit ausgezeichneten Häppchen.

■ **Open-Air-Veranstaltungen** des **Prato Estate** im Castello dell'Imperatore und an anderen Veranstaltungsorten in der Altstadt, www.pratoestate.it.

Verkehr

■ **Bahnhof Prato Centrale** (an der Hauptlinie Brenner – Rom, 1,2 km zum Dom), Vorortzüge nach Florenz Stazione SMN und Lucca besser Stazione Porta al Serraglio (200 m vom Dom, 20 Min. um 3 €) nutzen.

■ **Parken:** An der Piazza Mercatale (1./2. Std. je 1 €, dann 2 €/Std.) östlich der Altstadt am Fluss.

Feste

■ **Corteggio Storico/Stadtfest,** 7./8. Sept., Jahrmarkt, Konzerte, als Höhepunkt am späten Abend die Präsentation des Heiligen Gürtels am Dom.

Aktivitäten

12 **Golf Club Le Pavoniere,** Via Traversa del Crocifisso, Tel. 0574 620855, www.golfclublepavoniere.com. 18-Loch-Platz, Par 72, 5323–6137 m, 75–96 €.

Einkaufen

2 **Atipico,** Via Benedetto Cairoli 14, Tel. 388 588 4804, www.atipicoshop.it; alles, was an Essen für Prato typisch ist, von Käse, Kuchen und Wurst über Wein bis zur Marmelade.

■ **Fabrikverkäufe:** In der Touristeninformation gibt's Listen und Flyer mit Adressen der Textilfirmen, die Überproduktionen günstig verkaufen.

Pistoia

■ 65 m üNN, 89.000 Einw., Florenz 35 km

Am nur 42 km langen Arnozufluss Torrente Ombrone liegt die Provinzhauptstadt – Kulturhauptstadt Italiens 2017 – zu Füßen der Pistoieser Berge und am Beginn zweier Passstraßen über den Apennin nach Bologna. Ein intakter mittelalterlicher Stadtkern mit Marktviertel, Museen und wertvoll ausgestattete Kirchen lohnen den Besuch.

Am **Straßenverlauf** Pistoias lässt sich die geschichtliche Entwicklung gut ablesen. Das mittelalterliche Zentrum mit der Piazza del Duomo umgibt ein Straßenring, welcher der ursprünglichen römischen Befestigungsmauer folgt. Der zweite Straßenring mit Corso Gramsci, Corso San Fedi, Via dei Baroni und Via delle Pappe verläuft entlang des (von Florenz geschleiften) Befestigungswalles des 12. Jh., der äußere Ring parallel zu den Festungswällen des 14. Jh. mit drei Eckbastionen und der Fortezza di Santa Barbara im Südosten.

Geschichte

Die **Römer** gründeten Pistoia als **Versorgungslager** für ihre in Kämpfe mit den Liguren verwickelten Truppen im 2. Jh. v. Chr. (das im Mittelalter gezeichnete Stadtwappen Pistoias zeigt ein rotweißes Schachbrett – Erinnerung an die regelmäßige Straßenanlage der Römerstadt). Unter den Langobarden durfte Pistoia sich „freie Stadt" nennen, und die Bürger häuften mit Stoffproduktion,

Tuchhandel und Metallverarbeitung Reichtum an. Doch dann brach eine **Familienfehde** aus. Auslöser soll ein Streit zwischen Schwiegermutter und Schwiegertochter gewesen sein, eine den Guelfen, die andere den Ghibellinen zugehörig. Die zum Krieg ausgeuferte Fehde schwächte Pistoia so, dass es sich 1315 erst Lucca, neun Jahre später **Florenz unterwerfen** musste. Die Florentiner veranlassten den Abbruch der Stadtmauer mit ihren 60 Wachttürmen. Wirtschaftlich erfolgreich war Pistoia aber weiterhin, Florenz gewährte eine Teilautonomie, und im 14. Jh. entstand der äußere Befestigungsring. Die Fehde zwischen Guelfen und Ghibellinen war jedoch nicht vergessen; nach Florenz geschwappt, beeinflusste sie die Geschicke der Toskana noch lange Jahre.

Ansonsten war Pistoia bekannt für die Produktion **chirurgischer Instrumente,** für **Messer** (kleine Dolche, genannt „Pistoyers" – ideal fürs Meucheln) und während des Faschismus für die **Munitionsherstellung** (weswegen die Alliierten die Stadt massiv bombardierten).

Sehenswertes

An der südöstlichen Seite der **Piazza del Duomo** zeigt sich die Fassade der **Kathedrale San Zeno e San Jacopo** fein gegliedert und fast zart. Erdrückend wirkt im Vergleich der 67 m hohe, wuchtige, 1199 als Amtssitz des Capitano del Popolo begonnene Campanile. Erst um das Jahr 1300 durch drei Etagen mit Zwerggalerien (offenen Arkadengängen) aufgestockt, übernahm er die Funktion des Kirchturms. Im 16. Jh. kamen Glockengeschoss und Turmspitze hinzu. Den Dombau begann man 1108 an der Stelle einer abgebrannten frühchristlichen Basilika. Die Zwerggalerien der Firstbereiche sind zusätzlich mit Streifendekor strukturiert, auf dem Giebel des Mittelschiffes stehen die Kirchenpatrone in Marmor, ansonsten hält sich der Fassadenschmuck in Grenzen. Der Arkadengang der Vorhalle wurde 1311 angefügt. Sein Tonnengewölbe am Eingang schmückt Majolika, das Bogenfeld des Portals ein Madonnenrelief, beide von

Andrea della Robbia (1505). Das Innere der Kirche zeigt sich in strenger Form durch die niedrigen romanischen Säulen und die von ihnen getragenen hohen Seitenwände, die das Mittelschiff mit seinem offenen Dachstuhl massiv von den Seitenschiffen trennen. Gleich links des Haupteingangs liegt das Scheingrab des Kardinals *Fortguerri* (um 1500, aus der Werkstatt von *Andrea del Verocchio,* im 18. Jh. verändert). Ihm gegenüber im rechten Seitenschiff sieht man das spätgotische Grabmal für den Juristen und Dichter *Cino de Sinibuldi,* geschaffen 1337 von *Agostino di Giovanni.* In der linken Seitenkapelle des Chors hängt das Gemälde „Madonna di Piazza", von *Verocchio* begonnen und von seinem Schüler *Lorenzo di Credi* 1486 vollendet.

Links vom Altar markiert das gemalte Tafelkreuz mit Szenen aus der Leidensgeschichte Christi von *Coppo di Marcovaldo* (1275) den Zugang zur Krypta. Die **Cappella di San Jacopo** ist das

Glanzstück des Doms (die zweite rechts). Fast 200 Jahre dauerte es, bis ihr Silberaltar des heiligen *Jakob* fertig war (1287–1456). Die Größen ihrer Zeit (darunter *Brunelleschi*) haben daran gearbeitet. Die vordere Verkleidung des Altarunterbaus zeigt die Christusgeschichte, die seitlichen Schürzen Szenen aus der Schöpfungsgeschichte (rechts) und aus dem Leben des San *Jacopo* (links). Die Nischenfiguren des Altaraufsatzes, stolze 628 an der Zahl, weisen Stilelemente von der Gotik bis zur Frührenaissance auf, teils sind sie im Wachsschmelzverfahren massiv gegossen, teils aus Silberblech getrieben und vergoldet. Der Altar bewahrt eine Reliquie des heiligen *Jakob*, die der Erzbischof von Santiago de Compostela dem Bistum Pistoia, einem bedeutenden Etappenziel auf dem Jakobsweg, 1144 geschenkt hatte.

■ **Cattedrale di San Zeno e San Jacopo,** Piazza del Duomo, tgl. 8.30–12.30, 16–19, Winter bis 18 Uhr, Eintritt frei, Cappella San Jacopo/Silberaltar 5 € (mit Audioguide); **Messen** Sa 18, So 10.30, 18 Uhr; **Campanile-Besteigung,** (200 Stufen auf 60 m Höhe), Piazza del Duomo, Tel. 334 1689419, März–Sept. Mi–Mo stündlich Führungen (45 Min.) 9–13, 15–18 Uhr, Sa/So keine Mittagspause, Winter Do–So, 10 €.

Im vom Ende des 11. Jh. stammenden romanischen **Palazzo dei Vescovi** sind mehrere Museen untergebracht. Sie zeigen Sakralgegenstände und beleuchten die Stadtgeschichte aus verschiedenen Blickwinkeln bzw. machen sie mit Modellen auch Blinden zugänglich, die sie mit den Händen erspüren dürfen (für „Sehende“ eine ganz neue Erfahrung). Eine weitere Abteilung ist der Archäologie gewidmet und führt in die Fundamente mit altrömischen Zeugnissen. Außerdem sind moderne Fresken von *Giovanni Boldoni* (1842–1931) und die Gemäldesammlung Bigongiari mit Werken des 17. Jh. ausgestellt.

■ **Museo dell'Antico Palazzo dei Vescovi,** Piazza del Duomo 3, Tel. 0573 974267, Mi–So 10–18 Uhr, 6 €.

Andrea Pisano entwarf um 1330 das heute säkularisierte achteckige **Baptisterium** gegenüber dem Dom, *Cellino di Nese* errichtete es bis 1359 in gotischem Stil mit grün-weißer Streifenverblendung aus Marmor. Das Stufenportal des Haupteingangs bedacht Maria mit dem Kinde, *Petrus* und *Johannes den Täufer*, den Türsturz schmücken Reliefs mit Szenen aus dem Leben des *Johannes*. An besonderen Feiertagen fanden auf der kleinen Außenkanzel Predigten statt. Im Inneren steht das Taufbecken aus mehrfarbigem Marmor im Zentrum (1226 von *Lanfranco di Como*). Das Baptisterium war die letzte große Taufkapelle des Mittelalters.

■ **Battistero di San Giovanni in Corte,** Piazza del Duomo, Di–So, Winter Fr–So 10–13, 15–18 Uhr.

Nördlich an die Taufkirche steht der **Palazzo Pretorio** von 1367, früher der Ort, an dem der Podestà für Recht sorgte,

[>] Die filigrane Fassade der Kathedrale San Zeno e San Jacopo heute als Amtsgericht genutzt. Die im Original erhaltenen Gewölbe um den Innenhof sind großflächig freskiert, zu sehen sind auch noch Richtertisch und Bänke aus Stein sowie zahlreiche Wappen. Die Nordostseite der Piazza del Duomo beherrscht der hohe **Palazzo del Comune** mit schönen Zwillings- (Biforien) und Drillingsfenstern (Triforien), dreifachem Medici-Wappen und einem Arkadengang. Die erste Bauphase ist für 1294 bis 1385 dokumentiert. Der Übergang zum Dom entstand 1637. Neben dem Eingang ist die toskanische Maßeinheit Doppio Braccio im Verhältnis zum Meter gesetzt. Das 1922 gegründete **Stadtmuseum** im Inneren zeigt Gemälde, Fresken, Skulpturen und Kunsthandwerk vom 13. bis zum 19. Jh. Der Geschlechterturm **Torre di Catilina** verdankt seinen Namen dem Umstand, dass hier 62 v. Chr. der römische Umstürzler und Feldherr *Catilina* bei der Schlacht von Pistoia gegen Truppen des Senats gefallen sein soll.

■ **Museo Civico,** Piazza del Duomo 1, Tel. 0573 371296, http://musei.comune.pistoia.it, Di–Fr 10–14, Sa/So 10–18/19 Uhr, Eintritt 3,50 €.

Wenige Schritte südwestlich des Baptisteriums ist die **Piazza della Sala** ein unspektakulärer, aber dennoch schöner Stadtplatz mit einem löwenbekrönten Ziehbrunnen. Hier kann man noch mittelalterliche Atmosphäre atmen, nicht die des Adels, die der einfacheren Leute. Umrandet ist der Platz mit Häusern, in denen einst Handwerker ihrer Arbeit nachgingen. Vormittags findet ein Gemüsemarkt statt, und abends kommen die Jugend und die Familien, um sich in einem der Lokale zu treffen.

Zwischen Dom und dem Palazzo del Comune sind im **Palazzo Rospigliosi** drei kleinere Museen untergebracht. Das **Rospigliosi-Museum** zeigt die prächtige Wohnung eines Kardinals mit original erhaltener Einrichtung und Gemälden des 16. und 17. Jh. Das **Diözesanmuseum** widmet sich der Geschichte des Bistums und stellt Teile des Kirchenschatzes aus (darunter ein in Limoges im 12. Jh. hergestelltes Bronzekreuz). Im **Stickereimuseum** erfährt man alles über die Tradition der Brokatherstellung in Pistoia und sieht zahlreiche Beispiele.

■ **Museo del Ricamo,** Via Ripa del Sale 3, Tel. 0573 358016, Di–Do 10–13, Fr 10–13, 15–18 Uhr, freier Eintritt.

■ **Museo Rospigliosi/Diocesano,** Via Ripa del Sale 3, Tel. 0573 358016, nach Renovierung Wiedereröffnung Mitte 2024 geplant, 5 €.

033t sk

100 m nordöstlich steht die romanische **Säulenbasilika San Bartolomeo in Pantano** aus dem 12. Jh. an Stelle einer Vorgängerkirche aus dem 8. Jh., die ursprünglich außerhalb der Stadtgrenzen lag (*pantano* = Sumpf). Für den Zeitgeschmack typisch ist die Schaufassade, mit fünf Bögen strukturiert. Das Relief (1167, Christus unter seinen Aposteln) am Hauptbalken des Mittelportals wird dem Bildhauer *Gruamonte* zugeschrieben. Bei der Restaurierung Mitte des 20. Jh. hat man die Änderungen an der Innenausstattung zurückgebaut und versucht, den romanischen Originalzustand wieder herzustellen. Die Kanzel aus der Mitte des 13. Jh. stammt von *Guido da Como,* die Reliefs zeigen Szenen aus dem Leben Jesu (einige sind abgenommen und an der Kirchenwand neben der Kanzel ausgestellt). Das Kreuz in der Apsis (um 1278) kommt wahrscheinlich aus der Werkstatt von *Giovanni Pisano.*

■ **Basilica San Bartolomeo in Pantano,** Piazza San Bartolomeo 11, Tel. 0573 24297, www.parrocchiasanbartolomeo.it, tgl. 9–19, Winter 8–16 Uhr.

UNSER TIPP: Das **Ospedale del Ceppo** im Nordwesten von San Bartolomeo ist ein ehemaliges, 1287 gegründetes Hospiz. Die Vorhalle in Gebäudebreite wurde im 15. Jh. angebaut und erhielt 1535 als Brüstungsschmuck den **Majolika-Fries** von *Santi di Michele,* einem Gegenspieler der Werkstatt *della Robbia.* Das rechte Paneel ersetzte man 1586 durch eine Arbeit des *Filippo di Lorenzo Paladini* (ohne Glasur, da das Geheimwissen um die Glasierung verloren gegangen war). Die Fliesen erzählen detailliert, perfekt gestaltet und überaus farbenfroh vom Leben und Arbeiten in dem Armenhaus, von der Krankenpflege, der Sterbehilfe und der Speisung.

Auf der Führung durch die Renaissance-Gewölbe des unterirdischen Pistoia (Pistoia Sottoterranea) gelangt man auch in den Anatomiesaal des Hospitals. Im Buchladen kann man vertiefende Literatur und Souvenirs erstehen. Das **Museum für chirurgische Instrumente** schräg gegenüber in der Via delle Pappe 13 stellt 270 Instrumente aus dem 18. und 19. Jh. aus.

263t sk

■ **Ospedale del Ceppo, Pistoia Sottoterranea, Museo dei Ferri Chirurgici,** Piazza Papa Giovanni XXIII 14, Tel. 0573 368023, www.irsapt.it, Untergrundführung Do–So 10.30, 11.30, 15 und 16.30, Mo/Di 15 und 16.30 Uhr (Dauer 60 Min.), 12 €, Instrumentenmuseum Di–Fr 10–14, Sa/So 10–18 Uhr, Eintritt 3,50 €.

Folgt man nun der Via delle Pappe nach Westen, gelangt man zur romanischen **Basilika Sant'Andrea.** Wie bei San Bartolomeo sind es fünf Blendbögen, die die Fassade bestimmen, und die Hauptportal-Friese stammen ebenfalls von *Gruamonte* (1166): Zug der heiligen drei Könige, Begegnung mit *Herodes,* Anbetung des Kindes. Die Art der Verwendung von grünem und weißem Marmor, weit über das Streifendesign hinausgehend auch in den Bögen, wirkt fast maurisch. Die gotische Kanzel von *Giovanni Pisano* im Inneren gilt als eines seiner Hauptwerke (1298–1301). Drei der sechs korinthischen Säulen tragen Figuren, zweimal ein Löwe und einmal ein Atlant. Die Mittelsäule hat Adler, Greif und Löwe als Basis. Die Steinpaneele der Brüstung sind schon fast keine Reliefs mehr, ihr Figurenschmuck ist beinahe vollständig vom Untergrund herausgearbeitet.

■ **Basilica Sant'Andrea,** Via Sant'Andrea 21, Tel. 0573 21912, April–Okt./Dez. tgl. 8.30–18.30 Uhr, 2,50 € (mit Chiesa Fuorcivitas, Eintritt 4 €).

Gleich nebenan ist das im **Palazzo Fabroni** untergebrachte **Zentrum für zeitgenössische bildende Kunst** ein Muss für Besucher, die sich mit moderner Kunst auseinandersetzen: abstrakte Malerei, Pop-Art, Konzept- und Minimalkunst und Arte Povera, Ende der 1960er Jahre in Genua entstandene Installationskunst unter Verwendung alltäglicher Materialien.

☒ Das Hospital mit dem berühmten Majolika-Fries

■ **Museo del Novecento e del Contemporaneo,** Via Sant'Andrea 18, Palazzo Fabroni, Tel. 0573 371817, Di–Fr 10–14, Sa/So 11–19, Winter Di–Fr 10–14, Sa/So 10–18 Uhr, Eintritt 3,50 €.

Vom Domplatz nach Süden gehend, erreicht man die einschiffige **Kirche San Giovanni Fuorcivitas** (= „außerhalb der Stadt") mit ihren Blendbögen/-arkaden und durchgängig grün-weißen Wechsellagen an der nördlichen Seitenfassade – die Schokoladenseite des Gotteshauses. Grundsteinlegung war 1150, Fertigstellung etwa 200 Jahre später. Das Hauptportal der Längsseite schmückt ein Fries von *Gruamonte* (1160, Abendmahl), eines seiner Hauptwerke. Die mit Reliefs geschmückte Kanzel im Inneren dem Eingang direkt gegenüber stammt von Fra *Guglielmo da Pisa* (1270), das sechseckige Weihwasserbecken mit Allegorien der Kardinaltugenden in der Mitte der Kirche von *Giovanni Pisano* (um 1300), direkt links vom Eingang ist an der Wand eine anrührende Figurenarbeit aus glasierter Terrakotta von *Luca della Robbia* zu sehen (um 1445, Mariä Heimsuchung). Das Polyptychon (Madonna auf dem Thron von Engeln umgeben als Zentralbild, 1353) links neben dem Hauptaltar hat *Taddeo Gaddi* geschaffen.

■ **Chiesa San Giovanni Fuorcivitas,** Via Francesco Crispi 2, Tel. 0573 24784, April–Okt./Dez. tgl. 8–12, 17–18 Uhr, Eintritt 2,50 € (mit Basilica Sant'Andrea 4 €).

Noch ein Stück weiter südlich stehen an der Piazza Garibaldi die **Cappella del Tau** (um 1340), das Marini-Museum und die Kirche San Domenico (→ Kasten „Pistoia: Zugabe!"). Die einschiffige Kapelle mit Kreuzgewölbe – ursprünglich ein Bethaus des im 18. Jh. vom Malteserorden inkorporierten Antoniterordens (sein Erkennungszeichen war das T-Kreuz) – wurde Ende des 14., Anfang des 15. Jh. vollständig mit gotischen Fresken ausgemalt, eine Gemeinschaftsarbeit anonymer Künstler, die u.a. Szenen aus der Schöpfungsgeschichte und das Leben des heiligen *Antonius* abbildeten.

■ **Cappella del Tau,** Corso Silvano Fedi 28, Tel. 0573 32204, Mo–Sa 8.30–13.30 Uhr.

Passo della Collina

Die direkte Route nach Norden und Bologna verläuft auf der SS64 über den knapp 20 km von Pistoia entfernten Passo della Collina auf 932 m Höhe (4 km vor dem Pass von der SS64, die den Pass durch ein Tunnel unterquert, auf die Nebenstraße abbiegen) – eine schöne Berglandschaft mit Laubwald lohnt die Fahrt hinauf.

UNSER TIPP: Spektakulär ist die **Fahrt mit der Eisenbahn nach Porretta Terme** (tgl. mehrere Fahrten, einfache Strecke um 60 Min., 5 €). Die Strecke Porrettana wurde unter vielen Mühen mit 47 Tunneln und 35 Viadukten auf 99 km Länge ausgestattet und 1864 eingeweiht – eine Meisterleistung des Eisenbahnbaus mit wegweisenden Lösungen wie dem Kreiskehrtunnel zwischen Pistoia und Prac-chia, der die Strecke auf 14 km verlängerte und so die 500 m Höhenunterschied ermöglichte (eine Technik, die man später auch bei der Gotthardbahn anwandte). Es war die **erste Eisenbahnlinie über den Apennin** und bis 1934 (Eröffnung der Linie Bologna–Florenz) eine der wichtigsten Verbindungen Italiens. Lokale Bedeutung hatte sie für den Transport des im Winter in den Bergen geschnittenen und gelagerten Eises, mit dem man Bologna und Florenz versorgte.

Passo di Oppio

Kurz hinter Pistoia zweigt die SS66 von der SS64 hoch zum Passo della Collina ab, führt hinüber zum Passo di Oppio (821 m) und dann weiter nach Norden ebenfalls Richtung Bologna. Die Bahnlinie Porrettana, erst dem Verlauf der SS64 folgend, wendet sich nach Westen und trifft bei Pracchia auf die SS66. Das **Ecomuseo della Montagna Pistoiese** hat einige Installationen der Eiserzeugung und -lagerung bewahrt, die man auf dem **Itinerario del Ghiaccio** im Dorf Le Piastre mit Führer besichtigt. Auf dem **Itinerario del Ferro** im Dorf Pontepetri erfährt man im Giardino Didattico alles zur Eisenbearbeitung in der Region.

■ **Itinerario del Ghiaccio/Itinerario del Ferro,** Tel. 800 974102, www.ecomuseopt.it; die beiden geführten Wanderungen (und weitere) finden Juni bis August statt und kosten je 4 €.

Ein Highlight für Schwindelfreie ist die (öffentliche) **Hängebrücke** von **Mammiano** in der Gemeinde San Marcello Pistoiese, die auf 212 m Länge und in

Pistoia: Zugabe!

■ Die 1930 bei einer Restaurierung entdeckten, teils dem Giotto-Schüler *Puccio Capanna* zugeschriebenen Fresken der im 13. Jh. errichteten **Kirche San Francesco;** Piazza San Francesco 1, Tel. 0573 368096, tgl. 7.30–12, 16–18.45 Uhr (Aug. nachm. geschl.).

■ Die von *Giorgio Vasari* 1561 fertiggestellte **Basilica Madonna dell'Umiltà,** ein achteckiger Zentralbau vergleichbar mit dem Dom von Florenz – darin ein wundertätiges Marienbild; Via della Madonna, Tel. 0573 22045, www.basilicadellamadonna.it, Mo–Fr 8.30–17.30, Sa 7.30–19.30, So 8.30–19.30 Uhr.

■ Die gotische **Ordenskirche San Domenico** (Beginn des 14. Jh.) mit teilweise erhaltenen Fresken aus der Bauzeit; Piazza San Domenico 1, Tel. 0573 28158, www.domenicanipistoia.it, Di–Sa 7–12.30, So 10–13, 18.30–20 Uhr.

■ Das **Museo Fondazione Vivarelli** mit Werken des Bildhauers und Stadtarchitekten *Jorio Vivarelli* (1922–2008) in seiner Villa; Via Felceti 11, Tel. 0573 477423, www.fondazionevivarelli.it, Mo–Sa 9–13 Uhr, Eintritt frei.

Park der **Villa Puccini** bei Scornio 3 km nördlich des Domplatzes – der Freiheitsdenker, Patriot und Mäzen *Niccolò Puccini* schuf sich in der ersten Hälfte des 18. Jh. ein romantisches Paradies; Via Dalmazia (Via del Lago), Bus Nr. 5 vom Bahnhof, Haltestelle Villaggio Scornio, teils privat, teils öffentlicher Park (8–20 Uhr).

■ **Fattoria di Celle,** Freiluftmuseum des Industriellen *Giuliano Gori* mit moderner Skulpturenkunst in weitläufigem Privatpark 8 km östlich von Pistoia, Voranmeldung (vier Wochen) zwingend mit zwei Alternativdaten, allen persönlichen Details und Erklärung, warum Interesse an der Sammlung besteht, nur Mai–Sept. Mo–Sa 10 und 15 Uhr, 3 Std. Fußmarsch, keine Möglichkeit abzubrechen (mitgegangen – mitgehangen!); www.goricoll.it.

■ Der **Ponte di Castruccio,** von Mammiano Basso (s.o.) 6 km auf der SS12 nach Süden und Westen, überquert in einem einzigen, kühne zehn Meter hohen Bogen den Lima und wurde im 14. Jh. wahrscheinlich anstelle einer ehemaligen römischen Brücke erbaut.

Weitere Museen in Pistoia

■ Das **Museo Fernando Melani** widmet sich dem Konzeptkünstler (1907–1985) und seinem minimalistischen Werk; Corso Gramsci 159, Tel. 800 012146, Besuch nur nach Voranmeldung, Eintritt frei.

■ Im **Museo Palazzo Buontalenti** sind Gemälde des Pistoieser Malers *Giacinto Gimignani* (1606–1681) ausgestellt, ansonsten sind Sonderausstellungen zeitgenössischer Kunst zu sehen; Via de' Rossi 7, Tel. 0573 974267, 2024 geschlossen.

■ Direkt gegenüber ist das **Museo Palazzo de' Rossi** ein wunderbares Beispiel für die Architektur und Innenausstattung des 18. und 19. Jahrhunderts; Via de' Rossi 26, Tel. 0573 974267, tgl. 10–18 Uhr, Eintritt 6 €.

■ Das **Museo San Salvatore** unweit des Doms beleuchtet in der säkularisierten romanischen Kirche in moderner Gestaltung und mit archäologischen Funden die Stadtgeschichte Pistoias; Via Tomba di Catilina, Sa/So 10-18 Uhr, Eintritt 3 €.

■ Im **Museo Luigi Tronci** sind 800 Musikinstrumente aus aller Welt ausgestellt; Corso Antonio Gramsci 37, Tel. 0573 994350, www.fondazioneluigitronci.org, geführte Tour (nur nach Voranmeldung) Eintritt 5 €.

264t sk

35 m Höhe eine Schlucht quert, eine der längsten Fußgängerhängebrücken der Welt, 1922 gebaut, um den Anmarsch der Arbeiter zu den Minen abzukürzen.

Der **Laghetto del Ponte Sospeso,** ein künstlich aufgestauter Fischweiher, ist mit seinen Picknickplätzen, einem als Wildwest-Saloon getarnten Restaurant mit Bier vom Hofbräuhaus Traunstein und einer Fischerei an den Wochenenden ein beliebtes Ausflugsziel.

⌃ Die Hängebrücke von Mammiano in der Gemeinde San Marcello Pistoiese

⌃ Pistoias Jugendstil-„Kaufhaus" in der Hauptgasse

Praktische Informationen

Touristeninformation

■ **Ufficio Turismo Pistoia,** Palazzo del Comune, Piazza del Duomo 1, Tel. 0573 21622, www.visitpistoia.eu, www.comune.pistoia.it, tgl. 9–13, 15–18, Winter 9–13, 14–17 Uhr.

Unterkunft

15 **B&B La Locanda dei Fiori**③, Via Porta San Marco 16, Tel. 0573 358211, www.locandadeifiori.it. Blumen sind *das* Thema im Dekor dieses zentrumsnahen B&B, das in warmen, toskanischen Farben eingerichtet ist. Das italienische Frühstück ist was für Schleckermäuler.

4 **B&B Lo StudiO** ②–③, Via Giuseppe Verdi 56, Tel. 0573 1941666, www.lostudiobb.it. Bezauberndes B&B im Zentrum, ein romantisches Zimmer mit freskierter Decke, die übrigen modern und sehr geschmackvoll gehalten. Und *Cristina* ist eine sehr aufmerksame Gastgeberin.

Außerhalb

1 **Agriturismo Le Dogane**②, Località Lambure 1, Pitèglio, Tel. 339 6360247, www.agriturismoledogane.com. Schlemmen und Übernachten im Schatten des im 14. Jh. errichteten Ponte di Castruccio; angenehm unfolkloristische, fast klösterliche Einrichtung und Spezialitätenküche (feste Menüs).

UNSER TIPP: 16 **Agricampeggio Le Carbonaie,** Via delle Crocoi 11A, Marliana (14 km in den westl. Hügeln), Tel. 0572 616005, www.lecarbonaie.it, Mai–Okt. Wer Ruhe liebt, ist hier richtig; Pool, Restaurant und eine schmale Anfahrtsstraße.

Essen und Trinken

7 **La Bottegaia**③, Via del Lastrone 17, Tel. 0573 365602, www.labottegaia.it, Di–So 12–15, 19–

23 Uhr. Ein bisschen Slow Food und etwas Tradition – die Karte liest sich interessant, und oft schmeckt es auch so; doch manchmal steigt der Erfolg zu Kopf, und man fühlt sich abgefertigt wie in einem Touristenschuppen – ausprobieren!

14 **Gastronomia Nu'Juorn Buon**①, Via Filippo Pacini 21, Tel. 0573 766874, Mo–Sa 8.15–20.30 Uhr. Eine Gastronomia ist ja meist nicht viel mehr als ein Schnellimbiss; für Büromenschen schwingt sich das Zubereitete in den Himmel der neapolitaischen Küche – viel Fisch, frittiert, roh als Carpaccio oder vom Grill, Fazit: schnell, köstlich und günstig.

2 **Bisteccatoskana**③, Via Sant'Andrea 30, Tel. 0573 1780175, www.bisteccatoskana.it, tgl. ab 19 Uhr, So auch mittags. Hier huldigen Köche wie Gäste dem *bistecca* in all seinen verführerischen Facetten, doch wehe, der Gast bestellt es „well done". Eine solche Ignoranz wird mit Verachtung bestraft. Wer sein Steak also gerne zumindest medium mag, wird hier das köstlichste Fleisch vorgesetzt bekommen, das er je gegessen hat. Großer Hunger ist allerdings vonnöten – pro Person gibt's 600 g und auch darüber keine Diskussion.

5 **Trattoria dell'Abbondanza**②, Via dell'Abbondanza 10/14, Tel. 0573 368037, www.osteriadellabbondanza.it, Mi–So 12–14.30, Mi–Sa auch 19–23 Uhr. Die Trattoria serviert bodenständige und gute toskanische Küche zu günstigen Preisen. Beliebt vor allem bei den Einheimischen.

6 **La Vineria No 4**②, Via del Lastrone 4, Tel. 0573 977338, www.vinerian4.it, Di–So 12–15, 19–23 Uhr. Auch wenn man als Burgerrestaurant und Weinbar firmiert, man ist auch Treffpunkt der In-Scene Pistoias. Gute Ciabattas.

Unser Tipp: 11 **Osteria Gargantuà**②, Piazzetta Ortaggio, 12/13, Tel. 0573 23330, www.tavernagargantua.com, tgl. 12–1 Uhr. Wegen seiner *Bistecca Fironetina* ist das Lokal zum einen berühmt,

307tsk

zum anderen wegen der frischen Pasta, die der Grund sind, weshalb Italiener von weit her in den Laden 11 **Il Garganello** (www.facebook.com/ilgarganello) gleich nebenan kommen, um sie zu kaufen; und last, but not least: in den Cocktails möchte man am liebsten schwimmen.

Außerhalb

10 **Locanda del Capitano del Popolo**②, Via di Stracceria 5/7, Tel. 0573 24785, www.instagram.com/locandadelcapitano, Di–So 12–15, Mo–Sa 19–23 Uhr. Rustikale toskanische Spezialitäten wie Polenta mit Steinpilzen, Bohnensuppe mit Dinkel oder Stockfisch nach Livorno-Art – das Ambiente changiert zwischen Antiquitätenladen und Galerie, der Besitzer ist eine lebende Legende und das Ganze ein Gesamtkunstwerk.

Süßes

3 **Gelateria Cipriani,** Via Curtatone e Montanara 65, Tel. 345 2918743, www.facebook.com/Gelateria.Cipriani, Di–So 15–19.30 Uhr. *Der* Eismann von Pistoia, natürlich eigene Herstellung, auch vegan/ohne Gluten, ausgefallene Sorten wie *Lotos* oder *Ricotta*.

026t sk

Apero und Abend

- **Open-Air-Kino** im Sommer in der Festung Santa Barbara, Piazza della Resistenza, Tel. 0573 371 690, www.commune.pistoia.it

13 **The dUMb,** Via della Torre 32, Tel. 348 887 6793, www.thedumb.it, Di–Sa 18–2, So 17–24 Uhr. Location mit Lifemusik von Jazz über Blues bis Rock und Jam Sessions, dazu Guinness und Kilkenny.

9 **Vecchia Praga,** Piazza della Sala 6, Tel. 0573 31155, ab 17 Uhr. Ein Bierchen oder Cocktails nach Büroschluss und zu späterer Stunde am Gemüsemarkt.

8 **Covo Bukowski,** Via dei Fabbri 1B, Tel. 0573 1780982, www.facebook.com/rustpistoia. tgl. 11–1/2 Uhr. Cocktails an den Tischchen in der Gasse mit kleinen oder größeren Platten für die entsprechende Unterlage – Resto-Bar im Pubstil für den Daueraufenthalt am Abend.

Verkehr

- **Bahn:** Der Bahnhof Pistoia liegt an der Strecke Florenz–Lucca, halbstündlich Verbindungen nach Florenz Stazione SMN (30–40 Min., um 5 €) und Lucca (45–60 Min., um 6 €); halbstündlich ab Lucca nach Pisa (30 Min., um 4 €).
- **Parken:** Kostenloses Parken an der Piazza Oplà (Via Marino Marini beim Fußballstadion) und in der Via Cellini (bei der Festung Santa Barbara); werktags Shuttle-Bus M ins Zentrum (1,20 € hin und zurück). An Sonntagen ist das Parken auf allen Parkplätzen kostenlos (gilt nicht für Parcheggio Lingottino in der Via A. Vannucci); gelb markierte Zonen sind Einheimischen vorbehalten.

Feste

■ **Giostra dell'Orso** am Patronatstag von San Jacopo, 25. Juli. Mittelalterliche Reiterspiele auf der Piazza del Duomo.

■ **Pistoia Blues Festival** im Juli, http://pistoiablues.com, hier spielten schon die Großen wie *Sting, Robert Plant* oder *Mumford & Sons* in einem erstaunlich entspannten, intimen Rahmen.

Einkaufen

12 **Il Sapori delle Bottegaia,** Via di Stracceria 4, Tel. 0573 358450. *Der* Spezereienladen in Pistoia: Pasta, Riso, Olio, Biscotti, Wein, Wurst, Schinken und Käse; herrlich altmodisch und mit belegten Brötchen im Straßenverkauf.

Aktivitäten

Giardino Zoologico, Via Pieve a Celle 160A, Tel. 0573 911219, www.zoodipistoia.it, tgl. 9.30–17 Uhr, letzter Einlass 1 Std. früher, Erw. 19 €, Kinder (3–10 Jahre) 15 €. Der Zoo verspricht Abwechslung im Besichtigungsalltag, von Braunbären bis zu Elefanten, von Krokodilen bis Erdmännchen ist eine Vielzahl von Tieren zu sehen – jedoch leider nicht immer artgerecht gehalten.

■ **Canyon Park,** in der Schlucht der Lima bei Scesta (auf halbem Weg von der Hängebrücke von Mammiano nach Bagni di Lucca), Tel. 0583 1748 094, www.canyonpark.it, im Sommer tgl. nach Voranmeldung; Adreanlin-Sport mit Zipline (28 €), Canyon-Klettern (52 €) und SUP in der Schlucht (25 €), außerdem Yoga für Einzelgänger oder Familien auf dem Trocknen und auf dem Wasser.

◁ Andächtiges Straßenbild

Borgo San Lorenzo/Mugello

■ 193 m üNN, 18.000 Einw., Florenz 35 km

Die verkehrsgünstige Lage reizte schon die Römer zur Ansiedlung, heute ist der Hauptort des Mugello ein hübsches Städtchen, das sich teilweise noch in mittelalterlichem Gewand zeigt.

Geschichte

An Stelle der römischen Siedlung Annejanum lag im Hochmittelalter der Besitz der ghibellinischen **Familie Ubaldini,** die sich als Gefolgsleute von *Friedrich II.* recht lange der Vorherrschaft der Florentiner erwehren und relativ unabhängig bleiben konnten. Florenz kaufte 1290 schließlich den Mugello für 3000 Gold-Florin (heute etwa 1,5 Mio. €). Die *Ubaldini* mussten sich in den Norden zurückziehen. Von dort bekämpften sie Florenz weiterhin, bis 1373 mit *Maghinardo* der letzte Aufsässige der Sippe gefangen, in Ketten nach Florenz gebracht und vor dem Palazzo del Bargello enthauptet wurde. Als Mahnung wusch man sein Blut nicht vom Pflaster. Die *Ubaldini* flüchteten und spielten danach keine Rolle mehr, die letzte Gräfin starb 1750.

1341 erhielt Borgo San Lorenzo eine **Stadtmauer,** von der die Tore Porta Orologio (Uhrenturm, Corso Matteotti) und die Porta Fiorentina (Via Mazzini) noch erhalten sind (beide östlich der Kirche San Lorenzo). Bekannt war Borgo San Lorenzo um 1900 für die feinen

Keramikarbeiten im Liberty-Stil der von den Chini-Brüdern gegründeten **Manufaktur Fornaci San Lorenzo,** die ganz Italien begeisterten.

Sehenswertes

Herz des Städtchens ist die mit hohen Bäumen bestandene **Piazza Dante.** Das kleine bronzene **Hundedenkmal** beim Palazzo Municipale (Südostseite) erinnert an den treuen Fido, der 14 Jahre lang jeden Tag an der Bushaltestelle auf sein – 1943 bei einem Bombardement der Alliierten ums Leben gekommenes – Herrchen wartete.

Wenige Schritte entlang der Via Bandini/Via Francesco führen zur Hauptsehenswürdigkeit **San Lorenzo,** der größten romanischen Basilika der Region. Bereits für 941 ist die Existenz verbürgt, Umbauten fanden im 12. Jh. statt, der sechseckige, frühgotische Glockenturm neben der Apsis stammt von 1263. Weitere Veränderungen fanden im 16. und 20. Jh. statt. 1906 wurde die Kirche mit Arbeiten aus der Chini-Manufaktur ausgestattet, so das Fresko in der Apsis. Die rechte Chorkapelle zeigt eine schwarze Madonna mit dem Kinde (1290), die aus der Hand *Giottos* stammen soll, *Agnolo Gaddi* malte die Madonna auf dem Thron. Im rechten Seitenschiff findet sich ein weiteres Werk von *Galileo Chini* (1950, Johannes der Täufer).

■ **Chiesa San Lorenzo,** Via Cocchi 4, Tel. 055 8459295, Mo–Fr 7–12, 16–19.30, Sa/So 7–12, 16–17.30 Uhr.

Der **Palazzo Pretorio** aus dem 13. Jh. nördlich der Kirche fiel dem Erdbeben von 1919 zu Opfer, 1935 hat man ihn rekonstruiert und ihm wieder die geretteten Familienwappen verpasst. Er beherbergt heute die Stadtbibliothek.

Das **Oratorium des heiligen Wunderkreuzes** beim Uhrenturm errichtete man 1714–43 in der Form eines griechischen Kreuzes (1919 rekonstruiert) und als Hort des wundertätigen Holzkruzifixes, das um 1400 deutsche Pilger auf der Flucht vor der Pest dem Ort schenkten. Es befindet sich in einer Nische des Hauptaltars und ist mit einem mechanischen Vorhang geschützt, der es nur an besonderen Feiertagen freigibt.

■ **Oratorio del Santissimo Crocifisso dei Miracoli,** Corso Matteotti, Tel. 055 8459088, tgl. 7.30–12, 16–19 Uhr.

027tsk

[>] Guter Junge: Fidos Treue zu seinem Herrchen wurde in Bronze verewigt

UNSER TIPP: Das **Chini-Museum** stellt in der von der Chini-Familie mitausgestatteten Villa Pecori Giraldi die Erzeugnisse der einstigen Keramik-Manufaktur aus und gibt einen Überblick über die Produktionsvielfalt und die künstlerische Entwicklung der Chini-Brüder. Einer war für das Kaufmännische zuständig, der andere für die Gestaltung. Majoliken mit religiösen und weltlichen Sujets sind zu sehen, Gebrauchskeramik, Fliesen mit gegenständlichen und floralen Mustern, eben Liberty – schönster Jugendstil. Ebenfalls interessant sind die Sonderausstellungen mit zeitgenössischer Kunst. Familien können im **Kindermuseum** ihre Kleinen „sich künstlerisch entwickeln lassen".

■ **Museo Civico della Manifattura Chini,** Piazzale Lavacchini 1, Tel. 055 8456230, www.chinimuseo.it, April–Okt. Do–So 9–13, 15–19, Winter Sa/So 10–13, 15–19 Uhr, Kindermuseum 2024 wg. Umbau geschl. Museum 5 €, Zeitgenössische Ausstellung 6 €, zusammen 8 €, Kindermuseum 3 €, Kind 1,50 €, alle 3 Museen 10 €, Kind 8,50 €.

Der Mugello

Die Schneise der italienischen Hauptautobahn A1 von Nord nach Süd durchschneidet den Apennin und bildet mit den **Monti della Calvana** die Westgrenze des Mugello, im Osten grenzt der Nationalpark **Foreste Casentinesi** an. Die Hügellandschaft rund um das Tal des Arnozuflusses Sieve wartet mit mittelalterlichen Dörfern und abgelegenen Höfen auf, dazwischen geschichtsträchtige Klöster und schöne Medici-Villen. Wanderern und Radlern bieten sich viele Möglichkeiten für den aktiven Urlaub.

In der teils lieblichen, teils unwirtlichen Hügelwelt des Mugello haben nicht nur die *Medici* ihre Wurzeln, sondern auch Familien berühmter Künstler wie *Giotto* und Fra *Angelico.*

Sanfte Hügel bestimmen die Landschaft, und die Natur ist fruchtbar – Bauernland, nicht reich, aber den Menschen ihr Auskommen gebend. Der **Name** soll von einer einst hier lebenden Volksgruppe der Liguren kommen, den Magelli. Schöner ist die Legende des 17. Jh., dass im 8. Jh. ein Riese namens Mugello an diesem Ort sein Unwesen trieb, den dann einer der Urväter der *Medici* und Kommandeur *Karls des Großen* tötete.

Am 29. Juni 1919 um 16.06 Uhr traf ein **Erdbeben** der Stärke 6,2 (Richter-Skala) den Mugello, tötete 100 Menschen, verletzte 400 und zerstörte über 800 Gebäude vollständig. In Florenz realisierte man die Schwere der Katastrophe zunächst nicht, sodass Hilfe erst am nächsten Tag eintraf.

Die Bewirtschaftung, die relativ niedrige Höhe der Berge und die kurze Distanz zu den Städten im Norden machte den Mugello zu einem bevorzugten Platz für die Passverbindungen; einer der ersten **Handelswege** verlief über den Passo del Giogo (882 m) nördlich von Borgo San Lorenzo nach Imola im Nordosten. Um diesen Weg abzusichern, gründete Florenz 1306 eigens die Orte Scarperia vor und Firenzuola hinter dem Passo del Giogo. Direkt nach Norden und Bologna entstand 1762 eine Straße über den Passo della Futa (903 m). Um nach Faenza zu gelangen, folgt man der Straße über den Passo Colla di Casaglia (913 m), nach Forli fährt man über den Passo del Muraglione (907 m).

Alle vier Strecken sind schön für **Tagesausflüge,** wenn auch sehr kurvenreich. Belohnt wird man mit Ausblicken und auf den Passhöhen mit guter und handfester Gastronomie. Passionierte Radler scheuen sich auch nicht, die Steigungen mit dem Drahtesel zu erklimmen (Höhenunterschied 600–700 m auf 10–15 km). Die Pässe lassen sich per Auto gut auf einer eintägigen **Rundtour** miteinander verbinden. Von Borgo San Lorenzo über Scarperia und den Pass Giogo di Scarperia gelangt man, den Mäandern eines schmalen Tals durch dicht bewaldete Landschaft folgend, nach Firenzuola (Abstecher zum Passo della Futa). Alternativ startet man in Borgo San Lorenzo und nimmt die SS65 durch ein breites, fruchtbares Tal mit Weiden und Pferdekoppeln zum Passo della Futa und dann weiter nach Firenzuola. Beide Strecken sind gleichermaßen landschaftlich reizvoll. Von Firenzuola geht es auf der SS610 bis Coniale und dort auf Nebenstraßen Richtung Südosten nach Palazzuolo sul Senio und Marradi. Über den Colla di Castaglia kehrt man nach Borgo San Lorenzo zurück.

Mugello per Rad

Eine extrem herausfordernde Radtour ist die **Gran Tour di Mugello,** 214 km lang und mit über 3700 Höhenmetern. Auch wenn man es forciert angeht – zwei Tage Fahrzeit sollte man mindestens einrechnen; wer es „gemütlicher" bevorzugt, nimmt sich drei bis fünf Tage Zeit. Die reine Fahrzeit liegt zwischen 10 und 20 Stunden, maximale Steigung ist 12 %. Die Strecke kann man in Borgo San Lorenzo beginnen, die Route führt dann über Vetta Le Croci, San Piero a Sieve, Scarperia, am Lago di Bilancino vorbei nach Barberino di Mugello, über den Passo della Futa und den Passo della Raticosa nach Firenzuola, und weiter über Valico del Paretaio, Palazzuolo sul Senio, Marradi, Dicomano bis nach Ponte a Vicchio; die letzte Etappe endet wieder in Borgo San Lorenzo.

■ **Info:** www.mugellotoscana.it („itineraries").

Grezzano

8 km nördlich von Borgo San Lorenzo in Grezzano (250 m üNN, 320 Einw.) zeigt das charmant geführte **Bauernhofmuseum** das Leben auf einem Gutshof des 18./19. Jh. Das Haupthaus und die Nebengebäude sind liebevoll eingerichtet und lassen nicht nur vor dem inneren Auge die Vergangenheit auferstehen. Die **Mühle** in der Nachbarschaft ist schon für das 14. Jh. dokumentiert, die heutige Anlage steht seit 1780 in Familienbesitz. Auf dem 1,5 km langen **Naturlehrpfad** (ca. 1 Std.) kann man über 130 für die Region typische Pflanzenarten kennenlernen (frei, aber auch mit Führung zugänglich).

■ **Museo della Civiltà Contadina di Casa d'Erci,** Grezzano, Tel. 338 6880647, www.casaderci.it, April–Sept. So 15–19, Juni–Sept. auch Sa, Winter So 14.30–18 Uhr, 4 €, geführter Spaziergang auf dem Naturlehrpfad 2 € (nach Voranmeldung).

☒ Im Mugello herrscht Naturstein vor

028t sk

San Piero a Sieve

Im 5 km westlich von Borgo San Lorenzo liegenden San Piero a Sieve (212 m üNN, 4200 Einw.) gibt es Mittelalteratmosphäre und in der **Pfarrkirche San Pietro** ein sehenswertes polychromes, glasiertes Terrakotta-Taufbecken aus der Werkstatt der *della Robbia*. Ein Medici-Wappen demonstriert in der Kirche die Herrschaftsverhältnisse. Hoch über San Piero thront die von *Baldassare Lanci* entworfene, von *Simone Genga* und *Bernardo Buontalenti* fertiggestellte **Medici-Burg San Martino** (1569–1608), die größte des Mugello. Sie war rein zur Verteidigung des Tales als Festungswerk mit neun Bastionen und allem Notwendigen geplant, um auch einer Belagerung standzuhalten (ein geheimer Gang erlaubte sogar das Tränken der Pferde am Fluss). Kämpfe hat sie allerdings nie gesehen. 1784 hat man die Festung aufgegeben und die umgebenden Verteidigungswerke teilweise zurückgebaut. Die Zitadelle befindet sich in Privatbesitz, doch kann man an ihren Wällen entlangspazieren.

Die Medici-Villen

Abseits der Legenden sind die *Medici* für das 13. Jh. im Mugello erstmals dokumentiert, als sie im großen Stil Landkäufe tätigten. *Giovanni di Bicci* (1360–1429) war dann der erste *Medici*, der in Florenz historische Bedeutung erlangte. Er gründete die Medici-Bank und legte den Grundstein für den sagenhaften Reichtum des Geschlechts. Trotzdem die Folgegenerationen der *Medici* in der Arno-Stadt lebten, hatten sie sich ihre Sympathie für den Mugello bewahrt und dort zahlreiche Villen als Landsitze errichtet.

Der Grund, auf dem die **Villa Cafaggiolo (UNESCO-Welterbe)** steht, gehörte bereits im 14. Jh. dem *Medici Averardo,* dem Vater von *Giovanni di Bicci. Giovannis* Sohn *Cosimo il Vecchio* ließ die Villa 10 km westlich von Borgo San Lorenzo zwischen San Piero a Sieve und Barberino di Mugello und direkt an der SS65 von *Michelozzo* 1451 als festungsartigen Landsitz ausbauen (weshalb sie auch den Namen „Castello Mediceo" trägt). Ein großer Park und ein Wildreservat kamen hinzu, und der Besitz wurde zu einem der Lieblingssommersitze der *Medici* und zu ihrem Jagdschloss. Der spätere Papst *Leo X.* verbrachte hier seine Jugend, 1576 soll *Pietro* auf dem Schloss seine Frau *Eleanora di Toledo* wegen ihres Seitensprungs mit einem jungen Adligen erstochen haben. 1737 fiel die Villa Cafaggiolo an das Haus Lothringen. Architektonisch steht die Villa zwischen Gotik und Renaissance.

Lange Jahre nicht zugänglich soll der Komplex und seine nähere und weitere Umgebung in den kommenden Jahren zu einem gigantesken Luxusresort entwickelt werden, mit 400 Suiten, 14 Restaurants, 12 Bars, Kochschule, Spas, Polo und Golf, 30 km Wanderwegen und einem Museum – finanziert mit argentinischem Geld.

■ **Villa Medicea di Cafaggiolo,** Via Nazionale 16, Barberino di Mugello.

Die **Villa del Trebbio (UNESCO-Welterbe)** 4 km südwestlich von San Piero a Sieve zeigt sich schon aus der Ferne auf einem Hügel und mit Turm wie ihre Schwester in Barberino recht wehrhaft. *Giovanni di Bicci* ließ mit ihr eine der ersten Medici-Villen außerhalb von Florenz errichten. *Cosimo il Vecchio* hatte hier erstmals *Michelozzo* mit der Umgestaltung (1427–33) betraut – es kam dabei ein befestigtes Schloss heraus, mit einem Innenhof mit Brunnen und Wehrgang. Damit sich *Cosimo* nicht ganz so kriegerisch fühlen musste, gab es aber auch einen Terrassengarten mit Laubengängen. In der Casa Amerigo Vespucci, einem Nebengebäude aus dem 12. Jh., soll der berühmte Seefahrer gewohnt haben, als er als Gast der *Medici* in Trebbio weilte. Im Schloss waren im Ersten Weltkrieg österreichische Kriegsgefangene untergebracht, im Zweiten Weltkrieg nutzte es die Wehrmacht als Hauptquartier (die Gotenstellung bzw. Grüne Linie – ein Verteidigungsbollwerk der Deutschen – verlief direkt durch Trebbio).

■ **Villa Medicea del Trebbio,** Località Trebbio 11, San Piero a Sieve, Tel. 339 3029697, wg. Renovierung geschl., Wiedereröffnung als Gastbetrieb und Zentrum des Olivenanbaus geplant.

Die **Villa Demidoff** bei Pratolino 15 km nördlich von Florenz und 20 km südlich von Borgo San Lorenzo errichtete *Bernardo Buontalenti* im Auftrag von *Francesco I.* 1569–81 und für dessen Geliebte *Bianca Cappello* mit prächtigen Gebäuden und einem für seine Wasserspiele in seiner Zeit hochberühmten **Garten (UNESCO-Welterbe)**. Nach Erlöschen des Medici-Geschlechtes ging der Besitz an das Haus Lothringen, das ihn verfallen ließ, da die Kosten für den Unterhalt zu hoch waren. 1821 riss man die Villa ab, der ursprüngliche Garten wurde teilweise in einen englischen Landschaftspark verwandelt. 1872 kaufte der russische Gesandte *Demidoff* das Grundstück und ließ das noch erhaltene Pagenhaus für sich herrichten, im Jahr 1871 übernahm die Stadt Florenz Villa und Park mit uralten Kastanien, Zedern und Eichen. Heute kann man noch Teile der ursprünglich manieristischen Gartenausstattung bewundern - Grotten, Figuren und Brunnen, besonders aber den 10 m hohen, monumentalen Koloss des Apennin, 1580 von *Giambologna* aus einem Felsblock gehauen und ehemals innen mit Schaugrotten versehen.

■ **Parco Mediceo di Pratolino,** Via Fiorentina 276, Pratolino, Tel. 055 4080721, Fr–So April–Sept. 10–20, Okt. 10–18 , Nov.–März nach Voranmeldung Mo–Fr 9–14 Uhr.

Convento del Bosco ai Frati

Den heute noch von Brüdern bewirtschaftete **Konvent** 9 km nordwestlich von Borgo San Lorenzo (3 km nördlich von San Piero a Sieve) in einem Wald soll im 6. Jh. der Orden der Basilianer gegründet haben - damit ist er einer der ältesten Konvente der Toskana. 1212 übernahmen ihn die Franziskaner. Zu jener Zeit wirkte im Kloster u.a. der Zeitgenosse des heiligen *Franz von Assisi*, der Generalvikar der Franziskaner *Giovanni da Perugia*. Um 1350 - Pestzeit - wurde der Konvent verlassen; *Cosimo Il Vecchio* hauchte ihm aber 1420 neues Leben ein, ließ ihn vergrößern, mit einem Glockenturm ausstatten und einen Kreuzgang und eine Loggia errichten, Letztere von *Michelozzo* entworfen. An der Fassade und am holzgeschnitzten, vergoldeten Hauptaltar (1626) der außen schlichten Klosterkirche San Bonaventura kann man noch das Wappen der *Medici* erkennen. Im **Museo di Arte Sacra** im Kreuzgang ist ein 1959 wiederentdecktes **hölzernes Kruzifix** (um 1460), mutmaßlich von *Donatello*, ausgestellt.

■ **Convento del Bosco ai Frati,** Località Lucigliano 1, San Piero a Sieve, Tel. www.boscoaifrati.org, Tel. 348 6033328, Jan.–Okt. Fr–So 9.30–12.30, 15–18 Uhr (Gruppen auch Mo–Do nach Voranmeldung).

Santuario di Montesenario

Das **Heiligtum von Montesenario** ist eine der wichtigsten religiösen Stätten der Toskana, 14 km südlich von San Piero a Sieve und 2 km östlich des Luftkurortes Bivigliano auf einer dicht bewaldeten Kuppe (✿ schöner Spaziergang unter Nadelbäumen, zuletzt entlang des Kreuzweges, 200 Höhenmeter, 30 Min.). Sieben Florentiner Adelige stifteten es im 13. Jh. - damit wurden sie zu Gründern des Servitenordens (und 1888 heiliggesprochen). Verwunschen zeigt sich das Kloster heute, mit bemoosten Mauern und im Wald verborgenen Grotten (in denen die Gründerväter gelebt haben sollen). Der Kreuzgang zeigt Lünetten aus dem 15. Jh. Von der Aussichtsterrasse geht der Blick über den Apennin.
Eine Bar verkauft Erfrischungen und den im Kloster hergestellten **Likör Gemma d'Abeto.**

■ **Santuario di Montesenario,** Via Montesenario 3474a, Bivigliano, Tel. 055 496441, www.montesenario.it, Mo–Sa 7.30–21, So 7–19.30 Uhr, Spende erbeten.

Barberino di Mugello

Gegründet wurde Barberino di Mugello (270 m üNN, 10.800 Einw.) – an der Autobahn von Florenz nach Bologna gelegen – im 11. Jh. bei der Burg einer der Vasallen der *Ubaldini,* den *Cattani di Combiate.* Ihr Wappen, ein Kopf mit drei Bärten, ist am **Castello di Barberino** zu sehen. Die heutige Burg auf dem Hügel im Nordosten besitzt allerdings keine Bausubstanz mehr aus dem Mittelalter. Sie wurde im 17. Jh. vollständig neu aufgebaut und steht in Privatbesitz (nicht zu besuchen). Das älteste erhaltene Gebäude ist der leider ziemlich überrenovierte Palazzo Pretorio aus dem 13. Jh., der sich mit seinem Wappenschmuck an der Südseite der großzügigen Piazza Cavour in die Fassadenflucht einfügt. Das Portal stammt aus dem 16. Jh.

Im Ortsteil Scopicci lockt ein großes **Outlet** Schnäppchenjäger an. Es ist aufgebaut wie ein Städtchen und liegt gar nicht so hässlich in der Landschaft.

Anfang Mai wird das sehenswerte **Stadtfest** ausgetragen.

Lago di Bilancino

Mit 5 km^2 ist der Lago di Bilancino zwischen San Piero a Sieve und Barberino di Mugello der **größte künstliche See der Toskana** und ein Paradies für Aktive. Segeln, Rudern oder Windsurfen sind angesagt, man kann den See umwandern oder umradeln, im **Bahia Caffè** (→ „Praktische Informationen, Apero und Abend") einen Aperitif nehmen (und auch essen) oder einfach nur an seinem Sandstrand ausruhen (Liegestuhl- und Schirmverleih). Die Idee eines Dammes am Sieve geht auf die 1950er Jahre zurück, realisiert wurde er aber erst ab 1984, Einweihung war 1999. Der bis zu 31 m tiefe Stausee stellt seitdem die Wasserversorgung von Florenz sicher. Aber nicht nur der See ist künstlich! Während der Arbeiten nutzten Vögel die Baustelle für eine Rast auf ihren Zügen. Deshalb erklärte man 25 ha angrenzendes Land zum **Schutzgebiet,** flutete davon 8 ha und schuf so die **WWF-Naturoase Gabbianello.**

Castello di Villanova/ Villa le Maschere

Das **Schloss von Villanova** auf einem zypressenbestandenen Hügel 6 km südöstlich zwischen zwei Armen des Lago di Bilancino entstand im 13. Jh. als Besitz der *Ubaldini.* Heute sind nur noch Reste aus dieser Zeit erhalten: Turm, zwei Tore, die Haupttreppe und einige Wallabschnitte. Es steht in Privatbesitz und wird für Veranstaltungen (Hochzeiten etc.) vermietet.

■ **Castello di Villanova,** Località le Maschere, www.castellodivillanova.it.

Die **Villa le Maschere** in unmittelbarer Nachbarschaft wurde inmitten eines großzügigen Parks in der zweiten Hälfte des 16. Jh. für die Familie *Bettini* errichtet und gehört zu den größten Gebäudekomplexen des Mugello. Ende des 17. Jh. nahm der Architekt *Battista Foggini* im Auftrag von *Cosimo III.* Umbauten vor. Im 18. und 19. Jh. sah sie illustre Gäste vom Papst bis zum königlichen Haupt. Anfang des 20. Jh. wurde das Haus mit Bädern versehen, für die Einrichtung griff man auf den Jugendstil der Chini-Familie zurück. In den 1960-er Jahren verfiel die Villa. Heute ist sie, aufs Feinste renoviert, ein Fünf-Sterne-Luxushotel.

■ **Villa le Maschere,** derzeit (Stand März 2024) wg. Verkauf geschlossen.

Scarperia

10 km nordwestlich von Borgo San Lorenzo ist Scarperia (290 m üNN, 7300 Einw.) ein atmosphärisch angenehmes Städtchen mit schachbrettartiger Anlage und romantisch-stimmigem Ortskern. Den Hauptplatz dominiert der wie eine Burg wirkende **Palazzo dei Vicari** mit seinem hohen, den Campanile der Kirche weit überragenden Turm, kriegerischen Zinnen und Wappenschmuck der Fassade (eine verkleinerte Kopie des Palazzo del Popolo in Florenz). In ihm sind die Museen des Ortes, die Touristeninformation und ein Café untergebracht.

Scarperia gründete Florenz als Schutz für den Passweg nach Bologna, 1306 baute man dafür die wehrhafte Burg. 1415 wurde sie Sitz des Landvogts, des Vertreters von Florenz. Bei einem Besuch des **Stadtmuseums** erfährt man die Geschichte des Ortes. Da Scarperia für die Produktion von Besteck und Messern berühmt war und ist – 2015 stellten die besten Meister des Ortes auf der Mailänder Expo aus –, zeigt das **Museum für Schneidwerkzeug** im Palast, wie die Fertigung von Messern funktioniert und wie sie in Scarperia geschichtlich verankert ist. In einer Schauwerkstatt nahebei kann man sogar bei der Messerfertigung zusehen (Via Solferino, nur nach Voranmeldung in der Touristeninfo).

■ **Palazzo dei Vicari/Museo Ferri Taglienti,** Piazza dei Vicari, Tel. 055 8468165, www.museoferritaglientiscarperia.it, Mi–So 10–13, 14.30–18.30 Uhr, 7 €, Turmbesteigung ist nur bei gutem Wetter möglich.

Dem Palazzo gegenüber steht die einschiffige Pfarr- und ehemalige **Propsteikirche SS. Jacopo e Filippo,** bis 1808 Kirche des auf *Napoleons* Geheiß aufgelösten Augustinerklosters, zu dem sie seit dem 14. Jh. gehört hatte. Das runde Flachrelief aus Marmor im Inneren (Madonna mit dem Kinde) stammt von *Benedetto da Maiano.*

■ **Prepositura dei Santi Jacopo e Filippo,** Via San Martino 28, Tel. 055 8430099, Mo–Sa 8–12, 15–18, So 8–10, 15–18 Uhr.

Mehrere **Messerwerkstätten** sind in Scarperia noch aktiv und empfangen gerne Besucher, so die Coltellerie Berti (mit Messern vornehmlich für den Haushalt) oder die Coltellerie Giglio, die besonders für ihre Rasiermesser und die eleganten Reisenecessaires für den Herren bekannt ist. Die Coltellerie Saladini verkauft u.a. „historische" Messer wie das Vendetta Corsa, die „Korsische Rache", oder das Coltello del Passatore, Lieblingsinstrument des Räubers *Stefano Pelloni,* der in der Macchia des Apennin Geld von den Reichen an die Armen verteilt haben soll.

■ **Coltellerie L'Artigiano Scarperia,** Via Giacomo Matteotti, 84, Tel. 055 8468268, www.coltellidellartigiano.it; **Coltellerie Berti,** Via della Resistenza 12, Tel. 055 8469903, www.coltellerieberti.it; **Coltellerie Giglio,** Via dell'Oche 48, Tel. 055 8469 936, www.coltelleriegiglio.it; **Coltellerie Saladini,** Via Solferino 19/2, Tel. 055 8431010, www.coltelleriasaladini.it.

Autodromo del Mugello

Östlich von Scarperia liegt die **Rennstrecke Autodromo Internazionale del Mugello.** Einmal im Jahr kämpfen auf ihr Ende Mai/Anfang Juni die Motorradrennfahrer um den „Grand Prix d'Italia". Ansonsten kreischen schwere Maschinen oder rote Ferraris auf Testfahrt über den 5,4 km langen und vor Neugierigen gut abgeschirmten Rundkurs durch die Landschaft.

■ **Autodromo,** www.mugellocircuit.it.

Sant'Agata

4 km nordwestlich von Scarperia steht im Dorf eine der schönsten romanischen Kirche des Mugello, die **Pieve Sant'Agata,** im 12. Jh. (das Taufbecken trägt die Jahreszahl 1175) an Stelle einer wesentlich kleineren Vorgängerkirche aus dem 5. Jh. errichtet. Der Glockenturm kollabierte beim Erdbeben von 1542 und wurde danach neu (und niedriger) gemauert. Über dem Portal ist ein in Serpentin eingelegtes griechisches Kreuz aus Kalkstein angebracht. Den eigentlichen Hallenbau teilt die das Dachgebälk tragende Säulendoppelreihe in drei Schiffe. Die drei Apsiden sind nicht original, ursprünglich war nur eine Apside vorhanden. Das achteckige massive Taufbecken aus Sandstein entstand 1513. Das hölzerne Kruzifix am Hauptaltar stammt aus der Schule von *Giambologna* (16. Jh.).

■ **Pieve di Sant'Agata,** Piazza della Libertà 1, Sant'Agata, Tel. 055 8406985, für Öffnung per Telefon Termin vereinbaren.

Im **Museum kirchlicher Kunst** sind die Kirchenschätze der Region zusammengetragen, von Marmorarbeiten bis zu Gemälden vom 16. bis 18. Jh.

■ **Raccolta di Arte Sacra,** Via della Pieve 3, Sant' Agata, Tel. 055 8406853, www.museisantagata.it, So 15.30–18.30, Winter 15–18 Uhr (Dez./Jan. nur nach Voranmeldung), 4 € (mit Centro Documentazione Archeologica)

Das **Kunsthandwerkmuseum Leprino** im Dorf geht auf einen der Bewohner zurück, der irgendwann anfing, aus Pappmaschee, Holz und ausgedienten Elektromotoren Dorfleben in bewegten Szenerien im Puppenstubenformat zu basteln – für Kinder ein Highlight.

■ **Artigiana e Contadino di Leprino,** Centro Polivalente, Sant'Agata, Tel. 055 8406850, So 15.30–18.30, Winter 15–18 Uhr.

Ein weiteres Museum, das auch Kinder begeistert, ist das **Centro Documentazione Archeologica** bzw. dessen nachgebautes **Villagio Preistorico.** Drei Behausungen prähistorischer Bewohner der Mugello-Region wurden hier rekonstruiert, ein Unterstand altsteinzeitlicher Jäger sowie zwei Hütten von Bauern der Bronze- und der Eisenzeit. Werkzeuge, Kleidung und Einrichtung vermitteln einen Eindruck vom Alltag vor 2000 Jahren. Begleitend breitet das Museum Fundstücke aus und erläutert anhand von Dioramen das Leben in prähistorischen Zeiten.

☒ Die Kirche San Giovanni Decollato nahe dem Futa-Pass

■ **Centro Dokumentazione Archeologica** und **Villagio Preistorico,** Via delle Pieve 3, Sant'Agata, Tel. 055 8406853, www.museisantagata.it, So 16–19, Winter 15–18 Uhr (Dez./Jan. nur nach Voranmeldung), 4 € (mit Raccolta di Arte Sacra).

Ponzalla

5 km von Scarperia Richtung Firenzuola wartet im Dorf Ponzalla das **Gotische Museum** auf Besucher. Mit Baustilen hat es nichts zu tun. Es erinnert an die ab Mitte 1943 nach der Alliierten-Landung auf Sizilien geschanzte Gotenstellung (in der deutschen Wehrmacht ab Mai 1944 als „Grüne Linie" bezeichnet), die letzte mit Bunkern stark befestigte Verteidigungslinie der deutschen Wehrmacht auf italienischem Boden, die den Vormarsch der Alliierten aufhalten sollte. Da das Museum auch Sitz des „Italian History & Military Vehicles Club" ist, gibt es allerlei zu sehen.

■ **Centro Documentazione, Richerche, Storiche di Gotica Toscana,** Strada Provinciale 503, Tel. 333 1968080, www.museogotica.it, Mi/Fr 9.30–13.30, Sa/So 9.30–12.30, 14–18.30 Uhr, 3 €, Führung über das Schlachtfeld 8 € (mind. 5 Personen).

Firenzuola

Jenseits des Passes Giogo di Scarperia (bei der Hochfahrt kann man in der *Antica Osteria Di Nandone* einkehren, → Kapitel „Essen und Trinken") liegt Firenzuola (420 m üNN, 4900 Einw.), das „Kleine Florenz", eine Gründung der Florentiner (1332), um den Weg nach Norden zu schützen. Die Anlage ent-

265t sk

030t sk

stand auf dem Reißbrett und sollte der idealen Stadt nahekommen. Jede der regelmäßig angeordneten Hauptachsen besaß beidseitig Arkadengänge. Ein Bombardement der Alliierten am 12. Sept. 1944 zerstörte die Stadt zu 98 %. Nach dem Krieg wurden die Gebäude nicht rekonstruiert, es wurde aber versucht, die einstige Anlage der Stadt zu bewahren.

Der in der Umgebung gebrochene helle Sandstein dominiert als Material, die Bauwerke haben meist modernen Charakter, wenn man auch die Stadttore – Porta Fiorentina mit kurzem Glockenturm, Porta Bolognese an der Strada del Passo del Giogo – und das **Rathaus La Rocca** historisierend wiedererrichtete, Letzteres im typischen Stil der Medici-Zeit mit Zinnen und Turm. In seinen Gewölben zeigt das **Museum des Sandsteins** Ausstellungen zur Arbeit in den Steinbrüchen, zur handwerklichen Steinmetzerei sowie zur Geologie, ebenso wie viele Exponate aus den Bereichen Gebrauchsgegenstände und Kunst.

■ **Museo della Pietra Serena,** Piazza Don S. Casini 4, Tel. 055 8199477, www.comune.firenzuola.fi.it, April–Okt. So/Mo 10.30–12.30, 15–17, Do 15–17, Sa 10.30–12.30, Winter Sa–Mo 10.30–12.30 Uhr, Eintritt frei, mit Führung 3 €.

Passo della Futa

14 km sind es von Firenzuola hinüber und hoch nach Covigliaio an der SS65 und serpentinenreich durch Mischwälder wieder nach Süden zum Nebenpass Passo della Futa (903 m). Hier oben befand sich im Zweiten Weltkrieg eines der bestbefestigten Verteidigungswerke der Gotenstellung/Grünen Linie, die nach

dem Durchbruch der Alliierten am Pass Giogo di Scarperia und deren Vormarsch auf Bologna Mitte April geräumt werden musste. Wenige Tage später war der Krieg zu Ende. In den 1950er Jahren hat die Kriegsgräberfürsorge die auf Friedhöfen in ganz Mittelitalien beerdigten Gefallenen geborgen und auf der Kuppe über dem Futa-Pass in 952 m Höhe mit 30.776 Toten den **größten deutschen Soldatenfriedhof Italiens** angelegt. Ein Fußweg führt an den Gräbern vorbei hinauf zur Gedenkstätte.

■ **Cimitero di Guerra Tedesco,** Via S. Iacopo a Castro 59/A, Passo della Futa, https://kriegsgraeberstaetten.volksbund.de/friedhof/futa-pass.

7 km geht es am Futa-Pass kurvenreich nach Osten hinunter nach **Cornacchiaia.** Dort steht etwas außerhalb 300 m von der Hauptstraße die romanische **Chiesa San Giovanni Decollato** (des enthaupteten Johannes des Täufers) aus dem 11. Jh. Der Portikus der Basilika schützt das Portal mit seinem romanischen Flechtband.

Vicchio

Vicchio (200 m üNN, 8300 Einw.), 7 km südöstlich von Borgo San Lorenzo, darf sich rühmen, Geburtsstadt zweier der berühmtesten Wegbereiter der Renaissance zu sein: **Giotto di Bondone** (1266–1337) und *Beato Angelico,* genannt **Fra Angelico** (1386–1455). 1295 an einer Furt mit Brücke gegründet, erhielt Vicchio schon 30 Jahre später eine Stadtmauer. Ein Podestà zog 1413 ein. Um diese Zeit entstand auch der donnerstägliche Wochenmarkt, eine Tradition, die sich bis heute gehalten hat. Am 6. März 1944 gaben Partisanen die Befreiung Vicchios von der deutschen Besatzung durch (was sogar Radio London vermeldete). Die Reaktion von Wehrmacht und SS war brutal und tödlich: Sie erschossen am 22. März erst fünf, im Juli dann weitere 15 Zivilisten.

Wichtigste Sehenswürdigkeit ist das **Casa Giotto,** das mutmaßliche Geburtshaus des Künstlers im Ortsteil Vespignano unterhalb der Kirche San Martino, das Leben und Werk multimedial auffächert. Das Gebäude wurde beim Erdbeben 1919 stark zerstört und 1967 rekonstruiert. Am Hauptplatz von Vicchio steht ein 1901 eingeweihtes Denkmal, *Giotto* in Bronze und 3,20 m groß.

Außerhalb an der **Ponte alla Ragnaia** (2,5 km südlich des Casa Giotto, Località Gracchia 53, ausgeschildert als „Ponte Cimabue", GPS N 43.940825, E 11.428346) soll der zu jener Zeit schon berühmte Maler *Cimabue* (1240–1302) einen Schäferjungen gesehen haben, der gerade eines seiner Tiere auf einen Felsen malte. Hochbeeindruckt nahm *Cimabue* ihn zur Ausbildung mit nach Florenz – es war *Giotto.*

■ **Casa Giotto,** Vespignano, Tel. 055 8439225, www.comune.vicchio.fi.it, Juni–Sept. Do/Fr 15–19, Sa/So 9–13, 15–19, Winter Do/Fr 14–18, Sa/So 10–18 Uhr, 4 € (mit Museo Beato Angelico).

◁ Deutscher Soldatenfriedhof am Passo della Futa

Das **Museum für Kirchenkunst Beato Angelico** hat weniger mit dem Maler zu tun (und ist auch nicht in seinem Geburtshaus untergebracht). Seine Sammlung stammt aus den im ganzen Mugello verstreuten Kirchen und Kapellen und zeigt die Verflechtung weltlichen und religiösen Lebens in den Bergen.

■ **Museo di Arte Sacra Beato Angelico,** Piazza Don Milani 7, Viccio, Tel. 055 8497082, Öffnungszeiten wie Casa Giotto, 4 € (mit Casa Giotto).

Dritte „Celebrity" der Stadt ist **Benvenuto Cellini** (1500–1571), der Erschaffer der Bronze „Perseus" auf der Piazza della Signoria in Florenz, berühmter Goldschmied, Schriftsteller, Musiker – und extrem jähzornig. Drei Morde soll er begangen, mehrfach andere schwer verletzt haben, und einmal hatte man ihn zum Tode verurteilt. In Vicchio lebte er von 1559 bis zu seinem Sterbejahr. In der **Casa Cellini** finden Ausstellungen statt.

031tsk

Badespaß im Sommer sowie Spazier- und Joggingwege das ganze Jahr über verspricht der hübsche, von einem Park umstandene Weiher **Lago di Parco di Montelleri** am nordöstlichen Ortsrand. Auch ein kleiner Abenteuerspielplatz ist vorhanden.

San Godenzo

Schon inmitten der Alpe San Benedetto liegt das Bergdorf San Godenzo (400 m üNN, 1200 Einw.), einst hatte es 5000 Bewohner. Als Teil der Gotenstellung/Grünen Linie zerstörten die Deutschen den Ort bei ihrem Rückzug fast vollständig, nicht aber das Kloster mit der sehenswerten, 1070 geweihten romanischen Klosterbasilika San Gaudenzio in der Ortsmitte – von Benediktinern über dem Grab des im 6. Jh. hier lebenden Eremiten San *Gaudenzio* errichtet. Sein Körper ruht in der romanischen Krypta, die Säulen mit vegetabilen Kapitellen stützen. Grobes, unverputztes Mauerwerk, ein offener Dachstuhl und die sehr zurückhaltende Innenausstattung beeindrucken. Der großartige Flügelaltar kommt ursprünglich aus einer Florentiner Kirche, sein Polyptychon (1333) soll von *Bernardo Daddi* stammen. Augenfällig ist das moderne Mosaik (1929) in der Konche von *Giuseppe Cassioli* – Krönung der Jungfrau mit allerlei Beiwerk (kniender *Dante Alighieri*, seine Liebste *Beatrice* und der Dichterkollege *Petrarca*). *Dante* hielt sich übrigens auf seiner Flucht aus Florenz in San Godenzo auf und suchte hier bei einem Treffen mit führenden Repräsentanten des Mugello am 8. Juni 1302 nach einer Möglichkeit, Florenz die Stirn zu bieten. Der Versuch scheiterte jedoch, und *Dante* machte sich endgültig auf den beschwerlichen Weg in die Emilia-Romagna und ins Exil. Eine Gedenktafel erinnert an dieses Ereignis.

■ **Abbazia di San Gaudenzio,** Piazza Dante 5, Tel. 055 9374061, 8–12, 15–18 Uhr.

Parco Nazionale delle Foreste Casentinesi/Wanderungen

Ab Castagno d'Andrea (800 m üNN, 7 km südlich von San Godenzo) gibt es zahlreiche Wandermöglichkeiten in den Edelkastanienwäldern des Nationalparks. Der **Monte Falterona** ist dabei ein besonders beliebtes Ziel, da an seiner Flanke der Arno entspringt – sagenumwobene Quellen. Einer der Wege hoch beginnt bei der Pfarrkiche San Martino in Castagno d'Andrea und führt über den Fonte del Borbotto zum Monte Falterona (1654 m); An-/Abstieg 1050 m, 15 km, 5–6 Std.

◁ Chiesa di San Martino in Vicchio

Ein Weitwanderweg quert den Nationalpark (sieben Etappen, je 3–7 Std.) von Lago di Ponte im Norden bis zum Kloster La Verna an der Südspitze. Der 1993 erklärte Park bedeckt mit seinem dichten Mischwald 370 km² entlang des Gebirgskammes (Wasserscheide) an der Grenze Toskana – Emilia-Romagna. Im Herzen befindet sich das **Vollschutzgebiet Sasso Fratino,** zu dem Touristen der Zugang verwehrt ist, um den in Jahrhunderten gewachsenen Baumbestand zu schützen – aufgrund der Abgeschiedenheit wurde dort praktisch nie Holz geschlagen. Als außergewöhnlich wertvoll gelten auch die Bestände der Edelkastanien. Neben Rot-, Reh-, Schwarz- und Damwild leben in diesen Bergen auch Wölfe.

■ **Centro Visita,** Via della Rota 8, Castagno d'Andrea, Tel. 055 8375125, www.parks.it/parco.nazionale.for.casentinesi, Juli Do–So 9–17, Aug. auch Mi, Juni/Sept. Sa/So 9–13 Uhr.

Mugello: Zugabe!

■ In der in einem idyllischen Talgrund verborgenen Abtei **Badia di Moscheta** (von Firenzuola aus 3,5 km vor der Passhöhe Giogo di Scarperia 3 km nach Osten) beschreibt das **Museo del Paesaggio Storico dell'Appennino** (Landschaftsmuseum des Apennin) Besiedelung und Leben in den Bergen. Badia di Moscheta, Tel. 055 8144900, 12.–20. Aug. tgl., Juni–Okt. Fr–So 10.30–18.30 Uhr, 4 €.

■ In **Palazzuolo sul Senio** (26 km von Firenzuola, 33 km von Borgo San Lorenzo über den 1061 m hohen Passo Sambuca) in der Kastanienwelt des Alto Mugello das **Museo delle Genti di Montagna** (Museum der Bergbewohner) und das **Museo Archeologico** (Archäologisches Museum), beide im Palazzo dei Capitani von 1373 (in dem Papst *Julius II.* und *Machiavelli* im Oktober 1506 nächtigten); Tel. 055 8046008, www.museogentidimontagna.it, Juni/Juli/Aug. Di–So, Mai/Sept.–Dez. Sa/So 10–12, 15.30–18.30 Uhr, 3 €.

■ **Marradi** 10 km südöstlich von Palazzuolo sul Senio teilte sich das Capitanato mit Palazzuolo (der Capitano blieb jeweils sechs Monate); die Edelkastanie steht hier im Mittelpunkt, Erntefest im Oktober.

■ Die spektakulär durch Tunnel und Galerien ins Gebirge führende, 1893 eröffnete, 32 km lange **Eisenbahnstrecke** zwischen Borgo San Lorenzo und Marradi (Teilstrecke der Ferrovia Faentina Florenz–Faenza); zwischen 6 und 20 Uhr im Zweistundentakt, 35 Min. um 5 €.

■ Im Geburtsort des Renaissance-Künstlers *Andrea del Castagno* (1423–1457) **Castagno d'Andrea** 7 km südlich San Godenzo: **Museo Virtuale** (Multimediapräsentation der Hauptwerke) im Besucherzentrum des Parco Nazionale delle Cantinesi (Monte Falterona); Vila della Rota 8, Tel. 055 8375125, Juli Do–So 9–12, Sa/So auch 16–18, Aug. Mi–So 9–12, Sa/So auch 16–18, Juni/Sept./Okt. Sa/So 9–12 Uhr.

■ Die **Chiesa San Martino** in Castagno d'Andrea mit einem hochgelobten – und auch viel kritisierten –, auf jeden Fall eindrücklichen, an der Apsis arrangierten dreiteiligen Fresko „Johannes und Maria bei der Kreuzigung" (1958) von *Pietro Annigoni* (1910–1988).

■ Der Name des Mauerpasses – des **Passo del Muraglione** – auf dem Weg von Vicchio nach Forli und weiter zu Adria geht tatsächlich auf eine Mauer zurück, die man 1836 auf der Passhöhe als Windschutz für die Kutschen in der Wegmitte errichtet hatte. Die reizvolle Strecke ist kurvenreich und deshalb bei Motoradfahrern ausgesprochen beliebt.

Praktische Informationen

Touristeninformation

- **Ufficio Turismo Borgo San Lorenzo,** Piazzale Lavacchini (im Museo Chini), Tel. 055 8456230, www.mugellotoskana.it, April–Okt. Do–So 9–13, 15–19, Winter Sa/So 10–13, 15–19 Uhr.
- **Ufficio Turismo Scarperia,** Piazza de'Vicari, Tel. 055 8468165, www.prolocoscarperia.it, Mo–Fr 9–13, Do–Mo auch 15–19, Winter Mo–Fr 9–13, Sa/So 10–13, 14.30–18.30 Uhr.
- **Ufficio Turismo Firenzuola,** Piazza Don S. Casini 4, Tel. 055 8199477, www.mugellotoscana.it, Mo 15.30–17.30, Fr 15.30–18.30, Sa/So 10.30–12.30 Uhr.

Unterkunft

- **Locanda degli Artisti**②, Piazza Angelo Romagnoli 2, Tel. 055 8455359, www.facebook.com/gliartistiristorante. Kleines Hotel mit sieben Zimmern in der Altstadt; sympathische Atmosphäre wie aus vergangenen Tagen und ein gutes Restaurant (→ dort, Gli Artisti).

Außerhalb

- **Il Cavallo**③, Viale della Repubblica, 7, **Barberino di Mugello,** Tel. 055 8417899, www.hotelilcavallo.it. Das familiengeführte Hotel im Stadtzentrum lässt in vielen Details sein Alter durchscheinen, empfiehlt sich aber wegen seiner Autobahn- (und Outlet-) Nähe als Übernachtungsstopp. Service und Empfang sind aufmerksam und freundlich; das Frühstück können die Gäste auch auf einer kleinen Terrasse hinter dem Haus einnehmen.
- **La Chiusuraccia**②, Via Le Croci, 3, Galliano/**Barberino del Mugello,** Tel. 055 8428672, www.lachiusuraccia.it. Der nette Agriturismo 11 km außerhalb von Barberino del Mugello besitzt in freundlichen Farben eingerichtete, einfache Zimmer, einen kleinen Pool im Garten und eine ebenso herzliche wie resolute Chefin, *Stafania.* Auch die bodenständige toskanische Küche ist sehr zu empfehlen.
- **B&B Il Casale Santamettole**③, Via di Castello 9a, **Barberino di Mugello,** Tel. 333 5894671, www. ilcasaledisantamettole.it. Mit vier Zimmern und einer Suite, individuell und geschmackvoll eingerichtet, bietet dieses umgebaute toskanische Bauernhaus eine wunderbare Unterkunft in ländlicher Umgebung. Das Frühstück, das die beiden Gastgeberinnen servieren, ist üppig, und nach einem langen Tag lockt ein kleiner Pool zur Entspannung.

Corzano③, Via di Maniera, 4, **Barberino di Mugello,** Tel. 055 841403, www.agriturismocorzano.com. Dieses bezaubernde Bio-Landgut ist sowohl ideal als Standort für die Erkundung der nördlichen Toskana als auch als ländlich-ruhige und erholsame Bleibe.

- **Badia di Moscheta**②, Via Moscheta 898, **Firenzuola,** Tel. 055 8144015, www.facebook.com/badiadimoscheta2017, Mitte Nov. bis Mitte März geschlossen. Die auf zwei Gebäude verteilten Zimmer sind nicht gerade todschick, aber die Ruhe neben dem gleichnamigen Kloster im Wald ist fantastisch und das Essen lecker. Wer gern reitet, findet im Hof nebenan gut ausgebildete Pferde.
- **Gli Orzali**②, Via Contessalina 991, **Firenzuola,** Tel. 055 819761, www.gliorzali.it. Zimmer, eine Suite und Wohnungen in renovierten historischen Bauernhäusern 2 km südöstlich von Firenzuola. Zum Anwesen, dessen Räume teils mit antiken Möbeln ausgestattet sind, gehört das ebenfalls empfehlenswerte **Restaurant Il Sagramoso,** einige Hundert Meter entfernt.
- **La Rocca**②, Piazza Agnolo 3/4/5, **Firenzuola,** Tel. 055 8109009, www.facebook.com/laroccaalbergoristorante. Drei freundlich eingerichtete Gästezimmer und ein Apartment im Herzen Firenzuolas, dazu ein Restaurant, in dem vor allem die Kunst der *tagliate* gepflegt wird.

UNSER TIPP: **Albergo Antica Porta di Levante**①-②, Piazza Vittorio Veneto 4, Vicchio, Tel. 055

844050, www.anticaportadilevante.it. Sehr gemütliches **Restaurant**③ mit Unterkunftsmöglichkeit (acht Zimmer mit eigenem Bad); ein Gasthof wie er sein soll mitten im Städtchen.

■ **Villa Campestri**④, Via di Campestri 19/22, **Vicchio,** Tel. 055 8490107, www.villacampestri.com. Dieses „Olive Oil Resort", wie sich das Luxushotel in einer ehemaligen Medici-Villa nennt, ist ein eleganter, wenn auch teurer Rückzugsort, in dessen 25 antik möblierten Zimmern die Zeit stillsteht. An Aktivitäten gibt's Olivenölverkostung, Mountainbike-Touren, Trüffeljagd und Massagen unter der weit ausladenden Eiche – natürlich mit Olivenöl.

■ **Locanda Senio**③, Borgo delle Ore 1, **Palazzuolo Sul Senio,** Tel. 055 8046019, www.locandasenio.com. Das Albergho Diffuso in dem mittelalterlichen Ort Palazzuolo bietet Unterkunft in Zimmern und Apartments in mehreren Altstadthäusern sowie exzellente regionale Küche im rustikalen **Restaurant.**

266t sk

Camping

■ **Campeggio Il Sergente,** Via S. Lucia 24, **Barberino di Mugello,** bei Km 42 an der SS64 zum Passo della Futa, Tel. 055 8423018, www.campingilsergente.it. Grüner, 3 ha großer Platz kurz vor dem Pass in 800 m Höhe. Auch Apartments in Bungalows und Unterkunft in Mobilheimen. Ein Restaurant sorgt für das leibliche Wohl.

■ **Campeggio Mugello Verde,** Via Massorondinaio 39, **Scarperia e San Piero,** Tel. 055 848511, www.campingmugelloverde.com, April bis Okt. Der 12 ha große Platz bietet rund 250 schattige Stellplätze, einen großen Swimmingpool und diverse Sportangebote; auch Bungalowvermietung.

■ **Campeggio La Futa,** Via Bruscoli Futa 889, **Firenzuola** (auf dem Futa-Pass), Tel. 333 1148501, www.campinglafuta.it, April–Sept. Einfacher, charmanter Platz auf 900 m Höhe mit Pool, Bar/Pizzeria.

Essen und Trinken

■ **La Quadratura**③, Viale IV Novembre 16/20, Tel. 055 8459055, https://laquadraturaosteria.it, Mi–Mo 12–14.30, 19–22 Uhr. Auf einfachen Dorfgasthof gemacht; zu nicht ganz so günstigen Preisen gibt es riesige, perfekt auf den Punkt gegrillte Steaks: La Bistecca alla Fiorentina.

■ **Gli Artisti**③, Piazza Angelo Romagnoli 1, Tel. 055 8457707, tgl. 12–15, 19–22 Uhr. Hier sind wahre Kochkünstler am Werk, die traditionelle Spezialitäten in kulinarische Erlebnisse verwandeln.

■ **Il Golosone**③, Piazza Cavour, 15, Tel. 055 8458400, Mi–So 12–14, Mi–Sa auch 19–22 Uhr. In der eher fleischlastigen Region erfreut dieses Ristorante mit einer guten Auswahl frischer Fischgerichte, so Baccala oder eine Fischplatte vom Grill. Aber auch Fleischesser kommen auf ihre Kosten, und die Pasta ist selbstverständlich hausgemacht.

■ **Passaguai**②, Piazza Garibaldi 2, Tel. 055 840 2137, www.passaguaiborgo.it, tgl. 10–24 Uhr. Bruschette, Schinken- und Käseplatten, warme Tagesgerichte und exzellente Weinauswahl gegenüber dem Palazzo Pretorio.

■ **Vino in Tavola**①, Piazza Dante 22, Tel. 055 8455212, www.vinointavola.com, Di–Sa 9.30–14, 16.30–20 Uhr. Schinken hängen von der Decke, der Wein wartet in großen Korbflaschen auf Kunden, und an ein paar Stehtischchen im Freien kann man Crostini, Salate und andere Kleinigkeiten verzehren.

Außerhalb

■ **Antica Osteria di Montecarelli**①, Via Montecarelli 13, **Barberino di Mugello,** Tel. 055 842 3166, www.facebook.com/Tommaso926, Mo–Sa 12–16 Uhr. Ein Pranzo in dieser urigen Osteria deckt alle Genüsse des Mugello ab: *ribollita,* Polenta mit Pilzen, *crostini con fegato, focaccia* ... und die Preise sind phänomenal.

■ **Pasticceria Martinucci**①, Piazza Cavour, **Barberino di Mugello,** Tel. 055 8416690, tgl. 5–21 Uhr. Die Pasticceria und Bar unter den Loggia-Arkaden besitzt ein verführerisches Sortiment an Kuchen und Dolci.

■ **Il Torrione**②, Via Roma 78, **Scarperia,** Tel. 055 846439, www.facebook.com/Ristoranteiltorrione, Do–Di 19–23, Do–So auch12–15 Uhr. Korrekte Pizza und einige Pastagerichte sowie Tagliata zu günstigen Preisen. Das Mittagsmenü kostet um 10 €.

Antica Osteria di Novoli①, Via Casenuove Taiuti 8, **San Piero a Sieve** (2 km außerhalb im Südwesten), Tel. 055 8486833, Mi–Mo 9.30–17.30 Uhr. Eine richtige Beiz'n wie man sie liebt – geben tut's nur Crostini oder Käse-/Wurstplatte als Einstieg, und dann frisch gemachte Tortelli oder Ravioli (mit Sauce nach Wahl); Dessert und fertig, im kleinen Gastraum oder auf Holztischen draußen.

Antica Osteria di Nandone②, Via del Giogo 3, 5 km von **Scarperia** in Richtung Passo Giogo, Tel. 055 846198, www.facebook.com/nandoneomomorto, Mi–So 12–14, Mi–Sa auch 19–21 Uhr. Vegetatier müssen hier leider draußen bleiben: Es gibt Fleischberge vom Grill, perfekt auf den Punkt gebracht und dann auch noch günstig; kein Wunder, dass man – ganz besonders am Wochenende – reservieren muss; rustikal-gemütlicher Landgasthof wie es sein soll.

■ **Badia di Moscheta**②, → „Unterkunft", Mi–So mittags und abends. Die kulinarischen Traditionen im Grenzgebiet von Toskana und Emilia-Romagna bescheren der Speisekarte eine große Auswahl an Fleisch und Wild, dazu auch Trüffel und Pilze. Und das *bistecca fiorentina* wird nicht durchgebraten, darauf weist ein Schild am Eingang hin.

267t sk

⌃ Der Gedenkstein an der Ponte alla Ragnaia erinnert an das Treffen zwischen Cimabue und Giotto

‹ Der Palazzo dei Vicari in Scarperia

268t sk

■ **I Due Laghi**②, Via Cornacchiaia I Mulini 374, **Firenzuola,** Tel. 055 8149214, Mi–Mo 13–20 Uhr. 5 km westlich Firenzuola gibt's im Ausflugslokal fleischbasierte, bodenständige Küche, schöne Lage am Ufer zweier Seen (Sportfischer); Spezialität ist die *ficattola,* in Olivenöl ausgebackener Brotteig, süß oder gewürzt z.B. mit Schinken.

■ **Passo della Futa**②, **Passo della Futa,** Tel. 055 815255, www.passodellafuta.it, Fr–Mi 12–15, 19–22 Uhr. Die Spezialität, Brathähnchen mit Bratkartoffeln, mag nicht unbedingt toskanisch klingen, aber sie schmeckt in 900 m Höhe richtig lecker!

■ **Albergo Ristorante Il Giogo**②, **Passo del Giogo,** Tel. 055 848320, www.passodelgiogo.it, Sommer tgl. mittags und abends. Der Wirt widmet sich mit großer Leidenschaft den Wildgerichten, die teils auf Holzkohlen der Vollendung entgegengrillen. Es gibt auch elf einfache, freundliche Gästezimmer.

■ **I Monti di Salecchio**②, Via Salecchio 7, **Palazzuolo sul Senio,** Tel. 055 8046850, www.imontidisalecchio.it, Sommer tgl. 12–5, 18–20 Uhr. Das Agriturismo-Landgut vermietet nicht nur schöne Zimmer; lohnenswert ist auf jeden Fall ein Besuch im Restaurant, in dem bäuerlich-regionale Küche (u.a. selbstgemachte Tortelli) den Ton angibt – besonders gelungen: Lamm und Kaninchen.

■ **Osteria il Rifugio**②, Via del Borgo 7, Castagno d'Andrea, **San Godenzo,** Tel. 055 8375055, tgl. 12–14, 19–22 Uhr. Das rustikale Restaurant ist vor allem wegen seiner großzügigen Portionen beliebt. Manchmal gibt es *ravioli di castagne* (Kastanieravioli), eine lokale Spezialität.

Apero und Abend

■ **L'Orologio,** Piazza Cavour 9, **Borgo San Lorenzo,** Tel. 055 8457942, www.orologiocaffe.it. Tagsüber ein gemütliches Café, Freitag- und Samstagabend heizen DJs mit House und Alternative bis 2 Uhr morgens ein.

■ **Bahia Caffè, Barberino di Mugello**/Lago di Bilancino, Tel. 338 3927974, www.bahiacafe.com. Tagsüber Beachbar mit Tretboot- und Kanuverleih, abends und nachts Partystrand mit DJs, Drinks und Themenpartys.

Verkehr

■ **Autobus:** Die Gesellschaft **Autolinee Toscane** (AT, www.at-bus.it) verbindet die Ortschaften in einem dichten Netz untereinander und mit Florenz (Bahnhof SMN). Man beachte den stark eingeschränkten Verkehr am Wochenende; die Fahrkartenpreise sind in 10-km-Schritten gestaffelt (bis 10 km 1,70 €, bis 20 km 2,90 €, bis 30 km 3,90 €, bis 40 km 5 €, jeweils einfache Fahrt, an Bord gekaufte Tickets 1–2,50 € teurer).

Feste

■ **Cantà Maggio,** in der ersten Maiwoche in Barberino di Mugello; ein knallbuntes, lustiges Maifest mit Folkloreveranstaltungen, Imbissständen und dem Palio, den Wettkämpfen zwischen einzelnen Ortsteilen mit Fassrollen, Sackhüpfen, Bogenschießen und Pferderennen (www.cantamaggiobarberino.it).

■ **Sagra delle Castagne,** an den Oktobersonntagen in Marradi und San Godenzo mit Verkaufsständen, an denen man Maronenspezialitäten verkosten kann, mit Volksmusik und einem speziellen Kinderprogramm.

Einkaufen

■ **Barberino Designers Outlet,** Via Meucci, Barberino di Mugello, Tel. 055 842161, www.mcarthurglen.com, Mo–Fr 10–20, Sa/So 10–21 Uhr. Von Adidas über Cavalli und Dolce bis hin zu Yamamay sind hier die meisten großen Modemarken (teilweise) mit Schnäppchenangeboten vertreten.

Aktivitäten

■ Im Sommer finden regelmäßig **Führungen zum Thema Liberty-Stil** in Borgo San Lorenzo statt: der **Itinerario Liberty.** Dabei besucht man u.a. Kirchen, das Museum, die Carabinieri-Kaserne (einst das Haus der Faschisten), das Rathaus (das *Tito Chini* 1931 ausstattete) und den Chini-Familiensitz Villino Chini; www.itinerarioliberty.it, Infos über die Touristeninformation.

Parco Aventura Gigante, Via Fiorentina, 276, Vaglia, Tel. 320 3261243, www.parcoavventurailgigante.it, April Sa/So 10–19, Mai–15. Juni Mo–Fr 14–19, Sa/So 10–19, 16. Juni–15. Sept. tgl. 10–19.30, 16. Sept.–Nov. Sa/So 10–18.30 Uhr, Kinder bis 100 cm 16 €, bis 120 cm 18 €, bis 150 cm 21 €, darüber 23 €. Der Hochseilpark gegenüber dem Eingang zur Villa Demidoff hält Parcours mit allen Schwierigkeitsgraden bereit.

■ **Centro Equestre Badia di Moscheta,** „Unterkunft", Tel. 055 8144122, www.facebook.com/CentroEquestreBadiaDiMoscheta. Der Pferdehof hat sich auf die Zucht von Haflingern, *cavalli avelignesi,* spezialisiert. Rund 80 der ebenso robusten wie geduldigen Tiere stehen in den Ställen und können nach Voranmeldung geritten werden. Auch Trekkingtouren in die waldreiche Umgebung werden organisiert.

■ **Mugello in Bike:** Die Mugello-Gemeinden haben verschiedene Radtouren und eine große Mugello-Rundfahrt zusammengestellt und empfehlen auf ihrer Webseite radfreundliche Unterkünfte und Haltepunkte, an denen man sich erfrischen kann. Wer „Punkte" sammeln oder seine Fahrleistung überprüfen möchte, kann dies durch Einloggen an „Totems", elektronischen Messstationen entlang der Strecken, tun (s. Kasten weiter oben).

■ **Golf & Country Club Poggio dei Medici,** Via San Gavino 27, Località Cignano, Tel. 055 84350, www.golfpoggiodeimedici.com. 18-Loch-Platz, 5339–6342 m, Par 72, Greenfee ab 70 €.

◁ Chiesa di San Martino in Vicchio

2

Chianti, Val di Pesa, Val D'Elsa, Valdarno

» Eine Bilderbuchlandschaft mit grünen Hügeln und Klöstern, Villen und Burgen, Weinspalieren und Zypressen.

Das Castello di Sonnino bei Montespertoli

034t sk

CHIANTI, VAL DI PESA, VAL D'ELSA, VALDARNO

Chianti, Val di Pesa, Val d'Elsa, Valdarno

Wohl kein italienischer Begriff hat im Deutschland der 1950er Jahre so sehnsuchtsvolle Urlaubsfantasien geweckt wie „Chianti" (außer vielleicht „Capri" mit seiner blutroten Sonne): Weinberankte Terrasse, bauchige Bastflasche, eine Gitarre, weite Landschaftswellen mit Rebspalieren, Zypressenfinger, die in den blauen Himmel stechen sowie goldgelb und ocker leuchtende Dörfer, Abteien und Burgen.

Der Chianti erstreckt sich südlich und westlich von Florenz, ist allerdings eine nicht klar geografisch abgrenzbare Region. Fast ein Drittel der Toskana kann als „Chianti" bezeichnet werden, wo eben auch der dort angebaute Wein die Bezeichnung verdient. Dabei ist das Gebiet wie zerfasert, teilweise wie Inseln um den Kernchianti herum angeordnet, den man bereits 1716 als Anbaugebiet definiert hatte. 1932 kamen dann die Unterzonen hinzu, die Kernzone wurde um den Chianti Classico und drumherum um die Gebiete von Arezzo, Pisa, Siena, Florenz, Rufina und Montalbano erweitert. Letzter „Gebietserwerb" war 1996 die Gegend um Montespertoli.

NICHT VERPASSEN!

- **Certaldo:** *Boccaccios* Geburtsstadt | 145
- **Convento San Vivaldo:** Nachbau des heiligen Berges mit tollen Terrakotte | 148
- **Greve in Chianti:** Schinkenverkostung mit Wein | 152
- **Chianti-Skulpturenpark:** Kunst in der Landschaft | 163
- **Abbazia di Vallombrosa:** Mutterkloster im Wald | 174

Diese Tipps erkennt man an der gelben Markierung.

Die Täler um die Flüsse Pesa und Elsa – Val di Pesa und Val d'Elsa zwischen Siena und Florenz – waren wichtige Handelswege von Süden nach Norden und mit Burgen hoch gesichert, um bei den Händeln zwischen den beiden Städten die jeweilige Konkurrenz auszuschalten und um Raubrittertum und Bandenüberfällen entgegenzuwirken. Nach Osten begrenzt jenseits der Monti del Chianti (Chianti-Berge) der Fluss Arno den Chianti. Am Monte Falterona nördlich von Stia im Casentino entspringend, fließt er zunächst nach Südosten, um noch nördlich von Arezzo nach Westen abzubiegen und sich schließlich entlang des Valdarno, des oberen Arno-Tales, Richtung Nordwesten auf Florenz zuzubewegen. Er umrundet damit fast vollständig den Gebirgsrücken des Pratomagno mit seiner unverfälschten Natur. Breit ist das Valdarno, mit der inmitten des Tales verlaufenden Autobahn A1 perfekt an den Norden und Süden Italiens angebunden und eines der wichtigsten Industriegebiete der Toskana mit Stahlwerken und Tagebau für Mineralien und Kohle. Die in die Landschaft gerissenen Wunden (besonders um Santa Barbara herum) sind ein wahrer Kontrastpunkt zur sonst, auch in der unmittelbaren Umgebung, sich lieblich gebenden Toskana.

035t sk

Ursprünglich waren die Hügel des Chianti mit dichtem Wald bestanden. Nur vereinzelt hatten die Etrusker ihn gerodet, um Getreide oder Wein zu ziehen. Im frühen Mittelalter war der Weinanbau dann wohl mehr oder weniger vergessen, und erst um das Jahr 1000 mit der Gründung zahlreicher Klöster und ihren sinnenfrohen Mönchen begannen die vehemente Kultivierung der Landschaft und der Weinanbau im großen Stil.

Die Herren aus Florenz übernahmen schließlich die Organisation in der Region zwischen ihrer Stadt und dem Dauerrivalen im Süden – Siena. Um diesem Paroli zu bieten, schuf Florenz die „Lega del Chianti", die nicht nur landwirtschaftliche Aufgaben zu erfüllen hatte. Mit Waffen aus der Arno-Stadt gerüstet, sorgte sie für die Verteidigung der angestammten Gebiete. Auf ihrem Banner trug die Liga den schwarzen Hahn auf goldenem Grund vor sich her, den „Gallo Nero", seit 1924 das rechtlich geschützte Symbol, das nur Weinen aus dem Chianti Classico zusteht. Weinproduktion und -vertrieb waren in der Toskana ja schon immer Big Business und streng

reglementiert. So kamen die Florentiner Wirtschaftsweisen an einem 20. Juli mit dem Capitano del Popolo und der Priorità zusammen und bestimmten den Preis für ein Achtel Wein auf 8 Denare kurz nach der Ernte und auf 10 Denare für den Rest des Jahres – *anno domini* 1285.

Die Überlandstraße SR222 von Florenz direkt in den Süden und mitten durch den Chianti Classico ist die bekannteste Weinstraße der Toskana, die Chiantigiana. Sie endet nach 65 km in Siena. Ansonsten ist es müßig, Empfehlungen für außerordentlich szenenreiche Straßenabschnitte auszusprechen. Die Routen im gesamten Kernchianti sind durchweg mit herrlichen Ausblicken auf die Hügellandschaft und die Weinberge gesegnet. Und die touristische Infrastruktur mit Hotels, Pensionen, B&Bs, Restaurants, Weinlokalen und Dorfkneipen ist überall ausgezeichnet.

Dennoch eine Empfehlung: Abseits der Hauptrouten verbindet die landschaftlich schöne Strecke SP85 den Valdarno – bei San Giovanni Valdarno beginnend und über Reggello, Vallombrosano und den Passo della Consuma – mit Bibbiena im Casentino. Dichte Wälder, das Kloster Vallombrosa und tolle Sicht belohnen die kurvenreiche Fahrt.

☒ Der Klassiker der italienischen Mobilisierung: Fiat 500 (das Original)

Impruneta

- 275 m üNN, 14.500 Einw., Florenz 10 km

Wer Häuschen und Gärtchen hochwertig ausstatten will, der kommt um Impruneta nicht herum. Die Kunst des **Töpferns** ist hier eine Jahrhunderte währende Tradition, und besonders die Bodenfliesen genießen Weltruhm. Dass es außerdem reizvoll in der Hügellandschaft liegt, tut dem Tourismus ebenso gut.

Am großzügigen Hauptplatz Piazza Buondelmonti steht die wichtigste Sehenswürdigkeit, das Heiligtum **Santa Maria all'Impruneta.** Die Gründungslegende besagt, man habe im Mittelalter mehrfach versucht, in der Umgebung eine Kirche zu errichten, doch was tagsüber gebaut wurde, verfiel über Nacht. Schließlich lud man das Baumaterial auf

Die Highlights für Kinder

- Aussichtsturm **Torre del Chianti** bei **San Casciano** in Val di Pesa | 139
- **Fiera di San Luca** – Fest des Stadtheiligen mit vielen kindgerechten Attraktionen im September in **Impruneta** | 144
- **Convento San Vivaldo** – Ölbergszenen plastisch dargestellt (für Kinder, deren Eltern passende Geschichten erzählen können) in **Certaldo** | 148
- Badegumpen **Pozze di Lecchi** – im Wald bei **Lecchi** nahe Castellina di Chianti | 163
- **Paläontologisches Museum** mit Skeletten aus der Urzeit in **Montevarchi** | 172

einen Ochsenkarren und suchte eine neue Stelle, da fingen die Tiere plötzlich zu scharren an und legten ein Marienbild frei. Es soll aus den Händen des Evangelisten *Lukas* stammen. Ursprünglich stand hier ein 1060 geweihter, romanischer Vorgängerbau (und zu etruskischen Zeiten ein Wasserheiligtum). Über die Jahrhunderte wurden zahlreiche Veränderungen vorgenommen. Der hohe rechte Turm kam im 13. Jh. hinzu, das fünfbogige Portal hat man dem Heiligtum 1634 vorgebaut, um sich bei der wunderwirkenden Madonna für den Schutz vor einer Pestepidemie zu bedanken. Der kurze Uhrenturm ist ein Ergebnis des Umbaus im 18. Jh. 1944 fiel die ganze Anlage Bomben zum Opfer und wurde nach Ende des Krieges rekonstruiert. Innen birgt das im Stil der Renaissance wiederaufgebaute einschiffige Gotteshaus mit offenem Dachgestühl eine Orgel aus dem 16. Jh. Der zweite Seitenaltar rechts zeigt ein Werk von *Passignano* (Mariä Geburt, 1602). Der Tempelaltar linker Hand schützt das wundertätige Marienbild.

■ **Basilica di Santa Maria all'Impruneta,** Piazza Buondelmonti 28, Tel. 055 2011072, www.basilicaimpruneta.org, Mo/Mi 7.30–11.30, Di/Do 16.30–18.30, Fr 16.45–18.30, Sa/So 7.30–12, 16.45–19 Uhr; Messen Mo 8, Di/Do–Sa 18, Mi 10, So 8, 11, 18 Uhr.

In der **Schatzkammer** ist der Kirchenschatz ausgestellt, darunter Manuskripte aus dem 14. Jh. und zahlreiche Votivtafeln aus Terrakotta.

■ **Museo del Tesoro,** Piazza Buondelmonti 28, Tel. 329 4929871, So 10–12.30, 16–19, Mo–Fr nach tel. Voranmeldung 10–17 Uhr.

Zahlreiche Firmen im und um das Städtchen stellen **Keramik** her – als Manufakturen, aber durchaus auch in industriellem Rahmen. Dass die Terrakotta-Produkte einen so guten Ruf genießen, liegt an dem speziellen Ton, den man hier abbaut. Der hohe Oxidgehalt macht ihn besonders frostfest, was ihn zum bevorzugten Baumaterial für z.B. Terrassen werden ließ. Bekanntester Auftraggeber war wohl *Brunelleschi,* der bei den Imprunetini die Dachziegel für seine Florentiner Domkuppel bestellte. Heute sind es eher Werke der Gartengestaltung, die ihre Käufer finden, vom überdimensionalen Pflanzkübel bis zur lasziv sich auf dem Rasen räkelnden Venus. Nicht nur erwerben, sondern auch bei der Herstellung zuschauen kann man z.B. bei **Fornace Masini,** die vornehmlich Nützliches für den Garten produzieren: Dekorative, bauchige Ölkrüge, Vasen, Blumentöpfe, ohne oder mit aufgesetzter dekorativer Ornamentik oder eingeschnittenen Mustern. **M.I.T.A.L.** ist besonders für seine Figuren bekannt, die Gärten den klassischen Kick geben sollen – vom römischen Senator über die Aphrodite bis zur Sphinx. Handgeformte Bodenfliesen bei **Poggi Ugo** sind unverschämt schwer, unverschämt schön und ... teuer. Sie wiegen bis zu 60 kg pro m^2.

■ **Fornace Masini,** Via delle Fornaci 57/59, Tel. 055 2011683, www.fornacemasini.it; **M.I.T.A.L.,** Via di Cappello 31, Tel. 055 2011414, www.terrecottemital.it; **Poggi Ugo,** Via Imprunetana per Tavarnuzze 16, Tel. 055 2011077, www.poggiugo.it.

[>] Florentiner zieht es nach San Casciano

San Casciano in Val di Pesa

San Casciano (310 m üNN, 15.000 Einw.) 10 km südwestlich von Impruneta, eine der bevorzugten Florentiner Wohnlagen, ist nicht so sehr wegen seines Stadtbildes mit einem Zentrum des 19. Jh. sehenswert, sondern wegen des **Museo di San Casciano Giuliano Ghelli** in der säkularisierten Kirche Santa Maria del Gesù. In seinem Fundus befinden sich religiöse Gemälde aus den Kirchen der Umgebung, Skulpturen, Liturgiegerätschaften, eine archäologische Sammlung und insbesondere prächtige liturgische Textilien. Kostbarster und ältester Besitz ist eine Säule aus Alabaster aus der zweiten Hälfte des 12. Jh., zugeschrieben dem „Maestro di Cabestany", der auch in Frankreich und Spanien wirkte.

■ **Museo di San Casciano,** Via Lucardesi 10, April–Okt. Do–So 10–13, 16–19, sonst 10–13, 15–18 Uhr, 3 €.

Bei einem Blick in das von außen unscheinbare **Kirchlein Santa Maria sul Prato,** auch als „Chiesa di Misericordia" bekannt, sollte man auf das Tafelkreuz gleich rechts vom Eingang (1325, *Simone Martini*) und auf das zweitafelige Resttriptychon „Madonna mit dem Kind" und „Petrus und Franziskus" (1340, *Ugolino di Nerio*) achten. Die Kanzel hat *Giovanni di Balduccio* aus Marmor gehauen (Anfang 14. Jh.).

■ **Oratorio Santa Maria sul Prato,** Via Morrocchesi 72, Tel. 055 820023, nach telefonischer Voranmeldung.

🯅 Die **Torre del Chianti,** ein Wasserturm aus dem beginnenden 20. Jh., bietet aus 33 m Höhe eine fantastische Rundumsicht über Florenz, Siena, Pisa und bei ganz klarem Wetter auch bis zum Meer. Hoch geht es per Treppe oder Lift.

■ **Torre del Chianti,** Giardini Santa Chiara d'Assisi 38, Tel. 055 8256385, Wiedereröffnung Sommer 2024 geplant, nur nach tel. Voranmeldung, April–Okt. Do–So 10–13, 16–19, sonst 10–13, 15–18 Uhr, 5 €.

Mercatale in Val di Pesa

Das mittelalterlich erhaltene Dorf Mercatale, heute ein Ortsteil von San Casciano 4 km südöstlich, ist einen Abstecher wert. Gegründet hat es 1237 der Herr des (heute verschwundenen) Schlosses Montecampolese. Ersatzweise kann man sich 2,5 km südöstlich das herrlich zwi-

038t sk

schen Weinbergen und Olivenpflanzungen gelegene **Castello Il Palagio** von außen ansehen. Es war mehrfach umkämpft (u.a. tauchte 1312 vor den Mauern Kaiser *Heinrich VII.* auf, 1382 schaute der in Florentiner Diensten stehende Söldner *John Hawkwood* vorbei). Heute ist es perfekt saniert und bei Hochzeitsgesellschaften ausgesprochen beliebt.

■ **Castello Il Palagio,** Via di Campoli 124/126, www.castelloilpalagio.eu, den Schildern zur Fattoria Palagio folgen.

Das dekorativ von Zypressenalleen, Olivenhainen und Weinhügeln eingerahmte **Castello di Gabbiano** aus dem 11. Jh., 3 km östlich, diente anfangs der Handelswegsicherung, machte aber bald als Weingut eine der reichsten Florentiner Familien noch reicher – die *Bardi.* Heute ist es ein Schlosshotel.

■ **Castello di Gabbiano,** Via di Gabbiano 22, www.castellogabbiano.it.

Tavarnelle Val di Pesa

Im Hochadel Europas ist Tavarnelle (380 m üNN, 7800 Einw.) als einer der Feriensitze des niederländischen Königshauses bekannt, das sich das Anwesen Rocca dei Dragoni etwas außerhalb in den 1970er Jahren zulegte. Bereits unter den Römern war Tabernulae ein Handelsposten mit Zoll- und Wachfunktion an der Via Cassia zwischen Rom und Florenz. Tavarnelle stellt in der ersten Etage des Pfarrhauses von San Pietro in Bossolo im **Museum für Sakralkunst** u.a. ein wertvolles Werk von *Ugolino di Nerio* aus, eine Madonna mit dem Kinde auf einem Triptychon, flankiert von *Johannes dem Täufer* und *Petrus.* Die Kirche datiert auf das 11. Jh., der dreibogige Portikus stammt aus dem 16. Jh. Die auch in diese Zeit fallenden massiven barocken Änderungen des Inneren hat man bei der Restaurierung in den 1940ern zurückgebaut.

■ **Museo d'Arte Sacra,** Strada della Pieve 19, Tel. 335 5202995, April–Okt. Sa/So 16–19, So auch 9.30–10.30 Uhr.

In der 1927 im Stil der Neorenaissance modernisierten Himmelfahrtskapelle in der **Kirche Santa Lucia al Borghetto** findet sich ein Gemälde von **Neri di Bicci** (Mariä Verkündigung, 1471). Das Holzkreuz am Altar stammt aus dem 15., die restaurierten Freskenreste aus dem 14. Jh. Die den ansonsten recht unattraktiven Ort dominierende Kirche gehörte einst zu einem im 13. Jh. gegründeten Franziskanerkonvent.

■ **Chiesa di Santa Lucia al Borghetto,** Via del Mocale 36, Tel. 055 8077147, 8–12, 16–19 Uhr.

Das **Castello del Nero** hat seinen Ursprung im 12. Jh. und liegt traumhaft, alleine und ockerfarben im Grünen – 1,5 km südöstlich von Tavarnelle. Als Luxushotel ist es herausragend und unter Wahrung zahlreicher historischer Details, Einbauten und Wandmalereien restauriert worden. Die Preise entsprechen dem Fünf-Sterne-L-Standard, das Restaurant La Torre serviert Gourmet-Küche (und hat dafür einen Michelin-Stern eingeheimst).

■ **Castello del Nero,** Strade Spicciano 7, www.comohotels.com.

Barberino Val d'Elsa

Im hübschen Barberino (375 m üNN, 4400 Einw.), 1,5 km südlich von Tavarnelle, taucht man wieder tief in die **Renaissance** ein. In den Annalen der Abtei von Passignano ist Barberino bereits für das Jahr 1054 vermerkt.

Durch eines der beiden Stadttore – die original erhaltene, schmale und sehr hohe Porta Senese im Süden mit ihrem gotischen Bogen (und einem Glockentürmchen aus dem 18. Jh.) und die rekonstruierte Porta Fiorentina im Norden – passiert man die ehemalige Stadtmauer. Eine Hauptgasse verbindet die beiden Stadttore, zwei Nebengassen zweigen an den Toren ab und führen am anderen Ende wieder zusammen – eine für das Val d'Elsa typische Anlage. Gassen, Treppen, Kopfsteinpflaster und Mauerwerk aus gehauenem Naturstein sind die mittelalterlichen Ingredienzen und heutige Touristenattraktion.

An der Via Cassia und der Wasserscheide von Val d'Elsa und Val di Pesa gelegen, hat der Ort in Hügellage eine lange **Schutztradition,** und die Florentiner vereinnahmten ihn im Jahr 1202, nachdem sie die benachbarte Rivalenburg von Semifonte zerstört hatten (deren Steine sie für ihre eigenen Befestigungsbauten nutzten).

An der kleinen Piazza Barberini schmücken den **Palazzo Pretorio** 35 in den Putz eingelassene Steinwappen (teils aus dem 15. Jh.) nobler Familien – darunter das der Familie *Barberini,* als deren Stammsitz der Ort gilt und die mit *Maffeo Barberini* einen Papst stellten. *Urban VIII.* weihte 1626 den Petersdom und ließ antike Bauten plündern, weswegen er den Römern sprichwörtlich wurde: „Was den Barbaren nicht gelang, die Barberini schafften es!" Unmittelbar neben dem Palazzo steht die **Kirche SS. Bartolomeo e Stefano** aus dem 14. Jh., ihre dem Tal zugewandten Seite ist die eigentliche Schaufassade, die davor verlaufende Via Vittorio Veneto oberhalb des kleinen Stadtparks die „Flaniermeile" des Städtchens.

Beim Nordtor kann man noch das ehemalige **Pilgerhospiz** aus dem Jahre 1363 besuchen, in dem im Sommer ein **Infopoint** zu finden ist.

Pieve di Sant'Appiano

UNSER TIPP Die **romanische Kirche,** 5 km südwestlich von Barberino inmitten von Olivenhainen und Weinbergen im idyllischen Sant'Appiano gelegen, ist schon wegen der vier Säulen vor dem Eingang bemerkenswert. Einst trugen sie das Dachgestühl einer eigenen Taufkapelle, was für eine ländliche Kirche überaus unüblich war. Ein Erdbeben zerstörte sie 1805. Ungewöhnlich ist auch, dass Bauphasen und -stile so augenfällig sind. Das linke Seitenschiff und die Apsis zeigen sich romanisch wie bei der Entstehung um das Jahr 1000 mit kurzen, massigen Pfeilern quadratischen Grundrisses, während sich das rechte Seitenschiff (nach einem Erdbeben 1171 neu errichtet) nachgerade elegant gibt mit schmaleren, höheren, runden Säulen und korinthischen Kapitellen. Das Patronat der Kirche erhielt der heilige *Appian,* ein Märtyrer, der als Hauptmissionar des Val d'Elsa galt.

■ **Pieve di Sant'Appiano,** Sant'Appiano, April–Okt. Sa/So 16–18 Uhr.

Impruneta: Zugabe!

■ Auf einem Gut in **Sant'Andrea in Percussina,** 3 km nördlich von San Casciano in Val di Pesa, verlebte der bei den *Medici* in Ungnade gefallene *Niccolò Machiavelli* ab 1512 seine letzten Lebensjahre und schrieb in nur wenigen Monaten sein Hauptwerk „Il Principe – Der Fürst". In ihm legitimierte er u.a. (aber nicht nur) Verbrechen und Grausamkeit zur Machtgewinnung – ein Museum (in seiner angeblichen Stammkneipe, heute gehobenes Restaurant) erinnert an ihn; Fratelli Saraceni, → „Essen und Trinken".

■ 3 km östlich von Tavarnelle Richtung Autobahn, im Ortsteil **Morrocco,** liegt der im 15. Jh. gegründete, noch aktive Karmeliterinnenkonvent **Santa Maria del Carmine** mit gleichnamiger Kirche (GPS N 43.560722, E 11.205043). Sakralkunst vornehmlich aus dem 17. Jh., einige Freskenreste aus der Bauzeit, beschaulicher Kreuzgang (die kostbarsten Stücke des Klosters sind im Museum von Tavarnelle ausgestellt).

■ In **Semifonte,** 5 km westlich von Barberino, befand sich einst die Rivalenburg von Florenz, direkt an der Straße steht seit Ende des 16. Jh. die **Cappella di San Michele Arcangelo** (über die SP50, GPS N 43.541859, E 11.130864) – mit Ausnahmegenehmigung der *Medici* errichtet, die hier sonst keinerlei Bautätigkeit erlaubten. Die Kuppel ist eine exakte Kopie der Bedachung des Florentiner Doms (im Maßstab 1:8); Sa/So 16–19 Uhr.

Praktische Informationen

Touristeninformation

■ **Ufficio Turismo Impruneta,** Piazza Buondelmonti 21, Tel. 055 2036555, www.comune.impruneta.fi.it, Juli/Aug. Di–So 10–13, Mi–So auch 14–18 (Do u. So nur bis 17 Uhr), Juni Di–So 10–13, Do–So auch 14–17, Sept. Di 10–13, Mi/Do 14–17, Fr–So 10–13, 14–17, April/Mai/Okt. Di 10–13, Mi/Do 14–17, Fr–So 10–13, 14–17, Nov.–März Fr–So 14–17 Uhr.

■ **Ufficio Turismo San Casciano,** im Museum (→ oben).

■ **Ufficio Turismo Tavarnelle,** Via del Giglio 31, San Donato in Poggio, Tel. 055 8072338, www.barberinotavarnelle.it, Juli/Aug Mo/Di/Do 10–13, Mi 16–22, Fr–So 10–13, 16–22, April/Mai/Okt. Mo/Di 10–13, Do 16–19, Fr–So 10–13, 16–19, Juni/Sept. Mo/Di 10–13, Do–So 10–13, 16–19, Nov.-März Fr–So 16–19 Uhr.

■ **Ufficio Turismo Barberino Val d'Elsa,** Piazzetta de Pellegrini Barberino, Tel. 055 8075319, www.barberinotavarnelle.it, April–Sept. Do 16–19, Fr–So 10–13, 16–19 Uhr.

Unterkunft

■ **Bellavista**③, Via della Croce 4, Tel. 055 2011 083, www.bellavistaimpruneta.it. Der Clou bei diesem familiar geführten Hotel, das nur wenige Schritte von der zentralen Piazza liegt, ist seine Panoramaterrasse, auf der man über dem Ort zu schweben meint.

■ **Residence Il Connubio**②, Via Ferdinando Paolieri 32, Tel. 055 2312558, www.residenceilconnubio.com. Die angenehmen Zimmer und Apartments in der Altstadt sind mit Aufmerksamkeit eingerichtet; gutes Frühstücksbüffet.

Außerhalb

■ **Agriturismo Fattoria Sant'Appiano**②, Località Sant'Appiano 11, **Barberino Val d'Elsa,** Tel. 055 8075541, www.santappiano.it. Das Landgut unweit des romanischen Kirchleins ist ein alteingesessener Familienbetrieb, der neben der Weinkelterei auch Agriturismo betreibt. Acht eher schlicht, aber zweckmäßig eingerichtete Zimmer verteilen sich auf Haupthaus und umgebaute Scheune. Ein Restaurant, das auch mittags seine Tore öffnet, verwöhnt mit ländlich-toskanischer Küche.

■ **Castello del Nero**④, Strada Spicciano 7, **Tavarnelle,** Tel. 055 806470, www.comohotels.com. Eine Burg aus dem 12. Jh., 50 Zimmer mit luxuriöser Ausstattung, ein Restaurant mit einem Sternekoch, ein wunderschönes Spa, Shuttle-Service nach Florenz. In diesem Boutique-Hotel werden bei entsprechend gut gefülltem Geldbeutel alle Märchenprinzessinnen-Wünsche wahr.

■ **Chianti Village Morrocco**②-③, Strada 36, **Tavarnelle** (4 km außerhalb im Osten), Tel. 055 8059418, www.chiantivillage.com. Neue, modern gestaltete Apartmentanlage (56 Einheiten) mit gepflegtem Garten und Terrassenrestaurant, eigenes Kfz notwendig.

Agriturismo Villa Spoiano③, Strada Spoiano 2, **Tavarnelle,** Tel. 055 8077313, www.villaspoiano.com. Eine Medici-Villa und die umliegenden Bauernhäuser als komfortabler, mit historischem Mobiliar ausgestatteter Agriturismo mit Doppelzimmern und Apartments. Das etwa 2 km südlich von Tavarnelle gelegene Anwesen ist ein idealer Standort für Touren durch das Chianti und bietet mit Pool und Restaurant allen Komfort. In der Küche finden fast ausschließlich Bio-Produkte aus eigenem Anbau Verwendung.

■ **Castello di Gabbiano**④, Via di Gabbiano 22, **Mercatale Val di Pesa,** Tel. 055 821053, www.castellogabbiano.it. Elf Zimmer und fünf Apartments mit langer Geschichte – in hochherrschaftlichem Ambiente kann der Gast sich hier fühlen wie ein Medici-Fürst. Weintouren durch den Chianti und Kochkurse im eigenen Restaurant „Il Cavaliere" (Di–Sa 19–22, Mi–So 12–15 Uhr) werden angeboten.

■ **Villa S. Andrea**③, Via Fabbrica 63, 11 km südlich von **San Casciano,** Tel. 055 8244254, www.villasandrea.com. Das Weingut thront dramatisch auf einer Hügelkuppe und eröffnet faszinierende Panoramablicke über das Badia-Tal. Zwei der drei historischen Villen, die vermietet werden, sind in Apartments aufgeteilt. Ein Pool steht zur Verfügung.

■ **B&B La Fonte del Machiavelli**②, Via Scopeti 54, **San Casciano** in Val di Pesa, Tel. 339 2251430, www.lafontedelmachiavelli.com. Die sechs Doppelzimmer in einem Landgut, das *Machiavelli* gehört haben soll, sind nicht sehr groß, aber freundlich eingerichtet. Auf der Terrasse wird ein für italienische Verhältnisse üppiges Frühstück serviert. Ein Pool komplettiert das Angebot.

UNSER TIPP: **B&B Le Terazze del Chianti**②, Via del Giglio/San Donato in Poggio, Tel. 055 022 6630, https://leterrazzedelchianti.it. Ein B&B im Ort zum verlieben; supergemütliche, in familiärem *shabby-chic* eingerichtete fünf Zimmer und eine Dachterrasse mit fantastischer Sicht – sehr gutes Frühstück und charmante Gastgeber.

Camping

■ **Agricamping Romita,** Strada Romita 49, Barberino Tavernelle, Tel. 338 2084146, www.campingromita.it, April–Sept. Der Platz in den Chianti-Hügeln punktet mit guten Sanitäreinrichtungen, 16 Camper- und neue Zeltstellflächen, einem Pool und Blick in die Ferne; Öl- und Weinverkauf.

Essen und Trinken

Außerhalb

■ **Osteria l'Antica Quercia**②, Via S. Appiano 33, **Localita S. Appiano,** Barberino Val d'Elsa, Tel. 055 8075281, https://lanticaquercia.wixsite.com, Mi–Mo 19.30–22.30, Sa/So auch 12–14.30 Uhr. Pizza und toskanische Spezialitäten mit Fernsicht – die Terrasse der Osteria blickt von einem Hügel weit übers Land. Vor allem *affettato misto,* die gemischten Vorspeisen, sind zu empfehlen.

■ **Il Campanellino**③, Via Vittorio Veneto 36, **Barberino Val d'Elsa,** Tel. 055 8075770, http://osteriailcampanellino.it, tgl. 12.30–15, 19.30–22 Uhr. Allem voran zählt hier das fantastische Landschaftspanorama – so wie man sich die Toskana vorstellt. Auf der Speisekarte finden sich auch speziellere Gerichte wie Carpaccio von der Kalbszunge oder toskanische *bicci* mit einem Ragout vom Chianina-Rind sowie verschiedene Zubereitungen der allzeit beliebten *tagliata*.

■ **Antica Fiaschetteria del Chianti**③, Piazza Pierozzi 24, **San Casciano** in Val di Pesa, Tel. 331 4034034, Di/Mi/Fr–So 12–15.30, Fr/Sa auch 18–22 Uhr. Eine große Auswahl an Crostini, einige Pasta- und Fleischgerichte, alles hausgemacht und von sehr guter Qualität. Mittags wird ein preisgünstiges Menü angeboten.

UNSER TIPP: **Jumangi**②, Via Morrocchesi 19, **San Casciano** in Val di Pesa, Tel. 055 828267, tgl. 12.30–15, 18.30–22 (Winter So/Mo geschl.). Osteria/Bar in der Altstadt im Shabby-Chic mit guter Spezialitätenküche und verführerischen Dolci nach alten Rezepten; kleine Karte, einige Tische in der Gasse.

■ **La Baracchina**②, Via degli Scopeti 199, **Sant' Andrea** in Percussina, Tel. 333 2139620, www.percussina.it, Di–Sa 12.30–14.30, 19.30–21.30, So 12.30–14.30 Uhr. Die rustikale Ausflugsgaststätte blickt auf eine lange Geschichte zurück. Angefangen hat sie als kleiner Schuppen, in dem es ein paar Gerichte für Florentiner Ausflügler gab. Heute stehen *pappardelle al cinghiale* und *tortelli di patate* auf der Karte, und natürlich mehrere Varianten des *bistecca fiorentina*.

■ **Fratelli Saraceni**③, Via degli Scopeti 64, **Sant' Andrea** in Percussina, Tel. 055 828471, www.villamachiavelli.it, tgl. 10–23.30 Uhr. Feine toskanische Küche in einem eleganten Rahmen, der nicht steif wirkt – *Machiavelli* soll hier schon Stammgast gewesen sein. Ob er sich damals auch an feinsten *crostini al fegato* oder *salsiccia e fagioli* delektiert hat? Die Speisenauswahl ist überschaubar und was serviert wird, schmeckt wirklich vorzüglich. Die Weine kommen vom hauseigenen Gut.

Verkehr

■ **Bus:** Busse der Autolinee Toscane verbinden die größeren Orte wie Impruneta oder San Casciano untereinander und mit Florenz. Von Florenz über Galluzzo und San Casciano nach Tavarnelle werktäglich im Stundentakt mit Buslinie 368A (Galluzzo 15 Min., Casciano 35 Min., Tavarnelle 55 Min., etwa 2,90/3,90/5 €), von Florenz über Galluzzo nach Impruneta werktags stündlich mit Buslinie 366A (40 Min., um 4 €), von Florenz über Casciano und Tavarnelle nach Barberino mit Buslinie 370A (1 Std., um 5 €); www.at-bus.it.

Feste

■ **Weinfest** mit Tradition (seit 1926, La Festa dell' Uva) am letzten Sonntag im Sept. in Impruneta, www.festadelluvaimpruneta.it.

Fiera di San Luca in Impruneta, www.fieradisanlucaimpruneta.it; eine lange Woche Mitte Okt. zu Ehren des Stadtheiligen mit Jahrmarkt, Luna Park, Umzügen und viel Musik.

Einkaufen

La Spinosa, Piazza Barberini 3, **Barberino Val d'Elsa,** Tel. 055 8075413, www.laspinosa.it, Sommer tgl. 9–19 Uhr. Im Laden der Kellerei La Spinosa werden Bio-Weine verkostet und verkauft. Nach Voranmeldung können Besucher auch die Kellerei in der Via Le Masse 15 besichtigen (Weintour mit Verkostung 25 €, 90 Min.).

■ Do vormittags erlebenswerter **Markt in Tavarnelle** auf Piazza Matteotti und Via Roma; Fr Wochenmarkt in San Donato (Poggio; Piazza Orlandini).

■ **Forno Giotto,** Via Volterrana 275, **Chiesanuova** (10 km nordwestlich von Impruneta), Tel. 055 824 2220. Wer in dieses verschlafene Nest kommt, will nur eines: eine ofenwarme *schiacciata,* von *Piero Poggiantis* flinken Händen nach Kundenwunsch mit Schinken, Salami oder Pancetta belegt. Aus dem unscheinbaren Laden kommt die vermutlich beste *schiacciata* rund um Florenz.

■ **Sant'Agnese Farm,** Località Caselle Sant' Agnese 9, **Castellina in Chianti** (10 km östlich von Poggibonsi), Tel. 347 2947007, www.santagnesefarm.com. Sehr erfreuliche Weinprobe auf einem Landgut, das Supertoskaner keltert, dazu gibt es Kleinigkeiten aus der Spezialitätenküche, auch Essigherstellung.

Aktivitäten

■ **Golfclub Ugolino,** Via Chiantigiana p. Strada 3, **Impruneta,** Tel. 055 2301009, www.golfugolino.it. 18-Loch-Platz, Par 72, 4994–5676 m, Greenfee 130 €.

Certaldo

■ 70 m üNN, 16.000 Einw., Florenz 46 km

Die anmutigen Landschaften des Val d'Elsa im westlichen Chianti sind nicht alleine den Weinreben vorbehalten, hier kultivieren die Bauern auch Getreide und Oliven. Schönster Ort ist Certaldo Alto, das oberhalb bewaldeter Hügelflanken über seiner modernen Neustadt thront. Hinter roten Ziegelmauern hat *Boccaccio* das Licht der Welt erblickt.

Die Unterstadt ist über eine Standseilbahn (50 Höhenmeter) mit der überschaubaren Oberstadt verbunden. Von der oberen Station bei der Porta Alberti ist es dann auch nur ein Katzensprung zur **Casa Boccaccio,** dem nach Zerstörungen im Zweiten Weltkrieg rekonstruierten Geburtshaus des Dichters. Die italienisch beschrifteten Exponate illustrieren das Leben seiner Zeit, Manuskripte sind ausgestellt, eine Bibliothek und die nationale Forschungsstelle zu seinem Werk angeschlossen.

UNSER TIPP: Den **Turm** darf man besteigen und die Aussicht über die Toskana genießen.

■ **Casa Boccaccio,** Via Giovanni Boccaccio 2, Tel. 0571 656721, April–Okt. tgl. 10–13, 14.30–19, sonst Mo/Mi–Fr 10–13, 14.30–16.30, Sa/So 10–13, 14.30–17.30 Uhr, 5 € mit Palazzo Pretorio, 7 € mit Palazzo Pretorio und Museo d'Arte Sacra.

Die Via Boccaccio nach Osten gehend, passiert man linker Hand die **Kirche Santi Jacopo e Filippo,** in der eine marmorne Grabplatte in der Mitte des Kirchenschiffs auf die Gebeine *Boccaccios* verweist – ein Zenotaph, denn die sterblichen Überreste sollen unter der weißen Fliese daneben ruhen. Direkt benachbart ist das **Museum für Sakralkunst** im ehemaligen Augustinerkloster aus dem 15. Jh. untergebracht. Neben Gemälden vom 12. bis zum 16. Jh. sind Skulpturen, kostbare Brokate und wertvolles liturgisches Gerät aus den Kirchen der Umgebung zu sehen. Man beachte u.a. das hölzerne Kruzifix (erste Hälfte 13. Jh.) aus der Kirche San Petro in Petrognano und das Triptychon „Madonna mit dem Kind, Petrus und Romulus" (1320) von *Ugolino di Nerio.*

■ **Museo d'Arte Sacra,** Piazza dei Santi Jacopo e Filippo 2, Tel. 0571 688054, April–Okt. tgl. 10–13, 14.30–19, sonst Mo/Mi–Fr 10–13, 14.30–16.30, Sa/So 10–13, 14.30–17.30 Uhr, 5 € mit Palazzo Pretorio, 7 € mit Palazzo Pretorio und Casa Bocaccio.

Am Ende der Via Boccaccio steht der – ursprünglich zwischen 1117 und 1164 für die Conti *di Alberti* errichtete – ehrwürdige **Palazzo Pretorio** mit dem

037t sk

038t sk

Stadtmuseum. Seine Fassade, den Tordurchgang und den Innenhof schmücken Familienwappen, darunter viele farbig und glasiert aus der Werkstatt der *della Robbia*. Auch das in Blau, Gelb und Grün gehaltene Herrschaftszeichen der *Medici* ist darunter. Durch den eindrucksvoll freskierten Innenhof mit Ziehbrunnen gelangt man in die ehemaligen Amtsräume der Florentiner Statthalter, die ebenfalls Fresken verzieren, darunter die detailliert gearbeitete und gut erhaltene „Ungläubigkeit des heiligen Thomas“, wahrscheinlich von *Pier Francesco Fiorentino* (1490). Die Ausstellung umfasst auch die Wohnräume der Statthalter, die Kapelle San Tommaso mit Fresken aus dem 15. Jh. von *Benozzo Gozzoli* und einen idyllischen Garten, in dem ein japanisches Teehaus steht. 1993 hat es die japanische Schwestergemeinde Nagasawa gestiftet. Abschließend sollte man zu den Aussichtsterrassen der beiden Türme, Torre Grande und Orologio, aufsteigen.

■ **Museo Palazzo Pretorio,** Piazzetta del Vicariato 3, Tel. 0571 661219, www.comune.certaldo.fi.it, April–Okt. tgl. 10–13, 14.30–19, sonst Mo/Mi–Fr 10–13, 14.30–16.30, Sa/So 10–13, 14.30–17.30 Uhr, 5 € mit Museo di Arte Sacra, 7 € mit Museo di Arte Sacra und Casa Bocaccio.

Castelfiorentino

Castelfiorentino (50 m üNN, 17.800 Einw.), 9 km nordwestlich von Certaldo, blickt ebenfalls auf eine lange Vergangenheit zurück. An der Furt über die Elsa stieß die Handelsstraße, von Volterra kommend, auf die Pilger- und Handelsstraße Via Francigena – den Frankenweg von Canterbury/England nach Rom. Als Florenz gegen die Sieneser bei Montaperti 1260 seine vernichtende Niederlage erlitt, wurde nach Verhandlungen in Empoli in Castelfiorentino der Friedensvertrag geschlossen.

Westlich der Elsa liegt die gänzlich uninteressante Neustadt, aber auch die

Altstadt am östlichen Ufer ist eher enttäuschend. Gäbe es nicht zwei Museen und die romanische Pieve dei Santi Ippolito e Biagio, die den Ort malerisch auf ihrem Hügel überragt, könnte man auf einen Besuch verzichten. Das **Museum Benozzo Gozzoli** 50 m vom Bahnhof (Parkmöglichkeit) widmet sich einzig dem gleichnamigen Renaissancemaler. Die ausgestellten Fresken wurden in Kirchen, Kapellen und Oratorien der Umgebung abgenommen und konserviert. Ein Tabernakel stammt aus der Kapelle Madonna della Tosse auf dem Weg nach Castelnuovo d'Elsa, zu dem die Menschen wallfahrten, wenn ein Familienmitglied an Keuchhusten erkrankt war (*tosse* = Husten). Das Tabernakel der Heimsuchung aus dem Bischofspalast von Volterra zeigt Szenen aus dem Leben Marias.

■ **Museo BEGO – Benozzo Gozzoli,** Via Agostino Testaferrata 31/33, Tel. 0571 64448, www.museobenozzogozzoli.it, Mo/Fr 9–13, Di/Do 16–19, Sa/So 10–12, 16–19 Uhr, 3 €.

UNSER TIPP: Die Künstlerliste der ausgestellten Werke im kleinen, feinen **Museum für Sakralkunst** im Santuario Santa Verdiana 500 m südöstlich des Bahnhofs liest sich wie ein Who's who der Renaissance: *Giotto, Taddeo Gaddi, Taddeo di Bartolo, Cimabue, Neri di Bicci* ... Die barocke Basilika des Heiligtums mit dem Grab der heiligen *Verdiana* stammt aus dem 18. Jh., der Glockenturm von 1805. *Verdiana,* um 1178 in Castelfiorentino geboren, pilgerte durch die Welt, kehrte heim, wurde auf eigenen Wunsch in eine Zelle gemauert und starb dort 1242 nach 34 Jahren.

■ **Museo d'Arte Sacra,** Piazza Santa Verdiana, Tel. 0571 64096, Mo/Fr 9–13, Di/Do 16–19, Sa/So 10–12, 16–19 Uhr, 3 €.

Die **Pfarrkirche Pieve dei Santi Ippolito e Biagio** wurde im Jahr 1195 als einschiffiger Sakralbau mit frei stehendem Turm errichtet, im Barock üppig ausgestattet und 1936 schließlich wieder in die ursprüngliche Form zurückgebaut. An der Fassade springen – unter dem Giebel eingemauert – sechs mit orientalischen Motiven geschmückte Keramikteller ins Auge. Im Inneren sind Fresken eines unbekannten Meisters der Florentiner Schule erhalten; vor allem der aus seinem Grab auferstehende Christus (1429) an der linken Seitenwand wirkt ungemein intensiv.

■ **Pieve dei Santi Ippolito e Biagio,** Via Coianese 55A, nur So 9 Uhr zur Messe offen.

⟪ Im Museum Palazzo Pretorio von Certaldo

⟨ Blick vom Turm über die mittelalterlichen Gassen Certaldos

Gambassi Terme

9 km westlich von Certaldo wartet das auf einem Hügel gelegene Gambassi (330 m üNN, 4900 Einw.) mit einer **Heilquelle** und angenehm unaufgeregten Thermaleinrichtungen abseits von Spa, Wellness und Co. Wo Wasser aus dem Boden sprudelte, waren auch Römer, also reicht die Siedlungsgeschichte

weit zurück. Die Thermalquellen werden seit dem 14. Jh. wieder genutzt. Mit einer Temperatur von 15 °C gehört die *sorgente minerale di acqua salsa di Pillo* zu den kalten Mineralwässern – es wird getrunken und äußerlich gegen Hautkrankheiten angewandt. Der **Kurpark** mit dem Thermalgebäude befindet sich im Stadtzentrum. 1 km nördlich steht über der Straße (dem Pilgerweg Francigena) der beeindruckende spätromanische Baukörper der Sandsteinbasilika **Santa Maria Assunta** aus dem 12./13. Jh. Hinter der Kirche versteckt sich eine empfehlenswerte Pilgerherberge.

Certaldo: Zugabe!

- Das **Museo del Chiodo** in Certaldo, eine Privatsammlung rund um den Nagel und die Holzverarbeitung mit allerlei Beiwerk wie Karikaturen, Bildern und seltsamen Gerätschaften – eine kurzweilige Ausstellung und mit Augenzwinkern zu genießen; Via Boccaccio 35, Palazzo Giannozzi, Mo/Mi–Fr 10–13, 14.30–16.30, Sa 10–13, 14.30–17.30 Uhr, 1 €.
- **Castelfalfi,** ehemaliges Bauerndorf, umgebaut zur Ferienanlage mit Hotel und einer Menge an Immobilien für Golfer und die, die es werden wollen; Landleben im Süden, wie es sich minderbegabte Architekten und Inneneinrichter vorstellen – ein toskanisches Simulakrum.
- **Montaione,** Städtchen (350 m üNN, 3700 Einw.) 15 km westlich von Certaldo in leichter Höhenlage, nette Altstadt und Stadtmuseum im Palazzo Pretorio (14. Jh.) mit Ausstellung zur Archäologie und Mineralogie in der Umgebung; Via Cresci 17/19, Tel. 0571 699255, www.visitmontaione.com, April–Okt. Mo/Di–Sa 10–13, 16–19, So 10–13 Uhr, 2 €, mit Convento San Vivaldo 6 €.

Convento San Vivaldo

Den heutigen **Konvent** 17 km westlich von Certaldo gründete im Jahr 1300 der den Franziskanern zugehörige heilige *Vivaldo,* der sich hier, wo sich ein verlassenes Kloster befand, in die Einsamkeit zurückzog. Er starb, und sein Körper wurde angeblich in einem hohlen Kastanienstamm gefunden, was man als Wunder und zum Anlass nahm, das Kloster wieder zu beleben. Der Komplex liegt auf einem Hügel und ist von dichtem Wald umgeben.

Zwischen 1500 und 1515 entstand um den Konvent ein Heiliger Berg (Sacro Monte), die Reproduktion Jerusalems, wie es zu Zeiten Christi existierte. Kapellen bezeichnen die einzelnen Stationen der Passion. Von den ursprünglich 34 Kapellen sind heute lediglich noch 17 erhalten. Eine jede ist einer bestimmten Begebenheit der Leidensgeschichte gewidmet, die polychrome **Terrakotta-Reliefs** nacherzählen, angefangen beim Sionberg über das Gefängnis, die Kreuzigung bis zum Schweißtuch usw. Man nehme sich Zeit, die Reliefs sind detailreich, ausdrucksstark und können älteren Kindern einen bildhaften Eindruck von diesem zentralen Aspekt christlichen Religionsverständnisses vermitteln. Mehrere stammen übrigens aus der Werkstatt *della Robbia.* Unter den vielen in dieser Zeit erbauten Heiligen Bergen ist San Vivaldo der einzige, dessen Topografie der tatsächlichen Landschaftsformation des damaligen Jerusalem entsprechen soll.

- **Convento di San Vivaldo,** Via San Vivaldo 11, Tel. 0571 680114, www.sanvivaldointoscana.com, www.comune.montaione.fi.it, Führungen nach tel.

269t sk

Voranmeldung unter 0571 699255 Mo–Sa 15–19, So 10–19 Uhr, 5 €, Kombiticket mit Montaione-Museum 6 €.

Praktische Informationen

Tourismusinformation

- **Ufficio Turismo Certaldo,** Certaldo Alto, Palazzo Pretorio, Piazzetta del Vicariato 3, Tel. 0571 656721, www.visitcertaldo.com, April–Okt. tgl. 10–13, 14.30–19 Uhr.
- **Ufficio Turismo Castelfiorentino,** Via Ridolfi 1 (Bahnhof), Tel. 0571 629049, www.comune.castelfiorentino.fi.it, tgl. 9.30–12.30, 15.30–18.30 Uhr.
- **MuDEV Museumspass:** Der Eintrittspass zu 21 Museen des Val d'Elsa (Musei diffusi empolesi Valdelsa in Capraia e Limite, Castelfiorentino, Cerreto Guidi, Certaldo, Empoli, Fucecchio, Gambassi Terme, Montaione, Montelupo Fiorentino, Montespertoli, Vinci, zu den Orten → auch Kapitel 4) kostet 15 € (Familie 35 €) und ist 12 Monate gültig. Erhältlich in den Museen.

Unterkunft

- **Il Castello**③, Via della Rena 6, Certaldo Alto, Tel. 0571 668250, www.albergoilcastello.it. Alle Zimmer des Hotels in Certaldo Alto haben Blick über die Unterstadt und die hügelige Landschaft. Das Haus wird sehr engagiert und familiär geführt, hat aber einen Nachteil – häufig finden hier Workshops und Hochzeiten statt, und dann kann's etwas laut werden. Besser, man stellt bei der Reservierung sicher, dass für den Zeitraum kein Event geplant ist. Dann kann man die wunderbare Aussicht und das hervorragende Essen im Restaurant entspannt genießen.

Kappellenweg im Konvent von San Vivaldo

Cipolla di Certaldo

Zwiebeln spielen in der Landwirtschaft des Städtchens eine überragende Rolle. So wichtig ist das Liliengewächs, dass es eine Zwiebel sogar auf das Stadtwappen geschafft hat. Die Rote Zwiebel Certaldos wird in zwei Untersorten geteilt, die eher runde und lilafarbene Sommerzwiebel „Statina" und die eher längliche hellrote Winterzwiebel „Vernina". Beide Sorten haben ein intensives, leicht süßliches Aroma. Neben der Zugabe zu Salaten und der üblichen Verwendung in der Küche ist eine weitere Möglichkeit die Verarbeitung zu Marmelade – eine Art Chutney *(marmellata di cipolle)*, das hervorragend Schinken oder Käse begleitet. Aber auch Salami wird die „Rote Certaldo" beigefügt. Von ihrem Wohlgeschmack berichtete bereits *Boccaccio* (am sechsten Tag in der zehnten Novelle über Fra Cipolla – „Bruder Zwiebel").

■ **Hotel Certaldo**②-③, Via del Molino 74, Certaldo, Tel. 0571 651261, www.hotelcertaldo.it. Schöne Lage am Ortsrand unweit des Zentrums am Fluss, ehemalige Mühle und 4-Sterne-Komfort (mit Pool).

Camping

■ **Camping Panorama del Chianti**①, Via Marcialla 349, Certaldo,Tel. 0571 669334, www.campingchianti.it, April–Okt. Der 2 ha große, terrassierte Platz in aussichtsreicher Hanglage verfügt über 65 Stellplätze. Pool, WLAN und ein kleiner Laden gehören zur Ausstattung.

Außerhalb

■ **Albergo La Pieve**②, Via Orazio Bacci 2, **Castelfiorentino,** Tel. 0571 629203, www.albergolapieve.it. Das angenehme Mittelklassehotel am Ortsrand von Castelfiorentino bietet seinen Gästen „tadtnähe und ländliche Ruhe. Im Restaurant „Il Gusto e Il Tatto"②-③ wird gutbürgerlich gekocht.

■ **Agriturismo Maramaldo**②, Via Orazio Bacci 75, **Castelfiorentino,** Tel. 335 7048861, www.agriturismomaramaldo.com. Acht stilsicher mit ländlichem Touch eingerichtete Apartments auf einem sehr schönen Gutshof in ruhiger Lage mit Pool. Sympathische Gastgeber mit vielen Tipps zum nördlichen Chianti und in der Saison darf man an der Trüffelsuche teilnehmen.

■ **Agriturismo Santa Cristina**③, Via Volterrana 56, **Gambassi Terme,** Tel. 0571 638913, www.agriturismosantacristina.net. Die 13 Apartments dieses 160 ha großen, teils bewaldeteten und teils landwirtschaftlich genutzten Landgutes befinden sich in den Häusern eines ehemaligen Dorfes, sind unterschiedlich groß und komfortabel im italienischen Geschmack ausgestattet. Sie werden nur wochenweise, von Sa auf Sa, vermietet.

■ **Le Macine**②, Viale Italia 25, **Montaione,** Tel. 0571 680512, www.hotellemacine.com. 14 Zimmer in einem komfortablen Drei-Sterne-Haus im Zentrum Montaiones, moderne Möblierung mit „goodies" wie teilweise offener Badewanne im Raum. Leider etwas hellhörig; gutes Restaurant.

UNSER TIPP **Ostello Sigerico**①, Pieve Santa Maria, **Gambassi Terme,** Tel. 324 7968837, www.instagram.com/ostellosigerico. Tolle Pilgerherberge im historischen Pfarrhof, supersauber, supergutes Essen und superfreundliches Personal – besser und günstiger geht nicht; Mehr- und Zweibettzimmer mit eigenem Bad.

Essen und Trinken

■ **Il Castello**③, Certaldo Alto, tgl. mittags und abends, → „Unterkunft".

UNSER TIPP **A Casa Tua**②, Via Boccaccio 24, Certaldo Alto, Tel. 0571 668229, Di–So 12–24 Uhr. Ein Restaurant abseits der üblichen Toskana-Klischees: bunt zusammengewürfelte Tische und Stühle in der Gasse, Graffiti an den Wänden und eine kleine, übersichtliche Speisekarte mit verschiedenen Vorspeisenvariationen, hausgemachter Pasta und einigen wenigen Fleischgerichten, darunter feine *bocconcini di pollo frito.* Und alles in frischer und bester Qualität.

Außerhalb

- **Antico Borgo**③, Via Iano 5/9, **Montaione,** Tel. 0571 698030, www.anticoborgoiano.it, März–Okt. tgl. 12–15, 18–22 Uhr, sonst nur Fr–So und abends, im Winter eingeschränkt. Das 3 km südwestlich von San Vivaldo gelegene Restaurant (mit Pizzeria) pflegt die Köstlichkeiten toskanischer Kulinarik und besonders Gerichte vom Wildschwein und Pasta mit Trüffel oder Steinpilzen.
- **I Ciampa**②, Via Chiarenti, 43, **Montaione,** Tel. 0571 69552, www.iciampa.com, tgl. 12–14.30, 18–23 Uhr (Winter nur Fr–So). Pizzeria und Restaurant in der Altstadt, etwas touristisch, aber die Pizze sind hauchdünn und knusprig, und auch das Angebot an toskanischen Gerichten lässt nichts zu wünschen übrig. Man bemüht sich allerdings kaum um saisonale oder irgendwie originelle Küche.
- **Km0 Ristorantino con Terrazza**②-③, via Leonardo da Vinci 73, **Montaione,** Tel. 0571 523397, www.facebook.com/km0montaione, Mo–Sa 7–20.30 Uhr. Lassen Sie sich nicht abschrecken: Es ist eine Tankstelle! Das Essen allerdings ist ausgezeichnet und besonders bei den Fischgerichten von Einfallsreichtum und gediegenem Handwerk geprägt. Allerdings muss man das leicht unterkühlte Ambiente mögen.

Verkehr

- **Bahn:** Bahnhof Certaldo, Piazza Masini, an der Strecke Florenz–Siena, halbstündlich Verbindungen nach Florenz Stazione SMN (um 60 Min., um 7 €) und Siena (um 40 Min., 5 €).
- **Bus:** Piubus Nr. 33/34 mehrmals täglich von Castelfiorentio nach Montaione, Gambassi Terme, Certaldo und Empoli (Montaione–Castelfiorentino 30 Min., Castelfiorentino–Certaldo 15 Min., Castelfiorentino–Gambassi 20 Min., Billets 3–4 €); www.piubus.it.
- **Parken:** Die Altstadt ist verkehrsberuhigt, Touristenfahrzeugen ist die Auffahrt verboten; Piazza Macelli (600 m südwestlich der Talstation), kostenfrei, auch Camper zugelassen (4 Plätze); Via della Mura, zwei Gehminuten von der Altstadt entfernt (Anfahrt über die Strada Panoramica, 0,50 €/Std.).
- **Standseilbahn Funicolare di Certaldo,** Piazza Boccaccio, alle 15 Min. Juni–Aug. tgl. 7.30–1, Mai/Sept. Mo–Mi 7.30–19.30, Do–So 7.30–1, Winter tgl. 7.30–19.30 Uhr, hin und her 1,20 €.

Feste

- **Mercantia:** Certaldo Alto ist fünf Tage Mitte Juli Schauplatz eines Mittelaltermarkts mit Straßentheater- und Showaufführungen (www.mercantia certaldo.it).
- **Boccaccesca:** Certaldo präsentiert an einem Wochenende MItte Okt. seine kulinarischen Besonderheiten wie die *cipolla di Certaldo* mit Verkostungen lokaler Agrarprodukte und Weine in der Oberstadt (www.boccaccesca.it).

Einkaufen

- **Artesia Ceramica,** Via G. Boccaccio 35, **Certaldo Alto,** Tel. 0571 663244, www.artesiaceramica.it. *Monica Lazzerini* und *Cinzia Orsi* fertigen in ihrem Atelier Keramiken nach traditioneller toskanischer Methode und althergebrachten Motiven an. Besucher sind eingeladen, den beiden bei der Arbeit zuzusehen und die verschiedenen Schritte des Produktionsprozesses nachzuvollziehen. Natürlich können die wunderschönen Stücke auch käuflich erworben werden.

Aktivitäten

■ **Golfclub Castelalfi,** Tenuta Castelalfi, Montaione, Tel. 0571 890200, www.castelfalfi.com, 18-Loch- und 9-Loch-Platz, 18-Loch-Platz Par 72, 6351 m, Greenfee ab 90 €.

Greve in Chianti

■ 235 m üNN, 13.500 Einw., Florenz 30 km

Sind im Chianti allgemein viele Schlösser und Burgen zu sehen, die Gegend um Greve ist geradezu gesegnet damit. Das Zentrum des Kern-Chianti hat sich seine beschauliche, kleinstädtische Atmosphäre bewahrt – Wein ist der Dreh- und Angelpunkt, und im September wird alljährlich bei der besuchenswerten Weinmesse am Hauptplatz von Greve der neue Wein präsentiert.

Als eine der flächenmäßig ausgedehntesten Gemeinden Italiens verlieren sich die einzelnen Ortsteile fast zwischen den Weinbergen. Die Winzerschaft Greves gehört zu den größten des Chianti Classico, weshalb an allen Ecken Weintheken und Läden die teils überaus kostbaren Tropfen kredenzen und verkaufen. Die weite, dreieckige, arkadengesäumte Piazza Matteotti ist das Herz der Stadt. Mit Hotels, Restaurants, Souvenirläden und Enoteche macht sie ihre heutige wie gestrige Bestimmung klar: Marktplatz. Geschichtlich ist Greve nicht aufregend, ordnungspolitisch hatte es keine Bedeutung. So kann auch das **Denkmal** in der Platzmitte keinen Sohn der Stadt zeigen, sondern den in der Nähe auf dem Familiensitz aufgewachsenen Seefahrer und Entdecker *Giovanni da Verrazzano* (1485–1528). Einen Besuch wert ist die **Pfarrkirche Santa Croce,** die von außen mit ihrer Ende des 19. Jh. entstandenen Fassade nicht erahnen lässt, dass das Innere einige Kostbarkeiten birgt: So ein Triptychon von *Bicci di Lorenzo* und ein Majolika-Tabernakel von *Andrea della Robbia* (beide 15./16. Jh.). Die Glasfenster fertigte um 1910 die Chini-Werkstatt an (s. Borgo San Lorenzo). Anrührend ist die Tafel der Jungfrau mit Kind aus dem 14. Jh. (die man einem *Maestro da Greve* zuschreibt).

■ **Pieve Santa Croce,** Piazzetta Santa Croce 1, Tel. 055 853085, 9–19 Uhr.

Wer in Greve ein Zimmer nimmt, kann sich in einem der ausgezeichneten Weinlokale durch die einzelnen Chianti-Lagen probieren, begleitet von auf höchstem Niveau zubereiteten Gerichten. Der stetige Touristenstrom sorgt auch für das reichhaltige Angebot in den mit Wurst und Käse üppig gestalteten Spezialitätengeschäften: Schinken und Salami in allen nur erdenklichen Formen und Längen hängen von Decken und Wänden und sind schon eine Sehenswürdigkeit an sich.

Im **Museum für Sakralkunst** im ehemaligen Oratorio di San Francesco (aus dem beginnenden 16. Jh.) und in dessen Sakristei werden Kostbarkeiten der Gemeinde präsentiert: Sakralgewänder, Gemälde und Skulpturen; beachtenswert sind die wertvollen Gefäße für die Reliquien, die Monstranzen und Ziborien aus dem 14. bis 19. Jh. in der 1. Etage.

■ **Museo d'Arte Sacra di San Francesco,** Via San Francesco 4, Tel. 055 8544685, www.facebook.com/MuseoSanFrancescoGreve, April–Okt. Do 15–18, Fr–So 10–13, 15–18 Uhr, sonst nur Sa/So 10–13, 15–18 Uhr, 5 €.

Schlösserbesuch

1,5 km nördlich von Greve steht das **Castello di Uzzano** in exponierter Lage. Die wehrhaften Zeiten liegen aber schon länger zurück, im 16. Jh. wurde die Burg zur eleganten Villa und im 20. Jh. zum weinlandwirtschaftlichen Betrieb mit einem immer noch recht hübschen kleinen Park und dichtem Bewuchs mit Zypressen und Pinien. Auf Uzzano soll *Giacomo Puccini* den zweiten und dritten Aufzug der Oper „La Bohème" komponiert haben.

■ **Castello di Uzzano,** Località Uzzano 23, ist in Privatbesitz und kann nur von außen besichtigt werden.

Das **Castello di Verrazzano,** seit dem 7. Jh. Stammsitz der Familie, liegt 5 km nordwestlich von Greve inmitten der eigenen, auf Terrassen gepflanzten Weinberge und Olivenbaumhaine in erhöhter Lage. Ab dem 12. Jh. kultivierte die Familie Reben, im 19. Jh. starben die *Verrazzani* aus. Bei den Renovierungsarbeiten im 20. Jh. versuchte man, dem Komplex ein Antlitz des 11. Jh. zurückzugeben. Heute besitzt das Weingut 52 ha Rebfläche und einen ausgezeichneten Ruf; ausschließlich organischer Dünger wird verwendet, und die Lese geschieht traditionell per Hand. Auf den Führungen besucht man den Weinkeller aus dem 16. Jh. und die Gärten des Schlosses. Auf der Burg wurde der Seefahrer und Entdecker *Giovanni da Verrazzano* geboren.

■ **Castello di Verrazzano,** Via Castello di Verrazzano 1, Tel. 055 854243, www.verrazzano.com, Mo–Fr Führung mit Weinprobe mehrmals am Tag (1½ Std., 32 €), mit Weinprobe und Imbiss (11 Uhr, 2½ Std., 48 €), mit Weinprobe und Mittagessen am So (12 Uhr, 3 Std., 68 €), Sa mit Weinprobe und Abendessen (ab 19 Uhr, ab 75 €).

040t sk

☐ Castello di Verrazzano, heute ein Bio-Weingut

Nur gut 500 m Luftlinie nördlich des Verrazzano-Schlosses steht das **Castello di Vicchiomaggio** (6 km von Greve), ursprünglich eine Langobardenburg aus dem 10. Jh., wehrhaft auf einem Hügel, im 13. Jh. von den Florentinern im Renaissance-Stil umgebaut und bei den Händeln mit Siena genutzt. Die Anlage, Zentrum des gleichnamigen Weingutes, beherbergt heute luxuriöse Ferienapartments und ein Restaurant. Angeblich hat *Leonardo da Vinci* im Schloss seine „Mona Lisa" gemalt.

■ **Castello di Vicchiomaggio,** Via Vicchiomaggio 4, Tel. 338 1349090, www.vicchiomaggio.it, tgl. Weinprobe mit Lunch (im Schloss) 12.45 Uhr, 60 €; Mo/Di/Do–Sa Weinprobe und Besichtigung der Kellerei 15.30 Uhr, 30 €.

Das **Castello Vignamaggio** liegt 5 km südlich von Greve in einem eleganten italienischen Garten. Heute darf man hier nach einem gediegenen Diner in der Villa zwischen Antiquitäten nächtigen, im Morgentau durch den Park flanieren und sich Wein und Olivenöl aus eigener Produktion kaufen. Entstanden ist die Villa auf den Ruinen einer Langobardenburg und mit fantastischem Rundumblick im 14. Jh. als eine der ersten, die alleine der Vergnügung dienen sollten (und der Landwirtschaft) - in Auftrag gegeben von den *Gherardini,* die ihr Vermögen mit Raubritterei erworben hatten, von ihrem Stammsitz aber vertrieben wurden. Ein Mädchen aus ihrer Nachkommenschaft erblickte 1479 das Licht der Welt - *Mona Lisa* genannt.

■ **Castello Vignamaggio,** Via Petriolo 5, Tel. 055 8546671, https://vignamaggio.com.

Das Dorf **Montefioralle** (350 m üNN, 80 Einw.) 1,5 km westlich und hoch über Greve, gibt sich nicht nur mit einer Burg ab, es ist eine. 1085 wurde der Ort erstmals schriftlich erwähnt und gehört so zu den ältesten Siedlungen der postantiken Toskana. Zwei achteckige Mauerringe mit je vier Toren umschlossen konzentrisch den zentralen Verteidigungsbereich, in dem heute noch die 1260 errichtete und mehrfach umgebaute **Kirche Santo Stefano** steht. In ihr wird eine bedeutende „Madonna mit dem Kinde" aus der Hand eines unbekannten Meisters aufbewahrt (13. Jh.). Als man die Festung nicht mehr benötigte, schleifte man die Wälle endgültig und nutzte den Bereich zwischen den beiden Wallkreisen als Gasse, an der man aus durch den Abriss gewonnenen Steinen die heutigen Häuser errichtete. Malerische Winkel und seine Überschaubarkeit machen Montefioralle zu einem beliebten Touristenziel. Geboren wurde hier, so heißt es, *Amerigo Vespucci* (um 1450–1512), Navigator in den Diensten der *Medici* und Namensgeber der beiden Amerikas.

■ **Chiesa di Santo Stefano,** Via Montefioralle Centro 28, 8–12, 16–18 Uhr.

Badia a Passignano

UNSER TIPP: Schöner kann eine **Abtei** gar nicht liegen, an einem Hügel, in einem Zypressen-Wäldchen, umgeben von Weinreben. Die Badia a Passignano 8 km westlich von Greve begründete *Giovanni Gualberto* 1049, Vater des Ordens der Vallombrosaner. In der Renaissance galt das Kloster als eines der einflussreichsten Italiens - zum Unwillen der *Medici. Lorenzo* erwirkte beim Papst die Vertreibung der Mönche und die Übernahme der Abtei durch seine Familie. Die Vallombrosaner durften schließlich zurückkehren, waren den *Medici* künftighin aber tributpflichtig. Unter *Napoleon* nochmals rausgeworfen, bezogen sie 1986 das Kloster erneut. Die außerordentlich gut erhaltene Abtei mit ihrem – einem Wehrturm gleichenden – Campanile besitzt künstlerische Kostbarkeiten wie das „Abendmahl" (1476) von *Domenico Ghirlandaio* und seinem Bruder *David* im Refektorium. Am Kloster gibt es mehrere Einkehrmöglichkeiten (s.u.).

■ **Badia di San Michele Arcangelo a Passignano,** Via di Passignano, Tel. 055 8071171, www.badiapassignano.com, Mo/Mi–Sa 10–12.30, 15–17, So 15–18 Uhr, Spende erbeten.

Panzano in Chianti

Panzano (500 m üNN, 1000 Einw.), zur Gemeinde Greve gehörig (6 km südlich), ist eines der als Festung entstandenen pittoresken Dörfer, die die Handelswege schützten. Das die Umgebung dominierende Kastell aus dem 12. Jh. steht in Privatbesitz (nicht besuchbar); zusammen mit dem mittelalterlichen Dorf bildet es Panzano Alto. Im Süden liegen mit der Conca d'Oro, der Goldgrube, die Südhänge mit den besten Reblagen. Zentraler Punkt ist die **Kirche Santa Maria,** die entgegen des flüchtigen ersten Eindrucks 1903 im Neoklassizismus errichtet wurde. Auf der Piazza etwas unterhalb findet Sonntagvormittag der Wochenmarkt statt. Die **Kirche San Leolino** etwas außerhalb im gleichnamigen Weiler inmitten von Olivenhainen (über die SR222 1,5 km südlich, GPS N 43.533039, E 11.1311661) gilt hingegen als eines der bedeutendsten romanischen Gotteshäuser der Toskana (wenn dies seine Fassade auch gut zu verhüllen weiß). 982 erbaut, im 13. Jh. erweitert und im 15. Jh. mit fünfbogigem Portikus, Apsis und Glockenturm versehen, zeigt es sich innen mit wuchtigen Bogenpfeilern und offenem Dachstuhl weitestgehend der Romanik zugehörig. Das Glanzlicht der Kirche, das Tafelbild „Madonna auf dem Thron mit Petrus und Paulus" im linken Schiff schuf *Meliore di Jacopo* 1270. Rechts daneben ist eine Terrakotta-Büste des heiligen *Eufrosino* zu sehen, dem Schutzherren des Chianti. Angeblich wurde er in Kappadokien geboren und war Schüler der Apostel *Simon* und *Judas Thaddäus,* tatsächlich hat er wohl im 7. Jh. gewirkt. Gegenüber hängt im rechten Seitenschiff das Triptychon „Madonna mit dem Kind und Petrus und Paulus" von einem ungenannten Meister (Meister von Panzano, 14. Jh.). Die beiden glasierten Terrakotta-Tabernakel am Altar stammen aus der Werkstatt *della Robbia.* Keinesfalls versäumen sollte man den schönen Kreuzgang.

■ **Pieve di San Leolino,** Località San Leolino 1, Tel. 055 8347833, So 10 Uhr zur Messe oder nach tel. Anmeldung offen.

San Donato in Poggio

Das mittelalterliche Dorf auf einem Hügel besitzt noch Reste der Stadtmauer, die den Ort vor den Florentiner Rivalen Siena und Arezzo schützen sollte. 989 wurde San Donato aktenkundig, bis ins

13. Jh. war es immer wieder umkämpft, im ausgehenden 14. Jh. war seine Glanzzeit zu Ende. Der Warenhandel verlief plötzlich nicht mehr durch Donato, sondern westlicher über Tavarnelle, um auch die Orte im Val d'Elsa bedienen zu können.

Die verkehrsberuhigte Altstadtzone betritt man entweder über das Tor an der Via Giotto im Westen oder durch die Befestigung an der Via del Giglio im Osten. An der kleinen, streng gestalteten Piazza Malaspina steht der gleichnamige Renaissancepalast, ihm gegenüber der Palazzo Pretorio.

Die dreischiffige romanische **Kirche San Donato** außerhalb, nördlich der Altstadt (250 m) an der SP101, entstand im 12. Jh. mit einem wuchtigen Turm. So einfach und schmucklos das Äußere, so schlicht und schön das Innere, das von zwei massiven Bogenreihen in drei Schiffe geteilt ist. Das Tafelkreuz in der Hauptapsis wird der Giotto-Schule zugeschrieben (14. Jh.), im rechten Schiff stammen das prächtige, farbige und glasierte Taufbecken von *Giovanni della Robbia* (1513) und das Triptychon von *Giovanni del Biondo* (1375).

■ **Pieve di San Donato,** Via La Pieve 25, 9–12, 15.30–18.30 Uhr, **Messe** 9 und 18 Uhr.

Im überschaubaren **Museum für Landkultur** sieht man in einer Abteilung Werkzeuge der Handwerker wie Schmiede und Schuster, in der zweiten Gegenstände des Landlebens.

■ **Museo Emilio Ferrari della Cultura Contadina,** Via del Giglio 47, 2024 wg. Umbau geschl.

Greve in Chianti: Zugabe!

■ Die moderne **Statue des San Francesco della Vigna** mitten in den Weinbergen, aus Bronze und über 5 m hoch, in der einen Hand die Sonne, in der anderen den Mond; Tenuta il Molino di Grace/Località Il Volano (GPS N 43.524258, E 11.309741).

■ Bei Pieve di Panzano das **Oratorio di Sant' Eufròsino** über dem angeblichen Grab des Schutzherren des Chianti, etwa in Höhe der Chiesa San Leolino von der SR222 auf eine Schotterstraße (GPS N 43.531903, E 11.304761).

■ 6 km südwestlich von Greve im Dorf La Piazza das bemerkenswerte romanische **Kirchlein San Giorgio a Piazza** von 1084. Im einschiffigen Inneren achte man auch die Schreine beidseits des Altars (16. Jh.) und auf das Gemälde „Maria mit dem Kinde und die Heiligen Franziskus und Georg" (*Cosimo Rosselli,* um 1480), heute eine Kopie (Original in Siena) – danach gibt's ein Mittagessen in der **Osteria alla Piazza** – eine Institution (→ S. 159).

Praktische Informationen

Touristeninformation

■ **Ufficio Turismo Greve in Chianti,** Piazza Matteotti 10, Tel. 055 8546299, www.comune.greve-in-chianti.fi.it, April–Okt. tgl. 10–18 Uhr.

⊡ Der Hauptplatz von Greve in Chianti

041tsk

■ **Ufficio Turismo San Donato in Poggio,** Via del Giglio 31, Tel. 055 8072338, www.sandonatoinpoggio.it, Sommer Mo/Di 10–13, Do–So 10–13, 16–19, Juli/Aug Mi/Fr–So bis 22 Uhr, Winter Fr–So 16–19 Uhr.

Unterkunft

■ **Castello di Vicchiomaggio**④, Via Vicchiomaggio 4, Tel. 055 854079, www.vicchiomaggio.it. 16 Suiten und Apartments, stilvoll eingerichtet und mit allem Komfort – hier im historischen Schloss und zugleich aktiv tätigen Weingut erleben die Gäste Historie wie den Alltag von Winzern hautnah, ein Infinity-Pool sorgt im Sommer für Erfrischung.

■ **Castello Vignamaggio**④, Via Petriolo, 5, Tel. 055 854661, www.vignamaggio.com. Wer in einem Zimmer nächtigen möchte, in dem womöglich Mona Lisa geboren wurde, ist hier richtig. Die Villa aus dem 14. Jh. beherbergt ansprechend und hell ausgestattete Zimmer, Suiten und Apartments; einige befinden sich etwas abgelegen vom Haupthaus auf dem Weingut. Zwei Pools garantieren Entspannung. Das WLAN funktioniert nicht überall.

■ **Casa al Sole**②, Via Veneto 82, Tel. 055 8546 429, www.casaalsole.net. Unweit vom Hauptplatz gelegen, bietet das familiäre Hotel neun einfache, aber geschmackvoll eingerichtete Zimmer.

Außerhalb

■ **Villa Le Barone**④, Via San Leolino 19, **Panzano in Chianti,** Tel. 055 852621, www.villalebarone.com. 28 Zimmer auf einem perfekt renovierten Landgut mit Tennisplätzen und Pool, 8 km südlich von Greve. Wer auf historisierende Einrichtung und Blümchengardinen steht, wird sich in dem sehr eleganten Rahmen dieser Unterkunft wohlfühlen. Das Restaurant serviert ein leichtes Lunch und ein Abendessen mit toskanischen Spezialitäten.

UNSER TIPP: **B&B Fagiolari**③, Via Case Sparse, **Panzano,** Tel. 055 852351, www.fagiolari.it. Fünf mit viel Liebe und Geschmack eingerichtete Zimmer und die ebenso herzliche wie temperamentvolle *Giuliana* zeichnen dieses zauberhafte B&B am Ortsrand von Panzano aus. Wer lieber abseits des Trubels wohnt, kann das ruhige Gartencottage mieten. Pool und WLAN stehen zur Verfügung. *Giuliana* bereitet auch Mittagessen zu und gibt Kochkurse.

■ **Il Casello Countryhouse B&B**②, Via Montagliari 26, Montagliari/Panzano, Tel. 389 0246645, https://ilcasello.it. Zwölf komfortable Zimmer und drei Apartments auf einem aussichtsreich gelegenen Landgut gleich östlich von Panzano; schöne Pool-Anlage.

■ **Del Giglio**②, Via del Giglio 78, **San Donato in Poggio,** Tel. 055 8072894, www.delgiglio.it. Das freundlich eingerichtete, aus zwei Zimmern mit jeweils eigenem Bad bestehende B&B logiert überaus romantisch in der Stadtmauer. Ein kleiner Garten davor eröffnet einen schönen Panoramablick über die Landschaft.

Essen und Trinken

■ **Bottega del Moro**③, Piazza Giacomo Matteotti 40, Tel. 055 853753, www.instagram.com/la_bottega_del_moro, Mi–Mo 12–15, 19–22 Uhr. Mitten im Rummel auf dem Hauptplatz überrascht dieses Restaurant mit sehr kreativer Küche auf der Grundlage alter toskanischer Rezepte. Z.B. die *panzarella,* ein delikater Brotsalat mit Tomaten, Zwiebeln, Basilikum und Olivenöl. Oder „aromatisierte" *spiadine,* denen feine Kräuter eine besondere Würze verleihen. Manchmal gibt es auch Schnecken, ebenfalls eine traditionelle toskanische Speise.

■ **Cantinetta di Rignana**③, Via di Rignana 13, Tel. 347 4534884, www.lacantinettadirignana.com, Mi–Mo 12.30–14.30, 19.30–22 Uhr. Auf dem Weg von Greve zur Badia a Passignano lohnt ein Abstecher zu diesem Ausflugsrestaurant, das in dritter Generation von Familie *Abbarchini* geführt wird. Auch hier werden traditionelle Rezepte von Vater auf Sohn weitergegeben, und man rühmt sich, eines der besten *bistecce fiorentine* zubereiten zu können.

Enoteca Gallo Nero③, Via Battisti 9, Tel. 055 853734, http://enoristorantegallonero.it, Fr–Mi 12–15, 18.30–22 Uhr. Die Küche legt ihren Schwerpunkt auf hausgemachte Pasta mit frischen Soßen aus regionalen Produkten wie Steinpilzen sowie auf Fleisch vom Holzkohlengrill, das frischen Kräutern seinen aromatischen Geschmack verdankt. Sehr eleganter Rahmen.

■ **Enoteca Falorni**②, Piazza Matteotti 66, Tel. 055 853029, www.falorni.it, Laden Mo–Sa 9–19, So 10–19, Bistro tgl. 10–20 Uhr (Juli/Aug. bis 21.30, Winter nur Fr–So 11–19.30 Uhr). Eine Institution und Tipp in jedem Reiseführer: Speisen in der Metzgerei. Es gibt Panini, *fettunte* (eine Art Crostini), Suppen, Pasta- und Fleischgerichte, auch zum Mitnehmen, dazu offenen Wein. Die Metzgerei wird schon in der achten Generation geführt; ihre Wurstwaren sind weit über die Toskana hinaus berühmt – kein Grund allerdings, das Bistro wie ein toskanisches McDonald's zu betreiben.

Storica Macelleria Ceccatelli②, Piazza Matteotti 45, Tel. Tel. 055 853062, www.casacecca telli.com, Mo–Sa 8.30–13.30 Uhr. Auch diese Metzgerei ist seit Generationen ein Familienbetrieb. Neben Fleisch und Wurstwaren wird auch Bio-Wein produziert. Und selbstverständlich kann man auch hier, wie bei *Falorni,* ein Häppchen essen.

Außerhalb

■ **La Castellana**③, Via Montefioralle 1, **Montefioralle**/Greve in Chianti, Tel. 055 853134, www.ristorante-lacastellana.it, Di–So 12.30–14.30, 19.30–21.30 Uhr. Ländliche Fleischküche auf hohem Niveau in rustikaler Atmosphäre, wovon besonders auch das *bistecca fiorentina* profitiert; die Pasta ist hausgemacht und speziell in ihren Trüffelvariationen köstlich. Platz für den Nachtisch lassen.

■ **Ristoro di Lamole**③, **Lamole**/Greve in Chianti, Tel. 055 8547050, www.ristorodilamole.it, tgl. 12.30–14.30, 19–22 Uhr. Alleine die Anfahrt durch die Zypressenallee von Vignamaggio macht Freude. Das auf 600 m Höhe in Panoramalage über Weingärten thronende Restaurant wird von *Filippo* und *Paolo* geführt, in der Küche führt Chef *Valentino* das Regiment. Schwarze, hausgemachte Fusilli mit Weißem Trüffel, die toskanische Fenchelsalami *sbriciolona* und viele andere Köstlichkeiten harmonieren mit den ausgeschenkten Chianti-Weinen und dem Blick über die Landschaft.

UNSER TIPP: **L'Officina della Bistecca**③, Via XX Luglio 11, **Panzano,** Tel. 055 852020, www.dariocecchini.com, tgl. um 13 und 20 Uhr (Pünktlichkeit vonnöten). Metzger scheinen in der Toskana besonders geschäftstüchtig zu sein. *Dario Cecchini* jedenfalls hat seine Fleischerei in ein kleines Imperium mit mehreren Restaurants verwandelt. In diesem optimiert er die Kunst des perfekten *bistecca.* Vorbestellung unabdingbar.

■ **Solocciccia**②-③, Via Chiantigiana 5, Tel. 055 852727. Die „Mittagssitzung" in der Macelleria Cecchini findet um 12.30 Uhr statt und es gibt von der Schweineschnauze bis zum -schwanz (fast) alles vom Tier – und für Vegetarier komponiert Dario ein fleischloses Menü.

■ **Panzanese**②, Via XX Luglio 11. Das zweite Standbein von Dario mit „Sitzungen" Mo–Fr 12.30 und 19.30 Uhr. Etwas günstiger als das Solociccia und ebenfalls mit vegetarischer Alternative.

■ **Cecchini Panini Truck**①, hinter der Metzgerei, tgl. 11.30–15 Uhr. Soll's ganz günstig und nur mal ein Burger sein, kommt hier das Essen direkt vom Foodtruck auf die Hand.

■ **Osteria alla Piazza**③, Località La **Piazza** (6 km südwestlich Panzano), Tel. 331 9267403, www.osteriaallapiazza.com, Di–So 13.30–14.30, 19–21.30 Uhr, im Winter nur an den Wochenenden. Ein toskanisches Idyll erwartet Gäste, die den Weg in den Weiler La Piazza zwischen San Donato und Panzano finden: altes Steinhaus, Olivenhaine, Weinreben. Auf der Speisekarte stehen auch Gerichte wie Hirsch oder Kaninchen mit Gemüse. Außerdem eine kleine Auswahl an Fisch und Meeresfrüchten!

■ **Osteria di Passignano**④, Via Passignano 33, **Passignano,** Tel. 055 8071278, www.osteriadipassignano.com, Di–Sa 12.15–14.15, 19.30–21.30, So 12.15–14.15 Uhr. Das direkt neben dem Kloster gelegene, feine Restaurant hat sich mit kreativen Rezepten und tadellos frischen, regionalen Zutaten einen Michelin-Stern erkocht. Reservierung wird empfohlen. Toskanische Küche auf hohem Niveau im romantischen Ambiente des Weinkellers des Weinguts *Antinori.*

■ **Taverna di Ciccino**②, Via del Giglio 19, **San Donato** in Poggio, Tel. 055 8072307, tgl. ab 19 Uhr, Winter nur Fr–So. *Ciccino,* der Besitzer, ist ein echter Entertainer. Auch Pizzabacken kommt nicht zu kurz.

■ **Antica Trattoria La Toppa**③, Via del Giglio 43, **San Donato** in Poggio, Tel. 055 8072900, www.anticatrattorialatoppa.com, tgl. 12–14, 19–22 Uhr. Familie *Francini* pflegt seit vielen Jahren die traditionelle Küche, zu der *pici all' aglione,* Zwiebelsuppe, *ragu toskano* und natürlich Fleisch vom Grill in unterschiedlichsten Variationen gehören.

■ **Chianti Mixology,** Via Montagliari 33, **Panzano,** Tel. 334 1143271, Di–Fr ab 16, Sa/So ab 12.30 Uhr. Cocktails sind eine Kunst – wer daran zweifelt, wird auf der Farm in den Hügeln eines Besseren belehrt: Fantasie gepaart mit profundem Wissen; auch das Essen ist ausgezeichnet.

Verkehr

■ **Bus:** Buslinie 365 etwa halbstündlich/ stündlich von Florenz über Greve in Chianti (55 Min., ca. 4 €) nach Panzano (65 Min., um 5 €); www.at-bus.it.

■ **Parken:** Kostenfreie Parkplätze in Greve ca. 5 Min. Fußweg nördlich der Altstadt. Altstadtnahes Parken ist kostenpflichtig (1–1,50 €/Std.).

■ **Rad- und Vespaverleih:** Officina Ramuzzi, Via Italo Stecchi 23, Greve in Chianti, Tel. 055 853037, www.ramuzzi.com, Räder um 20 €/Tag, Scooter 55 €.

Feste

■ **Rassegna del Chianti Classico:** Am zweiten Septemberwochenende und Do, Fr davor feiert Greve ein Weinfest, bei dem Besucher die verschiedensten Chianti-Weine verkosten können; www.expochianticlassico.com.

Einkaufen

■ **Macellerie Falorni** und **Ceccatelli,** Greve in Chianti, → auch Kapitel „Essen und Trinken". Schinken, Speck und Wurstwaren von bester Qualität. Wem Falorni zu geschäftstüchtig ist, der braucht nur schräg über den Platz zur Macelleria Ceccatelli zu wechseln.

■ **Bottega dell'Artigianato,** Piazza Matteotti 56, Greve in Chianti, Tel. 055 8544551. Hübsches Kunsthandwerk, teils aus eigener Produktion.

Castellina in Chianti

■ 580 m üNN, 2800 Einw., Florenz 40 km, Siena 25 km

Ein schöner mittelalterlicher Dorfplatz mit Gebäuden aus gelbem und grauem Naturstein und einer Burg. Besonderer Leckerbissen: eine vollständig überbaute Gasse mit Souvenirläden und Restaurants. Die Umgebung zeigt die typischen Schlösser, Kirchen und Dörfer auf Hügeln und Wein, Wein, Wein.

Zentraler Platz der verkehrsberuhigten Altstadt ist die Piazza della Comune mit der Burg, dem heutigen Rathaus, in dem auch das **Archäologische Museum** untergebracht ist. Die Idee für ein Museum in Castellina liegt bereits über 100 Jahre zurück, als man eine etruskische Nekropole unmittelbar beim Ort entdeckte (s.u.). Das Schachtgrab war zwar bereits vorher schon mehrfach aufgefallen (so im 16. Jh.), geriet aber immer wieder in Vergessenheit, sodass die Grabbeigaben zumindest teilweise von Plünderungen verschont blieben. Sie bilden den Grundstock der Museumssammlung. In mehreren Abteilungen wird man über die unterschiedlichen Epochen des etruskischen Lebens belehrt. Ältestes Artefakt des ortseigenen Hügelgrabs ist ein fratzenhafter Katzenkopf aus Sandstein, vermutlich aus dem 7. Jh. v. Chr., der die Bestatteten schützen sollte.

UNSER TIPP: Von der **Aussichtsplattform** des Turmes hat man einen schönen Blick über die Umgebung.

■ **Museo Archeologico del Chianti Senese,** Piazza delle Comune, Tel. 0577 742090, www.museoarcheologicochianti.it, Juni–Aug. 10.15–13.30, 14–19, April/Mai/Sept./Okt. 10.15–13.30, 14–18, sonst Sa/So 10.15–13.30, 14–17 Uhr, 5 €.

UNSER TIPP: Glanzlicht eines Castellina-Besuches ist der Bummel durch die **Gewölbe der Via delle Volte** östlich des Hauptplatzes und parallel zur Hauptgasse, die entstanden, als man die unnötig gewordenen Aufmarschräume an den Wehranlagen der östlichen Stadtaußenseite mit Wohnraum überbaute. Heute passiert man in der Gasse Läden und Restaurants, die ihre Tische ins „Freie" gestellt haben.

Die **Nekropole Tumulo di Montecalvario** liegt etwas oberhalb der SR222 (Abzweigung „Tombe Etrusche" beim Hotel Colombaio), eine kreisförmige Hügelgrabanlage (53 m Durchmesser), die auf das 7. Jh. v. Chr. datiert und aus vier Einzelgräbern mit Natursteinwänden und Kraggewölben besteht. Die Grabstätte ist nur zu Fuß zugänglich; der Parkplatz liegt neben dem Hotel.

Radda in Chianti

Wie seine Nachbarn ist auch Radda (530 m üNN, 1700 Einw.), 11 km durch karstähnliche Landschaft östlich von Castellina, als **Wehrsiedlung** entstanden. Es wurde im 10. Jh. auf einem Hügel gegründet, 1002 auf einem ottonischen Dokument erwähnt und 1041 in den Unterlagen der Badia a Coltibuono (s.u.) bereits als Florentiner Besitz bezeichnet. Die Ursprünge reichen aber weiter zurück, bereits vor den Etruskern haben um 2000 v. Chr. Menschen hier

042t sk

gesiedelt. Florenz teilte 1250 den Chianti in drei Bereiche: Radda, Castellina und Gaiole. Zusammen bildeten sie die Lega del Chianti, Radda bestimmte man zu ihrem Verwaltungszentrum. Ende des 13. Jh. erhielt Radda einen Podestà, und 1415 bestätigte Florenz den Status als Hauptstadt der Lega del Chianti.

Die fast kreisrunde Siedlung hat einen Durchmesser von rund 200 m. Der äußere Straßenring passiert im Norden die dicken Stadtmauern, im Süden zeigt sich der Ort mit Terrassen und Lokalen wesentlich zugänglicher. Innen stehen die Häuser dicht gedrängt an engen Gassen, wie es sich gehört. Der recht bescheidene **Palazzo del Podestà** am kleinen trapezförmigen Hauptplatz Piazza del Castello wurde zu Beginn des 15. Jh. erstmals errichtet (und 1478 zerstört). Das heutige Bauwerk sah mehrfache Veränderungen und Umbauten (das verunglückte Türmchen kam im 17. Jh. hinzu, im 18. Jh. baute man die zweite Etage zum Gefängnis aus). 400 Jahre lang war der Palast Sitz des Florentiner Vertreters, wie die Familienwappen an der Fassade dokumentierten (drei stammen aus dem 15. Jh.).

^ Die Via delle Volte in Castellina ist ein Tunnel

Volpaia

UNSER TIPP: 5 km nördlich von Radda besitzt das tiefenentspannte Volpaia in Hügellage eine Burg und heute fast mehr Häuser als Bewohner. Gegründet wurde Volpaia wohl im 12. Jh. durch den Bau der Burg, die erste schriftliche Erwähnung war 1172. Von Anfang an gehörte der Ort zu Florenz, und im 15. Jh. sah er sich mehrfach inmitten kriegerischer Auseinandersetzungen.

Die Anlage Volpaias ist typisch für ein Festungsdorf jener Tage, elliptische Form mit starken Mauern und Türmen, ein Hauptturm in der Mitte und eine Gasse, die quer durchläuft. Heute ist das Dorf mehr oder weniger in Besitz einer Familie, die Häuser (vorzüglich renoviert) an Urlauber vermietet und Wein und Oliven anbaut. Die unscheinbare, 1932 säkularisierte **Kirche La Commenda** (San Eufrosino) am südwestlichen Rand von Volpaia und außerhalb des ehemaligen Schutzwalles entstand 1443–60. Mehrfache Umbauten (so die Frontgestaltung) fanden im 18. Jh. statt. Die Kirche war Teil eines landwirtschaftlichen Lehens in Volpaia, dessen Ertrag ein Florentiner Hospital und eine hiesige Herberge finanzierte.

Badia a Coltibuono

Die 8 km östlich von Radda im Wald versteckte ehemalige „Abtei der guten Ernte" (über die SR429) ist heute Weingut und edler **Agriturismusbetrieb** mit Unterkunftsmöglichkeit und einem Restaurant mit ausgezeichneter Landküche. Gegründet haben das Kloster 1051 Vallombrosaner, die hier auch die ersten Weinstöcke des oberen Chianti pflanzten. Mit der napoleonischen Säkularisierung gelangte das Kloster in Privathände.

Die Anlage besitzt einen schönen, gepflegten italienischen Garten, der zusammen mit Kreuzgang und der romanischen Kirche San Lorenzo mit ihrem massigen Turm besucht werden kann. In der Sakristei residiert ein Souvenirshop. **Wein und Olivenöl** entstehen nach Bio-Prinzipien.

- **Badia a Coltibuono,** Tel. 0577 74481, www.coltibuono.com, April–Okt. tgl. Führung (50–60 Min.) nach Voranmeldung, 27 € mit Weinverkostung um 15, 16.30 und 18 Uhr, mit zusätzlichem Snack 37 € (90 Min.) um 11, 15, 16.30 und 18 Uhr.

Castello di Meleto

10 km südöstlich von Radda grüßen seit dem 11. Jh. die beiden Rundtürme der Florentiner Burg in die Ferne. Anfangs stand sie in Besitz der Abtei von Coltibuono, gelangte dann aber an Feudalherren. Die Nähe der Sieneser Grenze machte Meleto zu einer der wichtigsten **Befestigungen,** die man entsprechend wehrhaft gestaltete. Nur einmal, 1478, gelang Siena die Einnahme.

Im 18. Jh. baute man die Burg zur **Villa** um und stattete sie sogar mit einem kleinen Theater aus, das man mit dem freskierten Piano Nobile und den Weinkellern auf der Führung bewundern darf. Als **Agriturismusbetrieb** vermieten die Besitzer Zimmer und Apartments (auch direkt im Schloss) und betreiben an der Zufahrt das Restaurant Fornace di Meleto. Die Hügellage zwischen den Weinbergen und Olivenplantagen ist besonders schön.

- **Castello di Meleto,** Tel. 0577 749129, www.castellomeleto.it, tgl. 10–18 Uhr nach Voranmeldung Schlossführungen mit Weinprobe (90 Min.) nach Voranmeldung, 35 €.

Castello di Brolio

9 km südöstlich der Meleto-Burg zeigt sich das Castello di Brolio hoch oben als riesiger Wehrkomplex mit massivem Fes-

tungsfundament und einem prächtigen Schlossbau mit Burgfried. Natürlich ist auch diese Burg Zentrum eines **Weingutes,** das von 230 ha Rebfläche umgeben ist (weitere 1200 ha Wälder und Olivenhaine gehören zum Besitz und machen ihn zum größten des Chianti Classico). Die Familie *Ricasoli* eignet es seit 1141. Brolio ist damit die älteste Kellerei des Landes und die zweitälteste der Welt in durchgängigem Familienbesitz (nach dem französischen Château de Goulaine).

Immer wieder haben Brolio Angriffe, Belagerungen und **Zerstörungen** ereilt, im 15. wie im 17. Jh. Im Zweiten Weltkrieg fielen Bomben und Granaten.

In der Osteria del Castello speist man auf höchstem Niveau (s.u.). Auf der Führung Classic Tour geht es in die Gärten, die Familienkapelle, das Privatmuseum mit der Kunstsammlung und die Weinproduktion (mit Verkostung).

■ **Castello di Brolio,** Località Madonna a Brolio, Tel. 0577 7301, www.baronericasoli.com, Wehranlagen März–Okt. 10–18 Uhr, Eintritt in den Garten mit Weinverkostung im Laden 7 €, weitere Angebote mit Schlossführung, erweiterter Weinverkostung oder auch Mittag- bzw. Abendessen (Classic Tour mit Weinprobe, 150 Min., 45 €; Grand Cru mit Essen und Weinen höchster Qualität, 160 €).

Lecchi in Chianti

Der Weiler 9 km südlich von Radda und 7 km südwestlich von Meleto glänzt mit einem kleinen, aber feinen Naturerlebnis: den **Pozze di Lecchi,** einem wilden Sommerbad mitten im Wald an einem Flüsschen mit Gumpen und glasklarem Wasser, das die Sonnenstrahlen durch das Blätterdach zum Glitzern bringen. Einfach am Dorfrand nach Nordwesten auf den Pfaden ins Tal absteigen, bis man am Bach ist, und dort die schönsten Stellen aufsuchen (ca. 15 Min. Fußmarsch). Um mit dem Auto näher heranzukommen, fährt man von Lecchi erst südlich und dann in einem großen Bogen östlich die 4 km bis zum Abzweig von der SP408 (Wegweiser) – dort auf dem Schotterweg nach links und Nordwesten (1,5 km). Von diesem Weg ca. 400 m vor dem Hotel Pozze di Lecchi gegenüber einem Findling links nach unten zu den Gumpen (GPS N 43.435241, E 11.409505) absteigen (ca. 250 m).

Chianti-Skulpturenpark

Die überaus sehenswerte **Freiluftausstellung** zeitgenössischer Skulpturen und Installationen 16 km südlich von Radda (über SP102/SP9) verteilt sich über 13 ha Wald mit Eichenbäumen und Stechpalmen und ist augenblicklich dabei, sich auch über die eigentlichen Grenzen des Geländes auszudehnen. Die Besitzer angrenzender Güter wurden dafür gewonnen, die Künstler zu sponsern. Auf private Initiative haben sich Künstler aus aller Welt mit dem Ziel zusammengefunden, Kunst in die Natur zu integrieren, sie als Träger unterschiedlichster Kulturen zu zeigen und Kunst sich in allen erdenklichen Materialien manifestieren zu lassen. Jeder teilnehmende Künstler durfte sich seinen eigenen Fleck suchen und die Idee, zu der ihn der Platz inspirierte, umsetzen. So entstand beispielsweise *Kei Nakamuras* „La Casa nel Bosco" gleich am Eingang. Oder *Jeff Sawards* gläsernes Labyrinth. Aus Deutschland kamen *Johannes Pfeif-*

fer („Limes“) und *Christoph Spath* („Balance“), aus der Schweiz die in den USA geborene *Jaya Schuerch* („Harmonic Divergence“). Eine kostenlos herunterladbare App führt durch den Park und erläutert die Skulpturen. Alternativ können Besucher einen iPod ausleihen. Unter den neuen Objekten außerhalb des Skulpturenparks überraschen „I colori del Chianti“ (Glas, *Antonella Farsetti*, an der SP9 Richtung Pianella) und „Struzzi Metropolitani“ (*Yu Zhaoyang*, an der Straße nach Ponte a Bozzone) durch ihre Farbigkeit und Originalität. Dienstags am früheren Abend finden von Juni bis August im intimen Open-Air-Theater hörenswerte Konzerte aus den Bereichen Jazz/Tango und Oper/Klassik statt.

- **Parco Sculture del Chianti,** Pievasciata, Tel. 0577 357151, www.chiantisculpturepark.it, tgl. 10–16, Winter Mo/Mi/Fr 10–14 Uhr, 10 €, Konzertaufführungen 10 €, Kombiticket dann 15 €.

Castelnuovo Berardenga

Das unauffällige Castelnuovo (350 m üNN, 9000 Einw.) 33 km südöstlich von Castellina (12 km südlich des Castello di Brolio) zeigt sich für den Chianti recht unüblich – die Landschaft ist mehr oder

Castellina in Chianti: Zugabe!

- In Castellina in der **Kirche San Salvatore** das konservierte Freskofragment „Stillende Madonna mit Engeln und Heiligen“ vom Meister aus Signa aus der Werkstatt des *Bicci di Lorenzo* (um 1390, am Altar des linken Seitenschiffes) – die Kirche selbst wurde nach Kriegszerstörungen 1945 in neoromanischem Stil vollständig neu gebaut; Piazza del Comune 4, 8–13, 16–19 Uhr.
- Die im Wald verborgene romanische **Kirche San Giusto** in Salcio, 3,5 km südlich von Radda (zu erreichen über die SP102 Richtung Lecchi), zeigt aufs Schönste die typischen Stilmerkmale des 11. Jh. mit niedrigem Turm, drei schmalen Schiffen (jeweils mit einer Apside), offenem Dachstuhl und auf ein Minimum beschränkter Dekoration. Anfang des 20. Jh. wurde die Kirche vollständig restauriert; 8–12, 16–18 Uhr.
- Die um 1100 errichtete romanische **Kirche Santa Maria di Spaltenna** beim Castello di Spaltenna nahe Gaiole in Chianti 3 km nördlich des Castello di Meleto; ein zum Luxushotel umgebautes ehemaliges Festungskloster, Via Spaltenna 13, Località Pieve di Spaltenna, www.spaltenna.it.
- Das **Castello di Cacchiano,** die Nachbarburg von Brolio (4 km westlich), seit fast 1000 Jahren in Besitz der Ricasoli-Familie und häufig Schauplatz von blutigen Kämpfen in den Konflikten Florenz gegen Siena und gegen die Spanier. In den Weinkellern gibt es heute Laden und Probierstube, im Schloss wird eine hochluxuriöse Ferienwohnung③ vermietet; Località Cacchiano, Tel. 0577 747 018, www.castellodicacchiano.it.
- Die Ruine des **Castello Montegrosso** (700 m südlich des Parkplatzes der Badia a Coltibuono – über die SR409 anzufahren), Fußweg durch den Wald hoch zu den Steinresten auf 700 m Höhe; mehrfach geschleifte und wieder aufgebaute Burg, ab 1530 in Verfall – schöne Sicht über die Umgebung und auf die Badia a Coltibuono.
- **San Gusmè,** winziger, malerischer Ort 5 km nördlich von Castelnuovo Berardenga, 867 gegründet, mehrfach zerstört und neu gebaut – in den letzten Jahren wurde ein beträchtlicher Teil des Ortes zu Ferienhäusern umgewidmet.

weniger flach. Siena hatte den Ort 1366 als Befestigung gegen Florenz gegründet. 1554 war Sienas Herrlichkeit am Ende, Castelnuovo gelangte an die *Medici*. Geschichtsträchtig ist die **Villa Chigi** (frühes 19. Jh.). Den ausgedehnten Park plante *Agostino Fantastici* 1834. Eines der Mitglieder der Familie *Saracini* gründete zu Beginn des 20. Jh. die renommierte **Akademie für klassische Musik** Accademia Musicale Chigiana. Die Villa ist in Privatbesitz, der dicht bepflanzte Park ist nur zu speziellen Gelegenheiten geöffnet (Adventszeit, Messen etc.).

■ **Parco della Villa Chigi Saracini,** Via Berardenga, www.chigiana.org.

Das **Stadtmuseum** stellt anhand der archäologischen Fundstücke die Besiedelungsgeschichte in der Umgebung nach. Die 2020 wiedereröffnete Ausstellung hat die Exponate topmodern interaktiv und multimedial arrangiert und stellt sie auch in soziale Zusammenhänge – spannend und kurzweilig.

■ **Museo del Paesaggio,** Via Chianti 61, Tel. 0577 351337, www.museisenesi.org, Di–So 10–13, Fr/Sa auch 16–19 Uhr, freier Eintritt.

Praktische Informationen

Touristeninformation

■ **Ufficio Turismo Castellina in Chianti,** Via Ferruccio 40, Tel. 0577 741392, www.comune.castellina.si.it, April–Okt. Mo–Sa 10–13 Uhr.

■ **Ufficio Turismo Radda in Chianti,** Piazza del Castello 6, Tel. 0577 738494, www.comune.radda-in-chianti.si.it, Mo–Sa 10–13 , 15–17.30, So 10–12.30 Uhr.

■ **Ufficio Turismo Castelnuovo Berardenga,** Im Museo del Paesaggio (s.o.).

Unterkunft

■ **Villa Casalta**③, Località Casalta, 2 km außerhalb von Castellina, Tel. 0577 1911701, www.villacasalta.com. Die 18 Zimmer dieses alten Landsitzes verfügen über alle Annehmlichkeiten; im Garten bietet ein Pool Erfrischung und es gibt auch einen Fahrradverleih. Dazu umfängt die Gäste himmlische ländliche Ruhe und sie essen im **Restaurant Da Giannone** ausgezeichnet.

■ **Albergo Il Colombaio**②–③, Via Chiantigiana 29, Tel. 0577 740444, www.albergoilcolombaio.it. 13 rustikal und geschmackvoll eingerichtete Zimmer in einem ehemaligen Gutshof, der von Signora *Roberta* mit viel Charme geführt wird.

■ **B&B Mariani**②, Viale della Rimembranza 70, Tel. 0577 740897, www.bbmariani.it. Sechs einfach, aber freundlich eingerichtete Zimmer, nur wenige Minuten vom Stadtzentrum entfernt. Die Zimmer nach hinten haben einen wunderbaren Panoramablick, der an klaren Tagen bis San Gimignano reicht.

■ **Villa Cristina**②, Via Fiorentina 34, Tel. 0577 741410, www.villacristinachianti.it. Sechs hell und freundlich mit Stilmöbeln eingerichtete Zimmer, ein Garten mit Pool und der stets freundliche und hilfsbereite *Francesco* tragen zu der angenehmen Stimmung in diesem B&B bei. Das Stadtzentrum ist nur fünf Min. zu Fuß entfernt.

Außerhalb

■ **Badia a Coltibuono**④, Località Badia a Coltibuono, **Gaiole** in Chianti, Tel. 0577 74481, www.coltibuono.com. Wohnen in acht luxuriösen Zimmern oder Apartments im ehemaligen Kloster mit Barockgarten, Weinkeller und Restaurant hat seinen Preis. Dafür wird eine fantastische Atmosphäre geboten – eine Unterkunft für eine besondere Gelegenheit.

Capanna und Loggia②, La Dudda 61, **Gaiole** in Chianti, Tel. 0577 747854, www.toskana-chianti-urlaub.de. Häuschen/Apt. neben der Handweberei La Dudda, nahe dem Schloss Brolio. Die beiden Ferienwohnungen bei ihrer Handweberei im Wald hat *Stefanie Düx* größtenteils nach Öko-Prinzipien ausgebaut, wunderbar gestaltet und eingerichtet – 0815-Toskana-Rustikalarchitektur und -möbel haben hier nichts verloren, dafür herrscht bis ins letzte Detail Sinn für Ästhetik und Funktionalität. Vermietet werden ein Häuschen für zwei Personen sowie eine Wohnung für vier mit zwei Schlafzimmern.

■ **Castello Albola**④, Via Pian d'Albola 31, **Radda** in Chianti, Tel. 0577 738019, www.albola.it. Die Trauben für preisgekrönte Weine wachsen rund um das Schlösschen, und wer hier länger verweilen möchte, kann sich in der Villa Crognole aus dem 15. Jh. für sechs Personen einmieten und den privaten Pool nutzen.

■ **Relais Vignale**④, Via Pianigiani 9, **Radda** in Chianti, Tel. 0577 738300, www.vignale.it. Das luxuriöse Hotel am Ortsrand von Radda bietet aus den Deluxe-Zimmern einen wunderbaren Panoramablick über klassische Chianti-Landschaft. Die 42 Zimmer, davon fünf Suiten, sind der Preisklasse entsprechend geschmackvoll und komfortabel eingerichtet; das Personal ist aufmerksam und hilfsbereit. Auch das Restaurant (→ unten) ist zu empfehlen.

■ **Palazzo San Niccolò**③, Via Roma 16, **Radda** in Chianti, Tel. 0577 735666, www.hotelsanniccolo.com. Das Hotel im Ortszentrum umweht ein Hauch von Modernität – die Einrichtung ist nicht ganz so historisierend wie bei den meisten anderen Hotels dieser Region. Das Haus gehört zu einer kleinen Hotelkette und wirkt deshalb etwas unpersönlich, doch die Atmosphäre im Herzen Raddas entschädigt.

■ **Volpaia**③-④, **Volpaia**-Coltassala, Tel. 0577 738 066, www.volpaia.com. Apartments und Häuser im historischen Städtchen Volpaia, die meisten mit Garten oder Terrasse und hübsch und komfortabel eingerichtet. Allerdings muss man es mögen, in einem trotz der historischen Substanz irgendwie künstlichen Ort zu wohnen.

■ **Castello di Montalto**③-④, Strada di Montalto 16, **Castelnuovo** Berardenga, Tel. 0577 1912126, www.montaltointoscana.com. Knappen und Ritterfräulein haben ihre Freude an den Zwei- bis Acht-Personen-Villen dieser mittelalterlichen Burganlage, die zur Ferienunterkunft umgebaut wurde. Romantiker mieten sich im zweistöckigen Torturm ein; wer abseits wohnen möchte, wählt das „Schulhaus" außerhalb der Burgmauern. Pool, Tennisplätze, Wäscheservice etc. stehen allen Gästen zur Verfügung.

Essen und Trinken

Albergaccio di Castellina④, Via Fiorentina 63, Tel. 0577 741042, www.ristorantealbergaccio.com, Mi–Sa 12.30–14.30, 19.30–21.30 Uhr. (Fast) alles zum Einheitspreis gibt es in diesem eleganten Restaurant, dessen Köche gerne kunstvoll kreieren und arrangieren. Antipasti und Primi kosten pauschal 18 bzw. 20 €, Secondi 28 €, das Degustationsmenü 70 €, und immer sind auch wirklich einfallsreiche Gerichte für Vegetarier im Angebot. Die Qualität des Gebotenen ist hoch, alle Pastasorten sind im Haus hergestellt.

■ **Antica Trattoria La Torre**③, Piazza del Commune 15, Tel. 0577 740236, www.anticatrattorialatorre.com, Fr–Mi 12–14.30, 19–21.30 Uhr. *Pappardelle sul cinghiale* (Wildschwein) oder *coniglio ripieno* (Kaninchen) werden Fleischesser begeistern, doch in dieser sympathischen Traditions-Trattoria, in der schon 1860 gekocht wurde, bekommen auch Vegetarier mehr als nur die üblichen „Verlegenheitsgerichte".

UNSER TIPP: **Il Re Gallo**②–③, Via Toscana 1, Tel. 0577 742000, https://ilregallo.eatbu.com, Di–So 12.30–15, 19.30–22 Uhr. Eine gute alte Rosticceria, die auch bei Einheimischen beliebt ist: Wenige Tische, übersichtliche Karte, große Weinauswahl, auf der Karte stehen *ribollita, zuppa porcini e* *castagne, filetto al lardo* und andere ländlich-deftige Gerichte.

■ **Sotto le Volte**③, Via delle Volte 14/16, Tel. 0577 741299, www.ristorantesottolevolte.it, Do–Di 12–15, 19–22 Uhr. Feine Küche mit fantasievollen Kreationen wie Auberginen-Involtini mit Mozzarella oder Tagliata vom Thunfisch auf Grünem Spargel, serviert in den Gewölben.

Außerhalb

■ **La Cantoniera**②, Località Vescine, **Radda** in Chianti, Tel. 0577 735627, www.facebook.com/SoloperpassioneOsteriaTipicaToscana, Do–Di 12.30–15, 19.15-22.30 Uhr, Winter nur Do–So. Ristorante und Pizzeria mit relativ günstigen Preisen auf halbem Weg zwischen Castellina und Radda. Pizza gibt es wie üblich nur abends.

■ **Caffè San Niccolò**①-②, **Radda** in Chianti, → „Unterkunft“. Das Café des Hotels Palazzo San Niccolò lebt von der einmaligen Lage auf der Piazza, neben Kaffee und Konsorten gibt es auch *taglieri*, Crostini und kleine Pasta-Gerichte.

■ **Ristorante Vignale**④, im Relais Vignale, → „Unterkunft“. Fr–So 12–15, 19–22 Uhr. Elegantes Restaurant, von dessen Terrasse sich der Blick in Weinreben-Hügeln verliert. Der Schwerpunkt der Küche liegt auf der Zubereitung von Fleischgerichten, bevorzugt vom Grill.

UNSER TIPP: **Bar Ucci**①, Piazza della Torre 9, **Volpaia,** Tel. 0577 738042, www.bar-ucci.it, Di–So 8–21 Uhr. Die Besitzerin *Paola Barucci* empfand ihren Nachnamen als so zwingend, dass sie die Bar Ucci einfach aufmachen musste. Im Ausschank sind natürlich Chianti-Weine, zu denen sie Crostini oder Panzanelle serviert. Eine Institution!

■ **La Bottega di Volpaia**②, Piazza della Torre 1, **Volpaia,** Tel. 0577 735602, www.labottegadivolpaia.it, Mi–Mo 12–14.30, 19–21.30 Uhr. Küchenchefin *Carla* beherrscht die traditionelle, bäuerliche Küche aus dem Effeff und tischt hausgemachte Ravioli mit Trüffel, Schweinerücken oder Hühnchen mit Zwiebeln auf, gewürzt mit Kräutern aus dem Garten. Der Blick von der Terrasse ist grandios.

Osteria Volpaia④, Vicolo della Torre, **Volpaia,** Tel. 0577 738066, https://osteria-volpaia-ristorante.business.site, tgl. 19.30–21.30, Sa/So auch 12.30–14.30 Uhr. Bio-Weine, Olivenöl und Essig aus eigener Produktion verleihen den Speisen eine besondere, authentische Note. Eine Spezialität des Hauses ist der Stockfisch *baccalà*.

■ **Osteria del Castello Brolio**④, Madonna a Brolio, **Gaiole** in Chianti, Tel. 0577 730290, www.ricasoli.it, April–Okt. Fr–Mi 12–15, 19–21.30 Uhr, Nov. 2024–März 2025 wegen Renovierungsarbeiten geschlossen. Das Restaurant neben dem Schloss ist beliebt bei Gruppen und bietet nur eine relativ kleine, dafür aber feine Auswahl an Speisen, zu denen auch *lampredotto* (Labmagen) und *trippa* (Pansen) gehören.

■ **Osteria Il Papavero**③, Barbischio, **Gaiole** in Chianti, Tel. 0577 749063, http://osteriailpapavero.it, Di–Sa 19–21.30, So 12.30–21.30 Uhr. *Pici,* die typisch toskanische Pasta, gibt es hier in mehreren Variationen; bei den Secondi beschränkt man sich auf *bistecce* in verschiedenen Zubereitungsarten. Leckermäuler werden die Auswahl an Dolci zu schätzen wissen.

■ **La Bottega del 30**④, Via Santa Caterina, **Castelnuovo** Berardenga, Tel. 0577 359226, www.labottegadel30.it, Mi–Mo 19.30–21.30, So auch 12.30–14.30 Uhr, Reservierung verpflichtend. Begeben Sie sich in die Hände der Sterneköchin *Hélène* und bestellen Sie das Degustationsmenü (für knapp über 100 €); es ist sein Geld wert – auch weil eine angenehm unaufgeregte Atmosphäre herrscht: Haubenküche für den Urlaub eben.

Süßes

■ **Gelateria di Castellina,** Via Quattro Novembre 47, Castellina in Chianti, Tel. 0577 741337, www.facebook.com/Gelateriadicastellina. *Chiara* und *Simone* legen größten Wert auf ausgesuchte, frische Zutaten und beste Verarbeitung, das Ergebnis kann sich sehen lassen: hausgemachtes Eis von höchster Qualität und mit viel Originalität – man koste das Oregano-Eis.

Eine Radtour für Heroen

Durch die Region führt ein Teil der bei Rennradlern beliebten, aber sehr anspruchsvollen, 200 km langen Fahrradrundtour **L'Eroica** von Gaiole über Montalcino zurück zum Ausgangspunkt (Höhenunterschied gesamt 3500 m). Die Strecke verläuft auf der Trasse des gleichnamigen Radrennens für historische Rennräder (kein Bike nach 1987), das jedes Jahr im Oktober stattfindet und mit maximal 3000 Teilnehmern stets sehr schnell ausgebucht ist; www.eroica.cc. Auf der Strecke passiert man die Orte Briolo, Siena, Murlo, Castiglion del Bosco, Montalcino, Lucignano d'Asso und Asciano. Die Straße ist meist asphaltiert, aber es gibt auch einige ungeteerte Abschnitte; die Steigungen sind mit teilweise bis zu 15 % Anstieg (bei Castiglion del Bosco) herausfordernd; https://eroica.cc/de.

Verkehr

- **Bahn:** Regionalzug von Siena nach Castellina etwa stündlich (ca. 15 Min., um 3 €).
- **Bus:** Linie 125 der Fa. Autolinee Toscane verbindet mehrmals täglich Castellina mit Radda (ca. 20 Min., um 3 €); www.at-bus.it.

Einkaufen

- **Tessitura a Mano/Handweberei,** La Dudda 61, Gaiole in Chianti, Tel. 0577 747854, http://toskana-chianti-urlaub.de. *Stefanie Düx* hat sich in den Wäldern nahe des Castello di Brolio ein kleines Weber-Reich geschaffen. Aus Naturmaterialien entstehen seit 35 Jahren an Handwebstühlen samtweiche Schals, Pullover, Blusen, Decken und diverse Accessoires. Zwei in ebenso kreativer wie mühevoller Eigenarbeit ausgebaute Apartments laden zum längeren Verweilen ein (→ „Capanna und Loggia"/Unterkunft).

San Giovanni Valdarno

- 135 m üNN, 17.000 Einw., Arezzo 37 km

Der **hübscheste Ort des Valdarno** zeigt sich mit weiten Gassen, gefälligen Häusern und seiner geometrischen Stadtanlage aus dem 14. Jh. ganz weltoffen und überaus angenehm. Die Lage am hier schon recht breit und behäbig fließenden Arno mit grünen baumbeschatteten Ufern tut das Ihrige.

Wie ein Schachbrett wurde San Giovanni ab 1296 von den *Medici* geplant – als befestigte Stadt, die die Grenze der Florentiner Republik sichern sollte. Die Anlage erwies sich als so effektiv, dass vier weitere Festungsstädte entstanden: im Valdarno Terranuova Bracciolini und Castelfranco di Sopra, im Mugello Scarperia und Firenzuola. Die rechteckig bzw. quadratisch verlaufenden Stadtmauern dieser Gründungen sicherten Wacht- und Tortürme (die meist nicht mehr erhalten sind, in San Giovanni waren es einst 24 Stück). Herz der Stadt sind die Piazza Masaccio westlich und die Piazza Cavour östlich des mit einer offenen Rundumarkade versehenen **Palazzo Pretorio** aus dem 12. Jh. (nach seinem Baumeister *Arnolfo di Cambio*, der auch den Palazzo Vecchio in Florenz entwarf, **„Palazzo d'Arnolfo"** genannt). Seine Schaufassade mit zahlreichen Wappen weist zur Piazza Cavour, davor symbolisiert der steinerne Löwe mit

▷ Der Palazzo d'Arnolfo in San Giovanni Valdarno

Schild die Florentiner Herrschaft. Im Palast beschäftigt sich ein interessantes **Museum** mit dem Bau und der Architektur des Gebäudes selbst und der Stadtplanung des 14. Jh. bzw. mit der Entstehung von San Giovanni und den damit verwirklichten Ideen.

■ **Museo delle Terre Nuove,** Piazza Cavour 1, Tel. 055 9126213, www.museoterrenuove.it, Di–Fr 15–19, Sa/So 10–13, 15–19 Uhr, 10 €.

Die Namensgebung der Piazza Masaccio erinnert an den berühmtesten Sohn der Stadt, einen der wichtigsten **Maler** der Frührenaissance: **Tommaso di Ser Giovanni** (1401–28), der sich in Anspielung auf seine Statur den Namen „Masaccio = Koloss" gab. Er führte die Perspektive in die Malerei ein und ist für die plastische Darstellung seiner Figuren berühmt. Das Geburtshaus **Casa Masaccio** wird heute für Sonderausstellungen zur zeitgenössischen Kunst genutzt, ein Reliefmedaillon weist auf den Künstler hin.

■ **Casa Masaccio,** Corso Italia 83/85, www.casamasaccio.it.

An der Piazza Masaccio, dem Palazzo Pretorio gegenüber, nimmt die **Kirche Santa Maria delle Grazie** die ganze Schmalseite ein. Der klassizistische Vorbau wurde 1840 angefügt, die Kirche selbst, die über zwei Treppen links und rechts zugänglich ist, stammt aus dem 15. Jh. und ist mit einem hübschen Medaillon von *Giovanni della Robbia,* der Madonna della Cintola über dem Hauptportal, geschmückt. Anlass für den Bau war der Pesttod der Eltern des drei Monate alten *Lorenzo* 1478. Seiner 70-jährigen Großmutter widerfuhr das Wunder, dass ihre Brüste plötzlich (und über viele Monate) Milch gaben und sie so ihren Enkel retten konnte. Das Wunder wurde mit dem Gemälde einer Madonna mit dem Kinde aus dem 14. Jh. in Verbindung gebracht, für das man erst eine Kapelle, dann ein Heiligtum errichtete. Das Gnadenbild schmückt heute den Altar,

309t sk

Le Balze del Valdarno

Wer, statt auf der Autobahn A1 von Florenz gen Arezzo zu sausen, die mäandernde und wesentlich beschaulichere SP1 wählt (die in einigem Abstand östlich dem Lauf des Arno durch das Valdarno folgt), wird mit einer geradezu erstaunlichen **Landschaft** konfrontiert. Sie hat weder mit dem industrielastigen Arno-Tal noch mit der typischen Toskana-Szenerie etwas zu tun. Sie wirkt, als habe man nach Star-Wars-Dreharbeiten vergessen, die Kulissen zu entfernen. Die Rede ist von den Balze del Valdarno, den ockerfarbenen, kahlen **Steilwänden,** die zwischen Reggello und Gropina unvermutet aus der Talebene emporwachsen und der Landschaft ein geradezu unwirkliches Aussehen verleihen. Der Faszination dieser Formationen aus Sand und Lehm konnte sich selbst der große *Leonardo da Vinci* nicht entziehen – er malte sie in den Hintergrund seiner „Mona Lisa".

Entstanden sind die „Balze" als **Erosionsprodukt** eines über Millionen von Jahren währenden Prozesses. Ein ca. 20 km langer See, der im Pliozän/Pleistozän vor rund 2 Mio. Jahren das Arno-Tal an dieser Stelle bedeckte, hinterließ Ton- und Kiessedimente, denen sich nach seiner Austrocknung Wind und Wetter widmeten. Die im Wechsel übereinander gelegenen Schichten harten, stabilen Kieses und weichen Lehms sind heute noch an den Wänden der Balze abzulesen. Das Gestein ist einerseits stabil, andererseits aber auch sehr erosionsanfällig, wie es die tiefen Schluchten zwischen den Balze belegen, die Flüsse ausgewaschen haben.

Die lokale Bevölkerung nutzte die Balze als **Unterschlupf** in kriegerischen Zeiten sowie als **Lagerräume.** In vielen Wänden sind bis heute durch Holzpfosten gestützte Türen erhalten, die in ausgeschachtete Hohlräume führen.

Seit 1998 steht das Kerngebiet der Balze-Region als **Naturpark** unter Schutz. Faszinierend sind nicht nur die vielfältigen Formationen, sondern auch der Farbkontrast zwischen den grau- und ockergelben Wänden und den umliegenden grünen Feldern und Steineichenwäldern.

flankiert von Fresken, die das Wunder in drastischer Darstellung beschreiben. Pilgerziel ist auch die unter der Basilika im Erdgeschoss des Baus gelegene Cappella del Miracolo, die „Wunderkapelle".

■ **Basilica di Maria Santissima delle Grazie,** Piazza Masaccio, www.basilicadellegrazie.it, 8–12, 14–19 Uhr.

Fresken schmücken die benachbarte, Anfang des 14. Jh. erbaute Kirche **Chiesa di San Lorenzo.** Vertreten sind Künstler wie *Giovanni di Ser Giovanni* und *Lotto di Nardio.* Das Polyptychon wird *Giovanni del Biondo* zugeschrieben.

■ **Chiesa di San Lorenzo,** Piazza Masaccio, 10–12, 16–18 Uhr.

Das **Museo della Basilica,** im Jahr 1864 gegründet, zeigt Gemälde aus den Kirchen und Klöstern der Umgebung, darunter Werke des Bruders von *Masaccio, Giovanni di Ser Giovanni,* und von *Giovanni di Piamonte,* einem Schüler von *Piero della Francesca.* Glanzstück ist die „Verkündigung" (1430–1432) von *Fra Angelico,* gemalt für den von *Bernardo von Siena* 1424 gegründeten Konvent San Francesco a Montecarlo 2 km südlich.

Museo della Basilica, Piazza Masaccio 7, Tel. www.museobasilica.it, Do–So 10–13, 15.30–19 Uhr, 4 €.

Cavriglia

Auf der Strecke zwischen San Giovanni und Cavriglia (310 m üNN, 9600 Einw.), 10 km südwestlich, sind die Spuren des früheren Tagebaus und der heutigen Industrialisierung des Arno-Tals unübersehbar, nicht zuletzt dank des Thermoelektrizitätswerks, das die ENEL im Ortsteil Santa Barbara betreibt. Steil wachsen die Hügel aus dem Tal und lassen kaum Raum für Landwirtschaft. Cavriglia ist recht jungen Datums. 1809 als Zusammenschluss mehrerer Weiler für Minenarbeiter gegründet, hat es nichts an historischer Architektur zu bieten und gibt sich als aufgeräumtes Städtchen.

Das moderne **Bergwerksmuseum** im Gemeindeteil Castelnuovo dei Sabbioni erläutert die Bedeutung des Bergbaus für die Region, über Jahrhunderte Arbeitgeber und Wirtschaftsmotor. Man erfährt alles zur Geschichte und zu den sozialen Folgen, die die knochenharte Arbeit mit sich brachte, und auch Ökologie und Probleme bei der Renaturierung des Tagebaus kommen nicht zu kurz.

Museo delle Miniere e del Territorio MINE, Vecchio Borgo di Castelnuovo dei Sabbioni, Tel. 055 3985046, www.minecavriglia.it, Di–So 10–13, Sa/So auch 15–18 Uhr, 5 €.

Gut 1 km außerhalb (über die SP12) gelangt man zum **Rosengarten Carla Fineschi** zwischen Olivenhainen. 1967 gegründet, wachsen in ihm Rosen aus aller Welt, über 6000 Sorten und Varietäten insgesamt – ein Muss für Rhodologen. Aber auch einfache Gartenliebhaber werden im Sommer den Aufenthalt zwischen den bunten Blüten und inmitten der Duftwolken genießen.

Roseto Botanico Carla Fineschi, Località Casalone 76, Tel. 338 4062717, www.rosetofineschi.it, erster So im Mai bis letzter So im Juni tgl. 9.30–12.30, 15–18.30 Uhr, 6 €, Führung 3,50 € zusätzlich.

Montevarchi

5 km südwestlich von San Giovanni ist in Montevarchi (145 m üNN, 24.500 Einw.) mittelalterlicher Baubestand erhalten, der den zentralen Platz, die Piazza Varchi, ellipsenförmig umgibt. An ihr steht der wappenverzierte, ansonsten aber eher dezente Palazzo del Podestà direkt neben der Kirche San Lorenzo (in der sich bis 1973 der Tempietto Robbiano befand). Ansonsten laden die Gassen und Durchgänge des herausgeputzten Städtchens zu einem Bummel ein.

Im **Museum für Sakrale Kunst** ist der Tempietto Robbiano (15. Jh.), ein Tempel aus der Werkstatt *della Robbia* mit großflächigem Schmuck aus glasierter Keramik, wichtigstes Exponat der Sammlung. Es wurde geschaffen, um einen ganz besonderen Schatz zu schützen: Il Reliquiario „del Sacro Latte della Madonna" (die Reliquie „der Heiligen Milch der Madonna"). Das Basrelief neben dem Tempel zeigt die Übergabe der Reliquie, ein Geschenk von *Karl von Anjou* an den Lehnsherren von Montevarchi für geleistete Militärdienste. Des Weiteren sind

Fresken aus dem 14./15. Jh. und kostbare Inkunabeln ausgestellt.

■ **Museo di Arte Sacra San Lorenzo,** Via Isidoro del Lungo 4, Tel. 055 980468, Do 10–12, Sa/So 10–12, 16–18 Uhr, 3 € (10 € mit den beiden anderen Museen).

Das **Paläontologische Museum** (eines der ältesten Italiens) präsentiert Fossilienfunde aus dem Arno-Tal, darunter Schädel und Knochen von Mammuts, Bisons und Säbelzahntigern aus dem Pleistozän vor 2,5 Mio. Jahren. Jüngster Fund war 2001: das versteinerte Skelett eines europäischen Waldelefanten.

■ **Museo Paleontologico,** Via Poggio Bracciolini 36–40, Tel. 055 981227, www.museopaleontologicomontevarchi.it, Do 10–19, Fr–So 10–13, 16–19, Winter Do–So 10–13, 15–18 Uhr, 6 € (10 € mit den beiden anderen Museen).

Im **Haus der Skulpturen** in der Festung am nördlichen Ende der Altstadt sind Bildhauerarbeiten des 18. und 19. Jh. ausgestellt: Gipsabdrücke von Originalen und Originale aus Terrakotta, Bronze, Holz und Stein, alles gut arrangiert. Dazu gibt es Skizzen und Vorstudien der Künstler – insgesamt über 1500 Exponate.

■ **Cassero per la Scultura Italiana dell'Ottocento e del Novecento,** Via Trieste 1, Tel. 055 910 7282, www.ilcasseroperlascultura.it, Juni–Aug. Do–So 10–13, 16–19, sonst 10–13, 15–18 Uhr, 4 € (10 € mit den beiden anderen Museen).

[>] Die Chiesa San Pietro in Gropina: schönste Romanik (oben); Gasse im Herzen von Loro Ciuffenna (unten)

Loro Ciuffenna

10 km östlich von San Giovanni liegt an den Flanken des Pratomagno das Bergdorf Loro Ciuffenna (330 m üNN, 5800 Einw.). Die dicht gedrängt stehenden, schmalen und hohen Häuser im Altstadtkern an der tief eingeschnittenen Schlucht lassen noch das ehemalige Bergdorf erkennen. Bekannt ist Loro für seine romanische Brücke, die die pittoreske Schlucht des Sturzbaches Ciuffenna überquert. Eine **Mühle** aus dem 12. Jh. steht direkt darunter, in der auf einem der drei Mühlsteine auch heute noch Kastanien vermahlen werden (die anderen beiden sind Mais und Weizen vorbehalten) – die älteste noch funktionierende Wassermühle der Toskana.

■ **L'Antico Mulino,** Via del Mulino 2, Tel. 055 9172319, wegen einer Besichtigung im Laden „La Ghiotta" nachfragen (Via del Mulino 4).

UNSER TIPP: Wichtigste Sehenswürdigkeit ist aber die **Kirche San Pietro** im Weiler Gropina 1,5 km oberhalb im Süden (von der Ortsmitte über die schmale Viale Michelangelo), eines der großartigsten Gotteshäuser aus der Romanik in der Toskana. Wohl schon im 4. Jh. stand hier eine frühchristliche Kirche, die erste schriftliche Erwähnung als Schenkung von *Karl dem Großen* an das mächtige Kloster Nonantola erfolgte im Jahr 780. 1191 geriet der Sprengel an die Herren von *Guidi,* die ihn bis zum 14. Jh. hielten. Als sie die Herrschaft übernahmen, stand die Kirche bereits, die Fundamente des gedrungenen Kirchturms wurden allerdings erst 1233 gelegt. In jener Zeit waren die Klostergemeinschaften mächtig und hatten wichtige Funktionen zu

045t sk

erfüllen, sie übernahmen öffentliche Aufgaben wie den Bau und den Betrieb von Herbergen, Hospizen und Hospitälern. Die Kirche von Gropina hatte in der Region Vorbildfunktion, und weitere fünf Gotteshäuser entstanden zwischen Arezzo und Florenz entlang der historischen Strada dei Setteponti an den Hängen des Pratomagno.

Die Vorderfassade ist, abgesehen von einem Medici-Wappen, ganz schlicht, im Gegensatz zur Rückseite, wo die Apsis mit Blendarkaden gegliedert wurde. Die drei Schiffe mit offenem Dachstuhl sind durch auf Säulen gelagerte Rundbögen getrennt. Der grobe, graue Stein setzt die Einfachheit im Inneren fort. Hingegen sind die Kapitelle des Hauptschiffes und die des doppelstöckigen offenen Arkadengangs der Apsis mit **figürlichem und floralem Schmuck** versehen. Sie verdienen es, genauer bestaunt zu werden. Chimären, Blattmaske („Grüner Mann"), kämpfende Löwen, Adler, Ritter, Wolf und eine säugende Sau sind aus dem Stein gehauen. Auch die von einem verknoteten Säulenpaar getragene Kanzel ist mit ihren figürlichen und geometrischen Verzierungen ein Meisterwerk romanischer Bildhauer. Auf www.gropina.it sind Architektur und Symbolik des Gotteshauses ausführlich in englischer Sprache erläutert.

- **Pieve di San Pietro a Gropina,** Località Gropina, www.gropina.it, tgl. 9–19, Winter bis 17 Uhr.

Cascia

UNSER TIPP: 14 km von San Giovanni, auf dem Weg nach Vallombrosa, passiert man das zur Gemeinde Regello gehörende Örtchen Cascia. In dessen Museum für religiöse Kunst ist das **Triptychon „Madonna auf dem Thron mit Kind und Heiligen"** (1422) zu sehen – es wurde erst 1961 in der ländlichen Kirche San Giovale, 2 km von Regello, als *Masaccios* Arbeit entdeckt (er malte es mit 21 Jahren). Ausführlich widmet sich die Aus-

044t sk

Die Vallombrosaner

Im Jahr 1008 begaben sich Mönche des **Benediktinerklosters Settimo** auf die Suche nach einem Standort für eine neue Einsiedelei. Sie wurden bei Aquabella (wo das heutige Kloster von Vallombrosa steht) fündig. Ihnen schloss sich 1028 der Florentiner Adlige *Giovanni Gualberto* an, der – vom damals üblichen Handel mit Ablässen und geistlichen Würden angewidert – ebenfalls die Einsamkeit suchte. Das eigentliche Gründungsdatum des Klosters liegt im Jahr 1036; die Abtei entwickelte sich schnell, die Mönche gaben sich eigene Ordensregeln, und es entstanden die reformatorisch gesinnten Vallombrosaner. *Gualberto* sprach der Papst 1193 heilig (er ist heute der Schutzpatron der Forst- und Waldarbeiter). Die Vallombrosaner gingen 1966 als Kongregation im Benediktinerorden auf.

Die Klostergebäude wirken wie eine **Burg** – nicht ohne Grund. Im 15. Jh. waren sie als wehrhafte Festung geplant worden (was sie 1526 nicht vor einer Plünderung bewahrte). Die Umbauten des 16. und 17. Jh. „befriedeten" die Architektur etwas. Die Kirche wurde im 18. Jh. vollständig barockisiert und mit düster wirkenden, illusionistischen Deckenfresken geschmückt, ebenso die Cappella Giovanni Gualberto in der Kirche, die *Carlo Marcellini* 1695–1707 stuckierte und *Alessando Gherardini* mit einem Gewölbefresko (Madonna mit dem Ordensgründer) ausstattete.

Das **Museo d'Arte Sacra** zeigt Dokumente zur Geschichte der Abtei, wertvolle Codices, liturgische Objekte sowie einige Kunstwerke aus der Sammlung des Klosters. Herausragend ist hierbei **Domenico Ghirlandaios** Altarretabel „Madonna col Bambino e Santi" (15. Jh.).

■ **Museo d'Arte Sacra,** Via San Benedetto 115, Vallombrosa, Tel. 055 862251, tgl. 10–12, 15–18 Uhr, Eintritt 3 €.

stellung den vielen Aspekten dieses Kunstwerks, aus dem einige Interpreten eine tiefe symbolische Aussage herauslesen. Im Heiligenschein der Madonna seien kufische (arabische) Schriftzüge verborgen, und die Hand, die das Jesuskind in den Mund steckt, symbolisiere ein Pentagramm. Die romanische Kirche San Pietro vor dem Museum ist wegen der für eine Landkirche unüblichen Vorhalle bemerkenswert.

■ **Museo Masaccio d'Arte Sacra,** Via Casaromolo 2a, Cascia/Regello, Tel. 055 868129, www.museomasaccio.it, Di/Do/Sa/So 15–19.30, Sa/So auch 10–13 Uhr, Juli/Aug. tgl., 5 €.

Abbazia di Vallombrosa

Das Mutterkloster des Vallombrosaner-Ordens liegt inmitten dichter Laubwälder an den westlichen Hängen des Pratomagno, 30 km nördlich von San Giovanni an der Straße SP85 vom Valdarno über den Passo della Consuma (1060 m) – ein Touristenziel par excellence. Allzu ruhig ist es hier also nicht. Der Wald rund um die riesige Anlage wirkt wie ein Park, ein beliebtes Ziel ist das **Paradisino,** eine zum Kloster gehörige Einsiedelei in Panoramalage. Dort soll 1638 der englische Dichter *John Milton* eine Zeitlang residiert und die Einsiedelei später

Chianti, Val di Pesa, Val d'Elsa, Valdarno

in seinem Gedichtepos „Paradise Lost" verewigt haben. Ein kurzer Fußweg führt vom Kloster hinauf. Um die Abtei stehen an den Plätzen, die im Leben *Gualbertos* eine Rolle spielten, Kapellen.

■ **Abbazia di Vallombrosa,** Via San Benedetto 2, Vallombrosa, www.monaci.org, Kirche tgl. 6–12, 15–19, Winter 9–12, 15–18 Uhr, Klosterführungen ohne Voranmeldung Juli/Aug., nicht täglich.

Im Sommer sind viele Wanderer auf den Waldwegen im 1200 ha großen **Riserva Naturale di Vallombrosa** unterwegs und genießen Schatten und Natur.

■ **Ufficio Territoriale Carabinieri,** Via San Benedetto 1, Tel. 055-862020, www.parks.it/riserva.statale.vallombrosa, Sommer Mo–Fr 9–12, 13–17, Sa/So 10–18 Uhr. Es gibt kostenlos Audioguides in vier Sprachen (auch Deutsch) für einen 90-minütigen Gang durch das Schutzgebiet und Teile der Klosteranlage (Mo–Fr 10.30–13, Sa/So 10.30–15 Uhr).

Ein Bereich des Naturschutzgebiets direkt am Kloster ist als **Botanischer Garten** mit über 250 verschiedenen, charakteristischen Pflanzenspezies gestaltet.

■ **Orto Botanico,** theoretisch immer zugänglich. Sonst im Besucherzentrum Centro Visita fragen.

Die **Klosterapotheke** verkauft Genießbares wie Schokolade, Honig, Öl, Essig und – Liköre (bis auf den Alkohol nicht unbedingt aus eigener Herstellung). Der **Albergo La Foresta** direkt neben dem Kloster ist bis auf Weiteres geschlossen.

■ **Antica Farmacia dei Monaci Vallombrosani,** Tel. 055 862251, www.facebook.com/farmaciadeimonaci, tgl. 10–12, 15–18 Uhr.

Praktische Informationen

Touristeninformation

■ **Ufficio Turismo San Giovanni Valdarno,** Piazza Cavour 3, Tel. 055 9126268, www.visitvaldarno.com, Mo–Mi/Fr 9–13, Do 9–12.30, 15–18, Sa 9.30–12 Uhr.

Unterkunft

Außerhalb

■ **Hotel Il Viandante**②, Via Poggilupi 688, San Giovanni Vadarno, Tel. 055 9194015, https://hotelilviandante.it. Kleines, modernes Haus nahe der Autobahnausfahrt Valdarno mit Komfortzimmern unter familiärer Führung; kein Restaurant (nur Frühstück), Restaurants in fußläufiger Entfernung.

UNSER TIPP: **Podere Villole**③, Via di Villole 80, **Montevarchi,** Tel. 329 6125767, www.poderevillole.com. Das an einem bewaldeten Hang gelegene Anwesen aus dem 17. Jh. gewährt fantastische Ausblicke auf Arno-Tal und Pratomagno. Die fünf Apartments sind sehr individuell und geschmackvoll-modern eingerichtet und verzichten auf TV – dafür gibt es in jedem eine Musikanlage und CDs. Pool und Garten bieten Entspannung.

■ **Agriturismo Valleverde**②, Via Montecarlo 15A, **San Giovanni Valdarno** (3 km südwestl.), Tel. 055 943628, www.agriturismovalleverde.com. Schöner, ruhig gelegener Gutshof, sechs Apartments in Häuschen und zwei Zimmer, Pool, mit einem guten Restaurant; Mountainbikes, Reitstall in der Nähe.

■ **Tenuta di Rota**②, Località Ruoto alla Palazzina 74, **Regello,** Tel. 340 7256181, www.tenutadirota.com. Drei Villen und fünf Apartments in toller Hügellage mit Zypressen und Rasen, zwei Pools (einer für die Kleinen) und der Möglichkeit, Abendessen zu bestellen –auch Hunde sind gerne gesehen.

■ **Il Borro**④, Località Borro 1, **San Giustino Valdarno,** Tel. 055 977053, www.ilborro.it. Das Anwesen samt Schloss und Dorf gehört Familie *Ferragamo* und wird seit 2013 von Relais & Châteaux vermarktet. Den Gast erwartet folglich Luxus in höchster Vollendung. 17 Suiten und mehrere Villen sowie ein todschickes Spa sorgen für Wohlbefinden.

■ **Podere Casarotta**③, Località **Millepini/Loro Ciuffenna,** Tel. 347 6084901, www.poderecasarotta.com. Die charmante Anlage besteht aus sechs Apartments (zwei bis sechs Pers.) in mehreren Häuschen mit schönem Blick über das Arno-Tal. Auf dem Gut wird Olivenöl produziert.

Essen und Trinken

■ **Osteria dell'Angelo**②, Via della Madonna 5, Tel. 055 3896462, www.facebook.com/osteriangelo, Mi–Mo 19.30–23, Mi–Sa auch 12.30–14.15 Uhr. Das kleine, sehr hübsch mit rustikalem Touch eingerichtete Lokal widmet sich mit großem Aufwand traditionellen Rezepten. So stehen natürlich *ribollita, trippa* und *lampredotto* auf der Karte. Delikat sind auch die *mezze maniche radicchio e pancetta* (Nudeln mit Schinken und Radicchio) und die Spezialität *stufato alla sangiovannese,* eine Art Schmortopf aus Kalbsfleisch.

■ **Caffè Fiorenza**②, Piazza Camillo Benso Conte di Cavour 2, Tel. 055 945214, www.caffefiorenza.it, tgl. 6–22 Uhr. Guter Treffpunkt für einen schnellen Lunch, Kaffee oder Aperitif.

Außerhalb

■ **Il Canniccio**③, Via Cetina 68, **Torre del Castellano,** Tel. 333 6460761, www.ristoranteilcanniccio.com, Di–Sa 12.15–14.30, 19.15–22, So 12.30–15.30 Uhr. Das Restaurant unweit der Burganlage ist ein beliebtes Ausflugsziel der Florentiner, die hier besonders die verschiedenen Vorspeisenteller und das perfekt zubereitete *bistecca fiorentina* schätzen. Schöner Blick von der Terrasse.

■ **Giacomo**③, Località Saltino, **Vallombrosa,** Tel. 055 862185, www.facebook.com/ristorantegiacomo. Im Sommer tgl., sonst bei gutem Wetter Sa/So 12.15–14.15, Sa auch 19.30–21.15 Uhr. In der kühlen Waldluft schmecken Wildgerichte wie Rehrücken mit Steinpilzen nochmal so gut.

San Giovanni Valdarno: Zugabe!

■ **Museo di Arte Sacra della Pieve di San Giovanni Battista** in Cavriglia – überschaubares Museum im Oratorium neben der Kirche, unter anderem glasierte Terrakottafigur des Johannes (Ende des 15. Jh.) und Prozessionskreuz (12. Jh.); Piazza Umberto I 4, Tel. 055 9166528, Sommer Sa/So 9–12, 15–18 Uhr, im Winter ausschließlich nach Voranmeldung.

■ **Torre del Castellano,** 15 km nördlich von San Giovanni, beeindruckende, mit ihrer Wuchtigkeit die Umgebung dominierende Burganlage in Privatbesitz – auf das 10. Jh. zurückgehend, wurde die Burg im 18. Jh. zur Villa gewandelt.

■ **Museo Venturino Venturi** in Loro Ciuffenna – Skulpturen und Zeichnungen des hier geborenen *Venturi* (1918–2002), der neben zahlreichen Denkmälern auch Skulpturen und Bilder von Pinocchio anfertigte; Piazza Matteotti 15, Tel. 055 9170153, www.museoventurinoventuri.it, tgl. 10–13, 16–19, Winter Sa/So 15–18, So/Mo 10–13 Uhr, 4 €.

Rocca Ricciarda 10 km nördlich von Loro Ciuffenna mitten im Pratomagno auf 950 m Höhe – malerisches Bergdorf, in eine Senke unterhalb eines Felsens geduckt, urige Häuser aus grob behauenem Stein und Platten auf den Dächern, damit die Schindeln nicht wegfliegen; im Sommer ist die Bodega Rocca Ricciarda bewirtschaftet. Vom Felsgipfel oberhalb des Dorfes schöne Fernsicht auf die mit Gehöften, Mischwäldern und winzigen Dörfern gesprenkelte Berglandschaft.

■ **Ristorante/Pizzeria Masaccio**①-②, Piazza San Pietro 13, **Cascia/Reggello,** Tel. 055 8667407, www.ristorantemasaccio.com, tgl. abends, Fr–So auch mittags. Im Masaccio legt der Koch besonderes Gewicht auf Fisch und Meeresfrüchte, abends dann heizt er den Pizzaofen an – immer viel los.

■ **Pizzeria Va'Pensiero**②, Via Nannini 2, **Loro Ciuffenna,** Tel. 055 9172211, www.ristorante vapensiero.com, Mi–Mo 19–22.30, So auch 12.30–14.30 Uhr. Neben guten, krossen Pizze bekommen Gäste hier auch eine große Auswahl toskanischer Spezialitäten.

■ **Ristorante/Enoteca La Torre**③, Via Dante Alighieri, **Loro Ciuffenna,** Tel. 055 9172032, Di–So 12.30–14.30, 19.30–23 Uhr. Das bezaubernde Lokal in der ersten Etage eines historischen Hauses überrascht mit sehr anspruchsvoller, kreativer Küche und großer Neigung zu maritimen Zutaten. Orecchiette mit *gamberi,* gegrillter Tintenfisch, aber auch die ebenso simplen wie überzeugenden Gnocchi mit Trüffel und Taleggio schmecken richtig delikat.

Osteria/Gelateria Cassia Vetus②, Via Manzoni 9, Terranuova Bracciolini (3 km nordöstlich von **Montevarchi**), Tel. 055 9172116, www.osteriacas siavetus.com, Mi–Mo 10.30–24 Uhr. Spezialität der Gelateria ist das fabelhafte Maroneneis aus Kastanien des Pratomagno, es gibt aber auch gute toskanische Gerichte aus regionalen Produkten, schließlich ist man Mitglied von Slow Food.

■ **La Bodega**②, am Ortseingang, **Rocca Ricciarda.** Das kleine Bar-Ristorante serviert im Sommer die berühmten Kastanienkrapfen, *frittelle di castagne* – eine absolute Köstlichkeit.

Konzerte

■ **Abbazia Vallombrosa:** Im Sommer finden gelegentlich in der Abtei stimmungsvolle Konzerte mit klassischer Musik statt (Infos: www.monaci.org).

Verkehr

■ **Bahn:** Stazione di San Giovanni Valdarno, Piazza Matteotti Giacomo, halbstündlich Direktzüge nach Florenz (50 Min., um 6 €) und Arezzo (30–40 Min., um 5 €).

■ **Bus:** Verbindungen mehrmals täglich von Arezzo mit Buslinie SI330 von Autolinee Toscane über Montevarchi (50 Min., um 5 €) nach San Giovanni Valdarno (70 Min., um 5 €), mit Buslinie LAP109 mehrmals tgl. von Arezzo nach Loro Ciuf-fenna (60 Min., um 5 €); www.at-bus.it.

■ **Parken:** gebührenpflichtiges Parken (1,50 €/Std.) in San Giovanni Valdarno an der Piazza della Libertà im Zentrum.

Einkaufen

La Ghiotta, Via del Molino, **Loro Ciuffenna,** Tel. 328 4114271. Wein und Öko-Lebensmittel aus dem Pratomagno.

■ **Outlet The Mall,** Via Europa 8, **Leccio** (Reggello), Tel. 055 8657775, www.themall.it, tgl. 10–19, Sommer bis 20 Uhr. Von Alexander McQueen bis hin zu Valentino sind hier alle großen Luxusmarken vertreten.

■ **Outlet Cuoieria Fiorentina,** Via dei Ciliegi 25, **Regello,** Tel. 055 8662191, www.cuoieriafiorenti na.it, tgl. 10–19 Uhr. Feinste Lederwaren für Damen und Herren.

3
Arezzo, Casentino, Pratomagno, Valdichiana, Valtiberina

» Arezzo – Stadt der Kunst zwischen sanften Hügeln und dunklen Wäldern.

047tsk

‹ Die Provinz von Arezzo ist Weinland

AREZZO, CASENTINO, PRATOMAGNO, VALDICHIANA, VALTIBERINA

Lange Jahre hatte Arezzo gleichberechtigt mit Florenz agiert, bis der Gegner übermächtig wurde. Dennoch ist Arezzo eine Stadt der Kunst geblieben. Ihre Umgebung könnte vielfältiger nicht sein: Sanfte Hügelwelten, dunkle Wälder und Wildnis, aber auch eine Jahrtausende alte Kulturlandschaft warten auf Besucher. Im Norden Arezzos zieht sich das Casentino ent-

lang des Arno und trennt die Gebirgszüge des Pratomagno im Westen und der Alpe di Serra sowie der Alpe di Catenaia im Osten. Das nördliche Casentino grenzt an den Parco Nazionale delle Foreste Casentinesi mit zahlreichen kürzeren (u.a. zu den Quellen des Arno) und mehrtägigen Wanderungen, wie die sieben Tage dauernde Durchquerung von Süd nach Nord, vom Kloster La Verna bis zum Lago di Ponte. Die Verwaltung des Nationalparks hat ihren Hauptsitz in Pratovecchio.

Die Natur des Pratomagno verlockt zu Wander- und Mountainbike-Touren, Klöster, Kirchen und malerische Bergdörfer liegen am Wegesrand. Dominieren an seinen Flanken Weinreben und Olivenpflanzungen, werden

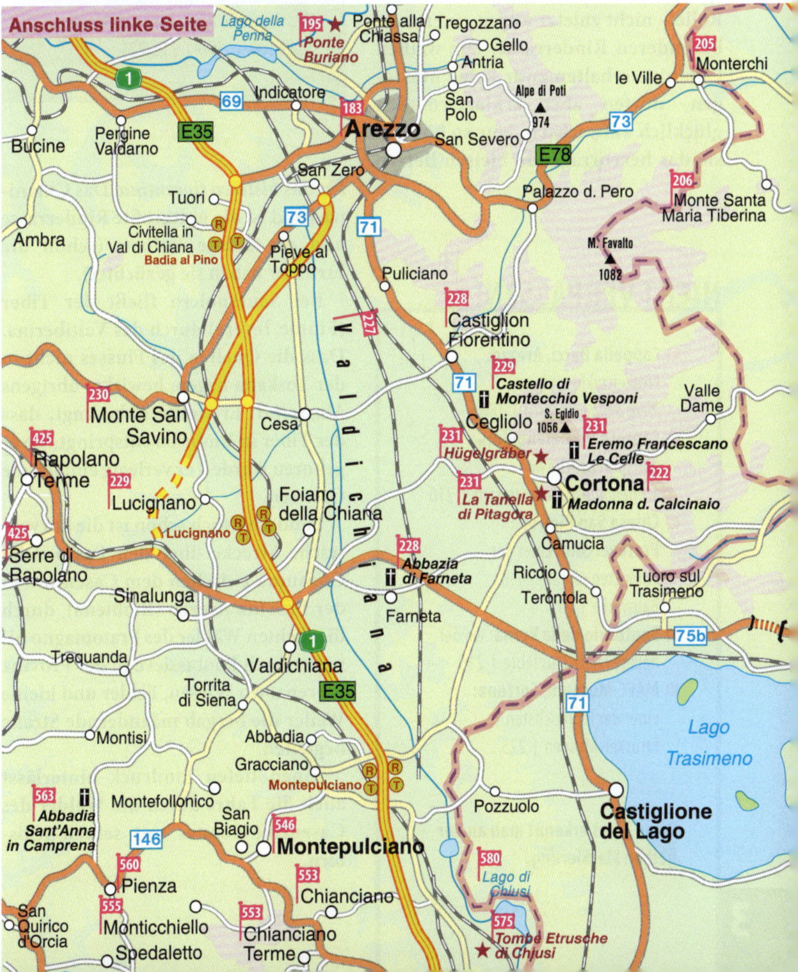

diese weiter ober immer spärlicher, bis man schließlich nur noch stille Wälder um sich hat.

Südlich von Arezzo beginnt das Valdichiana, durch das vor Urzeiten der Arno nach Süden floss, bis er seinen Lauf Richtung Florenz veränderte. Heute verläuft im breiten und fruchtbaren Tal der künstliche Canale Maestro della Chiana. Es hat sich Industrie angesiedelt, doch die Landwirtschaft spielt immer noch eine bedeutende Rolle – nicht zuletzt wegen einer ganz besonderen Rinderrasse. Die weißen Chianine erhalten zwar keine Massagen, dürfen aber erklärtermaßen glücklich aufwachsen. Nur so können sie das hervorragende Fleisch liefern für das *bistecca fiorentina*. Das Chianina-Rind ist die weltgrößte Rinderrasse und die älteste Italiens (schon die Etrusker haben sie gezüchtet).

Bei Sansepolcro fließt der Tiber (Fiume Tevere) durch das Valtiberina. Dass die Quellen des Flusses nicht in der Toskana liegen, bewirkte übrigens *Mussolini*. Er wollte unbedingt, dass der Tiber in Umbrien entspringt, wo er geboren wurde – er verlegte einfach die Grenzen.

Landschaftlich schön ist die kurvenreiche Strecke über den Passo della Consuma zwischen dem Casentino in der Provinz Arezzo (Bibbiena), durch die dichten Wälder des Pratomagno hinüber nach Pontassieve in der Provinz Florenz, wo Wiesen, Felder und kleine Weiler die bergab mäandernde Straße begleiten.

Einen tiefen Eindruck hinterlässt auch die Fahrt durch die Wälder des Casentino-Forstes mit seinen Klöstern.

Die Highlights für Kinder

- Nur Kinder- und Narrenhände ... Stimmt für das **Vasari-Haus** in **Arezzo** natürlich nicht – Fresken an Decken und Wänden, fein gemalt und richtig bunt | 196
- Schlachtendiorama mit über 2000 Zinnsoldaten im Museum **Palazzo della Battaglia** in **Anghiari** | 205
- **Castello di Romena** – Ritterburg zum Anschauen und für Kinderträumereien in **Pratovecchio** | 212, 221

NICHT VERPASSEN!

- **Cappella Bacci, Arezzo:** Freskenzyklus von *Piero della Francesca* | 186
- **Caprese Michelangelo:** auf Spurensuche in *Michelangelos* Geburtsstadt | 210
- **Chiesa San Pietro, Pratovecchio:** eines der schönsten romanischen Bauwerke | 213
- **Santuario della Verna:** wo der heilige *Franziskus* lebte | 216
- **MAEC-Museum, Cortona:** eines der lehrreichsten Etrusker-Museen | 225

Diese Tipps erkennt man an der gelben Markierung.

Arezzo

■ 300 m üNN, 97.000 Einw., Florenz 75 km, Siena 70 km

Die Lage an der Rennstrecke für Bahn und Auto zwischen Florenz und Rom macht Arezzo leicht erreichbar – das sollte aber nicht der einzige Grund für einen Besuch sein. Mit etruskischem Ursprung, an der römischen Via Cassia und als reiche und freie Stadt des ghibellinischen Verbundes blickt man auf eine lange Geschichte zurück – entsprechend sind die **Kunstschätze.** Die reizvolle **Altstadt** ist vorzüglich restauriert und zeigt, dass die Aretini nicht zu den Armen gehören.

Petrarca-Denkmal im Parco Passeggio del Prato

Die fruchtbaren Ebenen des Valdichiana im Süden, die Wälder in den nahen Bergen und die günstige Lage an den Handelswegen früherer Zeiten sorgten immer für einen vollen Stadtsäckel. Doch verließ man sich in Arezzo nicht alleine auf den **Handel,** beizeiten schufen Handwerker weitere Standbeine, die bis heute tragen. Die Produktionsindustrie ist auch heute stark, und besonders die **Goldschmiede-Branche** prosperiert seit Jahrhunderten. Arezzo ist trotz starker wirtschaftlicher Bremsspuren der letzten Jahre (besonders auch im Inlandsmarkt) heute immer noch eines der internationalen Zentren der Schmuckindustrie, und die alljährliche Fachmesse „Oroarezzo" zieht Aussteller und Besucher aus aller Welt an. Bis zu 2 t Gold verarbeiten Arezzos Schmiede im Monat, davon fast die Hälfte Altgold. Günstiger ist der Schmuck in den Geschäften Arezzos deshalb aber nicht.

048t sk

Drehorte

Besonders stolz ist man in Arezzo auf die Rolle als Drehort zahlreicher Szenen in *Roberto Benignis* Oscar-prämiertem Spielfilm **„Das Leben ist schön = La vita e bella"** (1997). An einigen Stellen weisen Schilder auf die jeweiligen Filmszenen hin. Ein Stadtplan mit auf den Film bezogenen Erläuterungen findet sich auf der Website www.visitarezzo.com/it/la-vita-e-bella-arezzo-mappa-interattiva

Die Stadt rühmt sich, Geburts- bzw. Wirkungsort mehrerer **bedeutender Persönlichkeiten** zu sein, allen voran der Poet *Francesco Petrarca,* der 1304 in der Via dell'Orto 28 geboren wurde. Einige Häuser weiter, Via dell'Orto 24 (nicht zu besichtigen), lebte *Francesco Severi* (1879–1961), der als Mathematiker im Bereich der algebraischen Geometrie bahnbrechende Forschung leistete, allerdings wegen seiner Nähe zu den italienischen Faschisten umstritten war und ist. *Guido Monaco* (992–1050), dessen Geburts- und Wohnhaus in der Via Casalpino 47 steht (nicht zu besichtigen), erfand die Notenschrift. *Giorgio Vasari* (1511–1574) war ein führender Vertreter des Manierismus in Architektur und Malerei (Vasari-Haus s. unten).

Geschichte

1863 fanden Arbeiter beim Bau eines Eisenbahntunnels im heutigen Stadtteil Olmo Schädelfragmente eines Menschen, der als **„Homo dell'Olmo"** berühmt wurde – ein Homo sapiens, der in der Altsteinzeit als Zeitgenosse der Neandertaler lebte.

Danach setzt die Geschichtsschreibung erst bei den **Etruskern** wieder ein, die genau dort, wo heute die Altstadt steht, siedelten. Das damalige Aritim gehörte dem 600 v. Chr. gegründeten Bund zwölf etruskischer Stadtstaaten an und war bereits für Metallverarbeitung bekannt. 295 v. Chr. nach der **Schlacht von Roselle** von Rom vereinnahmt und zur **Garnisonsstadt** geworden, stellten die Aretini Waffen und Rüstungen für den römischen Feldzug gegen die Punier her. In Arretium lebte man nicht schlecht, Forum, ein großzügiges Amphitheater und Thermen sorgten für Kurzweil. Sich beim römischen Bürgerkrieg des 1. Jh. v. Chr. gegen Konsul *Sulla* zu stellen, erwies sich hingegen als Fehler. 50 Jahre dauerte es, bis Arretium sich von diesem Fauxpas wirtschaftlich erholt hatte. 270, die **Christianisierung** schritt voran, erhielt die Stadt einen Bischof.

Der **Niedergang des Römischen Reiches** riss Arretium schließlich mit sich, die **Völkerwanderung** ließ es zerstört zurück. Arezzo tauchte aber um das Jahr 1000 wieder auf, als freier und mächtiger **Stadtstaat,** und man errichtete eine für die damalige Zeit gewaltige Stadtmauer von 2500 m Länge. Die Universität der Rechtswissenschaften und Medizin war weithin bekannt. Der Mönch und Musiktheoretiker *Guido Monaco* (um 922–um 1050) entwickelte die Notenschrift, die erstmals in der Lage war, Tonhöhe und -länge festzuschreiben – davor konnten Melodien nur über Zuhören weitergegeben werden (eine Neuerung, die bei seinen Äbten wenig Gegenliebe fand, fürchteten sie doch um ihr „Exklusivwissen").

Im Jahre 1285 läutete Florenz das Ende der Unabhängigkeit Arezzos ein, bei der **Schlacht von Campaldino** unterlagen die Ghibellinen den florentinischen Guelfen. 1384 kaufte Florenz die Stadt für 40.000 Goldflorin. Im 16. Jh. wurde sie stark befestigt und erhielt einen Mauerring mit Bastionen und die Fortezza Medicea als Hauptfort.

Im **Zweiten Weltkrieg** erlebte Arezzo mehrfach Bombardierungen, die die Altstadt beschädigten. Die wichtigsten Bauwerke blieben aber erhalten.

Sehenswertes

Um Arezzo genießen zu können, muss man erst den Speckgürtel der modernen Viertel hinter sich bringen. Keinesfalls sollte man versuchen, mit dem Wagen in die Altstadt zu kommen – Zona Trafico Limitato. Die **Orientierung** ist einfach. Im Südwesten wird die Altstadt innerhalb der Festungsmauern des 16. Jh. von den Eisenbahn begrenzt, im Nordosten vom Parco della Fortezza Medicea. Vom Bahnhof kommend und das Amphitheater rechts liegen lassend, spaziert man auf dem Corso Italia in die Altstadt hinein. Das eigentliche mittelalterliche Zentrum beginnt an der Via Garibaldi, die dieses in einem Halbbogen – an Stelle der verschwundenen Befestigungen aus dem 12. Jh. – südlich umschließt.

Vor dem Bahnhof erlaubt die **Chimera di Arezzo** einen ersten Blick auf die reiche Vergangenheit Arezzos. Die Chimäre – Löwe, Schlange und Ziege in einem – suchte als Sagengestalt Lykien heim und schmückt in doppelter Ausfertigung die Brunnen an der Viale Piero della Francesca. Die Originalbronze aus dem 5. Jh. v. Chr. ist 65 cm hoch. Gefunden wurde sie 1553 beim Festungsbau, und die *Medici* reklamierten sie umgehend für sich (jetzt im Archäologischen Museum in Florenz).

Nächste Station ist das 1823 gegründete **Archäologische Museum** beim ehemals 10.000 Zuschauer fassenden Amphitheater (1. Jh.), heute Austragungsort sommerlicher Freiluftkonzerte. Es befindet sich seit 1937 in den Räumlichkeiten eines Klosters des Benediktiner-Zweigordens der Olivetaner, das 1323 auf den Ruinen des Amphitheaters gebaut wurde. In der Sammlung zu sehen sind u.a. der ziseliert bemalte Volutenkrater (Weinmischgefäß) des attischen Meisters *Euphronius* aus dem 6. Jh. v. Chr. und eine bemalte Amphore aus der Schule des *Dinos* vom Ende des 5. Jh. v. Chr. Dass die Stadt in römischer Zeit eines der Zentren für Keramik war, belegen die zahlreichen Vasen, korallenrot und mit typischem Reliefschmuck in Raum 8; einige Gefäße sind mit filigranen Halbreliefs geschmückt. Eindrucksvoll ist auch die Ausstellung historischer Glaswaren, vor allem das in Chrysografie angefertigtes Porträt eines Römers aus dem 3./4. Jh., das wirkt wie eine moderne Fotografie. Auch die Sammlung etruskischer Kanopen ist sehenswert.

■ **Museo Archeologico Statale Gaio Cilno Mecenate,** Via Margaritone 10, Tel. 0575 21421, https://museiarezzo.it, Mo–Sa 8.30–19.30 Uhr (Einlass1 Std. vorher), 6 € oder Museumspass A.

Nach Norden gehend, kommt man zur im 13. Jh. geweihten und im 18. Jh. vollständig umgebauten Kirche Sant'Agostino und zur Via Garibaldi, an der entlang einst der mittelalterliche Stadtwall ver-

Museumspässe

Es gibt den **Museo Arezzo Pass A und B** (jeweils 72 Std. gültig). **Pass A** (20 €) erlaubt Zugang zu den Fresken von *Piero della Francesca* in der Basilica di San Francesco, zum Casa Vasari, zum Museo Statale d'Arte Medievale e Moderna und zum Museo Archeologico, mit **Pass B** (15 €) kommt man in die Medici-Festung, das Museo della Giostra, ins Museo Orodautore, in den Palazzetto della Fraternitàt und in das Casa Museo di Ivan Bruschi; https://museiarezzo.it/musei-arezzo-pass. Alle Online-Tickets beinhalten 3 € Kommission.

lief. Hier links bis zur Via della Madonna del Prato und dort rechts abbiegend, erreicht man das künstlerisch bedeutendste Ziel Arezzos. Die **Kirche San Francesco** entstand zwischen 1290 und 1377 als typische, simpel konzipierte Bettelordenkirche, einschiffig, mit offenem Dachstuhl und drei Chorkapellen. Die Fassade blieb unvollendet. Die Seitenkapellen fügte man im 15., den Campanile Anfang des 17. Jh. hinzu. Bei der Barockisierung im 17. Jh. übermalte man alle Fresken (erst 1911 wieder freigelegt). Ausgenommen davon war nur die Bemalung der **Cappella Bacci**, der Hauptchorkapelle. In ihr hatte *Piero della Francesca* 1452–66 sein Meisterwerk geschaffen, den Freskenzyklus der „Legende vom Wahren Kreuz – Storia della Vera Croce" –, eine der Hauptarbeiten der Frührenaissance mit wegweisenden Perspektiven und Lichtkompositionen unter einem intensiv leuchtenden Sternenhimmel. In Auftrag gegeben wurden die

311tsk

051tsk

Fresken als Hintergrund für das eigentliche Kultobjekt, das um 1260 entstandene Tafelkreuz „Christus Patiens – Leidender Christus" eines unbekannten „Meisters des heiligen Franziskus". *Piero* sprang dabei als Lückenbüßer ein. Ursprünglich war *Bicci di Lorenzo* verpflichtet worden, der aber nur die Deckenmalereien anfertigte und 1452 verstarb. Von 1992 bis 2007 restaurierte man den Zyklus für über 5 Mio. €. Die Legende in zwölf Bildern bedeckt 300 m² und erzählt die Geschichte des Kreuzes Christi, teils vor toskanischer Kulisse. Als Vorlage diente die „Legenda Aurea" des Dominikaners *Jacobus de Voragine*, eine Sammlung der Lebensgeschichten Heiliger aus dem 13. Jh. *Piero* ordnete die Szenen der Legende nicht chronologisch, sondern thematisch an, so sind die Schlachten unten, die höfischen Szenen oben zusammengefasst. Die Geschichte beginnt oben an der rechten Seitenwand mit dem Tod *Adams* und der Baumpflanzung in seinem Mund durch seinen Sohn *Seth*. Darunter betet die Königin von Saba das heilige Holz an und prophezeit *Salomon* die Kreuzigung Christi. An der Rückwand rechts unten träumt Kaiser *Konstantin* von seinem Sieg, den er an der rechten Seitenwand unten erringt. Auf der Rückwand Mitte links verrät *Judas* die Stelle, wo das Kreuz vergraben liegt, das an der linken Seitenwand in der Mitte schließlich entdeckt wird. Darunter besiegt 300 Jahre später Kaiser *Heraklaios* den Perserkönig *Chosrau II.*,

[<] Arezzos Piazza Grande: die gute Stube der Stadt

[^] Die Chimäre, ein Wahrzeichen Arezzos

Arezzo

0 200 m ©Reise Know-How Toska05 4/24

Übernachtung
1 Tenuta Il Palazzo
2 Camping Le Ginestre
6 B&B Antiche Mura
7 Parcheggio Tarlati (Camper-Stellplatz)
8 Tenute San Fabiano
13 La Locanda di San Pier Piccolo
21 Graziella Patio Hotel
25 Hotel Continentale
30 La Traccia

Aktiv
4 Radverleih Vagheggi

Essen und Trinken
3 Crem Caramel
5 Trattoria Mazzoni
9 Tortello Divino
11 Caffè dei Costanti
12 Borgo San Piero
14 Taste food&wine
15 Antica Bottega Toscana
16 Stefano
17 Chiantineria
18 La Bottega di Gnicche
19 Antica Osteria l'Agania
20 Pizzeria O'Scugnizzo
22 La Tua Piadina
23 B17
24 Paradiso
26 Trattoria La Vigna
27 Ristoburger by Crispi's
28 Gelateria Golò Giò
29 Vineria dal Chiodo

Einkaufen
10 Logge del Grano
15 Antica Bottega Toscana
17 Chiantineria
18 Dei Bardi Arte

der das Kreuz geraubt hatte. Schließlich zieht *Herakleios* an der linken Seitenwand oben mit dem Kreuz im Triumph nach Jerusalem. Die ganze Pracht der Fresken sollte nicht von einigen weiteren kunsthistorischen Highlights ablenken: etwa dem grandiosen Tafelbild „Verkündigung" von *Neri di Bicci* (1419–1491), *Lorenzos* Sohn, in der dritten Chorkapelle, oder dem Keramik-Grabmal *Francesco Rossellis* in der ersten Kapelle des Kirchenschiffes, einem Meisterwerk von *Michele da Firenze* von 1439. Interessant ist auch der Vergleich zwischen den Fresken *Piero della Francescas* und jenen von *Spinello Arentino* (1350–1410) in der ersten Chorkapelle, die noch ganz im Geist der Gotik verharren.

Unser Tipp: Übrigens war die Kirche einer der **Drehorte** für den Film „Der englische Patient": *Juliette Binoche* (Hanna) studiert in einer Szene die Fresken der Bacci-Kapelle.

■ **Kirche San Francesco/Cappella Bacci,** Piazza San Francesco, Tel. 0575 352727, https://museiarezzo.it, Mo/Di/Do–Sa 9–10.30, 11–18, So 13–17.30 Uhr, Einlass bis 30 Min vor Ende, 6 € oder Musuemspass A, Vorausbuchung obligatorisch (3 €, alle 30 Min. werden immer nur 25 Personen in Kirche und Kapelle gelassen), es ist wegen des Andrangs sinnvoll, sich zeitig und online um einen Termin zu bemühen (aber auch vor Ort möglich).

Nur wenige Schritte nach Osten zum Corso Italia und dort nach links und Norden führen zum „Turm der 100 Löcher" (tatsächlich sind es 40 Biforien), dem 60 m hohen Campanile der **Kirche Santa Maria delle Pieve.** Sie zählt zu den schönsten romanischen Bauwerken der Toskana. Der Bau dauerte fast 200 Jahre zwischen Mitte des 12. Jh. und Mitte des 14. Jh., da das stark abschüssige Gelände und die Bauwerkslänge von mehr als 50 m immer neue Probleme aufwarf. Ihre Apsis weist ganz unüblich zum städtischen Hauptplatz, der Piazza Grande, während die Schaufassade mit Blendarkaden im unteren und drei offenen Galeriegängen im oberen Bereich dem schmalen Corso Italia zugewendet ist.

Unser Tipp: Interessant ist ein **Dekor-Detail** an der Apsis, eine geknickte Säule; ähnliche Säulenausführungen – geknickt oder verknotet – finden sich an vielen romanischen Gotteshäusern, u.a. auch an der Pieve di San Pietro in Gro-

053t sk

▷ In der Cappella Bacci schuf Piero della Francesca 1452–66 den Freskenzyklus „Legende vom Wahren Kreuz"

pina; sie sollen das Böse abwehren und stehen auch für die Unvollkommenheit des Menschen. Die Fassade ist geschmückt mit Steinmetzarbeiten und Skulpturen: Flechtbandornamente, Fabelwesen und Szenen aus dem Alten und Neuen Testament sind filigran in Stein gehauen, farbig gestaltet die zwölf Allegorien der Monate. Der in seiner Schlichtheit und seiner kühnen Höhe beeindruckende Kirchenraum mit drei Schiffen und Tragsäulen (man beachte den Kapitellschmuck aus tierischen und menschlichen Köpfen) war im 16. Jh. im Stil des Manierismus von *Giorgio Vasari* verändert worden, der Rückbau fand im 19. Jh. statt. Bedeutendstes Kunstwerk der Innenausstattung ist das vergoldete Polyptychon „Maria mit dem Kind und Heilige" (1320) von *Pietro Lorenzetti* am Hauptaltar. In der Krypta wird eine Reliquienbüste des heiligen *Donatus* von 1346 aufbewahrt.

■ **Chiesa Santa Maria delle Pieve,** Corso Italia 7, Tel. 0575 22629, 8–12.30, 15–18 Uhr.

An der Piazza Grande steht weitere sehenswerte Architektur. Direkt neben der Kirche erhebt sich der **Palazzetto della Fraternità dei Laici,** der Palast der barmherzigen Laienbruderschaft Santa Maria della Misericordia. An der Fassade lässt sich die Baugeschichte ablesen. Das Untergeschoss entstand in der Gotik (1377), die oberen Etagen in der Renaissance (um 1450). Der Turm mit der Uhr kam um 1550 hinzu. Im Inneren zeigt ein Museum Kunstwerke und Mobiliar aus verschiedenen Epochen. Der Aufstieg zur Terrasse unterhalb des Uhrturms wird mit einem schönen Blick über die Piazza belohnt.

052t sk

■ **Palazzetto della Fraternità dei Laici,** Piazza Grande, Tel. 0575 24694, https://museiarezzo.it, tgl. 10.30–17 Uhr, Eintritt 5 € oder Museumspass B, mit Führung 2 € mehr.

Der Renaissancepalast **Palazzo delle Logge** (1573–81), von *Giorgio Vasari* geplant, finanziert von der Laienbruderschaft der Barmherzigkeit, nimmt die ganze nördliche Breitseite des Platzes ein. Da in der Loggia auch das Schwurgericht untergebracht war, hat man in neuerer Zeit davor einen Schandpfahl aufgestellt. Die Häuser und Turmreste an den beiden südlich ausgerichteten Seiten stammen aus dem 13. und 14. Jh. Jeden ersten Sonntag im Monat und am Samstag davor findet auf der Piazza und

Mut zur Lücke: der Campanile der Kirche Santa Maria delle Pieve

in den Gassen ringsum der größte **Antiquitätenmarkt** der Toskana statt. Zweimal im Jahr (Juni, Sept.) treten auf dem Platz Vertreter der vier Stadtviertel Arezzos an: Lanzenreiter bekämpfen beim **Giostra del Saracino** einen hölzernen, mit einem Morgenstern bewaffneten, drehbar gelagerten Sarazenen - ein Fest für Katholiken (→ auch Museum bei „Zugabe" und Exkurs S. 198).

Folgt man dem Corso Italia einige Meter weiter nach Norden, steht linker Hand der **Palazzo Pretorio** vom beginnenden 13. Jh. mit wappengeschmückter Fassade, heute Sitz der Stadtbibliothek, von 1404 bis 1926 Gefängnis.

Biegt man links um die nächste Ecke, verweist das **Petrarca-Haus** auf einen der berühmtesten Stadtsöhne, den Dichter *Francesco Petrarca* (1304–1374), der hier geboren wurde und Arezzo als Kleinkind verließ. Im Parco Passeggio del Prato gegenüber erinnert das 1907 von *Alessandro Lazzerini* entworfene und 1928 aufgestellte, gleißend weiße Marmordenkmal ebenfalls an *Petrarca*. Im Haus sind eine Bibliothek, ein Museum mit Erinnerungsstücken an *Petrarca* und einer numismatischen Sammlung sowie die Accademia Petrarca di Lettere untergebracht.

Den **Brunnen** vor dem Tore bzw. Hause - Pozzo di Tofano - besingt *Boccaccio* am 7. Tag im Dekameron (4. Novelle). Kurz: Tofano treibt mit krankhafter Eifersucht seine Frau in die Untreue - er sperrt sie aus - sie ertränkt sich vermeintlich im Brunnen und lockt Tofano so heraus - Tofano wird von ihr nun seinerseits ausgesperrt - von der Nachbarschaft vermöbelt, bereut er - „Der dumme Bauersmann nimmt erst die Prügel und verträgt sich dann!".

■ **Casa del Petrarca,** Via dell'Orto 28, Tel. 0575 1822770, www.accademiapetrarca.it, Mo–Fr 9.30–12.30 Uhr, 4 €.

Die **Fortezza Medicea** im Nordosten der Piazza Grande am Platz der ursprünglichen Zitadelle des 9. Jh. war Teil der Stadtbefestigung des 16. Jh. und von *Cosimo I.* in Auftrag gegeben. Um Platz für die Anlage zu schaffen, riss man zahlreiche Gebäude sowie 17 Kirchen ab. Die Festung war nicht alleine Trutzburg gegen die äußeren Feinde von Florenz, sondern sie war auch Zwingburg für ab und an aufmüpfig handelnde Aretini.

■ **Fortezza Medicae,** Viale Bruno Buozzi, Mo/Mi–Fr 13–17, Sa/So 10–17 Uhr, 5 € oder Museumspass B.

Nächstes Ziel ist die dreischiffige **Kathedrale** westlich der Casa del Petrarca an höchster Stelle der Stadt und mit einer Auftreppung nochmals erhöht. 1278 begannen die Bauarbeiten. Die Kirchenplanung war für eine Stadtrepublik des 13. Jh. mit über 15.000 Bewohnern eher genügsam ausgefallen, es gab kein Querschiff, keine Kuppel, keine Marmorverkleidungen. Die Arbeiten erfolgten in mehreren Etappen und waren erst 1511 abgeschlossen, wenn man den Campanile hinzurechnet sogar erst im 20. Jh. (Bau 1858, die Spitze wurde 1935 aufgesetzt). In der linken Chorkapelle befindet sich das Grabmal von Papst *Gregor X.*, der auf dem Heimweg vom Lyoner Konzil in Arezzo 1276 starb (nicht ohne vorher mit einer beträchtlichen Summe seine Beerdigung im Dom sichergestellt zu haben). Den Hauptaltar schmückt ein detailreicher gotischer Marmoraufsatz mit Szenen aus dem Le-

Wein aus Arezzo

Weitaus weniger bekannt als die Weine aus den zentralen Chianti-Lagen sind die edlen Tropfen, die die Winzer von Arezzo seit Jahrhunderten kultivieren. In erster Linie werden hier **Sangiovese-Trauben** gepflanzt; auch sind Rote, wie im übrigen Chianti, weitaus stärker vertreten als Weiße. Neben Weinen mit dem Prädikat **Chianti DOCg** gedeihen rund um Arezzo auch **Chianti Colli Aretini DOCg.** Einige Winzer sind nach Jahren der „reinen Lehre“ wieder dazu übergegangen, einen Teil ihres Sangiovese mit anderen Sorten, meist Merlot und Cabernet, zu verschneiden, wie es in der Region früher üblich war. Und auch **alte Sorten** sind zurückgekehrt: Canaiolo, Malvasia, Foglia Tonda und Colorino.

Selbst Kenner der Chianti-Region können bei den Winzern rund um Arezzo noch interessante Entdeckungen machen: So beispielsweise auf der **Tenuta Il Palazzo,** die seit Mitte des 19. Jh. vorrangig Weine für den lokalen Bedarf pflanzte und sich nun mit ihren Chianti Colli Aretini DOCg auch auf dem internationalen Markt positioniert hat. Allen voran gedeiht auf ihren 40 ha mit Blick auf die Altstadt von Arezzo Sangiovese, aber auch Shiraz, Merlot und Trebbiano. Die Böden sind schwer und lehmhaltig, ideal also für den Sangiovese, den Winzer *Primo Banelli* gerne auch in Barrique-Fässern zum Flagschiff der Kellerei, dem **Morro Rosso,** ausbaut.

Mehr Hobby als Geschäft sind die **6000 Olivenbäume,** die Tenuta il Palazzo nach streng ökologischen Prinzipien pflegt und die im Jahr etwa 5000 Flaschen Olivenöl feinster Qualität abwerfen – oder auch nicht, denn wer auf Pestizide verzichtet, bekommt es schnell mit Schädlingen zu tun, die die gesamte Ernte vernichten können.

Gleich nebenan ist Conte *Borghini Baldovinetti de' Bacci* Herr über die **Tenuta San Fabiano** mit insgesamt drei Kellereien und dem stolzen Ausstoß von einer Million Flaschen im Jahr. Die Familie ist historisch tief verwurzelt in Arezzo und finanzierte im 15. Jh. die Ausmalung der Cappella Bacci durch *Piero della Francesca.* Das historische Bacci-Schloss bildet den Mittelpunkt der Weinlagen. Auch San Fabiano kultiviert Sangiovese, der im Zusammenspiel mit Cabernet Sauvignon und Petit Verdot den wunderbaren **Armaiolo,** San Fabianos Spitzenwein, ergibt, in dem sich Gewürze, rauchige Töne und Kirscharoma zu einem vollmundigen Bouquet vereinen. Unter dem Label Chianti Etichetta Nera DOCg verbinden sich Sangiovese und Syrah zu einem Prädikatswein mit frischem Aroma. Oliven, vorrangig Frattolaio, Lecchino und Moraiolo, werden ebenfalls kultiviert. Auf ökologischen Anbau verzichtet man allerdings.

Auch junge Wilde gibt es im Weinbaugebiet Terre di Arezzo, so die beiden Brüder *Marco* und *Iacopo Rossi,* die ihr Gut **Podere di Pomaio** komplett unter das Motto „Think Green“ gestellt haben. Bio-Anbau und Öko-Architektur gehen in der modernen Kellerei Hand in Hand. Erst 2004 pflanzten die beiden jungen Männer auf

ihren 23 ha Grund, die seit den 1950er Jahren nicht mehr bewirtschaftet worden waren, die ersten Reben. 2009 fuhren sie die erste Ernte ein, und 2012 kamen sie mit ihrem **BIO Chianti Pomaio** – 90 % Sangiovese, 10 % Merlot – auf den Markt. Um Verunreinigungen zu verhindern, besitzen sie trotz der augenblicklich geringen Produktion von 15.000 Flaschen sogar eine eigene Abfüllanlage. Spitzenwein bei Pomaio ist der zu 100 % aus Sangiovese-Trauben bestehende IGT Toscano Rosso **Porsenna,** der seiner Vollendung in Fässern aus Kastanienholz entgegenreift. Auf Pomaio ist nicht nur alles (auch das in geringen Mengen gewonnene Olivenöl) bio, das Gut ist auch todschick. Nicht von ungefähr wurde die Kellerei unter die 25 schönsten der Toskana gewählt, und auch das Design von Flaschen und Etiketten spricht für den starken Gestaltungswillen der Brüder. Als Think-Green-Repräsentant war Pomaio auch auf der EXPO 2015 in Mailand vertreten.

→ Kasten „Die Weine der Toskana" im Kapitel „Praktische Reisetipps von A bis Z".

■ **Tenuta Il Palazzo,** Località Antria, Arezzo, Tel. 0575 361338, https://ilpalazzo.eu. Besichtigung der Kellerei und Weinverkostung nach Voranmeldung.

■ **Tenuta San Fabiano,** Via di San Fabiano 33, Località San Fabiano, Arezzo, Tel. 0575 24566, www.fattoriasanfabiano.it, Weinladen Mo–Fr 9–13, 14–18.30 Uhr, Sa 8–12 Uhr, Besichtigung und Weinverkostung Mo–Fr nach Voranmeldung.

■ **Podere di Pomaio,** Località Pomaio 19, Arezzo, Tel. 0575 371400, www.pomaio.it, Besichtigung der Kellerei und Weinverkostung nach Voranmeldung.

< Im Weinkeller der Tenuta Il Palazzo

ben des Kirchenpatrons *Donato* (304 als Märtyrer gestorben), ein Gemeinschaftswerk mehrerer Künstler des 14. Jh. *Giorgio Vasari* zeichnete für das Chorgestühl verantwortlich (1554). Die bunten Glasfenster stammen von *Guillaume de Marcillat,* einem französischen Dominikanermönch, der sie 1516–24 (mit Unterbrechungen) herstellte. *Piero della Francesca* freskierte „La Maddalena" (um 1468) in Lebensgröße (linkes Seitenschiff beim Sakristeidurchgang). Dort befindet sich auch das künstlerisch wertvolle Marmorgrabmal für den im Jahre 1328 gestorbenen Bischof *Guido Tarlati* von *Agostino di Giovanni* und *Agnolo di Ventura.* 16 Marmortafeln zeigen Szenen aus dem Leben *Tarlatis,* der auch erfolgreicher Militärführer war. An der nördlichen Längsseite hat man 1796–1817 die überdimensionale Seitenkapelle Cappella della Madonna del Conforto mit klassizistischen Stilelementen angefügt. Der Anbau nahm ein wundertätiges Marienbild auf, das am 15. Februar 1796 ein Erdbeben vorausgesagt haben soll. Das glasierte Terrakotta-Kruzifix auf dem rechten Altar stammt aus der berühmten Werkstatt der *della Robbia* (1485/86).

■ **Cattedrale dei Santi Pietro e Donato,** Piazza della Libertà, Tel. 0575 23991, touristische Besuche Mo–Sa 10–18, So 13.30–18 Uhr.

UNSER TIPP: Kostbarster Besitz des **Diözesanmuseums** gegenüber der Kathedrale im Anbau (Bischofspalast) sind drei hölzerne Kruzifixe aus dem 12. und 13. Jh. Einer der fünf Säle ist *Giorgio Vasari* gewidmet. Interessant ist der **Themensaal,** der drei verschiedene Darstellungen der Annunciazione (Mariä Verkündigung) gegenüberstellt: Ein Tafelbild von *Andrea di Nerio* (erste Hälfte des 14. Jh.), ein Fresko von *Spirello Aretino* (1380) und ein Keramiktabernakel von *Bernardo Rosselino* (1434). Deutlich ist zu erkennen, wie die Künstler sich in der Darstellung auf die Arbeit des Vorgängers bezogen, sie aber auch weiterentwickelten. Das Museum befindet sich im Aufbau und soll nach Abschluss der Erweiterung sakrale Kunst auf drei Etagen zeigen. Auch ein Café ist in Planung.

■ **Museo Diocesano d'Arte Sacra MUDAS,** Piazzetta dietro il Duomo, Tel. 0577 286300, www.duomoarezzo.it, April–Okt. tgl. 10–18, Winter Fr–So 10–13.30, 14–17 Uhr (Einlass bis 30 Min. vor Ende), 6 €.

Am Hauptportal des Domes vorbei und dann nach Westen, gelangt man zur **Ba-**

Buch-Tipp

Wer tiefer einsteigen will in die **Biografien der Renaissance-Künstler** (und viel Zeit mitbringt), kann sich das epochale Werk von *Giorgio Vasari* besorgen, der jeden einzelnen der weniger bekannten, der erfolgreichen und der allerberühmtesten Maler, Bildhauer und Architekten porträtierte. Eine Sammlung voller lesenswerter Lebensbeschreibungen, angereichert mit zahlreichen Anekdoten: 160 Biografien in 45 Bänden, in neuer Übersetzung vom Verlag Klaus Wagenbach 2004–2015 aufgelegt – die **Edition Giorgio Vasari** (www.wagenbach.de).

☑ Arezzos Cattedrale dei Santi Pietro e Donato

310t sk

silika San Domenico aus dem 13. Jh. mit Freskenfragmenten aus dem 14. und 15. Jh. Die gotische Bettelordenskirche beschränkt sich ganz typisch auf ein Schiff ohne Gewölbe, stattdessen mit offenem Dachgebälk. Die Erhöhung eines Teils der Frontmauer bildet den Glockenstuhl – einfach und elegant. Das vorgebaute Portal ist neugotisch, der Rest der Fassade original. Glanzlichter sind das Tafelkreuz am Hauptaltar mit einem überlebensgroßen Jesus von *Cimabue* (um 1265) sowie ein San *Pietro* von *Giovanni della Robbia* (1520). Schwarz-weiß abgesetzte Bögen um Fenster und Apsiden verleihen dem Kirchenraum ein maurisches Gepräge.

■ **Basilica San Domenico,** Via di Sasso Verde 59, Tel. 0575 22906, tgl. 9–19 Uhr, Beleuchtung des Tafelkreuzes 1 €/2 Min.

Arezzo: Zugabe!

■ **Museo di Ivan Bruschi** – Privatsammlung im ehemaligen Palazzo del Capitano del Popolo (14. Jh.) mit Exponaten aus allen erdenklichen Bereichen – ein Rundumschlag: Archäologie, Kunst, Waffen, Africana, Ethnografie; Corso Italia 14, Tel. 0575 354126, www.fondazioneivanbruschi.it, Mi–So 10–13, 14–18 Uhr, 5 € oder Museumspass B.

■ Das **Museo dei Mezzi di Communicazione** (Museum der Kommunikationsmittel) gibt einen Überblick über die Audio- und Videogerätschaften von deren Aufkommen bis (fast) zur Gegenwart; Via Ricasoli 22 (Palazzo Comunale), Tel. 0575 377662, www.museocomunicazione.it, Di/Do/Sa und 1. So/Monat 9.30–17.30 Uhr, 3 €.

■ **Kirche Santissima Annunziata** (1517 fertiggestellt) mit dem Fresko „Verkündigung" von *Spinello Aretino* (1370, aus der Vorgängerkirche inkorporiert), Glasfenstern von *Guillaume de Marcillat* (um 1520), Terrakotta-Madonna am Altar von *Michele da Firenze* (1438); Via Giuseppe Garibaldi 185, Tel. 0575 26774, 8–13, 16–19 Uhr.

■ Gefällige Renaissance-Loggia (1482) und prächtiger Altar von *Andrea della Robbia* (1493) aus Marmor und Terrakotta der **Kirche Santa Maria della Grazie** (um 1450); Via Santa Maria della Grazie 1 (2 km vom Bahnhof über den Viale Mecenta), Tel. 0575 323140, 7–20 Uhr (bei Messen geschlossen).

■ **UnoAErre** – Showroom für Goldschmiedekunst des Marktführers in der Schmuckherstellung mit Werkzeugen und Beispielen aus fast einem Jahrhundert (u.a. aus Belle Epoque und Art déco); Località San Zeno, Strada E, No. 5, 7 km südwestlich von Arezzo über die SS73, Tel. 0575 925953, www.unoaerre.it, Mo 14–17.45, Di–Fr 9–17.45, Sa 9–12.45 Uhr.

■ **Ponte Romito** – Lange Jahre galt die 1277 errichtete Arnobrücke **Ponte Buriano** (8 km auf der SP1 nach Nordwesten Richtung Setteponti) als Hintergrund auf Leonardo da Vincis Gemälde „Mona Lisa" – neueste Erkenntnisse sprechen aber für die Ponte Romito (1198) bei Montalto, von der allerdings nur noch ein Bogen erhalten ist; Via Vecchia Aretina (bei der Pizzeria Il Romito, 20 km westlich von Arezzo).

■ **Museo I Colori delle Giostra** (Museum der Turnierfarben) – interaktives Museum zur Geschichte des Sarazenenturniers mit Filmen und Kostümen (→ auch Exkurs S. 198); Piazza della Libertà 1, Sa/So 10–13, 13.30–16.30 Uhr, 5 € oder Museumspass B.

■ **Museo Orodautore** – Museum zur Goldschmiedekunst mit meisterlichen Stücken aus der zweiten Hälfte des 20. Jh.; Via Vasari 2, Fr–So 11–19 Uhr, 5 € oder Museumspass B.

Wenige Schritte weiter nach Westen und in die zweite Straße nach links, steht das **Vasari-Haus,** ein Palazzo, den *Giorgio Vasari* (1511–1574) in seiner Geburtsstadt 1540 kaufte und dessen Zimmer er über und über bunt ausmalte – ein ausgezeichnetes Beispiel für den manieristischen Stil des Künstlers, Architekten und Biografen. Die Fresken im Kaminzimmer zeigen ihn – von allegorischen Figuren geleitet – auf seinem Lebensweg. Im Ruhmessaal sind Bildnisse von Künstlern aus Arezzo und Umgebung zu sehen, darunter *Andrea del Sarto, Michelangelo* und natürlich wieder ein Selbstporträt. Das Deckenfresko der Brautkammer zeigt *Abraham* inmitten der Allegorien für Frieden, Eintracht, Tugend und Bescheidenheit.

Unser Tipp: Der kleine **Garten** des Hauses eignet sich gut für ein Päuschen.

312tsk

■ **Casa Vasari,** Via XX Settembre 51, Tel. 0575 409 050, https://museiarezzo.it,, Mi–Sa 8.30–19.30, So 8.30–13.30 Uhr, Einlass bis 1 Std. vor Ende, 4 € oder Museumspass A.

Der Via XX Settembre folgend, erreicht man das **Museum für mittelalterliche und moderne Kunst** im Palazzo Bruni Chiocchi detto della Dogana, einem der schönsten Renaissance-Gebäude der Stadt. Die wertvolle Sammlung besteht großteils aus den Stücken, die die Laienbrüder der Fraternità dei Laici während der aufreibenden Mühsal ihrer Samariterarbeit so zusammengetragen haben. Wie im Parterre, sind in der ersten Etage Werke aus dem Mittelalter und der Renaissance ausgestellt. Das Gemälde „Gastmahl des Ahasver" stellte *Vasari* im Sommer 1548 für die Badia delle Sante Flora e Lucilla her. Mit den Maßen 2,49 x 7,45 m ist es eines der größten Bilder der Renaissance – in nur 42 Tagen direkt im Refektorium der Abtei in Öl auf die Holztafeln gemalt. Die bemalten und glasierten Terrakotta-Stücke bilden eine der bedeutendsten Majolika-Sammlungen der Welt. In der zweiten Etage sind Gemälde, Korallenschmuck, Glasarbeiten und Feuerwaffen (16.–20. Jh.) zu sehen.

■ **Museo Nazionale d'Arte Medievale e Moderna,** Via San Lorentino 8, Tel. 0575 409050, https://museiarezzo.it, Di/Mi 8.30–19, Do–Sa und 1. So/Monat 8.30–13.30 Uhr, 6 € oder Museumspass A.

Praktische Informationen

Touristeninformation

■ **Ufficio Turismo Discover Arezzo,** Via Giorgio Vasari 13 (Piazza Grande), Tel. 0575 377468, www.discoverarezzo.com, tgl. 10–13, 13.30–17.30 Uhr.

Unterkunft

21 Graziella Patio Hotel③-④, Via Cavour 23, Tel. 0575 401962, www.hotelpatio.it. Die Zimmer sind thematisch eingerichtet und benannt – *Bruce Chatwins* Reiseessays stehen hier Pate. Das elegante und zentral gelegene Haus bietet allen Komfort, sorgt für die Unterbringung des Autos und vermietet auf Anfrage auch Fahrräder.

25 Hotel Continentale③, Piazza Guido Monaco 7, Tel. 0575 20251, www.hotelcontinentale.com. Modernes Komforthotel der Vier-Sterne-Klasse (mit teils sehr plüschiger Möblierung) in zentraler Lage, das auch durch seine tolle Dachterrasse besticht.

30 La Traccia②, Via Crispi 33, Tel. 340 7036731. Kleines Bed & Breakfast mit drei sehr sauberen und modern eingerichteten Zimmern (jeweils mit eigenem Bad); gute Lage, freundlicher und aufmerksamer Gastgeber und sicheres Parken.

6 B&B Antiche Mura②, Piaggia di Murello 35, Tel. 0575 20410, www.antichemura.it. Sechs individuell und zum jeweiligen Namen passend mit antiken und modernen Möbeln eingerichtete Zimmer (Thema: Filmdiven) in einem Haus aus dem 13. Jh. Die Zimmer im Erdgeschoss sind etwas düster, besser im ersten Stock reservieren. *Barbara* und ihre Familie sind sehr herzliche Gastgeber. Das Frühstück gibt's nicht im Haus – man bekommt einen Gutschein und frühstückt in einem Café in der Nähe.

UNSER TIPP **13 La Locanda di San Pier Piccolo**①-②, Via Bicchieraia 32, Tel. 0575 20792, www.locandasanpierpiccolo.it. Das Hotel logiert in einem ehemaligen Benediktinerkloster; in den schlicht, aber geschmackvoll gestalteten Zimmern (einige ohne Bad, einige recht klein) sind teils noch historische Wandfresken erhalten. Im idyllischen Kreuzgang kann gespeist werden. Das **Restaurant** ② (Do–Di mittags und abends) ist der Slow-Food-Bewegung angeschlossen und gemessen an der Qualität erstaunlich günstig.

Außerhalb

UNSER TIPP **8 Tenute San Fabiano**④, Via San Fabiano 33, Tel. 0575 24566, www.tenutesanfabiano.it. Das große Weingut am Stadtrand von Arezzo gehört Nachkommen jener Familie, die im 15. Jh. die Ausmalung der Bacci-Kapelle in der Kirche San Francesco finanzierte – man wohnt in den mit antikem Mobiliar ausgestatteten Zimmern der Villen Palazaccio (13 Zimmer) und Villalta (neun Zimmer) also buchstäblich auf historischem Boden. Beide Villen sind von wunderbaren Parkanlagen umgeben und werden normalerweise nur gesamt vermietet – ideal also für eine kleine Gruppe. Es kann sich aber durchaus lohnen, einfach nur nach einem Zimmer zu fragen.

UNSER TIPP **1 Tenuta Il Palazzo**②-③, Località **Antria** di Tregozzano, Tel. 0575 361338, https://ilpalazzo.eu. Unterkunft auf einem klassischen Chianti-Weingut in stadtnaher, doch zugleich absolut ländlicher Umgebung in 23 Apartments unterschiedlicher Größe, die sich auf mehrere in einem üppigen Garten arrangierte Häuschen verteilen. Die Wohnungen sind komplett und sehr komfortabel ausgestattet (auch WiFi), ein Pool bietet Erfrischung mit Blick auf Arezzos Kathedrale an heißen Sommertagen. Die Eigentümer vermieten die Apartments lieber wochenweise, aber wenn es freie Plätze gibt, können Gäste auch für ein, zwei Übernachtungen einchecken. Sehr herzliche Atmosphäre und Möglichkeit, den Weinkeller zu besichtigen. In Arezzos Zentrum sind's mit dem Auto 5 Min.; es gibt auch eine Busverbindung.

◁ Auf dem Weingut Podere di Pomaio bei Arezzo

Camping

2 Camping Le Ginestre, Località Rucello 100, Arezzo, Tel. 0575 363566, www.campingleginestre.it, März–Dez. 40 Stellplätze und acht Bungalows, nur 6 km von Arezzo entfernt; Pool, Tennis, Volleyball und Restaurant; Busverbindung vom Hauptbahnhof.

■ **Stellplätze Camper** → „Verkehr/Parken".

Essen und Trinken

19 Antica Osteria l'Agania③, Via Mazzini 10, Tel. 0575 295381, www.agania.it, Di–So 12–14.30, 19–22.30 Uhr. Feine Aretiner Küche mit frischen Zutaten aus der Region. Bekannt ist das Restaurant allerdings auch für Spezialitäten wie Schweineschnauze oder Hirn – für die ganz Wagemutigen!

23 B17②, Via di Tolletta 17, Tel. 0575 912389, www.facebook.com/B17birreria, Mi–Mo 18–1, Mo–Fr auch 11.45–14 Uhr. Wer genug hat vom Wein, schwelgt hier in unzähligen Sorten von *birra artigianale* und verzehrt dazu Hamburger und Hotdogs.

12 Borgo San Piero①, Via Andrea Cesalpino 18, Tel. 0575 330115, Mo–Sa 7–19.30 Uhr. Delikatessenladen mit Tischen im hinteren Bereich. Pasta, Panini, Lasagne für ein preiswertes Mittagessen.

11 Caffè dei Costanti③, Piazza San Francesco 19, Tel. 0575 1824075, www.caffedeicostanti.it, Mi–So 7.30–2 Uhr. Arezzo ist eine Stadt der Kaffeehäuser, und dieses ist eines der beliebtesten, auf jeden Fall aber am schönsten gelegenen, nämlich direkt gegenüber der Kirche San Francesco. Die kleine Speisekarte hält sich an Bewährtes, die Preise orientieren sich an der Lage.

UNSER TIPP: **22 La Tua Piadina**①, Via de' Cenci 18, Tel. 0575 23240, Di–Sa 10.30–15.30, 17–21, So 10.30–15.15 Uhr. Piadine satt, süß, salzig, mild, scharf, mit Fleisch oder vegetarisch. Für den schnellen Mittagssnack.

18 La Bottega di Gnicche①, Piazza Grande 4, Tel. 0575 1822926, www.facebook.com/labottegadignicche, tgl. 11.30–22/23 Uhr. In so exponierter Lage erwartet man eigentlich andere Preise – köstliche Panini, hervorragende Crostini und sehr, sehr leckere Salate, die weit über grünes Allerlei hinausgehen; dazu der fantastische Blick über die Piazza.

27 Ristoburger by Crispi's②, Via Crispi 10/12, Tel. 0575 22873, www.facebook.com/crispisarezzo, Di–So 19–23 Uhr. Hamburger und anderes *streetfood* vom Chianina-Rind. Auch kleine Auswahl an Veggie-Burgern.

20 Pizzeria O'Scugnizzo①, Via Dei Redi 9/11, Tel. 0575 333300, www.lo-scugnizzo.it, Mi–Mo 19.30–23 Uhr. Die Pizzaioli backen die mutmaßlich beste Pizza in der Stadt, natürlich in neapolitanischem Stil und mit Siegel; als Getränk dazu sollte man Gerstensaft wählen (crafted!) – die Pizza fluffig knus-

Giostra del Saracino

Das **Reiterturnier** geht auf die Jahrhunderte der Kreuzzüge und der Türkengefahr zurück; die edlen Ritter preschen gegen eine hölzerne Sarazenenfigur an, den „Buratto". Termine: Am vorletzten Samstag im Juni abends, am ersten Sonntag im September nachmittags. Den beiden Wettbewerben gehen zwei vorbereitende Veranstaltungen voraus: Am ersten Samstag im Februar werden im Rathaus die siegreichen Turnierreiter der Giostre der letzten beiden Jahre ausgezeichnet. Und im April wird in einem international ausgeschriebenen Wettbewerb entschieden, wie der neue Handgriff der „Goldenen Lanze" aussehen soll.

■ **www.giostradelsaracinoarezzo.it**

055t sk

prig mit besten Zutaten, das Bier bernsteinfarben ruhig oder goldgelb prickelnd – Arezzo liegt auch in Süditalien!

9 **Tortello Divino**①-②, Via Cavour 70, Tel. 0575 300045, https://tortello-divino.business.site, Di–Sa 12–15, 19–22, So 12–15 Uhr. Tortellini in allen Variationen, aber auch die üblichen Antipasti, Primi und Secondi.

5 **Trattoria Mazzoni**②, Via Canto alla Croce 1, Tel. 0575 26857, www.trattoriamazzoni.it, Do–Di 12.30–14.30, Mo/Di/Do–Sa auch 19.30–22.30 Uhr. Die einfache Trattoria serviert die üblichen toskanischen Gerichte, von *crostini* über *pici* bis *tagliata*, zu günstigen Preisen.

Hauptaltar im Dom von Arezzo

26 **Trattoria La Vigna**②, Via Spinello 27, Tel. 0575 351994, www.trattorialavigna.it, Di–So 12.30–15, 19.30–23 Uhr. Das familiäre Restaurant gegenüber dem Bahnhof kocht bodenständig und serviert abends auch Pizza. Wenn sie auf der Karte steht, unbedingt die *polenta al cinghiale* probieren! Dazu Chianti von der Tenuta Il Palazzo.

29 **Vineria dal Chiodo**②, Via Garibaldi 16, Tel. 575 1822 174, www.vineriadalchiodo.it, Di–So 12.30–14, Di-Sa auch 19.30–22 Uhr. Hinter dem Herd steht Mamma *Simonetta*, und was sie zubereitet, kommt tief aus Arezzos kulinarischer Tradition: *bollito misto* beispielsweise mit *salsa verde*, die es donnerstags gibt. Es herrscht eine einfache, ungezwungene Atmosphäre, und viele Aretiner Stammgäste wissen dies zu würdigen!

14 **TASTE food&wine**②, Corso Italia 22, Tel. 342 8354120, www.facebook.com/tastearezzo, Mo/Mi-Fr 11–15, 18–22, Sa/So 11–22/23 Uhr. Hell und modern gehaltene Vinothek mit Pianomusik und Freisitz im Herzen Arezzos; gute Antipasti und Teiggerichte und feine Desserts.

Süßes

16 **Stefano,** Corso Italia 61, Tel. 0575 24337, Do–Di 7–20 Uhr. Bekannt ist das Lokal, das ursprünglich eine Apotheke war, unter seinem früheren Namen Svizzeri. Als Café-Konditorei und Bar in einem eignet es sich sowohl für den Kaffeeklatsch als auch für einen Aperitif oder ein schnelles Tramezzino.

3 **Crem Caramel,** Via Fiorentina 21, Tel. 0575 24186, tgl. (außer Mi) ab 11 Uhr. Die Eisfraktionen in Arezzo verteilen sich auf drei Gelaterie, von denen jede ihren Anhängern jeweils als die beste gilt. Diese ist eine davon. Kein Geschmacks-Chichi, sondern klare Ansagen und intensives Aroma.

28 **Gelateria Golò Giò,** Via Giuseppe Garibaldi 47, Tel. 340 3490580, tgl. ab 12 Uhr. Die Nummer Zwei: Kleine Auswahl gängiger Sorten, aber großer Geschmack in knuspriger Waffel.

24 **Paradiso,** Via Guido Monaco 58, Tel. 0575 27048, www.gelateriaparadiso.it, tgl. 12–23 Uhr. Die dritte unter den beliebtesten Gelaterie. Neben Eis in Riesenauswahl und ausgefallenen Geschmäckern auch Joghurt und Crêpes.

Verkehr

■ **Bahn/Bus:** Bahnhof Arezzo, Piazzale della Repubblica, an der Strecke Florenz–Rom, halbstündlich Verbindungen nach Florenz Stazione SMN (60–90 Min., um 10 €) und alle 1–2 Std. nach Roma Termini (ab 135 Min., um 20 €); Autobus-Terminal beim Bahnhof.

■ **Parken:** Die Altstadt ist verkehrsberuhigt, Touristenfahrzeugen ist die Einfahrt verboten. Kostenfreie Parkplätze: die weiter von den Rolltreppen entfernten Plätze auf dem Parcheggio Pietri (Via Pietri, unterhalb des Doms im Norden, Rolltreppen hoch), Parcheggio Tarlati (300 m nördlich vom Parcheggio Pietri in der Via Tarlati) und Parcheggio Cimitero Urbano (beim städt. Friedhof in der Via Gamurrini, 500 m nordöstlich der Fortezza Medicea). Kostenpflichtig sind die nahe an der Rolltreppe gelegenen Plätze am Parcheggio Pietri (0,70 €/Std.), **Camper** können neben dem 7 **Parcheggio Tarlati** (s.o.) in der Via da Palestrina oder in der Via Duccio da Buoninsegna abgestellt werden (8 €/Tag).

4 **Radverleih: Cicli e Moto Vagheggi/Noleggio Bici,** Via S. Lorentino 93, Tel. 0575 22651, www.cicliemotovagheggi.com, Citybike 13 €/Tag, auch Kinderfahrräder; **AR Bike,** das Bikesharing-Projekt der Kommune Arezzo, ist nur sinnvoll, wenn man länger in der Stadt bleibt; man muss sich elektronisch registrieren etc. Infos auf www.comune.arezzo.it, Stationen u.a. am Bahnhof, am Busbahnhof und an den großen Parkplätzen.

■ **Rolltreppe:** Den bequemsten Zugang zur Altstadt bieten die Rolltreppen vom Parcheggio Pietri hinauf zum Domplatz, Fahrtzeiten tgl. Nov.–März 6–22, April/Mai/Okt. bis 24, Juni–Sept. bis 1 Uhr.

Feste

■ **Antiquitätenmesse,** www.fieraantiquaria.org, am ersten So im Monat und dem Sa davor auf der Piazza Grande.

■ **Giostra del Saracino,** → Exkurs, S. 198.

Einkaufen

In der an der Südostecke der Piazza Grande beginnenden Gasse **Borg'unto** reihen sich die Läden der Antiquitätenhändler, Antiquariate und Restauratoren aneinander.

15 **Antica Bottega Toscana,** Corso Italia 24, Tel. 0575 300014, www.anticabottegatoscana.it. 15 Belegte Panini, aber auch Köstlichkeiten wie Pasta, Salami, Käse, Honig für zuhause oder zum Verzehr am Tresen und an den Tischen gegenüber der Santa Maria della Pieve.

18 **Dei Bardi Arte,** Piazza Grande 7, Tel. 338 5813579, www.facebook.com/DeiBardiArte. Leuchten und Kristall- und Glaskunst auf hohem Niveau.

17 **Chiantineria,** Via Seteria 6, Tel. 339 4840337, chiantineria.it. Das Beste an Festem und Flüssigem, was der Boden rund um Arezzo hergibt; am Tresen zu kaufen oder 17 direkt gemütlich unter Gewölben vertilgen.

10 **Logge del Grano,** Piazzetta delle Logge del Grano 5, www.facebook.com/loggedelgrano, Bauernmarkt in einer Halle mit Essmöglichkeit, Mo–Sa sowie jeden 1. So im Monat 9.30–14.30, 16.30–20 Uhr.

■ **Wochenmarkt** Sa vormittags in der Viale Giotto von Arezzo (östlich des Bahnhofs).

Gesundheit

■ **Krankenhaus/Ospedale San Donato,** Via Pietro Nenni, Tel 0575 2551, Notruf 118, www.uslsudest.toscana.it, das Hospital ist rund um die Uhr in Bereitschaft.

■ **Apotheke/Farmacia Comunale,** Campo di Marte 7, in der Nähe des Krankenhauses, Tel. 0575 902466, www.farmaciecomunaliarezzo.it.

Sansepolcro/ Valtiberina

■ 330 m üNN, 15.000 Einw., Arezzo 40 km

Nur kurz streift der **Tiber,** der „heilige Ursprung Roms", toskanisches Gebiet. In seinem Tal zwischen den dicht bewaldeten Gebirgszügen zeigt sich Sansepolcro, die Geburtsstadt von *Piero della Francesca,* als perfekte **geometrische Anlage** mit 90-Grad-Winkeln. Die als Naturreservat geschützte Bergwelt der **Alpe della Luna** gleich nördlich ist ein beliebtes Wanderziel mit guter Infrastruktur.

Der **Name** von Sansepolcro („Heiliges Grab") im breiten und fruchtbaren oberen Tiber-Tal (Alta Valtiberina) leitet sich von einem Oratorium ab, das im Jahr 934 Kreuzfahrer errichtet haben sollen – für aus dem Morgenland vom Heiligen Grab mitgebrachte Reliquien. Sansepolcro hat mittelalterliche Wurzeln und eine sehenswerte Altstadt – trotz oder gerade wegen des Schachbrettmusters. Es entstand bereits im 14. Jh., als die Renaissance sich schon ankündigte. Den häufigen Wechsel der Herrscher vom 11. bis zum 13. Jh. (u.a. gehörte man zu Perugia und Mailand) beendeten die *Medici* 1440 mit der Schlacht von Anghiari, bei der Sansepolcro auf der Verliererseite stand und schließlich für 25.000 Goldflorin an Florenz ging.

Den **Dom San Giovanni** errichteten Kamaldulenser-Mönche 1012–49 für ihr Kloster. Als Papst *Leo X.* Sansepolcro 1515 zum Bischofssitz machte, zogen die Mönche in ein neues Kloster, und die Kirche erhob man zur Kathedrale. In den 1930er Jahren baute man die Barockisierung des 17. Jh. gezielt zurück und legte dabei Fresken des 14. Jh. frei. Das Gotteshaus fügt sich ganz untypisch in die Häuserflucht ein, und auf den ersten Blick mangelt es ihm an einem Kirchturm. Erst wenn man auf die Piazza Torre di Berta hinaustritt, sieht man ihn auf der Rückseite der Kirche aus dem Häuserkarree aufragen. Die Basilika zwischen Romanik (Rundbögen, Säulenkapitelle) und Gotik (Fassade mit Fensterdurchbruch) zeigt sich mit Gewölben in den Seitenschiffen und einem offenen Dachstuhl im Hauptschiff. Im linken Seitenschiff hängt die „Pala di Sansepolcro", die „Himmelfahrt Christi" (um 1510) aus der Hand von *Pietro Perugino.*

Jesus ist von Engeln umgeben, Maria und die Apostel beten darunter in einer umbrischen Landschaft. Das Polyptychon „Auferstehung“ am Hauptaltar (um 1348) schuf *Niccolò di Segna.*

■ **Duomo di San Giovanni Evangelista,** Via Giacomo Matteotti 1, Tel. 0575 7321, 8–19 Uhr.

Nördlich des Doms erreicht man über den Durchgang an der Piazza Giuseppe Garibaldi neben dem Palazzo Pretorio die Via Aggiunti. Im zweiten Gebäude links, dem Palazzo della Residenza (14. Jh., Änderungen im 16. Jh.), ist das **Stadtmuseum** mit einer bemerkenswerten Sammlung untergebracht. In den 1920ern als Pinakothek gegründet, hat es seine Ausstellung wesentlich erweitert und zeigt auch prächtige liturgische Gegenstände und Gewänder. Herzstück ist allerdings die Sammlung zu *Piero della Francesca.* Das 225 auf 260 cm messende Fresko „Ressurezione – Auferstehung“ (1458) gilt als eines seiner schönsten und interessantesten Werke, gemalt für den Ratssaal. Christus ist hier nicht entrückt, mehr dem Himmel als der Erde zugetan. Stark und selbstbewusst blickt er stattdessen auf den Betrachter, in der Hand die Siegesfahne – Weltenherrscher. Übrigens hat *Piero della Francesca* sein Selbstbildnis hinzugefügt (zweiter Soldat von links). Das Polyptychon der Barmherzigkeit (Öl auf Holz, 273 x 330 cm, für die Bruderschaft Santa Maria della Misericordia) schlägt einen weiten Bogen über *Pieros* Schaffen. Die ersten Paneele entstanden 1445 (*Sebastian* und *Johannes der Täufer,* links). Als letztes malte er die barmherzige Maria (1462) in der Mitte. Weitere Werke stammen von Künstlern wie *Santi di Tito* (1536–1603, ebenfalls in Sansepolco geboren) oder vom aus Cortona stammenden *Luca Signorelli* (um 1450–1523), vertreten sind das 14. bis 16. Jh. Auch Terrakotten aus der Werkstatt *della Robbia* stehen in Besitz des Museums.

■ **Museo Civico,** Via Niccolò Aggiunti 65, Tel. 0575 732218, www.museocivicosansepolcro.it, tgl. 10–13, 14.30–18, Einlass bis 20 Min. vor Ende, 12 €.

UNSER TIPP: Nochmal zwei Häuser an der Via Aggiunti weiter, gelangt man zum **Aboca-Museum.** Es hat sich im Palazzo Bourbon del Monte (aus dem 18. Jh.) der Welt der **Kräuter** verschrieben. Das Museum versteht sich als Projekt mit dem Ziel, das Wissen über Kräuter als Medizin nicht in Vergessenheit geraten zu lassen. Destillationsapparate, Mörser, Keramiken und Laborgeräte in didaktischem Arrangement und aus mehreren Epochen geben einen guten Überblick über die Bedeutung der Kräutermedizin. Angeschlossen ist eine Bibliothek mit Werken vom 16. bis 20. Jh. zum Thema. Das Museum verlegt auch Reprints und kommentierte Neufassungen uralter Werke zu Botanik und Medizin.

Nach Verlassen kann man in der angeschlossenen **Erboristeria** Kräuter und Tees erwerben oder direkt nebenan noch einen Blick auf den Holzaltar (17. Jh.) der **Chiesa di San Rocco** (Mitte 16. Jh.) mit einer Schnitzfigur aus dem 13. Jh. werfen.

■ **Museo Aboca,** Via Niccolò Aggiunti 75, Tel. 0575 733589, www.abocamuseum.it, April–Sept. tgl. 9–13, 15–19, So ab 10, Winter Do–So 9–13, 15–18, So ab 10 Uhr, 8 €.

Eremo di Montecasale

Nordöstlich von Sansepolcro (7 km) liegt pittoresk zwischen den Hügeln die **Einsiedelei von Montecasale.** Auf einem schmalen Asphaltsträßchen geht es durch den von Eichen beherrschten Mischwald kurvenreich hinauf ins Nirgendwo auf 700 m Höhe (ab Sansepolcro gibt es einen schönen **Fußweg,** auf dem man die Einsiedelei in 2 Std. erreicht). 1192 gründeten Kamaldulenser das Kloster mit einem Pilgerhospiz und einem Hospital für Aussätzige, ihnen folgten 1213 die Franziskaner in Person des **heiligen Franziskus** höchstselbst. Der Legende nach sollen einmal zwei Burschen *Franziskus* um Aufnahme in das Kloster gebeten haben. Um ihre Willfährigkeit zu prüfen, nahm er sie mit in den Garten und bat sie, Kohl zu pflanzen, so wie er es ihnen zeigte. Er aber steckte die Blätter der Setzlinge in die Erde, sodass die Wurzeln in die Luft ragten. Der eine Bursche tat wie ihm geheißen, der andere weigerte sich beharrlich. Da schickte *Franziskus* diesen mit den Worten fort, dass er wohl ein Wissender sei und sein Glück sicherlich auch woanders machen könne. Den Folgsamen aber behielt er.

Seit dem 16. Jh. sind es **Kapuziner,** die in der Abgeschiedenheit leben. Erhalten geblieben ist die für Bettelorden typische Klosteranlage, errichtet mit Materialien aus der unmittelbaren Umgebung, einem der kleinsten und intimsten Kreuzgänge Italiens als Mittelpunkt, und einfachsten Mönchszellen – man war und ist genügsam. Die Madonna mit Kind am Hochaltar der Kirche stammt aus dem 13. Jh. Gruppen (manchmal auch Einzelreisende) werden für einen geringen Betrag im Pilgerhaus oder im Pilgersaal im Kloster aufgenommen.

■ **Eremo di Montecasale,** Frazione Basilica (von Sansepolcro über die Strada Comunale della Montagna für knappe 2 km, dann rechts dem Schild folgen), Tel. 0575 742648, 7–12, 15.30–18/19 Uhr.

Alpe della Luna

Die **Mondalpen,** ein Massiv des Apennin, erstrecken sich nordöstlich von Sansepolcro entlang der Grenze zu Umbrien, höchste Erhebung ist der **Monte dei Frati** mit 1454 m üNN. Das geschützte Gebiet umfasst 1540 ha dichten Wald aus Eichen und Buchen. Mehrere vom ital. Alpenverein unterhaltene Wanderwege führen hindurch.

■ **www.parks.it/riserva.alpe.luna**

057tsk

☒ Für Kräuterhexen ein Muss: Museo Aboca

058t sk

Blick auf Anghiari, ein echtes Künstlerstädtchen

Lago di Montedoglio

7 km nordwestlich von Sansepolcro entstand zwischen 1977 und 1993 durch Aufstauung des jungen Tiber 30 km hinter seinem Ursprung ein See, der die Trinkwasserversorgung der Region sicherstellt. Er ist bei Fischern beliebt, und die Jugend nutzt die Winde zum Surfen. Die Ufer eignen sich zur Vogelbeobachtung, am besten mit einem geliehenen Kanu/Kajak (Mietboote im Weiler Madonnucia am Südostufer).

- **www.digadimontedoglio.it**

Anghiari

Schnurgerade verläuft die Straße über 9 km von Sansepolcro Richtung Südwesten, das Tiber-Tal – die Piana della Battaglia – querend, nach Anghiari (430 m üNN, 5500 Einw.), und teilt es in die nördliche Neustadt und die südliche, erhöht auf einer steilen Kuppe liegende, hübsche Altstadt. Vom Parkplatz an der Stradone Giacomo Matteotti führen zwei Aufzüge hinauf. Zahllose Kunstgalerien und Ateliers machen Anghiari zu einem echten **Künstlerstädtchen;** kein Zufall, denn seit Jahrhunderten wird hier Handwerk wie Intarsienlegen oder Keramik gepflegt. Schmuck, Tonwaren, Grafiken oder Gemälde gilt es zu entdecken – man lasse sich einfach durch die schmalen und teils sehr steilen Gassen des Städtchens treiben. Auch ein Blick in die **Kirche Santa Maria delle Grazie** ist lohnenswert. Hinter dem Altar ist eine Terrakotta von *Andrea della Robbia* zu bestaunen, die „Madonna della Misericordia".

Bekannt ist der Ort aber auch für die Schlacht vom 29. Juni 1440 zwischen dem Mailand der *Visconti* und dem Florenz der *Medici.* Obwohl die Florentiner und ihre papistischen Verbündeten in der Minderzahl waren, blieben sie siegreich, was die *Medici* mit einem grandiosen Schlachtengemälde im Palazzo Vecchio in Florenz dokumentiert wissen wollten. Für die Ausführung verpflichteten sie *Leonardo da Vinci,* der 1503 begann, das Werk aber nie vollendete. *Giorgio Vasari* übermalte es bei einer Neugestaltung des Palastes 1563. Geblieben von dem geplanten Meisterwerk sind lediglich Vorbereitungsskizzen, die das **Museo delle Memorie** im Palazzo della Battaglia ausstellt. Dazu gibt es Kopien weiterer Gemälde zur Schlacht bei Anghiari (z.B. von *Rubens* und *Michelangelo*), prähistorische Funde, archäologische Entdeckungen aus der Römerzeit und mittelalterliche Waffen.

Ein die Schlacht nachstellendes, beeindruckendes **Diorama** mit 2200 handbemalten Zinnsoldaten dürfte nicht nur kleine Besucher faszinieren.

Palazzo della Battaglia, Piazza Mameli 1, Tel. 0575 787023, www.battaglia.anghiari.it, März–Okt. tgl. 10–13, 14.30–18.30, sonst Mi–Mo 10–13, 14.30–17.30 Uhr, 4 €, Kind 2 €.

Monterchi

Monterchi (360 m üNN, 1700 Einw.), 15 km südlich von Sansepolcro, ist ein weiteres Bergstädtchen, nicht ganz so stimmig und schön wie Anghiari, dafür mit einer ellenlangen **Vergangenheit.** Sie reicht zu den Etruskern zurück, die auf dem Hügel eine Kultstätte zur Verehrung des bei ihnen beliebten Herakles unterhielten. Die Römer übernahmen diese und nannten sie „Mons Erculis – Berg des Herkules", woraus schließlich Monterchi wurde.

Im 19. Jh. entdeckte man bei der Renovierung der Friedhofskapelle Santa Maria di Momentana ein Fresko, das von *Piero della Francesca* stammt. Aus konservatorischen Gründen befindet es sich heute im eigens für das Bild eröffneten **Museum Madonna del Parto** in der ehemaligen Dorfschule. *Piero* soll 1459 – um seine Mutter zu ehren, die aus Monterchi stammte – diese als Vorbild für das Gemälde genommen haben. Tatsächlich zeigt es für ein Madonnenbild höchst verwunderliche Eigenheiten. Man sieht ein schönes Bauernmädchen,

059t sk

⊡ Ein Museum nur für ein Meisterwerk: die Madonna von Piero della Francesca

hochschwanger, sodass die Schnürung ihres Kleides gelockert ist. Zwei Engel, auch diese eher erdverbunden als himmlischen Sphären zugehörig, halten den kostbaren Fellvorhang offen.

■ **Museo Madonna del Parto,** Via della Reglia 1, Tel. 0575 70713, www.madonnadelparto.it, März–Okt. tgl. 9–13, 14–19, sonst bis 17 Uhr, 6,50 €. (inkl. Waagenmuseum/Museo delle Bilance, → Kasten „Sansepolcro: Zugabe!").

Monte Santa Maria Tiberina

Schon nicht mehr Toskana ist das 13 km südöstlich von Monterchi liegende Bergstädtchen Monte Santa Maria Tiberina (690 m üNN, 1200 Einw.). Es ist jedoch auf alle Fälle einen Ausflug wert, alleine schon wegen des herrlichen Ausblicks in die Umgebung. Das Wehrdorf stand einst in Besitz der Markgrafen *Bourbon del Monte* (1250–1815). Man schlendert durch die Gassen an den Palästen vorbei, schaut sich in der Kirche Santa Maria al Monte (Schnitzmadonna am Hochaltar, 14. Jh.) die Grabstellen des Adelsgeschlechtes an und genießt die Aussicht. Das **Stadtmuseum** im Palazzo Bourbon del Monte ist der Familiengeschichte gewidmet, es zeigt aber auch archäologische Funde aus der Umgebung.

■ **Palazzo Museo del Marchesato Imperiale,** Piazza Castello 1, Tel. 0758 571003, www.montesantamariatiberina.org, Di–So 10.30–13, 16.30–19 Uhr, 3 €

Praktische Informationen

Touristeninformation

■ **Ufficio Turismo Sansepolcro,** Via Giacomo Matteotti 8, Tel. 0575 740536, www.comune.sansepolcro.ar.it, www.valtiberinaintoskana.it, April–Okt. 10–13, 14.30–18.30, sonst tgl. 10–13, Fr–So auch 15–17 Uhr.

■ **Ufficio Turismo Anghiari,** Corso Giacomo Matteotti 103, Tel. 0575 749279, www.prolocoanghiari.info, 9.30–12.30, 15.30–19.30 Uhr.

■ **Valtiberina/Casentino Card,** gilt für sechs Tage, kostet 22,50 € und gewährt bis zu 12 Prozent Rabatt auf die Eintrittspreise zu den Museen in Sansepolcro, Anghiari, Monterchi, Caprese Michelangelo, Sestino, Badia Tedalda und Pieve Santo Stefano.

Unterkunft

■ **La Paladina**③, Via S. Giuseppe 10, Tel. 333 5928901, www.lapaladina.com. Vier romantisch und geschmackvoll eingerichtete Zimmer in einem historischen Gemäuer. Die Gäste wohnen, wie es bei einem B&B immer sein sollte, im Haus der Gastgeber und werden herzlich und familiär aufgenommen; Mindestaufenthalt zwei Nächte.

Außerhalb

Agriturismo Le Ceregne③, Località Le Ceregne 74, **Pieve Santo Stefano,** Tel. 370 3781481, www.leceregne.it. Der Bio-Betrieb unweit des Lago di Montedoglio baut Oliven und Obst an, betreibt darüber hinaus ein Bio-Restaurant und vermietet sieben Zimmer und Apartments, die weitestgehend im Sinne der Nachhaltigkeit gestaltet wurden.

■ **Anghiari Hotel**②, Via della Battaglia 16, **Anghiari,** Tel. 0575 749206, www.anghiarihotel.it. Angenehmes, modernes Drei-Sterne-Haus am nordwestlichen Zentrumsrand, Wellness-Einrichtung (mit kleinem Pool), Restaurant/Pizzeria.

Sansepolcro: Zugabe!

■ **Casa di Piero della Francesca,** aus dem 14. Jh., Geburtshaus des Künstlers und Sitz einer Stiftung, die über die Renaissance forscht; Via Niccolò Aggiunti 71, Tel. 0575 740411, www.fondazionepierodellafrancesca.it, Sa/So 10–13 Uhr, sonst Voranmeldung im Museo Civico/Sansepolcro, 1 € zusätzlich zum Museumsticket.

■ **Fortezza Medicea,** massives und kompaktes Verteidigungswerk, ehemals mit Wassergraben, 1538–60 in Auftrag von *Cosimo I.* errichtet, von den Franzosen im 19. Jh. teilzerstört, ab 1868 saniert, heute in Privatbesitz und nur von außen zu besichtigen; Via della Fortezza.

■ **Museo Bernardini Fatti della Vetrata Antica** – Museum für Buntglasfenster und Glasmalerei in der säkularisierten Kirche San Giovanni; Via Giovanni Buitoni 9, Tel. 0575 732218, www.facebook.com/museovetratasansepolcro, Mi–So 10–13, 15–18 Uhr, 3 €.

■ **Museo di Palazzo Taglieschi/Anghiari** – Museum in einem Palast aus dem 15. Jh. mit einer Sammlung aus Skulpturen (darunter mehrere wertvolle Madonnen aus dem 14./15. Jh.), einer Majolika von *Andrea della Robbia* (Ende 15. Jh.) und Haushaltsgegenständen unterschiedlicher Epochen in 20 Räumen; Piazza Mameli 16, Tel. 0575 788001, Di 9–17, Mi 10–14, Do 13–17, Fr–So 10–14 Uhr, 4 €.

■ **Museo della Misericordia/Anghiari** – kleines Geschichtsmuseum der auf das 14. Jh. zurückgehenden Barmherzigen Bruderschaft von Anghiari; Via Francesco Nenci 13, Tel. 0575 787023, www.misericordiadianghiari.org, Sa 15–18, So 9.30–12.30, 15–18 Uhr, Eintritt frei.

■ **Museo delle Bilance** in Monterchi – die Welt der Waagen: vom groben Balkengerät aus der Landwirtschaft bis zur Goldwaage; Via XX Settembre 22, Tel. 0575 70713, Besuch nur nach Voranmeldung, 6,50 € (inkl. Museo Madonna del Parto, s.o.).

■ **Nero Gioconda**①-②, Via del Castello Antico 14/16, **Anghiari,** Tel. 333 3731595, www.nerogioconda.weebly.com. Vier einfach eingerichtete Zimmer, zwei davon mit eigenem Bad, im historischen Zentrum. Die Pension befindet sich fast am höchsten Punkt des Ortes.

Essen und Trinken

■ **Al Coccio**③, Via N. Aggiunti 83, Tel. 0575 741468, www.alcoccio.com, Mi–So 12.20–14.30, 19.30–21.30 Uhr. Der Kult um das beste Stück vom Rind ist hier so dominant, dass es eine eigene Filet-Speisekarte gibt. Bemerkenswert ist auch die Auswahl an Antipasti, wo neben Standards wie Crostini oder *affetato misto* auch *parmigiana di melanzane* oder *flan di porcini e taleggio* ungeahnte Genüsse eröffnen.

■ **Enoteca/Locanda Guidi**②-③, Via Luca Pacioli 44, Tel. 0575 736587, www.locandaguidi.it, Do–Di 11–15, 18–24 Uhr. Angenehme Weinbar mit feinem Essen und einigen Tischen in der Gasse; auf der Karte stehen raffinierte Pastagerichte, Carpaccio vom Rind, Thun- oder Schwertfisch und natürlich Tagliata; **auch Zimmervermietung**②.

Außerhalb

Trattoria da Vasco②, Frazione **Montagna** 33 (7,5 km nördlich), Tel. 338 7424645, www. facebook.com/trattoriadavasco, nur mit Reservierung. Soweit möglich, kommen Ingredienzen aus der nahen Umgebung in die Küche, die Pasta ist hausgemacht und die Crostini vegetarisch – wer es nicht lassen kann: Das Fleisch ist vom Chianina-Rind.

■ **Al Cantuccio**②, Piazza Baldaccio Bruni, **Anghiari,** Tel. 0575 788547, Di–So 17–21.30, Mi–So auch 10–15 Uhr. Das untouristische Lokal am Hauptplatz serviert einfache, bodenständige Küche, abends auch Pizze.

■ **Cantina del Granduca**②, Piazza Mameli 13, **Anghiari,** Tel. 0575 788257, www.cantinadelgranduca.it, 12–14.30, 19–22.30 Uhr, So nur mittags.

Die gemütliche Cantina ist nicht nur wegen der exzellenten Weinauswahl empfehlenswert. Ob *bistecca, tagliere di salumi* oder *pasta porcini* – alles wird frisch zubereitet und ansprechend serviert.

■ **La Terrazza di Piero②**, Via dell'Ospedale 14, Monterchi, Tel. 376 1891824, www.facebook.com/la.terrazza.di.piero, tgl. 19–24, Sa/So auch 11–15 Uhr. Das sympathische Restaurant neben dem Museum der „Madonna del Parto" hat eine hübsche Terrasse, auf der man sich die verfeinerte, rustikale Landküche schmecken lassen kann. Kleine Karte, aber die Gerichte sind stets frisch und liebevoll zubereitet.

Verkehr

■ **Bus:** Mit Linie BAAS von Autolinee Toscane mehrmals tägl. Busverbindung von Arezzo über Anghiari (nur 2x/Tag, 30 Min., um 5 €) nach Sansepolcro (55 Min., um 6 €); mit Buslinie SI381 mehrmals tägl. von Arezzo über Monterchi (30 Min., um 5 €) und Anghiari (45 Min., um 5 €) nach Sansepolcro (60 Min., um 6 €); www.at-bus.it.

■ **Parken:** Kostenpflichtiger Parkplatz am Bahnhof und an der Via San Puccio (Kreuzung mit der Durchgangsstraße SS73) an der nördlichen Altstadtmauer (0,50 €/Std.).

Feste

■ **Feste del Palio** – in der ersten Septemberhälfte versinkt Sansepolcro in der Zeit des *Piero della Francesca* mit Folklore, höfischer Musik, Gassenhauern und Armbrustschießen (Palio della Balestra auf der Piazza Torre di Berta bei der Kathedrale, www.balestrierisansepolcro.it).

■ **Sagra della Bistecca Chianina** in Sestino, der östlichsten Gemeinde der Toskana (45 km nördlich von Sansepolcro) – an jedem letzten Juniwochenende findet das Fest zum Fleisch der speziellen Rinderrasse statt, selbstredend kommen Liebhaber saftiger Steaks auf ihre Kosten. Infos unter: www.facebook.com/sagrabistecca.

Einkaufen

Erboristeria des Museo Aboca, Öffnungszeiten wie Museum. Kräuter, Naturheilmittel und Tees.

Leinenweberei Busatti, Via Mazzini 14, Anghiari, Tel. 0575 788013, www.busatti.com. Seit über 150 Jahren klappern die Webstühle und produzieren feinste Gewebe aus Baumwolle, Wolle, Hanf und Flachs für Tisch, Küche, Bad und Garten – wunderschön und in keinster Weise altbacken.

■ Weitere interessante **Kunsthandwerksateliers** in **Anghiari,** z.B. Mastro Santi del Sere (Holzarbeiten/Intarsien, Via Nova, www.mastrosanti.com), Elena Merendelli (Keramik, Piazza E. de Amicis, www.instagram.com/elenamerendelli), Barbara Dini (Schmuck, Corso G. Matteotti, www.facebook.com/barbara.dini.37) und Leonardo Luzzi (Flechtarbeiten, Viaio 50).

Bibbiena/ Casentino

■ 425 m üNN, 12.500 Einw., Arezzo 30 km

Der größte Ort des Casentino-Tales liegt am südlichen Ende des Parco Nazionale delle Foreste Casentinesi und östlich des Pratomagno, des Höhenzuges, der das Casentino nach Westen hin abschirmt. Auch wenn Bibbiena mangels herausragender Attraktionen oder Kunstwerke nicht die große Entdeckung zu sein scheint, einige sehenswerte Kirchen und Gebäude sind dennoch in der Stadt, die einen sehr aufgeräumten und schicken

Eindruck macht. Und in der Umgebung warten Klöster, Einsiedeleien und abgelegene Weiler in dichten Bergwäldern – Einsamkeit und unberührte Natur sind dort garantiert.

Erst zu Arezzo gehörig, gelangte der wohl auf etruskischen Siedlungsresten im 8. Jh. neu gegründete Ort 1360 zu Florenz. Heute ist Bibbiena der Hauptort und das wirtschaftliche und administrative Zentrum des Casentino.

An der Piazza Pier Saccone Tarlati, der „Guten Stube" der Stadt und an ihrer höchsten Stelle, stehen der Palazzo Pretorio (14. Jh.), der Palazzo Comunale (16. Jh.) mit dem Uhrenturm und etwas seitlich versetzt die einschiffige **Kirche SS. Ipollito e Donato.** Sie birgt ein Meisterwerk der Malkunst – das Altartriptychon von *Bicci di Lorenzo* („Madonna auf dem Thron", 1435). Rechts flankieren die Muttergottes *Jakobus* und *Christophorus*, links *Johannes der Täufer* und *Hippolytos*.

■ **Pieve dei Santi Ipollito e Donato,** Via Franceschi, tgl. 7.30–13, 15–19 Uhr.

Das kleine, dennoch interessante **Archäologische Museum** im Palazzo Niccolini beginnt in der prähistorischen Abteilung mit 700.000 Jahre alten Fossilien. Damals war es hier noch heiß und feucht, Elefant und Flusspferd streiften durch den Dschungel. Etruskern (mit Fokus auf deren Religion) und Römern sind eigene Abteilungen gewidmet.

■ **Museo Archeologico del Casentino Piero Albertoni,** Via Francesco Berni 41, Tel. 0575 595486, www.arcamuseocasentino.it, Juli/Aug. tgl. 9.30–12.30, 15.30–19.30, Mai/Juni/Sept. bis 18.30 Uhr, Winter nur Fr–So, 4 €.

Ein Kontrastprogramm der besonderen Art bietet das **Oratorium San Francesco,** ebenfalls in der Via Berni. Sein Bau wurde 1580 beschlossen, begonnen hat man erst 1736, und fertig wurde es 1786, als das Rokoko schon in voller Blüte stand. So sieht man in Bibbiena eine Rokoko-Kirche, deren Inneres in Weiß und Gold gehalten ist. Das Portal allerdings kam im 19. Jh. hinzu – Neoklassizismus.

■ **Oratorio di San Francesco,** Via Francesco Berni 39–41, nur nach Voranmeldung über das Tourismusbüro, Via Berni 21, Tel. 0575 595486.

Nur 5 m Straßenraum der Via Bernardo Dovizi trennen zwei weitere historische Gebäude. Der **Palazzo Dovizi** (Nr. 26) aus dem 16. Jh. besitzt eine grobe Fassade aus Wackersteinen und Ziegeln, dafür sind die Fenstergesimse aus Sandstein schönste Renaissance. Wohl niemand sonst in der Toskana ist sonntags so schnell im Gotteshaus wie die Bewohner dieses Gebäudes. Die nach Zerstörung 1474 neu errichtete **Klosterkirche San Lorenzo** kündet nach außen (wenn man den Kopf in den Nacken legt) von ihren drei Schiffen, die in die Häuserflucht eingepasste Fassade aus Bruchstein ist bis auf ein Rosettenfenster schmucklos. Das Innere mit seinen weiten Rundbögen zwischen den Schiffen, zum Altarraum und zur Apsis ist im Kontrast von weißem Putz und Sandstein schlicht und elegant. Zwei Nebenaltäre in den Seitenschiffen tragen jeweils eine Majolika aus der Werkstatt der *della Robbia,* rechts die Geburt Christi, links die Kreuzabnahme. Der Kreuzgang des Franziskanerklosters wurde 1955 mit Szenen aus dem Leben des heiligen *Franziskus* von *Ruggero Biggeri* neu ausgemalt.

060t sk

■ **Chiesa di San Lorenzo Martire,** Via Bernardo Dovizi, 8–13, 16–18 Uhr.

Die **Wallfahrtskirche Santa Maria del Sasso** liegt gut 1 km nordöstlich des Zentrums inmitten der Felder (über die Via Santa Maria del Sasso anzufahren). Das Gotteshaus wurde über einem Felsen (= *sasso*) errichtet, auf dem Maria 1347 erschienen sein soll und der heute noch als Ort der Verehrung hinter dem Altar aus dem Boden ragt. Im Detail: Eine weiße Dame erschien der siebenjährigen *Katharina,* reichte ihr Bohnen, die mit Blut gefüllt waren, und warnte so die Menschen vor der Pestepidemie im Folgejahr. Die Bewohner Bibbienas errichteten eine erste Kapelle, 1486 schickte *Girolamo Savonarola* dann 22 Mönche, die Kirche, Kloster und Hospiz erbauten. Den Altar in Tempelform schmückt das Fresko „Madonna mit dem Kind“ (um 1435) von *Bicci di Lorenzo,* die Majolika an der rechten Seitenwand („Jesus mit Johannes dem Täufer“) stammt von *Giovanni della Robbia.* Sehenswert ist auch die darunter liegende „untere“ Kirche, ein weiterer Kultort mit einer hölzernen Madonna aus dem 16. Jh. (wahrscheinlich aus der Schule *Donatellos*) und vor allem der großzügige Kreuzgang mit seinen Fresken zum Thema der Madonna del Sasso. Seit 1927 leben im Kloster Dominikanerinnen.

■ **Il Santuario di Santa Maria del Sasso,** Viale Santa Maria 1, Tel. 0575 593266, Tel. 0322 96163, http://santuariomadonnadelsasso.it, April–Okt. tgl. 9.30–18, sonst Sa/So 9.30–17 Uhr.

Caprese Michelangelo

Ziemlich genau in der Mitte zwischen Sansepolcro und Bibbiena liegt die Ortschaft Caprese Michelangelo (650 m üNN, 1350 Einw.), der Geburtsort des für viele bedeutendsten Renaissance-Künstlers *Michelangelo Buonarrotti.* Das **Museo Michelangiolesco** ist im ehemaligen Festungsbereich des Ortes auf dem Hügel untergebracht und besteht aus drei Gebäuden. Im Palazzo Podestà (Anfang des 15. Jh. errichtet) erblickte *Michelangelo* als Sohn des von Florenz eingesetzten Sachwalters am 6. März 1475 das Licht der Welt. Seit 1875 ist der Palazzo ein Museum. Der Palazzo Clusini entstand Ende des 15. Jh. als Erweiterung des Palazzo Podestà. Den Gerichtshof rekonstruierte man 1964, er wird für eine moderne Skulpturensammlung und temporäre Ausstellungen genutzt. Das Museum ist in fünf Bereiche geteilt: Die Geschichte der Festung, *Michelangelo*, *Giovanni Santini* (ein in Caprese geborener Astronom 18./19. Jh.), Kleinskulpturen des 19. Jh., Skulpturenkunst des 20. Jh. Von *Michelangelo* sind Kopien von 15 Bildhauerwerke zu sehen – vom „David" bis zur „Zentaurenschlacht".

■ **Museo Casa Natale Michelangelo Buonarotti,** Via Capoluogo 1, Tel. 0575 793776, www.casanatalemichelangelo.it, April–Nov. tgl. 9.30–13, 15–18.30, sonst Sa/So 10–13, 15–17.30 Uhr, 4 €.

Poppi

Poppi (440 m üNN, 5800 Einw.), 7,5 km nordwestlich von Bibbiena hoch über dem Arno gelegen, ist ein sehenswertes mittelalterliches Wehrdorf mit weithin sichtbaren Festungsmauern und hübschen Villen rundherum an den Flanken. Berühmtester Sohn ist der Architekt und Bildhauer *Mino da Fiesole* (1430–1484), der in Fiesole seine Ausbildung (und seinen Namen) erhielt.

☐ Die Wallfahrtskirche Santa Maria del Sasso

Die markante und malerische Burg **Castello di Poppi** mit Graben, Brücke und hohem Turm an höchster Stelle des Ortes und abseits der Bürgerhäuser stand in Besitz der Grafen *Guidi*, der Herrscher über den Casentino (bis Florenz 1441, durch einen Verrat unterstützt, endgültig siegte und die *Guidi* vertrieb). Schon der (heute glasbedachte) Wappenhof mit geschwungener Außentreppe und die hölzernen Laufgänge lassen Rittergefühle aufkommen. In den Wohnräumen der Grafen im Palas kann man den Lebensstil ihrer Zeit erspüren. Die **Biblioteca Rilliana** mit über 25.000 Bänden besitzt außerordentliche wertvolle Bücher und Schriften, darunter 700 Inkunablen aus dem 15. und 800 Manuskripte aus dem 11. Jh.

UNSER TIPP: Die kleine, aber feine **Burgkapelle** hat *Taddeo Gaddi* fast vollständig mit Fresken ausgemalt, darunter Zyklen zu den Leben *Johannes des Täufers* und *Johannes des Evangelisten*. Den Turm darf man besteigen und die Aussicht genießen.

■ **Castello dei Conti Guidi,** Piazza della Repubblica 1, Tel. 0575 520516, www.facebook.com/castellodipoppi.paginaufficiale, Mitte März–Okt. tgl. 10–18, Juli/Aug. bis 19 (Fr–So bis 20), Winter Fr–So 10–18 Uhr, 7 €.

Von der Burg stilecht auf Kopfsteinpflaster in die Altstadt gelangt, sollte man noch durch die Via Cavour mit ihren beidseitigen Arkadengängen schlendern. Sie wird von zwei Kirchen begrenzt; im Süden vom Kuppelbau des sechseckigen, 1657 geweihten **Oratoriums Madonna del Morbo** mit einer „Madonna mit dem Kind und Johannes" aus der Werkstatt von *Filippo Lippi*.

■ **Oratorio della Madonna del Morbo,** Piazza Amerighi, 7.30–12.30, 16–19 Uhr.

Im Norden steht die raue romanische Fassade der einschiffigen **Kirche San Fedele** aus dem 12. Jh., die einst zum Orden der Vallombrosaner gehörte. In der Krypta ruhen die Gebeine des Stadtpatrons *Torello.*

■ **Chiesa di San Fedele,** Via Cavour, 8–12 und 15–18 Uhr.

Castel San Niccolò/ Strada in Casentino

Castel San Niccolò (380 m üNN, 2800 Einw.), 7 km westlich von Poppi, hat seinen Namen vom Castello dei Conti Guidi, das die Grafen um das Jahr 1000 auf dem Felsen Ghiazzuolo direkt über dem Arno-Zufluss Solano errichten ließen. Heute besteht die in Privatbesitz befindliche **Burg** aus der Festungsanlage, Palas, Hauptturm und dem Wehrtor (Uhrenturm mit riesiger Uhr), die sich am bewaldeten Hang zusammendrängen. Nachdem die Burg ihre Bedeutung verlor, gründete man am Ufer gegenüber einen Markt – den Borgo della Strada, den heutigen Gemeindeteil Strada in Casentino, mit seiner malerischen Brücke, über die man hoch zur Burg gelangt.

■ **Castel San Niccolò,** Via del Castello, Tel. 0575 572961, www.comune.castel-san-niccolo.ar.it, Besichtigung nur nach tel. Voranmeldung.

Die romanische **Kirche San Martino a Vado** (beginnendes 11. Jh.) an der Durchgangstraße von **Strada** verdient ebenfalls einen Blick. Sie ist dreischiffig und mit schönen Säulenkapitellen ausgestattet; außerdem sind Freskenfragmente aus dem 14. Jh. erhalten, die sich an der rechten Seitenwand besonders plastisch abzeichnen.

■ **Pieve di San Martino a Vado,** Viale Rimembrenza, Tel. 0575 572602, So 8–12.30 Uhr; Messe 8/11.30 Uhr.

Pratovecchio/Stia

Wie Poppi besitzt auch das 9 km nördlich liegende Pratovecchio (420 m üNN, 3100 Einw.) eine hübsche Altstadt mit der Via Arno als arkadengesäumter Zentralachse, die zur begrünten Piazza Paolo Uccello führt. Sie ehrt mit der Namensgebung ihren berühmtesten Sohn, den Renaissance-Künstler *Paolo Uccello* (1387–1475), der die Perspektive in der Malerei zu seinem Lebensinhalt machte. Die eigentlichen Sehenswürdigkeiten liegen aber etwas außerhalb.

Das **Castello di Romena** ist insbesondere wegen seiner Lage eine der schönsten Guidi-Burgen. Man erreicht sie über die Arno-Brücke und die mäandernde Via Scarpaccia (3 km), auf dem letzten Abschnitt entlang einer beeindruckenden Zypressenallee. Ursprünglich besaß die Wehranlage aus dem 11. Jh. 14 Türme, bis auf einen sind heute alle in mehr oder weniger zerfallenem Zustand.

1281 lebte auf der Burg *Adamo di Brescia,* der auf Geheiß des Guidi-Grafen Florentiner Goldmünzen fälschte. Die *Medici* ließen *Adamo* festsetzen und hinrichten. *Dante* – während seines Exils kurz Gast auf der Burg – berichtete darüber (30. Gesang): Im achten Höllenkreis leiden die Fälscher unter ekelhaften Krankheiten. 1901 kam der Dichter *Gabriele d'Annunzio* her und arbeitete am dritten Buch seines Werkes „Laudi del Cielo ...".

Gegen Ende des Zweiten Weltkrieges wurde die Anlage als Feindstellung heftig von den Alliierten bombardiert.

In der Burg ist ein kleines Museum für **Archäologie und Waffen** untergebracht. Die Fundstücke stammen aus etruskischer Zeit, die Waffen reichen von der Pfeilspitze aus der Jungsteinzeit bis zur Ritterrüstung. Ein Modell zeigt die ganze Größe der ursprünglichen Festungsanlage mit ihren drei Ringwällen.

■ **Castello di Romena,** Via Romena, Tel. 335 6244440, www.castellodiromena.it, Juli–Aug. tgl. 10–14, 15–20, sonst nur Fr–So 10–13.30/14, 14.30/15–18/19 Uhr, 4 €.

Die **Kirche San Pietro a Romena** südlich unterhalb des Burgbergs an der SP73 ist eines der bedeutendsten romanischen Sakralbauwerke im Casentino, 1152 auf den Fundamenten eines Vorgängerbaus aus dem 8. oder 9. Jh. errichtet. Die östliche Seite ist die Prachtseite der Kirche, ihre Halbkreisapsis wurde mit Blendarkaden architektonisch reizvoll und in stimmigen Dimensionen gegliedert. Die Front der Basilika hingegen gibt sich abweisend und flächig – was einen Grund hat: Sie wurde nach dem Erdbeben von 1729 um zwei Bögen verkürzt, die Fassade stammt also aus dem 18. Jh. Die verbliebenen Kapitelle der die Schiffe trennenden Rundbögen sind mit floralen und figürlichen Steinmetzarbeiten reich geschmückt. Unüblich sind die schmalen, hohen Fenster in den Apsiden, die den Chor mit Tageslicht erhellen. Gegenüber der Kirche gibt's Erfrischungen und eine Buchhandlung.

Die Apsis Kirche San Pietro a Romena

271tsk

Pieve di San Pietro a Romena, Località Romena, Tel. 0575 582060, www.romena.it/la-pieve, tgl. 9–19 Uhr.

Im Ortsteil Stia, der ohne Übergang im Norden an Pratovecchio anschließt, ist das arkadengesäumte Herz die bergan führende Straße Via Bernardo Tanucci, im Gegensatz zum Pendant Pratovecchios breit und geräumig, mehr Platz denn Straße. Stia war in der ersten Hälfte des 20. Jh. ein Zentrum der Textilindustrie. Im **Museum der Kunst und Wolle** in einer ehemaligen Tuchfabrik wird mit gewaltigen Webmaschinen, Fotografien und Stoffmustern an diese Zeit erinnert.

Museo dell'Arte della Lana, Via G. Sartori 2, Tel. 0575 582216, www.museodellalana.it, Aug. Di–So 10–13, 16–19, Juni/Juli/Sept. Di/Mi/Fr 10–13 , Do/So 10–13, 16–19, Sa 16–19, sonst Di/Mi/Fr 10–13, Do/So 10–13, 15–18, Sa 15–18 Uhr, 5 €.

Ebenfalls in Stia birgt die sich in die Häuserfront einfügende **Kirche Santa Maria Assunta** einige wahre Schätze der Sakralkunst. Sie stammt aus dem 12. Jh. (und zeigt ähnliche Steinmetzwerke wie die Pieve San Pietro a Romena). Allerdings fand im 18. Jh. eine tiefgreifende Barockisierung der Innenausstattung statt – außerdem kürzte man das Gebäude, um die Straße zu verbreitern, riss die Apsis ab und fügte stattdessen einen Chor an. Von *Bicci di Lorenzo* stammt das Triptychon „Verkündigung mit Heiligen" (1414) in der ersten rechten Kapelle, eine „Madonna auf dem Thron mit Kind" (um 1295) in der linken Seitenapsis wird der Schule *Cimabues* zugeschrieben – vielleicht ist es sogar ein Frühwerk von *Giotto.* Die weiß glasierte Terrakottamadonna (Ende 15. Jh.) in der linken Chorkapelle schuf *Andrea della Robbia* persönlich, die bunten Fayencen des Ziboriums in der rechten Chorkapelle sind aus seiner Werkstatt (Anfang 16. Jh.). Hier sieht man auch das „Gastmahl im Haus des Pharisäers" (1596) von *Simone Ferri* (1564–1600).

Pieve di Santa Maria Assunta, Via Bernardo Tanucci 11 (unteres Ende der Straße), www.parrocchiastia.com, 8–12, 15–19 Uhr.

Camaldoli

Der **Stammsitz des Kamaldulenser-Ordens** 20 km nördlich von Bibbiena liegt inmitten der wilden Natur des **Nationalparks der Casentino-Wälder** auf 830 m üNN. Gegründet hat das Kloster Camaldoli 1012 der Benediktiner-Mönch *Romualdo* (952–1027) mit dem Segen des Aretiner Bischofs und mit Geld des Grafen *Maldolo d'Arezzo*, zu dessen Ehren das Kloster auch den Namen „Ca'Maldolo" trägt. *Romualdos* Konzept als Erweiterung der Regeln der Benediktiner war ein Ordensleben auch in geografischer Zurückgezogenheit, abseits von allen weltlichen Dingen. Um sich ausschließlich Gebeten hingeben zu können, zogen *Romualdo* und einige Mönche 1027 noch weiter hinauf (auf 1100 m üNN) und bauten sich den Eremo di Camaldoli – die Einsiedelei, anfangs mit einer Kapelle und nur fünf Zellen. *Romualdo* starb kurz darauf. Später kamen noch 15 Zellen hinzu.

Heute ist das **untere Kloster** eine Großanlage mit mehreren Nebengebäuden, *alberghi* und Restaurants im ehemaligen Wirtschaftstrakt. Zu besichtigen sind die Kirche, Bibliothek, Kreuzgänge und die 🦋 **Klosterapotheke** aus dem Jahr 1543 mit einer Einrichtung aus Walnussholz, eine Sehenswürdigkeit an sich. In ihr gibt es Selbsthergestelltes aus Kamaldulenser-Klöstern und von anderen Orden aus aller Welt: Liköre, Biere, Süßigkeiten, Duftöle, Seifen und Kunsthandwerk (speziell auch um die Weihnachtszeit).

Die im ersten Viertel des 16. Jh. errichtete **Kirche San Donato e San Ilariano** steht am Platz von zwei zerstörten (1203/1361) Vorgängerbauten. Die Barockisierung fand bis 1775 statt und hinterließ die Kirche verkürzt, mit einem Gewölbe (statt einer Kassettendecke) und Seitenkapellen versehen. Sieben auf Holz gemalte Ölbilder stammen von *Giorgio Vasari* (zu finden am Hauptaltar, im Chor und in den Kapellen beim Presbyterium).

UNSER TIPP: Der große Hauptkreuzgang im Zentrum des Klosters ist an seinen beiden sonnenabgewandten Seiten mit verglasten Durchbrüchen versehen, während die Südseiten offene Arkadengänge besitzen – schließlich ist es im Winter kalt. Wesentlich intimer ist der wunderschöne **Chiostro di Maldolo** um den kleinen steinernen Innenhof.

Die **Einsiedelei** 3 km vom Mutterkloster (1100 m üNN) besteht heute aus dem nur den Mönchen vorbehaltenen und nicht einsehbaren Bereich, in dem jedes der 20 Häuschen ein eigenes und durch eine 2 m hohe Mauer von den anderen separiertes Gärtchen, ein Arbeitszimmer, einen Schlafraum und eine Kapelle besitzt. Für Pilger gibt es ein Gästehaus, Besucher dürfen sich die ursprüngliche Zelle von *Romualdo* anschauen, die Kirche besichtigen (neapolitanisches Rokoko und eine Madonna aus der Werkstatt der *della Robbia* in der linken Seitenkapelle), sich im Café erfrischen und im Ableger der Klosterapotheke einkaufen.

UNSER TIPP: Beachtung verdient auch das **Eingangsportal** zur Einsiedelei, die **Porta Speciosa.** Außen mit verwirrenden Symbolen wie Totenkopf, Eule, Olivenbaum und Glocke versehen, die auf die Einsamkeit des Eremitenlebens verweisen, ist das massive Bronzeportal innen mit goldenen Zitaten zu den Themen Leben und Tod aus dem Buch über die Ordensregeln geschmückt, das der Prior der Einsiedelei, *Rodolfo,* im 12. Jh. verfasste. Die Installation stammt von dem 1943 geborenen Bildhauer und Maler *Claudio Parmiggiani.*

Zahlreiche 🦋 **Wanderwege** sind in der unmittelbaren Umgebung des Klosters ausgewiesen. Detaillierte Informationen zu Wanderungen, Kartenmaterial und Buchungsformulare für Exkursionen erhält man im Centro Visita des Nationalparks vor dem Kloster. Eine kleine Ausstellung zur Vogelkunde und zur allgemeinen Fauna und Flora im Park ist angeschlossen.

■ **Antica Farmacia,** Tel. 0575 556143, www.anticafarmaciacamaldoli.it, tgl. 9–12.30, 14–18 Uhr; **Chiesa San Donato e San Ilariano,** tgl. 8–12, 14–18 Uhr; **Monastero di Camaldoli,** Località Camaldoli 14, Tel. 0575 556012, www.camaldoli.it, Mo–Sa 9–13, 14.30–19 Uhr, häufig auch Wechselausstellungen; Führung 10 €; **Eremo di Camaldoli,** SP124 dell'Eremo, Tel. 0575 556021, Führungen im Juli/Aug. tgl., April–Juni u. Sept./ Okt. nur an den Wochenenden von 10–12.30 und 14–17.30 Uhr, alle 30 Min.

■ **Parco Nazionale delle Foreste Casentinesi,** www.parcoforestecasentines.it, Besuchszentrum Camaldoli, Tel. 0575 556130, Juli/Aug. tgl. 10–13,

062t sk

14–18 Uhr, sonst an Wochenenden und Feiertagen (teils nur vormittags).

Badia Prataglia/ Foreste Casentinesi

10 km sind es vom Eremo di Camaldoli zur **Abtei Prataglia** (844 m üNN) in der gleichnamigen Ortschaft – eine kurvenreiche Fahrt auf nicht durchgängig asphaltiertem Sträßlein durch die dichten Nadel- und Mischwälder des Casentino über den Passo Fangacci (1228 m üNN, unbewirtschaftete Schutzhütte des italienischen Alpenvereines direkt auf der Grenze zur Emilia-Romagna). Das Kloster gründeten Benediktiner im Jahr 986. Obwohl zuerst in den Wäldern tätig und in den ersten 100 Jahren schnell gewachsen, machten die Kamaldulenser den Benediktinern schließlich die Vormacht streitig, Prataglia schrumpfte und wurde im 14. Jh. zu einem Annex von Camaldoli. Sehenswert ist die einfache, romanische **Hallenkirche** (10. Jh.).

Badia Prataglia bietet sich als Ausgangspunkt für **Exkursionen in den Nationalpark** an, im Besucherzentrum der Verwaltung an der Durchgangsstraße erhält man Informationen, das angeschlossene **Forstmuseum** in der ehemaligen Abtei vertieft das Wissen über die Flora, Fauna und Geologie des Waldes, den die Mönche schon vor 1000 Jahren gehegt und gepflegt haben. Eichen, Buchen, Eschen, Kastanien, Walnuss, Ahorn und Tannengehölz – die Flora ist extrem artenreich, nicht nur bei den Bäumen, auch bei Büschen, Farnen und Blumen – sogar zwei Orchideenarten gibt es. Ein Glanzlicht des Parks ist der **Foresta del Lama,** eine bewaldete Ebene zwischen tiefen Schluchten und steilen Klippen, zu der im Sommer einmal die Woche eine geführte Tour angeboten wird (Start beim Besucherzentrum, Voranmeldung obligatorisch).

- **Museo Forestale Carlo Siemoni,** in der Badia, Via Nazionale 14/A, Tel. 0575 559447, nach Voranmeldung.
- **Parco Nazionale delle Foreste Casentinesi,** Besuchszentrum Prataglia, Via Nazionale 14/B, Tel. 0575 557247, www.parcoforestecasentinesi.it, wie Camaldoli-Zentrum.

Santuario della Verna

Eine knappe Stunde Fahrzeit sollte man von Badia Prataglia für die 27 km auf der direkten, aber schmalen Asphaltstraße zum Santuario della Verna (1150 m üNN) rechnen (nicht viel schneller geht es auf der Hauptstraße über Soci). Die

Straße führt kurvenreich durch liebliche Mittelgebirgslandschaft mit Wäldern, Wiesen und kleinen Weilern. Von Bibbiena aus sind es 25 km/40 Min.

In und auf den Felsen eines vom Monte Penna (auch Monte Laverna, 1283 m üNN) sich nach Westen erstreckenden Grates und inmitten dichten Mischwaldes gründete 1214 *Franz von Assisi* in Person eine Einsiedelei, die er mehrfach besuchte und die eng mit bedeutenden Stationen seines Lebens verbunden ist. Das Kloster war nicht dem Reglement der Franziskaner unterstellt, sondern wurde direkt von der päpstlichen Verwaltung beaufsichtigt. Mitte des 19. Jh. löste man das Kloster zwangsweise auf. 1933 gelangte der Komplex schließlich erstmalig an den Franziskanerorden, nachdem der Papst sich mit *Mussolini* geeinigt hatte – der Vatikan anerkannte u.a. Rom als Regierungssitz Italiens, das faschistische Italien garantierte seinerseits die Souveränität des Vatikans und zahlte Entschädigung für die Enteignung der Kirche im 19. Jh.

Heute ist das Kloster **eines der bedeutendsten Wallfahrtsziele der Toskana.** In der Kirche werden regelmäßig Messen zelebriert; nach der Andacht um 15 Uhr ziehen Priester und Gemeinde zur Stigmata-Kapelle, wo sie erneut beten. Die Messen werden per Lautsprecher nach draußen übertragen. Viele Pilger kommen zu Fuß auf dem **Franziskusweg** von Assisi. Ein rund halbstündiger Aufstieg führt auf dem letzten Stück des Franziskusweges vom Weiler Chiusi della Verna (Beginn hinter Hotel Da Giovanna) zum Kloster. Vom Parkplatz unterhalb des Klosters sind es noch etwa 5 Min. Fußweg bis zum Santuario.

Durch einen Torbogen betritt man das Klosterareal mit dem Hauptplatz und der **Cappella Santa Maria degli Angeli.** Errichten ließ das heute älteste Heiligtum des Klosters (in den Jahren 1216–18, auf persönlichen Wunsch von *Franziskus*) Graf *Orlando von Chiusi,* der schon das Land für die Einsiedelei gestiftet hatte. Vor dem Altar markiert eine Steintafel das Grab des Grafen. Die Kreuzbasilika **Chiesa Maggiore** mit ihrem Arkadenumgang (eine Stiftung der Chiusi-Grafen im Pestjahr 1348) wurde 1509 fertiggestellt. An Kunstschätzen birgt sie vornehmlich Terrakotta-Arbeiten der Werkstatt der *della Robbia. Andrea* schuf die „Verkündigung“ (1476) und die „Geburt Christi“ (1479), *Giovanni* die monumentale „Himmelfahrt“ in der ersten linken Seitenkapelle (um

313t sk

◁ Symbole, Symbole: die Porta Speciosa

▷ Tägliche Prozession in La Verna

1490). Etwas unterhalb markieren **Cappella della Maddalena** und **Cappella di San Pietro d'Alcantara** den Platz der ersten Zelle, die *Franziskus* einst bewohnte. Weiter hinuntersteigend, gelangt man zum **Sasso Spicco,** einem gewaltigen Felsen, *Franziskus*' Garten Gethsemane, wo er Angst und Blutschweiß nachvollzog. Wieder oben, spaziert man durch den verglasten Korridor **Corridoio delle Stimmate** – an 22 mehr den Inhalten als der künstlerischen Qualität verpflichteten Fresken zum Leben des *Franziskus* vorbei (vornehmlich aus den Jahren 1929–62, aber auch vier aus dem 17. Jh.). Auf halbem Weg geht es durch eine Türe zum **Letto di Francesco,** zu einer „Bett" genannten Grotte mit einem flachen Stein, auf dem er sich nach den mentalen Anstrengungen unter dem Sasso Spicco erholt haben soll. Über paar Stufen hinunter erreicht man die **Cappella della Croce.** Sie steht an der Stelle, an der *Franziskus* fastete, zu seiner Zeit nur über einen schmalen Holzbalken von den Hauptgebäuden aus erreichbar. Eine Glastür trennt sie von der **Cappella delle Stimmate,** der „Kapelle der Wundmale". Im September 1224 soll *Franziskus* an diesem Platz die Wundmale empfangen haben (ein Stein markiert die Stelle). Beide Kapellen entstanden knapp 40 Jahre später. Die Altarwand der „Kapelle der Wundmale" ist mit einer beeindruckenden glasierten Terrakotta-Arbeit von *Andrea della Robbia* verziert, „Kreuzigung" (um 1480). Zwischen zwei weiteren Kapellen (ursprünglich Mönchszellen, in denen der heilige *Bonaventura* und der heilige *Antonio* nächtigten) kommt man schließlich zu einem Austritt und blickt von der Höhe einer Felswand weit in die

Bibbiena: Zugabe!

- Von der Arno-Brücke bei Poppi 1 km auf der SS70/Consuma nach Nordwesten steht die **Chiesa di Certomondo** aus dem 13. Jh., Grabstelle des im Kampf gegen die Florentiner am 11. Juni 1289 gefallenen Bischofs von Arezzo, *Guglielmo degli Ubertini.*
- **Collezione Ornitologica Carlo Beni** in Stia – 520 Vogelbälger von 176 im 19. Jh. im Casentino noch vorkommenden Arten; Vicolo de'Berignoli, Tel. 347 7341266, Sa 17–19, So 10–12.30, 16–19 Uhr, im Winter nur So.
- **Palagio Fiorentino** in Stia – Parkanlage im Ort östlich der Via Tanucci mit verwunschenem Schlösschen (Anfang 20. Jh. im Guidi-Stil ähnlich der Poppi-Burg, Sonderausstellungen) und Springbrunnen – perfekt für eine kurze Entspannung.
- **Castello di Porciano** 2 km nördlich von Stia – Turmburg aus dem 10. Jh., in der man *Dante* nach der Schlacht von Campaldino gefangen gehalten haben soll, kleines Museo Contadina nel Casentino zur bäuerlichen Kultur der Region mit allerlei Werkzeugen und tolle Ferienwohnungen (s.u.); Località Porciano, www.castellodiporciano.com, Mai–Okt. So 10–12, 16–19 Uhr.
- **Museo della Pietra Lavorata** in Strada in Casentino – der Abbau von Stein und seine Bearbeitung haben eine lange Tradition im Casentino, und das Museum in einem ehemaligen Salesianerkolleg nähert sich diesem Thema in didaktisch vorbildlicher Weise; Tel. 340 2932121, Juli/Aug. Mi/Sa 17–19, So 10–12 Uhr.
- **Parco Zoo della Fauna Europea** bei Poppi – wegen nicht artgerechter Unterbringung der Tiere und schlechtem Erhaltungszustand sehr umstrittener Privatzoo (den wir hier gewissermaßen nur zu Abschreckungszwecken aufnehmen – er wird überall in der Umgebung groß beworben, und man sollte wissen, was einen dort erwartet).

Landschaft. Hier am **Precipizio,** dem Abgrund, soll der Teufel den Versuch unternommen haben, *Franziskus* in die Tiefe zu stürzen.

Das kleine **Museum** des Klosters stellt liturgische Geräte, Gemälde und allgemeine, einst im Klosterhaushalt verwendete Gegenstände aus. Eine Mahlzeit im 600 Hungrige fassenden Refektorium sollte man nicht verpassen, das Essen ist reichlich und schmackhaft. Im Gästehaus Foresteria kann man mit Vollpension nächtigen (auch Einzelzimmer); Pilger dürfen im 15 Betten fassenden Schlafsaal des Klosters sogar einmal umsonst übernachten. Beim Informationspunkt des Nationalparks erhält man Karten und Wandervorschläge.

- **www.laverna.it**
- **Santuario:** Mai–Sept. 6.30–21.30, sonst 6.30–19 Uhr
- **Cappella delle Stimmate:** Mai–Sept. 7.30–19, sonst 7.30–18 Uhr; **Museo:** Juli/Aug. tgl 10–12, 14–17 Uhr, sonst nur Sa/So; **Reffetorio del Pellegrino,** Tel. 0575 5341, Bar 8–20.30, Mittagessen 12.30–14, Abendessen 19 Uhr, unter 20 €, inklusive eigenem Quellwasser oder einem Viertel Wein; **Foresteria,** Tel. 0575 534210, 72 Zimmer, pro Person inklusive Vollpension 70 €.
- **Parco Nazionale delle Foreste Casentinesi,** Besuchszentrum, Parco Martiri della Libertà 21, wie Camaldoli-Zentrum.

Praktische Informationen

Touristeninformation

- **Ufficio Turismo Bibbiena,** Via Francesco Berni 25, Tel. 0575 956527, www.comunedibibbiena.ar.it, Juli/Aug. tgl. 9.30–12.30, 15.30–19.30, Mai/Juni/Sept. bis 18.30 Uhr, Winter nur Fr–So.
- **Ufficio Turismo Pratovecchio/Parco Nazionale delle Foreste Casentinesi Pratovecchio,** Via G. Brocchi 7, Tel. 0575 503029, www.parcoforestecasentinesi.it, Juli/Aug. tgl. 9–13, Fr/Sa auch 14–18 Uhr, sonst teilweise am Wochenende geschl.

Unterkunft

- **Borgo Antico**②, Via Cappucci 2, Tel. 0575 536 445, www.borgoantico-bibbiena.com. Die 14 Zimmer mit Bad in einem historischen Palazzo im Zentrum von Bibbiena sind in Pastelltönen einfach und charmant eingerichtet.

Außerhalb

Terra di Michelangelo③, Località San Polo 70, **Caprese Michelangelo,** Tel. 0575 791055, www. terradimichelangelo.com. Sechs Apartments auf großem Gutshof, modern und hell gestaltet, mit Pool. An den Wochenenden ein beliebtes Ausflugsrestaurant. Der Hof züchtet eine besondere Schwei-

Santuario della Verna: hinab zum Sasso Spicco

063t sk

nesorte, die Cinta Senese, und stellt aromatischen **Schinken und Würste** ohne chemische Zusatzstoffe her. Auch Öl und Pasta aus eigener Produktion. Gekocht wird nach alten toskanischen Rezepten.

■ **Castello di Porciano**②-③, **Porciano/Stia,** Tel. 0575 582635, www.castellodiporciano.com. Apartments und Häuschen rund um die Ruine des Castello di Porciano; auch Restaurant. Die Unterkünfte wurden individuell eingerichtet und ausgestattet. Wohnungen für zwei bis sechs Personen – romantisch!

■ **Albergo Falterona**②, Piazza Bernardo Tanucci 9, **Stia,** Tel. 0575 1890138, www.hotelfalterona.it. Das Hotel besteht aus einem historischen und einem modernen Bau. Die 23 Zimmer, Suiten und Apartments sind in rustikal-toskanischem Stil eingerichtet, aber nicht sehr groß; einige Räume sind mit Fresken geschmückt. Das Hotelrestaurant verbindet traditionelle Rezepte mit modernen Ideen, was in den meisten Fällen gut gelingt. Nur regionale Produkte.

■ **Locanda dei Baroni**②, Via di Camaldoli 5, **Camaldoli,** Tel. 0575 556015, www.alberghicamaldoli.it. Die zwölf Zimmer der Pension unweit des Klosters sind nicht sehr groß und besitzen weder WiFi noch TV. Aber sie sind hübsch und funktional eingerichtet, und hier geht es ja eher ums Pilgern oder Wandern als um Fernsehunterhaltung. An der Rezeption gibt's Tipps für Wandertouren.

UNSER TIPP: **Da Giovanna**②, Via S. Francesco 33, **Chiusi della Verna**, Tel. 0575 599275, www.dagiovannahotel.com. Das sehr angenehme und mit viel persönlichem Engagement geführte Haus hat 14 freundlich-elegant eingerichtete Zimmer mit Blick auf die bewaldeten Hänge des Nationalparks, eine herrliche Sonnenterrasse mit Pool und ein exzellentes Restaurant mit Spezialitäten aus dem Casentino. Größtes Plus aber ist der Eigentümer, der perfekt Deutsch spricht und stets mit Rat, Tat und vor allem Tipps, z.B. für schöne Wanderungen, zur Stelle ist. Und in der kühlen Waldluft schmecken die Wurst- und Käsespezialitäten aus dem Casentino, darunter feine Wildschweinsalami, nochmal so gut.

Camping

■ **Camping La Pineta**①, Via Camaldolese 33, **Avena/Poppi,** Tel. 0575 529082 www.campinglapineta.net, April–Okt. Schattige Stellplätze, Caravan- und Bungalowverleih auf sehr ordentlichem Platz mit Pool.

Essen und Trinken

■ **Il Tirabusciò**③, Via R. Scoti 12, Tel. 0575 595 474, www.tirabuscio.it, Mi–So 12.30–14, 19.30–22 Uhr. Das elegante Restaurant ist weithin bekannt für seine anspruchsvolle Küche aus regionalen Zutaten wie *patata rossa di Cetica* aus dem Casentino oder hausgemachte *pici* aus Einkornmehl. Unter den Secondi finden sich auch selten angebotene Speisen wie Forelle oder Täubchen.

■ **La Tavernetta**②, Via 28 Agosto 15, Tel. 0575 1381241, Mi–Mo 12–14, 19–22 Uhr. Bei *Michele* und *Marica* wird nach Hausfrauenart und mit einem Hauch Anarchie gekocht. So kommen Köstlichkeiten wie *tagliatelle alla boscaiola* (mit Steinpilzen, Salsiccia und Oliven) zustande, eine ebenso ungewöhnliche wie harmonische Kombination. In den beiden kleinen Gasträumen fühlt man sich sofort wohl.

Außerhalb

UNSER TIPP: **La Vite**②, Via del Lanificio 2/4, **Soci/ Bibbiena,** Tel. 339 3239736, www.facebook.com/ristorantelavite, tgl. (außer Di Mittag) 12–14.30, 18.30–23 Uhr. *Cesare di Ghelli* kocht in seinem kleinen Restaurant im Weiler Soci, 5 km nördlich von Bibbiena, Arme-Leute-Gerichte des Casentino auf höchstem Niveau. Frische und Regionalität der Zutaten gehen über alles, und daraus wird mit so viel Liebe komponiert, dass es ein Genuss ist. Am besten man lässt sich in Bezug auf Essen und Wein beraten.

■ **Capanno**②, Via Fangacci 1, **Badia Prataglia**/Poppi, Tel. 0575 559437, Juni–Sept. tgl. 9.30–

24 Uhr, Okt.–Mai nur Fr, Sa, So. Beliebtes Ausflugslokal, 2 km vor Badia Prataglia, in dem vor allem die mit Trüffel aromatisierten Gerichte wie *tagliatta* hervorzuheben sind. *Pici al ragu* werden hier mit Hirsch zubereitet. Abends auch Pizzeria.

■ **Locanda Fonte allo Spino**②, Strada Regionale della Consuma SR70, **Castel San Niccolò,** Tel. 331 7499603, www.locandafonteallospino.it, Mai–Sept. Di–So 12–15, 19–22, sonst Fr–So 12– 15, Sa auch 19–22 Uhr. Ausflugslokal in waldreicher Landschaft kurz vor dem Passo della Consuma auf dem Weg von Castel San Niccolò in Richtung Florenz. Bodenständige Küche und freundliche Einrichtung machen es zu einer angenehmen Etappenstation in friedvoller Umgebung.

■ **Café del Parco**①, Via di Camaldoli 7, **Camaldoli,** Tel. 0575 556015, www.facebook.com/barcamaldoli, tgl. 8–21 Uhr. Ebenso beliebt wie berühmt für seine kleinen Köstlichkeiten wie Hamburger aus Chianina-Rind oder *schiacciata* mit verschiedenen Füllungen.

■ **Ristorante Camaldoli**②, Via di Camaldoli 13, **Camaldoli,** Tel. 0575 556019, www.albergoristorantecamaldoli.it. Tgl. und durchgehend geöffnet. Der Komplex in einem Annex des Klosters besteht aus einer Pension, dem Restaurant, einem Delikatessenladen und einer Pasticceria. Im Restaurant stehen mehrere preiswerte Menüs zur Auswahl. A la carte haben Gäste die Wahl zwischen toskanischen Traditionsgerichten und seltenen Kreationen wie *ravioli all'ortica* (Brennnesselravioli). Als *streetfood* ist die *schiacciata* mit Wildschweinsalami aus der *salumeria* zu empfehlen.

■ **Canto alla Rana**③, Via del Campo Sportivo 10, **Stia,** Tel. 0575 504505, Di–So 12.30–15, Sa auch 19.30–21 Uhr. Das Restaurant liegt im Grünen am Ufer des Wildbaches, der später zum Arno wird, und serviert entsprechend der rustikalen Umgebung Deftiges wie Aufschnitt von lokalen Würsten, *ribollita* und viel Wild. Abends gibt's auch Pizza.

Süßes

■ **L'Ospitale dei Brilli**①, Via Adamo Ricci 1, **Stia,** Tel. 0575 583108, auch auf www.facebook.com, Mi geschl. Pasticceria mit Kuchen, Torten, Gebäck in vielen Geschmacksrichtungen, Farben und Formen an der Brücke; auch ausgezeichnetes Restaurant.

Verkehr

■ **Bahn:** mit der Privatbahn Trasporto Ferroviario Toscano stündlich von Arezzo über Bibbiena (55 Min., um 4 €) und Poppi (65 Min., um 4 €) nach Pratovecchio/Stia (75 Min., um 5 €); www.trasportoferroviariotoscano.it.

■ **Bus:** mit Autolinee Toscanee ab Florenz (Buslinie SI90) über Passo della Consuma und Poppi nach Bibbiena (150 Min., um 10 €), von Bibbiena Verbindungen nach Badia Prataglia mit Buslinie LFH2 (40 Min., um 4 €), mit LFH3 nach Camaldoli (40 Min., um 4 €) und mit LFH11 nach Chiusi della Verna (45 Min., um 5 €); www.at-bus.it.

■ **Parken:** kostenfreier Parkplatz in Bibbiena an der Via delle Monache (Piazza della Resistenza) am südlichen Ende der Altstadt.

Aktivitäten

Castello di Romena in Pratovecchio, → S. 212. Ritterfreuden zwischen echten mittelalterlichen Mauern – die Burganlage ist beeindruckend und lässt (nicht nur) das Herz von Kindern höher schlagen.

Wandern/Mountainbike: Wanderwege unterschiedlicher Schwierigkeitsgrade und Dauer durch den Parco Nazionale beschreibt die Website www. parcoforestecasentinesi.it. MTB-E-Bikes vermietet *Casentinoebike* in Pratovecchio/Stia (www.casentinoebike.it, um 40 €/Tag) – auch Möglichkeit einer geführten E-Bike-Tour.

■ **Bootsfahrt,** Mitte März–Sept. wochenends, 1.–20. Aug. tägl., fährt ein Elektroboot auf dem **Lago di Ridràcoli** (5 €, 45 Min., Rückweg zu Fuß), Anfahrt über Santa Sofia im Norden des Parks (50 km).

Kanutour, beim Ecomuseo delle Acque, **Borgo di Ridràcoli** (Bagno di Romagna), Tel. 0543 917912, www.ecomuseoridracoli.it, Kanuverleih (14 €/2 Std.), Kinder ab 8 J. dürfen selbst paddeln.

■ **Golf Club Casentino,** Via Fronzola 6, **Poppi,** Tel. 0575 529810, www.golfclubcasentino.it. Auf dem Platz spielt man mit herrlichem Panorama, umgeben vom Pratomagno, der Hügelwelt des Casentino und der dominanten Silhouette des Castello di Poppi; 9-Loch-Platz, 2453–2775 m, Par 36, Greenfee 18-Loch 50 €.

Cortona

■ 500 m üNN, 21.300 Einw., Arezzo 30 km

Hoch über dem Valdichiana, an dessen östlichem Rand und an der Flanke des Monte San Egidio, in einer typischen Toskana-Landschaft mit sanften Hügeln und Zypressen, zählt der **Hauptort des Tales** entlang des Canale Maestro della Chiana und des Flusses Chiani zu den schönsten Bergorten der Provinz. In der Ebene erstrecken sich Felder und Weiden, an den Hängen gedeihen Trauben.

150 Höhenmeter muss man von der Piazza Garibaldi bis zur Burg ganz oben bewältigen, an heißen Tagen eine Herausforderung. Enge Gassen schlängeln sich an den Häusern vorbei, die einen voller Charakter aus Naturstein, die anderen fein verputzt, Renaissancepaläste und schmale Bürgerhäuser, prächtige Portale und schmale Durchgänge bestimmen das **Stadtbild.** Wie es sich gehört, hat man auch zwei **berühmte Söhne** zu vermelden: *Pietro da Corona* (1596–1669), Baumeister und Barockmaler, der die Trompe-l'œil-Technik mitentwickelte, und *Luca Signorelli* (um 1450–1523), ein Vertreter der Florentiner Malschule.

Doch Cortona prägt nicht nur Geschichte. Das Städtchen ist seit 1970 Sitz eines Ablegers der **University of Georgia** und der **Faculty of Arts der University of Alberta.** Die Zahl der hier studierenden US-Amerikaner (und der sie besuchenden Familien und Freunde) ist enorm hoch, was sich im Stadtbild bemerkbar macht. Zu allem Überfluss ist Cortona auch noch Schauplatz des melodramatischen Liebesromans „Under Tuscany's Sun – Unter der Sonne der Toskana" von *Frances Mayes,* der nach seinem Erscheinen 2002 jahrelang die Bestsellerlisten anführte und auch verfilmt wurde, was weitere amerikanische Pilger nach Cortona bringt (zudem lebt *Mayes* auch einige Monate im Jahr in ihrem Haus bei Cortona). Man hat gelegentlich das Gefühl, sich in einem perfekt nachgebauten toskanischen Ort irgendwo in den USA zu befinden.

Geschichte

Die **Legende** sagt, dass 108 Jahre nach der Sintflut *Noah* von der Tiber-Mündung über den Paglia in das Valdichiana schiffte und ihm das Tal so gut gefiel und es ihm so fruchtbar dünkte, dass er beschloss, sich hier niederzulassen. Einer seiner Nachkommen *(Crano)* gründete – die Sintflut lag damals 273 Jahre zurück – Cortona.

Als Teil des 600 v. Chr. geschaffenen Zwölfstädtebundes der Etrusker war das wohl im 8. Jh. v. Chr. gegründete **Curtuns** von überregionaler Bedeutung. Im 4. Jh. v. Chr. stand man auf Augenhöhe in einer Allianz mit **Rom,** das aber immer mehr erstarkte, schließlich übermächtig wurde und Cortona zu seiner Kolonie machte (310 v. Chr.). 130 v. Chr. erhielt Cortona römischen Stadtstatus. Wie Arezzo nahm man im 1. Jh. v. Chr. auf der falschen Seite am römischen **Bürgerkrieg** teil, und Feldherr *Sulla* nahm Rache. Die ersten zwei Jahrhunderte sah Cortona als eine von 38 Gemeinden der Region **Etrurien.** Ab da ist wenig überliefert. Um das Jahr 250 soll die Stadt Bischofssitz geworden sein (was nicht gesichert ist), im 5. Jh. hinterließen die durch das Tal ziehenden **Goten** eine Spur der Verwüstung. In der Folge verschwand Cortona von der Bildfläche und tauchte erst im 13. Jh. wieder auf – als freie Stadt innerhalb des Bistums Arezzo. 1325 erhielt Cortona seinen eigenen **Bischof,** und die Familie der *Casali* gelangte an die Macht. 1409 übernahm der König von Neapel die Stadt, versilberte seinen Besitz aber schon zwei Jahre später: 1411 zahlte Florenz dem König für Cortona 60.000 Goldflorin (grob geschätzt heute etwa 30 Mio. Euro).

Sehenswertes

Die **Via Nazionale** zwischen der Piazza della Repubblica – dem Herzen der Stadt – und der Piazza Garibaldi oberhalb des Parkplatzes (von dem Rolltreppen heraufführen) ist die **Flaniermeile** Corto-

nas mit Geschäften, Lokalen und zahlreichen Spaziergängern. Die übersichtliche und lebhafte **Piazza della Repubblica** dominieren der Palazzo Comunale und seine breite Freitreppe. Der Palast stammt aus dem 12. Jh. und steht an der Stelle des ehemaligen römischen Forums, sein heutiges Aussehen erhielt er vornehmlich im 16. Jh. (Treppe und Glockenturm) und 1896, als die Fassade in eher willkürlichem Stil restauriert wurde. Gegenüber kann der Palazzo del Popolo aus dem 13. Jh. nicht von glorreichen Zeiten künden – von ihm ist fast nichts mehr original erhalten, er verschwindet gnädig im Fassadenmischmasch der Ostseite des Platzes.

Nimmt man von der Piazza della Repubblica den Durchgang in die Gasse Via Santucci und nach Osten, gelangt man zur zweitältesten Franziskanerkirche der Toskana (nach Assisi): die **Chiesa San Francesco.** Baubeginn der Hallenkirche mit Apsis war 1245, die Barockisierung fand im 16. Jh. statt. Der Ordensgeneral Fra *Elia* brachte 1247 aus Konstantinopel eine Kreuzreliquie mit, die seitdem am Altar aufbewahrt wird. Er verstarb 1253 und fand in der Kirche seine letzte Ruhe.

An der Piazza Signorelli, von der Piazza della Repubblica wenige Schritte nach Nordosten, steht der **Palazzo Pretorio** vom 13. Jh., der Familiensitz der *Casali,* dann Residenz des Florentiner Statthalters, schließlich Atelier von *Luca Signorelli* und heute Sitz der „Accademia Etrusca", einem Zusammenschluss Gelehrter zur Erforschung der etruskischen Vergangenheit. Die dem Platz zugewandte Fassade wirkt bedrohlich, die Nordseite an der Via Casali zeigt sich

hingegen fast freundlich mit zahlreichen in das Mauerwerk eingelassenen, steinernen Familienwappen der Präfekten. Im Gebäude ist das wohlgeordnete, moderne **Etrusker-Museum** untergebracht und stellt qualitäts- und wertvolle Funde aus etruskischer und römischer Zeit aus. Herausragend ist der in einem Stück gegossene etruskische Kronleuchter aus Bronze (5. Jh. v. Chr.) mit 58 cm Durchmesser und 57,7 kg Gewicht, geschaffen mittels der „Technik der verlorenen Form" (ein Wachsmodell wird mit Ton ummantelt, das Wachs ausgeschmolzen, die Form mit flüssigem Metall verfüllt, abschließend die Hülle zerschlagen). Er besteht aus einer Hauptschale, in die Olivenöl gekippt wurde, das sich über ein Röhrensystem auf die im Rund angebrachten kleineren Schalen verteilte, wo es Licht spendend verbrannte. Die Lichtschalen und die Unterseite sind mit figürlichem Schmuck versehen. Das zentrale Gorgonenhaupt umgeben Schlangen, Löwen, Chimären, Delfine und weitere Wesen. Am Rand wechseln sich nackte Silene (halb Pferd, halb Mensch) mit feingekleideten Sirenen (halb Fisch, halb Mensch) ab.

■ **Museo dell'Accademia Etrusca e della Città di Cortona** (MAEC), Piazza Signorelli 9, Tel. 0575 637235, www.cortonamaec.org, April–Okt. 10–19, sonst Di–So 10–17 Uhr, 10 € (mit arch. Park 13 €, → Kasten „Cortona: Zugabe!").

Geht man von der Piazza Signorelli nach Norden, stößt man am Palazzo Pontelli-Mancini an der Via Dardano 15 auf eine

☑ Die lebendige Piazza della Repubblica

065t sk

Besonderheit Cortonas: Gebäude Begüterter besaßen eine eigene **Türe für die Toten** – die Porta del Morto. Es ist die schmale Pforte links des Haupteinganges, nur benutzt, um einen Verstorbenen herauszutragen.

100 m nordwestlich der Piazza entlang der Via Casali gegangen, erhebt sich an der Piazza del Duomo die **Kathedrale Santa Maria.** Der dreischiffige, asymmetrische Renaissancebau entstand im 15. Jh. als Ersatz einer romanischen Vorgängerkirche aus dem 11. Jh. (rechts vom Eingangsportal sind mit einem halben Rundbogen und Tragsäule mit Kapitell noch Elemente von ihr erkennbar). 1566 baute man den Turm an. Die Innenausstattung stammt vornehmlich aus der Barockzeit, das Gewölbe des Mittelschiffes aus dem beginnenden 18. Jh. (dessen Bemalung aus dem 19. Jh.).

Das **Diözesanmuseum** in der säkularisierten, 1498–1505 errichteten, doppelstöckigen Jesuskirche dem Dom direkt gegenüber ist ein weiteres Glanzlicht der Stadt. Besonders sehenswert sind die Exponate in der ehemaligen Oberkirche: Fra *Angelicos* „Verkündigung“ (um 1430) und sein „Triptychon von Cortona“ (1437), das „Polittico di San Domenico“ (um 1434, ein Polyptychon von *Sassetta*), das berühmte als Figurentafel gestaltete Kruzifix (um 1320) von *Pietro Lorenzetti* und die „Verkündigung“ (um 1480) von *Bartolomeo della Gatta.* In Saal 4 widmet man sich hauptsächlich *Luca Signorelli* – dem Sohn der Stadt. An den Wänden hängen seine Bilder, aber auch Werke von Schülern aus seiner Werkstatt: Unter den berühmtesten sind „Die Kommunion der Apostel“ (1512) und die „Beweinung Christi“ (1502). Für letzteres Tafelbild ließ er seinen soeben verstorbenen Sohn entkleiden und benutzte dessen Leichnam als Vorlage – voller Trauer, aber dennoch gefasst, wie die Chronisten vermerkten.

■ **Museo Diocesano/Chiesa del Gesù,** Piazza del Duomo, Tel. 0575 62830, April–Okt. 10.30–18.30, sonst Fr–So 10–17 Uhr, 6 €.

Hinter dem Diözesanmuseum kann man im Vicolo Iannelli kurz ins Mittelalter abtauchen. Die ersten Etagen der Häuser kragen weit aus und verschmälern die Sicht auf den Himmel beträchtlich. Zurück an der Piazza della Repubblica, nimmt man die Via Santucci nach Osten. Sie geht in die Via Berrettini über (in Nr. 33 das Geburtshaus von *Pietro da Cortona,* heute als Ferienvilla zu mieten) und führt zur Porta Montanina mit einem herrlichen Ausblick über das weite Tal.

Kurz vor dem Tor zweigt die Via San Niccolò scharf rechts ab. Auf ihr gelangt man zum **Kirchlein San Niccolò** aus dem 15. Jh., das sich mit einer kleinen Vorhalle ganz elegant präsentiert. Im Inneren ist eine früher bei Prozessionen benutzte Standarte aus der Hand von *Luca Signorelli* zu sehen (am Altar). Die Vorderseite hat er mit der „Beweinung Christi“, die Rückseite mit einer „Madonna mit dem Kind“ in Gesellschaft von Petrus und Paulus bemalt (1510).

■ **Chiesa di San Niccolò,** Via San Niccolò, unregelmäßig geöffnet, Spende erwünscht.

Auf dem Weg zurück zweigt rechts die Via Santa Margherita ab und führt bergan zum Platz vor der **Wallfahrtskirche Santa Margherita,** 1897 in kunterbuntem neoromanischen Stil als Grabstätte der Stadtpatronin auf den Resten mehrerer Vorgängerkirchen gebaut. Ihre sterblichen Überreste (und das ist nicht wenig) ruhen in einem Schrein am Hauptaltar, während sich ihr Grabmal in der Kapelle des linken Querschiffes befindet.

Das Massaker von Civitella

20 km südwestlich von Arezzo, im Herzen des Valdichiana, kam es am Sonntag, den **29. Juni 1944,** zu einem **Massenmord.** Nachdem elf Tage zuvor Partisanen drei Wehrmachtsangehörige erschossen hatten und ein Ultimatum zur Auslieferung der Untergrundkämpfer unbeachtet verstrichen war, marschierten Truppen der **Division „Hermann Göring"** auf, töteten Frauen, Kinder und Alte und machten auch vor der Kirche nicht halt. Die Gottesdienstbesucher wurden mit Genickschuss hingerichtet. Am Ende waren weit über 200 Tote zu beklagen. Die SZ-Korrespondentin *Christiane Kohl* hat die Ereignisse in ihrem Buch „Villa Paradiso: Als der Krieg in die Toskana kam" beschrieben (Goldmann Verlag, München 2004, nur antiquarisch). Erst 2011 kam es in Italien zu einem **Urteil** gegen sieben ehemalige Soldaten der Division (die auch an zahlreichen weiteren Massakern in Italien und in Polen beteiligt war). Da Deutschland eigene Staatsangehörige nicht ausliefert, mussten die Sieben ihre lebenslangen Freiheitsstrafen nicht antreten.

■ **Santuario di Santa Margherita,** Piazzale di Santa Margherita tgl. 7–19.30 Uhr, im Sommer teilweise bis 22.30 Uhr.

250 m Asphaltstraße vom Santuario entfernt thront die **Medici-Burg** an höchster Stelle und eröffnet ein weites Panorama, das bis zum Lago Trasimeno reicht. Vier gewaltige Bastionen und hohe (begehbare) Mauern bilden ein irreguläres Viereck und schützen den Bergfried. Erbauen ließ die Anlage *Cosimo I.* auf den Fundamenten einer mittelalterlichen Festung 1549–56. Im Sommer ist die Burg wegen ihrer Lage Beobachtungsposten für die Früherkennung von Waldbränden und ein beliebter Treff für junge Liebespärchen. In der Fortezza finden des Öfteren Ausstellungen statt.

■ **Fortezza del Girifalco,** Via di Fortezza, Tel. 0575 637235, www.fortezzadelgirifalco.it, Juni–Sept. tgl. 10–18/19, sonst nur Sa/So bis 17/18 Uhr, 5 €.

Valdichiana

Das Valdichiana war nicht immer Bauernland. Vor Millionen Jahren floss der Arno nicht in einer Schleife nach Westen, sondern entlang des Tales nach Süden, bis er sich durch weicheres Gestein einen neuen Weg Richtung des heutigen Florenz bahnte. Das Niederschlagswasser im Tal hatte nun keine Möglichkeit mehr abzulaufen, es entstanden **Sümpfe.** Schon die **Etrusker** mühten sich, die weite Ebene landwirtschaftlich nutzbar zu machen und waren mit ihrem **Dränagesystem** so erfolgreich, dass die eingefahrenen Ernten das Tal zum Erblühen brachte. Die **Römer** setzten die Entwässerung fort und bauten weitere Kanäle.

Mit dem Zusammenbruch des Römischen Reiches verfiel das System, der Sumpf kehrte zurück. Erst als die Renaissance das Ende des dumpfen Mittelalters einläutete, begann Arezzo mit einer erneuten (aber nur teilweise erfolgreichen) Trockenlegung. Als die Toskana unter habsburgischer Herrschaft stand, wurde mit der systematischen Entwässerung begonnen: Man schaufelte den 62 km langen Canale Maestro della Chiana, der zum Arno hin ableitet.

Abbazia di Farneta

14 km südwestlich von Cortona stehen die rustikalen Gemäuer der **Abtei von Farneta** im Tal von Valdichiana. Ihre romanische Kirche Santa Maria Assunta ist einen eigenen Ausflug wert. Gegründet von Benediktinern im 8./ 9. Jh. wurde das Kloster 1014 erstmals aktenkundig. Einmal ganz anders, ist die Kirche mit Längs- und Querschiff nicht kreuz-, sondern T-förmig. Auch die drei Apsiden wölben sich ungewöhnlich aus dem Baukörper. Bis ins 15. Jh. war das Kloster das größte im Tal, reich und mächtig. UNSER TIPP: Ergreifend ist die intime Krypta aus dem 9. Jh. mit ihrem uralten Gewölbe und den Tragsäulen aus römischer Zeit. Dass sie zu sehen ist, muss Don *Sante Felici* gedankt werden, der durch Zufall auf die verfüllten Fundamente stieß und sie in langen Jahren selbst freilegte.

■ **Abbazia di Farneta,** an der SP31 in der Ortschaft Farneta, Tel. 0575 61001, www.abbaziafarneta.it, tgl. 8–19 Uhr.

Castiglion Fiorentino

Castiglion (340 m üNN, 13.000 Einw.) erstreckt sich über einen steilen Hügel 15 km nördlich von Cortona auf halber Strecke nach Arezzo. Es besitzt eine fast noch vollständig erhaltene Stadtmauer mit historischen Toren und eine Altstadt mit engen, verwinkelten und schattigen Gassen.

Die Siedlungskarriere ist typisch für die Toskana: Im 6. Jh. v. Chr. etruskisch, taucht der Ort 202 v. Chr. in römischen Schriften als Getreidelieferant auf, im 10. Jh. herrschte die Sippschaft der Marchesi *del Monte Santa Maria,* und ab 1289 Florenz.

Parkplätze finden sich an der Piazza Risorgimento (hier auch Info-Stelle) im Norden bei der Porta Fiorentina. Durch sie hindurch gelangt man auf dem Corso Italia zum repräsentativen Herz Castiglions, der Piazza del Municipio. Gegenüber dem Rathaus ist die Wandelhalle der Loggia Vasariano (16. Jh.) mit Wappen der Podestà geschmückt, drei Bogendurchbrüche erlauben den Blick übers Tal.

UNSER TIPP: Die Gasse rechts vom Rathaus führt hinauf zum 35 m hohen **Cassero,** dem Burgareal mit einem schlanken einsamen Turm (12. Jh.) und weiten Flächen (Besteigung möglich).

■ **Torre del Cassero,** Via del Cassero, Mai–Sept. Di–So 10–12.30, 16.30–19, sonst Fr–So 10–12.30, 16–18 Uhr.

Daneben stehen Palazzo Pretorio und die **Pinakothek** in der säkularisierten Kirche Sant'Angelo mit dem Chor des Klosters San Geronimo. Sie beherbergt eine auserlesene, 1899 erstmals der

Öffentlichkeit zugänglich gemachte Sammlung an Gemälden von Meistern mehrerer Stilepochen. 1990 bezog sie die heutigen Räumlichkeiten. Zu den herausragenden Werken gehören die „Stigmatisierung des Franziskus" (1487) und „Erzengel Michael" (1480) von *Bartolomeo della Gatta*, „Franziskus" (um 1260) von *Margarito d'Arezzo* und ein Tafelkreuz mit einem überlebensgroßen Christus aus dem beginnenden 13. Jh. von einem unbekannten Meister.

■ **Pinacoteca,** Via del Cassero 6, Tel. 0575 657 466, Mai–Sept. Di–So 10–12.30, 16.30–19, sonst Fr–So 10–12.30, 16–18 Uhr.

Im Palazzo Pretorio präsentiert das **Archäologische Museum** Funde aus dem Neolithikum, zur etruskischen Siedlungsgeschichte mit ihren Tempeln, Zeugnisse aus römischer Zeit und leitet schließlich über zum Mittelalter - schön und engagiert gemacht.

■ **Museo Archeologico,** Via del Tribunale 8, Tel. 0575 659457, www.museicastiglionfiorentino.it, Mai–Sept. Di–So 10–12.30, 16.30–19, sonst Fr–So 10–12.30, 16–18 Uhr.

3 km südlich ist das **Castello di Montecchio Vesponi** unübersehbar. Mit hohem schlanken Turm und Zinnenmauer kann es seine frühere Funktion nicht leugnen – Abschreckung. Es war das Lehen von *John Hawkwood* (1320–1394), einem Londoner Schneider, der als Söldnerführer in den Diensten von Pisa, Mailand, den Papisten und schließlich Florenz Furore gemacht hatte. Das Schloss ist nicht zu besichtigen.

Lucignano

Wer von krummen Gassen zwischen mittelalterlichen Fassaden, von Stadtmauern und wehrhaften Burgen immer noch nicht genug hat, fährt durch die Ebene nach Lucignano (400 m üNN, 3400 Einw.) 20 km südwestlich von Castiglion Fiorentino am westlichen Rand des Valdichiana. Von Etruskern gegründet, eroberten es die Römer im 1. Jh., machten ein ständig mit Militär besetztes *castrum* (Kastell) daraus und gaben ihm den Namen Lucinianum.

Hat man sich durch das Stadttor Porta San Giusto und die Gassen nach oben in das perfekte Oval aus Häusern hineingekämpft, warten kleine, intime Plätze, Fassaden aus Bruchstein, Rittertürme und elegant gestreifte Renaissancefassaden – ein herausgeputztes Städtchen mit einer überaus angenehmen Atmosphäre. Schönste Kirche (zumindest von außen) ist die **Franziskaner-Kirche** (13. Jh.) an der Piazza del Francesco, die an die Piazza del Tribunale anschließt: ein kleines, aber sehenswertes Portal und eine Fassade in Wechsellagen aus grünem und weißem Marmor. Im Inneren ist das Fresko „Triumph des Todes" (14. Jh.) von *Bartolo di Fredi* zu sehen. Auch der Kreuzgang mit seiner Zentralzisterne links der Kirche verdient einen Blick.

■ **Chiesa di San Francesco,** Piazza di San Francesco, Mo/Mi–So 10.30–12, Fr–So auch 15–17.30 Uhr.

Südlich schließt die Piazza della Collegiata an, und dazwischen steht die hochbarocke Stiftskirche **San Michele Arcangelo** (1592–1621). In der Form eines lateinischen Kreuzes und mit riesiger Laterne über der Vierung markiert sie den

066t sk

höchsten Punkt des Ortes. Ihrer Hauptfront gegenüber verweisen ein wuchtiger und ein graziler Turm auf die Festung und eine nette Loggia mit Lokal davor.

Die Hauptattraktion des Ortes befindet sich aber im **Museum im Palazzo Comunale** an der Nordseite der Piazza del Tribunale (hier auch Touristeninformation). Wertvollster Besitz ist der in einer Vitrine geschützte **„Albero della Vita“** – der 2 m hohe „Baum des Lebens“ aus vergoldetem Silber und Kupfer. 120 Jahre haben zahlreiche Künstler an dem Reliquienschrein in Baumform gearbeitet (wenn auch nicht durchgängig). Die abschließenden Aufgaben übernahm der berühmte Goldschmied *Gabriello d'Antonio* aus Siena 1471. Aus Korallen, Emaille und Bergkristall entstand ein Meisterwerk mit Medaillons und winzigen Schreinen. Die Fresken im Saal stammen aus dem 15. Jh. *Luca Signorelli* hat die „Stigmatisierung von Franziskus“ und eine „Madonna mit dem Kinde“ gemalt, *Bartolo di Fredi* die „Madonna mit den beiden Johannes“.

■ **Museo Comunale,** Piazza del Tribunale 22, Tel. 0575 838001, www.museodilucignano.it, Juni–Aug. tgl. 10–13, 15–19, April/Mai/Sept./Okt. Di–So 10.30–13, 15–18.30, sonst Fr–Mo 10.30–13, 14.30–17 Uhr, 5 €.

Monte San Savino

Das mittelalterliche Monte San Savino 20 km westlich von Castiglion Fiorentino hat sich innerhalb seiner Mauern ein unaufgeregtes, historisches Stadtbild bewahrt. Uralte Holzportale führen in die graubraunen Steinhäuser, und die Vielzahl von Keramikateliers und -galerien spricht für die Bedeutung, die der Töpferkunst hier beigemessen wird. Eines der ältesten Gebäude ist der **Cassero,** die ehemalige Festung, die sich vom Platz davor schmal und nur drei Stockwerke hoch wenig ehrfurchtgebietend zeigt. Errichtet Anfang des 14. Jh. von *Bartolo di Bartolo*, erhielt er die Florentiner Lilien 1384. Heute befindet sich in ihm die Touristeninformation.

Sehenswert ist auch der **hängende Garten des Palazzo di Monte,** errichtet Anfang des 16. Jh. für Kardinal *Antonio di Monte* und heute Sitz der Stadtverwaltung. Unter der Gartenanlage verbirgt sich eine Zisterne.

■ **Palazzo di Monte,** Corso Sangallo 28, Mo–Fr 8–19 Uhr.

2 km in Richtung Castiglion Fiorentino erhebt sich das **Santuario di Santa Maria delle Vertighe** auf einer Hügelkuppe. Auf dessen Hauptaltar zeigt das Tafelwerk „Madonna mit dem Kinde" vier Szenen aus dem Marienleben. Angefertigt wurde das Meisterstück um 1280 von *Margaritone d'Arezzo.*

■ **Santuario di Santa Maria delle Vertighe,** Tel. 0575 849326, www.ffbetania.net, tgl. 7–12.30, 15–19.30, 21.30–22.45 Uhr.

Cortona: Zugabe!

■ **Etruskische Hügelgräber „Melone I+II",** 2 km nordwestlich von Cortona – 1928 und 1991 entdeckte *Tumuli* (6. Jh. v. Chr.), kreisförmige Anlagen mit Gräbern, Altarplattformen und figürlicher und ornamentaler Verzierung, Teil des **Archäologischen Parks** von Cortona; Infopoint Località Il Sodo, Strada Regionale 71, www.cortonamaec.org, April–Okt. tgl. 10–13, 15–18, sonst Sa/So 10–14 Uhr, 5 € (13 € mit MAEC-Museum).

■ **Eremo Francescano Le Celle** 3 km nordöstlich von Cortona – schön und einsam gelegene ehemalige Franziskaner- und heutige Benediktiner-Einsiedelei (1211), mitgegründet vom heiligen *Franziskus* und von ihm verschiedentlich besucht (seine Zelle ist im Original erhalten); Strada dei Cappuccini 1, Tel. 0575 603362, www.lecelledicortona.it, tgl. 7–19 Uhr.

■ **Santa Maria delle Grazie al Calcinaio** 1 km südlich von Cortona unterhalb der Piazza Garibaldi – bekuppelte Renaissance-Kirche (1485–1513) von *Francesco di Giorgio Martini,* auch wegen des steilen Geländes ein architektonisches Meisterstück; am Hauptaltar ein wundertätiges Marienbild von 1484 (seitlich des Tabernakels), das einst einen Bottich einer ehemals an dieser Stelle befindlichen Gerberei zierte; Strada Provinciale Umbro Cortenese, www.calcinaio.it, 8–12, 15–19 Uhr.

■ **La Tanella di Pitagora** 1 km südlich von Cortona – etruskischer Tumulus aus der hellenistischen Periode (2. Jh. v. Chr.); Località Cinque Vie 265 (GPS N 43.2699037, E 11.9818506).

Praktische Informationen

Touristeninformation

■ **Ufficio Turismo Cortona,** Piazza Signorelli 9, Tel. 0575 637274, www.comunedicortona.it, www.facebook.com/infocortona, April–Okt. tgl. 10–19, sonst Di–So 10–17 Uhr.

■ **Ufficio Turismo Castiglion Fiorentino,** Piazza del Municipio 1, Tel. 0575 656493, www.comune.castiglionfiorentino.ar.it, Mo–Sa 10–18, So 10–13 Uhr.

■ **Ufficio Turismo Lucignano,** Piazza del Tribunale 22, Tel. 0575 838001, www.comune.lucignano.ar.it, Juni–Aug. tgl. 10–13, 15–19, April/Mai/

◁ Herausgeputztes Örtchen: Lucignano im Valdichiana

068t sk

Sept./Okt. Di–So 10.30–13, 15–18.30, sonst Fr–Mo 10.30–13, 14.30–17 Uhr.

■ **Ufficio Turismo Monte San Savino,** Piazza Gamurrini 25, Tel. 0575 849418, www.monteturismo.it, Mi–So 10–13, 15–19, Winter Mi/Sa/So 10–13, Sa auch 15–17.30 Uhr.

Unterkunft

UNSER TIPP: **4 La Corte di Ambra**④, Via Benedetti 23, Tel. 0575 1788266, www.cortonaluxuryrooms.com. Zwei Perfektionistinnen, Mutter *Ambra* und Tochter *Sara,* haben den historischen Palazzo Fierli in Cortonas Zentrum nach jahrelanger Renovierung in ein ebenso individuelles wie exquisites B&B mit fünf Zimmern und Suiten verwandelt, von denen jede(s) einen eigenen Stil hat. Ein Zimmer ist behindertengerecht ausgebaut, und es gibt, was in historischen Mauern selten ist, einen Aufzug. Dass die beiden mit Leidenschaft bei der Sache sind, merkt man in jedem Detail, bis hin zu dem üppigen und fantasievollen Frühstücksbuffet. Auch eine Ferienwohnung wird vermietet.

1 Relais Borgo San Pietro②–③, Località San Pietro e Ceglioli, Cortona, Tel. 0575 612402, www.cortonaluxuryaccommodation.com. Elegante Unterkunft 4 km außerhalb im Nordwesten in einem riesigen Park mit 20 Zimmern und Apartments, Schwimmbad, **Restaurant**②, absolute Ruhe garantiert, Radverleih kostenfrei.

11 Pane e Vino②, Vicolo San Giovanni 10, Tel. 340 0626806, www.pane-vino.it. Sympathisches B&B am Stadteingang bei der Piazza Garibaldi; drei Zimmer (mit eigenem Bad und Klimaanlage) und zwei Apartments.

7 Le Residenze Ristori②, Via del Giardino 10, Tel. 328 8437169. Vier angenehm und geschmackvoll eingerichtete Apartments und ein Zimmer im Herzen der Stadt zu (noch) recht günstigen Preisen; in einem Palast aus dem 17. Jh.

⌃ Santa Maria delle Grazie al Calcinaio

› Hier lässt es sich bei einem Bummel durch Cortona verweilen

Außerhalb

■ **Le Caselle**③, Via Procacci 30, **Lucignano,** Tel. 0575 836264, www.lecaselle.net. Fünf rustikal eingerichtete Zimmer mit Bad auf einem hübschen Gutshof mit Pool, umgeben von Olivenhainen am südöstlichen Ortsrand von Lucignano. Schmackhafte ländliche Toskana-Küche im Lokal Locanda del Baraccotto② (Mo geschl.) mit netter, herzlicher Atmosphäre.

■ **Logge dei Mercanti**②-③, Corso Sangallo 40, **Monte San Savino,** Tel. 0575 810710, www.hotelloggedeimercanti.it. Luxuriöse Unterkunft in der Altstadt in einer ehemaligen Apotheke des 17. Jh. mit nur 12 sehr elegant eingerichteten Zimmern mit pointiert eingesetzten Antiquitäten.

■ **Baldovino di Monte**②, Corso Sangallo 15, **Monte San Savino,** Tel. 333 6272676, www.baldovinodimonte.it. Die vier romantisch eingerichteten Doppelzimmer mit Balkendecken befinden sich im ersten Stock eines historischen Palazzo im Ortszentrum; das Frühstück wird im nahen Hotel San Gallo serviert.

Camping

8 **Badiaccia Camping Village,** Via Pratovecchio 1, **Castiglione** del Lago, Tel. 0759 659097, www.badiaccia.com, April–Sept. Ausgezeichnet ausgestattetes Feriendorf 13 km südlich von Cortona am Ufer des Lago Trasimeno, mit allen Annehmlichkeiten, Schwimmbad, Animation.

Essen und Trinken

5 **Fufluns**②, Via Ghibellina 3, Tel. 0575 604140, www.fufluns.it, Mi–Mo 19.15–22.30 Uhr. Laut und eng geht es zu in den Gewölben des beliebten Restaurants. Die Qualität der Pizze schwankt, aber Antipasti, Nudel- und Fleischgerichte sind ok.

6 **La Grotta**③, Piazza Baldelli 3, Tel. 0575 630 271, www.trattorialagrotta.it, Mi–Mo 12–14.30, 19–21.30 Uhr, Winter auch Mo/Di geschl. Das Ambiente in den intimen Räumen und an warmen Abenden auf der hübschen Piazza ist sehr stim-

314tsk

mungsvoll. Die Karte listet alle toskanischen Traditionsgerichte, von Pecorino über *tortelli di patate* bis zum *bistecca fiorentina,* die frisch und gut zubereitet auf den Tisch kommen.

3 **Nessun Dorma**③, Piazza Signorelli 24, Tel. 0575 62038, https://nessundorma.restaurant, Mo–Do 12–15.30, 19–22.30, Sa 12–16, So 19–23.30 Uhr. Wenn's Herbst wird in der Toskana, dann nichts wie hin zum Nessun Dorma, denn hier sind Spezialisten für Trüffel und Pilze am Werk. Aber auch außerhalb der Pilzsaison empfiehlt sich der Besuch unbedingt, denn hier wird weniger auf den eiligen Touristen als auf den Genießer geschielt, der seine Freude hat an Antipasti wie *batùffolo* (spezielle Gnocchi) mit Akazienhonig und Trüffel oder Secondi wie Zicklein mit Waldbeeren.

3 **Pane e Vino**②, Vicolo San Giovanni 10, Tel. 340 0626806, www.pane-vino.it, Di–So 12–15, 19–23 Uhr. Das gemütliche Restaurant glänzt mit einer großen Auswahl an Bruschette, die man einzeln bestellen kann. Unter den Primi sorgen die *tirabaci ai funghi porcini freschi e lardo affumicato* (Nudeln mit Steinpilzen und Räucherspeck) für ein intensives Geschmackserlebnis.

9 **Sartù**③, Vicolo Baldacchini, 2, Tel. 0575 601 708, https://sartu-restaurant.business.site, Mi–So 19–22.30 Uhr. Elegante Gerichte mit Pfiff vornehmlich auf der Basis von Chianina-Rind; am romantischsten sitzt man an einem der wenigen Zweiertische in der schmalen Treppengasse (Reservieren!).

Außerhalb

■ **Da Muzzicone**②, Piazza S. Francesco 7, **Castiglion Fiorentino,** Tel. 348 9356616, www.facebook.com/RistoranteDaMuzzicone, Do–Mo 12.15–14.15, 19.30–23.30, Mi 19.30–23.30 Uhr. Vegetarier sind in diesem fleischlastigen Restaurant auf verlorenem Posten. Die Küche des Valdichiana – hier besteht sie nur aus *tagliata, bistecca fiorentina, carpaccio* –, das allerdings in vorbildlicher Qualität.

■ **Trattoria dal Gallo**②, Via Augusto Toti, **Lucignano,** Tel. 0575 1657223, Di–So 12–14, 19.30–22.30 Uhr. Familiäre Trattoria mit fleischbasierter Küche und sehr leckeren Antipasti-Tellern mit Crostini, Wurst und Schinken – für einen entspannten Abend zwischen Einheimischen.

■ **Locanda Antica Pieve**③, Località Vitiano, 5 km nördlich von **Castiglion Fiorentino,** Tel. 0575 979658, www.ristoranteanticapieve.eu, Di–So 12.30–14, 19.30–22.30 Uhr Auf der großen Terrasse mit Blick auf den Garten oder gemütlich drinnen: toskanische Spezialitäten mit Fokus auf Fleisch, auch gute Pizza (angeschlossene Zimmervermietung mit sechs hübsch eingerichteten **Zimmern**②).

■ **La Terrasse**③, Via G. di Vittorio 2/4, **Monte San Savino,** Tel. 0575 844111, www.ristorantelaterrasse.it, Do–Di 12–14.30, 19–22.30 Uhr. In elegantem Rahmen speisen die Gäste von der vielseitigen Speisekarte, an der vor allem die Fülle von *antipasti* und *primi* überrascht. Unbedingt probieren: *bresaola* vom Chianina-Rind oder *tagliata di tonno.*

Apero und Abend

3 **Globe Lab,** Piazza Signorelli 28, Tel. 0575 955 449, www.instagram.com/globe_cortona, Mi–Mo 18–24/2 Uhr. Im Pub am Hauptplatz ist immer was los; zu Livemusik mit Bier und Cocktails gibt's Burger, kalte Platten und Pizzabrot.

5 **Il Solco,** Via Guelfa 2, Tel. 346 6469917, www.instagram.com/ilsolco_cortona, Do–Di 11–2 Uhr. „Morgens" einen Espresso, nachmittags was Süßes und später dann einen Sprizz oder Spumante und abschließend zur DJ-Musik Mojitos bis zum Abwinken. Angesagt!

Außerhalb

■ **Antico Caffè la Posta,** Piazza del Municipio, **Castiglion Fiorentino,** Tel. 327 9217577, www.facebook.com/anticocaffelapostacf, Do–Di 7–23

› Kunsthandwerk bei Lorenzini

Uhr. Die Jugend von Castiglion kommt gerne auf einen Aperitif hier herauf; gelegentlich auch DJs und Lounge-Musik.

Verkehr

■ **Bahn/Bus:** Bahnhof Camucia/Cortona 3 km von der Altstadt entfernt(nach Arezzo halbstündlich/stündlich, 20 Min., um 4 €), Busverbindung mit Linie LFS 6 mindestens stündlich in die Stadt (10 Min., 1,50 €) und über Castiglion (35 Min., um 4 €) weiter nach Arezzo (65 Min., um 5 €), www.at-bus.it.

■ **Parken:** Parcheggio Spirito Santo an der Viale Battisti (Rolltreppen hoch zur Piazza Garibaldi) im Süden der Altstadt und an der Porta Colonia im Norden.

Feste

■ **Giostra dell'Archidado,** Cortona. An den ersten beiden Wochenenden im Juni erinnert das Städtchen mit einem Mittelalterfest an die prunkvolle Hochzeit von *Francesco Casali* und *Antonia Salimbeni* im Jahr 1397. Fünf Stadtteile wetteifern in ihren jeweiligen Farben im Armbrustschießen miteinander; www.giostraarchidado.com.

■ **Cortonart Festival,** Cortona. An einem Wochenende Anfang September füllen sich die Gassen und Plätze mit Markt- und Streetfoodständen und zahlreichen Straßenmusikern samt Zuhörern; www.facebook.com/cortonart.

■ **Palio dei Rioni,** dritter Sonntag im Juni, **Castiglion Fiorentino,** www.facebook.com/paliocastiglionfiorentino. Ein historisches Pferderennen vor mittelalterlicher Kulisse.

■ **Maggiolata,** letzter Maisonntag, **Lucignano.** Hier wetteifern vier städtische Fraktionen sehr friedlich und farbenfroh miteinander – wer bindet den schönsten Blumenschmuck? Infos über www.maggiolatalucignanese.it.

Einkaufen

2 **L'Antico Cocciaio,** Via Benedetti 24, Tel. 0575 605294, www.lanticococciaio.com. Sehr schön gearbeitete und bemalte Keramiken mit den charakteristischen Mustern der Region.

10 **Artigianato Lorenzini,** Via Nazionale 58, Tel. 0575 603011, www.artigianatolorenzini.com. Mitbringsel und Sinnvolles für den Haushalt, ästhetisch und bunt, aus Holz und Keramik, aus Glas und Metall - hier wird man fündig.

6 **Enoteca Molesini,** Piazza della Repubblica 22/23, Tel. 0575 62544, www.molesini-market.com. Weinhandlung mit 1500 Etikette und Familientradition im Herzen Cortonas.

Aktivitäten

■ **Golf Club Valdichiana,** Località Esse Secco, Tel. 0577 624439, www.golfclubvaldichiana.it. 18-Loch-Platz, 4570–5266 m, Par 68, Greenfee 30–45 €.

272t sk

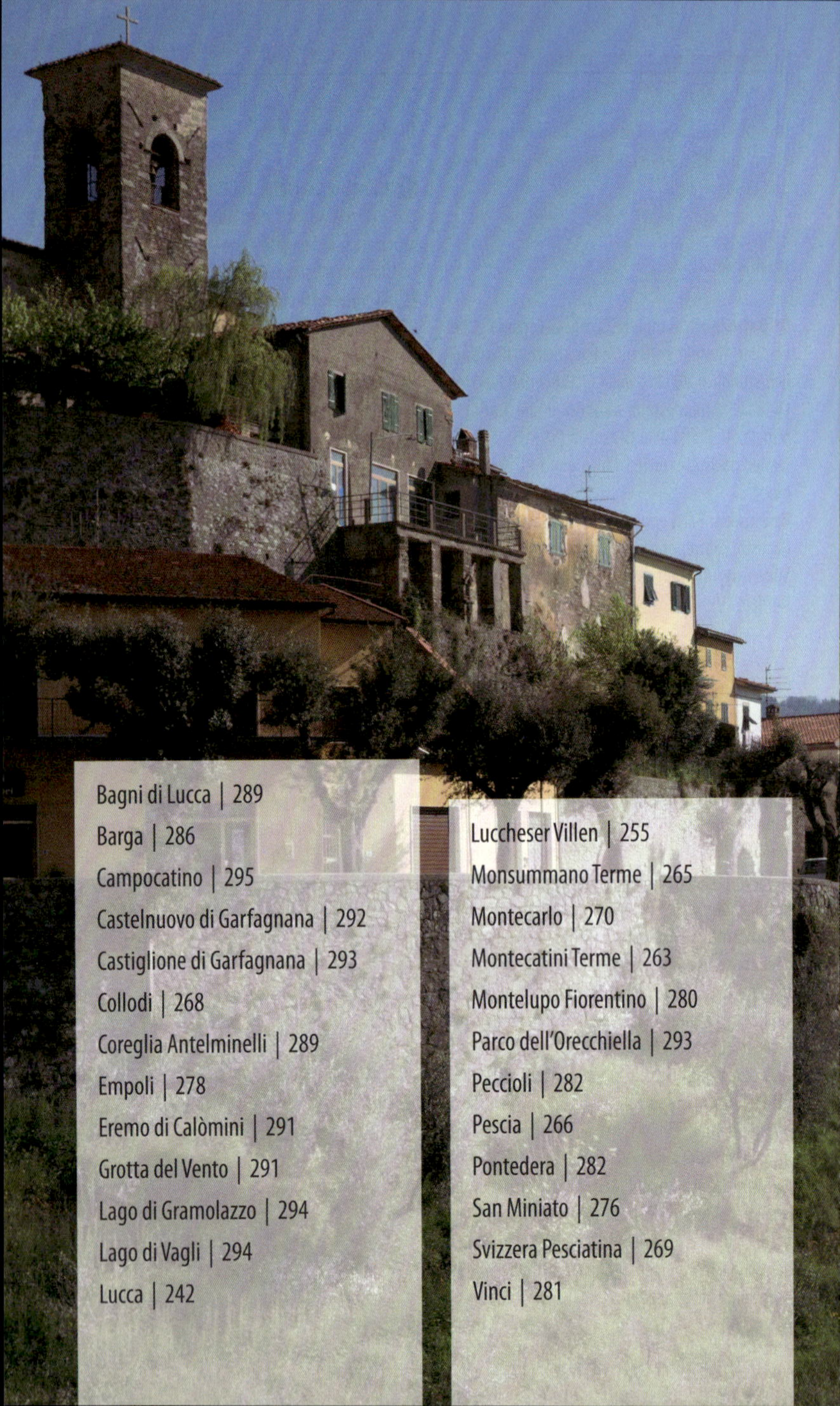

4

Lucca, Garfagnana, Alpi Apuane, Svizzera Pesciatina

» Zwischen Romanik und Jugendstil, zwischen Berg und Tal – Kunstsinn und Gesundheit kommen beide zu ihrem Recht.

‹ Das Bergdörfchen Marliana

LUCCA, GARFAGNANA, ALPI APUANE, SVIZZERA PESCIATINA

Berge und Täler, ein nicht immer zahmer Gebirgsfluss und eine weite Ebene: Die Landschaften rund um Lucca sind vielfältig. Dass es auch sonst nicht langweilig wird, dafür sorgen zahlreiche Museen und Kirchen. Und wer zwischen bestem Jugendstil kuren will, der wird in Montecatini fündig. Für Kinder ist der Pinocchio-Park von Collodi die Hauptattraktion.

Lucca hat seine eigene kleine Ebene, die der südlich gelegene Monte Pisano (mit dem dahinter verborgenen Pisa), der nördlich verlaufende Apennin mit seinem Gebirgszug Alpi Apuane und der östlich abriegelnde Monte Albano (zur Ebene von Florenz hin) begrenzen. Für den Handel bedeutend war Lucca u.a. wegen seiner Lage an der nördlichen, über Prato und Pistoia führenden Route von Florenz nach Viareggio am Meer.

Die Apuanischen Alpen mit ihren Wäldern und Felswänden, Schluchten und Bächen entdeckt man von Castelnuovo im Garfagnana-Tal aus bei der Fahrt entlang des Turrite Secca hoch zum Passo del Vestito (1151 m), den man in einem Tunnel absolviert; am Botanischen Garten der Alpi Apuane vorbei geht es hinunter nach Massa und ans Meer. Für die Rückfahrt könnte man von Forte dei Marmi wieder ins Gebirge fahren und träfe dann hinter dem über 1100 m langen Tunnel del Cipollaio bei Culàccio wieder auf das Tal des Turrite Secca (insgesamt 100 km).

Zahlreiche Wanderwege sind in den Alpi Apuane ausgewiesen. Bevor man sich auf den Weg macht, sollte man sich nach den Wetterverhältnissen erkundigen. In Touristeninformationen ist Material mit genaueren Wegbeschreibungen für Wanderer erhältlich.

Das Garfagnana-Tal mit dem Flüsschen Serchio verläuft von Lucca zwi-

NICHT VERPASSEN!

- **Piazza Anfiteatro, Lucca:** vom Amphitheater zum städtischen Platz | 246
- **Duomo di San Martino, Lucca:** prächtiger geht Romanik nicht | 251
- **Villa Reale, Marlia:** *Napoleons* Schwester auf dem Land | 256
- **Terme Tettuccio, Montecatini Terme:** anzüglich-schöner Jugendstil | 264
- **Giardini Garzoni, Collodi:** Barockgärten am Hang | 270
- **San Miniato:** berühmte Stadt-Silhouette | 276
- **Vinci:** die Geburtsstadt des Universalgenies | 281
- **Barga:** Bergstadt mit Mittelalterflair | 286

Diese Tipps erkennt man an der gelben Markierung.

schen den Alpi Apuane und dem Hauptkamm des Apennin von Nordwesten nach Südosten, seine Hänge sind dichtbewaldet mit Kastanien, Buchen, Eichen und Nadelwald. Die Garfagnana ist eines der noch nicht allzu überlaufenen Wanderparadiese. Wer in seinen Wäldern unterwegs ist, hat immer beeindruckende Bergpanoramen vor Augen, die Natursteinhäuser kleben an den Hängen und romanische Kirchtürme stechen in den Himmel. Geschichtlich war die Garfagnana eine Domäne norditalienischer Städte, die hier dem Florentiner Expansionsstreben Einhalt geboten.

Eine kurvige Passstraße in der Garfagnana führt von Castiglione auf der SS324 durch Mischwälder zum von einer grandiosen Hochgebirgskulisse eingerahmten Passo delle Radici (1529 m) und weiter nach Modena bzw. vom Pass aus über San Pellegrino in Alpi wieder zurück nach Castiglione.

Bagni di Lucca war in der Belle Epoque ein berühmtes Kurbad, wo Adel und Handel logierten. Der einstige Glanz hat sich aber nur sehr limitiert erhalten. Kurtradition in voller Fahrt kann man allerdings noch in Montecatini Terme erleben. Wer hier die Terme Tettuccio nicht besucht hat, wird die italienische Jugendstilvariante des Liberty nicht verstehen. Der Kurgast wandelt und spaziert, trinkt Heilwasser, und um sich nicht zu überanstrengen, nimmt er nachmittags die Standseilbahn hoch nach Montecatini Alto zu Kaffee und Kuchen (und vom Kurpersonal ungesehen zu einem Aperitif).

Montecatini ist auch Ausgangspunkt zu einer Rundfahrt in die Svizzera Pesciatina (→ Infokasten, S. 269): eine wildkurvige, schöne Fahrt entlang der Hänge des Apennin von einem kleinen Gebirgsort zum nächsten – Wehrdörfer, die alle um das Jahr 1000 entstanden sind und kriegerisch auf Hügelkuppen über die Landschaft wachen.

Nach Norden zur Region Ligurien vermitteln die Landschaften der Lunigiana, einer fast wilden Gebirgswelt mit dichten Wäldern und vielen Burgen. Fast scheint hier die Welt stehengeblieben zu sein, der Tourismus gleitet auf der Autobahn hindurch Richtung Süden und lässt die ursprüngliche Gegend links und rechts liegen.

Die Highlights für Kinder

- **Comics and Games,** ein Festivalfest für Heranwachsende, **Lucca** | 262
- **Stadtwall als Spielplatz, Lucca** | 263
- **Pinocchio, Pinocchio, Pinocchio** in **Collodi** | 268
- **Tropfsteinhöhle Grotta Maona** bei **Montecatini Terme** | 272
- **Klettergarten Sospeso nel Verde** bei **Montecatini/Collodi** | 275
- **Dinosaurierpark Parco Preistorico** bei **Peccioli** | 282
- **Festa dell'Unicorno,** Fantasy-„Festival des Einhorns" mit u.a. Harry Potter und dem Auto aus „Zurück in die Zukunft", **Vinci** | 285
- **Tropfsteinhöhle Grotta del Vento** bei **Barga** | 291
- **Hochseilgarten** Parco Avventura Selva del Buffardello bei **Barga** | 299

Fivizzano
Sillano
293 Parco Naturale dell'Orecchiella
Piandellagotti
Rometta
Casola in Lunigiana
296 Fortezza di Verrucole
Pievepelago
63
Passo delle Radici (1529)
296 Equi Terme
296 Grotte di Equi Terme
238
Piazza al Serchio
294 S. Pellegrino in Alpe
294 Lago di Gramolazzo
San Romano di Garfagnana
Monzone
M. Pisanino 1945
Serchio
293 Castiglione di Garfagnana
Fosdinovo
Monte Roccandagia 1714
295 Campocatino
295 Eremo di San Viano
293 Castelnuovo di Garfagnana
Castelpoggio
348 Cave di Marmo
Vagli Sopra
294 Lago di Vagli
Vagli Sotto
345 Carrara
Colonnata
351 Passo di Vestito
1765 M. Sumbra
Isola Santa
Castelvecchio Pascoli
286 Barga
291 Eremo di Calòmini
289
Coreglia Antelminelli
1
Orto Botanico Pietro Pellegrini
M. Altissimo 1589
Culàccio
Torrente Turrite Secca
Gallicano
349 Massa
Orto Botanico delle Alpi Apuane
1858 Pania della Croce
Vergemoli
Fornovolasco
Verni
Fornaci di Barga
289 Bagni di Lucca
Marina di Carrara
Rocca Malaspina
Azzano
Levigliani
291 Grotta del Vento
Marina di Massa
12
351 Seravezza
Stazzema
Borgo a Mozzano
Fornoli
Querceta
341 Sant'Anna di Stazzema
289 Ponte della Maddalena
1
338 Pietrasanta
350 Forte dei Marmi
337 Camaiore
Valgiano
Marina di Pietrasanta
Versilia
257 Villa Grabau, Villa Oliva
255 Villa Mansi
S. Martino in Freddana
256 Villa Reale
Lido di Camaiore
11
Valpromaro
Segromigno
Marlia
Camigliano
331 Viareggio
Massarosa
Monte di Quiesa
242 Lucca
12
255 Villa Torrigiani
Quiesa
Capannori
1 12
Massaciùccoli
334 Torre del Lago Puccini
Villa Puccini
Lago di Massaciùccoli
11
258 Villa Bernardini
333 Marina di Torre del Lago Puccini
Migliarino
Monte Pisano
Marina di Vecchiano
Vecchiano
439
12r
12
Migliarino
S. Giuliano Terme
Monte Serra 917
322 Parco Regionale Migliarino – San Rossore – Massaciuccoli
305 PISA
321 Certosa di Pisa
Calci
Montemagno
Gombo
LIGURISCHES MEER
324 Rocca di Vicopisano
Bientina
Vicopisano
Aeroporto Galileo Galilei
Arno
324 Marina di Pisa
323 San Piero a Grado
Castagnolo
324 Cascina
67
282 Pontedera
1
324 Tirrenia
Arnaccio
Calambrone
Vicarello
Collesalvetti
366 Lari
LIVORNO
Riviera della Versilia

©Reise Know-How
0 10 km
ToskaK04 4/24

Lucca

■ 20 m üNN, 89.000 Einw., Florenz 75 km

Trotz der zahlreichen und schwergewichtigen Konkurrenz, Lucca ist **eine der schönsten Städte der Toskana.** Im fruchtbaren Tal des drittlängsten Flusses der Toskana, des Serchio, hat es sich sein luftig elegantes Antlitz aus vergangenen Tagen fast perfekt bewahrt – mit allem, was dazugehört: Stadtwall, Bastionen, weite Plätze, prächtige Paläste und großartige Kirchen.

„Città delle cento chiese", nennt man Lucca, „Stadt der hundert Kirchen". Es besitzt tatsächlich eine Unzahl an Kirchen, Oratorien und Kapellen. Hinzu kommt der mit 4 km zweitlängste **Befestigungswall** Europas (nur Ston in Kroatien ist mit 5,5 km länger). Ein weiterer städtebaulicher Leckerbissen ist die **Piazza Anfiteatro** – ein Platz in perfekter Ovalform (im Mittelalter wurden die Gewölbe der Zuschauerränge des römischen Amphitheaters einfach mit Wohnhäusern überbaut). Zu Recht ist Lucca ein bei Touristen immer beliebteres Reiseziel. Die verkehrsgünstige Lage an der Autobahn von Florenz ans Meer tut das ihrige. Und sonst? *Giacomo Puccini* wurde 1858 in Lucca geboren.

☑ An der Piazza Anfiteatro kann man nicht in der Ecke stehen ...

072t sk

Geschichte

Das fruchtbare Marschland entlang des Serchio war schon früh Ziel der **Besiedelung** durch Ligurer und Etrusker – bekannt ist eine Siedlung aus dem 3. Jh. v. Chr. mit dem Namen „*luk* – Sumpf". Das Wort lebt weiter im Namen „Lucca", den die Römer nach der Eroberung 180 v. Chr. ihrer Kolonie verliehen, die am Kreuzungspunkt wichtiger Fernstraßen (Via Clodia/Via Aurelia) für das Römische Reich schnell strategische Bedeutung erlangte. Prominentester Besucher in der Antike war *Julius Caesar*, der in Lucca auf *Pompeius* und *Crassus* traf. Die drei fanden sich 56 v. Chr. zusammen, um das vier Jahre zuvor begründete **Triumvirat** zu erneuern – das Drei-Männer-Bündnis war eine der machtvollsten Institutionen der römischen Geschichte.

Als nach dem Zusammenbruch Roms die **Langobarden** auf der Bildfläche erschienen, wählten sie Lucca 571 zum Herzogssitz. Daran änderten auch die nachfolgenden **Franken** nichts.

Die Nähe zum Meer, die Lage am Frankenweg, der Pilgerweg von Norden zum Vatikan und der Handel mit Seide und Brokat sorgten für Wohlstand. Im 11. Jh. besaß Lucca die einzige **königliche Münzstätte Mittelitaliens,** und im 12./13. Jh. mauserte es sich zu einem der ersten Bankenzentren. Das viele Geld erlaubte entsprechende Kirchenbauten, und man leistete sich sogar eine Variation des romanischen Baustils, in dem man die Ornamentierung stärker betonte. Bereits 1080 hatte man Stadtkonsuln gewählt, Kaiser *Barbarossa* bestätigte 1162 die **Unabhängigkeit** Luccas als Stadtstaat. Im 14. Jh. geriet man in die Gewalt von Söldnerführern und schließlich 1328 an Pisa. 1369 erhielt Lucca die Unabhängigkeit aber wieder und behielt sie bis 1799, als **Napoleon** die Stadt eroberte. Fünf Jahre später, mit Ausrufung des französischen Kaiserreiches, überließ er die Stadt als Herzogtum seiner Lieblingsschwester *Elisa Baciocchi* (im Übrigen eine der wenigen Frauen, die es bis zum Brigadegeneral gebracht haben).

Orientierung

Aus allen Himmelsrichtungen laufen die Straßen bei Lucca zusammen und enden an der das Zentrum umschließenden Stadtmauer. Die Entfernungen innerhalb des Walls sind überschaubar. Die Altstadt ist teilweise verkehrsberuhigt, Parkplätze sind rar und meist für Anwohner reserviert, sodass das eigene Fahrzeug besser draußen bleibt.

Sechs Stadttore (und für Fußgänger weitere Übergänge) besitzt Lucca heute (sieht man von drei mittelalterlichen Toren ab, die sich heute innerhalb des Walles befinden). Die Porta Elisa ließ *Napoleons* Schwester in den Wall brechen, zwei weitere entstanden im 20. Jh. Vom Bahnhof kommend, betritt man die Stadt durch die Porta San Pietro, von Westen über die Porta Vittorio Emanuele, wer im Norden geparkt hat, nimmt die Porta Santa Maria und hält sich an der Piazza Santa Maria rechts.

Sehenswertes

Der **Stadtwall** entstand in Jahrhunderten und in mehreren Bauphasen. Heute zeigt er sich als grüner Park mit hohen Bäumen, ein Lieblingsort der Lucchesi, auf dem man die Stadt schön umwandern und umradeln kann. Als Erste hatten die Römer ihr Municipium mit einer Mauer geschützt, ihnen taten es die Langobarden gleich. Auch die Stadtrepublik Lucca des 11./13. Jh. sah die Notwendigkeit einer Befestigung. Die moderne Kriegstechnik (die Renaissance hatte eben auch ihre Schattenseiten) machte allerdings im 15. Jh. eine Nachbesserung notwendig. Man begann, Bastionen zu errichten, um Kanonen in vorgerückter Stellung postieren und gegnerische Aufmarschflächen bestreichen zu können. Im 16. Jh. entschloss man sich dann, eine vollständig neue Mauer zu bauen. Dazu holte man die besten Militärarchitekten, deren man habhaft werden konnte (u.a. aus Flandern). 1650 hatte man auf 4,2 km Länge mit – auch für das reiche Lucca – immensen Kosten elf enorme, an der Basis 30 m breite Erdwälle aufgeschüttet und mit 6 Mio. Ziegeln bis in eine Höhe von 12 m verkleidet. Sie verbanden die im 15. Jh. entstandenen elf Bastionen, auf denen 126 Kanonen standen und die mit Kavernen für Kriegsmaterial und Verbindungsgängen unterhöhlt und mit Ausfallpforten für Handstreiche versehen waren. Davor befand sich ein 35 m breiter Graben, den man bei Gefahr fluten wollte. Dieser war auch noch mit einem weiteren äußeren Erdwall, auf dem gegebenenfalls Schützen postiert werden konnten, abgesichert. Nur drei Stadttore gestatteten Einlass. Allerdings musste die Stadtbefestigung Lucca nur ein einziges Mal retten – und das auch nicht vor militärischen Feinden, sondern vor einem Hochwasser des Serchio im Jahr 1812. In die Eingeweide des Festungswerkes gelangt man z.B. an der Südwestecke, wenn man beim Parcheggio Cittadella den Wagen abgestellt und die Via Pallone zur Unterführung gegangen ist. Dort beginnt der Tunnel durch die Kasematten des Bollwerks Baluardo de San Paolino.

Über die Via della Cavallerizza gelangt man zum ältesten Gotteshaus der Stadt, der **Basilica di San Frediano** mit ihrem 52 m hohen **Campanile** (den man über 199 Stufen bis zu 44 m Höhe besteigen kann). Der heilige *Fredianus,* ein irischer Mönch und späterer Bischof, soll hier im 6. Jh. die erste Kirche errichtet haben. Nach *San Paolino* gilt er als zweiter Stadtpatron. Im 12. Jh. baute man die Kirche im romanischen Stil um, änderte aber ganz unüblich die Ausrichtung des Presbyteriums nach Westen (traditionell waren die Kirchen östlich orientiert, in Richtung des Sonnenaufgangs als Symbol der Auferstehung), damit die Eingangsfassade nicht mit der neu errichteten Stadtmauer kollidierte. Die im 13. Jh. entstandene Schauseite ist überaus prächtig, der Mittelflügel erhöht und mit einem an Ikonenwände erinnernden Goldmosaik („Himmelfahrt Christi") geschmückt. Tatsächlich hatte das Werk die Luccheser Werkstatt Berlinghieri durch Meister zusammensetzen lassen, die diese in den Ostkirchen verbreitete Technik in Konstantinopel erlernt hatten. Die Säulen und Kapitelle stammen vom Abbruch des Amphitheaters, der großartige Taufbrunnen am Beginn des rechten Seitenschiffs ist ein Werk um 1150. Der Basisbrunnen zeigt ein Relief mit Geschichten aus dem Leben des Moses, die Mittelsäule im Becken trägt ein kleineres mit Masken verziertes Becken,

[>] Auf der Piazza vor seinem Geburtshaus liebt Puccini sein tägliches Sonnenbad

darüber auf zierlichen Säulen ein Baldachin mit Abbildern von Aposteln und Monatsallegorien. Dass eine nicht zur Kathedrale geweihte Kirche in jener Zeit taufen durfte, gilt als außerordentliches Privileg. In der letzten Kapelle links hat das gotische Antependium - ein Marmorrelief mit der Madonna und Heiligen - und die beiden Bodenplatten für die Gräber von *Lorenzo Trenta* und seiner Frau der Meister *Jacopo della Quercia* 1416 gemeißelt. Die Cappella della Croce ist mit Fresken von *Amico Aspertini* ausgestattet (1509).

■ **Basilica San Frediano,** Piazza San Frediano, www.sanfredianolucca.com, Sommer Mo–Fr 9–18.30, Sa 9–17.30, So 9.30–18.30, Winter wochentags/So bis 16.30, Sa bis 17 Uhr, Turm April-Okt., 3 €, mit Turmbesteigung 6 €.

Nach wenigen Schritten gen Süden gelangt man zur **Via Fillungo,** der Haupteinkaufsstraße der Stadt mit mittelalterlichen Fassaden, malerisch und geschäftig. Immer noch gibt es Läden, die sich ihre Fassade oder Einrichtung vom Ende des 19. oder den Anfängen des 20. Jh. bewahrt haben (Fin de Siècle, Liberty-Stil, Golden Twenties): Die Juweliere Pellegrini (Nr. 111), Carli (Nr. 95, seit 1655 am Platz) und Chiocchetti (Nr. 20–24). In der ehemaligen Parfümerie Venus (Nr. 65) ist heute ein Modegeschäft, *Puccinis* Lieblings-Caffè di Simo (Nr. 58) ist geschlossen, die Weiternutzung un-

315tsk

Übernachtung
6 Hotel Ai Cipressi
7 Best Western Grand Hotel Guinigi
11 Hotel Alla Corte degli Angeli
22 B&B L'Antica Bifore
27 Albergo San Martino

Essen und Trinken
1 Da Giulio
2 Lucca in Tavola
5 Pizzeria Mara Meo
8 Gli Orti di Via Elisa
9 Osteria Pane e Sale
12 Osteria dal Manzo
13 Osteria San Giorgio
15 L'Isola che non c'era
17 Forno a Vapore
18 De'Coltelli
20 La Tana del Boia
21 Pasticceria Taddeuci
23 All'Olivo
24 Cantine Bernardini
26 Olio su Tavola
28 Gelatarium
29 Pan di Strada
30 In Pasta
31 Dal Ciaccia

Nachtleben
3 Ciclo di Vino
14 Caffè Ristretto
19 Bar San Michele

Einkaufen
4 La Cacioteca
10 Il Panda Premium
16 Subdued
25 Salumeria Tuccori
33 Internationale Apotheke

Aktiv
32 Fahrradverleih Noleggio Bici

gewiss. Eine komplette Jugendstil-Passage befindet sich zwischen Nr. 102 und 104.

Von der Via Fillungo geht es durch einen Gang auf die gänzlich autofreie **Piazza Anfiteatro.** Im Oval reihen sich die Häuser dort, wo sich einst die Zuschauer auf den Tribünen des römischen Amphitheaters amüsierten: über die Gladiatorenkämpfe und auch die hilflosen Versuche des einen oder anderen Christen, wilden Tieren zu entkommen. Bis ins 19. Jh. standen auch auf der ehemaligen Spielfläche Häuser, sie wurden 1839 entfernt. Das Rund besetzen heute die Tische der Restaurants und Cafés, und abends kann es schon einmal richtig eng werden.

Westlich der Piazza (von der Via Fillungo über die Via degli Angeli) steht an der Via degli Asili der **Palazzo Controni-Pfanner,** 1667 für den Händler *Moriconi* errichtet, von der Familie *Controni* übernommen und 1846 von dem Bierbrauer *Felix Pfanner* aus Hörbranz/Österreich käuflich erworben. Er braute hier eines der ersten Biere Italiens (das erste des Herzogtums Lucca) und

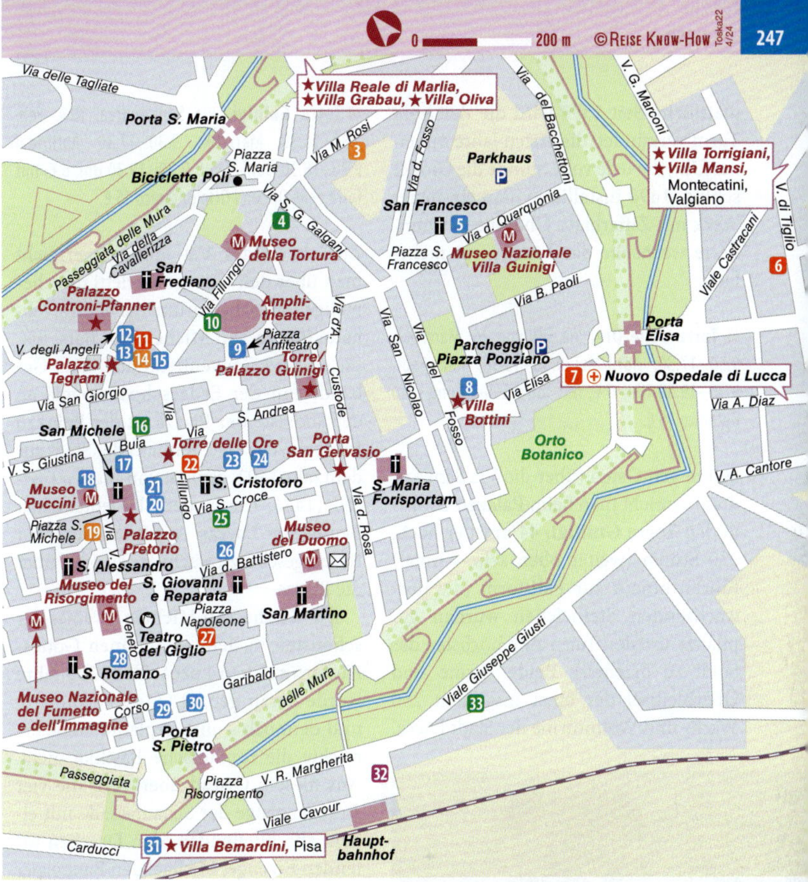

schenkte es u.a. im Biergarten aus (1929 geschlossen). Heute ist im Palast die Sammlung von *Pietro Pfanner* ausgestellt: chirurgische Instrumente und alte medizinische Schriften. Außerdem darf man die Beletage besichtigen, deren Räume mit antiken Möbeln ausgestattet sind.

UNSER TIPP: Abschließend sollte man unbedingt den **Garten** aufsuchen, die Barockanlage aus dem beginnenden 18. Jh. ist eine Oase mit Rabatten, Zitruspflanzen, dem ganzen Olymp und den vier Jahreszeiten in Marmor.

■ **Palazzo Controni-Pfanner,** Via degli Asili 33, Tel. 0583 954029, www.palazzopfanner.it, April–Nov. 10–18 Uhr, Garten u. Residenz je 4,50 €, zusammen 6,50 €.

In der zur Via Angeli quer laufenden Via Cesare Battisti hat im **Palazzo Tegrami** (Nr. 16) 1809 der Geigenvirtuose *Niccolò Paganini* gewohnt. Folgt man der Via Fillungo nach Süden, ragt beim Juwelier Chiocchetti der 50 m hohe **Torre delle Ore** nadelschlank in den Himmel (der höchste Wohnturm der Stadt). 207 Stufen sind es hinauf zur Aussichtsplattform. Seit 1390 wird die Zeit vom Turm verkündet, die ersten Jahre mit einer Uhr, die jede volle Stunde die Glocke schlug. 1490 installierte man ein neues Werk mit Zifferblatt. Über die Jahrhunderte wechselte das Instrument mehrfach.

■ **Torre delle Ore,** Via Fillungo 26, März/Okt. 9.30–17.30, April/Mai 9.30–18.30, Juni–Sept. 9.30–19.30 Uhr, 6 €, mit Torre Guinigi und Orto Botanico 15 €.

200 m gen Osten (über die Via Sant'Andrea) erreicht man beim **Palazzo Guinigi** den **Torre Guinigi.** 44 m ist er hoch, 230 Stufen (weiter oben sehr schmal) führen hinauf zur Plattform (die dort wachsenden Steineichen wurden gepflanzt, um den Turm zum höchsten der Stadt zu machen). Beide Türme sind Überbleibsel der einst insgesamt 250 Wach- und Wohntürme der Stadt Lucca.

074tsk

Torre Guinigi mit „Frisur" aus zähen Steineichen

■ **Torre Guinigi,** Via Sant'Andrea, Nov.–Feb. 9.30–16.30, März/Okt. 9.30–17.30, April/Mai 9.30–18.30, Juni–Sept. 9.30–19.30 Uhr, 6 €, mit Torre delle Ore und Orto Botanico 15 €.

Zurück an der Via Fillungo, erreicht man über den Chiasso Barletti das ehemalige römische Forum, die heutige lebhafte **Piazza San Michele** mit Bars, Eisdielen und Souvenirständen. Das Gebäude mit der Erdgeschoss-Loggia an der Südseite der Piazza ist der **Palazzo Pretorio,** das erste Rathaus der Stadt aus dem Jahr 1492, geplant von *Matteo Civitali* (1436–1501), dem bedeutendsten Baumeister Luccas. Aus Bronze und vor Regen geschützt, wacht er seit 1893 über die Piazza.

Die **Kirche San Michele** ist eines der schönsten in dem an schönen Gotteshäusern reichen Lucca. Über 200 Jahre wurde daran gebaut (1143 begonnen), und dennoch – ihre geplante Höhe erreichte die romanische Basilika nicht. Aus diesem Grund überragen die vier Arkadengänge der Schaufassade mit einem abschließenden, den Drachen tötenden Erzengel Michael den Baukörper so beträchtlich. Um den ganzen Ornament- und Bildreichtum der Säulen, Kapitelle und Friese aus der Werkstatt des Meisters *Guidetto* zu erfassen, benötigt man einen Feldstecher. Das Innere in der Form eines lateinischen Kreuzes wurde Mitte des 19. Jh. vom Barock befreit und zeigt sich mehr oder weniger im romanischen Originalzustand. Über dem Altar in der Apsis schwebt ein Tafelkreuz vom Ende des 12. Jh. mit der Jungfrau und *Johannes dem Täufer.* Den ersten Altar des südlichen Querschiffs schmückt eine

075tsk

Terrakotta-Arbeit der *della Robbia*, an der Ostwand hängt das Tafelbild mit den Heiligen *Rochus, Sebastian, Hieronymus* und *Helena* (um 1490, *Filippino Lippi*) und an der Rückseite ist die Statue der Strahlenkranzmadonna (1480) von *Matteo Civitali* das Original, draußen an der rechten Fassadenecke befindet sich aus konservatorischen Gründen eine Kopie. Über den Campanile geht die Legende, die Pisaner hätten im 14. Jh. verlangt, ihn zu kürzen, damit die Glocken nicht bis in ihre Stadt tönten (was als Überlegenheit Luccas hätte gedeutet werden können).

■ **Chiesa San Michele in Foro,** Piazza San Michele, tgl. 8–12, 15–18 Uhr.

⌃ Hier hat man schon von außen viel zu gucken: Chiesa San Michele in Foro

Geht man die Via San Paolino nach Westen, gelangt man zur gemütlichen Piazza Cittadella. Hier wurde *Giacomo Puccini* (1858–1924), der berühmteste Sohn der Stadt, geboren. Er sitzt in Bronze seelenruhig mitten auf der Piazzetta. Seine „Madame Butterfly" und „La Bohème" haben die Opernbühnen der Welt erobert. Das **Puccini-Museum** zeigt Gemälde seiner Vorfahren (seit Jahrhunderten eine Musikerfamilie), Fotos, Handschriften, Ausstattungsteile seiner Opern und einen von ihm für Kompositionen benutzten Flügel.

UNSER TIPP: Beliebt sind die konzertanten **Sommeraufführungen** seiner Opern – äußerst stimmungsvoll und ganz intim auf der Piazzetta vor dem Haus.

■ **Museo Puccini,** Corte San Lorenzo 9, Tel. 0583 584028, www.puccinimuseum.org, Mai–Okt. tgl. 10–19, April 10–18, Nov.–März 10–17.30 Uhr, Einlass bis 30 Min. vor Ende, 9 €.

076t sk

Wenige Schritte nach Südwesten, erhebt sich die **Chiesa Sant'Alessandro** inmitten eines ruhigen Wohnkarrees nicht nur als die älteste Kirche der Stadt, sondern auch als gutes Beispiel für eine romanische Basilika der Jahrtausendwende, als die Lucchesi die Fassaden ihrer Bethäuser noch nicht mit unzähligen und kleinsten Details gestalten ließen. Glatte Quader, zwar in Wechsellagen, aber einfarbig hell, und auf ein Minimum reduzierte gliedernde Bauteile – streng und doch gefällig und in perfekter Geometrie. Das Innere ist unaufgeregt schlicht und fast ohne nennenswerte Ausstattung.

■ **Chiesa Sant'Alessandro,** Piazza Sant'Alessandro, 8–12, 15–18 Uhr (unregelmäßig).

200 m westlich (über die Via del Toro) im Palazzo Mansi ist das **Nationalmuseum** untergebracht. In der prachtvoll eingerichteten Beletage lebte einst die Luccheser Kaufmannsfamilie *Mansi*. Die Sommerwohnung im Parterre ist mit Fresken des 17. Jh. verziert, die Gemälde stammen von Künstlern aus Lucca und Umgebung (16./18. Jh.). Ab und an finden hier Konzerte statt. Das erste Obergeschoss betrat man ursprünglich über die Außentreppe. Hier liegen die Empfangsräume und weitere Privatgemächer. Die Fresken zeigen vornehmlich mythologische und epische Themen wie „Aeneas' Flucht aus Troja" oder das „Urteil des Paris". In der Hauskapelle hängt eine „Madonna mit Kirschen" (um 1520) des Flamen *Jan Gossaert* (1478–1532). Die anlässlich der Überführung Luccas in das Großherzogtum Toskana 1847 von *Leopold II.* gestifteten 83 Gemälde (15.–18. Jh.) sind in der Pinakothek ausgestellt. In der zweiten Etage sind die Bilder Luccheser Künstler chronologisch geordnet (18.–20. Jh.). Eine eigene Abteilung ist in Lucca hergestellten Textilien gewidmet – vom 15. bis zum 20. Jh.

■ **Museo Nazionale di Palazzo Mansi,** Via Galli Tassi 43, Tel. 0583 55570, www.luccamuseinazionali.it, Di/Do und jeden 1. und 3. So/Monat 9–19.30, Mi/Fr/Sa 12–19.30 Uhr, Einlass bis 90 Min. vor Ende, 4 €, mit Museo Nazionale di Villa Guinigi 6,50 €.

Zurück an der Basilika Sant'Alessandro, spaziert man südlich zum Komplex des Palazzo Ducale an der **Piazza Napoleone.** Im (im 16. Jh. errichteten und mehrfach umgebauten) Palast ist heute die

⌃ Teatro del Giglio

Provinzregierung tätig. Ursprünglich stand an seiner Stelle eine Zwingburg, die bei Wiedererlangung der Unabhängigkeit 1369 geschleift wurde. Der großzügige Platz, auch „Piazza Grande" genannt, entstand 1806 im Auftrag von *Napoleons* Schwester, die im Palazzo Ducale residierte. Dafür riss man eine Kirche, die Stadtarchive und mehrere Wohnhäuser ab. Da die verbliebenen Fassaden im Rund ihrem Auge missfielen, pflanzte man Platanen als Sichtschutz. Eigentlich sollte in der Mitte des Platzes ein Denkmal *Napoleon Bonapartes* stehen, doch im 19. Jh. wollte man den Kaiser nicht mehr feiern. Stattdessen kam *Maria Luisa von Spanien,* 1815–24 Herzogin von Lucca, in Marmor (1843, von *Lorenzo Bartolini*) auf den Sockel.

Mitten auf der an die Piazza Grande anschließende Piazza del Giglio steht ein Denkmal für *Garibaldi,* die Südseite begrenzt das erstmals 1675 errichtete **Teatro del Giglio,** das 1817 unter der Regentschaft von *Maria Luisa* der heutige Bau ersetzte (weswegen eine Lilie der Bourbonen die Fassade schmückt). Am 17. September 1831 fand im Theater die italienische Uraufführung von *Gioachino Rossinis* „Wilhelm Tell" statt, ein großer Erfolg – *Niccolò Paganini* dirigierte. Lucca war die einzige italienische Stadt, in der die Oper unter ihrem Originaltitel spielte. Die Zensur Mailands (neben der von Rom, London und Petersburg) erzwang Änderungen am Libretto und einen neuen Titel (Tell wurde zu Vallace), zu aufrührerisch waren Inhalt und Text.

■ **Teatro del Giglio,** Piazza del Giglio, Tel. 0583 46531, www.teatrodelgiglio.it, mehrmals im Jahr kostenlose Führungen (Infos an der Kasse oder online).

Östlich der Piazza gibt sich die säkularisierte **Kirche Santi Giovanni e Reparata** mit ihrem geschwungenen Giebel barock. Doch das Innere ist gänzlich anders. Tatsächlich wurde sie um 1250 erbaut. Und die Geschichte des Bauwerks reicht noch weiter zurück. Um diese der Öffentlichkeit zugänglich zu machen, haben die Archäologen ein Zwischengeschoss eingerichtet, sodass man die Grabungen besichtigen kann. Die älteste Schicht mit Hausfundamenten und Resten einer Therme stammt aus römischer Zeit (um 150 v. Chr.), ihnen folgten Sakralbauten der Christen des frühen Mittelalters (um 450) und um 600 eine Basilika der Langobarden (die bereits der heiligen *Reparata* geweiht war, die als 12-Jährige ein scheußliches Martyrium in Palästina erlitten haben soll). Diese Kirche war die erste Kathedrale der Stadt und besaß das Taufrecht. Im 8. Jh. verlor sie den Domstatus an San Martino schräg gegenüber. Das *Johannes dem Täufer* geweihte Baptisterium zeigt in seinen Fundamenten, dass es eine mittelalterliche Taufkirche ersetzt hat. Im Komplex finden Konzerte mit meist von *Puccini* komponierter Musik statt. Den Glockenturm darf man besteigen.

■ **Chiesa e Battistero dei Santi Giovanni e Reparata,** Piazza San Giovanni, www.museocattedralelucca.it, Mo–Fr 10–17, Sa/So bis 18 Uhr, mit Campanile 4 €, mit Dommuseum und Dom 10 €.

Ein Katzensprung ist es zur **Kathedrale San Martino** im prächtigen, von den Lucchesen abgewandelten romanischen Baustil. Die dreistöckigen Arkaden sind reich mit ornamentalem und figürlichem Bildwerk versehen. Hinzu kommt ein dreibogiger, asymmetrischer Porti-

077tsk

kus, dessen Verschmälerung rechts Platz für den älteren Campanile schuf. Der erste, St. Martin geweihte Vorgängerbau stammte aus dem 6. Jh., ein zweiter wohl aus dem 8. Jh., der dann auch Santa Reparata als Kathedrale ablöste. Den heutigen Bau hat man 1060 begonnen und 1070 geweiht. Die Fassade schuf *Guidetto* 1204. 1261 wurde der Glockenturm auf 59 m erhöht und die Aufstockung mit Travertin verkleidet. Die Reiterfigur zwischen dem rechten und mittleren Bogen ist eine Kopie (s. u.).

UNSER TIPP: Die in Marmor gehauenen **Reliefs** im Portikus (ab 1233) verdienen Aufmerksamkeit. Zwei Lünetten („Enthauptung des San Regolo" am rechten, „Kreuzabnahme" am linken Portal) und ein Türsturzrelief (links „Verkündigung, Geburt Christi, Anbetung der Könige") stammen wohl von *Niccolò Pisano* (um 1265). Der rechte Türsturz hat den Kampf gegen arianische Ketzer zum Thema. Auf den Reliefs zwischen den Portalen sind im unteren Bereich die Allegorien der zwölf Monate zu sehen, darüber Szenen aus dem Leben des heiligen *Martin.* Die Allegorien: Januar Feuerbewahrung, Februar Angeln, März Rebenpflege, April Säen, Mai Brautwerbung, Juni Getreideernte, Juli Dreschen, August Obsternte, September Keltern, Oktober Weinlagerung, November Feldarbeit, Dezember Schlachtung. Im Türsturz des Hauptportales steht Maria zwischen den Aposteln, darüber in der Lünette sitzt Christus als Weltenrichter. Ei-

⌃ Die Kathedrale Luccas

ne unübersehbare Inschrift weist Geldwechsler an, ihre Kunden nicht zu betrügen, Letztere sollen dem Schutz des Klerus vertrauen. Man mag sich gar nicht vorstellen, wie es in der Vorhalle zuging. Von Tempelreinigung war zumindest nicht die Rede.

Die Ausstattung des dreischiffigen Inneren geht auf das 14./15. Jh. zurück. An der Rückwand neben dem Mittelportal ist die **Skulptur des heiligen Martin zu Pferde** zu sehen, der seinen Mantel mit einem Bettler teilt – das Original und eine der ersten vollplastischen Reiterfiguren des italienischen Mittelalters (um 1240, unbekannter lombardischer Meister). In der Mitte des linken Seitenschiffes schützt ein runder, von einer Kuppel bekrönter Marmortempel (1484, von *Matteo Civitali*) ein ganz besonderes Kreuz – das **Volto Santo,** das heilige Antlitz. Es stammt aus den Jahren um 1200, wurde aus Nussholz geschnitzt und gehört zu einer ganzen Reihe ähnlicher Werke, die zwischen 1170 und 1220 entstanden. Alle diese Kreuze hatten als Vorlage ein verloren gegangenes, legendenumranktes Kreuz aus dem frühen Mittelalter, angefertigt im Orient vom heiligen *Nikodemus.* Es landete – so die Geschichte – im Jahr 782 auf einem führerlosen Schiff an und gelangte auf einem führerlosen Ochsenkarren bis Lucca. Die Legende fand ihren Weg durch ganz Europa (und in *Dantes* „Göttliche Komödie" – im 21. Gesang der Hölle). Einmal im Jahr, am 13. September, wird das Kreuz – mit kostbaren Tüchern geschmückt – durch die Stadt getragen, dann leuchten an jedem Fenster der Stadt kleine Windlichter. In der vom rechten Seitenschiff kurz vor dem Querschiff abgehenden Sakristei steht das **Grabmal der Ilaria del Carretto** (um 1407). *Jacopo della Quercia* hat eines der schönsten Gräber des 15. Jh. aus Marmor gehauen, ein wegweisendes Werk der Frührenaissance. Die 19-Jährige starb im Kindbett bei ihrer zweiten Niederkunft. Ein Hauch von Gewand umhüllt ihre Formen, ihr Kopf ruht auf federweichen Kissen, das Gesicht voller Jugend und wie in leichtem Schlaf, ein junger Hund wacht zu ihren Füßen – das Symbol ehelicher Treue. Ebenfalls in der Sakristei ist das Gemälde **„Madonna auf dem Thron mit den Heiligen Petrus, Clemens, Sebastian und Paulus"** (um 1489) von *Domenico Ghirlandaio* zu sehen. Eine Vielzahl von Votivgaben ist Zeugnis der tiefen Verehrung des Volto Santo.

078t sk

☒ Gütige Geste, festgehalten in Stein: Sankt Martin teilt seinen Mantel

Die Ursprünge des 60 m hohen Campanile liegen wohl im 11. Jh., seine heutige Silhouette erhielt er im 13. Jh. 217 Stufen führen hinauf zur Plattform mit einer umwerfenden Sicht über Stadt und Umgebung.

■ **Duomo di San Martino,** Piazza San Martino, Tel. 0583 490530, www.museocattedralelucca.it, Dom Mo–Fr 9.30–17, Sa 9.30–18, So 12–18 Uhr, 3 €; Domturm Mo–Fr 10–17, Sa/So 10–18 Uhr, 3 €; mit Dommuseum, Domturm und Santi Giovanni e Reparata und deren Campanile 10 €.

Das **Dommuseum** nördlich der Kathedrale stellt den kostbaren Domschatz chronologisch geordnet aus: liturgisches Gerät, prachtvolle Gewänder, Altäre, Gemälde, Skulpturen, Bücher und Handschriften. In einem speziellen Raum sind die Preziosen zu sehen, mit denen das heilige Antlitz jeden 4. Mai und 14. September (nach der Prozession) geschmückt wird (u.a. Robe, Krone und Collier).

■ **Museo della Cattedrale,** Piazza Antelminelli, Mo–Fr 10–17, Sa/So 10–18 Uhr, 4 €; mit Dom, Domturm und Santi Giovanni e Reparata und deren Campanile 10 €.

Nun steht ein 10-minütiger Fußmarsch in den Osten der Altstadt an, dabei ist eine Pause im öffentlichen **Park der Villa Bottini** (wo im Sommer spätabends ein Freiluftkino Filmfans anlockt) oder im schönen **Botanischen Garten** möglich. Über die Gassen und mehrfach in Richtung Westen abbiegend, passiert man den Stadtkanal in der Via del Fosso und steht am Eingangstor des 1820 von *Mara Luisa* gegründeten Gartens. Er besitzt alles, was sich gehört: ein Arboretum, einen Heilpflanzengarten, einen Lehrgarten, ein kleines Gebirge, einen See, einen Tastgarten, eine 1821 gepflanzte Libanon-Zeder und eine mächtige Zypresse aus Florida. Als stille und schattige Oase in der Stadt lädt er zu einer ausgedehnten Rast ein.

■ **Orto Botanico,** Via del Giardino Botanico, Tel. 0583 442160, www.ortobotanicodilucca.it, Juli–Sept. Mo–Fr 10.30–19.30, Sa/So bis 20.30, Mai/Juni Mo–Fr 10.30–18.30, Sa/So bis 19.30, Okt., Mitte März–April Mo–Fr 10–17.30, Sa/So bis 18.30 Uhr, 6 €, mit Torre delle Ore und Torre Guinigi 15 €.

Wenige Meter nördlich sieht man die fast weiße Streifenfassade der **Kirche San Francesco** an der gleichnamigen Piazza, eine für die Bettelordenklöster typische Saalkirche, 1228 zwei Jahre nach dem Tod des heiligen *Franziskus* begonnen. Die Fresken im Inneren stammen aus dem 14./15. Jh.

Direkt gegenüber beherbergt die **Villa Guinigi** das zweite **Nationalmuseum** Luccas. Den spätgotischen Palast (1413–1420) mit seiner eleganten Fassade ließ *Paolo Guinigi* (1372–1432), Herrscher über Lucca, errichten. Im Erdgeschoss ist die Ausstellung vergangener Zivilisationen zu sehen: Exponate aus etruskischer, römischer und frühmittelalterlicher Zeit. Die erste Etage beleuchtet das Frühmittelalter bis zur Romanik (so Freskofragmente von Santa Reparata aus dem 5. Jh. und Steinmetzarbeiten der Langobarden). Weitere Abteilungen widmen sich der Gotik, der Renaissance, Gegenreformation und dem Neoklassizismus. Glanzlichter der Sammlung sind die Tafelkreuze aus dem 12. und 13. Jh.: von *Berlinghiero Berlinghieri* (175 cm hoch, um 1220), *Deodato Orlandi* (270 cm hoch, aus dem Kloster San Cerbone, 1288) und einem unbekannten Luccheser Meister (220 cm hoch, um 1150).

■ **Museo Nazionale di Villa Guinigi,** Via della Quarquonia, Tel. 0583 496033, www.luccamuseinazionali.it, Di–Sa 12–19.30, jeden 1. und 3. So/Monat 9–19.30 Uhr, Einlass bis 90 Min. vor Ende, 4 €, mit Museo Nazionale di Palazzo Mansi 6,50 €.

Die Luccheser Villen

Die großen (und reichen) Kaufmannsfamilien von Lucca legten sich - den *Medici* ähnlich - im 16. Jh. Villen und Landsitze zu, die sie zur Erholung aufsuchten und wo sie sich in Einklang mit der Natur zu finden hofften. Über 300 Güter soll es schließlich gegeben haben, und viele existiert heute noch. Die meisten sind in Privathand, doch einige kann man unkompliziert besuchen.

Die **Villa Mansi** befindet sich 10 km nordöstlich von Lucca und entstand im späten 16. Jh. für die Familie *Benedetti,* Umbauten fanden in der ersten Hälfte des 18. Jh. statt. Ursprünglich befand sich rundherum ein Barockgarten, den der sizilianische Architekt *Filippo Juvarra* (1678–1736) um 1725 plante (u.a. entwarf er auch den Palacio Real in Madrid).

Im 19. Jh. wurde der Garten aufwendig in einen romantischen **Park** mit Wasserflächen, Bächlein, Statuen sowie einer Diana-Grotte umgestaltet. Das Innere der Villa ist mit kostbarem Mobiliar bestückt, großflächigen Fresken und venezianischen Gemälden lässt vergangene Herrlichkeit auferstehen. Den Salone Centrale hat *Stefano Toffanelli* (1750–1812) mit mythologischen Themen freskiert.

■ **Villa Mansi,** Via delle Selvette 257/259, Segromigno, Tel. 0583 920234, www.villeepalazzilucchesi.it, April–Okt. Mo–Fr 14–18, sonst 11.30–15.30 Uhr, Park und Villa 7 €.

2 km südlich der Villa Mansi in Camigliano diente die **Villa Torrigiani,** eine der größten Villen in der Region, zunächst als Sommersitz der Familie *Buonvisi.* 1636 verkaufte sie die Villa an *Nicolao Santini,* den Luccheser Botschafter am Hofe *Ludwigs XIV. von Frankreich,* der sie im manieristischen Stil umgestaltete. Seine letzte Nachfahrin heiratete 1816 in die Familie *Torrigiani* ein. Durch eine 700 m lange Zypressen-Allee gelangt man zu dem eindrucksvollen Bauwerk, das sich in drei Stufen nach oben verjüngt, eine jede mit Terrasse und Balustrade ausgestattet, von denen eine ganze Skulpturenkompanie in den Garten blickt. Die Innenausstattung stammt aus dem 18. Jh.

Der streng geometrische **Barockgarten** rund um das Haus ist für seine Wasserspiele bekannt, die ursprünglich zur Ergötzung des Gastgebers dienten. Er genoss es, damit seine Besucher zu erschrecken. Im weiteren Bereich hat man den Garten im 19. Jh. in einen Landschaftspark englischen Typs gewandelt. Die vielen Kamelien erinnern an die Wappenblume der *Torrigiani.* Der Giardino di Flora mit seinem Nymphäum wurde als geheimer Garten konzipiert.

■ **Villa Torrigiani,** Via Gomberaio 3, Camigliano, Tel. 0583 928041, nur für Gruppen nach Voranmeldung unter Tel. 349 6206847, März–Okt. tgl. 10–13, 15–17/18.30 Uhr , Park 7 €, Park und Villa 12 €.

079tsk

In Marlia, 7 km nördlich von Lucca, steht die **Villa Reale,** von den *Orsetti* im beginnenden 18. Jh. errichtet und 1806 von *Napoleons* Schwester als Landsitz umgestaltet. Nach dem Niedergang der *Bonapartes* fiel der Besitz an den Großherzog der Toskana und schließlich an die italienische Krone (*reale* = königlich), die die Villa dem Prinzen *Carlo* als Wohnsitz überließ. Da dieser eine Bürgerliche geheiratet hatte (die Engländerin *Penelope Smythe*), konnte er nicht an der Erbfolge teilnehmen und fand hier seinen Ruhesitz. Schließlich musste aber die Villa verkauft werden. *Carlos* Sohn, hochgradig exzentrisch, hatte zu viele Schulden, die die Eltern begleichen mussten (sie fanden in der Parkkapelle ihre letzte Ruhe). Der Besitz ging an die Familie *Pecci-Blunt,* die das Gebäude heute noch bewohnt (es ist nicht zu besichtigen) und den **Park** aus dem 18. Jh. vor der Abholzung rettete. *Napoleons* Schwester hatte ihn weitgehend belassen, und die neuen Besitzer beauftragten den weltweit tätigen Gartenarchitekten *Jaques Greber* (1882–1962) mit der Restaurierung – das perfekte Ergebnis bietet sich heute dem Auge dar. So sind das **Teatro di Verzura** („Grünes Theater") und das **Teatro d'Acqua,** in die Natur integrierte Theater, erhalten, ebenso wie die Allee der Kamelien (die allerdings im 19. Jh. um weitere seltene Pflanzen bereichert wurde) oder die Grotte des Gottes Pan. Im noch aus der Barockzeit erhaltenen Giardino dei Limoni wachsen über 200 Zitronenbäumchen.

■ **Villa Reale di Marlia,** Via Fraga Alta 2, Marlia, Tel. 0583 30108, https://villarealedimarlia.it, März–Okt. Park tgl. 10–18, Villa tgl. 10.30–17.30 Uhr, Einlass Park 90 Min., Villa 30 Min. vor Ende, Park 12 €, Park und Villa 18 €.

⌃ Skulpturen, Skulpturen, Skulpturen bevölkern die Villa Torrigiani

Einen knappen Kilometer nördlich der Villa Reale entstand die **Villa Grabau** an Stelle eines Vorgängerbaus von 1412 im 16. Jh. für die Luccheser Kaufmannsfamilie *Diodati.* In den folgenden Jahrhunderten wechselte die Renaissance-Villa mehrfach die Besitzer, bis sie 1868 *Rudolf Schwartze* erwarb, ein mit *Caroline Grabau* verheirateter deutscher Bankier. Beste Beziehungen zum botanischen Garten in Lucca gestatteten der Dame des Hauses Zugriff auf **seltene Pflanzen.** Aus einer reichen Hamburger Reeder-Familie stammend, hatte sie wohl auch das nötige Kleingeld. Das Haus erhielt im 19. Jh. ein neoklassisches Antlitz, die Loggia Glasfenster und eine Fresko-Bemalung (darunter die für ihre Realitätsnähe berühmten „falschen Vorhänge"). Die feine Möblierung entspricht dem Stil der damaligen Zeit.

Der 9 ha große **Park** teilt sich in mehrere Bereiche und ist einen längeren Spaziergang wert. Der Englische Garten mit einem **Bambuswald** stammt aus dem 19. Jh.; der Italienische Garten auf zwei Ebenen gibt sich streng symmetrisch. Auch hier hat es ein „Grünes Theater", außerdem eine **Limonaia** (Orangerie). Villa und Park sind bei Hochzeitern sehr beliebt, die – in einem der drei luxuriösen Nebengebäude eingemietet – auch gleich ihren ehelichen Pflichten nachkommen können.

■ **Villa Grabau,** Via di Matraia 269, San Pancrazio, Tel. 0583 406098, www.villagrabau.it, Nov.–Ende Mai So 11–13, 14.30–17.30 Uhr, Juni–Ende Sept. Fr/Sa/So, Okt. Sa/So, Park 5 €, Park und Villa 7 €.

Die **Villa Oliva** in unmittelbarer Nähe (westlich) der Villa Grabau war wie die Villa Torrigiani in Besitz der Familie *Buonvisi* (um 1590). Gebaut haben soll sie *Matteo Civitali.* Ein Mitglied des polnischen Adelsgeschlechts *Poniatowski* ließ den Park im 19. Jh. in einen englischen Garten umpflanzen. Später gelangte die Villa an ein Hospiz für Schwerstbehinderte und -kranke. Während des Zweiten Weltkrieges beschädigten Bomben Villa und Park, die heutigen Besitzer veranlassten die Renovierung. Die Villa beeindruckt vor allem durch ihre monumentale, zweistöckige Loggia. Eine Legende berichtet von der Wette zwischen Kardinal *Buonvisi* und *Ludwig XIV. Buonvisi* behauptete, sein Stall sei schöner als des Königs Räume in Versailles. Daraufhin ließ *Ludwig* seinen Luccheser Gesandten den Stall besichtigen, den der Kardinal aber komplett mit Goldmünzen mit dem Konterfei *Ludwigs* hatte auslegen lassen. *Buonvisi* gewann.

Die Hauptachse des 5 ha großen **Parks** bildet eine nord-südlich ausgerichtete Zypressenallee quer zum Hang und südlich der Villa (der Eingang liegt allerdings östlich). Im Bereich nördlich der Villa ergötzen die Fontana dell'Abbondanza (am Brunnen über der Nischenfigur ist das Wappen der *Buonvisi* angebracht) und eine romantische Grotte mit einem auf einem Felsen gelagerten Putto. Seepferdchen, antike Helden und Götter, die Terrakottafigur eines Alten, der Streichhölzer andient – das Figurenprogramm des Parks ist vielfältig, ebenso wie seine Pflanzenwelt.

■ **Villa Oliva,** Via di Villa Oliva, San Pancrazio, Tel. 330 446252, www.villaoliva.it, 15. März–5. Nov. 9.30–12.30, 14.30–18 Uhr (klingeln), Park 6 €.

Im Süden von Lucca (5 km) zeigt sich die **Villa Bernardini,** seit 1615 der Sommersitz einer uralten Luccheser Familie (die 1378 den ersten Sachwalter der Republik stellte), mit fast kubischer Gestalt, einem Portikus und drei Hauptfenstern. Die Villa ist im Stil des 18./19. Jh. eingerichtet und wird als Museum geführt.

Im 8 ha großen **Park** des 18. Jh. wachsen 350 Pflanzenarten. Er ist in mehrere Bereiche geteilt. Der romantische Garten hat Herzform, das „Grüne Theater" besteht vornehmlich aus Buchsbaumgewächsen und war tatsächlich Austragungsort von Spielen und Konzerten. In den „Geheimen Garten" zogen sich die Damen für einen Plausch zurück. Die bevorzugten Gartengewächse der Renaissance und auch des Barock waren Zitruspflanzen, die in der kalten Jahreszeit in der Limonaia – dem Gewächshaus – Schutz fanden.

■ **Villa Bernardini,** Via di Vicopelago 573a, Vicopelago, Tel. 0583 1646057, www.villabernardini.it, Park und Villa nur nach Voranmeldung tgl. 9–13 und 14–18 Uhr, geführter Rundgang 10 €.

Praktische Informationen

Touristeninformation

■ **Ufficio Turismo Lucca,** Piazzale Verdi 1, Tel. 0583 583150, www.turismo.lucca.it, tgl. April–Okt. 9.30–18.30, sonst 9.30–16.30 Uhr.

Unterkunft

11 **Hotel Alla Corte degli Angeli**③-④, Via degli Angeli 23, Tel. 0583 469204, www.allacortedegliangeli.com. Im Herzen der Altstadt verströmen die 21 Zimmer dieses Boutique-Hotels dank der in zarten Tönen freskierten Wände einen ganz besonderen Charme. Dazu gesellen sich ein Super-Frühstück und aufmerksamer Service.

27 **Albergo San Martino**③, Via della Dogana 9, Tel. 0583 469181, www.albergosanmartino.it. Das einfach, aber freundlich eingerichtete Mittelklassehotel im Zentrum verfügt nicht unbedingt über die größten Zimmer, macht den etwas beengten Raum aber mit Charme wett.

22 **B&B L'Antica Bifore**③, Via Fillungo 5, Tel. 0583 080954, www.anticabifore.it. Das B&B im Herzen der Stadt bietet ein ebenso romantisches wie schickes Ambiente in vier ausgesucht eingerichteten Zimmern. Allerdings wegen der Lage an der Via Fillungo besser Ohrstöpsel einpacken.

UNSER TIPP: 7 **Best Western Grand Hotel Guinigi**②-③, Via Romana 1247, Tel. 0583 4991, www. grandhotelguinigi.it. Das 2 km östlich gelegene Hotel zeichnen komfortable, elegante und großzügig bemessene Zimmer und ein kleines Spa mit Fitnessraum aus. Man wohnt zentrumsnah und zugleich ruhig. Bushaltestelle (Ospitale) etwas entfernt (im 5-Min.-Takt ins Zentrum).

6 **Hotel Ai Cipressi**②, Via di Tiglio 126, Tel. 0583 496571, www.aicipressi.it. Zentrumsnah an der Stadtmauer gelegen und mit kostenfreien Parkplätzen ausgestattet, ein guter Standort für die Erkundung von Lucca. Die Zimmer sind hell und freundlich, das Personal hilfsbereit.

Essen und Trinken

UNSER TIPP: 26 **Olio su Tavola**③-④, Via del Battistero 38, Tel. 0583 491104, www.instagram.com/oliosutavola, Di–Sa 17–24 Uhr. Die Kunstgalerie zählt sicherlich zu den ungewöhnlichsten Speiseadressen. Zwischen all den Kunstwerken drinnen und im Innenhof bewirtet sie Gäste auf höchstem Niveau, z.B. mit Tartar von Thunfisch, Schwertfisch und Lachs oder einer Caprese, die mit dem gummi-

☒ Hatte einst einen schöneren Stall als Ludwig XIV.: die Villa Oliva

artigen Vorbild überhaupt nichts gemein hat. Ein Erlebnis für die Augen wie für den Gaumen.

23 **All'Olivo**③, Piazza San Quirico 1, Tel. 0583 496264, www.ristoranteolivo.it, tgl. 12.30–15.30, 19–22.30 Uhr. Eine Empfehlung für Fischfreunde, die sonst in Lucca nicht gerade verwöhnt werden. Das Restaurant bekommt seine Gaben des Meeres täglich frisch geliefert, und so schmeckt es auch.

24 **Cantine Bernardini**③, Via del Suffragio 7, Tel. 0583 494336, www.cantinebernardini.com, Mi–Mo 12.15–14, 19.15–22 Uhr, bei Drucklegung wegen Reperaturarbeiten auf unbestimmte Zeit geschlossen. Restaurant und Weinbar unter stylish aufgepeppten Gewölben. Die Speisekarte listet Traditionelles wie etwa *baccalà* oder *trippe,* aber auch ungewöhnlichere Gerichte wie Ravioli in Fischragout oder vegetarisches Gulasch.

1 **Da Giulio**③, Via delle Conce 45, Tel. 0583 55 948, www.trattoriadagiulio.it, Mo–Sa 12–14.30, 19–22.30 Uhr. Dinkelsuppe *zuppa di farro,* Stockfisch *baccalà con pomodori* oder gar der aus Kalbsinnereien gekochte Eintopf *cioncia* – bei *Giulio* schwelgen die Gäste in den unverfälschten ländlichen Genüssen der Toskana. Und da Spezialitäten wie Pferde-Tartar nicht jedermanns Sache sind, stehen auch ganz „normale" Gerichte auf der Karte.

8 **Gli Orti di Via Elisa**③, Via Elisa 17, Tel. 0583 491241, www.ristorantegliorti.it, Do–Mo 12–14.30, 19–23 Uhr. Sollte man sich von der stolzen Ankündigung abschrecken lassen, dass hier die Größen der Sportszene verkehren? Aber nein, denn obwohl man einige Prominente zu den Gästen zählt und trotz der umfangreichen Karte ist das Essen fein komponiert und Traditionelles um einen modischen Kick bereichert. Unbedingt probieren: Zicklein mit Spinat und das Risotto mit Zucchiniblüten.

29 **Pan di Strada**①, Corso Garibaldi 32, Tel. 377 1009133, www.facebook.com/pandistrada, tgl. 11–15.30, Sa/So auch 17.30–22 Uhr. Wer in Lucca auch bei belegten Panini Wert auf höchste Qualität legt, kommt zum Straßenverkauf am Corso Garibaldi; natürlich gibt's auch Bier oder ein Glas Wein.

30 **In Pasta**②, Corso Garibaldi 50, Tel. 0583 082966, www.in-pasta.it, tgl. 12.30–15, Sa auch 19–22 Uhr. Frische Pasta und sonst nicht viel mehr – die hat es aber in sich: Teigwaren mit eingebauter Geschmackssensation in leicht kühlem Ambiente; perfekt sind die Ravioli mit Bohnenfüllung in Salbeisauce.

UNSER TIPP 13 **Osteria San Giorgio**③, Via San Giorgio 26, Tel. 0583 953233, www.osteriasan giorgio.com, Di–So 12–15, 19–22.30 Uhr. Die flotte, von einem jungen Team geführte Osteria in einer Seitengasse versteht sich auf eigenwillige, sehr schmackhafte Kreationen wie Risotto mit Kiwi und *gamberi* oder *tagliata* mit Honig und Ricotta. Wer nicht so experimentierfreudig ist, findet aber auch eine gute Auswahl traditioneller Gerichte aus der

080t sk

Lucca: Zugabe!

■ **Museo della Tortura** im Palazzo Guinigi Marigi mit den üblichen Folterwerkzeugen fürs Frösteln im heißen Sommer – nichts für Kinder und schwache Nerven; Via Fillungo 209, www.torturemuseum.it, Tel. 0583 955788, tgl. 10–20 Uhr, Winter Sa/So 10.30–18 Uhr, 10 €.

■ **Museo del Risorgimento** im Palazzo Ducale – interaktives Museum zur Gründung Italiens im 19. Jh.; Piazza Napoleone, Cortile degli Svizzeri, Tel. 0583 417894, https://museodelrisorgimento.lucca.it, Mo–Fr 9–13, Di–Do auch 15–17 Uhr.

■ **Museo del Antico Ufficio della Zecca di Lucca** – Museum zum Münzwesen der Stadt mit Laden, in dem man Faksimiles zahlreicher antiker Münzen erhält; Casermetta San Donato, Tel. 0583 582320, www.zeccadilucca.it, Mo–Fr 9.30–12.30, 14–17 Uhr, 6 €.

Region. Ungewöhnlich auch das Angebot an Fisch und Meeresfrüchten in dieser sonst eher fleischlastigen Gegend der Toskana.

15 L'Isola che non c'era②-③, Via degli Angeli 7, Tel. 0583 057384, Fr–Mo 12.30–15.30, Fr/Sa auch 19–22.30 Uhr. *Roberto Isola* ist ein alter kulinarischer Hase in Lucca, und mit diesem kleinen Lokal hat er sich einen Herzenswunsch erfüllt: ein Restaurant mit Küche wie bei Muttern, ohne Chichi oder modische Spielereien. Ein gelungenes Projekt. Es schmeckt ebenso, und Weinauswahl wie Atmosphäre sind stimmig.

12 Osteria dal Manzo②, Via Cesare Battisti 28, Tel. 0583 490649, www.facebook.com/osteriadalmanzolucca, Mo–Sa 19.30–23, So 12.30–14.30 Uhr. Ein geschäftiges, uriges Lokal, in dem man bei der Zubereitung hausgemachter Pasta zusehen kann. Kinder werden besonders herzlich willkommen geheißen und auch Sonderwünsche gerne erfüllt.

20 La Tana del Boia①, San Michele in Foro, Tel. 333 5353540, https://latanadelboia.eatbu.com, tgl. ab 12 Uhr. Panini, Crostini, Würste, *lardo, prosciutto* und regionaler Käse – für den schnellen Hunger bei höchstem Genussfaktor.

17 Forno a Vapore①, Via S. Lucia 18/20, Tel. 0583 496285, Mo/Di/Do/Fr 8–19, Mi/Sa 8–13.30 Uhr. Die Traditionsbäckerei verkauft neben Brot auch *buccellati* und den *valdostana,* einen mit Tomaten, Schinken und Käse belegten Blätterteigkuchen.

2 Lucca in Tavola②, Via San Paolino 130–132, Tel. 0583 057450, www.facebook.com/luccaintavolarestaurant, Di–So 11.30–15.30, 18.30–22.30 Uhr. In Lucca nicht die touristische Karte zu ziehen ist schwierig, *Michele* und seiner Frau gelingt es; lokale, frische Küche zu sehr akzeptablen Preisen, einige Tische in der Gasse.

9 Osteria Pane e Sale②-③, Via Santa Zita 3, Tel. 0583 413989, www.osteriapaneesale.it, Di–Sa 12–15, 19–22, So 12–15 Uhr. Kleines Lokal mit Regionalküche und als Spezialität die Tratu-fate – Fleisch mit Olivenöl-Trüffel-Pilz-Knoblauch-Kräuter-Sauce und deren Abwandlung.

Pizzeria

5 Pizzeria Mara Meo②, Piazza S. Francesco 17, Tel. 0583 467084, www.marameo-lucca.it, tgl. 12–15, 18–24 Uhr. Mara Meo ist eine Pizzeria-Kette aus der Region, die mit guter Qualität und günstigen Preisen überzeugt. Die Pizze sind kross und werden auch stückweise zum Mitnehmen verkauft.

31 Dal Ciaccia①, Via Guidiccioni 174, Tel. 0583 419461, Di–So 17.30–22 Uhr. Pizza aus dem Holzofen, auf die die Luccheser schwören – besser geht nicht. Kleiner Gastraum, eher als Schnellimbiss konzipiert, und viele Leute, die sich die Pizze für zu Hause holen.

Außerhalb

■ **Osteria di Valgiano**②-③, Via di Mezzo 3, **Valgiano,** Tel. 327 5940281, https://osteriadivalgiano.eatbu.com, Di–So 19–23, So auch 12–17 Uhr. Ein idyllisches Lokal für einen Ausflug ins Hügelland

⊡ Jugendstil und Süßes

mit Fernblick, 15 km nordöstlich von Lucca; Hausmannskost im besten Sinne erwartet den Gast. *Zuppetta di faro* (Dinkelsuppe), verschiedene, mit regionalen Produkten belegte *crostini,* deftige Pasta... Ein typisch ländliches Essen mit grandiosem Fernblick auf das Tal von Lucca.

Süßes

21 **Pasticceria Taddeuci,** Piazza San Michele 34, Tel. 0583 494933, www.buccellatotaddeucci.com, tgl. 8.30–20 Uhr. Hier, so sagen die Einheimischen, gibt es die besten *buccellati,* Luccas typische Aniskränze, die schon ihre Urgroßmütter bei Taddeuci eingekauft haben (→ Kasten „Buccellato"); außerdem *panforte* (mit Honig, Trockenfrüchten und Gewürzen), Mandelplätzchen, weißen Nugat ...

18 **De'Coltelli,** Via San Paolino 10, Tel. 0583 050 667, www.decoltelli.com, tgl. 11.30–20/21 Uhr. *Gelato artigianale e naturale,* also fast Bio, ohne Geschmacksverstärker, Kunstfarben, Zusatzstoffe.

28 **Gelatarium,** Via Veneto 36–38, Tel. 0348 433 8321, www.facebook.com/gelatarium, tgl. 12–23 Uhr, Winter geschl. Blauer Wolkenhimmel an den Wänden, weiße Schaukeln von der Decke und dazwischen eine Eistheke, an der man sich sein Wunscheis zusammenstellen kann – sehr schick!

081t sk

Apero und Abend

14 **Caffè Ristretto,** Via San Giorgio 8/10, 15 km nordöstlich von Lucca, Tel. 0583 955652, www.facebook.com/cafferistretto.lucca, Mo–Sa 18–2 Uhr. Beliebte Bar, die auch immer wieder Austern mit Britzelwein anbietet.

19 **Bar San Michele,** Piazza S. Michele 1, Tel. 0583 55387, www.facebook.com/barsmichele, Mo–Sa 7.30–21 Uhr. Ein Logenplatz auf der schönen Piazza, neben Kaffee und Getränken gibt's auch Panini und Kuchen.

3 **Ciclo di Vino,** Via Michele Rosi 7, Tel. 0583 471 869, www.facebook.com/ciclo.divino, Mo–Do 15.30–22, Fr–Sa 15.30–23 Uhr. Der Platz für einen Aperitif, zu dem es venezianische *cicchetti* (Snacks) gibt und wo alles ein bisschen chaotisch, aber sehr sympathisch wirkt.

Verkehr

- **Bahn:** Direkte bzw. Umsteigeverbindungen mindestens halbstündlich ab Florenz (80 Min., um 10 €).
- **Stadtbus:** Autolinee Toscane verbindet das Zentrum (Piazza Verdi) mit den Außenbezirken und umliegenden Gemeinden, einfaches Ticket (70 Min. gültig) 1,70 €; www.at-bus.it.
- **Fernbus:** Mit Bussen der Autolinee Toscane stündlich von/nach Florenz (Buslinie DD zum Parcheggio Guidoni, 60 Min., um 8 €), www.at-bus.it.
- **Parken:** Parcheggio Palatucci, Großparkplatz vor den westlichen Toren mit Info-Kiosk (0,50 € für die erste Stunde, jede weitere 1 €, max 8 €/Tag, nachts frei). Die näher gelegenen Parkplätze (Via del Pallone, Cittadella und Piazza Ponziano) kosten jeweils 1,50 € für die erste Stunde, jede weitere schlägt mit 2 € zu Buche (nachts kostenlos). Infos auf www.parcheggilucca.it.
- **Fahrrad:** Leihräder gibt es bei **Biciclette Poli,** Piazza S. Maria 42, Tel. 0583 493787, www.biciclettepoli.com, die auch eine große Auswahl an Kin-

Buccellato

Mehl, Zucker und Hefe werden mit Milch, Ei, Wasser, Rosinen und Anissamen zum Teig verrührt, aus dem man traditionell einen Kranz formt. Er wird oben mehrfach leicht angeschnitten (damit beim Backen der Dampf entweichen kann), außerdem bestreicht man ihn außen mit einem Ei-Zucker-Gemisch, das ihm im Ofen die charakteristische dunkle Färbung gibt. Das weiche **Kranzgebäck** verkauft in Lucca jede Pasticceria, die etwas auf sich hält. Früher wurde es besonders in der Zeit des Palio und der Erhöhung des Kreuzes gegessen, heute kommt es ganzjährig sonntags auf den Frühstückstisch, zu Scheiben geschnitten und mit Butter und Marmelade bestrichen. Außerdem gibt es die Buccellati (wegen der leichteren Transportierbarkeit) auch in gerader Form als Laib.

derfahrrädern, Kindersitzen und Anhängern haben; Fahrrad 20 €/Tag, MTB 45 €/Tag, und bei 32 **Noleggio Bici,** Stazione Ferroviaria, www.touristcenterlucca.com, 3 Std. 10 €, Tag 15 €.

Feste und Events

- **La Luminara di Santa Croce:** Am Abend des 13. Sept. wird in Lucca das Volto Santo, das mittelalterliche, lebensgroße Kruzifix aus der Kathedrale, in einer feierlichen Prozession durch die Straßen getragen.
- **Cartoline Pucciniane** auf der Piazza Cittadella in Lucca: Berühmte Arien und Duette aus Puccini-Opern, dargeboten im Juli, Aug. und Sept. von bekannten Sängern auf der Piazza vor dem Geburtshaus, www.puccini.it.
- **Puccini e la sua Lucca:** Puccini-Konzerte ganzjährig täglich im Oratorio di San Giuseppe, www.puccinielasualucca.com, 19 Uhr, 20 €.

Lucca Comics and Games, eine knappe Woche rund um den 1. Nov. steht alles im Zeichen der Zeichnungen und von Computerspielen; auch für die ganz Kleinen wird mit Pokémon und Lego gesorgt, www.luccacomicsandgames.com.

- **Puccini Festival:** Ende Juli bis Ende August in Torre del Lago, → „Viareggio/Torre del Lago Puccini".
- **Lucca Summer Festival:** Im Juli geben sich die ganz Großen der Musikszene die Klinke auf der Freiluftbühne an der Piazza Napoleone in die Hand; aufgetreten sind u.a. schon Elton John, Bob Dylan und 2024 Ed Sheeran und Rod Stewart. Infos: www.summer-festival.com.
- **Estate Cinema:** Kino Open Air in Lucca im Juli/Aug. im Park der Villa Bottini, www.luccacinema.it/cinema-estate-villa-bottini.

Einkaufen

Modegeschäfte finden sich in großer Zahl in der **Via Fillungo** und der **Via Buia** südlich des Amphitheaters.

4 **La Cacioteca,** Via Fillungo 242, Tel. 0583 496346. 300 Käsesorten mag noch nicht soviel bedeuten, doch sie stammen alle aus Manufakturen, die sich zu höchster Qualität verpflichtet haben; Traditionsadresse und Institution.

16 **Subdued,** Via Buia 15, Tel. 0583 491818. Unüblichere Klamotten und Accessoires – Streetware für Junge.

25 **Salumeria Tuccori,** Via Santa Croce 4, Tel. 0583 493050. Ein toskanischer Nachbarschaftsladen, mit allem, was man so zum Abendbrot braucht. Würste, Schinken, Käse Brot und Wein und auch warmes Essen zum Mitnehmen.

10 **Il Panda Premium,** Via Fillungo 119, Tel. 0583 491469, www.facebook.com/ilpandalucca. Accessoires, Kleidung, Schuhe von il panda, Paul Smith, Converse u.v.a. – eine anregende, hippe Mischung zum Stöbern.

Aktivitäten

Lucca zählt zu den kinderfreundlichen italienischen Städten – der **Stadtwall** ist eine einzige grüne Spielwiese, zahlreiche gut ausgestattete Spielplätze laden zum Toben ein, und nahezu die gesamte Altstadt ist Fußgängerzone.

Gesundheit

■ **Krankenhaus/Nuovo Ospedale di Lucca,** Via Guglielmo Lippi Francesconi, Tel. 0583 9701, Notruf 118, www.uslnordovest.toscana.it, rund um die Uhr geöffnet.

33 **Internationale Apotheke/Farmacia Comunale,** Piazza Curtatone 7, Lucca, Tel. 0583 491398, rund um die Uhr geöffnet.

Montecatini Terme

■ 30 m üNN, 21.000 Einw., Lucca 30 km, Florenz 50 km

Fast 200 Hotels, großzügige Thermalanlagen, weitläufige Parks und etwa 1 Mio. Besucher im Jahr, die in der Stadt Gesundheit und Erholung suchen: Montecatini ist das **berühmteste Heilbad der Toskana** und hatte in seiner Glanzzeit im ersten Drittel des 20. Jh. die Schönen und Reichen Europas zu Gast. Heute geht es nicht mehr ganz so mondän zu, doch das Rahmenprogramm für die Kurenden ist mit Konzerten, Theater und Ausstellungen immer noch vielfältig.

Wer Renaissance oder Barock sucht, ist in Montecatini fehl am Platz, doch wer sich für den **Liberty-Stil** begeistern kann, ist genau richtig. In der Hochzeit des Kurtourismus zu Beginn des 20. Jh. floss viel Geld in die Stadt, ihre Kuranlagen und in Hotelbauten – und Jugendstil war angesagt.

Später ließ sich gerne **Prominenz** blicken – goldene in der Via Verdi eingelassene Pflastersteine erinnern an die Besuche von *Vittorio de Sica* (1937), *Sophia Loren* (1955), *Audrey Hepburn* (1954) und *Coco Chanel* (1958).

Geschichte

Funde belegen eine Besiedelung in der **Mittelsteinzeit** um 7000 v. Chr., und auch die **Römer** wussten die artesischen Brunnen der Gegend zu schätzen.

1315 – der Machtkampf zwischen Pisa, Lucca und Florenz/Arezzo war auf seinem Höhepunkt – standen die **Pisaner und Lucchesen** unter *Uguccione* vor Montecatini (das mit Florenz alliiert war) und versuchten, die Burg einzunehmen, was erst einmal misslang. Vor den Toren der Stadt fand am 29. August die entscheidende Schlacht statt: die **Battaglia di Montecatini.** Die Florentiner und ihre Verbündeten verloren und mussten fliehen, die Burg fiel. Ab 1523 begann **Florenz** dann langsam aber stetig seine ursprüngliche Stärke wiederzuerlangen und gewann erneut die Herrschaft über Montecatini. 1554 allerdings marschierten die Truppen des Erzfeindes **Siena** in die Stadt, ohne auf großen Widerstand zu stoßen. *Cosimo I.* war darüber so erbost, dass er nach der Rückeroberung Montecatini plündern ließ – sogar die Türen und Fenster wurden gestohlen, wie die Chronisten vermerkten.

Den eigentlichen Grundstein für das **Kurbad** legte Großherzog *Leopold I.*, der das in Becken faulende Thermalwasser durch eigens gegrabene Kanäle ableiten ließ und den Bau von Thermalanlagen befahl: Tettuccio 1779, Bagno Regio 1773 und Terme Leopoldine 1775. 1905 gab man sich den Namen „Bagni di Montecatini".

Sehenswertes

Der Rundgang beginnt an der Piazza Massimo d'Azeglio an der Via Verdi, die am Rand des Kurparks nach Nordosten verläuft. Hier steht das **Rathaus** aus dem Jahr 1920 mit dem **Museum zeitgenössischer Kunst.** Das Innere hat einer der Granden des Liberty-Stils gestaltet: *Galileo Chini* und seine Werkstatt in Borgo San Lorenzo (→ dort). Co-Ausstatter war *Luigi Arcangeli.* Insbesondere sehenswert ist der Saal in der ersten Etage. Bedeutende Exponate sind u.a. von *Joan Miró* die viel Fantasie erfordernde „Donna avvolta in un Volo d'Uccello – Verhüllte Frau in einem Vogelflug" oder „Vita" von *Pietro Annigoni* (zu ihm → auch die Kirche San Martino in Castagno d'Andrea).

■ **Montecatini Contemporary Art MoCA,** Via Verdi 46, Tel. 0572 918299, www.mocamontecatini.it, Di–Fr 10–12, Sa/So 10.30–12.30, 16–19 (Winter 15.30–18.30) Uhr.

Das **Cinema Excelsior** an der nächsten Ecke der Via Verdi entstand 1922, Architekt war *Ugo Giovannozzi,* der eine eigenwillige, auskragende Eisen-/Glaskonstruktion als Bedachung des Fußweges vor der runden Loggia plante. Gegenüber war der 1903 gebaute **Pavillon Tamerici** einst Verkaufsstelle u.a. für Keramik aus *Chinis* Werkstatt „L'Arte della Ceramica", die Reliefs an den angedeuteten Tragsäulen zeigen die Phasen der Keramikherstellung. Nächste Station ist der **Stabilimento Excelsior** mit dreibogiger Vorhalle und einem Runderker zur Straße, 1915 von einem Kaffeehaus zur Thermalanlage umgebaut. Der moderne Annex mit dem Centro Benessere ist aus dem Jahr 1968. Die **Terme Leopoldine** an der Ecke der Via delle Palme wurde zwischen 1922 und 1926 im klassizistischen Stil umgebaut und 2014/15 zu einem eleganten Wellnesscenter mit kreisrundem Pool im Innenhof modernisiert. Das Center lockt mit römischer Therme (Calidarium und Frigidarium), Schwebe-Tanks und mehreren Thermalschwimmbädern mit Wassertemperaturen zwischen 32 und 40 °C.

Das Ende der Via Verdi markiert das schönste Thermalbad der ganzen Stadt, die **Terme Tettuccio,** mehr eine großzügige Parkanlage mit Geschäften, Wandelhalle und Café, viel Marmor, Fresken, bemalten Kacheln, römischen Säulen und Stuck – ein Feuerwerk aus Termenarchitektur des beginnenden 20. Jh. und bis zur Schmerzgrenze schönen allegorischen Großmalereien auf den Kacheln am Ausschank des Heilwassers.

■ **Terme Tettuccio,** Piazza Domenico Giusti, Tel. 0572 7781, Ostern–Okt., Besichtigung Mai–Okt. tgl. 10–19 Uhr, 6 €.

Wer mehr Jugendstil sehen will, kann auch noch die Hotels aufsuchen, z.B. die **Locanda Maggiore,** das heutige Grand Hotel Plaza. In ihr haben sich *Giuseppe Verdi* und *Gioachino Rossini* über leere

Notenblätter gebeugt und Ouvertüren verfasst. Von 1870 stammt das **Grand Hotel & La Pace.** Illustre Gäste waren hier u.a. *Douglas Fairbanks, Grace Kelly* mit Prinz oder *Audrey Hepburn.*

Montecatini Alto nordwestlich am Berg ist eine Gründung aus dem 10. Jh., der Siedlungskern auch für die Unterstadt und Standort der heute nicht mehr bestehenden, umkämpften Burg. Die **Standseilbahn** fährt seit 1898 und überwindet auf einer Strecke von einem Kilometer 206 Höhenmeter. Der Aufbau ihrer Waggons ist mehr oder weniger original, die Technik (ursprünglich mit Dampfmaschine betrieben, ab 1921 elektrisch) hat man allerdings modernisiert. Wer die Gefahr scheut, kann sich mit dem Auto oder zu Fuß nach oben begeben (der Fußweg verläuft fast parallel zur Bahn). Das Bergstädtchen ist überaus überschaubar, nach einem kurzen Bummel lässt man sich am Hauptplatz in einem Lokal nieder – man ist auf Touristen und Ablenkung suchende Kurgäste aus der Unterstadt eingerichtet.

Monsummano Terme

Monsummano (20 m üNN, 20.800 Einw.) 4 km südöstlich von Montecatini jenseits der Autobahn steht trotz seiner Größe im Schatten des weltbekannten Nachbarn. Da nützt auch der Zusatz „Terme" nichts. Oder dass am 13. Oktober 1921 *Ivo Livi* hier geboren wurde (erfolgreich wurde er unter dem Künstlernamen *Yves Montand*). Am Südende der weitläufigen Piazza Giuseppe Giusti steht mit einer U-förmigen Umlaufarkade das **Santuario di Santa Maria della Fontenuova** als markantestes Bauwerk (1602–05). Die Fresken in den Bogenfeldern entstanden um 1630.

☑ Montecatini Terme: Wässerchen schlucken, Jugendstil gucken

083t sk

Auf der anderen Seite des Platzes stellt das **Stadt- und Regionalmuseum** in der ehemaligen Pilgerherberge (1616) für die gegenüberliegende Wallfahrtskirche archäologische Fundstücke aus, dokumentiert die Stadtentwicklung mit Fotografien und will die Abhängigkeit des Menschen von der Natur aufzeigen.

■ **Museo della Città e del Territorio,** Piazza Ferdinando Martini 1, Tel. 0572 9544 63, www.museoterritorio.it, Mo–Fr 9–13, Di/Do auch 16–19, Sa 10–12, Winter nachmittags 15.30–17.30 Uhr.

Nachdem man auf der Piazza schon die Statue des *Giuseppe Giusti* gesehen hat, kann man noch sein Haus aufsuchen. Das **Nationalmuseum Casa Giusti** beschäftigt sich mit dem 1806 hier geborenen Satiriker, Dichter und – als glühender Verfechter der Unabhängigkeit eines einigen Italien – auch Politiker.

■ **Museo Nazionale Casa Giusti,** Via Vincenzo Martini 18, Tel. 0572 950960, Mai–Okt. Mi–Mo 8–14, 16–19, sonst Mi-So 8–14, 15–18 Uhr.

UNSER TIPP: Die **Grotta Giusti** mit ihrer unterirdischen Thermalquelle wurde 1849 entdeckt. Drei miteinander verbundene Höhlen (traditionell *„paradiso – purgatorio – inferno* = Paradies – Fegefeuer – Hölle" genannt) betritt man nacheinander, die Lufttemperatur steigt dabei leicht von 31 °C auf 34 °C an. Da das Wasser in dem kleinen See 36 °C hat, verdunstet davon viel und sorgt so für eine – bei Atemwegserkrankungen Linderung versprechende – sehr feuchte, mit Salzaerosolen durchsetzte Luft.

■ **Grotta Giusti Resort, Golf & Spa,** Via Grottagiusti 1411, Tel. 0572 90771, www.grottagiustispa.com, Höhle tgl. 10–18, Mi bis 15 Uhr, um 50 € (Mindestalter 12 Jahre).

Die Wässer

Für **Trinkkuren** verwendet man Wässer unterschiedlichen Salzgehaltes, die entsprechend der ärztlichen Verordnungen zu konsumieren sind. Das stärkste Wasser – Leopoldina – hat einen Gehalt von 21 g/l, das mittelstarke – Regina – 17,5 g/l und die schwächeren – Rinfresco und Tettuccio – 4,9/7,5 g/l. Für **Bäder, Moorbäder** und **Duschen** nutzt man meist die Wässer Leopoldina und Rinfresco – je nach Beschwerde.

Pescia

10 km westlich von Montecatini liegt Pescia (60 m üNN, 19.200 Einw.) – umgeben von toskanischer Hügelwelt – im Tal des gleichnamigen Flusses, der die Stadt in zwei historische Siedlungsbereiche teilt. Das westliche Ufer gehörte der weltlichen Verwaltung mit der langen und schmalen Piazza Giuseppe Mazzini (hier ist die Stadt sauber entlang der Nord-Süd-Achsen angelegt), das östliche der religiösen Verwaltung mit dem Dom, dessen Häuser sich ursprünglich kreisförmig um die Kathedrale herum gruppierten – mit krummen Gassen und Sträßlein. Pescia machte sein Geld früher mit Landwirtschaft (vornehmlich Oliven und Spargel) und mit Gerbereien und Papiermühlen, beides wasserintensive Handwerke, die der Fluss speiste. Geblieben ist die (heute industrielle) Papierherstellung. Und die Landwirte haben ein neues Betätigungsfeld gefunden: Sie kultivieren Blumen. Die Gegend um Pescia ist gegenwärtig einer der größten

084t sk

Blumenlieferanten in Europa und das **Centro di Commercializzazione dei Fiori** beim Bahnhof verhandelt auf Zehntausenden Quadratmetern Hallen- und Freiflächen jedes Jahr 100 Mio. Nelken, 50 Mio. Gladiolen, 40 Mio. Chrysanthemen, 17 Mio. Rosen, 5 Mio. Tulpen ...

Die „Südseite" der **Piazza Mazzini** – auch Piazza Grande, die Flaniermeile der Stadt – schließt das 1454 gebaute Oratorium Peter und Paul ab, auch **Cappella Madonna di Pié di Piazza** genannt. Die feingeschnitzte und vergoldete Holzdecke zeigt im Zentralfeld die Madonna, zu ihren Seiten in den Nebenfeldern die Heiligen *Peter* und *Paul*. Das Marmorkreuz beim Altar stammt von 1650. Ganz am anderen Ende der Piazza ist im wappenverzierten **Palazzo del Vicario** (13./14. Jh.) mit der fast zierlich wirkenden Freitreppe das Rathaus untergebracht. Auf der anderen Flussseite (über den Ponte del Duomo in Höhe des Oratoriums nach Osten) wurde die **Kathedrale** ab Ende des 17. Jh. an Stelle eines romanischen Vorgängerbaus errichtet. Von diesem ist noch der zinnenbekrönte, im romanisch-gotischen Stil erbaute Campanile erhalten, der in einem seltsamen Kontrast zum barocken Gotteshaus steht. Ihre heutige Fassade erhielt die Kathedrale im 19. Jh.

Auf halbem Weg nach Norden zur Kirche San Francesco entlang der Via Cesare Battisti passiert man rechter Hand die **Kirche Sant'Antonio Abate.** Presbyterium und Triumphbogen des im 14. Jh. errichteten und 1775 zur Spitalskirche erklärten Oratoriums (mit Querschiff) sind mit Fresken (1421–36) von *Bicci di Lorenzo* bemalt.

■ **Chiesa di Sant'Antonio Abate,** Via Cesare Battisti 39, unregelmäßig geöffnet.

500 m nördlich des Doms ist in der **Kirche San Francesco** ein Altarbild (1235) von *Buonaventura Berlinghieri* zu sehen. Interessant ist die Tafel, weil sie den heiligen *Franziskus* (neun Jahre nach seinem Tod, sieben Jahre nach seiner Heiligsprechung) als übergroße Zentralgestalt in den Mittelpunkt stellt und die sechs Szenen aus seinem Leben als Miniaturen um ihn herum anordnet. Bis dahin war so ein Bildaufbau nur bei Christus und der Muttergottes üblich. Die Kirche selbst wurde ab 1241 erbaut und 1720 mit barocker Ausstattung versehen, die man 1919/36 zurückbaute.

⌃ Terme Tettuccio

■ **Chiesa di San Francesco,** Piazza San Francesco, 8.30–12, 16–18 Uhr.

Collodi

Das in den Hügeln gelegene Collodi (125 m üNN, 3400 Einw.), 12 km von Montecatini und 15 km von Lucca, hat den Weg in die Weltliteratur gefunden, nicht als Ort, sondern als Namensleiher für *Carlo Lorenzini* (1826–1890), der als **Carlo Collodi** die Abenteuer **Pinocchios** veröffentlichte.

Der Ort selbst hat außer seinem, hinter den Giardini Garzoni die Bergflanke emporkletternden, malerischen Ortsbild wenig zu bieten, doch der **Parco di Pinocchio,** am Straßenrand angekündigt von einem 16 m hohen, spindeldürren Holzpinocchio, ist eine nette Abwechslung für Familien.

Carlo Lorenzini wurde zwar nicht in Collodi geboren, doch die Familie seiner Mutter kam von hier. Eigentlich war er Journalist, aber von Geldsorgen geplagt, entschloss er sich, Kurzgeschichten unter Pseudonym zu verfassen. Es entstand eine Fortsetzungsreihe für Zeitungsleser: „Le Avventure di Pinocchio: Storia di un Burattino – Die Abenteuer von Pinoccho: die Geschichte eines Hampelmannes“. In Buchform gelangten seine Erlebnisse schließlich in alle Welt. 1905 erschienen sie unter dem Titel „Hippeltitsch's Abenteuer – Geschichte eines Holzbuben“ erstmals in Deutsch.

Die **Geschichte:** Ein Tischler will einen Holzscheit bearbeiten, der aber plötzlich spricht. Um ihn loszuwerden, gibt er ihn Meister Geppetto, einem Schnitzer, der Pinocchio aus dem Scheit herausformt. Die Holzfigur erwacht zum Leben und muss nun allerlei Abenteuer bestehen, bis sie am Ende zum Menschen werden darf.

Die **Figuren im Park:** Die Fee mit den blauen Haaren, die P. rettet; die sprechende Grille, die wegen P. sterben muss und ihn als Geist berät; der im Aussehen grimmige (doch herzensgute) Feuerfresser; der immer nette Kutscher (der die Kinder als Esel in die Bergwerke verkauft); der Wal, in dessen Bauch P. sein letztes Abenteuer erlebt (und dann Mensch werden darf) ...

Im Park verkauft ein Kiosk Kleinigkeiten, wer ausgiebiger essen will, geht in die Osteria Gambero Rosso (im „Wirtshaus zum Roten Krebs“ haben Kater und Fuchs Pinocchio übers Ohr gehauen, richtig?). Wie es sich gehört, speisen die Kleinen in einem eigenen Bereich passendes Essen – das, was eben Kindermündern saugut schmeckt!

Das **interaktive Museum** entführt in die Welt des Holzjungen mit Multimedia-Stationen und Spielen (von Gepettos Laden bis in den Bauch des Wals).

In den 1950er Jahren haben Künstler und Architekten in einem Wettbewerb einen Park geschaffen, in dem Kunst, Natur und Pinocchio eins wurden. Man sollte also keinen Funpark erwarten, sondern den Charme dieser Zeit und das für heutige Sichtweisen vielleicht etwas veraltet wirkende Angebot genießen. Auf alle Fälle sollte man vorher *Lorenzinis* Buch lesen, sonst macht es keinen Spaß!

■ **Parco di Pinocchio,** Via di San Gennaro 3, Tel. 0572 4293 42, www.pinocchio.it, März–Okt. tgl. 9 Uhr bis Sonnenuntergang, sonst Sa/So 10 Uhr bis Sonnenuntergang, mit Giardino Garzoni und Schmetterlingshaus Erwachsene 26 €, Kinder 21/

Rundfahrt durch die Svizzera Pesciatina

„Die Schweiz von Pescia" heißt die Gegend nördlich der Orte Montecatini Terme und Pescia, welche die beiden Quellflüsse des Pescia di Pescia durchfließen und dabei zwei Gebirgstäler bilden, das westliche Val di Torbola und das östliche Val di Forfora. Der ältere Name für die Region lautet „Vallerama", und ihre zehn befestigten Orte werden die „Dieci Castella" genannt. Als „Pescianer Schweiz" bezeichnete der in Genf geborene Ökonom und Historiker Simondo Sismondi die Landschaft im frühen 19. Jh., weil sie ihn an die Berge seiner Heimat erinnerte.

Die beiden Täler kann man auf einer Tour (rund 100 km) mit dem Auto oder Motorrad erfahren. Das eine oder andere der strategisch platzierten Wehrdörfer mag man zu Fuß erkunden, doch eigentlich gibt es dort nicht viel zu entdecken. Die Fahrt ist ein Panoramakurs, den man wegen der immer neuen spektakulären Aussichten unternimmt.

Über **Montecatini Alto** erreicht man Marliana, hält sich dort Richtung Westen und fährt durch Olivenhaine, die in größeren Höhen Kiefern- und Mischwäldern mit Eichen und Kastanien weichen, über **Goraiolo** und **Vellano** bis **Pietrabuona,** wo das westliche der beiden Flusstäler, Val di Torbola, nach Norden abzweigt. Über **San Quirico** und **Castelvecchio** mäandert die Straße an steilen, von Bergdörfern bekrönten Hängen entlang, die für die Olivenpflanzungen zum Teil terrassiert sind. Kurze Abstecher führen nach **Medicina, Fibbialla** (4 km bzw. 2 km nach Westen) und **Aramo** (1 km nach Osten). Schon bald fällt die fast ausschließlich nach Süden gewandte Ausrichtung der Bergdörfer auf. Die meisten sind noch von einem kompletten Mauerring umgeben und werden von einem Wachturm überragt, von dem aus potenzielle Angreifer frühzeitig erkannt werden konnten. In Castelvecchio steht die bedeutendste Kirche der Region. Die romanische **Pieve di SS. Tommaso e Ansano** mit ihrem separaten Turm erhebt sich vor dem Ort in Alleinlage; sie geht auf das Jahr 879 zurück, wurde aber im 19. Jh. verändert. Erhalten ist außen unter anderem das Bildwerk an den Kapitellen der Blendarkaden. Vor der Kirche liegen, auf der Wiese verteilt, moderne Steinmetzwerke.

■ **Pieve SS. Tommaso e Ansano,** Castelvecchio Valleriana, 10–12 Uhr, 16–19 Uhr.

Ebenfalls in Castelvecchio wartet das **Oratorium SS. Rosario** mit Fresken des 16. Jh. auf, die das gesamte Innere bedecken und das Leben der Muttergottes und Jesu zum Thema haben.

■ **Oratorio SS. Rosario,** Castelvecchio Valleriana, Sa/So 12 -19 Uhr.

Über die hintereinander gestaffelten Orte **Stiappa** und **Pontito** ist der nördlichste Punkt und der Übergang ins Val die Forfora erreicht. Die Stadtanlage von Pontito ist einzigartig: Es breitet sich wie ein Dreieck auf dem ebenso geformten Hang von der schmalen Spitze mit zinnenbewehrtem Kirchturm bis zur mauergeschützen Basis aus. Über Lanciole und Ponte di Sorana kehrt man schließlich nach Montecatini zurück.

316t sk

⊡ Der Stadteingang von Pescia

23 € (bis 4/bis 14 Jahre), 3-Personen-Familie 63 €, 4-Personen-Familie 82 €.

Die **historischen Gärten Garzoni** mit ihrem **Schmetterlingshaus** direkt gegenüber dem Pinocchio-Park sind wiederum der Wirklichkeit gewordene Traum jedes Gartenarchitekten. An der Hügelflanke liegt der Park unterhalb des Haupthauses; eine monumentale Treppenanlage führt hoch zu den oberen Terrassen, wo sich zwei Damen gegenüberstehen: Lucca und Firenze, die immer wieder um Pescia stritten. Die barocke Anlage (mit Erinnerungen an die Renaissance) entstand im 17. Jh. und wurde im 18. Jh. erweitert. Strenge Symmetrie, Hecken und Beete, Kieselwege und zahlreiche Statuen und Einbauten wie Wasserspiele, Brunnen, Grünes Theater, Bambuswald und ein Labyrinth machen den Aufenthalt im Garten kurzweilig. Schwarze Schwäne schwimmen im Teich, Pfauen stolzieren herum, und im Schmetterlingshaus tanzen tropische Falter von Blüte zu Blüte. Die seitlich versetzt zum Park am Hang liegende **Villa** entstand aus dem Umbau der hiesigen Burg um 1620 für die Familie *Garzoni* (die 1959 ausstarb) und ist die größte der Villen um Lucca.

273t sk

■ **Storico Giardini Garzoni/Collodi Butterfly House,** Piazza della Vittoria 3, Tel. 0572 427314, www.pinocchio.it, März–Okt. tgl. 8.30 Uhr bis Sonnenuntergang, sonst Sa/So 10 Uhr bis Sonnenuntergang, mit Parco di Pinocchio Erwachsene 26 €, Kinder 21/23 € (bis 4/bis 14 Jahre), 3-Personen-Familie 63 €, 4-Personen-Familie 82 €.

Montecarlo

Das unaufgeregte und überaus angenehme Örtchen Montecarlo (160 m üNN, 4500 Einw.) in Hügellage und von Weinbergen umgeben, 15 km westlich von Montecatini, besticht durch sein mittelalterliches **Centro Storico,** Gassen mit Restaurants, die ihre Tische herausgestellt haben, kleine Plätze mit Fernsicht und entspannte Bewohner, die Zimmer vermieten.

Auf dem **Rocca del Cerruglio** stand – vermutlich ab dem 12. Jh. – ein **Befestigungswerk,** von dem aus 1325 der Luccheser *Castruccio Castracani* seine Truppen befehligte und bei der Schlacht von Altopascio die Florentiner Feinde schlug. 1333 erhielt Montecarlo dann seinen heutigen Namen. *Karl IV. von Böhmen* ließ eine neue Burg errichten – Mons Carolis. Trotz zahlreicher Versuche, Montecarlo einzunehmen, gelang dies erst 1437 *Francesco Sforza* nach langer Belagerung. 1555 entstand die von

Cosimo I. in Auftrag gegebene (teilweise noch intakte) Burg, heute in Privatbesitz und für Events anzumieten.

■ **Fortezza di Montecarlo,** Via Fortezza 4, Tel. 0583 22401, www.fortezzadimontecarlo.it, Mai–Okt. Sa/So 15–19 Uhr.

Die **Stiftskirche Sant'Andrea** in der Altstadt entstand im 14. Jh. zeitgleich mit der Burg. Ende des 18. Jh. wurde die Kirche erneuert. In der Cappella della Madonna del Rosario steht mit der Statue des Sant'Antonio Abate von *Francesco di Valdambrino* (um 1405) der wertvollste Besitz der Kirche.

■ **Collegiata Sant'Andrea,** Via Roma 20, 8–12, 16–18 Uhr.

Und das Städtchen hat sogar ein eigenes Theater mit Parkett und zweistöckiger Logenreihe, perfekt restauriert. Anfang des 18. Jh. ließ sich eine vermögende Bürgervereinigung Montecarlos das **Teatro dei Rassicurati** errichten. Zwei- bis dreimal im Monat kommen hier Dramen, Tragödien und Komödien auf die Bühne.

■ **Teatro dei Rassicurati,** Via Carmignani 14, www.montecarloditoscana.it, Tickets in der Via Roma 56, Tel. 0583 229725, Mo–Fr 9–13 Uhr.

Praktische Informationen

Touristeninformation

■ **Ufficio Turismo Montecatini,** www.montecatini.turismo.toscana.it; Büro Viale Verdi 66, Tel. 0572 772244, Mo–Fr 9–13, 15–18, Sa 9–13 Uhr; Büro Piazza del Popolo, Tel. 389 6624943, Fr–So 15.30–19.30, Sa/So auch 10–13 Uhr.

■ **Ufficio Turismo Collodi,** Piazza Carlo Collodi 1, Tel. 0572 429660, Sa/So 10–16 Uhr.

■ **Ufficio Turismo Pescia,** Piazza Mazzini 23, Tel. 0572 492257, www.comune.pescia.pt.it, Mo–Fr 9–12.30, Di/Do auch 14.30–17 Uhr.

Unterkunft

■ **Grand Hotel Plaza & Locanda Maggiore**③-④, Piazza del Popolo 7, Tel. 0572 75831, www.hotelplaza.it. Das Hotel in Montecatini mit langer Tradition (*Giuseppe Verdi* und *Gioachino Rossini* komponierten hier) in zentraler Lage, ausgesucht elegant-antiker Einrichtung, allerbestem Service und allen Angeboten eines Hauses, das einen Ruf zu verlieren hat.

■ **Savoia e Campana**①-②, Via Cavallotti 10/20, Tel. 0572 772670, www.hotelsavoiaecampana.com.

Lang und länger: Pinocchio

Balkon in den Garzoni-Gärten

274t sk

Montecatini Terme: Zugabe!

Grotta Maona auf dem Weg nach Montecatini Alto – Höhlenerlebnis in einer verwunschenen Welt mit Tropfsteinen (15 °C, Pullover mitnehmen!); Viale Fedeli, Tel. 0572 74581, April–Okt. Do–So 10–13, 15–18 Uhr, 8 €, Kind 5 € (Info in der Bar).

■ **Buggiano Castello** 5 km westlich von Montecatini – Bergdorf mit Palazzo Pretorio aus dem 13. Jh., einer Kirche aus dem 11. Jh. und zahlreichen Gärten; www. buggianocastello.it.

■ **Gipsoteca** im Palazzo della Podestà (13. Jh.) in Pescia – 230 Gipskopien gegenständlicher Werke des in Pescia geborenen *Libero Andreotti* (1875–1933); Piazza del Palagio 7, Tel. 0572 490057, Di/Do/Fr 9–12, 15–18, Mi 9–12, Sa/So 9/9.30–12/12.30, 16–19 Uhr.

■ **Museo della Carta** im Ortsteil Pietrabuona (5 km nördl. von Pescia) – über die handwerkliche Herstellung von Papier; Piazza della Croce 1, Tel. 0572 408020, https://museodellacarta.org, Mo/Mi/Sa 10–18 Uhr, 12 €.

■ **Museo del Bonsai** in Ponte all'Abate (4 km südwestlich von Pescia) – Olivenbäume, Zypressen, Feigenbäume und Ahorne, mehr als 100 aus allen Erdteilen und alle *en miniature;* Via Lucchese 159, Tel. 0572 429262, www.franchi-bonsai.it, Mo–Sa 8.30–12.30, 14.30–19 Uhr.

Giardino degli Agrumi im Ortsteil Castellare (4 km südlich von Pescia) – privater Botanischer Garten in einem Gewächshaus (2000 m^2) mit über 200 Zitruspflanzen, darunter seltene Sorten, Slow-Food-Ecke mit ausgesuchten Köstlichkeiten und Pflanzenprodukten. Via del Tiro a Segno 55, Tel. 0572 429605, www.giardinodegliagrumi.it; Mo–Fr 8–12.30, 14–17, Sa 9–12.30, 15–17.30 Uhr, 5 €.

Einfaches Drei-Sterne-Haus mit 30 Zimmern in einem Palazzo aus dem 19. Jh., zentral gelegen, recht komfortabel für den günstigen Preis, aber nichts für einen längeren Aufenthalt.

■ **Natucci**①-②, Via Cavallotti 102, Tel. 0572 703 80, www.albergonatucci.it. Familienhotel mit 27 praktisch eingerichteten, sehr sauberen Zimmern mit Bad in einem Gebäude des 19. Jh., etwas angeältelt, aber ausgezeichnetes Preis-Leistungs-Verhältnis, gute Lage bei den Thermen.

Außerhalb

UNSER TIPP **Antica Casa dei Rassicurati**②, Via della Collegiata 2, **Montecarlo,** Tel. 0572 228901, www.anticacasadeirassicurati.it. B&B in ehemaligen Klostergebäuden aus dem 16. Jh. im Herzen der Altstadt, angenehm und unaufdringlich eingerichtete sechs Zimmer mit Bad, Restaurierung unter weitgehender Beachtung der ursprünglichen Bausubstanz, sehr hilfsbereite Rezeption.

UNSER TIPP **Antica Dimora Patrizia**②, Piazza Carmignani 12, **Montecarlo,** Tel. 0583 22507, www.anticadimorapatrizia.com. Das zweite der wunderschönen B&B-Betriebe in der Altstadt, Gebäude aus dem 16. Jh., sechs Zimmer, elegante Einrichtung und zuvorkommendes Personal.

■ **Locanda Zacco B&B**②, Via Mammianese 49, Località **Goraiolo, Marliana,** Tel. 0572 698028, www.locandazacco.com. Auf der Rundfahrt durch die Svizzera Pesciatina ist diese hübsche Locanda ein willkommener Etappenpunkt – ob nur für ein deftiges Mittagessen oder aber zur Übernachtung in einem der pieksauberen und freundlich eingerichteten acht Zimmer. Der Empfang ist immer herzlich, und wer hier ein paar kleinere (oder größere) Wanderungen unternehmen möchte, bekommt wertvolle Tipps.

Camping

■ **Campeggio Belsito,** Via delle Vigne 1, **Località Vico,** Montecatini Terme, Tel. 0572 67373, www.

campingbelsito.it, April–Sept. Zwischen Montecatini Terme und Montecatini Alto, Stellplätze unterschiedlicher Größe, darunter über 60 mit privater Sanitäranlage, zwei Schwimmbäder.

Essen und Trinken

■ **La Pecora Nera**③, Via San Martino 18, Tel. 0572 70331, www.ercoliniesavi.it, tgl. 19–22.30, So auch 12.30–13.45 Uhr. Das Edelrestaurant des Hotels Ercoli e Savi mit einer aufgepeppten Traditionsküche in bestem Sinne, sehr angenehmes und privates Sitzen auf der Sommerterrasse.

■ **Le Maschere**②-③, Piazza Giusti 21, Montecatini Alto, Tel. 0572 770085, www.lemaschere.eu, Di–So 19–24 Uhr. Jugendstil ist es nicht, gotisch auch nicht, eben ein Theater aus dem Jahr 1900. Das Essen und die Pizzen aber sind in Ordnung und auf dem Platz ist immer was los. Sind die Tische draußen besetzt, gibt es rundherum mehrere Alternativen.

■ **Casa Gala**②-③, Via Talenti 2, Montecatini Alto, Tel. 0572 766130, www.facebook.com/casadigala, Fr/Mo-Mi 12–16, 18.30–23, Sa/So 12–23 Uhr. Hellfreundliche Osteria mit Bistrocharakter – toskanische Küche auf der Piazzetta.

■ **Da Sandra**①-②, Via Pistoiese 34, Tel. 0572 766 182, www.facebook.com/ristorantedasandratocque vill, tgl. 11–14.20, Fr–So auch 18.30–22 Uhr. Pizzeria/Ristorante, in das die Einheimischen wegen der ausgezeichneten Pizze kommen, günstige Mittagsmenüs, effizienter und freundlicher Service.

Außerhalb

■ **La Buca Gasthaus**①-②, Piazza Mazzini 4, **Pescia,** Tel. 0572 477339, www.labucagasthaus.it, tgl. 19.30–1 Uhr. Werden Heimwehschluchzer übermächtig: Augustiner, Tegernseer und Andechser mit Bockwurst – *würstel maxi bock* – und *crauti* bzw. *purè tedesco* oder *patate bratkartoffeln.* Natürlich gibt es noch eine Menge anderer Dinge (englisches oder belgisches Bier, Kotelett, Burger ...).

■ **Locanda Agricola Posapiano**③-④, Via Stefanini 14, **Montecarlo** (3 km südwestlich), Tel. 0583 229600, www.locandaagricolaposapiano.it, tgl. 19–24, So auch 11–15 Uhr. Landgut in ruhiger Umgebung mit ausgezeichneter Küche (kreative junge Rezepte, elegante Anrichtung), ratsam das Degustationsmenü, sehr gute Weinauswahl; **auch Zimmervermietung**③.

■ **Officina del Gusto**②-③, Via Roma 30, **Montecarlo,** Tel. 338 1959624, Di–So 12–15, 19–23.30 Uhr. Kleine Karte mit vornehmlich Fisch- und Meresgetier, aber auch Fleischgerichten in elegantentspannter Atmosphäre und mit einigen Tischen in der Gasse.

■ **Grotta Maona**②, Via Vecchia di Maona 23, **Montecatini** (Richtung Nievole), Tel. 391 4970 917, www.facebook.com/grottamaonamonteca tini2021, Öffungszeiten wetter- und programmabhängig. In der Ausflugsgaststätte direkt bei der Grotta Maona gibt's tagsüber Barbetrieb und abends Pasta, Fleisch und Pizza (So auch mittags) und abends auch häufig Livemusik.

☐ „Die Schönheit"

087t sk

■ **Manero**②, Borgo Matteotti 17, **Vellano,** Tel. 347 1738259, www.facebook.com/trattoriamanero, Mi–So 19.30–21.30, Do–So auch 12.30-14 Uhr. Toskanische Bergküche mit Fleisch und Hühnchen vom Grill, herzhafte Crostini und in der Saison viele Pilzgerichte, Panoramalage mit Terrasse und fantastischem Blick – Fisch, Fleisch und Pasta sind ausgezeichnet, die Menüvorschläge sollte man befolgen.

UNSER TIPP: **Da Carla**①-②, Località Ponte di Castelvecchio, **Svizzera Pesciatina,** Tel. 0572 400080, www.facebook.com/ristorantedacarla, Mo/Di/Fr/Sa 10–16, 18–23, Mi 10–16, So 10–23 Uhr. Rustikale Küche im Herzen der Pescia-Schweiz mit der Möglichkeit, sich im kleinen See seine Forelle selbst zu fangen, abends auch sehr gute Pizza. Hier wird auch die weiße Bohne *fagiolo di Sorana,* eine geschützte Spezialität der Region, verarbeitet (→ Kasten).

■ **Bicocchi**②, Via Casa di Monte 29, Piteglio, **Svizzera Pesciatina,** Tel. 0573 628119, www.agriturismobicocchi.it. Landküche, die die traditionellen Rezepte pflegt. Die Zutaten kommen aus den Bergen: Wildschwein, Lamm, Pilze. Die Pasta ist handgemacht, und zum Nachtisch gibt es Kreationen aus Kastanien. Große Terrasse mit Blick auf die „Schweiz".

■ **La Taverna dei Miracoli da Mangiafuoco**②, Piazza Carlo Collodi 2, **Collodi,** Tel. 0572 428631, www.facebook.com/latavernadeimiracoli.damangiafuoco, Di–So 19–22, So auch 12–14.30 Uhr. Hostaria/Pizzeria, ob Pizza, Fisch (Fischsuppe, Gnocchi mit Scampi!) oder Fleisch *(bistecca fiorentina),* die Qualität ist hervorragend, das Ambiente charmant-einfach-gemütlich, und die Preise halten sich im Rahmen.

275tsk

Süßes

■ **Gelateria Supercrema,** Via Don Minzoni 27A, **Montecatini Terme,** Tel. 0572 75663, Di–So 11.30–24 Uhr. Natürlich auch hier das beste Eis der Stadt – in traditionellen Geschmacksrichtungen (besonders lecker das Fruchteis), aber auch zeitgeistig mit Käsekuchen-, Nutella-, Kinderschokoladen- oder Rochergeschmack.

■ **Gelateria Chiardicrema,** Via Roma 36, **Montecarlo,** www.chiardicrema.it, tgl. 14–19.30 Uhr. Klassische Eissorten und die eine oder andere (wechselnde) Kreation wie „Grüner Apfel", *die* Eisdiele der Stadt (auch vegan).

■ **Cialde/Süße Waffeln** → „Einkaufen".

Verkehr

■ **Bahn:** Hauptbahnhof Montecatini Terme (mit Busbahnhof), Piazza Italia, und Montecatini Centro (700 m westlich), Via Daniele Manin, an der Hauptstrecke Firenze (Prato, Pistoia) – Lucca gelegen; nach Lucca halbstündlich/stündlich (Dauer 30 Min, um 5 €), nach Firenze halbstündlich/stündlich (Dauer 50 Min., um 6 €).

■ **Stadtbus:** Karte Einzelfahrt 1,30 € (70 Min. Gültigkeit), 3 € im Bus, www.at-bus.it.

Der Parco Avventura Sospeso nel Verde in den Bergen

Fagiolo di Sorana

Die **Bohne** aus der Svizzera Pesciatina ist IGP-geschützt *(indicazione geografica tipica)* und wird von nur 15 zertifizierten Betrieben kultiviert, die zusammen 60 t im Jahr von Hand ernten und die weiße Bohne anschließend in der Sonne trocknen lassen. Das weiche Fruchtfleisch und ihr typischer kräftiger, eleganter Geschmack sind sehr beliebt. Er wird sowohl mit einfachen als auch mit hochkomplizierten Rezepten herausgekitzelt, wobei die Bohne – auch dem Preis geschuldet – immer Hauptingredienz bleibt und nie Beilage ist (so ist die Pasta eher der Begleiter und die Bohne der Hauptakteur bei den zahllosen Nudelrezepten).

- **Fernbus:** Haltestelle beim Hauptbahnhof; Touristenbus nach Collodi über Pescia dreimal am Tag, 30 Min., 6 € hin und her; in die Svizzera Pesciatina gelangt man mit der Linie SVP (Servizio Svizzera Pesciatina) von Pescia aus (nur werktags), von Montecatini nach Monsummano mehrmals täglich mit Linie 60 (10 Min., um 2 €); www.at-bus.it.
- **Parken:** in Montecatini Terme viele Parkmöglichkeiten (Parkautomaten), in Montecatini Alto nur beschränkte Zahl von Parkplätzen bei der Bergstation der Seilbahn, Einfahrt in den Ort verboten.
- **Standseilbahn:** Viale Diaz 22, Tel. 0572 766 862, www.funicolare-montecatini.it, April–Okt. 9.30–24 Uhr (halbstündlich, 13–14.30 Uhr Pause), hin 4 €, hin und her 7,50 €.

Feste

- **Estate Regina Festival Classica,** April–Okt. in Montecatini Terme, buntes Opern- und Konzertprogramm in den Thermen, www.estateregina.it.
- **Montecatini Opera Festival,** Sommerhalbjahr. Zwei bis vier Mal im Monat gibt's Oper oder Konzerte; www.montecatinioperafestival.it.

Einkaufen

- Montecatini ist für seine süßen **Waffeln** bekannt – die **Cialde.** Ähnlich den Karlsbader Oblaten sind sie nach einem entbehrungsreichen und entschlackenden Kuraufenthalt genau das Richtige. Gut verpackt (Metalldose) bleiben die dünnen, nichtsdestotrotz äußerst engergiereichen Blätter lange knusprig-zart: **Bargilli,** Viale Grocco 2, Tel. 0572 79459, www.cialdedimontecatini.com; **Cialde Desideri,** Via Gentile (Palaterme-Kreuzung), www. cialdedesideri.it.

Aktivitäten

- **Thermaltourismus: Terme di Montecatini,** Viale Verdi 41, Tel. 0572 7781, www.termemonte catini.it; **Terme Excelsior,** Viale Verdi 61, Mo–Sa 10–19, So 10–14 Uhr; **Terme Tettucio,** Viale Verdi 71, tgl. 8–12, 16–19 Uhr; **Terme Redi/Piscina Termale,** Via Marconi 2, Mo–Fr 8–20, Sa 9–19, So 9–13 Uhr.
- **Golfclub Montecatini,** Via del Brogi 14, Località Pievaccia, Montecatini, Tel. 0572 62218, www. montecatinigolf.com. 18-Loch-Platz, Par 72, 5127–5857 m, Greenfee 75–90 €.
- **Parco Avventura Sospeso nel Verde,** Altopiano delle Pizzorne, Villa Basilica, Tel. 333 710 5636, www.sospesonelverde.it. Auf dem Weg von Collodi nach Bagni di Lucca im Norden zweigt bei Villa Basilica ein 6 km langes, schmales Sträßlein ab hoch zum Altopiano. Es lohnt sich: Der Klettergarten im Grünen bietet für alle Altersklassen den jeweilig notwendigen Thrill (auch für die ganz Kleinen); Sommer bei gutem Wetter tgl. 10–18 Uhr, Frühling/Herbst nur an Wochenenden, bis 5 Jahre 7 €, bis 110 cm 16 €, sonst 22 €.

San Miniato

■ 140 m üNN, 27.700 Einw., Lucca 40 km, Florenz 40 km

Mittelalter, Renaissance und Barock – wer durch die Gassen von San Miniato schlendert, findet für jeden Geschmack etwas. Weswegen es bei den Touristen auch überaus beliebt ist. Dass die **Weißen Trüffel** aus den Wäldern der Umgebung ihren Weg auf die Teller der Restaurants finden, befördert zusätzlich.

Gibt es eine deutschere Stadt in Italien? Sogar im Namen wurde die **deutsche Vergangenheit** bewahrt: „San Miniato al Tedesco" – den Zusatz legte man erst im Zweiten Weltkrieg ab. Allerdings liegt der Grund für die Deutschtümelei auch schon weit zurück: San Miniato war Kaiserburg des Heiligen Römischen Reiches Deutscher Nation (vom 10. bis zum 12. Jh.). Wohl haben die Militärs des Mittelalters San Miniato nicht nur wegen der günstigen Lage an der Kreuzung zweier bedeutender Straßen gewählt (Frankenweg der Pilger nach Rom und Achse Florenz–Pisa/Ligurisches Meer), auch die Höhenlage spielte eine Rolle. Dass *Napoleon* einige Male die Stadt besuchte, lag aber nicht an ihrer militärischen Bedeutung, sondern einfach daran, dass ein Familienzweig der *Bonapartes* hier lebte. Außerdem war er da noch im zarten Knabenalter.

Geschichte

Kaiser *Otto I.* veranlasste den Bau der **Burg** im Jahr 963. Sie sollte die Rechte seines Reiches in der Toskana garantieren. An seiner statt nahmen die Markgrafen von Tuscien in dem Kastell Sitz und sorgten für Recht, Ordnung und Sicherheit.

Auf der Burg erblickte unter anderem *Mathilde* des lombardischen Adelsgeschlechts **Canossa** 1046 das Licht der Welt, vor deren Burg in der Emilia-Romagna und dem Papst sich König *Heinrich IV.* 1077 büßend auf den Boden warf, um vom Kirchenbann befreit zu werden. Ein **Aufstand** 1172 hinterließ die Burg und alle Häuser im Rund zerstört.

1217 gab *Friedrich II.* eine neue Burg in Auftrag, verlieh San Miniato zahlreiche Privilegien und setzte es als **Residenz des kaiserlichen Vikars** – *Friedrichs* Vertreter für die Toskana – fest. Nach dem Ende der Stauferherrschaft begab sich San Miniato beizeiten unter die Fittiche von Florenz und wurde **Sitz der Florentiner Statthalter für den Valdarno.**

Am 22. Juli 1944 kam der **Krieg** nach San Miniato – mit katastrophalen Folgen. Während eines Artillerieduells versammelten sich die Bewohner auf Verlangen des deutschen Kommandeurs vor der Kathedrale auf der Domwiese. Auf die Bitte des Bischofs hin durften sie in der Kathedrale Schutz suchen. Eine fehlgeschossene US-amerikanische Granate traf in die Rosettenöffnung der Kirche, explodierte im Innenraum, verletzte 100 und tötete 55 Zivilisten – Frauen, Kinder und Alte. Fünf Tage später, die deutschen Truppen zogen sich zurück, sprengten Pioniere den Turm, der als einziges von der Stauferburg verblieben war. Er wurde nach dem Krieg rekonstruiert.

Sehenswertes

Vom Parkplatz an der Via Fonte alle Fati geht es mit dem Aufzug hoch zum Corso und von dort zu Fuß weiter in die überschaubare Altstadt rund um die bewaldete Kuppe mit der Rocca Federico II. – dem einzig verbliebenen Turm der Kaiserburg. Erste Station vom Lift aus ist die Piazza del Duomo (auch Prato del Duomo – „Domwiese"), Schauplatz der Katastrophe von 1944. Der **Dom San Genasio** entstand ab 1220 in 30-jähriger Bauzeit auf den Fundamenten einer Vorgängerkirche aus dem 8. Jh. Der unverputzte Ziegelbau der romanischen Basilika (mit auffällig schmalen Schiffen) erhielt seine Renaissance-Portale erst später. Auch die Torre di Matilda – einst ein Verteidigungsturm – wurde erst später durch Aufstockung prominent und durch Verlängerung des Kirchenschiffes 1489 zum **Campanile di Matilda** (den man besteigen darf). 1622, das Innere war inzwischen barockisiert, erhielt die Kirche Kathedralenstatus. 1860 fand eine grundlegende Restaurierung statt.

■ **Campanile,** Piazza del Duomo, www.sanminiato.chiesacattolica.it, April–Sept. Sa/So 10–13, 14–17, sonst Sa 10–13, 14–17, So 14–17 Uhr, 5 € mit Diözesanmuseum.

Der Kirchenschatz des **Diözesanmuseums** ist, einem Bischofssitz angemessen, sehr wertvoll, darunter islamische Keramik aus dem Tunesien des 11./12. Jh., die einmal die Fassade des Doms geschmückt hat. Auch die Gemäldesammlung kann sich sehen lassen, u.a. Werke von *Lorenzo Lippi* („Opferung Isaaks", um 1650) und *Neri di Bicci* („Thronende Madonna mit Kind und Heiligen", 1452).

■ **Museo Diocesano d'Arte Sacra,** Piazza del Duomo, Tel. 342 6860873, April–Sept. Mo–Fr 9–13, 14–16, Sa/So 10–13, 14–17, sonst Do 14–16, Fr 9–13, 14–16, Sa/So 9–13 Uhr, 2,50 € (mit Turm 5 €).

Über einen der beiden Durchgänge mit holprigen Treppen geht es zur etwas tiefer liegenden, langgestreckten Piazza della Repubblica mit der bemalten Fassade des **Bischofsseminars** (Seminario Vescovile). Ein erstes Gebäude entstand ab Mitte des 17. Jh., durch Eingliederung bereits bestehender Bauten wurde die einheitliche Front des Komplexes mit Tordurchfahrten an den beiden Enden geschaffen. Die Inschriften an der Seminarfassade sind auf einer Tafel übersetzt.

Östlich ist die Via Vittime del Duomo („Straße der Domopfer") die Verlängerung der Piazza. Eine barocke Monumentaltreppe verbindet die oberhalb errichtete Heiligkreuzkirche mit dem **Palazzo Comunale** unten. In ihm sind die Archäologische Sammlung der Stadt und das Oratorio del Lorentino mit untergebracht. Das Oratorium wurde im 13. Jh. als Privatkapelle der Statthalter gebaut, ist heute Teil des Rathauses und reich mit Szenen aus dem Leben Christi freskiert. Der geschnitzte Holzaltar stammt aus dem Jahr 1527. Die archäologische Sammlung zeigt u.a. etruskische Funde aus einer Grabung in der Nachbarschaft (Nekropole von Fontevivo).

■ **Museo del Palazzo Comunale,** Via Vittime el Duomo 8, Tel. 0571 406700, https://museisanminiato.it, April–Sept. Di/Fr–So 10–18, Do 10–13, sonst Di 10–13, Fr–So 10–17 (Dez.–März)/18 Uhr (Okt.–Nov.), 4 € (6,50 mit Torre Federico und Museo della Memoria).

089t sk

Das **Santuario del Santissimo Crocifisso** baute man zwischen 1705 und 1718 für ein wundertätiges Holzkreuz aus dem 11. Jh., das von Pilgern in Kriegszeiten mitgeführt wurde, um Frieden zu stiften (und das bis zum Bau der neuen Wallfahrtskirche im Oratorio di Lorentino seine Heimat hatte).

Nun steigt man hoch zur **Rocca Federiciana,** dem 1958 wiedererrichteten Turm aus der Zeit *Friedrichs II.* Die Aussicht ist, wie sollte es anders sein, natürlich von der Aussichtsplattform am schönsten.

■ **Torre di Federico II,** Rocca, https://museisanminiato.it, Juni–Sept. Di–So 11–19, April–Mai Di/Fr–So 10–18, sonst Fr–So 10–17 (Dez.–März)/18 Uhr (Okt.–Nov.), 3,50 € (6,50 mit Stadtmsueum und Museo della Memoria).

Die **Kirche San Domenico** steht westlich der Piazza della Repubblica an der Piazza del Popolo direkt gegenüber der Touristeninformation. Die unverputzte, vom Zahn der Zeit benagte Ziegelfassade kündet von einem würdigen Alter. 1330 hatte man den Bau begonnen, die Fassade wurde aber nie vollendet. Die Kapellen der einschiffigen Kirche schloss man im 18. Jh. bis auf die im Presbyterium. Die Fresken mit Szenen zum Leben des Kirchenpatrons stammen aus dem 17. Jh. Der dreistöckige Kreuzgang des ehemaligen Dominikanerklosters rechts neben der Kirche ist zur Straße hin offen und heute Sitz der Stadtbibliothek.

■ **Chiesa San Domenico,** Piazza del Popolo, 9–12, 15–18 Uhr.

Empoli

10 km nordöstlich von San Miniato ist Empoli (30 m üNN, 48.000 Einw.) eine für ihre **Textil-** und **Glasproduktion** bekannte Industriestadt, die sich beidseits des Arno erstreckt. Die Flussufer mit ihren fruchtbaren Flächen waren bereits in der Steinzeit besiedelt, auch die Etrusker

⌃ Der Dom von San Miniato

Lucca, Garfagnana ...

und Römer wussten sie zu nutzen. In Empoli entwickelte sich sogar für den hier gekelterten Wein eine eigene Amphorenform. Auf Karten aus dem 4. Jh. taucht Empoli als Flusshafen mit dem Namen „In Portu“ auf. Im 8. Jh. soll es dann eine Burg namens Empolis gegeben haben. 1119 stand der Ort in Besitz der Grafen *von Guidi,* ab 1182 gehörte man zu Florenz. 1260, die Schlacht bei Montaperti war geschlagen und Florenz am Boden, fand in Empoli der Kongress statt, der zum Friedensvertrag von Castelfiorentino führte. Im 13. Jh. wurde die Stadt stark befestigt und widerstand diversen Belagerungen. Auch 1530, die kaiserlichen Truppen zogen durch das Land, konnte zumindest die Burg den Angriff abwehren, doch die Spanier plünderten dafür das gesamte Umland. Im Zweiten Weltkrieg fanden auch in Empoli Geiselerschießungen durch die Wehrmacht statt.

Die kleine Altstadt befindet sich rund um die weiträumig verkehrsberuhigte, intime Piazza Farinata degli Umberti südlich des Arno zwischen Ufer und Bahnhof (dort Parkmöglichkeit). Die Mitte der angenehmen, arkadengesäumten Piazza Farinata ziert seit 1828 eine weißmarmorne **Brunnenanlage** mit Najaden (Nymphen, Wächterinnen über Quellen, Flüsse und Seen) von *Luigi Pampaloni.* Die Löwen am Beckenrand gaben der Piazza auch ihren volkstümlichen Namen: Piazza dei Leoni.

Die **Stiftskirche Sant'Andrea** an der Ostseite, obwohl bündig mit den Nachbargebäuden, sticht wegen ihrer Fassade sofort ins Auge. 1093 im Stil der Florentiner Romanik mit grün-weißer Marmorfassade errichtet, wurde sie im 18. Jh. umgebaut. Die fünf Arkadenbögen des Sockelbereiches sind im Original erhalten, der obere Bereich ist das Ergebnis des Umbaus. Den Glockenturm hat man – nach Zerstörung im Zweiten Weltkrieg – rekonstruiert. Das Innere zeigt sich üppig barock, die illusionistischen Deckenfresken sind verblasst.

Trüffel

Tuber magnatum Pico – die Weiße Trüffel – gibt es nur an wenigen Plätzen in Europa, z.B. auf Istrien, in Frankreich im Perigord, in Italien bei Alba und eben bei San Miniato. Die Weiße Trüffel gilt als die **edelste Trüffelsorte,** die Preise variieren sehr stark, je nach Jahreszeit, Qualität, Angebotsmenge und vor allem der Größe des einzelnen Pilzes: von um die 2 € bis zu 200 € pro Gramm. Nur geringe Mengen genügen aber, um Speisen die charakteristische Würze zu verleihen, weswegen die Trüffel häufig mit einem feinen Hobel über das Essen verteilt wird, bei guten Gästen länger, bei Durchreisenden kürzer.

Da die Trüffel einen ihrer Duftstoffe mit rauschigen Ebern teilt, wurden früher Sauen zur Suche im Wald herangezogen. Heute sind **Trüffelschweine** verboten, da sie beim vorfreudigen Graben den Pilz zerstören; stattdessen nimmt man Hunde, denen die Trüffel leicht zu entwinden ist.

400 eingeschriebene Trüffelsucher gibt es in und um San Miniato, und sie beliefern 25 % des italienischen Marktes. Jeder hat sein ganz eigenes Gebiet, in das er sich zwischen Oktober und Dezember noch zu nachtschlafender Zeit aufmacht und dessen Lage er als Familiengeheimnis nur an seine Verwandten verrät.

Rechts der Kirche führt die Gasse zu einem kleinen Platz mit dem **Museum des Sant'Andrea-Stiftes** in den Räumen des ehemaligen Klosters, eines der ältesten Kirchenmuseen des Landes (1859 gegründet). Die Statuen und Gemälde überspannen einen Zeitraum vom 13. bis zum 17. Jh., darunter sind Werke von *Masolini* (Pietà, 1424), *Filippo Lippi* (Maestà, um 1430) oder *Lorenzo di Bicci* (Kreuzigung, 1399).

■ **Museo della Collegiata di Sant'Andrea,** Piazzetta della Propositura 3, Tel. 0571 76284, www.empolimusei.it, Di–So 10–19 Uhr, 5 € (8 € mit Glasmuseum).

Auf der anderen Platzseite ist die **Paläontologische Sammlung** im Palazzo Ghibellino untergebracht (in dem einst beim Kongress von Empoli das Schicksal von Florenz entschieden wurde). Besonders interessant sind die im Arno-Tal gefundenen Fossilien von Weichtieren aus dem Pliozän.

■ **Museo Civico di Paleontologia,** Piazza Farinata degli Uberti 7, Tel. 0571 537038, www.empolimusei.it, Sa/So 16–19, Winter 15–18 Uhr, 5 €.

Das **Glasmuseum** (auch Touristeninformation) im alten Salzlager an der östlich der Piazza verlaufenden Via Ridolfi dokumentiert die handwerkliche und industrielle Glasproduktion in der Region, seit dem beginnenden 19. Jh. für Empoli von großer wirtschaftlicher Bedeutung.

■ **Museo del Vetro MUVE,** Via Cosimo Ridolfi 70, Tel. 0571 76714, www.empolimusei.it, Di–So 10–19, Winter bis 18 Uhr 5 € (8 € mit Klostermuseum).

090t sk

Montelupo Fiorentino

6 km östlich von Empoli und ebenfalls am Arno liegt Montelupo (35 m üNN, 14.000 Einw.), eine eher eigenschaftslos wirkende Stadt, die allerdings mit zwei bedeutenden Museen aufwarten kann.

Das **Archäologische Museum** bringt Besuchern die uralte Siedlungsgeschichte im Arno-Tal nahe – von der Stein-/Bronzezeit über die Villanova-(Eisenzeit-)Kultur, von den Etruskern bis zu den Römern. Die Grabungsfunde sind in der ehemaligen Kirche San Quirico e Santa Lucia vorzüglich präsentiert, in größeren geschichtlichen Zusammen-

⊠ In Montelupo Fiorentino ist Keramik allgegenwärtig

hang gestellt und lassen so die Entwicklung der einzelnen Kulturen und die Übergänge zwischen ihnen erkennen.

■ **Museo Archeologico,** Via Santa Lucia 1, Tel. 057 541547, www.museomontelupo.it, April–Okt. Fr 14–18, Sa 9–13, sonst Fr /Sa 9–13 Uhr, 5 €.

Das **Keramikmuseum,** unschwer an den davor aufgestellten Keramikfiguren zu erkennen, widmet sich der wichtigsten Industrie der Stadt. Montelupo ist bekannt für seine Keramikerzeugnisse – seit dem 13. Jh. Schon in der Renaissance waren die Fliesen so begehrt, dass sie nicht nur ihren Weg nach Florenz fanden, sondern von der ligurischen Küste in den ganzen Mittelmeerraum, sogar bis Holland und England und schließlich auch in die Neue Welt geliefert wurden. Heute gibt es noch rund 50 Werkstätten, die über 400 Mitarbeiter beschäftigen. Jedes Jahr im Juni findet eine bedeutende Keramikmesse statt (→ „Praktische Informationen“). Zu sehen sind im Museum auch Erzeugnisse aus der Frühzeit der Majolika-Produktion, gefunden in den alten Brennöfen der Stadt, und Beispiele der modernen Industrie- und Kunstkeramik.

■ **Museo della Ceramica,** Piazza Vittorio Veneto 8–10, Tel. 0571 51352, www.museomontelupo.it, Mo 14–19, Di–So 9–19 Uhr, 6 €.

Vinci

Leonardo – aus der Gemeinde Vinci (100 m üNN, 15.000 Einw.) 15 km nordöstlich von San Miniato – war das erste Universalgenie der Neuzeit. Wen es hierher verschlägt, will mehr über den vielleicht visionärsten Sohn Italiens wissen. Die Geschichte des Ortes ist hingegen schnell erzählt: den Grafen Guidi gehörend, fiel es 1254 an Florenz.

Das **Leonardo-Museum** ist in zwei unabhängigen Gebäuden untergebracht. Die Palazzina Uzielle befindet sich an der Durchgangsstraße SP9, das Castello direkt dahinter. In die Palazzina gelangt man über die vom Objektkünstler *Mimmo Paladino* (*1948) modern gestaltete Piazza Conti dei Guidi. Die Ausstellung beschäftigt sich mit *Leonardos* Ideen und Entwürfen zu Baumaschinen, zur Technik der Textilherstellung und mit seinen Uhrwerken. Hier liegen auch die Buchhandlung und die Räumlichkeiten für die temporären Ausstellungen.

Im **Castello** sind über 60 nach seinen Skizzen maßstäblich nachgebaute Modelle zu sehen: aus den Bereichen Architektur (u.a. Brücken) und Bauwesen, Fortbewegung (Rad, Flugmaschinen, Wagen) und Kriegswesen (Kanonen, Belagerungsgerät, Panzer). Von der Aussichtsterrasse hat man einen guten Ausblick.

■ **Museo Leonardiano,** Palazzina Uzielle (Via Giuseppe Rossi), Castello Guidi (Via del Castello), Tel. 0571 933251, www.museoleonardiano.it, April–Okt. tgl. 10–19, sonst 10–16.30 Uhr, 9 € (Tickets im Palazzina, Kombiticket mit Casa Natale 12 €).

Die dem Museum benachbarte **Leonardo-Bibliothek** hat in ihrem Archiv sämtliche Manuskripte und Skizzen des Genies als Faksimile und besitzt (fast) jedes seit 1651 gedruckte Buch über ihn.

■ **Biblioteca Leonardiana,** Via Renato Fucini 11/13, Tel. 0571 933263, www.bibliotecaleonardiana.it, 15. Juni–15. Sept.Moi–Fr 15–19, sonst Mo/Mi/Do 15–19, Di/Fr 9–13 Uhr.

Das **Geburtshaus Leonardos** steht im Ortsteil Anchiano knapp 3 km nördlich der Museen (von ihnen 30 Gehminuten auf schönem Weg durch Olivenhaine) mitten auf dem Land. Zeigen die Museen in der Stadt *Leonardo* in seiner Eigenschaft als Erfinder, setzt man hier den Akzent auf den Maler. Mit interaktiven Multimedia-Einrichtungen geht man auf Entdeckungsreise durch sein bildnerisches Werk.

■ **Casa Natale di Leonardo,** Via Anchiano, Tel. 0571 933248, www.casanataledileonardo.it, April–Okt. tgl. 10–19, sonst 10–16.30 Uhr, 6 € (12 € mit Museo Leonardiano).

Pontedera

Um in das 20 km westlich von San Miniato liegende Pontedera (14 m üNN, 29.000 Einw.) zu fahren, gibt es nur einen einzigen Grund – aber es ist ein sehr guter. In der Kleinstadt wird ein in der ganzen Welt heißgeliebtes Fahrzeug montiert, die **Vespa.** Eigentlich ist es ja gar kein Fahrzeug, es ist ein Lebensgefühl, in dem eine ganze Weltanschauung kondensiert, und das sogar die Beziehung italienischer Männer zu ihren Frauen auf den Punkt gebracht hat: „Io Vespa – tu Jane". Das **Piaggio-Museum** rollt die Geschichte der Vespa (= „Wespe") auf, von den Anfängen 1943, als ein Flugzeugkonstrukteur das Gerät entwickelte, über die Rennmaschinen Vespa Monthlery und Vespa Siluro, die Vergrößerung auf drei Räder zum Lastesel Ape („Biene") bis zur heutigen Zeit. Vespa und Ape waren neben dem Fiat 500 die Fahrzeuge, die ganz Italien mobilisiert haben.

■ **Museo Piaggio,** Via Rinaldo Piaggio 7, Tel. 0587 27171, www.museopiaggio.it, Di–Sa u. 2./4. So/Monat jeweils einstündige Führungen nach zwingender Online-Reservierung: 9.30/11.30/14/16 Uhr, Aug. ohne Führung (Reservierung ebenfalls zwingend), 5 € Spende erbeten.

Peccioli

18 km südlich von Pontedera wartet ein kleiner **Dinosaurierpark** mit Abwechslung für die Kleinen auf. Auf 3 ha verstecken sich 22 Dinos in Lebensgröße unter und hinter den Bäumen. Dazu gibt's eine Bar und ein Karussell.

■ **Parco Preistorico,** Via dei Cappuccini 70, Peccioli, Tel. 377 4439025, www.parcopreistoricopeccioli.it, März–Nov. 9–19 Uhr, 7 €, Kind 5 €.

7 km in Richtung Nordosten steht in einem Steineichenwäldchen hinter dem Dorf Montefoscoli ein der Göttin der Weisheit, des Krieges und der Medizin gewidmeter Tempel: **Tempio Minerva.** Dazu fährt man im Ort Richtung Palaia weiter (GPS N 43.58483, E 10.75629). Angeblich trafen sich hier einst Freimaurer.

Praktische Informationen

Touristeninformation

■ **Ufficio Turismo San Miniato,** Piazza del Popolo 1, Tel. 0571 42745, www.sanminiatopromozione.it, Di–So 10–13, 15–18 Uhr.

■ **Ufficio Turismo Empoli,** Via Cosimo Ridolfi 70, Tel. 0571 76714, www.visitempoli.it, Di–So 10–19 Uhr.

■ **Ufficio Turismo Vinci,** Via della Torre 11, Tel. 0571 568012, www.vinciturismo.com, März–Okt. tgl. 10–19, sonst tgl. 10–15 Uhr.

Unterkunft

■ **San Miniato**②-④, Via Aldo Moro 2, Tel. 0571 418904, www.hotelsanminiato.com. Luxushaus in der nördlichen Altstadt in den Gewölben eines ehemaligen Klosters mit Spa und jeglichem Komfort, Designeinrichtung und herausragendem **Restaurant** (Halbpension ②) in der Klosterkapelle – Speisen mit Kunst.

■ **Dimora del Grifo**①-②, Via Cesare Battisti 31, Tel. 347 5369930, www.facebook.com/dimoradelgrifodimonicapanchetti. Drei sehr saubere und angenehm eingerichtete Zimmer (Gemeinschaftsbad) in einem historischen Gebäude in Domnähe, sehr sympathische und hilfsbereite Besitzerin.

■ **Convento San Francesco**①, Piazza San Francesco 1, Tel. 0571 42159, www.monasterystays.com. Hier nächtigt man nicht wegen der Annehmlichkeiten, sondern, um sich an den uralten Gemäuern zu erfreuen – eine ganz spezielle Erfahrung, die man nicht unbedingt im Winter suchen sollte, die im Sommer aber schon fast authentisches „Im Namen der Rose"-Feeling vermittelt, insbesondere, wenn man mit den Mönchen frühstückt.

Außerhalb

■ **Quattro Gigli**②, Piazza Michele da Montopoli, **Montopoli,** Tel. 0571 466878, www.quattrogigli.it. 9 km westlich von San Miniato am Hauptplatz des sich auf einem Hügelkamm entlangziehenden Städtchens erwartet das charmante Familienhotel seit vielen Jahren seine Gäste im ehemaligen Rathaus mit verwinkelten Gängen und von geschickter Hand geschmackvoll und individuell eingerichteten Zimmern (viele mit Fernsicht), gutes **Restaurant** ②-③ mit u.a. hausgemachter Pasta.

■ **Orchidea**②, Via La Palazzina 37, **Palaia,** Tel. 345 3349162, www.lapalazzina.net. 18 km südlich von San Miniato in der Hügelwelt, B&B in einer 200 Jahre alten, vorzüglich restaurierten Villa mit ausgezeichneten **Agriturismo-Restaurant La Palazzina**②, vier Zimmer und neun Apartments; Schwimmbad, Olivenöl aus eigener Herstellung.

■ **Empoli**②, Via di Brusciana 4, **Empoli,** Tel. 0571 930136, www.empolihotels.com. Modernes und gepflegtes Haus der Drei-Sterne-Klasse mit 22 Zimmern im Zentrum beim Bahnhof, viele Geschäftsreisende.

■ **Monna Lisa**②, Via Lamporecchiana 27/29, **Vinci,** Tel. 0571 56266, www.hotelmonnalisavinci.it.

San Miniato: Zugabe!

■ **Casa del Pontormo** in Empoli (östlicher Stadtrand) – Geburtshaus des *Jacopo Carucci,* genannt *Pontormo* (1494–1556), Maler der Hochrenaissance, mit einer Ausstellung zu seinem Leben und Werk (Tel. 0571 992652, Sa/So 16–19 Uhr). Nahebei die **Chiesa di San Michele** mit zweien seiner Frühwerke („Erzengel Michael" und „Johannes Evangelist", um 1515); Via Pontormo 97 (Kirche Via Pontorme 41), Tel. 0571 993652, Do/Fr 10–13, Sa/So 16–19 Uhr (Kirche Mo–Sa 9–12, 15.30–18.30, So 7–12 Uhr).

■ **Casa Natale di Busoni** in Empoli – Geburtshaus des deutsch-italienischen Opernkomponisten *Ferruccio Busoni* (1866–1924) mit Studienzentrum, Archiv und kleinem Museum zu seinem Leben; Piazza della Vittoria 16, Tel. 0571 711122, www.centrobusoni.org, nur nach einwöchiger Voranmeldung.

■ **Villa Medicea di Cerreto Guidi** – als **UNESCO-Weltkulturerbe** geschützte Medici-Villa mit einem Jagdmuseum und Möbeln aus mehreren Epochen sowie Jagdwaffen des 17.–19. Jh. in der ersten Etage; Via Ponti Medicei 12, Cerreto Guidi, Tel. 0571 55707, Führungen Di–So um 9/10/11/12/15 und 16 Uhr.

■ **Museo della Memoria in San Miniato,** Ausstellung zur Epoche des italienischen Faschismus von 1921 bis 1945; Loggiati S. Domenico 8, April–Sept. Di/Fr–So 10–18, Do 10–13, sonst Di 10–13, Fr–So 10–17/18 Uhr, 4 € (6,50 € mit Stadtmuseum und Torre Federico).

Angenehmes, kleines Hotel mit 30 Zimmern direkt in Vinci, nette Einrichtung, freundliches Personal.

■ **Il Piastrino**②, Via Piastrino 30, **Vinci,** Tel. 0571 56148, https://bbilpiastrino.business.site. Agriturismo mit Apartments und B&B-Zimmer, die auf drei in nächster Umgebung liegende Häuser verteilt sind (Il Casolare, Leonardo, Ermellino), großes Schwimmbad, 1,5 km außerhalb von Vinci.

■ **Armonia**③, Piazza Caduti Divisione Aqui Cefalonia e Corfù 11, **Pontedera,** Tel. 0587 278511, www.hotelarmonia.it. Man muss sich an den Cremebarock der Einrichtung erst gewöhnen, aber wer in Pontedera hängen bleibt, ist hier am besten aufgehoben, 35 Zimmer, **Restaurant**②.

Essen und Trinken

■ **Pepenero**③, Piazza del Castello 3, Tel. 0571 520282, www.pepenerocucina.it, Mi–Mo 19.30–22.30, So auch 12.30-14.30 Uhr. Ein Küchenchef, der im TV auftritt, hypermoderne Einrichtung und Anspruchsküche mit vielen Trüffelgerichten, darunter der Klassiker mit pochierten Eiern. Mit Terrasse.

La Cantina del Fondo②-③, Via Auguste Conti 27, Tel. 320 3226533, Di–So 12.30–15, 19.30–22.30 Uhr. Café-Bar und Restaurant mit guter Slow-Food-Regionalküche und aussichtsreicher Terrasse über dem Tal, super Carpaccio und Trüffelgerichte.

UNSER TIPP: **Pizza del Popolo**②-③, Piazza del Popolo 10, Tel. 0571 42548, www.pizzadelpopolo.it, Fr–Mi 19.30–22.30, Mo–Mi auch 12–15 Uhr. Die besten Pizze im Städtchen werden mit Elan und Liebe gebacken und gehen in der Komposition weit über das Übliche hinaus. Außerdem: *Focaccia*, ausgezeichnetes Brot, *Arancini* und *Panzerotti* – Fazit: Meister des Ofens!

■ **La BisteccheriA**②, Via IV Novembre 2, Tel. 347 1279203, www.facebook.com/labisteccheriasanminiato, tgl. 19.30–24, Sa–Di auch 12–15 Uhr. Kleines Lokal mit aufmerksamem Personal und einem festen Menü: nur Fleisch – Wurstaufschnitt und Steak vom Feinsten vom Holzkohlengrill zum Festpreis; vorher reservieren.

■ **Il Convio**②, Via San Maiano 2, Tel. 0571 408 114, www.facebook.com/convioristorante, tgl. 12–14.45, 19–23 Uhr. Nur 2 km südlich der Altstadt, aber schon mitten auf dem Land gibt es Regionalküche mit Grillfleisch als Spezialität auf einem Gutshof, hausgemache Nudeln, auch Pizza, gemütliche Atmosphäre drinnen, großer, schattiger Freisitz im schönen Garten.

UNSER TIPP: **Birra & Acciughe**①, Via Auguste Conti 29, Tel. 329 0026905, www.facebook.com/birraeacciughe, Di–So 12.30–21 Uhr. Bier & Sardellen und noch viel mehr; die Panini sind schmackhaft und günstig (mit Trüffelcrème zum Vergehen, oder puristisch mit Butter und Sardellen, exotisch mit Paprikapaste und Brie-Käse ...), das Bier von der Stange und aus handwerklichen Brauereien, alles im Stehen und aus der Hand; abends Szene-Treff.

Außerhalb

■ **I'Canto Ghibellino**②, Piazza Farinata degli Uberti 6, **Empoli,** Tel. 0571 78866, Mi–So 19.30–22, Sa/So auch 12.30–14.30 Uhr. Ob unter den Ziegelgewölben oder draußen auf der wunderbaren Piazza – im Canto gibt es geradlinige, toskanische Spezialitäten und krosse *Focaccia.*

■ **Il Rifugio**①-②, Via Salaiola 305, **Monterappoli,** Tel. 0571 589451, www.facebook.com/ilrifugio. monterappoli, Mi–So 19–22, Sa/So auch 12.30–14.30 Uhr. 5 km südlich von Empoli, das Ristorante/Pizzeria ist (fast) immer brechend voll, die Pizza ist dünn, knusprig und superlecker.

■ **Bonanni**②, Via Turbone 9, **Montelupo Fiorentino,** Tel. 0571 913477, www.osteriabonanni.com, Di–So 20–24, Di–Sa auch 12.30–16.30 Uhr. Seit fast 100 Jahren gibt es die gemütliche Familienosteria schon, da braucht's kein Chichi, die bodenständige Küche genügt, sowohl Einheimische als auch Durchreisende anzulocken.

UNSER TIPP: **Circolo Arci Petroio**①, Via Villa Alessandri 3, zwischen **Empoli** und Vinci, Tel. 347 0572392, www.facebook.com/circoloarcipetroio,

Mo–Do 21–23.45, Fr/Sa 19–23.15, So 12.30–15, 20–23.30 Uhr. Wer unter Einheimischen sein will, kommt Sa her und speist sehr günstig von Freiwilligen zubereitete und servierte Gerichte, Mo–Fr ab 21 Uhr offen mit Barbetrieb, manchmal Livemusik.

■ **La Torretta**②, Via della Tore 19, **Vinci,** Tel. 0571 56100, www.ristorantelatorrettavinci.com, Di–So 11–15, Di–Sa auch 19–24 Uhr. Restaurant mit rustikaler toskanischer Küche vom offenen Holzgrill an der Umgehungsstraße etwas nördlich der Museen.

Süßes

■ **Caffè Marlene e Roberto (Bar Cantini),** Via Augusto Conti 1, Tel. 0571 43030, Do–Di 6–22.30 Uhr. Gutes Gebäck, ausgezeichneter Kaffee und eine Aussichtsterrasse nach hinten hinaus, auch Pasta (in der Saison mit Steinpilzen, lecker!).

■ **Gelateria La Vendetta,** Via Giovanni XXIII 8, **Vinci,** Tel. 0571 1590183, www.facebook.com/Gelaterialavendettavinci, tgl. 9–19 Uhr. Eis aus besten Zutaten in klassischen und ausgefalleneren Geschmacksrichtungen, probieren: Pistazie und Mango. Auch Gebäck, süße Crêpes und Diäteis ohne Zucker, Freisitz.

Verkehr

■ **Bahn:** Stazione San Miniato Fucecchio in San Miniato Basso, 3,5 km nordöstlich der Altstadt, Piazza della Stazione; an der Hauptstrecke Pisa–Florenz, Verbindungen nach Pisa halbstündl./stündl. (30 Min., um 5 €), nach Florenz stündl. (40–50 Min., um 5 €); Zugverbindung auch nach Empoli (10 Min., um 2 €), Montelupo Fiorentina (um 20 Min., um 3 €) und Pontedera (15 Min., um 3 €).

■ **Bus:** Vom Bahnhof San Miniato in die Altstadt zur Piazza Dante 7–19 Uhr mit Linie 320 halbstündlich, nach Vinci vom Bahnhof Empoli mit Linie 49–52 werktäglich etwa stündlich (25 Min., um 3 €); www.at-bus.it.

■ **Parken:** Fläche auf der Piazza Dante Alighieri (unterhalb des Domplatzes), 0,50 €/Std. – nicht am Markttag (Di); Piazza Popolo, 1 €/Std., jeweils wochentags 8–20 Uhr.

Feste

■ **Mercato del Tartufo Bianco,** Trüffelfest in **San Miniato** an den letzten drei Novemberwochenenden und am ersten Dezemberwochenende, jedes Lokal beteiligt sich und hat Trüffelgerichte im Angebot (www.sanminiatopromozione.it).

■ **La Luna è Azzurra,** Straßen- und Puppentheaterfestival für drei Tage Ende Juni in **San Miniato,** ab 20 Uhr in den Straßen der Stadt, zahlreiche Künstler aus aller Welt stellen sich und ihre Puppen vor. Infos unter: www.facebook.com/lalunaeazzurrasanminiato.

■ **Festa della Ceramica Montelupo,** vier Tage im Juni steht in **Montelupo** alles im Zeichen der Keramik mit einer Messe und buntem Begleitprogramm mit Konzerten, Theater und Feuerspektakel; www.facebook.com/CeramicaMontelupo.

■ **Concerti di Centro Busoni** in **Empoli;** ganzjährig regelmäßige Konzerte mit internationalen Künstlern; www.centrobusoni.org.

Festa dell'Unicorno in **Vinci** für drei Tage Ende Juli, Fantasiespektakel beim „Fest des Einhorns" mit Themenbereichen wie „Dorf der Zwerge", „Alptraumstadt" und „Gericht der Träume" – in Zeiten von „Game of Thrones" und „Harry Potter" ein immer beliebter werdendes Ereignis mit Hunderten fantasievoller Kostüme und nachgestellten Szenen einschlägiger Filme; www.festaunicorno.com.

Einkaufen

■ **Wochenmarkt,** San Miniato, Di auf der Piazza Dante Alighieri.

■ **Casa Gemignani,** Via Augusto Conti 2, San Miniato, Tel. 0571 43954, www.gemignanitartufi.it,

Di–Sa 10–13, 14.30–19 Uhr. Seit 1930 werden hier getrüffelte Produkte höchster Qualität verkauft: Salsa, Akazienhonig, Öl, Essig, Butter und Speck-Paté.

■ **Macelleria Falaschi,** Via Auguste Conti 18/20, San Miniato, Tel. 0571 43190, www.sergiofalaschi.com. Alteingesessene Metzgerei mit köstlichen Hartwürsten und Schinken aus eigener Herstellung und leckeren *sughi* im Glas (z.B. *ragù di chianina* oder *sugo di cinghiale*). Auch Gastronomia mit einigen Terrassentischen.

■ **Amedei,** Via San Gervasio 29, Località La Rotta, **Pontedera,** Tel. 0587 484849, www.amedei.it. 5 km östlich von Pontedera, ein Chocolatier auf höchstem Niveau mit köstlichen Kreationen und weiteren Sünden wie Petit Fours, Pralinen und Törtchen – zum Wahnsinnigwerden gut!

Aktivitäten

■ **Fattoria Dianella,** Via Dianella 48, **Vinci,** Tel. 0571 508166, www.villadianella.it. Weingut aus der Medici-Zeit (damals Jagdvilla) mit historischen Kellern und schönem Park, einst häufiger Aufenthaltsort des Poeten *Renato Fucini* (1843–1921); verkauft wird u.a. Chianti Riserva, Chianti DOCG und Olivenöl (IGP); Tour 2 Std. mit Wein-, Olivenöl-Verkostung, dazu Bruschette, Käse und Wurst, um 30 €.

■ **Golf Club Montelupo,** Via Le Piagge 4, **Montelupo Fiorentino,** Tel. 0571 541004, www.golfmontelupo.it. Ein 9-Loch-Platz, Par 36, 3067 m, Greenfee 40–45 €.

■ **Golfclub Bellosguaro,** Via Provinciale di Mercatale, **Vinci,** Tel. 0571 902035, www.golfbellosguardovinci.it. 9-Loch-Platz, Par 72/73, 4594–6028 m, Greenfee 40–65 € (18-Loch-Runde).

▷ Marmorkanzel im Dom von Barga

Barga

■ 410 m üNN, 9400 Einw., Lucca 35 km

Mitten zwischen den Hügeln und Bergen der Garfagnana im mittleren Serchio-Tal grüßen von oben die grauen Mauern einer Burg? Tatsächlich ist der zinnenbekrönte Turm aber der Campanile des Doms, der über die Altstadt herrscht. Neben der mittelalterlichen Atmosphäre Bargas ist er das touristische Hauptziel.

Die Neustadt von Barga erstreckt sich unten im Tal entlang der Via Roma, oben auf der Hügelkuppe thront die Altstadt – befestigt wie eh und je, stolz auf ihre Vergangenheit und mit Cafés, Enotheken und Restaurants in ausreichendem Maße auch für größere Anstürme ausgestattet.

Geschichte

Erste Siedlungsspuren lassen sich in die **Jungsteinzeit** datieren. Die **Ligurer** ließen sich ebenfalls in der Region nieder, und die **Römer** errichteten ein Kastell. Aktenkundig wurde Barga aber erst im 10. Jh. als Besitz der langobardischen Familie *Rolandinghi.* Wohlstand kam über den Ort ab 1272. In diesem Jahr hatte *Barghesano di Bonaventura* ein Spinnrad für **Seide** entwickelt. Händler von weit her reisten nun an – zum Verdruss der Luccheser. Diese verhängten hohe Zölle auf die Seidenstoffe, und immer wieder kam es zu Aufständen. 1341 begab sich Barga, nach langen Jahren des Streits und diversen Belagerungen, unter den Schutz von Florenz und verblieb dort treu und prosperierend. Im Gegenzug erhielt man

Steuererleichterungen und weitere Privilegien.

Mit der Neuordnung der Provinzen durch das Königreich Italien im 19. Jh. **verarmte** Barga zusehends, da es administrativ und entwicklungspolitisch plötzlich in Randlage geraten war. Viele seiner Bewohner wanderten nach Nord- und Südamerika aus.

Sehenswertes

Unterhalb der autogesperrten Altstadt kann man an der Via Hayange parken. Wenige Meter oberhalb zweigen von der Via Guglielmo hinter dem Stadttor die beiden Hauptgassen Via di Mezzo und Via del Pretorio ab und schlängeln sich steil, schief und krumm an den Häusern des Centro Storico vorbei. Im **Gassengewirr** und auf den abzweigenden Treppen ist es ganz leicht, sich zu „verirren", letztlich gibt es aber immer ein Oben und Unten, und man kann sich ein wenig

091tsk

treiben lassen und die eine oder andere Bar oder Enoteca entdecken. Immer wieder stößt man auch auf kleine Galerien mit Bildern und Skulpturen – in Barga hat sich eine **Künstlerkolonie** angesiedelt.

Eine Institution ist das **Caffè Capretz** in der Loggia an der Piazza Salvi. Man beachte die Portal- und Fensterumrandungen des Rathauses am Platz mit Diamantquadern, eine architektonische Errungenschaft der Renaissance.

Am Vicolo Teatro an der Via di Mezzi steht seit 1688 das **Teatro dei Differenti** mit seinen drei Logenreihen. Vor ihm hat im November 1911 der Dichter und Sozialist *Giovanni Pascoli* seine berühmte, flammende Rede „Der Prolet hat sich bewegt" gehalten, mit der er den Feldzug Italiens in Libyen pries und sich als nationalistischer Kolonialist und Vertreter einer „Volk ohne Raum"-Politik outete.

■ **Teatro dei Differenti,** Vicolo Teatro, Tel. 0583 724791, www.facebook.com/teatrodeidifferenti.barga, Spielzeit Nov.–März, 13–20 €.

Die Via del Pretorio führt hinauf zum romanischen **Dom San Cristoforo** auf einer – „Arringo" genannten – Terrasse mit schönem Blick über das Tal und auf den Pania della Croce (1858 m üNN) mit seinem stumpfen Doppelgipfel. Wie ein Kegel wirkt hingegen der Monte Sumbra (1765 m), und der spitze Monte Pisanino ist mit 1945 m der höchste Berg der Apuanischen Alpen. Im 10. Jh. hatte man auf der Terrasse eine kleine Saalkirche errichtet, die sich im 14. Jh. beim Bau des heutigen Doms zur Vorhalle wandelte. Dem von Löwen flankierten Türsturz des zentralen, um 1200 eingefügten Portals der Hauptfassade ist ein Relief zur Weinlese vorgeblendet. Die zwei Bogenfriese im oberen Bereich sind an den Konsolen mit menschlichen und Fabelfiguren in lombardischem Stil versehen. Hauptwerk der Innenausstattung ist die herrlich gearbeitete **Marmorkanzel** im Mittelschiff an den Chorschranken. Ein unbekannter Meister aus Lucca hat sie um 1250 geschaffen. Drei der vier roten Tragesäulen entwachsen Basisfiguren (ein bärtiger Atlant und zwei Löwen) und enden in detailliert gearbeiteten Kapitellen (eines mit Adlern, die anderen als Akanthuskapitelle). Das Evangelienpult an der Hauptfront trägt ein Adler, das Symboltier *Johannes'*, darunter sieht man *Matthäus* als Engelsgestalt. Die Symbole für *Lukas* und *Markus* – Stier und Löwe – komplettieren die vier Evangelisten. Unterhalb des Epistelpultes links steht der Kirchenpatron *Christophorus* wie unter einem Baldachin. Die dem Mittelschiff zugewandte Seite zeigt Szenen aus dem Leben Jesu (Verkündigung, Geburt, Waschung), erläutert durch kurze lateinische Texte an den die Geschichte gliedernden Reliefbögen. Die Kanzel gilt als eines der wenigen Beispiele Italiens für noch im Originalkontext am ursprünglichen Platz erhaltenen Predigtpulte. Von modernen Orgelpfeifen gerahmt, steht in der Nische der Apsis die 3,50 m hohe und **bunte Holzfigur des Kirchenpatrons,** die aus den Jahren um 1000 stammen soll.

■ **Duomo di San Cristoforo,** Via del Pretorio, Tel. 0583 723031, tgl. 9–19, Winter 8–18 Uhr.

Der **Palazzo Pretorio** – auch Loggetta del Podestà – gleich neben dem Dom war ab 1341 bis 1859 Sitz des Statthalters von Florenz. In ihm ist das **Stadtmuseum** mit seiner paläontologischen und archäologischen Sammlung untergebracht, auch einige Teile aus dem Domschatz werden ausgestellt.

■ **Museo Civico del Territorio di Barga Antonio Mordini,** Via del Pretorio, Tel. 0583 724759, Juni–Sept. Do–So 10.30–12.30, 14.30–18 Uhr (sonst nach Voranmeldung), 4 €.

Im 1456 für den Dritten Orden gegründeten **Conservatorio Santa Elisabetta** südlich des Doms finden sich glasierte Terrakotta-Arbeiten. Die „Madonna mit dem Gürtel“, ein 2,44 auf 3,48 m großes Keramik-Altarbild, hat *Benedetto Buglioni* um 1510 geschaffen, das kleine Medaillon „Madonna mit dem Kind“ an der südlichen Apsiswand stammt von *Giovanni della Robbia* (um 1502).

■ **Chiesa di Sant'Elisabetta d'Ungheria,** Via del Pretorio, 8–12, 16–18 Uhr.

Die **Kirche San Francesco** außerhalb der Altstadt, 300 m südlich des Parkplatzes beim Hospital, stammt aus dem ausgehenden 15. Jh. In ihrem Inneren sind acht wunderschöne Werke der *della Robbia* zu sehen. Am Altar berücken das detailreiche polychrome Terrakotta-Relief „Himmelfahrt Marias“ (1490) und Statuen der Heiligen *Andreas* und *Antonius* von *Andrea della Robbia.* Die anderen Werke (u.a. „Stimatisierung des heiligen Franziskus“ von *Girolamo della Robbia*) entstanden zwischen 1500 und 1515.

■ **Chiesa di San Francesco,** Via dei Frati 28, 8–12, 16–18 Uhr.

☒ Ob der Leibhaftige bei der Konstruktion der Teufelsbrücke seine Finger im Spiel hatte?

Coreglia Antelminelli

14 km Fahrweg sind es von Barga ins nur 2,5 km Luftlinie entfernte Coreglia (600 m üNN, 5000 Einw.). Entweder geht es hinunter ins Tal und wieder hoch oder hinauf durch die Wälder über Tiglio und wieder ein Stück hinunter. Der Mangel an Anbauflächen zwang die Bewohner schon beizeiten, einen Erwerbszweig zu „erfinden". Im Nachbarort Barga hatte man die Seidenproduktion, die Coreglianesi verlegten sich auf die Herstellung von **Gipsfiguren,** die sie dann als fahrende Händler auf Jahrmärkten verkauften. Katzen und Hunde, Heilige und Herrscher, Dichter und Maler, Büsten und ganze Ensembles verließen die Werkstätten der *figuristi* (auch *figurinai*) und fanden ihren Weg auf die Anrichten und in die Vitrinen der Bürgerhäuser. Da der Verkauf letztlich aber nicht mehr als ein Zubrot einbrachte, mussten sich die Männer auch als Wanderarbeiter verdingen. Daran gewöhnt, dauernd unterwegs zu sein, war es dann nicht mehr weit, größere Schritte zu wagen. Viele der Dorfbewohner verließen Italien in Richtung Neue Welt. Das **Museum der Gipsfiguren und der Emigration** im Palazzo Vanni handelt die Ortsgeschichte mit mehr als 1000 Exponaten ab.

■ **Museo della Figurina di Gesso e dell'Emigrazione,** Via del Mangano 17, Tel. 0583 78152, www.comune.coreglia.lu.it, Juni–Sept. Mo–Fr 9–13, Sa/So 10–13, 16–19, sonst Mo–Fr 9–13 Uhr, 2 €.

Bagni di Lucca

Bei der Anfahrt von Lucca auf der SS12 kommend, passiert man bei Borgo a Mozzano 7 km vor Bagni di Lucca (150 m, 6300 Einw.) die aus Naturstein waghalsig konstruierte **Teufelsbrücke** (Ponte della Maddalena/Ponte del Diavolo), die mit drei kleineren und einem großen Bogen den Serchio überquert. Der Schlussstein des perfekten Gewölbes des Hauptbogens schwebt seit dem 13. Jh. 19 m über dem Wasser (eine Vorgängerbrücke soll es bereits im beginnenden 12. Jh. gegeben haben). 2,5 km weiter gilt es bei **Fornoli** ein weiteres Brückenbauwerk zu bewundern. Die **Kettenbrücke** (Ponte delle Catene) über

092t sk

Heinrich Heine in Bagni di Lucca

Scharfzünging, intelligent und kurzweilig beschreibt *Heine* seine Aufenthalte in Bagni di Lucca und Lucca – eigentlich aber nimmt er mit den beiden Schriften **„Die Bäder von Lucca"** und **„Die Stadt Lucca"** das Deutschland seiner Zeit auf's Korn. Zu einem regelrechten **Skandal** wuchs sich das Erscheinen von „Die Bäder von Lucca" aus, da er – etwas rachsüchtig – in den letzten beiden Kapiteln das Coming Out seines adeligen Dichterkollegen *August von Platen* vorantrieb und dessen Homosexualität öffentlich machte. *Von Platen* hatte zuvor *Heine* wegen dessen jüdischer Herkunft geschmäht. Erschienen bei Reclam, Stuttgart 2007.

die Lima, einen Zufluss des Serchio, entstand 1844–60 (gleichzeitig mit der Kettenbrücke Budapests). Für ihre Zeit war sie geradezu futuristisch. Für die Planung begaben sich die Baumeister denn auch vorher nach England, um ähnliche Konstruktionen zu begutachten und Erfahrungen zu sammeln. Die beiden Brückenpylone gestaltete man als klassizistische Triumphbögen.

Bagni di Lucca ist schon seit der Römerzeit das Ziel für **Kuraufenthalte.** Erster namentlich bekannter Gast war *Matilde di Canossa* Ende des 11. Jh. In die Berge der toskanischen Schweiz, der Svizzera Pesciatina, kamen (nachdem *Napoleons* Schwestern *Pauline* und *Elise* hier ihre Sommerfrische verbracht hatten) Prominente aus Politik und Kultur wie Lord *Byron* und *Alexandre Dumas, Franz Liszt* und *Giacomo Puccini,* und das eine oder andere adelige Haupt, wie auch der eine oder andere Papst. *Heinrich Heine* hat seinen Besuch im Jahr 1829 in „Die Bäder von Lucca" zu Papier gebracht (→ auch Exkurs). Das Sagen aber hatten die Angelsachsen, die sich hier eine Exklave voller Snobismus und pünktlichem Fünf-Uhr-Tee schufen.

Mitverantwortlich für den Aufmarsch der Reichen und Schönen in der Hochzeit der Belle Epoque war die **Thermalquelle Sorgente Doccione,** deren 54 °C heißes Wasser auch heute noch die Luft in den zwei Höhlen Grotta Grande und Grotta Paolina auf 40–47 °C aufheizt. Die Dämpfe und das Wasser versprechen Linderung bei Gicht und Rheuma, Arthritis und erektiler Dysfunktion. Die illustren Gäste fehlen heute allerdings, exaltierte Engländer rümpfen nicht mehr Nasen, Adel und Industrielle feiern an anderen Plätzen.

Geblieben sind **Villen** und **Thermalanlagen.** Die Villa Ada aus dem 16. Jh. mit Garten aus dem 19. Jh. (in der Via Evangelina Wipple) verfällt langsam aber stetig. In der Villa Webb, ebenfalls aus dem 16. Jh., wohnte 1822 Lord *Byron.* Der Circolo dei Forestieri war das 1924 eröffnete (und 1954 geschlossene) Kasino. Das Demidoff-Tempelchen im Ortsteil Serraglio/Bagni Caldi erinnert an den russischen Prinzen *Nicolaj,* der hier Ende des 17. Jh. seine Gicht kurieren wollte und gleich ein ganzes Krankenhaus stiftete (die davor liegende heutige Villa Demidoff). Die Villa Fiori in Serraglio (über die Hängebrücke auf der

[>] Calòmini: Einsiedelei in schönster Lage

Übersichtskarte S. 240

anderen Seite) stammt aus dem beginnenden 19. Jh. Ihr miserabler Zustand kümmert keinen. Der Villa Fiori gegenüber steht das Casinò Municipale (Regio Casinò). Man hatte es als erstes Kasino Italiens (nach dem Glücksspielverbot *Napoleons*) 1837 eröffnet. Es steht heute leer, und keiner weiß mit ihm etwas anzufangen. Das zuckersüß hergerichtete Bagno Bernabò war einst das weniger einladende „Bad der Krätze" (das ist aber schon ein paar Jahrhunderte her).

Eremo di Calòmini/ Grotta del Vento

Die Lage der **Einsiedelei von Calòmini** (10 km westlich von Barga) in blendendem Weiß vor einer hohen Felswand in der Bergeinsamkeit ist unvergleichlich. Zu erreichen ist sie über einen Abstecher (1200 m) von der Straße zur Grotta del Vento. Das enge Sträßlein endet kurz vor dem Gebäudekomplex. Vor dem Hauptgebäude mit seiner zweistöckigen Loggia wacht ein steinerner Mönch – einer der wenigen verbliebenen Kapuzinerbrüder. Die Anlage geht auf das 14. Jh. zurück und bestand in den Anfangsjahren aus nicht viel mehr als den bis 15 m tief in den Fels gehauenen Zellen und Gemeinschaftsräumen. Beim Blick in die Kirche breitet sich vor dem Auge schönster jubilierender Barock aus, in der Sakristei stehen wertvolle Intarsienschränke.

■ **Eremo di Calòmini,** SP39, Tel. 331 1457698, Besuch nach Voranmeldung.

Die Entdeckung der **Grotta del Vento** 17 km westlich von Barga ist ein kleines Abenteuer. Sie ist eine der größten **Tropfsteinhöhlen** Europas, mit Bächen, Seen und Wasserfällen. Damit die ganze Familie etwas davon hat, gibt es drei unterschiedlich lange Touren. Auch wenn die Höhlenpfade befestigt sind, mit vielen Stufen muss man rechnen, da-

093t sk

094t sk

für darf man sich wie ein richtiger Höhlenforscher fühlen, wenn man bei der längsten Route (Nr. 3, Dauer 3 Std.) 90 m in einem Schacht hochsteigt. Am kinderfreundlichsten ist die Route 1 (1 Std.) fast ohne Steigungen, dafür aber mit Stalagtiten und Stalagmiten in allen Farbnuancen. Die Temperatur beträgt ganzjährig knapp 11 °C und die Luftfeuchtigkeit 99 % (was die gefühlte Temperatur absenkt). Pullover und Schuhe mit Gummisohle anziehen und für die Tour 3 eine Regenjacke mitnehmen!

■ **Grotta del Vento,** Località Grotta del Vento, Fornovolasco, Tel. 0583 722024, www.grottadelvento.com, April–Okt. Tour 1 10–12 und 14–18 Uhr stündlich, Tour 2 11 und 15–17 Uhr stündlich, Tour 3 10 und 14 Uhr, sonst Mo–Sa nur Tour 1 (zu Zeiten wie vorstehend), Tour 1 10 € (Kind bis 10 Jahre 8 €), Tour 2 18/15 €, Tour 3 25/20 €, Audioguides in zahlreichen Sprachen.

Castelnuovo di Garfagnana

Castelnuovo (270 m üNN, 5600 Einw.) 13 km nordwestlich von Barga ist historisch gesehen die Hauptstadt der Garfagnana. Bereits von Etruskern und Römern besiedelt, gibt es erste schriftliche Kunde aus der langobardischen Zeit im 8. Jh. Ende des 8. Jh. ist eine Kirche dokumentiert. 1234 gehörte Castelnuovo zu Lucca, ab 1320 sagte man sich unter der Herrschaft *Castruccio Castracanis* von Lucca los. Er ließ die Befestigungen am Flussufer zur Burg ausbauen und Brücken errichten, doch 1327 war man schon wieder unter der Fuchtel der Lucchesen. Ab 1429 orientierte sich Castelnuovo aber nach Norden und begab sich unter den Schutz der Herzöge von Este in Ferrara (bei denen es bis zur Entstehung des Königreiches Italien verblieb). Ihr prominentester Statthalter vor Ort war *Ludovico Ariosto* (1474–1533), einer der Hauptdichter der Renaissance, dessen Epos „Orlando Furioso" („Rasender Roland") in ganz Europa die Dichtkunst beeinflusste (auch *Shakespeares* „Der Widerspenstigen Zähmung"). Allerdings übernahm er die Statthalterfunktion nur für drei Jahre.

Im Zweiten Weltkrieg wurde die in der Renaissance umgebaute Burg schwer beschädigt, in den Folgejahren aber rekonstruiert – als **Rocca Ariostesca** bewachte sie die vom Serchio und seinem Zufluss Turrite Secca gebildete Flussschleife, ein Bild, das sich heute durch die Lage mitten im Ort und zahlreiche Brücken nicht mehr richtig nachvollziehen lässt. In ihr liegt die überschaubare Altstadt mit dem Hauptplatz Piazza delle Erbe. In der Rocca ist neben dem Gemeindeamt und dem Stadtarchiv das **Archäologische Museum** untergebracht, das die Besiedlungsgeschichte der Garfagnana mit Schwergewicht auf den Ligurern dokumentiert. Zu den spektakulärsten Ausstellungsstücken gehört ein perfekt gearbeiteter etruskischer Bronzehelm aus dem 2. Jh. v. Chr.

■ **Museo Archeologico del Territorio della Garfagnana,** Piazzetta Ariosto, Tel. 0583 6448315, 2024 wg. Umstrukturierung geschlossen.

Nimmt man hinter der Burg die rechte Gasse, gelangt man zur **Kathedrale Santo Pietro e Paolo.** Sie wurde als Renais-

☒ Castelnuovo di Garfagnana gibt sich trutzig

sancebasilika in der zweiten Hälfte des 15. Jh. auf den Fundamenten einer romanischen Vorgängerkirche errichtet. Die Terrakotta-Arbeit „San Giuseppe" (um 1515) an der linken Seitenwand stammt aus der Werkstatt *della Robbia.*

■ **Duomo dei Santi Pietro e Paolo,** Piazza Duomo, 8–12, 16–19 Uhr.

Hoch über dem Ort thront die im 16. Jh. erbaute **Fortezza di Mont'Alfonso,** die mit EU-Geldern nach und nach restauriert wurde (www.montalfonso.it). In ihr wirbt ein Umweltzentrum für ökologisch korrektes Handeln; ein Restaurant richtet sich vorrangig an Hochzeits- oder andere Feiergesellschaften. Als Terrasse mit Weitblick ist die Hügelkuppe der Fortezza unbedingt zu empfehlen – sie ist eingerahmt vom toskanischen Apennin und den Alpi Apuane.

Castiglione di Garfagnana/ Parco dell'Orecchiella

Castiglione (550 m üNN, 1850 Einw.) mitten in den Bergen an einem Südhang (7 km nördlich von Castelnuovo) gibt sich mit wehrhaften Mauern aus Bruchstein und Rundtürmen an der vollständig erhaltenen Stadtmauer nach außen abweisend, tatsächlich ist es ein beschauliches Örtchen. Obwohl nördlicher als das den *Este* aus Ferrara gehörende Castelnuovo, blieb man Lucca treu. Fährt man 15 km weiter gen Norden und Corfino/Orecchiella, gelangt man zum Besucherzentrum des **Parco Naturale dell' Orecchiella,** einem staatlichen Forstschutzgebiet inmitten von Kastanien- und Buchenwäldern. Es bedeckt eine Fläche von 215 ha in einer Höhenlage von 600 bis 2040 m. Mit den an-

095t sk

grenzenden Schutzgebieten Lamarossa und Pania di Corfino erstreckt sich das Reservat über 500 ha. In die Umgebung führen viele Wander- und Bergsteigerwege. Wer es gemütlicher mag, besucht die Freigehege (ca. 2 Std.) mit Bären, Auerhähnen und Rotwild, oder den didaktischen **Sentiero del Struscio,** auf dem man die Zeichen der Tierwelt lesen lernt (Pfotenabdrücke, Kotformen, Lebensräume, gute 2 Std.).

Das **Casa Rapaci** zeigt die Greifvögel der Berge (darunter mehrere Falkenarten und der Königsadler), ein zweites Museum widmet sich den Waldtieren und das drittes führt ins Landleben ein. Der **Giardino di Montagna** gibt einen Überblick über die in der Bergwelt wachsenden Pflanzen.

■ **Centro Visitatori dell'Orecchiella,** Tel. 0583 619098, https://orecchiella.com, 15. Juni–15. Sept. 9–19 Uhr, 2 €.

Folgt man hinter Castiglione nicht dem Weg hoch zu den Naturschutzgebieten, sondern bleibt auf der SS324, gelangt man auf schöner, aber kurviger Passstraße zum **Passo delle Radici** (1529 m). Von hier geht es weiter nach Modena bzw. man fährt über San Pellegrino auf den Spuren des alten (zwischen Modena und Massa) verlaufenden Pilgerwegs Via Vandelli wieder hinunter nach Castiglione (Rundtour insgesamt etwa 45 km).

San Pellegrino in Alpe 2,5 km südlich des Passo delle Radici ist mit 1523 m Höhe der höchste bewohnte Weiler des Apennin. Eine Handvoll *alberghi* mit Bars – das wars? Nicht ganz! *Pellegrino*, der Namensgeber und der Legende nach Sohn eines irischen Königs, starb hier oben im Jahr 643 (er fand in der Wallfahrtskirche die letzte Ruhe). Und das **Ethnografische Museum** widmet sich in der ehemaligen Pilgerunterkunft an der Via Vandelli – in toller Lage und mit Fernsicht – den Bewohnern auf dem Apennin. Trachten, Möbel, Webstühle, Werkzeug und Haushaltsgegenstände sind Zeugen des einfachen Lebens in den Bergen.

■ **Museo Etnografico Don L. Pellegrini,** Tel. 0583 649072, www.sanpellegrinoinalpe.eu April/Mai 10–13, 14–16.30, Juni–Sept. 10–13, 14–18.30, Okt–März Di–Fr 9.30–13, Sa/So 10–13, 14–16.30 Uhr, 2,50 €.

UNSER TIPP: Der **Il Giro del Diavolo** (Markierung CAI No 50) ist ein aussichtsreicher Rundweg und führt in etwa 1½ Std. auf nahezu gleichem Höhenniveau an der Bergflanke entlang von San Pellegrino nach Nordosten, vorbei an der Fonte del Santo zum Giro del Diavolo (ca. 40 Min.). Dieser Platz verdankt seinen Namen der Legende, die von den Versuchungen des Teufels berichtet, denen San *Pellegrino* eben hier widerstand. Wanderer erliegen eher der Versuchung, angesichts des grandiosen Apennin-Panoramas gar nicht mehr umkehren zu wollen. Der Rückweg nach San Pellegrino verläuft etwa parallel, aber weiter nördlich.

Lago di Vagli und Lago di Gramolazzo

Der 40 km² große **Stausee Lago di Vagli** 15 km westlich von Castelnuovo schon fast im Hochgebirge wandelt sich (nach sehr guten Regenjahren) für die Einheimischen im Hochsommer zur Alternative für einen Aufenthalt am Meer. Dann kann man baden und mit dem Kajak die letzten Winkel der ausfransenden Wasserfläche erforschen. Ansonsten ist der See nicht unbedingt einen Besuch wert.

Aber ab und an muss aus technischen Gründen der See vollständig geleert werden (dies geschah 1958, 1974, 1983, 1994 und 2021). Wenn es wieder so weit ist macht sich das halbe Tal auf den Weg hoch, um ein ganz eigenes Spektakel zu erleben. Das 1948 vom aufgestauten Wasser verschlungene **Dorf Fabbrica di Careggine** taucht dann aus den Fluten auf, als Erstes der Campanile der 1590 gebauten Chiesa di San Teodoro, dann das, was die Zeit und das Wasser von den Häusern übrig gelassen haben.

10 km nördlich des Lago di Vagli besitzt der **Lago di Gramolazzo** eine wesentlich idyllischere Lage und eine recht gute Infrastruktur mit Bootsverleih, Camping, Pension, Liegewiesen am Wasser, Bars und Restaurants. Auch er ist künstlich aufgestaut, hat allerdings nur 1 km^2 Wasserfläche – und auch wenn sich darunter kein Dorf verbirgt, er ist die bessere Wahl für einen Aufenthalt.

Campocatino

UNSER TIPP Eine 7 km lange **Fahrt** von Vagli Sotto an der Westseite des Lago di Vagli nach Westen bringt einen über Vagli Sopra am Biopark (s. Kapitel „Aktivitäten") und einem kleinen Freiluftmuseum (Museo delle antique Atrezzature per la Lavorazione del Marmo) vorbei auf schmaler Straße durch Wälder hoch zum Weiler Campocatino auf 1000 m üNN. Die grandiose Gebirgskulisse des Monte Roccandagia mit seinem nackten, in den Himmel steigenden Fels lohnt allemal. Die drei Dutzend Naturstein-Häuschen von Campocatino sind charmant und renoviert, auch der ordentliche Pflasterweg zeigt, dass man hier oben in aufgeräumter Atmosphäre bestens seine Ferien verbringt.

Eine 45-minütige Wanderung (Sentiero No 147) führt in die Berge zum im Wald verborgenen **Eremo di San Viano.** Vom „Hauptplatz" geht es erst auf einem kurzenbschnitt, dann auf gutem Forstweg anfangs mit Blick auf die Almhütten, dann unter Kastanien und Birken hindurch 30 Min. hoch und schließlich etwa 15 Min. auf schmalem, holprigem Pfad wieder bergab zur Einsiedelei, die regelrecht am Fuß des Roccandagia auf 1090 m üNN im Fels hängt. Hier hat im 16. Jh. *Beato Viano* seine Ruhe gefunden, von Kräutern und Kohl gelebt und in der Einsamkeit gebetet. Dass er eigentlich kein Heiliger ist – zumindest Rom ihn nicht dazu erklärt hat –, kümmert die Menschen nicht. Für sie ist er *San Viano.*

- **Eremo di San Viano,** Campocatino, Schlüssel für die Einsiedelei bei Il Rifugio im Weiler.

Praktische Informationen

Touristeninformation

- **Ufficio Turismo Barga,** Via di Borgo, Tel. 0583 724743, www.visitbarga.com, Juni–Aug. Do–So 9–12, 15–18 Uhr.
- **Ufficio Turismo Castelnuovo,** Piazza delle Erbe, Tel. 0583 641007, www.castelnuovodigarfagnana.info, tgl. Sommer Mo–Sa 9.30–13, 15.30–19, So 10–13, 15.30–18.30, sonst Mo–Sa 10–13, 15.30–18.30, So 10–12.30 Uhr.

Unterkunft

■ **Acchiappasogni**③, Via di Mezzo 21, Tel. 0583 710010, www.oxocollection.it. Edles Design-B&B mit drei Zimmern und viel zeitgenössischer Kunst.

■ **La Pergola**②, Via Sant'Antonio 1, Tel. 0583 711239, www.hotel-lapergola.eu. Nettes kleines Stadthotel in ruhiger Lage 5 Gehminuten von der Altstadt mit 22 komfortablen Zimmern und freundlichem Service.

■ **Villa Gherardi Hostel**②, Via del Aquadotto 18, Tel. 349 2115309, www.villagherardi.it. Tolles Hostel in einer Villa des 17. Jh. in fußläufiger Entfernung vom Zentrum; die Zimmer sind einfach möbliert, verfügen aber alle über ein eigenes Bad.

Außerhalb

Agriturismo Antica Trattoria dell'Ermita ②, Eremo di Calòmini 1, **Vergemoli,** Tel. 0583 767 020, www.facebook.com/Amatafrica. Bauernhof an der Stichstraße hoch zum Kloster Calòmini in absoluter Ruhe und mit tollem Ausblick, sechs freundlich-rustikal eingerichtete, helle Zimmer, Schwimm-bad und gutes **Restaurant**② (im Winter Mo/Di geschl.) mit Speisesaal und Veranda, ländliche Küche (Räucherforellen!) – der Agriturismo wird wegen seines ökologischen Engagements offiziell vom Parco Apuane empfohlen.

■ **Agriturismo Summer**②-③, Località Piazza, **Verni/Gallicano,** Tel. 328 7358206, www.agriturismosummer.it. 10 km südwestlich von Barga in Höhe des Abzweiges zum Calòmini-Kloster nach Süden, Bauernhof mit drei großzügigen Apartments und Schwimmbad in einem kleinen Weiler.

■ **Regina**②, Viale Umberto I 157, **Bagni di Lucca,** Tel. 0583 805508, www.parkhotelregina.it. Wer verbleichendem Charme auch etwas abgewinnen kann: Die Kureinrichtungen in den Termen sind gut, die Zimmer sauber, die Atmosphäre ein bisschen *fin de siècle,* der Pool groß und das Ganze billig.

UNSER TIPP: **Villa Rosalena**②, Camaione di Sotte 21A, Ponte a Serraglio, **Bagni di Lucca,** Tel. 346 721 1741, www.villarosalena.com, Juli/Aug. geschl. B&B mit vier schönen, großzügigen Zimmern mit Blick von oben auf Bagni, kleiner Pool, Garten, angenehme Gastgeber.

■ **Locanda L'Aquila d'Oro** ②, Via Vicolo al Serchio 6, **Castelnuovo** di Garfagnana, Tel. 0583

Barga: Zugabe!

■ **Fortezza di Verrucole** bei San Romano di Garfagnana 13 km nordwestlich von Barga – ausgedehnte langobardische Festung aus dem 10. Jh. hoch über dem Bergdorf Verrucole, als Archäologischer Park zugänglich (im Sommer Veranstaltungen, u.a. Mittelaltertage). Località Verrucole, Tel. 340 3586862, www.fortezzaverrucolearcheopark.it, Juli Do–So, Aug. Di–So, Mai Sa/So, Juni/Sept/Okt. Fr–So 10/10.30–18/18.30 Uhr, 7 €.

■ **Equi Terme** – in großem Bogen führt die Straße vom Lago di Gramolazzo nach Osten und wieder nach Westen zu dem eher unattraktiven Ort (20 km vom See, 55 km nordwestlich von Barga) inmitten der Apuanischen Alpen. Einzige Attraktion ist das **Thermalfreibad** (27 °C warmes Wasser, 40-m-Becken). Piazza delle Terme 1, Tel. 0585 949300, www.termediequi.it, Juni–Okt. 10–20 Uhr, 7 €, Kind 4 €, halber Tag 5/3 €.

■ **Grotte di Equi Terme – Tropfsteinhöhle** in Equi Terme mit 1000 m in drei Abschnitten (einem trockenen inaktiven, einem feuchten, in dem die Tropfsteine noch wachsen, und einem Speläologen vorbehaltenen Bereich); Besucher entdecken die 13 °C kalte Höhle geführt auf 700 m Länge (648 Stufen, 50 Min.). Via Buca 9, Tel. 338 5814482, www.grottediequi.it, April–Okt. 10.30–12, 14.30–18 Uhr, verschiedene Tour- und Museumsangebote, auch Zipline und MTB-Verleih, Höhlentour ab 13 €, Kind 8 €. Der **Geoarchäologische Park** bei der Grotte (im Eintritt enthalten) erlaubt Einblicke in den Karst der Apuanischen Alpen.

62654, www.locandaaquiladoro.it. *Albergo* mit acht zweckmäßig eingerichteten Zimmern in der Altstadt bei der Festung, auch **Restaurant**②.

■ **Riva del Lago**①-②, Via Rimessa di Agliano, **Lago di Gramolazzo**/Minucciano, Tel. 0583 392000 www.facebook.com/albergo.rivadellago1. Hier nächtigt man wegen der Lage am Seeufer, zweckmäßige Zimmer mit Bad, Restaurant mit durchschnittlicher Küche – alles sehr, sehr günstig.

Camping

■ **Agricampeggio La Piella,** Località La Piella, **Castelnuovo** di Garfagnana, Tel. 0583 62916, www.campingagriturismolapiella.com, Mai–Sept. Einfacher Landcampingplatz 6 km nördlich (1200 m Luftlinie) von Castelnuovo, ausgestattet mit dem Notwendigsten, dafür Rasen, Schatten, Ruhe und schöne Aussicht.

Essen und Trinken

■ **Scacciaguai**②-③, Via di Mezzo 23, Tel. 0583 711368, Di–So 19.30–22, Mi–So auch 12–14 Uhr, im Winter stark eingeschränkt. Moderne Einrichtung mit zurückhaltenden Rustikaldetails, leichte Küche mit hohem Anspruch, vornehmlich fleischlastig, Trüffelpasta, ausgesuchte (nicht billige) Weine.

■ **Caffè Capretz**②, Piazza Salvo Salvi 1, Tel. 0583 724567. Elegantes, modernes Café-Restaurant/Pizzeria in der Stadtloggia, bereits seit Ende des 19. Jh. eine Institution, allerdings mit Essen in nicht immer gleich bleibender Qualität; die Lage entschädigt!

San Romano di Garfagnana

■ **Al Ro Manzo**③, Via di Mezzo 14, Tel. 328 574 3772, www.facebook.com/alromanzo, Di–So 15/17–24 Uhr. Ein bisschen rustikal, ein bisschen Understatement – die Hauptrolle spielt das beste Fleisch in der Stadt, perfekt gereift, perfekt geschnitten, perfekt gegrillt; nur Banausen mischen sich ein und fordern „well done" oder ähnlichen Humbug.

■ **Da Aristo**②, Piazza Salvo Salvi 6, Tel. 0583 723062, www.facebook.com/daAristoBarga, Do–Di 10.30–21.30 Uhr. Kleine, urtümliche Trattoria in der Altstadt, wie aus der Zeit gefallen, nettes Personal und Spezialitätenküche; hervorragend die kalten Platten, Quiches und die belegte Polenta, außerdem: *Lorenzo* ist ein Original.

Außerhalb

UNSER TIPP: **Vecchio Mulino**②, Via Vittorio Emanuele 12, **Castelnuovo** di Garfagnana, Tel. 0583 62192,www.vecchiomulino.info. Di–So 11–22 Uhr. Rustikaler Laden mit Osteria mit Garfagnana-Spezialitäten wie *linchetto ai funghi porcini* (in Salz und getrockneten Steinpilzen eingelegtes Roastbeef, tiefrot und mit schwarzer Kruste), Kastanienbrotmehl oder Pecorino aus der Garfagnana; man sitzt gemütlich an langen Tischen in urigem Ambiente zwischen Riesenmortadella, Käselaiben und Weinflaschen und kommt ins Gespräch.

096t sk

276t sk

chenende, wenn die Tagesausflügler hoch kommen, festes Menü.

■ **Sotto la Pania (Il Rondone)**②, Località Grotta del Vento, **Vergemoli,** Tel. 329 0653828, facebook.com/Sottolapania, Di–Fr 11–22, Sa/So 10–18 Uhr. Großes Ausflugsrestaurant mit Wildschwein und Forelle; direkt an der Höhle ist man manchmal ein wenig zu sehr auf Gästedurchsatz bedacht, worunter das *menu turistico* leidet. Mit Terrasse.

■ **L'Appenino**②-③, Frazione S. Pellegrino 5, **San Pellegrino** in Alpe, Tel. 0583 649069, www.sanpellegrinoinalpe.eu, Mi–Mo 12.30–15, 19.30–22 Uhr. Ristorante und Bar in toller Lage mit einer eher einfachen Küche, die aus den üblichen Traditionsgerichten wie Steinpilzen, *bistecca* oder Wildschwein besteht – aber was sollte man im höchstgelegenen Dorf der Alpi Apuane auch anderes essen? Zum Nachtisch das Heidelbeereis versuchen!

■ **Il Rifugio di Campocatino**②, Via Campocatino 1, **Campocatino,** Tel. 347 4948453, www.vaglipark.it, Di–Fr 9.30–17, Sa/So 9.30–21 Uhr, im Winter nur wochenends. Landküche auf 1000 m Höhe, Spezialitäten aus Dinkelmehl, Salami und Käse aus der Region – unter der Woche à la carte, am Wo-

Chef vom Janzen: Das Lokal Da Aristo ist eine Institution

Süßes

■ **Gelateria Il Giardino,** Strada Antonio Mordini 8, Tel. 340 3473662, www.facebook.com/gelateriailgiardinobarga, Fr–Di 11–13, 14.30–19 Uhr. Eis in allen vorstellbaren Geschmacksrichtungen, dazu Brioche, Cappuccini und kunstvolle Tortenarrangements; Tische auf der Straße.

Apero und Abend

■ **Grind House Music Pub,** Via Vittorio Emanuele 6/A, **Castelnuovo** di Garfagnana, Tel. 340 5655 328, www.facebook.com/grind.house.54, tgl. 18-1 Uhr. Pub mit Bier und guten Cocktails, alle wichtigen Sportereignisse laufen auf den Bildschirmen und an den Wochenenden gibt's auch öfters Livemusik – junges Publikum.

■ **Barga Jazz Club,** Via del Pretorio 23, **Barga,** Tel. 0583 723860, www.facebook.com/bargajazzclub, nur an den Wochenenden geöffnet. Der Club hat einen hohen Bekanntheitsgrad, es finden ausgezeichnete Jam-Sessions statt.

Verkehr

■ **Bahn:** Bahnhof Stazione Mologno 4 km südwestlich von Barga, Verbindungen nach Lucca werktags etwa stündlich (40 Min., um 5 €); mit Bussen (E60/E5) zur Altstadt in kurzen Abständen (um 15 Min.), Autolinee Toscane, www.at-bus.it.

■ **Bus:** von Barga mit Autolinee Toscane mehrmals täglich nach Coreglia mit Linie E69 (30 Min., um 3 €), nach Castelnuovo mit Linie E60 (40 Min., um 3,50 €), von Castelnuovo nach Castiglione mit Linie E57 (20 Min., um 2 €) und von Lucca nach Bagni di Lucca werktäglich etwa im Ein- bis Zweistundentakt mit Bus Nr. E10 (50 Min., um 3,50 €); www.at-bus.it.

■ **Parken:** Via Guglielmo Marconi, Via Hayange.

Feste

- **BargaJazz,** im Juli/August Jazzfestival in Barga und Umgebung mit internationalen Teilnehmern (u.a. im schönen und intimen Teatro dei Differenti), www.bargajazz.it.
- **Barga Ciccolata,** drei Tage im Dezember stehen in Barga alle Zeichen auf Schokolade, eine Art Weihnachtsmarkt.

Einkaufen

- **Wochenmarkt** in Barga Sa 8–14 Uhr.
- **I Mercoledì al Giardino,** Markt mit viel Kunsthandwerk unter Sternen in Barga im Juli jeden Mittwochabend.
- **Antiquitäten- und Kunstmarkt** in Castelnuovo di Garfagnana jedes 1. Wochenende/Monat, in Barga jeden 2. So/Monat, jeweils in der Altstadt.
- **Utilizziamo il Sottobosco,** Via Centrale 16, San Pellegrino in Alpe, Tel. 0583 649082. Die kleine Enoteca führt Honig, Konfitüren, Käse, getrocknete Pilze und andere Spezialitäten der Garfagnana.
- **La Sorgente,** Via Centrale 10, San Pellegrino in Alpe, Tel. 0583 649074, www.lasorgentedisanpelle grinoinalpe.com. Spezialität des Ladens ist der feine *lardo di colonnata.* Außerdem gibt es verschiedene Pecorino-Sorten, Pilze etc.

Aktivitäten

- **Parco Avventura Selva del Buffardello** bei San Romano di Garfagnana, 12 km nordwestlich von Barga – Hochseilgarten mit drei Routen für Kinder und sechs für Erwachsene, Mai–Sept. Tel. 320 2469 330 (Voranmeldung angeraten), www.selva delbuffardello.it, 22 €, Kinder 17 € (bis 140 cm Größe). Hier auch ein **Archeopark** mit der Fortezza delle Verucole (Mittelalter) und einem prähistorischen Dorf mit jeweils einem Lehrpfad (7 €).
- **Aquila Zip-Line,** beim Grotte di Equi Geo-Archeo-Adventure Park, www.grottediequi.it. 200 m-Drahtseil durch den Karst, mit Vorbereitung 30 Min., 13 €.
- **Vagli Park,** Via Europa, 2, Vagli sotto (15 km westlich von Castelnuovo di Garfagnana am Vagli-See), Tel. 347 1352002, www.vaglipark.it. Adrenalinpumpe für Erwachsene mit einer 1500 m langen Zipline in 350 m über Grund (130 km/h max.), außerdem eine Hängebrücke zwischen den Seeufern mit atemraubendem Panorama, die mit einem 10 m langen Glasabschnitt in der Mitte nur Schwindelfreien Freude bereitet (Zugang 2 €); Zipline solo 50 €, im Doppelpack 80/95 €. Außerdem: Der Park „der Ehre und der Schande" mit Skulpturen des öffentlichen Lebens wie Trump, Putin und Schettino (der Versenker der Costa Concordia vor Giglio).
- **Orrido di Botri,** 22 km östlich von Barga in den Bergen (Anfahrt über Salita und Tereglio) – eindrückliche und schöne, 4-stündige geführte Tour durch die vom Rio Pelago gegrabene, bis zu 200 m tiefe Klamm (Schutzgebiet); Kleider zum Wechseln mitnehmen (man watet – je nach Jahreszeit – durch tiefes Wasser), feste Wanderstiefel obligatorisch, Stöcke hinderlich. Località Ponte a Gaio 11 (GPS N 44.083346, E 10.602608), Ufficio Guide, Tel. 0583 800022, www.orridodibotri.toscana.it, Juni–Sept., 22 € (mit Naturschutzabgabe).
- **Wanderung auf alten Maultierpfaden** nördl. von Barga (Plan erhältlich bei der Touristeninformation), Rundtour, knappe 10 km, 3 Std., Höhendifferenz 450 m; vom Largo Roma erst entlang des Viale Biondi nach Nordosten, am Ende auf Pfad weiter.

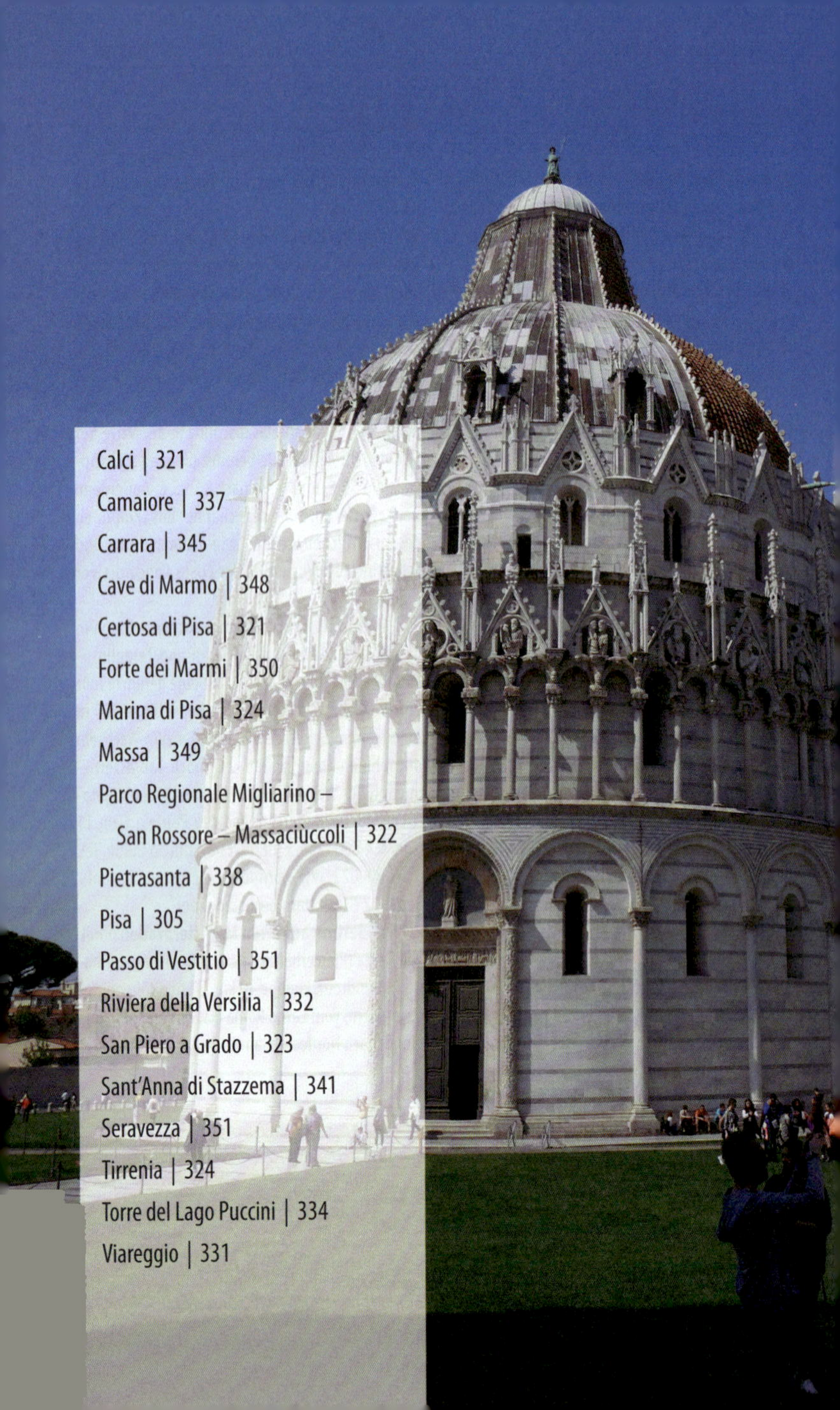

5

Pisa, Riviera della Versilia, Apuana

»Geballte, steingewordene Vergangenheit und praller Sonnenschein-Strand-Tourismus ganz nahe beieinander.

< Das Baptisterium am Platz der Wunder in Pisa

Pisa, Riviera della Versilia/Apuana
Vezzano Líg.
Magra
Fosdinovo
Sarzana
Castelpoggio
348 Cave di Marmo
345 Carrara
Colonnata
Monte Roccandagia 1714
295 Eremo di San Viano
Campocatino
292 Castelnuovo di Garfagnana
294 Lago di Vagli
Vagli Sopra
Vagli Sotto
LA SPEZIA
Lerici
Ameglia
Tellaro
Montemarcello
Orto Botanico Pietro Pellegrini
349 Massa
351 Passo dl Vestito
M. Sumbra 1765
Isola Santa
291 Eremo di Calòmini
M. Altissimo 1589
Orto Botanico delle Alpi Apuaene
Culàccio
Torrente Turrite Secca
Vergemoli
Gallicano
Verni
1858 Pania della Croce
291 Fornovolasco Grotta del Vento
Marina di Carrara
Rocca Malaspina
Azzano
Levigliani
Marina di Massa
351 Seravezza
Stazzema
340 Sant'Anna di Stazzema
Riviera Apuane
Querceta
338 Pietrasanta
350 Forte dei Marmi
337 Camaiore
Apuane
Marina di Pietrasanta
Versilia
Lido di Camaiore
Valpromaro
Massarosa
Monte di Quiesa
Quiesa
331 Viareggio
Massaciùccoli
Villa Puccini
Lago di Massaciùccoli
334 Torre del Lago Puccini
332 Riviera della Versilia
333 Marina di Torre del Lago Puccini
Marina di Vecchiano
Migliarino
Vecchiano
Migliarino
S. Giuliano Terme
322 Parco Regionale Migliarino – San Rossore – Massaciùccoli
Gombo
305 PISA
Aeroporto Galileo Galilei
Arno
324 Marina di Pisa
323 San Piero a Grado
Castagnolo
324 Tirrenia
Calambrone
LIGURISCHES MEER
358 LIVORNO

PISA, RIVIERA DELLA VERSILIA/ APUANA

Eigentlich wäre die Region zwischen Montecatini, San Miniato, Viareggio und Livorno mit Pisa in der Mitte des Rechteckes bretteben, wenn es nicht einen Spielverderber gäbe – den Monte Pisano. 917 m üNN misst seine höchste Stelle, und da das Land um ihn herum fast auf Meereshöhe liegt, wirkt der Gebirgsstock recht wuchtig. Er teilt das Schwemmland des Arno in einen nördlichen und einen südlichen Teil. An seinem Westhang sprudeln Thermalquellen wie bei San Giuliano Terme, liegen Festungsdörfer wie Vicopisano und Konvente wie das Kartäuserkloster Certosa di Pisa. Der Berg ist ein Dorado für Drachenflieger, die von der in der Ebene aufgeheizten und an den Hängen nach oben steigenden Luft profitieren.

Pisa ist eines der absolut notwendigen Ziele bei einer Italienreise, eine Einstellung, die auch die Kreuzfahrer teilen, die, in Livorno angelegt und in Reisebussen angekarrt, jeden Tag in einer Phalanx einfallen und den „Platz der Wunder" aufrollen. Früh am Morgen und am späteren Nachmittag ist er aber immer noch herrlich zu genießen.

Mit Viareggio beginnt der unendlich lange und breite Strand der Riviera della Versilia bzw. weiter nördlich der Riviera Apuana, der sich bis Carrara hinzieht, Sonnenschirm an Sonnenschirm, Liege an Liege – vor einer Front von Bars, Hotels, Cafés, Modegeschäften und Restaurants. Im Hinterland türmt sich der Gebirgskamm der Alpi Apuane in den Himmel, in dessen Flanken der Mensch riesige, weiß blutende Wunden geschlagen hat. Etrusker wie Römer, *da Vinci* und die Architekten *Mussolinis,* alle haben sie den kostbaren Marmor aus den Bergen gebrochen, fast unten am Meer und in

NICHT VERPASSEN!

- **Platz der Wunder, Pisa:** Dom, Taufkirche, Schiefer Turm, Museen | 307
- **Piazza dei Cavalieri, Pisa:** weltliches Zentrum der Stadt | 317
- **Arno-Ufer, Pisa:** Palazzi in erster Reihe | 319
- **Oratorio Santa Maria della Spina, Pisa:** ein Feuerwerk der Gotik | 319
- **San Piero a Grado, Grado:** Romanik pur | 323
- **Viareggio:** Strandleben auf die feine Art | 331
- **Festival Pucciniano,** Lago di Massaciùccoli: Oper, wo sie *Puccini* komponiert hat | 344
- **Marmorbrüche von Carrara:** weißer Stein an steilen Hängen | 345

Diese Tipps erkennt man an der gelben Markierung.

Die Highlights für Kinder

- **Giardino Scotto, Pisa:** Spielplatz in einem Park als Kontrastprogramm zu Kirchen und Kunst | 319
- **Museo Nazionale, Certosa di Pisa:** Dinos und andere wilde Tiere im Naturkundemuseum | 321
- **Parco Avventura Il Pineto, Marina di Pisa:** familienfreundlicher Hochseilgarten | 331
- **Città di Carnevale, Viareggio:** Karnevalsmuseum (vorher Mittagsschlaf, im Sommer macht das Museum erst um 21 Uhr auf | 338
- **Tropfsteinhöhle** und **Quecksilbermine** bei **Levigliani**/Pietrasanta | 344
- Dampfer- oder Tretbootfahrt auf dem **Lago Massaciùccoli,** Viareggio | 344
- Mit dem Geländewagen durch die Marmorbrüche: **Cave di Marmo** bei **Carrara** | 348

1000 m Höhe, in riesigen Quadern für übermenschliche Skulpturen und für monumentale Bauten. Carrara, Massa und die Künstlerstadt Pietrasanta sind noch heute Synonyme für den Kalkstein, der in zahllosen Farbnuancen und Marmorierungen in die ganze Welt geliefert wird.

Wer der Sommerhitze und des Badelärms der Küste überdrüssig geworden ist, fährt einfach hoch in die Kühle der Berge und in die Einsamkeit der Wälder im nächsten Tal – die Garfagnana mit Wanderwegen, netten Hotels und guten Restaurants (→ vorheriges Kapitel).

Pisa

■ 5 m üNN, 89.000 Einw., Lucca 20 km, Livorno 25 km, Florenz 85 km

Warum nach Pisa? Die Frage wird keiner ernsthaft stellen! Wenn es ein Stereotyp für Italien gibt, dann ist es der Schiefe Turm. Doch täte man der Stadt unrecht, würde man sie auf ihn reduzieren. Als einer der großen Rivalen von Florenz und erste Stadtrepublik der Toskana hat sie eine ganze Menge an Kultur zu bieten und ist nicht nur als **UNESCO-Welterbe** ein Muss in der Reiseplanung – trotz der Unzahl an Touristen.

Die riesigen Parkplätze in unmittelbarer Nähe der Piazza dei Miracoli, des „Platzes der Wunder", einzurichten, war die beste Entscheidung des modernen Pisa. So sind die Wege derjenigen, die sich für nichts als den „Hängenden Turm" interessieren, vom Bus zum Campo und zurück schmerzlos und kurz.

Die wichtigsten Sehenswürdigkeiten befinden sich in den Vierteln **San Francesco** und **Santa Maria** nördlich des Arno, der die Stadt in der Mitte teilt. Südlich des Arno liegen die **Geschäftsviertel** und der **Bahnhof.** Wer shoppen will, ist hier richtig, und auch das eine oder andere historische Bauwerk wartet in den Vierteln **San Martino** und **Sant'Antonio.** Die Stadtbefestigung ist in Teilen erhalten und umgreift ein Areal von etwa 1,5 km Durchmesser. Sie zeugt von der Bedeutung der Stadt bereits im Mittelalter, als sie noch an einer Lagune lag und die Handelsschiffe bis an den Stadtwall gelangten. Doch bereits im 13. Jh. ließ das Schwemmmaterial des Arno die Lagune versanden, Pisa verlor seinen Hauptvorteil gegenüber den rivalisierenden Stadtstaaten und musste sich schließlich Florenz unterordnen. Heute liegt die Stadt mit ihrer 1343 gegründeten Universität 10 km abseits des Mittelmeeres.

Berühmteste Söhne sind **Galileo Galilei** (der die Erde aus dem Zentrum des Universums hob und um die Sonne kreisen ließ) und der Mathematiker **Fibonacci** (dessen Zahlenfolge gerne mit dem Modell sich vermehrender Kaninchen erläutert wird).

Geschichte

Ob Pisa etruskischen oder griechischen Ursprungs ist, da streiten sich die Gelehrten. Einer der Gründungslegenden nach wurde es von dem griechischen Helden *Pelops* gegründet (der später dem Peloponnes – „Pelops Insel" – seinen Namen gab). Wahrscheinlicher ist die Gründung im 9. Jh. v. Chr. durch die **Etrusker** nahe der Mündung des Arno. Schiffsbau und Handel machten die Stadt vermögend. Beizeiten schloss sie sich den **Römern** an und bekämpfte an deren Seite Karthago. 180 v. Chr. erhielt man den Status einer römischen Kolonie und von Kaiser *Augustus* aus dem Geschlecht der *Julier* den Ehrennamen „Colonia Julia Pisana".

Im **Mittelalter** prosperierte Pisa und sah sich als gleichberechtigte Handelsstadt neben Amalfi, Genua und Venedig. Im 12. Jh. überflügelte Pisa in der Bedeutung sogar Venedig und stand an erster Stelle. 1113 besaß Pisa 300 Schiffe, auf denen 45.000 Matrosen arbeiteten. Der Machtbereich wuchs, man herrschte über Sardinien und Korsika, nahm die

Romanik à la Pisa

Die Pisaner Romanik entstand in der **Hochzeit** des Stadtstaates Pisa im **11.–13. Jh.** Seine Schiffe beherrschten das Mittelmeer, seine Soldaten beteiligten sich an Kreuzzügen und erbeuteten beim Kampf mit den Sarazenen den Reichtum, der für die Kirchenbauten notwendig war. Schließlich dehnte sich das Herrschaftsgebiet über Sardinien und Korsika, über die Balearen bis nach Tunis aus.

Die **engen Beziehungen zum Osten** durch Kriege und den Seehandel sorgten für die Einflüsse, die die pisanische **Sonderform der Romanik** erst möglich machten. Die Kunstfertigkeiten und -programme von Byzanz und Orient fanden maßgeblichen Niederschlag in der Architektur des Stadtstaates. Ornamente, Mosaike, figürlicher Schmuck und Verspieltheit gingen an den Fassaden der Sakralgebäude eine perfekte Verbindung ein. Herausragendes Charakteristikum des neuen Baustils ist aber die **Verkleidung des** aus Backstein errichteten **Baukörpers** mit hellem **Marmor,** häufig im Wechsel mit dunklem Stein in zweifarbigen Streifen gelegt. Mit Rhomben und Kreisen verzierte Blendbögen, teils reich mit vielfarbigen Marmorintarsien ausgestaltet, umrahmen Eingangsportale, ein ganz neues architektonisches Element, die Byzanz entlehnte **Kuppel,** wölbt sich über der Vierung. Während diese Elemente byzantinische, oft auch islamische Einflüsse erkennen lassen, sind die über den Portalen übereinander gestaffelten Loggien lombardischen Ursprungs.

Der Pisaner Stil **verbreitete sich** bald in der ganzen Toskana und wurde auch in Lucca und sogar auf Elba, Korsika und Sardinien umgesetzt.

Balearen und Tunis ein und beteiligte sich erfolgreich an **Kreuzzügen,** ja initiierte selbst Kriegszüge in die muslimischen Machtbereiche. Lucca, aber auch und besonders Genua versuchten immer wieder, Pisa militärisch beizukommen, was dieses lange Jahre mit Bravour zu verhindern wusste. Dann trat allerdings das reiche **Florenz** der **Guelfen** auf den Spielplan. Pisa, traditionell ghibellinisch und kaisertreu, sah sich nun einer guelfischen, papistischen Allianz gegenüber. Zudem schnitt die zunehmende Versandung der Lagune die Stadt vom Meer ab. In dieser Zeit erneuerte sich Pisa zwar von innen und legte sich statt der Regierung der Adligen eine volksnähere Vertretung zu (die Position des Capitano war geschaffen), doch dann starb 1250 Kaiser *Friedrich II.* Das Kriegsglück neigte sich nun zunehmend zu Ungunsten von Pisa. Im Jahre 1284 erlitt es schließlich vor Livorno bei der **Seeschlacht von Meloria** eine erste vernichtende Niederlage.

Zu Beginn des 14. Jh. erstarkte Pisa erneut (zumindest auf dem Land, seine Seeherrschaft war für immer dahin), eroberte Lucca und schlug die Florentiner bei der **Schlacht von Montecatini** 1315. 1399 überließen die Fürsten von Appiano, die zu jener Zeit Pisa beherrschten, für 200.000 Goldflorin (heute etwa 100 Mio. Euro) den Stadtstadt den Mailänder **Visconti** und behielten nur Piombino und Elba für sich. 1406 setzte sich dann Florenz (fast) endgültig in Pisa fest. Von einer anfänglichen Auskehrung der Gegner abgesehen, sorgten die **Medici** bald dafür, dass Pisa wieder auf die Beine kam, nicht militärisch, sondern wirtschaftlich und kulturell. Die Universität wurde neu gegründet, Professoren aus

Florenz geschickt und Florentiner Studenten zum Studium in Pisa zwangsverpflichtet.

100 Jahre herrschte Ruhe, dann regte sich wieder Pisanisches Unabhängigkeitsstreben. 1499 begann der erste **Aufstand,** und die Florentiner Truppen wurden zurückgeschlagen. Bis 1505 gelang dies zwei weitere Male, doch jedesmal hinterließ Florenz verbrannte Erde, sodass sich die Versorgung immer schwieriger gestaltete. Die vierte Belagerung 1509 endete am 9. Juni mit der **Kapitulation** Pisas. Aus war's.

Pisa hatte seine Eigenständigkeit für immer verloren und versank mehr oder weniger in Bedeutungslosigkeit; bis, ja bis der **Tourismus** die Stadt entdeckte, wofür seine Vorreiter im ersten Viertel des 19. Jh. die Saat legten – hauptsächlich Engländer, die wegen des feinen Klimas hier Erholung suchten und Quartier in Herbergen wie „Tre Donzelle" oder „La Croce di Malta" nahmen.

Rund um den Platz der Wunder ...

Einer der Piazza del Duomo/Piazza dei Miracoli nächstliegenden Parkplätze findet sich an der Via Piave. Auf einem Fußweg nach Süden gelangt man zum Durchgang an der Stadtmauer und steht direkt am **Schiefen Turm.** Gleißend hell ist der Marmor der Bauwerke und stäche im Sonnenlicht schmerzhaft in die Augen – wären da nicht die weiten, wohltuend grünen Rasenflächen. Über 200 Jahre hat es gedauert, bis die Bebauung des Platzes abgeschlossen war. Begonnen hatte man mit dem **Dom** 1063, 100 Jahre später kamen Turm und Baptisterium hinzu, und 1278 war der Friedhof Camposanto fertig. Dass man so weit abseits eines Machtzentrums – in Pisa die Piazza dei Cavalieri – einen Dom errichtete, war gänzlich unüblich. Doch die Pisaner wollten etwas Neues und Großes erschaffen und errichteten ihren Tempelbezirk außerhalb der Stadtmauern auf einem Gräberfeld – tatsächlich antiken Vorbildern von Tempelanlagen folgend. Weitere Stilelemente entlehnte man den frühchristlichen römischen Kirchen und lombardischer Architektur. Verarbeitet wurden außerdem orientalische Stilmittel, die man auf den Kreuzzügen für sich entdeckt hatte. Trotz der langen Bauzeit und der unterschiedlichen Einflüsse zeigt sich der Platz stimmig und einheitlich und im Sinne einer Pisaner Romanik programmatisch.

100t sk

☐ Die Kapitolinische Wölfin mit ihren (hoffentlich schwindelfreien) Ziehkindern Romulus und Remus

Pisa

Übernachtung

1 Camping Torre Pendente
2 Residence Antiche Navi Pisane
3 Novecento
6 Residenza D'Epoca Relais I Miracoli
7 Hostel Pisa Tower
16 Royal Victoria Hotel
30 San Michele B&B
31 Casa Betania
39 Bologna
41 Dei Cavalieri B&B
43 Hotel La Pace
45 Le Piagge
46 Safestay Hostel Pisa

Essen und Trinken

4 Osteria I Santi
5 Pizzeria la Torre de Pisa
9 Café dei Cavalieri
10 Vegan come Koala
12 Gelateria De'Coltelli
13 L'Insalateria
14 Caffè dell'Ussero
17 La Bottega del Gelato
18 Il Campano
19 Osteria La Mescita
20 Il Montino
22 Pasticceria Salza
23 Osteria di Culegna
25 Orzo Bruno

27 Panineria Il Crudo
29 Il Gusto giusto
34 Numero 11
35 La Taverna di Pulcinella
37 Ancora Capodimonte
38 Caffè Drago
40 Osteria San Paolo
42 Art Burger

Einkaufen
15 Papini
21 Valenti
24 Scarlatti 1896
26 Il Mercatino del Centro
28 Vecchia Pasticceria Siciliana
36 Feltrinelli

Nachtleben
11 Cinema Lumière
32 Arnovivo
33 Argini e Margini

Aktiv
8 Toscana in Tour
44 Smile & Ride

Besucherstress und Tickets

Um des Ansturms Herr zu werden, ist der Besuch der Sehenswürdigkeiten der Piazza dei Miracoli **streng reglementiert.**

Insbesondere die Besteigung des **Schiefen Turms** wird exakt terminiert, wer nicht zur rechten Zeit da ist, dessen Karte ist verfallen. Rucksäcke und große Umhängetaschen dürfen nicht mit auf den Turm (kostenfreie Schließfächer beim Kartenverkauf gleich nördlich). **Kindern** unter 8 Jahren ist der Zutritt aus Sicherheitsgründen verboten, bis 12 Jahre nur an der Hand eines Erwachsenen und bis 18 Jahre nur in Begleitung eines Erwachsenen. Kassenschluss ist 30 Min. vor Schließung. Der Eintritt in die **Kathedrale** ist frei, allerdings muss an der Zentralkasse eine Eintrittskarte geholt werden. Die Besteigung des Schiefen Turms kostet 20 €, das Ticket mit genauer Eintrittszeit kann zwischen 90 und 1 Tag(e) im Voraus online erworben werden (keine telefonische Reservierung möglich). Für alle anderen Monumente/Museen zahlt man je 7 €. Kombitickets (Battistro, Campo Santo, Opera Museo, Sinopie Museo u. Wechselausstellung) kosten 10 € ohne, 27 € mit Turm – jeweils mit kostenlosem Ticket für den Dom. Außerdem: Das Betreten des Platzes abseits der südlich entlang des Sinopienmuseums verlaufenden „Transit"-Straße ist zwischen 1 Uhr nachts und 7 Uhr morgens verboten! Es ist angeraten, alle Tickets rechtzeitig online zu buchen!

■ **Infos** auf www.opapisa.it, Öffnungszeiten Ticketoffice 30 Min. vor Öffnung bis 30 Min. vor Schließung der Sehenswürdigkeiten (dann auch letzter Einlass).

Im Norden schließt der Camposanto den Platz ab, im Süden das Sinopienmuseum. Der Dom nimmt die Mitte ein, im Westen flankiert von der Taufkapelle, im Osten vom Schiefen Turm. Nördlich von diesem steht die **Lupa Capitolina,** die *Romulus* und *Remus* säugende römische Wölfin, auf einer Säule. Die Stadt ließ sie 1926 anlässlich eines Besuches des Duce aufstellen. Südlich vom Turm schmücken die **Fontana dei Putti,** einen im 17. Jh. gebauten einfachen Brunnen, seit dem 18. Jh. Marmorengel.

1063 errang Pisa vor Palermo einen grandiosen Seesieg über die Sarazenen, welcher der Stadt für ein Jahrhundert die Vorherrschaft im Mittelmeer sicherte. Von der Seeschlacht brachte Pisa sechs Schiffe voller Schätze als Beute nach Hause (wie die Inschrift an der Fassade rechts oberhalb des mittleren Blendbogens der Nachwelt stolz berichtet). Mit diesem Geld begann man noch im selben Jahr den Bau der **Kathedrale Mariä Himmelfahrt,** der heute größten romanischen Kirche der Toskana. Fünf Längsschiffe, drei Querschiffe, eine massige, achteckige Kuppel über der Vierung und je eine Apside am Chor und an den Enden der beiden Querhäuser stellen klar, dass Pisa seine Macht und seine Bedeutung präsentiert sehen wollte. Baumeister war *Buschetus,* noch im 11. Jh. die Weihe. 1118 verlängerte *Rainaldus* das Langschiff um drei Joche nach Westen und plante die heutige Fassade, die 1160 *Guglielmo* vollendete. Über den Blendbögen des Eingangsbereiches staffeln sich, nach oben verjüngend, vier Zwerggalerien, die antike Säulenreihen zum Vorbild haben. Allgegenwärtig ist die Wechsellage verschiedenfarbigen Marmors. Das Bogenfeld des mittleren

Platz der Wunder

Seinen Beinamen verdankt Pisas erstes Aushängeschild dem Schriftsteller **Gabriele D'Annunzio** (1863–1938), der die Piazza Duomo 1910 als *„prato dei miraculi"* – als „Wunderwiese" – pries.

Blendbogens schmückt ein Mosaik byzantinischen Charakters. Auffällig sind die Verkleidungen an den Giebeln der Zwerggalerien und den Gesimsen: orientalische Ornamente. Die ursprünglichen drei Bronzetore der Hauptfassade (1179) von *Bonanno Pisano* schmolzen 1595 bei einem Brand und wurden durch neue aus der Werkstatt von *Giambologna* ersetzt. Das einzig erhaltene Tor *Bonannos* ist sein viertes, die Porta di San Ranieri von 1186 an der Ostseite des südlichen Querschiffes, der ursprüngliche Haupteingang des Doms (da er stadtnäher lag als das Hauptportal). Vier große abschließende und 20 kleinere auf Holz montierte Bronzetafeln haben Szenen aus den Leben Christi und Mariä zum Thema, Arbeitsvorlagen für sie waren vermutlich die *confanetti* genannten, fein gearbeiteten Kästchen, in denen Reliquien aus dem Orient nach Italien transportiert wurden. Die Technik des Wachsausschmelzverfahrens („Verlorene Form") hatte *Bonanno* von byzantinischen Handwerkern erlernt.

Im Inneren beachte man das – byzantinischen Vorbildern folgende – **Goldmosaik der Apsiskalotte,** ein thronender Christus zwischen Maria und *Johannes dem Evangelisten,* das 1302 unter Mitwirkung *Giovanni Cimabues* entstand. Das **Grabmal Heinrichs VII.,** 1313 in Buonconvento an Malaria verstorben, vielleicht aber auch von einem Mönch vergiftet, ist für Pisa von besonderer Bedeutung, hatte es doch vom Kaiser Unterstützung im Kampf gegen die papistischen Guelfen in Florenz erwartet. *Tino di Camaino,* ein Schüler *Giovanni Pisanos,* erhielt den Auftrag für das Grab. Der Sarkophag befindet sich im rechten Querschiff gleich beim Eingang, zeigt eine Verblendung mit einem Apostelrelief und oben liegend *Heinrich.* Das Hauptaugenmerk sollte aber auf die **Kanzel** (1302–11) linker Hand vor der Vierung gerichtet sein, ein Meisterwerk von *Giovanni Pisano.* Acht äußere Säulen tragen den Korb, vier von ihnen glatt (zwei davon mit einem Löwen als Basis), vier als Figuren gearbeitet. Jede der Säulen trägt auf ihrem korinthischen Kapitell nochmals eine Konsole mit figürlichem Schmuck. Die Brüstung des Kanzelkorbes sind Reliefszenen aus dem Neuen Testament, das Lesepult trägt eine Adlerskulptur. Die mittlere Tragesäule besteht aus drei Frauenfiguren: Allegorien von Glaube, Liebe und Hoffnung. Besonders die Brüstungsreliefs bestechen mit ihrer plastischen Tiefe, die sie fast zu Vollskulpturen werden lassen, mit ihrem Detailreichtum, dem Faltenwurf der Gewänder, den ausdrucksstarken und würdevollen Gesichtern und dem Spiel zwischen Licht und Schatten. Dass die Kanzeln aus der Werkstatt von Vater und Sohn *Pisano* so einzigartig sind, hat mehrere Gründe (der Vater *Giovannis – Nicola* – schuf die Kanzel im Baptisterium und die im Dom von Siena, *Giovanni* schuf nach seinem Pisaner Werk eine weitere Kanzel für Pistoia). Zum einen nahmen sie als Erste Anleihen in der Antike, die sie vom Bildwerk griechischer und römischer Sarkophage erhielten, die auf den christlichen Friedhöfen zunehmend Wiederverwendung fanden. Zum zweiten schufen sie einen völlig neuen Typ von Kanzel, frei stehend, von allen Seiten zu betrachten, mit einem Bildwerk, das den (des Lateinischen nicht mächtigen) Kirchgängern die Glaubensgeschichte begreifbar machen sollte. Zum dritten entwickelten sie eine völlig neue Technik. Sie arbeiteten eine erste Figurenreihe an der linken Seite des Steins heraus und begannen dann die nächste Reihe. Dabei musste akribisch auf die Verteilung von Licht und Schatten geachtet, die Relieftiefe der nächsten Figurenreihe geschätzt werden. Bei planen Kanzelbrüstungen mag dies vielleicht noch zu bewältigen sein, bei konvexen Brüstungen wie in der Kathedrale benötigt man Genie.

■ **Cattedrale Santa Maria Assunta,** Nov.–Feb. 10–12.45, 14–17, So 13–17, März/Okt. 10–18, So ab 13, April–Sept. 10–20, So ab 13 Uhr, Eintritt frei, kostenloses Ticket an der Zentralkasse, Gläubige, die nur beten wollen, betreten den Dom durch die Cappella del SS. Sacramento; **Messen** Mo–Sa 8, 9.30, So 8, 9.30, 11 Uhr.

Das **Baptisterium** der Hauptfassade des Doms gegenüber entwarf der Baumeister *Diotosalvi* 1152 als romanische Taufkirche mit rundem Grundriss und typischen Blendbögen im unteren Bereich. 1260 führten Vater und Sohn *Pisano* das Werk fort, setzten nun aber gotische Akzente mit spitzen Bekrönungen der romanischen Bögen der ersten und der Biforien der zweiten oberen Fassadenebene. Hinzu kamen noch Schmuckfialen, gotische, spitz zulaufende Türmchen ohne statische Funktion. Die ursprünglich kegelförmige Kuppel wurde 1358 in Form einer Rundkuppel mit aufgesetzter Laternenkuppel ummauert. Der Sturz des Portals zeigt im oberen Bereich ein Relief mit Christus zwischen Maria und *Johannes dem Täufer,* zu den Seiten hin Engel. Darunter sind Szenen aus dem Leben *Johannes des Täufers* in den Stein gemeißelt. An den Säulen Monatsallego-

101tsk

rien. Betritt man die Taufkirche, ist die Wirkung der schieren Maße der 55 m hohen Rundhalle atemraubend. Am besten empfindet man die Gewaltigkeit und Eleganz der größten Taufkirche Italiens vom oberen Umgang aus. Das achteckige **Taufbecken** mittig unter der Kuppel aus dem Jahr 1246 stammt von *Guido di Bonagiunta Bigarelli* aus Como. Wertvollster Besitz ist die sechseckige **Kanzel** (1255–60) von *Nicola Pisano.* Auch hier tauchen Löwen als Säulenbasis auf, Symbole für die Stärke der Religion. Sechs Außensäulen und eine Mittelsäule tragen den Korb der ersten frei stehenden Kanzel überhaupt. Eine der Figuren zwischen Kapitell und Korb gilt als die erste nachantike Aktfigur – *Herkules* als weiteres Symbol der Stärke. Das Bildprogramm der Kanzelbrüstung besteht aus den Reliefs „Geburt Jesu“, „Anbetung der Könige“, „Darbringung im Tempel“, „Kreuzigung“ und „Jüngstes Gericht“.

■ **Battistero,** Okt.–Feb. 9–18, März 9–19, April–Sept. 9–20 Uhr, 7 €.

Nun ist es so weit. Die Uhrzeit ist exakt vorgegeben, zu der man eingelassen wird. Allerdings sollten die Besteigung des **Schiefen Turms** – des **Torre Pendente** – Menschen mit nicht sonderlich ausgeprägtem Gleichgewichtssinn nicht unternehmen. Auch Trittsichere sind irritiert, wenn sie einen halben Wendel lang in Turmneigung aufsteigend (wie auf einer Escher'schen Zeichnung) den Eindruck haben, bergab zu gehen, und im nächsten Halbwendel (der Neigung entgegen) gefühlsmäßig steil aufsteigen. Als Gruppe mit maximal 40 Personen eingelassen, sammelt man sich unten für die Einführung und stellt fest, dass der Turm ein hohler Zylinder ist, in dem allerlei Hightech-Gerät die Neigung auf

So menschenleer ist es hier nur selten: Taufkirche, Dom und Schiefer Turm

Der Turm in Zahlen

4 Grad Neigung – 8 Etagen – 3,90 m Auslenkung – 58,36 m Höhe – 207 Säulen – 296 Stufen – 14.453 t Gewicht – 7 Glocken.

den Tausendstel Millimeter misst. Dann beginnt der Aufstieg über insgesamt 296 Stufen. 30 Min. stehen jedem Besucher im Turm zu. Die Wendeltreppe in der doppelschaligen Mauer ist mit 1 m breit genug, dass sich der Gegenverkehr vorbeidrücken kann. Selbstredend, dass die Aussicht auf die Anlage der Piazza dei Miracoli fantastisch ist.

1173 begann *Bonanni Pisano* mit dem Bau des Glockenturms der Kathedrale, der 100 Pisanische Ellen hoch werden sollte. Doch beim Mauern der dritten Etage hing der Turm bereits schief, die Arbeiten wurden erst einmal eingestellt. Für 100 Jahre. Den Baumeistern war eigentlich schon von Anfang an klar, dass das Schwemmland der Gegend statisch ein etwas unsicherer Kantonist war. Deshalb hatten sie großen Aufwand betrieben, um den Boden zu befestigen, eine 3 m tiefe und 20 m weite Grube ausgehoben, mit einer 30 cm dicken Steinlage ausgekleidet und mit einer 3 m mächtigen Schicht aus einer Stein-/Mörtelmischung verfüllt. Darauf stand der Sockel. Es half nicht. Doch dann meinte man eine Lösung gefunden zu haben. Man nahm die Neigung des Stumpfes hin und begann ab 1275 die folgenden Etagen in der Lotrechten zu mauern, das heißt mit einem Knick zum unteren Teil. Der Trick: Man machte die Säulen auf einer Seite länger, sodass es nicht auffiel. Der Turm neigte sich dennoch weiter, 1275 maß man eine einseitige Absenkung des Fundamentes von inzwischen 17 cm. Der damalige Baumeister *Giovanni di Simone* fiel zu allem Überfluss auch noch bei der Seeschlacht von Meloria. Es wurde erneut pausierte. Erst 1350 konnte die siebte Ebene (die parallel zur Horizontlinie und relativ zum Turm als schiefe Ebene eingezogen wurde) und schließlich das Glockengeschoss fertiggestellt werden. Man war bei 58,36 m angekommen – und der Turm wurde immer schiefer. Nur einen soll es gefreut haben: *Galileo Galilei* nutzte die bedenkliche Neigung angeblich für seine Fallversuche (eine Legende, denn die damaligen Zeitmessungen waren zu ungenau). 1990 war es dann so weit. Gewichte einseitig am Boden gelagert, Betoninjektionen im Untergrund, alles war für die Katz. Die Auslenkung, die Abweichung vom Lot, betrug nun 4,54 m, jedes Jahr kam ein knapper Zentimeter hinzu, der Umsturz war absehbar. Der Turm musste für die Öffentlichkeit gesperrt werden. Stahlseile sicherten ihn nun, und man verfestigte den Untergrund auf der einen, trug ihn auf der anderen Seite ab. Die Auslenkung verringerte sich um über 60 cm. Heute gilt der Untergrund als beruhigt, weswegen aber nicht vergessen wird, akribisch zu protokollieren.

■ **Torre Pendente,** Nov.–Feb. 9–18, März/Okt. 9–19, April–Sept. 9–20, u.U. Mitte Juni–Ende Aug. Abendöffnung 20–22 Uhr, 20 €, Kinder unter 8 Jahren dürfen den Turm nicht besteigen.

[>] Das Heilige Feld, ehemals der bevorzugte Begräbnisplatz der Vermögenden

Der **Friedhof** am nordwestlichen Rand der Piazza del Duomo ist das Ergebnis einer spätmittelalterlichen Erdbewegungsmaßnahme. Der Erzbischof *Ubaldo dei Lanfranchi* machte sich 1202 von seinem Kreuzzug auf den Heimweg – nicht ohne zu veranlassen, dass 50 Schiffe ihre Laderäume mit **Erde vom Berg Golgatha** füllten. Nun wollte plötzlich jeder (der es sich leisten konnte) in heiliger Erde seine letzte Ruhe finden. Die Krume wurde auf dem Friedhof verteilt, Pisa hat seitdem ein Campo Santo, ein „Heiliges Feld“.

Um diesem Feld einen würdigen Rahmen zu geben, begann man im Jahre 1278 mit dem Bau der **Arkaden.** Es entstand eine Art Kreuzgang von 126 m Länge und 52 m Breite. Den anfänglich leeren romanischen Bögen verpasste man im 14. Jh. die gotische Bauornamentik. Ebenfalls im 14. und in den folgenden Jahrhundert ließ man die Rückwände freskieren. Bei einem Bombenangriff der Alliierten 1944 brannte der Dachstuhl des Arkadenganges, die Bleiabdeckung schmolz und lief, schweren Schaden anrichtend, die Wände hinunter. Von dem großartigen 23-teiligen Zyklus aus dem Alten Testament von *Gozzoli* blieben nur die bei Restaurierungsversuchen gefundenen Sinopien erhalten, die mit Rötel ausgeführten Entwurfszeichnungen (heute im Sinopienmuseum ausgestellt). Restauriert werden konnten *Buonamico Buffalmaccos* kolossale, 15 m lange und um 6 m hohe **Gemälde** „Triumph des Todes“, „Jüngstes Gericht“, „Inferno“ und „Tebaide“(1336–41) – wobei neuere Untersuchungen dessen Urheberschaft anzweifeln und sie stattdessen *Francesco Traini* zuschreiben. Unter den zahlreichen Grabmälern befinden sich nicht wenige mit wiederverwendeten Sarkophagen aus römischer Zeit. Traditionell erhält der Erzbischof von Pisa noch heute in den Arkaden seine letzte Ruhestätte.

■ **Camposanto,** Nov.–Feb. 9–17, März/Okt. 9–18, April–Sept. 9–20 Uhr.

102t sk

Das **Sinopienmuseum** in den ehemaligen Gebäuden des Klosters Santa Chiara zeigt die geretteten Rötel-Entwurfszeichnungen aus dem Arkadengang des Camposanto. Da vor der Freskierung die Entwurfsebene noch eine Putzschicht erhält (die dann die Farbe aufnimmt), blieben sie vor dem herablaufenden Blei geschützt und erhalten.

■ **Museo delle Sinopie,** Nov.–Feb. 9–18, März/Okt. 9–19, April–Sept. 9–20 Uhr, 7 €.

Im ehemaligen Bischofsseminar an der Südostecke zur Piazza Arcivescovado hin bewahrt das **Dommuseum** als Dombauhütte aus konservatorischen Gründen die wertvollsten Architekturteile und Figuren auf. An den Bauwerken der Piazza del Duomo wurden statt ihrer für das Auge nicht unterscheidbare Kopien angebracht. Weiter ist der wertvolle Domschatz zu sehen, darunter eine Madonna mit Kind (1299) aus Elfenbein von *Giovanni Pisano* (die in ihrem später hinzugefügten Ebenholzfuß eine Reliquie Marias enthalten soll). Auch Beutekunst ist ausgestellt. Aus den Jahren um 1000 stammt ein bronzener Greif aus einer Werkstatt des islamischen Spanien, bei einer Seeschlacht vor den Balearen um 1114 eingesackt.

■ **Museo dell'Opera del Duomo,** Nov.–Feb. 9–18, März/Okt. 9–19, April–Sept. 9–20 Uhr, 7 €.

Auf den **Stadtmauern von Pisa** kann man bei einem bis zu 3 km langen Spaziergang die Panoramen des Platzes der Wunder und der östlich anschließenden Stadtviertel bewundern. Im 12. und 13. Jh. entstanden, umschloss der Wall in seiner ursprünglichen Ausdehnung mit 6,5 km ein Areal von gut 200 ha. Hauptzugänge sind die **Torre di Santa Maria** im Nordwesten des Platzes der Wunder und die **Torre Piezometrica** im Osten.

■ **Mura di Pisa,** Tel. 050 0987480, www.muradipisa.it, Nov.–Feb. 10–17, März/Okt. 10–18, April–Aug. 10–20, Sept. 10–19 Uhr (nur bei schönem Wetter), 5 €.

... und der Rest der Stadt

UNSER TIPP: Nach so viel Kunst, Kultur und Menschentrubel kann man auf einer Bank im **Botanischen Garten** einige Momente des Friedens finden. Der Zugang liegt in einer Nebenstraße der nach Süden führenden Via Santa Maria. 1543 gegründet, ist er der erste Lehrgarten einer Universität in Europa. Ursprünglich am Arno gepflanzt, verlegte man ihn 1591 an die heutige Position. Auf 3 ha wachsen Pflanzen aus allen Kontinenten, Sümpfe und Seen sind angelegt, Bambuswald wiegt sich, Kräuter sprießen und hohe Bäume werfen Schatten. Alternativ kann man sich an den Tischen eines der preisgünstigen Cafés rund um die Piazza Cavallotti niederlassen.

■ **Orto Botanico,** Via Luca Ghini 5, Tel. 050 221 1310, www.sma.unipi.it, tgl. 8.30–17/21 Uhr (je nach Saison), 4 € (Familienticket 8 €).

⊡ Pause auf der Piazza dei Cavalieri

Die **Altstadt** erstreckt sich zwischen der Piazza del Duomo im Norden, dem Arno im Süden, dem Botanischen Garten im Westen und der Achse Via Oberdan/

Borgo Stretto im Osten. 300 m gen Osten sind es vom Botanischen Garten zum zweiten berühmten Platz. Im Herzen der Altstadt liegt die **Piazza dei Cavalieri,** wo sich ehemals auch das antike Forum befand. Ist die Piazza del Duomo das spirituelle Zentrum Pisas, der „Platz der Ritter" ist das weltliche. Auf ihm mussten die Herren 1406 die Stadtschlüssel an die *Medici* übergeben. Auch wenn es hier kein Museum gibt, die schiere Eleganz der Architektur der Gebäude im Rund macht den Platz zum Erlebnis. Am prächtigsten und Blickfang ist der Renaissancepalast **Palazzo della Cavorana** (1562–64) mit seiner (1821 barock überarbeiteten) doppelläufigen Freitreppe. Ihn hatte *Giorgio Vasari* auf Befehl *Cosimos I.* durch Umbau des Palazzo degli Anziani geschaffen. Prominent in der Fassadenmitte ist das Medici-Wappen in Stein gehauen. Vor dem Palast steht seit 1596 *Cosimo I.* auf dem Sockel (skulptiert von *Pietro Francavilla*), einen Fuß auf einem Delfin, Symbol für die Seemacht der *Medici.* Im Palast studieren in der von *Napoleon* 1810 gegründeten Scuola Normale Superiore – also schon immer eine Eliteschule – Hoffnungsträger des Landes. Als ehemaliger Sitz der Ritter von Santo Stefano trägt der Palast auch den Namen „Palazzo dei Cavalieri". Der von *Cosimo I.* 1554 gestiftete Ritterorden sollte die Küste gegen Angriffe der Sarazenen schützen und war den *Medici* als Polizeitruppe willkommene Hilfe bei der Aufrechterhaltung der Ordnung in der Stadt. Passenderweise war der jeweilige Medici-Herzog auch Großmeister der Ritter.

103tsk

Die **Kirche Santo Stefano dei Cavalieri** rechts neben dem Palast war ihre Ordenskirche, ebenfalls von *Vasari* gebaut (1565–69). Die Fassade soll allerdings *Giovanni,* der Sohn *Cosimos I.,* entworfen haben. Im Inneren wird u.a. eine von den Rittern bei der Seeschlacht von Lepanto (1571) eroberte türkische Standarte bewahrt.

■ **Chiesa di Santo Stefano dei Cavalieri,** Piazza dei Cavalieri, wegen Personalmangels dauerhaft geschlossen; an einigen Sonntagen finden Orgelkonzerte statt, Infos über die Touristeninformation.

Links vom Ritterpalast steht der **Palazzo dell'Orologio** als Zusammenfügung zweier mittelalterlicher Turmhäuser. *Vasari* verband die beiden Baukörper durch den Uhrenturm, der einen Durchgang freiließ. An der linken Fassade sind noch die Umrisse des mittelalterlichen

Gefängnisses zu sehen, des **Torre della Fame** („Hungerturm", auch Torre della Muda, Torre dei Gualandi). In ihm verhungerte *Ugolino della Gherardesca,* der bei der Seeschlacht von Meloria erfolglose pisanische Admiral, auf Befehl Bischof *Ruggieros* wegen Verrates und versuchter Tyrannei verurteilt. *Dante* schildert es etwas unappetitlich im 32. und 33. Gesang, in denen beide – Bischof und Admiral – nicht gut wegkommen.

500 m nordöstlich, an der Parkanlage der Piazza Martiri della Libertà, zeigt sich die **Kirche Santa Caterina** im Gewand pisanischer Romanik mit drei Blendbögen im Eingangsbereich und zwei Zwerggalerien darüber. Das Innere der einfachen Hallenkirche ist nicht nennenswert, allerdings hängt linker Hand eine Tafel, die man *Francesco Traini* zuschreibt („Glorie des heiligen Thomas von Aquin", um 1340).

■ **Chiesa Santa Caterina d'Alessandria,** Piazza Santa Caterina 4/6, Tel. 050 552883, Mo–Fr 8–12.30, 16–19, So 8–12.30 Uhr.

Die **Franziskanerkirche** fünf Gehminuten südlich ist wegen ihrer Fresken besuchenswert. Das dazugehörige Kloster gründete der Bettelorden noch zu Lebzeiten *Franziskus'* um 1211. Die Kirchenweihe fand 1270 statt, die Marmorfassade wurde 1603 vorgeblendet. Die Hallenkirche mit Querschiff in T-Form besitzt mehrere Chorkapellen. Man richte sein Augenmerk auf diese. Im Hauptchor steht auf dem Altar eine Marmorarbeit von *Tommaso Pisano:* Madonna mit dem Kind zwischen Heiligen (1340). In der ersten Kapelle rechts sieht man Fres-

Simone Martinis Polyptychon „Madonna mit dem Kind zwischen Heiligen"

104t sk

kenreste von *Taddeo Gaddi*, auf dem Altar ein Triptychon eines unbekannten Meisters aus dem 14. Jh. Die zweite Kapelle rechts birgt eine Maestà von *Cimabue* – allerdings als Kopie, das Original hat *Napoleon* mitgenommen und im Louvre aufgehängt. Die dritte Kapelle rechts enthält Freskenreste (um 1350) im Stil *Giottos*. In der zweiten Kapelle links hat *Ugolino* nach seinem Tod im Hungerturm die letzte Ruhe gefunden.

■ **Chiesa di San Francesco,** Piazza San Francesco, www.sanfrancescopisa.it, in Restaurierung, Wiedereröffnung 2024 geplant.

Weiter fünf Gehminuten nach Süden sind es zum Arno-Ufer und zum **Nationalmuseum San Matteo.** An der Präfektur im Palazzo Medici (im 13. Jh. gebaut, im 14. Jh. umgestaltet) vorbei, erreicht man am Lungarno Mediceo das weitläufige einstige Benediktinerkloster, in dem eine der bedeutendsten Sammlungen toskanischer Kunst ausgestellt ist. Der Bogen spannt sich von bemalten Tafelkreuzen des Frühmittelalters über die Pisanische Romanik bis zu Gemälden und Skulpturen der Gotik und hinein in die Renaissance und den Barock. In fast keinem anderen Museum ist die Entwicklung der Kunst so vielfältig dokumentiert. Prunkstück ist *Simone Martinis* aus 43 Bildern bestehendes, blattgoldbelegtes Polyptychon „Madonna mit dem Kind zwischen Heiligen“ (1319–21). Einen ganz eigenwilligen, fast verschlagen wirkenden Gesichtsausdruck hat die gotische Frauenfigur mit Kind in lockerer Umarmung (erste Hälfte 14. Jh.), von *Lupo di Francesco* für das Grab der Familie des *Ugolino* geschaffen.

■ **Museo Nazionale di San Matteo,** Lungarno Mediceo, Tel. 050 541865, Di–Sa 9–19, So 9–13.30 Uhr, 6 €, mit Palazzo Reale 9 €.

Nach dem Museumsbesuch führt ein Abstecher ans andere Arno-Ufer zur ehemaligen Zitadelle Fortezza di San Gallo, im 15. Jh. von *Vasari* errichtet und im 16. Jh. von *Antonio da Sangallo* erweitert. Heute ist es als **Giardino Scotto** eine großzügige Parkanlage mit modern ausgestattetem **Spielplatz** und einem sommerlichen Freiluftkino.

■ **Giardino Scotto,** 8–24, Winter bis 20 Uhr.

Nun geht es entlang des Ufers, vorbei an kleinen Plätzen, jeweils mit einer Denkmalfigur geschmückt: Mazzini, Cairoli, Garibaldi. Die **Paläste am Ufer,** von jeher bevorzugte Wohnlage, künden vom Reichtum der Stadt. Je näher man der Piazza Garibaldi kommt, der Schnittstelle zwischen Alt- und Neustadt, desto lebhafter, je weiter man sich von ihr Richtung Osten wieder entfernt, desto ruhiger wird es. Im königlichen Palast ist das **zweite Nationalmuseum** Pisas untergebracht, ursprüngliche einer der Sitze der Könige aus dem Haus *Savoyen*. Zu sehen sind die Gemächer der Familie mit ihrer Originaleinrichtung aus dem 19. Jh. und die Kunstsammlung. Außerdem finden hier temporäre Ausstellungen statt.

■ **Museo Nazionale di Palazzo Reale,** Lungarno Pacinotti, Tel. 050 926539, Mo–Sa 9–14 Uhr, 6 €, mit San Matteo 9 €.

Gegenüber steht wie verloren als einzige Bebauung diesseits der Uferstraße das gotische **Oratorium Santa Maria della**

Pisa: Zugabe!

■ **Casa Natale di Galileo Galilei** – *Galileos* Geburtshaus ist schmal wie ein Handtuch und nur von außen zu besichtigen, Via Giuseppe Giusti 24/26.

■ **Chiesa Universitaria San Frediano** – urromanische, unverkleidete Fassade aus dem 11. Jh., die Innenausstattung entstammt dem 17. Jh.; Piazza San Frediano 5, www.facebook.com/cappellauniversitariapisa, 8–12, 16–18 Uhr.

■ **Palazzo Blu** – Kunstpalast mit Wechselausstellungen + ständigen Ausstellung mit Grafiken, Münzen, Gemälden und Skulpturen; Lungarno Gambacorti 9, Tel. 050 2204650, www.palazzoblu.org, Mo–Fr 10–19, Sa/So 10–20 Uhr, 5 €.

■ **Chiesa di San Paolo a Ripa d'Arno** – 300 m westlich der Kirche Santa Maria della Spina kann sie ihren Bauherrn nicht verleugnen, die Dombauhütte stattete die Fassade mit vollem Programm aus (Blendbögen, Zwerggalerien und Inkrustationen), nur eben alles kleiner; Lungarno Sonnino Sidney.

■ **Chiesa di San Nicola** – der zweite „hängende" Turm der Stadt, angeblich vom selben Baumeister begonnen, im 14. Jh. nach Erhöhung in Schieflage geraten, in der Kirche eine Madonna mit Kind (um 1350) von *Francesco Traini;* an der Via Santa Maria (Hausnr. 2) nahe dem Arno-Ufer, Tel. 050 24677, www.sannicolapisa.it, 9–12, 17.30–19 Uhr.

■ **Chiesa San Michele degli Scalzi** – dritte Kirche mit Turm in Schieflage, diesmal rechteckigen Grundrisses und mit recht heftiger Neigung (5 Grad); Viala delle Piagge, am Arno-Ufer 2 km westlich des Ponte di Mezzo.

■ **Museo delle Aviotruppe** – Große Ausstellung zu den italienischen Fallschirmjägern; Via di Gello 138, www.esercito.difesa.it, Di–Sa 9.30–12.30, 14–7 Uhr.

Spina (1230–1325), die Dornenkirche, und schießt ein Feuerwerk aus spitzen Giebeln gen Himmel. Am Bau beteiligt war die Crème de la Crème der pisanischen Skulpteure jener Zeit: u.a. *Lupo di Francesco, Giovanni di Balduccio* und *Giovanni Pisano* (der die Madonna mit Kind an der Hauptfassade schuf). An ihrem ursprünglichen Standort im Kiesbett des Arno häufig überschwemmt, trug man die Kirche 1871 ab und baute sie am heutigen Platz wieder auf. Das einschiffige Innere birgt im Presbyterium eine der bedeutendsten Steinfiguren der Gotik, die Rosenmadonna von *Nino* und *Andrea Pisano.*

■ **Oratorio di Santa Maria della Spina,** Lungarno Gambacorti, nur bei Ausstellungen geöffnet.

Im **Museum der römischen Schiffe** im ehemaligen Medici Arsenal sind einige der 30 in Pisa entdeckten antiken Schiffe untergebracht. In den weitläufigen Räumen wird die enge Verflechtung Pisas mit dem Meer nach unterschiedlichen Kriterien beleuchtet. Hauptprotagonisten sind natürlich die Schiffe in ihrem unterschiedlichen Erhaltungszustand, aber auch die Gebäudegeschichte (vom Schiffsbau über Waffenlager zum Pferdestall) ist hörens- und erfahrenswert.

■ **Museo delle Navi Romane,** Via Ranuccio Bianchi Bandinelli, Tel. Tel. 050 47029, www.navidipisa.it, Juli–Sept. Fr 10.30–18.30, Sa/So 10.30–20.30, sonst Do 9–13, Fr–So 10.30–18.30 Uhr, 10 €, Familie 20 €.

Zurück an der Piazza Garibaldi, sollte man – bevor man in die Altstadt Richtung Norden eintaucht – über den Ponte di Mezzo gehend, die südlich des Arno gelegenen Viertel entdecken. An der Piazza XX Settembre erstreckt sich rechter Hand der **Palazzo Gambacorti.** UNSER TIPP: Die Logge dei Banchi in der Mitte des Platzes, der Tuchmarkt von 1605, bergen im Untergeschoss das **schönste Klo Italiens.** Ursprünglich waren hier unten nicht nur Toiletten, sondern auch Bademöglichkeiten, ein Barbier und ein Friseur – Jugendstil vom Feinsten, der leider zusehends verblasst.

Rechts neben den Logge beginnt die Fußgängerzone des **Corso Italia,** der zur monumentalen Piazza Vittorio Emanuele II führt und als Viale Gramsci schließlich nach einem knappen Kilometer am Bahnhof endet. Auf dem Corso herrscht Tag und Nacht Betrieb, zahlreiche Geschäfte verkaufen Mode, aber auch Dinge des täglichen Bedarfs, an den Tischen im Freien wird diskutiert, Kaffee getrunken und hemmungslos geraucht.

An der Nordwestecke der Piazza Vittorio Emanuele hat sich der US-amerikanische Künstler **Keith Haring** (1958–1990) auf der Giebelwand des Convento di Sant'Antonio Abate mit seinem größten Gemälde auf europäischem Boden verewigt: „Tuttomondo" (1989) mit 30 bonbonbunten, stilisierten Männchen und Weibchen. Das Restaurant 42 **Art Burger** an der Wand direkt gegenüber ist angesagter Treffpunkt von tout Pisa.

Zurück an der Piazza Garibaldi, führt ein kurzer Abstecher am Ufer entlang zum **Palazzo Agostini** (Lungarno Pacinotti 26) mit Biforien, Triforien und dem ältesten Kaffeehaus der Stadt, dem 14 **Caffè dell'Ussero.** Gleich daneben geht es durch einen Gang zum ehemaligen Jugendstilkino 11 **Cinema Lumière** – eine *der* Adressen für Nachtschwärmer mit Kino, Disco und Konzerten.

Nun kann man in den krummen Gassen der Altstadt ein Lokal für das Abendessen suchen. Sogar rund um die Piazza dei Cavalieri findet man günstige Adressen, schließlich ist Pisa Studentenstadt. Oder man shoppt noch in den Arkaden des Borgo Stretto und begibt sich dann ins Straßengewirr rund um die **Piazza delle Vettovaglie,** deren Arkadengeviert tagsüber Stadtteilmarkt ist und abends zum Hotspot für die Jugend mutiert.

Certosa di Pisa/Calci

In leicht erhöhter Lage, rund 10 km östlich von Pisa am sanft ansteigenden Hang und unweit des zu Füßen des Monte Pisano liegenden Dorfes Calci, gründeten die Kartäuser 1366 ein Kloster, das sich über die Jahrhunderte zu einem der größten und vermögendsten der Toskana entwickeln sollte. Die heutigen Gebäude stammen vornehmlich aus dem Barockzeitalter. 1972 haben die Mönche das Kloster schließlich aufgegeben, und der Staat hat zwei Museen daraus gemacht.

In den Wirtschaftsgebäuden und den ehemaligen Wohngebäuden der Laienbrüder ist das **Naturgeschichtliche Museum** der Universität Pisa untergebracht. Dinos tummeln sich in den verwinkelten Ausstellungsräumen, Wale und Haie betrachten glubschäugig die Besucher, in den Aquarien schwimmen exotische Fische. Die Sammlungen an Amphibien, Reptilien, Vögeln, Pflanzen und Mineralien zählen in ihrer Vielfalt zu den ersten Italiens. Eine eigene Abteilung erzählt die Geschichte des Museums – eines der ältesten der Welt.

■ **Museo di Storia Naturale,** Via Roma 79, Calci, Tel. 050 2212970, www.msn.unipi.it, tgl. 9–20, im Winter Mo–Sa 9–19, So 9–20 Uhr, 12 €, Kind 8 €, Familienticket 24 € (max. 4 Personen).

Die einst den Mönchen vorbehaltenen Bereiche des **Klosters** sind mit Führung zugänglich. Erste Station ist die kleine Kirche in den Eingangsarkaden. Als reines Männerkloster durften Frauen die Kartause nicht betreten. Um ihnen dennoch die Sakramente verabreichen zu können, entstand die Cappella di San Sebastiano. Die im Barock völlig neu gestaltete **Klosterkirche** teilt die Chorschranke in einen kleinen Eingangsbereich und einen mit Holzgestühl versehene Chor für die Mönche. Jeden Quadratzentimeter bedecken Fresken, jede Gewölberippe verzieren Stuckbänder. Dahinter schließt der große Kreuzgang aus dem 17. Jh. an. Um ihn herum gruppieren sich die 15 großzügig dimensionierten „Zellen" der Mönche, Häuschen, jeweils mit uneinsehbarem Garten ausgestattet. Der kleine Kreuzgang mit seinem steinernen Ziehbrunnen entstand 1470–75. Im 16. Jh. beauftragte der Prior den Maler *Bernardino Porcetti* mit der Freskierung der Kirche und des Refektoriums, die meisten seiner Gemälde im Barock entfernt, nur im Kapitelsaal ist das Fresko „Letztes Abendmahl" (1597) verblieben. Abschließend lohnt sich ein Besuch der Apotheke aus dem 18. Jh.

■ **Museo Nazionale della Certosa Monumentale di Calci,** Via Roma 79, Calci, Tel. 050 938430, Einlass Mo–Sa 9/10/11.30/12.30/14/15.30/17/18, So 9/10/11.30/12.30 Uhr, 6 €.

UNSER TIPP: Im Sommer finden im Kloster zu späterer Stunde regelmäßig **Konzert- und Opernaufführungen** unter freiem Himmel statt, zu erschwinglichen Preisen und in sehr stimmungsvoller Atmosphäre.

Parco Regionale Migliarino – San Rossore – Massaciùccoli

Der **Regionalpark** erstreckt sich entlang der gesamten Küste zwischen Viareggio und Livorno und schützt einen bis zu 10 km breiten Streifen. Hier wachsen Steineichen und Pinien, Wildschweine wühlen sich durch den Boden und Rotwild springt über die Lichtungen. Ab und an heult auch ein Panzermotor auf. Das 2000 ha große Militärlager Camp Darby, eine US-amerikanische Exklave und eigene Welt, befindet sich zwischen Pisa und Livorno an der Küste und rühmte sich bis 2014 des einzigen US-Strandes in Europa (dann wurde er an die Kommune von Pisa zurückgegeben). In den Wäldern verstecken sich Munitionsbunker (und angeblich auch Atomwaffen), in den Irakkriegen erhielten die US-Truppen von hier einen nicht unbeträchtlichen Teil ihres Nachschubs.

Es gibt mehrere Möglichkeiten, das die fragile Natur der Küste mit Dünen, Bodendeckern, Bäumen und einer reichen Vogelwelt schützende Gebiet zu entdecken (nur zu Fuß, keine Fahrräder). Den Sa/So (8–19, Winter bis 17.30 Uhr) frei zugänglichen **Wanderweg Sabrina Bulleri** (10 km) erreicht man auf der Via del Gombo, die vom Besucher-

☒ Das Ziborium in San Piero a Grado

zentrum zum Meer führt. Der **Wanderweg Lecciona** westlich des Lago Massaciùccoli führt durch die typische Dünen-Macchia (1,4 km, Zugang frei, Anfahrt in Torre del Lago über die Viale dei Tigli in Höhe der Villa Borbone). Weitere Wandermöglichkeiten gibt es bei San Piero a Grado (Sentiero Tre Pini auf dem Gebiet der Tenuta Tombola) und im Reservat Chiarone am östlichen Ufer des Lago Massaciùccoli.

■ **Centro Visite San Rossore,** Località Cascine Vecchie, Tenuta di San Rossore, Tel. 050 530101, www.parcosanrossore.org; Infos und Radverleih.

San Piero a Grado

Der Besuch der **frühromanischen Kirche** San Piero a Grado 6 km südwestlich von Pisa beim gleichnamigen Weiler ist ein Muss. Sie steht dort, wo einst der Arno mündete, bevor seine Schwemmstoffe das Ufer nach Westen verlegten. Praktisch jeder Pilger machte hier Station, wo der Apostel *Petrus* auf seiner Romreise der Legende nach erstmals italienischen Boden betrat. Auf den Fundamenten frühchristlicher Vorgängerbauten (die im Inneren teilweise freigelegt sind) errichtete man den dreischiffigen Baukörper aus grob in Form gebrachten Tuffsteinen. Jedes Schiff erhielt eine stark ausbauchende Apsis an der Ostseite, der Dachstuhl war, wie üblich bei den frühen Basiliken, offen. Dem Hauptschiff fügte man im Westen, anlässlich einer Kürzung der Kirche um 12 m, eine weitere Apsis an. Wahrscheinlich war vom ghibellinischen Pisa vorgesehen, den Kaiser mit einer Statue in dieser Apsis zu ehren. Der Schmuck der Außenwände ist minimal, schmale und nur wenig erhabene senkrecht verlaufende Vorsprünge gliedern die Flächen, die Gesimse zeigen zierliche Bogenfriese. Gänzlich anders das Innere: Die von korinthischen und dorischen Säulen getragenen Bögen schmücken marmorne Wechsellagen, die Innenseiten des Mittelschiffs Fresken. Im unteren Bereich reihen sich Papstporträts auf, vom heiligen *Petrus* bis hin zum 1003 gewählten und verstorbenen *Johannes XVII.* Im oberen Bereich blicken Engel aus gemalten Fensteröffnungen, die den Blick auf das Neue Jerusalem freigeben. Dazwischen sind Szenen aus dem Leben von *Petrus* und *Paulus* festgehalten. Ausgeführt hat die Arbeit *Deodato Orlandi* aus Lucca im frühen 14. Jh. Die Grabungen in der Kirche datieren auf die Jahre 1955–65. Gefunden wurden Fundamente einer altrömischen Hafenanlage, einer Kirche aus dem 4. Jh. und einer aus dem 7. Jh., über

105t sk

die sich der Baldachin des Ziboriums spannt.

■ **Basilica di San Piero a Grado,** Via Vecchia di Marina 5, Tel. 055 960065, www.sanpieroagrado.it, tgl. 8–18, Winter bis 17 Uhr, Spende erbeten; **Messen** Mo–Sa 18, So 11.30 Uhr.

Pisa Umgebung: Zugabe!

■ **Cascina** – auf eine römische Stadtanlage zurückgehendes, verschlafenes Städtchen 12 km südöstlich von Pisa mit rechtwinkligen Gassen und einem schönen Kirchplatz, an dem sich drei Gotteshäuser ein Stelldichein geben. Das Oratorio San Giovanni Battista ließen die Malteserritter Ende des 14. Jh. errichten und von *Martino di Bartolomeo* 1398 mit Szenen aus dem Alten Testament, zum Leben *Johannes des Täufers* und Allegorien freskieren; in der Fußgängerzone Corso Matteotti Ecke Via Palmieri, Fr 8–13 Uhr.

■ **Rocca di Vicopisano** – 20 km östlich von Pisa, 1434 von *Brunelleschi* neu gebaute, bereits 934 erwähnte Festung. Innovationen waren ein System von Zugbrücken (das einzelne Festungsbereiche abkoppeln konnte) und die Torre del Soccorso zu Füßen der Rocca, die ein uneinnehmbarer Wall mit dem Hauptturm verband. Der Palazzo Pretorio mit dem Gefängnis bewahrt Hunderte von Inschriften, die Gefangene an den Zellenwänden hinterlassen haben. Via del Pretorio 1, Tel. 050 796511, www.vicopisanoturismo.it, Ende März–Nov. Sa 15.30–19, So 10–12.30, 15.30–19 Uhr, Palazzo Pretorio 3 €, Turm 6 €, gesamter Komplex 8 €, Kind 2/4/6 €.

Marina di Pisa/Tirrenia

Bis auf eine Biegung fließt der Arno von Pisa wie ein Kanal fast schnurgerade zum Meer. An seinem südlichen Ufer zieht sich die Straße Lungarno Gabriele d'Annunzio entlang, reihen sich die Werften aneinander, ab und an zeigen vollgestellte Parkplätze, dass ein Fischrestaurant am Ufer wohl gute Geschäfte macht. Auf der anderen Seite breiten sich Wald und Felder aus. Marina di Pisa hat kulturhistorisch nichts zu bieten, die ortsnahen Ufer laden eher nicht zum Baden ein. Einen kleinen Sandstrand direkt an der Mündung schützt eine parallel zum Ufer verlaufende Mole vor Abtragung (und wohl auch vor dem, was der Arno so alles mit sich trägt). Ansonsten sind die **Strände** kiesig und steinig und werden erst zu Tirrenia und Livorno hin breit und feinsandig. Dort reiht sich ein *stabilimento balneare* an das andere, sichelförmige künstliche Buchten sind von Molen gerahmt, Restaurants, Cafés und Piano-Bars haben in der Saison ihre Tore geöffnet, im Hinterland liegen in den Pinienwäldern Wochenendsiedlungen und riesige Campingplätze. Nur ab und an findet sich ein nicht bewirtschafteter, freier Strandabschnitt. Ansonsten muss man sich eben zwischen zwei *stabilimenti* durchmogeln und sein Handtuch direkt am Wasser ausbreiten. Im Juli und August ist am Wochenende die Hölle los. Da schrecken auch Mietpreise für Schirm und zwei Liegen von 50 € am Tag nicht ab. Außerhalb dieser Zeit kann es aber auch hier sehr angenehm sein. Zu Livorno hin riegeln dann ehemalige Betriebsheime die bewirtschafteten Strände zur Straße hin ab, Spekulationsobjekte für den Wohnungsbau.

Pisa, Riviera della Versilia/Apuana

Praktische Informationen

Touristeninformation

- **Ufficio Turismo Pisa Centro,** Piazza del Duomo 7, Tel. 050 550100, www.turismo.pisa.it, tgl. März–Okt. 9.30–19.30, sonst 10–16 Uhr.
- **Ufficio Turismo Pisa Ponte di Mezzo,** Piazza XX Settembre, Tel. 050 550100, Mo–Mi/Fr 9–13, Di auch 14.30–17 Uhr.

Sightseeing

- **City Grand Tour,** Via S. Giovanni Bosco 46, Tel. 320 9154975, www.citygrandtour.it. Gruppenführungen für bis zu zehn Personen mit unterschiedlichen Themen, um 170 €/halber Tag.

44 **Smile & Ride,** Via Pietro Mascagni 13, Tel. 375 5617631, https://smileandride.com. Radverleih und selbstgeführte (Audioguide) Radtouren unter mehreren Themen (Schiefer Turm, Auf den Spuren Dantes und aus der Stadt raus z.B. nach Lucca), ab 20 €/2 Stunden inkl. Citybike.

Unterkunft

39 **Bologna**②-③, Via Giuseppe Mazzini 57, Tel. 050 502120, www.hotelbologna.pisa.it. Aufmerksam geführtes Haus mit 64 schönen, geräumigen Zimmern und Parkmöglichkeit im Hof, zentral auf der südlichen Arnoseite aber zugleich ruhig; der Corso d'Italia liegt gleich um die Ecke, zur Piazza dei Miracoli spaziert man 15 Min., exzellentes Frühstück.

3 **Novecento**③, Via Roma 37, Tel. 050 500323, www.hotelnovecento.pisa.it. Unweit der Piazza dei Miracoli, von außen unscheinbar und leicht zu übersehen, innen eine angenehme Überraschung mit 13 klassisch-modernen Zimmern und eher historisch gehaltenen Aufenthaltsräumen, kleiner Garten!

31 **Casa Betania**②, Via Pungilupo 25/A (Cisanello), Tel. 050 579869, www.betaniapisa.com. Modernes Hotel mit 32 Zimmern etwas abseits gelegen (3 km ins Zentrum); günstig, sehr sauber und effizientes, freundliches Personal – das Frühstück ist eher italienisch.

2 **Residence Antiche Navi Pisane**③, Via Ranuccio Bianchi Bandinelli 6, Tel. 050 563117, info@residenceantichenavipisane.it. Unter den elf Apartments dieser von Grün umgebenen, modernen Anlage am Rand der Altstadt sind mehrere Familiensuiten; kostenloser Parkplatz und unkomplizierte Anfahrt sind weitere Pluspunkte.

16 **Royal Victoria Hotel**②-③, Lungarno Pacinotti 12, Tel. 050 940111, www.royalvictoria.it. Ein Haus mit 48 Zimmern für Nostalgiker, die in Kauf nehmen, dass nicht alles up to date ist. Dafür gibt's Stuck an den Decken, antike Möbel, Blick auf den Arno und eine Dachterrasse zum Schwelgen.

41 **Dei Cavalieri B&B**②, Piazza Sant'Antonio 4, Tel. 388 9261607, www.deicavalieri.pisa.it. Design meint hier nicht modern und todschick, sondern ungemein romantisch, verspielt und geschmackvoll, vier Zimmer. Das Gastgeberpaar *Maria* und *Emi* ist einfach bezaubernd, die Lage zentral und das Frühstück die Wucht!

45 **Le Piagge**②, Via di Vietta 41, Tel. 347 889 1586, www.bblepiagge.it. Das B&B liegt östlich des Zentrums in einem Wohngebiet und besitzt ein Apartment, drei Zimmer und einen kleinen Garten mit Klettergerüst – deshalb auch für Familien interessant. Die Zimmer sind schmucklos und funktional, umso temperamentvoller und herzlicher fällt die Begrüßung durch *Giorgio* aus. Auch Vierbeiner sind willkommen.

30 **San Michele B&B**②, Via C. Ridolfi 24, Tel. 335 8159525, www.bedandbreakfastsanmichele.com. Vier Zimmer, ein Apartment und ein kleiner, üppiger Garten, eingerichtet mit sehr viel Liebe zum nostalgisch-verspielten Detail. Alleine das Frühstück macht Freude auf den Tag, und da das B&B recht zentrumsnah (und dabei ruhig) liegt, ist alles gut zu Fuß erreichbar.

6 Residenza D'Epoca Relais I Miracoli ②-③, Via Santa Maria 187, Tel. 050 560572, www.relaisimiracoli.it. Elf einfachere, aber in hellen Farben angenehm eingerichtete Zimmer und Suiten direkt an der Piazza dei Miracoli in einem Gebäude aus dem 13. Jh.

43 Hotel La Pace②, Viale Antonio Gramsci/GalleriaB 14, Tel. 050 48863, www.hotellapace.it. Größeres Geschäftshotel (51 Zimmer) direkt am Bahnhof mit ältlichem Charme und Drei-Sterne-Standard; relativ kleine Zimmer teils mit modernerer Ausstattung – gut, wenn man viel unterwegs ist.

46 Safestay Hostel Pisa①-②, Via Filippo Corridoni 29, Tel. 050 5201841, www.safestay.com. Das 2014 renovierte Hostel mit 30 Zimmern unweit des Bahnhofs empfängt seine Gäste in psychedelischen Farben und Design, mehreren Gemeinschaftsräumen und einem winzigen Hinterhof. Es gibt Doppel- und Mehrbettzimmer – die Übernachtung im DZ ist etwas teurer.

7 Hostel Pisa Tower①, Via Piave 4, Tel. 050 830926, www.hostelpisatower.it. Fünf fröhlich und farbenfroh eingerichtete Mehrbettzimmer, zwei davon für Frauen, und eine Terrasse machen das Plus dieses Hostels nördlich der Piazza dei Miracoli aus. Und natürlich die Nähe zum Schiefen Turm.

Außerhalb

■ **La Fattoria di Tirrenia**③, Via Porcari 14, Calambrone, Tirrenia, Tel. 050 30098, www.lafattoriaditirrenia.it. Agriturismo 2 km außerhalb des Badeorts Tirrenia, ideal als ruhiger Standort für Familien mit Kindern, die nach dem Sightseeing Auslauf haben oder in den Pool springen wollen; man kann selbst kochen oder im Bistrot essen, die Atmosphäre ist herzlich und herrlich ruhig (20 Apartments und kleine Bungalows).

■ **Bristol**②-③, Via delle Felci 38, Tirrenia, Tel. 050 37161, www.bristol.it. In ruhiger Lage 500 m vom Strand, Ferienhotel mit Schwimmbad und 44 komfortablen Zimmern der Drei-Sterne-Klasse, Tennisanlage.

Camping

1 Camping Torre Pendente, Via delle Cascine 86, Tel. 050 561704, www.campingtorrependente.it. Unweit der Piazza dei Miracoli und des Bahnhofs Rossore an einer lauten Schnellstraße, schattige Anlage mit Pool, Spielplatz und Fahrradverleih.

106t sk

Paläste am Arno-Ufer Pisas

Außerhalb

■ **Camping Mare e Sole,** Viale del Tirreno, Tirrenia-Calambrone, Tel. 050 32757, www.campingmareesole.it. Camping am Strand mit Swimmingpool, Spielplatz, Animation, Restaurant und Snack-Bar, leider nur wenig Schatten (von Pisa auch per Bus zu erreichen, Linie nach Calambrone, Haltestelle Via Tirrenia).

■ **Area Sosta Camper,** Via di Pratale 76, Tel. 050 555678, www.pisamo.it. Stellfläche im Nordosten der Stadt auf einem Parkplatz, 3 km ins Zentrum, Wasseranschluss, Entsorgungsmöglichkeit, kein Strom, kein WiFi, 15–18 €/24h.

Essen und Trinken

Ristoranti & Co.

40 Osteria San Paolo④, Via San Paolo 16, Tel. 050 501194, www.osteriasanpaolo.com, Mo–Sa 12–14.30, 19.30–22.30 Uhr. Elegantes Ambiente und eine Küche, die hohen Ansprüchen genügt, Schwerpunkt: Fisch; wer lieber zu Fleisch greift, findet ebenfalls eine ansprechende Auswahl – bei den Antipasti ist unbedingt der wunderbare *flan ai funghi porcini* zu empfehlen.

18 Il Campano③, Via Domenico Cavalca 19, Tel. 050 580585, www.ilcampano.com, tgl. 19–23, Sa–Di auch 12.30–15 Uhr. Traditionsgerichte wie *trippa alla pisana* oder *cinghiale alla maremmana,* Fisch und Meeresfrüchte, gespeist wird in einem hellen, freundlichen Gastraum zwischen Weinregalen oder auf der Piazzetta.

4 Osteria I Santi②-③, Via Santa Maria 71, Tel. 050 28081, www.osteria-isanti.com, tgl. 12–15, 19–23 Uhr. Schicke Osteria mit cremefarbenen Heiligenpostern an den Wänden; das Essen ist ausgezeichnet (ein Potpourri der toskanischen Küche von Ribolitta zum Baccalà) und auf erträglichem Preisniveau.

23 Osteria di Culegna③, Via Mercanti 25, Tel. 050 576426, Di–Sa 12.30–15, 19.30–22.30 Uhr. Mini-Osteria mit sehr kreativem Koch, der gerne auch Ungewöhnliches wie Stockfisch zubereitet, beispielsweise in einer salzigen Variante der Crema Catalana mit Kürbis, auch die „alltäglicheren" Gerichte sind von bester Qualität und aus frischen, regionalen Produkten zubereitet.

19 Osteria La Mescita③, Via Domenico Cavalca 2, Tel. 050 957019, www.osterialamescitapisa.com, tgl. 12.30–14.30, 19.30–23 Uhr. Traditionslokal, urig mit Weinregalen und Bildern an den Wänden, der Koch verzichtet auf mancherlei Belastendes zugunsten einer leichten toskanischen Küche, die von regionalen Produkten lebt – der Markt ist schließlich gleich vor der Tür.

UNSER TIPP **25 Orzo Bruno**②, Via delle Case Dipinte 6, Tel. 392 3060433, www.orzobruno.it, tgl. 18–1 Uhr. Bio-Restaurant und Mini-Brauerei in einem, die meisten Produkte stammen von einer Bio-Azienda Agricola; daraus entstehen feine Panini, Bruschette, *piadine* und *insalate,* dazu gibt's wunderbares Bier.

UNSER TIPP **34 Numero 11**②, Via San Martino 47, Tel. 050 27282, www.numeroundici.it, Mo–Fr 12–22.30, Sa 19–22.30 Uhr. Selbstbedienung auf die feine Art, am Tresen wird bestellt (die Karte hängt darüber) und Besteck mitgenommen, wenn's fertig ist, wird man gerufen; das Essen ist hervorragend, die Atmosphäre mit langen Tischen aber natürlich auf häufigeren Gästewechsel ausgelegt (keine Reservierung möglich).

Pizza & Co.

5 Ristorante/Pizzeria la Torre de Pisa②, Via Santa Maria 86, Tel. 329 9330541, tgl. 9–23 Uhr. Die Preise sind trotz der prominenten Lage an der Zugangsstraße zum Schiefen Turm recht „normal"; der Service ist auch freundlich und es schmeckt.

37 Ancora Capodimonte①-②, Via del Carmine 14, Tel. 050 870690, www.facebook.com/capodimontepisa, Di–So 12–15.30, 19–23 Uhr. In diesem Familienbetrieb hat die *nonna,* die Großmutter, das Sagen am Herd, sie kocht traditionell und üppig, die Pizza ist kross und die Atmosphäre herzlich und familiär.

35 La Taverna di Pulcinella①, Via Garofani 10, Tel. 050 5202704, www.facebook.com/TavernaDi Pulcinella, Mo–Sa 12–14.30, 18–22.30 Uhr. Einfache, sympathische und authentische Pizzeria auf der südlichen Seite des Arno versteckt; neben Pizze auch schmackhafte, günstige andere Gerichte in großen Portionen.

20 Il Montino①, Vicolo del Monte 1, Tel. 050 598 695, www.pizzeriailmontino.it, Mo–Sa 12.30–15, 19–23.30 Uhr. Recht versteckt liegende Pizzeria, angeblich die älteste Pisas und stolz auf eine Spezialität, die *cecina* aus Kichererbsenmehl; Pizze und Focacce sind lecker belegt bzw. gefüllt, der Ansturm der Fans, vor allem der Studenten, ist groß.

Vegetarisch

13 l'Insalateria①, Lungarno Antonio Pacinotti 40, Tel. 050 2200423, www.facebook.com/insalate riapisa, Mo–Sa 11.30–15.30, 19–22 Uhr. Vegetarier haben's in Pisa nicht einfach, eine Alternative ist die Salatbar, in der man seine Wünsche einzeln und detailliert zur Zusammenstellung ankreuzt.

10 Vegan come Koala①, Via l'Arancio 21, Tel. 329 8565338, www.vegancomekoala.it, Mo–Sa 12–20.30, So 12–16 Uhr. Takeaway mit sehr, sehr guten veganen Sandwiches auch mit ausgefalleneren Rezepten, Veggieburgers und Pfannkuchen; sehr abwechslungsreich zum häufigeren Kommen, auch veganer Wein und Bier.

Snacks

9 Café dei Cavalieri②, Via Corsica 8. Café, www.facebook.com/caffedeicavalieripisa, Mo–Sa 7.30–20/21 Uhr. Bistro, Aperitif-Bar und auch ein bisschen Restaurant, aber vor allem sehr entspannt – egal ob für einen leckeren Salat zu Mittag, einen Cappuccino am Nachmittag oder zu *stuzzichini* und Sprizz am frühen Abend, in dem beliebten Lokal ist immer viel los.

42 Art Burger, Piazzetta Keith Haring 4, Tel. 345 7099390, www.instagram.com/artburgerpisa, tgl. 12–15, 19–23 Uhr. Als Logenplatz gegenüber „Tuttomondo" von *Keith Haring* ungeschlagen, aber auch ohne den Kunstgenuss ein guter Platz, in dem man ein leichtes Mittagessen mit Salaten und Burger bekommt – auch abends für einen Aperitif geeignet.

27 Panineria Il Crudo①-②, Piazza Cairoli 8, Tel. 349 1630438, Mo–Sa 11–22/23, So 12–15, 19–24 Uhr. Viel mehr als „nur" eine Panineria: Erstens kann man sich die Füllungen der Panini selbst zusammenstellen (auch online), zweitens gibt's verschiedene Antipasti und feine Weine, sodass dem Vergnügen bis zum frühen Morgen nichts im Wege steht.

29 Il Gusto giusto①, Via del Borghetto 33, Tel. 340 7380544, www.facebook.com/gustogiusto. pisa, Di–So 19/19.30–24, Sa/So auch 12–15 Uhr. Mit „Sandwich" sind die Kunstwerke sowohl in Größe und Qualität nur unzureichend beschrieben; auch Piadine und Pizze – für auf die Schnelle aber auch für länger.

Außerhalb

■ **I Sette Nani**④, Lungarno G. d'Annunzio 130, Marina di Pisa, Tel. 050 960091, www.facebook. com/Ristorante17Nani, Di–So 12–22.30 Uhr. Feine Fischküche mit Tradition (seit 1962), elegantes Restaurant mit frisch gefangenem Fisch und Meeresfrüchten – zum exzellenten Essen versinkt die Sonne blutrot im Arno (sehr gute Weinkarte).

■ **Retone 136**③, Lungarno G. d'Annunzio 136, Marina di Pisa, Tel. 050 8667066, www.facebook. com/retone136, tgl. von 12.30 bis 23 Uhr göffnet. Das Fischlokal liegt idyllisch am Arno, etwa auf halber Strecke in Richtung Marina di Pisa, es serviert Meeresgetier, das direkt vom Boot kommt – in der hübschen, blau-weiß gehaltenen Gaststube oder auf der Terrasse sitzt man ungemein romantisch.

■ **Ill Ristoro sul Molo**③, Viale D'annunzio 244, Marina di Pisa, Tel. 388 7975964, www.facebook. com/ilristorosulmolo, Do–So/Di 20–23, Mi 9–17, Sa/So auch 12.30–15 Uhr. Elegantes Fischrestaurant am Pier und auf dem Pier mit hochklassiger Küche – für romantische Abende.

Süßes

14 Caffè dell'Ussero, Lungarno Pacinotti 27, Tel. 347 9067286, www.ussero.com, Di–Do 7–20, Fr–So bis 21 Uhr. Historisches Café im Palazzo Agostini (seit dem 18. Jh.), im 19. Jh. trafen sich hier die revolutionären Studenten zur gemeinsamen Lektüre und Diskussion, das Café der Wahl für ein Frühstück.

38 Caffè Drago, Corso Italia 87, Tel. 050 6130572, www.facebook.com/caffedrago, tgl. 8–20 Uhr. Café in historischen Kaffeehausräumen und mit Tischen an einer kleinen Piazza, neben Kuchen und Gebäck auch Panini und Focacce.

22 Pasticceria Salza, Borgo Stretto 46, Tel. 366 5464165, www.salzacatering.it, tgl. 8–21 Uhr. Seit 1898 versorgt diese fantastische und ungemein nostalgische Pasticceria Leckermäuler, die den Shoppingbummel über den Borgo Stretto nur zu gerne für eine Pause in diesem Märchenreich der Konditorenkunst unterbrechen. Achtung: Nicht billig!

12 Gelateria De'Coltelli, Lungarno Pacinotti 23, Tel. 345 4811903, www.decoltelli.it, Mo–Fr 11–20.30, Fr/Sa bis 22.30 Uhr. In Pisa kann man sich gut streiten, wo es denn das beste Eis gibt. Hier, meinen viele, und stellen sich trotzig in die Schlange!

17 La Bottega del Gelato, Piazza Garibaldi, Tel. 050 5754675, http://bottegadelgelatopisa.it, tgl. 11–20 Uhr. Angeblich gibt es auch hier das beste Eis Pisas – die langen Reihen der Wartenden setzen auf diese Adresse.

Apero und Abend

33 Argini e Margini, Spiaggetta dello Scalo dei Renaioli, Lungarno Galilei, Tel. 342 7058237, https://arginiemargini.com, Juni–Sept. ab 18 Uhr. American Bar und Beach-Club für einen Aperitif und nächtliches Abfeiern vor der Kulisse der Palazzi am Arno-Ufer.

32 Arnovivo, Spiaggetta di Lungarno Buozzi, Tel. 331 2791271, https://arnovivo.com, Juni–Sept. ab 18 Uhr. Dem Argini e Margini gegenüber gelegen (unterhalb des Ponte della Vittoria); Aperitif-Buffet, Billard, Rauchsalon mit Wasserpfeifen, dazu Reggae und Funk.

11 Cinema Lumière, Vicolo del Tidi 6, www.lumierepisa.com, Tel. 389 6225612, Kino, Disco, Jazz, Mi–Sa ab spät.

■ **Freiluftkino** im Sommer (Juli/Aug.) im Giardino Scotto, Cineclub Arsenale, Tel. 050 502640, www.arsenalecinema.com, ab 21.30 Uhr, Tickets um 10 €.

Außerhalb

■ **Pia Para Ti,** Via Litoranea 16, Marina di Pisa, Tel. 050 36491, www.facebook.com/piaparatibeach. Der Disco-Club des gleichnamigen *stabilimento* macht im Sommer von Do bis So die Nacht zum Tage.

■ **Il Pappafico,** Via Litoranea 14, Marina di Pisa, Tel. 335 631 0713, www.ilpappafico.it. Sommer tgl. 24 Std. geöffnet. Tagsüber *stabilimento,* Restaurant, Café, abends Beach-Club, Bar und Disco mit DJs und Themenpartys.

Verkehr

■ **Flughafen Galileo Galilei,** 3 km südlich des Bahnhofs mit Verbindungen in zahlreiche Städte (u. a. Air Dolomiti/Lufthansa, Wizz Air, Ryanair und easyJet). Direkte Busverbindungen nach Florenz 15 €, www.caronnatour.com, nach Lucca und Viareggio (www.at-bus.it). Zum Bahnhof in der Stadt automatisches Schienenfahrzeug Pisa-Mover (6–24 Uhr, 5 Min., einfach 6,50 €). Aeroporto Galileo Galilei, Piazzale D'Ascanio, 1, Tel. 050 849111, www.pisa-airport. com.

■ **Bahn:** Pisa Centrale, Piazza della Statione, an der Hauptstrecke Firenze – Livorno, Verbindungen nach Florenz halbstündlich (Dauer 75 Min., um 9 €), nach Livorno viertelstündlich (15 Min., um 3 €), nach Viareggio viertelstündlich (15 Min., um 4 €).

■ **Parken:** Die Parkgebühren betragen zwischen 75 Cent (Parcheggio Palazzo dei Congressi) und stolzen 3,50 € (Via Piave) die Stunde. Das Parcheggio di Piazza dei Miracoli kostet 3 € für die 1. Std. (jede weitere Std. 2 €), der an der Via di Pratale (3 km östlich der Piazza dei Miracoli) ist für Camper reserviert (vor- und nachmittags je 7 €, nachts 11 €); die Parkplätze an der Via Paparelli im Osten und an der Piazza Pietrasantina sind kostenlos; www.pisamo.it.

■ **Buslinie 1+** zwischen der Piazza Miracoli und dem Parkplatz Pietrasantina und der Piazza Miracoli und dem Bahnhof, Buslinie 11 zwischen Bahnhof und Parcheggio Via Paparelli; Ticket (70 Min. gültig) an Kiosken 1,70 € (10er-Block 15,50 €), beim Busfahrer 3 € (passend zahlen!), Tickets müssen entwertet werden; www.at-bus.it.

■ **Nach San Piero di Grado/Marina di Pisa/Tirrenia** (San Piero: 15 Min./um 2 €, Tirrenia: 30 Min./um 2,50 €) mit CPT-Linien 10 und 20, nach Certosa di Pisa/Calci mit Linie 120 (Dauer 45 Min./um 3 €), jeweils von der Autostazione an der Via Cesare Battiste (Sesta Porta, 300 m nordwestlich des Bahnhofs); www.at-bus.it.

8 **Rad- und Rollerverleih:** Toscana in Tour, Via della Faggiola 41, Tel. 333 2602152, www.toscanaintour.it, 9.30–20, Juli/Aug. bis 23 Uhr. Mit Online-Reservierung, Rad ab 20 €/Tag, Vespa ab 60 €/Tag.

■ **Bike-Sharing CicloPi,** Tel. 800 005640, www.ciclopi.eu. Rot-weiße Räder an 15 Verleihstationen, für Touristen interessant ist die Tageskarte (5 €, davon 1 € Gutschrift auf die Leihgebühren), erhältlich bei CicloPi, Piazza Vittorio Emanuele II, 9.30–13.30 Uhr; Aeroporto G. Galilei, 9.30–20.30 Uhr.

Mit dem Rad ans Meer: 13 km lang ist die 2021 eröffnete Strecke entlang der in den 1960er Jahren aufgelassenen Tramverbindung von Pisa nach Marina di Pisa; 3,5 m breite Fahrbahn, Ruhebereiche mit Bänken an den ehemaligen Bahnhöfen San Piero a Grado (romanische Kirche) und Marina Bocca d'Arno. Start in Pisa in der Via Nino Bixio in der Nähe der Kirche San Antonio.

Feste

■ Beim **Gioco del Ponte** treten die Stadtteile Tramontana und Mezzogiorno am letzten So im Juni auf der Brücke Ponte di Mezzo gegeneinander an und versuchen, einen Schlitten zu verschieben. Das Ganze wird von Umzügen begleitet, ein richtiges Volksfest, www.giocodelpontedipisa.it.

■ **La Luminaria di San Ranieri** zu Ehren des Stadtheiligen *Rainer* am 16. Juni in Pisa geht auf das 17. Jh. zurück, als der 1161 Verstorbene eine neue Urne erhielt und dazu erstmals ein Fest stattfand. Heute erhellen über 100.000 in Fenstern, auf Mauern, Türmen und Straßen aufgestellte Kerzen die ganze Stadt; am besten vom Arno-Ufer aus zu bestaunen. In der nächsten Nacht treten die Stadtviertel beim **Palio di San Ranieri** in Ruderbooten (die Gelbe, Rote, Grüne und die Himmlische Barke) auf dem Arno gegeneinander an. In jedem Boot sitzen acht Ruderer, ein Steuermann und ein Mann, der nach 1500 m nach dem Zielsymbol greift (2015 nahm erstmals in der Geschichte eine Frau teil).

■ **Certosa Festival** im Sommer im Kloster Certosa di Pisa in Calci. Opern und Konzerte im Ehrenhof, www.msn.unipi.it, www.certosafestival.it.

Einkaufen

Bücher

36 **Feltrinelli,** Corso Italia 50, Tel. 050 47072, www.lafeltrinelli.it. Großbuchhandlung mit umfangreichem Sortiment (auch Reiseführer und Straßenkarten), fremdsprachige Abteilung.

Kleidung/Mode

21 **Valenti,** Borgo Stretto 28/51/51, Tel. 050 580 750. Die letzten Schreie aus Mailand für Damen und Herren.

Allerlei

26 **Il Mercatino del Centro,** Via del Palestra 11, Tel. 050 5203958. Bücher, Räucherstäbchen, 2nd-

Hand-Kleidung, Geschirr, allerlei Firlefanz – eine wahre Fundgrube.

28 **Vecchia Pasticceria Siciliana,** Via Giuseppe Garibaldi 29, Tel. 050 970146, www.facebook.com/PasticceriaSicilianaPisa. Sizilianer sind wegen ihrer maurischen Vergangenheit die Großmeister der Süßigkeiten; hier gibt's den kompletten Überblick.

15 **Papini,** Lungarno Pacinotti 19, Tel. 050 580586, http://papinipisa.com. Seit 1930 versorgt Papini die Pisaner mit Fahrrädern und Vespas.

24 **Scarlatti 1896,** Borgo Stretto 18, Tel. 050 573 899. Zigarren, Pfeifen und Tabak aus aller Welt und Herrenpraktisches wie Rasierpinsel und Parfums.

Märkte

- **Mercato Paparelli,** Ecke Via Paparelli/Via del Brennero, www.mercatodipisa.com, Mi und Sa großer Markt mit Kleidung, Geschirr und Ramsch.
- **Mercato di Via San Martino,** kleinerer Wochenmarkt mittwochs und samstags mit viel Chinesischem.
- **Mercato di Marina di Pisa,** Juni bis Sept. So auf der Piazza Santissima Maria Ausiliatrice, Kleidung, Geschirr, Schmuck, Ramsch und etwas Obst und Gemüse, im Winter Di.

Aktivitäten

Parco Avventura Il Pineto, Via di Gualduccio, Marina di Pisa, Tel. 339 6662554, www.ilpinetoparcoavventura.it. Hochseilgarten für die ganze Familie am Meer, Juni–Mitte Sept. 10 Uhr bis kurz vor Sonnenuntergang, April, Mai, Mitte Sept.–Nov. Sa, So 14 Uhr bis kurz vor Sonnenuntergang, 27 €, Kind 15–24 €.

- **Golf & Country Club Cosmopolitan,** Via Pisorno 60, Tirrenia, Tel. 050 33633, http://cosmopolitangolf.it. 18-Loch-Platz, Par 72, 5313–6301 m, 70–90 €.
- **Golf Club Tirrenia,** Viale San Guido, Tirrenia, Tel. 050 37518, www.golftirrenia.it. 9-Loch-Platz, Par 36, 5556–6068 m, 38–50 € (18-Loch-Runde).

Gesundheit

- **Krankenhaus/Ospedale Universitario Pisano,** Via Roma 67, Tel. 050 992300, Notruf 118, www.ao-pisa.toscana.it, durchgehend im Dienst.
- **Apotheke/Farmacia Comunale,** Via Niccolini 6/A, Pisa, Tel. 050 560258, www.farmaciecomunalipisa.it, 24 Std. tgl. geöffnet.

Viareggio

- 5 m üNN, 66.500 Einw., Pisa 25 km

Viareggio hat den Spagat geschafft, Industriestadt und Badedestination zu sein. Die Werften für Edeljachten genießen Weltruf, und die Besucher der Jugendstilidylle an der Strandpromenade füllen im Sommer die Hotels.

In Viareggio nördlich der Naturschutzgebiete von Migliarino, San Rossore und Massaciùccoli beginnt wieder die Zone mit breiten Stränden, weißem Sand und mit der ordentlichen, wie mit dem Lineal gezogenen Aufstellung von Schirmen und Liegen. Sie endet erst dort wieder, wo auch die Toskana endet, bei Marina di Carrara. Nördlich davon reichen die Ausläufer des Apennin bis ans Ufer und lassen keinen Platz mehr für Strand.

Geschichte

Bis ins 18. Jh. war die ganze Gegend **Sumpfgebiet,** der Lago Puccini bzw. Lago di Massaciùccoli mit den anschließenden Lagunen direkt im Hinterland ist ein Überbleibsel und Erinnerung an

Die Badeorte der Riviera della Versilia

Verlässt man Livorno nach Norden, gelangt man hinter den Hafen- und Industrieanlagen und jenseits der Mündung des Fosso Scomatore dell'Arno zum ersten Strandabschnitt der Versilia-Riviera: Tirrenia (den Fosso grub man übrigens erst 1954, um bei Fluten Wasser des Arno ableiten zu können). Man passiert einige Campingplätze und Hotels, bevor man an einen ersten kurzen, freien Abschnitt gelangt. Ab hier ist die Randbebauung monumental, eine ganze Kette ehemaliger Ferienheime, die zu Apartments gewandelt wurden und werden. Zwischen ihnen befinden sich Zufahrten zu bewirtschafteten Abschnitten, deren Abstand zueinander meist die Aufstellung eines eigenen Schirms erlaubt. Feinsandig und bis zu 100 m breit ist der Strand. Auf 6 km ändert sich nicht viel, außer dass die Bebauung mit Großgebäuden endet. Badeanstalt reiht sich an Badeanstalt, der Strand bleibt gleichmäßig breit. Erst etwa in Höhe des Lido del Carabiniere (der wirklich exklusiv von der Polizeitruppe genutzt wird) ändert sich das Strandbild.

Fast schon in Marina di Pisa angelangt, wird der Strand über eine Strecke von 2 km immer schmaler, und um ihn vor weiterer Abtragung zu schützen, sind Molen im Wasser verbaut und bilden Becken (in denen schon im Frühsommer von Familien mit kleineren Kindern geschätzte angenehme Temperaturen herrschen). Auch hier reihen sich die stabilimenti aneinander. 2 km ist der Lungomare von Marina di Pisa lang, in weiten Bereichen nicht bewirtschaftet, großteils allerdings mit weißen Wackersteinen belegt. Auch die Bebauung der Uferstraße entspricht nicht den gängigen Vorstellungen von

325t sk

sommerlichem Urlaubsort: Niedrige Wohnhäuser bilden eine einheitliche Front. Am kleinen Hafen endet der Küstenabschnitt.

Jenseits der Mündung des Arno beginnt die geschützt Zone des **Parco Naturale Migliarino – San Rossore – Massaciùccoli,** in den nur an einer Stelle von der 2 km küstenabseits verlaufenden Via Aurelia eine Stichstraße hineinführt. Auf ihr gelangt man via Migliarino zu einem der schönste Strände, der Marina di Vecchiano an der Mündung des Serchio mit der Osteria del Parco. Hier finden sich zwar auch einige stabilimenti, doch nach Norden hin geht es zu Fuß in die Einsamkeit. Der Marsch in Richtung Süden endet an der Flussmündung.

3 km nördlich der Marina di Vecchiano kündigt sich das finale Badeerlebnis der Versilia mit der **Marina di Torre del Lago** an. Hier gibt es noch einmal längere freie Strandabschnitte. 3 km nördlich beginnt aber die durchgängige – und nur selten durch frei zugängliche Strände unterbrochene – Bewirtschaftung, die von Viareggio bis Marina die Carrara reicht: Zehntausende Schirme und Liegen in Reih und Glied. Ein nennenswert großer freier Abschnitt findet sich hier nur noch etwas südlich der Einmündung des Fiume Versilia bei Marina di Montignoso. Ab hier werden die Strände Richtung Norden, bislang 100–250 m breit, immer schmaler, Molen schützen den Sand vor Abtragung, nicht aber vor stabilimenti balneari. Unbewirtschaftet ist vor der Grenze zu Ligurien nur noch der steinige Abschnitt am Lungomare di Ponente in Marina di Carrara.

◁ Die Riviera: Feiner Sand, flaches Wasser, blauer Himmel – Strandurlaub wie er sein soll

die ehemals unwirtliche Landschaft. 1172 errichtete Lucca in der **malariaverseuchten Gegend** an der Mündung des Kanals Burlamacca, der es mit dem Meer verband, ein **Kastell,** um seinen Meereszugang gegen die Seemacht Pisa zu verteidigen – bei den Soldaten ein unbeliebter Posten. Der Name Castrum de Via Regia spielte auf die Lage an der (von den deutschen Kaisern auf ihren Reisen in den Süden bevorzugten) Route an, die bei Viareggio ufernah verlief. Erst mit dem Bau einer stärkeren Befestigungsanlage 1543 entwickelte sich das Fort zu einem kleinen Ort mit Kirche.

In der ersten Hälfte des 18. Jh. begann die **Trockenlegung** der Sümpfe mit dem Bau von Entwässerungskanälen, die 1741 fertiggestellt waren. 1820 erlangte Viareggio **Stadtrecht.**

Paolina Bonaparte, die Schwester *Napoleons,* läutete mit der Wahl des Lebensmittelpunktes für ihre letzten Jahre auch den **Tourismus** ein. Sie ließ sich in Viareggio eine Villa errichten. Drei Jahre nach ihrem Tod entstanden die ersten beiden Badeanstalten, und nach und nach verbrachten hier immer mehr Adelige aus ganz Europa ihre Sommerfrische. Viareggio wurde im frühen 20. Jh. zur „Perle des Tyrrhenischen Meeres". Entlang der Uferpromenade entstanden Gebäude mit Restaurants, Cafés und mit Badeanstalten, züchtig nur Männer oder nur Frauen einlassend. 1917 brannte die gesamte aus Holz errichtete Strandzeile ab. Der **Jugendstil** hielt Einzug, und mit ihm eine massivere Bauweise.

Konnte Viareggio noch zwischen den Kriegen an eine glänzende Zeit anknüpfen, nach 1945 war das internationale Flair verloren. **Mondän** präsentiert es sich aber immer noch mit Restaurants,

Cafés und Bars entlang der Strandpromenade und natürlich mit jeder Menge Edelboutiquen, damit sich die Feriengäste nach dem Sonnenbad die Zeit mit Shopping vertreiben können.

Am 29. Juni 2009 geriet Viareggio in die Schlagzeilen, als im Bahnhof ein **Zug mit Flüssiggas explodierte.** Zahlreiche Tote und Verletzte waren zu beklagen.

Sehenswertes

Der **Hafen** an der Mündung des Kanals Burlamacca ist von den gewaltigen Hallen der Werften umstanden. In den Becken strahlen die weißen Aufbauten der mehrstöckigen **Luxusjachten,** die Masten der eleganten Rennsegler stechen ins Himmelblau. Jachtbau ist keine schmutzige Angelegenheit. So sauber die Decks, so sauber scheinen auch die Fertigungshallen. Presslufthämmer und kreischende Metallsägen sind offensichtlich verpönt. Namen wie der im Jahr 1600 gegründete, heute zur Perini-Gruppe gehörende Schiffsbauer *Picchiotti, Codecasa, Benetti* oder *Sanlorenzo* klingen in den Ohren arabischer Potentaten und italienischer Industrieller.

Entlang der Promenade verläuft ein breiter Radweg, das **Fahrrad** ist das Verkehrsmittel der Wahl in Viareggio.

Das kleine **Seewesenmuseum** widmet sich der Geschichte der Seefahrt in Viareggio, der Werfttechnik, der Ausrüstung und zeichnet das Leben der Seeleute, der Werftarbeiter und Zimmerleute nach.

■ **Museo della Marineria Alberto Gianni,** Via Pescheria 9, Tel. 0584 371413, Di–So 18–23, Winter Mi–So 15.30–19, So auch 9.30–13.30 Uhr, 3 € (Kombiticket mit Villa Paolina und Galerie 10 €).

In der **Villa Paolina Bonaparte** teilt sich das **Stadtmuseum** in drei Abteilungen. Das **Musikinstrumentenmuseum** hat 400 Instrumente im Fundus, von denen etwa 200 ausgestellt werden, darunter eine putzige Taschenvioline aus dem 17. Jh. und Instrumente aus napoleonischer Zeit, die der mit *Paola Bonaparte* bekannte Komponist *Giovanni Pacini* (1796–1867) gesammelt hatte. Das **Archäologische Museum** zeigt Funde aus der Umgebung und konzentriert sich auf Schulklassen. Die **Wohnräume** von *Napoleons* Schwester geben sich in einem eher bürgerlichen denn kaiserlichen Stil und sind mit neoklassischer und orientalischer Einrichtung hell und nicht übertrieben elegant gehalten.

■ **Museo degli Strumenti Musicali/Museo Archeologico e dell'Uomo/Appartamenti Monumentali,** Via Machiavelli 2, Tel. 0584 966346, 15. Juni–31. Aug. Di–So 18–23, sonst Mi–So 15.30–19.30, So auch 9.30–13.30 Uhr, 3 € (das Kombiticket mit Galerie und Museo della Marineria kostet 10 €).

Torre del Lago Puccini

Puccini hat sich ja an den verschiedensten Orten aufgehalten und dort angeblich die wichtigsten Passagen der wichtigsten Werke komponiert, der Lago di Massaciùccoli aber ist eine verbindliche Adresse: Hier steht die zweite **Puccini-Villa,** die seine Enkelin gewinnbringend als Museum verwaltet. Alle 40 Minuten öffnet sich das Gartentor, und ein Pulk Musikliebhaber wird eingelassen. Das Piano, auf dem er so viele seiner Melodien entwickelt hat, ist zu sehen, ebenso wie seine Gewehre, die Trophäen des

Art déco, Liberty, Jugendstil

Das Gebäude Emporio Duilio 48 (1927–30) zeigt sich mit der „48" an der beschwingten Fassade und entstand als Filiale des Florentiner Geschäftes des in Österreich geborenen und 1944 in Auschwitz ermordeten Joseph Siebzehner. Wunderschön ist an der Promenade auch das Chalet Martini (Viale Margherita 2) von 1899 (an dessen Bau Tito Chini mitgewirkt hat), das als einzige Strandbebauung das Feuer von 1917 überlebt hat. Auch die Jugendstilfassade des 6 Hotel Liberty (Viale Daniele Manin 18) kann sich sehen lassen, und im 9 Grand Caffè Margherita (mit der Buchhandlung Mondadori, Viale Margherita 30), heute ein Restaurant, ist sogar die Inneneinrichtung noch erhalten. Geschaffen haben es Galileo Chini (→ Kap. 1/Borgo San Lorenzo) und Alfredo Belluomini, der auch für das Bagno Balena (Viale Margherita 42) verantwortlich zeichnete. Mit ihm hat sich eine historische Badeanstalt in unsere Zeit hinübergerettet. Vom einstigen Glanz zeugen die prachtvollen Fassaden der Hotels Principe di Piemonte (1922) und Excelsior (1925) am Lungomare. In der Via Michelangelo Buonarroti 209 (Ecke Piazza Puccini) steht Viareggios Villa Puccini, 1921 fertiggestellt und von Puccini bezogen, da das Klima von Torre del Lago seiner Gesundheit zu abträglich war und weil man dort seine Aussicht verbaut hatte. 2014 in Besitz der Puccini-Stiftung gelangt, finden im Sommer Führungen statt (→ „Viareggio: Zugabe!").

Perle des Art déco: das Gebäude Emporio Duilio 48

107t sk

Viareggio
0 200 m
©Reise Know-How
Toska08 4/24
Lido di Camaiore, Massa, Carrara
Übernachtung
4 Nice
5 Tirrenia
6 Liberty
10 Plaza e de Russie
16 Camping Viareggio
Essen und Trinken
2 Giallo Viareggio
7 Laboratorio del Gelato
8 Ngochi Beach Food
9 Gran Caffè Margherita
11 Sea Gull's Beach
12 La Barchina Fish & Fried
14 La Darsena
15 Bistrot La Dolce Vita
Nachtleben
1 Fanatiko
13 Maki Maki
Aktiv
3 Radverleih Patrizia No 2
Villa Puccini
Principe di Piemonte
Via Marco Polo
Cimitero
Pineta di Ponente
Aurelia Nord
Via Lepanto
Via N. Sauro
Via Pascoli
Cittadella del Carnevale di Viareggio
Excelsior/Grand Hotel
Via V. Gioberti
Via G. Leopardi
Via Pacinotti
Via Saffi
Via Goia
Via Vespucci
Via Leonardo da Vinci
Piazza Piave
Galleria d'Arte Moderna e Contemporanea
Via XX Settembre
Piazza Mazzini
Hauptbahnhof
Via Mazzini
Via San Martino
Via Verdi
Markt
Via G. Zanardelli
Via Cairoli
Bagno Balena
Ligurisches Meer
Museo degli Strumenti Musicali/ Museo Archeologico e dell'Uomo/ Appartamenti Monumentali
Via N. Machiavelli
Bus nach Camaiore
Chalet Martini
Piazza d'Azeglio
Via G. Matteotti
Via Cavallotti
Emporio Duilio 48
Corso Garibaldi
Via S. Francesco
Canale Burlamacca
Villa Borbone
Pisa, Livorno
Via Cavalcia
Hafen
Darsena Europa
Darsena Italia
Museo della Marineria Alberto Gianni
Via Coppino
Via Savi
Via Virgilio

passionierten Jägers und sein Schlafzimmer. Beigesetzt ist er in einer Kapelle neben seinem Arbeitszimmer, die deshalb als einziger Raum nicht so wie zu seinen Lebzeiten belassen werden konnte. Vor der Villa steht *Puccini* in Bronze, und es ist fast Pflicht, dass die Damen ihm ein Küsschen auf die Wange drücken.

■ **Villa Museo Puccini,** Viale Giacomo Puccini 266, Tel. 0584 341445, www.giacomopuccini.it, außer Mo vormittags tgl. April–Okt. 10–12.40, 15–18.20, Feb.–März 10–12.40, 14.30–17.50, Dez./Jan. 10–12.40, 14–17.20, Nov. nur Sa/So 10–12.40, 14–17.20, Juli/Aug. 10–12.40, 16–20.40 Uhr, außer Juni-Sept. Mo vormittag geschlossen, 7 €.

Im Juli und August gibt es auf der am Ufer des 700 ha großen Sees liegenden und wie ein Schrottplatz wirkenden **Bühne** der Fondazione Festival Pucciniano abendliche Aufführungen von Puccini-Opern.

■ **Biglietteria,** Via delle Torbiere, Tel. 0584 427 201, www.puccinifestival.it, Tickets je nach Sitzplatz 20–170 €.

Camaiore

Sympathisch gibt sich das Örtchen abseits der Küste schon fast in den Bergen, 11 km nordöstlich von Viareggio. Die kleine Fußgängerzone rund um den Hauptplatz mit dem Uhrenturm und dem Stadttor (mit Freskenresten aus dem 17. Jh.) ist wie eh und je, wenn die Gassen schattiger werden, die Flaniermeile der Einheimischen, auf der sich Jung und Alt trifft. Mit dem Rummel an der Küste hat man nichts zu tun. Die **Kollegiatskirche** aus dem 13. Jh. auf der Piazza birgt links neben dem Eingang ein gotisches Taufbecken aus dem Jahr 1387 mit Relieffiguren, die in ihrer fast abstrakten Einfachheit eine kraftvolle Wirkung entfalten. Das Becken dahinter stammt aus derselben Zeit. Der Rest der Kirche ist barockisiert.

■ **Collegiata Santa Maria Assunta,** Piazza San Bernardino di Siena, 7–12, 16–19 Uhr.

200 m südlich des Hauptplatzes steht das im 11. Jh. gebaute einräumige romanische **Kirchlein San Michele** mit offenem Dachstuhl und Apsis. Gegenüber im ehemaligen Pilgerhospiz zeigt das kleine, aber feine **Museum für Sakralkunst** Sakralgegenstände und -kleidung und durchaus wertvolle Objekte wie eine aus Holz geschnitzte Madonna mit dem Kind vom Ende des 13. Jh oder einen auf das Jahr 1517 datierten Wandteppich mit dem Letzten Abendmahl. Glanzstück: das Polyptychon aus der Badia di San Pietro (s.u.).

■ **Museo d'Arte Sacra,** Via IV Novembre 71, Tel. 0584 984182, https://museoartesacracamaiore.cfs.unipi.it, Juni–Sept. Di/Do 17–19, Sa 17.30–19.30, sonst Di/Do/Sa 15.30–18 Uhr.

Das **Archäologische Museum,** dem Sakralmuseum schräg gegenüber, widmet sich in 13 Räumen mit Videoclips, Touchscreens und einer Ausgrabung in situ der regionalen Vergangenheit.

■ **Museo Archeologico,** Piazza Francigena, Tel. 0584 9861, Di–Fr 9–12.30, Mai–Sept. Sa/So 10–13, 17–20, Winter Sa/So 10–13, 15–18 Uhr, 4 €.

Bedeutendstes Gebäude ist aber die **Basilika San Pietro** der gleichnamigen, im

Viareggio: Zugabe!

Città di Carnevale – im Karnevalsmuseum erfährt man alles über die Umzüge und sieht in den Hallen die von wahren Künstlern aus Pappmaschee hergestellten Figuren; Cittadella del Carnevale di Viareggio, Via Santa Maria Goretti, Tel. 0584 53048, http://viareggio.ilcarnevale.com, Juni–Aug. Mi–So 9–13, Sa auch 15–19, sonst Mi–So 15–19, Sa auch 9–13 Uhr, 5 €.

■ **Galleria d'Arte Moderna e Contemporanea** – umfassende Werkschau des als Sohn der Stadt geborenen Malers und Schriftstellers *Lorenzo Viani* (1882–1936) und international gewürdigte Grafiksammlung; Piazza Mazzini (Palazzo delle Muse), Tel. 0584 581118, https://gamc.it.15. Juni–31. Aug. Di–So 18–23, sonst Mi–So 15.30–19.30, So auch 9.30–13.30 Uhr, 8 € (Kombiticket mit Villa Paolina und Museo della Marineria 10 €).

■ **Villa Borbone** – 3 km südlich des Zentrums von Viareggio gelegene einstige Jagdvilla und späterer Palast der Herzogin von Lucca, *Maria Luisa von Spanien* aus dem Hause *Bourbon*, mit dem Mausoleum der Familie und einer schönen Gartenanlage; Viareggio, Viale dei Tigli (Km 490), Tel. 0584 359950, Gärten Aug. Mo–Fr 9–12.30, Mo/Mi auch 15–17 Uhr, Villa derzeit nur bei Veranstaltungen offen.

■ **Casa Natale Giosuè Carducci** – eher für Eingeweihte ist in Pietrasanta das Geburtshaus des Poeten *Giosuè Carducci* (1835–1907) von Bedeutung, die Ausstellung widmet sich Leben und Werk; Via Valdicastello 185, Pietrasanta, Tel. 0584 7951, Juli/Aug. Di–So 17–20, sonst Di 9–12, Sa/So 15–18 Uhr.

■ **Villa Puccini Viareggio** – Führungen durch die z.T. noch original möblierte Villa; Viale Michelangelo Buonarroti Ecke Piazza Puccini, Tel. 0583 1900379, Führungen an mehreren Samstagen im Jahr, Infos unter lucca@delegazionefai.fondoambiente.it.

8. Jh. an der Frankenstraße gegründeten Benediktinerabtei am östlichen Stadtrand neben dem Friedhof. Das Kirchengebäude aus behauenem Naturstein stammt aus dem 12. Jh. Der moderne Altar mit dem kleinen, darüber hängenden Tafelkreuz steht fast verloren in dem klaren und strengen Inneren mit den kantigen Tragsäulen. Wertvollster Besitz war das heute im Museum aufbewahrte Altar-Polyptychon von *Francesco d'Andrea Anguilla* aus dem 15. Jh. In der Kirche befindet sich eine Kopie an der Seitenwand vorne im linken Seitenschiff. Der versetzte Barockaltar trägt ein Gnadenbild: Madonna della Pietà. Die beiden ersten Säulen links zeigen Fresken aus dem 14. Jh. Die bunte Verglasung der Schlitzfenster ist neuesten Datums.

■ **Badia di San Pietro,** Via Badia, Tel. 0584 989210, 8–19 Uhr.

Pietrasanta

Ganz anders als Camaiore zeigt sich Pietrasanta 12 km nördlich von Viareggio, obwohl es ebenso abseits der Küste liegt. Hier ist man ganz auf **Tourismus** eingestellt. **Kunst** im öffentlichen Raum gibt den Rahmen für Kulturinteressierte, zahlreiche Cafés und Restaurants haben ihre Tische in die Gassen gestellt. Wie in Carrara, so hat auch in Pietrasanta der **Marmor** das Sagen, doch in Carrara läuft alles industriell und im großen Stil ab, in Pietrasanta herrschen die Hand-

[>] Strandbad in Viareggio

werksbetriebe, die Unternehmer mit künstlerischem Anspruch, die Familienwerkstätten vor. Außerdem ist Pietrasanta für seine kunsthandwerklichen Bronzegüsse bekannt. Das **Skizzenmuseum** beim Hauptplatz stellt Modelle von Kunstwerken (19./20. Jh.) aus den verschiedensten Materialien aus, die gefertigt wurden, bevor die Künstler den Marmor bearbeiteten oder den Bronzeguss begannen. Weitere Ausstellungsräume des Museums (mit Modellen) befinden sich im **Palazzo Panichi** in der Via Marzocco 1.

■ **Museo dei Bozzetti,** Via Sant'Agostino, Tel. 0584 795500, www.museodeibozzetti.it, Hauptbau Mitte Juni–Mitte Sept. Mo 9–13, Di–Sa 9–13, 19–24, So 19–24, sonst Di–Fr 9–13, 14–19, Sa 14–19, So 16–19 Uhr; Palazzo Panichi Sa/So Sommer 19–24, Winter 10–13 Uhr.

Direkt am Domplatz zeigt das **Archäologische Museum** die Funde aus der Versilia und beleuchtet die Prähistorie mit Keramikscherben, die etruskische Zeit und das Mittelalter und endet erst bei der Renaissance.

■ **Museo Archeologico Versiliese,** Piazza Duomo, Tel. 0584 795500, April-Okt. Di–So 10–13, 16–19, sonst Di–So 16–19, Sa/So auch 10–13 Uhr.

Die **Kathedrale San Martino** trägt natürlich eine Marmorverkleidung, verwunderlich nur, dass man den 36 m hohen Campanile ausgespart und im Ziegel-Look belassen hat. Eine Wendeltreppe, die möglicherweise unter Mitarbeit *Michelangelos* entstand, führt in 100 Stufen auf die Spitze. Der dreischiffige Dom wurde als Pfarrkirche zu Beginn des 14. Jh. errichtet und 1387 zur Kollegiats-

277t sk

108t sk

kirche erhoben. Im Inneren hat sich vornehmlich das barocke 17. Jh. verewigt. Die Kanzel haben drei Künstler gestaltet. Der sechseckige, reliefgeschmückte Korb stammt von *Donato Benti* (1508), der Fuß (1504) von *Lorenzo Stagi*, die gewendelte Treppe hat *Andrea Baratta* 1696 beigesteuert. Im Baptisterium aus dem 17. Jh. in der Via Garibaldi um die Ecke steht das oktogonale Taufbecken von *Bonuccio Pardini* (14. Jh.). Am zweiten, wie eine Bonbonniere gestalteten Becken haben ebenfalls mehrere Künstler gearbeitet, darunter *Donato Benti* und *Fabrizio Pelliccia*, der es 1612 vollendete.

In der Fußgängerzone der von Kunstgalerien gesäumten Via Stagio Stagi unterzeichnete im Haus Nr. 1 am 10. März 1518 **Michelangelo Buonarroti** den Kontrakt für die Fassadengestaltung der Kirche San Lorenzo in Florenz, eine seiner bedeutendsten Auftragsarbeiten.

Nun kann man sich auf Entdeckungstour durch die Werkstätten und Läden von Pietrasanta begeben. Die **Ateliers** sind zahlreich (fast 25!), und die Bandbereite reicht vom Kitsch für Kreuzfahrttouristen bis zu ernsthaften Ergebnissen künstlerischen Schaffens. Hinzu kommen um die 15 Marmorbetriebe und fast zehn Gießereien, unter denen die **Fonderia Artistica Versiliese** zu den renommiertesten zählt und für die Kopien der Paradiespforte am Florentiner Baptisterium erwählt wurde.

■ **Fonderia Artistica Versiliese,** Via del Castagno 23, www.fonderiaversiliese.it.

Kopien klassischer Skulpturenkunst und Auftragsarbeiten für bekannte Künstler fertigt der **Marmorbetrieb Massimo Galleni** in höchster Qualität an.

■ **Massimo Galleni,** Via Torraccia 5, www.gallenimassimo.it.

109t sk

Sant'Anna di Stazzema

12 nordöstlich von Pietrasanta auf 650 m üNN zwischen den dichten Kastanienwäldern gelegen, war Sant'Anna eines der Dörfer in den Bergen, die 1944 ins Visier der **deutschen Partisanenbekämpfung** gerieten. Am 12. August 1944 umzingelten Truppen der Division „Reichsführer SS" das Dorf, trieben über 120 Frauen, Kinder und Alte zusammen (die jungen Männer konnten sich vorher absetzen) und erschossen sie. In weiteren Weilern der Umgebung starben nochmals fast 300 Menschen, die man zusammentrieb, mit Handgranaten in die Luft sprengte oder erschoss. Anschließend wurden die Leichen verbrannt, die Häuser zerstört. Erst 2004 klagte Italien die noch lebenden Soldaten an und verurteilte sie in Abwesenheit. In Deutschland ermittelte die Staatsanwaltschaft ab 2012, das letzte Verfahren stellte sie aber im Mai 2015 ein. Der wohl zu Recht des Mordes an 342 Menschen Beschuldigende war inzwischen wegen seiner schweren Demenz dauerhaft verhandlungsunfähig geworden. Ein **Museum** erinnert an die Geschehnisse, oberhalb von ihm markiert im **Parco della Pace** („Friedenspark") ein Turmbau (Monumento Ossario) die Begräbnisstätte der Opfer, 10 Min. sind es zu Fuß hinauf auf der Via Crucis, vorbei an den Stationen zur Geschichte des Massakers.

■ **Museo Storico della Resistenza Sant'Anna di Stazzema,** Tel. 0584 772025, www.santannadistazzema.org, März–Aug. Di–Sa 9–18, So 10.30–18.30, sonst Di/Do–Sa, So 14–18 Uhr.

Praktische Informationen

Touristeninformation

■ **Ufficio Turismo Viareggio,** Viale Regina Margherita 1, Tel. 331 2662696, Mo–Sa 9–13, 15–18 Uhr.

■ **Ufficio Turismo Camaiore,** Viale Cristoforo Colombo 127, Lido di Camaiore, Tel. 0584 617766, www.versiliainfo.com, Sommer tgl. 9–13, 16–20 Uhr.

■ **Ufficio Turismo Pietrasanta,** Piazza Statuto, Tel. 0584 283375, www.comune.pietrasanta.lu.it, Sommer tgl. 9–13, 15–20 Uhr.

Unterkunft

10 **Plaza e de Russie**④, Piazza d'Azeglio 1, Tel. 0584 44449, www.plazaederussie.com. Luxushotel in der ersten Reihe und eines der ältesten; spektakuläre Aussicht beim Frühstück auf der Dachterrasse, zuvorkommendes Personal und 50 etwas ältliche Zimmer.

6 **Liberty**③, Lungomara Manin 18, Tel. 0584 46247, www.hotellibertyviareggio.it. Der Name verpflichtet – von außen zeigt sich das Drei-Sterne-Haus mit 40 Zimmern direkt an der Strandpromenade in schönstem Jugendstil, das Innere ist elegant-modern auf der Höhe der Zeit.

5 **Tirrenia**②-③, Via San Martino 23, Tel. 0584 49641, www.tirreniahotel.it. Kleines, modernes Drei-Sterne-Haus in der zweiten Reihe mit vorzüglich renovierten Bädern und praktisch-komfortabel eingerichteten 15 Zimmern.

4 **Nice**①-②, Via IV Novembre 168, Tel. 0584 44275, www.instagram.com/nice_hotel_viareggio. Zwei-Sterne-Haus mit acht Zimmern in dritter Reihe, sauber und günstig.

Außerhalb

Unser Tipp: **Bacco** ③, Via Rosi 24, **Lido di Camaiore,** Tel. 0584 619540, http://bacco-hotel.com. Sehr angenehmes Haus der gehobenen Drei-Sterne-Klasse in einem kleinen Park mit Pool, ruhige Lage 150 m vom Strand, 28 komfortable, mit hellem Holz freundlich gestaltete Zimmer, große Fensterflächen, unter deutschsprachiger Leitung, in der Hochsaison nur mit Halbpension.

■ **B&B Antico Frantoio**②, Via Cannoreto, 369, **Pietrasanta** (3 km außerhalb), www.facebook.com/relaisanticofrantoio. In toller Lage in einer alten Ölmühle, geschmackvoll eingerichtet, schöne Terrasse und liebenswürdige Gastgeberin.

Camping

16 **Camping Viareggio,** Via Comparini 1, Tel. 0584 391012, www.campingviareggio.it, April–Sept. Zwischen Torre del Lago und Viareggio (VaiBus Nr. 31/32), schöner, sauberer und überschaubarer Platz abseits des Meeres (1 km durch die Pineta ans Wasser) mit allen Annehmlichkeiten, auch Bungalows und Apartments, Restaurant, Bar, Laden, Pool.

Essen und Trinken

14 **La Darsena**③-④, Via Virgilio 150, Tel. 0584 392 785, www.trattorialadarsena.it, Mo–Sa 12–14.30, 19.30–22, So 12–15 Uhr. Im Werftbereich, eines der Flaggschiffe der Gastronomie in der Stadt, beste Fischküche, die ihren Preis hat; wer sich dafür entscheidet und rohes Meeresgetier liebt: Die *crudita di mare* ist opulent und exzellent.

9 **Gran Caffè Margherita**③, Viale Margherita 30, Tel. 0584 581143, www.caffemargherita.it, tgl. 8–24 Uhr. Als Café früher eine Institution, heute ein Muss für ein Abendessen in elegantem Jugendstilambiente, mit einfachen, guten Gerichten wie Spaghetti mit frischen Tomaten und Basilikum oder warmen Meeresfrüchten auf Salatbett, oder raffinierter mit viel Fisch; vornehmlich touristisches Publikum und gehobene Preise – noblesse oblige.

11 **Sea Gull's Beach**②, Piazza Campioni 4, Tel. 0584 961825, https://ristseagull.wixsite.com/seagull. Sommer tgl. 12–14.30, 19–23, Winter Do/Fr 19–22.30, Sa/So 12–14, 19–22.30 Uhr. Von guter Pizza bis zu Fisch und Meeresfrüchten. Seit 1930 im beliebten Restaurant beim Dori-Strandbad.

15 **Bistrot La Dolce Vita**②, Via Michele Coppino 307, Tel. 0584 319822, www.facebook.com/BistrotLaDolceVita, Do–Mo 12–15, 19–23, Mi 19–23 Uhr. Gute Fischküche (das Auge isst mit!), unterkühlt gestyltes Ambiente im Hafen und faire Preise.

8 **Ngochi Beach Food**②, Bagno Colombo, Tel. 324 7447462, www.instagram.com/ngochi.beachfood, Sommer 9–19 Uhr. Drinks, Gerichte wie Pasta, Burger und Fischsalat und dazu coole Musik am Strand – gut für einen Mittagssnack oder Aperitif.

2 **Giallo Viareggio**②, Viale Marconi 91, Tel. 0584 30757, www.gialloviareggio.it, Mo–Sa 12–15, 17.30–24, So 12–24 Uhr. Comfort- und Fingerfood zwischen schrillen Farben und die vielleicht besten Cocktails an der Promenade.

Unser Tipp: 12 **La Barchina Fish & Fried**①, Lungo Molo del Corrado Greco, Tel. 347 7212848, www.facebook.com/LaBarchina, im Sommer 12–23 Uhr. Eine Mole, daran ein Boot, darauf ein Kiosk, darin eine kleine Küche, davor eine lange Schlange. Mehr als Fish'n'Chips – nicht alles ist unbedingt frittiert, köstlich die Sardinen, gut die Pommes, köstlich die *gamberi;* keine Tische, alles aus der Hand.

Außerhalb

■ **Le Monache**②-③, Piazza XXIX Maggio 36, **Camaiore,** Tel. 339 1976565, www.lemonache.com, Do–Di 18–23.45 Uhr, im Winter So geschl. Restaurant zwischen zwanglos elegant und leicht rustikal mit klassischer Spezialitätenküche nach in der Familie seit 100 Jahren vererbten Rezepten; auch **Zimmervermietung**②.

■ **La Cantina da Bruno**①-③, Via Italica 61, **Lido di Camaiore,** Tel. 0584 67624, www.lacantinadabruno.com, Fr–Mi 19.30–23.30, Sa–Mi auch 12.30–14.30 Uhr. 5 km nördlich von Viareggio speist man bei *Bruno* vorzügliche Fischgerichte in gemütlicher informeller Atmosphäre; auch hervorragend: Pizza aus dem Holzofen und die Nachtische.

Le Bar à Vins②, Via Barsanti 4, **Pietrasanta,** Tel. 0584 631120, www.lebaravins.it, tgl. 12–16, 19–22 Uhr, Sa u. So bis 23 Uhr. Organisch angebauter Wein, handgemachtes Bier, ein paar Tische in der Gasse, kleiner Gastraum für die kalte Zeit, Tapas und Spezialitäten wie *trippe* (Pansen) und *lampredotto* (Labmagen); ab und an Veranstaltungen wie Bauchtanz mit Weinverkostung.

UNSER TIPP: **La Mariposa**②, Via Primo Maggio 1/D, **Pietrasanta,** Tel. 329 9848618, www.instagram.com/lamariposagastronomia, tgl. 8.30–21 Uhr. Die Gastronomia Mariposa will erklärtermaßen nicht in der oberen Liga mitspielen, was aber nicht heißt, dass die Gerichte nicht exzellent zubereitet werden (und ein bisschen tiefstapeln ist immer gut) – für das schnellere Essen etwas abseits des Touristenstroms unter Einheimischen; probieren: Meeresfrüchtesalat.

■ **L'Antica Macelleria**③, Piazza Giordano Bruno 7, **Pietrasanta,** Tel. 0584 70105, www.anticamacelleriapietrasanta.it, tgl. 12.30–14, Di–So auch 19.30–23 Uhr. Die ganze Liebe des Wirts gilt dem Fleisch – ob in Wurst- und Schinkenform als *tagliere di affettati*, roh als *tartare di chianina* oder, fast ebenso roh, als *fiorentina*. Der rustikale Gastraum fungiert zugleich als Enoteca.

Süßes

7 **Laboratorio del Gelato,** Viale Ugo Foscolo 11, Tel. 0584 960838, www.facebook.com/laboratoriodelgelato, Mi–Mo 13–20.30 Uhr, im Sommer auch länger. *Die* Eisdiele in Viaraggio, deren Sorten viele als die besten der Stadt erachten – nicht die größte Auswahl, aber supercremig und in knusprigen Waffeln; außerdem: Granita, Kaffee und Torten.

Apero und Abend

1 **Fanatiko,** Via Guglielmo Marconi 102, Tel. 0584 51610, www.instagram.com/fanatiko.viareggio, Di–So 9–1 Uhr. Gute Cocktails in angesagter Lounge an der Strandpromenade, teilweise Livemusik.

13 **Maki Maki,** Viale Europa 23, Tel. 392 3377335, https://makimaki.it, im Hochsommer tgl., sonst Fr/Sa ab 21 Uhr. Im Sommer herrscht in der Disko mit Restaurant, Lounge und Openair-Bereich heilloses Gedränge.

Außerhalb

■ **Mamamia,** Viale Europa 5, **Torre del Lago,** Tel. 393 2239322, www.facebook.com/mamamiatdl. Im Sommer jeden Tag Megaparty mit heißer Musik und Shows, viele Schwule.

■ **Ostras Beach,** Viale Roma 123, **Marina di Pietrasanta,** Tel. 0584 267170, www.ostrasbeach.com. Beach Club mit Lounge-Bereich und am Wochenende Freiluftdisco mit bekannten DJs.

Verkehr

■ **Bahn:** Stazione di Viareggio, Piazzale Dante Alighieri, an der Küstenstrecke Livorno–Pietrasanta–Carrara–La Spezia, Verbindungen nach Livorno halbstündlich bis stündlich (30–40 Min., um 4 €),

Torta di Ceci

An der ganzen toskanischen Küste ist der Fladen aus Kichererbsenmehl, Olivenöl, Salz und Wasser bekannt und beliebt. Wer als Pizzeria etwas auf sich hält, packt auch die Torta di Ceci (auch „Cecina" oder „Fainà" genannt) in den Ofen. Im Gegensatz zur Pizza backt die Cecina in einer runden Metallform. Sie wird meist pur (höchstens mit etwas schwarzem Pfeffer gewürzt) und warm (da sie sonst hart wird) verspeist. Eine Ausnahme gibt es allerdings. Als cinque e cinque – „fünf und fünf" füllt sie eine Focaccia, den aus Hefeteig gebackenen Fladen, und zeigt so am besten ihre Herkunft als Arme-Leute-Essen: fünf Lire für die Torte und fünf Lire für das Brot.

Carrara/Pietrasanta halbstündlich (20 Min./8 Min., um 4 €/3 €), Florenz viertelstündlich bis halbstündlich (90 Min., um 11 €).

- **Bus:** nach Camaiore von der Piazza d'Azeglio mit Linie E1 etwa stündlich (werktags), um 3 €, nach Sant'Anna di Stazzema von Pietrasanta aus zweimal an Werktagen (Linie E42, um 3,50 €). Infos unter www.at-bus.it.
- **Parken:** Die Parksituation rund um das Zentrum ist desolat, Großparkplätze sind nicht vorhanden – man muss suchen, bis ein Platz frei wird.

3 **Radverleih:** Noleggio di Bici Patrizia No 2, Viale Capponi 2, Pineta di Ponente, Tel. 0584 944699, Sommer 8.30–23.30 Uhr. Räder, E-Bikes und Vierradungetüme für die Familie, Rad ab 15 €/Tag.

Feste

- **Carnevale di Viareggio,** berühmtester Karnevalsumzug Italiens mit zahlreichen riesigen und knallbunten Themenwagen, tollen Masken und von bestgelaunten Besuchern proppenvollen Straßen; http://viareggio.ilcarnevale.com.
- **Festival Pucciniano** am Lago di Massaciùccoli, Freiluftoper Ende Juli bis Ende Aug. (mit „Madame Butterfly", „Tosca", „La Bohème", „Turandot" ...) in einer riesigen, futuristischen Beton-/Metallkonstruktion am Seeufer, Sitzplatz 20–170 €, Busshuttle von Viareggio 15 €, von Lucca/Porta San Pietro 25 € (jeweils hin und her); www.puccinifestival.it.
- **Pietrasanta in Concerto,** eine Woche Ende Juli stimmungsvolle Sommerkonzerte im Kreuzgang des Kosters Sant'Agostino/Pietrasanta, www.facebook.com/PietrasantaConcerto, www.pietrasantainconcerto.com.

Einkaufen

- **Birrificio del Forte,** Via della Breccia Violetta 5A, Parco degli Artigiani del Portone, Pietrasanta, www.birrificiodelforte.it. Kleinbrauerei mit zahlreichen Preisen für ihre Bierspezialitäten, Besuch und Verkauf nach Voranmeldung.
- **Cantine Basile,** Via Provinciale Vallecchia 260, Pietrasanta, Tel. 0584 752118, www.cantinebasile.com. Verkostung und Verkauf der Tropfen aus der Versilia, dazu Puccini-Musik und eine Bar.
- **Galleria d'Arte Enrico Paoli,** Via Stagio Stagi 13, Pietrasanta, Tel. 388 166 3323, www.galleriapaoli.com. Die Galerie bietet einen Überblick über das Schaffen regionaler zeitgenössischer Künstler.
- **Wochenmärkte** in Viareggio, größter Do Viale Marconi, Di Via Filzi, Sa Piazza Paolo VI.
- **Antiquitäten-/Flohmarkt** letztes Wochenende im Monat auf der Terrazza della Repubblica (8.30–20, Juli/Aug. bis 24 Uhr).

Aktivitäten

- **Antro del Corchia/Miniere dell'Argento Vivi,** Höhlen und Bergwerksbesuch 2 km außerhalb von Levigliani (17 km nordöstlich von Pietrasanta im Gebirge, www.corchiapark.it) auf 600 m üNN. Geführte Entdeckung der sehenswerten Tropfsteinhöhle (2 Std. auf Metalltreppen und Wegen, 7,5 °C, festes Schuhwerk und Jacke notwendig), der Quecksilbermine (Dauer 1 Std., die älteste der Nordtoskana und bereits im Mittelalter betrieben, um den Künstlern das begehrte Zinnoberrot/Quecksilbersulfid für ihre Gemälde zu liefern) und Besuch des Museums, Kombiticket inklusive Busfahrt zur Grotte 22 €, Kind 15 €.
- **Dampferfahrt** auf dem Lago di Massaciuccoli (Navilago di Giuseppe Diridoni, Torre del Lago Puccini, Tel. 338 9029465, www.navilago.it, Dauer ca. 1 Std., 10 €, Kind 5 €) oder mit gemietetem Tretboot auf den See zur Vogelbeobachtung (LIPU, Via del Porto 6, Località Massaciuccoli, Tel. 0584 975567, www.oasilipumas saciuccoli.org).
- **Golfclub Versilia,** Via della Sipe 100, Pietrasanta, Tel. 0584 881574, www.versiliagolfresort.com. 18-Loch-Platz, Par 71, 5302–5998 m, Greenfee 75–110 €.

Carrara

■ 100 m üNN, 59.800 Einw., Pisa 55 km

Wer Carrara sagt, meint **Marmor?** Ja! Und wer meint, sich mit diesem Stein und seinen Varietäten auszukennen, gehe ins hiesige Marmormuseum. Dort lernt er wirklich, was profunde Kenntnis von Qualitäten, Farben und Marmorierungen bedeutet. Carrara hat aber auch eine hübsche Altstadt, die zum Bummel einlädt.

Wer hierher kommt in den hohen Norden der Toskana, will vor allem die Marmorbrüche besichtigen, die Strände spielen beim ausländischen Tourismus nur eine geringe Rolle, obwohl auch sie weit und breit und feinsandig sind, ausgestattet mit endlosen Reihen an Sonnenschirmen und Liegen, und dahinter ein Lungomare mit Lokalen, Hotels und Modegeschäften. Einer Autobahn gleich, verbindet der Viale XX Settembre die Küste mit dem Hinterland und dem eigentlichen Zentrum. Mehr oder weniger zersiedelt ist die Landschaft an den Hängen der Apuanischen Alpen, man hat gebaut, wo es möglich war und wo die zahlreichen, wie riesige weiße Wände wirkenden Marmorbrüche und Verarbeitungsbetriebe es zuließen. Zwischen Viareggio und Carrara scheint der Küstenstreifen aus einem einzigen Ort zu bestehen, nur ab und an lockern landwirtschaftliche Flächen die Bebauung etwas auf.

☐ Der Reichtum Carraras stammt aus den Marmorbrüchen des Hinterlandes

278t sk

Geschichte

Bereits in der Antike waren die Sklaven und Strafgefangenen der **Römer** zugange und haben in den Apuanischen Alpen den begehrten Stein gebohrt und mit Holzkeilen und Feuer abgesprengt. Auch im **Mittelalter** holte man den Stein aus den Bergen, und die Pisanische Romanik mit ihren verspielten Ornamenten an den Kirchenfassaden wäre ohne Marmor nicht möglich gewesen. Während der **Renaissance** stieg *Michelangelo* die Berge hoch und suchte sich ganz besondere Quader für seine Skulpturen. Abgelegen von den großen Brüchen, kannte er eine – bereits in der Antike für die Reinheit des Steins und sein makelloses Weiß bekannte – Stelle. Unvorstellbar, welche Mühen es erfordert haben muss, erst einmal die Wege zu bauen, um die Quader aus so großer Höhe ins Tal zu schaffen.

177 v. Chr. gründeten die Römer die **Kolonie Luna** nördlich von Carrara, die wegen des Marmors bald große wirtschaftliche Bedeutung für Rom erlangte. Eine richtige Blüte gab es, als Kaiser *Augustus* für die Stadterneuerung Roms riesige Marmormengen benötigte. Carrara selbst gründeten Bauern erst um das Jahr 1000 ein ganzes Stück im Landesinneren. Da der Hafen von Luna zusehends versandete, musste die Stadt im 11. Jh. aufgegeben werden, Carrara übernahm an ihrer Stelle die Funktion der Weiterverarbeitung der aus den Brüchen geholten Quader und entwickelte sich zum bedeutendsten Lieferanten für die Stadtstaaten der Toskana und Italiens Norden. Die Arbeiter in den Brüchen schlossen sich schon Mitte des 15. Jh. zu einer **Kooperative** zusammen, die künftig die Interessen der Steinmetze vertrat. Kurz darauf gelangte die **Markgrafenfamilie Malaspina** aus Massa an die Macht, behielt sie – geschickt taktierend und Lucca, Genua, Mailand, Pisa und Florenz gegeneinander ausspielend – über 300 Jahre. Die Arbeiter verdienten gut, Marmor war gesucht, und die Entstehung des Königreiches Italien im 19. Jh. brachte weiteren Schub. Innovationen waren die Folge. Ein Steinmetz hatte bereits 1815 die Gattersäge erfunden, eine durch Wasserkraft betriebene Sägenkonstruktion mit mehreren Blättern, die den Plattenschnitt effizienter machte. Wirklichen Umbruch brachte aber die 1895 von einem anderen Arbeiter entwickelte motorbetriebene Seilsäge, mit der noch in den Brüchen und ohne großen Aufwand die Rohblöcke zugeschnitten werden konnten. Ihren Stolz haben die Steinmetze nie verloren, und als die Zeiten mit dem Ersten Weltkrieg schlimmer wurden, standen sie an vorderster Front im Arbeitskampf, was sich bis heute nicht groß geändert hat. Die Carraresi sind für ihre **Streikwut** berühmt.

Sehenswertes

Der Dom versteckt sich in der Altstadt zwischen der Piazza Alberica und der Piazza Antonio Gramsci. Die **Piazza Alberica** ist bekannt für die heftigen politischen Auseinandersetzungen, die sich die Vertretungen von Arbeitnehmern und -gebern hier geliefert haben. Entstanden ist der Platz nach einem Stadtumbau und der Schleifung des Stadtwal-

[>] Abenteuer Marmorbruch

Pisa, Riviera della Versilia/Apuana

les im 16. Jh. Heute ist er das repräsentative Zentrum Carraras, auf einer Seite von einem schönen Arkadengang flankiert. In der Mitte steht eine 1827 aufgestellte Statue von *Maria Beatrice d'Este.*

Wenige Schritte östlich ist der niedrige Baukörper des **Doms Sant'Andrea** mit seiner Hauptfassade an die Häuser gedrängt. Blendbögen, nur teils mit Säulen versehen, Wechsellagen und eine einzige Zwerggalerie (mit einer allerdings ausnehmend prächtigen und großen Rosette) zeigen, dass man zwar Geld hatte, damit aber nicht um sich warf. Im 11. Jh. begonnen, aber erst im 14. Jh. vollendet, steht die Basilika zwischen Romanik und Gotik (der Campanile war 1280 fertig). Das in Grau-Weiß gehaltene Hauptschiff hat einen offenen Dachstuhl, die Seitenschiffe Kreuzgewölbe. Im rechten und linken Seitenschiff sind Freskenfragmente aus dem 15./16. Jh. zu sehen. Die mit Intarsien gearbeitete Marmorkanzel von *Domenico del Sarto* und *Maestro Nicodemo* stammt aus dem 16. Jh. Die Treppe ist aus einem einzigen Marmorblock gehauen. Das Tafelkreuz über den Hochaltar entstand im 14. Jh. Vor dem Dom befindet sich die (unvollendete) Skulptur des *Andrea Doria,* des genuesischen Admirals des 15./16. Jh., in Gestalt des Meeresgottes Neptun.

■ **Duomo di Sant'Andrea,** Piazza Duomo, 8–12, 16–20 Uhr.

An der Piazza Antonio Gramsci erheben sich die Natursteinwälle des **Palazzo Cybo-Malaspina,** die im 16. Jh. über die Fundamente einer langobardischen Burg gemauert wurden. Der mit hohen Bäumen bestandene Platz mit der neoklassischen Randbebauung ist die Prachtadresse der Stadt.

111tsk

Das modern konzipierte, sehenswerte **Marmormuseum** an der zum Hafen führenden und mit Fächerpalmen gerahmten Schnellstraße lässt keine Wünsche offen, wenn man sich für die Geschichte des Marmorabbaus mit seinen sozialen Folgen, für die Abbaumethoden, die Verarbeitung und vor allem für die zahllosen Sorten interessiert. In der Ausstellung zählen die Marmorfliesen nach Tausenden, in allen Farben, Qualitäten und mit allen Sorten von Zeichnungen.

■ **Museo del Marmo,** Viale XX Settembre, Località Stadio, Tel. 0585 845746, www.museimassacarrara.it, 2024 wegen Umbau geschlossen.

Nördlich von Carraras Zentrums (2 km) ist im Parco della Padula in der Villa Fabricotti das Museum **Carrara und Michelangelo CARMI** untergebracht. Es beleuchtet die Verbindung des Künstlers mit der Stadt und zeigt Kopien seiner Hauptwerke im Maßstab 1:1. Auch die Moderne ist mit Reproduktionen vertreten (u.a. von *Le Corbusier* oder *Jean Fabre*).

■ **Museo Carrara e Michelangelo,** Via Sorgnano 42, Tel. 335 1047450, https://carmi.museocarraraemichelangelo.it, Juni–Mitte Sept. Di–So 9.30–12.30, 17–20, sonst 9–12, 14–17 Uhr, 5 €.

Drittes Museum im Bund ist das **Zentrum für Plastiken CAP** am südlichen Ortsrand. Es widmet sich der Gegenwartsplastik und zeigt Sonderausstellungen.

■ **Centro Arti Plastiche Carrara,** Via Canal del Rio 3A, Tel. 0585 779681, https://mudac.museodelleartícarrara.it, Juni–Mitte Sept. Di–So 9.30–12.30, 17–20, sonst 9–12, 14–17 Uhr, 5 €.

Cave di Marmo

Zahlreiche Marmorbrüche sind in den Schluchten der Apuanischen Alpen versteckt oder, meeresgerichtet an den Hängen, schon aus großer Entfernung auszumachen. Wie weiße Wunden stechen sie aus dem Grün der Natur hervor. Hinweisschilder in Carrara weisen den Berg hoch zu den beiden bekanntesten Brüchen, den **Cave di Fantiscritti** und den **Cave di Colonnata.** Welchen der beiden man für den ersten Besuch wählt, spielt keine Rolle. Beide sind über schmale Straßen, die auch durch Tunnel verlaufen (die ehemaligen Trassen der Werkbahn) miteinander verbunden. Es gilt allerdings eine Einbahnstraßenregelung, von Fantiscritti durch die Galleria Monte Novelli hinunter zur Cava Romana und von dort durch die Galleria Ponti di Vera bergan zur Cave di Fantiscritti.

Egal, wie eng die Kurven der Straßen sind, die sich wie ein Spinnennetz über alle Hänge ziehen, überall sind Schwerlastwagen unterwegs, die gar nicht mal so große, aber eben höllisch schwere Marmorbrocken transportieren. In beiden Brüchen wird gearbeitet, feiner weißer Staub legt sich über alles hier oben. 5–6 km sind es aus dem Zentrum zu den **Cave di Fantiscritti,** je nach Strecke. Das **Steinbruchmuseum** Cava Museo mit Souvenirverkauf ist immer offen (Spende sind erwünscht) und zeigt Skulpturenkunst. Wer will, kann mit dem Kleinbus von Marmotour in den Stollen „Galleria Ravaccione No 84“ zu riesigen Kavernen einfahren, aus denen der Stein einst herausgeholt wurde, oder man entscheidet sich für die oberirdische Land-Rover-Tour von Carrara 4x4 Adventure, vorbei an den waghalsig an Hängen operierenden Raupenschleppern und Baggern.

■ **Marmotour,** Tel. 339 7657470, www.marmotour.com, März–Okt. tgl. 10–17 Uhr, Führung stündlich, Dauer 60 Min., 15 €, Kind 5/10 €.
■ **Carrara 4x4 Adventure,** Tel. 0585 779673, www.carraramarbletour.it, Mai–Aug. 10–18, März/April, Sept./Okt. bis 16 Uhr, Dauer 50 Min., 15 €, Kind 7,50 €.

4 km sind es vom Museum dann durch die **Galleria Monte Novelli** noch zum namensgebenden Hochgebirgsdorf **Colonnata.** Da man sich bei der Knochenarbeit in den Brüchen viele Kalorien zuführen muss, hat man sich hier auf die Produktion geräucherten Specks – den *lardo* – konzentriert. Fast jeder hier oben verkauft oder serviert ihn. Bei der Abfahrt kurz vor dem Museum rechter Hand an einem Parkplatz liegt die Osteria **Larderia la Stazione,** an der sich die Lkw-Fahrer mittags auf eine Portion Speck treffen, eine gute Adresse für eine Rast.

600 m unterhalb der Larderia führt ein kurzer Abstecher (500 m) hoch zum Parkplatz bei einem antiken Steinbruch aus der Römerzeit: Die **Cava Romana Fossacava** geht auf das 1. Jh. v. Chr. zurück. Abschließend fährt man auf 6 km enger Straße wieder zurück nach Carrara.

Massa

Massa (65 m üNN, 70 000 Einw.), 7 km südwestlich von Carrara, ist nicht unbedingt einen Besuch wert, seine drei Sehenswürdigkeiten sind im Weichbild verteilt. Die große, fast quadratische, nach einer Seite hin abfallende **Piazza Aranci** zeichnet sich durch eine namensgebende Bepflanzung aus Orangenbäumen an drei der Seiten aus, an der vierten steht der im 16. Jh. errichtete **Palazzo Ducale.** Die Fassade mit ihrem reichen Stuckwerk wurde im 18. Jh. neu gestaltet. Die Fenster des Piano Nobile schmücken Büsten. In ihm sind Präfektur und Provinzverwaltung untergebracht. Die **Kathedrale Santi Pietro e Francesco** nordöstlich der Piazza (über die Via Dante Alighieri) wurde als spätgotische Klosterkirche der Franziskaner 1389 geweiht. Da man den Dom San Pietro auf Geheiß von *Napoleons* Schwester zu Beginn des 19. Jh. abgerissen hatte, übertrug man dessen Patronatschaft mit auf die Klosterkirche und erhöhte diese zum neuen Dom. 1936 entwarf der in Massa und auch international tätige Architekt *Cesario Fellini* eine neue, neoklassische Fassade.

Marina di Massa ist schöner, freundlicher und wirkt aufgeräumter als Marina di Carrara, das sehr stark von seinem Hafen geprägt ist, in dem die Marmorblöcke am Kai auf den Abtransport warten. Marina di Massa ist hingegen ein richtiger Badeort mit Badeanstalten, Hotels und Villen in lockerer Bebauung.

Die **Rocca Malaspina,** 500 m südlich der Piazza hoch über der Stadt, erlaubt einen schönen Blick und ist am Wochenende als Museum besuchbar. Im 10. Jh. erstmals erwähnt, im 13. Jh. mit einem Mauerring versehen, bauten sich die *Malaspina* im 15. Jh. ein Renaissanceschloss auf den Berg. Ein Besuch zeigt die massiven Verteidigungsanlagen mit Wassergräben, Brücken und Artilleriestellungen. Im Innenhof des Palastes listet eine Tafel ehrwürdige Besucher: Kaiser und Papst. Drei Zimmer schmücken Fresken des 15. Jh.

■ **Rocca Malaspina,** Via Rocca 15, Tel. 327 0755 390, www.istitutovalorizzazionecastelli.it, Juli–Sept. Di–So 10.30–13, 17.30–23, sonst Sa/So 10.30–12.30, 15–18 Uhr, 7,50 €.

Lardo

Das Geheimnis des Specks aus den Apuanischen Alpen ist seine Reifung in einem Marmorkasten, dessen Material unbedingt aus den Brüchen von Canaloni stammen muss. Nur dort hat der Stein die bestimmte Porösität, die für das Behältnis conca di marmo notwendig ist. Es wird mit Knoblauch eingerieben, dann kommt auf den Boden eine Lage grobes Meersalz. Danach wird eine Lage Speckstücke (die keinesfalls dünner als 3 cm geschnitten sein dürfen) dicht an dicht hineingeschichtet und mit Knoblauch, Salz, Rosmarin, schwarzem Pfeffer und gegebenenfalls weiteren Gewürzen wie Salbei bedeckt. Dann folgt die nächste Lage. Am Ende verschließt eine Marmorplatte das Ganze, die nach frühestens sechs Monaten gelüftet werden darf. Trotz des vielen Salzes hat der weißrosa Speck nun ein fast süßliches und sehr intensives Aroma. Hat man ihn früher nur als Gewürz oder kräftige Beilage genossen, ist der Lardo heute als eigenständige Ingredienz der Haute Cuisine geadelt, die durchaus auch mit z.B. Muscheln kombiniert werden kann.

Forte dei Marmi

Zumindest was die Preise für Liegen und Schirme in den *stabilimenti* angeht, wird der früher so exklusive Badeort seinem Ruf gerecht. Schon bei der Anfahrt durch eine Lindenallee vermittelt er das Bild, etwas ganz Besonderes zu sein, was sich dann aber eigentlich nicht bestätigt. Wie in den benachbarten Marina di Massa und Marina di Pietrasanta ist das Ortsbild geprägt von den aneinandergereihten Hotels entlang der Strandpromenade und ihnen gegenüber den Zugängen zu den verschiedenen Badeanstalten – einige recht elegant, andere eher an Rummelplätze erinnernd. Dazwischen sorgen Keramik- und Skulpturenausstellungen für etwas Abwechslung. Besucher trösten sich mit dem einstigen Glanz des Seebads, das *Thomas Mann* als Vorbild für das literarische „Torre di Venere“ (in „Mario und der Zauberer“) diente, weil seine Tochter hier eine Villa besaß. Auch *Aldous Huxley* fand hier eine Zeitlang seine Wahlheimat. Bayerische Patrioten werden sich darüber freuen, dass Ex-Ministerpräsident *Edmund Stoiber* als Ehrenbürger gewonnen werden konnte.

▷ Wurst und Schinken auf dem Markt

Seravezza

Den **Medici-Palast von Seravezza (UNESCO-Welterbe)**, 20 km südwestlich von Carrara, ließ *Cosimo I.* im 16. Jh. als Sommerresidenz der Familie am Ufer eines Gebirgsbaches im Talgrund bauen. Drei Flügel und die Portalmauer umschließen einen Innenhof, die Fassaden sind schmucklos-elegant. Eine dreibogige Loggia im Innenhof bot im Sommer einen kühlen Sitzplatz. Die erste Etage wird für Sonderausstellungen genutzt, in der zweiten Etage findet sich ein nettes und informatives **Ethnografisches Museum,** das sich auch dem Themenbereich „Arbeit" widmet. Der Palast ist ausschließlich bei Sonderausstellungen, Veranstaltungsreihen und zu den Sommerkonzerten zugänglich.

■ **Palazzo Mediceo,** Via del Palazzo 358, Tel. 0584 757771, www.palazzomediceo.it.

Von Seravezza sind es auf dem schmalen Sträßlein SP9 8 km hoch ins Gebirge zum Weiler Azzano. 1,5 km nördlich des Dorfes an einer Abzweigung geht es zu Fuß durch ein Tor etwa 90 Min. und 400 Höhenmeter (4 km) den Berg hoch auf den Spuren *Michelangelos* zu einem **antiken Steinbruch,** dem **Cava Mossa** (auch Cava Michelangelo), aus dem der Künstler sich die Quader geholt haben soll, die er schließlich in seiner Werkstatt bearbeitete. Zuvor musste er allerdings erst noch die Straße bauen lassen, die für den Abtransport notwendig war. Achtung, es gibt hier kaum Markierungen, man bewegt sich auf alten Bergwerkspfaden, es ist also kein Sonntagsspaziergang!

Passo di Vestitio

Die kurvenreiche, aber schöne Gebirgsstrecke auf der SP13 führt nach Osten hoch zum Passo di Vestitio und wieder hinunter in die Garfagnana nach Castelnuovo di Garfagnana und nach Barga. Wer diesseits der Apuanischen Alpen bleiben will, biegt hinter dem Pass auf 1151 m Höhe nach Süden ab, passiert den Tunnel von Culàccio und gelangt über Seravezza nach insgesamt 55 km wieder nach Massa zurück. Auf dem Hochweg von Massa mit immer wieder fantastischen Ausblicken gelangt man nach mehreren langgestreckten Serpentinen beim Rifugio Città di Massa zum **Botanischen Garten Pietro Pellegrini.** Zu sehen gibt es auf 3 ha vornehmlich Dolomitgestein alpine Pflan-

112tsk

zen, die in der Region, wo mitteleuropäische Klimaeinflüsse mit mediterranen im Wettstreit liegen, besonders gut gedeihen, und solche, deren Bestand gefährdet ist und die hier gepflegt werden. Auch erfährt man z.B., dass die Kastanie, als Brotbaum in die Berge gepflanzt, das Naturgleichgewicht extrem verschoben und indigene Arten verdrängt hat. Heute, da die Kastanien wegen der Landflucht aus den Bergen nicht mehr gepflegt werden, kommt es immer häufiger zu Schädlingsplagen. Der Rifugio ist im Sommer bewirtschaftet und bietet Unterkunft und Zeltplatz. Außerdem gibt es in ihm einen Multimediaraum zu den Themen des Gartens. Hinter dem Garten geht es durch mehrere Tunnel und immer wieder an Steinbrüchen vorbei zum Pass.

■ **Orto Botanico Pietro Pellegrini,** Pian della Fioba, Tel. 340 4660271, im Sommer bei gutem Wetter einstündige Führungen 9.30, 10.15, 11.15, 12, 15, 15.45, 16.45, 17.45 Uhr, 5 €.

Praktische Informationen

Touristeninformation

■ **Ufficio Turismo Carrara,** Viale XX Settembre 152A, Località Stadio, Tel. 0585 844316, www.aptmassacarrara.it, tgl. 8.30–16.30, Winter Sa/So 9.30–13 Uhr. Im Sommer sind auch folgende Informationskioske geöffnet: **Carrara Altstadt** (Palazzo Comunale) Piazza 2 Giugno (Sommer tgl., sonst nur Wochenende), an den **Cave Romana di Fossacava** bei den Cave Colonnata in den Bergen (im Sommer tgl., Nov.–Feb. geschl.), in **Massa,** Via Porta Fabbrica 1 (Mo–Fr 9–12 Uhr) und in **Massa Marina,** Lungomare Vespucci 24 (Mai–Okt. tgl., sonst nur Wochenende).

Unterkunft

■ **Villa Belverde**③-④, Viale XX Settembre 73, Tel. 0585 845304, www.villabelverde.it. Luxuriöses B&B an der Straße von Carrara ans Meer in Höhe von Museum und Touristeninfo; sechs Suiten mit edler Einrichtung.

■ **Tenda Rossa**②-③, Viale Cristoforo Colombo 14, Marina di Carrara, Tel. 0585 787435, www.hoteltendarossa.com. Nettes Hotel wenige Schritte vom Lungomare von Carrara, 25 modern und komfortabel eingerichtete Zimmer.

Außerhalb

■ **Rifugio Città di Massa**①-②, Pian della Fioba, Passo di Vestito, Tel. 339 5390067, www.facebook.com/rifugiocittadimassa. Im Gebirge an der Straße von Massa nach Castelnuovo di Garfagnana (18 km), Berghütte auf 880 m üNN beim Botanischen Garten mit 13 einfachen Zimmern (Einzel, Doppel, Mehrbett) und Bad am Gang, Restaurant und Campingmöglichkeit (um 10 €/Person), Angebot von Halb- und Vollpension.

Camping

■ **Camping Giardino,** Via delle Pinete 382, Partaccia/Marina di Massa, Tel. 0585 869291, http://campinggiardino.com, April–Sept. Großer Platz 100 m vom Meer in der Pineta mit drei Pools, Bar, Restaurant und Laden, auch Bungalowvermietung.

Essen und Trinken

Unser Tipp **Il Rebacco**②-③, Via Loris Giorgi 5, Tel. 0585 776778, Do–Di 19.30–23, So auch 12–14 Uhr. Verfeinerte Landküche, als Vorspeise z.B. ein Pudding aus Taleggio mit Birnenmus oder Bruschette mit Speck aus den Bergen und Tomaten, oder Wildschwein in Nebbiolo mit Polenta; drinnen und draußen angenehmes Sitzen.

■ **Dalle Zie Cibo e Vino**②, Piazza Duomo, Tel. 0585 70728, www.facebook.com/DalleZie, Di–So 19.30–22.15 Uhr. Einfache, handfeste Küche wie Pasta mit Bohnen und Baccalà mit Aussicht auf den Dom.

■ **Tognozzi**①-②, Via Santa Maria 12, Tel. 0585 71750, Mo–Sa 8–20.30 Uhr. Traditionspizzeria von Carrara mit kleinem Gastraum und großem Andrang am Mittag, wenn die Schüler auflaufen.

■ **Leon d'Oro**①, Piazza Alberica 8, tgl. 8–22 Uhr. Caffè für eine kleine Pause mit Espresso, Panino und Blick auf den schönen Stadtplatz.

Außerhalb

UNSER TIPP: **Il Fatty**①, Via Ghirlanda 9, **Massa,** Tel. 328 0655067, www.facebook.com/lampre dottaiodimassa, Mo–Sa 12–15, 19–23 Uhr. Super für ein Mittagessen mit z.B. einem Panino mit Kutteln, einer *ribollita* oder einem Burger, simpel, schnell, lecker und bei den Einheimischen extrem beliebt.

UNSER TIPP: **La Stazione di Colonnata**①-②, **Località La Stazione di Colonnata,** Tel. 0585 758027, www.lardo-lastazione.com. Hoch oben bei den Marmorbrüchen kehren die Lkw-Fahrer für's Mittagessen ein; Speck aus eigener Produktion, auch Verkauf des *lardo* (und von Wurst und Schinken), kleiner Freisitz für eine deftige Mahlzeit.

■ **Michelangelo**②, Via San Michele 223, **Azzano/ Seravezza,** Tel. 0584 773312, www.ristorante-michelangeloazzano.it, www.facebook.com/risto rantemichelangeloazzano, Mi–Mo 12–14, 19–22.30 Uhr. Beliebte Ausflugsgaststätte hoch oben im Gebirge (8 km nördlich von Seravezza) mit Fleisch vom Spieß und hausgemachter Pasta, Pilzgerichte.

Süßes

UNSER TIPP: **Gelateria/Pralineria Theobroma Nanus,** Piazza Gino Menconi 3 und Via Rinchiosa 33, Marina di Carrara, Tel. 0585 045180, www.facebook.com/theobromananus, Do–Di 9–20.45 Uhr. Ganz ohne Industriekonfektion oder Milchpulver, alles frisch und fast wissenschaftlich verarbeitet – das wohl beste Eis der Versilia; außerdem sündige Pralinen aus eigener Produktion.

Verkehr

■ **Bahn:** Stazione di Carrara/Avenza und Stazione Massa liegen an der Hauptstrecke Livorno–La Spezia, halbstündliche Verbindungen von Carrara nach Livorno (60 Min., um 7 €).

■ **Bus:** Zwischen Marina di Carrara, Bahnhof und Carrara-Zentrum mit Linien L53 halbstündlich (einfach 1,70 €, beim Fahrer 3 €); nach Colonnata werktags mehrmals am Tag (Linie L50, um 4 €); www.atbus.it.

Einkaufen

■ **Lardo/Speck** → „Essen und Trinken/La Stazione di Colonnata".

■ **Wochenmarkt:** in Carrara Mo in der Altstadt, Massa Di auf der Piazza Arancia, Marina di Massa Fr auf der Via Mazzini.

Aktivitäten

■ → bei Cave di Marmo oben.

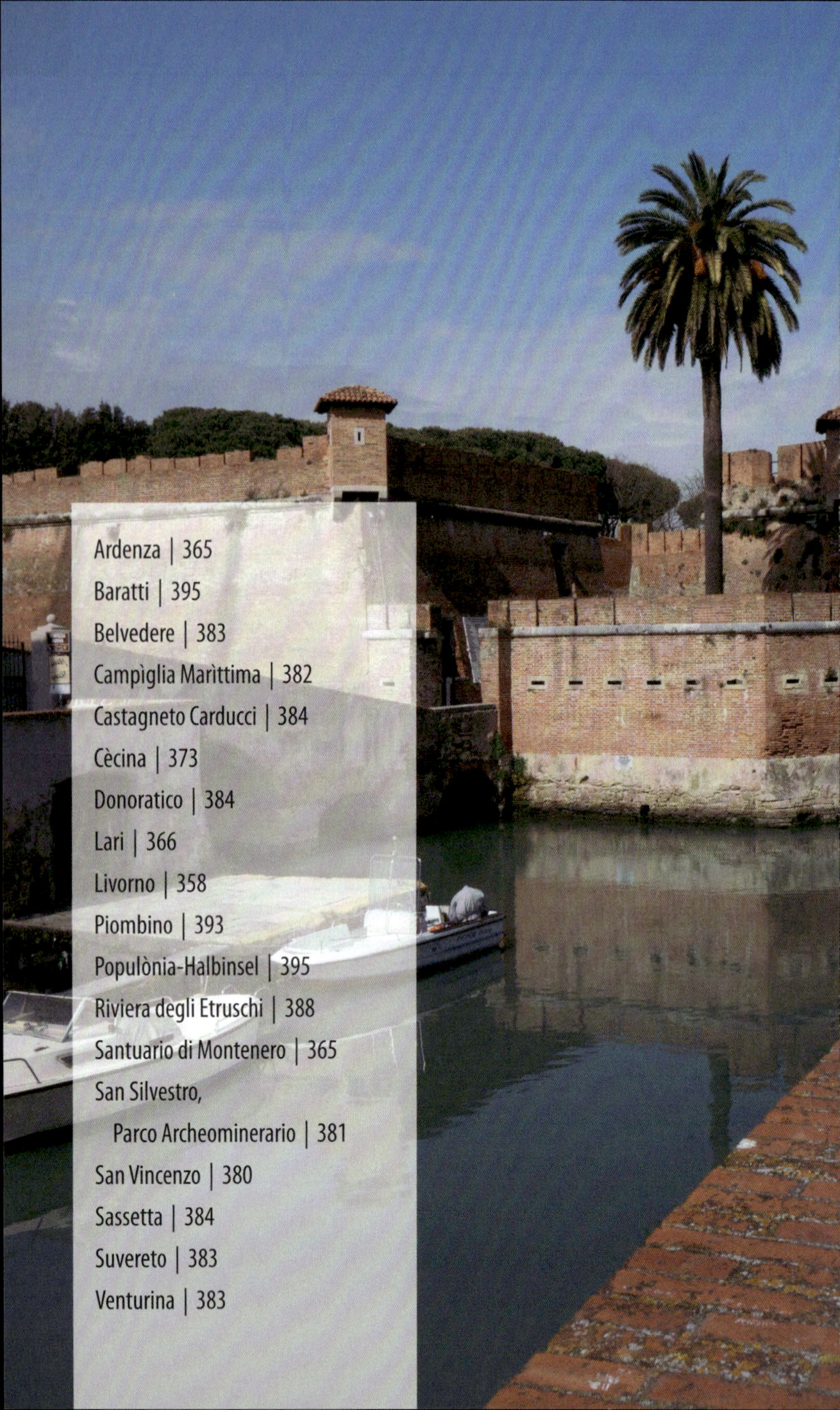

113tsk

6
Livorno, Riviera degli Etruschi

» Der größte Hafen der Toskana und ewig lange, breite und weiße Strände.

< Hafenstadt mit Flair: Livorno

©Reise Know-How
0 5 km
ToskaK06 4/24
358 LIVORNO
Castell'Anselmo
Collesalvetti
366 Lari
Capannoli
Torretta
Lorenzana
Casciana Terme
365 Ardenza
Montenero
365 Antignano
Santuario di Montenero
Monte Nero 334
206
Gabbro
Calafuria
Savalano
S. Luce
390 Quercianella
Chioma
Fortullino
Rosignano Marittimo
Fine
388
389 Castiglioncello
Castellina Marìttima
Miemo
Via Aurelia
1
388 Rosignano Solvay
Vada
Riparbella
Riviera degli Etruschi
374 Montescudàio
S. Pietro in Palazzi
Mazzanta
374 Guardistallo
373 Cècina
374 Casale Marìttimo
388 Marina di Cècina
La California
374 Bibbona
375 Ris. Nat. Macchia di Magona
375 Bolgheri
388 Marina di Bibbona
San Guido
390 Villa le Sabine
Monteverdi Marìttimo
Marina di Castagneto Carducci
384 Castagneto Carducci
Villa Margherita
384 Donoratico
Castello d. Donoratico
384 Sassetta
380 San Vincenzo
Rocca di San Silvestro
383 Belvedere
381 Riva degli Etruschi
383 Suvereto
Parco Archeominerario di San Silvestro
382 Campìglia Marìttima
391 Parco costiero di Rimigliano
383 Venturina
Sant'Albinia
Golfo di Baratti
Ultima Spiaggia
Baratti
Populònia Alta
Riotorto
395 Populònia
Colmata
Monte Massoncello 286
Salivoli
393 Piombino
Golfo di Follònica
LIGURISCHES MEER

LIVORNO, RIVIERA DEGLI ETRUSCHI

Livorno hat fast großstädtisches Flair und punktet mit einem Altstadtviertel, das seiner Kanäle wegen als „Klein-Venedig" läuft. Museen, ein sehenswertes Aquarium und Befestigungswerke decken Kultur und Geschichte ab, und die Einkaufsstraßen profitieren vom Kreuzfahrttourismus. Wer baden möchte: Nach Süden ziehen sich die breiten Strände der Etruskischen Riviera mit gänzlich dem Urlaub verschriebenen Orten wie Donoratico und Cècina.

Wer meint, dass ihm an der etruskischen Küste als einzige Betätigung das Schwimmen im Meer und das Aalen an den unverschämt langen, breiten und feinsandigen Stränden bleibt, täuscht sich gewaltig. Nicht umsonst verweist der Name der Riviera auf die ursprünglichen Bewohner, die hier im 7. Jh. v. Chr. begannen, die Landschaften urbar zu machen bzw. die Sümpfe auszutrocknen. Zahlreich sind die Zeugen dieser *Kultur,* die der römischen über Jahrhunderte überlegen und dann zumindest ebenbürtig war – bis die Etrusker sich im römischen Volk verloren. Grabungsfelder mit ganzen Städten, Bergwerke und zahllose Artefakte erinnern an die Vergangenheit.

Gibt sich die Küste gleich südlich von Livorno noch steil und unnahbar, ändert sich das ab Rosignano. Wer nach Süden will, ist gut beraten, nicht die Autobahn, sondern die Via Aurelia zu nehmen – es dauert länger, aber man hat das Meer ganz nahe. Das Ufer ist jenseits des Sandstrandes mit Pinienwäldern dicht bewachsen, die eine wichtige Funktion für die Beschränkung der Bodenerosion einnehmen und – soweit die *pinete* als Reservate geschützt sind – auch Habitat zu Lande und in der Luft selten gewordener Tiere sind.

Wer im Hochsommer der dumpffeuchten Hitze am Meer entfliehen will: Ausflüge hoch in die kühleren Hügel sind allerorten möglich. Oliven

NICHT VERPASSEN!

Diese Tipps erkennt man an der gelben Markierung.

wachsen dort, und die Reben werden zu besten Weinen gekeltert – berühmt wie die aus Bolgheri. Eine empfehlenswerte Rundtour beginnt in Cècina und führt hinauf auf der Strada del Vino Costa degli Etruschi nach Montescudaio und weiter über Casale Marìttimo und Bibbona nach Bolgheri, und schließlich wieder hinunter ans Meer – zwischen den Bäumen einer berühmten, besungenen, endlos langen Zypressenallee.

Oder man macht sich bei Marina di Castagneto Carducci ins Landesinnere auf und besucht den Parco Archeominerario di San Silvestro, in dessen Bergwerken man auch etwas abkühlen kann. Die Colline Metallìfere wurden von jeher nach wertvollen Metallen durchgraben – bis in die Neuzeit. Ganz nah ist hier das Erdinnere, das sich auch mit heißen Quellen und Dampf zu Wort meldet, die perfekt geeignet sind für Geothermiekraftwerke und deren Erzeugung sauberer Energie – und als Thermalbäder auch heute noch Spaß für Jung und Alt versprechen.

Die Städtchen an den Bergflanken haben sich ihren mittelalterlichen Charme bewahrt: grob behauener Naturstein, romanische Kirchen, schlanke Wehrtürme und enge Gassen. Suvereto ist einen Besuch wert (und der darüber liegende Weiler Belvedere), auch in Castagneto Carducci kann man einen Spaziergang unternehmen und sieht dabei vielleicht englischen Adel oder einen Rocksänger.

Einer der Höhepunkte der Küste ist schließlich der herrliche Strand am Golfo di Baratti mit seinen Ausgrabungsstätten über dem azurfarbenen Meer unter einem tiefblauen Himmel.

Livorno

■ 5 m üNN, 153.000 Einw., Pisa 20 km, Florenz 90 km, Siena 140 km, Grosseto 150 km

Der Hafen im Herzen der Altstadt, Festungen, Denkmäler, prächtiger Jugendstil und breite Uferstraßen – der Cocktail Livornos aus **Fischerbootatmosphäre** und **Grandezza** ist einzigartig.

Das Gewirr von krummen Gassen, Kanälen und Brücken in der **Altstadt** mag ein wenig verwirren, aber genau das macht ihren Reiz aus. Hier sitzt man auf einem Ponton bei einem Glas Wein und blickt auf die Fischer, die ihre Boote fertig machen, man spaziert an Kanälen vorbei, ruht sich hinter wehrhaften Mauern in einem Park aus oder flaniert an Modeläden vorbei hinunter zum Hafen.

Die Highlights für Kinder

- **Aquarium und Naturkundemuseum** in **Livorno** machen die Welt der Tiere unter und über Wasser begreiflich | 364
- Der **Wasserpark von Cècina** mit Rutschen, Pools und allem, was dazugehört | 380
- Warmbadetag in einer **etruskischen Therme** in **Venturia** | 383
- Der **Freizeitpark Cavallino Matto** in **Castagneto Carducci** | 392
- **Töpfern** wie die Etrusker im Archäologischen Labor von **Populònia,** Piombino | 396

Geschichte

Erst gehörte der kleine befestigte Hafen Portus Liburni zum Einflussgebiet der **Pisaner,** nach einer der Niederlagen Pisas gelangte Livorno im Jahre 1405 dann an **Genua. Florenz** gefiel das nicht, man war Großmacht auf dem Land, man wollte auch Herrscher über die Meere werden. 1421 verkaufte Genua schließlich Livorno zum Schnäppchenpreis von 100.000 Florin (heute etwa 50 Mio. Euro) an die **Medici.**

Cosimo I. gab 1571 den Befehl, die Befestigungen der nunmehrigen Florentiner Hafenstadt auszubauen, und seine Söhne verpassten Livorno ein völlig **neues Stadtbild.** Auf fünfeckigem, vom Canale Fosso Reale umschlossenen Grundriss entstanden Stadt und Arsenal für die Kriegs- und Handelsflotte von Florenz – die heutige Altstadt. Mit der Piazza Grande als Zentrum liefen fünf Straßen von Nord nach Süd, fünf von Ost nach West, Kanäle durchzogen die Viertel. Die Fortezza Nuova entstand aus einer alten Bastion und sicherte mit ihrer Insellage in einem der Hafenbecken die Stadt effektiv landeinwärts. Die Alte Festung am Wasser erhielt Verstärkungen und wachte über die Hafenanlagen. Für den Erfolg mussten da lediglich noch die Händler angelockt werden. Der *Medici Ferdinando I.* verfügte zu diesem Behufe die **Constituzione Livornina,** das Grundgesetz Livornos, das jedem innerhalb der Stadtmauern das Recht auf freie Wahl seines Aufenthaltes, seiner Religion und seiner politischen Überzeugung gewährte – 1593!

Livorno wuchs, und die großen internationalen Handelshäuser von England bis zur Levante gründeten Niederlassungen. Livorno war bald zweitgrößte Stadt der Toskana und ihr **wichtigster Hafen,** was sie auch aktuell noch ist.

Im 19. Jh. kamen die modernen Viertel im Osten rund um die Piazza Matteotti hinzu, das Königreich Italien gründete 1881 die Akademie der Marina Militare, die bis heute alle Offiziere der Kriegsmarine ausbildet. Im Zweiten Weltkrieg erfuhr Livorno schwere Bombardements. Heute besitzt die Stadt einen modernen Container-Terminal und Raffinerien. Die Finanzkrise ist aber auch an einer der wichtigsten Hafenstädte Italiens nicht spurlos vorbeigegangen – der Stadtsäckel ist mehr oder weniger leer, Geld für kulturelle Projekte und Stadterneuerung gibt es nur in homöopathischen Dosen.

Orientierung

Die **Altstadt,** in der sich die meisten Sehenswürdigkeiten befinden, erstreckt sich rund um die Piazza Grande, im Norden und Westen begrenzt von den Hafenanlagen, im Osten von der Fortezza Nuova und der 250 m langen Piazza della Repubblica, im Süden von den Piazze entlang der Scali Manzoni. Die etwa von Ost nach West über die Piazza Grande verlaufende (nach den Kriegsschäden neu geplante) Via Grande ist die Prachtstraße der Altstadt mit zahlreichen Geschäften, das Kanalviertel – Venezia Nuova – mit seinen angesagten Kneipen und Restaurants liegt nördlich von ihr. Spaziert man von der Piazza Grande nach Süden über die Piazza Cavour, gelangt man ins Shoppingviertel der „Neustadt" rund um die Piazza Attias mit Via Ricasoli, Corso Amedeo und Via Roma.

Übernachtung
1 Campeggio Mare e Sole
9 Gennarino
10 Navy
17 Al'Teatro
28 Giappone Inn
29 Hotel Europa

Essen und Trinken
2 La Settima Onda
5 La Casina di Alice
6 Jhonny Paranza
7 Gelateria Caprilli
12 Pane e Tulipani²
13 Gelateria Cuore di Panna
14 Cantina Senese
15 Osteria del Mare
18 Il Rifugio
20 Verde Vegan
21 Caffè Mercato
22 Torteria de Gagarin
24 Bar/Caffetteria La Lucia
25 Pizzeria Tramontana
26 Pescheria il Porto

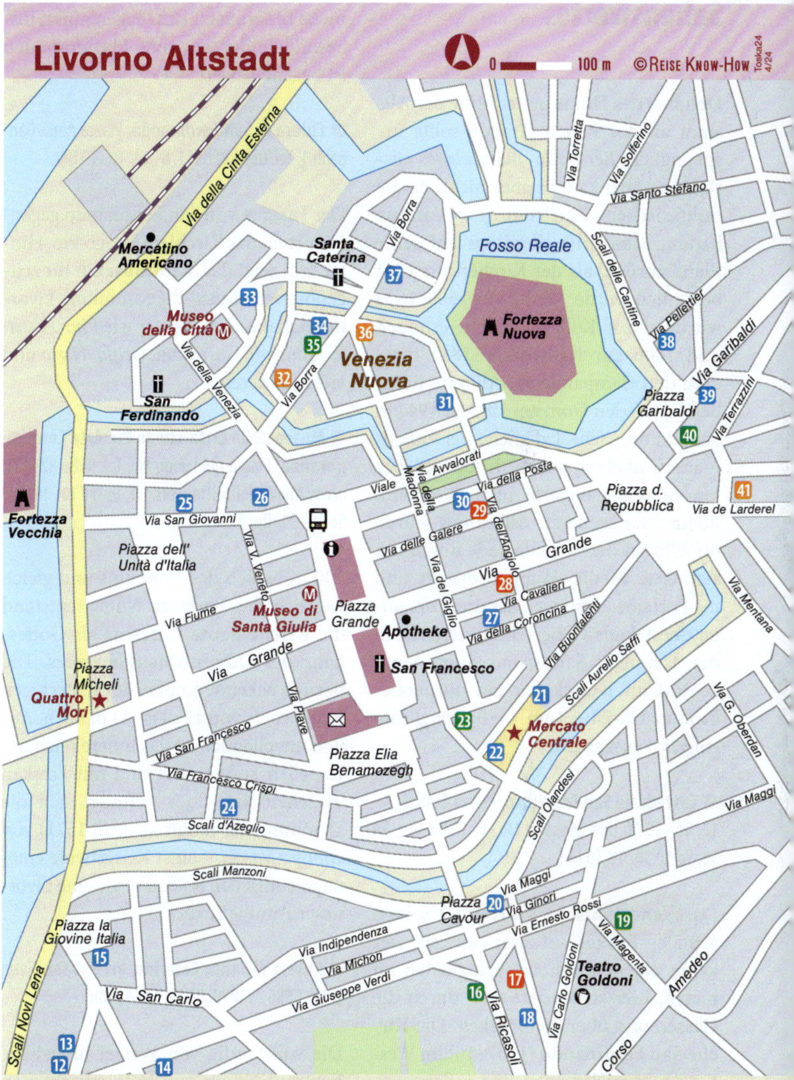

27 Osteria Modi
30 The Bad Elf
31 This Integra
33 Osteria della Venezia
34 In Carne
37 Enoteca Forte San Pietro
38 Vecchia Livorno
39 Il Tegolo

Nachtleben
3 Ex-Cinema Aurora
8 Surfer Joe
11 Ostricaio
32 Piano B Craft Bar
36 La Ponceria
41 Frankie Pub

Einkaufen
4 Ciabattari
16 autres chauses
19 Buchhandlung Mondadori
23 VAD Formaggi
35 Studio Zero Vetro
40 La Granaia

Sehenswertes

Den Bau des **Doms** in der Mitte der Altstadt an der Piazza Grande sollte ursprünglich *Bernardo Buontalenti* ausrichten, dazu kam es aber nicht, da die militärischen Einrichtungen Vorrang hatten. Man griff allerdings auf seine Pläne zurück, als der Kirchenbau 1594 begonnen wurde. Weihe war 1606, 1629 wurde er zur Kollegiatskirche erhoben und 1806 zur Kathedrale. 1817 fügte man den Campanile an. Alliierte Bomben legten den Dom am 19. Mai 1944 in Schutt und Asche, lediglich zwei Außenmauern blieben stehen. In den 1950er Jahren rekonstruierte man den Dom mehr oder weniger. Allerdings wurde die Uhr an der Schaufassade durch das steinerne Medici-Wappen ersetzt und die Portalbedachungen der drei Tore unter der Arkade variiert. Im Inneren ist in der Cappella Santissimo Sacramento zentral im Barockaltar ein dornenbekrönter Christus (um 1450) von *Beato Angelico* ausgestellt.

■ **Cattedrale San Francesco,** Piazza Grande, 8–12, 16–19.30 Uhr; **Messen** Mo–Fr 10/18 Uhr, Sa 18, So 10.30/ 18.30 Uhr.

Das **Venezianische Viertel** mit seinen Kanälen hat bis auf zwei Gotteshäuser keine eigenen Sehenswürdigkeiten zu bieten, hier schlendert man durch die Gassen und über die Brücken. Die **Kirche San Ferdinando** (1707–16) im Westen des Viertels besitzt eine äußerst einfache Fassade, ihr einziger Schmuck sind die vorspringenden Ziegellagen, die der Befestigung der nie ausgeführten Marmorverkleidung dienen sollten. Das barocke Innere setzt den Gegenpunkt, insbesondere der wertvolle Marmorboden ist beachtenswert.

■ **Chiesa di San Ferdinando,** Piazza Anita Garibaldi 1, Tel. 0586 888541, 8–12, 16–19 Uhr.

Der Fassade von San Ferdinando gegenüber steht das Kirchlein Luogo Pio. Hinter ihm zeigt das **Stadtmuseum** für zeitgenössische Kunst die Sammlung Livornos italienischer Meister wie *Pino Pascali, Manzoni, Castellani, Griffa, Nigro* und vielen anderen.

■ **Museo della Città-Luogo Pio Arte Contemporanea,** Piazza del Luogo Pio, Tel. 0586 824551, www.museodellacittalivorno.it, Di–Fr 10–19, Sa/So 10–21 Uhr, 5 €.

100 m östlich des Museums und gleich westlich der Fortezza Nuova entstand die **Kirche Santa Caterina** als Gotteshaus des Dominikanerkonventes. Die beeindruckende Kuppel des achteckigen Baukörpers von 1720 ist 63 m hoch. Außen unvollendet, ist das Innere reich mit Kapellen ausgestattet und mit Fresken versehen. Im Chor befindet sich die „Krönung der Jungfrau" (um 1571) von *Giorgio Vasari* – einst Kriegsbeute eines napoleonischen Soldaten, die eine Livorneser Familie zurückkaufte.

■ **Chiesa di Santa Caterina,** Via Fort San Pietro 3, Tel. 0586 894090, 8–12, 16–19 Uhr.

Die vollständig von Wasser umgebene **Fortezza Nuova** von 1591 erreicht man

▷ Kahn und Koloss

über eine kurze Steinbrücke und durch die Katakomben. Das Befestigungswerk war einmal vollständig unterhöhlt und ist heute großteils verfüllt, die Bauten sind entfernt und durch einen Park mit hohen Bäumen ersetzt. Südöstlich erstreckt sich die 1838 geschaffene monumentale **Piazza della Repubblica,** wegen der beiden Denkmäler (nordwestlich *Leopold II.*, südöstlich *Ferdinand III. von Lothringen*) auch „Piazza dei Granducchi" („Platz der Großherzöge") genannt. Nordöstlich schließt die **Piazza Garibaldi** (mit dem obligatorischen Monument) an. Auf ihr sind einige Stände als Dauermarkt eingerichtet.

Sich nach Osten wendend, erreicht man von ihr aus den neoklassischen **Wasserspeicher Cisternone** (1842) mit seinem irritierenden, an eine Orchestermuschel erinnernden Aufbau, wohl Symbol für die Offenheit der für Besucher eigentlich verschlossenen Wasserzisterne und Zitat antiker Thermenarchitektur. Nur wenige Schritte entfernt wartet nördlich das **Diözesanmuseum** auf einen Besuch. Im Bischofspalast sind die sakralen Kostbarkeiten und volkstümlichen Objekte aus den aufgelassenen Kirchen der Provinz ausgestellt.

■ **Museo Diocesano,** Via del Seminario 61, Tel. 0586 276211, Mo–Fr 9–13, Di/Do auch 16.30–19 Uhr.

Über die Viale Corona und den Corso Amedeo geht es nun nach Süden in das Herz der „Neustadt" zur **Einkaufszone rund um die Piazza Attias.** Einige Schritte von ihr in die Via Enrico Mayer führen zum 1847 eröffneten **Teatro Goldoni,** dem bedeutendsten Theater der Stadt.

Die Via Goldoni nach Norden wieder Richtung Altstadt gehend, erreicht man auf der anderen Seite des Königlichen Kanals das Marktviertel mit zahlreichen Verkaufsständen rund um den **Mercato**

114tsk

Centrale, eine von Pariser Architektur inspirierte Konstruktion von 1894 mit riesigen Fensterflächen. So hektisch wie es draußen ist, ist es auch an den Ständen drinnen. Doch hier und da gibt es ein paar Tische und Stühle, Inseln der Ruhe inmitten des Feilschens, wo man seinen *espresso corretto* trinken und die Zeitung lesen kann.

Wieder zurück gelangt man über die Via Grande nach Westen zum Hafen. Dort steht das spektakulärste Denkmal Livornos, das **Monumento dei Quattro Mori.** Auf einen Sockel hat *Giovanni Bandini* die Marmorskulptur *Ferdinandos I.* gestellt. In siegreicher Pose festgehalten, erinnert er an seinen Sieg über die Seeräuber vor der toskanischen Küste, den die (im Oratorio di San Ranieri beerdigten) Ritter von Santo Stefano für ihn erfochten. 1595 begannen die Arbeiten in Carrara, 1601 brachte ein Schiff die Figur. Die heute politisch weniger korrekten bronzenen, mit Ketten an den Sockel gefesselten „Mohren"-Gestalten – Inbegriff der Barbaren – goss *Pietro Tacca* 1623–26. Die vier Figuren winden und verdrehen sich verzweifelt, ausdrucksstark und äußerst lebensecht.

Die **Alte Festung** nördlich des Denkmals ist nur auf kompliziertem Weg über den Hafeneingang erreichbar (hinter der Kirche San Ferdinando zu Fuß Richtung Fähranleger und kurz davor über die abgezäunten Parkplätze). Das weitläufige Festungswerk entstand über sechs Jahrhunderte, beginnend mit dem Torre Quadrata im 11. Jh., von dem noch Mauerreste erhalten sind.

■ **Fortezza Vecchia,** Calata Sgarallino, Facebook: Fortezza Vecchia di Livorno – Pagina istituzionale, Di–So 9–20 Uhr.

Das **Naturkundemuseum** liegt etwas abseits im Süden der Neustadt, ein Besuch kann auch thematisch passend mit dem des Aquariums an der weiten Uferpromenade der Viale Italia – der Terrazza Mascagni – verbunden werden. Das moderne, didaktisch hervorragend konzipierte Museum gliedert sich in mehrere Bereiche. Sektion 1 mit Meeresgetier, Botanischem Garten und Wirbellosen, Sektion 2 mit Paläontologie, Mensch und Vergleichender Anatomie und Sektion 3 mit Planetarium.

■ **Museo di Storia Naturale e di Mediterraneo,** Viale Roma 234, Tel. 0586 266711, http://musmed.provincia.livorno.it, Di–Sa 9–13, Di/Do/Sa/So auch 15–19 Uhr, Eintritt in alle Sektionen 10 €, Kind 5 €, Familie 20 €, Planetarium (nur nach Voranmeldung) 5 €, Kind 3 €.

Die **Terrazza Mascagni** entstand in den 1920er Jahren als Flaniermeile der Städter: unheimlich breit, unheimlich lang, schwarz-weiß gepflastert mit eleganter weißer Brüstung, blauem Meer und Dampfer am Horizont, mit Rasenflächen, Cafés und Restaurants. Wer hier abends nicht glücklich ist, dem kann man nicht helfen.

Das **Aquarium** gehört zu den besten des Landes. 2000 Tiere, 300 Spezies, 33 Tanks und ein Streichelbecken lassen Kinderherzen höher schlagen: Im Tunnel geht es unter den Haien durch, man bestaunt die Farbenpracht tropischer Fische, die majestätischen Schildkröten und den Tanz der Seepferdchen.

■ **Acquario,** Piazzale Mascagni, Tel. 0586 269111, www.acquariodilivorno.it, April–Juni/Sept. 10–19, Juli/Aug. 10–21, sonst nur an Wochenenden 10–18

Uhr, Kasse/online 13/16 €, Kind 9/10 € (bis 140 cm, unter 100 cm frei).

Lungomare von Ardenza

Fährt man von den Flanierterrassen noch ein wenig weiter nach Süden am Meer entlang, gelangt man hinter der Barriera Regina Margherita, zwei neoklassischen Loggien links und rechts der Straße (die einmal die Stadtgrenze markierten), zu einer spektakulären Kette prächtiger, fast uniform wirkender **Jugendstil-Villen** der Marineakademie gegenüber.

Livorno: Zugabe!

■ **Museo di Santa Giulia** – Museum in der 1602 gebauten Kirche mit einem Altarbild wahrscheinlich aus der Giotto-Schule (erste Hälfte des 14. Jh.), das die Stadtheilige *Julia* mit je vier Szenen zu ihrem Martyrium auf den Seiten zeigt, Durchgang zum Oratorio di San Ranieri mit Rittergräbern; Largo Duomo 1 (neben dem Dom), Tel. 0586 883598, www.santagiulia.org, nur nach Voranmeldung.

■ **Casa Natale di Amedeo Modigliani** – der Maler (1884–1920) starb 35-jährig an Tuberkulose, bekannt wurde sein Werk vornehmlich durch seine Aktgemälde, die zu jener Zeit äußerst skandalträchtig waren; Via Roma 38, Tel. 320 8887044, http://casanataleamedeomodigliani.com, Führung Mo–Sa nach Anmeldung per E-Mail 24 Std. vorher, 10 €.

■ **Museo Civico Giovanni Fattori** – Museum, das sich auf die Künstler der Macchiaioli-Gruppe konzentriert, Freiluftmaler, deren Werke sich durch fleckenartige Farbflächen (*macchia* = Fleck), starke Kontraste und schematische Figurenwidergabe auszeichnet; Via San Jacopo in Acquaviva 65, Tel. 0586 824607, Di–So 10–13, 16–19 Uhr, 6 €.

Santuario di Montenero

10 km sind es von der Terrazza Mascagni mit dem Auto hoch auf 193 m üNN zum Heiligtum am Schwarzen Berg, für sportliche Livornesen in früher Morgenstunde und am Wochenende eine auf dem Rad oder im Dauerlauf gern genutzte Bergstrecke. Am bequemsten geht es aber mit der altehrwürdigen **Standseilbahn** hinauf. Oben warten der Devotionalienhandel mit Ständen sowie Bars und Restaurants.

Der Legende nach fand 1345 ein hinkender Hirte am Fuß des Schwarzen Berges ein Madonnenbildnis. Eine Erscheinung riet ihm, das Bild auf den Berg zu tragen: gehört, getan, geheilt. Das Santuario – im Rang einer Basilika und von Vallombrosanern unterhalten – bestand ab dem Jahr der Legendenbildung aus einer Höhle, 1380 errichtete man eine Kapelle, 1774 eine große Kirche. 1956 baute man zur heutigen Anlage aus. Weder architektonisch noch der Innenausstattung wegen ist das Heiligtum interessant, allerdings hängen in den Gängen und Kammern unzählige Bildchen und Bilder, die skizzieren, wie die Muttergottes persönliche Katastrophen abgewendet hat, beim Autounfall, der Kriegsverletzung und beim Balkonsturz.

■ **Santuario di Montenero,** Piazza di Montenero 9, Tel. 0586 579627, www.santuariomontenero.org, Mo–Sa 6.30–18 Uhr; Messen Mo–Sa 7, 9, 10.30, 17, So 7, 9, 10.30, 11.30, 17 Uhr; Funiculare di Montenero, Via delle Pianacce, Tel. 0586 579338, 7.15–20 Uhr (alle15/20 Min.), einfach 1,70 €.

Lari

Das Städtchen Lari (135 m üNN, 1100 Einw.) 30 km östlich von Livorno hat sich seine mittelalterliche Struktur bewahrt. Eine Ringstraße führt außen entlang der (nicht mehr vollständigen) Ringmauer, eine weitere im Inneren rund um die ausgezeichnet erhaltene **Rocca** – das Schloss der Landvögte. Erstmals 962 erwähnt, war Lari lange der Sitz der Familie *Upezzinghi,* die immer wieder gegen Pisa revoltierte. 1406 eroberten es die Florentiner und machten es zum Sitz einer Landvogtei. Westlich der Burg stehen die **Logge del Mercato** aus dem 16. Jh. Das Obergeschoss setzte die faschistische Partei auf und nutzte es als Ortszentrale. Im 15. Jh. auf den Fundamenten eines Vorgängerbaus aus dem 10. Jh. errichtet, wurde die **Kirche Santa Maria Assunta e San Leonardo** 1910 massiv ins Neugotische gewandelt. Im Inneren ist eine Della-Robbia-Terrakotta zu sehen: Madonna mit dem Kind (1524). Das **Schloss** hält seine Tore als Museum offen, wobei besonders die Verliese „l'Inferno" schaudern machen. Fresken sind im Gerichtssaal zu sehen und in der „Sala dei Tormenti", dem „Saal der Qualen".

■ **Castello dei Vicari,** Via del Castello, Tel. 0587 687116, www.castellodilari.it, Jan.–Juni Mo–Fr 15.30–19, Sa/So 10.30–12.30, 15.30–19, Juli–Sept. tgl. 10.15–12.45, 15.30–19, Okt. Mo–Fr 15–18, Sa/So 10.30–12.30, 15–18, Nov./Dez. Sa/So 10.30–12.30, 15–18 Uhr, Eintritt 5 €, Audioguide 4 €.

Praktische Informationen

Touristeninformation

■ **Ufficio Turismo Livorno,** Piazza Municipio 8/10, Tel. 0586 894236, www.visit-livorno.it, tgl. 9–17, Winter bis 15 Uhr.

Stadtbesichtigung

■ **Stadtrundfahrten** mit einem Hop-On-Hop-Off-Bus starten zwischen Mai und Okt. stündlich zwischen 10 und 15 Uhr an der Piazza dell'Unità d'Italia und fahren auch das Santuario di Montenero (→ oben) an (www.city-sightseeing.it), 16 €.

◁ Die Via della Madonna ist Fußgängerzone und ein Eldorado für Straßencafé-Liebhaber

▷ Fisch satt in Livornos Markthalle

Unterkunft

17 **Al'Teatro**③, Via Enrico Mayer 42, Tel. 0586 898 705, www.hotelalteatro.it. Acht exquisit eingerichtete Zimmer in einem Haus aus dem späten 19. Jh., der Clou ist der Garten, besser gesagt Hinterhof, mit Ruhemöbeln zum Entspannen.

9 **Gennarino**③, Viale Italia 301, Tel. 0586 8031 09, www.hotelgennarino.it. Eine Villa aus dem 19. Jh. mit 23 Zimmern an Livornos Meerespromenade – man sollte unbedingt um ein Zimmer mit Seeblick bitten, wenngleich das durch die viel befahrene Straße etwas laut ist.

10 **Navy**②-③, Viale Italia 231, Tel. 0586 802077, www.hotelnavy.com. Angenehmes und winziges Hotel mit nur neun – großzügigen – Zimmern südlich des Zentrums am Lungomare in Höhe der Marineakademie in einer hübschen Villa.

28 **Giappone Inn**②, Via Grande 65, Tel. 0586 880241, www.hotellivorno.com. Rund 1 km vom Bahnhof mit 76 sehr einfach eingerichteten Zimmern und stark beworbener Garage; meist Publikum, das am nächsten Tag die Fähre nimmt; zentrale Lage, aber laut.

Unser Tipp: **29** **Hotel Europa**②, Via dell'Angiolo 23, Tel. 0586 888581, https://hotellivorno.com. In einer ruhigen Parallelstraße der Via Grande, 19 Zimmer und fast ein „Geheimtipp": Die top-moderne, geschmackvolle Ausstattung wäre allemal gut für vier Sterne, der Service ist sehr aufmerksam, das Frühstück individuell und sehr persönlich präsentiert, die Tipps und Empfehlungen (Restaurants) passen – und es gibt großzügige Familienzimmer.

Außerhalb

■ **Locanda Garzelli**②-③, Via Giovanni Pascoli 32, **Quercianella,** Tel. 0586 491027, www.locandagarzelli.it. Hotel mit sechs Zimmern (drei mit Terrasse zum Meer) direkt am Wasser (molengeschützter Küstenabschnitt), gutes Fischrestaurant.

■ **La Casa di Ulisse**②, Via Vitalba 3, **Quercianella,** Tel. 0586 492052, www.lacasadiulisse.eu. B&B 10 km südlich in den Hügeln, 10 Gehminuten vom Meer gelegen, vier großzügige, liebevoll eingerichtete Zimmer jeweils mit eigenem Zugang vom Garten in einer hübschen Anlage in Panoramalage.

Unser Tipp: **Agriturismo Campo al Sole**②, Via delle Corti 50, **Castell'Anselmo,** Tel. 335

115t sk

1267813, www.agriturismocampoalsole.it. Drei Zimmer mit eigenem Gartenbereich etwas abseits des Hauptgebäudes, auf einem Bauernhof 15 km östlich von Livorno, auch Halbpension möglich; schön, angenehm und ruhig – das Besondere: Die Gastgeber sind Musikprofis und spielen auf Wunsch für die Gäste.

Camping

1 **Campeggio Mare e Sole,** Viale del Tirreno, 100, **Calambrone,** Tel. 050 32757, www.camping mareesole.it, Mitte April–Sept. offen. Ein etwas einfacherer Platz nördlich Livorno direkt am Strand mit Restaurant, Bar und Laden.

Essen und Trinken

Ristorante & Co.

39 **Il Tegolo**④, Piazza Giuseppe Garibaldi 10, Tel. 0586 219405, www.iltegolo.com, tgl. 12–14.30, 19.30–22.30 Uhr. Ein Königreich für Freunde von Meeresfrüchten und Luxus; allein sechs verschiedene Austernarten (natürlich mit Champagner), daneben perfekt komponierte Fischgerichte – ohne Reservierung hat man keine Chance.

34 **In Carne**③, Scali del Monte Pio 11, Tel. 0586 893227, www.incarne.it, tgl. 19.30–22.30 Uhr. Wer gutes Fleisch liebt (zum Restaurant gehört eine Metzgerei), wird hier vollauf zufrieden sein. Das *bistecca fiorentina* auf den Punkt, auch Rohes ist im Angebot oder alternativ Hamburger. Genau genommen sind die unverputzten Ziegelgewölbe und die kleine Terrasse eine einzige Hommage an *il manzo,* das Rind.

UNSER TIPP: 38 **Vecchia Livorno**③, Scali delle Cantine 34, Tel. 0586 884048, www.facebook.com/RistoranteLaVecchiaLivorno, Mi–So 12–15, 19–23 Uhr. Im winzigen, mit Ramsch und Kitsch vollgestopften Lokal kann man sich richtig wie Zuhause fühlen – die vielen Einheimischen sind denn auch meist Stammgäste; eine Oase mit feiner Livorneser Küche, frischestem Fisch, perfekt auf den Punkt gebratenem Fleisch und einer aufmerksamen Bedienung.

33 **Osteria della Venezia**③, Via Caprera 41, Tel. 0586 839543, www.osteria-della-venezia.business.site, Di–So 12.30–15, 18.45–23, Mo 18.45–23 Uhr. Im Stadtteil Nuova Venezia ist man spezialisiert auf Fischgerichte und beliebt; früh kommen oder reservieren. Trotz des Zustroms hohe Qualität und ein faires Preis-Leistungs-Verhältnis.

2 **La Settima Onda**①-②, Via del Molo Mediceo, Tel. 328 6577020, www.facebook.com/lasettimaonda, Juni–Aug. ab 12 Uhr. Die siebte Welle kredenzt Fisch und Meerestiere direkt auf der Hafenmole – *Pranzo* und *Cena* zwischen Finger- und Fastfood und sehr angesagt.

15 **Osteria del Mare**②-③ Borgo dei Capuccini 5, Tel. 0586 881027, Fr–Mi 12.30–14.30, 19.30–22.30. Klassisches, einfacheres Lokal mit wenigen Tischen, an denen vornehmlich Einheimische essen – nur Fisch und bekannt für den *Cacciucco alla livornese,* die Fischsuppe der Stadt.

24 **Bar/Caffetteria La Lucia**①, Scali D'Azeglio 38, Tel. 379 1703423, Mo–Fr 7.30–15.30 Uhr. Chrom, Glas, ein paar Tische drin, vier Tischlein draußen – in der Vitrine stehen die fertigen Gerichte – für einen schnellen (nicht schlechten) und sehr günstigen Lunch.

27 **Osteria Modi**②-③, Via della Coroncina 13a, Tel. 393 0162348, Do–Di 12–14.30, Do–Mo auch 19.30–21.30 Uhr. Kleine Osteria unweit der Markthalle, die sowohl mit dem Fisch- als auch mit dem Fleischangebot überzeugt, große Auswahl an Antipasti und Primi, wie *gnocchetti pesto e speck* oder *pennette agli scampi,* auch auf Sonderwünsche wird eingegangen.

14 **Cantina Senese**②, Borgo dei Cappuccini 95, Tel. 0586 890239, www.facebook.com/cantinasenese, Mo–Sa 9–16, 18–2 Uhr. Uriges Lokal mit bunt gemischtem Publikum, vom wohlhabenden Livorneser bis zum Hafenarbeiter; die Fischküche im Allgemeinen, besonders die Fischsuppe *cacciucco,*

gilt als anerkannt gut, und die Preise bleiben am Boden.

UNSER TIPP **31 This Integra**①, Via Ganucci 3, Tel. 375 5982352, www.thisintegra.it, Fr–So 20–24 Uhr, Sa/So nach Voranmeldung auch mittags. Sozialprojekt, das sich der Förderung behinderter Kinder verschrieben und unterschiedlich gefüllte Wraps und Getränke im Angebot hat.

6 Jhonny Paranza①-②, Piazza Mazzini 73, Tel. 329 1560606, www.facebook.com/jhonnyparanza, Fr/Sa 18.30–22.30, So 12.30–14.30 Uhr. Gleich vorweg: So improvisiert, wie der Kiosk für Fish&Chips an der Piazza Mazzini wirkt, ist *Davide Baldis* (alias Jhonny Paranza) kleines Gastro-Imperium längst nicht mehr – aber alles fing mit einer Bretterbude, Campingstühlen und frittiertem Fisch an (angeblich dem besten in Livorno), und bis heute stehen die Leute Schlange.

26 Pescheria il Porto①, Via S. Giovanni 4, Tel. 339 6073074, www.ristopescheriailporto.it, tgl. 7.30–24 Uhr. Nirgends isst Fischers Fritz Fisch frischer als in der Fischhandlung, man wählt aus und lässt ihn zubereiten – dazu gibt's Brot und Salat, ein paar Tische drinnen und im Freien.

18 Il Rifugio①, Via Enrico Mayer 79, Tel. 0586 211942, www.ilrifugioristorante.it, Mo–Fr 12–15, 19–23, Sa 19–23 Uhr. Beliebtes, gut frequentiertes Restaurant mit Mittagsbuffet, an dem man sich für relativ wenig Geld an toskanischen Köstlichkeiten sattessen kann.

12 Pane e Tulipani²②, Piazza Mazzini 9, Tel. 327 4571908, Di–Sa 20–23, So 12.30–15 Uhr. Ein junges und kreatives Team kocht nach Rezepten rund um den Globus vornehmlich mit Fisch als Basis; kleine Karte und gemütliche Atmosphäre.

Pizza & Co.

30 The Bad Elf②, Via della Posta 40, Tel. 328 1251 458, www.badelfpub.it, Di–So 18.30–1/2 Uhr. Birreria und Imbiss bis spät in die Nacht – beliebter Treffpunkt der Nachtschwärmer und englischsprachigen Livorno-Besucher, auf der Speisekarte stehen die 3Bs: Bier, Burger, Barmusik.

25 Pizzeria Tramontana①-②, Via S. Giovanni 24, Tel. 0586 893057, Do–Di 12–15, 19–24 Uhr. Es ist fast immer voll, laut und hektisch, denn hier gibt es die wohl beste Pizza der Stadt – das ist natürlich eine Glaubensfrage, aber die vielen Einheimischen sprechen für sich! Gut ist sie wirklich (und man kann sie sogar *integrale* oder glutenfrei bestellen), wie auch die anderen Gerichte auf der Karte (*tagliata, bistecca* sowie Fische und Meeresfrüchte) – die Stimmung muss man aber mögen.

22 Torteria de Gagarin①, Via del Cardinale 24, www.torteriadagagarin.com, Mo–Sa 8–14, 16–20.30 Uhr. Die Kichererbsen-„Pizza" *torta di ceci* wird hier in unzähligen Variationen, darunter auch als *cinque e cinque* (Füllung einer Focaccia), zubereitet.

Pasta pur

Laura, Lucia, Valeria, Luca, Mario, Lorenzo und *Dino* – die Familie *Martelli!* Sie, und nur sie, stellen in ihrer Manufaktur in Lari Nudeln her. Hartweizengrieß und Wasser, sonst nichts. Das **Geheimnis?** Um den Teig zu mischen, muss man sich **Zeit** nehmen, je langsamer, desto besser, der Grieß liebt es zu quellen. Und die **Formen** müssen aus **Bronze** bestehen, nur so erhält die Nudel die raue Oberfläche, die Porösität, die sie für die Aufnahme der Soßen benötigt. Und noch einmal nimmt man sich Zeit. Die **Trocknung** auf der Leine dauert bis zu 50 Stunden. Und man muss die Nudeln gegen Ende beobachten, schließlich beeinflussen Außentemperatur und Luftfeuchtigkeit den Prozess. Und was gehört noch zur besten Nudel der Welt? Viel Leidenschaft, eine über 80-jährige Erfahrung und die freiwillige Beschränkung! Nur 60 kg Spaghetti, Spaghettini, Maccheroni und Penne finden pro Tag ihren Weg in die gelben Martelli-Tüten und weiter in die Läden und Lokale.

Vegetarisch/Vegan

5 La Casina di Alice②, Via Leonardo Cambini 14, Tel. 329 7320679, www.facebook.com/lacasina dialice, Mi–Mo 19.30–22.30, Mi–So auch 12.30–15 Uhr. Vegetarische und vegane Gerichte in einem hübschen, ruhigen Restaurant im ersten Stock eines klassizistischen Gebäudes (mit kleinem Geschäft).

20 Verde Vegan①-②, Via Maggi 4, Tel. 393 5073479, Mo–Fr 6.30–16.30 Uhr. Kaffee, frisch gepresste Säfte, Smothies, Salate, belegte Brötchen und Wraps – garantiert vegan; kleiner Freisitz.

Il Ponce

Der Ponce tauchte das erste Mal in Livorno Ende des 17. Jh. bei den britischen Händlern auf und wurde rasch beliebt. Sein Name leitete sich aus dem Hindi-Wort für „fünf" – *pãñc* für die **Zahl der Zutaten** ab: **Tee, Rum, Zitrone, Zimt und Zucker,** ein Punsch. In Livorno machte man sich allerdings schon zu Beginn des 18. Jh. sein eigenes Rezept. Den Tee ersetzte man durch **Kaffee** und den im Geschmack zu kräftigen karibischen Rum durch einen milderen **Rum-Ersatz.** Heute muss für den richtigen Ponce auch das richtige Glas benutzt werden, der dickbödige **Gottino,** um das Getränk lange warm zu halten. In ihm wird Zucker, Zitronenschale und der Alkohol mit Dampf erhitzt, bis sich der Zucker aufgelöst hat, dann wird langsam der Kaffee hinzugefügt. Als Alkohol kann man – mezzo e mezzo – auch eine Mischung aus Rum-Ersatz und Cognac, oder aus Rum-Ersatz und Sassolino (ein Anislikör) nehmen.

Entoteche & Co.

37 Enoteca Forte San Pietro③, Piazza dei Domenicani 2, Tel. 328 0835200, Di–So 12–15, Di–Sa auch 19–22.30 Uhr. Weinhandlung und Bistro in gemütlichen Ziegelgewölben gegenüber der Kirche Santa Caterina, in erster Linie geht es natürlich um Weinverkostung, aber auch die Gerichte auf der Tageskarte sind nicht schlecht (wenngleich in winzigen Portionen serviert).

Außerhalb

■ **I Burattinai**②, Via Pagolo da Lari 10, **Lari,** Tel. 0587 685453, Do–Di 19–22, Sa/So auch 12–14.30 Uhr. Ehrliche Landküche zu fairen Preisen in unaufgeregt-minimalistischer, heller Atmosphäre mit 60er-Jahre Touch – hier gibt's die Pasta von Martelli, der im Ort angesiedelten kleinsten Nudelmanufaktur Italiens. Serviert wird sie z.B. mit Tomaten und Knoblauch oder mit Tintenfisch.

Süßes

21 Caffè Mercato, Mercato Centrale. Am Tresen treffen sich Händler und Kunden, Lagerarbeiter und Fischer zu einem Plausch, neben Dolci gibt's auch Tramezzini.

7 Gelateria Caprilli, Via dei Funaioli 2, Tel. 0586 954993, https://caprilli.da.delivery, tgl. 13–24 Uhr. Eis ganz ohne Geschmacksverstärker, *naturale artigianale,* an der *passegiata,* man schleckt aus der Tüte oder lässt sich im barocken Inneren nieder.

13 Gelateria Cuore di Panna, Piazza Mazzini 24/25, Tel. 0586 373554, tgl. 14.30–19/20 Uhr. Eine unglaubliche Auswahl an Eissorten, auch für Diabetiker!

Apero und Abend

36 La Ponceria, Via Borra 40, Tel. 0586 373282, www.laponceria.com, tgl. 20–1/3 Uhr. Beliebte Bar für den Aperitif, der hier aus einem *ponce,* einem mit Rum verstärkten Caffè Crema, bestehen sollte (→ Exkurs „Il Ponce").

32 **Piano B Craft Bar,** Scali del Ponte di Marmo 10, Tel. 0586 323137, www.pianobcraftbar.com, ab 21.30 Uhr. Abhängen und chillen mit Bier, Cocktails und Lifemusik.

3 **Ex-Cinema Aurora,** Via Ippolito Nievo 28, Tel. 338 3764627, http://ex-cinemaaurora.blogspot.de, ab 17.30/19 Uhr. Konzerte, DJ-Abende, Theater, das Aurora ist der Tanz- und Kulturtempel Livornos.

41 **Frankie Pub,** Via de Lardelel 27, www.facebook.com/FrankiePub. Di–Sa ab 18 Uhr bis spät. Ob und wann *Frankie* aufmacht, hängt von ihm ab und vom Ordnungsamt, denn die Kneipe wird auch immer wieder mal zwangsweise geschlossen – viel Bier, Livemusik, etwas Absturz, sehr authentisch.

11 **Ostricaio,** Viale Italia 100, Tel. 0586 581345, www.facebook.com/ostricai, tgl. 12.30–15, 20–22.15 Uhr. Was versteht man unter einer *stuzzicheria di Mare?* Nun, eine entspannte Bar, vor der die Sonne im Meer versinkt, während man Austern schlürft und sie mit einem kühlen Weißen hinunterspült – möglichst mit ein paar Freunden oder dem/der Liebsten im Arm.

8 **Surfer Joe,** Piazzale Mascagni 1 (neben dem Aquarium), www.surferjoe.it, tgl. 10–24 Uhr, Winter stark eingeschränkt. Szenelokal und ein Stück Kalifornien mit amerikanischer Speisekarte, Surfer-Lässigkeit und abendlicher Livemusik am Strand.

Verkehr

■ **Bahn:** Livorno Centrale, Piazza Dante (1,5 km östlich der Altstadt), an der Hauptstrecke Rom – Grosseto – La Spezia, nach Piombino ein- bis zweistündlich (90 Min., um 9 €), nach Grosseto halbstündlich (90 Min., um 12 €), nach La Spezia halbstündlich (70 Min., um 10 €), nach Florenz viertel- bis halbstündlich (90 Min., um 10 €).

■ **Stadtbus:** einfache Fahrt 1,70 € (Gültigkeit 70 Min., Ticket entwerten, beim Fahrer 3 €), Heft mit 10 Fahrkarten 15,50 €, www.at-bus.it Bus Linie 2+ zum Santuario di Montenero (Stadtfahrt, 45 Min.).

■ **Fernbus:** Die meisten Busse halten an der Piazza Grande, darunter Bus Nr. 102 nach Rosignano Solvay und Cècina (60 Min., um 5 €), www.at-bus.it.

■ **Radfahren:** Bike-Sharing-System mit fünf Stationen in der Innenstadt, Anmeldung im Büro an der Piazza dell'Unita d'Italia, Mo–Sa 8–18 Uhr; Formular ausfüllen, gegen Vorlage des Personalausweises und Zahlung von 5 € für die elektronische Geldkarte (inkl. 4 Std. Nutzung) erhält man das Log-in-Passwort; erste halbe Stunde kostenlos, 2. halbe Stunde 0,90 €, 3. 1,50 €, 4. 2 €. Kontakte: Tel. 0586 210530, www.bicincitta.com.

Feste

■ **Trofeo dell'Accademia Navale e Livorno,** zehn Tage Ende April stehen im Zeichen der renommierten Großregatta der Marineschule unter internationaler Beteiligung um den ersten Preis in einer

116t sk

Der Dom von Livorno

der Bootsklassen (mehr als 300 Schiffe aus über 20 Nationen in 15 Klassen), mit Begleitprogramm; www.settimanavelicainternazionale.it.

■ **Effetto Venezia,** Kirmes in Livorno Ende Juli für fünf Tage im Venezianischen Viertel mit einem bunten Programm aus Konzerten, Schauspiel und Straßentheater, vollen Gassen, Feuertänzen und Feuerwerk; www.livorno-effettovenezia.it.

■ **Livorno Music Festival,** zwei Wochen Ende Aug. mit Konzerten, bei denen auch Studenten teilnehmen, die sich in Meisterklassen vorbereiten durften; www.livornomusicfestival.com.

Einkaufen

Bücher

19 **Libreria Mondadori,** Via Magenta 23, Tel. 0586 219353, www.mondadoristore.it. Auch in Livorno übernehmen die Ketten Mondadori und Feltrinelli nacheinander alle alteingesessenen Geschäfte.

Lebensmittel

4 **Ciabattari,** Via Leonardo Cambini 25, Tel. 0586 8080890. Wein, Käse, Würste und Prosciutto, ein Feinkostgeschäft, wie es sein sollte, ein bisschen alles und alles gut!

40 **La Granaia,** Via del Pina d'Oro 14, Tel. 349 362 5048, www.facebook.com/lagranaia. Seit 1918 werden Mehl, Trocken- und Hülsenfrüchte verkauft, tolle Auswahl, günstige Preise.

23 **VAD Formaggi,** Via di Franco 36–38, Tel. 0586 884106, www.vadformaggi.it. Legendäres Käsegeschäft: Die Laibe stapeln sich an den Wänden.

Allerlei

16 **autres chauses,** Via Ricasoli 120, Tel. 0586 899 257. Schicker Concept Store mit frecher Mode, Design und Düften.

35 **Studio Zero Vetro,** Via Borra 33, Tel. 348 8738717, www.studiozerovetro.it. *Caterina* fertigt wunderschönen Modeschmuck aus Muranoglas.

Märkte

■ **Mercato Centrale,** Via Buontalenti, Lebensmittel und allerlei Praktisches in der Halle und unglaublich viel Nützliches und weniger Nützliches an den Ständen außen herum, Mo–Sa 5.30–14/15, Mi erst ab 7 Uhr.

■ **New American Market/Mercatino Americano,** Piazzale del Portuale. Das traurige Ende einer Legende: Mit Eröffnung der amerikanischen Militärbasis Camp Darby zwischen Pisa und Livorno erblühte der Schwarzhandel mit abgezweigten Waren aus US-Militärbeständen auf der Piazza XX Settembre – im neuen Jahrtausend musste der Markt ins Hafengelände umziehen, wo er nun dahinkümmert.

Windsurfen/ Surfen

Die Etruskische Küste gilt wegen ihrer Wind- und Wellenverhältnisse als gut geeignet für Wellenreiten, Wind- und Kitesurfen. **Surfer** treffen sich an den Bagni Fiume und bei den Tre Ponti in Ardenza am südlichen Stadtausgang von Livorno, bei Il Sale in Höhe von Antignano, 3 km weiter südlich, bei Paolieri nahe Quercianella, Lillatro bei Rosignano Solvay und im Golf von Baratti am Anfang der Piombino-Halbinsel. **Windsurfer** sind bei Ardenza gut aufgehoben, ebenso bei Paolieri und Lillatro, bei Pietrabanca nahe Vada zwischen Rosignano und Cècina, Le Gorette bei Cècina Mare, in Marina di Castagneto und im Golf von Baratti. **Kitesurfen** kann man bei Lillatro, vor Marina di Castagneto und im Golf von Baratti.

Livorno, Riviera degli Etruschi

Gesundheit

- **Krankenhaus/Ospedale di Livorno,** Viale Alfieri 36, Tel. 0586 223111, Notruf 118, www.uslnordovest.toscana.it, rund um die Uhr.
- **Apotheke/Farmacia Comunale,** Piazza Grande 39, Tel. 0586 894490, www.farmaciecomunalilivorno.it, rund um die Uhr.

Aktivitäten

- **Giro in Battello,** Bootsfahrt auf den Kanälen des Venezianischen Viertels von Livorno, Mai–Okt., Abfahrten 11, 11.30, 12, 12.30, 15.30 Uhr, Infos unter Tel. 348 7382094, https://livornoinbattello.it, Treffpunkt an der Touristeninformation, Dauer 50 Min., 15 €, Kind 7 €.
- **Bagno le Forbici,** Via Aurelia 1097, Rosignano Marìttimo, Tel. 0586 751029, www.bagnoleforbici.it; 20 km südlich von Livorno liegt eine der schönsten Badeanstalten der Etruskischen Küste, ganz ohne Sandstrand, hoch über dem Meer, mit gutem Restaurant, gepflegtem Rasen und Schwimmbad. Wer herkommt, genießt die Exklusivität und Ruhe und zahlt dafür in der Hochsaison 80 € pro Tag für einen Schirm mit zwei Liegen und eine Kabine (teils mit Dusche und Toilette).

Cècina

- 5 m üNN, 28.000 Einw., Livorno 40 km, Piombino 50 km, Volterra 40 km

Modern und selbstbewusst ist Cècina, lebt man doch nicht, wie die meisten in der Umgebung, alleine vom Tourismus. Handel, Handwerk und Industrie sind der modernen Stadt weitere Stützen.

Auf halbem Weg von Livorno nach Piombino an der Mündung der Cècina ins Mittelmeer, nahm die Stadt schon immer eine besondere Rolle ein. Nicht nur, weil die **Via Aurelia** mitten durch ihr Herz führte (das antike Rom hatte hier eine Poststation eingerichtet). Die Mühsal der Reise ins Landesinnere nach Volterra und weiter nach Siena, das Auf und Ab in der Hügelwelt, war von hier aus entlang des Flusstales am geringsten. Doch das malariaverseuchte Hinterland hemmte die Entwicklung, und erst als im 19. Jh. die **Sümpfe** ausgetrocknet waren, konnte sich Cècina vergrößern. Ab 1830 wurde das gewonnene Land parzelliert und versteigert, womit sich auch die **schachbrettartige Anlage der Stadt** erklärt. 1925 – an den Stränden nördlich Livorno boomte der Tourismus bereits – entschied man, die Marina di Cècina zu bauen. Die Landwirtschaft, bislang vornehmlich auf den Anbau von Getreide setzend, änderte sich. Olivenbäume und Weinstöcke tauchten auf und verdrängten nach und nach die Getreidefelder.

Das informative **Archäologische Museum** im Viertel Cinquantina zwischen Zentrum und Meer zeigt Steinwerkzeug aus dem Paläolithikum, Grabbeilagen aus dem Neolithikum und beschreibt die Siedlungen der Bronzezeit. Ebenso werden die etruskische und die römische Zeit beleuchtet.

- **Museo Civico Archeologico,** Via Francesco Domenico Guerazzi, Tel. 0586 611588, www.museoarcheologicocecina.it, Juli–Sept. Mi–So 10–13, 17–20, sonst Mi–So 14–17, Fr–So auch 10–13 Uhr, 4,50 € (mit Villa Romana 6 €).

Das Grabungsfeld der **Römischen Villa** San Vincenzino liegt an der Hauptverbindung zum Meer. Sie gehörte im 4. Jh.

dem Präfekten *Decius Albino Cecina.* Zu sehen sind Fundamentreste.

Parco Archeologico della Villa Romana di San Vincenzino, Via C. Ginori 33, Tel. 0586 769255, www.museoarcheologicocecina.it, Juli–Sept. Mi–So 10–13, 17–20, sonst Mi–So 14–17, Fr–So auch 10–13 Uhr, 4,50 € (mit Arch. Museum 6 €).

Das Hinterland Cècinas

In die Ausläufer der Hügel der **Colline Metallìfere** entführt eine 40 km lange **Rundtour** durch das Hinterland von Cècina. Einen halben Tag sollte man sich mindestens Zeit nehmen. Auf schmalen, kurvigen Straßen geht es von Dorf zu Dorf, das eine lieblos unterhalten, das andere überaus stimmig hergerichtet. Große Sehenswürdigkeiten darf man nicht erwarten, hier geht es um Landschaft, malerische Bergdörfer und ein gutes Mittagessen in einer Osteria am Wegesrand.

An der ersten Station kann man einen Bummel durch die wenig erhebenden Gassen von **Montescudàio** (240 m üNN, 1000 Einwohner) unternehmen. Der Ort hat dem umliegenden DOC-Weinbaugebiet (eines der ältesten Italiens) seinen Namen geliehen, ist hübsch und lebt vornehmlich von den Badetouristen, die an einem Schlechtwettertag zum Mittagessen hochkommen. An höchster Stelle steht die Chiesa Santa Maria Assunta, von der pinienbestandenen Terrasse davor blickt man weit über die Küste. Der Uhrenturm aus dem 12. Jh. wird immer dann zwei Nächte lang beleuchtet, wenn ein Land auf der Welt sich dafür entschieden hat, die Todesstrafe abzuschaffen, oder wenn irgendwo eine Todesstrafe in eine Haftstrafe umgewandelt wurde.

Gänzlich unspektakulär sind die Gassen von **Guardistallo** (275 m üNN, 1200 Einw.). Einen gewissen Charme entwickelt die Piazza del Plebiscito, der kleine Hauptplatz mit Restaurant und Bar. Die beiden Kirchen sind neueren Datums und kunsthistorisch nicht von Belang. Das eigentlich durchaus sehenswerte restaurierte, mit 200 Plätzen sehr intime **Theater** von 1883 steht nur bei den Veranstaltungen offen (Theateraufführungen und Konzerte).

Teatro Virgilio Marchionneschi, Via Palestro, www.instagram.com/teatro_guardistallo.

Komplett anders wirkt das hervorragend herausgeputzte Örtchen **Casale Marìttimo** (214 m üNN, 1100 Einw.) mit steilen Gassen und mittelalterlichen Natursteinhäusern. Hier sollte man unbedingt für einen Bummel aussteigen. An der Ortsauffahrt steht die kleine Natursteinkapelle Madonna della Grazie von 1713. Nur für Hochzeiten wird sie aufgesperrt. Am Parkplatz in der Oberstadt bei der nach einem Erdbeben 1873 neu erbauten Chiesa di Sant'Andrea kann man sein Fahrzeug abstellen. Beim Blick in die Kirche ist das Panoramafresko vom See Genezareth (1987/88) in der Apsis unübersehbar. Die Gassen und Treppen führen in die Unterstadt mit der feinen Piazza del Popolo, Bars und Restaurants. Alles ist perfekt hergerichtet.

5 km sind es zum im Tal gelegenen **Bibbona** (80 m üNN, 3000 Einw.). Die Rocca auf einer Kuppe besitzt noch Teile der mittelalterlichen Stadtbefestigung. In ihrem Zentrum steht das **Kirchlein Sant'Ilario** (12. Jh.). Ursprünglich ein-

schiffig, kam mit der Erhöhung zur Pfarrkirche im 16. Jh. ein Nebenschiff hinzu, allerdings baute man es dreieckig, sodass die Kirche einen unüblichen, trapezförmigen Grundriss erhielt. Das kelchartige Weihwasserbecken im hinteren Bereich stammt aus dem 14. Jh. In den netten Gassen rund um die Kirche sind Restaurants und Unterkünfte zu finden. 3 km östlich von Bibbona liegt das 1600 ha große Landschaftsschutzgebiet **Macchia di Magona** mit dichtem Steineichen- und Kiefernwald, in dem sich Rotwild und Wildschweine wohlfühlen. Wander- und MTB-Wege sind ausgewiesen.

Per Rad im Hinterland Cècinas

Das Hinterland lässt sich auch gut per Drahtesel entdecken. Gut 40 km lang ist die Strecke und verläuft auf Asphalt, ist aber wegen einiger Steigungen (insgesamt 450 Höhenmeter) auch ein wenig kräftezehrend (dafür gibt es am Wegesrand zahlreiche Einkehrmöglichkeiten). Man verlässt Cècina auf der alten Via Aurelia nach Süden, passiert den Ort **La California** und den Abzweig nach Marina di Bibbona. Dahinter geht es an Weiler und Kirchlein **San Guido** von der Küste weg durch die Zypressenallee hoch nach **Bolgheri,** im letzten Stück leicht ansteigend. In Bolgheri (15 km ab Cècina) dreht man nach einer Pause um, fährt 500 m bergab und biegt dann nach rechts Richtung **Bibbona** ab. Über die Hügel geht es auf 6 km nach Bibbona. Nun beginnt die eigentliche Anstrengung. Die Straße nach **Casale Marìttimo** steigt 4 km lang unentwegt an. Und nicht genug, die nächsten 3 km nach **Guardistallo** gehen ebenfalls merklich bergauf. Doch jetzt geht's bergab. Letztes Etappenziel ist **Montescudàio,** von dem aus man wieder in das Cècina-Tal abfährt.

■ **Chiesa di Sant'Ilario,** Piazza XX Settembre, 10–12, 16–18 Uhr.

Dem Tourismus verschrieben ist auch **Bolgheri** (60 m üNN, 500 Einw.), Zentrum des Weinanbaus der „roten" Lagen Sassicaia und des Weißen Vermentino. Der Name des Ortes geht auf die langobardische Zeit zurück, als die Langbärte hier bulgarische Hilfstruppen zum Schutz der Küste stationierten. Neben dem Wein ist der Hauptrumpf des Weilers die wie mit dem Lineal gezogene 5 km lange **Zypressenallee,** die von San Guido am Meer hochführt und eines der beliebtesten Fotomotive der Etruskischen Riviera darstellt. Unter dem Schlossturm hindurchgegangen, empfangen einen Weingeschäfte, Souvenirläden, Bars, Restaurants und Verkaufsstände. Der in Pietrasanta geborene Dichter *Giosuè Carducci* hat in Bolgheri seine Jugend verbracht und schuf mit den 116 Verszeilen des berühmten Gedichts „Avanti San Guido" („Vor San Guido") dem Toskanabaum sein virtuelles Denkmal: „Von Bolgheri die beiden Reihn Zypressen, / Die grad und stattlich nach San Guido gehn, / Wie junge Riesen, die im Lauf sich messen, / So eilten sie heran, nach mir zu sehn …".

Zurück am Meer, ist die Pineta rund um **Marina di Bibbona** vornehmlich den Zelturlaubern vorbehalten. Große und schattige Plätze bieten Raum für

279t sk

Tausende Zelte und Campinganhänger. Fährt man weiter Richtung **Donoratico** und **Marina di Castagneto Carducci,** passiert man immer wieder Abzweigungen zu Weingütern, die die Hänge hochführen und meist mit Zypressen geschmückt sind. Hier ist eine der Kernregionen deutschen Strandurlaubs in der Toskana mit Zeltplätzen und zahllosen Ferienhäusern und -apartmentanlagen.

Praktische Informationen

Touristeninformation

■ **Ufficio Turismo Cècina,** Piazza Sant'Andrea 6, Tel. 0586 620678, www.visitcecina.com, Juli/Aug. Mo–Fr 9.30–12.30, 16–19, 21–23, Sa/So 10–24 Uhr.

⌃ Das hübsche Casale Marìttimo

⌄ Für ein belegtes Panino nur das Beste

Unterkunft

■ **Il Settebello**②-③, Viale della Vittoria 91, Marina di Cècina, Tel. 0586 620039, www.hotelilsettebello.com. Empfehlenswertes Mittelklassehotel direkt am Lungomare mit viel Weiß, 39 eleganten Zimmern und einem guten **Restaurant**②-③.

■ **Sileoni**②-③, Via dei Marinai 19, Marina di Cècina, Tel. 0586 620791, www.hotelsileoni.it. Urlaubshotel mit 19 hell und komfortabel gestalteten Zimmern in der dritten Reihe 150 m vom Stadtstrand, Restaurant, Dependance 50 m weiter.

Außerhalb

■ **Le Volte**②, Via Roma 61, **Casale Marìttimo,** Tel. 0586 652018, www.locandalevolte.com. Zehn elegant eingerichtete Zimmer in einer ehemaligen Mühle aus dem 19. Jh. im unteren Ortsteil; gutes **Restaurant**② (serviert werden Wildgerichte, Pilze, Fisch).

■ **Relais Felciaino**②-③, Località Felciaino 189, **Bolgheri,** Tel. 335 6767722, www.relaisfelciaino.com. Wunderschönes B&B in einem Garten mit sechs komfortablen Zimmern an der Weinstraße durch die Hügel zwischen Bolgheri und Castagneto Carducci, Schwimmbad, sehr gepflegte Anlage.

Camping

UNSER TIPP: **Agricampeggio La Serra del Pino,** Località La Ceciaia, Montescudàio, Tel. 0586 650437, www.laserradelpino.com, März–Okt. Camping auf einem sympathischen Bauernhof 2 km außerhalb von Montescudàio Richtung Cècina, schön hergerichtete Stellplätze mit schattigen Sitzmöglichkeiten, heißem Wasser, Waschmaschine und der Möglichkeit, nach Vorbestellung zu Abend zu essen.

■ **Agricampeggio Eucaliptus,** Via Bolgherese 275A, Località Magazzino, Bolgheri, Tel. 0565 763 511, www.agriturismoeucaliptus.com. 11 km vom Strand bei Marina di Castagneto Carducci in den Hügeln. Großzügige Stellflächen, mit Büschen voneinander abgegrenzt, jeweils mit Wasser-, Abwasser- und Stromanschluss, auch **Apartment- und Zimmervermietung**②-③; Verkauf von Obst, Gemüse, Käse, Wurst und Öl aus eigener Produktion.

Essen und Trinken

■ **Marina Vecchia**③-④, Via Ginori 51, Tel. 328 7334452, www.facebook.com/ristorantemarina vecchia, Mo–Sa 19.30–23.30, So 12–15 Uhr. Auf halbem Weg zwischen Stadt und Marina, weiß-modern und etwas unterkühlt eingerichtet; der Küchenchef hat hohe Ansprüche, nicht nur an die Qualität der Zutaten und deren gewissenhafte Verarbeitung, er sieht auch das Auge mitessen, und so sind die Speisen bis ins kleinste Detail perfekt arrangiert, was den einen oder anderen vielleicht bei der damit verbundenen geringeren Portionsgröße stört – muss er eben einen Gang mehr bestellen, schließlich ist man keine Kantine, sondern der Platzhirsch.

■ **La Capannina**②-③, Località La Cecinella, Marina di Cècina, Tel. 0586 622872, www.facebook.com/lacapanninaandalu, Di–So 12.30–14.30, 19.30–22.30 Uhr. Am Ende des Südstrandes sitzt man am Wasser, bestellt Meeresgetier aus der Fritteuse, Fisch vom Grill oder Pizza und blickt am Abend auf die spektakulär untergehende Sonne, Elba, Capraia und ganz in der Ferne Korsika, mittags hat man die Badenden im Blick.

■ **Oltrepizza**①, Via della Vittoria 5A, Marina di Cècina, Tel. 0568 1750867, 12.30–15, 19–23 Uhr, Winter nur am Wochenende. Straßenverkauf mit Sitzgelegenheit am Lungomare, gute, frisch gemachte Pizze mit dem gewünschten Belag, Sandwiches.

Außerhalb

■ **SaQua by il Frantoio**③, Viale Vittorio Veneto 40, **Montescudàio,** Tel. 0586 650381, Mi–Mo 19.30–22, So auch 12.30–14 Uhr. Wildhuhn-Terrine mit Frühlingszwiebeln oder gebratene Entenbrust mit Schwarzkirschen? Auf alle Fälle gibt's auch ein vollständiges Menü für Vegetarier – sehr gute (prämierte) Küche bei gehobenen (gerechtfertigten) Preisen, schöner Innenraum und große, aussichtsreiche Terrasse.

■ **BardoVino**①-③, Strada Provinciale de Tre Comuni, **Montescudàio,** Tel. 0586 655123. Do–Di 19–22.30, So auch 12.30–14.30 Uhr. Osteria/ Pizzeria an der Ortseinfahrt am Hang mit Aussichtsterrasse und Fisch- und Fleischküche; auch wenn es am Wochenende hoch hergeht und die Touristen in der Überzahl sind, die Küche ist ausgezeichnet und verarbeitet frische Saisonware, und auch das Personal behält dann die Nerven und ist durchgängig freundlich-aufmerksam.

■ **Bar/Pizzeria La Fonte**①, Via Palestro 55, **Guardistallo,** Tel. 331 858 0062, Sommer 12–15, 19–22, Winter nur Do–So 18–22, Sa/So auch 12–14 Uhr. Für eine schnelle (und ziemlich gute) Pizza und supergünstige Menüs zu Festpreisen unter Einheimischen.

UNSER TIPP: **L'Impronta**②, Piazza del Popolo 4, **Casale Marìttimo,** Tel. 346 1060670, Di–So 12–15, 19–22.30 Uhr. Hostaria mit Spezialitätenküche auf der kleinen Terrasse auf dem Platz oder

118t sk

oben auf der Dachterrasse mit Blick über die Landschaft bis zum Meer (besser reservieren!), Aufschnittplatte als Vorspeise und danach ein Wildschweinsteak mit Lardo? Oder ein Lammbraten mit Pistazien?

■ **La Carabaccia③**, Via del Camminata Est 15, **Bibbona,** Tel. 0586 670370, www.facebook.com/lacarabaccia, tgl. 12.30–15, 19.30–22.30 Uhr, Winter Mo/Di und Mi/Do mittags geschl. Feine toskanische Küche vom „von Funk und Fernsehen bekannten" Chef *Emanuele Vallini* – kleine Karte, kein Schnäppchen, aber ein echtes kulinarisches Erlebnis.

UNSER TIPP: **Merendaria da Paguro①-②**, Strada Provinciale Tirli, am unteren Ende der Zypressenallee nach **Bolgheri,** Tel. 351 7330943, tgl. 10–16, 19–23 Uhr. Enoteca, Trattoria und Schnellimbiss mit Panini, rustikaler kleiner Garten für die Aufschnitt- und Grillplatte, die Pasta oder die Crostini – günstig, schnell, effizient und doch sympathisch.

■ **Magona③**, Piazza Ugo 3, **Bolgheri,** Tel. 0565 762173, www.osteriamagona.com, tgl. 12–15, 19–22 Uhr, Winter Mo geschl. Bolgheri ist mit Haut und Haaren dem Tourismus verschrieben, so sind die Preise hoch und das Essen nicht immer von gleichbleibend guter Qualität; Magona direkt im Ort ist da vielleicht die Ausnahme und der Service immer gut drauf – sehr gute Antipasti und hervorragendes Fleisch, Garten.

Caccia al Piano②, Via Bolgherese 281, **Località Caccia al Piano,** Tel. 0565 763203, http://osteriacacciaalpiano.it, Do–Di 12–14.30, 19–22 Uhr. Osteria 6 km südlich von Bolgheri, die dem Prinzip des lokalen Einkaufs verpflichtet ist (um Verpackung, Transport- und Kühlkosten zu minimieren); tolle Landküche, abends in lockerer Stimmung unter Olivenbäumen, hausgemachte Pasta, Fleisch vom Grill, häufig wech-selnde Karte, Wein und Öl aus eigener Produktion.

■ **Il Porticciolo③**, Via Zandomeneghi, **Castiglioncello,** Tel. 0586 752788, www.ristoranteilporticciolo.net, Mi–Mo 12.30–14.30, 19.30–21.30 Uhr. Wer gerne Fisch isst, sollte einen Tisch auf der Terrasse über der Sandbucht reservieren und die Livorneser Spezialität *cacciucco* bestellen, die Preise sind der Lage entsprechend gehoben, womit die 1950er-Jahre-Einrichtung nicht unbedingt mithalten kann – originell.

UNSER TIPP: **Da Maria & Massimo②**, Via Aurelia 855, **Castiglioncello,** Tel. 0586 753597, www.facebook.com/ristofriggitoriadamariaemassimo, tgl. 12–14.30, 19–21.30 Uhr, Winter nur Fr–So (So nur mittags). Ursprünglich eine Fischhandlung, in der die sympathischen Besitzer Fisch frisch zubereiteten und auf die Hand servierten; heute kann man etwas gemütlicher im angeschlossenen Speiseraum essen – gute Qualität, freundlicher Service.

Acqua di Bolgheri

Mit Bolgheri hat die **Kosmetikserie** wenig zu tun, allerdings stammt ihr Erschaffer, der geschäftstüchtige Biologe Dr. *Taffi*, aus dem nahen Cècina. Die Serie wirbt mit der Verwendung nur biologisch einwandfreier Grundstoffe, die ständig geprüft würden und vornehmlich aus der Toskana stammten. Über 75 eigene Läden und zahllose Parfümerien vertreiben Acqua di Bolgheri und weitere Produkte des Dr. Taffi, darunter ein Stammzellen-Shampoo, das, so die Werbung, ideal ist bei Haarausfall – keine Angst, die Zellen stammen vom Apfel.

Süßes

■ **Il Gelataio Filippo,** Via Leonardo da Vinci 4, Tel. 0586 630531, www.ilgelataiofilippo.it, tgl. 11.30–22, Winter bis 20 Uhr. Der Eismann wird im Sommer regelrecht belagert, wer Glück hat, ergattert einen

Sitzplatz, die anderen stehen eben an; Klassiker aus Frucht und Milch, die glücklicherweise nicht übersüßt sind.

Apero und Abend

■ **Tini Soundgarden,** Via Curtatone Est 19, Tel. 393 3134332, www.tinisoundgarden.it, je später man kommt, desto cooler. Mit *Sonja Moonear, Sven Väth* und Co. wird in den Tag hinein gefeiert.

■ **wimbi Beach Bar,** Viale della Vittoria, Marina di Cècina, Tel. 392 1038108, www.wimbibeachbar.com. Wenn die Sonne untergeht, gibt es am Südstrand den ersten Cocktail (die Surfer sind schon vorher dabei), junges Publikum, Snacks.

Außerhalb

■ **Ozium,** Piazza della Chiesa 5, **Guardistallo,** Tel. 0586 650057, www.ozium.it, nur abends, Winter Mo geschl. Restaurant und Enoteca am Kirchplatz, bis in die Morgenstunden offen und damit einer der Hotspots des Nachtlebens (auch für die Leute unten an der Küste); Küche nicht immer auf hohem Niveau.

Verkehr

■ **Bahn:** Stazione di Cècina, Via della Stazione, an der Hauptstrecke zwischen Livorno und Grosseto, nach Livorno halbstündlich (20–30 Min., um 5 €), nach Grosseto halbstündlich (60–80 Min., um 10 €).

■ **Bus:** Die Linie 110 von Autolinee Toscane verbindet werktags mehrfach die Orte Bibbona, Casale Marìttimo, Guardistallo und Montescudàio auf einem Rundkurs; www.at-bus.it. Mitte Juni bis Anfang Sept. fährt Fr/Sa eine Nachtlinie für Diskothekenbesucher zwischen Marina di Cècina, Marina di Bibbona und Marina di Castagneto Carducci (einfache Fahrt um 3 €).

Feste

■ **Bolgheri Jazz,** drei Tage im September in Bolgheri, nicht nur Musik, auch Kulinarisches aus der Region und Weinverkostung, schließlich will man ja auch den Weinhandel voranbringen. www.instagram.com/bolgherijazz.

■ **Sommerfeste,** an der ganzen Küste zwischen Cècina und San Vincenzo finden ab etwa Mitte Juni bis Ende Aug. zahlreiche Veranstaltungen mit Konzerten, Märkten, Theater und Feuerwerken statt.

Einkaufen

■ **Markt,** in Cècina Mare Juli/Aug. tgl. in der Viale della Vittoria.

■ **Flohmarkt** Cècina Antiqua, in Marina di Cècina am letzten So im Monat.

■ Die **Weine** aus den Rebsorten Sassicaia und Vermentino (und meistens auch Souvenirs) bieten einige Enoteche in Bolgheri an, darunter **Tognoni** (auch Bar), Via Lauretta 5, Tel. 0565 762001, www.

317tsk

☒ In der Merendaria da Paguro bei Bolgheri

enotecatognoni.it, **Bottega di Elena** (mit Restaurant), Piazza Teresa 2, Tel. 0565 762141, und **Enoteca di Centro** (mit Restaurant), Via Giulia 3, Tel. 0565 762178, www.enotecadicentro.com. Man kann davon ausgehen, dass die Läden die Preise für den Wein einander angepasst haben.

UNSER TIPP: **RistoMecelleria Sandri,** Strada Provinciale dei Tre Comuni, Montescudaio (3 km östl.), Tel. 0586-1735357, Mo–Sa 8.30–19.30 Uhr. Großmetzgerei mit Spezereien-Laden und Restaurant – alles vom Rind und Schwein aus der Maremma; hier treffen sich die Einheimischen zum Einkauf und für eine Riesenportion Fleisch en passant.

Aktivitäten

Der **Acquapark** mit sechs Rutschen (von Kamikaze bis Twister), Pools, Wellenbad, Spielplatzpool für die Kleinen, die Versorgung mit Essen und Getränken lässt keine Wünschen offen und ist für die ganze Familie ein Erlebnis; Via Tevere 25, Cècina Mare, Tel. 0586 622539, www.acquavillage.it, Anfang Juni–Mitte Sept. 10–18/18.30 Uhr, 28 €, 3–11 J. 20 €, ab 14.30 Uhr 22/16 €.

pArcheoCARD

Die Karte erhält man beim Kauf des ersten Tickets kostenlos, mit ihr wird 20–50 % Ermäßigung (teils nur auf Familientickets) beim Eintritt zu folgenden **Museen** und **Grabungsstätten** gewährt: Parco Archeominerario di San Silvestro, Parco Archeologico di Baratti e Populònia, Museo del Castello della Città di Piombino, Museo della Rocca di Campìglia, Parco Città del Tufo di Sorano, Systema Museale di Massa Marìttima; Infos: www.parchivaldicornia.it.

San Vincenzo

5 m üNN, 7000 Einw., Livorno 80 km, Piombino 30 km, Grosseto 75 km

Eine **Badehochburg** an der südlichen etruskischen Riviera, mit sommerlichem Entertainment bis in die späte Nacht. Im Hinterland warten bedeutende archäologische Grabungsstätten und hübsche mittelalterliche Städtchen für die Tage mit Sonnenbrand.

Eisenbahnanschluss, breite Strände, Hotels und gute Restaurants haben den Erfolg von San Vincenzo über die Jahre sichergestellt. Ein wenig hat es sich aber auch daran verschluckt: Die Viertel mit den Ferienhäuser jenseits der Schienen geben sich teils erschütternd gleichförmig. Doch wen kümmert's, Juli/August ist man tagsüber am Strand und abends im Restaurant. Und nachts ist es dunkel.

Bereits für das Paläolithikum konnten hier an der Küste Siedlungen nachgewiesen werden. Auch die **Etrusker** nahmen ab dem 9. Jh. v. Chr. Land, vom Erzreichtum der Colline Metallìfere angezogen. Bis ins 5. Jh. v. Chr. reichten ihre Aktivitäten, wie man anhand von Funden in den Minen nachweisen konnte.

Mit den **Römern** und der durch San Vincenzo führenden Via Aurelia begann eine neue Periode. Ein Dorf mit Hafen entstand. Erstmals aktenkundig wurde der Hafen als Torre di San Vincenzo 1285, als **Pisa** – im Dauerstreit mit Genua und die Küste ständig von Sarazenen bedroht – die Häfen mit Befestigungswerken ausstattete. Den Namen erhielt der Turm wohl von einer nahen Kirche.

1406 unterlag Pisa den **Florentinern,** San Vincenzo wurde der Verwaltung von Campìglia Marìttima unterstellt. Doch Pisa bäumte sich Ende des 15., Anfang des 16. Jh. mehrfach auf. Eine der heftigsten **Schlachten** jener Tage fand am 27. August 1505 rund um San Vincenzo statt. Pisa, dem Siena zu Hilfe geeilt war, stand gegen Florenz – und verlor. *Giorgio Vasari* hat der „Niederlage Pisas bei San Vincenzo" ein im Florentiner Palazzo Vecchio ausgestelltes Gemälde gewidmet. San Vincenzo blieb bei Florenz und wurde schließlich Teil des Großherzogtums Toskana.

Zentrum ist die **Piazza Fraternelli Serini** direkt am einstigen Fischer- und heutigen Jachthafen. Großzügige Terrassen laden hier abends zum Flanieren ein. Nach Süden führt der **Corso Italia,** im Norden teilt sich die Straße in zwei Fahrstraßen und den in der Mitte verlaufenden, zur Fußgängerzone erklärten **Corso Vittorio Emanuele II** – Herzstück des abendlichen Stadtlebens mit Restaurants, Cocktailbars und Gelaterie.

Parco Archeominerario di San Silvestro

Wichtige Grabungsstätten der Toskana sind die **Minen von San Silvestro** 8 km südöstlich von San Vincenzo. 1976 hat man die Arbeit hier eingestellt. Im 10. Jh. ließ Pisa das Bergbaudorf San Silvestro errichten. Im 14. Jh. wurde es bereits verlassen, wofür aber noch recht viel an Gemäuer malerisch in der Sonne steht.

Drei unterschiedliche, jeweils geführte **Touren** sind im Angebot. Die erste

119tsk

□ Der Jachthafen von San Vincenzo

geht in die **Miniera del Temperino.** In ihr haben schon die Etrusker Stollen gegraben und Erz herausgeholt. 20 (10 °C kalte) Min. dauert die Führung durch den 360 m langen Stollen, 20 weitere Min. die Runde vom Ausgang entlang der Abraumhalden wieder zurück. Die zweite Tour **Galleria Lanzi** wird mit dem Zug absolviert. Vom Bahnhof Pozzo Earle geht es unterirdisch in 20 Min. mit dem Zug zum 1200 m entfernten Bahnhof Valle Lanzi und zurück zu Fuß – Dauer ca. 45 Min. Die dritte Tour, **Rocca San Silvestro,** führt vom Bahnhof Valle Lanzi hoch zum mittelalterlichen Bergwerksdorf San Silvestro (mit einer Geschichte, die in der Antike wurzelt) und in einem weiten Bogen wieder zurück zum Bahnhof (ebenfalls 40 Min.). Wer San Silvestro ohne Zugfahrt erreichen möchte, muss mit etwa 60 Min. auf dem mäandrierenden Weg **Via delle Ferruzze** rechnen. Die **Via dei Lanzi** begibt sich auf die Spuren der im 16. Jh. hier tätigen Tiroler Bergmänner. Sie beginnt und endet am Bahnhof Valle Lanzi.

Weitere **Spaziergänge** im 45 km^2 großen Park (zwischen 20 und 70 Min.) sind ausgewiesen, eine Broschüre erklärt die einzelnen Bergwerkseinrichtungen und geschichtlichen Zeugnisse, die man passiert. Im **Museum für Bergbau und Archäologie** erfährt man mehr über die Mineralien, die im Berg gefunden wurden, und über die archäologische Situation. Das **Museum für Bergbaugerät** zeigt modernere Maschinen, wie die Winde, die die Hauer aus 170 m Tiefe hochzog. Am Bahnhof Pozzo Earle beschreibt das **Bergmannsmuseum** die Arbeit der Kumpel.

■ **Parco Archeominerario di San Silvestro,** Strada Provinciale 20, Tel. 0565 838680, www.parchivaldicornia.it, Juli/Aug. tgl. 10 Uhr–Dämmerung, Juni/Sept. Mo geschl., März–Mai nur Sa/So (da die Touren geführt sind, ist ein Eintritt spätestens 2 Std. vor Dämmerungsbeginn anempfohlen). Komplettbesuch mit allen drei Touren 27 €, zwei der drei Touren 20 €, Rocca San Silvestro oder Miniera del Temperino alleine 11 €, Galleria Lanzi alleine 13,50 €, Familie (alle drei Touren) 50 €.

Campìglia Marìttima

Als Mittelalter pur präsentiert sich Campìglia (230 m üNN, 800 Einw.) 10 km südöstlich von San Vincenzo: Natursteinhäuser auf dem Hügel mit Blick aufs Meer, enge, steile und krumme Gassen und zahlreiche Treppen führen an den Häusern vorbei. Zentraler Platz ist die **Piazza della Repubblica** (durch die Porta a Mare und die Via Roma bergan) mit Bars/Trattorie. 25 m bergauf weist der Glockenturm auf den Palazzo Pretorio hin mit seinen beiden romanischen Rundbögen und zahlreichen ins Mauerwerk eingelassenen Wappen aus Marmor. Touristen lassen sich in den Gassen weiter oben nur selten sehen, denn die **Rocca,** mit dem kleinen Museum und der spektakulären Sicht auf Küste und Kastelle Anziehungspunkt für Besucher, erreicht man nicht über die Treppen im Dorf, sondern über den Zugang hinter ihm im Nordosten auf der unbebauten Seite des Hügels. Die auf das Jahr 1004 zurückgehende Festung ist nett hergerichtet, das kleine, sauber konzipierte **Archäologische Museum** im Burgfried zeigt u.a. Waffen aus dem Mittelalter.

■ **La Rocca/Museo della Rocca,** Viale Francesco Guerazzi, Juli–Aug. Di–So, Juni/Sept. Sa/So 10–13–14–18 Uhr, 4 €.

Unterhalb des Dorfes vor dem Küstenpanorama glänzt in hellgrauem Naturstein und wie auf einem weißen Präsentierteller die romanische **Pfarrkirche San Giovanni.** 400 m sind es hinunter zu ihr. Um sie zu betreten, läuft man über die Gräber. Dicht an dicht und ohne Zwischenraum bilden die marmornen, teils aus dem 15. Jh. stammenden Grabplatten die Terrasse rund um das Gotteshaus. 1173 wurde die mit einem Querschiff und einer Apsis versehene Kirche geweiht.

UNSER TIPP: Das wunderschöne **Portal** mit seinem friesgeschmückten Sturz und dem herrlich gearbeiteten Bogen ist ein ästhetisches Meisterwerk romanischer Baukunst. Der Fries zeigt eine Wildschweinjagd als Symbol für den Triumph des Guten über das Böse. Das nördliche Querschiff trägt außen den geheimnisvollen (vielleicht aber auch inhaltslosen) Satz „sator arepo tenet opera rotas", ein Palindrom, das nicht nur vorwärts und rückwärts, sondern - mit vier Zeilensprüngen in ein Quadrat geschrieben - auch von oben nach unten und umgekehrt lesbar ist. Erstmals dokumentiert wurde diese Wortfolge in Pompeji für das 1. Jh., im Mittelalter schrieb man ihr Zauberkraft zu.

■ **Pieve di San Giovanni,** Tel. 0565 838731, Di–Do, Sa/So 7.30–19, Mo/Fr 15–19 Uhr.

Venturina

Im kleinen Venturina (15 m üNN, 9000 Einw.) 10 km südöstlich von San Vincenzo (5 km südlich von Campìglia) glänzt die Therme **Calidario Terme Etrusche** mit ihrer über die antike Römerzeit hinausreichenden Geschichte (bereits die Etrusker nutzten die Quelle) - und schön ist das Freibad auch noch. Der Komplex besteht aus Hotel, Restaurant, Freibecken und dem Thermarium, einem modernen Wellness- und Spa-Center, das sich mit Rundbögen aus Naturstein und Holzrippenbedachung historisch gibt. Die Quelle sprudelt pro Minute 12.000 l 36 °C heißes Wasser hervor, das direkt in das mit Kiesgrund versehene Freibad gelangt. Bei fast neutralem pH-Wert enthält das Wasser Sulfate, Chloride, Calcium und Magnesium.

■ **Calidario Terme Etrusche,** Via del Bottaccio 40, Tel. 0565 853411, www.calidario.it; Freibad Juli/Aug 9.30–24, sonst 9.30–21 Uhr, Jan–März geschl., 30 €, Kinder 15 €, Mindestalter 6 Jahre; Thermarium Mo–Fr 13.30–19.30, Sa/So 9.30–12.30, 13–16, 16.30–19.30, Juli/Aug. Mo–Fr 16.30–19.30 Uhr, 40–70 €, Mindestalter 18 Jahre.

Suvereto/Belvedere

Suvereto (90 m üNN, 1200 Einw.) 18 km östlich von San Vincenzo ist ein wahres Kleinod mittelalterlicher Stadtarchitektur und bestens erhalten bzw. restauriert. Naturstein und Ziegel sind unverputzt, Marmorsäulen tragen romanische Bögen, hier eine kleine Loggia, da ein Kirchlein, Frauen und Kinder in den Gassen, die alten Männer auf Bänken diskutieren - in Suvereto ist die Welt in Ordnung. Noch bevor man durch das gotische Stadttor tritt, sollte man auf die 983 begonnene und 1189 in heutiger Form fertiggestellte romanische **Kirche San Giusto** linker Hand achten. Einschiffig und mit Apsis und Querschiff errichtet, gehört sie zu den ältesten Gotteshäusern der Region. Das Portal besticht mit seinem einfachen, aber akzentuierenden Schmuckwerk, der simplen Rosette und zwei kleinen Löwenköpfen. Im Inneren hat Mauerwerk lange Jahre Wandmalerei verborgen. Teilweise sind die Nischen mit Freskenfragmenten (darunter eine „Thronende Madonna" (um 1390) geschmückt. Geschichtlich von Bedeutung ist die Kirche wegen des Kaisers *Heinrich VII.* Nach seinem Tod in Buonconvento brachte man den hochherrschaftlichen Leichnam zuerst nach Suvereto, wo er an einem Feuer getrocknet wurde, damit er nicht verwese, und bahrte ihn dann für zwei Jahre in San Giusto auf. Währenddessen stellte man seinen Sarkophag her. Erst dann kam der Leichnam nach Pisa.

■ **Pieve di San Giusto,** Piazza Vittorio Veneto, 8–12, 16–19 Uhr.

Durch die Porta alla Silico betritt man die Gassen und gelangt hoch zum **Palazzo Comunale,** der sich durch Turm, Blendgiebel mit Zinnen und eine Arkadentreppe auszeichnet. Der Durchgang führt zur hübschen, palmenbestandenen Piazza Gramsci. Steigt man weiter bergan, gelangt man zur Rocca Aldobrandesca auf der parkähnlich angelegten Kuppe, erstmals im 12. Jh. errichtet, von Pisa bis 1308 erweitert.

4 km sind es auf einem kurvigen Sträßlein hoch nach **Belvedere,** das seinen Namen völlig zu Recht trägt. Der Panoramablick vom Weiler auf 280 m üNN ist fantastisch, und dass es bei den paar Häusern in absoluter Ruhe auch noch ein B&B und Restaurant gibt, ist geradezu einzigartig!

Sassetta

Sassetta (330 m üNN, 500 Einw.), 13 km endlose Kurverei nördlich von Suvereto (schneller geht es über die gerade S398), ist ein Straßendorf mit einer winzigen, wenngleich malerisch auf einer Kuppe liegenden Altstadt. Am Hauptplatz an der Durchgangsstraße gibt es ein Restaurant, an der östlichen Seite weist ein Pfeil zur **Kirche Sant'Andrea.** Folgt man ihm, landet man in einem dunklen Flur und unmittelbar neben dem Altar im Kirchenchor.

Castagneto Carducci/ Donoratico

Das 7 km von Sassetta entfernte Castagneto (190 m üNN, 1500 Einw.) trägt den Beinamen „Carducci" zu Ehren des Dichters und Literaturhistorikers *Giosuè Carducci,* der in dem Städtchen einige Zeit lebte. In den steilen Gassen und auf den Treppen sind zahlreiche Touristen unterwegs und verweisen auf die Strandnähe. 6 km sind es nur zum Meer bei Marina di Castagneto Carducci. Auf dem Weg dorthin passiert man Donoratico, Mitte des 19. Jh. direkt am Bahnhof von Castagneto gegründet, einer der eher uncharmanten Orte an der Küste mit zahlreichen Ferienwohnungen.

Mehrere Restaurants widmen sich in Castagneto dem Ausflugsverkehr (mit teilweise recht gesalzenen Preise). Bei einem Bummel durch die Altstadt entdeckt man auch das eine oder andere Künstleratelier und Souvenirgeschäft. Eine Büste von *Giosuè Carducci* (1835–1907) auf der Piazzetta dell'Arco erinnert an den großen italienischen Dichter, Fans besuchen das kleine Museum in seinem Wohnhaus, **Casa Carducci.**

■ **Casa Carducci,** Via Giosuè Carducci 1, Tel. 0565 765032, Di–So 10–13, 17.30–20, Winter Di–Fr 10–13, Sa/So 16–19 Uhr, 4 €.

Für mehr Zulauf sorgten und sorgen aber immer wieder die Prominenten, die in Castagneto Carducci urlauben. Das war in den 1990er-Jahren so, als *Sarah*

⊡ Gasse in Castagneto Carducci

Ferguson (ehemals Gattin des britischen Prince *Andrew*) mit einem Herrn der Adelsfamilie *Gherardesca* liiert war, und endet sicher nicht mit dem Sänger der Rolling Stones *Mick Jagger*, der den Pandemiesommer 2020 hier verbrachte. Man begegnet also immer wieder Schwergewichten aus Showbusiness und Politik in den Gassen, in den teureren Trattorien und unten am Strand.

Das **Ölmuseum** von Castagneto widmet sich dem in der Region seit Jahrhunderten kultivierten Olivenbaum und zeigt Pressen und historische Bilder von der Ernte und Verarbeitung.

■ **Piccolo Museo dell'Olio,** Piazzetta della Gogna, Tel. 0565 765032, 15. Juni–15. Sept. Di–So 10.30–12.30, 17.30–19.30 Uhr.

Praktische Informationen

Touristeninformation

■ **Ufficio Turismo San Vincenzo,** Via della Stazione, Tel. 0565 706631, www.visitsanvincenzo.it, Juli/Aug. tgl. 9–13, 17–20, Mai/Juni/Sept. Mi–Mo 9–12, 17–19/20, Okt. Fr 10–12, 16–19, Sa/So 9.30–12.30, 16–19 Uhr.

■ **Ufficio Turismo Marina di Castagneto Carducci,** Via della Marina, Tel. 0565 744276, Mitte Juni–Sept. tgl. 10–13, 17–20 Uhr.

Unterkunft

■ **Tramonto**②-④, Via Sirena 16, Tel. 0565 701 858, http://villatramonto.com. Zwölf komfortable Zimmer in einer Traumlage am Nordstrand, für die, die morgens direkt auf den Strand fallen wollen, auch **Restaurant**② (Mo geschl.).

■ **Santa Cecilia**②-④, Via Vittorio Emanuele 2, Tel. 0565 705457, www.santa-cecilia.it. Das Hotel mit Ferienapartments liegt im Zentrum an der Fußgängerzone bei Stadtstrand und Marina, 15 Suiten und Wohnungen, verteilt auf drei Etagen, in einem dem Jugendstil nachempfundenen Neubau.

■ **Aurora**②-④, Via Abruzzo 2/4, Tel. 0565 704 465, www.hotel-aurora-mare.com. 1,5 km südlich der Marina fast am Wasser (50 m), im Zimmerpreis sind Liegen und Schirm am Strand enthalten, 15 saubere, zweckmäßige Zimmer, teils mit Balkon und Meersicht.

121t sk

Agriturismo Podere l'Agave②-④, Via San Bartolo 19, Tel. 0565 703171, www.poderelagave.com. Biobauernhof, 3 km südöstlich des Zentrums gelegen, ideal für Familien, da es für die Kinder neben Tieren viele Spielmöglichkeiten gibt, zwei Schwimmbäder, fünf Suiten und Wohnungen (bis zu drei Zimmer).

Außerhalb

UNSER TIPP: **Il Temperino**②, Via di San Vincenzo 34, an der Einfahrt zum Parkplatz des **Parco San Silvestro,** Tel. 393 9362391, www.iltemperino.com. Gutshof in unmittelbarer Nähe des Archäologischen Parks, vier nette, einfache Zimmer und hilfsbereite Gastgeber , die den Gästen mit zahlreichen Tipps zur Seite stehen.

■ **Hostel Gowett**①-②, Via di San Vincenzo 66, im **Parco San Silvestro,** Tel. 0565 838192, www.ostellogowett.it. In einem ehemaligen Gebäude der Minenverwaltung gibt's Doppel- und Mehrbettzimmer mit eigenem Bad, vornehmlich Gruppen- und Familienunterkunft.

■ **Calidario**③-④, Via del Bottacio 40, **Venturina** Terme, Tel. 0565 851504, www.calidario.it. Luxuriöse Unterkunft als Teil der Thermenanlage, im Zimmerpreis ist der Eintritt zur Therme nicht enthalten (Zubuchung notwendig!), 44 Zimmer, Restaurant mit durchschnittlicher Qualität.

Camping

■ **Agricampeggio Le Rondini di San Bartolo,** Strada San Bartolo 35, Tel. 0565 701463, www.lerondinidisanbartolo.it. 2 km von der Marina im Landesinneren jenseits der Via Aurelia, auch Zimmervermietung, Restaurant, Schwimmbad.

■ **Camping Continental,** Via I Maggio, Marina di Castagneto Carducci, Tel. 0565 744014, www.campingcontinental.it, April–Sept. Großplatz direkt am Strand und mit viel Schatten durch die Pineta, SB-Restaurant, Pizzeria, Bar, Minimarkt, Animation und Wassersport.

Essen und Trinken

■ **Il Bucaniere**④, Via Guglielmo Marconi, Tel. 335 8001695, www.ristoranteilbucaniere.com, Di–So 12.30–14, 19.30–22 Uhr. Die Lage direkt über dem Strand entschädigt für die Preise, schließlich gibt's den Sonnenuntergang umsonst, und das Gebäude ist ein architektonisches Meisterstück; junge Fischküche mit Anspruch, probieren Sie das Sepia-Risotto.

■ **Il Sale**③, Via San Bartolo 100, Tel. 0565 798621, www.ristoranteilsale.com. Mi–Mo 12–15, 19–22 Uhr. Feine, innovative Küche auf einem traumhaft schön gelegenen Landgut in den Hügeln; wer hier mit dieser fantastischen Aussicht speist, genießt mit allen Sinnen, beispielsweise Safranrisotto mit Erbsen und *capesante.*

■ **Brandibirra,** Via Cristoforo Colombo 7, Tel. 349 4042962, www.facebook.com/Brandibirra, Di–So 12–14, 19–22 Uhr. Pub im Bistrostil mit Pizza, Burger und Lasagne zu günstigen Preisen und dennoch sehr lecker – dazu gibt's Craft Bier der Marke Felix.

■ **Baguetteria da Simoncino**①, Piazza Fratelli Serini 14, im Sommer bis tief in die Nacht, sonst 11–22 Uhr. Panini, Burger und Bier direkt an der Marina.

Außerhalb

■ **Il Pozzo Lungo**①-②, Piazza Martiri, **Campìglia Marìttima,** Tel. 393 9141485, tgl. 18–23 Uhr. Trattoria und Pizzeria an einer Piazzetta in der Altstadt mit sehr guten und knusprigen Pizze und vornehmlich einheimischen Gästen, Tische auf dem Platz unter einem Baldachin.

UNSER TIPP: **Il Ciocio**③-④, Piazza dei Guidici 1, **Suvereto,** Tel. 0565 829947, www.osteriadisuvereto.it, Di–So 12–14.30, Di–Sa auch 19–22 Uhr. Osteria mit Kellerfeeling, Schinken an den Wänden, sehr guten Weinen in den Regalen, langen Tischen, romantischen Ecken und einer Küche, die ihresgleichen sucht; wie wär's mit gepfeffertem Wildschwein, begleitet von gerösteten Mandeln, Rohmilch-Pecorino und Birne in Weißwein als Vorspeise und dann Lammkoteletts auf Röstbrot mit Myrte und einem Rosmarin-Kartoffelküchlein?

UNSER TIPP: **Belvedere di Suvereto**②, Piazza San Tommaso 33, **Località Belvedere,** 4 km oberhalb von Suvereto, Tel. 0565 827061, www.belvederedisuvereto.it, Sommer tgl. 12.30–14, 19.30–22.30 Uhr. Restaurant in einmaliger Lage in dem Weiler hoch oben auf dem Vorplatz oder in einem der kleinen Gasträume, typische, einfache und ehrliche Küche mit guten Crostini und u.a. ricottagefüllten Teigtaschen und Spanferkel oder *bistecca,* auch **B&B**②.

■ **Il Castagno da Nichi**②-③, Via Campagna Sud 72, **Sassetta** (1 km südlich im Wald), Tel. 0565 794219, www.facebook.com/ristoranteilcastagnosassetta, 12.30–14, 19.30–21.30 Uhr, Sommer tgl. sonst nur am Wochenende. Landrestaurant mit rustikaler, fleischbasierter Küche (Pasta mit Wildschweinragout!) und Jagdhauseinrichtung, Terrasse.

■ **Sapori Mediterranei**②-③, Via Guglielmo Marconi 28A, **Castagneto Carducci,** Tel. 0565 079 332, Do–Di 11.30–15, 17.30–22 Uhr. Ristorante und Pizzeria am Aufgang zur Altstadt, unter Gewölben oder im Freien auf der anderen Straßenseite mit Blick auf Tal und Sonnenuntergang (wenn einen die Touristenkarawanen nicht stören), Pizza und frisch zubereitete Fleisch- und Fischspeisen; gut die garnelengefüllten Ravioli oder Risotto von der Sepia.

■ **S'a di d'anda**①-②, Piazza del Popolo 1, **Castagneto Carducci,** Tel. 0565 763563, Do–Di 12–14.30, 17–22.30 Uhr. Eigentlich ein Delikatessengeschäft mit angeschlossenem Gastraum, ist es aber auch ideal für eine leichte und schnelle Mahlzeit, aber auch anheimelnd genug für einen längeren Aufenthalt (die Tische auf dem Platz sind heißbegehrt); Spezialitäten wie *ribollita* und Bohnengerichte.

UNSER TIPP: **Hannibal**①-②, Via Conte di Cavour 1, **Castagneto Carducci,** Tel. 391 7513150, www.facebook.com/hannibaluca, tgl. 19–1 Uhr. „Retten Sie eine Pflanze, essen Sie einen Veganer", damit sind die Pflöcke eingeschlagen – Ristomacelleria mit offenem Feuer, rustikal-gemütliches Lokal mit Fleisch vom Grill satt, z.B. Burger; es gibt riesige Fleischplatten und außerdem immer ein günstiges Menü mit Tagliata, Beilage, Getränk, Dessert und Kaffee um 20 €.

Süßes

■ **Gelateria Petra,** Corso Italia 4, www.facebook.com/gelateriaPetra, im Sommer 10–23 Uhr. Leckeres Eis direkt an der Promenade am Stadtstrand.

■ **Gelateria La Granita,** Corso Italia 14. Sommer tgl. 14–21 Uhr. Berühmt für seine sizilianische Granita, überschaubare, aber erlesene Auswahl.

Apero und Abend

■ **Molo 20**, Piazza Fratelli Serini 20, Tel. 0565 702094, Do–Di 10–2 Uhr. Lounge-Restaurant direkt an der Marina, man sollte bei den Cocktails bleiben, die Lage ist gut, im Sommer immer viel Betrieb.

■ **Zanzi-Bar,** Piazza Fratelli Serini 2, Tel. 0565 179 4353, www.facebook.com/zanzibarsanvincenzo. Sommer tgl. 11–15, 18–2 Uhr. Ausgezeichnete Cocktails und immer gut gelauntes Personal (die Gäste sind es sowieso) – auch hier gilt, die Mixgetränke sind den Speisen vorzuziehen.

■ **La Rinascita,** Corso Italia 94, www.instagram.com/la_rinascita, tgl. 6–24 Uhr. Longdrinks, *birra artigianale,* Aperitifs, Snacks, viele junge Leute und gelegentlich Livemusik.

■ **La Zattera,** Via della Marina, Marina di Castagneto Carducci, Tel. 0565 745000, www.facebook.com/lazatteraristorantebar, tgl. 7–21 Uhr. Strandbar und Restaurant fürs Wohlergehen beim Baden und den Apero am frühen Abend.

■ **Lago Verde,** Via della Principessa/Parco di Rimigliano, San Vincenzo, www.lagoverde.org. Den ganzen Sommer über Veranstaltungen mit Livegruppen (Rock, Reggae, Weltmusik).

Die Riviera degli Etruschi

Endlos lange Strände und meistens auch noch unglaublich breit, zahlreiche Abschnitte bewirtschaftet, aber auch viele Stellen ohne Schirm- und Liegenvermieter frei benutzbar, besonders an den Stränden, deren Pinienwälder als Naturreservate besonders geschützt sind; dann gibt es nur wenig Zufahrtswege, und je weiter man sich den Strand entlang von ihnen entfernt, desto einsamer wird es.

Die Badeorte zwischen Marina di Bibbona und Livorno

Marina di Cècina, außerhalb der Saison eine Totenstadt, besitzt in den ersten Reihen am Meer einige Bars, Restaurants und Pensionen, doch gleich dahinter beginnen die niedrigen Wochenend- und Ferienhäuser der italienischen Mittelklassefamilien. Zwischen Hafen und südlicher Pineta ist der durch Molen geschützte Sandstrand durchgängig bewirtschaftet. Der südliche freie Strand beginnt an der Pineta und zieht sich über 5 km bis Marina di Bibbona hin. Mehrere Zufahrten führen von der parallel zur Küste verlaufenden SP39 bis an den, von Wanderwegen durchzogenen, Pinienwaldstreifen (das Riserva Naturale di Tombolo di Cècina). Dann sind es 400 m Fußweg durch die Pineta an den Strand.

Marina di Bibbona, Kunstort mit Ferienhäusern und zwischen den Pinien versteckten Ferienapartments und Campingplätzen, besitzt mehrere freie Strandabschnitte und ein historisches Gebäude: die Ende des 18. Jh. vom Großherzog der Toskana für den Küstenschutz bestellte Festung Forte di Marina di Bibbona.

Auch an der von Cècina nördlichen (ebenfalls als Riserva Naturale di Tombolo di Cècina geschützten) Pineta gibt es einen 2 km langen, bei **Mazzanta** endenden, freien Strand, einige Abschnitte sind aber auch hier, vornehmlich von den Campingplätzen jenseits der Pineta, bewirtschaftet. Mazzanta ist eine weitere typische Feriensiedlung, allerdings etwas exklusiver. Die Häuser stehen nicht so dicht gedrängt wie in Marina di Cècina und besitzen größere Gärten, die Pineta trennt den Ort vom Strand.

Ab Mazzanta bis Vada ist die Pineta mehrfach für Campingplätze gerodet. Dennoch wird man an dem nun schmaler werdenden Strand immer einen freien Platz finden, notfalls einige Meter von den Zufahrtsstraßen weggehend. Der Ortsstrand von **Vada** ist wieder richtig breit, die Häuser sind bis an den Strand gebaut, zahlreiche Boote dümpeln vor ihm, von Wellenbrechern geschützt, im Wasser. Eine 1,5 km lange Mole verbindet eine Entladestelle im Meer mit einem Tanklager im Hinterland.

Nun beginnt bei **Rosignano Solvay** ein freier und baumloser Strandabschnitt mit viel Industrie im Hinterland rund um die Mündung des Flusses Fine. Hier ist der Sand besonders weiß, das Wasser flach und mit einem karibischen Türkis gesegnet. **Aber Achtung!** Über Jahrzehnte soll die nur 1 km entfernte Fabrik des belgischen Chemieunternehmens Solvay über einen ebenfalls in die Bucht mündenden Kanal nicht nur für das Weiß verantwortliches Kalziumkarbonat, sondern auch quecksilber-, blei-, arsen- und chromverseuchte Abwässer einge-

☒ Man arrangiert sich mit der Industrie

leitet haben. Heute werden die Abwässer wohl gereinigt, der natürliche Abbau der Schwermetalle im Sand zieht sich aber hin. Ach ja: Die Strände von Vada sind, ebenso wie die nördlich der Halbinsel von Castiglioncello, wegen ihrer Sauberkeit mit der Blauen Flagge ausgezeichnet – der bandiera blu! Wie weit der Belastungspilz von Rosignano Solvay die Küsten allerdings tatsächlich entlang spannt, ist ungewiss.

Castiglioncello war (und ist heute noch) einer der beliebtesten Ferienorte der Italiener, nicht zuletzt, weil sich hier Jetsetter wie *Marcello Mastroianni* oder *Alberto Sordi* Villen kauften. Tatsächlich entwickelt der Ort mit seinen kleinen Buchten, den Felsen, mit Anlegestellen und auf Betonmolen drapierten (sandfreien) Badeanstalten ein gewisses Flair. Die Hotels mit ihren Jugendstilfassaden sind edler, die Restaurants preislich gehobener und die quer durch den Ort (nicht aber über die exklusive Halbinsel mit ihren Villen) verlaufende Eisenbahn sorgt für gute Verkehrsanbindung. Mitten zwischen den Villen spielt das Castello Pasquino mit seinem massigen Türmchen Mittelalter – 1889 für einen Baron errichtet, heute ab und an für Kulturveranstaltungen genutzt. Im **Archäologischen Nationalmuseum** auf der Halbinsel sind Funde aus einer auf Stadtgebiet gefundenen großen Nekropole (4.–1. Jh. v. Chr.) ausgestellt.

■ **Museo Archeologico Nazionale,** Via del Museo 8, Castiglioncello, Tel. 0586 724288, Juni Sa 16.30–19.30, So 10–13, Juli/Aug. Di–So 17.30–20.30, sonst 1. So/Monat 10–13 Uhr.

Ab Castiglioncello ist die Küste steiler und felsig, die Ausläufer des Hausberges von Livorno, des Monte

122t sk

Nero, treten ans Ufer. Auf halber Strecke Richtung Chioma gehört das **Bagno Le Forbici** zu den feinen Badeanstalten an der Küste. Auf Terrassen über dem Meer angelegt, stehen die Liegen und Schirme auf englischem Rasen, Zugang zum Meer gewähren Leitern, und oben lockt das zartblaue Wasser des Pools.

Chioma besteht mehr oder weniger nur aus einem kleinen, künstlich angelegten Hafen und einem ebensolchen Strand, für den der Sand aufgeschüttet und durch Betonkonstruktionen geschützt wird. In Chioma kann man entweder auf der jenseits der Schienen verlaufenden Via Aurelia weiterfahren oder die Uferstraße zwischen den Häusern durch bis nach Quercianella nehmen.

Quercianella, durch das die Eisenbahn nicht mehr wie einst keucht, sondern hurtig zischt, zieht sich den Hang hoch. Kleiner Hafen, kleiner Strand und einige stabilimenti bilden das Zentrum. Bei den Einheimischen beliebt sind die Kies- und Sandbuchten nördlich unterhalb von Straße und Schiene, die man auf teils abenteuerlichen Pfaden erreicht. Dem Ort gegenüber steht, besonders malerisch bei Sonnenuntergang, das **Castello Sonnino** auf einem Hügelrücken über dem Meer. Die Ende des 19. Jh. für den Baron Sidney Sonnino umgebaute Medici-Festung des 16. Jh., Rückzugsort des 1922 verstorbenen Politikers und Ministerpräsidenten, ist heute noch in Privatbesitz.

Die Badeorte zwischen Marina di Bibbona und Piombino

Über 5 km zieht sich die 400 m tiefe, als Oasi di Bolgheri geschützte Pineta von Marina di Bibbona nach Süden bis **Villa le Sabine** mit einigen im Wald versteckten Häusern an der Mündung eines kleinen Flüsschens. Auf der gesamten Strecke ist der Strand 80–100 m breit und feindsandig. Nur im Hochsommer am Wochenende wird er richtig voll, ansonsten findet man garantiert einen ruhigen Platz.

Jenseits der Mündung beginnt die Pineta von **Marina di Castagneto Carducci** bzw. **Donoratico** mit Zeltplätzen, Resorthotels und zahllosen Ferienhäusern und Ferienapartments im Hinterland. Auf 1,5 km ist der Strand hier bewirtschaftet, südlich beginnt ein 7,5 km langer, freier Abschnitt, unter den Pinien verstecken sich dort nur wenige Resorts und Zeltplätze, aber viele Privatgrundstücke. Die Zufahrt zum Strand von der Via Aurelia aus ist hier fast nirgends möglich.

Bei **Villa Margherita,** 1 km südlich von Marina di Castagneto, gibt es einen großen Parkplatz für Strandbesucher. Ansonsten muss man von Marina di Castagneto oder San Vincenzo zu Fuß den Strand entlang laufen.

San Vincenzo ist eine der Hochburgen des Badetourismus an der etruskischen Küste und dabei sogar ein recht angenehmer Ort mit einer großen Marina, einer netten Fußgängerzone, Hotels, Ferienwohnungen, guten Restaurants und Nachtleben. Der 3,5 km lange Strand ist auch hier feinsandig und breit und nur teilweise bewirtschaftet – und das Meer, für Familien mit kleinen Kindern ideal, recht flach. Die zentralen Stadtstrände neben dem Hafen sind frei. Auch gibt es zwischen den stabilimenti balneari immer wieder großzügig bemessene freie Flächen. Südlich des Restaurants La Barracina beginnt ein 2 km langer Abschnitt mit bewirtschafteten Stränden und Hotels, Resorts und Zeltplätzen in oder hinter der Pineta.

Danach zeigt sich der Strand wieder frei – auf 6 km bis zur **Ultima Spiaggia** am Beginn des Golfo di Baratti, einer der schönsten Buchten der Toskana mit bemerkenswerten archäologischen Grabungsfeldern (→ Populònia/Baratti im Abschnitt Piombino). Auf fast der gesamten Strecke von San Vincenzo sind an der parallel zur Küste verlaufenden Straße Parkplätze ausgewiesen (1 €/Std.), die den Zugang zum 200 m entfernten Meer auch mit schwerer Badeausrüstung bequem machen. Die Strände enden schließlich an dem kleinen Kanalhafen mit Mole bei der Località Sant'Albinia.

123tsk

Das Dünensystem zwischen Sant'Albinia und San Vincenzo ist als **Parco costiero di Rimigliano** geschützt, Camping und Feuer sind verboten, die Fußwege zu benutzen. An mehreren Stellen stehen Duschen und Toiletten zur Verfügung, in Höhe des Eingangs 9 ist ein FKK-Strand ausgewiesen, die Eingänge 4, 9 und 10 sind rollstuhlgeeignet.

■ **Hundestrände** (Auswahl): Spiaggia Felciaio (zwischen Livorno und Ardenza), Bau Beach (südlich von Rosignano Solvay), Bau Beach Le Gorette (nördlich von Cècina Mare), Bau Beach (südlich von Cècina Mare im Riserva dei Tomboli am südlichen Ende der Via della Pineta), Spiaggia Seggio (nördlich von Marina di Castagneto), Dog Beach San Vincenzo (500 m nördlich des Eingangs 1 des Parco Costiero di Rimigliano). Für eine vollständige Liste an Hundestränden: www.dogwelcome.it; Auswahl: „cerca struttura" – „spiagge, laghi, fiumi, piscine cani".

Baden in der Bucht von Baratti

Verkehr

■ **Bahn:** Stazione di San Vincenzo, Via della Stazione, 2 Gehminuten vom Zentrum, an der Hauptstrecke Grosseto–Livorno, nach Livorno halbstündlich (45 Min., um 7 €), nach Grosseto halbstündlich (45–60 Min, um 7 €), nach Piombino 3–5 mal am Tag (20–40 Min., um 4 €).

■ **Bus:** Autolinee Toscane verbindet an Werktagen jeweils mehrmals mit der Linie 001 den Bahnhof von Campìglia Marìttima mit San Vincenzo, Donoratico (Marina di Castagneto Carducci) und Cècina, mit der Linie 002 den Bahnhof von Campìglia Marìttima mit dem Ortszentrum und Venturina, und mit der Linie 003 den Bahnhof von Campìglia Marìttima mit Venturina und Suvereto; www.at-bus.it. Juli/Aug. verkehrt abends mit Borgo in Bus ein Saisonbus ab dem Touristenbüro in Marina di Castagneto Carducci über Castagneto Carducci nach Bolgheri (19, 20, 21, 22.15, 23.15 Uhr hin, immer 30 Min. später zurück, 1 €). Mitte Juni bis Anfang Sept. gibt es Fr/Sa eine Nachtlinie („Pisolo") für Discobesucher zwischen Marina di Cècina, Marina di Bibbona und Marina di Castagneto Carducci (2 €).

Feste

■ **Sognambula,** das Straßentheater-Festival zieht für drei Tage Ende Aug. nach Castagneto Carducci; www.sognambula.it.

Einkaufen

■ **Wochenmärkte:** in Campìglia Marìttima Fr, Via della Fiera; in Castagneto Carducci Mo, Piazza del Popolo; in Donoratico Do, Via Aurelia.

■ **Enoteca Le Carceri,** Via Giacomo Matteotti 27, Suvereto, Tel. 335 5621758, www.facebook.com/lecarcerienotecadisuvereto, Di–So 17–24, Sa/So auch 11–15 Uhr. Weinhandlung mit guter Auswahl der lolalen Weine und Essensangebot.

■ **Mucci & Staccioli,** Piazza del Convento 8, Monteverdi Marìttimo, www.specialitamucciestaccioli.it, Mi/So geschl. Lebensmittelladen 15 km östlich von Castagneto mit den besten Schinken, Würsten und Käsesorten der Toskana, eingelegten Artischockenböden, Öl, Bohnen ...; man glaubt gar nicht, wie viel man in einem kleinen Laden unterbringen kann.

Aktivitäten

Freizeitpark Cavallino Matto, Via Po 1, Marina di Castagneto Carducci/Donoratico, Tel. 0565 745720, www. cavallinomatto.it, Juli–15. Sept. 10.30–18.30, 11.–20. Aug. 10.30–19, April–Juni an Wochenenden 10–18 Uhr, 30 €, bis 100 cm Körpergröße frei, bis 130 cm 20 €, ab 14.40 Uhr 20/15 €. Spaßpark in einem 6 ha großen Kiefernwald mit Fahrgeschäften und Attraktionen für die ganze Familie, vom Piratenschiff bis zum afrikanischen Dorf, von der Goldmine bis zur Safari, mit Restaurants, Imbissbuden und Picknickplätzen.

■ **Bagno Venere,** Via Calabria 4, www.bagnoveneretalani.it. Eines der ältesten Strandbäder im Ort, charmante blau-weiße Einrichtung am schmaleren Südstrand, Platz mit Schirm und Liegen in der ersten Reihe 30–45 €/Tag.

▷ Römisches Mosaik im Archäologischen Museum von Piombino

Piombino

■ 5 m üNN, 32.200 Einw., Grosseto 70 km, Livorno 100 km, Volterra 75 km

Erzwungener Zwischenstopp auf dem Weg nach Elba, den Fähren geschuldet? Grundfalsch! Piombino glänzt mit einer kleinen und feinen Altstadt, wichtigen Museen, und im Norden der Halbinsel rahmt den Golfo di Baratti einer der schönsten Strände des Landes.

12 km abseits der Via Aurelia auf der Südseite der Halbinsel des 286 m hohen Monte Massoncello, ist Piombino das Stiefkind des Erfolges der Ferieninsel Elba. Dabei liegen in den Wäldern zwischen Piombino und Baratti zwei der wichtigsten Grabungsstätten aus etruskischer Zeit. Und nur selten ist das Meer unten so klar und der Himmel oben so blau wie im Bergdorf Populònia. Andererseits ist der Hafen ein wichtiger Arbeitgeber und füllt den Stadtsäckel recht gut.

Geschichte

Erste Siedlungen auf der Halbinsel sind für die etruskische Zeit nachgewiesen, und **Populònia,** wie Piombino damals hieß, war die wichtigste Hafenstadt des Zwölfstädtebundes. Römisch geworden, verlor Populònia (mit seinem in Schriften „Porto Falesia“ genannten Hafen) nach fortdauernden Barbarenüberfällen im 4. Jh. an Bedeutung. Im 6. Jh. zerstörten **Langobarden** die Stadt, 809 kam es zu einem **Piratenüberfall,** der die Bewohner schließlich für lange Zeit vertrieb. Erst **Pisa** sorgte ab dem 12. Jh. mit der **Befestigung Piombinos** für dauerhafte Ruhe – um die Erzminen auf Elba ungestört betreiben zu können. 1399 endete die Herrschaft Pisas über Piombino.

124t sk

Die **Fürsten von Appiano,** damals Befehlshaber Pisas, verkauften Pisa für rund 200.000 Goldflorin (heute etwa 100 Mio. Euro) an die *Visconti* aus Mailand und erbaten sich dafür die Herrschaft über Piombino und Elba, die sie bis 1634, als die Linie ausstarb, behielten.

Sehenswertes

Die Altstadt mit der Marina liegt an der südlichsten Stelle der Halbinsel, der Fährhafen 2 km außerhalb im Osten (etwa auf halbem Weg liegt der Bahnhof). Parkplätze findet man in den Straßen rund um den **Torrione Rivellino** (Corso Italia) oder westlich des *centro storico* in der Via Padre Giustino Semi. Der Torrione, 1212 gebaut, war Teil der militärischen Befestigung der Stadt und gilt als

125tsk

ihr ältester Teil. 1417 kam das nördliche Tor hinzu, und 1504 hatte man zum Schutz gegen Artilleriebeschuss die halbkreisförmige Bastion angefügt. Direkt hinter der Anlage führt der Corso Vittorio Emanuele II in das Herz der Altstadt. Nach 100 m markiert der Uhrenturm den **Palazzo del Comune** mit seinen gotischen Biforien. Im 13. Jh. stand hier der Palazzo dei Priori, von dem Teile beim Neubau des Rathauses 1444 übernommen wurden. 1598 kam der Turm hinzu. 1933–37 restaurierte und veränderte man das Gebäude und seine Fassade.

In der Via Feruccio Francesco steht an der nächsten Ecke das **Casa delle Bifore** (1289), ältestes Bürgerhaus der Stadt und heute deren Archiv. Die Gasse nach Norden führt zur Konkathedrale Sant' Antimo Martire mit dem **Diözesanmuseum** im ehemaligen Augustinerkloster (Zugang über den 1470 gebauten intimen Renaissance-Kreuzgang mit wappengeschmückten Kapitellen). Die Sammlung besteht vornehmlich aus einem Kirchenschatz neueren Datums. Ältestes Exponat ist ein romanischer Löwenkopf, einige Fresken stammen aus dem 15. Jh., zwei Gemälde aus der Kirche von Populònia Alta (eines von ihnen auf das 14. Jh. datiert). Der **Dom** teilt sich seine Würde als Konkathedrale mit dem in Massa Marìttima. Die Ziegelfassade der ursprünglich einschiffigen Kirche ist sehr einfach, einziger Schmuck ist

[<] Silberschatz aus der Antike

das 1937 angebrachte holzbedachte Lünettenmosaik mit dem Erzengel Michael. Papst *Alessandro VI.* weihte die 1377 gebaute Kirche 1502 zum Dom. Das Marmortaufbecken im Inneren schuf *Andrea Guardi* 1470.

■ **Museo Diocesano d'Arte Sacra Andrea Guardi,** Piazza Don Ivo Micheletti, Tel. 0565 32531, Sa/So 16–18 Uhr.

Nun geht es kurz unten am Meer entlang und wieder hoch zur **Fortezza Medicea.** Als „Cassero Pisano“ schützte sie den Hafen, als Piombino noch zu Pisa gehörte. Unter Florentiner Herrschaft modernisierte *Leonardo da Vinci* die Anlage entsprechend den militärischen Anforderungen der Zeit und zum Schutz vor Artilleriebeschuss.

UNSER TIPP: Als **Schloss- und Stadtmuseum** widmet sie sich in der modernen, ansprechenden und multimedial aufbereiteten, sich auf das Wesentliche konzentrierenden Ausstellung der Burggeschichte und mittelalterlicher Keramik.

■ **Museo del Castello e delle Ceramiche Medievale,** Via delle Mura, Tel. 0565 49430, www.parchivaldicornia.it, Wiedereröffnung 2025, Juli–Aug. tgl. 10–17 Uhr, 8 €.

UNSER TIPP: Um zum **Archäologischen Museum** zu gelangen, muss man die Altstadt von Ost nach West durchqueren. Das Museum ist in der Cittadella untergebracht. Für den Weg wählt man am besten die Uferstraße. Dabei passiert man die als Terrasse gepflasterte Landzunge Piazza Bivio, ein guter Aussichtspunkt für den Panoramablick auf das 10 km entfernte Elba, die Altstadt und das alte Hafenbecken; und sie ist die Flanierzone für die Einheimischen – wenn die Sonne bei Elba blutrot im Meer versinkt. Auch das Archäologische Museum zeigt seine Exponate vorzüglich aufbereitet, mit zahlreichen Schautafeln auch zur Geschichte der Stadt, zur Entwicklung des Handels und des Erzabbaus und der Verhüttung zu antiken Zeiten und im Mittelalter. Die von einem Fischer 1968 im Golf gefundene Anfora di Baratti ist der wertvollste Besitz, eine spätantike Silberamphore, die 127 ovale Plättchen mit Szenen des vorchristlichen Kults um die Göttermutter Kybele trägt.

■ **Museo Archeologico del Territorio di Populònia,** Piazza Cittadella 8, Tel. 0565 221646, www.parchivaldicornia.it, Juni–Sept. Di–Do/Sa/So 10–18, Fr 16–24, April/Mai/Okt. Sa/So 10–17 Uhr, 8 €.

Die Halbinsel – Populònia/Baratti

Eine direkte Zufahrt zum Golfo di Baratti von Piombino aus entlang der Westküste gibt es nicht. Man muss gut 6 km auf der SP23 nach Norden fahren und dann nach Westen Richtung Populònia abbiegen. Die immensen ausgewiesenen Parkflächen mögen einem übertrieben erscheinen. Man täuscht sich. Am Wochenende bei Badewetter platzen sie aus allen Nähten, und blickt man über den Strand, versteht man auch, warum. Dichter Wald, der sich die Hänge hochzieht, im Rücken, zartblaues Meer vor einem, dazwischen ein Streifen feiner weißer Sand. Der Golf ist **eines der beliebtesten Badeziele,** aus der ganzen Toskana kommen die Ausflügler (und verstopfen am Wochenende morgens und abends die Straße nach Norden). Dennoch: Es lohnt sich! Die etruskische Nekropolis liegt unten am Golf, die etruskische Akropolis 2,5 km Bergstraße entfernt hoch über dem Meer bei Populònia Alta. Restaurants findet man im Weiler Baratti an der Nordseite des Golfs, an der Südseite am Hafen sowie in Populònia Alta.

- **Parkgebühren,** Nekropolis und Akropolis 2 €/Std.
- **Busanfahrt,** Bus Nr. 011 von Piombino (Via Roma) an den Strand (Haltestelle Bivio Barrati E), Umstieg in den Bus Nr. 031 hoch nach Populònia Alta (April–Sept. bis zu 15x/Tag, 1,70 € einfache Fahrt, im Bus 3 €), www.at-bus.it.

Im südlichen Bereich des Golfes weist ein Schild zum **Grabungsfeld Nekropolis.** Man parkt (an der Museumskasse erhält man einen Jeton für kostenfreie Ausfahrt) und begibt sich auf Entdeckungstour (Durchgang zum Kassenhäuschen am Parkplatz).

Die **Necropoli di San Cerbone** beginnt direkt hinter dem Kassenhäuschen, auf einem kleinen Rundweg passiert man sieben teilweise ausgezeichnet erhaltene Hügelgräber, 20–30 Min. sollte man sich hierfür Zeit nehmen.

Die **Tomba dei Carri** beim Besucherzentrum ist das eindrucksvollste Grab, 10 m lang ist der Gang in die Kammer. Für den Rundgang auf der Via del Ferro vorbei an weiteren Gräbern und Einrichtungen der Eisenverarbeitung benötigt man eine gute Stunde.

Dabei passiert man das **Archäologische Labor,** in dem man sich unter Anleitung in antiker Töpferei und Steinarbeit üben kann.

Der längste Rundweg (mindestens 90 Min.) führt zum spektakulärsten Teil der Zone, den **Necropoli delle Grotte,** den Höhlengräbern.

Oben in Populònia Alta wandert man etwa 40 Min. auf einem Rundweg über das **Grabungsfeld Akropolis** durch die Macchia, die Grabungsergebnisse erfordern allerdings viel Fantasie, dafür sind die Ausblicke über Küste und Meer fantastisch. Auf einem teils der Straße folgenden Weg kann man von der Nekropolis aus die Akropolis auch in 30 Min. zu Fuß erreichen.

- **Parco Archeologico Necropoli/Acropoli,** Golfo di Baratti, Tel. 0565 29002, www.parchivaldicornia.it, Juli–15. Sept. tgl. 9–19/19.30, März–Juni/15. Sept.–Mitte Okt. tgl. 10–18, Mitte Okt.–Feb. Sa/So 10–17 Uhr, alle drei Sehenswürdigkeiten (Nekropolis/San Cerbone, Höhlengräber, Akropolis) kosten 27 €, eine Auswahl von zwei 20 €, nur Akropolis kostet 14 € und 11 € jede der beiden Nekropolen alleine; das Labor schlägt mit 10 € zu Buche.

180 m über dem Golf auf dem Hügel Poggio Castello wacht eine zinnenbekrönte Festung seit dem 15. Jh. über **Populònia Alta.** Die andauernden Piratenüberfälle veranlassten die Fürsten von *Appiani* zum Bau von Burg und Stadtwall. Die Kirche Santa Maria della Croce aus dem 15. Jh. birgt Freskenreste von 1516. Ein nettes kleines Privatmuseum zeigt eine Sammlung etruskischer Fundstücke, die Familie vermietet hier oben und unten am Meer auch Ferienwohnungen.

- **Collezione Privata Gasparri,** Via San Giovanni 28, Tel. 0565 1766345, www.museoetruscopopulonia.it, April–Juni/Sept.–Jan. tgl. 10–19, Juni–Sept. bis 20 Uhr, Jan.–März nur Fr–So 10–18 Uhr, 3 €, 5 € mit Burg und Turmbesteigung.

126t sk

Praktische Informationen

Touristeninformation

- **Ufficio Turismo Piombino,** Via Mazzini 1, Tel. 0565 225639, www.turismopiombino.it, Juni–Aug. Di–So 10–13, 18–20/21 Uhr, sonst stark eingeschränkt.

Unterkunft

- **Est**②-③, Via Piave 7, Tel. 0565 31352, www.hotelestpiombino.com. Stadthotel mit 24 hinreichend eingerichteten Zimmern mit allem notwendigen Komfort etwas nördlich der Altstadt (10 Gehminuten), sicheres Parken in der Tiefgarage (sodass Gepäck im Fahrzeug verbleiben kann, reservieren!).
- **Italia**②, Via Venti Settembre 39/41, Tel. 0565 220922, www.albergoitalia.eu. Gute Lage im Zentrum, einfaches, sauberes und familiäres Haus der Zwei-Sterne-Klasse mit allem Notwendigen und Klimaanlage in den Zimmern; Parkmöglichkeit.

Außerhalb

Agriturismo Gli Etruschi②, Località Bocca di Cornia 11, **Baratti,** Tel. 0565 276124, www.gli etruschi.it. 10 km nördlich von Piombino (10 km von Golfo di Baratti) in sehr ruhiger Lage, 18 in Zweifamilienhäuschen zusammengefasste Apartments auf nettem, familiengeeigneten, nach biologischen Richtlinien arbeitenden Landgut mit Direktverkauf von Gemüse, Eiern, Schinken, Käse, Öl und Wein, einmal in der Woche Barbecue mit den Gästen, Schwimmbad.

- **Residence Borgo degli Olivi**②-③, Via Rosanna Benzi 10–16, **Riotorto,** Tel. 0565 20359, www.borgodegliolivi.com. Zimmer und Apartments mit Terrasse bzw. Balkon in U-Form angeordnet, großzügiger Pool (auch Kinderbecken) und Restaurant; Zugang zum Strand eines Campingplatzes (5 km).

Populònia: Archäologie, nur wenige Meter vom Strand

127t sk

Camping

■ **Agricampeggio Oasi,** Località Sant'Albinia, Tel. 347 1154759, www.oasi.toscana.it, April–Sept. 12 km nördlich von Piombino 500 m vom Strand mit viel Schatten und Schwimmbad; der Agriturismo vermietet auch Apartments. Hunde sind gern gesehen.

■ **Camping Village Pappasole,** Via Carbonifera 14, Riotorto, Tel. 0565 20414, www.pappasole.it, Mitte April–Mitte Okt. 18 km östlich von Piombino am Strand des Golfo di Follònica. Großanlage mit allen nur vorstellbaren Einrichtungen 300 m vom Wasser, Schattenplätze, Animation, riesige Poolanlage, Einkaufszentrum.

■ **Agriturismo/Agricamping Isolotto**②, Località Mortelliccio 7, Riotorto, Tel. 0565 252118, www.agriturismoisolotto.it. Sieben Apartments (in der Saison nur wochenweise) und Stellflächen auf gut unterhaltenem Landgut, Pool und Strandnähe.

Essen und Trinken

■ **Calamoresca Beach**③, Località Cala Moresca, Tel. 0565 42029, http://calamorescabeach.it, Sommer 9–24 Uhr, Winter Sa 12–15,19–22, So 12–15 Uhr. Anspruchsvolles Fischrestaurant des gleichnamigen Strandbades in der Kiesbucht im Stadtteil Salivoli, hohe Qualität, die man am besten am Abend genießt, wenn sich die Sonne zur blutroten Ruhe begibt, dann hat es auch eine eher elegante Atmosphäre. Eine der Spezialitäten: Fisch in Salzkruste.

■ **Il Garibaldi Innamorato**③, Via Giuseppe Garibaldi 5, Tel. 0565 49410, www.ristoranteilgaribaldinnamorato.com, tgl. 11–15, 19–24 Uhr. Kleines Lokal in einem Gewölbe in der Altstadt mit Schwergewicht auf Antipasti und Primi von Fisch und Meeresgetier; folgerichtig bestellt man sich eine Auswahl davon und verzichtet auf das Secondo.

⌃ Piombinos Stadtstrand mit dem Teatro al Mare

Livorno, Riviera degli Etruschi

■ **La Nuova Lega Navele**②-③, Piazzale del Porticciolo 3, Tel. 0565 1730078, https://ristorante leganavale.it, Di–So 12.30–15, 19.30–23 Uhr. Fischrestaurant am Meer mit luftiger Terrasse und überschaubarer Karte – nicht teuer, trotzdem gut.

UNSER TIPP: **Al Baccanale**②-③, Piazzetta Sant'Antimo, Tel. 0565 222039, www.facebook.com/albaccanle, Di–So 12.30–14.30, 19.30–23 Uhr. Auf dem Domplatz sitzt man abends am schönsten (nur wenige Tische, reservieren!), innovative Küche wie Stockfisch mit Krokant-Artischocken oder mit Zwiebelmus und Parmesan, und davor vielleicht Jakobsmuscheln mit Speck und Kürbismus.

■ **Volturno**②, Corso Vittorio Emanuele II 41, Tel. 0565 49081, Di–So 12.30–14.30, 19.30–22 Uhr. Fischküche in der Fußgängerzone zu noch erträglichen Preisen und in guter Qualität *(calamari, fritto misto!)*, Tische in der Gasse, unaufdringlicher Osteria-Gastraum.

UNSER TIPP: **Osteria da Mamma Carla**②, Corso Vittorio Emanuele II 60, Tel. 0565 32822, www.mammacarlaosteria.com, Fr–Mi 11.30–14.30, 18.30–22 Uhr. Familiäre Gaststätte mit sehr leckerer Regionalküche, die aber nicht überdreht ist, sondern eben bodenständig wie bei Mamma – Fischküche und gute Pastagerichte; angenehme Atmosphäre im überschaubaren Gastraum, schön auch in der Gasse und urgemütlich im Innenhof.

Außerhalb

■ **Canessa**③, Porto di Baratti, **Località Populònia,** Tel. 320 9328353, www.ristorantecanessa.com, Mi–Mo 11–14.30, 19.30–22 Uhr, Winter nur wochenends. Die Lage am Hafen von Baratti ist natürlich einmalig, aber wegen der fehlenden Konkurrenz ist man nicht gezwungen, immer gute Qualität zu servieren – so sind die Preise der Fischgerichte nicht gerechtfertigt, und man muss sich mit dem Küstenpanorama bescheiden.

Süßes

■ **Caffè Nanni,** Corso Vittorio Emanuele II 49, tgl. 7–24 Uhr. Eis, Kuchen und der Morgencappuccino in der Fußgängerzone – nichts Aufregendes, aber ganz in Ordnung, um eine Zeitung zu lesen.

Apero und Abend

■ **Teatro del Mare,** Tel. 339 3079200, https://dpbfoto.wixsite.com/rteatrodelmare, tgl. 10–2 Uhr. An der Piazza Giovanni Bovio gibt es im Sommer unten am Wasser in der Badeanstalt abends Cocktails und Livemusik.

■ **Mastarna,** Via Cairoli 8, Tel. 056537199, www.facebook.com/mastarnapub, Mo–Sa 19–24, Fr/Sa auch 11–14 Uhr. Disco-Pub mit Musik vom Plattenteller und Liveacts, Snacks und guten Bieren.

■ **Ginko,** Corso Vittorio Emanuele II 11, www.facebook.com/GINKOBAR, Di–Do 18–24 Uhr, Fr–So bis 2 Uhr. Lounge mit quietschbunten Cocktails, einigen Stühlen in der Gasse und immer wieder Events für die LGBT-Gemeinde.

Verkehr

■ **Bahn:** Bahnhof (Viale Regina Margherita, 5 Gehminuten von der Altstadt), Verbindungen nach Grosseto (2–4 mal/Tag, um 90 Min., 7,80 €) und Livorno (2–4 mal/Tag, um 80 Min., 8,70 €).

■ **Bus:** Linie 1 verbindet Hafen und Bahnhof und passiert nach einer einstündigen Großrunde auf der Rückfahrt zum Hafen auch die Altstadt (einfache Fahrt beim Fahrer 2,50 €); www.tiemmespa.it.

■ **Parken:** Altstadt, Via Padre Giustino Semi; Dauerparken, Parcheggio di Alvin im Hafen 8 €/Tag, Langzeit 7 €/Tag, Camper ab 15 €.

Feste

■ **Festival Estivo** an mehreren Tagen (meist im Juli), das Finale eines national ausgetragenen Nachwuchskünstler-Wettbewerbes (weit über DSDS und Co. hinausgehend); www.festivalestivo.org.

7

Siena, San Gimignano, Volterra, Crete, Colline Metallìfere

» Mittelalter, ein Klacks Renaissance, bewaldete Hügel, dunkle Täler, karge Landschaften, Wein, Getreide und heißer Dampf.

< Duomo Santa Maria Assunta in Siena

SIENA, SAN GIMIGNANO, VOLTERRA, CRETE, COLLINE METALLÌFERE

Die Mitte der Toskana ist ausgesprochen vielfältig und blickt auf eine ebenso lange Geschichte zurück wie der Norden – schließlich war Siena **einer der Hauptkontrahenten der** ***Medici.*** **Rund um Siena sieht die Toskana tatsächlich aus, wie man sie aus Bildbänden und Filmen kennt: Hügel folgt auf Hügel, jeweils gekrönt von einem**

Landgut, einer Cantina oder einem Kloster, zu dem eine akkurate Zypressenreihe hinaufführt. Besonders eindrucksvoll präsentiert sich diese Landschaft in den Crete Senesi südlich von Siena. Die stark tonhaltige Erde verwittert hier zu schroffen Hügeln mit an den Südflanken verlaufenden, weißen Erosionsrinnen und bildet eine Art Mondlandschaft. Auslöser dieses Prozesses ist die intensive landwirtschaftliche Nutzung der Böden, die, ihres natürlichen Pflanzenschutzes beraubt, Wind und Wetter ausgesetzt sind.

Chianti im Norden, Montepulciano und Montalcino im Osten und Süden, Bolgheri im Westen – die Mitteltoskana ist umzingelt von berühmten Wein-

namen, ist selbst aber eher Getreide- und Olivenland. Das silbrige Grün der Ölbäume kontrastiert mit goldenen Weizenfeldern und schafft einen faszinierenden Farbteppich, der die alten Städtchen rahmt. Überall hier, und nicht nur in San Gimignano oder Volterra, überragen stolze Geschlechtertürme die rostfarbenen Mauern der mittelalterlichen Ortschaften.

Siena, lange Zeit Beherrscherin der Region, ist bis heute unangefochtene Hauptattraktion der zentralen Toskana und UNESCO-Weltkulturerbe, gefolgt von San Gimignano, das ebenfalls Welterbestatus besitzt. Angesichts von so viel Prunkarchitektur und Kunst sollte man die kleineren, versteckteren Kleinode wie San Giovanni d'Asso oder Murlo nicht links liegen lassen – lebendiges Mittelalter, faszinierende Kirchenkunst und kulinarische Genüsse erwarten Besucher auch oder gerade abseits der ausgetretenen Pfade.

Wie nähert man sich den großen und kleinen Zielen der zentralen Toskana am besten? Indem man zum Beispiel einen *Agriturismo* im Dreieck Siena/San Gimignano/Volterra als Standort wählt und die Kunststädte in Tagesausflügen besucht. Die Landschaften und Städtchen der Crete und der Colline Metallìfere im Süden hingegen laden zu einer entspannten Rundreise ein, bei der man Station macht und übernachtet, wo es einem gefällt. Eine schöne, aussichtsreiche Fahrstrecke führt von Siena über Asciano, San Giovanni d'Asso und die mittelalterlichen Dörfer Montisi und Castelmuzio nach Petròio (und dann weiter nach Pienza bzw. Montepulciano). In Richtung Küste mäandert eine attraktive Route durch die mit Eichen- und Kastanienwäldern bestandenen und trotz des Bergbaus noch ursprünglich und wild wirkenden Colline Metallìfere nach Massa Marìttima.

NICHT VERPASSEN!

Diese Tipps erkennt man an der gelben Markierung.

Siena

■ 320 m üNN, 52.600 Einw., Florenz 75 km, Arezzo 70 km, Grosseto 70 km, Livorno 120 km

Siena ist im Kommen, schnell und stark. Obwohl eine der schönsten Städte der Toskana, war sie lange Stiefkind – bis man die perfekte Gotik ihrer Altstadt wiederentdeckte. Heute ist Siena **eines der Hauptreiseziele Mittelitaliens.** Und nicht nur am 2. Juli und am 16. August, wenn das welthärteste Pferderennen stattfindet, der Palio di Siena!

Im typischen Farbton des gelblichen Sienabrauns staffeln sich die Fassaden der Häuser und Paläste über drei Erhebungen. Die Kuppel des Doms bekrönt die Stadt, und der atemraubend hohe Torre del Mangia, der Rathausturm beim Palazzo Pubblico, ragt aus der Senke zwischen den Hügeln mit einem der schönsten Plätze Italiens – dem Campo.

Geschichte

Der ewige Widersacher der Florentiner besitzt eine überaus ehrenvolle **Gründungslegende.** Keine Geringeren als die Söhne des Rombegründers *Remus* – *Senio* und *Asciano* – sollen den Grundstein gelegt haben. Überall im Stadtbild ist deshalb die die Brüder *Remus* und *Romulus* säugende Kapitolinische Wölfin präsent. Die Realität ist simpler: 30 v. Chr. errichteten römische Soldaten einen Stützpunkt, der bald zum Handelsposten avancierte. Noch zu Zeiten des weströmischen Reiches soll Siena **Bischofsstadt** geworden sein, der Rest liegt im Dunkel, das sich erst im 8. Jh. aufhellt. Siena taucht als Sitz eines von den **Langobarden** berufenen Verwalters in den Urkunden auf. Die den Langobarden nachfolgenden **Karolinger** erhöhten die Verwalterposition zum Grafentum. Der erstarkende Einfluss des Grafen stand im Widerspruch zu den Machtansprüchen des **Seneser Bischofs,** sodass das 11. und das frühe 12. Jh. der Dauerstreit der beiden Autoritäten prägte. 1147 hatten die edlen Bürger genug, jagten den Bischof aus der Stadt, schufen sich eine eigene Regierung und konzentrierten sich mit Verve und unter Gründung von Handelsgesellschaften aufs Geschäft. Insbesondere der **Geldhandel** hatte es den Seneser Adeligen und Kaufleuten angetan, und das päpstliche Rom erkor sie zu seinen Hauptfinanziers. Die 1472 gegründete Monte dei Paschi di Siena gilt als die älteste durchgängig bestehende Bank der Welt. 2008 wäre sie

Die Highlights für Kinder

- **Museo d'Arte per Bambini** im Complesso Museale di Santa Maria della Scala, **Siena** | 413
- **Orto de'Pecci,** Stadtpark mit Picknickplätzen und Streichelzoo, **Siena** | 429
- Tagesausflüge mit dem dampflokgezogenen **Treno Natura** durch die **Crete Senesi,** Siena | 438

Siena

Übernachtung
- 7 Siena Gallery B&B
- 10 Il Corso
- 16 Bernini
- 17 Alma Domus
- 19 Villa Elda
- 20 La Chicca

Essen und Trinken
- 2 Tre Cristi
- 4 Morbidi
- 5 Il Grattacielo
- 6 La Compagnia dei Vinattieri
- 8 Caffè Nannini
- 9 Gelateria Grom
- 14 Osteria La Chiacchera
- 15 Quarto Bistrot
- 18 Pizzeria/Ristorante di Nonno Mede
- 21 Pizzicheria de Miccoli
- 23 La Proposta
- 24 Osteria da Cice
- 25 La Vecchia Latteria
- 26 Quattro Cantoni
- 27 Sira e Remino

- **Nachtleben**
  - 1 Skilè Music Pub
  - 11 Bar Key Largo
  - 22 Tea Room
- **Einkaufen**
  - 3 Consorzio Agrario di Siena
  - 12 Il Pellicano
  - 13 Cravattificio di Siena

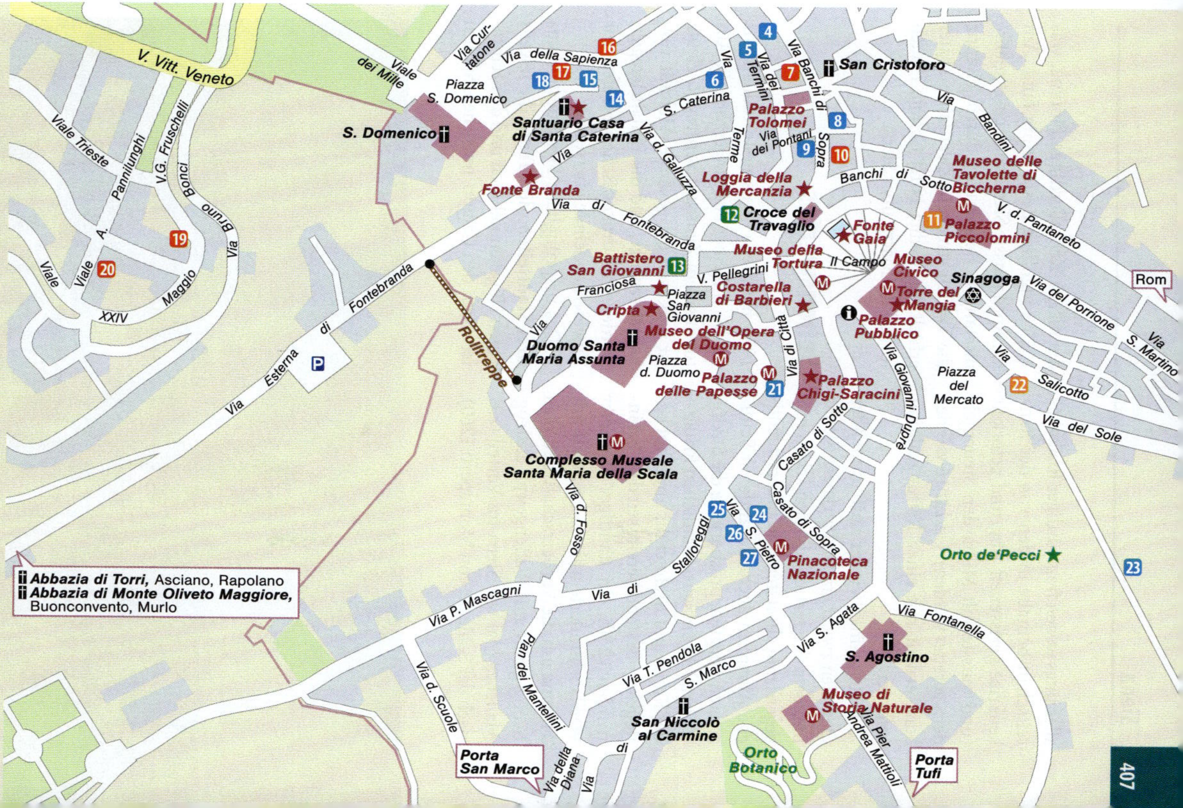

allerdings wegen fragwürdiger Risikobereitschaft beinahe in den von der Bankenkrise gerissenen Abgrund getorkelt (und musste mit Milliarden Steuergeldern gerettet werden). Und 2016 war der Staat erneut mit einer Rettungsaktion gefordert.

Trotz immer wieder aufflammender Querelen zwischen den Patriziern Sienas und dem Bürgertum, die sich schon mal gegenseitig absetzten und unterschiedliche Allianzen auch mit anderen Stadtstaaten pflegten, prosperierte die Stadt.

Parallel zum wirtschaftlichen Erfolg – der Kunst und Architektur ungeahnt beflügelte – bestand bereits seit dem beginnenden 12. Jh. ein ständiger und über vier Jahrhunderte währender **Streit mit Florenz** um die Vorherrschaft, den man häufig genug mit Waffengewalt austrug. Manches Mal war Siena im Vorteil (z.B. nach der Schlacht von Montaperti 1260), die meiste Zeit allerdings Florenz, was 1555 endgültige Bestätigung fand. Am 17. April musste Siena nach einer mehrmonatigen Belagerung durch Florenz die Waffen strecken. Zwei Jahre später erhielt der Medici-Fürst *Cosimo I.* auch formal die Macht über Siena.

Sehenswertes

1956 hat Siena – als erste italienische Stadt – mit einer Fußgängerzone die Autos aus dem Zentrum verdrängt. Heute ist praktisch die gesamte **Altstadt verkehrsberuhigt,** und die Einfahrtsregeln werden mit drakonischen Strafen für Zuwiderhandelnde überwacht.

Das ursprüngliche Siena besteht aus **drei Stadtteilen,** den **Terzi,** die jeweils einen Hügel einnehmen und den zentralen Platz, den Campo, umstehen. Südlich

129t sk

des Campo überragt im Terzo di Città die Domkuppel die Stadt, nördlich stehen im Terzo di Camollia die Paläste der Patrizier und der reichen Kaufleute (und die Medici-Festung), im Südosten grenzt der Terzo di San Martino an, ehemals der Stadtteil der einfacheren Händlern und der Pilger.

Vom Parkplatz Duomo geht es auf der Rolltreppenkaskade hoch zur **Piazza del Duomo** und zur **Kathedrale,** dem bedeutendsten Bauwerk der Stadt an ihrer höchsten Stelle. Der Dom wurde nie ganz so, wie es die Bürger wünschten. Im angehenden 13. Jh. begonnen, entschied man sich 100 Jahre später für eine Chorerweiterung und 1339 für einen kompletten Umbau. Das bestehende Langschiff sollte nun zum Querschiff eines 100 m langen Kirchenneubaus werden. 1348 gebot dem die – mehr als die Hälfte der Bewohner dahinraffende – Pest Einhalt. Das unvollendete (und nur teilweise bedachte) neue Langhaus beherbergt heute das Dommuseum.

Die ursprüngliche Fassade zeigt sich in aller nur vorstellbaren **gotischen Pracht.** Doch blieb mit den drei runden Portalbögen auch immer noch ein wenig **Romanik** des 1179 geweihten Vorgängerbaus erhalten. Doch darüber türmen sich die spitzen Giebel, Säulen und Figuren des neuen Baustils, für den der beauftragte Bildhauer und Architekt *Giovanni Pisano* Ideen der Hochgotik

130tsk

☐ Ganz neue Perspektiven beim Spaziergang durch die Eingeweide des Doms

☐ Der Dom vom Torre del Mangia aus gesehen

Frankreichs aufnahm. Das gotische Feuerwerk aus Stein überragt als Blendfassade den eigentlichen Baukörper ganz beträchtlich.

Im dreischiffigen (in den Ursprüngen romanischen) Langhaus mit ebenfalls dreischiffigem Querhaus und Zentralkuppel setzt sich die zweifarbige Streifengliederung des Äußeren fort. Neben dem überbordenden Ausstattungsschmuck sind am Gesims des Mittelschiffes die 172 Papstbüsten aus Terrakotta des 15. und 16. Jh., in den Bogenzwickeln die 36 Reliefmedaillons mit den Abbildern römischer Kaiser beachtenswert. In der Vierung sind die vergoldeten Stadtpatrone zu sehen. Dort steht auch die **Marmorkanzel** (1265–68) aus den Händen des *Nicola Pisano.* Acht Säulen aus Porphyr, Granit und Marmor tragen den achteckigen Kanzelkorb, den mittig eine neunte Säule stützt, deren

Basis die Allegorien der sieben „Freien Künste“ und der Philosophie schmücken. Jede zweite der äußeren Säulen lagert auf dem Rücken schreitender Löwinnen und Löwen. Auf den Kapitellen stehen Tugenden und Propheten, die äußerst detailreich ausgeführten Reliefs der Brüstung thematisieren Szenen aus dem Neuen Testament. Ein eingehenderes Studium der mit extremer Kunstfertigkeit geschaffenen Figuren ist angeraten. In der ersten Kapelle des linken Querschiffes hat *Donatello* ein grandioses Alterswerk hinterlassen. Die Bronze „Johannes der Täufer“ (1457) trägt einen bis in die kleinste Falte ausgearbeiteten Umhang aus Ziegenfell. Im hinteren linken Seitenschiff hat der junge *Michelangelo* die Statuetten des Piccolomini-Altars (1503/4) wohl entworfen und zwei auch selbst ausgeführt (*Paulus* und *Petrus*). Neben diesen Kunstwerken ist die eigentliche Attraktion des Doms sein **Fußboden,** der ab 1369 entstand und erst im 15. Jh. abgeschlossen werden konnte. Praktisch jeder Quadratmeter Kirchenboden ist bis zur Vierung mit Gemälden gleichenden Mosaiken, Intarsien-Arbeiten und Ritzungen aus und in Marmor geschmückt. Die Bilder erzählen die Geschichte von der Antike über die Entstehung des Christentums bis zur Gründung Sienas in ganz unterschiedlichen Stilen. Die 56 Felder schufen ab 1369 über 200 Jahre die größten Künstler ihrer Zeit. Um die Kostbarkeit zu schützen, ist ein Großteil ständig verdeckt; einzelne Segmente werden abwechselnd und nur zu bestimmten Zeiten der Öffentlichkeit präsentiert.

Die **Piccolomini-Bücherei** (ab 1495) stiftete *Francesco Piccolomini* – der spätere Papst *Pius III.* – für die Büchersammlung seines Onkels *Enea Silvio* (Papst *Pius II.*). Der Renaissance-Maler *Pinturicchio* (der auch an der Sixtinischen Kapelle Roms mitarbeitete) schuf zehn Wandgemälde zum Leben des Papstes. *Pius II.* war hochgebildet und ließ Pienza planen – eine Stadtanlage, die humanistischen Idealen verpflichtet war (s. Ortskapitel). Die Figurengruppe „Drei Grazien“ (Kopie aus dem 4. Jh. nach einer hellenistischen Vorlage) in der Mitte der Bibliothek verweist auf die klassische Bildung *Pius' II.*

Kombitickets rund um den Dom

Nur **Kathedrale** und **Libreria Piccolomini** sind mit einem Einzeleintritt zugänglich, der Besuch der anderen Sehenswürdigkeiten (Battistero, Cripta, Panorama, Museo dell'Opera) erfordert den **Opa-Si-Pass** (in dem auch Dom und Bücherei enthalten sind) für 16 € (bei Öffnung des Fußbodens Juli/Mitte Aug.–Mitte Okt.) bzw. 14 € im Rest des Jahres. Er ist für drei aufeinanderfolgende Tag gültig und beinhaltet eine kostenlose Audioguide-App. Für die geführte Tour über die Dächer zahlt man mit dem **Porta del Cielo Pass** 21 € (inkl. aller anderen Sehenswürdigkeiten des Komplexes).

■ **Tickets** online oder an der Kasse: Piazza Duomo 8 (dem Haupteingang des Doms schräg gegenüber), Tel. 0577 286300, www.operaduomo.siena.it; pro Ticket sind 2 € Vorverkaufsgebühr zuzurechnen.

■ **Duomo Santa Maria Assunta/Libreria Piccolomini,** Piazza del Duomo, www.operaduomo.siena.it, März–Okt. Mo–Sa 10–19, So 13.30–18, Nov.–Feb. Mo–Sa 10.30–17.30, So 13.30–17.30 Uhr, Opa-Si-Pass oder Einzeleintritt 7 €, Mitte Aug.–

Ende Okt. bei offenem Boden 10 € (jeweils mit Libreria Piccolomini).

Der Längswand des Doms gegenüber steht der ehemalige Bischofspalast (Palazzo Arcivescovile, 1723), heute die Präfektur Sienas. An ihr entlang nach Norden gehend, gelangt man zum Durchgang in den Arkaden und nimmt die steile Marmortreppe hinunter zum reich geschmückten und vielfältig gegliederten Portal der **Taufkirche.** Sie verdankt ihre Entstehung der Verlängerung des Chors im Jahr 1316. Wegen des abschüssigen Geländes mussten die Fundamente unterfangen werden, und man machte aus dem gewonnenen Raum kurzerhand die Taufkirche. Wichtigstes Ausstattungsstück ist das sechseckige Marmortaufbecken mit einer von einer zierlichen Figur *Johannes des Täufers* bekrönten massigen Laterne. *Jacopo della Quercia* führte ab 1414 die Arbeiten aus, ihm gingen *Ghiberti,* die Seneser Künstler Vater und Sohn *Turino* und *Donatello* zur Seite. Es entstand ein beeindruckendes Werk aus Marmor mit sechs Bronzereliefs und -figuren.

■ **Battistero San Giovanni,** Piazza San Giovanni, März–Okt. tgl. 10.30–19, Nov.–Feb. tgl. 10.30–17.30 Uhr, Opa-Si-Pass.

Auf dem Treppenweg hinunter zur Taufkirche passiert man den Eingang zur erst im Jahr 2000 wiederentdeckten **Krypta** – über 700 Jahre vermauert und vergessen. In ihr hat ein Freskenzyklus aus der zweiten Hälfte des 13. Jh. überlebt, dessen Farbfrische erstaunt. Tätig waren an ihm Maler der Seneser Schule, darunter *Guido da Siena* und *Guido di Graziano.* Zu sehen sind Szenen aus dem Alten und dem Neuen Testament. Die Passion ist mit drei Bildern vertreten (Kreuzigung, Kreuzabnahme, Grablegung). Imposant ist auch das lebensgroße Kruzifix von *Marco Romano* aus dem 13. Jh.

■ **Cripta,** März–Okt. tgl. 10–19, Nov.–Feb. tgl. 10.30–17.30 Uhr, Opa-Si Pass.

„Himmelstüre“ heißt ein 30-minütiger Spaziergang durch die Eingeweide der Sterngewölbe und über die Dächer des Doms. Über die Spiralen enger Treppen hochsteigend und auf den schmalen Laufgängen bieten sich dem Auge ungeahnte Perspektiven auf Bauwerk und Siena.

■ **Porta del Cielo,** 1. März–7. Jan., Öffnungszeiten wie Kathedrale, Porta del Cielo Pass.

Das **Dommuseum** im nördlichen Seitenschiff des begonnenen, aber nie vollendeten Domneubaus rechts der Kathedrale in den ziegelvermauerten Arkaden ist ein weiteres Muss – seit 1869 besteht das Museum an der Stelle, an der einst die Steinmetze der Dombauhütte arbeiteten. Im Parterre sind u.a. die Originale der **Skulpturen** untergebracht, die aus konservatorischen Gründen an der Fassade durch Kopien ersetzt werden mussten. So kann man die überlebensgroßen Figuren der Philosophen, Sybillen und Propheten von *Giovanni Pisano* aus nächster Nähe bewundern, so die Gestalt der *Miriam* ihrem fein aus dem Stein gehauenen, faltenreichen Gewand und ihrem ausdrucksstarken Gesicht. Die ab 1311 200 Jahre lang den Hauptaltar des Doms schmückende **Maestà** in der ersten Etage gilt als das bedeutendste Werk der Seneser Malschule. Geschaffen hat sie *Duccio di Buonsegna* ab 1308 in fast vierjähriger Arbeit als beidseitig mit einzelnen Szenen aus dem Leben Christi und den letzten Lebensjahren Marias bemaltes Tafelwerk. Die einzelnen Holztafeln von Predella, Bekrönung und Rückseite sind heute der besseren Besichtigung wegen getrennt aufgehängt. Das Hauptbild zeigt Maria und den Knaben überlebensgroß im Zentrum, umgeben von Engeln und Heiligen. Imposant sind auch die Glasfenster der Dom-Apsis aus der Hand desselben Künstlers in einem eigenen Ausstellungsraum.

■ **Museo dell'Opera del Duomo,** Piazza del Duomo, März–Okt. tgl. 9.30–19.30, Nov.–Feb. tgl. 10.30–17.30 Uhr, Opa-Si-Pass.

Das **Facciatone-Panorama** erreicht man von der dritten Etage über eine Treppe. „Facciatone" – eine Verballhornung des

132t sk

318t sk

französischen „Grande Façade" – bezeichnet die unvollendet gebliebene Hauptfassade des Domneubaus, eine Ziegelkonstruktion. Der Blick über die Stadt von ihrer höchsten Stelle aus ist kamerawürdig.

■ **Panorama/Duomo Nuovo,** März–Okt. tgl. 10–19, Nov.–Feb. tgl. 10.30–17.30 Uhr, Opa-Si-Pass.

Der **Museumskomplex Santa Maria della Scala** der Domfassade gegenüber befindet sich in dem ehemaligen gleichnamigen, im 9. Jh. gegründeten und im 13. Jh. neu gebauten Hospital. Es soll einmal eines der größten europäischen Kulturzentren werden. Bis es so weit ist, werden Teilbereiche bereits als Museen genutzt, und wichtige historische Säle sind ebenfalls zu besichtigen, darunter im oberen Niveau (Level 4) der **Pellegrinaio,** der Pilgersaal, den *Domenico di Bartolo* 1439–44 mit lehrreichen Szenen aus dem Hospitalalltag freskierte.

Mehrere Kapellen und Oratorien sind im Komplex verteilt, u.a. die Cappella del Manto mit Fresken aus dem 14.–16. Jh. Hier befindet sich auch das **Kindermuseum** mit kindgerechter Kunstdarstellung (Museo d'Arte per Bambini). Bilder, Skulpturen, Fotografien und Videoinstallationen in der Sala San Leopoldo mit kindernahen Themen wie Märchen werden durch einen eigenen Bereich für die „aktive künstlerische Betätigung" ergänzt.

Das **Archäologische Museum** im Fundamentbereich (Level 1) zeigt in der ersten Abteilung Funde aus dem Stadtgebiet, der Umgebung und dem Val d'Elsa aus hellenistischer und altrömischer Zeit, die zweite stellt Sammlungen aus, die dem Museum zugeeignet wurden, darunter Urnen und Grabbeigaben der Etrusker, Sarkophage, Bronzefiguren und Münzen.

Der **Ausstellung für zeitgenössische Kunst** sind keine eigenen Säle zugewiesen, sie verteilt sich im gesamten Komplex (nicht aber im untersten Level des Archäologischen Museums). Immer wieder finden viel beachtete temporäre Werkschauen statt, zum eigenen Fundus gehören u.a. Werke der Fotografen *Olivo Barbieri* und *Elger Esser* oder Installationen von *Dan Steinhilber.*

■ **Complesso Museale Santa Maria della Scala,** Piazza del Duomo, Tel. 0577 534511, www.santamariadellascala.com, Mitte März–Okt. tgl. 10–19, sonst Mo/Mi–Fr 10–17, Sa/So 10–19 Uhr, 9 €, bis 19 Jahre 7 €, bis 11 Jahre frei (mit Museo Civico 14 €, mit Pinacoteca 13 €, mit Museo Civico und Torre della Mangia 20 €, mit Museo Civico, Pinacoteca und Torre del Mangia 23 €).

Richtung Südosten erreicht man nach 250 m die **Nationalpinakothek** im düster-eleganten spätgotischen Palast Buonsignori (1440 für den Bankier *Bicchi di Guccio* errichtet). Etwa 1000 Arbeiten Seneser Maler vom 14. bis zum 17. Jh. fächern die ganze Kunst dieser berühmten Malschule auf. Über den Innenhof gelangt man in die erste Etage mit Arbeiten aus dem 14.–17. Jh. Aus der ersten Hälfte des 16. Jh. sind die Werke von *Domenico di Pace* gen. *Beccafumi* (u.a. eine Madonna, die dem Kind das Lesen beibringt) und von *Giovanni Antonio Bazzi* gen. *Il Sodoma* (Kreuzabnahme mit extrem lebhaft gemalten Gestalten, die fast dem Bild entwachsen) besonders hervorzuheben. Die zweite Etage zeigt Gemälde des 13., 14. und 15. Jh. In Saal 3 gehört die „Madonna der Franziskaner" von *Duccio di Buoninsegna* (1290er Jahre) zum wertvollsten Besitz der Pinakothek. Der Künstler begründete in Siena die gotische Malerei. In der dritten Etage hängt neben Werken flämischer und niederländischer Meister auch ein „Heiliger Hieronymus" von *Albrecht Dürer.*

■ **Pinacoteca Nazionale,** Via di San Pietro 29, www.pinacotecanazionalesiena.it, Tel. 0577 286143, So/Mo 9–13.30, Di–Sa 9–19 Uhr, 6 € (mit Complesso Museale Santa Maria della Scala, Torre del Mangia und Museo Civico 23 €).

Ob Skulpturen oder Fresken: Siena ist voller Schätze

Weitere 150 m nach Südosten bringen einen zur gotischen **Kirche Sant'Agostino** aus dem Jahr 1258 (Zugang durch den Rundbogen des Collegio Tolomei), in deren Innerem einige wertvolle Werke zu sehen sind. Für den zweiten Altar rechts hat *Perugino* eine Kreuzigung (1506) gemalt. Von hier geht es in die Piccolomini-Kapelle mit dem Fresko „Madonna mit Kind, Engeln und Heiligen" von *Ambrogio Lorenzetti* (um 1345). *Il Sodoma* hat das Gemälde „Anbetung der Könige" am Arduini-Altar der Kapelle 1530 geschaffen.

■ **Chiesa Sant'Agostino,** Prato Sant'Agostino 1, Tel. 0577 282992, nur bei Ausstellungen offen, Fr–So 11–17 Uhr.

Gegenüber der Kirche gelangt man in den **Botanischen Garten.** 1588 als Heilpflanzengarten zeitgleich mit dem Lehrstuhl für Heilpflanzen des Hospitals Santa Maria della Scala gegründet, zog er 1856 an seinen heutigen Platz um. Im selben Jahr entstand das Herbarium Universitatis Senensis. Heute sind im Park Pflanzen aus der ganzen Welt zu sehen, aufgeteilt in drei Vegetationszonen: Küsten, Hügelwelt, Berge.

UNSER TIPP: In den Monaten Mai und Juni lohnt es sich vor allem wegen der **Orchideenblüte,** in den Garten zu kommen.

■ **Orto Botanico,** Via Pier Andrea Mattioli 4, Tel. 0577 235407, www.simus.unisi.it, 9.30–18.30, Winter 10–16.30 Uhr, 5 €.

Ebenfalls der Kirche gegenüber, aber etwas zurückversetzt an der Piazzetta Gigli, steht das **Museum für Naturgeschichte** mit geologischer, zoologischer, botanischer und anatomischer Abteilung. Versteinerungen, Muscheln, Käfer, Vogelbälger, Gerippe und zahllose anatomische Zeichnungen insbesondere vom Menschen sorgen für Kurzweil.

■ **Museo di Storia Naturale,** Piazzetta Silvio Gigli 2, Tel. 0577 47002, www.museofisiocritici.it, April–Okt. Mo/Fr 9–19, Di–Do 9–15, Sa 14–19,

sonst Mo/Fr 9–18, Di–Do 9–15, Sa 13–18 Uhr, jeweils nur nach Voranmeldung.

Richtung Dom zurückgehend, dann aber nach rechts in den sich schlängelnden Casato di Sopra und weiter auf dem nicht weniger krummen Casato di Sotto, gelangt man zum Hauptplatz der weltlichen Macht, dem **Campo.** An der niedrigsten Stelle der Stadt öffnet er sich wie das Halbrund eines antiken Theaters großzügig zwischen den Häusern, wobei der Palazzo Pubblico mit dem Torre del Mangia die Bühne gibt und die Zuschauerränge eben Zuschauerränge sind – an den Restaurant- und Cafétischen ist im Sommer fast kein Platz zu finden.

Im 13. Jh. angelegt, versah man den Platz im 14. Jh. mit einer geschlossenen Bebauung und ließ ihn pflastern (1347). Da die Stadt bereits 1297 strenge Bauauflagen eingeführt hatte, entstand einer der stimmigsten Plätze Mittelitaliens, der auch groß genug war, um auf ihm zweimal jährlich den Palio abzuhalten. Elf Gassen verbinden den Platz mit den Wohnvierteln.

Den mittleren der neun mit weißen Travertin-Streifen voneinander getrennten Halbkreissektoren aus rotem Ziegelpflaster schließt – dem Torre del Mangia gegenüber – das rechteckige Bassin der **Fonte Gaia** ab, des „Freudenbrunnens". An ihm endete über Jahrhunderte eine 30 km lange Tunnelleitung, die die Wasserversorgung Sienas sicherstellte. Den reichen Steinschmuck des Beckens meißelte die Werkstatt *Jacopo della Quercias* 1409–19 aus dem Marmor der Seneser Berge (am Brunnen Kopien aus Carrara-Marmor von 1869, Originale im Museo Santa Maria della Scala).

Ganz großes Kino: der Campo

133t sk

Der Palio und die Contrada

Zweimal im Jahr treten die Contrade, die Stadtteile Sienas, beim **härtesten Pferderennen der Welt** gegeneinander an. Der Sieger erhält ein an einer Hellebarde befestigtes Seidenbanner – den Palio – mit einem Madonnenbild und den Symbolen der teilnehmenden Contrade. Das Ereignis findet an Mariä Himmelfahrt und seit 1594 auch am 2. Juli statt, an dem Tag, an dem das Wunder der Maria von Provenzano stattfand (ein spanischer Soldat zerschoss mit seiner Büchse eine Terrakotta-Figurengruppe, die Büste der Maria aber blieb unversehrt). Der Palio ist zum einen hochtouristisch, andererseits auch ein von den siebzehn Stadtteilen überaus ernsthaft als eine Sache der Ehre betriebenes Spektakel. Traditionalisten und Tourismusmanager liegen seit Jahren wegen des Palio mit Tierschützern in Streit. Letztere verlangen den archaischen Wettkampf final zu beenden, erstere wünschen sich sogar noch einen dritten Palio im September.

319t sk

Eine Woche vor dem Termin schaufeln Bagger mit Sand einen Rundkurs auf den Campo, und die Stadt schmückt sich mit Girlanden und bunten Bannern. Drei Tage vor Termin wird über die Pferde entschieden. Um das Rennen nicht zu extrem werden zu lassen, dürfen nur **zehn Contrade mit je einem Tier** teilnehmen (sieben im Vorjahr ausgeschlossene und drei ausgeloste). Die Pferde *(berber)* und die Reiter *(fantini)* gehören übrigens nicht zu den Contrade. Welches Pferd welche Contrada vertritt, bestimmt eine Auslosung *(tratta)*, ebenso, welcher Reiter welches Pferd bekommt – er stammt traditionellerweise noch nicht einmal aus der Stadt. Abends gibt es dann ein erstes Proberennen, dem vier weitere folgen.

Fühlt man sich bei den Proben auf dem Campo schon beengt, sollte man keinesfalls am Renntag herkommen. **50.000 Schaulustige** drängen sich dann auf den Tribünen des Campo

[<] Stadtbeleuchtung in der Contrada der Schildkröte - bunt und mit dem Panzertierchen geschmückt (und in den Gassen beim Versuch, auf den Platz zu kommen), die Giebel der Häuser sind voll, und in die Fensteröffnungen passt kein Kopf mehr. Am Nachmittag beginnt dann der eigentliche Palio mit einem **Umzug,** dem *corteo storico,* zum Dom und schließlich zum Wettkampfplatz: schrill, laut und mit knallbunten mittelalterlichen Kostümen. Um 20 Uhr ertönt das **Startsignal,** und die Reiter auf ihren ungesattelten Pferden jagen los. Dreimal geht es im Kreis – nach 100 Sekunden ist alles vorbei. Aber was für 100 Sekunden! **Fast alles ist erlaubt,** der bedingungslose Einsatz des Ochsenziemers, das Drücken und Drängen, das Treten, Schubsen und Stoßen. Nur das Herunterziehen eines Gegners ist verboten. Kümmert's wen? Nein! Nützt es? Nicht unbedingt! Gewonnen hat das Pferd auch, wenn es ohne Reiter als Erstes die Ziellinie erreicht. Nur das Erkennungszeichen der Contrada, das Stirnband, darf es nicht verloren haben, sonst wird es disqualifiziert und der Zweite zum Sieger erklärt. Nach dem Rennen wird bis in den Morgen **gefeiert,** die siegreiche Contrada feiert noch einige Tage länger.

Ursprünglich gab es in Siena weit mehr als die heute verbliebenen siebzehn **Contrade.** Traditionellerweise tragen sie Tiernamen wie Contrada der Raupe, des Adlers, der Gans, der Schildkröte, aber es gibt auch einige Ausnahmen wie die Contrada der Welle oder des Schwertes. Wer in einem Stadtteil geboren wurde, bleibt auf Lebenszeit Mitglied von dessen Contrada. Jede hat ihre eigene Kirche, einen Schutzheiligen, ein Gemeindehaus und einen Brunnen (wo ein Neumitglied seine weltliche Taufe erfährt). Viele Stadtteile sind mit den Farben und Symboltieren ihrer jeweiligen Contrada markiert. Entlang der Via S. Caterina beispielsweise sind die Straßenlaternen in Grün, Weiß und Rot gehalten und mit dem Bild einer Gans geschmückt.

Die Teilung des Campo in neun Sektoren hatte seinen Ursprung in den neun **Zünften,** die 1287 die Patrizierregierung ab- und einen Rat aus neun Kaufleuten (Consiglio dei Noveschi) einsetzten, der die Geschicke Sienas bestimmte und für Wohlstand sorgte – bis 1348 die Pest über die Stadt kam.

Der Bau des **Palazzo Pubblico** begann 1297 für den Rat der Neun, der – durchaus selbstbewusst – noch zu Anfängen seiner Amtszeit ein würdiges Haus wünschte. Aus Backsteinen entstand eines der schönsten weltlichen Gebäude Italiens, dessen eigentlichen Blockcharakter geschickte gestalterische Elemente abfangen. Die Triforien der ersten und zweiten Etage lockern die Front auf, ein als Turm gefasstes viertes Geschoss und die Zinnen gliedern die obere Kante, vorgeblendeter Travertin im Erdgeschoss lässt den Baukörper fast schweben. Die **Torre del Mangia** war 1348 fertig und ist mit Spitze 102 m hoch, einer der höchsten mittelalterlichen Türme Europas. Bereits 1360 besaß er ein mechanisches Uhrwerk. Der Aufstieg über die 387 Stufen verspricht fantastische Sicht, auch wenn das Bauwerk an der tiefsten Stelle Sienas steht (ein Grund für seine Höhe; es sollte alle anderen Türme überragen und mit seiner Glocke einen Notruf übers Land schallen lassen). Die Cappella di Piazza zu Füßen des Turms stifteten die Überlebenden der Pest von 1348. Als einziges Bauwerk ragt sie in den Platz (weshalb eigens die Bauregeln aufgehoben wurden).

■ **Torre del Mangia,** März–Okt. 10–13.45, 14.30–19, sonst 10–13, 13.45–16 Uhr, 10 € (mit Museo Civico und Complesso Museale Santa Maria della Scala 20 €).

Im Palazzo belegt das **Stadtmuseum** mit den ehem. Prunkräumen des Neunerrates den Stolz des regierenden Bürgertums. Im Kartensaal (Sala del Mappamondo) freskierte *Simone Martini* eine **Maestà** (1315) mit den gewaltigen Maßen von 7,63 auf 9,70 m. Maria ist seit dem Sieg bei Montaperti die wichtigste Stadtheilige, hatte man sie doch vor Schlachtbeginn um Hilfe angefleht (und war erhört worden). Um dem Gemälde rechten Prunk zu verleihen, verwendete *Martini* stark leuchtende Farben, arbeitete Pergament, Edelsteine und Glas ein und trug Blattgold auf. Im Friedenssaal (Sala della Pace) schuf *Ambrogio Lorenzetti* den allegorische **Freskenzyklus von der Guten und der Schlechten Regierung** – „Buon Governo/Mal Governo" (1340) – und stellte an der Nordwand Tugenden wie Eintracht, Weisheit, Glauben, Großmut und Gerechtigkeit in Gegensatz zum Bösen an der Westwand: Tyrannei, Misswirtschaft, Betrug, Neid, Eitelkeit ... An der östlichen Wand sieht man die Folgen der guten Regierung: das gedeihende Siena des 14. Jh. (auf diesem Bild ist auch die vermutlich erste Abbildung einer Sanduhr zu sehen – in der Hand der Allegorie „Zeit" rechts).

UNSER TIPP: Im obersten Geschoss eröffnet die **Loggia dei Nove** den Blick über die Südstadt. Hier suchte der Rat Erholung, denn nur an Feiertagen war ihm erlaubt, das Gebäude zu verlassen. Dabei schauten die Neun auch auf die Piazza del Mercato, den „Hinterhof" des Palazzo.

■ **Museo Civico,** Piazza del Campo 1, Tel. 0577 292232, März–Okt. 10–19, sonst 10–18 Uhr, 6 € (Kombiticket mit Complesso Museale Santa Maria della Scala und Torre del Mangia 20 €).

Gleich westlich des Campo verläuft etwas erhöht die Via di Città, die Hauptstraße des Terzo di Città und die Einkaufsstraße. Folgt man ihr nach Süden, gelangt man zum **Chigi-Saracini-Palast** (1320), heute Sitz einer renommierten Musikschule. Im Laufe der Jahrhunderte hat sich im Gebäude eine ganze Menge kostbarer Kunst angesammelt: Gemälde, Marmor- und glasierte Terrakotta-Figuren, Chinoiserien und allerlei aus Elfenbein, Holz und Edelstein. Im Chigian- ArtCafé im Innenhof kann man tagsüber pausieren, und zu späterer Stunde gibt's manchmal Aperitif-Konzerte.

■ **Palazzo Chigi-Saracini,** Via di Città 89, Tel. 0577 220922, www.chigiana.org, geführte Touren nur nach Voranmeldung (Mo–Fr 9.30–12.30) und auch auf Englisch, Dauer 60 Min., 10 €.

Geht man die Via di Città aber nach Norden, kommt man zur spätgotischen **Loggia della Mercanzia** (1428, Obergeschoss aus dem 17. Jh.), Handelsgericht und Börse der Kaufleute an der Croce del Travaglio, der „Kreuzung der Plackerei". Hier gabelt sich die Via di Città in die Hauptstraßen der anderen beiden Terzi – Via Banchi di Sopra für das Viertel der Kaufleute (Terzo di Camollia) und die Via Banchi di Sotto, die zum Terzo di Martino führt. Der Name der Kreuzung leitet sich wohl von einem einst hier angebrachten Kreuz ab, das den Rompilgern die Richtung zum Frankenweg wies.

UNSER TIPP: Ein Durchgang führt wieder hinunter zum Campo. Alternativ wendet man sich auf der Via di Fontebranda nach Westen und gelangt zum **Fonte Branda** (300 m), dem schönsten Brunnen der Stadt mit drei – dicke

Wehrmauern durchbrechenden – gotischen Bögen und einer Zinnenbekrönung unterhalb der massig auf dem Hügel stehenden Kirche San Domenico. Der Brunnen bestand wohl schon 1081, ausgebaut wurde er 1193, im Jahr 1246 erhielt er sein heutiges Aussehen. Bereits *Dante Alighieri* schrieb in der „Göttlichen Komödie" über den Wasserreichtum des Fonte Branda, den mehrere kilometerlange Tunnel speisten.

Der Schatten des Baumes auf der Verkehrsinsel lädt zu einer kleinen Pause und zum Genuss des Panoramas. Rechts hinter dem Brunnenhaus gelangt man über die Via Santa Caterina (ehemals die Via dei Tintori, die „Färbergasse") bergan zum **Heiligtum Casa di Santa Caterina.** In der Casa erblickte die 1461 heilig gesprochene *Katharina von Siena* (1347–1380) das Licht der Welt als 24. Kind einer verarmten Adelsfamilie, die ihr Auskommen als Färber suchte. Der Komplex besteht aus der Wandelhalle Portico dei Comuni d'Italia, einer Kirche, zwei Oratorien und einem weiteren Oratorium abseits in der Via Santa Caterina. Den Portico errichtete man (wegen des Krieges verspätet, 1947), um die Ernennung *Katharinas* zur Schutzheiligen Italiens 1939 zu würdigen. Das Zimmer der Heiligen – Oratorio della Camera mit Fresken aus dem 19. Jh. – besitzt eine Nische, in der *Katharina*, auf dem nackten Stein liegend, in sich gegangen sein soll. 1999 wurde *Katharina* zur Schutzpatronin Europas – zusammen mit der heiligen *Brigitta von Schweden* und der heiligen *Teresa Benedicta* (der in Auschwitz ermordeten *Edith Stein*).

■ **Santuario Casa di Santa Caterina,** Costa di Sant'Antonio 6, Tel. 0577 288175, www.santacaterina.siena.it, April–Okt. tgl. 9.30–19, sonst bis 17 Uhr.

Hinter dem Sanktuarium weiter bergan, gelangt man zur Chorseite des zypressengerahmten Backsteinbaus der **Kirche San Domenico.** Elf Jahre nach dem Besuch des Ordensstifters *Dominikus* in Siena begann der Bau der Basilika. 1254 stand das Langhaus, das Querhaus wurde erst im 14. Jh. vollendet. Die Cappella delle Volte im Anbau der Rückseite (der das Eingangsportal asymmetrisch an die Seitenwand zwingt) birgt das älteste Bildnis der heiligen *Katharina,* ein Fresko von *Andrea Vanni* (um 1380) mit *Katharina* und einer frommen Frau. Es ist auch deshalb von Bedeutung, da *Vanni* die Heilige mehrmals persönlich getroffen hatte. Die Cappella di Santa Caterina – 1488 an die rechte Seitenwand gebaut – hütet im Marmortabernakel (von *Giovanni di Stefano,* 1469) das Haupt der Heiligen. Die Fresken rechts und links des Altars (Ohnmacht und Ekstase der Heiligen, Tröstung des zur Enthauptung verurteilten *Niccolò di Tulda* durch die Heilige, 1526) stammen von *Il Sodoma.* Die zweite Kapelle rechts vom Hochaltar im Querschiff zeigt mehrere Grabstätten Deutscher, die im 16./17. Jh. an der Seneser Universität lehrten oder studierten.

■ **Basilica Cateriniana San Domenico,** Piazza S. Domenico 1, Tel. 0577 286848, www.basilicacateriniana.com, März–Okt. 7–18.30, Winter 8.30–17.30 Uhr.

Nun kann man zum Croce del Travaglio zurückkehren und sich in die Nordstadt aufmachen. Biegt man in die Via Banchi di Sopra ein, steht die Säule mit der Kapitolinischen Wölfin auf der Piazzetta

Tolomei vor dem ältesten Wohnpalast Sienas – **Palazzo Tolomei** (1205) mit gotischem Portal und zwei Reihen Biforien – und gegenüber das Kirchlein San Cristoforo. Richtig prächtig wird es an der Piazza Salimbeni, ein Stück an den Modekettenläden vorbei weiter nach Norden. Das Triumvirat der Paläste begrenzt den streng-schönen Platz: links Palazzo Tantucci (Beginn 16. Jh.), rechts Palazzo Spannocchi (15. Jh. für den Schatzmeister von Papst *Pius II.* mit Anlehnungen an den Stil des Palazzo Riccardi in Florenz erbaut), dazwischen der **Palazzo Salimbeni** (14. Jh.), von alters her Sitz der Bank Monte dei Paschi di Siena. Seinen Vorgängerbau bewohnte im 13. Jh. ein *Salimbeni,* der bei der Schlacht von Montaperti eine wichtige Rolle spielen sollte (s.u.). Alle drei Gebäude bilden heute einen Komplex der Bankverwaltung. Auf der Piazza wacht – wie könnte es anders sein – ein Ökonom und Verfechter des Freihandels: der Seneser Jesuitenschüler und Wirtschaftswissenschaftler *Sallustio Bandini* (1677–1760).

Einige Schritte zurück, führt die Via dei Rossi nach Osten zur Piazza San Francesco mit der gleichnamigen Kirche. Kurz vor dem Platz verbirgt sich an einer Gabelung unterhalb der Via dei Rossi die Fontanina della Nobil Contrada del Bruco, die im 20. Jh. umgebaute ehemalige Fonte di San Francesco aus dem 14. Jh. An der Piazza ist das **Oratorium San Bernardino** sehenswert. Es entstand an der Stelle, an der der 1450 heilig gesprochene *Bernardin von Siena* (1380–1444) predigte. Er soll im Hospiz von Santa Maria della Scala Wunderheilungen vollbracht haben, das bei einer seiner Predigten den Zuhörern erschienene Christusmonogramm IHS befindet sich u.a. an der Fassade des Palazzo Pubblico. Im prächtigen, holzvertäfelten, stuckierten oberen Teil des doppelgeschossigen Baus stammen die Fresken von *Il Sodoma* (der heilige Ludwig, Mariä Einführung in den Tempel, *Franz von Assisi,* Heimsuchung, Krönung Marias), von *Girolamo del Pacchia* (Mariä Geburt, *Bernardin von Siena,* Erzengel Gabriel) und *Domenico Beccafumi* (Mariä Vermählung, Maria zwischen Engeln, Mariä Tod). Im Oratoriums-Gebäude ist auch das **Diözesanmuseum** untergebracht. Die wertvolle Sammlung wurde in den Kirchen Sienas zusammengetragen und umfasst das 13. bis 19. Jh.

■ **Oratorio San Bernardino/Museo Dicesano di Arte Sacra,** Piazza San Francesco 9, Tel. 0577 286300, https://operaduomo.siena.it, März–Okt. 13.30–19 Uhr, Opa-Si-Pass.

Der Besuch der benachbarten gotischen, mit Querschiff versehenen **Saalkirche San Francesco** (Grundsteinlegung war 1326) ist wegen der Fresken der Brüder *Ambrogio* und *Pietro Lorenzetti* (14. Jh.) angeraten, außerdem hängen an den Wänden die Standarten aller Contrade von Siena. Auch wenn jede Contrada ihre eigene Kirche hat, der Tag des jeweiligen Schutzpatrons wird, der Tradition folgend, in San Francesco gefeiert.

■ **Chiesa San Francesco,** Piazza San Francesco 1, Tel. 0577 289081, 7.30–12.15, 15.30–19 Uhr.

☒ Karge Krume für den Bauern, Sehnsuchtslandschaft für den Gast

Chiesa dell'Osservanza

3 km nördlich der Kirche San Francesco liegt schon auf dem Lande die **Kirche** dell'Osservanza, 1474–90 an Stelle eines von *Bernardino di Siena* zu Beginn des 15. Jh. veranlassten Vorgängerbaus errichtet. Nach schweren Bombenschäden 1944 nutzte man die Originalbacksteine für den Wiederaufbau. In der dritten Seitenkapelle links (vom Hochaltar aus, Verkündigungskapelle) glänzt eine polychrome Terrakotta von *Andrea della Robbia* (Krönung Marias mit Heiligen); sie musste nach der Bombardierung restauriert werden. In der ersten Seitenkapelle rechts hängt das Polyptychon mit einer Thronenden Madonna und den Heiligen *Hieronymus* und *Ambrosius* (1436) aus unbekannter Hand. Die Nebenkapelle birgt ein Reliquiar des heiligen *Bernardino*, das Triptychon am Altar wird *Sano di Pietra* (15. Jh.) zugeschrieben: Thronende Madonna, San *Bernardino* und San *Girolamo*. An der linken Wand ist nochmals San *Bernardino* zu sehen, 1444 von *Pietro di Giovanni Ambrosio* gemalt. Zwei Medaillons der *della Robbia* finden sich rechts und links des Ausgangs.

■ **Chiesa dell'Osservanza,** Strada dell'Osservanza (Strada di Scacciapensieri), Tel. 0577 332444, www.basilicaosservanza.siena.it, 9–13, 15–18.30 Uhr.

Monteriggioni

Ein weiterer dieser tiefenentspannten Plätze im Herzen der Toskana. Nähert man sich Monteriggioni (200 m üNN, 50 Einw.), 15 km nordwestlich von Siena, sieht man erst einmal nicht viel, der Stadtwall auf dem Hügel Monte Ala umgreift das Dorf mit 570 m Länge, 2 m Dicke und 9 m Höhe. Elf der ehemals 14 Türme der Verteidigungsanlage, die sich Siena 1214–19 zulegte, sind noch intakt (an zwei Stellen kann man die nicht

135t sk

durchgängig begehbare Stadtmauer besteigen). Siena war die Loyalität der Monteriggionesi so wichtig, dass diese sich sogar Bürger von Siena nennen durften. Kurz hinter dem Stadttor öffnet sich der weite Platz des Wehrdorfes, Tische stehen vor den Lokalen, einige Läden verkaufen unaufgeregt Souvenirs, die Stimmung ist gemütlich. Im **Geschichtsmuseum** erfährt man alles über mittelalterliche Waffen, militärische Entwicklungen der Renaissance und Belagerungstechniken der damalige Zeit.

■ **Stadtwallbesteigung,** 10–19 Uhr, Winter nur Sa/So; **Museo Monteriggioni in Arme,** Piazza Roma, Tel. 0577 304834, www.monteriggioniturismo.it, April–Sept. 9.30–13.30, 14–19.30, sonst 10–13.30, 14–16.30 Uhr, Mauer und Museum 5 € (Familie 15 €, Audioguide auf Deutsch 2 €).

Montaperti

Montaperti (250 m üNN, 500 Einw.), 10 km östlich von Siena, ist ein Straßendorf, dem es an jeglicher Ungewöhnlichkeit mangelt, und wäre einen Besuch nicht wert, wenn, ja wenn hier nicht eine der wichtigsten Schlachten Sienas geschlagen und von der Stadt auch gewonnen worden wäre – gegen den jahrhundertelangen Erzfeind Florenz. Noch am Vorabend des Kampfes beteten die Bewohner Sienas zur Jungfrau Maria und legten das Schicksal in die Hände der Gottesmutter. Nach dem Sieg überschlugen sich alle, die Reichen alleine, die Armen schlossen sich zusammen, und alle bestellten Gemälde von Maria, bei jedem, der auch nur irgendwie einen Pinsel schwingen konnte. Ein beispielloser **Marienkult** entstand (weswegen in Sienas Kirchen auch überdurchschnittlich viele Marienbilder existieren).

Am 4. September 1260 standen auf Seiten des guelfischen Florenz 33.000 Soldaten, davon 3000 Kavalleristen. Das Siena der Ghibellinen konnte nur 20.000 Kämpfer aufbieten, 1800 von ihnen waren beritten und 3000 deutsche Söldner (unsichere Kantonisten also, denen es nur ums Geld ging). Noch zwei Tage vorher hatte Florenz – siegesgewiss – ein Ultimatum gestellt, umgehend die Tore zu öffnen und sich zu ergeben. Der Rat Sienas, in der Kirche San Cristoforo an der Piazza Tolomei tagend, war davon tatsächlich wankelmütig geworden. Da stand *Salimbene de'Salimbeni* auf, der extra aus seinem Palast herbeigeeilt war, und bot dem Rat 18.000 Goldflorin (fast 10 Mio. Euro) zur Beförderung der Kampfmoral speziell der deutschen Söldner. Der Rat hielt die Hand auf, lehnte das Ultimatum ab und vernichtete so die Florentiner Armee (die *Salimbeni* wurden daraufhin mit dem Lehen der Rocca d'Orcia belohnt, s. dort). Es dauerte aber nur neun Jahre, dann war dieser Sieg wieder vertan, 1269 verlor Siena gegen Florenz die Schlacht von Colle.

An die **Schlacht von Montaperti** erinnert eine **Gedenkpyramide.** Erreichbar ist sie auf einem 1,2 km langen Feld-

▷ Den allerschönsten Kreuzgang in der Toskana besitzt die Abbazia di Torri

weg vom südlichen Ortseingang nach Osten (Hinweisschild) bis zum Restaurant Le Pietre Vive, dort parken, 100 m zu Fuß weiter und durch ein Holzgatter auf den Hügel aufsteigen. Die Kuppe ist vollständig unterkellert, die Steinpyramide trägt Inschriften.

Abbazia di Torri

Einer der spektakulärsten Kreuzgänge der Toskana befindet sich in der **Abtei von Torri** 25 km südwestlich von Siena. Hinter den Mauern des kleinen Dorfes verborgen, öffnet sich ein überaus prächtiger romanischer Wandelgang mit dreistöckigen Arkaden, die untere Reihe aus schwarz-weißem Stein im Wechsel, die zweite, im 14. Jh. hinzugekommene, aus blankem Ziegel und die dritte aus Holz (15. Jh.). Das Kloster gründeten Mönche des Vallombrosanerordens an der Stelle eines Vorgängerbaus 1069. Durch den großen Landbesitz war die Abteil nicht unvermögend, weshalb die untere Loggia (13. Jh.) überhaupt erst errichtet werden konnte. Besonderes Augenmerk verdienen auch deren verzierte Kapitelle in Schwarz, Weiß und Rosé.

134t sk

■ **Monastero della Santissima Trinità e Santa Mustiola,** Piazza Vesovado 6, Torri/Sovicille, www.prolocosovicille.it, soll nach Renovierung 2024 (u.U. mit den Öffnungszeiten Mo und Fr 9–12 Uhr) wieder öffnen, auf alle Fälle vorher im Pro Loco in Sovicille (Tel. 0577 314507) nachfragen.

Steinskulpturenpark Traumwald

13 km westlich von Torri (30 km von Siena) arbeitet der deutsche Künstler *Manfred Flucke* (Künstlername *Deva Manfredo*) seit 1981 an seinem Skulpturenpark. Nichts als Steine finden sich hier, in allen Materialien, Größen, Formen und Schattierungen. „Steine sind solide, still, uralt, geduldig, passiv und ohne Verteidigung ... Sie sind die Knochen der Erde." **150 Steininstallationen** (die Steine sind nicht fest miteinander verbunden, sondern frei gelegt und balancierend) existieren bereits, und es werden immer mehr. Sie laden zu Spaziergängen und zur Meditation ein und zu Gedanken an die Vergänglichkeit. Für die im Meditieren Ungelenken gibt es Anleitungen für die Versenkung ins Ich.

■ **Arte in Pietra,** Casole d'Elsa, 5 km v. Rosìa auf der SS73 n. Westen, dann 1,8 km n. Norden auf der SP541, dann 5 km Schotterstraße nach Westen (GPS N 43.255223, E 11.128180), Tel. 333 4330183, www.devamanfredo-stoneart.com, März–Nov. Di/Fr 13–18.30, Sa/So 10–18.30 Uhr, sonst nur nach Voranmeldung, kein Eintritt, stattdessen freiwilliger Obolus.

Asciano und die Crete Senesi

Die Fahrt nach Asciano, 25 km südöstlich von Siena, führt durch die trotz ihrer Kargheit fotogene **Landschaft der Crete Senesi.** Der Blick reicht weit, Zypressen bilden Alleen zu den Gutshöfen oder stechen am Horizont, schmalen Fingern gleich, in den blauen Himmel. Ordentlich und durch die Spuren der Traktoren wie gekämmt wirken die Felder. Holz- und Viehwirtschaft haben im Lauf der Jahrhunderte der Natur ihren ursprünglichen Bewuchs geraubt, sodass der winterliche Regen die hier nie besonders mächtige Erdkrume nach und nach abgetragen und schließlich nur den graubraunen Lehmboden (*creta* = Ton) übrig gelassen hat. Die Hänge wurden so teilweise recht steil. Planierraupen haben den Boden zwischen den Hügeln nach dem Krieg für den industriellen Weizenanbau aufbereitet. Wo es zu zerklüftet ist, weiden große Schafherden ehemals sizilianischer und sardischer Hirtenfamilien, die in den 1950er Jahren eingewandert sind, und sorgen für das Ausgangsprodukt der schmackhaften Pecorinosorten der Crete Senesi.

Asciano (200 m üNN, 7100 Einw.), der ruhige Hauptort der Crete mit etruskischen Wurzeln, kann im **Palazzo Corboli** (13. Jh., schöne allegorische Fresken aus dem 14. Jh.) mit zwei Museen aufwarten. Das Archäologische Museum zeigt Skulpturen, etruskischen Keramiken und Schmuckstücken vom 12. bis zum 18. Jh. Schwergewicht des Museums für Sakralkunst sind die Gemälde bekannter Meister, darunter *Giovanni Pisano* und *Ambrogio Lorenzetti*. Der Barockmaler *Bernardino Mei* ist mit einem Kreuzigungsbild vertreten.

■ **Museo Civico Archeologico e d'Arte Sacra,** Corso Matteotti 122, Tel. 0577 719524, Mai–Okt. Mi–So 10–13, 15–19 Uhr, sonst Sa/So 10–13, 14–17 Uhr, 5 €, mit Palazzo Cassioli 6 €.

Der **Palazzo Cassioli** (heute ist in dem Gebäude auch eine Grundschule untergebracht) stellt die Bilder der Seneser Malerschule, Skulpturenkunst und Grafik des 19. Jh. aus (das einzige in der Provinz mit Schwergewicht auf diesem Jahrhundert). Eines der Hauptthemen der Künstler war das Risorgimento, sodass markige Großwerke die ebenfalls vertretenen zierlichen-romantischen, beinahe biedermeierlichen Bilder kontrastieren.

■ **Palazzo Cassioli,** Via Fiume 8, Tel. 0577 717 233, Mai–Okt. Sa/So 10–13, 15–19 Uhr, sonst Sa/So 10–13, 14–17 Uhr, 5 €, mit Palazzo Corboli 6 €.

Am südlichen Ende des Corso Matteotti steht die romanische ehemalige **Kollegiatskirche Sant'Agata.** So richtig mittelalterlich zeigt sie sich an ihrer Rückseite, mit aufeinander unklar bezogenen Erkern, Apsiden und dem zentralen Kuppelbau, dem ältesten Teil der Anlage, der ganz unüblich nicht auf den Eckpunkten der von Lang- und Querschiff gebildeten Vierung aufliegt, sondern von in den Raum gestellten Säulen getragen wird. Das Fresko „Madonna mit Kind und Erzengeln" in der Mitte der linken Wand des Langschiffes stammt von *Il Sodoma* und wurde erst 1955 entdeckt. Im Langschiff rechts fast bei der Vierung ist die „Kreuzabnahme" zu sehen, der verbliebene Rest eines größeren Werkes ebenfalls von *Il Sodoma*. Die linke Apside bewahrt Freskenreste (sie ist von außen nicht wahrzunehmen, da man sie überbaut hat).

■ **Chiesa San'Agata,** Piazza della Basilica 2, Mo–Fr 9–19, Sa/So 8–21 Uhr.

Rapolano Terme/ Serre di Rapolano

Die **heißen Quellen** der Gegend um Rapolano lassen sich auf zweierlei Art nutzen. Das an die Oberfläche dringende kalkhaltige Wasser verdunstet, und zurück bleiben die Festbestandteile. Über die Jahrtausende hat sich die Gegend deshalb besonders um das 6 km nordöstlich von Asciano gelegene Serre di Rapolano mit einer bis zu 40 m mächtigen Schicht aus **Travertin** überzogen, der als Baumaterial überaus begehrt ist. Das pittoreske Bergdorf umrahmen deshalb – riesigen Wunden gleich – Steinbrüche, die sich allerdings zunehmend erschöpfen. Nicht zuletzt hat man den Stein für einen Teil der Häuser verwandt, was dem Dorf eine helle, fast städtisch-elegante Atmosphäre verleiht. Den Hauptplatz schmückt die **Cappella di Piazza** mit Fresken des 14. Jh. Im **Olivenölmuseum** in einem Kornspeicher aus dem 13. Jh. (der auch als Festung diente) erfährt man alles zu Anbau und Gewinnung des Öls (zur Ausstellung gehört eine Ölmühle) und zur Geschichte des Gebäudes.

■ **Museo dell'Antica Grancia di Serra,** Serre di Rapolano, Tel. 0577 723210, Fr 16–19, Sa/So 10–13, 16–19 Uhr, Spende für den Unterhalt erbeten.

Rapolano Terme (330 m üNN, 5200 Einw.) 3 km nördlich setzt dagegen mehr auf den Thermaltourismus. Zwei Anlagen haben sich der Gesundheit der Gäste verschrieben. Die **Terme Antica Querciolaia** am nördlichen Stadtrand mit modernen Anbauten blickt tatsächlich auf die Antike zurück, wie Funde aus altrömischer Zeit belegen. Das Wasser in den Innen- und Außenpools hat je nach Becken eine Temperatur von 25–39 °C und soll bei Stresssymptomen lindernd wirken.

■ **Terme Antica Querciolaia,** Via Trieste 22, Tel. 0577 724021, www.termeaq.it, So–Fr 9–20, Sa 9–24 Uhr, 18 €, Wochenende 22 €.

Die **Terme San Giovanni,** 2 km südwestlich neben einem tätigen Steinbruch, ist ein moderner Komplex mit Hotel, Restaurants, Hallenbad, Außenbecken und Wellnesseinrichtungen. Das schwefel- und kalziumbikarbonathaltige Wasser hat eine Temperatur von 39 °C und hilft besonders bei Hautproblemen.

■ **San Giovanni Terme Rapolano,** Via Terme San Giovanni 52, Tel. 0577 724030, www.termesangiovanni.it, 9–1 Uhr, 19 €, nach 15 Uhr 14 €, an Wochenenden 23 €, nach 19 Uhr 15 €.

Abbazia di Monte Oliveto Maggiore

Südlich von Asciano (9 km, SP451) liegt in der kahlen Landschaft, die ihren Namen „Deserto di Accona" („Accona-Wüste") wirklich verdient, das **Kloster Monte Oliveto Maggiore** wie eine grüne Oase im bewaldeten Tal. Auch wenn die

Radfahren im Val di Merse

Mehrere Routen sind im Val di Merse ausgewiesen, eine 20 km lange ist für Familien mit Kindern ideal. Sie beginnt in Rosìa und führt über Torri (Besuch des Kreuzgangs!), Rància, Montestigliano, Orgia, Brenna und über Stigliano wieder zurück zum Ausgangspunkt (2 Std. reine Fahrzeit, 200 Höhenmeter, Asphalt/Feldweg).

Die sehr gut ausgeschilderte **Gran Tour della Val di Merse** ist eine herausfordernde Strecke über 147 km (davon 12 km unbefestigt) und 2500 Höhenmeter, mindestens 10 Std. reine Fahrzeit sollte man rechnen und die Tour am besten auf zwei Tage aufteilen. Sie beginnt an der Piazza Marconi in **Sovicille** auf der SP52 Richtung Ancaiano/Pievescola und führt über den **Passo dell'Incrociati,** die Wasserscheide zwischen Ombrone- and Arno-Tal. Weiter ansteigend, dann im Auf und Ab und schließlich abfahrend, erreicht man die SP101 (Blick auf das **Castello di Celsa**). Über **Càsole d'Elsa** geht es nun zum **Passo Celsa,** dann weiter mit Blick auf die Colline Metallìfere bergab ins Alta Val d'Elsa und nach Scorgiano. Kurz vorher biegt man Richtung **Pievescola** ab. Auf der SP541 und gleich in die SP3 (Galleraie) einbiegend, radelt man Richtung Mensano/ Radicondoli. In **La Fornace** beim Castello di Montingegnoli biegt man auf die SP107 Richtung Chiusdino ein, das man hinter **Montalcinello** erreicht. Nun folgt man den Schildern zur Abtei San Galgano. Auf der SP 441 erreicht man hinter Palazzetto **San Galgano.** Über **Madonnino, Monticiano** und **Iesa** radelt man weiter Richtung Montepescini und schließlich ins Tal hinunter. Vom Fluss Merse auf 130 m üNN geht es über 8,5 km anstrengend nach **Montepescini** hoch. Die nächste Station ist **Casciano di Murlo** (460 m üNN). Auf der SP33 Richtung Vescovado di Murlo und über den Valico del Rospatoio (512 m üNN) gefahren, verlässt man die grünen Hügel und gelangt in die karge Landschaft der Crete Senesi. Von **Vescovado di Murlo** fährt man auf der SP34/C nach **Murlo** und weiter nach **Ville di Corsano.** Die SP46 führt nun Richtung Siena (dorthin wäre es ein ca. 10 km langer Abzweig). Schließlich fährt man über **Fogliano** und **San Rocco a Pilli** nach **Villa Cavaglioni.** Letzte Stationen sind **Orgia, Brenna, Stigliano** und **Torri.** Über Rosìa erreicht man den Ausgangspunkt.

- **www.grandtourvaldimerse.it.**

Abbazia di Galgano

136t sk

Toskana an Klöstern nicht arm ist, die „Großabtei vom Ölberg“ gehört zum Pflichtprogramm. Allein schon von der schieren Masse stellt der 1387 bis 1514 entstandene Komplex, Stammsitz der Olivetaner, alle anderen in den Schatten. Obwohl der Zweigorden der Benediktiner genügsam auftrat und sich dem Beten und Arbeiten verschrieben hatte, bietet das Kloster einiges an Kunst. Bereits am Turm über der Zugbrücke begrüßt den Gast ein Terrakotta-Relief von *Luca della Robbia* (auf der anderen Seite grüßt ein weiteres zum Abschied). Absoluter Höhepunkt sind aber die Fresken im großen zweigeschossigen **Kreuzgang** von *Il Sodoma* und *Luca Signorelli* aus der Wende vom 15. zum 16. Jh. Der Kreuzgang selbst entstand 1426–43. Die 35 großflächigen Szenen aus dem Leben des heiligen *Benedikt* bedecken drei Rückwände des Kreuzganges. Der Zyklus beginnt an der Ostseite neben dem Kircheneingang, als *Benedikt* sein Elternhaus verlässt und sich nach Rom zum Studium aufmacht, und endet mit einer seiner Wundertaten (er befreit einen gefesselten Bauern mit der Kraft seiner Augen). Die Fresken 1–19 und 29–35 stammern von *Il Sodoma*, 21–28 von *Signorelli*. Die Nr. 20 – *Benedikt* sendet die Klosterbrüder *Maurus* und *Placidius* nach Frankreich und Sizilien – ist das einzige Bild von *Bartolomeo Neroni*, genannt *Riccio*, und es entstand später (1540). Neben den Wundern *Benedikts* zeigen die Bilder auch Szenen aus dem Klosterleben und beschäftigen sich nicht zuletzt mit den fleischlichen Versuchungen: Zwei Mönche lassen sich verbotenerweise außerhalb des Klosters bewirten (Bild 25) – Zurechtweisung eines fastenbrechenden Pilgers (Bild 26) – Tanz von sieben Dirnen vor den Klostermauern (Bild 19). Auch das Refektorium, die Cantina Storica und die Klosterbibliothek sind zugänglich.

Zwei weitere Fresken von *Il Sodoma* befinden sich im Durchgang zur Kirche. Im barockisierten Gotteshaus ist das **Chorgestühl** von 1503/5 aus der Hand des Fra *Giovanni da Verona* eine ganz besondere Kostbarkeit und ein einzigartiges Meisterstück des Kunsthandwerks. Die Schnitzarbeiten und Intarsien aus allen erdenklichen Holzarten schaffen einen be- und verzaubernden Kosmos teils in Trompe-l'œil-Technik mit Fensterblicken, Schrankinhalten, Instrumenten, Tieren und Vasen – insgesamt 125 Tafeln in zwei Reihen. In der Krypta gibt es eine im 18.und 19. Jh. fein und detailreich gearbeitete **Krippe** zu sehen, der **Klosterladen** in der ehemaligen Apotheke verkauft u.a. Grappa, Öle und Kräuteressenzen aus eigener Produktion.

■ **Abbazia di Monte Oliveto Maggiore,** Chiusure, Tel. 0577 707611, www.monteolivetomaggiore.it, tgl. April–Okt. 9.30–12.20, 14.30–17.40, sonst 9.30–12.20, 14.30–16.40 Uhr; **Foresteria** (Gästehaus des Klosters), Restaurant La Torre und Klosterladen La Bottega s.u.

San Giovanni d'Asso

Südöstlich vom Ölbergkloster (8 km über Nebenstraßen) kann man im wehrhaft auf einer Hügelkuppe thronenden San Giovanni d'Asso das **Trüffelmuseum** in der Burg aus dem 14. Jh. besuchen. Die Knolle, die fast mit Gold aufgewogen wird, umranken seit jeher wilde Geschichten, sei es, dass sie die Liebeskraft unerhört erhöhe, oder dass sie nur dort wachse, wo der Blitz mit lautem Getöse in den Boden fuhr. Das Museum fächert alles auf über die Legenden, die Suche mit Schweinen und Hunden und die nötige Kochkunst bei der Verarbeitung. San Giovanni ist mit dem benachbarten Montisi eine der Hochburgen für die Trüffelsuche. In den Hügeln wächst die weiße Sorte *tuber magnatum pico* an – von den Suchern streng gehüteten – Geheimplätzen. Jeder der in Konsorzien organisierten *tartufai* hat sein eigenes heimliches Areal, zu dem er sich in der Saison zwischen Oktober und Neujahr frühmorgens mit den Suchhunden aufmacht. Zwischen 1000 und 3000 € erzielt ein Kilogramm guter Qualität. Neben dem Museum bietet das Städtchen, das aus wenig mehr als einer (auf die Burg zulaufenden) Hauptgasse besteht, eine Reihe guter Restaurants.

■ **Museo del Tartufo,** Piazza Antonio Gramsci 1, Tel. 0577 803268, Mitte Juni–Ende Sept. Fr–So 10.30–18.30 Uhr, 4 €.

Nordöstlich der Altstadt ist ein Kleinod aus dem 11. Jh. zu entdecken, **San Pietro in Villore.** Die einschiffige Kirche mit zwei Jochen verfiel bereits ab dem 14. Jh., brannte schließlich nieder und wurde im 19. Jh. wiederaufgebaut. Dabei erhielt sie den nicht zur Epoche passenden, offenen Glockenturm. Bemerkenswert ist der Steinmetzschmuck an den beiden Säulen links und rechts vom Portal und in der Lünette darüber. Das Innere wird erhellt durch schießschartenartige Schlitze und die Rosette an der Fassade. Die Kirche ist heute weitestgehend ihres Schmucks beraubt: Ein kostbares Crocifisso aus dem 13. Jh. sowie ein Tafelbild von *Ugolino di Nerio* wurden in die Siener Pinakothek bzw. die Uffizien nach Florenz verbracht. Gelegentlich dient die Kirche als Ausstellungsraum für Kunstpräsentationen.

Der **Bosco della Ragnaia** am nördlichen Ortsausgang (Ortsschild an der SP60/A) ist ein Landschaftspark des US-amerikanischen Konzeptkünstlers *Sheppard Craige,* der seit 1996 den Garten entwickelt. Es entstanden aus dem Bestand ein in der Grundstruktur erhaltener Eichenwald und aus den Freiflächen eine vom Künstler gestaltete und neu bepflanzte Gartenanlage. Die im Park verteilten Objekte manifestieren seine Gedankenwelt. „Zeit" findet sich auf vier Tafeln beschrieben: *mai* – niemals, *sempre* – immer, *a volte* – manchmal, *spesso* – oft. Ein Sandkreis mit vier wachenden Säulen steht für das Universum. Verschließen sich Installationen wie „Pavillion des Nichts" und „Kleines Tabernakel der großen Gewissheiten" dem Interpretationswillen des Besuchers, findet er die Antworten beim „Orakel Seinerselbst" – oder auch nicht!

■ **Il Bosco della Ragnaia,** SP60/A, www.laragnaia.com, Frühjahr bis Herbst bei Tageslicht.

Buonconvento

Hat man einmal die gesichtslosen Gebäude der umgebenden Viertel überwunden, gibt sich das mittelalterliche Städtchen Buonconvento (150 m üNN, 3200 Einw.) 18 km südwestlich von Asciano an der im breiten Tal der Arbia verlaufenden Via Francigena durchaus sympathisch. **Backstein** ist das augenscheinlich vorherrschende Baumaterial, unverkleidet ehrlich zeigen sich die Fassaden auch der Kirchen und Paläste. Die schachbrettartige Anlage des 13. Jh. geht auf das römische Kastell Percenna zurück, an dessen Wegen man sich orientierte. Der Stadtwall schützt den Ort seit dem 14. Jh.

Auf der **Frankenstraße** waren alle unterwegs – Händler, Pilger und Soldaten, Arme und Reiche. Buonconvento entwickelte sich zur wichtigen Etappe auf dem Weg von Norden nach Süden, und *Heinrich VII.* nahm 1313, von Rom kommend, hier Station – und starb. Man gab der Malaria die Schuld, doch hielt sich hartnäckig das Gerücht, ein Dominikanermönch habe ihn vergiftet.

Die vermutlich zu Beginn des 12. Jh. gegründete **Chiesa dei Santi Pietro e Paolo** präsentiert sich nach Umbauten des 18. Jh. im Gewand des Barock und eklektizistisch. Die meisten Kunstwerke kamen in das Museo d'Arte Sacra. Sehenswert ist das Innere dennoch: Erhalten sind das Tafelbild „Madonna con

Siena: Zugabe!

Orto de'Pecci – der Park im Herzen der Altstadt gehörte ursprünglich als Grünanlage zur psychiatrischen Klinik. Nun wird er teils fürs Urban Gardening genutzt (siehe unten bei Restaurant La Proposta), teils als Ruheoase, in der Schüler, Studenten und Familien ihre Freizeit verbringen oder picknicken. Kinder haben an den Ziegen und Karnickeln des Restaurants (Streichelgehege) ihre Freude.

■ **Museo della Tortura** – für Freunde der Gänsehaut; Chiasso del Bargello 6 (beim Campo/Südseite), Tel. 0577 41999, www.torturemuseum.it, tgl. 10–19 Uhr (im Winter nur Sa/ So), 10 €.

■ **Museo delle Tavolette di Biccherna** – Sammlung des Staatsarchivs mit 105 kunstvoll bemalten Holztafeln aus dem 13. bis 18. Jh., die als Aktendeckel und Registerreiter genutzt wurden (gestaltet u.a. von *Ambrogio Lorenzetti* oder *Taddeo di Bartolo*); Palazzo Piccolomini, Piazza Campo, www.archiviodistato.siena.it/museo-delle-biccherne, Führungen Mo–Sa 10, 11 und 12 Uhr (Dauer etwa 30 Min.).

■ **Fortezza Medicea** – auch „Forte Santa Barbara" genannt, 1561–63 unter *Cosimo I.* nach der Übernahme Sienas errichtete Zwingburg der Florentiner, heute Teil des Stadtparks und sommerliche Freiluftarena hinter dem städtischen Stadion; Piazza della Libertà.

■ **Sinagoga** – Synagoge von 1786 im ehemaligen Ghetto, außen schmucklos, Innenverzierung zwischen Rokoko und Klassizismus angesiedelt; Vicolo delle Scotte 14, Tel. 0577 271345, www.jewishsiena.it, April–Okt. So–Do 10.30–13.30, 14–18, Fr 10.30–15.30, sonst Mo–Fr 10.30–15, So 10–13.30, 14–18 Uhr, halbstündliche Führungen, 5 €.

■ **Parco Archeologico Campo Muri,** Rapolano Terme – die noch im Gange befindlichen Ausgrabungen westlich von Rapolano Terme fördern eine 8000 m^2 große, etruskisch-römische Thermenanlage zutage, die auf das 3. Jh. v. Chr. zurückgeht; das Ausgrabungsgelände ist nur unregelmäßig zugänglich, Anmeldung unter Tel. 0577 724465.

■ **Abbadia Isola** – schöne romanische Basilika 2 km westlich von Castello di Monteriggioni mit einem Altarpolyptychon von *Sano di Pietro* (15. Jh.) und einem Alabaster-Taufbecken von 1419 im 1001 gegründeten Kloster; Tel. 339 6651581, Mitte März–Anfang Nov. tgl. 9.30–12.30, 15–18 Uhr.

■ **Ponte della Pia** – im 13. Jh. wurde die in der Römerzeit errichtete Bogenbrücke erneuert, malerisch im Flusstsal der Rosìa direkt an der SS73 zwischen Roccastrada und Siena 2,5 km westlich des Ortes Rosìa.

Bambino“ eines unbekannten Künstlers des 15. Jh., das Fresko „Inconorazione della Virgine“ von *Sano di Pietro* sowie ein Tafelbild von *Piero di Francesco Orioli* (beide ebenfalls 15. Jh.). Das **Museum für Sakralkunst** im Palazzo Ricci Soccini zeigt die in den Kirchen der Umgebung eingesammelten Kostbarkeiten von der Gotik bis zum Barock und aus der Gegenreformation, darunter Werke von *Pietro Lorenzetti, Sano di Pietro, Francesco Vanni* und *Bernardino Mei.*

■ **Museo d'Arte Sacra della Val d'Arbia,** Via Soccini 18, Tel. 0577 807181, Mi–Fr 9–13, Sa/So 10–13, 16–19 Uhr, 3 €.

Murlo

11 km nordwestlich von Buonconvento steht im Val di Merse das winzige Wehrdorf Murlo (290 m üNN, 40 Einw.) auf einer flachen Kuppe mit nicht viel mehr als einem Dutzend Gebäuden, deren Rückseiten den Wall bilden, die Fronten dem mit Geranien und Hortensien geschmückten Hauptplatz zugewandt. Im Bischofspalast ist das **Archäologische Museum** untergebracht. Hier, im Kernland der Etrusker, beschäftigt sich die Archäologie vornehmlich mit diesen Vorfahren der heutigen toskanischen Bevölkerung. Seit den 1970er Jahren wird die Grabungsstätte Poggio Civitate untersucht, eine etruskische Stadt aus dem 7./6. Jh. v. Chr. mit einem gigantischen Fürstenpalast, dessen Eindeckung aus 2800 m² Dachziegeln bestand und dessen Fassaden Terrakotta-Figuren und Friese schmückten – Indiz für die Bedeutung der etruskischen Siedlung, de-

☑ Gotisches Prachtportal von Sienas Kathedrale

320t sk

ren Bronzen fast ebenso berühmt waren wie die Terrakotta-Arbeiten. Ein nachgebauter etruskischer Schmelzofen auf dem Parkplatz unterstreicht die Wichtigkeit dieses Produktionszweigs.

■ **Antiquarium di Poggio Civitate,** Castello di Murlo, Tel. 0577 814099, April–Okt. Do–So 10.30–13.30, 15.30–19, sonst Sa/So 10–13, 14–17 Uhr, 6 €.

Praktische Informationen

Touristeninformation

■ **Ufficio Turismo Siena,** Il Campo 7, Palazzo Berlinghieri, Tel. 0577 292222, www.terresiena.it, tgl. 9–18 Uhr; Kiosk Piazza Gramsci Mitte Mai–Mitte Okt. tgl. 9–14 Uhr.

■ **Ufficio Turismo Asciano,** Corso Matteotti 124 (Palazzo Corboli) Asciano, Tel. 0577 714450, www.visitcretesenesi.com, April–Okt. Mi–So 10–13, 15–19, sonst Sa/So 10–13, 14–17 Uhr.

Stadtführung

■ **Siena Classica,** die klassische Stadtbesichtigung findet ganzjährig täglich um 11 Uhr statt. Die Teilnehmer besuchen u.a. Mo–Sa die Kathedrale, sonntags das Baptisterium. Die zweistündige Führung kostet 30 €, Kind von 7 bis 12 Jahre 10 €, Buchung auf www.guidesiena.it.

Unterkunft

10 **Il Corso**③, Via Banchi di Sopra 6, Tel. 392 1045 505, https://ilcorsosiena.it. Das B&B in einem Haus aus dem 16. Jh. besitzt nicht unbedingt die größten, dafür aber mit die hübschesten Zimmer unter den Seneser Unterkünften – der Kontrast von heller Einrichtung und dunklen Balkendecken ist einfach grandios. Alle sechs Zimmer sind mit Klimaanlage, TV und WiFi ausgestattet.

20 **La Chicca**③, Viale Pannilunghi 9, Tel. 0577 280 215, www.lachiccasiena.com. Dieses bezaubernde B&B in einer Jugendstilvilla verwöhnt seine Gäste mit sechs sehr elegant gestalteten Zimmern, üppigem Frühstücksbuffet, einem kleinen Gärtchen und einer Terrasse mit Weitblick.

7 **Siena Gallery B&B**③, Via Banchi di Sopra 31, Tel. 334 9978694, www.sienagallery.it. Die vier modern eingerichteten Zimmer des B&B im obersten Stockwerk der Galleria Odeon im Stadtzentrum stehen unter dem Motto „Kino“ mit Filmplakaten an den Wänden und großen Flatscreen-TVs.

19 **Villa Elda**③, Via XXIV Maggio 10, Tel. 0577 247 927, www.villaeldasiena.it. Am Stadtrand in einem ruhigen Wohngebiet gelegen, ist die Jugendstilvilla mit ihren elegant und romantisch eingerichteten Zimmern und dem kleinen Garten ein Ruhepol nach einem anstrengenden Besichtigungstag.

16 **Bernini**②, Via della Sapienza 15, Tel. 0577 289 047, www.albergobernini.com. Man sollte nicht lärmempfindlich sein, wenn man in diesem zentral gelegenen Albergo absteigt, deren Plus eine hübsche Aussichtsterrasse mit Altstadtblick ist. Die Einrichtung ist etwas antiquiert und verwohnt, Ventilatoren und Frühstück kosten extra. Dafür wohnt man preiswert im Herzen der Stadt.

17 **Alma Domus**②, Via Camporegio 37, Tel. 0577 44177, www.hotelalmadomus.it. Das Hotel befindet sich in einem Trakt des Santuario di Santa Caterina und ist ruhig gelegen. Zimmer verschiedener Kategorien, moderne Ausstattung und schöner Blick über die Dächer der Altstadt.

Außerhalb

■ **Castello delle Serre**④, Piazza XX Settembre 1, **Serre di Rapolano,** Tel. 0577 705018, https://castellodelleserre.com. Für das Vergnügen, in einem Schloss aus dem 15. Jh. zu logieren, müssen Gäste etwas tiefer in die Tasche greifen, aber dafür können sie sich in dem romantischen Anwesen am höchsten Punkt der Altstadt fühlen wie ein toskanischer Großherzog – luxuriöse Einrichtung, Pool und sehr aufmerksamer Service inklusive.

■ **La Locanda del Castello**③, Piazza Vittorio Emanuele II 4, **San Giovanni d'Asso,** Tel. 0577 802939, www.lalocandadelcastello.com. Neun mit Stilmöbeln eingerichtete Zimmer und Suiten in einem historischen Stadthaus, von dessen Terrasse sich ein Weitblick über die Landschaft der Crete Senesi eröffnet. Das Besondere in diesem Haus ist die persönliche Fürsorge, die dem Gast zuteil wird. Das **Restaurant** (→ „Essen und Trinken") ist hochgelobt.

■ **Agriturismo San Lorenzo**③, Località San Lorenzo, **Serre di Rapolano,** Tel. 331 3442978, www.agriturismosanlorenzo.eu. Je sechs Apartments und Doppelzimmer auf einem vorbildlich renovierten Gutshof mit Nebengebäuden und Kapelle und Blick über Weinhügel und die Crete Senesi. Ein großer Pool und diverse Spielgeräte unterhalten nicht nur Kinder. Vorbildlich gepflegt, allerdings auch etwas steril wirkend.

■ **Monteriggioni**③, Via Primo Maggio 4, **Monteriggioni,** Tel. 0577 305009, www.hotelmonteriggioni.it. Romantisches Vier-Sterne-Hotel mit nur sieben Zimmern innerhalb des Mauerrings, teilweise mit Antiquitäten eingerichtet, Terrakottaböden, Holzgebälk und Naturstein, Garten mit kleinem Pool.

■ **Bosco della Spina**③, Via della Tinaia 13, **Murlo,** Tel. 0577 814605, www.boscodellaspina.it. Von den 14 Apartments dieses Anwesens außerhalb von Murlo blickt man sowohl auf die Landschaft der Crete Senesi als auch auf das mittelalterliche Örtchen. Jedes Detail ist hier durchdacht – die Eigentümer sind Architekten und haben das ehemalige Dorf selbst ausgebaut, Infinity-Pool inklusive. Auf Wunsch wird Frühstück serviert.

■ **Fattoria del Colle**③, Località Il Colle, **Trequanda**, Tel. 0577 662108, www.cinellicolombini.it. Auch diese Feriensiedlung in eindrucksvoller Crete-Landschaft entwickelte sich aus einem verlassenen Dorf, dessen Mittelpunkt, eine Villa und eine Kapelle, noch erhalten ist. Die Unterbringung variiert vom Doppelzimmer bis zum ganzen Haus; täglich werden Aktivitäten organisiert (Wanderungen, Kochkurse, Weinverkostung), und drei Pools stehen Sonnenhungrigen zur Verfügung.

■ **La Grancia**③, Via Umberto I 8, **Montisi,** Tel. 335 6609987, www.borgolagrancia.it. Vier Apartments in einem ehemaligen befestigten Gutsherrenhof nahe Montisi, dessen Wurzeln ins Mittelalter zurückreichen. Manches erscheint etwas improvisiert, was angesichts des Alters des Gemäuers nicht verwunderlich ist, aber Gastgeber und Unterkunft sind durchaus charmant.

■ **Albergo da Annita**②-③, Strada Comunale delle Terme San Giovanni 59, **Rapolano Terme,** Tel. 335 5891293, www.annita.it. Die Gastgeber *Roberta* und *Luca* haben die zehn Zimmer dieses schnuckeligen Kurhotels mit viel Sorgfalt und Freude an Blümchen und Pastellfarben eingerichtet. Zum Frühstück gibt's Selbstgebackenes.

■ **Antica Fattoria La Romita**②-③, Via Umberto I 144, **Montisi,** Tel. 0577 845186, www.laromita.it. Auf La Romita werden Wein und Olivenöl produziert; daneben führt der Betrieb im Zentrum von Montisi noch ein exzellentes Restaurant und vermietet darüber hinaus Zimmer und Apartments, die freundlich und mit romantischem Touch eingerichtet sind.

■ **La Palazzina**②-③, Località Palazzina, Strada Provinciale di Murlo, **Vescovado di Murlo,** Tel. 0577 817776, www.agriturismolapalazzinasiena.com. Mit fünf Wohnungen, einer Suite und zwei Villen haben *Alessio* und *Eloise* das Haus aus dem 17. Jh. zu einem Agriturismo ausgebaut, der als Standort für Ausflüge nach Siena gut gelegen ist. Die Räume sind geschmackvoll mit Stilmöbeln eingerichtet, die Küchen gut ausgestattet. Zudem sind die Eigentümer bemüht, es ihren Gästen so gemütlich wie möglich zu machen.

■ **Agriturismo Il Poggiarello**②, Strada di Fogliano 35, Frazione di Chiusure, **Asciano,** Tel. 348 3547888, http://agriturismoilpoggiarello.com. Im Haupthaus und in den Dependancen dieses von

Weinhügeln und Olivenhainen umschlossenen Agriturismo werden vier Zwei-Zimmer-Apartments vermietet, die auch als unabhängige Doppelzimmer gebucht werden können. Ein großer Pool und zahlreiche Freizeitaktivitäten runden das Angebot ab. Da das Gut auch Wein und Olivenöl produziert, ist es eine gute Einkaufsadresse.

■ **Antiche Dimore Vescovado**②, Via Tinoni 36, **Murlo,** Tel. 333 7461729, www.dimorevescovado.it. Die Suiten und Apartments des im 17. Jh. erbauten Stadthauses sind arg romantisch eingerichtet, auf den einen oder anderen Baldachin könnte man durchaus verzichten. Doch die Gastgeber sind ausgesprochen herzlich.

UNSER TIPP: **L'Antico Borgo di Torri**②, Vicolo delle Cantine 1, **Località Torri/Sovicille,** Tel. 331 5903601, www.borgoditorri.it. Blumenmotive, wohin man blickt. Die Zimmer dieser lauschigen Pension wurden mit viel Sinn für Gestaltung und ebenso viel Liebe eingerichtet; im blumengeschmückten Innenhof könnte man den ganzen Tag verweilen. Zum Abendessen im **Restaurant**② große Auswahl toskanischer Spezialitäten.

■ **Foresteria Monastica di Monte Oliveto Maggiore**①, **Asciano,** Tel. 0577 707652, www.monteolivetomaggiore.it. Einfache, angenehme Unterkunft in 40 Einzel- und Doppelzimmern des Klosters, Möglichkeit der Teilnahme an den Eucharistiefeiern.

Camping

■ **Campeggio Le Soline,** Via delle Soline 51, Casciano di Murlo, Tel. 0577 817410, www.lesoline.it, ganzjährig offen. Der in Terrassen auf einem Hügel angelegte Platz bietet neben den üblichen (schattigen) Stellplätzen Unterkunft in Holzbungalows, Mobilehomes und Chalets. Der Clou der für italienische Verhältnisse übersichtlichen Anlage ist der fast schon olympische Pool. Eine Disco sorgt für Tanzfreude, **Pizzeria und Gelateria** fürs leibliche Wohl.

Essen und Trinken

2 **Tre Cristi**③-④, Vicolo di Provenzano 1, Tel. 0577 280608, www.trecristi.com, Mo–Sa 12.30–14.30, 19.30–22 Uhr. Unter den vielen der ländlichen Küche verschriebenen Lokalen in Siena sticht dieses mit einem mediterranen Menü hervor – Fisch wird hier ebenso geliebt (und ebenso gekonnt zubereitet) wie Fleisch. Man speist im eleganten Rahmen und entscheidet sich am besten für eine Degustationsmenü, das es mit Fisch *(mare)* oder Fleisch *(terra)* gibt.

27 **Sira e Remino**②, Via San Pietro 48, Tel. 0577 1481000, www.siraeremino.it, tgl. 12–15.30, 18.30–23 Uhr. Trattoria, die aus einem Spezereien-Laden hervorging und mit bodenständiger Küche zu günstigen Preisen und einer großen Auswahl an Fleischgerichten überrascht.

UNSER TIPP: **15** **Quarto Bistrot**③, Vicolo Campaccio 2, Tel. 366 1253338, www.instagram.com/quartobistrot, Di–Sa 19.30–24 Uhr. Das Lokal neben dem Santuario di Santa Caterina hat sich ambitionierter Küche verschrieben und scheut sich nicht vor „food porn". Besonders stimmungsvoll sitzt man in dem abgesenkten winzigen Innenhof, aber auch unter den Gewölben ist es toll.

18 **Ristorante/Pizzeria di Nonno Mede**②, Via Camporegio 21, Tel. 0577 247966, www.nonnomede.it, tgl. 12–15, 19–22.30 Uhr. Das Essen ist eher durchschnittlich, aber die Aussicht von der Terrasse auf Siena und den in der Abendsonne aufleuchtenden Dom ist unvergleichlich.

26 **Quattro Cantoni**②-③, Piazza Postierla 5, Tel. 0577 601366, Do–Di 12–15.30, 19–22 Uhr. Einladende, helle Einrichtung und gute, toskanische Küche mit erstaunlich großer Fischauswahl. Abends wird der Pizzaofen angefeuert.

6 **La Compagnia dei Vinattieri**②-③, Via delle Terme 79, Tel. 0577 236568, www.vinattieri.net, tgl. 12.30–14.45, 19.15–23 Uhr. In der Compagnia kann man auf einen Wein und eine Vorspeisenplatte einkehren oder aber ein richtiges Abendessen von der Tageskarte genießen – feine Küche, stilvolles

Ambiente, auch selten angebotene Gerichte wie etwa Perlhuhn machen den Abend zu einem runden Vergnügen.

5 Il Grattacielo②, Via Pontani 8, Tel. 331 742 2835, www.instagram.com/osteriailgrattacielo, Mo–Sa 12–15, 19.30–22, So 12–15.30 Uhr. Die winzige Osteria mit nur wenigen, aber häufig wechselnden Gerichten ist oft bis auf den letzten Platz besetzt, denn die Preise sind günstig. Es lohnt sich, auf einen freien Tisch zu warten und sich das Menü von den sympathischen Eigentümern empfehlen zu lassen.

UNSER TIPP: **23 La Proposta**②, Via Porta Giustizia 39, Tel. 0577 222201, www.facebook.com/lapropostaristorante, Di–So 12.30–14.30, 19.30–22.30 Uhr. Das Restaurant im Park Orto de'Pecci wird von einer Kooperative betrieben, die viele der in der Küche verarbeiteten Gemüsesorten und Beeren im eigenen Garten gleich nebenan anbaut. Kleine, häufig wechselnde Karte, feine toskanische Küche, auch vegetarische Gerichte und Pizza, dazu der Blick ins Grüne – eine Oase!

UNSER TIPP: **4 Morbidi**②, Via Banchi di Sopra 75, Tel. 0577 280268, www.morbidi.com, So geschl., Mo–Do 8–20, Fr/Sa bis 21 Uhr. Das Buffet-Restaurant des Delikatessenladens ist der Tipp für ein schnelles und günstiges Mittagessen: Für unter 15 € wird man mehr als satt; und das Essen ist ausgezeichnet – am Eingang Nummer ziehen!

24 Osteria da Cice②, Via di San Pietro 32, Tel. 0577 288026, www.osteriadacice.it, Di–So 12–15, 19–22.30 Uhr. Klein, gemütlich (und sehr touristisch) unter Gewölben und mit rustikaler Küche ist die Osteria unweit des Santuario meist bis auf den letzten Platz besetzt (worunter der Service leiden kann)!

14 Osteria La Chiacchera②, Costa di S. Antonio 4, Tel. 0577 280631, www.osterialachiacchera.it, Mi–Mo 12–15.30, 18–23 Uhr. In einer Seitengasse überrascht diese Osteria mit feiner toskanischer Landküche und bodenständigen Preisen. Es gibt beispielsweise den Brotsalat Panzanella und Pici mit Wildragout.

UNSER TIPP: **21 Pizzicheria de Miccoli**①, Via di Città 95, Tel. 0577 289164, tgl. 10–20 Uhr. Im winzigen Feinkostgeschäft hängt der Himmel voller Schinken, aus den Boxen kommt Lounge-Musik. Für den Mittagsimbiss lässt man sich ein Panino belegen.

Außerhalb

■ **La Botteghina di Luisa**②, Corso Matteotti, 56, **Asciano,** Tel. 0577 718175, www.labotteghinadiluisa.it, Mo/Mi ab 12.30, Di/Do/Fr/Sa ab 9.45, So ab 10.45, jeweils bis 20 Uhr, Fr/Sa bis 22.30 Uhr. Das „Weinschänkchen" verkauft an der Theke Wurst, Schinken und Käse und serviert in ungezwungener Atmosphäre Aufschnittplatten und rustikale Gerichte wie Kutteln; unbedingt einen Blick in die „Höhle" werfen.

■ **La Torre**③, Località Monteoliveto Maggiore 2, **Asciano,** Tel. 0577 707022, www.facebook.com/ristorantelatorremonteoliveto, Mi–Do 12–15,

Panforte di Siena

Wieder so eine Sache, die sich im Nachgang bitter rächt – aber das fast zum Lebkuchen mutierte **Früchtebrot** ist eben allzu lecker. Ursprünglich ein Weihnachtsgebäck, ist es heute ganzjährig zu haben. Seine Inhaltsstoffe sind schwer und nahrhaft: der Teig aus karamellisiertem Zucker, Honig, Mandeln, Haselnüssen, Orangeat, Zitronat, kandierten Aprikosen und Ananas, getrockneten Feigen, Eiweiß und Mehl ist mit Kakaopulver, Zimt, Nelken, Koriander, Kardamom und Muskat gewürzt. Siebzehn Zutaten sollten es traditionellerweise sein, so viele, wie Siena Stadtteile besitzt. Und die Ingredienzen werden gerne variiert, z.B. mit Walnüssen oder Pistazien, mit Ingwer oder Rosinen.

138t sk

19–21.30 Uhr. Das Restaurant neben der Abbazia ist trotz der vielen Besucher ein sehr authentisches Lokal mit exzellenter toskanischer Landküche, so frischen Steinpilzen vom Grill oder Pici mit Wild. Auch ein preiswertes Touristenmenü sowie vegetarische Speisen werden angeboten.

■ **Locanda Amor Divino**②, Corso Matteotti 126, **Asciano,** Tel. 0577 1656607, Mi–Mo 19.30–21.30, So auch 12.30–14 Uhr. Ausgezeichnete Küche im Palazzo Corboli meist mit Fleischgerichten (auf offenem Feuer zubereitet); großer Innenhof. Unbedingt einen Vorspeisenteller mit Schinken und Wurst bestellen und sich bei den Fleischgerichten beraten lassen – oder man nimmt gleich das *bistecca fiorentina* (Durchgebraten? Bloß nicht!).

■ **Osteria delle Crete**③, Via XX Settembre 22, **San Giovanni d'Asso,** Tel. 0577 803076, www.osteriadellecrete.it, Di–So 12–14.30, 19–21.30 Uhr. Trüffel stehen im Städtchen San Giovanni natürlich über allem, vor allem im Herbst, wenn die kostbare weiße Knolle „gejagt" wird. Aber auch ohne die Wunderknolle finden sich wunderbare Gerichte auf der Karte, so *pici con zucchine e mandorle* oder mit Stockfisch gefüllte Mais-Ravioli. Wer mag, genießt diese feine toskanische Küche auf mit bunten Kissen dekorierten Stühlen an Tischen an der Hauptgasse.

■ **La Locanda del Castello**③, **San Giovanni d'Asso,** → „Unterkunft". Mi–Mo 12–14.30, 19–22 Uhr. Verschiedene Gerichte aus Chianina-Rind, darunter auch Tartar, Pasta mit Trüffel und frischer Fisch bilden das Rückgrat der immer wieder wechselnden Karte in diesem ebenso gemütlichen wie eleganten Restaurant. Sollte es *fileto di cinta senese* in Mandelkruste geben, unbedingt probieren!

UNSER TIPP: **Bar/Gelateria/Taverna Antico Travaglio**②, Piazza Roma, **Monteriggioni,** Tel. 0577 304718, www.anticotravaglio-monteriggioni.com, tgl. 12–15, 19–22 Uhr. Terrasse vorne, Garten hinten und der Anspruch, toskanische Spezialitätenküche weitgehend selbstproduziert zu servieren: Brot, Pasta und auch das *gelato.* Das Fleisch kommt aus unmittelbarer Umgebung und brutzelt über Holzkohle.

■ **Ristorante/Pizzeria Il Feudo**①-②, Piazza Roma 16, **Monteriggioni,** Tel. 0577 304108, www.

Nur für Schwindelfreie

ilfeudomonteriggioni.it, Sommer tgl. 11–14, 18.30–22.30 Uhr, Winter nur Sa und So Mittag. An den Tischen am Hauptplatz sitzen die Gäste am liebsten, solide Fleischküche zu nicht überhöhten Preisen.

UNSER TIPP: **Il Libridinoso**②, Via delle Carceri 13, **Murlo,** Tel. 0577 046541, Di–So 12.30–14.20, 19.30–21.30 Uhr. Die ländliche Küche in dieser sympathischen Trattoria bringt Köstlichkeiten wie Pici aus Kastanienmehl mit Sugo aus Peperoncini, Salsiccia und Lauch hervor, abends gibt es auch Pizza; sehr sympathisch.

■ **Le Antiche Mura**①-②, Piazzale Giuseppe Garibaldi 38, **Buonconvento,** Tel. 0577 806805, www.facebook.com/leantichemurabuonconvento, Mi–Mo 10.30–14.30, 18–22.30 Uhr. Pizzeria (und ein bisschen auch Restaurant), in der mit *Ciro* ein waschechter Neapolitaner am Holzkohleofen steht (Pizza nur abends); wegen seiner Fähigkeiten ist es immer proppenvoll – dolce vita am schönsten an den Tischen in der Gasse.

■ **Da Mario**②-③, Via Soccini 60, **Buonconvento,** Tel. 0577 806157, tgl. 12–14.30, 19–22 Uhr. Das Restaurant in der Hauptgasse von Buonconvento ist ein Familienbetrieb, wie er im Buche steht – von der Großtante bis zum Enkel arbeiten alle mit. *Cucina casalinga,* Hausmannskost, heißt das Motto, und *zuppa di farro* (Dinkelsuppe) oder *coniglio in bianco* (Kaninchen in Weißweinsoße) munden köstlich.

■ **Il Barrino di Montisi**②, Via Umberto I 147, **Montisi,** Tel. 0577 845190, www.ilbarrinomontisi.com, Di–So 11.30–15, 18–24 Uhr. Die Einrichtung modern und schick, die Küche der Tradition verpflichtet, dabei aber sehr kreativ alles Schwere und Belastende vermeidend. Eine Entdeckung im Herzen des mittelalterlichen Montisi.

Süßes

8 **Caffè Nannini,** Via Banchi di Sopra 24, Tel. 0577 236009, www.pasticcerienannini.it, tgl. 7.30–21 Uhr. Die Traditionsadresse für köstliche Stückchen, größere Kuchen und festliche Torten, natürlich *panforte,* auch pikant belegte Hörnchen fürs Frühstück – am schönsten am Morgen zwischen den Senesen an der Theke.

9 **Gelateria Grom,** Via Banchi di Sopra 11/13, Tel. 0577 289303, www.grom.it, tgl. 11–23 Uhr. Auch wenn diese Eisdiele zu einer Kette gehört – über die Qualität kann man nicht meckern!

25 **La Vecchia Latteria,** Via San Pietro 10, Tel. 347 4746448, www.instagram.com/la_vecchia_latteria_siena, tgl. 12–20 Uhr. Klein, aber fein ist die Auswahl an Eissorten in dieser winzigen, aber fast immer von Kunden belagerten Eisdiele. Man versuche „Tango", madegassischer Kakao mit Erdbeeren und Peperoncino!

Außerhalb

■ **Il Forno delle Crete,** Piazza Garibaldi 5, **Asciano,** Tel. 0577 718558, www.ilfornodellecrete.com, Mo–Sa 7–13.30, 16.45–19.30 Uhr. Herrliches Gebäck fürs Frühstück und das *pan pepato Giardi,* ähnlich dem senesischen *panforte,* aber würziger.

■ **Le Dolcezze,** Via Roma, 42, **Buonconvento,** Tel. 0577 809016, Mo–Sa 6.30–13, 16.30–19.30, So 8.30–13 Uhr. Brot wie auch alles Süße in dieser alteingesessenen Pasticceria sind von höchster Qualität.

Apero und Abend

11 **Bar Key Largo,** Via Rinaldini, Tel. 0577 236339, tgl. 10–23 Uhr. Der Clou an dieser angesagten Bar ist der Balkon im ersten Stock, der direkt auf den Campo blickt.

1 **Skilè Music Pub,** Piazza Calabria 18, Tel. 339 6152714, tgl. ab 20.30 Uhr. Die Kneipe für Bistro-Essen und Trinken bei – gelegentlich stattfindender – Livemusik.

22 **Tea Room,** Via di Porta Giustizia 11, Tel. 0577 222753, www.facebook.com/TeaRoomSiena. Di–So 16–1 Uhr. Auch wenn das Hauptaugenmerk auf Tee (und Süßem) liegt, die Cocktails für den Aperitif, aber auch zu späterer Stunde als Absacker sind ausgezeichnet.

Verkehr

■ **Bahn:** Bahnhof Siena, Piazza Carlo Rosselli (3 km nördlich des Campo), Verbindungen nach Florenz halbstündlich (90 Min., um 10 €), nach Grosseto zweistündlich (100 Min., um 10 €); Busterminal, Piazza Gramsci/Via Tozzi (östlich des Stadions), mehrmals täglich Verbindung u.a. nach San Gimignano (Linie 130, 65 Min., um 7 €).

■ **Fernbusse:** Autolinee Toscane fahren nach **Monteriggione** (Linie 130, 25 Min., um 4 €), nach **Montaperti** (Linie 0S5 von Piazza del Sale, 35 Min., um 3 €), nach **Asciano** (Linien 107 von Porta Ovile, 45 Min., um 5 €), **Rapolano** (Linie 138 von Via Tozzi, 35 Min., um 5 €) oder **San Giovanni d' Asso** (über Torrenieri, Linien 57P/119, 80 Min., um 7 €); es gibt auch eine Haltestelle am Bahnhof, www.at-bus.it.

■ **Stadtbusse:** Einzelfahrt 1,70 € am Kiosk (beim Fahrer 3 €), 10 Fahrten 15,50 €; in die Vororte Einzelfahrt bis 10 km 1,70 €, bis 20 km 2,90 €, bis 30 km 3,90 €.

■ **Parken:** Die Altstadt ist als ZTL verkehrsberuhigt, die Strafen für Zuwiderhandlungen sind drastisch; Hotelgäste dürfen zur Be- und Entladung nach Vorankündigung bestimmte Straße benutzen, dies ist mit der Hotelrezeption vorab zu klären; Siena besitzt mehrere Großparkhäuser im und am Zentrum (https://sipark.siena.it). La Stazione (500 Plätze, beim Bahnhof), Il Campo (600 Plätze, zentral beim Hauptplatz), Santa Catarina (500 Plätze, Rolltreppen hoch zum Dom), San Francesco (300 Plätze, am nördlichen Altstadtrand) und Stadio-Fortezza (700 Plätze, bei der Medici-Festung). La Stazione erste Stunde 0,50 €, weitere 2 €, Stadio-Fortezza 2 €/Stunde, 26 €/Tag, alle anderen 2 €/ Stunde, 35 €/Tag, mit Hotelübernachtung max. 25 €/Tag.

■ **Wohnmobile:** Fagiolone, Via Esterna Fontebranda (Ausfahrt Siena West an der Tangenziale), 60 Stellplätze, Stromanschlüsse, Ab- und Frischwasser, Verbindung ins Zentrum durch Shuttlebusse; zu Fuß ca. 15 Min., 20 €/Tag Stellgebühr; Info unter Tel. 0577 228711 und https://visitsiena official.it.

■ **Fahrrad:** Auf der Website www.bicincitta.com ist das System des Bikesharing beschrieben (nur italienisch). Man lädt die App „Bicincittà" herunter (iPhone und Android) und kann dann mit einem täglichen Abonnement Räder an 19 Stationen im Großraum Siena abholen; für 5 Std. Nutzung zahlt man 10 € (inkl. 5 € Versicherung).

Feste

■ **Mostra Mercato Tartufo Bianco,** Trüffelmarkt mit Verkostung an zwei Wochenenden im Nov. in San Giovanni d'Asso. Infos unter www.tartufodisan giovannidasso.it.

■ **Bluetrusco,** Festival der etruskischen Kultur den gesamten Juli in Murlo mit Lesungen, Musik, Gastronomie, Exkursionen und Workshops rund um das Thema Etrusker; www.visitmurlo.it.

■ **Siena Jazz,** das prominent besetzte Jazzfestival lässt Ende Juli/Anfang Aug. Sienas Altstadt swingen; www.sienajazz.it.

Einkaufen

13 **Cravattificio di Siena,** Piazza S. Giovanni 14/16, Tel. 0577 270044, www.cravattificioitalia no.com. Traditionsadresse für die handgearbeitete „Würgeschlinge" aus feinster Seide.

3 **Consorzio Agrario di Siena,** Via Pianigiani 5, www.capsi.it. Eine Fundgrube mit typischen Produkten aus der Umgebung. Zum Laden gehört eine nette Bar, in der man sich auch mittags eine Pizza kaufen kann.

12 **Il Pellicano,** Via Diacceto 17a, Tel. 340 5974038, www.siena-ilpellicano.it. Unter den vielen Keramikateliers erscheint dieses als das künstlerischste, dabei sehr in den Traditionen verwurzelt. Die bunten Teller und Vasen sind ein ebenso wertvolles wie fröhliches Souvenir.

Außerhalb

■ **La Bottega,** Abbazia di **Monte Oliveto** Maggiore; www.monteolivetomaggiore.it. Die Mönche bauen Wein, Oliven und Dinkel an, neben weiteren Produkten wie Kräutertees, Seifen, Naturkosmetik und vielem anderen im Klosterladen zu kaufen.

UNSER TIPP: **Consorzio Agrario/Enoteca,** Via di Percenna 23, **Buonconvento,** Tel. 0577 230511. Zugleich Lebensmittelgeschäft und Enoteca mit den Produkten der Betriebe, die diesem Consorzio angeschlossen sind, darunter eine große Weinauswahl. Hier gibt's mit Anis gewürzte **Brezeln,** eine Spezialität der Region.

Aktivitäten

Mit der **Dampflok** und manchmal auch mit einem Dieseltriebwagen der 1950er Jahre geht es im Programm „Treno Natura" von Siena mehrmals im Monat durch die Crete Senesi zu unterschiedlichen Zielorten, wo eben gerade etwas los ist: Märkte, Feste, Messen – eine schöne, bequeme, spannende und familiengerechte Art zu reisen. Ganztagesausflüge um 50 €, Buchungen über Agenzia Viaggi Visione Del Mondo, Via dei Termini 83, Tel. 0577 48003, www.fondazionefs.it.

■ **Golfclub Royal Golf La Bagnaia,** SS223 Siena–Grosseto, Località Bagnaia, Tel. 0577 8187741, www.labagnaiaresort.com. 18-Loch-Platz, Par 71, 4794–6101 m, Greenfee 80–100 €.

Gesundheit

■ **Krankenhaus/Ospedale Universitario Senese,** Viale Bracci 16, Tel. 0577 585111, Notruf 118, www.ao-siena.toscana.it, 24/24 Std.

■ **Apotheke/Farmacia Comunale,** wechselnde Notapotheken, Dienstplan auf www.ordinefarmacistisiena.it.

San Gimignano

■ 325 m üNN, 7800 Einw., Siena 40 km, Volterra 30 km, Florenz 50 km

Dem Symbolbaum der Toskana gleich stechen die schmalen Silhouetten der berühmten UNESCO-geschützten Türme San Gimignanos in den Himmel und künden von einer Zeit voll offener Händel, hinterhältiger Intrigen, von Siegen und Niederlagen.

Seit 1990 ist das „Manhattan des Mittelalters", die „Stadt der Türme" im Val d'Elsa **Weltkulturerbe,** als herausragender Zeuge des Mittelalters mit einer vollständig erhaltenen und stimmigen Altstadt, die das urbane Leben der damaligen Zeit spiegelt. Tatsächlich jagen wohlige Schauer den Rücken hinab, steht man in den Gassen und auf den Plätzen, den Kopf im Nacken, um die Fassaden aus Ziegelwerk und Bruchstein zu bewundern und die Höhe der schlanken Wohntürme zu ermessen. Ein Wermutstropfen: San Gimignano gehört zu den meistbesuchten Städten Italiens – in Augenhöhe mit Florenz und Pisa. 3 Mio. Touristen verstopfen übers Jahr gesehen die Gassen, 20.000 Busse und 1 Mio. Autos die Landstraßen. Die beste Besuchszeit im Sommer ist definitiv der frühe Morgen!

Türme allüberall – San Gimignano

Geschichte

Am ehemaligen Platz einer etruskischen Siedlung im Val d'Elsa entstand im 8. Jh. San Gimignano als **Pilgerstation** am Frankenweg. Da jeder nach Rom wollte, entwickelten sich ein Dorf und schließlich eine Stadt. Ab dem Jahr 929 schützten die Bischöfe von Volterra San Gimignano und sorgten für die Errichtung eines ersten Befestigungswalls.

1199 revoltierten die Bewohner und schufen sich eine eigene **Stadtrepublik,** die mit Stoffweberei und Safrananbau für die Färbung der Tücher zu Wohlstand gelangte.

Im 13. Jh. entstand die 2 km lange Stadtmauer in ihrer heutigen Form, rege Bautätigkeit goss den Reichtum in Stein. Doch dem großen Rat der Stadt (dem immerhin ein Viertel der Bürger angehörte) misslang, die ansässigen Adligen zu versöhnen. **Guelfen** und **Ghibellinen** kämpften immer erbitterter. Um ihre jeweiligen Familien – ihr Geschlecht – zu schützen, errichteten sie die leicht zu verteidigenden **Geschlechtertürme.** 72 sollen es einmal gewesen sein.

Was der Rat nicht schaffte, der **Pest** gelang 1348 eine Art der Befriedung. Doch mehr oder weniger entvölkert, fand San Gimignano, ab 1353 Besitz des Florenz der *Medici,* nie mehr zum ursprünglichen Prunk zurück. Viele Generationen mögen darob verzweifelt sein, die heutige dankt es. Da keiner an der Stadt interessiert war, blieb sie so, wie sie einmal war – pures Mittelalter, heute Hotspot des internationalen Tourismus, auch wenn nur noch vierzehn Türme stehen (zuzüglich des Campanile der Siftskirche und der – als nicht-klassischer Geschlechtertum – meist nicht mitgezählten Casa-Torre Pesciolini).

San Gimignano
0 100 m
©Reise Know-How
Toska03 4/24
Monastero di Bose, Pisa, Livorno
Viale Garibaldi
Via Ghiacciaia
Sant' Agostino
Piazza S. Agostino
Museo Archeologico, Spezieria di Santa Fina, Museo Contemporaneo
Via Folgore da S. Gimignano
Porta S. Jacopo
Porta S. Matteo
Via XX Settembre
Via delle Fonti
Via delle Romite
Porta delle Fonti
San Bartolo
Via Diacceto
Via S. Matteo
Museo del Cristallo
Via dei Fossi
Torri dei Salvucci
Museo Archeologico Ranuccio Bianci Bandinelli
Piazza delle Erbe
Via Capassi
Palazzo del Podestà Torre Rognosa
Via S. Stefano
San Lorenzo in Ponte
Duomo Santa Maria Assunta
Torri dei Ardinghelli
Piazza Duomo
Museo del Vino Vernaccia
Rocca di Montestaffoli
Piazza Pecori
Piazza Cisterna
Torre del Diavolo
Arco/Torre dei Becci
Museo d'Arte Sacra
Museo Ornitologico
Palazzo del Popolo/ Pinacoteca
Via Quercecchio
Museo San Gimignano 1300
Porta Quercecchio
Via Berignano
Via S. Giovanni
Torre dei Cugnanesi
Via Piandornella
Via di Bonda
S. Francesco
Museo della Pena di Morte
Museo Storico della Tortura
Busstation
Porta S. Giovanni
Piazzale M. Montemaggio
Volterra, Firenze
Via Roma
Colle di Val d'Elsa
Nachtleben
2 Du'Morsi e Via
8 Enoteca di Vinorum
Einkaufen
9 La Buca die Montauto
10 Azienda Agricola Tollena
12 La Bottega
Übernachtung
3 Hotel L'Antico Pozzo
5 Donna Nobile
11 Hotel Bel Soggiorno
15 Camping Boschetto di Piemma
Essen und Trinken
1 Bruschetteria/Pub Echoes
4 Ristorante San Martino
5 Il Ceppo Toscano
6 Osteria del Carcere
7 Gelateria Dondoli
13 Mangius
14 Chiribiri

Sehenswertes

Einen Stadtspaziergang könnte man am schönsten Stadttor San Gimignanos beginnen, der südlichen, 1262 errichteten **Porta San Giovanni.** Das aufgesetzte Torhaus mit seinen hängenden Renaissancebögen kragt waghalsig hervor, dahinter versteckt sich der Turm einer 1922 teilabgerissenen Kirche. Hier befindet sich als erste Station das **Foltermuseum,** ein Ableger der inflationär in der Toskana eröffneten Kette Musei della Tortura. Das **Museum der Todesstrafe** findet sich einige Häuser weiter. Instrumente der hochnotpeinlichen Befragung und des Todes sind ausgestellt.

■ **Museo Storico della Tortura/Museo della Pena di Morte,** Via San Giovanni 125 und 82, Tel. 0577 940151, www.torturemuseum.it, 10–19 Uhr, Eintritt 10 €.

Von der säkularisierten Kirche San Francesco (Nr. 37/Nr. 69) sind noch die mit grün-weißem Lagewechsel gestalteten romanischen Rundbögen des Portals erhalten. In ihr wird heute Wein verkostet und verkauft (Azienda Agricola Tollena). Nun geht es geradeaus nach Norden auf den **Torre dei Cugnanesi** zu und an ihm rechts vorbei durch das Stadttor **Arco dei Becchi** (vom ersten Verteidigungswall aus dem 10. Jh.) mit dem sich darüber türmenden Torre dei Becchi zur **Piazza della Cisterna,** dem Zentrum. So herrlich schön in Gelb und Ocker, so sauber aufgeräumt war es im Mittelalter sicher nicht. Im Rund des im Fischgrätmuster gepflasterten Platzes überragen die Wohntürme die Bruchsteinfassaden der Randbebauung. Im Norden, am Durchgang zur Piazza Duomo, steht das Turmpaar der Familie *Ardinghelli.* Im Osten zeigt sich die **Torre del Diavolo** mit Resten steinerner Tragblöcke eines hölzernen Wehrganges. Sein Besitzer, nach einer langen Reise heimkehrend, glaubte den Turm höher als bei Abreise: Teufelswerk. In der Mitte des Platzes mauerte man 1273 die Zisterne, die Travertin-Verkleidung wurde 1346 angebracht.

An der **Piazza Duomo** (fälschlich so genannt, denn San Gimignano war nie Bischofssitz und besitzt also keinen Dom) heißt es nun länger verweilen. An den Wappen erkennt man den **Palazzo del Popolo** (auch „Palazzo Nuovo del Podestà") mit seiner angebauten Doppelbogenloggia, die erste der Toskana und Vorbild für die Loggia dei Lanzi in Florenz. Sein Torre Grossa („Dicker Turm") war mit 54 m Höhe der Maßstab für alle anderen Bauten. Keiner durfte an ihn heranreichen. Weitere Wappen der Podestà und Fresken sind im eleganten Innenhof zu sehen. Über ihn und die teilbedachte Freitreppe gelangt man in

Passeggiate delle Mura Medioevali

Der **Spaziergang entlang der mittelalterlichen Mauern** ist genau 2176 m lang. Bei der Porta San Giovanni beginnend, passiert man im Uhrzeigersinn gehend Porta Quercecchio, Matteo, San Jacopo und schließlich die Porta delle Fonti, von der aus man die 100 m zum malerisch gelegenen historischen Waschplatz der Frauen San Gimignanos absteigen kann, die hier an den Fonti Pubbliche einst ihre Wäsche besorgten.

die städtische **Pinakothek.** Im Ratssaal in der ersten Etage hatte *Dante Alighieri* im Mai 1300 als Gesandter der Guelfen vorgesprochen und (erfolgreich) die Gründung der guelfischen Liga betrieben. Die Fresken von 1290 würdigen *Karl von Anjou* und zeigen u.a. Ritter und Jagdszenen. Die Maestà freskierte *Lippo Memmi* 1317 in Anlehnung an die von *Simone Martini* zwei Jahre zuvor gemalte Maestà in Siena. In der zweiten Etage schmückte die Camera del Podestà *Memmo di Filippuccio* Anfang des 14. Jh. mit pikanten Liebesszenen und Bildern, die den Podestà immer an die Folgen der Korruption erinnern sollten. 253 Stufen sind es hinauf zur **Aussichtsplattform** des Torre Grossa – die Aussicht lohnt die Mühe.

■ **Pinacoteca,** Palazzo del Popolo, Tel. 0577 286300, www.sangimignanomusei.it, April–Okt. tgl. 10–19.30, sonst Mo–Fr 11–17.30, Sa/So 11–18 Uhr, 9 € (Sammelticket für die städtischen Museen und den Domkomplex 13 €).

140t sk

Der alte **Palazzo della Podestà** (ohne Wappenschmuck) mit riesenhaftem Torbogen entstand 1239. Der ihm entwachsende **Torre Rognosa** misst 51 m. Den Palast wandelte man 1537 in ein Theater um. An der Ostseite stehen hintereinander die beiden abweisenden **Torri dei Salvucci,** als Ghibellinen erklärte Feinde der guelfischen *Ardinghelli,* deren Turmpaar am Nebenplatz gen Himmel ragt.

Die romanische **Basilika Santa Maria Assunta** (1148 durch Papst *Eugen III.* geweiht) gibt sich nach außen demütig einfach, das Innere hingegen ist ein gänzlich unerwartetes Feuerwerk aus großflächigen Fresken hoher Qualität. 1340 wurde das Mittelschiff erhöht und ein Kreuzrippengewölbe anstelle des bisherigen Flachdaches eingezogen. 1456 kamen das Querschiff und die Seitenkapellen hinzu, die Fassade wurde aber nie verblendet. Die Rückwand zieren zwei Fresken, das untere von *Benozzo Gozzoli* mit dem „Martyrium des heiligen Sebastian" (1465), darüber das „Jüngste Gericht" (1393) von *Taddeo di Bartolo.* Die linke Langschiffwand freskierte *Bartolo di Fredi* mit Szenen des Alten Testaments (1367), die rechte schmücken Szenen des Neuen Testaments (1333–41) von den Brüdern *Federico* und *Lippo Memmi,* Schüler *Simone Martinis.* Die **Cappella di Santa Fina** malte *Domenico Ghirlandaio* mit Geschichten zum Leben der Stadtpatronin *Fina* (1473–75) aus. Der Bildhauer *Benedetto da Maiano* schuf den Sarkophag. Im Dormitorium des ehemaligen Kollegiatsstiftes (an der links der Basilika versteckten Piazza Pecori) ist das **Museum für Sakrale Kunst** untergebracht. Die Ausstellung besteht

◁ Zeitvertreib: Touristen gucken

aus in den Kirchen der Umgebung gesammelten Werken, darunter eine wertvolle „Madonna im Rosenhag", geschaffen von *Bartolo di Fredi.*

■ **Duomo Santa Maria Assunta/Museo d'Arte Sacra,** Piazza Duomo 2, Tel. 0577 940316, www.duomosangimignano.it, April–Okt. Mo–Fr 10–19.30, Sa 10–17, So 12.30–19.30, sonst Mo–Sa 10–17, So 12.30–17 Uhr, Dom und Museum 5 €, Kombiticket mit den städt. Museen 13 €.

Steigt man seitlich der Basilika hinter der Piazza delle Erbe bergan, kommt man zur von den *Medici* 1353 errichteten **Rocca di Montestaffoli,** die selbige 1555 wieder schleifen ließen. Ein Turm blieb erhalten und dient als Aussichtspunkt für weite Blicke über Ort und Landschaft. Hier befindet sich auch das **Weinmuseum** in Panoramalage. Am frühen Abend auf der Brüstung der Terrasse sitzend, wird man zu einem Glas Wein als Aperitif regelrecht verführt.

■ **Museo del Vino Vernaccia,** Via della Rocca 1, Tel. 0577 941267, www.wineexperience.vernacciasangimignano.it, tgl. 11.30–19.30 Uhr.

Vorbei am Zwillingsturm der *Salvucci,* gelangt man über die Via Matteo zum nördlichen Stadttor Porta San Matteo und, sich davor rechts haltend, zur **Kirche Sant'Agostino.** Die Kirche der Augustiner-Chorherren entstand 1280–98 als einfache Saalkirche mit offenem Dachstuhl entsprechend den Vorgaben des Bettelordens. Bedeutendster Teil der Innenausstattung sind die **Fresken** (1464/65) von *Benozzo Gozzoli* in der Chorkapelle. Auf 17 Bildfeldern ist das Leben des heiligen *Augustinus* beschrieben, und auf weiteren vier Feldern im Kuppelgewölbe sind die Evangelisten dargestellt. Die kräftigen Farben, die individuell gestalteten Figuren und die geschickt ausgeführten perspektivischen Hintergründe machen den Zyklus zu einem Meisterwerk. Der Kreuzgang (Zutritt links vom Chor) ist eine paradiesische Oase der Ruhe.

■ **Chiesa di Sant'Agostino,** Piazza Sant'Agostino, April–Okt. 9–12, 15–19, sonst Mo–Fr 9–12, 15–18, So 10.30–12, 15–18 Uhr.

Durch die Gassen nach Südosten sind es wenige Meter zum ehemaligen, Mitte des 13. Jh. gegründeten Kloster von Santa Chiara, in dem der städtische Museumskomplex untergebracht ist. Das **Archäologische Museum** ist in zwei Abteilungen gegliedert. In der ersten sind die Funde aus der Region aus etruskischer und römischer Zeit (7.–1. Jh. v. Chr.) ausgestellt, die zweite zeigt Kunsthandwerk und Haushaltsgegenstände wie Keramik und Glaswaren aus dem Mittelalter. Die **Spezieria** beschäftigt sich mit dem Apothekenwesen des 15. bis 18. Jh. Destillationsgeräte, uralte Rezeptfolianten und schöne Keramikbehältnisse für die Arzneien sind zu sehen, ansonsten ist die Abteilung weniger bemerkenswert. Schwerpunkt des **Museums für zeitgenössische Kunst** sind die Werke von *Raffaele de Grada* (1885–1957), weitere Arbeiten stammen u.a. von *Cannicci und Guttuso.*

■ **Museo Archeologico, Spezieria di Santa Fina, Museo Contemporaneo,** Via Folgore 11, Tel. 0577 940008, www.sangimignanomusei.it, April–Okt. tgl. 10–19.30, sonst Mo–Fr 11–17.30, Sa/So 11–18 Uhr, 9 € (Sammelticket für die städtischen Museen und den Domkomplex 13 €).

141tsk

Colle di Val d'Elsa

Obwohl Colle di Val d'Elsa (140 m üNN, 21.500 Einw.) das Hauptzentrum Italiens für industrielle **Kristallglasherstellung** ist (über 90 % der italienischen Produktion kommt aus Colle), hat es sich in der Altstadt seinen angenehmen und **ruhigen Charakter** wahren können.

Am zentralsten stellt man sein Fahrzeug am Parkplatz Ascensore in der Unterstadt ab (Achtung: hinteren Bereich nutzen, der vordere ist nur für Einheimische). Von hier ist es auch nicht weit zum Aufzug in der Via Vittorio Meoni hoch zur Bastion Il Baluardo in der oberen, autofreien Altstadt. Alternativ nimmt man die steile Via Pozzo Tondo, die in fünf Minuten hochführt. Auf der Nordseite der Oberstadt und etwas unterhalb parkt man an der Auffahrtsstraße SS68 auf der Fläche Di Bacio.

Die **Oberstadt** erstreckt sich mit ihren engen, malerischen, teils überwölbten Gassen entlang eines schmalen Bergrückens und teilt sich in den östlichen Teil **Castello** und das westliche **Borgo.** Zentraler Platz von Castello ist die überschaubar große Piazza Duomo mit der Konkathedrale Santi Alberto e Marziale. Nach langen Jahren der Unabhängigkeit dann schließlich doch noch ehrlicher und treuer Vasall der *Medici* geworden, hatten diese Colle 1592 den Bischofssitz zuerkannt.

Einige Schritte die Via del Castello nach Osten führen zum **Teatro dei Varii** (Hausnr. 64), einem intimen, 1762 erstmals bespielten Schauspielhaus mit wenig Platz im Parkett (78 Sitze) und vielen Logen (122 Sitze) im Halbrund, sodass jede Adelsfamilie von Colle ihren eigenen Platz hatte. Das **Archäologische Museum** im Palazzo della Podestà am Domplatz schlägt mit Fundstücken aus dem Elsa-Tal den Bogen von der Frühzeit bis ins Mittelalter. Besonders reich ist die Sammlung an Artefakten aus den Nekropolen der Umgebung (u.a. Monteriggione), bekannt ist das Museum auch

⌃ Das Kloster von Bose

für seine Rekonstruktionsversuche der Gesichter von in den Nekropolen gefundenen Toten. Die etruskische Nekropole **Dometaia,** 9 km außerhalb im Westen (erst SS68 dann SP72, GPS N 43.39258, E 11.03755), ist ein schönes Beispiel für eine gut erhaltene Grabkammer.

■ **Museo Archeologico Ranuccio Bianci Bandinelli,** Piazza Duomo 42, Tel. 0577 922954, www.museisenesi.org, 2024 geschlossen wegen Renovierung, Wiedereröffnung 2025 geplant

■ **Nekropole Dometaia,** So 16–19 Uhr.

Durch den Tunnelgang im Palazzo Campana (16. Jh.) und über die steinerne Bogenbrücke wechselt man hinüber in den Stadtteil Borgo. An dessen Ende bewachen zwei mächtige Renaissancetürme den Eingang zur Altstadt. Östlich von ihnen (über die Via dell Porta Vecchia) überspannen die Bögen einer Brücke, die einem Äquadukt gleicht, den Talboden und verbinden die Stadt mit dem ehemaligen **Franziskanerkonvent,** der wie eine Oase zypressenumstanden im Schatten der Altstadt vor sich hinträumt. Über die Via Gracco del Secco gelangt man – kurz vor der Porta Nuova – zum **Museum für Sakralkunst** im Komplex des Conservatorio San Pietro, das sein Schwergewicht auf Werke des 17.–19. Jh. legt. Älteste Stücke sind allerdings die wertvollen, aus dem 6. Jh. stammenden Eucharistiegefäße aus Silber, als „Tesoro di Galognano" bekannt.

■ **Museo Civico e Diocesano d'Arte Sacra,** Via Gracco del Secco 102, Tel. 0577 286300, März–Okt. Do–Mo 14–20, Nov./Dez. Sa/So 15–17 Uhr, 6 €.

Unten in der Neustadt sollte man noch das **Kristallmuseum** besuchen. Als Zentrum der Kristallproduktion ließen sich die Firmen bei der Errichtung der modernen, in den Untergrund gebauten Ausstellungräume nicht lumpen. Besucher werden in die Kristallherstellung eingeführt und dürfen die Installationen aus Glas und Farbe bewundern.

■ **Museo del Cristallo,** Via dei Fossi 8A, Tel. 0577 924135, www.museodelcristallo.it, März–Okt. tgl. 10–17, sonst Fr–So 11–16 Uhr, 8 €.

6 km östlich von Colle steht im Örtchen Staggia Senese die auf das 10. Jh. zurückgehende **Burg von Staggia.** Im 14. Jh. gelangte sie als Grenzburg in die Hände der Medici und war mehrfach heiß umkämpft. Heute wird sie von einer Künstlerin genutzt, die rund um die und in der Burg Installationen „kuratiert".

■ **Rocca di Staggia,** Via dell'Ospedale 2, Staggia, Tel. 331 3317559, http://www.laroccadistaggia.it, nur mit Führung nach Voranmeldung April–Okt. tgl. 10.30–19 Uhr, 8 €, Kind 5 €.

Ein weiteres herrschaftliches Anwesen – das **Märchenschloss von Chiocciola** – steht 13 km südlich von Staggia. Leider ist es nur von außen zu besichtigen. Die Lage in der Ebene ist jedoch malerisch und lohnt schon allein den Besuch.

■ **Castello della Chiocciola,** Strada della Chiocciola 2, Monteriggione.

Monastero di Bose

UNSER TIPP: Die sehenswerte **Pieve di Santa Maria Assunta a Cellole** ist eine romantisch-romanische Kirche aus dem 13. Jh. im Basilikamuster (Apsis 10. Jh.),

San Gimignano: Zugabe!

■ **Museo San Gimignano 1300** – ein bis ins Detail durchgearbeitetes Modell der Stadt im Jahr 1300 mit 72 Türmen, Palästen und vielen Gebäuden, die heute gar nicht mehr existieren, ein Abbild aus Ton im Maßstab 1:100; Via Costarella 3, Tel. 327 4395165, www.sangimignano 1300.com, 9–19 Uhr, 5 €.

■ **Museo Ornitologico** – 371 zwischen 1866 und 1911 hergestellte Vogelbälger; Via Quercecchio, im säkularisierten Oratorium San Francesco, 2024 bis auf Weiteres geschl.

■ **Casole d'Elsa** – typische mittelalterliche befestigte Siedlung auf einem Hügelrücken mit kleinem Stadtmuseum (Werke von *Andrea di Niccolò, Lippo Vanni* und *Alessandeo Casolani*) und archäologischer Abteilung mit Exponaten u.a. zur Etruskerzeit; 14 km südwestlich von Colle di Val d'Elsa, Piazza della Libertà 5, Palmsonntag–Okt. Do–Di 10–13, 15–18 Uhr, sonst nur Sa/So), 5 €.

■ **Badia a Coneo** – verfallene, im 10. Jh. gegründete Abtei im Weiler Coneo, 2,2 km von der Verbindungsstraße Casole d'Elsa – Colle di Val d'Elsa; Dutzende Katzen, misstrauische Blicke aus einem Nebengebäude und ein malerisches romanisches Kirchlein (allerdings nur von außen zu besichtigen).

■ **Castelvecchio in Val d'Elsa** – Umzäunte Burgruinen im dichten Wald (GPS N 43.433425, E 11.003603) mit Ursprung im 1. Jt., geheimnisvoller und einsamer Ort 5 km südwestlich von San Gimignano bei San Donato (von dort 2 km Richtung Riserva Naturale Castelvecchio nach Westen zum Wanderparkplatz); wegen unzureichender Markierungen sollte man sich den Weg für die Rückkehr merken oder ein GPS-Gerät mitnehmen.

die *Puccini* zur Oper „Suor Angelica" inspirierte. Sie liegt 4 km nordwestlich von San Gimignano an der SP69 und ist heute die Klosterkirche des hervorragend sanierten **Klosterablegers von Bose,** dessen Gebäude inmitten des kleinen Parks in der Nachmittagssonne strahlen. Jeder Besucher ist herzlich willkommen, an den Gebeten der Brüder teilzunehmen: werktags 6, 12.30, 18.30, Sa auch 20.30, So 8, 12 und 17 Uhr. Sie finden natürlich in der in ihrer Einfachheit eine große Würde ausstrahlenden romanischen Kirche statt. Im angeschlossenen Laden verkaufen die Brüder neben Marmelade und Pesto mit Kräutern aus dem eigenen Garten auch wunderschöne Keramikarbeiten. Unterkünfte sind allerdings nicht im Angebot.

■ **Monastero di Bose,** www.monasterodibose.it, tgl. 8–12, 14–18, Kirche 5.30–20, Laden 8–12, 14.30–18 Uhr.

Praktische Informationen

Touristeninformation

■ **Ufficio Turismo San Gimignano,** Piazza Duomo 1, Tel. 0577 940008, www.sangimignano.com, Mitte März–Okt. tgl. 10–13, 14–19, sonst Mo–Sa 10–13, 14/15–18/19, So 10–13 Uhr.

Unterkunft

3 **Hotel L'Antico Pozzo**③-④, Via San Matteo 87, Tel. 0577 942014, www.anticopozzo.com. Mit drei Sternen unterbewertetes, elegantes Boutiquehotel mit 18 Zimmern, mitten in der Altstadt in einem im 18. Jh. zum Palast umgebauten Konvent aus dem 15. Jh. (zum Be- und Entladen Autoanfahrt möglich; mit Hotel abstimmen).

11 **Hotel Bel Soggiorno**②-③, Via San Giovanni 91, Tel. 0577 940375, www.hotelbelsoggiorno.it. 21 Zimmer in guter Position am südlichen Stadteingang in Panoramalage, Restaurant mit Terrasse.
5 **Donna Nobile**②, Via delle Romite 21, Tel. 347 7856352, www.donnanobile.it. Hübsch möbliertes B&B mit acht Zimmern und Apartments 200 m vom Hauptplatz mit Parkmöglichkeit nahebei und dem sehr guten Restaurant 5 **Il Ceppo Toscano**② im Haus (www.ilceppotoscano.it).

Außerhalb

■ **Hotel Vecchio Asilo/Torciano**②, Via delle Torri 4, **Ulignano,** 5 km nordöstlich von San Gimignano, Tel. 0577 950032, www.hoteltorciano.com. Sehr angenehmes, familiär geführtes Hotel mit nur wenigen, großzügigen, einfach, aber geschmackvoll eingerichteten Zimmern, aufmerksamem Service mit vielen Ausflugstipps und exzellentem Frühstück.
UNSER TIPP: **Agriturismo Poggio Alloro**②-③, Via Sant'Andrea 23, **Ulignano,** 5 km nordöstlich von San Gimignano, Tel. 0577 950153, www.fattoriapoggioalloro.com. Trotz der großen Landwirtschaft (Wein, Oliven, Rinder, organischer Betrieb) und der vielen Gäste im Restaurant hat sich der Familienbetrieb seinen Charme bewahrt. Tolle Lage mit Blick auf die Türme San Gimignanos, Schwimmbad, Terrassen und Garten. Sehr gute Salami und Schinken aus eigener Produktion (auch im Direktverkauf für zu Hause), ein Apartment und zehn Zimmer.
■ **Le Volpaie**②, Via Nuova 9, **Castel San Gimignano,** 10 km westlich von Colle di Val d'Elsa, Tel. 0577 953140, www.hotellevolpaie.com. Kleines Hotel im Dorf mit Garten, Pool, schöne Zimmer, kein Restaurant (mehrere Lokale im Ort).

Camping

15 **Camping Boschetto di Piemma,** Località Santa Lucia 38c, 2 km südlich von San Gimignano, Tel. 0577 907134, www.boschettodipiemma.it, April–Okt. Einziges Camping in der näheren Umgebung, schattige Stellplätze, Chalets (eher nicht zu empfehlen), kommunales Schwimmbad und Tennisplätze in nächster Nähe, Restaurant mit kleinem (überteuertem) Laden.

Essen und Trinken

4 **Ristorante San Martino**②-③, Via San Martino 26, Tel. 0577 940483, www.ristorantesanmartino26.it, Fr–Di 12–14.30, 19–22.30 Uhr. Elegante Atmosphäre und eine Küche, die höchsten Ansprüchen genügt und aus einfachen Ingredienzen das Beste hervorkitzelt; Kartoffelsuppe mit Ei und Trüffel, Kaninchen mit Wurst und Speck oder Makrelenpudding.
14 **Chiribiri**②, Piazza della Madonna 1, Tel. 0577 941948, www.ristorantechiribiri.it, tgl. 11–15, 19–23 Uhr. Gleich nach der Porta San Giovanni links, Regionalküche mit Lieferanten aus der Umgebung, authentisch, sehr angenehm und nicht zu teuer. Tische auf der Piazzetta, drinnen ist es gemütlich eng.
6 **Osteria del Carcere**②, Via del Castello 13, Tel. 0577 941905, Fr–Di 12.30–15, 19.30–22, Do 19.30–22 Uhr. Landküche mit Terrinen, *ribollita* und als Vor- oder auch Hauptspeise sehr gute Crostoni, die Atmosphäre ist nicht unbedingt gemütlich, das Essen jedoch entschädigt.
UNSER TIPP: 13 **Mangius**①-②, Via San Giovanni 113, Tel. 0577 1741369, www.mangius.it, Mo–Sa 10–21 Uhr. Spezereiladen, der die toskanischen Köstlichkeiten aus Wurst, Käse und Brot auch auf Teller drapiert, die man in der Enge auf Barhockern oder im Stehen verspeist.
1 **Bruschetteria/Pub Echoes**①, Vicolo Mainardi 10, Tel. 0577 907057, www.facebook.com/echoes.winebar. Mi–Mo 12–15.30, Sa/So auch 19.30–22.30 Uhr. Klein und intim mit Bruschette in allen nur vorstellbaren Variationen, kalt, warm und überbacken (über 60 Arten), dazu Bier oder Wein; zwar gibt es auch Suppen und Pasta, die Stärke aber sind die belegten Brote.

Außerhalb

■ **Osteria l'Angolo di Sapia**②, Via del Castello 14b, **Colle di Val d'Elsa,** Tel. 0577 891261, www.facebook.com/langolodiSapia, Mi/Do 17–24, Fr–So 12–24 Uhr. Ehrliche Küche ohne allzu großen Anspruch, gut für ein kleines Mittagessen (Panini!) zwischendurch, schöne Terrasse auf der ehemaligen Bastion mit herrlichem Blick über das schmale Tal.

Süßes

7 **Gelateria Dondoli,** Piazza della Cisterna 4, Tel. 0577 942244, www.gelateriadipiazza.com, tgl. 9–21, Winter Di–So bis 18/19 Uhr. *Sergio* ist ein hoch innovativer und international gerühmter Meister des Eises mit Kreationen wie Crème mit Safran und Pinienkernen oder Grapefruit mit Spumante.

Apero und Abend

8 **Enoteca di Vinorum,** Via degli Innocenti/Piazza della Cisterna, Tel. 0577 907192, www.divinorumwinebar.com, tgl. 12–21 Uhr. Nur einige Zweiertische gibt es in der Gasse auf der Stadtmauer, der Blick ist perfekt, die Weinkarte groß; rechtzeitig Platz sichern, wer will schon drinnen sitzen? Draußen muss allerdings Essen bestellt werden!

2 **Du'Morsi e Via,** Via San Matteo 101, www.instagram.com/dumorsi_e_via, Di–So 10–22 Uhr. Für den Abendeinklang mit Cicchetti, Taglieri und Sprizz – ausbaubar zum Apericena, dem verlängerten Aperitif mit Beilagen als Ersatz des Abendessens.

Verkehr

■ **Fernbusse:** Busterminal, Piazza San Giovanni (südl. Stadteingang von San Gimignano), mehrmals tägl. Verbindungen nach Florenz (über Poggibonsi mit Linien 130/131, 95 Min., um 8 €) und Siena (mit Linie 130, 65 Min., um 7 €) jeweils mit Autolinee Toscane, www.at-bus.it.

■ **Stadtbusse:** Minibusse 1,30 €/Fahrt (Kiosk, 3 € im Bus).

■ **Parken:** Die Altstadt ist als ZTL verkehrsberuhigt, die Einfahrt verboten, Mitte April bis Mitte Okt. Shuttle-Bus/Linie Nr. 2 zu den Parkplätzen (Tickets an den Parkautomaten, 1,20 € einfach). Plätze mit Automatenzahlung, nur bar):

Giubileo (südlich, 10 Gehminuten zum Zentrum, 315 Plätze, 1,50 €/Std., 6 €/Tag, 20–8 Uhr 1 €);

Montemaggio (südlicher Stadteingang, 155 Plätze, 2,50 €/1. Std., jede weitere Std. 2 €, 15 €/Tag, 20–8 Uhr 5 €);

Bagnaia Superiore (nördlicher Stadteingang, 104 Plätze, 2,50 €/1. Std., jede weitere Std. 2 €, 15 €/Tag, 20–8 Uhr 5 €);

Bagnaia Inferiore (nördlich, 5 Gehminuten zum Zentrum, 170 Plätze, 2,50 €/1. Std., jede weitere Std. 2 €, 15 €/Tag, 20–8 Uhr 5 €);

Camper parken in Santa Lucia 3 km außerhalb im Südosten (1 €/Std., max. 11 €/24 Std., Buslinie 1 zum Zentrum).

Feste

■ **Ferie delle Messi,** Mittelalterfest an einem Wochenende Mitte Juni zur Erinnerung an die 1255 veröffentlichten Stadtstatuten.

■ **Medioevo in Rocca,** Mittelalterfestival am Wochenende Anfang Sept. Umzüge, Vorstellungen der Contrade, Ess- und Verkaufsstände.

Einkaufen

■ **Markt,** jeden Do im Zentrum rund um die Plätze Duomo, Cisterna, Erbe. **Gemüsemarkt** jeden Sa auf der Piazza Erbe.

12 **La Bottega,** Via San Giovanni 104, Tel. 0577 941198, www.facebook.com/LaBottegasangimignano. Tolle italienische Damenmode.

9 **La Buca di Montauto,** Via San Giovanni 16, Tel. 0577 940407, www.labucadimontauto.com.

Die Wildschweine am Eingang weisen den Weg: Wurst, Käse, Wein, Öl und vieles mehr von einem Bauernhof vor den Stadttoren.

10 **Azienda Agricola Tollena,** Via San Giovanni 77, Tel. 0577 907213, https://borgotollena.com. Weinverkostung- und verkauf in der säkularisierten Kirche San Francesco.

■ **Outlet RCR Cristalleria Italiana,** Località Catarelli, Colle di Val d'Elsa (am östlichen Stadtrand), www.shop.rcrcrystal.com. Wer Kristallgläser, -lüster, -vasen etc. mag – hier wird er fündig, und das zu günstigen Preisen.

Aktivitäten

Wanderung zwischen Colle di Val d'Elsa und San Gimignano. Schöner Panoramawanderung auf dem gut markierten Frankenweg (Etappe 63), Dauer ca. 2 Std. (9 km).

Gesundheit

■ **Apotheke/Farmacia Comunale,** Piazza della Cisterna 8, Tel. 0577 990369, www.facebook.com/farmaciacomunalesangimignano.

Volterra

■ 530 m üNN, 9600 Einw., Siena 55 km, San Gimignano 30 km, Florenz 80 km

Über den Tälern der Era und der Cècina thronen die Mauern der schönsten Renaissancefestung der Toskana, gradlinig und mit einen Umgang stützenden Konsolen gegliedert. Die stolze Altstadt Volterras ist unbedingt einen Besuch wert.

Die Bedeutung Volterras erschließt sich spätestens an der Piazza dei Priori mit ihren wuchtigen und doch eleganten Backsteinpalästen und an der Piazza San Giovanni mit Dom und Baptisterium. Volterra hat **alles, was eine Toskana-Stadt benötigt:** Höhenlage mit Weitsicht, imposante Stadtmauern, malerische Stadttore, antike Ruinen, bedeutende Museen, enge Gassen, weite Plätze und steile Wege.

☑ Volterra am späten Nachmittag

142t sk

Volterra

Geschichte

Dort, wo heute die Rocca Nuova thront, stand einst die etruskische Akropolis. Die Römer retteten sich mit einem Theater in die Gegenwart, und die **Medici?** Die **Rocca Nuova** ist ihr Werk – Zwingburg und Verteidigungsanlage gegen Siena. Dass diese noch so gut in Schuss ist, liegt an ihrer Nutzung. Von der Renaissance bis in die Gegenwart diente sie als Gefängnis, heute als Haftanstalt mit maximalem Sicherheitslevel für die ganz Schlimmen.

Die **Etrusker** nannten ihre Stadt Velathri, sie gehörte dem Zwölfstädtebund an, besaß also hohe wirtschaftliche und politische Bedeutung. Ein 7 km langer Wall schützte die Stadt im 4. Jh. v. Chr., für die damalige Zeit eine ungeheure Anlage. 260 v. Chr. wurde Velathri römisch und zu Volaterrae. Seine Loyalität belohnte **Rom** 90 v. Chr. mit römischem Bürgerrecht für die Bewohner. Im Bürgerkrieg zwischen *Marius* und *Sulla* wenige Jahre danach stand man auf der falschen Seite und wurde 80 v. Chr. aller Privilegien beraubt. Nach dem Nieder-

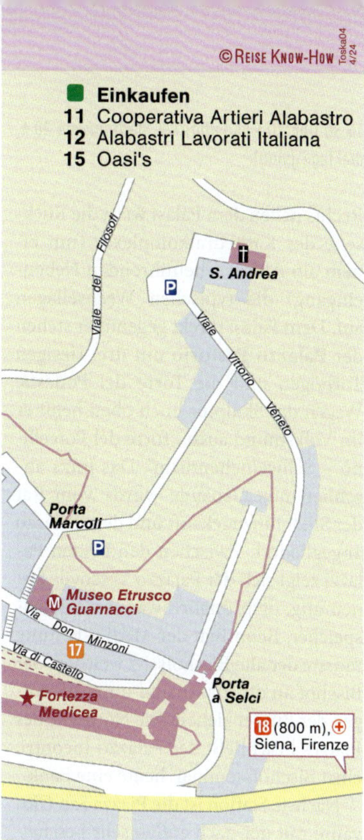

gang des Römischen Reiches erhielt Volterra im 6. Jh. einen Bischof. Unter den **Karolingern** gewann die Stadt im 9. Jh. zunehmend an Bedeutung, und die Bischöfe dehnten ihren Einfluss in die weitere Umgebung aus.

Doch im 12. Jh. erstarkte der **Adel** und versuchte der geistlichen Herrschaft entgegenzuwirken. Ende des 12. Jh. verbündeten sich die Noblen mit den Bürgern und schufen sich ihre **Stadtrepublik.** 1257 zog man in den 1208 begonnenen Palazzo dei Priori (der älteste erhaltene Kommunalpalast der Toskana).

Volterras Reichtum gründete auf dem Abbau von und **Handel** mit Salz, Schwefel und Alaun. Doch begannen sich die Händel mit den Konkurrenten Pisa, Siena und Florenz abzuzeichnen, in der Stadt bildeten sich die Fraktionen der **Guelfen** und **Ghibellinen** heraus, die auch hier mit Geschlechtertürmen ihre jeweilige Familie zu schützen suchten. Die internen Streitereien schwächten Volterra, und schließlich fiel es 1361 an **Florenz.** Auch wenn dieses formal eine Teilunabhängigkeit gewährte, de facto war man vollständig auf die *Medici* angewiesen. 1472 wurde die **Abhängigkeit** auch formal festgeschrieben, und die *Medici* ließen die Festung 1474 errichten. 1530 versuchte Volterra noch einmal die Autonomie zu erkämpfen, die Revolte endete erfolglos. Ende des 18. Jh. brachte die Alabasterindustrie neuen Wohlstand in die Stadt.

Sehenswertes

Wir beginnen den Stadtrundgang an der Piazza Martiri della Libertà, wo die ankommenden Busse halten und ein Parkhaus die Touristenfahrzeuge aufnimmt. Nur wenige Meter sind es auf der Via dei Marchesi zur „Guten Stube“ Volterras, der Piazza dei Priori. Der **Palazzo dei Priori** nimmt – linker Hand – die südöstliche Ecke des Platzes ein. Zinnenbekrönte Traufe und Stadtturm sind Machtdemonstration, Wappen der Podestà und spärlich verteilte Biforien lockern die massige Fassade etwas auf. Um die Ratsversammlungen nicht mehr unter Beobachtung des Bischofs im Dom abhalten zu müssen, errichteten sich die Bürger ab 1208 das (heute) älteste Rat-

Twilight

Die US-Amerikanerin *Stephenie Meyer* hat sie geschrieben, die Romane um die hübsche Bella Swan, die sich unsterblich in einen Vampir verliebt. Die Verfilmung war weltweit ein großer Erfolg. Da einige Szenen in Volterra spielen (tatsächlich aber in Montepulciano abgedreht wurden), hat sich der Tourismusverband Volterras gekümmert und eine Stadtführung für die Traumreise von „Bis(s) zur Mittagsstunde" angeknabberten weiblichen Teens organisiert.

■ **New Moon Tour,** https://volterratur.it/en/new-moon-tour/, Juli–Sept. Sa 17 Uhr (Anmeldung bis spätestens 13 Uhr unter Tel. 0588 86099, Treffpunkt vor dem Tourismusbüro), Dauer 90 Min., um 45 €/Person.

haus der Toskana – u.a. Vorbildbau für den Florentiner Palazzo Vecchio. Ursprünglich verliefen entlang der Etagen hölzerne Galerien (die Aufnahmen von deren Tragbalken sind noch zu sehen). In der ersten Etage ist der heute noch benutzte Saal des Großen Rates zu besichtigen, der im 19. Jh. neogotisch verändert wurde. Das Verkündigungsfresko (1383) stammt von *Jacopo di Cione* („Orcagna" genannt), die „Hochzeit zu Kana" (1595) von *Donato Mascagni.* Im angrenzenden Nebenraum **Sala del Consiglio** trat man in intimerer Runde zusammen. Platz genommen wurde auf dem Holzgestühl mit einem Band von Intarsienarbeiten senesischer Meister. An der Wand eine Skizze zum Verkündigungsfresko im Ratssaal. Den Turm (120 Stufen) darf man besteigen.

■ **Sala del Consiglio,** Piazza dei Priori 1, Tel. 0588 86050, Mitte März–Okt. tgl. 9–19, Winter 10–16.30 Uhr, 10 € (Kombiticket Stadtmuseen 20 €, drei Tage gültig).

Rechts neben dem Palast weist die Rückseite des Kathedralkomplexes (mit einem am Altar vorbeiführenden Nebeneingang) die typischen Wechsellagen auf. Dem Palast direkt gegenüber stehen der **Palazzo Pretorio** mit drei riesigen Torbögen und die Torre del Podestà. Wegen der Skulptur hoch oben heißt er im Volksmund auch „Torre del Porcellino – Schweinchenturm". Das links anschließende Gebäude wurde vom Rat der Stadt hinzugekauft und dem Palazzo angegliedert. Zwischen den beiden Palazzi zeigt sich der Palazzo Vescovile fast demütig, ursprünglich war er ein Kornspeicher. Beim Bau der Medici-Festung musste der alte Bischofssitz weichen, der Bischof an die Piazza und unter die Augen der Bürger ziehen. Die Nordseite des Platzes beschließt der Palazzo Incontri, einst Bischofsseminar, heute eine Bank.

Nächste Station ist die Piazza San Giovanni mit der nach außen sehr bescheiden wirkenden, 1120 geweihten **Kathedrale.** Mitte des 13. Jh. hat man die Basilika erweitert und die Fassade im Stil der pisanischen Romanik umgestaltet (wahrscheinlich durch *Nicola Pisano*). Das Marmorportal stammt von 1254, der Campanile ersetzte Ende des 15. Jh. den eingestürzten Vorgängerturm. Ursprünglich waren Längs- und Querschiffe mit Fresken geschmückt, im 19. Jh. hat man das Innere aber mit Streifen übermalt. Seit dem 16. Jh. deckte den

Dachstuhl eine bemalte und vergoldete Holzkassettendecke ab. In die linke Säulenreihe eingerückt ist die Kanzel, ein Meisterwerk des 12. Jh. Vier Granitsäulen stehen auf den Rücken zweier (Mensch und Tier zerfleischenden) Löwen und zweier Fabelwesen. Die Brüstung der Kanzel mit ihrem quadratischen Grundriss thematisiert Szenen aus dem Alten und dem Neuen Testament. Heimsuchung, Opferung *Isaaks,* Verkündigung sind zu sehen, und ein herrliches Abendmahlrelief, auf dem *Judas* unter den Falten der Tischdecke – vom schlangengleichen Teufel beäugt – die Hand für die Silberlinge bereit hält, während *Johannes* entrückt an der Schulter Jesu ruht und die restlichen Jünger sich an Brot und Fisch gütlich tun. Überaus wertvoll, weil äußerst selten, ist die holzgeschnitzte Großfigurengruppe „Kreuzabnahme“ (erste Hälfte des 13. Jh.) im rechten Querschiff. 1989 restauriert, zeigt sie sich heute frischfarbig bunt. Links und rechts des Kreuzes Maria und *Johannes der Evangelist,* links vorne, den Körper fangend, *Joseph von Arimathäa,* rechts *Nikodemus,* der mit der Zange die Eisennägel entfernt. Am zweiten Altar in der Mitte des linken Seitenschiffs beachte man die „Verkündigung“ (um 1498) von *Mariotto Albertinelli.* Die wunderbare Ausführung der perspektivischen Komposition ist fast fotografisch exakt und eröffnet den Blick auf eine toskanische Wunschlandschaft. Ein *della Robbia* darf auch in Volterra nicht fehlen. Im Oratorio della Vergine Maria (Durchgang im hinteren linken Seitenschiff) schuf *Giovanni* die bemalten Terrakotta-Figuren in den gittergeschützten Nischen: Weihnachtsgeschichte und Dreikönigsfest.

281t sk

■ **Cattedrale Santa Maria Assunta,** Piazza San Giovanni 1, Tel. 0588 88261, www.diocesivolterra.org, Mo–Sa 10–18, So 12.30–18 Uhr, 8 € (mit Baptisterium/Centro Studi).

Dem Dom gegenüber entstand im 13. Jh. unter wahrscheinlicher Einbeziehung eines Vorgängerbaus das achteckige **Baptisterium.** Nur eine Seite wurde mit Marmor streifig verblendet. Die Kuppel verbirgt ein im 16. Jh. aufgebautes Gewölbe, das nicht bis zur Traufe reicht. Im Inneren sind die acht Mauersegmente mit Nischen und diese mit schmalen Fenstern versehen. Den runden zentralen Taufbrunnen stellte *Giovanni Vaccà* 1749 auf, die Figur *Johannes des Täufers* meißelte *Giovanni Antonio Cybei* 1771. Ungleich älter ist das auf die rechte Altarseite in eine Nische versetzte achteckige, reliefgeschmückte Taufbecken. *Andrea Sansovino* schuf es im Jahre 1502. Hinter der Taufkirche sind im **Centro Studi** Sonderausstellungen zu sehen.

■ **Battistero di San Giovanni/Centro Studi,** Piazza San Giovanni 2, Tel. 0588 86063, Mo–Sa 10–18, So 12.30–18 Uhr, 8 € (mit Kathedrale).

Das **Diözesanmuseum für Sakralkunst** an der Nordseite der Piazza San Giovanni zeigt vornehmlich Objekte aus der Kathedrale, die aus konservatorischen Gründen ins Museum gekommen sind. Wichtigstes Kunstwerk sind die sieben Marmorplatten des 14. Jh. mit Szenen aus dem Leben der Hl. *Vittore* und *Ottaviano.* Ein römischer Sarkophag gilt als einer der ersten, die als Grabstätte eine Wiederverwendung fanden – in diesem Fall für Bischof *Goffredo,* der 1037 verstarb.

■ **Museo Diocesano di Arte Sacra,** Via Roma 13, Tel. 0588 86290, Do–Mo 10–13, 14–18 Uhr, 5 €.

Nur wenige Meter sind es vom Dom Richtung Norden zu den **Case Torri Buonparente,** Turmhäusern, von denen zwei mit einer Korridorbrücke verbun-

143t sk

den sind. Unter ihr hindurch gelangt man zum **Museumskomplex** im eleganten Renaissance-Palazzo Minucci Solaini an der Via dei Sarti. Die **Pinakothek** zeigt Werke u.a. von *Francesco di Domenico di Valdambrino* (holzgeschnitzte Verkündigungsgruppe, um 1410), *Taddeo di Bartolo* (Triptychen, 1411), *Stefano d'Antonio di Vanni* („Madonna mit dem langen Hals", um 1460) und von *Rosso Fiorentino* eine großartige Kreuzabnahme (1521). Von *Domenico Ghirlandaio* stammt das Gemälde „Christus im Strahlenkranz" aus dem Jahr 1492. Als Zentrum der Alabasterindustrie würdigt die Stadt dem Stein mit dem **Alabastermuseum** eine eigene Ausstellung. Die meisten Exponate stammen aus jüngerer Zeit, doch sind auch etruskische Urnen und Säulenkapitelle aus dem Mittelalter zu sehen.

■ **Museo Civico, Pinacoteca, Ecomuseo dell' Alabastro,** Via dei Sarti 1, Tel. 0588 87580, tgl. 9.30–19, Winter 10.30–16.30 Uhr, 10 € (Kombiticket Stadtmuseen 20 €, drei Tage gültig).

Hinter den Museen blickt man von der Stadtmauer hinab auf das Halbrund des **Römischen Theaters** aus dem 1. Jh. mit den im 3 Jh. dahinter errichteten Thermen (für deren Bau man das Theater abriss und die so gewonnenen Steine verwendete). Die in den 1950er Jahren ausgegrabene Anlage stiftete die Volterraner Familie *Caecina,* die zwei Konsuln hervorbrachte. 2000 Zuschauer fanden im Theater Platz.

■ **Teatro Romano di Vallebuona,** Piazza Caduti Martiri dei Lager Nazisti, Tel. 328 0707834, Mitte März–Okt. 9–19, sonst Sa/So 10–16.30 Uhr (Kombiticket Stadtmuseen 20 €, drei Tage gültig).

Wieder zurück, steht im Ostbereich der Via dei Sarti der **Palazzo Viti** vom Ende des 16. Jh. Die Fassade ist ein gutes Beispiel für den Übergang von der Renaissance zum Barock. 1850 erwarb der Industrielle *Viti,* der sein Vermögen mit der Alabasterverarbeitung gemacht hatte, den Palast. Das Innere lässt mit Einrichtung und Ausschmückung das Leben einer mehr als reichen Familie des 19. Jh. erahnen, die sich auch als Kunstsammler einen Namen gemacht hatte.

■ **Palazzo Viti,** Via dei Sarti 41, Tel. 0588 84047, www.palazzoviti.it, April–Okt. tgl. 10.30–17 Uhr, 7 €.

Wenige Meter weiter zeigt an der Piazza die **Kirche San Michele Arcangelo** (wie der Dom), was sich hinter den eleganten Marmorverblendungen der Gotteshausfassaden verbirgt: unansehnliche Ziegel. Im 13. Jh. auf einem Vorgängerbau des 10. Jh. errichtet, entstammt die Teilverkleidung dem Jahr 1285. In deren Bogen sind die heraldischen Zeichen der Familie *Farnese* verewigt. Das Original der Madonnenfigur bewahrt das Diözesanmuseum auf. Gegenüber steht die Casa Torre Toscano, der Palazzo Maffei-Guarnacci. 1250 als Turmhäuser entstanden, wurden sie im 17. Jh. zum Palast zusammengefasst.

☒ Römisches Theater in Volterra

Die Alabasterstadt

Alabaster entstand im Miozän 27–26 Mio. Jahre vor unserer Zeit aus nichts anderem als **Meerwasser.** Die Meere verdunsteten, wurden zu Seen, die schließlich auch verschwanden. Das im Wasser gelöste **Kalziumsulfat** blieb zurück – Alabaster. Kaum glaublich, aber seine feine, durchscheinende Struktur geht auf noch immer in ihm befindliches Kristallwasser zurück. So ist der Stein durchaus eine Diva. Wird es ihm zu heiß, verdunstet das Kristallwasser, und er bleibt dauerhaft undurchsichtig.

Alabaster gibt es in den **unterschiedlichsten Tönungen,** von reinem Weiß über rötlich und gelblich bis zu dunklem Grau. Maserungen und Wölkungen kommen ebenfalls vor. Da der Stein relativ weich ist, lässt er sich gut bearbeiten, bohren, raspeln und schleifen. In den Nebengassen Volterras arbeiten die Künstler bei offenen Türen und haben gegen Blicke in ihre **Werkstätten** nichts einzuwenden. In keiner Hauptgasse fehlt ein Laden, der Alabasterkunstwerke anbietet, vom wildesten Kitsch bis hin zu künstlerisch durchaus akzeptablen Skulpturen.

Schon immer galt Alabaster als **königlicher Stein,** als edle Ware, den Damen Alabasterhaut als höchst erstrebenswert, und bereits die Etrusker nutzten ihn ausgesprochen gern. Ihre Urnen und Särge waren nicht nur aus Marmor, sondern eben auch aus Alabaster. Im Mittelalter ging das Wissen und Wollen der Verarbeitung verloren, erst im 17. Jh. tauchte es wieder auf, wobei hauptsächlich klassische Skulpturen in Alabaster kopiert wurden. Gab es 1780 nur neun Werkstätten, waren es 1830 bereits 60. Die Arbeiten aus Volterra wurden, insbesondere auch wegen der hohen Qualität des abgebauten Steins, international verkauft, die Fachschule für Alabasterverarbeitung in Volterra zog Interessierte aus der ganzen Welt an.

☑ Alabasterkunst im Stadtmuseum

144t sk

145t sk

Das **Etruskermuseum** im Palazzo Desideri Tangassi in der Via Don Minzoni gilt als eines der bedeutendsten Italiens und ist mit seinem Gründungsdatum 1761 eines der ältesten öffentlichen Museen Europas, gestiftet vom Archäologen *Mario Guarnacci* (1701–1785). Am bekanntesten ist die Urnenabdeckung (4. Jh. v. Chr.) eines adeligen Ehepaares mit den für die etruskische Kunst typischen Disproportionen der Figuren und Extremitäten. Schon zu jener Zeit war Volterra ein Zentrum der Steinverarbeitung und seine Urnen im ganzen etruskischen Machtbereich begehrt. Über 500 Urnen zählt die Sammlung.

Museo Etrusco Guarnacci, Via D. Minzoni 15, Tel. 0588 86347, Mitte März–Okt. 9–19, sonst 10–16.30 Uhr, 10 € (Kombiticket Stadtmuseen 20 €, drei Tage gültig).

Über die südliche Parallelgasse Via di Castello kehrt man nun entlang der **Fortezza Medicea** zurück, dem für Draußenstehende vielleicht weltschönsten Hochsicherheitsgefängnis. 1474 errichtet, sollte sie nach dem Sieg von Florenz die dauerhafte Unterwerfung Volterras und den Zugriff auf die nahen Minen sichern. Der dort abgebaute Alaunstein war für die Tuchproduktion jener Tage wichtig. In das Festungswerk eingebunden wurden ältere Bauteile, darunter der Cassero von 1292. Der Weg auf seinem Begrenzungswall ist durchgängig begehbar – von den bewaffneten Wachen, die ein Auge auf die Straftäter haben. Letzteren ist gemeinsam, dass sie mindestens sieben Jahre abreißen müssen. Zeitvertreib ist u.a. eine einzigartige Institution. Mehrmals im Jahr kochen die Delinquenten unter Anleitung eines berühmten Küchenchefs ein abendliches Gelage, zu dem Gäste von außerhalb hinzustoßen (zu nicht unerheblichen Preisen und nach intensiver Prüfung der Besucher durch die Behörden bereits im Vorfeld, weshalb man als Tourist chancenlos ist).

146t sk

Unser Tipp: Hinter der Festung führen mehrere Abzweige links hoch zum **Stadtpark E. Fiumi,** einer gänzlich unerwarteten Oase innerhalb der Stadtmauern, ausgedehnt, sattgrün, mit weiten Rasenflächen und hohen Bäumen. Hier wird Fußball gespielt, gepicknickt und im Schatten gedöst.

Parco Pubblico E. Fiumi, tgl. 8.30–20, Winter 8.30–17 Uhr.

Das Bergwerk von Montecatini

An höchster Stelle umschließt ein Zaun die ehemalige **etruskische Akropolis.** Die Fundamente zweier Tempel sind noch klar ersichtlich, mehrere Zisternen und die Reste von Häusern aus der hellenistischen Periode konnten bei den Grabungen ebenfalls lokalisiert werden.

■ **Acropoli Etrusca,** Parco E. Fiumi, Tel. 3280708155, Mitte März–Okt. 9–19, sonst 10–16.30 Uhr, 10 € (Kombiticket Stadtmuseen 20 €, drei Tage gültig).

Abschließend könnte man noch ganz im Westen der Altstadt die einschiffige **Kir-**

282t sk

che San Francesco besuchen. Im 13. Jh. errichtet, besitzt sie eine für die Franziskaner typische bescheidene Fassade, und auch das Portal begnügt sich mit dem Nötigsten. Nur im Tympanon ist eine Figur skulptiert. Prunkstück der Innenausstattung ist die 1315 angebaute Cappella della Croce mit dem von *Cenni di Francesco* 1410 gemalten Freskenzyklus mit Szenen zum Leben der Jungfrau und des Erlösers.

■ **Chiesa di San Francesco,** Piazza San Francesco, 8–12.30, 16–19 Uhr.

Auf dem Rückweg zur Piazza Martiri della Libertà sollte man vorher noch nach rechts in die Via Porta all'Arco einbiegen und kurz bergab gehen. Der Stadtausgang **Porta dell'Arco** ist das älteste Bauwerk Volterras, das einzig erhaltene Tor aus etruskischer Zeit.

Volterra: Zugabe!

■ **Museo della Tortura** – das obligatorische Foltermuseum mit seinem Instrumentarium und detaillierten Erklärungen zu dessen Anwendung; Piazza XX Settembre 3, Tel. 0588 80501, April–Okt. tgl., sonst Sa/So 10–19 Uhr, 10 €.

■ **Le Balze** – wie prekär die geologische Lage Volterras ist, sieht man bei der Abfahrt vom Berg auf der SP15 Richtung Pisa/Pontedera: fast senkrechte Hangabrutsche, die Narben hinterlassen, die kein Bewuchs je heilen könnte.

■ **Badia Camaldolese** – Kreuzgang eines 1034 gegründeten, später von den Kamaldulensern übernommenen und umgebauten Klosters 1,5 km nördlich der Kirche San Francesco an der SP15 oberhalb der Balze, wegen der Abrutschgefahr 1861 aufgegeben, Juli/Aug. Fr 16–19, Sa/So 10–13, 16–19, Sept. Fr 15.30–18.30, Sa/So 10–13, 15.30–18.30 Uhr.

■ **Torre di Montemiccioli** – geborstener Turm inmitten eines Weilers auf einer Hügelkuppe 14 km westlich von Volterra, ein Überbleibsel aus dem Mittelalter mit schöner Aussicht.

■ **Montieri** – Hauptort der Berggemeinden Gerfalco und Travale du Bocceggiano rund um den „Gipfel" Cornate in den Colline Metallìfere, pittoreske Dörfer mit Bergbautradition.

Montecatini Val di Cècina

Hügellage, weithin sichtbarer Turm, ein adretter Stadtplatz mit Bäumen im Karree und eine ellenlange Geschichte, die im 10. Jh. beginnt – alles schon gesehen! Montecatini (416 m üNN, 1800 Einw.) hat aber mit einem **Schaubergwerk** Außergewöhnliches zu bieten. Zur Vorbereitung kann man im Ort das **Dokumentationszentrum** im eleganten Palazzo Pretorio mit seinem Arkadengang besuchen. Das Bergwerk Montecatinis – Caporciano – galt einst als die reichste Kupfermine Europas. Das Zentrum beleuchtet die Arbeit von 1827 bis 1907, als das Bergwerk aufgelassen wurde.

■ **Centro Documentazione,** Piazza Garibaldi (über dem Infopoint), Tel. 0588 31026, Sommer 9.30–13, 14–18 Uhr.

Anschließend geht es 2 km nach Osten durch den Wald zur **Miniera.** Hier ha-

[<] Im La Sosta del Priore gibt's Labmagen im Brötchen

ben schon die Etrusker Kupfer aus dem Berg geholt, heute vermitteln die verbliebenen Gebäude immer noch einen Eindruck der ehemals regen Tätigkeit. Auf 35 km Länge summieren sich die Stollen, die Führung dauert 90 Minuten, festes Schuhwerk und ein Pullover (um 12 °C) sind angeraten.

■ **Miniera/Area Archeologica,** Località Miniera, Tel. 0588 31026, www.museodelleminieremontecatini.it, Führungen (75 Min.) alle 1–2 Std. Sommer Do–So 12–17 Uhr, Juni–Aug. Do–So 10–19 Uhr, 10 €.

Colline Metallìfere

Der Bergzug erstreckt sich westöstlich zwischen Meer und Siena und trennt die Landschaften von Volterra mit dem Val di Cècina im Norden und Massa Marìttima im Süden. Dicht bewaldet sind die Hügel, Eichen herrschen vor, der höchste Berg ist der Cornate di Gerfalco mit 1060 m. Die Gegend trägt ihren Namen **„Erzhügel"** zu Recht. Bereits im Altertum hat man hier Eisen, Silber und Kupfer gewonnen, Salze wie Alaun und Steine wie Alabaster abgebaut. Fast jeder der

Radtour durch die Metallhügel

Eine anspruchsvolle (1750 Höhenmeter) und lange (142 km) Tour führt über die Colline Metallìfere, für sie sollte man sich zwei bis drei Tage Zeit nehmen. Sie beginnt in Donoraticos Vorort **Il Bambolo,** von dem aus man die Via Aurelia Richtung Castagneto Carducci im Landesinneren verlässt. 3 km hinter Castagneto (etwa bei km 10) beginnt die 2 km lange Anfahrt hoch zum Pass **Bocca di Valle.** Dahinter folgt man den Schildern nach **Monteverdi Marìttimo,** ein erneuter Anstieg, dann geht es etwas unangestrengter nach Monteverdi hinüber und von dort etwas bergab nach Canneto (27 km ab Start). Direkt davor biegt man nach **Serrazzano** ab und radelt erneut bergan hoch zum Hügelkamm mit dem Lohn der Mühe: Sicht über das Tal der Cornia. Am Kamm entlang erreicht man schließlich den 3 km langen, schweißtreibenden Serpentinenanstieg nach Serrazzano. Nun geht es zügig bergab ins **Valle del Diavolo,** das seinen Namen der heißen Schwefelquellen wegen trägt. Im Tal (km 45) biegt man nach links Richtung Pomarance ab, fährt noch etwas bergab und dann wieder bergauf ins 2 km entfernte **Montecerboli,** die Geothermieanlagen vor Augen. Jetzt geht es knapp 10 km bergab nach **Pomarance** (km 57) im Cècina-Tal. 13 km weiter biegt man in **Saline di Volterra** nach Volterra ab. Nach 10 km auf der in den Stoßzeiten stark befahrenen Straße geht es teils in Serpentinen und an Hangabbrüchen vorbei steil nach **Volterra** hoch (km 80). Auf der SP9 ins Era-Tal abgefahren und auf der SP32 wieder bergan, heißt das nächste Etappenziel **Montecatini Val di Cècina** (km 95). Hinter dem Ort geht es links weg und teils bergab und an Weinbergen vorbei Richtung **Buriano** und **Ponteginori** (km 105), wo man die Hauptstraße nach links Richtung Querceto verlässt, die Cècina und den Torrente Sterza quert und wieder bergan Richtung Casale Marìttimo radelt, die letzten 1,5 km recht schweißtreibend, bevor man auf die SP19 nach **Bibbona** (km 123) abbiegt. Von dort geht es über **Bolgheri** (km 129) und die Zypressenallee bergab wieder ans Meer zur Via Aurelia. Der Ausgangspunkt der Tour ist dann schließlich nach weiteren 13 km erreicht.

zwischen den Hügeln versteckten Orte kann auf eine Bergbautradition zurückblicken. Heute spielen die Minen wirtschaftlich keine Rolle mehr, die meisten sind aufgelassen und verfüllt. Hingegen ist die **Geothermie** zu einer bedeutenden Industrie geworden. Heiße Schichten befinden sich (geologisch gesehen) recht nahe der Oberfläche, sodass sich Bohrungen zur Energiegewinnung mit relativ wenig Aufwand setzen lassen. Die gewonnene Wärme heizt Gewächshäuser oder wird vor Ort in Strom umgewandelt.

Larderello/Monterotondo

Die 30 km lange Fahrt von Volterra nach Larderello (390 m üNN, 850 Einw.) führt in das Herz der Erzhügel. Durch dichten Wald schlängeln sich die Fahrstraßen, bis man auf freie Hänge stößt, die ein dichtes Netz in der Sonne blinkender Metallrohre bedeckt. Dazwischen stehen bedrohlich wirkende Kühltürme, doch die Technik ist überaus naturfreundlich. Aus Tiefenbohrungen (4000 m) steigt bis zu 230 °C heißer Dampf nach oben und wird in elektrische Energie verwandelt. 1904 hatte man hier erstmals Strom erzeugt, heute leistet es 545 MW. In der lehrreichen multimedialen Ausstellung des **Museums der Elektrizitätsgesellschaft** ENEL erfährt man alles über die Geschichte und die Zukunft der Geothermie-Nutzung.

■ **Museo della Geotermia,** Piazza Leopolda, Tel. 0588 86099, http://sharing.enel.com/geomuseo, Mitte März–Okt. tgl. 9–19, sonst tgl. 9–18 Uhr, Eintritt frei, Demonstration: Jet-Dampf (11.30/15.30 Uhr) 3 €.

Hautnah kann man Geothermie in dem **Freiluftmuseum** von Monterotondo Marìttimo 20 km südlich von Larderello erleben. Schon die Fahrt durch den dichten Eichenwald ist ein Vergnügen. Angekommen, kann man sich beim Kiosk im Tal informieren und dann für einen Spaziergang zum Parkplatz oberhalb des Kühlturms begeben. Eine Schwefelquelle mit 40 °C, kochendes Wasser in der Lagune und die Sulfit-Wüstenei der Biancane geben einen Eindruck von der Unruhe des Erdinneren. Das topmoderne **Geomuseum** am Eingang sorgt für das nötige Hintergrundwissen.

■ **Parco Geotermale di Monterotondo,** frei zugänglich; **Geomuseo delle Biancane/MUBIA,** Piazza Larderel, www.mubia.it, Di–Do 10–13, 15.30–18, Fr–So 10.30–18 Uhr, Winter nur Do–So, Aug. auch nächtliche Veranstaltungen.

Praktische Informationen

Touristeninformation

■ **Ufficio Turismo Volterra,** Piazza dei Priori 20, Tel. 0588 87257, www.comune.volterra.pi.it, www.volterratur.it, tgl. 9.30–13, 14–18 Uhr.

Unterkunft

4 **Hotel San Lino**②-③, Via San Lino 26, Tel. 0588 85250, www.hotelsanlino.net. Eines der besten Hotels am Platz in einem ehemaligen Kloster von 1480 in der Altstadt, Pool im Innenhof, Restaurant.

13 **Albergo Etruria**②, Via Matteotti 32, Tel. 0588 87377, www.albergoetruria.it. Altstadthotel in einem Palast des 18. Jh. 18 elegant eingerichtete Zimmer, familiengeführt, mit allem nötigen Komfort.

1 Albergo Villa Nencini②, Borgo Santo Stefano 55, Tel. 0588 86386, www.villanencini.it. 300 m westlich der Kirche San Francesco steht die Villa in einem Garten in Hanglage mit Panoramablick; großer Pool, 35 praktisch eingerichtete Zimmer teils mit Terrasse, angeschlossenes Restaurant.

UNSER TIPP **18 Ostello Chiostro delle Monache**①-②, Borgo San Lazzaro, Via del Teatro, 4 Località San Girolamo (1 km vom östlichen Stadttor beim Hospital), Tel. 0588 86613, www.chiostrodellemonache.com. Wo sonst kann man in einem von *Michelozzo* entworfenen Kloster wohnen und vor dem Schlafengehen in Kreuzgängen wandeln; ordentliche Mehrbett- und Doppelzimmer mit Bad.

Außerhalb

UNSER TIPP **2 Hotel Molino d'Era**①-②, SR439 dir km 6,4 (10 km nördlich von Volterra), Tel. 0588 33220, www.hotelmolinodera.com. Gutshof aus dem 18. Jh., dem man seine Vergangenheit nicht mehr ansieht. Schöner Garten im Tal der Era, angenehme, einfache Zimmer mit Bad, ausgezeichnetes Restaurant mit herzlichen Gastgeberinnen und großzügigen Portionen (nach Tagesgerichten fragen!).

Camping

3 Camping Le Balze, Via di Mandringa 15 (Le Balze), Volterra, Tel. 0588 87880, www.campinglebalze. com, Mitte März–Mitte Okt. Schattiger, ruhiger Platz 1 km von der Altstadt, Supermarkt und Restaurant sind 300 m entfernt, Stellplätze mit Elektroanschluss, Mini-Market und Bar, Schwimmbad.

Essen und Trinken

6 Osteria dei Poeti③, Via Giacomo Matteotti 55, Tel. 0588 85100, www.osteriadeipoeti.it, Fr–Mi 12–15, 19–22 Uhr. Gehobene Küche, die über Tagliata weit hinausgeht, elegante Einrichtung in mittelalterlichem Palast und sehr zuvorkommendes Personal; man probiere die Trüffelgerichte.

UNSER TIPP **8 Bottega del Pecorino**①, Via Giacomo Matteotti 53, Tel. 0588 86012, www.facebook.com/Bottegadelpecorino, tgl. 9.30–20 Uhr. Charmantes Ladenlokal mit belegten Panini und überbordenden kalten Platten mit Wurst, Schinken und Käse (*Pecorino* in allen erdenklichen Reifegraden); auch einige warme Gerichte – kleiner Gastraum.

10 La Sosta del Priore①, Vicolo delle Prigioni 2, Tel. 0588 87447, www.facebook.com/lasostadelprioreVolterra, tgl. 11.30–21 Uhr. Wer *lampredotto* nicht probiert hat, hat die Toskana nicht wirklich erlebt; das mit Labmagen belegte Brötchen erhält seinen Pfiff durch die Sauce – dazu ein Gläschen Chianti. Natürlich gibt es auch vegetarische Optionen!

5 Pizzeria da Nanni①, Via delle Prigioni 40, Tel. 0588 84087, www.facebook.com/pizzeriadananni, Mi–So 12.30–21.30 Uhr. Pizza (nicht hauchdünn, sondern dicker im Genueser Stil) zwischen Einheimischen auf Holzbänken direkt vor dem Ofen.

16 Pizzeria Mangiatoia①, Via Gramsci 35, Tel. 0588 85695, Do–Di 10–24 Uhr. Pizze, Kebab, Crèpes, abends trifft man sich hier zum Aperitif und auf ein Glas Wein an den langen Bänken in der Gasse.

Außerhalb

■ **Trattoria Albana**②, Via Comunale 69, **Località Mazzolla** (8 km südöstl. Volterra über die SR68), Tel. 0588 39001, www.trattoriaalbanamazzolla.com. Solide toskanische Landküche, vorwiegend mit Fleisch, hausgemachte Pasta, kleine Terrasse.

Süßes

14 Gelateria L'Isola del Gusto, Via Gramsci 3, Tel. 347 1783333, www.facebook.com/LisolaDelGustoGelateria, tgl. 11–20 Uhr. Selbstgemachtes Eis für Groß (Minze) und Klein (Kindercountry), auch vegane Sorten.

9 **Dolceria del Corso,** Via Matteotti 29, Tel. 0588 86182, www.facebook.com/DolceriaDelCorsoSnc, Di–So 7.30–20 Uhr. Köstliche Kleinigkeiten, die jede Sünde rechtfertigen: *connolo, cavallucci* oder *ricciarelli* – Probieren geht über Studieren.

Apero und Abend

17 **Enoteca La Vena di Vino,** Via Don Minzoni 30, Tel. 0588 81491, www.lavenadivino.com, Mi–Mo ab 11 Uhr. Bis 1 Uhr morgens wird Wein ausgeschenkt (dazu gibt's Slow Food), und zwar nicht vom Schlechtesten. Ein bisschen schräg sind die alten Gewölbe dekoriert, dafür ist die Stimmung gut – in der „fescion Bar" treffen sich sowohl Touristen als auch Einheimische.

7 **Caffe Perbacco,** Via Antonio Gramsci 6, Tel. 0588 86487, www.facebook.com/Frisbobo, Fr–Mi 7–2 Uhr morgens. Man kennt sich und man trifft sich einmal rund um die Uhr: Frühstück, Lunch, Aperitiv, Absacker.

Verkehr

- **Bus:** Busterminal Piazza Martiri della Libertà/ Volterra, mehrmals täglich Verbindungen **nach Pisa** (2½ Std., umsteigen in Pontedera, Linien 500/380, um 8 €); mit Umsteigen in Colle di Val d'Elsa **nach San Gimignano** (80 Min., Linien 770/130, um 5 €), **Siena** (2 Std., Linien 770/131, um 6 €) und **Florenz** (3 Std., Linien 770/131, um 9 €), www.at-bus.it.
- **Parken:** Die Altstadt Volterras ist als ZTL verkehrsberuhigt, die Einfahrt verboten. Im Süden Parkhaus La Dogana beim Busterminal direkt am Stadteingang (1. halbe Stunde 1 €, jede weitere Stunde 2 €, 24 Std. 15 €); der Parkplatz Porta Fiorentina (2 €/Std.) liegt nördlich an der Stadtmauer neben dem Römischen Theater; weiterer Parkplatz an der Porta Docciola etwas östlich, hier auch für Camper (generell 15 €/24h).

Feste

- **Volterra Jazz Festival,** das renommierte Fest findet über eine Woche in der ersten Augusthälfte statt, www.volterrajazz.it.
- **Volterra Anno Domini 1398,** Mittelalterfestival in der zweiten Augusthälfte mit Umzügen, Spielen, Theater, Verkaufsständen und Esstischen in den Gassen und auf den Piazze, www.volterra1398.it.

Einkaufen

15 **Oasi's,** Via Gramsci 20, Tel. 0588 84082, www.oasisalabastro.com. Ganz was anderes aus Alabaster, den Ideen sind keine Grenzen gesetzt: Bratpfännchen mit aufgeschlagenem Ei, Eisbecher mit Waffel. Es gibt aber auch Klassisches wie Denker mit Uhr, Pferdekopf und Pillendöschen.

11 **Cooperativa Artieri Alabastro,** Piazza dei Priori 5, Tel. 0588 87590, www.artierialabastro.it. Seit 1895 bestehende Kooperative, die vornehmlich klassische Gebrauchsgegenstände wie Leuchter, Schachspiele, Vasen und Lampen fertigt.

12 **Alabastri Lavorati Italiana,** Piazza Martiri delle Libertà 5/9, Tel. 0588 86078, www.alialabastro.it. Größte Auswahl sofort mitzunehmender Werke; am Stadtausgang gelegen.

Gesundheit

- **Krankenhaus/Ospedale,** Borgo San Lazzero 5, Volterra, Tel. 0588 91911, Notruf 118, www.uslnordovest.toscana.it, 24/24 Std.
- **Apotheke/Farmacia Comunale,** wechselnde Notapotheken, www.comune.volterra.pi.it.

147tsk

8 Grosseto, Maremma

Lange Strände, Hügel, Berge – die Südtoskana bietet von allem etwas.

Früher Sumpf, jetzt Pferdeweide – die Maremma

GROSSETO, MAREMMA

Die südwestliche Toskana, meist insgesamt als Maremma bezeichnet, geizt landschaftlich nicht mit Gegensätzen. Das Klischee von den sanften, mit Zypressenreihen geadelten Toskana-Hügeln darf der Reisende hier getrost vergessen. Im Westen bildet die Strandlinie zwischen Follònica und Monte Argentàrio eine Ferienlandschaft mit breiten, hellsandigen Stränden, die nach Süden in eine rauere, felsige Küste mit malerischen Buchten übergeht. Von der Küste landeinwärts prägen Getreidefelder das weit-

gehend flache Landschaftsbild und zunehmend auch Weinpflanzungen, denn die Böden der Maremma, des ehemaligen, im 19./20. Jh. trockengelegten, sumpfigen Küstenlandes, gelten seit einiger Zeit als exzellente Weinlagen. Das einzige renaturierte Stück Land in dieser Region, der Naturpark Maremma (Parco Regionale della Maremma), ist weit von den ursprünglichen Sümpfen entfernt, präsentiert aber immerhin mit Wildschweinen, Damwild und Wildkatzen eine erstaunliche Artenvielfalt für ein so kleines Gebiet. Neben Wildtieren werden hier auch die berühmten Maremma-Pferde und -Rinder gehalten.

Gebirgig wird die Südwesttoskana noch ein Stück weiter landeinwärts. Hügelketten rahmen Städtchen wie

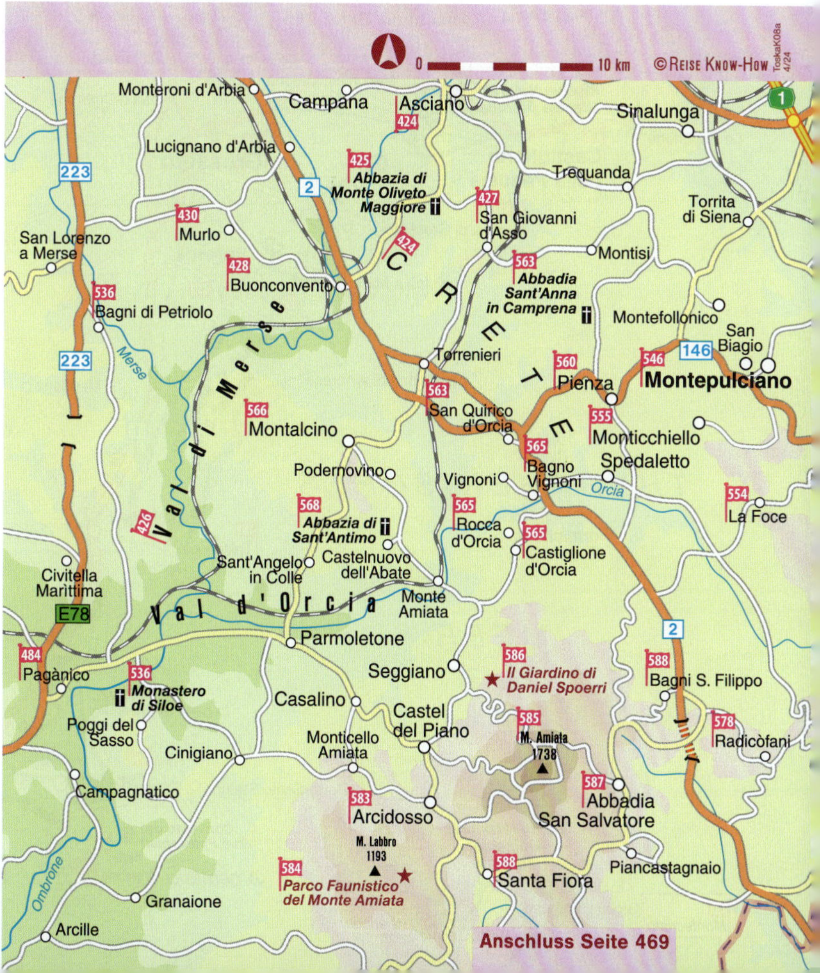

Tirli, Vetulònia oder die südliche Toskana-Kapitale Grosseto, und weiter nach Südosten wirken Orte wie Pitigliano, Sorano und Sovana, als seien sie mit dem Tuffstein der umliegenden Berge verwachsen. Hier findet man auch die eindrucksvollsten Spuren der etruskischen Besiedlung, Grabtumuli, rätselhafte Hohlwege und Überreste von Thermenanlagen. Müde Glieder finden in den Thermen, z.B. von Satùrnia, Entspannung.

Grossetos Kunstschätze sind eindrucksvoll, können jedoch nicht mit jenen von Siena konkurrieren. Dafür aber begegnet Besuchern in der mauerumgürteten Stadt ein gutes Stück italienischer Normalität und Alltag. Das Mittelalter beschwören Städtchen wie Scansano oder Massa Marìtti-

ma nicht nur architektonisch mit ihren intakten Altstadtkernen und Mauern; bei Jahrmärkten und Festen wird die Geschichte auch in Kostümen, Tänzen oder Wettkämpfen lebendig. Ein sehr mondänes Kontrastprogramm zum bäuerlichen Hinterland findet man am Monte Argentàrio vor: Luxushotels, Edelrestaurants und ein Wald schicker Jachten in den Marinas dieser von Meer und Sonne umschmeichelten Halbinsel ziehen Jahr für Jahr auch Halb- und Mega-Promis an diesen südlichsten Küstenzipfel der Toskana.

Wer gerne aktiv ist, kann in der Maremma wandern, radfahren und reiten. Genießer sollten sich auf kulinarische und önologische Entdeckungsreise machen – es gibt viel zu entdecken!

Grosseto

■ 10 m üNN, 81.500 Einw., Livorno 150 km, Siena 75 km, Montepulciano 90 km

Mitten in einer von Bergen umrahmten grünen Ebene ist Grosseto eine erst im letzten Jahrhundert rasant gewachsene Stadt mit einem sehenswerten, wehrmauerummantelten Zentrum.

In der weiten, vom Fluss Ombrone geschaffenen Ebene war das Leben im Hauptort der Maremma bis zur Mitte des 20. Jh. von den in den umgebenden **Sümpfen** prächtig gedeihenden Insekten wesentlich beeinträchtigt. Erst die habsburgischen Großherzöge, später dann *Mussolini* sorgten mit dem Einsatz von Zwangsarbeitern, die unzählige Kanäle schaufelten, für die Austrocknung des Schwemmlandes und für Wachstum. Heute ist Grosseto das **Handelszentrum** des toskanischen Südens.

NICHT VERPASSEN!

- **Naturpark Maremma:** Baden und Wandern | 477
- **Museo Archeologico, Orbetello:** Fries aus dem 2. Jh. v. Chr. | 497
- **Sovana:** etruskische Grabstätten | 511
- **Satùrnia:** Warmbadetag in der freien Natur | 515
- **Massa Marìttima:** Stadt zwischen Mittelalter und Renaissance | 523
- **Abbazia di San Galgano:** als die Gotik in die Toskana kam | 528

Diese Tipps erkennt man an der gelben Markierung.

Geschichte

Auf heutigem Stadtgebiet von Grosseto sind keine Siedlungsspuren bekannt, aber das wenige Kilometer nördlich liegende **Roselle** war in der Antike eine bedeutende etruskische Siedlung, die ihre Blütezeit im 6. Jh. v. Chr. hatte. 294 v. Chr. eroberten die **Römer** Roselle und machten es zur Kolonie (Rom ist schließlich nur 200 km entfernt). Die Bedeutung als Versorgungspunkt für die Flotte des römischen Feldherren *Scipio Africanus* im Zweiten Punischen Krieg brachte der Stadt nach dem Sieg über die Karthager Privilegien und neue Bauten wie Forum, Amphitheater und prächtige Thermen.

Der Niedergang von Roselle begann im 6. Jh. mit dem Vordringen der Barbaren aus dem Norden, die **Langobarden** machten der Stadt im 7. Jh. wohl endgültig den Garaus. Erstmals taucht Grosseto in den **Schriften** im Jahr 803 auf: Der Bischof von Lucca schreibt in einem Dokument von einer Kirche San Giorgio in „Grossito“, das wohl als Fluchtpunkt der Bewohner Roselles bei einer Poststation an der Via Aurelia entstand. Als Machthaber werden in diesem Schriftstück bereits die *Aldobrandeschi* benannt. 973 ist schließlich von einer Burg in Grosseto die Rede.

Das Jahr 1137 sah den Welfen-Herzog *Heinrich X. von Bayern* als Belagerer vor den Toren des guelfischen Grosseto. Er unterstützte Kaiser *Lothar III.* auf dessen Feldzug gegen die Staufer, und die Bewohner Grossetos hatten sich erdreistet, dem Kaiser Steuerzahlungen zu verweigern. Ein Jahr später belohnte der Papst Grosseto für seine Standhaftigkeit mit dem **Bischofssitz.** Das an der Küste gewonnene Salz sorgte für Reichtum, geschicktes Taktieren mit dem ghibellinischen Siena für Sicherheit und Stärkung der Position der *Aldobrandeschi.*

1336 fiel Grosseto dennoch an **Siena,** nach dessen Niederlage 1559 herrschten die **Medici** und befestigten die Stadt mit der heute noch intakten Mauer. Die Ebene um Grosseto wurde zur **Kornkammer** des Herzogtums. Trotz umfangreicher Trockenlegungsmaßnahmen blieb das Flachland aber sumpfig, und Grosseto galt bei Florentiner Beamten wegen der grassierenden **Malaria** als äußerst unbekömmlicher Einsatzort. Die Bevölkerung nahm ab, und schließlich war Grosseto nur noch eine Militärgarnison.

1766 teilte *Leopold II.* aus dem Hause *Habsburg-Lothringen* die Florentiner Provinz Siena in das heutige Siena und die Provincia Inferiore Senese, die heutige Provinz Grosseto. Reformen sorgten für **Bevölkerungszuwachs,** und eine effektive Dränage des Gebietes schuf Land. Eine weitere Blütezeit begann Ende des 19. Jh. – zahlreiche Gebäude im neoklassischen Stil veränderten das Stadtbild.

Mussolini ließ in den 1930er Jahren unter Einsatz von Häftlingen und verarmten Veteranen des Ersten Weltkriegs die **Sümpfe endgültige trockenlegen,** und der Einsatz von Insektengift nach dem Krieg merzte die Malaria aus.

Die Highlights für Kinder

- **Kanutour** auf dem **Ombrone,** Naturpark Maremma | 480
- **Tenuta dell'Uccellina,** familienfreundliche Anlage mit Reitmöglichkeit, **Maremma-Naturpark** | 486
- **Giardino dei Tarocchi,** eigentümliche Skulpturen der französischen Künstlerin *Niki de Saint Phalle* (1930–2002) liebevoll von ihr in einem Garten zusammengestellt | 499
- **Locanda Le Mandriane,** Ferienbauernhof mit Spielplatz und Streichelzoo bei **Orbetello** | 500
- **Archäologisches Freiluftmuseum** mit Nachbauten etruskischer Wohnformen, **Pitigliano** | 510
- **Thermalquellen** mit kleinen, natürlichen Badebecken unter freiem Himmel, **Satùrnia** | 516
- **Aquarium** mit einem kleinen **Dinosaurierpark, Valpiana** bei Massa | 532
- Der **Wasserpark** am **Golf von Follònica** mit Rutschen, Pools und allem, was dazugehört | 541

Orientierung

Den **Stadtwall** aus Backsteinen aus dem 16. Jh. sichern sechs massige, seit 1835 als Grünflächen gestaltete Bastionen. Ältester Bestandteil der Stadtbefestigung ist in der westlichen Bastione della Fortezza das auf die Seneser Herrschaft zurückgehende **Cassero Senese** von 1345, das die *Medici* in den Wehrwall integrieren ließen. Parkplätze sind am südlichen Altstadtrand in ausreichender Menge

148t sk

vorhanden, die Altstadt als ZTL nur für Einwohner befahrbar. Ein guter Startpunkt für die Besichtigung ist das Stadttor an der Viale L. Ximenes. Hindurchgehend gelangt man über die Via Manin schon nach 150 m zur Piazza Duomo und der anschließenden Piazza Dante, der „Guten Stube“ der Stadt mit dem dominierenden Palazzo della Provincia. Von hier aus verläuft die **Haupt- und Einkaufsstraße Corso Giosuè Carducci** nach Norden.

Sehenswertes

Der Bau der **Kathedrale San Lorenzo** begann 1294 und war um 1340 abgeschlossen, 1420 kam der Campanile hinzu. Mehrfache massive Umbauten fanden statt, erstmalig 1540, als die Kirche einsturzgefährdet war und das Hauptschiff neue Pfeiler erhielt. Im 16. und 17. Jh. wurden neue Altäre eingebaut, und die Fassaden gestaltete man zwischen 1816 und 1845 vollständig um – Ziel war die Rückführung auf die reine Gotik des Ursprungsbaus, heraus kam die neugotische Fassade mit rot-weißen marmornen Wechsellagen und einer gewaltigen Rosette. 1860–65 gestaltete man das Innere um, 1897 restaurierte man das augenfällige südliche Seitenportal unter Verwendung von Originalteilen des 14. Jh. Das mit einer hohen Amphore gestaltete Weihwasserbecken im Inneren am linken Seitenschiff stammt in Teilen von 1460 und von 1506. In der Cappella della Madonna della Grazie im Seitenschiff ist ein wunderschönes, anrührendes Marienbildnis mit Engeln (1470) von *Matteo di Giovanni* zu sehen.

■ **Cattedrale di San Lorenzo,** Piazza Duomo, Tel. 0564 20143, www.diocesidigrosseto.it, 7.30–12, 15.30–19 Uhr.

Ringel in Vollendung, innen wie außen: die Kathedrale San Lorenzo

149t sk

Rechts neben dem Dom steht der **Palazzo della Provincia,** eine neogotische Burgsimulation mit Türmen und Zinnen (1903 fertiggestellt), auch „Palazzo Aldobrandeschi" genannt, da er den Platz des ehemaligen Herrschersitzes einnimmt. Auf der Piazza davor umrunden Ketten, Poller und Sitzbänke das antikisierende **Denkmal für Leopold II. von Habsburg,** seines Zeichens letzter Großherzog der Toskana, der das Sumpffieber in Gestalt einer Schlange in den Boden tritt, während er eine Mutter mit sterbenskrankem Kind im Arm stützt – das Sinnbild der Maremma. Während das sterbende Kind für die Vergangenheit steht, symbolisiert das Kind zur Rechten des Großherzogs die Zukunft, vertrauensvoll sich dem Herrscher anschmiegend. Geschaffen hat die Skulptur *Luigi Magi* 1846.

Über den Corso Carducci geht es nun nach Norden und an der Piazza Socci einige Schritte nach Osten zum 1860 gegründeten **Archäologischen Museum.** Es dokumentiert die Geschichte der Maremma mit Fundstücken aus der Prähistorie, der etruskischen über die römische Periode (hier besonders aus Roselle), dem Mittelalter bis in die heutige Zeit, und mit wertvollen Kunstgegenständen der Diözese Grosseto. Aus der Antike sind Keramikarbeiten der Etrusker und Griechen, Urnen und römische Skulpturen zu sehen. Von Stockwerk zu Stockwerk und in 40 Sälen durchwandert man die Geschichte. Bedeutendes Exponat ist die „Ciotola di Bucchero", eine Schale mit einem geritzten Alphabet aus dem 6. Jh. v. Chr. Eine schwere Goldkette stammt aus dem 5. Jh. v. Chr. In der dritten Etage brilliert die Diözesanabteilung mit Werken Seneser Maler des 13.–16. Jh., darunter das Tafelwerk „Jüngstes Gericht" (1280) aus der Werkstatt des *Guido da Siena* und eine „Kirschenmadonna" (um 1445) von *Giovanni di Sassetta.* Das Denkmal vor dem Museum zeigt *Andrea da Grosseto,* der im 13. Jh. als erster Autor in italienischer Sprache schrieb und Werke aus dem Lateinischen ins Italienische übersetzte. Der Bildhauer *Arnaldo Mazzanti* fertigte es 1973 an.

■ **Museo Archeologico e d'Arte della Maremma,** Piazza Baccarini 3, Tel. 0564 488752, www.museidimaremma.it, April/Mai Di–Fr 10.30–17, Sa/So 10–13, 16–19, 16. Juni–15. Sept. Di–So 10.30–18.30, Sept.–Okt. Di–Fr 10.30–17, Sa/So 10–13, 16–19, sonst Di–Fr 9.30–13.30, Sa/So 10–13, 16–19 Uhr, 5 €, mit Naturkundemuseum und Parco della Maremma 15 € (sieben Tage gültig).

Dem Museum gegenüber ist im ehemaligen Klarissen-Konvent ein weiteres sehenswertes Museum untergebracht: Die **Luzzetti-Sammlung** umfasst Werke aus dem 14. bis 19. Jh. u.a. von *Giambologna,* dem Bildhauer *Antonio Rossellino* und von *Cigoli,* einem Maler an der Schwelle vom Manierismus zum Barock.

■ **Museo Collezione Gianfranco Luzzetti,** Via Vinzaglio 27, Tel. 0564 488066, www.clarissegrosseto.it, Do/Fr 10–13, 17–20, Sa/So 10–13, 16–19 Uhr, 5 €.

Gleich nördlich des Konvents am Platz gegenüber wirkt die **Franziskanerkirche** aus dem 13. Jh. mit dem typischen ärmlichen Äußeren. Einziger Fassadenschmuck ist ein holzdachgeschütztes Madonnenfresko in der Lünette des Eingangs. Das unverzierte Rundfenster darüber dient reinem Beleuchtungszweck.

Die Hallenkirche hatten die Benediktiner 1230 errichtet, 1289 übernahm sie der Franziskanerorden. Im Inneren sind einige Fresken aus dem 13. Jh. erhalten (der heilige *Benedikt* rechts und ein *Christophorus* an der linken Seitenwand). Ebenfalls aus dem 13. Jh. stammt das über dem orgelgerahmten Altar hängende Tafelkreuz von *Guido di Graziano.* Ist die barocke rechte Seitenkapelle eher uninteressant, zeigt die linke beachtenswerte moderne Fresken (1988) von *Arnaldo Mazzanti* zum Leben des heiligen *Franziskus.* Der anschließende, von der Kirche zugängliche **Kreuzgang** umfängt den Brunnen Pozzo della Bufala, den die *Medici* 1590 dem Kloster stifteten und den vier Olivenbäume einrahmen. Darunter befindet sich eine 6 m tiefe Zisterne mit einem Durchmesser von 10 m, die das auf dem Innenhofpflaster abfließende Regenwasser sammelte.

■ **Chiesa di San Francesco,** Piazza Francesco d'Assisi 2, Tel. 0564 22282, 7–12, 16–19.30, Winter bis 18.30 Uhr.

Von der anschließenden Piazza Indipendenza (mit dem Brunnen Pozzo di Santa Maria della Scala aus dem 16. Jh.) erreicht man über die Via Ginori Richtung Südosten die Piazza Pacciardi mit dem sehenswerten **Naturkundemuseum,** das multimedial und mit in Kontext gesetzten Exponaten kurzweiligen Zugang zur Wissenschaft erlaubt. Ein Lebensbaum beschreibt die Organismen der Erde in der Entwicklung ihrer Komplexität, vom Einzeller zu den Säugetieren. In anderen Sälen sind die Themen eher klassisch organisiert (Paläontologie, Mineralogie), weitere Abteilungen widmen sich den Lebensräumen der Maremma.

■ **Museo di Storia Naturale,** Strada Corsini 5, Tel. 0564 488571, www.museonaturalemaremma.it, 15. Juni–30. Sept. Di/Mi/Fr/Sa 11–15, Do/So 17–21, sonst Do–So 10–13, 16–19 Uhr, 5 €, mit Museo Archeologico und Parco della Maremma 15 €.

Die **Stadtbefestigung** der *Medici* lässt sich auf einem 5 km langen **Rundweg** auf den Mauern und über die Bastionen ergehen. Geplant hat die Verteidigungsanlage *Baldassarre Lanci* zweimal. Ein erster Wall war 1563 fertig, doch *Cosimo I.* wollte stärkere Mauern, die der sich entwickelnden Feuerkraft der Artil-

Übernachtung
- 2 Al Sognalibro
- 16 Hotel Airone

Essen und Trinken
- 1 Il Tagliapasta
- 3 Grantosco
- 4 Gustangolo
- 5 Al Numero Nove
- 7 Caffè Letteraio Palomar
- 8 Canapino
- 10 Gelateria/Creperia Arlekkino
- 11 Gelaterie Artigianale Papeete
- 12 Black Wood
- 14 La Piazzetta
- 15 Il Giogo
- 17 Pistacceria Giannini

Nachtleben
- 6 Vermuttino
- 9 Pickeat

Einkaufen
- 4 Gustangolo
- 7 Caffè Letteraio Palomar
- 13 Fatto a Mano Nicola Meyer

lerie besser widerstehen konnten. Nach dem Tod *Lancis* 1571 führte sein Sohn *Marino* die Arbeit fort, vollendet hat sie dann *Simone Genga* 1593. Bereits ein Jahr später musste repariert werden: Der feuchte Untergrund hatte unter dem Gewicht der Mauern nachgegeben. Die Anlage mit sechseckigen Grundriss besitzt an jeder Ecke eine mächtige Bastion in Pfeilform mit seitlichen Einbuchtungen, sodass die Waffen nicht nur das offene Feld beschießen, sondern auch die Verbindungsmauern der Bastionen bestreichen konnten. Ein Wassergraben sorgte für zusätzlichen Schutz, seine Verbindungskanäle in das Umland erlaubten in Friedenszeiten den Transport von Waren bis vor die „Haustüre" – der Porta Cittadina, einziger Zugang zur Stadt in damaliger Zeit (an der Via de Barberi im Südosten). Die militärische Bedeutung der Festung nahm aber im Lauf der Zeit immer weiter ab, weitere Tore wurden in den Wall gebrochen, und schließlich gab *Leopold II.* den Befehl zur Demilitarisierung und zur Umwandlung der Mauern und Bastionen in Grünanlagen für die Bürger, die 1866 zugänglich wurden.

Marina di Grosseto/ Principina a Mare

13 km von Grosseto, verdient die Marina ihren Namen. Zahlreiche Jachten und Motorboote liegen in den Hafenbecken und am weit ins Land reichenden Kanal vertäut. Moderne Ferienwohnungen und -häuser stehen auf den Parzellen der regelmäßig angelegten Straßen zwischen den Mündungen des Ombrone im Süden und der Bruna im Norden. Der Ort wirkt nicht wie gewachsen, sondern – bar jeglichen Charmes – aus dem Boden gestampft. Doch die Pineta ist grün und tief, und der **Strand** weißsandig und breit. Man kann zwischen bewirtschafteten Strandabschnitten wie dem nostalgischen Bagno Giglio und dem todschicken Bagno Mio i Tuo (in Höhe des Ortes) oder freien Flächen wählen (wenn man bereit ist, ein Stückchen nach Norden oder Süden zu wandern).

Principina a Mare gleich südlich von Marina di Grosseto ist eine Hotel- und Aparthotelsiedlung mit mehreren Restaurants, die sich in der dichten Pineta verstecken.

Castiglione della Pescaia

20 km westlich von Grosseto liegt Castiglione (5 m üNN, 6200 Einw.). Der Unterschied zu Marina di Grosseto könnte größer nicht sein. Die Hügel reichen hier an der Mündung der Bruna bis ans Wasser, Schirmpinien beschatten die Festungsmauern hoch oben, am Wasser reihen sich Hotels, Bars und Restaurants aneinander. Auch in Castiglione ist der Strand breit und fein, der Lungomare sorgt aber eben zusätzlich für Atmosphäre und Charme und macht das Fischerstädtchen zu **einem der schönsten Badeorte der Südtoskana.** In mehreren Hafenbecken liegen die Schiffe vertäut, eine lange Sandzunge schafft eine Art Lagune mit flachem und warmem Wasser. Die Qualität des Wassers gilt als *eccellente* – auch im Mündungsbereich. Wer längere unbewirtschaftete Strandabschnitte sucht, wird sowohl südöstlich als auch nordwestlich fündig.

Im Nordwesten endet der schnurgerade Strand beim beliebten **Le Rocchette,** wo die Hügel an das Wasser treten und für felsige Buchten sorgen (es gibt freie und bewirtschaftete Abschnitte).

Ein Spaziergang führt durch die **Porta Urbica** (1608) in die mittelalterlichen Gassen, vorbei an der gleich dahinter liegenden **Kirche Madonna del Giglio** (ein einstiges, im 18. Jh. umgewidmetes Militärgebäude und Teil des Wehrwalles) hoch zur **Rocca Aragonese,** der von Pisa errichteten Burg – heute in Privatbesitz. Ab dem 10. Jh. bis zu Eroberung durch Florenz 1406 schützte Pisa mit ihr seinen Hafen, die heutige Struktur entstand im 14. Jh. Das Panorama ist natürlich fantastisch. Auf dem Rückweg kann man noch in die **Kirche San Giovanni Battista** am nördlichen Stadttor schauen, in der Reliquien des *Wilhelm von Malavalle* bewahrt werden (rechter Seitenaltar) – er lebte im 12. Jh. als Eremit im Hinterland Castigliones und war Begründer des im 18. Jh. aufgelösten Ordens der Wilhelmiten.

Über die Brücke der Bruna und an deren Südufer ins Landesinnere spazierend, kommt man nach 1,5 km zum **Museum Casa Rossa** im Riserva Naturale Diaccia Botrona, dem geschützten

Marschgebiet des Hinterlandes. Das „Rote Haus“ mit seinen Schleusen war Teil der Entwässerungsanlagen des 18. Jh. und ist heute multimediales Zentrum, das sich der Geschichte der Dränage und der Tier- und Pflanzenwelt der Marschlandschaft widmet.

Die Welt der Kanäle lässt sich bei **Bootsausflügen** entdecken.

■ **Museo Multimediale Casa Rossa Ximenes,** Via Casa Rossa Ximenes, Tel. 0564 484581/348 7743201, Mitte Juni–Mitte Sept. Di–So 16–22, sonst Do–So 13–19 Uhr, 3,50 €; Bootsfahrt, Tel. 0564 20298/389 0031369, Mitte Juni bis Mitte Sept. Di–So jeweils 17, 18 und 19 Uhr (sonst nach Vereinbarung), Dauer um 120 Min., 12 €, Kind 6 € (jeweils mit Museum).

Roselle

Die Wiege Grossetos sind die **Ruinen von Roselle,** eine etruskische Siedlung und in römischer Zeit eine wichtige Stadt auf dem Weg in den Norden. Von Grosseto nimmt man die SS223 nach Norden, verlässt sie bei Roselle, folgt ihr aber parallel bis zum Beginn der Stichstraße zum Grabungsfeld (12 km von Grosseto). „Rusellae“ in Hügellage am Poggio Moscona wurde inmitten der Lagune gegründet, die im 7. Jh. v. Chr. die Ebene um Grosseto bedeckte. Innerhalb nur eines Jahrhunderts wuchs die Siedlung auf dem Hügel zu einer der bedeutendsten Städte der Etrusker und war Teil des Zwölferbundes. Nachweisen lassen sich u.a. ein Sanktuarium und – wichtiger – ein Haus aus dem 6. Jh. v. Chr., das mit einem Innenhof als Lebensraum und zur Sammlung von Regenwasser in einer Zisterne ausgestattet war. Diese Atriumbauweise sollte erst ab dem 3. Jh. v. Chr. auf dem Stiefel zum gängigen architektonischen Detail des Wohnbaus werden. 294 v. Chr. von den Römern erobert, prosperierte Roselle und erhielt Forum und Amphitheater. Wenn auch die erhaltenen Fundamente nicht spektakulär wirken, die Natur und die Ruhe lohnen allemal. Im August finden stimmungsvolle **Shakespeare-Aufführungen** im Amphitheater statt.

Der **Kunstgarten** von *Rodolfo Lacquaniti* 14 km nordwestlich von Roselle ist ebenso einen Besuch wert. Über 200 Recycling-Kunstwerke sind in die Landschaft integriert und spielen mit Licht und Schatten – eine Reise zum Ursprung: *Viaggio di Ritorno.*

■ **Area Archeologica di Roselle,** Via dei Ruderi, Località Roselle, Tel. 0564 402403, Mai–Okt. 10.15–18.45 (Südhügel schließt um 18 Uhr), sonst 8.15–16.45 Uhr (Südhügel bis 16 Uhr), 4 €.

■ **Giardino Viaggio di Ritorno,** Strada di Patto Lavato 1, Braccagni, https://viaggiodiritorno.it, April–Okt. nach Voranmeldung, Führung (2 Std.) 15 €.

Naturpark Maremma/Alberese

Eine Sehnsuchtslandschaft ist die Maremma. Dass sie **Kulturlandschaft** ist, sieht man ihr – zumindest im Naturpark – nicht mehr an. Sumpfgebiet erstreckte sich hier einst zwischen dem Meer und den Hügeln, noch weiter zurück war hier eine einzige Wasserfläche – erst Golf, dann eine riesige Lagune, die das küstennähere Flachland zwischen Grosseto und der Provinzgrenze zu Lati-

150t sk

um bedeckte, und aus der nur einige Inseln herausschauten (die die Etrusker im 7. Jh. v. Chr. besiedelten).

Wenn auch im Sprachgebrauch heute die ganze Südtoskana mit Maremma gleichgesetzt wird, ist sie im eigentlichen Sinne der **flache Küstenstreifen** zwischen Castiglione della Pescaia südlich des Golfs von Follònica und Orbetello bei der Halbinsel Monte Argentàrio (und als Alta Maremma die Hügel im Osten). Dazwischen erstreckt sich der bis zu 400 m hohen Hügelrücken der Monti dell'Uccellina parallel zur Küste. Seit 1975 ist der 89 km² große, 25 km lange und bis zu 5 km breite Bereich von Principina a Mare bis Talamone als Naturpark Maremma geschützt, weitere Reservate umfassen die Lagune von Orbetello und weiter südlich den Lago di Burano.

Bereits die **Etrusker** von Roselle und Vetulònia hatten die Maremma in Teilen trockengelegt, beim Niedergang des Römischen Reiches holte sich die Natur ihr Land aber zurück. Die endgültige Urbarmachung der Sumpfgebiete ist den Habsburgern zu danken, die im 18. Jh. die **Entwässerung** im großen Maßstab angingen. *Ferdinand III.* hatte die Idee zu Papier gebracht, den Erfolg konnte er nicht erleben. Die Geißel der Maremma, die Malaria, hatte auch ihn erwischt. Als Folge der Maßnahmen seiner Nachfolger blieben nur einige Sumpfgebiete übrig, vorherrschend sind Steppe, Weide- und Anbauflächen.

Eine **einzigartige Stimmung** herrscht auf den weiten grünen, bis auf einige Alleen fast baumlosen Ebenen. Rinder grasen am Horizont, Wildpferde galoppieren über die Wiesen, Schweine grunzen am Wegesrand, Windräder pumpen Wasser, und ab und an ist tatsächlich

⌃ Treibgutkunst

noch einer der traditionellen Cowboys – der *butteri* – zu sehen, auf dem Pferd, das Gesicht im Schatten einer Strohhutkrempe. Der Küstenwald aus Pinien birgt Damwild, Wild- und Stachelschweine, durch die Macchia streifen Wildkatze und Dachs. An den Hängen der Monti dell'Uccellina heben sich Wachttürme aus dem Grün, errichtet von Siena, Florenz und den Spaniern, deren Besatzungen vor einem Angriff der Sarazenen warnen sollten.

Die gute Nachricht zuerst: die **Strände** der Maremma gehören zu den schönsten Italiens. Die schlechte: Der Zugang zum Naturschutzgebiet Parco Naturale di Maremma ist streng reglementiert (wer nicht kommt zur rechten Zeit ...). Im Sommer sind die Parkplätze des einzigen mit dem Auto erreichbaren Strandes im Schutzgebiet (Marina di Alberese) spätestens um neun Uhr voll, dann muss man mit dem Bus hinfahren (dessen Plätze auch beschränkt sind) oder von Alberese radeln. Weitere Aktivitäten sind Reiten, Kanufahren und Wandern.

Das **Besucherzentrum** des Naturparks befindet sich in **Alberese.** Über dem Ort thront auf einem Hügel die großherzogliche Villa der Habsburger, von der aus *Leopold II.* die Trockenlegung der Sümpfe beaufsichtigte. Heute ist sie ein Edel-Agriturismus. Im Besucherzentrum einer ehemaligen Pumpstation zur Entwässerung (die Pumpen sind erhalten) informiert ein kleines Museum über das Schutzgebiet.

- **Park,** geöffnet ab 9.30 Uhr bis Sonnenuntergang.
- **Centro Visite mit Radverleih** (um 10 €/Tag) und Parkmöglichkeit (auch Camper) → S. 491.

Mehrere **Wanderwege** sind ausgewiesen, im Hochsommer dürfen aber wegen der Waldbrandgefahr immer nur bestimmte (immer wieder wechselnde) Zonen ohne Führung begangen werden. Eine Wanderung ist allerdings meistens offen: **A7 bei der Marina di Alberese.** Die geführten Wanderungen finden nur an bestimmten (ständig wechselnden) Wochentagen statt (man muss sich also vorab informieren!). Die Kosten betragen im Sommer für den jeweils frei zu besuchenden Parkteil pro Person 10 €, für die geführten Wanderungen ab 3 Std. 10 € (sonst 5 €) und für Nachtwanderungen 15 €, für das Permit der Wanderung A7 5 €.

- Startpunkt des in längeren Abschnitten schattenlosen, einfachen **A7** ist die **Marina di Alberese** (→ unten), er ist 5,6 km lang und dauert ca. 2 Std. (Ticket an der Marina).
- Sechs weitere Wanderungen werden ab **Alberese** unternommen (je nach Waldbrandgefahr ab etwa 15. Juni geführt). Mit dem Shuttle geht es von dort nach Pratini.

A1/Abbazia di S. Rabano führt auf die Uccellina-Hügel zu den Ruinen des Klosters San Rabano (11. Jh.) und zum Wachtturm Uccellina (14. Jh.) – 8 km, 5 Std., mittelschwer.

Auf dem etwas einfacheren **A2/Le Torri** (7 km, 3 Std.) gelangt man ebenfalls auf die Hügel und zu den Türmen Castelmarino (12. Jh.) und Collelungo (14. Jh.).

Der einfache **A3/Le Grotte** (10 km, 3 Std.) führt zu Höhlen, die in der Urzeit bewohnt waren.

Der **A4/Cala di Forno** (13 km, 6 Std.) ist etwas anstrengender (ca. 400 Höhenmeter), er bringt Besucher ans Meer zur Bucht von Forno.

Von der Kirche in Alberese bricht man zu den Touren **A5** und **A6** auf, beide sind einfach und etwa 5 km und 2 Std. lang (A6 ist auch für Rollstuhlfahrer geeignet).

■ In **Talamone** (→ S. 482) beginnen drei Wanderungen (Reservierung in Alberese, Treffpunkt vor dem Aquarium in Talamone).

Auf dem mittelschweren **T1/Punta del Corvo** (4 km 2,5 Std.) durch die Macchia gewinnt man atemraubende Ausblicke auf die Küste.

Der anstrengende **T2/Cannelle** führt zur Bucht von Cannelle (9 km, 5 Std.).

Der noch herausforderndere **T3/Poggio Raso** (16 km, 8. Std.) entführt ins Hinterland zu Höhlen, von denen aus sich einst die legendären Gesetzlosen der Maremma auf Beutezug begaben (derzeit geschlossen).

■ Zwei Wanderungen beginnen bei der **Tenuta Agricola dell'Uccellina** 8 km südlich von Alberese (Tickets in Alberese).

Der anstrengende **C1/Salto del Cervo** (11 km, 7 Std.) führt zu den Wachttürmen Bassa und Bella Marsilia (12./13. Jh.). Gebadet werden darf dann am Strand Salto del Cervo.

C2/Poggio alle Sugherine verläuft wie C1, führt aber nicht zum Meer (7 km, 4 Std.).

UNSER TIPP: **C3/Cala di Forno** ist mit einem Strandaufenthalt an der sonst unzugänglichen Bucht das Highlight der Wanderungen. Nur im Sommer, Dauer 9 Std., Sonderpreis mit Strandaufenthalt um 30 €, Treffpunkt Alberese (von dort Anfahrt mit Shuttle nach Oliveto di Collelungo).

Weitere Aktivitäten sind die **geführten Radtouren** im Park (je 10 €, Buchungen über das Besuchszentrum) und die zweistündigen, auch für Kinder spannenden **Kanutouren** auf dem Ombrone. Wer die Maremma als **Reiter** erleben will, wende sich an die Tenuta Agricola dell'Uccellina, die auch Reitkurse anbietet. Die Ausflüge für erfahrene Reiter kosten 60–100 € (2–4 Std.).

■ **Canoe sul Fiume Ombrone,** Cooperativa Silva, Tel. 331 5264929, www.silvacoop.com, im Sommer tgl. 9.30 und 17 Uhr, 20 €, 6–14 Jahre 10 €, Vogelbeobachtung tgl. 5.30 Uhr morgens, 35 € (inkl. Fernglas, Dauer 2 Std.), Sonnenuntergangs- und Nachtexkursionen 25 €.

■ **Tenuta Agricola dell'Uccellina,** Località Collecchio 38, Tel. 0564 597104, www.tenutauccellina.it.

Rochaden – die Spanier in der Toskana

Nach dem Sieg der mit den Habsburgern und damit auch mit Spanien verbündeten *Medici* über das mit Frankreich paktierende Siena 1555 teilten die Sieger das Gebiet der Republik Siena unter sich auf. Den Löwenanteil erhielt *Cosimo I.*, die Spanier behielten aber einige Küsten- und Festungsstädte als Basis für ihre Flotte und gründeten 1557 den **Stato dei Presidi,** den sie dem ebenfalls ihnen gehörenden Königreich Neapel unterstellten. Der Stato dei Presidi bestand aus Talamone in der Maremma, Orbetello, Porto Santo Stefano und Porto Ercole am Monte Argentàrio, Ansedònia an der Grenze zu Latium, der Insel Giglio und Porto Longone auf Elba.

Im **Spanischen Erbfolgekrieg** (die spanische Habsburg-Linie war ausgestorben) standen sich ab 1701 der von Frankreich als König Spaniens eingesetzte *Philipp V. von Anjou* und die österreichischen Habsburger gegenüber. Die Österreicher holten sich 1708 Porto Santo Stefano und Orbetello, 1712 Porto Ercole.

▷ Spanische Festung in Porto Ercole

Marina di Alberese

Der Zugang von Alberese zur Marina wird an der Zufahrtsstraße über ein Schrankensystem kontrolliert. Die Nummernschilder werden bei Einfahrt gescannt, gezahlt wird bei Ausfahrt. Da der Parkplatz am Strand nur eine begrenzte Kapazität besitzt (ca. 140 Plätze), sollte man im Sommer **sehr früh anreisen.** Alternativ radelt man die 9 km von Alberese oder nimmt den Bus. In der Pi-

1714 erhielt Österreich bei einem Friedensschluss die Herrschaft über den gesamten Stato dei Presidi (und Neapel und Sizilien).

Beim **Polnischen Thronfolgekrieg** ab 1733 lagen sich eigentlich die Sachsen unter *Friedrich August II.* (der Polen für sich beanspruchte) und Franzosen (die den Polen *Stanislaus I. Leszczyński* einsetzen wollten) in den Haaren. Der Konflikt strahlte aber über ganz Europa aus, und die spanisch-österreichischen Händel lebten erneut auf. Frankreich erklärte den Habsburgern den Krieg und eroberte, zusammen mit den Spaniern, die italienischen Besitzungen Österreichs. Weniger glücklich waren sie in Polen, wo sie von den mit Russland verbündeten Sachsen geschlagen wurden.

Der **Friedensschluss** von 1735 (Wiener Vorfrieden) bestätigte *Friedrich August II.* als König *August III. von Polen* und verfügte die Rückgabe des Stato dei Presidi (mit Neapel und Sizilien) an Spanien. Weitere Rochaden anlässlich des Friedens: *Stanislaus I. Leszczyński* erhielt statt Polen als Trostpflaster das Herzogtum Lothringen, dessen eigentlichen designierten Herrscher *Franz Stephan von Lothringen* fand man mit dem Großherzogtum Toskana ab.

Die spanische Herrschaft dauerte bis 1797, als *Napoleon* seinen Siegeszug durch Italien antrat. Der Stato dei Presidi wurde französisch und 1801 Teil des Königreichs Etrurien unter *Ludwig von Etrurien*, in dessen Blut sich so ziemlich alles mischte, was von Adel war in Frankreich, Spanien und Österreich. Er lebte allerdings nur noch ein Jahr, und seine Witwe *Marie Luise* übernahm die Regentschaft. 1815 wurde der Stato dei Presidi anlässlich des **Wiener Kongresses** endgültig aufgelöst und dem Großherzogtum Toskana zugeschlagen.

321tsk

neta gibt es eine Bar mit Snacks. Weißer, feiner Sand, schattige Pineta, ein Meer so klar und blau, dass das Herz bebt – die Marina erfüllt Südseeträume, ist allerdings an einem Hochsommer-Wochenende auch brechend voll.

■ **Marina di Alberese,** Zufahrt April 6.30–21, Mai/Aug. 6–21.30, Juni/Juli 5.30–22, Sept. 6.30–20.30, Okt. 7.30–18 Uhr, Parken 2 €/Stunde, Shuttlebus von Alberese mit Tiemme (www.tiemme-spa.it) Ende Juni–Ende Okt. zwischen 8 und 19.30 Uhr alle 30–60 Min., letzte Rückfahrt um 19.45 Uhr (Tageskarte 3 €).

Talamone

30 km südlich von Grosseto, am südlichen Ende der Monti dell'Uccellina und noch in Hügellage, wacht Talamone (32 m üNN, 300 Einw.) an der Mündung der Osa über den Golfo di Talamone.

Der Argonaut *Telamon,* König von Salamis und Vater des bei Troja kämpfenden *Ajax,* soll die Stadt gegründet haben, *Telamons* Gebeine, so die **Legende,** seien irgendwo auf dem Kap begraben. 225 v. Chr. besiegten hier beim etruskischen Tlamu die Römer bei der **Schlacht von Talamone** keltische Eindringlinge und machten sich damit den Weg frei für die Eroberung des nördlichen Italien. Aus dieser Zeit (150 v. Chr.) stammt auch ein in Talamone gefundener Tempelfries, der den Kampf zwischen *Eteokles* und *Polyneikes* beim „Zug der Sieben gegen Theben" darstellt (heute im Archäologischen Museum Orbetello, → dort).

[>] Nachempfindung einer etruskischen Grabstelle in Scansanos Museum

Mit dem Niedergang des Römischen Reiches wurde Talamone verlassen. Erst die **Aldobrandeschi** besiedelten den Hügel wieder und errichteten eine erste Burg. 1303 übernahm **Siena** den Ort und baute ihn zu seinem Haupthafen aus, um Pisa und Genua Paroli bieten zu können. Auch **Florenz** nutzte nach der Niederlage Sienas die Anlagen als Ersatzhafen. 1544 fiel der Pirat *Khayr al-Barbarossa* – Herrscher Algiers – über Talamone her und zerstörte den Ort vollständig. 1557 gründeten die **Spanier** den Stato dei Presidi (→ Kasten).

In den Mittelpunkt italienischer Geschichte rückte Talamone, als die Schiffe **Garibaldis** (Begründer des Königreichs Italien) mit 1000 Mann auf dem Weg nach Sizilien vom 7. bis 9. Mai 1860 anlegten, um sich mit Waffen und Proviant zu versorgen. 1944 sprengte die Wehrmacht beim Rückzug Teile der Stadt und den Hafen, nicht aber die Festung.

Nur 150 km von Rom an der Via Aurelia, mit Bahnhof und einer großen Marina, hält sich der Zustrom der **Touristen** dennoch in Grenzen – wohl auch, weil Talamone nicht unbedingt ein erstes Ziel für den Badetourismus ist. Nach Westen hin ist die Küste felsig und unzugänglich (und als Naturpark der Maremma geschützt), den Stränden in der Buchtmitte mangelt es an Breite und hellem, feinen Sand. Also sind die Italiener hier meist unter sich, was dem Charme des Städtchens nicht abträglich ist. Mehrere Restaurants mit großen Terrassen, einige Hotels und eine Handvoll Kitesurf-Zentren kümmern sich um Besucher. Ansonsten ist die Stimmung unaufgeregt und entspannt.

Das kleine **Aquarium** erlaubt den Unterwasserblick auf die Fauna und Flora der Lagune von Orbetello. Angeschlossen ist ein Forschungszentrum zum Schutz der Meeresschildkröte, außerdem fungiert das Aquarium als Besuchszentrum des Maremma-Schutzgebietes und als Treffpunkt für die in Talamone beginnenden Wanderungen ins Reservat (→ Naturpark Maremma).

■ **Acquario della Laguna di Orbetello/Centro Visite Parco Regionale della Maremma,** Tel. 0564 887173, Via Nizza 12, Ostern bis Ende Juni/ Sept. Fr– So 9–12, 14–17, Juli–Sept. tgl. 9–12, 14–17 Uhr, 3 €.

Scansano

30 km südöstlich von Grosseto liegt das auch für seine Wurstwaren (→ Einkaufen) bekannte Scansano (500 m üNN, 4500 Einw.). Der Ort schmiegt sich an die mit Wein und Oliven bepflanzten Hügelausläufer zwischen dem Tal des Ombrone und dem der Albegna an den westlichen Flanken des Monte Amiata. Die kühleren Temperaturen und die Lage abseits der Sümpfe machten die Stadt durch eine Leopoldinische Verfügung („Estatatura") ab 1780 zum Sommersitz der Provinzregierung Grossetos, deren Beamte so der Mückenplage (und der Malaria) entgingen. Mehrere Enoteche sind in den Gassen verteilt und verkaufen den hier gekelterten roten Morellino, die Restaurants ziehen auch Einheimische aus der Umgebung an.

Vom Hauptplatz Piazza Garibaldi geht es durch das weiß gekalkten Stadttor Porta Grossetana in das historische Zentrum. Die erste Gasse links (Vicolo Sdrucciolo) führt bis zur wenig interessanten Fassade des Palazzo Pretorio.

Dahinter verbirgt sich aber das sehenswerte **Archäologische Museum** mit einer perfekt präsentierten, wertvollen Sammlung aus der Vorgeschichte über die Etrusker bis zum antiken Rom. Zarte Bronzefiguren stehen in den Vitrinen, ein etruskisches Grab, eine Küche und ein Bad sind rekonstruiert. Außerdem zu sehen: die Keramikgefäße der Stadtapotheke des 19. Jh., in den Kellergewölben ein kleines Weinmuseum – und die Arrestzelle, in der 1871 *Davide Lazzaretti* einsaß, ein Prediger und Prophet, Kirchengründer und Ketzer, den Carabinieri bei einer Prozession 1878 unter ungeklärten Umständen erschossen (s. auch bei Arcidosso, seinem Geburtsort). Im Juli und August gibt es in den Gewölben, aus denen man auf eine Terrasse heraustreten kann, Weinverkostungen.

■ **Museo Archeologico,** Palazzo Pretorio, Piazza del Pretorio, Tel. 0564 509402, April–Mitte Juni Fr 10–13, Sa/So 15–19, Mitte Juni–Sept. Di–Fr 10–13, Sa/So 15–20 Uhr, 3 €.

151tsk

Grosseto: Zugabe!

- **Cassero del Sale** – Teil der Seneser Stadtbefestigung aus dem 13. Jh., dann Salzlager, mit das älteste Monument der Stadt; Piazza del Mercato Ecke Via Mazzini.
- **Casa Circondariale** – im bemerkenswerten Gebäude des Stadtgefängnisses mit bedachtem Innenhof von 1884 (an der westlichen Wehrmauer) bewachen 40 Mann Personal maximal 30 Häftlinge; Via Aurelio Saffi 23.
- **Pereta** – herausgeputzter, um 1030 gegründeter Ort zwischen Scansano und Magliano mit einem die Umgebung dominierenden, 29 m hohen, schlanken Torre dell'Orologio, Schauplatz einer heftigen Liebes- und Mordgeschichte im 13. Jh. *Margherita Aldobrandeschi* war mit *Guido di Montfort,* dem damaligen Anführer de Guelfen, verheiratet. Bei einem Kriegszug wurde er gefangen genommen und nach Sizilien gebracht. *Margherita* hielt ihn für tot, verliebte sich in *Nello Pannocchieschi* und war alsbald schwanger. Ihr erster Mann kam zurück, der Papst annullierte die zweite Ehe, das Kind wurde ertränkt.
- **Kirche Santissima Annunziata** in Magliano – die Stillende Madonna (15. Jh.) am Altar von *Neroccio di Bartolomeo de'Landi* (1447–1500), Piazza Don Sturzo im Süden von Magliano; nur bei (seltenen) Messen zugänglich.
- **Olivo della Strega** – der „Hexenbaum" zählt mit geschätzten 1000 Jahren zu den ältesten Bäumen Italiens. Verdreht, mit klaffender Rinde, bemoost und löchrig ist er kein Augenschmaus, soll dafür aber Zauberkraft besitzen; im Olivenhain hinter der Kirche Santissima Annunziata von Magliano.
- **Pagànico,** 24 km nordöstlich von Grosseto, im 13. Jh. von Siena als Markt gegründet und mit imposanten Wehrmauern versehen. Das Castello Senese und zwei Stadttore sind gut erhalten. In der Pfarrkirche Chiesa di San Michele Arcangelo Gemälde und Fresken aus dem 14. Jh.

Direkt gegenüber führt der steile Treppenaufgang Salta del Pretorio in die Dunkelheit und hoch zum **Corte,** einem intimen Innenhof mit Hauseingängen im Rund, wo die Menschen wie eh und je in naher Gemeinschaft leben. Stühle vor der Türe, die Frauen stricken, die Männer paffen, hier ein Schwätzchen, dort ein Gläschen Wein. Eine Terrasse erlaubt Panoramaausblicke.

Magliano in Toscana

Die hellen Stadtmauern von Magliano (130 m üNN, 900 Einw.) 25 km südöstlich von Grosseto (18 km südlich von Scansano) in der Maremma Alta, der oberen Maremma, sind fast perfekt erhalten. Nahebei fand man die Überreste der etruskischen Nekropole Heba. Einer der wichtigsten Funde zur etruskischen Zeit wurde 1883 in der Umgebung gemacht, die 8 cm große, beidseitig beschriebene **Bleischeibe von Magliano** (Disco di Magliano) aus dem 5.–4. Jh. v. Chr., die half, die etruskische Schrift zu entziffern (heute im florentiner Nationalmuseum für Archäologie). Die Befestigung der Stadt fand im 14. Jh. unter den Aldobrandeschi statt.

Durch die südliche Porta Nuova (16. Jh.) betritt man den beschaulichen Ort für einen kurzen Spaziergang. Am westlichen Beginn der Fußgängerzone Via Garibaldi steht die romanische **Kirche San Martino** aus dem 11. Jh. Ihr Grundriss gleicht einem lateinischen

[>] Die Kichenruine San Brùzio steht malerisch auf dem Feld

Kreuz, die Apsis wurde in der Gotik verändert. Die fragmentarisch erhaltenen Fresken der Seneser Schule entstanden im 14. Jh.

■ **Chiesa San Martino,** Corso Garibaldi, 8–12, 16–18 Uhr.

Einige Schritte weiter findet sich der kleine, mit seiner bedachten Außentreppe gleichwohl elegante **Palazzo del Podestà** aus dem 15. Jh. Einige Wappen aus Stein schmücken die Fassade. Weitergehend gelangt man zur **Pfarrkirche San Giovanni Battista.** Als romanische Kirche errichtet, wurde sie außen 1471 verändert. Das Taufbecken im Inneren gleich links vom Eingang aus Travertin stammt von 1493, einige Fresken wurden im 14. Jh. gemalt (beim Taufbecken und über dem Durchgang zur Sakristei).

■ **Pieve di San Giovanni Battista,** Via Guglielmo Oberdan, 7–12, 16–19 Uhr.

Abschließend kann man noch die **südlichen Stadtmauern** entdecken – sie sind begehbar.

Die malerische **Kirchenruine** des verschwundenen **Klosters San Brùzio** aus dem 11. Jh. steht inmitten eines Feldes 2,5 km außerhalb von Magliano (700 m auf der SS323 nach Süden, dann nach Manciano abbiegen). Erhalten sind die Vierung, die noch Reste der achteckigen Kuppel trägt, und die Apsis. Einige Kapitelle zeugen vom Skulpturenschmuck der Kirche.

Praktische Informationen

Touristeninformation

■ **Ufficio Turismo Grosseto,** Corso Giosuè Carducci 5, Tel. 0564 488573, www.provinciagrosseto.com, www.quimaremmatoscana.it, April–Sept. tgl. 9–13.30, 16–19.30, Dez. tgl. 10–13, 15–19, sonst Mi–Mo 10–13 Uhr.

283t sk

■ **Ente Parco Regionale della Maremma/Centro Visite di Alberese,** Via del Bersagliere 7/9, Alberese, Tel. 0564 407098, www.parco-maremma.it, tgl. von 8.30 bis eine Stunde vor Sonnenuntergang geöffnet, Tickets/Reservierung für Wanderungen (A7-Ticket auch an der Marina), tagesaktuelle Infos auf www.facebook.com/parcodellamaremma.

■ **Ufficio Turismo Castiglione della Pescaia,** Piazza Garibaldi 6, Tel. 0564 933678, www.turismocastiglionedellapescaia.it, Mi–Sa 10–16, So 10–13 Uhr.

■ **Ufficio Turismo Scansano,** Via XX Settembre, Tel. 345 7543416, www.comune.scansano.gr.it, Juli/Aug. 10–13, 15–18 Uhr, sonst nur Sa/So.

■ **Ufficio Turismo Magliano,** Corso Garibaldi 12, Tel. 0564 592102, www.comune.magliano-in-toscana.gr.it, Juli/Aug. tgl 10–13, 20–24, Mai/Juni/Sept./Okt. 9–12, 18–22 Uhr.

Unterkunft

16 **Hotel Airone**②, Via Sense 35, Tel. 0564 412441, www.hotelairone.eu. Modernes, elegantes und großes Geschäftshotel in Zentrumsnähe mit 68 Zimmern und Suiten; für die Vier-Sterne-Kategorie noch günstige Preise.

UNSER TIPP: 2 **Al Sognalibro**②, Via Francesco Crispi 9, Tel. 339 7098558, www.alsognalibro.it. B&B in der Stadt mit drei individuell eingerichteten Zimmern, bei deren Gestaltung jeweils ein Roman Pate stand. Kleiner Garten, gutes Frühstück und ausgesprochen zuvorkommender Gastgeber.

Außerhalb

■ **Tenuta dei Principi**②-③, Strada Vicinale Squadre 1, **Marina di Grosseto,** Tel. 328 7142526, www.agriturismotenutadeiprincipi.it. Zehn sehr edel eingerichtete Apartments auf einem großen Landgut zwischen Marina di Grosseto und Castiglione di Pescaia. Zum Freizeitangebot gehören Pool, Sauna und Beauty-Center sowie Ausritte auf den hauseigenen Pferden.

■ **Agriturismo Redipuglia**②, Strada Vecchia Aurelia 31, **Alberese,** Tel. 0564 407041, www.agriturismoredipuglia.com. Der Agriturismo befindet sich am Rande, aber bereits innerhalb des Naturparks der Maremma und nur wenige Radminuten vom Meer entfernt (Fahrräder stehen zur Verfügung). Kinder können auf dem großen Areal gut spielen und toben. Die Zimmer sind eher einfach und spartanisch möbliert.

■ **Podere Isonzo**②, Strada Vecchia Aurelia 91, **Alberese,** Tel. 338 4562086, www.podereisonzo.it. Einfacher, aber empfehlenswerter Agriturismo am Rande des Naturparks; auf der großen Grünfläche ist genug Platz für Tischtennis, Federball und alle möglichen anderen Aktivitäten, Fahrradverleih.

Tenuta dell'Uccellina②-③, Località Collecchio 38, **Magliano in Toscana,** Tel. 392 9975869, www.tenutauccellina.it. Agriturismo am Rand des Maremma-Naturparks mit Zugangsmöglichkeit zum Schutzgebiet, großzügige Außenanlagen, eine Pferdekoppel, Spielgeräte und Picknickplätze, ideal für Familien; die Zimmer und Apartments sind modern und komfortabel, das Restaurant kocht typische Gerichte der Maremma, zum Ausflugsprogramm gehören Reitausflüge, nächtliche Sternenwanderungen und Jeeptouren an einsame Maremma-Strände.

■ **Borgo Magliano Resort**②-③, Strada della Capitana 15, **Località Sterpeti,** Magliano in Toscana, Tel. 0564 509042, www.borgomaglianogardenresort.com. Die Zimmer und Apartments dieses Landresorts sind im neutralen Hotelstil freundlich eingerichtet und gehören je nach Komfort zu verschiedenen Preiskategorien; im Garten erwartet ein Swimmingpool Sonnenhungrige, eine Pizzeria sorgt fürs leibliche Wohl.

■ **Casa San Francesco/MareMagia**②-③, Località Bestiale 32, **Magliano in Toscana** (8 km nordwestlich), Tel. 0174 3247779, www.maremmagia.de. Vorzüglich saniertes und erhaltenes Landhaus mit einzeln oder gesamt zu vermietenden Zimmern und der Casetta für Pärchen; perfekt in der Landschaft für den erholsamen Urlaub in aller Ruhe.

■ **Baia di Talamone**③, Via della Marina 23, **Talamone,** Tel. 0564 887310, www.hotelbaiaditalamone.it. Das Hotel am Jachthafen von Talamone vermietet sowohl Zimmer als auch Apartments. Die Einrichtung wirkt etwas düster, doch die Lage ist ideal für Touren in den Maremma-Naturpark.

■ **Locanda Terenzi**③-④, Località Montedonico, Scansano, Tel. 0564 599601, www.terenziwinresort.it. Zimmer, Apartments und ein Häuschen auf dem alteingesessenen Landgut Terenzi, 9 km südlich von Scanzano; alle geschmackvoll eingerichtet und mit Zugang zum herrlichen Garten mit Pool.

■ **Morelliana 4 Rooms**②-③, Via della Botte 20, **Scansano,** Tel. 0564 647652 www.morelliana.it. Eine angenehme Überraschung erwartet den Gast in diesem B&B – keine Stilmöbel, keine Blümchenvorhänge, dafür modernes Design und schicke Details – vielleicht nicht jedermanns Sache, aber eine nette Abwechslung.

■ **L'Asino Vola**②, Via Centrale Nuova 1, **Murci,** Tel. 0564 519063, www.asinovola.com. Drei große, komfortable Zimmer mit Holzdecken in einem ruhig gelegenen B&B am Rande des Ortes, in dem sich auch eine Pizzeria befindet; bezaubernde Gastgeber, und abends der Duft einer echten Pizza Neapoletana.

Camping

■ **Camping Village Cielo Verde,** Via della Trappola 181, Marina di Grosseto, Tel. 0564 321611, www.cieloverde.com, Mitte Mai–Mitte Sept. Das Campingdorf in der Pineta verfügt über 80–100 m² große Stellplätze mit Elektro-, teils auch Telefonanschluss und verschiedene Bungalowkategorien.

■ **Camping Sans Souci,** Località Casa Mora, Castiglione della Pescaia, Tel. 0564 933765, www.maremmasanssouci.it, April–Okt. Fast schon karibisch wirken die 39 Holz-Cottages dieser großen Anlage in der schattigen Pineta, in der seit über 50 Jahren gecampt wird. Mini-Markt, Restaurant, Strand und Sportanlagen komplettieren das Angebot.

■ **Agricampeggio Gli Olmi,** Località La Poderina, Scansano, Tel. 348 0625585, www.agriturismolapoderina.it, ganzjährig. Von den sechs Stellplätzen (auch mit Stromanschluss) eröffnet sich ein schöner Blick zum Monte Argentàrio und zum Meer. Alternativ kann man auch in einfachen **Häuschen**② mit DZ und Bad unterkommen.

Essen und Trinken

UNSER TIPP 8 **Canapino**③, Piazza Dante Alighieri 3, Tel. 339 2963558, www.facebook.com/RistoranteCanapone, Mo–Sa 12–14, 19–21 Uhr. Unter den Arkaden speist es sich mit hübscher Aussicht auf die Piazza Dante sehr elegant und ebenso kulinarisch anspruchsvoll: mit Täubchen gefüllte Ravioli beispielsweise oder ein von Lardo umhülltes Chianina-Filet mit Limone und Böhnchen, empfehlenswert sind auch die Degustationsmenüs ab 30 €.

1 **Il Tagliapasta**①-②, Via Renato Fucini 12, Tel. 0564 6544754, www.facebook.com/iltagliapastaviafucini12, Do–Di 12.30–14.30, 20–22 Uhr. Fisch und Fleisch, die eigentliche Sensation ist aber die hausgemachte Pasta (z.B. mit dem Sugo *baccalà e ceci* – Stockfisch mit Kichererbsen – oder Speck mit Radicchio); ungewöhnliche Einrichtung, irgendwo zwischen gemütlicher Avantgarde und modern antiquarisch.

15 **Il Giogo**②,Via Cesare Battisti 31, Tel. 331 7681798, www.facebook.com/ilgiogo.trattoriailgiogo, Mo–Sa 12–15, 19–23 Uhr. Wenn Mamma kocht: Pasta mit frischen Sardellen und Kullertomaten, Stockfisch mit Grillgemüse oder auch Kaldaunen; dass das Personal auch noch (fast) immer gut gelaunt ist, tut das Seine – Fazit: für die Einheimischen die Trattoria um die Ecke.

14 **La Piazzetta**①, Piazza Stefano de Maria 23, Tel. 0564 415631, Mo–Sa 19–23 Uhr. Über 50 verschiedene Pizze stehen auf der Karte, verspeist werden sie in schickem, klarem Ambiente – unbedingt Platz lassen für die Desserts (auch sie sind sehr lecker).

3 **Grantosco**③, Via Solferino 4, Tel. 0564 26027, www.facebook.com/ristorantegrantosco, Mo–Sa 12.30–14.30, 20–23 Uhr. Das Restaurant hat sich die Küche der Maremma vorgenommen und sie leichter und flotter interpretiert, das Ergebnis sind wunderbare Kompositionen, bei denen jede der regionalen Zutaten zur Geltung kommt, auch kompetente Weinauswahl.

7 **Caffè Letteraio Palomar,** Piazza Dante Alighieri 18, Tel. 0564 415824, www.libreriapalomar.eu, Mo 10–12.45, 16.15–19.45, Di–Do 9.15–12.45, 16.15–19.45, Fr./Sa 9.15–23 Uhr. In Bücherregalen stöbern, schmökern und Lesestoff kaufen – dazu Kaffee trinken oder ein Glas Wein genießen.

5 **Al Numero Nove**②, Via degli Aldobrandeschi 9, Tel. 0564 427698, Di–So 11–15, 18–24 Uhr. Eher ein Pub denn ein Restaurant, aber ideal für das informelle Essen in Vintage-Atmosphäre mit guten Toskana-Spezialitäten oder einer Runde Häppchen, *spuntini,* zum Wein.

4 **Gustangolo**②, Via S. Martino 13, Tel. 0564 28 105, www.facebook.com/gustangolo.salumeria.9, Mo/Mi 17–24, Do/Fr 10–14, 17–24 Uhr, Sa 10.30–14.30, 17–24, So 17–23 Uhr. Feinkostladen und Rosticceria in einem, das Angebot an regional produzierten Lebensmitteln, vor allem Wurst und Käse, ist riesig, für den kleinen Hunger gibt es Crostoni, Panini, Taglieri und *zuppe.*

155t sk

12 **Black Wood**①-②, Via Andrea del Sarto 22, Tel. 328 5771165, www.theblackwood.it, Di–Sa 19.30–22.30, So 12–15 Uhr. Feines Essen auf hohem Niveau unter den Gewölben eines alten Weinguts oder im schönen Garten (etwas außerhalb).

Außerhalb

■ **Fiumara Beach,** Marina di Grosseto, → „Apero und Abend".

■ **Agriturismo Le Tre Fonti**③, Strada dei Ruderi 46, **Roselle,** Tel. 349 5801287, www.agriturismoletrefonti.it, nur nach Voranmeldung Do/Fr 19.45–22, Sa/So 12.30–15, Sa auch 20–22 Uhr. Ein traumhaft schönes Anwesen mit Olivenhain an der Straße zur Ausgrabungsstätte, dazu traditionelle Gerichte mit modernen Anklängen, so beispielsweise *gnocco alla crema porcino e frutti di bosco* oder *filetto di cinta senese al miele sfumato* ... Freude und Genuss für alle Sinne!

Il Duchesco③, Strada Provinciale 59 29, **Alberese,** Tel. 338 8462659, www.ilduchesco.it, tgl. 12.30–15, 19.30–22 Uhr. Vor allem Produkte aus biologischem Anbau verarbeitet der Küchenchef in diesem Restaurant am Rande des Regionalparks der Maremma zu den typischen Spezialitäten der Region; die Karte listet auch vegetarische und vegane Gerichte, der Wein kommt aus eigenem Anbau.

■ **La Buca**③, Via Porta Garibaldi 1/5, **Talamone,** Tel. 339 3880235, www.facebook.com/LaBuca1968, Di–So 12–22.30 Uhr. In diesem Restaurant in einer Seitengasse sollte man sich auf die Empfehlungen der Kellner verlassen – sie wissen, welcher Fisch gerade frisch angeliefert wurde; große Auswahl an Antipasti, auch hier mit Schwerpunkt Fisch und Meeresfrüchte.

UNSER TIPP: **Il Vicoletto**③, Via Peretti 18, **Talamone,** Mi–Mo 12.30–14.30, 19–22.30 Uhr.

Fisch, Fisch, Fisch, in diesem Fall von einem jungen, sehr kreativen Küchenchef in die wunderbarsten Vor- und Hauptspeisen verwandelt – wer das *tartare di gamberi* probiert hat, wird immer wiederkommen.

■ **Encantowhite**②-③, Strada Provinciale delle Rocchette, **Castiglione della Pescaia,** Tel. 0564 947126, www.facebook.com/EncantoWhiteBeach Restaurant, tgl. 12.30–14.30, 19.30–22.30 Uhr. Ganz in Weiß mit Sonnenuntergang ... Strandrestaurant mit ausgezeichneter Fischküche (und eigenem Olivenöl); auch für Wasserscheue eine Empfehlung.

■ **La Terrazza**③, Corso della Liberta 49, **Castiglione della Pescaia,** Tel. 0564 933835, www.laterrazzabistrot.it, Mi–So 7–24 Uhr. Von der Terrasse des schicken Bistrots blickt man bei einem Smoothie, einem Cocktail oder aber beim Mittag- oder Abendessen über die Marina von Castiglione, die Küche variiert toskanische Basics mit modischen Zugaben.

■ **Trattoria Da Grazia**②-③, Località Pian di Rocca, **Castiglione della Pescaia,** Tel. 0564 947054, www.lasassicaiaagriturismo.it, tgl. ab 19, So/Mo auch 12–14.30 Uhr. Der Familienbetrieb, seit Jahren geführt von der resoluten *Angela,* ist ein beliebtes Wochenendziel von Feinschmeckern aus Grosseto, denn hier wird mit frischen Produkten von der eigenen Azienda und von befreundeten Fischern köstlich gekocht. Den toskanischen Brotsalat gibt's hier einmal anders, nämlich als *panzanella al mare* mit Meeresfrüchten.

■ **Merenderia Da Paguro**②, Via delle Collacchie 43, Località Pian d'Alma, **Castiglione della Pescaia,** Tel. 351 7330943, Mi–Mo 10–16, 19–23 Uhr. Das ländliche, mit Krimskrams vollgestopfte Lokal ist ideal für die Mittagspause mit Wurst, Schinken und Käse oder aber einer hochgelobten *griglata mista,* der Spezialität des Hauses.

UNSER TIPP: **La Cantina Di Simone**②, Via Vittorio Emanuele 14, **Scansano,** Tel. 391 3474559, www.facebook.com/prodottilocaliscansano, Sa–Do 8–22, Fr 16–20 Uhr. Die kalten Platten sind die Stärke der urigen Kneipe, genossen unter den Gewölben oder an den wenigen Tischen in der Gasse; die Qualität an Käse, Wurst, Schinken, selbstgebackenem Brot und Eingelegtem ist ganz außerordentlich; immer gibt es auch einige warme Gerichte (→ auch „Einkaufen").

■ **L'Asino Vola**②, **Murci,** → „Unterkunft".

■ **Pizza Movie**①, Via XX Settembre 2, **Magliano,** Tel. 0564 592574, Mi–Mo 19–23 Uhr. Fantastische Pizze in der rustikalen Kneipe um die Ecke, immer voll, immer gut; an den Wänden hängen Kinoplakate von Klassikern.

■ **Cantina di Cecco**①, Via Giordano Bruno 1, **Magliano,** Tel. 328 9710649, Mo–Sa 12–14.15, 19–22, So 19–22 Uhr. Urige Weinbar für ein verschwiegenes Gläschen vor dem Abendessen und mit guten kalten Platten zur Weinbegleitung; angenehmes Sitzen draußen vor dem Lokal im Herzen der Altstadt.

Süßes

10 **Gelateria/Creperia Arlekkino,** Viale L. Ximenes 27, Tel. 0564 417284, www.gelateriaarlekkino.it, tgl. 11–22/23 Uhr. Sehr gutes Eis und leckere Crêpes. Gelegentlich werden auch *cannoli siciliani* zubereitet.

11 **Gelaterie Artigianale Papeete,** Via dei Mille 57/A, Fr–Mi 9–21 Uhr. Nicht die große Auswahl an Geschmäckern, sondern die verlässliche Qualität und Frische machen diese Gelateria zu einer der beliebtesten.

17 **Pasticceria Giannini,** Via del Pinturicchio 16, Tel. 339 4290995. Torten, Gebäck, Hörnchen, aber auch Panini und salzige Snacks.

Außerhalb

■ **Bar di Porto, Talamone,** → „Apero und Abend". Auch als Gelateria sehr zu empfehlen.

■ **Kaleidos Cafè,** Piazza Marconi 5, Magliano, Di–So 6–24 Uhr. Süßes und Herzhaftes den ganzen Tag lang und abends dann Cocktails mit Häppchen.

[<] La Cantina di Simone in Scansano

284t sk

Apero und Abend

Die Lokale in Grosseto rund um die **Piazza della Palma** sind bei den Nachtschwärmern besonders beliebt; in den Sommermonaten verwandelt sich der **Cassero Senese** in ein Open-Air-Kino mit kleinem Restaurant- und Barbetrieb *(cinema sotto le stelle)*.

9 **Pickeat,** Piazza del Sale 12, Tel. 349 8014216, www.facebook.com/pickeatbrasserie, Do–Di 18–24 Uhr. „Laubengang" unter freiem Himmel über der Piazza mit Themenabenden (u.a. Texmex, Oktoberfest, Modenschau), Steaks und süffigen Cocktails.

6 **Vermuttino,** Piazza Dante Alighieri 13, Tel. 340 6774040, Mo–Fr 8–24, Sa/So 17–24 Uhr. Eine entspannte Bar mit Cocktails und begleitenden kalten Platten unter den Arkaden.

Talamone ist das Dorado der Kitesurfer

Außerhalb

■ **Fiumara Beach,** Località Fiumara, **Marina di Grosseto,** Tel. 0564 34040. Stabilimento, Beach-Bar und Restaurant (www.facebook.com/fiumara beach, tgl. 11–15, 19–24 Uhr). Wir empfehlen das Fiumara für den romantischen Drink am Strand, aber man kann hier auch gut (und ebenso romantisch) essen.

■ **La Maison Rouge,** Abendkonzerte (klassisch, Jazz, Weltmusik) im **Casa Rossa Ximenes** des Naturschutzgebietes Diaccia Botrona bei Castiglione della Pescaia, Tel. 389 0031369, www.maremmaonline.it.

■ **Bar di Porto,** Piazza del Porto, **Talamone,** Tel. 0564 887012, tgl. 7.30–2 Uhr. Zu jeder Tageszeit ein angenehmer Ort mit Blick über den Hafen und das Treiben am Kai; beliebt für den Aperitif und den späten Absacker nach einem guten Abendessen.

Verkehr

- **Bahn:** Stazione Centrale, Piazza Marconi, 1 km nördlich der Altstadt, an der Hauptstrecke Livorno–Rom, Verbindungen nach Follònica halbstündlich (30 Min., um 6 €) und Orbetello/Monte Argentàrio halbstündlich (25 Min., um 4,50 €), nach Rom etwa alle 90 Min. (um 2 Std., ab 13,35 €).
- **Stadtbusse:** Einzelfahrt 1,70 € (beim Fahrer 3 €), 10er-Block 15,50 €.
- **Fernbusse:** Abfahrt vor dem Bahnhof, Verbindungen mit Autolinee Toscane nach Marina di Grosseto und weiter nach Castiglione della Pescaia etwa stündlich (Linien Nr. 1/G und 1/FP, 15/35 Min., um 2/um 4 €), Bagno Roselle etwa halbstündlich (mehrere Linien, 15 Min., um 1,50 €, nicht zur Ausgrabungsstätte), nach Alberese etwa zweistündlich (Linie Nr. 15/A, 35 Min., um 2 €), nach Orbetello zwei- bis dreimal am Tag (Linie 39/0, 60 Min., um 5,50 €), www.at-bus.it.
- **Parken:** Um die Altstadtmauer sind Parkplätze und -häuser angeordnet, Parcheggi Ximenes und Mercato am Südrand, kostenpflichtig Mo–Sa 9–13, 16–20 Uhr, 0,70 €/Std., Parkhaus Amiata 8–20 Uhr 0,70 €/Std., 20–8 Uhr 0,20 €/Std. (max. 2 €), So 0,20 €/Std. (max. 2 €); http://sistemagrosseto.com.
- **Wohnmobilstellplatz/Alberese Camper Park,** Via del Bersagliere 1, Alberese, gegenüber dem Centro Visite, Tel. 391 9137130, https://alberesecamperpark, beleuchtet, Abwasser, Toiletten, Hochsaison 7 €/2 Std, 25 €/24 Std., sonst 6/20 €.

Feste

UNSER TIPP: **Festa di San Lorenzo,** Grosseto, 9./10. August, Höhepunkt des Festes für den Stadtheiligen ist eine feierliche Prozession am Abend des 9. August, bei der die Statue des Heiligen auf einem von Maremma-Rindern gezogenen Karren durch die Altstadt geführt wird; *butteri* hoch zu Ross begleiten den Umzug.

UNSER TIPP: **Estate Rosellana,** Roselle; der Besuch des Festival Shakespeariano in der archäologischen Zone von Roselle ist eine der schönsten Abendbeschäftigungen in einem heißen August, www.facebook.com/estaterosellana.eventi.

- **Festa del Mare,** Castiglione della Pescaia, 14./15. August, eine Marienstatue wird am Abend des 14. August von der Chiesa di Santa Maria Goretti zum Molo Levante getragen und von dort per Boot und begleitet von mit Lichtern und Fackeln beleuchteten Fischerbooten aufs Meer gefahren; am 15. folgt der Palio Marinaro, ein traditionelles Ruderbootrennen auf der Bruna – ein großes Feuerwerk beschließt am Abend die Festlichkeit.
- **Orbetello Piano Festival,** August in Talamone und Orbetello, Piano-Konzerte aller Genres in besonders originellen Locations (http://orbetellopianofestival.it).

Einkaufen

13 **Fatto a Mano Nicola Meyer,** Via Carlo Pisacane 10, Tel. 333 4197458, www.nicolameyer.com. Schöne Taschen, Rucksäcke und Hüllen für Handy, Tablets und Co. – einmal nicht aus China.

7 **Caffè Letterario Palomar,** Piazza Dante Alighieri 18, Tel. 0564 415824, www.libreriapalomar.eu. Buchhandlung mit Anspruch und Kaffeestube der Intellektuellen von Grosseto.

4 **Gustangolo,** → „Essen und Trinken". Feinkostladen mit großem Sortiment lokaler Spezialitäten.

Außerhalb

- **Il Tipico Maremmano,** Via IV Novembre 1b, **Scansano,** Tel. 347 9201113. In diesem ganz und gar untouristischen Laden verkauft ein Paar die Produkte von 16 Biobauern aus der Region – Wein, Oliven, Käse, Würste, aber auch Wollsocken, Schals, Birra Maremma und Safran.
- **La Cantina di Simone,** Via Vittorio Emanuele II 16, **Scansano,** Tel. 0564 507400, www.simoneilsalumiere.it. Der Feinkostladen führt die tollsten

Würste, Schinken und Käsesorten, Nudeln, Trüffel, *sughi* ... und man kann alles in den Kellergewölben auch verkosten.

Aktivitäten

Centro Ippico La Bandita, Località La Valle, Strada Provinciale del Padule, Castiglione della Pescaia, Tel. 347 8726588, www.facebook.com/labandita.centroippico; ein- bis mehrstündige Reitausflüge in die Maremma oder am Strand entlang.

■ **Kite's Angels Beach,** Via Costiera km 31, Marina di Grosseto, Tel. 334 3113584, www.kitesangelsbeach.it. Zum Kitesurf-Center gehören ein schöner, mit Holzliegen und Cabanas ausgestatteter Strandabschnitt und eine Bar; Kurse nach Voranmeldung.

■ **Castiglione Watersports,** im Hotel Riva Sole, Castiglione della Pescaia, https://castiglionewatersports.it. SUP-, Surf- und Kiteschule.

■ **Talamone Windsurfing Kitesurfing Center,** Via Talamonese, c/o Spiaggia Talamone Camping Village, Tel. 329 2426342, www.twkc.it. Die Surfschule in der Bucht von Talamone gibt Kurse im Wind- und Kitesurfen sowie Wellenreiten.

Geführte Touren

■ **Into Maremma,** Tel. 335 6589256, https://intomaremma.com; das von fünf Frauen geführte Unternehmen organisiert **deutschsprachige Wandertouren und Führungen** u. a. in der Maremma und zu den Tuffstädten Pitigliano, Sorano und Sovana; halbtags ab 150 €, ganztags ab 250 € (jeweils für eine ganze Gruppe).

Gesundheit

■ **Krankenhaus/Ospedale,** Via Cimabue 9, Tel. 0564 485111, Notruf 118, www.uslsudest.toscana.it, rund um die Uhr.

■ **Apotheke/Farmacia,** wechselnde Notapotheken, Dienstplan auf www.ordinefarmacistigr.it.

Porto Santo Stefano/Monte Argentàrio

■ 5 m üNN, 12.000 Einw., Grosseto 40 km

Über 600 m ragt Monte Argentàrio im Rücken von Porto Santo Stefano aus dem blauen Wasser in den noch blaueren Himmel, hoch oben Macchia und Wald, an den tieferen Flanken Olivenhaine und Rebenspaliere – die Insel ist ein Traum, den sich viele Prominente mit einer Villa über dem Meer erfüllt haben. Steil ziehen sich die Häuser von Porto Santo Stefano über dem fast rechteckigen Hafen die Hänge hinauf. An der Uferpromenade herrscht Hektik, Parkplätze sind Mangelware. Die einen kommen zum Einkaufen, um die Vorräte in ihren Villen aufzufüllen, die anderen wollen mit der Fähre nach Giglio, und die dritten einfach nur gucken. Nicht gerade die kleinsten Jachten liegen in den Hafenbecken, die Speisekarten der Restaurants richten sich an eine Klientel, die mehr als das Übliche erwartet, und PS-starke Karossen machen endgültig klar – hier ist man (reicher) Mensch, hier darf man's sein. In Porto Santo Stefano haben sich nicht wenige Prominente ein Häuschen zugelegt, und als die Stadt nicht mehr viel an Platz zu bieten hatte, begann man die Hänge rund um die Insel zu terrassieren und zu bebauen. Ein kleines, unbedeutendes Fischerdorf wurde in nur dreißig Jahren umfunktioniert zum **Ferienparadies der Reichen und Schönen.**

Wer nicht hier wohnt und baden will, findet nur westlich von Porto Santo Stefano einige kleine Buchten mit bewirtschaftetem Strand. Wer auf sich hält, benutzt sein Boot, um eine der Felsbuchten rund um die Insel zu erreichen.

Geschichte

Den heutigen Namen erhielt die ursprünglich „Insula Matidiae“ genannte Insel noch in der Antike durch eine vermögende Familie, die Geld gegen Zinsen verlieh, Konten verwaltete und Grundstücke vermittelte – aus der Linie *Ahenobarbus* vom Geschlecht *Domitius* (von denen auch *Nero* abstammte). Deren vom Senat überwachten Berufsstand nannte man zu seiner Zeit „Argentarii“. Das **alte Rom** unterhielt auf der Insel drei Häfen (Traianus, ad Cetarias und Incitaria), deren genaue Lage heute nicht mehr zu verorten ist. Die Torre dell'Argentario, eine augenfällige Landmarke auf einem Hügel im Hinterland von Porto Santo Stefano 2 km vom Hafen, entstand im Mittelalter unter den *Aldobrandeschi* als Wachtturm. Santo Stefano tauchte in den Schriften erstmals als **Hafen Sienas** im 14. Jh. auf. Siena hatte dann nach Piratenangriffen 1442 die bestehenden Wehreinrichtungen verstärkt und weitere Küstentürme errichtet. Ab dem 16. Jh. wurde Monte Argentàrio Teil des **spanischen Stato dei Presidi** (siehe Kasten „Rochaden – die Spanier in der Toskana“) und damit auch seiner Geschichte, die mit dem Wiener Kongress 1815 endete.

156t sk

[>] Blick von der Fortezza Spagnola auf Porto Santo Stefano

Sehenswertes

Hoch über der Hafenbucht steht inmitten des Häusermeers ein historisches Bauwerk wie ein Fremdkörper – die **Spanische Festung** aus dem auslaufenden 16. und beginnenden 17. Jh. als Ersatz eines Senesischen Wachturms. Ein einziges, früher mit einer Zugbrücke geschütztes Tor und ein rundum laufender Brüstungsgang, um Feinde mit Pech und Schwefelgüssen zu schrecken, sollten es den Angreifern schwer machen. Im Fundament sind Zisternen verborgen, um auch längere Belagerungen zu überstehen. Heute sind in der Festung zwei kleine **Dauerausstellungen** untergebracht, die einmal zu einem Museum des Meeres zusammengefasst werden sollen: Museum der Schiffsbauer und Museum für Unterwasserarchäologie.

■ **Fortezza Spagnola,** Piazzale Governatore (Via Panoramica Ecke Via Filippo Forte), Juni/Sept. tgl. 10.30–12.30, 16–19, Juli tgl. 18.30–23.30, Aug. Di–So 10.30–12.30, tgl. 18.30–23.30, Okt. Sa/So 10.30–12.30, 16–19 Uhr, 2 €.

Das **Aquarium** unten am Hafen zeigt in seinen Tanks die Flora und Fauna der Costa d'Argento, der „Silberküste", wie die Gewässer rund um die Insel auch heißen. In den 17 Aquarien schwimmen u.a. die Süßen (Seepferdchen), die Gefährlichen (Muränen) und die Leckeren (Hummer). Auch Katzenhaie wedeln sich elegant durchs Wasser.

■ **Acquario Mediterraneo dell'Argentario,** Lungomare dei Navigatori 45, Tel. 0564 815933, www.acquarioargentario.org, Juli–Anfang Sept. tgl. 10.30–12.30, 16–19, Sept./Okt./Mai–Juni Di–Fr 15–19, Sa/So 10.30–12.30, 15–19 Uhr, 5 €, Kind 2 €.

Piraten

Trotz jahrhundertelanger Bemühungen konnte kein Herrscher über die Küste je die Aktivitäten der „Barbaren" und Piraten so einschränken, dass Monte Argentàrio nicht immer wieder zum **Schauplatz von Angriffen** geworden wäre. Die Seeräuber ließen sich sogar auf dem Berg nieder und gingen von ihm aus auf Kaperfahrt. Die gefangenen Männer kamen in die Galeeren, die Frauen und Kinder auf die Märkte der Levante und Nordafrikas. Noch 1813 wusste man von Überfällen zu berichten, und erst 1830 – durch die französische Besetzung der nordafrikanischen Küste – endete dieses Kapitel, und Monte Argentàrio konnte nachhaltig besiedelt werden.

Zahlreiche weitere Türme und Festungsanlagen sind rund um die Insel von den Spaniern errichtet worden. Der Öffentlichkeit sind sie nicht zugänglich.

Monte Argentàrio

Geologisch war und ist Monte Argentàrio eine Insel, die zwei Nehrungen mit dem Festland verbinden und mit einem dritten Landfinger zwischen ihnen zwei **Lagunen** bilden. Durch Anschwemmungen zuerst entstanden ist die mittlere (und heute schmalste) Landverbindung. Später kamen die äußeren Nehrungen hinzu, die durch weitere Anspülungen des Meeres immer noch wachsen – weshalb ihre Außenseiten mit langen Stränden und feinem Sand beliebte **Badeziele** sind. Auf dem mittleren Finger siedelten sich im 15. Jh. die ersten Menschen an, im Lauf der Zeit und insbesondere unter den Spaniern entstand das mit allerlei Festungswerk bestens gesicherte Orbetello.

An der Nordostflanke des Inselgebirges liegt in 300 m Höhe das 1737 an Stelle einer Einsiedelei gebaute **Passionisten-Kloster San Paolo della Croce** (10 km von Porto Ercole). Ordensgründer war der als „Paul vom Kreuz" bekannte katholische Priester *Paolo Francesco Danei* (1696–1775), der nach Visionen und mehreren Anläufen in Rom schließlich die Genehmigung zu Ordensgründung und Klosterbau erhielt. Die Heiligsprechung fand 1867 statt. Hauptmerkmal der Glaubenskongregation ist die Verehrung der Leiden Chris-

[>] Baden auf der Tòmbolo di Fenìglia

Badeplätze am Monte Argentàrio

Verlässt man Santo Stefanos Hafen (dort parken!) nach Westen auf dem Gehsteig des 250 m langen Tunnels der aufgelassenen Bahnstrecke, gelangt man direkt zur Spiaggia La Cantoniera (bewirtschaftet und frei, Restaurant) und durch die beiden folgenden, je 150 m langen Tunnel zum kleinen, von einer kurzen Mole geschützten Felsstrand Spiaggia La Bionda (frei). Der nächste Strand in dieser Richtung (an dem vorbei auch die Hauptstraße führt) ist die 400 m lange Kiesbucht Il Pozzarello mit Hotel und mehreren stabilimenti balneari. Zwei weitere kleine Badebuchten folgen bis zum Beginn des Tòmbolo zum Festland: La Soda und Bagni di Domiziano (beim Hotel Domizia).

Im Nordwesten der Insel ist das Meer bei der unbewirtschafteten Cala Grande zugänglich. Man verlässt den Hafen auf der Via Panoramica nach Norden und parkt nach 5 km hinter einer rechts bergab führenden Sackgasse (GPS N 42.428453, E 11.098448) am Straßenrand. 20 Min. und 50 Höhenmeter sind es auf schattigem Weg ans Wasser mit Fels- und Kiesstrand.

Im Süden darf man zu Fuß auf der privaten Straße einer Resortgemeinschaft hinunter zum Strand von Le Cannelle gehen. Der Zugang liegt ebenfalls an der Via Panoramica 11,5 km hinter dem Zugangspunkt von Cala Grande an einem Tor mit seitlichem Durchgang (GPS N 42.381137, E 11.141054). 10 Min. sind es hinunter zum Kies- und Felsstrand, der an einigen Abschnitten ein wenig Sand aufweist.

Im Osten fährt man von Porto Ercole 2 km auf der Via Panoramica zum Beginn des Fußwegs (GPS N 42.384443, E 11.195699), der in gut 10 Min. zur sandigen Spiaggia Lunga führt. Bei Il Carrubo (1,7 km weiter) gibt es einen Parkplatz (GPS N 42.375071, E 11.186775), von dem aus es 10 Min. zu Fuß hinunter an den öffentlichen Sand- und Kiesstrand von Acqua Dolce sind.

Wer die Auf- und Abstiege zu den Felsstränden scheut und breite Strände mit feinem, hellem Sand bevorzugt, ist auf der Nehrung Tòmbolo di Fenìglia richtig. Zwar ist man auch hier in den stadtnahen Bereichen nicht ganz alleine, doch je weiter man entlang des 6 km langen Strandes Richtung Ansedònia marschiert, auf desto weniger Sonnenhungrige wird man treffen. Erst unterhalb von Ansedònia wird der Strand wieder bewirtschaftet.

158t sk

ti. Die Kirche des Klosters kann man besichtigen, kunstgeschichtlich hat sie nichts zu bieten. Im Wald 200 m vor dem Kloster verbirgt sich das Restaurant Ristoro la Sorgente (Mai–Sept., nur mittags). 1 km nordwestlich des Komplexes steht der Novizen-Konvent.

Auf holpriger Straße mit zahlreichen Schlaglöchern geht es 3 km weiter hoch zu Funkmasten unweit des Nebengipfels Poggio Tondo (532 m). Dahinter steht die stacheldrahtbewehrte und verfallene **Kapelle Madonna del Predicatore** von 1934, auf der eine Marmorplatte noch von der Herrlichkeit des weltlich-religiösen Dreigestirns aus Papst, König und Duce kündet. Über ihr ragt ein 19 m hohes **Monumentalkreuz** aus Gitterrohrwerk in den Himmel, im Jahre 1944 bombardiert und 1948 neu errichtet.

Höchster Gipfel ist der **Monte Telegrafo** mit 635 m. Mit Sendeanlagen zugestellt, ist er als Militärgebiet gesperrt.

Die **Rundfahrt** um die Insel beginnt in Porto Santo Stefano auf der Via Panoramica, die ihren Namen zu Recht trägt. In ihrem weiteren Verlauf bietet sie atemraubende Ausblicke über die Küste, verläuft aber leider fast durchweg hoch oben und vorbei an Privatgrundstücken, sodass das Meer bis auf wenige Stellen unerreichbar ist. Da die Straße extrem schmal ist, darf man die Rundfahrt keinesfalls mit einem Camper unternehmen. Auch mit einem kleineren Pkw gerät man bei Gegenverkehr ins Schwitzen und muss damit rechnen, längere Strecken im Rückwärtsgang zurückzulegen. Ein paar Kilometer an der Südseite der Insel zwischen Il Purgatorio und Il Carrubo sind unbefestigt und mit Wagen mit großer Bodenfreiheit einfacher zu bewältigen.

Porto Ercole

In der schönen, weiten Bucht von Porto Ercole (5 m üNN, 2700 Einw.) an der Südostseite der Insel ankern Jachten, auf den macchiabedeckten Hügeln an den Seiten wachen die Festungsmauern des spanischen Stato dei Presidi. Das Städtchen zeigt den Charme, den Porto Santo Stefano vermissen lässt. Ansonsten gibt es hier aber nicht viel zu unternehmen.

In Porto Ercole starb am 18. Juli 1610 der **Maler Caravaggio** (1573–1610). Er war 1606 in Rom in einen Mord verwickelt. Zum Tode verurteilt floh er quer durch Europa. 1610 begnadigt, nahm er ein Schiff von Neapel, um im spanischen Porto Ercole das Schriftstück seiner Begnadigung abzuholen. Dort ereilte ihn allerdings der Tod – wahrscheinlich starb er an Sumpffieber. Zur ewigen Ruhe gelegt wurde er in der Pfarrkirche Sant'Erasmo.

Orbetello

Orbetello (5 m üNN, 14.300 Einw.) liegt auf einer 3,5 km langen und 500 m breiten, in die Lagune reichenden Landzunge, die im westlichen Bereich dicht bebaut und mit Monte Argentàrio nur durch einen schmalen, fast brückenartigen (1824 aufgeschütteten) Damm verbunden ist. Grabungen haben etruskische Hafenmauern freigelegt (die Lagune war der bedeutendste Hafen des etruskischen Zwölfstädtebundes).

Landseitig verlässt man die von Spanien 1557–1620 befestigte Altstadt, Hauptort und -hafen des spanischen Stato dei Presidi, durch die dreibogige **Porta Principale.**

Neben dem Stadttor trägt ein Bogen den Schriftzug **„Aeroporto Augustine Brunetta"**. Tatsächlich war dies in den 1920/30er Jahren der Zugang nicht zum Flugfeld, sondern zur Lagune, von der aus Wasserflugzeuge starteten. 1928 verbanden einmotorige Doppeldecker-Flugboote des Typs Savoia-Marchetti S.59 per Liniendienst Orbetello mit Cartagena in Spanien, den Balearen, Cagliari auf Sardinien und Marseille. Am 17. Dezember 1930 starteten auf der Lagune zu Propagandazwecken zwölf Doppelrumpf-Flugboote Savoia-Marchetti S.55 (und 56 Mann) unter dem Kommando von *Italo Balbo* (1896–1940), Luftfahrtminister des faschistischen Italien (und Freund des Nazis *Göring*), zu einer Atlantiküberquerung nach Rio de Janeiro – der erste Südatlantiküberflug überhaupt.

Fast in der Mitte des von vier Straßen durchzogenen und zwei Uferstraßen begrenzten historischen Viertels steht der **Dom Santa Maria Assunta** von 1376. Er soll auf den Fundamenten eines etruskischen Tempels errichtet worden sein. Die elegante gotische Fassade aus Travertin mit einer Skulptur des heiligen *Benedikt* bedeckte einst die gesamte Kirchenfront, doch im 17. Jh. fügte man die Seitenschiffe an und erhöhte das ursprüngliche Schiff. Die spätbarock ausgestattete Kapelle San Biagio rechter Hand kam ebenfalls zu jener Zeit hinzu und bewahrt Reliquien des heiligen *Blasius*. Der neugotische Campanile ist ein Werk des ausgehenden 19. Jh.

■ **Concattedrale di Santa Maria Assunta,** Piazza della Repubblica, 8–12, 16–19 Uhr.

Das **Archäologische Museum** im ehemaligen Pulvermagazin stellt als wichtigstes Exponat im Erdgeschoss den fragmentarischen, hervorragend gearbeiteten (und präsentierten) Terrakotta-Fries von Telamon aus dem Jahr 150 v. Chr. mit dem Kampf zwischen *Eteokles* und *Polyneikes* beim „Zug der Sieben gegen Theben" aus, der einst einen Tempel bei Talamone schmückte. Funde aus den etruskischen Nekropolen der Umgebung, Waffen und landwirtschaftliche Gerätschaft sind in der ersten Etage zu sehen.

■ **Museo Archeologico,** Via Mura di Levante 7, Polveria Guzman, Tel. 0564 860378, Juli/Aug. Sa/So 18–23, April–Juni/Sept. Sa 16–20, So 9–13, 16–20, sonst Sa 14.30–17.30, So 10–13 Uhr.

Das 1000 ha große **Naturreservat Laguna di Orbetello** gilt als bedeutendste Lagune des Tyrrhenischen Meeres und schützt eine typische Dünenvegetation, Riedflächen und Waldbereiche mit u.a. Korkeichen, Ulmen und Eukalyptus. Die Vogelwelt, die hier nistet und rastet, gilt als außerordentlich vielfältig: Kormorane, mehrere Reiherarten, Flamingos, Adler und mehr.

■ **L'Oasi di Orbetello,** Località Ceriolo III (Kilometer 148.300/Via Aurelia), Tel. 0564 898829, www.wwf.it, Führung nach Voranmeldung 14 Tage vorher, Juli/Aug. Di/Do/So 17.30, Anfang-Mitte Sept. 16.30 Uhr; freier Zugang Mitte Sept.–Mitte Mai Sa/So 9–16 Uhr (letzter Einlass 14 Uhr).

Ansedònia

Die Streusiedlung Ansedònia mit ihren zahlreichen Ferienvillen erstreckt sich jenseits der Lagune über den Hügel am Festland. An dessen höchster Stelle haben Grabungen die Reste der 273 v. Chr. als Bollwerk gegen die Etrusker gegründeten **römischen Kolonie Cosa** freigelegt. Cosa war mit einer fast 1,5 km langen Mauer und 18 Wachttürmen befestigt und bedeckte eine Fläche von etwa 500 m Durchmesser 100 m über Meeresniveau. Bereits im 1. Jh. n. Chr. verlassen, sind Stadtanlage und Architektur typisch für die republikanische Epoche Roms, was Cosa zu einer der wichtigen **Grabungsstätten** des Landes macht. Die antiken Mauern sind im Bereich des Eingangs zur Zone (die antike Porta Romana) noch vorzüglich erhalten.

Ein Spaziergang führt hoch zum **Museum** mit Funden aus Cosa, hinter dem sich das interessante Grabungsfeld erstreckt. Immer wieder sind hier archäologische Gruppen aus aller Herren Länder zugange und arbeiten sich mit Schäufelchen und Pinsel in den Boden hinein, kartografieren, verpacken, zeichnen und fotografieren. Unter anderem

159t sk

sind die Fundamente der vorchristlichen Basilika, ein öffentliches Gebäude für Märkte, Gerichtsverhandlungen etc. von Bedeutung.

■ **Museo Archeologico Nazionale di Città di osa**, April–Okt. Di–So 10–18.30, sonst 8.30–16.30 Uhr, Museum 2 €, Ausgrabungszone frei.

Unterhalb Cosas am östlichen Ende des Kaps von Ansedònia steht am netten Strand die von den Spaniern gebaute **Torre Tagliata,** die bereits im 19. Jh. zu Wohnzwecken umgebaut war. Hier nahm *Puccini* mehrfach Quartier und soll erste Ideen zu seiner Oper „Turandot" gehabt haben (weshalb der Turm auch „Torre Puccini" heißt). Ebenfalls zu sehen sind die **Reste des Hafens** des römischen Cosa: gemauerte Kaianlagen und ein in den Tuffstein gehauener Kanal zur Entwässerung des Hinterlandes und zur Regelung des Wasserpegels im Hafen. Unklar ist die Bedeutung des von etruskischen Arbeitern erweiterten und mit Tunnels versehenen, 300 m langen Felsspaltes **Spacco della Regina** am Strand (über die Brücke erreichbar).

Capalbio

20 km östlich von Orbetello liegt Capalbio (220 m üNN, 600 Einw.) an den Hängen der küstennahen Bergausläufer mit Blick über die Ebenen und das Meer. Die Häuschen der mittelalterlichen **Burgstadt** sind bei reichen Römern als Feriendomizil beliebt, weshalb der Ort außerhalb der Saison völlig verschlafen wirkt. Im 12. Jh. wurde die Gegend von Capalbio als Lehen von Papst *Alexander III.* an die Abtei Tre Fontane gegeben,

und die *Aldobrandeschi* errichteten die Burg. Die kreisrunde Wehrmauer zeigt sich intakt und in weiten Bereichen begehbar. Einige Souvenirgeschäfte verkaufen mehr oder weniger Sinnvolles, und mehrere Restaurants (vornehmlich die am Mauerring) öffnen auch mittags für die Tagestouristen von der Küste.

An der höchsten Stelle der Altstadt ragt aus dem **Palazzo Collacchioni** die Rocca Aldobrandesca aus dem 13. Jh., der Stadtturm, empor. Einige Zimmer des Palastes sind als Museum elegant im Stil des Rinascimento eingerichtet, einige werden für Sonderausstellungen genutzt. *Giacomo Puccini* soll mehrmals im Palast untergekommen sein. Wer will, steigt auf die Terrasse des Turms (118 Stufen) und bestaunt die Fernsicht.

■ **Palazzo Collacchioni,** Via Collacchioni 2, Tel. 0564 896611, Juli/Aug. 10–12.30, 17.30–21.30, Juni 10–13, 15.30–18.30, Sept. 10–12.30, 17–21.30, Okt. Sa/So 10–17 Uhr, 2 €.

Die einschiffige, mit Seitenkapellen versehene **Kirche San Nicola** aus dem 12. Jh. trägt an ihren Wänden einige Fresken aus dem 15. Jh., die man erst 1936 entdeckt und restauriert hat. Teils geben sich Inhalte und Ausführung ländlich einfach, doch zwei Gemälde verdienen durchaus Beachtung (in der ersten und zweiten Kapelle rechts).

Am Eingang zur Altstadt wirbt eine Brunnenskulptur von *Niki de Saint Phalle* für einen Besuch im Giardino dei Tarocchi (siehe unten). Wer in Capalbia etwas auf sich hält, badet an der **Spiaggia Macchiatonda** gleich westlich des Schutzgebietes rund um den **Lago di Burano.** Der 13 km entfernte Strand ist für seinen fast schwarzen Sand berühmt.

Giardino dei Tarocchi

8 km südöstlich von Capalbio wachsen im Tarot-Garten ganz eigenwillige **Skulpturen** in noch eigenwilligeren Farben zwischen den Bäumen hervor. Die französische Künstlerin **Niki de Saint Phalle** (1930–2002) sorgte vor allem mit ihren **„Nanas"** weltweit für Furore – Frauenfiguren mit weit mehr als nur betonter Figur und ausladenden Rundungen – letztlich abstrakt, knallbunt und aus Polyester für die Ewigkeit gemacht. Den Garten begann *Saint Phalle* 1979, der Öffentlichkeit zugänglich ist er seit 1998. In ihm verwendete sie für die 22 Tarotkarten nachempfundenen Skulpturen (zusammen mit ihrem Mann *Jean Tinguely*) nicht mehr Polyester, sondern einen Drahtunterbau, der – mit Zement verkleidet und mit Scherben aus Glas und Spiegeln und eigens gefertigten Kacheln bedeckt – zur Kunst geriet.

■ **Giardino dei Tarocchi,** Località Garaviccio, Tel. 0564 895122, www.giardinodeitarocchi.it, April–15. Okt. 14.30–19.30 Uhr, 14 €.

Praktische Informationen

Touristeninformation

■ **Ufficio Turismo Porto Santo Stefano,** Piazzale del Vale, Tel. 0564 332075, www.monteargentario.info, Juni–Sept. tgl. 9.30–12.30, 16–19, Okt.–Dez. Sa 10–12.30, 15.30–18, So 10–12.30 Uhr.

◁ Blick vom Palazzo Collacchioni auf Capalbio

Unterkunft

■ **Baia d'Argento**③, Località Pozzarello, S.P. 161, Porto Santo Stefano, Tel. 0564 812643, www.baiadargento-hotel.com. Eine Schönheit ist der Betonklotz nicht, aber seine 36 Zimmer und drei Suiten bieten angenehme Unterkunft direkt am Meer mit schmalem Sandstrand.

■ **Filippo II**③, Località Poggio Calvello 17, Porto Santo Stefano, Tel. 0564 811611, www.hotelfilipposecondo.it. Das Hotel thront auf einer Halbinsel über dem Felsstrand und eröffnet schöne Ausblicke aufs Meer. Die Einrichtung der 25 Apartments und neun Suiten ist freundlich, am Strand erleichtern hölzerne Plattformen den Weg ins Meer.

■ **La Roqqa**③, Via Panoramica 7, Porto Ercole, Tel. 0564 1950290, www.laroqqa.com. Das Hotel nutzte die Coronazeit für eine Komplettsanierung und bietet seit der Saison 2022 Sicht über den Hafen mit allem Komfort.

■ **Toni & Judi**②, Corso Italia 112, Orbetello, Tel. 0564 867591, www.pensionetoniejudi.it. Man muss Sinn für Farben haben bei *Toni* und *Judi,* die fünf Zimmer des B&B sind etwas lässig und sehr farbenfroh eingerichtet, aber diese Atmosphäre macht in der durchgestylten Umgebung des Monte Argentàrio auch den Charme aus. Das B&B liegt im Ortszentrum, mit hübscher Veranda fürs Frühstück.

Locanda Le Mandriane②-③, Strada Vicinale San Donato 36, Orbetello, Tel. 0564 878178, http://locandalemandriane.it. Ein richtiger landwirtschaftlicher Betrieb mit viel Charme, hübsch eingerichteten Zimmern, Gemeinschaftsküche, einer großen Wiese mit Spielgeräten zum Toben und ganz vielen Streicheltieren – das Ganze wenige Kilometer von den schönsten Stränden.

Camping

■ **Camping Feniglia**①, Località Feniglia, Porto Ercole, Tel. 0564 831090, www.campingfeniglia.it, ganzjährig. Der Platz liegt unweit der Feniglia-Dünen am Strand und ist eine kleine Stadt mit Holzbungalows, Mobilhomes, Dauercampern, schattigen Stellplätzen und Glamping – Zelte mit Kühlschrank, Mikrowelle und richtigen Betten.

Essen und Trinken

■ **Ristoro La Sorgente**②, Strada Provinciale del Convento, Monte Argentàrio, Tel. 0564 818770, www.ristorolasorgente.it, Aug. tgl. sonst Do–Di 12–15, 19–23 Uhr. In der kühlen Waldluft etwas unterhalb des Klosters sind Hitze und Hektik unten an den Stränden schnell vergessen. Im Lokal gilt Selbstbedienung – man bestellt und wird gerufen, wenn das Gericht fertig ist, die hier servierte Maremmaküche ist fleischlastig, Fisch gibt es selten. Unbedingt probieren: *polenta con i funghi.*

■ **I due Pini**③, Località La Soda, Porto Santo Stefano, Tel. 0564 814012, Di–So 12–15, 19–22.30 Uhr. Restaurants in Porto Santo Stefano gehören fast alle zur gehobenen Preiskategorie, ohne dass die Qualität da mithalten kann. Für die „Zwei Pinien" spricht die Lage an einer kleinen Kiesbucht; nach dem Mittagsmahl leiht man ein Boot und rudert die Küste entlang.

■ **Il Moletto**③, Molo Della Sanita', Porto Santo Stefano, Tel. 0564 813636, www.ristoranteilmoletto.it. Mi–Mo 9–22.30 Uhr. Das Restaurant im ältesten Teil des Hafens ist ganz und gar auf Fisch eingestellt, den der Küchenchef direkt von den Fischern bezieht – man verlasse sich auf die Empfehlungen des Chefs.

UNSER TIPP **A Casa di Paolo e Rosita**②, Via dei Tre Ragazzi 46, Porto Santo Stefano, Tel. 0564 813 139, www.trattoriapaoloerosita.it, Do–Di 12/12.30–14, Fr/Sa auch 20–22.30 Uhr. In dieser Trattoria wird die Pasta noch selbst zubereitet, und weder Fisch noch Fleisch werden tiefgefroren gelagert – was die Tageskarte anpreist, ist frisch, dazu

[>] Porto Santo Stefano

gehören *schiaccia* mit Zwiebeln und Oliven, Crostini mit Aal, Dorade oder Kalbsschnitzel.

■ **Alicina Hostaria**③, Via S. Sebastiano 54, Porto Ercole, Tel. 0564 832630, tgl. 9–14.30, 19.30–22.30 Uhr. Fisch und Meeresfrüchte in allen Variationen und mit moderner Kreativität zubereitet – das kleine Restaurant in „zweiter Reihe" ist der heimliche Gourmettempel in Porto Ercole.

UNSER TIPP: **I Pescatori**②-③, Via Giacomo Leopardi 9, Orbetello, Tel. 0564 860611, www.ipescatoriorbetello.it, Sommer tgl. 19.30–22.30, Fr–So auch 12.30–15, sonst Fr–So 19.30–22.30, Fr/Sa auch 12.30–15 Uhr. So was wie eine Institution in Orbetello und sehr rustikal, aber Fisch und Meeresfrüchte des zu einer Fischer-Kooperative gehörenden Lokals sind von tadelloser Frische und wunderbar zubereitet. Nur der Ablauf ist etwas gewöhnungsbedürftig: Zuerst bestellen, dann zahlen – und erst dann wird man mit dem Gewünschten an einem Tisch im großen Saal oder draußen an der Lagune platziert.

■ **L'Antico Botteghino**③, Strada Comunale della Feniglia 18, Ansedònia, Tel. 0564 882070, www.facebook.com/Ansedonia. Sommer Do–Di 12–15, 19.30–22 Uhr. Das Restaurant liegt idyllisch an einem Wasserarm am Eingang zur Riserva Naturale della Feniglia, Fisch und Meeresfrüchte dominieren die Speisekarte, darunter ein feines Risotto oder Thunfisch vom Grill – nur die zahlreichen Mücken könnten den Genuss schmälern.

■ **Trattoria Toscana**②-③, Via Vittorio Emanuele 2, Capalbio, Tel. 0564 896028, Do–Di 12.30–14.30, 19.30–22.30 Uhr. In dem einfachen, urigen Lokal stehen besonders viele Wildschweingerichte auf der Karte, und alle sind schmackhaft zubereitet. Wer Wildschwein nicht mag, findet auch *bistecca* oder *funghi porcini* sowie andere Gerichte der Maremma-Küche.

■ **Al Pozzo**②, Via Vittorio Emanuele II 17, Capalbio, Tel. 0564 896780, Fr–Mi 12–15.15, 16–22 Uhr. Die Trattoria im Ortszentrum ist alleine schon wegen ihrer romantischen Lage einen Besuch wert – am Wochenende unbedingt reservieren (!), die Küche hält sich an Toskana-Standards wie üppige Platten mit Schinken und Wurst, *pici* oder das übliche *bistecca.*

Süßes

■ **Alessandro Ferrini,** Lungomare Navigatori 59, Porto Santo Stefano, Tel. 0564 810494. Di–So 7.30–13.15, Di–Sa auch 17–20 Uhr. Wer Signore *Ferrinis* Pasticceria meidet, ist selbst schuld, ihm entgeht ein ganzes Universum fantastischer, hausgemachter *dolci.*

160t sk

Apero und Abend

■ **Vecchio Bar del Ministro,** Via Barellai 8, Porto Santo Stefano, Tel. 0564 818048. Di–So 7–21 Uhr. Die Institution am Hafen gibt es schon seit 1922, für ein Gläschen Wein ist immer Zeit, auf der anderen Straßenseite einige Tische über dem Hafen.

■ **BiBar,** Lungomare Andrea Doria 30, Porto Ercole, Tel. 0564 833055, www.bi-hotel.it. 7.30–21/23 Uhr. Die Bar des gleichnamigen Hotels empfiehlt sich mit ihrer Meeresterrasse auf einen Aperitif oder Cocktail.

Verkehr

■ **Bahnhof/Bus:** Stazione Orbetello/Monte Argentàrio, Verbindungen nach Grosseto ein- bis zweistündlich (30 Min., um 5 €), nach Porto Santo Stefano/Fähre Giglio ab Orbetello Bahnhof mit Buslinie Nr. 1 halbstündlich bis stündlich (20 Min., um 2,50 €); von Orbetello Bahnhof nach Capalbio Bahnhof drei- bis viermal am Tag (15 km außer-halb von Capalbio, 20 Min., um 3 €), von dort dreimal tgl. nach Capalbio Ort (Linie Nr. 12/O, 15 Min., Achtung: zurück nur ein Bus morgens, 3 €); www. at-bus.it.

■ **Parken:** in Porto Santo Stefano schwierige Parksituation, Besucher von Giglio parken am Hafen bei Parcheggio Fanciulli, Banchina Toscana, Tel. 0564 818699, www.parcheggiofanciulli.it, April–Sept. 7–19 Uhr (Juli/Aug bis 20 Uhr, Rest des Jahres reduzierte Öffnungszeit an Fährfahrplan angepasst), Auto/Motorrad 10 €/Tag, 8 €/Tag ab sieben Tage. Wer zu den Stränden an den Feniglia-Dünen möchte, findet dort Parkplätze (1,50 €/Std., max. 10 €/Tag) und einen Fahrradverleih, um die abgelegeneren Strandabschnitte zu erreichen.

■ **Fährverkehr nach Giglio:** Zwei Gesellschaften teilen sich das Fahrkartengebäude am Hafen von Porto Santo Stefano und ergänzen sich bei den Fahrplänen: Toremar (Tel. Porto Santo Stefano 0564 810803, Giglio 0564 809349, www.toremar.it) und Maregiglio (Tel. Porto Santo Stefano 0564 812920, Giglio 0564 809309, www.maregiglio.it). Abfahrten 6–20 Uhr alle 1–2 Std., Dauer 1 Std., einfache Fahrt 14–16 €, Rad 9–10 €, Auto 60–70 €, Camper um 11–13 €/lfd. Meter, jeweils zusätzlich 3 € Hafengebühr in Richtung Giglio.

Feste

■ **Gustatus,** an einem Wochenende im November kommt man zum Wein- und Essfestival in Orbetello zusammen, schaut beim Show-Cooking zu und verkostet Maremma-Typisches, www.gustatus.it.

Einkaufen

■ **Il Buttero,** Via IV Novembre, Capalbio, Tel. 0564 896494, www.facebook.com/ilbutteroabbigliamento, Mo–Sa 10–19 Uhr. Rustikale Toskana-Mode mit einem Touch Vintage, viel Leder, Segeltuch und Leinen – einen Hauch ungewöhnlicher als die üblichen Toskana-Souvenirs.

■ **Antica Fattoria La Parrina,** Strada Provinciale Parrina (6 km südöstlich von Albinia), Tel. 0564 862626, www.parrina.it. Der Bauernhof mit Laden (und Restaurant/Zimmervermietung) verkauft Obst, Gemüse, Wein, Schnaps und Käse aus eigener Produktion und allerlei Weiteres von den Erzeugern in der Region.

Aktivitäten

■ **Golfclub Monte Argentàrio,** Via Acquedotto Leopoldino, Porto Ercole, Tel. 0564 810292, www.argentariogolfresortspa.it. 18-Loch-Platz, 5003–6218 m, Par 71, Greenfee 100–130 €.

Fahrrad: Ein Radweg verbindet Porto San Stefano und Porto Ercole (ca. 15 km). Fahrradverleih Dolores, Via Provinciale Orbetellana (Km 2), Porto Ercole, Tel. 333 3832220, www.noleggioscooterdolores.it, ab 10 €/Tag, eMTB 40 €/Tag.

Isola del Giglio

■ 1350 Einw., Porto S. Stefano 18 km (Luftlinie)

Natürlich hatten sich die Inseloberen weltweite Präsenz stets gewünscht – aber doch nicht so! Nachdem der 2012 monströs gestrandete Schiffskörper „Costa Concordia" nach drei Jahren endlich verschwunden war, konnte man sich aber wieder auf das eigentliche Leben konzentrieren: Gäste auf einer wunderschönen Urlaubsinsel empfangen.

Zweitgrößte Insel der Toskana, 8,5 km lang, bis zu 4 km breit, 27 km meist felsige Küstenlinie, 496 m hoch und eine überschaubare Anzahl an Bewohnern, verteilt auf drei Orte am Wasser und ein Bergstädtchen: Hier kennt jeder jeden! Und die Welt kennt Giglio! Am 13. Januar 2012, einem Freitag (!), rammte die Crew den Kreuzfahrtdampfer **„Costa Concordia"** auf einen (in den Karten verzeichneten) Unterwasserfelsen. Das Schiff kenterte wenige Meter von Giglio und riss 32 Menschen in den Tod. Der Kapitän hatte sich – noch vor vielen Passagieren und der Crew – rechtzeitig in Sicherheit gebracht und wurde 2015 zu 16 Jahren Haft verurteilt. Den Schiffskörper schleppte man nach einer aufwendigen Bergungsaktion in den Hafen von Genua, um ihn abzuwracken. Mehr als zwei Jahre nach der Havarie der „Costa Concordia" stand die zu zahlende Summe fest: 1,5 Milliarden Euro musste die Reederei für die Bergung, Entsorgung und Entschädigung aufbringen. Beim Kapitän war nichts zu holen.

Blick auf die Insel von Monte Argentàrio

161tsk

Die **Etrusker** unterhielten auf Giglio einen Militärposten, und auch für das **antike Rom** hatte die Insel strategische Bedeutung. *Caesar* erwähnte sie in seinem Werk „Über den Bürgerkrieg". Im früheren **Mittelalter** war die Insel in Besitz mehrerer Adelsfamilien, 1264 nahmen die *Aldobrandeschi* sie in Besitz. Ab 1406 hatte Florenz das Sagen. 1544, nachdem er Talamone überfallen hatte, wütete der Pirat *Khayr al-Barbarossa* auch auf Giglio. Wen er von den Inselbewohnern nicht tötete, den verschleppte und verkaufte er in Nordafrika als Sklave. Er hinterließ Giglio menschenleer. Die *Medici* mussten die Insel neu besiedeln und verstärkten die Burg. Dennoch hörten die Überfälle der Sarazenen auf Giglio erst 1799 auf, als die Bewohner einen Angriff der Seeräuber abschlugen.

Sehenswertes

An klassischen Sehenswürdigkeiten bietet Giglio praktisch zwar nur wenig, seine Stärke sind eher die **ursprüngliche Natur,** das kristallklare Wasser, die Sporttauchgründe sowie die feinen, kleinen Strände und die Städtchen, die sich ihren Charme erhalten konnten, da die Fähre vom Festland als Nadelöhr funktioniert und die Anzahl der Touristen reguliert. Dennoch kann es im Hochsommer an den Stränden voll werden, und es sind im August auf Giglio dann keine Zimmer mehr frei.

Am Hafen von **Giglio Porto** (5 m üNN, 600 Einw.) mit seinen bunten Kapitänshäuschen, Läden, Bars und Restaurants steht am Beginn der östlichen Mole die im 16. Jh. errichtete, kurze und wuchtige **Torre del Bagno** (auch Torre del Saraceno). 1,5 km nördlich des Hafens lag das Lazarett der Insel oberhalb zweier kleiner Landzungen. Von ihm hatte die dortige **Torre del Lazzaretto** seinen Namen (um 1620, heute in Privatbesitz).

In das auf einem Granitfelsen errichtete **Giglio Castello** (405 m, 560 Einw.) sind es 5 km, die letzte Strecke steil und in mehreren Serpentinen. Der intakte, 1 km lange, elliptische, von den *Aldobrandeschi* erbaute Stadtwall, die abweisenden Mauern der Burg auf der einen Seite des Wehrdorfs, die sich ins Häusermeer duckende Kirche auf der anderen, grauer Naturstein, himmelhohe Lage im blauen Rund des Meeres – der Hauptort der Insel zieht jeden Besucher unweigerlich in seinen Bann. Einmal auf der Via Circonvallazione umrundet, zählt man insgesamt zehn Türme am Wall. Die mit einem viereckigem Grundriss stammen aus dem Mittelalter, die drei mit halbkreisförmiger Basis aus der Zeit der *Medici.* Parken kann man an der Piazza Gloriosa am Haupteingang. An den beiden zentralen, sich zu einem Kreis schließenden Straßen Via Roma und Via Vittorio Emanuele liegen die meisten Geschäfte und Bars/Restaurants. Unterkünfte gibt es hier oben so gut wie keine (lediglich einige kleine B&B-Betriebe rund um die Piazza Gloriosa), alle Besucher Giglios wollen unten am Meer nächtigen, kommen aber gerne auf einen Espresso, ein Glas Wein oder ein Abendessen hoch. Die **Kirche San Pietro Apostolo** entstand im 15. Jh. und wurde im 17./18. Jh. massiv spätbarock verändert.

6 km von Giglio Castello (und 8 km vom Hafen) liegt an der Westküste das moderne **Giglio Campese** (5 m üNN, 250 Einw.) mit seinem 550 m langen und

fast 50 m breiten, etwas grobkörnigen Sandstrand, Apartmentanlagen, Villen und Hotels und einem (bebauten) Felsen in der Mitte. Am Nordende des Strandes wacht über dem kleinen Sporthafen die **Torre del Campese** (heute in Privatbesitz). Als 1799 hier Piraten anlandeten, soll die Turmbesatzung deren Angriff heldenhaft abgewehrt und damit das Ende der Überfälle eingeleitet haben. Mit der Eröffnung des Pyritbergwerks von Campese 1938 entstand der Ort. Die Mine schloss im Jahr 1962, und Campese konzentrierte sich künftig auf den Tourismus.

Etwa die Hälfte der Insel (der gesamte Süden und Bereiche im Westen, insbesondere um den Pioggio Giannetto) ist als Teil des insgesamt 746 km² Land- und Wasserfläche messenden **Meeresreservates Parco Nazionale Arcipelago Toscano** geschützt. An der Piazza Gloriosa im Hauptort Giglio Castello beginnt die zweistündige Panoramawanderung „Percorso del Bosco del Dolce" in das Schutzgebiet (4 km Länge, 400 Höhenmeter). Die **Macchia** Giglios, die sich die einst terrassierten Weinberge zurückerobert hat, duftet nach Myrte und Rosmarin, Ginster und Zistrosen blühen, und Insekten umschwirren die Pflanzen. Auf über 700 Arten summiert sich die Flora. Zwischendrin hoppeln Wildkaninchen durchs Gebüsch, darüber kreischen die Möwen.

Strände

Neben dem **längsten Sandstrand** der Insel (und dem einzigen an der Westküste) bei **Campese** gibt es nördlich vom Hafen die kleine Badebucht von **Arenella** mit Sandstrand. Südlich des Hafens (mit dem Auto knappe 2 km) findet sich der 100 m lange Sandstrand von **Canelle,** von ihm sind es gut 20 Min. Fußmarsch auf Pfaden weiter nach Süden zu der winzigen Sandbucht von **Caldane** (50 m lang). Alle weiteren Bademöglichkeiten (durchweg mit Fels) sind nur zu Fuß oder per Boot erreichbar. „Geheimtipps": die Felsbuchten bei **Cala del Cormo** (nur per Boot) und die Buchten beim Felsen **Isola della Cappa** (1,5 km Fußmarsch südlich von Campese), beides an der Westseite.

Giannutri

Die nur 2,6 km² große, wie ein Halbmond geformte Insel (höchste Erhebung 88 m) ist in **Privatbesitz** und eigentlich nur im Sommer bewohnt, wenn die Ferienvillen bezogen werden. Dennoch kann man Giannutri **besichtigen** (Ruinen einer römischen Villa), in den Felsbuchten baden, im Restaurant essen oder in der Bar einen Espresso trinken. Maregiglio schippert in der Saison von Porto Santo Stefano zwei- bis dreimal die Woche hin und zurück (hin 10, zurück 16 Uhr, hin und her 30–35 €, Kind 20–25 €, je nach Saison, inkl. Eintritt in den Parco Nazionale dell'Arcipelago Toscano.

Montecristo

Felsig und kahl ragt das 10 km² große Eiland 20 km westlich von Giglio auf halbem Weg nach Korsika 645 m aus dem Wasser. Und um es gleich klarzustellen, der Besuch der als **Riserva Natu-**

rale dell'Isola di Montecristo geschützten Insel ist stark reglementiert (max. 1875 Besucher im Jahr an insgesamt 25 Besuchstagen sind zugelassen), und die Carabinieri überwachen die Zugangsbeschränkungen. Der Besuch muss längerfristig angemeldet werden (www.parco arcipelago.info/montecristo) und kostet ab Porto Santo Stefano (bzw. Elba) 130 €.

Mit *Alexandre Dumas* ist Montecristo in die Literaturgeschichte eingegangen als Namensgeber des seinem Verlies auf Château d'If entkommenen *Edmond Dantes*, der in einer Höhle der Insel seinen sagenhaften Schatz findet. Er nutzt ihn als **„Graf von Montecristo"**, um einen Vernichtungsfeldzug gegen seine Feinde zu führen. Ein Plot, der mehr als 50 Mal verfilmt wurde.

Auf der Insel sind – neben der Wildhüterstation – die einzigen anderen **Gebäude** die Ruinen eines 1553 von Piraten zerstörten Klosters (San Mamiliano) aus dem 13. Jh. und die ehemalige Villa des italienischen Königs. Die Insel war nach der Zerstörung des Klosters unbewohnt, bis der italienische Staat sie 1874 als Strafkolonie nutzte. Nach deren Auflösung verpachtete die Regierung die ganze Insel an den exzentrischen Marchese *Carlo Ginori Lisci*, der sich eine Villa bauen ließ und auf der Insel jagte (und dazu u.a. *Giacomo Puccini* einlud). 1899 überließ der Marchese die Insel dem König. Erst 1971 stellte man die Jagd ein. Auf der Insel leben die **Montecristo-Ziegen** (eine spezielle Unterart, die sich aus Ziegen Kleinasiens entwickelt haben, die vor 3000 Jahren als Proviant an Bord von Schiffen auf die Insel gelangten) und die Montecristo-Viper *(Vipera aspis hugyi Schinz)*, die angeblich giftigste Schlange Europas.

Praktische Informationen

Touristeninformation

- **Ufficio Turismo Giglio Porto,** Via Provinciale 9, Giglio Porto, Tel. 0564 809400, www.visitgiglio island.com, Sommer tgl. 9–13, 14–18 Uhr.

Unterkunft

- **Campese**③-④, Via della Torre 18, Giglio Campese, Tel. 0564 804003, www.hotelcampese.com, April–Okt. Direkt am Strand gelegen mit eigenem, kostenpflichtigen Abschnitt, familiengeführtes Haus mit 47 komfortablen Zimmern.
- **Il Saraceno**②-③, Via del Saraceno 69, Giglio Porto, Tel. 0564 809006, www.saracenohotel.it, April–Sept. Auf einem Felsen über dem Meer, 49 gut eingerichtete Zimmer mit Klimaanlage, zuvorkommendes Personal, zur Spiaggia Canelle 1000 m.
- **Da Ruggero**②, Via del Saraceno 90, Giglio Porto, Tel. 0564 809121, www.albergodaruggero.com. Kleines Zwei-Sterne-Hotel mit zehn sauberen Zimmern mit Bad, fünf Gehminuten vom Hafen, 200 m zur Spiaggia Porto, 1000 m zur Spiaggia Canelle.

Camping

- **Campeggio Baia del Sole,** Località Sparavieri (700 m nördlich von Giglio Campese), Tel. 346 7490 650, www.campeggiobaiadelsole.com, Mitte Mai–Sept. Einziger Platz der Insel in schöner Lage auf Terrassen über der Felsküste, 100 Stellflächen, Baumschatten, mit Bar, Restaurant, Laden, Bushaltestelle.

Essen und Trinken

- **Vecchia Pergola**③, Via Thaon de Revel 31, Gigio Porto, Tel. 0564 809080. Do–Di 12–14.30, 19–

22 Uhr. Schöne, schattige Terrasse am Hafen und gute Fischküche in lockerer Urlaubsatmosphäre, höhere, der Qualität entsprechende Preise; sehr lecker die Sepia-Spaghetti oder das Meeresfrüchte-Risotto.

■ **Porta Via**①-②, Via Umberto I 35, Giglio Porto, Tel. 0564 808006, www.facebook.com/Ristorante PortaVia, tgl. 19–24 Uhr. Restaurant, Pizzeria, Focacceria und zum Mitnehmen: Pizza und gute Salate, Meeresfrüchte-Antipasti. Ideal für ein schnelles und günstiges Mittagessen oder etwas aus der Hand, bevor es auf die Fähre geht (am Fähranleger).

UNSER TIPP: **Giglio**①, Via Marconi 20, Giglio Castello, Tel. 0564 806331, tgl. 12–14, 19–23 Uhr. Einfache Pizzeria in der Altstadt, Tische in der Gasse (und kleiner Gastraum), effizientes Personal, viele sagen, dies seien die besten Pizze der Insel, zahlreiche (auch eher unübliche) Variationen.

Süßes

UNSER TIPP: **Gelateria da Nilo,** Via Diaz 3, Giglio Porto, Tel. 342 0408283, April–Okt. Di–So 15–21, So auch 11–13 Uhr. Handwerklich arbeitende (und nicht gerade günstige) Eisdiele mit Kreationen wie Zimt-Pfirsich, Sternbrot oder Eis aus Giglio-Feigen – mit zurückhaltender Süße für den perfekten Fruchtgeschmack; auch *granite.*

Verkehr

■ **Schiff:** Toremar (Tel. Porto Santo Stefano 0564 810803, Giglio 0564 809349, www.toremar.it) und Maregiglio (Tel. Porto Santo Stefano 0564 812920, Giglio 0564 809309, www.maregiglio.it). Abfahrten 6–20 Uhr alle 1–2 Std., Dauer 1 Std., 14–16 €, Rad 9–10 €, Auto 60–70 €, Camper 11–13 €/lfd. Meter.

■ **Bus:** In der Hochsaison zahlreiche Verbindungen zwischen Campese, Castello und Porto mit Autolinee Toscane (Linie GI1), www.at-bus.it, einfache Fahrt 2,20 € (beim Fahrer 3,30 €), Tickets am Hafen bei Tabaccheria No1, Via Umberto I 28.

■ **Strandservice:** Mit dem Boot vom Hafen zum Strand (ab 15 €/Kind 8 € hin und her), 8–19 Uhr halbstündliche Abfahrt und Abholung; Ancora Giglio/Servizio Spiagge, Via Umberti I 40, Porto, Tel.333 9846129.

Feste

■ **Palio Marinaro,** am 10. Aug. (in der Nacht davor Prozession zu Ehren des Hafenpatrons *Lorenz*) kämpfen abends drei Teams (je 12 Ruderer und ein Steuermann aus den Vierteln von Giglio Porto) auf einem Kurs von 2 km um die Ehre.

■ **San Rocco,** am 16. August gedenkt Giglio Campese seines Stadtheiligen *Rocco* mit einem Fest am Stadtplatz und am Strand (mit Feuerwerk).

■ **Palio dei Somari,** in Giglio Castello erinnert man sich an den Piratenüberfall von 1799 (wurde erfolgreich abgewehrt) und feiert eine Woche um den 15. Sept. mit Eselrennen, Prozession, Musikveranstaltungen und Tanz den Ortsheiligen *San Mamiliano,* dessen Armreliquie nicht unwesentlich dazu beigetragen haben soll, die Piraten zu vertreiben.

Einkaufen

■ **Pasticceria da Fausto,** Via Umberto I, Giglio Porto, Tel. 347 7791689, www.faustopasticceria.it. tgl. 6–20 Uhr. Frische Hörnchen mit oder ohne Füllung am Hafen und Spezialitäten wie Biscuits mit Nüssen und Gewürzen– *rusticini, tozzetti* und *gnocchetti gigliesi.*

Aktivitäten

■ **Tauchen:** in Giglio Porto u.a. International Diving Center, Via del Saraceno, Tel. 333 1042242, www.internationaldiving.it, Diving Center Isola del Giglio, Via San Lorenzo, Tel. 328 3797038, www.divingisoladelgiglio.it. In Campese bietet u.a. das *Zeromeno Diving Center,* Via della Torre, Tel. 373 7226957, www.zeromenodivingcenter.it, Touren an.

Pitigliano

■ 310 m üNN, 3600 Einw., Grosseto 80 km, Montepulciano 75 km, Porto Santo Stefano 60 km

Trotz seiner Größe **eine der malerischsten Bergstädte der Südtoskana.** Die ockerfarbenen Tuffsteinfassaden und die Bögen eines Aquäduktes ziehen sich einen Felsenkamm aus Tuffstein entlang, dahinter verbergen sich ein großzügiger Platz und enge Gassen.

Dass die Tuffsteinstadt Pitigliano auf dem Besuchszettel des inneritalienischen Tourismus steht, liegt nicht alleine am Ambiente einer ganz normalen Stadt, die den Weg aus dem Mittelalter ohne große Verrenkungen Richtung „Bilderbuchmittelalter" geschafft hat, oder an der Kultur. Nicht unwesentlich ist ebenso, dass in der Umgebung Trauben gedeihen, aus denen man den ausgezeichneten, trockenen **Bianco di Pitigliano** keltert (auch als Spumante erhältlich). Seine Qualität befördern insbesondere auch die Höhlen im Tuffstein, die

285t sk

die Etrusker als Grabstätten nutzten, und die seit den Römern als Weinkeller mit perfekter Lagertemperatur dienen.

Geschichte

Den Menschen der Bronzezeit, Etruskern und Römern war die Lage des durch steile Flanken geschützten Felsens auf dem Weg von den Häfen am Monte Argentàrio ins Landesinnere Richtung Lago di Bolsena ideal für eine Ansiedlung. Und das Mittelalter hielt es nicht anders. In einer ersten schriftlichen Erwähnung taucht Pitigliano als Besitz der *Aldobrandeschi* 1061 auf. 1293 heiratete *Anastasia*, Tochter von *Margherita Aldobrandeschi* (→ Ortskapitel Pereta), den Grafen *Roman Orsini* und brachte die Grafschaft Sovana und Pitigliano als Mitgift in die Ehe ein. Die **Orsini** sollten länger als alle anderen den hegemonialen Bestrebungen von Siena und Florenz widerstehen. Erst 1574 brachten die **Medici** einen Fuß in die Türe: Sie übernahmen die Festung von Pitigliano. Der zweite Schritt folgte. Nach 30 Jahren hatte die Stadt so hohe Schulden angehäuft, dass die *Orsini* sie nicht mehr begleichen konnten. 1604 musste Graf *Giovanni Antonio di Orsini* sie deshalb an das **Großherzogtum Toskana** abtreten. Als Trostpflaster erhielt er von *Ferdinando I.* den Titel eines Marchese Monte di San Savino. 1640 erlosch diese Linie der *Orsini.*

◁ Malerisches Pitigliano

Sehenswertes

Die SS74 führt mitten durch den Ort – genau an der Taille, die die westliche Altstadt von der östlichen Neustadt trennt (Parkplätze in der Via dell'Unità d'Italia, bei der Fußgängerbrücke die Straße hoch Richtung Süden und gleich rechts). Die Fußgängerbrücke über die SS74 ist eigentlich das Aquädukt, das sich nach Westen hinter der Häuserzeile mit seinem typischeren Erscheinungsbild fortsetzt und den Eingang zur Altstadt markiert. Das **Acquedotto Mediceo** plante *Antonio da Sangallo* im 16. Jh., aber erst im Jahre 1639 konnte der letzte Stein gesetzt werden.

Die **Porta della Cittadella** an der Piazza Petruccioli unter der Wasserleitung trägt – ganz außergewöhnlich – einmal nicht das Wappen der *Medici*, sondern das des Grafen *Giovanni Francesco Orsini* (1545).

Hindurchgetreten und an den Bögen des Aquäduktes entlang gegangen, steht an der gepflegten, baumgesäumten Piazza Fortezza der mittelalterliche zinnenbekrönte **Festungspalast der Orsini.** Ursprünglich im 12. Jh. als Festung errichtet, wurde er 1313 Wohnsitz der *Orsini.* 1465 erweitert und 1520 durch *Antonio da Sangallo* mit an die damalige Waffentechnik angepassten Verteidigungseinrichtungen versehen, bauten ihn die habsburgisch-lothringischen Großherzöge 1737 zu einem reinen Wohnschloss um. 1793 wurde der Komplex Bischofspalast. Das weitläufige und verwinkelte **Diözesanmuseum** in 21 Sälen besitzt u.a. eine Mariä Himmelfahrt (zweite Hälfte des 15. Jh.) von *Girolamo di Benvenuto* und die polychrome Holzskulptur „Madonna mit Kind" (15. Jh.) von

Jacopo della Quercia. Auch die Einrichtung (Bibliothek) und die Säle, teils mit Renaissance-Fresken, sind an sich schon sehenswert.

■ **Museo Diocesano di Palazzo Orsini,** Piazza Fortezza 25, Tel. 347 7289656, www.palazzo-orsini-pitigliano.it, Di–So 10–13, 15–19, Winter bis 17, August tgl. bis 20 Uhr, 5 €.

Das **Archäologische Museum für etruskische Kultur** befindet sich ebenfalls im Orsini-Palast, hat aber einen eigenen Eingang. In drei Sälen sind Keramiken aus den Grabungen rund um die Stadt ausgestellt.

■ **Museo Archeologico della Civiltà Etrusca,** Piazza Fortezza 59/c, Tel. 0564 614067, Juni/Sept. Fr–So, Juli tgl., Aug. Mi–Mo 10–13, 16–20, 3 € (mit dem außerhalb gelegenen Museo Archeologico all'aperto Alberto Manzi 6 €).

Der **Dom** in der Mitte der Altstadt zeigt sich sowohl von außen als auch von innen im barocken Kleid des 18. Jh. Erstmals errichtet wurde die Kirche 1276, 1509 fügte man die Seitenkapellen an. Auf der linken Seite schmückt eine Rosenmadonna (1609) von *Francesco Vanni* einen Nebenaltar.

■ **Cattedrale dei Santi Pietro e Paolo,** Piazza San Gregorio VII., Tel. 0564 619127, 8–13, 16–19.30 Uhr.

Die jüdische Gemeinde von Pitigliano war eine der größten der Toskana und lebte rund um das **Piccola Gerusalemme** im Ghetto hinter dem Dom an der Via Zuccarelli. Das „Kleine Jerusalem" ist heute ein Museum mit der historischen Synagoge von 1598, Kammer für die rituellen Waschungen der Frauen, Keller für die Lagerung koscherer Speisen, Raum für Schächtungen und Matzeofen.

■ **Piccola Gerusalemme,** Vicolo Marghera, Tel. 0564 614230, www.lapiccolagerusalemme.it, April–Sept. So–Fr 10–13, 14.30–18, sonst 10–12.30, 14.30–16.30 Uhr, 5 €.

Das **Archäologische Freiluftmuseum** befindet sich 2,5 km vom Stadtzentrum im Tal. Auf dem Weg dorthin passiert man an einer Kehre die Kirche Madonna delle Grazie mit Parkplatz und bestem Blick auf das mittelalterliche Pitigliano. Die Grabungsstätte macht die vergangene Zeit plastisch erlebbar. Die Beispiele der Wohnformen in echter Größe zeigen z.B. eine Rundhütte aus der Bronzezeit oder ein Stadthaus der Etrusker mit drei Räumen und einer Veranda. Ein Hohlweg führt zu einer in den Tuffstein gegrabenen Nekropole mit drei Kammern, wo man mehr über die Begräbniszeremonien der Etrusker erfährt.

■ **Museo Archeologico all'aperto Alberto Manzi,** Strada Provinciale del Pantano (Via Cava del Gradone, GPS N 42.628575, E 11.669838), Mo/Do/Fr 10–17, Sa/So bis 18 Uhr, Winter geschl. 4 € (mit dem Museo Archeologico in der Stadt 6 €), Kinder 2/3 €.

Drei **etruskische Hohlwege** sind in der näheren Umgebung von Pitigliano ausgewiesen, markiert und begehbar. Nicht besonders lang, dafür aber bis zu 20 m tief sind sie in den Tuffstein gegraben, zwei bis drei Meter breit, schattig und kühl im Sommer, fast dunkel, wenn Blätter den oberen Spalt überdecken. Die **Via Cava di Madonna delle Grazie** (45

Min. hinunter ins Tal) beginnt am Panoramapunkt beim gleichnamigen Sanktuarium, wenn man die Stadt Richtung Süden verlässt. Im Tal angekommen, kann man auf demselben Weg zurückwandern oder dem Rundweg (Via Panoramica dal Basso) um Pitigliano in die Stadt folgen. Die **Via Cava di Fratenuti** (ca. 70 Min. hin und her, bei Anmarsch über die Via Cava di Poggio Cane von der Piazza Garibaldi in der Stadt ca. 2 Std. hin und her) ist mit 20 m hohen Wänden sicherlich der spektakulärste der Hohlwege. Er beginnt vor der Brücke über den Lente (GPS N 42.633592, E 11.659489) an der Straße Richtung Sovana, 1,4 km vom Zentrum. Der Startpunkt der **Via Cava di San Giuseppe** (2 Std. bis Sovana) liegt 100 m weiter, jenseits der Brücke auf der linken Seite.

Sovana

Sovana (290 m üNN, 400 Einw.), die zweite Tuffsteinstadt, 7,5 km nördlich von Pitigliano, wirkt in ihren rotbraunen Farben aus der Ferne fast wie ein nordafrikanisches Ksar. Die wenigen Häuser drängen sich entlang der Via del Pretorio, die Parkplätze liegen außerhalb an der parallel dazu verlaufenden Via dell' Oratorio, wo auch die Ruinen der Rocca Aldobrandesca in den Himmel ragen. Sovana ist ganz auf **Fremdenverkehr** ausgerichtet. Bars, Cafés und Restaurants haben ihre Tische, Souvenirläden ihre Displays auf die Straße gestellt. Der poröse Tuffstein der niedrigen Fassaden taucht alles in ein ganz eigenes Licht. Man kann sich kaum vorstellen, dass von Sovana aus die *Aldobrandeschi* im 10. Jh. die gesamte Südtoskana regierten.

Hier ist alles kleiner und intimer als in Pitigliano, auch der ehemalige **Palazzo Pretorio** aus dem 12. Jh. besitzt lediglich ein Obergeschoss, die Wappen an der schmalen Schauseite summieren sich auf neun. In ihm finden heute Wechselausstellungen statt, außerdem ist ein Informationszentrum des Museumsverbundes der Tuffsteinstädte untergebracht (→ „Praktische Informationen/Touristeninformationen“). Direkt links angebaut ist die noch bescheidenere **Loggia del Capitano,** ihre Seitenfassade trägt das im 16. Jh. angebrachte Medici-Wappen.

Die **Kirche Santa Maria** dem Palazzo Pretorio gegenüber stammt aus dem 12. Jh. Vor der Apsis steht ein vorromanisches Ziborium aus dem 9. Jh. Vier Säulen mit korinthischen Kapitellen tragen einen fein gearbeiteten Baldachin mit Tier- und Pflanzenmotiven und geometrischen Mustern – typisch für die langobardische Zeit. Das Nischenfresko der Madonna mit Kind zwischen den Heiligen *Barbara, Lucia, Mamiliano* und *Sebastiano* und das Fresko der Kreuzigung stammen aus dem frühen 16. Jh.

■ **Chiesa Santa Maria Maggiore,** Piazza Pretorio, 8–19 Uhr.

Die drei Arkadenbögen nebenan bilden das Untergeschoss des **Palazzo Bourbon del Monte** aus dem 17. Jh. Direkt links von ihm befindet sich der Eingang zum modernen **Museum San Mamiliano** mit einer archäologischen Sammlung zur Etruskerzeit. Die säkularisierte Kirche ist das älteste Gebäude der Stadt und ersetzte die erste Bischofskirche, die wiederum auf den Fundamenten eines etruskisch-römischen Tempels errichtet wurde. Grabbeigaben aus Terrakotta und ein

Topf voller Goldmünzen sind zu sehen, Teil des 2004 im Gebäude gefundenen spätantiken Goldschatzes mit 498 Münzen. Zwei Bleifiguren, die „Statuette di Piombo“ (3. Jh. v. Chr.), Mann und Frau mit nach hinten gebundenen Händen, waren Teil eines Rituals. Der Terrakottafries stammt vom Hildebrandgrab (s.u.).

■ **Museo San Mamiliano,** Piazza Pretorio, Tel. 0564 614074, April–Sept. Do–Di 10–13, 15–19, Winter Sa/So 10–13, 14–17 Uhr, 3 € (Kombiticket mit Area Archeologica di Sovana und Fortezza/Museo von Sorano 10 €).

Im schmalen, die Piazza Pretorio östlich abschließenden Gebäude mit Glockentürmchen, dem **Palazzetto dell'Archivio,** ist heute das Postamt untergebracht. Geht man links an ihm vorbei, kommt man nach 350 m am Ortsende zum **Dom San Pietro** aus dem 11. Jh. Über der Vierung der Basilika ragt eine achteckig geformte Kuppel aus dem Baukörper. Die Hauptfassade verdeckt der angefügte Bischofspalast. Das vom rotbraunen Tuffstein weiß abgesetzte Seitenportal mit zwei Säulen flankieren Steinplatten, deren frühromanische Ornamentierung auf den Vorgängerbau verweisen. Die fünfschiffige Krypta mit kurzen, wuchtigen Säulen und rustikalem Gewölbe aus grobem Tuffstein stammt ebenfalls von diesem.

■ **Cattedrale di San Pietro,** Via del Duomo, Tel. 0564 616532, tgl. 10–13, 14.30–19 Uhr, 2,50 €.

[>] In Sovanas Museo San Mamiliano

Die etruskischen Gräber von Sovana

Das Grabungsfeld liegt westlich 2 km außerhalb von Sovana an der SP22 Richtung San Martino. Bedeutendste Grabstätte der Nekropole ist das **Hildebrandgrab** (3. Jh. v. Chr.) – benannt nach *Ildebrando Aldobrandeschi di Sovana* (der spätere Papst *Gregor VII.*). Es ist mit einem in den Tuffstein gegrabenen Überbau in Form eines etruskischen Tempels versehen, der rituell genutzt wurde. Ehemals trug eine Reihe von sechs Säulen vorne und je drei weiteren an den Seiten das friesverzierte Tympanon (nur eine Säule ist vollständig, die anderen sind als Stümpfe erhalten). Der Tuffstein war verputzt und bunt bemalt. Tatsächlich ist der Tempel ein Potemkinsches Dorf: Die Cella war nicht ausgehöhlt, sondern massiver Stein mit einer illusionistischen Türe. Ein Gang führt an der Vorderfront hinunter in die kreuzförmige Grabkammer (sie ist stockdunkel und meist voller Pfützen!).

Wenige Schritte weiter in nördlicher Richtung steht ein weiteres Highlight, das 2021 erstmals der Öffentlichkeit präsentierte monumentale Löwengrab – **Tomba dei Leoni.**

Zurückgehend und sich links haltend gelangt man zur im Wald liegenden **Tomba del Tifone** (4. Jh. v. Chr.); deren noch erkennbare Treppe führte hoch zum Altar, eine Grabkammer konnte nicht entdeckt werden. Südwestlich des Hildebrandgrabs steht das interessantere **Tomba dei Demoni Alati** (zweite Hälfte des 3. Jh. v. Chr.), das von zwei Skulpturen flankiert wurde. Die rechte, ein Löwe, ist noch recht gut erhalten. Hinter Gittern ist als Relief eine Figur bei einem Bankett zu sehen, die eine Schale für ein Trankopfer in der rechten Hand hält. Seinen Namen erhielt das Grab von zwei geflügelten weiblichen Dämonengestalten mit Fackeln, die dem Toten den Weg in seine neue Welt weisen sollten. Oberhalb zeigt ein Relief einen geflügelten Meeresdämon mit Fischschwanz. Noch ein Stück weiter ist das **Tomba Pola** ein weiteres Grab vom Tempeltyp. Von den ursprünglich acht Säulen blieb eine erhalten und musste wegen ihres schlechten Zustandes gesichert werden.

Nimmt man vom Parkplatz den Fußweg entlang der Straße Richtung Sovana, kommt man nach 200 m zur Archäologischen Zone II (über die Holzbrücke) mit der Kirche San Sebastiano. In einen beeindruckenden in den Tuffstein gegrabenen Hohlweg (Via Cava di San Sebastiano) gelangt man, hält man sich an der folgenden Gabelung rechts, zum **Tomba della Sirena/La Fontana,** wenn man an der Gabelung links geht (10–15 Min. vom Parkplatz). Es gehört zu den beeindruckendsten Gräbern der Region. Über der Bogennische ist das Relief aus dem 3. Jh. vergleichsweise gut erhalten. Links und rechts der Nische ist je ein Figurenrest zu sehen. Ursprünglich setzte sich das Relief in der Nische fort. Heute ist die Figur des Verstorbenen auf einer von den Seitenpersonen getragenen Bahre kaum noch zu erkennen. Der Fries über der Nische zeigt das Meeresungeheuer Skylla mit zwei Eroten. Wer dem Waldweg weiter folgt, kann noch mehr Gräber entdecken.

163tsk

■ **Area Archeologica di Sovana,** April–Sept. 10–19, Okt.–Allerheiligen 10–17, Mitte März–Ende März/Nov. Sa/So 10–18 Uhr, 7 € (Kombiticket mit den Museen von Sovana und Sorano 10 €); Tomba della Sirena/La Fontana Eintritt frei).

Sorano

10 km Autofahrt sind es entlang glattgefräster Tuffsteinwände von Sovana Richtung Nordosten. Wie ein Riegel stehen die Festungswerke von Sorano (380 m üNN, 900 Einw.) hoch über dem Tal des Lente auf einem Tuffsteinfelsen. Sorano teilte als Besitz der *Orsini* die Geschicke Pitiglianos und kam 1604 zum Großherzogtum Toskana. Am südlichen Ende der Stadt wacht die Orsini-Burg, am nördlichen Ende der Masso Leopoldino, das von den Habsburg-Lothringern befestigte Felsplateau, über den Häusern mit einer großartigen Aussicht.

Ein Spaziergang durch die engen und steilen Gassen des fast archaischen historischen Zentrums ist unbedingt angeraten. Parkplätze findet man an der Piazza del Municipio oberhalb des Altstadteingangs **Arco del Ferrini.** Auf holprigem Pflaster geht es vorbei an wenigen Souvenirgeschäften hinüber und hinauf zum **Masso Leopoldino.** Er bestand bereits im Mittelalter als Zufluchtsstätte für die Bevölkerung bei einer Belagerung. Nachdem mehrere Erdrutsche zwischen 1801 und 1804 Teile der Stadt ins Tal gerissen hatten, begann man mit der neuerlichen Befestigung des Masso, die bis in die 1820er Jahre dauerte. Zu Ehren des Großherzogs, der die Baumaßnahmen finanzierte, erhielt der Masso seinen neuen Namen. Unten im Tal entlang des sich schlängelnden Flüsschens sind die Höhlen etruskischer Nekropolen zu sehen.

Über eine steile Rampe 100 m (auf der Via della Madonna) nördlich der Piazza Municipio geht es hoch zur **Orsini-Burg** aus dem 14. Jh. Auch sie wurde bei den Erdrutschen im beginnenden 19. Jh. in Mitleidenschaft gezogen. Heute werden Teile der Burg als Hotel genutzt, ein weiterer Bereich ist dem **Museum für Mittelalter und Renaissance** vorbehalten, mit Funden aus der Gemeinde, Kostümen und Möbeln. Im Turmzimmer tragen die Wände Freskenfragmente aus dem 15. Jh. Der Legende nach soll Graf *Niccolò IV. Orsini* hierher immer wieder junge Mädchen gebracht haben, die sich – von den grotesken Bildern ganz verstört – in seine Arme flüchteten. Die Grotesken sind nicht gut erhalten, stattdessen sind Szenen aus der griechischen Mythologie zu sehen. Außerdem: die Noten eines Madrigals. Der Museumsbesuch umfasst auch eine Führung durch die Burg (in den Katakomben ist es kühl, Jacke mitbringen!). Das Museum ist auch Besucherzentrum für die Tuffsteinstädte.

■ **Museo del Medioevo e del Rinascimento,** Piazza Cairoli 3, Tel. 0564 633424, März Sa/So 10–12, 16–18, April–Okt. Di–So. 10–12, 16–18, ab Nov. nur Sa/So 10–13, 14–17 Uhr, 6 € (Kombiticket mit Museum und Area Archeologica di Sovana 10 €).

Die **Via Cava Sorano/Via Cava San Rocco** beginnt am nördlichen Stadttor Porta dei Merli und führt hinab zum Flüsschen Lente, das sich einmal um die Stadt schlängelt und an dessen Ufern bereits die Etrusker Höhlen in den Tuffstein gegraben haben (3./2. Jh. v. Chr.). Dem Masso Leopoldo direkt gegenüber geht es abenteuerlich und anstrengend durch einen Hohlweg hoch zur im Wald versteckten Kirche San Rocco (mit Aussicht auf Sorano vom Panoramabalkon), hinter der eine weitere Nekropole liegt. Man kehrt auf demselben Weg zurück oder marschiert 2 km entlang der Autostraße nach Sorano (Wegzeit insgesamt etwa 90 Min., ca. 150 Höhenmeter).

San Quirico

Beim Dorf San Quirico (485 m üNN., 450 Einw.), einer zu Sorano gehörenden Gemeinde 6 km östlich, gilt es einen 1000 Jahre v. Chr. erstmals besiedelten und im Mittelalter unter den *Aldobrandeschi* mit einer Burg hochgerüsteten Höhlenkomplex zu besichtigen: **Vitozza** knapp 2 km nördlich des Dorfes. Bis ins späte 18. Jh. bewohnten noch Menschen die Höhlenwohnungen, wenn auch ein Großteil schon in das ein Jahrhundert zuvor gegründete San Quirico umgezogen war. Die Habsburg-Lothringer ließen 1783 eine Volkszählung durchführen, die für Vitozza die Namen der Bewohner listete. Zwei Schluchten begrenzen den Tuffsteinkamm mitten im Wald, in den etwa 180 teils sogar zweistöckige Höhlen gegraben sind. Die Burg auf dem Plateau oben wurde wohl im 15. Jh. zerstört. Auch Fundamente zweier Kirchen sind zu sehen. Ab San Quirico sollte man für Marsch und „Erforschung" 2 Std. rechnen (hin und her 4 km), Parkplatz am Nordende von San Quirico beim Fußballplatz.

■ **Vitozza/Insediamento Rupestre,** San Quirico, Parkplatz GPS N 42.670988, E 11.764176, frei zugänglich.

Montemerano

Der Bergort Montemerano (286 m üNN, 490 Einw.) 22 km westlich von Pitigliano zeigt ganz deutlich: Hier möchte man unter sich bleiben. Für Tagestouristen typische Läden sind nicht vorhanden, stattdessen die Fassaden der Häuser in der Altstadt aus grobem, grauem Bruchstein aufwendig und stimmig restauriert und mit Rankgewächsen begrünt. Hier hängt eine Vorhangschleppe nachlässig-elegant aus einer Loggia, da steht eine hübsche Schale, für die streunenden Katzen mit Milch gefüllt, dort wartet ein Teakholzmöbel auf die Abendstunde und seinen Besitzer. Reiche Römer haben sich in Montemerano eingekauft und verbringen die heißen Wochenenden lieber hier als in den Straßenschluchten der Hauptstadt. Enge, steile, teils nur meterbreite Gassen halten den Verkehr draußen und führen hoch zum schönsten Platz des Städtchens, der Piazza del Castello.

Die romanisch-gotische **Kirche San Giorgio,** am Nordende der Altstadt direkt an die Stadtmauer gebaut, wurde 1380 begonnen und 1430 fertiggestellt. Die Innenausstattung besteht unter anderem aus dem Gemälde „Vergine Annunziata Madonna della Gattolaia" eines unbekannten Meisters. Ihre Berühmtheit hat die Madonna einem Loch zu verdanken, das irgendjemand einmal im unteren Bereich hineingeschnitten hat, um das Bild als Türe mit Katzendurchschlupf zu nutzen. Weiter: Ländlich-ausdrucksvolle Fresken zum Leben des heiligen *Georg,* Gemälde aus der Renaissance (Seneser Schule) und das polychrome Schnitzrelief „Mariä Himmelfahrt" (um 1460) von *Lorenzo di Pietro* (1410–1480).

■ **Chiesa di San Giorgio,** Vicolo della Canonica, Tel. 0564 602736, Mo–Fr 9–19, Sa/So 8–21 Uhr.

Satùrnia

Die Quellen haben bereits von Gicht und Rheuma geplagte Römer der Antike angelockt, die in den Thermen Linderung suchten. Der **Ort Satùrnia** (295 m üNN, 300 Einw.) 7 km nördlich von Montemerano war schon immer beliebt. Bereits voretruskisch im 9. Jh. v. Chr. besiedelt, nannten ihn die Etrusker „Aurinia".

Im Ort ist ein antikes römisches Stadttor erhalten, die **Porta Romana** an der ins Tal führenden ehemaligen Via Clodia mit „originalem" Pflaster. Ein winziges **Archäologisches Museum** in einem Raum über der Schule zeigt Funde aus den Nekropolen der Umgebung.

■ **Museo Archeologico,** Via Italia, in 2024 geschlossen.

Pitigliano: Zugabe!

- **Terme di Sorano** – moderne Anlage mit 37 °C warmem Wasser im Außenbecken, Villen- und Apartmentvermietung, Restaurant und Wellnesscenter; Santa Maria dell' Aquila, Tel. 0564 633306, www.termedisorano.it, 3 km außerhalb und südlich von Sorano, April–Okt. Mo–Fr 10–19 Uhr, mit Liege um 20 €, Kind 10 €, wochentags günstiger.
- **Manciano** – verschlafenes Bergnest (440 m üNN, 1600 Einw.) 18 km südwestlich von Pitigliano mit einem imposanten Cassero Senese (1424, an der Stelle einer früheren Burg von 1188) und einem Museum für Prähistorie mit u.a. 500.000 Jahre altem Steinwerkzeug aus dem Flusstal der Fiora und Keramik aus Mykene; Museo di Preistoria e Protostoria delle Valle del Fiora und Touristeninformation, Via Corsini 5, Tel. 0564 620 532, Juli/Aug. tgl. 10–13.30, 15.30–19, April–Juni /Sept./Okt. nur Fr–So 9–13 Uhr.
- **Chiesa di San Lorenzo** in **Montemerano** – die 1780 säkularisierte Kirche steht mindestens seit 1188, ihr Alter dokumentieren die eingemeißelten romanischen Kreuze am Türsturz, ihr Campanile ist der einzige Turm in der Stadt; Piazza del Campanile 1.
- **Tumuli del Puntone** – auf der Piàn di Palma 10 km nördlich von Satùrnia-Ort gelegene Nekropole mit einigen mehr oder weniger schlecht erhaltenen Grabstellen in einem Wald, ein Ausflug nur für eingefleischten Etrusker-Freunde; nördlich Satùrnia-Ort von der SP10 nach Westen abbiegen, für 3,6 km auf der SP112 Richtung Usi, dann nach Süden für 2 km auf einer Staubstraße zur Nekropole in einem Eichenwäldchen (GPS N 42.673558, E 11.489797).

Ein ganz besonderes Erlebnis für Jung und Alt bieten die Travertinbecken der **Thermalquelle von Satùrnia** (Le Cascate del Mulino) 2,5 km nordwestlich des Ortes. Den schönsten Blick auf die frei zugänglichen Terrassen hat man vom Aussichtspunkt über dem Tal südlich an der SP10. In den Becken tummeln sich das ganze Jahr über die Besucher, auch zur nächtlichen Stunde kommen die Menschen, um bei Sternenlicht entspannt in ihnen zu liegen und Wasser auf die Rücken prasseln zu lassen. Der höllische über der Landschaft liegende Geruch des Schwefelwasserstoffs hält niemanden ab. Das Wasser kommt von den Flanken des Monte Amiata und sprudelt mit 800 l pro Sekunde und einer Temperatur von 37,5 °C aus dem Boden. Es soll helfen bei Beschwerden des Verdauungsapparates, der Gelenke, der Muskulatur, des Herz-Kreislaufsystems, der Atemwege, und es wirkt angeblich entspannend, blutdrucksenkend und desodorierend – ist also mehr oder weniger omnipotent. In allererster Linie macht es aber Spaß (und um diesen nicht zu schmälern, sollte man seine Zeit pro Badegang auf max. 20 Min. beschränken – Thermalbaden belastet den Kreislauf!). Wer es luxuriös liebt: Natürlich gibt es auch ein Hotel der gehobenen Klasse in unmittelbarer Umgebung mit eigener Zuleitung, Schwimmbecken, großzügigem Spa und einem Golfplatz (Terme di Satùrnia, www.termedisaturnia.it).

- **Cascate del Mulino**, www.cascate-del-mulino.info.

164t sk

Praktische Informationen

Touristeninformation

■ **Ufficio Turismo Pitigliano,** Piazza Garibaldi 12, Tel. 0564 617111, https://visitpitigliano.com, Di–Sa 10–12.30, 15.30–18, So 9–12.30, Winter bis 17.30 Uhr.

■ **Centro Visita Sovana,** Parco Archeologico Città del Tufo, Piazza Pretorio, Tel. 0564 614074, www.cittadeltufo.com, Fr–Mi 10–18 Uhr (Aug. auch Do).

Unterkunft

■ **Hostaria del Ceccottino**③, Via Roma 159, Tel. 0564 614273, www.ceccottino.com. Fünf sehr elegant eingerichtete Zimmer in einem historischen Palazzo. Jedes Detail ist ausgesucht und geschmackvoll arrangiert. Toll ist auch die Dachterrasse mit Panoramablick.

■ **Villa Etruria B&B**②, Via Brodolini 115, Tel. 335 5270432, www.villaetruria.it. Die fünf in angenehm hellen Farben eingerichteten Zimmer verfügen jeweils über ein Bad, TV und WiFi. Das Haus liegt in einer ruhigen Seitenstraße; die Gastgeber sind sehr um ihre Gäste bemüht und geben Ausflugstipps.

■ **Il Tufo Rosa**②, Piazza Petruccioli 97, Tel. 0564 617019, www.iltuforosa.com. Mehrere sehr hübsch eingerichtete Zimmer und ein etwas entfernt liegendes Apartment ganz nahe am historischen Zentrum; die Gastgeber besitzen eine eigene Ölproduktion und verkaufen dies und andere Souvenirs in ei-

⌃ Freibad mit heißem Wasser

nem Laden neben der Pension. Frühstück wird nicht geboten.

Außerhalb

■ **B&B La Piaggia**②, Via Enrico Fermi 21, **Montemerano,** Tel. 0564.602909, http://lapiaggia.com. Zwei Apartments und sechs Zimmer mit Bad altstadtnah und doch ruhig gelegen; Kochmöglichkeit und Grilleinrichtung im Garten.

■ **Agriturismo Poggio del Drago**②, Località Vignolo, **Montemerano,** Tel. 3393599021, https://poggiodeldrago.com. Vier farbenfroh gestaltete Zimmer mit jeweils kleinem Gartenanteil, Tisch und Liegestühlen zum Relaxen im Grünen. Das B&B liegt einen Kilometer südlich von Montemerano.

■ **Hotel della Fortezza**③, Via Cairoli 5, **Sorano,** Tel. 0564 633549, www.hoteldellafortezza.com. Wer schon immer in einer Burg wohnen wollte, ist hier am richtigen Platz. Die Zimmer sind geräumig und mit Stilmöbeln eingerichtet, haben ihre beste Zeit allerdings schon hinter sich. Die Atmosphäre entschädigt dafür.

■ **La Fratta**②, Località La Fratta, **Sorano,** Tel. 338 7018655, www.facebook.com/LaFrattaBedrooms. Das B&B mit nur einem Gästezimmer liegt angenehm im Grünen am Ortsrand von Sorano und gewinnt besonders durch die Herzlichkeit der Gastgeber (und die Backkünste der Dame des Hauses).

■ **PoggioBa B&B**②, Strada Provinciale Pian della Madonna 17a, **Sovana,** Tel. 0564 615737, www.poggioba.it. Das B&B an der Straße von Pitigliano nach Sorano liegt ruhig und idyllisch zwischen Feldern und verfügt über zwei Zimmer mit Dusche, WC und WiFi sowie einen großen Garten.

■ **Agriturismo Millefiori**②, Località Pianaccia 6, **Manciano,** Tel. 320 1141814, www.agriturismomillefiori.it. Vier geräumige, einfach eingerichtete Zimmer, ein Pool und ein honigsüßes Frühstück erfreuen die Gäste des Agriturismo 2 km westlich von Manciano.

■ **Podere 3 Querce**②, Località Il Poderino, **Manciano,** Tel. 327 0165574, www.3querce.it, Winter geschl. Sechs freundlich und geschmackvoll eingerichtete Zimmer auf einem Landgut 1,5 km westlich von Manciano, zu dem auch ein beliebtes Restaurant gehört. Der Blick über die Maremma zum Meer reicht an klaren Tagen bis Korsika.

■ **Agriturismo La Pellegrina**②, Località Pian di Palma 36, **Satùrnia,** Tel. 0564 601161, www.facebook.com/AgriturismoLaPellegrina. Der Agriturismo nördlich von Satùrnia ist eine Oase des Friedens wie der Kulinarik, denn die Dame des Hauses kocht gerne, und das mit eigenen Hof-Produkten. Kinder freuen sich über den großen Garten und Spielgeräte.

■ **Fonte Pura**③, Località La Croce, **Satùrnia,** Tel. 0564 601313, www.hotelsaturnofontepura.com. Drei-Sterne-Haus mit angenehmen Zimmern im toskanischen Landhausstil in gedeckten Farben; gutes Restaurant und als Highlight ein schöner Garten mit eigenem Thermalpool mit 37 °C warmem Wasser.

Camping

Agricampeggio Poggio del Castagno, Località Poggio del Castagno, Tel. 0564 615545, www.poggiodelcastagno.net, ganzjährig. Auf dem Bio-Bauernhof stehen Übernachtungsgästen Zelt- und Wohnmobilplätze sowie einfache Zimmer in Steinhäuschen zur Verfügung.

■ **Area Sosta Camper L'Alveare dei Pinzi,** Satùrnia, Strada di Peschiera (1 km von den Quellen), Tel. 349 067 3294, ganzjährig offen. Strom, Sanitäreinrichtungen und wenig Schatten, Duschen 0,50 €, Standplatz 14 €/24h.

Essen und Trinken

■ **Hostaria del Ceccottino**③, Piazza S. Gregorio VII 64, Tel. 0564 614273, www.ceccottino.com. Fr–Mi 12.30–15, 19–21.30 Uhr. Die Hostaria auf der Piazza von Pitigliano liegt sehr schön und ist eines der besten Restaurants der Region. Maremma-Spezialitäten mit Chianina-Rind, Wildschwein und

Lamm, aber auch Fisch und Meeresfrüchte werden perfekt zubereitet.

■ **Enoteca PanCaciUa**②, Via Cavour 32, Tel. 392 2006417, www.facebook.com/EnosteriaPitigliano. Do–Mo 12.30–15, 18–23 Uhr. Hinter dem seltsamen Namen verbergen sich *pane* (Brot), *cacio* (Käse) und *uva* (Trauben), die gemütliche Enoteca ist ein empfehlenswerter Ort für die Mittagsrast mit Bruschette oder Wurst- und Käseplatte aus der Maremma.

■ **Pizzeria/Trattoria Il Noce**②, Piazza Garibaldi 16, Tel. 0564 615125. Di–So 12.30–14.30, 19–21.30 Uhr. Wie es sich gehört, speist man – wenn man will – in einer in den Tuffstein gegrabenen Höhle, oder eben im hübschen Garten; gute Pizze und allerlei Pastagerichte.

Außerhalb

■ **Bar Il Glicine**②, Piazza Canzanelli 10/a, **Montemerano,** Tel. 0564 602861, tgl. 6.30–2 Uhr. Weit mehr als „nur" eine Bar, denn hier bekommt man auch bodenständiges Frühstück, Mittag- und Abendessen, und manchmal werden Musikabende veranstaltet. Die Lage an der Piazzetta ist ungemein romantisch, und die Bruschette sind eine Wucht.

UNSER TIPP: **Locanda da Caino**③-④, Via della Chiesa 4, **Montemerano,** Tel. 0564 602817, www.dacaino.com, Do–Mo 19.30–21.30, Sa/So auch 12.30–14.30 Uhr. Ein Restaurant mit einer Karte, die auch seltene oder ungewöhnlich kombinierte Gerichte auflistet, so *trippa & lampredotto* (verschiedene Innereien) oder *cinghiale con finocchi, arance e olive,* Wildschwein mit Fenchel, Orange und Oliven. Die Küchenchefin ist eine wahrer Meisterin ihres Fachs und Mitglied der Jeunes Restaurateurs, die Weinempfehlungen harmonieren wunderbar mit den Speisen, und wenn der Kopf zu schwer ist, kann man in einem der drei eleganten Gästezimmer über dem Restaurant übernachten.

■ **Passaparola**②, Vicolo delle Mura 21, **Montemerano,** Tel. 0564 602983, Fr–Mo 12.30–14.30, 19–22 Uhr. Hier bietet sich die seltene Gelegenheit, Fohlensteaks zu versuchen, daneben wird viel mit saisonalem Gemüse gekocht. Empfehlenswert *affettato* mit Wurst und Käse der Region. Man sitzt im kleinen Garten.

■ **Pizzeria Buongustaio**①, Via Della Madonnina 5, **Sorano,** Tel. 0564 633429, Di–Sa 8–22, So 18–22 Uhr. Pizzeria und Rosticceria mit verlässlicher Qualität und effektivem Service; Topadresse der Jugendlichen.

■ **Cantina Ottava Rima**②, Via del Borgo 25, **Sorano,** Tel. 349 8024196, www.cantinaottavarima.com, tgl. 12–15,19–22 Uhr. Angefangen hat die kleine, rustikale Osteria als Enoteca; heute wird ihr Essen weit über die Ortsgrenzen hinaus geschätzt, vor allem die wunderbare *caponata!*

■ **Fidalma**②, Piazza Busatti 5, **Sorano,** Tel. 0564 633056, www.ristorantefidalma.it, Do–Di 12.30– 15, 19.30–23 Uhr. Das familiäre Restaurant geizt nicht bei der Größe der Portionen, also bestellt man besser zurückhaltend, besonders gelobt werden die hausgemachten *pici,* ganz gleich, in welcher Kombination; auch Wildschwein und Lamm sind zu empfehlen.

■ **La Torre ... in Cantina**②, Via del Ponticino, **Manciano,** Tel. 0564 629787, http://lacasadelformaggio.com, Mo–Sa 8.30–14, 16.30–21 Uhr. Die Weinbar mit Feinkostladen (Casa del Formaggio) unweit des Torre dell'Orologio serviert zum Rebensaft üppige Aufschnittplatten.

■ **Il Rifugio**②-③, Via Trieste 9, **Manciano,** Tel. 0564 620029, www.facebook.com/TrattoriailRifugio, tgl. 19.30–22, Do–Mo auch 12–14.30 Uhr. In dieser familiär geführten Trattoria lohnt es sich, Unbekanntes zu entdecken, so beispielsweise *lombatina di cinghiale con rucola e pomodori* oder eine *torta di funghi.* Und wie wäre es anstelle des immer gleichen *bistecca* einmal mit einem Brathühnchen?

Süßes

■ **Forno del Ghetto di Francesca,** Via Zuccarelli 167, Tel. 0564 615303, Do–Di 8–13, Mo/Di/Do–Sa auch 16.30–18.30 Uhr. In der Pasticceria neben Pitiglianos Synagoge bekommt man ein typisches Gebäck der jüdischen Maremma-Bewohner, den *sfratto,* eine Teigrolle mit einer fein mit Zimt gewürzten Füllung aus Honig und Nüssen.

Die Badeorte der Südtoskana

Östlich von **Piombino** ist die Küste erstmal den Hafenanlagen und der Industrie vorbehalten, auch die direkte Umgebung der Mündung der Cornia sollte nicht unbedingt zum Baden einladen (obwohl die Wasserqualität gut sein soll und die Strände feinsandig sind). Etwa 1,5 km westlich der Mündung gibt es dann wieder die ersten bewirtschafteten Strände (in Höhe der Località Vignarca) im Bereich des sich 8 km an der Küste entlang ziehenden Schutzgebietes **Parco della Sterpaia** mit mehreren Zufahrtsmöglichkeiten von der SP40. 20 m ist der Strand hier breit, weiß und feinsandig.

Richtig los geht es mit den stabilimenti rund um den als Marina genutzten Kanal bei **Carbonifera.** Östlich der Marina-Einfahrt gibt es freie Abschnitte, nur unterbrochen von den Badeeinrichtungen eines Campingplatzes. Der Wasserzugang ist meist flach und für Familien mit Kleinkindern geeignet.

1,5 km südöstlich kündigt sich der **Lido di Follònica** mit schmaleren Strandabschnitten, parallell zur Küste verlaufenden Schutzmolen und künstlichen Sandbuchten an. In mehreren Bereichen teilen sich hier Freunde gemieteter Liegen und Liebhaber freier Strände das Ufer.

Zum Zentrum **Follònicas** hin wechseln die bewirtschafteten und freien Abschnitte, und der Strand wird wieder breiter, als Gäste kommen hier vornehmlich Einheimische aus der Stadt. Am südwestlichen Ende Follònicas haben mehrere Campingplätze den Strand de facto für sich reklamiert. Den Bereich davor, bei der mit Molen gefassten Mündung eines Kanals (am südlichen Ende des Lungomare Viale Carducci), sollte man meiden: Hier fließen Abwässer ins Meer.

Zwischen Follònica und **Portiglione** ist die Küste mit dem Pinienwald geschützt, wo Zufahrtswege sind, wird bewirtschaftet, lange Abschnitte sind frei. Die jenseits der Pineta parallel zum Ufer verlaufende Straße SP158 begleitet ein Radweg, der insbesondere an Hochsommerwochenenden trubeliges Baden am Strand garantiert. Leitplanken machen klar, dass die Nutzung der in größeren Abständen eingerichteten Großparkplätze unvermeidlich ist. An der Brücke über einen Kanal endet die Pineta, Portiglione beginnt. Wer sich hier über einen (fast) menschenleeren Strand freut und in Badeklamotten wirft, liegt falsch. Das Baden rund um die Mündung ist aus hygienischen Gründen verboten (was nicht jeden schert). Ab der Marina Portigliones sind die weißen, breiten, schnurgeraden Sandstrände erstmal zu Ende, die Küste macht einen Bogen und wendet sich nach Südwest. Die SP 158 verläuft nun abseits der Küste und führt direkt auf Castiglione della Pescaia zu.

Auf den Feldwegen (keine Autos, nur Räder) der die Küstenhügel bedeckenden Pineta kann man schöne kürzere und längere Strandabschnitte (teils mit Kies) erreichen, die alle nicht bewirtschaftet sind. **Cala Violina** ist ein 400 m langer Südseetraumstrand, 5 km von Portiglione und 2 km von der Zufahrtsmöglichkeit bei Pian d'Alma (6 km nördlich Punta Ala). Die Zufahrt mit dem Wagen endet bei der Kanalmündung bei Pian d'Alma. Nördlich davon schließt der breite, 400 m lange Sandstrand **Cala Civette** an, südlich erstreckt sich der ebenfalls größtenteils unbewirtschaftete Strand wie ein Lineal über 4 km Länge bis zur Halbinsel mit **Punta Ala.** Direkt südlich an die Marina anschließend, ist der durch eine Mole geschützte, bewirtschaftete Strand mit flachem Wasser besonders bei Familien beliebt.

Die Südseite der Halbinsel besteht aus Felsküste mit Wackerstein- und Kieselabschnitten

☒ Der Strand von Le Rocchette

und einigen Landhäusern an den Hängen. Sie endet erst nach 6 km an einem kleinen Felskap beim beliebten, bis zu 30 m breiten Sandstrand von **Le Rocchette.**

Bis zur 7 km entfernten Mündung der Bruna (auch hier gute Wasserqualität – bis zur Provinzgrenze nach Latium ändert sich daran nichts mehr) bei **Castiglione della Pescaia** bleibt der Strand, wie er ist, etwa die Hälfte ist bewirtschaftet, die freien Flächen im Sommer wegen der Campingplätze, Ferienwohnungen und Villen auch werktags gut besucht.

Die SP158 folgt nun wieder der Küstenlinie entlang der Pineta del Tòmbolo, vornehmlich vorbei an Privatgrundstücken und Zäunen bis **Marina di Grosseto/Principina a Mare** an der Mündung des Ombrone – 10 km Sandstrand, dessen wenige Zugangsstellen in Ermangelung von Parkmöglichkeiten nur per Bus oder Rad (separater Radweg) erreichbar sind. Dicht an dicht stehen hier die stabilimenti balneari am bis zu 130 m breitem Strand, Richtung Principina gibt es aber freie Flächen.

Ab Principina beginnt das Schutzgebiet des **Regionalparks der Maremma.** Der einzige individuell zu besuchender Bereich ist dort der herrliche Strand von **Marina di Alberese** (→ . „Grosseto").

In der Bucht von **Talamone** am Südende des Schutzgebietes sind die Strände im Vergleich eher dürftig und unattraktiv, in weiten Teilen steinig.

Am südlichen Ende der Bucht beginnt aber wieder ein 5 km langer, wenn auch recht schmaler (10–20 m) Sandstrand mit Pineta und einer ganzen Kette von Campingplätzen, der erst an der Mündung der Albegna bei **Albìnia** endet.

Ab hier führt die Straße über die 8 km lange Nehrung Tòmbolo della Giannella, die die **Lagune von Orbetello** vom Meer abschneidet und das Festland mit der Dreiviertelinsel Monte Argentàrio verbindet. Auf ganzer Länge verläuft noch einmal ein nur teilweise bewirtschafteter Sandstrand mit einigen Zugangsstellen und vielen Privatgrundstücken.

Der gebirgige **Monte Argentàrio** zeigt sich mit durchgängig felsiger Küste, Bade- und Liegemöglichkeiten gibt es nur auf ans Meer gebauten Plattformen bei den Orten. Da das Ufer der ganzen Insel außerhalb der Orte mehr oder weniger mit Privatgrundstücken (und einigen Ferienresorts) parzelliert ist, gibt es nur eine

165tsk

Handvoll Möglichkeiten, ans Meer zu gelangen – steil bergab, zu Fuß sich an Millionärsvillen vorbeimogelnd.

Die südliche Landverbindung der Insel zum Festland, die 6 km lange Nehrung **Tòmbolo di Fenìglia,** ist deshalb im Sommer an den Wochenenden ein absolutes Chaos. Besonders die Jugend zieht es hierher zum Baden an den schönen, 20 m breiten Strand, kein Parkplatz ist dann frei, und man hat Probleme, einen Platz für sein Handtuch zu finden.

Das Kap von **Ansedònia** ist so etwas wie eine Zäsur, westlich davon der Sand der Strände hell, östlich ab der (auch beliebten) Spiaggia Torre Puccini zunehmend dunkler. 14 km sind es zur Provinzgrenze nach Latium bei Chiarone Scalo, meist unbewirtschaftet und wenn man von den Zufahrtswegen ein wenig am Strand entlangmarschiert, findet man viele freie Plätze.

Hundestrände: Im Bereich Piombino der Strand Spiaggia ex Macello zwischen Altstadt und Hafen (gekennzeichneter Bereich im östlichen Bereich), Spiaggia Calamoresca bei der Marina di Salavoli nördlich Piombino; Spiaggia Il Casone beim Pinienwald nahe San Cerbone am Golfo di Barrati; Perelli 1 und Quagliodromo (gekennzeichneter Abschnitt) im Sterpaia-Gebiet, Mortelliccio nördlich von Follònica (bei Torre Mozza abbiegen); Castiglione della Pescaia in Richtung Marina di Grosseto nach dem Camping Etruria; bei Scarlino der Mamai Beach und nahe dem Camping Baia dei Gabbiani; Marina di Grosseto, der bewirtschaftete Bau Beach Fuorirotta; Orbetello beim hundefreundlichen Family Camping Village; Ansedònia Bau Beach östlich der Stadt.

Bootstour mit Planschen am Monte Argentàrio

Verkehr

■ **Bus:** Autolinee Toscane (www.at-bus.it) verbindet Pitigliano über Manciano tgl. mehrmals mit Grosseto (Buslinie 41/P, ca. 2 Std., um 8 €), Pitigliano mit Sorano/San Quirico (Linie 18/P, 10 Min., um 2 €) und Manciano mit Mon-temerano/Satùrnia (Linie E01, 10/15 Min., um 2 €).

Feste

■ **Satùrnia Film Festival,** Satùrnia und Umgebung, Juli und August internationale Filme auf den Piazze von Satùrnia, Montemerano und Umgebung; www.saturniafilmfestival.it.

Einkaufen

■ **Ceramiche Artistiche Bandarin,** Via Roma 7, Sorano, 0564 633143. Hübsche Keramikarbeiten mit zarten Malereien – ein nettes Mitbringsel.

■ **Kasher & Tipici,** Vicolo Marghera, Pitigliano, Tel. 335 6526946, www.lapiccolagerusalemme.it. Verkaufsausstellung, die dem Jüdischen Museum angeschlossen ist mit koscherem Wein aus der Region.

Aktivitäten

■ **Golfclub Terme di Satùrnia,** Satùrnia, Tel. 0564 600111, www.termedisaturnia.it. 18-Loch-Platz, 5038–6294 m, Par 72, Greenfee 80–100 €.

■ **Maneggio Belvedere,** Strada Sorano – Pitigliano km 4,5, Località Filetta, Tel. 338 8100496, www.maneggiobelvedere.it. Der Reitstall mit 20 Pferden ist ein idealer Standort für Reitausflüge zu den Tuffsteinstädten und in die Maremma, die das deutsch-italienische Besitzerpaar mit großem Enthusiasmus organisiert. Unterkunft in der Umgebung wird vermittelt.

Massa Marìttima

■ 380 m üNN, 8200 Einw., Grosseto 50 km, Piombino 45 km, Siena 65 km

In dem Städtchen an den Südausläufern der Colline Metallìfere geben sich Mittelalter und Renaissance ein perfektes Stelldichein, Fernsicht ist garantiert, die Museen sind mit Kultur vollgepackt – und der Hauptplatz gehört zu den schönsten Italiens.

Bereits an der Piazza Garibaldi direkt hinter dem Stadteingang zeigt sich, dass Massa nicht zu den ärmlichen Städten des Mittelalters gehörte. Zu Beginn des 14. Jh. lebten in der Stadt 10.000 Seelen, und der Bergbau füllte den Stadtsäckel recht gut. Der Beiname „maritim" verweist darauf, dass die Ebene unterhalb Massas einmal eine große Lagune bedeckte, aus der Städte wie Vetulònia und Roselle in Insellage herausragten, und an deren Ufer Massa lag.

Geschichte

Gegründet wurde Massa als Fluchtpunkt der von Piraten 809 aus Populònia vertriebenen Menschen. Da sich unter ihnen der Bischof befand, war die Siedlung mit der Gründung auch **Diözese** geworden, die unter Einfluss der Familie *Aldobrandeschi* geriet. 1225 erklärte sich Massa gegen den Willen des Bischofs zur unabhängigen Kommune.

1311 nahm es Richtlinien in seine Statuten auf, den **Codice Mineraio,** der die Freiheit des **Bergbaus** garantierte – falls der Magistrat informiert und eingebunden war. Bis 1325 wurde das Gesetz mehrfach neu gefasst und regelte schließlich detailliert Schürfrechte und Gewinnverteilung. Obwohl bereits Codizes zum Bergbau in Europa existierten (1208 in Trento, 1227 im Languedoc und 1249 im böhmischen Iglau), gilt der Codex von Massa heute als Erster, der die Erschließung, Ausbeutung und Besteuerung in einem ganzen Bergbaugebiet regulierte.

1335 geriet man unter die Herrschaft **Sienas,** das den Bergbau nach und nach einstellte. Das Sumpffieber und Seuchen dezimierten die Einwohnerzahl, und unter der Herrschaft der **Medici** geriet Massa endgültig in Vergessenheit. Im 16. Jh. lebten nicht einmal mehr 500 Menschen in der Stadt. Erst die **Habsburger** reaktivierten 1830 den Bergbau, und langsam ging es wieder voran. Aber erst im Jahr 1900 hatte Massa wieder seine mittelalterliche Größe zurückgewonnen. Ab den 1980/90ern waren die Minen schließlich nicht mehr konkurrenzfähig, und die Bevölkerung verminderte sich wieder um etwa ein Drittel. Heute lebt Massa Marìttima hauptsächlich vom **Tourismus.**

Orientierung

Festes Schuhwerk ist nicht falsch in Massa, wenn man von der **Unterstadt** auch in die **Oberstadt** will. Steil ist der Weg und holprig, vorbei an Natursteinfassaden hoch zur Festungsmauer. Die Unterstadt ist die ursprüngliche Altstadt, die Città Vecchia des unabhängigen Massa. Die südöstlich gelegene Oberstadt – Città Nuova – erhielt die meisten ihrer massigen Befestigungsanlagen unter Seneser Herrschaft ab Mitte des 14. Jh. Den dritten Stadtteil Borgo, nördlich der Città Vecchia, erreicht man über die Einkaufs- und Flanierstraße **Via della Libertà** (in der auch das Geburtshaus des heiligen *Bernardino* steht, Nr. 61). Borgo war ursprünglich das Quartier der Handwerker und Bergarbeiter. Beste Parkmöglichkeit ist am Stadteingang der Unterstadt an der Via Ximenes 50 m von der **Piazza Garibaldi,** an der sich kirchliche und weltliche Macht vereinen.

Sehenswertes

Auf dem Weg zur Kathedrale steht rechter Hand in der Via Ximenes der **Fonte dell'Abbondanza** mit seinen drei Arkadenbögen – einst das öffentliche Brunnenhaus der Stadt mit darüber liegendem Getreidespeicher. Hinter dem linken verglasten Bogen zeigt ein restauriertes Fresko von 1226 einen eigenwilligen Fruchtbarkeitsbaum, an dem Frauen – von schwarzen Krähen umschwirrt – Phalli in einen Sack pflücken. Unter dem Gebäude enden insgesamt 270 m lange, 1,90 m hohe Tunnel, in denen sich das aus dem porösen Travertin sickernde Wasser sammelte und in die Zisterne floss, Garant der Wasserversorgung bei Belagerungen. Rechts daneben steht die **ehemalige Parteizentrale der Faschisten,** ein Beispiel für den als „Razionalismo" bekannten Baustil der 1920/30er

[>] Massa Marìttimas Hauptplatz

Jahre, entworfen von einem der Lieblingsarchitekten *Mussolinis – Enrico del Debbio,* der auch die monumentale Sportstätte Foro Italico in Rom plante.

Die erhöht errichtete **Kathedrale San Cerbone,** mit dem Titel „Basilica Minor" ausgezeichnet, ist die Hauptkirche der Diözese Massa Marìttima/Piombino (in Piombino steht die Konkathedrale des Bistums: Sant'Antimo Martire). Gebaut wurde der Dom auf den Fundamenten zweier Vorgängerkirchen (9. und 11. Jh.) zwischen 1228 und 1304 am Übergang von der Romanik zur Gotik. Im Stil pisanischer Romanik mit vorgeblendeten Rundbögen begonnen, markiert der Bereich der Zwerggalerie, an dem *Giovanni di Pisano* mitgewirkt hat, den Beginn der Gotik. Der Türsturz des Hauptportals von 1250 zeigt fünf Stationen aus dem Leben des San *Cerbone.*

Die Gebeine des Kirchenpatrons und ersten Bischofs von Populònia, **Cerbonius** (493–575), waren auf der Flucht vor den Piraten mitgenommen worden und fanden ihre Ruhestätte in dem Steinsarkophag hinter dem Hauptaltar, dessen 1324 geschaffene Reliefs sich ebenfalls seinem Leben widmen.

Im linken Seitenschiff steht ein monumentales **Taufbecken,** aus einem einzigen Travertinblock gehauen. Die Reliefs mit Szenen zum Leben Johannes des Täufers schuf *Giroldo di Como* 1380. Das Marmortabernakel setzte man 1447 auf.

Im rechten Seitenschiff zeigt ein gut erhaltenes Fresko aus dem späten 13. Jh. eine Madonna mit Kind zwischen dem heiligen *Franziskus* und der heiligen *Katharina,* darunter ist die Seitenplatte eines römischen Sarkophags angebracht (3. Jh.). In der Kapelle hängt ein **Madonnenbildnis** (1318) von *Duccio di Buoninsegna.*

■ **Duomo di San Cerbone,** Piazza Garibaldi, Tel. 0566 902039, www.diocesimassamarittima.it, Mo–Sa 8–18, So 12–18, Winter bis 17 Uhr.

167t sk

Dem Dom gegenüber beherbergt der wappengeschmückte Palazzo Pretorio (um 1225) das **Archäologische Museum.** Es besitzt Exponate aus der Altsteinzeit bis zur etruskischen Epoche. Herausragend ist die prähistorische Sandsteinstele (besser Menhir) vom Fundort Vado all'Arancio, für die Maremma einmalig. Die Menschenfigur wird in die Kupferzeit (4.–3. Jt. v. Chr.) datiert, und ihr Ausdruck gleicht – trotz der nur minimalen, abstrakten Ausarbeitung – einem extrem höflichen Überbringer schlechter Nachrichten. Außerdem: Rekonstruktionen steinzeitlicher Szenen und die Kopie der bei Massa 1783 gefundenen, 27 cm hohen etruskischen Herakles-Figur aus Bronze (Original in Florenz) aus dem 3. Jh. v. Chr.

■ **Museo Archeologico,** Piazza Garibaldi, Tel. 0566 902289, April–Juni Di–So 9.30–13, 14.30–18, Juli/Aug./Sept. tgl. (im Sept. Mo geschl.) 10.30–13, 14.30–19, sonst Fr–So 9.30–13, 14.30–18 Uhr, 4 € (Kombiticket 16 €).

Der zinnenbekrönte Baukörper am Platz besteht eigentlich aus zwei unabhängigen Palästen, dem Turmpalast der Conti di Biserno auf der linken Seite und dem **Palazzo Comunale** rechts. Die Grafen wollten sich 1250 in Massa einbürgern und mussten laut Gesetz ein eigenes Haus in der Stadt besitzen. Das davor (im frühen 13. Jh.) errichtete Rathaus stand etwas zurückgesetzt, im 14. Jh. schloss man die Fassade zur Piazza mit dem heutigen Gebäude und schuf so eine einheitliche Front.

Von der Piazza Garibaldi nach Osten gelangt man über eine Gasse zur **Alten Tischlerei.** Die Werkstatt aus dem späten 19. Jh. wurde noch bis 1990 betrieben, fünf Generationen haben in ihr Holz bearbeitet.

■ **Antica Falegnameria,** Vicolo Massaini, Tel. 0566 906525, Di–So 11–13, 15–18 Uhr, Eintritt frei.

Wer jetzt schon eine Pause benötigt: Die Arkaden des Restaurants und Bar Le Logge direkt gegenüber dem Palazzo Comunale an der Piazza Garibaldi sind ein ausgezeichneter Platz für einen Cappuccino. Am nördlichen Ende der Piazza geht es nun die steile Gasse Via Moncini hinauf in die „Neustadt". An ihrem Ende wacht die Festung Sienas über die Stadt. Eine Gang führt durch die Stadtmauer, linker Hand steht der wuchtige, noch zu Zeiten des unabhängigen Massa errichtete **Torre del Candeliere** (1228). Ihn verbindet der Mauerbogen Arco dei Senesi (1337) mit dem Stadtwall. Die Sicht vom Turm (125 Stufen) reicht weit über die Metallhügel und die Ebene.

■ **Torre del Candeliere,** Piazza Matteotti, Tel. 0566 906525, Juli/Aug. tgl. 10–20, April–Juni/Sept. Di–So 10–18, Okt. Di–So 10–17 Uhr, 4 € (Kombiticket 16 €).

In dem Turm gegenüber stellte das **Museum für Kunst und Bergbaugeschichte** im ehem. Seneser Zeughaus Palazzetto delle Armi (1422) neben einer großen Mineraliensammlung Werkzeug der Bergleute aus und dokumentierte anhand von Modellen deren Arbeit. 2020 begann der Umzug in den Komplex des Bergbaumuseums (s.u.), dort soll es in Zukunft als Teil des Museumsverbundes von Massa wiedereröffnen.

■ **Museo di Arte e Storia delle Miniere,** Piazza delle Armi, 2024 wegen Restaurierung geschl.

150 m auf dem Corso Armando Diaz nach Westen sind es zum Museumskomplex der Città Nuova in einem ehemaligen Augustinerkloster. Die **Kirche San Pietro all'Orto** entstand 1197 und war bis zum unteren Dombau Bischofskirche. 1910 wurde sie säkularisiert, man zog eine Zwischendecke in das Schiff ein und nutzte sie als Grundschule. Im Erdgeschoss befindet sich heute der Sitz des **Terziere Città Nuova.** Mit etwas Glück steht die Türe offen und man kann die Standarten, Kostüme und Armbrüste der Stadtviertelvereinigung betrachten. Absolut sehenswert sind aber die zwei freigelegten Fresken vom Beginn des 15. Jh. – auf der einen Seite der Augustinermönch St. *Nikolaus von Tolentino* (1245–1305), ihm gegenüber eine Madonna mit Kind und einem Heiligen. Rechts vom Eingang gelangt man in den großen, schindelgedeckten **Kreuzgang** des Klosters. An der Seitenfassade der Kirche führen hinter einer Türe Stufen hinauf in das **Orgelmuseum.** Im Unterschied zu den Orgeln nördlich der Alpen sind die italienischen Orgeln prinzipiell kleiner. Ausgestellt sind ca. 50 Instrumente aus dem 17.–19. Jh. Außerdem umfasst die Sammlung des perfekt deutsch parlierenden *Dr. Ronzoni* Klaviere und Cembali.

■ **Museo degli Organi Santa Cecilia,** Corso Armando Diaz 28, Tel. 0566 940282, www.museodegliorgani.it, Mai–Sept. Mi–So 10.30–12.30, 16–18, sonst 10.30–13, 15.30–19 Uhr, 5 € (nicht im Museumsverbund).

Am Ende des Komplexes befindet sich der Eingang zum **Museum für Sakralkunst.** In fünf Räumen widmet es sich vornehmlich der Seneser Kirchenkunst des 14. und 15. Jh. Im Museum gesichert und durch Kopien ersetzt wurden Teile des Fassadenschmuckes des Doms, so Skulpturen von *Giovanni di Pisano* (ein Falke, der Argonaut *Telamon* und ein Pferd). Außerdem: eine Maestà (1335) von *Ambrogio Lorenzetti* (Farbe und Blattgold auf Holz) und Werke von *Sassetta* und *Sano di Pietro.* Angeschlossen ist die **Kunstgalerie** Angiolino Martini mit 750 Werken des 20. Jh. Die Temperatur im Museum beträgt 13 °C (Pullover!).

■ **Museo di San Pietro all'Orto,** Corso Armando Diaz 36, Tel. 0566 901954, www.museiartesacra.net, Tel. 0566 906525, Juli/Aug. tgl. 10.30–13, 14.30–19, April–Juni/Sept. Di–So 9.30/10.30–13, 14.30–18, sonst Fr–So 9.30–13, 14.30–18 Uhr, 5 € (Kombiticket 16 €).

Nach Rückkehr zur Piazza Garibaldi kann man noch in der südlich der Via Ximenes verlaufenden Parallelstraße das **Bergbaumuseum** besuchen. Auf der Führung geht es für ca. 30 Min. (12 °C, ein Pullover tut gute Dienste!) in den Berg. 700 m sind die Gänge lang, im Zweiten Weltkrieg als Bombenschutz in den Travertin eines alten Steinbruchs gehauen und dann als Museum mit altem Werkzeug und nicht mehr benötigter Technik wie einer kleinen Grubenbahn ausgestattet. Man erfährt alles über die unterschiedlichen Methoden der Stollensicherung und die Verfahren der Erzgewinnung.

■ **Museo della Miniera,** Via Corridoni, Tel. 0566 902289, Führungen April–Okt. 11, 12, 15 und 16, Aug. auch 17 Uhr, 8 € (Kombiticket 16 €).

Chiusdino/ Abbazia di San Galgano

27 km nordöstlich von Massa thront die eher verschlafene, aber hübsche Altstadt des ehemaligen Bergbaustädtchens Chiusdino (570 m üNN, 900 Einw.) hoch über der Umgebung. Alles scheint sich um **Galgano Guidotti** zu drehen, den 1148 dort geborenen Ritter, der zum Eremiten wurde und den der Papst bereits vier Jahre nach seinem Tod 1181 heilig sprach. Zu seinen Ehren wurde das Kloster San Galgano gegründet (→ unten). In Chiusdino bewahrt die **Kirche San Michele Archangelo** seinen Schädel auf. Die Reliquie ist von einer silbernen, mit Fenstern versehenen Laterne umschlossen, aus der ein Schwert ragt. Die **Kirche San Sebastiano** war ursprünglich für die Reliquien vorgesehen und zeigt ein verwittertes Relief (1466) mit dem Ritter zu Pferde über dem Eingang. Sein Geburtshaus ist heute das **Oratorio della Compagnia di San Galgano.** In der linken Ecke neben dem Altar trägt ein Stein die Abdrücke der Knie von *Galganos* Pferd, das sich angeblich beugte, als der Ritter dem Erzengel Michael begegnete.

168t sk

Die Legende: Als Tunichtgut weithin bekannt, erschien *Galgano* eines Tages der Erzengel Michael, um ihm den rechten Weg zu weisen. *Galgano* fuhr unbeeindruckt fort, seinen Mitmenschen hässliche Dinge anzutun. Doch der Engel mahnte immer wieder. Weichgekocht zog *Galgano* schließlich auf den Hügel **Monte Siepi** 10 km östlich von Chiusdino und wollte sein Schwert an einem Felsen zerbrechen – als Beweis für die Entsagung von weltlicher Macht und Gewalt. Doch statt zu zersplittern, fuhr das Metall tief in den Stein und blieb stecken. Griff und Parierstange bildeten nun ein Kreuz über dem Fels. *Galgano* sah es als Zeichen, zu bleiben, er wurde Eremit und verließ den Hügel bis auf ein einziges Mal nicht mehr. Da pilgerte er nach Rom, um den Papst zu fragen, ob er mit seiner mittlerweile auf dem Hügel versammelten Gefolgschaft einen Orden gründen solle. Kurz darauf starb *Galgano.* Bei seiner Heiligsprechung befolgte die Kirche wohl erstmals verbindliche Kanonisationsvorschriften (Vorschlag durch einen Bischof, Genehmigung durch eine Kommission und abschließende Erklärung des Papstes).

Der Schädel von Galgano Guidotti – die Reliquie umschließt eine silberne, mit Fenstern versehene Laterne

Das Schwert existiert noch in der anlässlich des Klosterbaus 1182 über dem Felsen errichteten romanischen **Kirchenrotunde.** Die Kuppel der Rotunde mit ihren konzentrischen Ziegelkreisen ist als Kraggewölbe der Bauweise etruskischer Gräber nachempfunden.

Im 14. Jh. fügte man die **Cappella del Lorenzetti** an, die *Ambrogio Lorenzetti* 1334 mit einer Maestà und Szenen aus dem Leben *Galganos* ausmalte. Den Auftraggebern missfiel die Arbeit *Lorenzettis,* er musste nachbessern. Die Madonna, ursprünglich eine Schwangere mit Weltkugel in den Händen, übermalte er mit einer dem damaligen Auge gefälligeren Version (wie Röntgenuntersuchungen ergaben). Auch die Maria in der Verkündigungsszene (eine an einer Säule Halt suchende, fast entsetzte Frau) blieb vor Übermalung nicht verschont. 1966 entdeckte man in der Kapelle eine Skizze zu deren erster Version (rechts des Eingangs). Unterhalb der Madonna mit dem Kind zeigt die mit einem weißen Tuch verhüllte Gestalt der Eva die Symbole der Sünde (Feige und Ziegenfell) und hält eine Schriftrolle, die Maria zur Königin erklärt.

Bedeutendstes Bauwerk ist allerdings die **Klosterruine San Galgano,** der erste gotische Kirchenbau in der Toskana und der vielleicht bedeutsamste Italiens. Als die Einsiedelei oben am Monte Siepi 1224 zu klein geworden war, entschlossen sich die Zisterzienser zum Bau einer Abtei unterhalb des Hügels, der einzige Neubau der Zisterzienser in der Toskana. Ihre Ursprünge lagen in Frankreich, wo die Gotik schon ihren Siegeszug angetreten hatte, und die Mönche übernahmen für San Galgano die neuen Bauvorgaben und Stilmittel. Ende des 13. Jh. war die kolossale Kirche von 69 m Länge und 21 m Breite aus Travertinstein mit einem kreuzförmigen Grundriss und drei Längsschiffen fertiggestellt. Reich geschmückte Kapitelle, Rosettendurchbrüche und hohe Spitzbogenfenster machten die Kirche für ihre Zeit einzigartig (und ließen sie zum Vorbild für den Seneser Dom werden). Die guten Beziehungen des schnell sehr vermögend gewordenen Klosters zu Siena bedeuteten aber auch seinen Niedergang. Florenz ließ es immer wieder überfallen, und im 15. Jh. verarmte das Kloster zusehends. 1550 lebten nur noch fünf Mönche hier, die jeglichen Besitz verscherbelten und schließlich auch vor dem bleigedeckten Dach nicht haltmachten. Zu Beginn des 17. Jh. lebte noch ein Ordensbruder in den Klostergebäuden, 1789 brach der Campanile zusammen, und 1815 gab man das Kloster endgültig auf. Im 20. Jh. besann man sich auf das Erbe und begann umfangreiche Sicherungsmaßnahmen. 1966 revitalisierte der Olivetanerorden das Kloster. Heute sind die Ruinen häufiger Hintergrund in Filmen, und im Sommer finden im Hauptschiff unter Sternenhimmel Konzerte statt (Estate Chiusdinese, San Galgano Festival).

Zu besichtigen sind in der Einsiedelei die Rotunde sowie die Lorenzetti-Kapelle. Ein kleiner, dem Kloster angeschlossener Laden, verkauft Kräuter und Souvenirs. Im Kloster sind neben dem Zugang zu der Kirchenruine der Kapitelsaal, die Schreibstube (mit Kasse und Buchladen), Schlafzellen der Mönche und die Räume des Abtes offen.

■ **Eremo di Monte Siepi/Abbazia San Galgano,** www.fondazionesangalgano.it, Mai–Sept. tgl. 9–19 Uhr, Juli/Aug. bis 20 Uhr, sonst bis 18 Uhr, 5 €.

Bergdörfer mit Aussicht: Roccatederighi, Roccastrada, Montemassi

An den südlichen Hängen der Metallhügel, 30 km östlich von Massa Marìttima nahe der Schnellstraße zwischen Siena und Grosseto, reihen sich mehrere Bergstädtchen aneinander, deren Besuch eine abwechslungsreiche Autofahrt mit vielen Kurven, mit schönen Ausblicken über die Berge und die Ebene vor Grosseto garantiert. Enge Gassen, Häuser aus Naturstein auf den Kuppen zwischen die Felsen gebaut, grüne Hügel, dichte, fast urwaldartige und von Farn überwucherte Wälder und weite Felder, Rebenpflanzungen und Olivenhaine sind eine angenehme Abwechslung zu Sakralkultur und Sonnenbrand. Man darf nicht zu viel erwarten, ein bisschen moderne Kunst hier, ein kleines Museum dort. Einen Tag sollte man kalkulieren, wenn man ein Mittagessen einplant.

Grauer Stein in grünen Bergen: Roccatederighi

322t sk

Die Häuser von **Roccatederighi** (540 m, 800 Einw.) sind überaus malerisch auf einem Felssporn zwischen und auf granitähnlichem vulkanischen Ryolith errichtet. Von Weitem sind alle Bergdörfer pittoresk, kommt man hinein, verlieren einige beträchtlich an Charme – nicht so Roccatederighi, die einstige Festung der Grafen Tederighi. Nachgerade urtümlich sind die Gassen entlang der grob behauenen Natursteine der Gebäude, dunkle Durchgänge mit Treppen führen zum nächsten Winkel, krumme Wege und holpriges Pflaster haben sich seit dem Mittelalter nur unwesentlich geändert. Und am südlichen Ende des Labyrinths, bei der romanischen Kirche San Martino Vescovo, tritt der blanke Fels hervor, lässt sich weit über die Häuser hinaus nach oben beklettern und sorgt für eine unvergleichliche Aussicht weit übers Meer. Da der alte Ortskern nicht unbedingt die heute erwartete Wohnqualität bietet, haben ihn viele Bewohner verlassen, entsprechend ist der Leerstand. Die Kommune sucht das Beste daraus zu machen und nutzt ihn für Kunstinstallationen und als Ateliers, die an Interessierte zu einer Symbolmiete abgegeben werden.

Roccastrada (475 m üNN, 1500 Einw.) 12 km östlich ist der Hauptort der Gemeinde, ebenfalls hoch oben auf Felsen errichtet. Er ist wesentlich größer als Roccatederighi und sein mit Petunien und Geranien geschmückter Altstadtkern von einer relativ ausgedehnten Neustadt umgeben, die sich die Hänge hinunterzieht. Seinen Ursprung hat er als etruskische Siedlung, im Mittelalter wurde Kupfer und Silber aus dem Berg geholt. Auf den ersten Blick mag Roccastrada nicht so attraktiv wirken; im Gegensatz zu vielen anderen Bergorten ist es noch ziemlich untouristisch. Auf der anderen Seite ist es ein belebtes

Städtchen mit Restaurants und Supermarkt. Der Uhrenturm stammt aus dem 14. Jh. Die im 16. und 19. Jh. veränderte Kirche San Nicola (13. Jh.) am südlichen Ende der Stadt bewahrt ein Taufbecken von 1575 und zwei Fresken von Giovanni Tolosani – einem Schüler Ghirlandaios: eine sehr gut erhaltene „Verkündigung" und eine „Maria auf dem Thron mit dem Kind", beide aus der ersten Hälfte des 16. Jh.

Die **Krypta von Giugnano** (5,6 km westlich von Roccastrada an der SP21, GPS N 42.984568, E 11.125552) verbirgt sich auf dem Gelände des Agriturismo San Guglielmo (→ Praktische Informationen, Unterkunft) zwischen Steineichen. Die Ruinen des im 11. Jh. gegründeten Klosters San Salvatore di Giugnano liegen größtenteils noch unerforscht unter der Erde, mit der nachfolgende Generationen die Bauten zugeschüttet haben; nur eine Mauer mit gotischen Fenstern aus dem Jahr 1200 ist oberirdisch zu sehen. In Begleitung des Agriturismo-Besitzers kann man ganz abenteuerlich als Entdecker in die unter einem Hügel begrabene, um 1140 von Benediktinern angelegte Krypta hinuntersteigen und deren Säulenkapitelle, die geheimnisvolle Tiersymbole schmücken, bestaunen.

■ **Cripta di Giugnano**, www.facebook.com/Agrisanguglielmo, www.castellitoscani.com.

Vierte Station (19 km von Roccastrada entfernt) ist **Montemassi** (150 m üNN, 200 Einw.) mit seiner Burgruine aus dem Jahr 1000, die auf die Aldobrandeschi zurückgeht. Mehrfach hatte Florenz in seinem Dauerkrieg gegen Siena Montemassi aufgewiegelt, sodass die Senesen immer wieder Soldaten schicken mussten, um sich den Rücken freizuhalten. Auch 1328 revoltierte Montemassi, und Siena sendete seinen Söldnerführer Guidoriccio da Fogliano mit Truppen, die die unbotmäßige Festung eroberten. Simone Martini soll zwei Jahre später das 10 x 3,50 m messende Kolossalfresko „Fogliano bei der Belagerung Montemassis" gemalt haben, das heute im Palazzo Pubblico von Siena (Mappamondo-Saal) ausgestellt ist. Neuere wissenschaftliche Untersuchungen datieren das Bild aber auf das 15. Jh.

323t sk

Das **Weingut Rocca di Montemassi** liegt 7,5 km südlich von Montemassi und ist mit 160 ha das größte Weingut der Maremma. Gepflanzt wird vorranggig Sangiovese. Es besitzt ein Ethnografisches Museum mit unendlich vielen, ganz alten Exponaten aus dem ländlichen Leben: vom Leiterwagen über Nähmaschinen, Jagdwaffen und Werkstatteinrichtungen bis zur Buttertrommel. Anlässlich der Führung über das Weingut erfährt man auch viel Wissenswertes über Rebenpflege, Weinproduktion und -lagerung. Wer will, verkostet und kauft.

■ **Museo di Rocca di Montemassi,** Località Pian del Bichi (GPS N 42.950702, E 11.056810), Tel. 0564 579700, www.roccadimontemassi.it, Di–Sa Führung über das Weingut und durch das Museum (Dauer 1,5 Std.) um 10.30, 14 und 16.30 Uhr.

Wer abschließend nach Süden Richtung Grosseto fährt, kann die SP73 nehmen und bei Sticciano Scalo durch eine sehenswerte Pinienallee fahren – mit uralten, himmelhohen Bäumen.

^ Die Krypta von Glugnano

Parco Roberto Ciulli

Den privaten **Skulpturenpark** gründete *Mario Ciulli* in Gedenken an seinen Vater, den Bildhauer *Roberto Ciulli* (1919–1997). Mehr als 20 Werke zeitgenössischer Künstler, darunter des Schweizers *Kurt Metzler,* akzentuieren die sanften Hügel der Toskana-Landschaft, 10 km südöstlich der Abbazia Galgano (4 km von Montalcino). Einige, die zur Sammlung des Vaters gehörten, ließ *Ciulli* hier aufstellen, andere entstanden vor Ort.

■ **Parco Roberto Ciulli,** frei zugänglich.

Valpiana

Das Dorf Valpiana (145 m üNN, 500 Einw.) 6 km südlich von Massa verdient einen Besuch wegen seines von einer engagierten Non-Profit-Organisation gegründeten **Aquariums.** In den Glastanks in der am Ortsrand stehenden Halle schwimmen Fische aus dem Mittelmeer und den Tropen. Verlässt man die Halle nach hinten, befindet man sich in einem kleinen Dinosauriergarten mit einigen Modellen der Urviecher. Angeschlossen an das Aquarium ist eine Forschungsstation für Weiße Haie. Die ganze Anlage ist überschaubar, doch für kleine Toskana-Urlauber sicherlich eine willkommene Abwechslung.

■ **Aquarium Mondo Marino,** Via della Cava, Valpiana, Tel. 0566 919529, www.aquariummondomarino.com, März–Okt. tgl. 10–13, 15–19, sonst nur Sa/So bis 18 Uhr, 9,90 €, Kind 7,90 €.

[>] Metall in Follònica …

Follònica

Die Industrie- und Küstenstadt Follònica (5 m üNN, 21.700 Einw.), 20 km südwestlich von Massa Marìttima, wirkt auf den ersten Blick nicht so, als ob kulturell besonders viel zu holen wäre. Der Verkehr ist hektisch, die Häuser gesichtslos modern und der Lungomare nicht auf Tourismus, sondern auf die Bedürfnisse der Bewohner zugeschnitten. Dass die Stadt berühmt war für ihre Eisenindustrie, insbesondere für die Gusseisenproduktion, mag nicht notwendigerweise Besucher anlocken. Wer aber kommt, wird staunen. 1830, die Habsburger hatten die Minen im Hinterland wieder in Betrieb genommen, musste ein Platz für die Verhüttung und Veredelung der Erze gefunden werden. Am Golfo di Follònica wurde man fündig, und man errichtete die Città Fabbrica. Den Eingang zu den Fabrikanlagen der Gießereien mitten in der Stadt schmückt **das schönste Tor der Toskana** – in Gusseisen. Dieses

169t sk

Ergebnis besten Kunsthandwerks steht an der Via Bicocchi in Höhe der Via Amorotti. Das Fabrikgelände wird mit EU-Geldern nach und nach saniert und zu einem Kulturzentrum ausgebaut.

Bereits zugänglich ist das moderne und didaktisch vorzüglich strukturierte **Museum für Gusskunst.** Es vermittelt multimedial die Kunstfertigkeit der Arbeiter, widmet sich der Geschichte der Metallverarbeitung und führt in die Produktion in den Gießereien ein.

■ **Museo delle Arte in Ghisa della Maremma MAGMA,** Via Emilio Bicocchi, Tel. 0566 59027, www.magmafollonica.it, Mitte Juli–Mitte Sept. Di–So 18–23, Mi/So auch 9.30–12.30, sonst Di–So 15.30–19 Uhr, 5 €.

Am Ausgang zur Via Roma im Nordwesten des Areals steht an der Piazza Don Ugo Salti die **Kirche San Leopoldo,** auch sie ein Ergebnis der Arbeiten der Gusswerke. 1836 begonnen, wurde sie 1838 in Anwesenheit des Großherzogs *Leopold* geweiht. Sie besaß als erste italienische Kirche bedeutende Architekturelemente aus Gusseisen – neben der augenfälligen Tragkonstruktion und Bedachung der Vorhalle auch die Rosette im Tonnengewölbe der Vorhalle, die Apsis und die Turmspitze. Ihr Architekt *Carlo Reisehammer* (1806–1883) entwarf auch die gusseisernen Straßenlaternen.

Am Lungomare stakt das einzige Hotel der Toskana, das sich eines Platzes über dem Wasser rühmen kann. Auf Stelzen ins Meer gebaut, hat man von den Zimmern und dem Restaurant des **Piccolo Mondo** Blick auf die Insel Elba.

☒ ... und Scarlino

Punta Ala

20 km südlich von Follònica ragt die Halbinsel Punta Troia ins Meer. Auf ihr liegt das exklusive **Resort Punta Ala** mit Hotels, Ferienwohnanlagen, einer großen Marina, einem Golfplatz und einer verwirrenden Straßenführung. Drei Landmarken erinnern an die unruhigen Zeiten, als Siena und Florenz miteinander stritten und des Öfteren auch Piraten vorbeischauten: die **Torre Hildago** über dem nördlichen Hafenbereich, **Il Castello** am südlichen Ende der Marina und die **Torre dello Sparviero** auf dem vorgelagerten Felsen.

Scarlino und Gavorrano

In **Scarlino** (230 m üNN, 3800 Einw.), 10 km im Hinterland von Follònica (20 km von Massa), wurde das **Erz** abgebaut, das an der Küste in die Hochöfen kam. Dieses Industrieerbe lässt die idyl-

170t sk

lische, von Macchia und Korkeichen geprägte Landschaft, durch die die Strada Panoramica nach Scarlino hinaufklettert, gar nicht vermuten. Doch Förderturm und Betriebsgebäude im Tal unterhalb zeugen von der geschäftigen Vergangenheit. Oben in der Altstadt, rund um die in Teilen erhaltene mittelalterliche Festung der *Aldobrandeschi,* ist seit Schließung der Mine Ruhe eingekehrt, nur Ausflügler verirren sich hierher, erkunden die Gassen, kehren in einem der Lokale ein und verschwinden wieder.

Ein ähnliches Schicksal teilt **Gavorrano** (270 m, 5000 Einw.), 10 km östlich von Scarlino. Hier hat man aber die 1983 geschlossene größte Eisenerz- und Pyritmine Europas in ein **Bergwerksmuseum** verwandelt, das sich in zwei Bereiche teilt. Der Parco delle Rocce (mit Kartenverkauf, Buchhandlung und dem Multimedia-Museum) liegt in einem Steinbruch, in dem einmal das Material zur Verfüllung der stillgelegten Stollen gebrochen wurde. Beim Museumsbesuch in den Stollen (15 °C, Pullover mitnehmen!) wird das Leben der Bergleute in den 1950er Jahren beschrieben. Im Bereich Ravi Marchi (Open-Air-Führung in den Abraumhalden) befinden sich die Anlagen, in denen man Pyrit aufarbeitete.

■ **Museo Minerario Parco delle Rocce,** Piazzale Livello, Gavorrano, Tel. 0566 846231, www.parcominerario.it, Juli/Aug. je nach Wochentag zwischen 2 und 6 Führungen, im Museum ab 10 Uhr und ab 16 Uhr, **Ravi Marchi** (nicht bei Veranstaltungen im Teatro delle Rocce) ab 9.45/10.30 Uhr, Dauer Museum 60–75 Min., Ravi Marchi 60 Min., Führungen in deutsch oder englisch nur nach Voranmeldung, Museum und Ravi Marchi je 7 €, zusammen 10 €.

In das Halbrund der Abraumhalde wurde ein Theater gebaut, das **Teatro delle Rocce,** das in der warmen Jahreszeit für Veranstaltungen und Konzerte genutzt wird und in dem im Juli und September das Festival von Gavorrano stattfindet (www.teatrodellerocce.it).

Vetulònia

Wie Roselle lag auch das etruskische, dem Zwölfstädtebund angehörige Vetluna im 7. Jh. v. Chr. auf einer Insel in der die Ebene bedeckenden Lagune – dem *lacus prilius.* Als einzige der Siedlungen des Zwölferbunds wurde Vetluna von den Römern nicht übernommen und verfiel. Heute erstreckt sich Vetulònia (300 m üNN, 250 Einw.) auf einer Hügelkuppe 30 km südlich von Massa (20 km nordwestlich von Grosseto), in seiner Umgebung sind einige Hügelgräber der Etrusker frei zugänglich. Bei der Hochfahrt liegt linker Hand kurz vor dem Ortseingang die hübsch hergerichtete Grabungsstätte der etruskischen Stadt mit Fundamenten von Wohnhäusern, die **Archäologische Zone von Poggiarello Renzetti.**

■ **Area Archeologica Poggiarello Renzetti/ Scavi di Città,** Località Scala Santa, Di–So 10.10–14.50, 15.10–18.50 Uhr.

Dem Friedhof gegenüber (hinter den ersten Häusern rechts abbiegen) erstrecken sich die **Archäologischen Zonen** von **Costia dei Lippi** und (südlich dahinter) **Costa Murata.** Erahnen lassen sich Hausfundamente, Straßen und Rinnen zur Regenwasserableitung.

■ **Area Archeologica Costia dei Lippi/Costa Murata,** Piazza del Camposanto, Costia del Lippi immer zugänglich, Costa Murata außer Mo/Do 8.30–13, 13.30–17.15 Uhr.

Das **Archäologische Museum** in einer ehemaligen Schule am Dorfplatz stellt die Funde aus den Hügelgräbern der Umgebung aus, darunter Goldschmiedearbeiten, die belegen, dass die Etrusker von Vetulònia Erz abbauten (am Lago dell'Accesa unterhalb von Massa Marìttima) und zum anderen herausragende Kunsthandwerker waren und regen Handel trieben (hellenische Einflüsse bei der Gestaltung).

■ **Museo Archeologico Isidoro Falchi,** Piazza Vetluna, Tel. 0564 948058, www.museoisidorofalchi.it, Di–So 10–14, 15–19 Uhr, 5 €.

Spaziert man vom Museum die Via Giuseppe Garibaldi zum Südende des Ortes, kann man einige etruskische Mauerreste sehen – **Mura dell'Arco.** Auf dem Weg passiert man das mehrfach umgebaute, im 11. Jh. errichtete romanische Kirchlein San Bartolomeo.

171ts k

Die **etruskischen Grabstätten** reihen sich 2 km außerhalb von Vetulònia Richtung Grosseto entlang eines nach Norden abgehenden Feldweges (Strada Vicinale di Badia Vecchia – Casette) auf. An der Abzweigung der Staubstraße befindet sich das am Übergang vom 7. zum 6. Jh. v. Chr. errichtete **Tomba del Belvedere.** 1897 als leere Grabstelle entdeckt, besteht es aus einer quadratischen Hauptkammer mit drei Nebenkammern. Bedeckt waren sie einst von einem Kragdach, das aber wohl schon in der Antike zusammenbrach. Nach 500 m ist das **Tumulo della Pietrera** erreicht, mit 70 m Durchmesser und 14 m Höhe das größte Grab Vetulònias aus dem 7. Jh. v. Chr. und von Steineichen, Olivenbäumen und Ginster umrahmt. Seinen Namen erhielt es, weil die Bauern es als Steinbruch benutzten. Es besteht aus zwei übereinander liegenden Kammern. In der unteren Kammer (mit zwei Nebenkammern) nimmt eine Säule die Last des Bauwerks auf. Die im Grab gemachten Funde werden in Florenz verwahrt. Weitere 700 m den Weg entlang führen zum **Tomba del Diavolino II,** auch „Pozzo dell'Abate" genannt. Sein Durchmesser beträgt 60 m, und es gilt als eines der besten Beispiele einer klassischen etruskischen Grabstelle aus dem 7. Jh. v. Chr. mit einem langen offenen Zugang und einer von einer Säule getragenen Kuppel über der quadratischen Grabkammer.

[<] Siesta in Vetulònia

Massa Marìttima: Zugabe!

Palazzotto della Zecca – die ehemalige Münzanstalt aus dem frühen 14. Jh. und heutiger gemeinsamer Sitz der Terzieri Massas; Via Norma Parenti 22, vom Archäologischen Museum die Treppe hinunter an der nächsten Ecke.

Rocca di Monteregio – von den *Aldobrandeschi* erstmals im 9. Jh. errichtete Festung, während der Unabhängigkeit ausgebaut, unter Siena verfallen, später als Hospital genutzt; nördlich der Piazza Matteotti.

Convento di San Francesco – 1220 soll der heilige *Franziskus* einige Tage in Massa verbracht haben; die nach Unabhängigkeit strebenden Bewohner baten ihn, ein Kloster zu gründen, um ihre Position gegenüber dem Bischof zu stärken (die Franziskaner predigten Bescheidenheit und verurteilten kirchliche Feudalherrschaft). Ein von *Franziskus* persönlich gesandter Mönch weihte das Kloster im Jahre 1221 ein, vier Jahre später war Massa unabhängig; Via San Francesco unterhalb der Rocca di Monteregio.

Giardino dei Suoni – Klang- und Skulpturengarten des aus Bayern stammenden Konzeptkünstlers *Paul Fuchs* mit über 250 Installationen auf 12 ha Wald und Wiese; 5 km südlich von Gabellino und 15 km östlich von Massa (genaue Anfahrtsbeschreibung wird nach Reservierung zugesandt), Tel. 0566 998221, www.paulfuchs.com, Voranmeldung obligatorisch, Führung 2,5 Std., 10 €.

Abbazia San Lorenzo al Lanzo – verwunschen-verlassen-verfallene, im 12. Jh. gegründete Abtei im Wald, wo sich Hase und Jäger gute Nacht sagen; bei Civitella Marìttima, 60 km östlich von Massa Marìttima (GPS N 43.009438, E 11.291267).

Bagni di Petriolo – frei zugängliche Ruine mittelalterlicher Thermen im Wald des Riserva Naturale Basso Merse, das 43 °C heiße Thermalwasser fließt über künstliche Wannen und aus Schläuchen in die mit Wackersteinen abgegrenzten Becken im Flüsschen Merse und wabert als Dampf mit teuflisch-schwefliger Geruchsnote über das Tal. 1 km südlich stehen das moderne, luxuriöse Petriolo Spa Resort und die kostenpflichtige Terme Petriolo (https://termepetriolo.it, tgl. 9–17.30 Uhr, 10–15 €); 60 km östlich von Massa Marìttima nahe der SS223 von Siena nach Grosseto.

Tirli – küstennahes Bergdorf auf 400 m Höhe zwischen Punta Ala (18 km) und Vetulònia, Ausflugsziel für des Meeres müde Badetouristen, die hier zu Mittag essen und die kühleren Temperaturen genießen.

Lago dell'Accesa – 10 km südlich von Massa Marìttima, kleiner See mit 14 ha, der mit seinem tollen klaren Wasser zu einem Sprung ins kühle Nass einlädt; Abzweig an der Strada Provinciale Accesa, Parkmöglichkeit bei GPS N 42.988984, E 10.888874, dannetwa 2 Min. zu Fuß hinunter zum See.

Museo Archeologico del Portus Scabris – in Puntone, 10 km südwestlich von Scarlino. Das modern Museum präsentiert Fundstücke, die 2000/2001 bei Ausgrabungen am römischen Hafen Portus Scabris zutage befördert wurden, darunter Handelswaren, Tongefäße und Hafenfundamente; Via delle Collacchie 1, April-Okt. Di–So 10–13, 16–19 sonst bis 18 Uhr, 4 €.

Tomba del Belvedere immer zugänglich, **Tomba della Pietrera** außer Mo/Do tgl. 11–13 Uhr nach Voranmeldung unter Tel. 331 6216340.

Das Kloster von Siloe – hypermodern und ökologisch

Monastero di Siloe

Wer uralter Klöster müde und dennoch ein Freund meditativer Einkehr ist, sollte unbedingt das **Benediktinerkloster** von Siloe besuchen (25 km südöstlich von

Roccastrada oberhalb von Poggi del Sasso). Es befindet sich in unvergleichlicher Lage hoch über dem Tal des Ombrone auf einer Kuppe und sieht sich auch der Kunst verpflichtet. Erst 2005 errichtet, zeigen sich die Gebäude modern, wohl durchdacht und von zeitgenössischen religiösen Kunstinstallationen gerahmt. Selbstverständlich ist alles nach den letzten bauphysikalischen Erkenntnissen geplant worden. Um die Natur so wenig wie möglich zu schädigen, ist u.a. die Dämmung entsprechend ausgelegt, und die verwendeten Materialien stammen aus der Umgebung. Wer ernsthaft für ein paar Tage am Klosterleben teilnehmen will und bereit ist, die Regeln des Benediktinerordens in dieser Zeit uneingeschränkt zu befolgen, ist ein gern gesehener Gast und kann vorab die Konditionen besprechen.

Dass die zukunftsorientierten Klosterbrüder auch noch alljährlich im Juli ein kleines **Filmfest** austragen, bei dem Filme mit religiös-pädagogischem Hintergrund gezeigt und prämiiert werden, ist nur folgerichtig (www.siloefilmfestival.it).

■ **Monastero di Siloe,** Strada San Bendetto 1, Poggio del Sasso, Tel. 0564 990415, www.monasterodisiloe.it.

Praktische Informationen

Touristeninformation

■ **Ufficio Turismo Massa Marìttima,** Via Todini 3/5, Tel. 0566 906554, www.turismomassamarittima.it, April–Okt. tgl. 10–13, 15–17 Uhr, sonst Mo/Di geschlossen.

■ **Ufficio Turismo Follònica,** Via Roma 49, Tel. 0566 52012, https://follonicaonline.it, Mitte Juni–Mitte Sept. tgl. 9–13, 16–20, 21.30–23.30, sonst Mo–Sa 10–12.30, 16–19, So 10–12.30 Uhr.

Unterkunft

■ **La Fenice Park Hotel③**, Via Armando Diaz 63, Tel. 0566 903941, www.lafeniceparkhotel.it. Großzügige, mit Stilmöbeln eingerichtete Zimmer sowie ein Garten zeichnen das Hotel in einem Palazzo aus dem 19. Jh. aus – allerdings leidet es etwas unter unpersönlichem Service und einem sehr rudimentären Frühstück.

172t sk

■ **Ostello Sant'Anna**①, Via Antonio Gramsci 7, Tel. 334 6967229, www.ostellomassamarittima.it. Das in klaren, freundlichen Farben eingerichtete Hostel im Zentrum verfügt über Zwei- und Mehrbettzimmer, saubere Waschräume und eine große Küche, Frühstück kostet extra.

Außerhalb

■ **Agriturismo Poggio Corbello**②, **Podere Poggio Corbello 2,** 10 km südlich von Massa Marìttima, Tel. 0566 919029, www.poggiocorbello.it. Bauernhof mit drei Zimmern und sieben Ferienwohnungen nur wenige Meter vom Lago dell'Accesa (in dem man auch baden kann), Restaurant mit Pizzeria, Schwimmbad.

■ **Albergo Piccolo Mondo**②-③, Piazza Guerrazzi 2, **Follònica,** Tel. 0566 40361, www.piccolomondohotel.it. Albergo mit **Restaurant**③ aus den 1960ern, in Familienbesitz und in einzigartiger Lage auf Stelzen im Wasser. Zwölf elegant eingerichtete Zimmer mit Parkett (davon neun mit Meerblick), Restaurant mit Panoramaverglasung und Terrasse.

■ **Madonna del Poggio B&B**②, Strada Provinciale Scarlinese 84, Locàlita Madonna del Poggio, **Scarlino,** Tel. 0566 37320, www.madonnadelpoggio.it. Diese Pension mit sechs einfach eingerichteten Zimmern in einem ehemaligen Konvent begeistert entweder total, oder man fühlt sich als Gast unglücklich. Tatsächlich wird sie nicht konstant aufmerksam geführt, und die Nachlässigkeit, beispielsweise in punkto Sauberkeit, kann sehr ärgerlich sein, dann wiederum ist alles pikobello, und man freut sich nach einem anstrengenden Besichtigungstag auf den Sprung in den Pool – Glückssache.

■ **La Duchessa B&B**③, Locàlita Le Case di Vetulònia, **Castiglione della Pescaia,** Tel. 339 8509 993, www.laduchessa.org. Vier nostalgisch eingerichtete Zimmer und ein Apartment auf einem schönen Landgut aus dem 12. Jh. mit Garten und Pool, sowohl die Strände um Castiglione und Follònica als auch die um Grosseto sind gut zu erreichen.

■ **Hotel Vatluna Relais**③, Piazza Stefani 12, **Vetulònia,** Tel. 0564 949601, www.hotelvatluna.com. 3-Sterne-Boutique-Hotel mitten im Ort mit zehn Zimmern, einer Suite, Schwimmbad, Wellness-Center, Restaurant und einem fantastischen Fernblick.

■ **Da Nada**①-②, Via Trento 13, **Roccatederighi,** Tel. 0564 567226, www.trattoriadanada.com. Drei hübsche Zimmer mit Fernsicht hoch oben in der Pension an der Altstadt, gutes **Restaurant**② mit Terrasse, Talblick und Freisitz auf der Straße, → „Essen und Trinken".

■ **Agriturismo Il Sughereto**③, Via del Sughereto, **Roccastrada,** Tel. 329 9623252, www.ilsughereto.it. Die Häuser dieses Agriturismo sind neu und modern, die drei Apartments sehr hübsch und mit Geschmack eingerichtet. Ein Pool sorgt für Erfrischung, und wer sich für Orchideen interessiert, findet im Gastgeber einen passionierten Gesprächspartner, der seine Zöglinge auch gerne präsentiert.

■ **Agriturismo Poggiarello**③, Via del Sughereto, Località Pianetto, **Roccastrada,** Tel. 0564 577223, www.ilpoggiarello.it. Das historische Weingut vermietet zehn Wohnungen unterschiedlicher Größe, die einfach und zweckmäßig eingerichtet sind, zum Anwesen gehört ein großer Pool, auch Fahrräder werden verliehen. Nach Vereinbarung Weinverkostung.

■ **Agriturismo San Guglielmo**②, Via di Bettarello, Località San Guglielmo, **Roccastrada,** Tel. 0564 577581, www.facebook.com/Agrisanguglielmo. Sieben einfach eingerichtete Zimmer und zwei Apartments, ein kleiner Pool, die Ruinen eines mittelalterlichen Klosters und viel Ruhe erwarten den Gast in diesem sympathischen Agriturismo im Tal des Flusses Bai.

■ **La Fornace die San Galgano**②-③, Località Frosini 53, **Chiusdino,** Tel. 349 6410715, www.fornacesangalgano.it. Sechs sehr geschmackvoll eingerichtete Apartments, ein jedes mit kleiner privater Terrasse und Küche sowie Pool und Fahrradverleih, Gastgeber *Stefano* hilft gerne mit Tipps und Empfehlungen weiter.

■ **Agriturismo San Galgano**②, Località S. Galgano, **Chiusdino,** Tel. 0577 756292, www.sangalgano.it. Wer die Abtei San Galgano in der Stille eines frühen Morgens erleben möchte, dem sei die Übernachtung in dem einfachen Agriturismo gleich gegenüber empfohlen, der Lohn ist eine fast magische Stimmung; auch Restaurant.

Camping

UNSER TIPP: **Campeggio Punto Natura**①, Podere Campo della Madonna, **Roccastrada,** Tel. 0564 563072, www.puntonatura.com. Ländliches Camping zwischen Olivenbäumen, einfach, sauber und sehr charmant; dazu gibt's bestes Olivenöl aus biologisch einwandfreier Produktion. Wer nicht Campen will, kommt in einer der Ferienwohnungen des Gutes unter.

Essen und Trinken

■ **Caffè Le Logge**②-③, Piazza Garibaldi 11–13, Tel. 0566 914345, www.facebook.com/caffe.logge, Fr–Mi 7–24 Uhr. Café und Restaurant in toller Lage in den Arkaden am Domplatz, gut für einen Kaffee mit Gebäck, ein Eis oder einen Snack zum Mittag; abends sind alle Tische eingedeckt und Essen Pflicht.

■ **Le Fate 'briache**②, Corso Armando Diaz 3, Tel. 0566 901010, www.facebook.com/lefatebriache, Di–So 19.30–21.30 Uhr. Kleine, sehr sympathische Trattoria, am Platz des Torre del Candeliere, wenige Tische für max. 20 Gäste, von Mutter und Tochter servierte und zu-bereitete köstliche ländliche Küche zu fairen Preisen.

■ **Prosciutto e Popone**②, Via Ximenes 5, Tel. 388 4009819, www.facebook.com/Prosciuttoepoponeosteria, tgl. 10–15, 18–24 Uhr. Osteria mit toskanischen Spezialitäten und Freisitz in einer schmalen Seitengasse am Domplatz, gute Küche bei eher kleiner Karte; man ist nicht böse, wenn man mittags kein ganzes Menü verdrücken will. Gute Weine aus der nahen Umgebung und zuvorkommende Bedienung.

UNSER TIPP: **La Tana dei Brilli**②, Vicolo Ciambellano 4, Tel. 0566 901274, www.facebook.com/latanadeibrilli, Do–Di 12.30–14.30, 19.30–22.30 Uhr. Winzige Trattoria in der Altstadt mit großen Slow-Food-Ambitionen; um einen der vier eng an eng stehenden Tische zu ergattern, muss man zeitig reservieren, dafür gibt es dann feine Maremma-Küche mit frischesten regionalen Zutaten, so beispielsweise die hier beliebte Pasta Gigli mit Blauschimmelkäse aus der Maremma und Artischocken oder Fasan mit Balsamico-Zwiebelchen.

Außerhalb

■ **Al Convento**③, Largo Beccani 3, **Scarlino,** Tel. 0566 37041. Tgl. 19.30–22.30 Uhr. Wenn irgend möglich, sollte man einen Platz auf der Terrasse wählen, die über dem Umland zu schweben scheint, der fantastische Blick darf aber nicht von der Güte der Speisen ablenken: Wild, Fleisch (vom Maremma-Rind) und Fisch sind von tadelloser Frische und kenntnisreich zubereitet.

■ **La Tana del Cinghiale**②, Via del Deposito 10, **Tirli,** Tel. 392 2337447, www.tanadelcinghialetirli.it, Do–Di 12–15, 19–21.30 Uhr. *Cinta senese,* Wild und natürlich *bistecca* stehen auf der Karte des beliebten Ausflugsrestaurants, das auch einige Fremdenzimmer vermietet. Im Herbst schmecken frisch gesammelte und gegrillte Steinpilze.

■ **La Vecchia Cantina**②, Via Giuseppe Garibaldi 42, **Vetulònia,** Tel. 328 1276652, tgl. 7–22 Uhr. Halb Kramerladen, halb Restaurant und eine gastronomische Institution in Vetulònia: Das Restaurant selbst ist winzig, im Olivenhain dahinter aber sitzt man sehr angenehm und bestellt z.B. *affetati di cinghiale* oder *pollo e coniglio fritti,* einfache, bäuerliche Kost, die hervorragend schmeckt.

■ **La Grotta di Tiburzi**②-③, Via Paolo Mascagni 15, **Chiusdino,** Tel. 0577 752948, Di–So 12–15, 19–23 Uhr. Das Lokal residiert tatsächlich in einer Art Höhle, was dem Vergnügen an der Küche keinen

Abbruch tut. Toskanische Spezialitäten in pfiffiger Abwandlung; die Tagliata mit Radicchio anstelle des ewigen Rucola oder *pici* mit Semmelbröseln in Olivenöl, Knoblauch und Pecorino schmecken grandios.

■ **Salendo Wine Bar**②, Località Montesiepi, La Cappella 172, **Chiusdino,** Tel. 0577 756270, www. facebook.com/sangalganosalendowine, Fr–Mi 10.30–18 Uhr. Die Wine Bar befindet sich oberhalb der Abtei, gleich neben der Rotunde. Deftige Spezialitäten des Val die Merse wie verschiedene Pecorino-Sorten, Prosciutto und Salami, begleitet vom kräftigen Rotwein Galgano di Montesiepi.

UNSER TIPP: **Da Nada**②-③, Via Trento 13, **Roccatederighi,** Tel. 0564 567226, www.trattoria-danada.com, tgl. 19–1 Uhr. Solange *Nada* oder *Laura* in der Küche stehen, führt kein Weg an diesem äußerlich unscheinbaren Restaurant vorbei, denn sie kochen nach den Rezepten der Familie. So ist alles lecker – von den gefüllten Zucchiniblüten bis zu den *tortelloni con ricotta e bietola* hausgemacht und sehr fein. Auch einige **Pensionszimmer**②.

■ **Garum**②, Via delle Due Porte 9, **Roccatederighi,** Tel. 0564 567445, www.garumristorante.it, tgl. 11–15, 19–24 Uhr. Einfache Küche, superdünne Pizze, familiäre Atmosphäre und eine kleine Terrasse mit Maremma-Blick. Was will man mehr!

■ **Dal Conte al Picio Matto**②, Via IV Novembre 31, **Roccastrada,** Tel. 0564 565412, www.facebook.com/PicioMatto, Fr–Mi 12–15.30, 19–23 Uhr, Di nur bis 22.30 Uhr. Die Leidenschaft des Wirts *Liviano* gilt gleichermaßen der hohen Kunst der Pici-Zubereitung wie der ganzen Vielfalt der *peperoncini,* die er selbst züchtet; in dem kleinen, gemütlichen Lokal kann man mit ihm über das eine wie das andere fachsimpeln und dabei bestens essen.

■ **Il Guidoriccio**②, Via XX Settembre 59, **Montemassi,** Tel. 339 3904057, Di–So 8–24 Uhr. Empfehlenswert bei schönem Wetter, wenn man auf der baumbeschatteten Aussichtsterrasse mit Landschaftspanorama sitzen kann; die Küche ist eher einfach, aber die Pizze sind sehr empfehlenswert.

> Loggia in Massa Marìttima

Süßes

■ **La Compagnia del Dolce Siciliano,** Via Fiume 19, **Follònica,** Tel. 0566 53835, www.lacompagniadeldolcesiciliano.it, tgl. 6–13, 17–24 Uhr. *Arancini* und *granite, cannoli* und *gelato* ... Sizilien zu Gast in der Toskana – sehr verführerisch!

Apero und Abend

■ **Bar Il Gotto,** Corso A. Diaz 17, Tel. 338 2683755, www.facebook.com/ILGOTTO, Mo 16.30–22, Di–Fr 6.30–14, 16.30–22, Sa 6.30–14, 16.30–24, So 6.30–14 Uhr. Perfekte Apero-Station unter den Gewölben oder an den Tischen der intimen Piazzetta – dazu Wurst, Käse und Oliven, oder eine Pinsa.

■ **Pub dei Fantasmi,** Via Norma Parenti 2/4, Tel. 0566 902513, www.facebook.com/PubdeiFantasmi2016, Fr/Sa 20–4, So–Di u. Do bis 3 Uhr. Ein Pub, wie es sein sollte, klein, laut, urig, mit gutem Bier, Panini, Hamburgern und gelegentlich Livemusik.

■ **Disco Village,** Via Sanzio, Zona Capannino, **Follònica,** Tel. 331 9114998, www.facebook.com/discovillage, ab 23.30 Uhr. Im Sommer geht in der Großdisco im Wasserpark Acqua Village die Post ab.

173t sk

Verkehr

■ **Bahn/Bus:** Der nächste Bahnhof von Massa Marìttima ist Scarlino Scalo (von Grosseto fahren vier bis fünf Züge an Werktagen, 25 Min., um 5 €), von Scarlino Buslinien 30/F, 34/F, 37/F nach Massa Marìttima fast stündlich (20 Min, um 3 €), von Follònica mit Linie 30/F und 37/F (35 Min., um 3,50 €); Busanfahrt nach Chiusdino nur ab Siena (Linie 122, um 60 Min., um 4,50 €); nach Roccatederinghi und Roccastrada über Scarlino Scalo mit Linie 49/D dreimal werktags (60 Min., um 5 €); nach Montemassi ab Scarlino Scalo 49/D (35 Min., um 3,50 €); nach Gavorrano von Follònica aus werktags fast stündlich (Linie 32/F, 40 Min., um 3,50 €), www.at-bus.it.

■ **Parken:** Parkmöglichkeiten gibt es in Massa am unteren Stadteingang am Beginn der Via Ximenes (1,50 €/ Stunde) oder 200 m südwestlich an der Piazza Dante Alighieri.

Feste

■ **Balestro del Girifalco** in Massa Marìttima, 4. So im Mai und 2. So im Aug.; historisches Armbrustschießen als Wettstreit der drei Stadtviertel (Terzieri) Città Vecchia, Città Nuova und Borgo mit Umzug in historischen Kostümen – zu Ehren des in Massa geborenen Heiligen *Bernardino di Siena* (1380–1444). Infos unter www.societaterzieri massetani.it.

■ **Festa di San Cerbone,** am 10. Okt. feiert Massa seinen Stadtheiligen mit einem Umzug in historischen Kostümen.

■ **Estate Chiusdinese/Estate Musicale San Galgano,** Aug.–Mitte Sept. Sommerkonzerte im Kloster San Galgano, Beginn 20.15 Uhr, www.facebook.com/estatemusicalesangalgano.

■ **Il Festival di Teatro delle Rocce** in Gavorrano, Juli und August Konzerte und Theater unter freiem Himmel auf einer ehemaligen Abraumhalde, www.teatrodellerocce.it.

■ **Fiera di Ghirlanda,** im gleichnamigen Vorort von Massa findet am 1. Sept. ein Viehmarkt mit Preisverleihung und Kirmescharakter statt.

Einkaufen

■ **Wochenmärkte** (Kleidung, Tand, lokale Spezialitäten) jeweils vormittags bis 13 Uhr: Follònica (Fr), Massa Marìttima (Mi), Roccastrada (Mi).

■ **Le Logge,** Via dei Ferrinanti 29/a, Tel. 0566 919 923, www.lelogge.it. *Panforte, ricciarelli, cantucci* und ein *pane degli etrusci* sind nur einige der Köstlichkeiten, die man hier offen oder auch als Geschenk verpackt erwerben kann.

Aktivitäten

Acqua Village Follònica, Via Raffaleo Sanzio, Follònica, Tel. 0566 263735, www.acquavillage.it. Der Wasserpark liegt 1 km westlich des Zentrums im Hinterland. Mehrere Attraktionen mit auch anspruchsvolleren Rutschen (unter anderem Kamikaze), aber auch vielen Einrichtungen für kleinere Kinder, mehreren Becken (eines mit Wellen), Fußballplatz und Bars, Restaurant und Fast Food (mit Burger, Pommes und Co.), Hochsommer 10–18 Uhr, 25 €, Kind (3–11 J.) 20 €, ab 14.30 Uhr 20/15 €.

■ **Golf Club Punta Ala,** Via del Golf 1, Tel. 0564 922121, www.golfpuntaala.it; 1964 eröffneter Golfplatz mit Laden, Restaurant, Bar und elektrischen Trolleys; 18-Loch-Platz, Par 72, 5311–6168 m, Greenfee 60–90 €.

■ **Golfclub Toscana Il Pelagone,** Località Il Pelagone 28, Gavorrano, Tel. 0566 820471, www.ilpelagone.com. 18-Loch-Platz, Par 71, 4738–5442 m, Greenfee 70–90 €.

■ **Punta Ala Watersports,** Località Punta Ala, Tel. 333 5491854, www.puntaala-watersport.it. Bootsverleih, Wakeboarding, Kitesurfen und Ausrüstungsverleih am Strand von Punta Ala.

9

Montepulciano, Val d'Orcia, Monte Amiata

» Sehnsuchtslandschaft der Weingenießer und ein ganz hoher Berg.

‹ Montepulciano

MONTE-PULCIANO, VAL D'ORCIA, MONTE AMIATA

Von den Rebhängen rund um den ungemein dekorativen Weinort Montepulciano träumt wohl jeder, der gerne Rotwein trinkt, und so sind Orte und Landschaft unerbittlich vom Erfolg der *vini nobili* geprägt. *Cantine* krönen die Hügel, Weinverkostungstouren werden an jeder Straßenecke

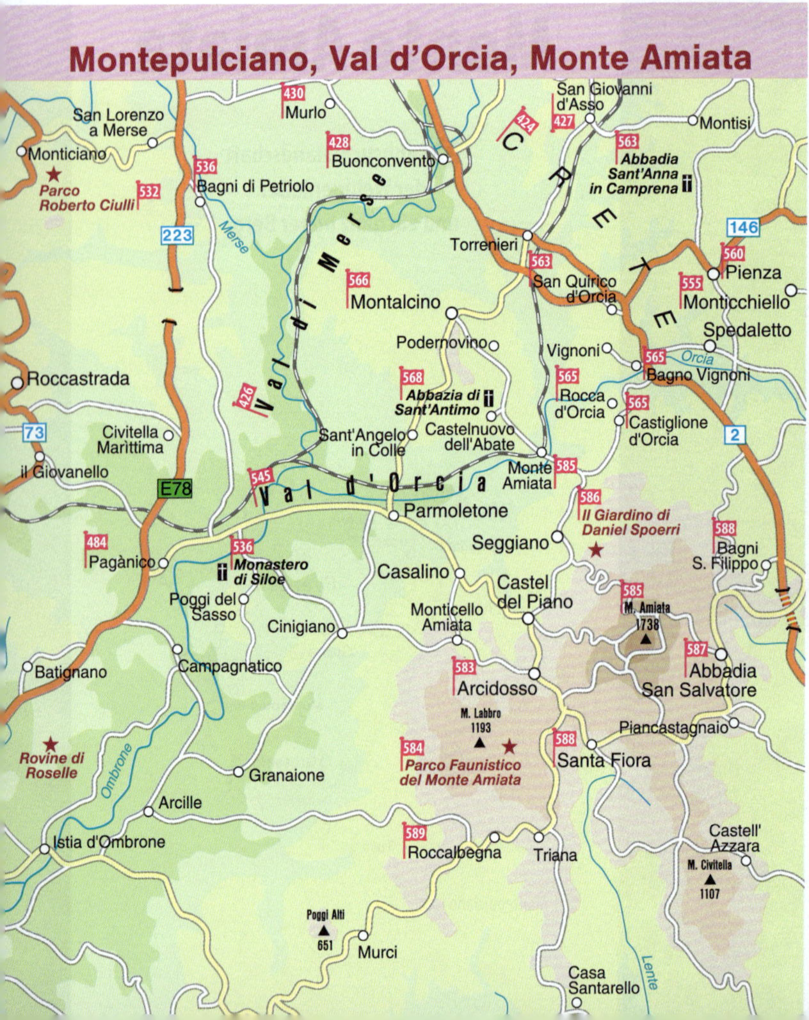

angeboten, und *enoteche* mit den persönlich vom Eigentümer für gut befundenen Flaschen der umliegenden Winzer machen sich in den Altstadthäusern breit.

Dennoch gilt es hier auch abseits des Weins Entdeckungen zu machen: Das Val d'Orcia ist seit 2004 als Kulturlandschaft des Stadtstaates Siena zum Weltkulturerbe erklärt. Besonders schützenswert sei die ästhetische Gestaltung der Landschaft als Renaissance-Ideal mit ihren zahlreichen kleinen Orten, Bergdörfern und Festungen zum Schutz der Bevölkerung. Wie mit dem Rechen gezogene Wein- und Olivenpflanzungen beleben die Landschaft zwischen den Weilern, und als wollte man auch hier dem Nützlichen etwas Schönes hinzufügen, leuchten Rosenbüsche zwischen den grünen Spalieren hervor.

So lieblich die Weinlandschaft wirkt, so herb stellt sich ihr der 1738 m hohe Vulkan Monte Amiata entgegen, an dessen Flanken man gelegentlich skifahren und so gut wie immer mountainbiken kann. Die geheimnisvolle Kultur der Etrusker hüten Städtchen wie Chiusi und Cetona in archäologischen Museen und Ausgrabungsstätten.

Steht Montepulciano wie viele andere Bergstädte der Südosttoskana für mittelalterliche, harmonisch auf ihrer Hügelkuppe gewachsene Siedlungsarchitektur, wurde Pienza als „ideale" Stadt der Renaissance geplant und umgebaut, und nichts Verwinkeltes oder Unübersichtliches ist in ihr zu entdecken. Wie ihre mittelalterliche Schwester zählt sie zu den bedeutenden Reisezielen der Südtoskana, und während Besucher aus den *cantine* Montepulcianos das säuerliche Aroma feinster Tropfen umweht, duftet es in Pienza nach Käse ... die Stadt ist berühmt für ihren Pecorino.

Montepulciano

■ 605 m üNN, 9000 Einw., Arezzo 50 km, Siena 65 km, Grosseto 95 km, Florenz 110 km

Hoch über dem breiten Chiana-Tal thronend, hat sich Montepulciano seinen **mittelalterlichen Charme** bewahrt. Keine Neustadt mindert den Blickgenuss auf das Bilderbuchdorf, dessen gelbrotbraune Fassaden aus dem grünen Meer der Bäume wachsen. Im Inneren ringen Gotik und Renaissance um Vorherrschaft, laden weite Plätze zum Verweilen und steile Gassen zur Suche nach der richtigen Enoteca ein – für den Einkauf des berühmten Weines **Vino Nobile di Montepulciano.**

NICHT VERPASSEN!

- **Montepulciano:** Weinverkostung in alten Gemäuern | 546
- **La Foce:** Landschaftspark mit der berühmtesten Allee der Toskana | 554
- **Pienza:** Stadtanlage vom Renaissance-Reißbrett | 560
- **San Quirico d'Orcia:** entspanntes Stadtleben | 563
- **Bagno Vignoni:** wie die *Medici* kurten | 565
- **Montalcino:** Wein in engen Gassen – zweiter Teil | 566
- **Abbazia di Sant'Antimo, Castelnuovo dell'Abate:** schöner geht Romanik nicht | 568
- **Etruskische Zeugen, Chiusi:** Nationalmuseum und Grabstätten | 573

Diese Tipps erkennt man an der gelben Markierung.

Auf einem langgestreckten, bewaldeten Tuffsteinhügel umgeben intakte Stadtmauern die Altstadt, die Neustadt liegt im Norden zu Füßen des Hügelkammes. Montepulciano ist eines der **Top-Ziele** der östlichen Toskana, nicht nur wegen des hervorragenden Weines. Ein stimmiges und perfekt erhaltenes **Stadtbild** und eine vorzügliche **Infrastruktur** mit Restaurants, Unterkünften und Läden lockt Touristen zu Scharen an. Und auch als Kulisse für Film und Fernsehen ist Montepulciano überaus beliebt – zwischen 2015 und 2019 wurden hier immer wieder Szenen für die drei Staffeln der Rai-Serie „Medici" gedreht, mit *Dustin Hoffman* als *Giovanni di Medici,* dem Game-of-Thrones-Star *Richard Madden* als seinem Sohn *Cosimo* und *Sean Bean* als Bösewicht *Pazzi.*

Geschichte

Porsenna – der etruskische Lucumone (König) von Chiusi, soll Montepulciano gegründet haben – so die **Legende.** Eine erste verlässliche Datierung ist für das 4.–3. Jh. v. Chr. bekannt. „Mons Politianus" (aus dem sich der heutige Name ableitet) nannten die **Römer** die Militärsiedlung zur Sicherung der sich hier kreuzenden Überlandstraßen. Erst unter den **Langobarden** tauchte die Siedlung wieder in den Schriften auf, als „Castello Pulliciano": 715 ist von einer Kirche Sancta Mater Ecclesia zu lesen (die sich an der Stelle der heutigen Kirche Madonna di San Biagio befand). Für das

Jahr 806 ist bereits eine entwickelte Dorfgemeinschaft dokumentiert (mit u.a. Priester, Goldschmied und Medicus). Die anfängliche Epoche der Stadtstaaten verbrachte Montepulciano abwechselnd mal in Allianz mit (oder besser unter der Herrschaft von) **Siena** und **Florenz.** Das Jahr 1390, Montepulciano war zu den *Medici* übergelaufen, läutete eine Phase des Friedens und des Reichtums ein. 1511 machte man das Bündnis mit Florenz deshalb endgültig fest und meißelte im selben Jahr in den Türsturz des Ratssaals „Recuperatio Libertatis (Wiedererlangung der Freiheit) – AD 1511". Mit der „Eingemeindung" Sienas in den florentinischen Staat 1559 verlor Montepulciano zwar seine Bedeutung als Außenposten der *Medici* im Rücken Sienas, erhielt aber 1561 einen **Bischofssitz** und **prosperierte** kulturell und wirtschaftlich, nicht zuletzt der fruchtbaren Böden im Chiana-Tal wegen. Zahlreiche Adelsfamilien beauftragten die berühmtesten Architekten ihrer Zeit mit dem Bau der schönsten und prächtigsten Paläste.

Orientierung

Am Giardino di Poggiofanti (Viale San Gallo, Parkplätze) – zwischen Neu- und Altstadt – passiert man die im 14. Jh. errichteten Stadtmauern durch die Porta al Prato. Steil sind nun die Wege, und wer in das Herz zur Piazza Grande vorstoßen will, muss erst einmal bergan steigen (gutes Schuhwerk!). Gewachsen ist die Altstadt im Mittelalter (und nicht auf einem Renaissance-Reißbrett geplant), die Gassen schlängeln sich, enden an einer Ecke, wo eine andere Gasse abzweigt und verwegen krumm die ursprüngliche Richtung aufnimmt. Ab der Piazza Grande fällt das Centro Storico wieder ab und endet nach 1000 m hinter der Porta al Prato mit der Fortezza Medicea.

Die Highlights für Kinder

- **Theia Pools:** Thermalbad mit Spaß für Kinder, **Chianciano Terme** | 554
- Planschen in **Thermalwasser** zwischen Felsen, **Pienza/Bagno Vignoni** | 565
- **Wildtierpark** am Monte Amiata, **Arcidosso** | 584

Sehenswertes

Gleich nördlich des Giardino di Poggiofanti stehen **Kirche und Konvent Sant' Agnese.** Das einschiffige Gotteshaus wurde erstmals 1306 errichtet, zu Beginn des 18. Jh. aber vollständig umgebaut. Lediglich das gotische Portal und in der ersten Seitenkapelle rechts das Fresko „Madonna mit Kind" aus der Schule von *Simone Martini* sind noch original aus dem 14. Jh. Das Holzkruzifix stammt aus dem 13. Jh., die Milchmadonna in Seneser Maltradition (*Pietro di Domenico* zugeschrieben) aus dem 15. Jh.

- **Chiesa e Convento Sant'Agnese,** Piazza Sant' Agnese, 7.30–19 Uhr.

Die wuchtige **Porta al Prato** aus dem 14. Jh. plante *Antonio da Sangallo* 1520 als Bestandteil der neuen Festungsanlagen um. Auf der kleinen **Piazza Savonarola** gleich hinter dem Stadteingang ersetzte der Löwe auf der Säule („Colonna del Marzocco", Kopie von 1856, Original im Museo Civico, → S. 552) 1511 die Sienesische Wölfin. An der Südwestseite am Eingang zum Corso steht einer der prächtigen Paläste, der **Palazzo Avignonesi,** den im 16. Jh. *Giàcomo da Vignola* (1507–1573) im Stil der Spätrenaissance für eine im Weinhandel tätige Patrizierfamilie entwarf. Nördlich der Piazza besitzt die barocke **Kirche San Bernardo** eine polychrome Madonnenskulptur aus Terrakotta (*Andrea della Robbia,* um 1485) am Hauptaltar.

Am **Corso** schließen an den Palazzo Avignonesi rechter Hand die **Paläste Batignani** (Nr. 85, ursprünglich 16. Jh.) und **Bucelli** an (Nr. 81), mit einem Sammelsurium beschriebener Steintafeln und etruskischer Urnenfragmente im unteren Fassadenbereich, Beleg der Sammelwut der früheren Besitzer. Gegenüber stehen die Paläste **Tarugi-Bernabei** (Nr. 82) und **Cocconi** (Nr. 70).

An der Piazza Michelozzo stammt eines der bekanntesten Gebäude, der Uhrenturm **Torre di Pulcinella,** aus dem 16. Jh. Die im neapolitanischen Volkstheater beheimatete Figur (mit unserem Hanswurst oder Kasperl vergleichbar) trägt ein weißes Blechkleid, ihre rechte Hand schlägt im Stundenrhythmus mit einem Hämmerchen die Glocke, die linke hält einen Speer. Die Legende besagt, ein aus Neapel gejagter Bischof habe die Pulcinella mitgebracht (wofür keinerlei Belege existieren). Heute ist sie das Wahrzeichen Montepulcianos.

Die **Kirche Sant'Agostino** dem Uhrenturm gegenüber geht auf das Jahr 1285 zurück, die Fassade wurde aber ab 1423 bis 1440 von *Michelozzo di Bartolomeo* komplett umgestaltet und erhielt vorgeblendete gotische Stilelemente wie einen Ziergiebel über dem Portal, angedeutete Fialen und in Spitzbögen auslaufende Nischen. Weitere Gliederungsmerkmale des unteren (Reliefpfeiler), insbesondere aber des oberen Bereichs sind schon klassische Formensprache aufnehmende Frührenaissance mit auch hier angedeuteten Pilastern, mit Gesims und Dreiecksgiebel. Die Gestaltung des Oberbaus, auch durch die Verwendung eines andersfarbigen Travertin-Steins sichtbar, erfolgte 70 Jahre nach den Arbeiten *Michelozzos* zu Beginn des 16. Jh. und wird *Antonio da Sangallo* zugeschrieben.

An der Piazza dell'Erbe, dem mittelalterlichen Kräutermarkt, treffen sich die drei Hauptstraßen der Stadt – Via di Gracciano nach Norden, Via di Voltaia, die Einkaufsstraße, nach Südosten und die Via del Poggiolo nach Südwesten. Die **Logge del Grano** (16. Jh.) waren einst Umschlagplatz für Getreide. Folgt man der Via di Voltaia, passiert man mehrere Paläste. Den dreiflügeligen **Palazzo Cervini** (Nr. 21) baute *Antonio di Sangallo d.J.* im Stil der Florentiner Renaissance für den späteren Papst *Marcello II.* Dahinter lädt das **3** **Caffè Poliziano** (Nr. 27) von 1868 zu einem Espresso im Ambiente des Liberty-Zeitalters. Der **Palazzo der Gagnoni-Grugni** (Nr. 51) wurde um 1550 errichtet, ihre Familienzeichen (Mond, Sterne) sind unterhalb des Eingangsgesimses zu erkennen.

An der kleinen **Chiesa del Gesù** (1691–1712) sollte man auf die westlich

Montepulciano

verlaufende Parallelstraße Via di Cagnano wechseln. Ginge man weiter geradeaus, träfe man in der Via Poliziano auf das **Geburtshaus** des humanistischen Dichters und Denkers **Angelo Ambrogini** (1454–94), der als **Poliziano** bekannt wurde. Er gilt heute als Wegbereiter für die von der Renaissance geforderte Erneuerung des Lateins hin zu seiner klassischen Form und weg von der

Überfrachtung der Sprache durch den Klerus des Mittelalters und den Vereinfachungen des „Küchenlateins". Als Kanzler war er in Florenz für *Lorenzo il Magnifico* tätig und lehrte auch dessen Söhne.

An der Piazzetta del Teatro verbirgt sich hinter der schlichten Fassade des **Teatro Poliziano** ein prächtiger Saal. Die Theaterakademie der Stadt hatte sich bereits 1706 gegründet, ihre eigene Spielstätte konnte aber erst 1796 nach dreijähriger Bauzeit fertiggestellt werden. Von der Piazzetta führt die Via del Teatro nach oben zum Herzen der Stadt, der eindrucksvollen **Piazza Grande** mit den Palästen der weltlichen Macht im Norden und Westen sowie dem Dom im Süden.

Der **Palazzo Comunale** begrenzt die Westseite. Der einem Block gleichende Baukörper zeigt sich auf seiner Schauseite mit Zinnen, Turm und nur vier kleinen Fenstern im unteren Bereich wie eine wehrhafte Burg. Entworfen hat ihn *Michelozzo*, Leibarchitekt von *Cosimo I.*, 1424 in Anlehnung an das Rathaus in Florenz. 1440 waren die Arbeiten beendet. Der **Turm** kann bestiegen werden (160 Stufen). Die mehrstöckigen Loggien im Inneren entstanden im 19. Jh.

■ **Torre di Palazzo Comunale,** Piazza Grande, April–Nov. tgl. 10–18 Uhr, Aussichtsterrasse 2,50 €, Turmterrasse 5 €.

An die Ostseite ließ sich der spätere Papst *Julius III.* von *Antonio da Sangallo* 1519 seinen Palast stellen. Der Hochrenaissance-Bau zeigt die typischen dreieckigen Giebelbedachungen der Fenster mit flankierenden ionischen Säulen. Das barocke Obergeschoss aus Ziegeln kam im Jahre 1690 hinzu, als die namensgebende Familie den **Palazzo Contucci** gekauft hatte.

297t sk

298tsk

An der Nordseite der Piazza steht, vorgerückt und so mit zwei Schaufassaden versehen, der **Palazzo Nobili-Tarugi** aus der Mitte des 16. Jh. An ihm verbinden sich Renaissance-Einflüsse mit ersten Stilelementen des Barock. Bemerkenswert sind die durchgehenden ionischen Halbsäulen, die die unteren beiden Stockwerke optisch vereinen und die Balustraden des dritten Geschosses tragen. Vor der Westfassade trägt der Löwenbrunnen **Pozzo dei Leoni** von 1520 das von zwei Löwen gehaltene Wappen der *Medici*, zwei Greifen wachen seitlich.

Vom Platz nach hinten versetzt, ist der **Palazzo del Capitano del Popolo** aus dem endenden 13. Jh. eines der ältesten Gebäude der Stadt. Im Lauf der Zeit mehrfach umgebaut (so wurde die ursprüngliche Außentreppe abgebrochen), ist nur noch an der Seite zur Via Ricci mit den Spitzbögen des Parterres die gotische Herkunft zu erkennen. Genutzt wird das Gebäude für Büros und temporäre Ausstellungen.

Der Bau der **Kathedrale Santa Maria Assunta** begann 1594, Fertigstellung war 1680, Weihe 1712. 1561 war Montepulciano Bischofssitz geworden, und man wollte sich nun an Stelle der Pfarrkirche des 12. Jh. (von der noch der Campanile erhalten ist) einen repräsentativen Kirchenbau leisten. Trotz der langen Bauzeit ist der Dom nie richtig fertig geworden. Seine Hauptfassade blieb unvollendet, nur die Ziegelreihen für die Aufhängung der geplanten Marmorfassade sind zu sehen, noch nicht einmal das Portal wurde vorgeblendet. Vielleicht wirkt die erhöht über dem Platz

⌃ An der Piazza Comunale brilliert der Palazzo Nobili-Tarugi mit zwei Schaufassaden

< In der unmittelbaren Umgebung verteilen sich die Wohnpaläste des Adels in den Hügeln

errichtete Kirche aber gerade deshalb so würdevoll. Der Dom hat die Form eines lateinischen Kreuzes mit drei Längsschiffen und einer Vierungskuppel. Der Hauptaltar ist mit dem Polyptychon „Mariä Himmelfahrt“ (1401) von *Taddeo di Bartolo* geschmückt – das größte auf eine Holztafel gemalte existierende Bild der Seneser Schule. In der ersten Kapelle des linken Seitenschiffes steht ein Taufbecken (14. Jh.) von *Giovanni d'Agostini*, an der Wand hängt ein glasiertes, polychromes Terrakotta-Relief (1512) von *Andrea della Robbia* – der Lilienaltar.

■ **Cattedrale di Santa Maria Assunta,** Piazza Grande, Tel. 0578 757473, www.parrocchiemontepulciano.org, tgl. 8–19 Uhr.

Das **Stadtmuseum** befindet sich an der Via Ricci (von der Piazza Grande links am Palazzo del Capitano vorbei) im Mitte des 14. Jh. gebauten gotischen Palazzo Neri Orselli. Die erste Abteilung widmet sich der Archäologie, insbesondere der etruskischen Epoche (Urnen, Bronzearbeiten). In den Gewölben steht u.a. der Originallöwe von der Säule an der Piazza Savonarola, die Totenmaske stammt von der heiligen *Agnes*, Schutzpatronin der Stadt. Weiter: einige Arbeiten der Werkstatt der *della Robbia*. Die Pinakothek (Sammlung Crociani) zeigt Werke italienischer Meister des 17. und 18. Jh., Arbeiten aus der niederländischen Schule und kirchliche Malerei des 13.–16. Jh. Glanzstücke sind der „Heilige Franziskus“ (um 1285) von *Margaritone d'Arezzo* und die 1974 gestohlene und nach 20 Jahren wiederentdeckte „Heilige Familie mit dem Jüngling Johannes“ (um 1535) von *Il Sodoma*.

■ **Museo Civico/Pinacoteca Crociani,** Via Ricci 10, Tel. 0578 717300, www.museocivicomontepulciano.it, Mai–Okt. Mi–Mo 10–19, April bis 18, sonst Sa/So 10–18 Uhr, 6 €.

Die **Stadtfestung** sichert Montepulciano im Süden. Das Castrum Politianum war schon in langobardischer Zeit bekannt, es soll an Stelle eines römischen Merkur- oder Janustempels stehen. Die heutigen Fundamente wurden aber 1261 von Siena nach dem Sieg von Montaperti über Florenz gelegt. Im 19. und 20. Jh. nutzte man die Festung unterschiedlich, derzeit ist sie Kulturzentrum in einem schattigen Park und einer der Standorte der US-amerikanischen Kennesaw State University aus Georgia. Ebenfalls in der Festung befindet sich die **Enoliteca des Winzerkonsortiums** mit Verkostung und Verkauf von Wein und Ölen (mit einem schönen Aussichtsgarten).

■ **Enoliteca Consortile,** Fortezza, www.consorziovinonobile.it, Mo 11–17, Di–So 11–19 Uhr.

War man auf dem Turm des Palazzo Comunale, hat man die Kuppel der goldgelben **Wallfahrtskirche San Biagio** in Höhe der Fortezza unterhalb der westlichen Stadtmauern sicherlich schon bemerkt (10–15 Min. zu Fuß). Als die Renaissance ihren Zenit erreicht hatte, beauftragte man *Antonio da Sangallo* mit dem Neubau der Wallfahrtstätte zu Ehren des heiligen *Blasius*. *Sangallo* griff dafür auf nicht realisierte Pläne zurück, die der Baumeister *Bramante* für den Petersdom in Rom gezeichnet hatte, und auf Ideen seines Bruders für die Kirche Santa Maria delle Carceri in Prato. Zwischen 1518

[>] Cattedrale di Santa Maria Assunta

und 1540 entstand eines der schönsten Beispiele für den Kirchenbau der Hochrenaissance. Auch wenn nur einer der beiden geplanten Türme fertiggestellt wurde, an ihm ist die strenge Ordnung der Klassik Stein geworden. Jede der vier Etagen schmücken Säulen, deren Kapitelle entsprechend der klassischen Säulenordnung angeordnet sind: dorische Kapitelle unten, dann ionische, in der dritten Etage korinthische und oben an der Spitze Kompositkapitelle, auch in der Kapitellhierarchie zuoberst stehend. Die Kirche zeigt die Grundform des griechischen Kreuzes mit gleicher Kreuzarmlänge und einer Zentralkuppel, jedes Portal ist mit einem augenfälligen Dreiecksgiebel bedacht, ebenso jeder der Kreuzarme. Die angefügte schiffbreite und exakt halbrunde Apsis trägt einen Balkon. Die puristische Gestaltung des Baukörpers, der sich in Kreise, Halbkugeln, Quader und Zylinder zerlegen lässt, setzt sich auch im Inneren fort. Die Fresken des Presbyteriums sollen im 16. Jh. von den Brüdern *Zuccari* geschaffen worden sein. Im Zentrum des marmornen Altarretabels (1584) ist das verblassende Fresko der wundertätigen „Madonna auf dem Thron mit Kind" (14. Jh.) zu sehen.

■ **Tempio Madonna di San Biagio,** Via San Biagio, www.tempiosanbiagio.it, April–Sept. Mo–Sa 10–13.30, 14–18.30, So ab 11.30, ab Mitte März/Okt.–Anfang Nov. bis 18, sonst bis 17 Uhr, 3,50 €.

Chianciano/ Chianciano Terme

9 km südöstlich von Montepulciano lässt der Tourismus Chianciano (475 m üNN, 7400 Einw.) meist links liegen, obwohl die Altstadt recht hübsch und proper hergerichtet ist. Wer kommt, fährt meist ins sich südlich hinziehende Chianciano Terme mit seinen modernen Kureinrichtungen. In der Antike besaß

176t sk

der Ort das größte Thermalbecken des Römischen Reiches. Der heutige Thermalbetrieb geht auf das beginnende 20. Jh. zurück, als man die Heilkraft der Quellen wiederentdeckte und Kureinrichtungen und Hotels baute. Zwei Parks widmen sich der körperlichen Ertüchtigung durch Zufuhr von Wässern und der seelischen Erholung mit Konzerten und Veranstaltungen. Der **Parco Acqua Santa** für Trinkkuren am Südende von Chianciano Terme erstreckt sich über 7 ha mit uralten Bäumen, Blumenbeeten und diversen Kureinrichtungen, wie dem Salone Nervi, der Sala Ottagonale oder den Theia Pools mit Saunen, Türkischem Bad, Hydromassage, Schwimmbad und kindergerechten Einrichtungen. Der Name der Sala Fellini erinnert an Federico Fellini, der in Chianciano für seinen Film „Achteinhalb" gedreht hatte.

Theia Pools, Piazza Martiri Perugini, www.termechianciano.it, für 4 Std. 29 €, Kind bis 12 J. frei.

Kindergerecht ist auch der **Parco Fucoli,** der auf 4 ha an den Acqua-Santa-Park anschließt. Mit Minigolf und Spielplatz.

■ **Parco Fucoli,** Mai–Okt. 8.40–20 Uhr.

Das nette **Archäologische Museum** an der Zufahrtsstraße zur Altstadt zeigt neben etruskischen Urnen auch mehrere Rekonstruktionen von Tumuli, darunter eine königlichen Grabstätte aus dem 7. Jh. v. Chr. In kurzen Videos wird man in die religiöse Welt der Etrusker eingeführt.

■ **Museo Archeologico,** Via Dante 80, Tel. 0578 30471, www.museoetrusco.it, Fr–Mo 10–13, 15–18 Uhr, 6 €.

Zwischen Altstadt und Thermaleinrichtungen befindet sich das private **Kunstmuseum** mit einer ständigen Ausstellung und viel beachteten Sonderausstellungen. Zur Dauersammlung gehören Asiatika, zeitgenössische Werke u.a. von *Frances Turner* und *Damien Hirst* sowie Arbeiten von *Salvador Dalí* und *Georg Grosz.*

■ **Museo d'Arte,** Viale della Libertà 280, www.museodarte.org, April–Okt. Mi–So 10–12.30, 15–19 Uhr, 6 €.

La Foce

5 km südwestlich von Chiancano liegt an der SP30 das Landgut La Foce mit seinem **herrlichen Garten.** Er wurde 1925–29 rund um das in der Spätrenaissance errichtete Herrenhaus von dem englischen Landschaftsarchitekten *Cecil Pinsent* angelegt. Es entstand ein Park im italienischen Stil mit Blick auf das Tal und den Monte Amiata im Hintergrund, mit elegant beschnittenen Buchsbaumhecken, gepflegtem Rasen, Zitronenbäumen, der **berühmtesten Zypressen allee der Toskana** (die sich in Serpentinen einen Hügel hinaufschlängelt), Treppen und Brunnen, Rosengarten, Lavendel, Glyzinen ... Wer genügend Kleingeld mitbringt, kann eines der Ferienhäuser auf dem Gelände oder auch das ganze Herrenhaus mieten. Günstiger ist eines der vier Doppelzimmer des B&B.

■ **Giardino La Foce,** Strada della Vittoria 61, Chianciano Terme, Tel. 0578 69101, www.lafoce.com, April–Okt. Führungen (Dauer ca. 50 Min.) Mi 15, 16.30, 18, So 11.30, 15, 16.30 Uhr, 10 €.

Montepulciano: Zugabe!

■ **Chiesa di Santa Lucia** – auf den Fundamenten einer Vorgängerkirche aus dem 12. Jh. errichtetes, barockes, einschiffiges Gotteshaus (1653) mit verspielter Fassade von *Flaminio del Turco* und einer „Barmherzigen Madonna mit Kind" (um 1500) von *Luca Signorelli* in der Ceppari-Kapelle rechts des Eingangs, am Altar ein Holzkreuz (16. Jh.) von *Giovanni Battista Alessi;* Piazzetta Santa Lucia.

■ **Museo della Tortura,** das obligatorische Foltermuseum; Via San Donato 12, Tel. 0578 757001, www.torturemuseum.it, 10–19 Uhr (Winter nur Sa/So), 9 €.

■ **Chiesa di Santa Maria dei Servi** – gotische Kirche aus dem 14. Jh. mit einer klaren, einfachen Fassade aus Travertin, die noch das originale Portal zeigt, im Inneren barockisiert, erhalten blieb am zweiten Altar links ein Fresko des 14. Jh. (Bohnenkraut-Madonna), die Madonna mit Kind stammt von einem Schüler des *Duccio di Buoninsegna* (dritter Altar links); Piazza di Santa Maria.

■ **Chiesa di Santa Maria delle Grazie** – Renaissance-Kirche des 16. Jh. von *Ippolito Scalza* mit einem dreibogigen Portikus, die Pfeifen der Kirchenorgel (1713–17) sind aus Zypressenholz geschnitzt, der vergoldete Orgelkasten stammt aus dem 18. Jh. Die Orgel stand ursprünglich in der Kirche Sant' Agnes, die 1832 ein neue erhielt und ihre alte an Maria delle Grazie abgab. An der rechten Seite am Madonnenaltar eine Terrakotta aus der Werkstatt *della Robbia;* Piazzale delle Grazie, 15 Gehminuten nördlich der Porta al Prato.

■ **Terme di Montepulciano** – Thermen vornehmlich für medizinische Behandlung, aber auch mit Wellness Center; 4 km außerhalb , südöstlich an der SP146, Tel. 0578 791260, www.termedimontepulci ano.it, Mo–Sa 8–12, 15.30–18 Uhr, Besuch ist nur in Verbindung mit Anwendungen möglich.

■ **Museo della Collegiata** in Chianciano – Museum der Stiftskirche in einem Palast des 18. Jh. mit Sakralkunst vom 13. bis zum 20. Jh., darunter eine Holzmadonna (13. Jh. von *Nicola Pisano*) und ein Tafelkreuz (14. Jh.) von *Segna di Bonaventura;* Via Solferino 38, Tel. 0578 30378, http://museocollegiata chianciano.com, April–Okt. 10–12, 16–19 Uhr, 2,50 €.

Monticchiello

8 km südwestlich von Montepulciano, auf halbem Weg nach Pienza, ist das kleine Hügeldorf Monticchiello (500 m üNN, 200 Einw.) von Olivenhainen und Weinfeldern umgeben. Einzige Sehenswürdigkeit ist die ursprünglich romanische, im 13. Jh. gotisch überarbeitete **Kirche San Leonardo e San Cristoforo,** in der Fresken des 14. Jh. (zur Lebensgeschichte der heiligen *Katharina von Alexandrien*) und ein über vier Meter hoher Christophorus im Chor erhalten sind. Ansonsten kann man eine Runde drehen, einen Kaffee trinken und die ländliche Ruhe genießen. Allerdings nicht Ende Juli bis Mitte August, wenn das Dorf zum 1967 ins Leben gerufenem **Festival Teatro Povero di Mon-ticchiello** jeden Abend auf die Bühne tritt und ein das ganze Jahr über geprobtes Stück spielt: Trotz der dörflichen Wurzeln Avantgarde, die in heutigen Zeiten genug Themen findet, die den Zuschauern nahezubringen ihr höchstes Anliegen ist. Das kleine **Museum Tepotratos** widmet sich der Geschichte des Theaters.

■ **Museo Teatro Populare Tradizionale Toscano (Tepotratos),** Piazza Nuova 1, Tel. 0578 755 118, www.tepotratos.it, Mo 9–13, Di–So 9–13, 15–18 Uhr, Spende erbeten.

Praktische Informationen

Touristeninformation

■ **Ufficio Turismo Montepulciano,** Piazza Don Minzoni 1, Tel. 0578 757341, www.prolocomontepulciano.it, April–Okt. Mo–Sa 9–13, 15–20, So 9–13, sonst 9.30–12.30, 15–18 Uhr.

■ **Buchung von Weinproben/Strada del Vino Nobile di Montepulciano,** Piazza Grande 7, Tel. 0578 717484, www.stradavinonobile.it, tgl. 10–19 Uhr.

■ **Ufficio Turismo Chianciano Terme,** Piazza Italia 67, Tel. 0578 652323, www.prolocochianciano terme.it, Mi–Mo 10–12, 15.30–18.30 Uhr.

Unterkunft

14 **Albergo San Biagio**②-③, Via di San Bartolomeo 2, Tel. 0578 717233. Angenehmes, etwas veraltetes Mittelklassehotel unterhalb von San Biagio in guter Lage 2 km vom Zentrum, Schwimmbad mit kleinem Wellness-Bereich; auch Restaurant.

8 **Meublé Il Riccio**③-④, Via Talosa 21, Tel. 0578 757713, www.ilriccio.net. Die zweite und dritte Etage ihres historischen Palazzo hat Familie *Caroti* in ein geschmackvolles Hotel mit fünf Doppelzimmern (2. Etage) und Suiten (1. Etage) umgewandelt, die elegant möbliert sind. Frühstück mit selbst gebackenen Kuchen, eine schöne Aussichtsterrasse und ein Privatparkplatz ergänzen das Angebot.

9 **In Cerca d'Autore**③, Via dell'Opio nel Corso 11, Tel. 320 966 3101, www.airbnb.de. Eine künstlerische Unterkunft für kreative Köpfe: Das einfallsreich und schick eingerichtete Apartment besteht aus zwei Schlafzimmern, einem großen Aufenthaltsraum und einer Küche; die Zimmer können einzeln gebucht werden, sind aber zusammen für eine Familie oder Gruppe von Freunden sicher besser genutzt. Eine Aussichtsterrasse öffnet sich aufs Orcia-Tal, auf Anfrage steht auch ein Malatelier zur Verfügung.

2 **Albergo il Rondò**③, Via di Martiena 9, Tel. 0578 716899, www.albergoilrondo.it. Das Hotel in einem Anwesen aus dem 19. Jh. liegt zehn Minuten zu Fuß vom historischen Zentrum entfernt, sieben Zimmer und eine Suite sind geschmackvoll mit Stilmöbeln eingerichtet, es gibt einen kleinen Garten und keine Probleme mit Parkplätzen.

5 **Camere Bellavista**②-③, Via Ricci 25, Tel. 0578 757348, www.camerebellavista.it. Zehn Zimmer mit Blick über die Montepulciano-Hügel, einige mit kleiner Terrasse, in einem historischen Haus am Rande der Altstadt und nicht weit von der Piazza Grande. Die Zimmer haben Holzdecken und sind nostalgisch eingerichtet, *Gabriella* kümmert sich mit großer Hingabe um ihre Gäste.

1 **La Falconara**③, Via delle Badelle 3, Tel. 334 7119507, www.lafalconara.it. Die vier Apartments dieses herrlich auf einer Hügelkuppe 2 km von Montepulciano gelegenen Anwesens sind zweckmäßig eingerichtet; toll ist der Pool mit Blick über die Hügel, wer will, kann einen Kochkurs buchen.

Außerhalb

■ **La Locanda del Loggiato B&B**③-④, Piazza del Moretto 30, **Bagno Vignoni,** Tel. 335 430427, www.loggiato.it. Die sieben mit Liebe und ganz unterschiedlich eingerichteten Zimmer dieser Pension strahlen Geborgenheit aus. Genau das ist das Anliegen der beiden Gastgeberinnen *Sabrina* und *Barbara,* die es mit diesem geschmackvollen B&B schon in viele Hochglanzmagazine geschafft haben.

Il Serraglio②-③, Via della Montagna 11, Tel. 350 5355109, www.ilserraglio.it. Bio-Agriturismo-Betrieb **3 km südlich von Montepulciano** mit sechs sehr schönen Suiten und Apartments (wochenweise Vermietung), Schwimmbad, sehr gute Weine, Olivenöl und selbst gesammelte Trüffel (!).

UNSER TIPP: **L'Orto di Panza B&B**④, Via San Saba 10, **Abbadia di Montepulciano,** Tel. 0578 707239, www.lortodipanza.it. 8 km nördlich von Montepulciano erwarten den Gast zwei wunderschön und geschmackvoll eingerichtete Doppelzimmer sowie zwei Apartments mit Blick über die Weinlagen des Vino Nobile. Zugegeben, die Preise sind stolz – aber dafür bekommt der Gast eine wirklich besondere Unterkunft, im Preis inbegriffen ist ein üppiges Frühstück, zur Ausstattung gehören ein Pool, Sonnenliegen und natürlich WiFi.

■ **La Casa di Adelina**②-③, Piazza San Martino 3, **Monticchiello,** Tel. 0578 755167, www.lacasadi adelina.eu. Fünf charmant eingerichtete Doppelzimmer und ein Apartment im Herzen des Bergdörfchens; alle Gäste können einen gemütlichen Aufenthaltsraum mit Kamin nutzen, in dem der Gastgeber auch seine Gemälde ausstellt.

■ **La Foce**③-④, Strada della Vittoria 63, **Chianciano Terme,** Tel. 0578 69101, www.lafoce.com. Auf dem historischen Anwesen, das heute feines Olivenöl produziert, stehen die verschiedensten Übernachtungsmöglichkeiten zur Verfügung – B&B, Apartments und sogar ganze Häuser bzw. der Palazzo – je nachdem, wie lange man bleibt. Alle Zimmer sind in hellen, freundlichen Farben gestaltet, und von allen eröffnen sich eindrucksvolle Ausblicke über die toskanischen Hügel.

Essen und Trinken

15 **La Grotta**④, Via di San Biagio 15, Tel. 0578 757 479, www.lagrottamontepulciano.it, Do–Di 12–14.30, 19–22 Uhr. Luxusrestaurant auf Sterneküchenniveau gegenüber der Kirche San Biagio, alles sehr elegant in einem Gutshof aus dem 16. Jh. Perfekt zubereitete und fürs Auge arrangierte Gerichte – und ein Weinkeller, der seinesgleichen sucht. Überschaubarer kleiner Garten, der schon früh ausgebucht ist; mit dem Degustationsmenü ist man ausgezeichnet beraten (und schont ein wenig seinen Geldbeutel).

7 **Osteria del Borgo**③, Via Ricci 5, Tel. 0578 716 799, www.osteriadelborgo.it, tgl. 12–14.30, 10–21.30 Uhr, Winter Di geschl. Am besten reserviert man zeitig einen Platz auf der Panoramaterrasse mit unvergesslicher Aussicht. Auf der Karte stehen die typischen toskanischen Gerichte, auch kreativ variiert, so etwa die wohlschmeckenden *pici alla salvia e pinoli,* mit Pinienkernen und Salbei, oder Lamm in Brotkruste; auch Zimmervermietung③.

10 **Trattoria di Cagnano**③, Via dell'Opio nel Corso 30, Tel. 0578 758757, www.trattoriadicagnano.it, Di–So 12.30–14.30, 19.30–22 Uhr. Die kleine Trattoria serviert neben Althergebrachtem wie Wildschwein mit Polenta oder *pici* in verschiedenen Variationen abends auch eine hervorragende Pizza – besser reservieren.

12 **Osteria Acquacheta**②, Via del Teatro 22, Tel. 0578 717086, www.acquacheta.eu, Mi–Mo 12.30–15, 19.30–22.30 Uhr. Die Osteria ist von der internationalen Presse gepriesener Kult, hat es dabei aber geschafft, auf dem Boden zu bleiben. Die Gäste sitzen eng gedrängt an langen Tischen und bestellen bevorzugt *bistecca fiorentina,* dessen Gewicht für die Rechnung mit Kreide auf dem Tisch notiert wird. Alles frisch, ungekünstelt, direkt und laut – man muss es mögen, aber dann ist es toll.

11 **Re Al Quadrato**①, Piazza Grande/Via del Teatro 2, Tel. 0578 61360, Di–So 12–23 Uhr. Pizzeria mit etwas eigenwilliger Einrichtung und Teigfladen mit Anspruch – Beilagenwechsel wird nicht gerne gesehen, schließlich sind die neapolitanischen Kompositionen vom Meister am Ofen genau so wie sie sein sollen.

Außerhalb

■ **Cisterna nel Borgo** ②, Borgo Maestro 37, **Rocca d'Orcia,** Tel. 0577 887280, www.cisternanelbor go.com, Di–So 19–22, Sa/So auch 12–14 Uhr. Wo früher die Kutschen der Reisenden auf der Via Francigena untergestellt wurden, erwartet heute ein exzellentes, sympathisches Restaurant seine Gäste mit toskanischen Spezialitäten und Raritäten wie *maltagliati al finocchio con ragu di coniglio* oder *pap-*

pardelle al brunello con ragù di cinghiale (Pasta mit Fenchel und Kaninchen-Ragout oder mit Wildschwein in Brunello-Soße). Drei hübsch und individuell eingerichtete **Doppelzimmer** sind ebenfalls vorhanden ②-③.

■ **13 Gobbi**②, Via Lando di Duccio 5, **Montefollonico,** Tel. 0577 669755, Mi–Mo 12.30–14, 19.30–21.30 Uhr. Auch wenn es touristischer kaum geht: Bei den „13 Räubern" zu essen ist ein Event, das man nicht missen sollte; Höhepunkt ist die Zubereitung der Spaghetti in einem zur Schüssel aufgeschnittenen Laib Pecorino-Käses.

■ **La Torretta Chianciano**③, Via Dante 2, **Chianciano Terme,** Tel. 0578 31073, www.latorrettachianciano.it. tgl. 12–15, 19.15–23 Uhr. Feine, anspruchsvolle Küche und gute Weinauswahl. Zum Beispiel eine Tagliata vom Lamm mit Zucchini – sehr delikat.

■ **RitroVino**①-②, Via A. Casini 25, **Chianciano Terme,** Tel. 0578 070058, Do–Di 16.30–23.30 Uhr, Winter Mo–Mi geschl. Die Enoteca ist ideal für ein informelles Mittagessen und ein Gläschen Wein – abends schließt sie wochentags bereits um 20 Uhr. Es gibt fantasievoll belegte Panini (z.B. mit Falafel), leckere Aufschnittplatten und Käse.

Süßes

3 **Caffè Poliziano,** Via Voltaia del Corso 27/29, Tel. 0578 758615, www.caffepoliziano.it, tgl. 9–24 Uhr. Das historische Café ist alleine schon wegen seiner Jugendstil-Einrichtung einen Besuch wert. Vom Balkon eröffnet sich der Blick auf die Hügellandschaft, von süßen Hörnchen am Morgen über das schnelle Mittagessen bis zum abendlichen Aperitif und Diner wird hier für jedes Bedürfnis gesorgt.

■ **Bar Pasticceria Centro Storico,** Via A. Casini 22, Chianciano Terme, Tel. 0578 31444, www.barpasticceriacentrostorico.it, Di–So 6–22.30, Mo 6.15–10 Uhr. Ob *torta etrusca* und *panforte* oder lieber frisch zubereitete *tortelli* oder *pici*, Süßes wie Deftiges schmeckt auf der Panoramaterrasse ganz besonders gut.

☒ Freisitz in Montepulciano

Apero und Abend

■ **Teatro Poliziano,** Via del Teatro 4, Tel. 0578 757089, www.facebook.com/teatropoliziano. Das im 19. Jh. erbaute Theater zeigt nur wenige Vorstellungen im Jahr und hat sich vorrangig dem Schauspiel verschrieben. Also nur für Besucher, die sehr gut Italienisch verstehen.

4 **E Lucevan Le Stelle,** Piazza San Francesco 3, Tel. 0578 758725, www.lucevanlestelle.it, Mo/Di geschl., Do/Fr 18–1, Sa 12–1, So 11–23 Uhr. Bar und Bistro mit lockerer Atmosphäre; man trifft sich und diskutiert bei Wein und Wurst, Cocktails und Käse.

■ UNSER TIPP: **La Guardiola Lounge Bar,** Viale Marino Cappelli 1, Monticchiello, Tel. 331 8800443, www.laguardiolawinefood.it, Mi–Mo 11–21 Uhr, Winter Mo-Do geschl. Was gibt es Schöneres, als auf der kleinen Aussichtsterrasse mit Blick übers Val d'Orcia einen vollmundigen Roten zu verkosten und dazu feine *crostini toscani* zu naschen?

Verkehr

■ **Bahn:** Montepulciano Stazione, 10 km nordöstlich von Montepulciano, nach Arezzo alle 60–90 Min. (umsteigen in Chiusi, 90 Min., um 9 €), Verbindung nach Montepulciano mehrmals am Tag mit Buslinie FN1 der Gesellschaft Siena Mobilità (15 Min., 1,70 €).

■ **Bus:** Von Montepulciano nach Chianciano (und weiter nach Chiusi) etwa stündlich mit Buslinie T4B (25 Min./40 Min., um 3 €); nach Monticchiello mit Linie 53A ein- bis zweimal am Tag (20 Min., um 2,50 €, Piazza Pietro Nenni; www.at-bus.it).

■ **Parken:** In Montepulciano am Giardino di Poggiofanti (tgl. 8–20 Uhr, Juli/Aug. bis 22 Uhr, 1,50 €/Std., 10 €/Tag).

177t sk

Feste

■ **Teatro Povero di Monticchiello** – Avantgardetheater von Ende Juli bis Mitte August unter Beteiligung fast des gesamten Dorfes, http://teatro povero.it.

■ **Bravio delle Botti** – am letzten Sonntag des August fröhliches Fassrollen in Montepulciano, traditionelles Fest mit Umzug in historischen Kostümen und dem abendlichen Wettbewerb, bei dem 80 kg schwere Fässer von je zwei Burschen der acht Stadtbezirke hoch zur Piazza Grande gerollt werden müssen – wer zuerst beim Dom ankommt, hat gewonnen. Infos unter www.braviodellebotti.com.

Einkaufen

6 **Cantina de' Ricci,** Via di Collazzi 7, Tel. 0578 757166, www.cantinadericci.it, tgl.10.30–19 Uhr. De Ricci gehört zu den *cantine storiche,* zu den ältesten Kellereien von Montepulciano, und residiert in einem Palazzo des 17. Jh. Allein der Abstieg in die Gewölbe, in denen der Vino Nobile lagert, ist eindrucksvoll – Weinverkostung mit drei Weinen für 3 € (die bei Weinkauf angerechnet werden).

13 **Cantina Storica Gattavecchi,** Via di Collazzi 74, Tel. 0578 757110, April–Okt. tgl. 11–18, Winter tgl. 11–13, 15–17 Uhr, Weinverkostung im Refektorium des Klosters Santa Maria dei Servi (13. Jh.), dazu gibt's Käse, Salami, Oliven und Häppchen toskanischer Gerichte (ab 20 €); angeschlossenes 13 **Restaurant**③ (Juli–Sept. tgl., sonst Fr–So).

Außerhalb

■ **Librorcia,** Via delle Sorgenti 38, **Bagno Vignoni,** Tel. 0577 888996, www.librorcia.com, tgl. 10–13, 15–19.30 Uhr. Auf die Idee, hier eine Buchhandlung zu eröffnen, muss man erst einmal kommen. Nun – sie wird mit sehr viel Herzblut und Enthusiasmus geführt, und sie besitzt ein reiches Sortiment an Literatur zur Toskana und dem Val d'Orcia.

Gesundheit

■ **Krankenhaus/Ospedale Nottola,** Località Nottola, Montepulciano, Tel. 0579 713111, Notruf 118, www.uslsudest.toscana.it, 24/7 im Dienst.

■ **Apotheke/Farmacia,** wechselnde Notapotheken, Dienstplan auf www.comune.montepulciano.si.it (kein Nachtdienst).

Pienza

■ 490 m, 2000 Einw., Montepulciano 15 km, Chiusi 34 km, Siena 55 km, Grosseto 80 km

Nochmal ein **Weltkulturerbe!** Pienza war der erste Ort überhaupt, bei dessen Errichtung ein Stadtplanungskonzept die Ideale der Renaissance aufnahm. Heraus kam dabei ein **Kleinod stimmiger Architektur** entlang gerader Gassen, das sich in die heutige Zeit gerettet hat.

Nicht jeden Bewohner freut der touristische Andrang, die Menschenmengen aus aller Herren Länder, die sich im Sommer durch die Straßen wälzen, vorbei an den Souvenir- und Weinshops, den Tischen der Bars und Restaurants und an den Spezereiläden (die den beliebten Schafskäse Pecorino di Pienza verkaufen). Doch in der Nebensaison ist es ruhiger, dann genießen auch die Einheimischen die einzigartige Atmosphäre eines (fast) perfekten Renaissance-Gewandes.

Geschichte

Papst Pius II. (1405–64) wollte seinem Geburtsort Corsignano und wohl auch sich (mit einer ganzen Stadt als Denkmal) etwas Gutes tun. Geboren als *Enea Silvio Piccolomini*, war er in erster Linie Jurist, Poet und Humanist. Für die Kirchenlaufbahn entschied er sich erst spät, während seiner Reisen als Rechtsbeistand der Kirche durch Deutschland und Österreich. Seine erste seelsorgerische Tätigkeit nahm er ab 1444 in Aspach bei Braunau am Inn wahr. Dann ging alles schnell. Drei Jahre später ernannte man ihn zum Bischof von Triest, 1449 zum Bischof von Siena. 1456 wurde er Kardinalpriester, 1457 Fürstbischof des ostpreußischen Ermlandes und 1458 Papst. Er gilt als einer der Vordenker eines gemeinsamen Europa – zu seiner Zeit allerdings als Abgrenzung gegenüber den Expansionsgelüsten der osmanischen Herrscher.

Pius II. beauftragte den Florentiner Architekten *Bernardo Rosselino* 1459 mit dem Bau von „Piusstadt – Pienza". Gewissen Beschränkungen unterlag man, da die Stadt bewohnt war, *Pius II.* griff deshalb immer wieder in die Planungen ein. Die Fertigstellung der Neugestaltung erlebte er nicht mehr.

Sehenswertes

Einige gebührenpflichtige Parkplätze sind am westlichen Stadteingang, der Porta al Murello, vorhanden (gleich östlich entlang der Via Enzo Mangiavacchi). Wichtigste Straße ist der Pienza von West nach Ost durchschneidende Corso Rossellino. Auf halbem Weg zur östlichen Porta al Griglio liegt die **Piazza Pio II.**, rund um sie sind die schönsten Gebäude angeordnet.

Erste Station ist die **Kirche San Francesco** aus der zweiten Hälfte des 13. Jh., einschiffig und puristisch, wie es den Ordensregeln der Franziskaner entspricht. Durch das gotische Portal ins Innere gegangen, kann man im Chor die

[>] Innenhof des Palazzo Piccolomini

[>>] Auch heute ist Pienza der Kunst verpflichtet

Fresken zum Leben des heiligen *Franziskus* bewundern, gemalt haben sie Ende des 14. Jh. *Cristoforo di Bindoccio* und *Meo di Pero.* Einen Blick sollte auch der benachbarte Kreuzgang wert sein. Er gehört heute zum Hotel Il Chiostro di Pienza (mit Terrassenrestaurant und schönem Garten).

Chiesa di San Francesco, Corso Rossellino, 9–19 Uhr.

An der nächsten Ecke steht das wichtigste Bauwerk der Stadt, der **Palazzo Piccolomini** von *Rossellino* mit Anleihen am Florentiner Palazzo Rucellai – ein bis 1962 von der Familie *Piccolomini* bewohnter Vierflügelpalast mit Atrium und einem Arkadenumgang mit ionischen Kapitellen. Bemerkenswert ist der hängende Garten schon, wenn man ihn vom Innenhof her betritt, noch beeindruckender allerdings mit Blick über die Landschaft von der obersten Loggia aus, auf die man anlässlich der Besichtigung hinaustritt. Die Gemächer sind eingerichtet, als käme der Hausherr gleich wieder zurück, wertvolle Gobelins hängen an den Wänden (und sorgen für eine gewisse halbdunkle Muffigkeit, die vergangene Jahrhunderte erst richtig aufleben lässt). Musik- und Waffensaal, Papstschlafzimmer, Möbel aus dem 14. und 15. Jh., wertvolle Intarsienarbeiten, Familienstamm, Folianten von 1350 – die *Piccolomini* scheinen ihr Erbe gerettet zu haben.

Palazzo Piccolomini, Corso Rossellino, Tel. 0577 286300, www.palazzopiccolominipienza.it, Mi–Mo 15. März–15. Okt. 10–18.30, sonst bis 16.30 Uhr, 12 €.

Auf der Piazza Pio II. steht seitlich der Brunnen **Pozzo dei Cani.** Der Architrav trägt die Jahreszahl 1462. Schaut man den Platz genauer an, bemerkt man seine Trapezform, die zum Dom hin aufmacht

179t sk

178t sk

– ein Trick, um der **Kathedrale Santa Maria Assunta** (Bauzeit 1459–62) mehr Raum zu geben. Es genügte nicht, und man musste deshalb den Baukörper zusätzlich nach Süden rücken und ihn im Chorbereich unterfangen, da dieser sich nun direkt am Abhang befand. Die gewaltigen Druckkräfte haben dennoch zu Setzungsrissen geführt (wie man im Inneren sieht). Die helle Travertin-Fassade ist beste Renaissance-Architektur mit entsprechenden Zitaten, wie Säulen und einem wuchtigen Giebel, den das unbescheiden große Wappen des Papstes ziert: das Schild der *Piccolomini*, darüber gekreuzte Schlüssel als Symbol der Schlüsselgewalt (der höchsten Rechtsautorität in der Nachfolge Petri), bekrönt von der päpstlichen Tiara. Im lichten Inneren tragen Säulen die Kreuzgewölbe der sich an die Gotik nördlich der Alpen anlehnenden dreischiffigen Hallenkirche. Diesen Bautypus mit gleichhohen Schiffen hatte *Pius II.* bei seinen Reisen durch Süddeutschland und Österreich kennen- und wegen ihrer Helligkeit schätzen gelernt. Links vom Eingang hängt das Tafelwerk „Madonna mit Kind und Heiligen" (1463/65) von *Matteo di Giovanni*. Weitere wertvolle Madonnenbilder (15. Jh.) stammen von *Sano di Pietro* (linke Seitenkapelle), *Giovanni di Paolo* (rechts vom Eingang) und *Lorenzo di Pietro* (links vom Chor). Dort, wo sich heute die **Krypta** befindet (Eingang unterhalb seitlich), war ursprünglich die romanische Vorgängerkirche des Doms, die Chiesa di Santa Maria. Zwei Säulen müssen das ganze Gewicht der Oberkirche abfangen. Ab und an wird die Unterkirche als Taufkapelle oder für Lesungen genutzt. Das Taufbecken aus Travertin stammt von *Rossellino*. In den labyrinthartigen Gängen – dem **Labirinto** – hängen u.a. Bilder flämischer Wandteppiche.

■ **Cattedrale di Santa Maria Assunta,** Piazza Pio II, Dom tgl. 8.30–19 Uhr; Krypta April–Nov. tgl. 10–18, sonst Mi–Mo 10–16.30 Uhr, Pienza Pass 12 €.

Das **Diözesanmuseum** ist an der Ostseite der Piazza Pio II. im Palazzo Borgia, dem ehemaligen Bischofspalast, untergebracht. Die Sammlung besteht aus Marienbildern der Seneser Schule, Insignien wie einem Bischofsstab aus der Zeit *Pius' II.* und einem seiner Talare mit Geschichten aus dem Alten Testament, äußerst detailreich gewebt aus gefärbten Seidenfäden und vergoldetem Silberdraht. Beeindruckend ist das Tafelbild mit 48 Szenen aus dem Leben Christi eines unbekannten Seneser Malers aus dem Jahr 1350, das auf heutige Betrachter wie ein Wimmelbild wirkt. Den Palast ließ sich *Rodrigo Borgia* (1431–1503) Ende des 15. Jh. bauen. Auch er wurde Papst (1492 als *Alexander VI.*), war allerdings kein Humanist, sondern interpretierte als machtbesessener Klerikalpolitiker die Renaissance auf ganz eigene Weise: Bereits in der Kurienhierarchie zum Kardinal aufgestiegen, fing er sich wegen seines ausschweifenden Sexuallebens u.a. von *Pius II.* eine schriftliche Rüge ein.

■ **Museo Diocesano,** Corso Rosselloni 30, Tel. 0578 749905, 15. März–5. Nov. Mi–Mo 10.30–18, sonst Sa/So 10–16 Uhr, 12 €.

Die romanische **Kirche von Corsignano** (eine wichtige Etappe an der Pilgerstraße nach Rom) liegt etwas außer- und unterhalb der Altstadt (am Dom links vorbei durch die Porta al Santo nach unten und an der SP18 nach links, 800 m, alternativ durch die Porta al Murello). Die beeindruckenden Portale der Kirche können langobardische Einflüsse nicht verleugnen (sie soll bereits im 8. Jh. existiert haben). Drei Schiffe, massive Pfeiler, weite Rundbögen, offenes Gebälk und nackte Wände – der Innenraum strahlt gerade wegen seiner Schmucklosigkeit Würde aus. Der Stein, auf dem die Christengemeinschaft *Pius II.* 1405 aufgenommen hat, ist erhalten. Auf ihm wurde auch sein Neffe getauft (der es als *Pius III.* ebenfalls zum Papst brachte – allerdings nur für 26 Tage).

■ **Pieve dei Santi Vito e Modesto a Corsignano,** Piazza Dante Aleghieri 29 (GPS N 43.077160, E 11.671146), 10–19, Winter 10–17 Uhr.

Abbadia Sant'Anna in Camprena

Die ehemalige **Olivetaner-Abtei** 6 km nördlich von Pienza und 1 km abseits der SP71 ist in absoluter Ruhe zwischen Zypressen und Oliven gelegen. Die 1324 von *San Bernardo Tolomei* gegründete Einsiedelei avancierte zehn Jahre später zum Kloster, seine Bauten entstanden 1517 neu. 1996 wurden im und um das Kloster zahlreiche Szenen des Films „Der englische Patient" gedreht. Heute führt die Kirche das Kloster als Agriturismus-Betrieb (Zimmer, Ferienwohnungen, Mönchszellen). Im Refektorium ist ein wunderschöner Freskenzyklus (1503) von *Il Sodoma* erhalten: an der Rückseite linker Hand der heilige *Benedikt* zwischen Mönchen, in der Mitte die Beweinung Christi und rechts eine Thronmadonna mit Mönchen. Die Türseite schmückt das Speisungswunder.

■ **Abbadia Sant'Anna in Camprena,** Viale Don Fernaldo Flori, Località Sant'Anna in Camprena, Tel. 0578 748037, www.camprena.it.

San Quirico d'Orcia

San Quirico (400 m üNN, 2600 Einw.) 10 km südwestlich von Pienza gehört mit diesem – als Teil des Orcia-Tales – zum **UNESCO-Welterbe.** Bereits im Jahr 712 erwähnte der Langobardenkönig *Liutprand* die Pfarrkirche von San Quirico als Teil einer Burg. Später wurde die Festung Sitz eines Statthalters der Stauferkaiser. Mit Übernahme der Anlage durch Siena entstand ein neuer Stadtwall, der die vor der Rocca liegenden Häuser mitumfasste. An der Frankenstraße gelegen, war San Quirico bald ein bedeutender Haltepunkt. 1154 empfing *Friedrich Barbarossa* hier die Abgesandten des Papstes *Hadrian IV.*, um seine Krönung zum Kaiser zu verhandeln.

Ein Bummel an den Läden und Restaurants des freundlichen Städtchens vorbei lohnt sich. Parkplätze sind in der Via dei Fossi ausreichend vorhanden, mehrere Durchgänge führen von ihr in die Altstadt. Die Via Dante Alighieri durchschneidet das historische Zentrum, die Sehenswürdigkeiten befinden sich jeweils an ihren Enden. Am südlichen Ende steht das romanische **Kirchlein Santa Maria Assunta** aus der zweiten Hälfte des 11. Jh. mit einem sehenswerten vorgebauten Seitenportal, das einmal direkt am Wegesrand der Via Francigena nach Rom stand. Im sonst fast schmucklosen Inneren der Hallenkirche mit offenem Dachstuhl hängt über dem Altar vor der kleinen Apsis ein Holzkreuz.

■ **Chiesa di Santa Maria Assunta,** Via Dante Alighieri 105, 8–13, 16–18/19 Uhr.

Der Kirche gegenüber bot das **Ospedale della Scala** einst den Rom-Pilgern Unterkunft, sein Innenhof mit uraltem Brunnen ist einen Blick wert.

Hinter der Kirche führt eine kurze Treppe hoch in den Rosengarten der ummauerten **Horti Leonini,** der seinen Namen *Diomede Leoni* verdankt (dem der *Medici Francesco I.* das Land schenkte). *Leoni* ließ sich um 1580 einen Garten im italienischen Stil mit strengen geometrischen Mustern anlegen. Seit 1975 wird er als Stadtpark betrieben.

■ **Il Giardino delle Rose,** Via Diomede Leoni, 8–20/22 Uhr.

180t sk

Die romanisch-gotische **Stiftskirche** am anderen Ende der Via Dante ist die schönste der Umgebung und steht für den Übergang der beiden Stilrichtungen. So zeigt sich das Westportal rein romanisch, während die Rundbögen der beiden von Mitarbeitern *Giovanni Pisanos* um 1280 geschaffenen Südportale mit einem Spitzbogen überformt sind (aber auch hier blieben die Fensterdurchbrüche romanisch). Das 100 Jahre ältere Westportal verdient tiefergehende Betrachtung. Die von Löwen getragenen Knotensäulen symbolisieren die Wendungen der Geschicke. Zwei kämpfende Drachen am Türsturz – und rechts darüber (klein und fast nicht mehr zu erkennen) die zwei Sirenen – stehen für Versuchungen (ebenso wie das Schlangenwesen am Eckstein links). Die thronende Madonnenfigur in der Nische des Bogenfeldes ist frühromanisch, wie auch zahlreiche in die Fassade eingefügte Steine mit ihren geometrischen Mustern aus langobardischer Zeit und von einem Vorgängerbau stammen – so auch die Schlusssteine des Bogens. Über ihnen, rechts unterhalb der Rosette, ein Widderkopf – das gehörnte Haupt des Teufels. Am oberen Ende der äußersten rechten Gewändesäule sieht man ein menschliches Antlitz und darüber als Symbol der Sonne zwei Pfauen. Kostbarstes Werk der ansonsten barocken Innenausstattung ist die „Madonna auf dem Thron zwischen Heiligen“ (um 1470) von *Sano di Pietro.* An der Treppe zur Kanzel fällt außerdem ein schon stark verwitterter Grabstein eines *Heinrich von Nassau* ins Auge. Der Graf starb hier 1451 auf dem Rückweg von einer

San Quirico d'Orcia

Pilgerreise nach Rom, wahrscheinlich an der Pest. Bemerkenswert ist außerdem das ursprünglich für den Sieneser Dom bestimmte Chorgestühl mit Renaissance-Intarsien. Der Campanile stammt aus dem Jahr 1806.

■ **Collegiata dei Santi Quirico e Giulietta (Collegiata di Orsenna),** Via Dante Alighieri 3, Sommer 10–17, Winter 10–16 Uhr, Besichtigung des Chors nur nach Voranmeldung unter Tel. 0577 899728.

Neben der Kirche steht der spätbarocke **Palazzo Chigi** von 1680. Seine Zimmer und Säle (immerhin fast 40 an der Zahl) sind voller sehenswerter Fresken aus den Jahren 1684–87, Allegorien zu mythologischen und abstrakten Themen wie Musik, Zeit, Schicksal, Jahreszeiten. Ausgeführt haben sie *Giovan Battista, Michelangelo Ricciolini, Niccolò Stanchi* und *François Simonot.* Im **Teatrino** des Palastes finden des Öfteren Konzerte und Theateraufführungen statt.

■ **Palazzo Chigi-Zondadori,** Piazza Chigi 2, Besichtigung (zu Bürozeiten) einen Tag vorher per E-Mail ankündigen (ufficioturistico@comune.sanquiricodorcia.si.it). Programm unter www.facebook.com/VisitSanQuirico.

Bagno Vignoni

4 km südlich von San Quirico d'Orcia umstehen nahe dem Weiler **Vignoni Alto** (300 m üNN, 30 Einw.) Renaissance-Gebäude ein 25 x 50 m großes Thermalwasserbecken aus dem 15. Jh. Am Becken und in der nächsten Umgebung verteilt, knüpfen Hotels und Wellnesseinrichtungen mit weiteren, bis zu 52 °C heißen Thermalquellen an die bereits von den Etruskern und Römern hier gepflegte Tradition des Kurens an (häufige Gäste waren u.a. Papst *Pius II.* und *Lorenzo I.*). Die pittoreske Anlage bildete den Hintergrund mehrerer Szenen in *Andrej Tarkowskis* preisgekröntem Film „Nostalghia" von 1983. Südlich der Renaissance-Anlage gelangt man zum Aussichtspunkt oberhalb des Grabungsfeldes von vier mittelalterlichen Wassermühlen, über deren Antriebsräder einmal Thermalwasser floss (weswegen die Mühlen auch im Hochsommer – wenn die Flüsse ausgetrocknet waren – betrieben werden konnten). Den Hintergrund bildet die hoch über das Orcia-Tal aufragende Festung Rocca d'Orcia.

Ein Weg führt an den Mühlenresten vorbei hinab, wo man noch oberhalb des Flusstales ohne Eintrittsgebühr in einem 40 m langen **natürlichen Becken** zwischen den Felsen herumplanschen kann. Ein offizielles Schwimmbad gibt es beim Hotel Posta Marcucci (→ „Praktische Informationen, Aktivitäten").

Rocca d'Orcia, Castiglione d'Orcia

Das mittelalterliche Zwillingsdorf (540 m üNN, 2500 Einw.) 5 km südlich von Bagno Vignoni sollte wegen seiner Höhenlage und der fantastischen Sicht über das Tal auf dem Besuchsplan stehen. Im 9. Jh. erstmals erwähnt, gelangte die Gegend im 12. Jh. unter die Herrschaft der *Aldobrandeschi,* 1254 erhielten die Einwohner die Seneser Staatsbürgerschaft, und die Befestigungswerke wurden erweitert, modernisiert und die

Burg Rocca d'Orcia, auch **„Rocca di Tentennano"** genannt, erhielt ihre heutige Form. Nach der siegreichen Schlacht von Montaperti 1260 belohnte der Rat von Siena mit der Rocca die Familie *Salimbeni,* die durch die Zahlung von 18.000 Goldflorin die deutschen Söldner in Montaperti bei der Stange gehalten und so den Ausgang der Schlacht beeinflusst hatte. Berühmtester Sohn der Stadt ist der Bildhauer, Maler und Goldschmied *Lorenzo di Pietro,* genannt *„Il Vecchietta"* (1410–1480). Die achteckige, weithin sichtbare Burg **Rocca d'Orcia** ist heute Museum, Ausstellungsraum und Aussichtplattform.

■ **Rocca d'Orcia,** Piazzale Aleardo Monaci, Tel. 0577 888986, Rocca Ostern bis Okt. Do–Di 10–13, 15–18 Uhr, 3 €.

Montalcino

Panforte Nero di Montalcino und **Brunello di Montalcino** – schwerer, schwarzer Kuchen und tiefroter Wein (der als erster Italiens mit dem Prädikat DOCG ausgezeichnet war) sind schon einmal zwei gute Gründe, um Montalcino (570 m üNN, 3000 Einw.) 22 km westlich von Pienza anzufahren. Außerdem ist die Stadt bei Weitem nicht so touristisch wie Pienza oder Montepulciano, obwohl auch ihr Stadtbild eine Menge an Historischem bietet.

Auf einem Hügelkamm zwischen den Flüssen Asso und Ombrone gelegen, war Montalcino schon immer ein guter Wegpunkt zwischen Norden und Süden, was die wehrhafte Festung unterstreicht. Bereits die Etrusker haben sich für eine Siedlung auf dem Mons Lucinus („Berg der Steineichen") entschieden, die die Römer übernahmen. Nach den dunklen Jahren tauchte Montalcino schließlich in einem Dokument von *Ludwig dem Frommen* 814 wieder auf, der die Gebiete unterhalb von Mons Lucinus den Äbten von Sant'Antimo (siehe unten) schenkte. Lange Jahre Spielball der Mächtigen in Florenz und Siena, blieb es nach der Schlacht von Montaperti 1260 bei Siena, seine Bürger erhielten 100 Jahre später sogar die Seneser Staatsbürgerschaft. Dafür erlaubten sie Siena den Bau der heutigen Burg, die uneingenommen blieb, auch bei der letzten Belagerung durch florentinisch-spanische Truppen 1555, als Siena und all seine Besitzungen schließlich an die *Medici* fielen.

Parkplätze sind rund um die **Festung** in ausreichender Zahl vorhanden. Mit vier Ecktürmen und dem Bergfried war sie ausreichend bewehrt, um allen Feinden standzuhalten. Die Burgmauern und der Turm sind begehbar, die Enoteca im Inneren gibt der Weinverkostung den rechten Stil und verkauft die Tickets für die Turmbesteigung. Im Burghof finden im Sommer des Öfteren Veranstaltungen statt.

■ **Fortezza di Montalcino,** Piazzale della Fortezza, Tel. 0577 849211, 9–20, Winter bis 18 Uhr, 4 €.

☒ Süß und mächtig: Montalcinos Gebäck

Von der Fortezza nimmt man die Via Ricasoli (Fußgängerzone) nach Norden, bis rechter Hand die Kirche Sant'Agostino den Eingang zum **Museumskomplex L'Oro di Montalcino** markiert (Zutritt über den Kreuzgang des Klosters). Geboten wird ein Überblick über das künstlerische Schaffen des 14. bis 16. Jh., darunter eine Verkündigungsgruppe aus Holz, zwei Polyptychen aus der Werkstatt des *Duccio di Buoninsegna*, eine Madonna mit Kind von *Sano di Pietro* und von *Il Vecchietto* aus Castiglione d'Orcia ein heiliger *Bernhard*. Weiter: Liturgische Instrumente und ein Bronzekruzifix von *Giambologna*. Die Archäologische Sammlung umfasst Exponate aus der Steinzeit (mit Funden von einer Steinwerkzeug produzierenden Stätte) sowie aus der Etrusker- und Römerzeit – darunter die vollständigen Beigaben des Grabes „Fossa del Tesoro" bei Sant'Angelo in Colle. Im feinen und aufwendig gestalteten **Tempio di Brunello** (Brunello-Tempel) erfährt man alles über den edlen Tropfen, den man abschließend in der Vinothek verkosten (und natürlich auch erwerben) kann.

Die **Kirche Sant'Agostino** aus dem frühen 14. Jh. ist wegen ihrer Fresken mit Szenen zur Passion und zum Leben des heiligen Augustinus bekannt, die Künstler der Seneser Schule ausgeführt haben. Die Wandmalereien des Chors (mit Szenen des heiligen Augustinus und Gemälden von Evangelisten) werden *Bartolo di Fredi* zugeordnet (14. Jh.).

■ **Musei di Montalcino/Raccolta Archeologica – Medievale – Moderna/Tempio di Brunello,** Via Ricasoli 31, Tel. 0577 849331, www.orodimontalcino.it, April–Anfang Nov. tgl 10–18.30, Nov.–Dez. 10–17 (Weihnachtstage bis Heilige Drei Könige 10.30–19), Jan.–März 10.30–17.30 Uhr, 10 €.

Über die Via Spagni nach oben, gelangt man zum neoklassischen **Dom** im abgewandelten Stil eines griechisch-römischen Tempels mit Säulenportikus, 1832 vom Seneser Architekten mit dem (programmatischen) Namen *Agostino Fantastici* entworfen. Im Inneren sind antike

181tsk

Friesfragmente zu einer erstaunlichen Pyramide zusammengewürfelt. Unbedingt sehenswert: Die Fragmente eines aus Travertin gearbeiteten Christus in der ersten Seitenkapelle links, „Cristo nella Mandorla" (11. Jh.!).

■ **Concattedrale Santissimo Salvatore,** Via Spagni, 7–13, 16–20 Uhr.

Am äußersten nördlichen Ende von Montalcino steht die 1330 erstmals errichtete und Anfang des 17. Jh. und Ende des 18. Jh. massiv veränderte **Wallfahrtskirche Madonna del Soccorso** mit schönem Blick von deren Terrasse. Nun kann man in weitem Bogen nach unten gehen und auf der Via Giuseppe Mazzini durch die Altstadt zur Festung zurückkehren. Auf dem Weg dorthin steht an der Piazza del Popolo der geradezu grotesk schmale **Palazzo Comunale,** das heutige Rathaus. Als ob die Zimmerbreite des 1260 begonnenen Gebäudes nicht schon schrill genug wäre, hat man noch einen Uhrenturm angefügt, der das Bauwerk vollends disproportioniert. Wesentlich angenehmer fürs Auge sind die **Loggia Il Cappellone** (14./15. Jh.) gegenüber und das Caffè, die **Fiaschetteria,** die seit 1888 existiert.

Castelnuovo dell'Abate/ Abbazia Sant'Antimo

10 km südlich von Montalcino und nördlich unterhalb des mittelalterlichen Dorfes Castelnuovo (385 m üNN, 250 Einw.) liegt inmitten des malerischen Tales des Orcia-Zuflusses Starcia zwischen Äckern, Weinspalieren und kirchturmhohen Zypressen eines der ehemals reichsten Klöster der Toskana – die frühere **Benediktinerabtei Sant'Antimo,** deren Kirche zur schönsten romanischen Architektur zählt – die „Weiße Königin des Tals".

Im Jahre 781 soll *Karl der Große,* auf seiner Rückreise von Rom an dieser Stelle durch eine Engelserscheinung der Pest entgangen, die Abtei gegründet haben. Wahrscheinlicher ist aber die Gründung als Nebenkloster der Abtei San Salvatore am Monte Amiata. 814 hat *Ludwig der Fromme,* Sohn *Karls des Großen,* Sant' Antimo mit Privilegien und riesigen Ländereien ausgestattet, 992 wurde das Kloster direkt der Jurisdiktion in Rom unterstellt. Weitere Schenkungen mehrten den Besitz, sodass das Kloster schließlich Steuern aus der ganzen Osttoskana von Lucca bis Orbetello bezog und die Mönche sich 1118 den Neubau einer dreischiffigen Kirche aus hellem Travertin leisteten, prächtig wie die Hauptkirche des zentralen Benediktinerklosters im französischen Cluny mit einem Umgangschor mit Kapellen. Der Vorgängerbau aus frühromanischer Zeit mit gröber behauenen Steinen blieb als südlicher Anbau mit Apsis erhalten (heute die Sakristei). Der Niedergang begann 1212, als Sant'Antimo ein Viertel seiner Ländereien an Siena abtreten musste. Das Geld ging aus, und man stellte die Bauarbeiten 1260 ein. Papst *Pius II.* löste das Kloster 1462 auf, alle Gebäude verfielen, nur das Gotteshaus überdauerte. 1992 haben die Prämonstratenser dem Kloster neues Leben eingehaucht.

Am Architrav des Portals ist der Name des Baumeisters eingeschrieben: *Azzo dei Porcari.* 44 m ist die Kirche lang und das Hauptschiff mit offenem Dach-

Pienza: Zugabe!

- **Museo d'Arte in Castiglione d'Orcia** – Bilder aus der Seneser Schule des 14. und 15. Jh. im säkularisierten Oratorium San Giovanni in der Altstadt Castigliones mit drei meisterlichen Madonnen-Gemälden (*Lorenzo di Pietro, Giovanni di Paolo* und eines aus der Werkstatt von *Simone Martini*); Via San Giovanni 10, Sa/So 10–13 Uhr, 3 € (Ticket auch gültig für die Rocca d'Orcia).
- **Chiesa dei Santi Stefano e Degna** in Castiglione d'Orcia – romanische, im 15. Jh. umgebaute Kirche mit einem Jugendwerk von *Pietro Lorenzetti* („Madonna delle Grazie", um 1300); Via Capitano Innocenzo Ricci, 8–12, 15–17 Uhr.
- **Museo della Comunità di Montalcino e del Brunello** – von Montalcino 3,5 km nach Süden Richtung Castelnuovo (dann 1 km nach Osten) steht das Brunello-Museum und widmet sich der Geschichte des Weines und seiner Erzeuger und verkauft die edlen Tropfen im Laden; Località Podernovi 170, Tel. 0577 846104, www.fattoriadeibarbi.it, nach Voranmeldung, 10 €.

gebälk 20 m hoch. Die Nebenschiffe tragen auf ihren Kreuzgratgewölben ein Emporengeschoss mit Biforien. Durchbrüche im Saalgeschoss, Fenster über den Seitenschiffen und im Chorumgang lassen relativ viel Licht in die Kirche. Schlicht und schmucklos ist das Innere, nur an einer Stelle sind Freskenfragmente zu sehen, einige in Alabaster gehauene Kapitelle tragen Tierköpfe und Menschengestalten, besonders die Gesichter sind äußerst ausdrucksstark. Das Kapitell der zweiten Säule rechts erzählt die Geschichte von Daniel in der Löwengrube (um 1150) und stammt wohl vom Meister von Cabestany, der auch in Spanien und Frankreich seine Spuren hinterließ. Im rechten Seitenschiff hängt die Holzskulptur „Madonna von Sant'Antimo mit Kind" (13. Jh.), beide mit fast bäuerlichem Gesicht ausdruckslos in die Ferne starrend. Im Turm trägt eine der beiden Glocken die Jahreszahl 1219 und den Namen des damaligen Abtes: Ugo.

Auf der Exklusivtour sind neben der Kirche auch Apotheke, Krypta, Karolingische Kapelle, Kräutergarten und die obere Loggia zu besichtigen.

Für kurzfristige spirituelle Rückzüge ins Klosterleben steht ein Gästehaus zur Verfügung. An der Zufahrt von der Hauptstraße befindet sich ein Buchladen des Klosters (mit Toiletten). Im Sortiment: Bier, Bücher, Marmelade, Liköre, CDs (gregorianische Gesänge) und Devotionalien.

- **Abbazia di Sant'Antimo,** Località Sant'Antimo, Tel. 0577 835659, www.antimo.it, Besuchszeit April–Sept. 10–18.30, Okt. bis 18, Nov.–März 10.30–17 Uhr, Messen Mo–Fr 16.30/18.30, So 11 Uhr, Videoguide Kirche 3 €, Exklusivtour mit Videoguide 6 €.

Praktische Informationen

Touristeninformation

- **Ufficio Turismo Pienza,** Corso Rossellino 30 (im Palazzo Borgia), Tel. 0578 749905, www.ufficioturisticodipienza.it 15. März–5. Nov. Mi–Mo 10.30–13.30, 14.30–18, sonst Sa/So 10–16 Uhr.
- **Ufficio Turismo San Quirico d'Orcia,** Via Dante Alighieri 33A, Tel. 0577 899728, www.visitsanquirico.it, tgl. 10.30–13, 15.30–18 Uhr.
- **Ufficio Turismo Montalcino,** Costa del Municipio 1, Tel. 0577 849331, www.facebook.com/prolocomontalcino, 10–13, 14–17.50, Winter 10–13, 14–17.40 Uhr.

Unterkunft

■ **Il Chiostro di Pienza**③, Corso Il Rossellino 26, Tel. 0578 748129, www.relaisilchiostrodipienza.com. Elegantes Hotel mit 37 Zimmern im ehemaligen Franziskanerkloster von Pienza; jeder Raum hier besitzt historisches Flair, allerdings ist die ursprünglich edle Einrichtung inzwischen etwas abgewohnt, und auch der Service funktioniert nicht immer, wie er sollte – dennoch eine empfehlenswerte Unterkunft für Romantiker.

■ **Albergo Rutiliano**②-③, Via della Madonnina 18, Tel. 0578 749408, www.albergorutiliano.it. Das kleine Hotel mit elf Zimmern am Rande der Altstadt verfügt über einen kleinen Garten mit Pool und einen Privatparkplatz. Die Zimmer sind geräumig und unaufdringlich eingerichtet; zwei lassen sich zu einem Familienzimmer zusammenfassen, Frühstück ist italienisch (also nichts Üppiges erwarten).

■ **Il Rossellino City View B&B**②, Corso Rosselino 97, Tel. 338 1226421, www.rossellino.it. Fünf freundlich eingerichtete Zimmer mit Holzdecken, aber nicht alle mit dem versprochenen Blick auf die Stadt. Der breitet sich vor all jenen aus, die über die steile Treppe die Aussichtsterrasse erklimmen.

Außerhalb

■ **Agriturismo La Fonte**②, **Pod. Fonte Bertusi di Sopra 73,** Tel. 0578 749142, www.lafonte. toscana.it. Das Anwesen profitiert von der fantastischen Lage auf einem Hügel mit Weitblick, Gästen stehen vier rustikal-toskanisch eingerichtete Apartments, ein Pool und ein Restaurant mit guter, bäuerlicher Küche zur Verfügung.

■ **Castello di Spedaletto, Località Spedaletto,** 10 km südlich von Pienza an der SP53, Tel. 338 8636834, www.castellodispedaletto.it. Zu einem feinen Agriturismo-Betrieb mit sieben Zimmern umgewidmeter, befestigter Gutshof aus dem 12. Jh., der als „Il Castello la Grancia" auch immer schon Herberge für Rom-Pilger war. Von den Zimmern Zugang zur Gemeinschaftsküche, freies WiFi, Radverleih und Besichtigungen der Cantina.

■ **Palazzo del Capitano**③, Via Poliziano 18, **San Quirico d'Orcia,** Tel. 0577 899028, www.palazzodelcapitano.com. Boutique-Hotel mit vier Sternen zu noch erschwinglichen Preisen auf mehrere Gebäude in der und um die Altstadt verteilt und mit mehreren angeschlossenen Restaurants/Enoteche/Cantine.

■ **Il Giardino Segreto B&B**③, Via Dante Alighieri 62, **San Quirico d'Orcia,** Tel. 0578 60452, www.giardinosegreto.info. Sechs romantisch eingerichtete Zimmer in einem historischen Palazzo im Ortszentrum mit angenehmer Terrasse und üppigem Frühstück (nicht nur Süßes, auch Deftiges).

UNSER TIPP: **Le Scalette di Piazza B&B**②, Scale Bandi 6, **Montalcino,** Tel. 329 9376641, www.scalettedipiazza.it. Elegantes, modernes B&B direkt am Hauptplatz von Montalcino (Parkmöglichkeiten sind vorhanden) mit vier Zimmern und allem Komfort (allerdings ohne Lift); gutes Frühstück.

■ **Locanda Franci**④, Piazzale Fortezza 6, **Montalcino,** Tel. 0577 848191, www.locandafranci.com. Vier im Vintage-Stil eingerichtete, luxuriöse Suiten über den Franci-Läden (Franci Bio, Franci Enoteca, Franci Drogheria) im Ortszentrum.

■ **Poggio Istiano**③, Località Poggio Istiano, **Castiglione d'Orcia,** Tel. 0577 887046, www.poggioistiano.it. Friedvolle Unterkunft in drei Zwei- bis Sechs-Personen-Apartments auf einem landwirtschaftlichen Gut, das Oliven und Weizen anbaut, mit Pool, WiFi und Mountainbike-Verleih.

Essen und Trinken

■ **La Buca delle Fate**③, Corso il Rosselino 38/a, Tel. 0578 748448, www.labucadellefate.com. Mo–Sa 12–15, 19–22 Uhr. *Ribollita, pici* und *tagliata* gehören zu den Standards dieses alteingesessenen Restaurants, dessen Besitzern auch das Albergo Rutiliano gehört. Leider oft durch Gruppen besetzt, aber mit etwas Geduld bekommt man auch als Individualbesucher einen Platz.

■ **La Bandita**②-③, Corso Il Rossellino 111, Tel. 0578 749005, www.la-bandita.com, 12.30–15, 19.30–23 Uhr, Mo nur abends. Das eher kleine Lokal bringt etwas Lifestyle in die traditionsreichen Mauern, mit Showcooking (der Chef plaudert beim Kochen so gern mit den Gästen) und Gerichten wie Chianina-Burger und mit Ricotta und Minze gefüllten Zucchiniblüten – die Küche ist gut, die Produkte hochwertig und die Atmosphäre sehr entspannt.

■ **Latte de Luna**②, Via San Carlo 2–4, Tel. 0578 748606, Mi–Mo 11.30–15 Uhr. Eine angenehme, typische toskanische Trattoria mit entsprechender Speisekarte – es gibt Bruschette, *tagliata, bistecca* und als besondere Spezialität Spanferkel.

■ **Pummarò**①-②, Via del Giglio 4, Tel. 0578 748 568, www.pummaropizzeria.it, tgl. 12–22 Uhr. Kleine, moderne Pizzeria mit günstigen Preisen und guten Pizze, sowohl als Take-away als auch zum vor Ort essen.

Außerhalb

■ **Agriturismo La Fonte**②, → „Unterkunft". Das Restaurant des Agriturismo zwischen Pienza und **San Quirico** hat sich ganz und gar den ländlichen Genüssen der Toskana verschrieben; an den Vorspeisenplatten mit ihren verschiedenen Schinken, Würsten und Pecorino-Sorten könnte man sich satt essen, sollte aber Platz lassen für die ebenso feinen Primi und Secondi. Mi–Sa/Mo 19–21, Sa/So 12–14 Uhr.

■ **Osteria San Quirico**②, Via Dante Alighieri 52/b, **San Quirico d'Orcia,** Tel. 335 1566964, Di–Sa 19.30–22, Sa/So 12.30–15, Winter nur wochenends. In der gemütlichen Osteria unter einem schattigen Torbogen gibt es Traditionelles wie *pici al ragu* oder *tagliata,* aber auch Hamburger aus Chianina-Rind.

■ **Fiaschetteria Italiana**②-③, Piazza del Popolo 6, **Montalcino,** Tel. 0577 849043, tgl. 7.30–24 Uhr. *Ferruccio Biondi Santi,* der „Erfinder" des Brunello, gründete dieses Café im Jahre 1888, mit seiner nostalgischen Einrichtung ist es eine Sehenswürdigkeit in Montalcino.

■ **Il Grifo**②, Via Mazzini 18, **Montalcino,** Tel. 0577 847070, www.ilgrifo.it, Di–So 12–15, 19–22 Uhr. Restaurant und Pizzeria mit leider etwas eng gestellten Tischen, die Küche ist bodenständig und gut, die Pizze hochgelobt – wenn im Angebot, unbedingt die Lasagne mit Trüffel und Steinpilzen probieren!

■ **Trattoria del'Angolo**②, Via Ricasoli 52, **Montalcino,** Tel. 0577 848017, tgl. 12–15, 19–23 Uhr. Einfache, kleine Trattoria mit saisonal wechselnder Karte und vielen auf der Basis von Brunello zubereiteten Gerichten. Zum Lokal gehört auch eine Enoteca mit Weinverkostung.

Süßes

■ **Buon Gusto,** Via delle Case Nuove 26, Pienza, Tel. 335 704 9165, www.facebook.com/BuonGusto GelateriaPienza, tgl. 12–19 Uhr. Gesalzenes Karamelleis ist schon lecker, aber wer neue Wege sucht, sollte mal das Pecorino-Eis probieren: sensationell.

■ **Gelateria Why not?,** Via Costa Garibaldi 7, **Montalcino,** Tel. 348 6726867, www.facebook.com/canocia76, tgl. 8–23 Uhr. Von Bounty bis Nutella, von Vanille bis Schokolade.

■ **Pasticceria Mariuccia,** Piazza del Popolo 29, **Montalcino,** Tel. 0577 84 93 19, www.facebook.com/pasticcieriinmontalcinodal1935, tgl. 5.30–20 Uhr. Seit 1935 feinstes Gebäck wie die Mandel-/Rosinenplätzchen *pane di mariuccia* oder der *mandorlata di montalcino.*

Apero und Abend

■ **Bar Belvedere**①, Corso Matteotti 31, **Montalcino,** Tel. 0577 848248, Di–So 6–22 Uhr. Bei den Einheimischen beliebte Bar für einen Apero mit fantastischer Sicht über das Tal (hinten rausgehen); wer Hunger hat, bestellt einfache Pastagerichte in großen Portionen oder eine Pizza – auch Tische in der Gasse.

Verkehr

■ **Bus:** Haltestelle in der Via Madonnina (200 m von der Porta al Prato); mit der Linie 112 ein- bis zweistündlich nach Montepulciano (20 Min., um 3 €) und nach Siena (75 Min., um 6 €); mit Linien 112/B20 ein- bis zweistündlich (umsteigen in San Quirico d'Orcia) nach Montalcino (50 Min., um 3,50 €); von Montalcino mit Linie P1 mehrmals werktäglich nach Castelnuovo dell'Abate (15 Min., um 2 €); mit Linie B20 von San Quirico d'Orcia zwei- bis dreimal werktags über Bagno Vignoni nach Rocca d'Orcia (15 Min., um 2 €); www.at-bus.it.

■ **Parken:** Einige Parkmöglicheiten an der Via Mangiavacchi (1 €/Std.), direkt nördlich der Altstadt, ansonsten Parkflächen an der Via Mario Mencatelli und an der Via Madonnina.

Feste

■ **Fiera del Cacio,** Ende August/Anfang September. Pienza feiert den Pecorino-Käse mit einer Degustations- und Verkaufsmesse in der Altstadt – und einem spektakulären Käselaib-Wettwerfen.

■ **Festa del Barbarossa,** San Quirico d'Orcia, fünf Tage Mitte Juni zur Erinnerung an den Besuch des späteren Stauferkaisers im Jahr 1154; Umzüge, Wein, Gesang; Infos: www.festadelbarbarossa.it.

■ **Jazz & Wine,** Montalcino, zehn Tage Mitte Juli. Die Fortezza wird zum Konzertsaal, in dem bekannte und unbekannte Bands den Zuhörern einheizen. Infos unter www.jazzandwinemontalcino.it.

Einkaufen

■ **La Taverna del Pecorino,** Via Condotti 1, Tel. 0578 749412, www.tavernadelpecorino.it. Pecorino alt, jung, weiß, schwarz, höhlengereift ... immer so intensiv duftend, dass man sich schnell entscheidet.

■ **Bottega del Naturista,** Corso Rossellino 16, www.pecorinopienza.it. Für Liebhaber von Pecorino-Käse, dessen Laibe sich bis unter die Decke stapeln, außerdem: Salami, Nudeln, Soßen, Marmeladen.

■ **Duemme Maglieria,** Via Dante Alighieri 74C, **San Quirico d'Orcia,** Tel. 0577 898090, www.duemmemaglieriacashmere.com. Pullover, Plaids, Ponchos aus Kaschmirwolle, im Factory Shop des italienischen Modehauses deutlich günstiger.

Drogheria Franci, Piazzale Fortezza 6, **Montalcino,** Tel. 0577 848191, www.locandafranci.com. Ausgewählte Bio-Weine und -Produkte der Region.

■ **Montalcino 564,** Piazza del Popolo 36, **Montalcino,** Tel. 0577 848419, www.montalcino564.it. Jede Menge Gewebtes für Küche, Schlafzimmer oder Terrasse, teils am Handwebstuhl kreiert und sehr dekorativ; dazu auch einiges an Vintage-Kleidung.

■ **Sartoria Principe,** Piazza del Popolo 2, **Montalcino,** Tel. 0577 849550, www.facebook.com/sartoriaprincipemontalcino, Mo–Sa 10–20 Uhr. Eigentlich eine Schneiderei mit einer hübschen Auswahl der in der Region so beliebten, gestreiften Küchentücher, Tischdecken und Servietten.

■ **Enoteca La Fortezza di Montalcino,** Piazzale Fortezza, **Montalcino,** Tel. 0577 849211, www.enotecalafortezza.com. Weinkenner finden bei Degustationen hier sicherlich den passenden Brunello oder Super Tuscan; aber auch eingelegte Pilze, Marmeladen, Oliven und vieles mehr sind im Angebot.

Aktivitäten

■ **Cicloposse,** Via I Maggio 27, Tel. 0578 749983, www.cicloposse.com. Ein- und Mehrtagestouren mit kleinen Gruppen in der Umgebung von Pienza sowie Fahrradverleih.

■ Das **Schwimmbad Piscina Val di Sole** in Bagno Vignoni mit großem Thermalaußenbecken (zwei Bereiche: 35–38 °C und 28–32 °C) gehört zum **Hotel Posta Marcucci,** steht aber auch Tagesgästen offen; Via Ara Urcea 43, Tel. 0577 887112, www.postamarcucci.it, Tageskarte (Neben-/Hauptsaison). Nebensaison wochentags/wochenends 30/39, Hauptsaison durchgängig 35 €.

■ **Brunello Wine Bus,** Viale della Libertà 12, Montalcino, Tel. 0577 846021, www.winetravelsforyou.com, in der Saison je nach Dauer ab 130 €. Mit dem Wine Bus geht's zur Verkostung von Cantina zu Cantina.

■ **Golfclub Castiglion del Bosco,** Località Castiglion del Bosco, Tel. 0577 807078, www.castigliondelbosco.com. 18-Loch-Platz, Par 72, 6322 m, nur auf Einladung von Mitgliedern bespielbar.

Chiusi

■ 400 m üNN, 8200 Einw., Montepulciano 22 km, Siena 80 km, Grosseto 100 km

Wer sich für die **Etrusker** und **Archäologie** interessiert, für den ist der Besuch von Chiusi Pflicht: Einige ihrer bedeutendsten Grabstätten liegen in unmittelbarer Umgebung, und entsprechend sind die Museen der angenehm unaufgeregten Kleinstadt bestückt.

Das etruskische Clevsin auf einem Hügel an der damals schiffbaren Chiana war im 7. Jh. v. Chr. Mitglied im Zwölfstädtebund und am Ende des 6. Jh. v. Chr. derart stark geworden, dass sein König *Laris Porsenna* gegen Rom marschieren und es – zumindest für einen kurzen Zeitraum – sogar einnehmen konnte. Im 4. Jh. v. Chr. begab sich Chiusi unter den Schutz von Rom und verblieb dort.

Bereits die Etrusker haben den Tuffstein des gesamten Stadtgebietes mit **Gängen, Höhlen** und einem unterirdischen **Bewässerungssystem** versehen. Die Katakomben und mehrstöckigen Keller sind teilweise als Ausstellungsräume der Museen genutzt und lassen sich an mehreren Stellen besichtigen.

Gleich am Stadteingang bei der Via Giuseppe Garibaldi (großer Parkplatz 100 m östlich an der Via dei Forti) und an der Rückseite des Doms fällt der Ende des 19. Jh. eigens für das **Archäologische Nationalmuseum** gebaute klassizistische Tempel ins Auge. Die Ausstellung auf zwei Etagen ist hervorragend organisiert und auch in Englisch beschriftet. Die Exponate stammen aus Grabungen in der Umgebung Chiusis, die im 16. Jh. ihren Anfang nahmen und von zwei Adelsfamilien bezahlt wurden, um Privatsammlungen aufzubauen. Hauptgewicht liegt auf etruskischen Stücken des 7. und 6. Jh. v. Chr., als die Kunstfertigkeit der Steinbearbeitung einen Höhepunkt erreicht hatte: Skulpturen und polychrome Urnenreliefs zeugen von den Fähigkeiten der Handwerker. Außerdem werden griechische Keramik und deren etruskische Imitationen mit Amphoren, Kelchen und Vasen gezeigt.

■ **Museo Nazionale Etrusco di Chiusi,** Via Porsenna 93, Tel. 0578 20177, Mo–Sa 8.30–19.40, So 8.30–13.50 Uhr, 6 € (mit Pilger und Löwengrab).

Die **Kathedrale** an der Piazza Baldini einige Schritte weiter steht an Stelle mehrerer Vorgängerbauten (ab dem 6. Jh.). Das heutige neoklassische Erscheinungsbild erhielt sie im Jahr 1894. Der einzeln stehende Campanile entstand 1585 durch den Umbau eines Wachtturms. Im Inneren der Basilika sind Säulen unterschiedlichen Typs aus Vorgängerbauten (ursprünglich wohl vom antiken Forum) verwendet worden. Die Mosaikmalerei stammt vom Ende

286t sk

des 19. Jh., beidseitig der Eingangstüre sind langobardische Inschriften erhalten. An der linken Seite ist in der Allerheiligstenkapelle ein Werk von *Bernardino Fungai* zu sehen: Anbetung mit den Heiligen *Hieronymus* und *Secundianus* (frühes 15. Jh.). Das Taufbecken (Anfang 16. Jh.) wird *Andrea Sansovino* zugeschrieben.

■ **Concattedrale di San Secondiano,** Piazza Baldini, 7–13, 16–20 Uhr.

Das **Kathedralmuseum** zeigt Kultgegenstände und Kunst aus der frühchristlichen Zeit, dem Mittelalter und der Moderne (bis zum 19. Jh.), darunter zwei kleine Elfenbeinschatullen. Das begehbare **Porsenna-Labyrinth** 12 m unter dem Domplatz besteht aus 120 m Gängen des ehemaligen etruskischen Bewässerungssystems und einer Zisterne aus dem 1. Jh. v. Chr. Am Ende der Führung besteigt man den Glockenturm. Der Legende nach sollte das Labyrinth den Weg verbergen zum unterirdischen Mausoleum von König *Porsenna*. Dessen Grabbeigabe bestand, so die Legende, aus einem Streitwagen mit 12 lebensgroßen Pferden und einer Henne mit 5000 Küken – alles aus massivem Gold. Das Kathedralmuseum organisiert auf Anfrage auch eine Führung zu den aus dem 2./3. Jh. stammenden frühchristlichen

Die Concattedrale di San Secondiano in Chiusi

Gräbern **Catacombe di Santa Mustiola** (1 km außerhalb nördlich Richtung Lago di Chiusi) und **Catacombe di Santa Caterina d'Alessandria** (2 km außerhalb südlich Richtung Lago Trasimeno). In ihnen wurden die Toten noch nach etruskischem Ritus bestattet.

■ **Museo della Cattedrale/Labirinto di Porsenna,** Piazza Baldini 7, Tel. 0578 226490, Kathedralen-Museum Juni–Mitte Okt. tgl. 10–12.10, Sa/So auch 15–16.30, sonst Sa/So 10–12.10, 15–16.30; Labyrinth Führungen (Dauer 30 Min.) Juni–Mitte Okt. 10-16.30 etwa halbstündlich, Winter eingeschränkt; Führungen zu den Katakomben Mustiola (GPS N 43.02240, E 11.96008) und Caterina (GPS N 43.00623, E 11.95296) nach Voranmeldung; Eintritt Museum/Labyrinth/Torre di San Secondiano 8 €, Torre alleine 3 €; Katakomben je 5 €.

Im **Stadtmuseum** am überschaubaren, aber hübschen Hauptplatz mit seinem kleinen Brunnen beginnt eine weitere beeindruckende Führung durch die unterirdische Welt von Chiusi. Im ersten Abschnitt wird man in die Unterwelt der Stadt eingeführt, erfährt alles über die archäologischen Grabungen, die Geologie der Region und die Legenden, die sich um die Labyrinthe ranken. Dann geht es zum Eingang in die Katakomben, 140 m Tunnel, mit Zisternen, Hallen und engen Durchgängen. Hier sind über 300 Urnen und über 200 Grabtafeln aus etruskischer und römischer Zeit ausgestellt – in Zahl und Atmosphäre eine einzigartige Sammlung.

■ **Museo Civico/La Città Sotterranea,** Via Il Cimina 2, Tel. 0578 20915, Führungen (Dauer 30 Min.) Mai–Okt. 10.15, 11.30, 12.45, 16.30, 17.45, sonst Do/Fr/Sa/So 10.10, 11.10, 12.10, Sa/So auch 15.10, 16.10, 17.10 Uhr, 4 €.

Tombe Etruschi di Chiusi

Vier **Gräber** liegen 2 km westlich der Stadt in Richtung Lago di Chiusi. Sie liegen hinter dem großen Parkplatz (GPS N 43.029669, E 11.951336) kurz hintereinander. Das erste nach 100 m ist das Tomba della Pellegrina (Pilgergrab), nach weiteren 100 m folgt das Tomba dell'Iscrizione (Grab der Inschrift), und nochmals 100 m weitere liegen das Tomba della Scimmia (Affengrab) und das Tomba del Leone (Löwengrab) dicht beieinander.

Das **Pilgergrab** aus dem 4./3. Jh. v. Chr. wurde im Altertum geplündert und erst 1928 ergraben. Seinen Namen hat es vom Gutshof nebenan. Der Zugangskorridor besitzt vier Nischen und endet in einer großen und zwei seitlichen Grabkammern. Die große Grabkammer enthielt die heute im Nationalmuseum aufbewahrte Urne des *Larth Sentinates Caesa,* die zwölf Urnen und die fünf Sarkophage aus Alabaster und Travertin in den beiden anderen Kammern und den Nischen sind (auch mit der Lage der Deckel) genau so belassen, wie man sie entdeckt hat.

Das **Grab der Inschrift** aus dem 6./5. Jh. v. Chr. ist der Öffentlichkeit generell nicht zugänglich. Es wurde 1848 das erste Mal beschrieben und 1997 neu ausgegraben. Der lange Korridor endet in einer Zentralkammer, von der drei weitere Kammern abgehen. In der mittleren Nebenkammer wurde die namensgebende Inschrift entdeckt: „ein thui ara enan – hier machst du nichts".

Einen ähnlichen Aufbau zeigt das 1846 entdeckte **Affengrab** aus den Jahren um 475 v. Chr. Seinen Namen erhielt es von den großflächigen Malereien in der Hauptkammer, die die Begräbnisfeierlichkeiten (mit Sportkämpfen) und einen hinter einem Busch versteckten Affen zeigen, die Verstorbene trägt auf dem Bild einen Sonnenschirm.

Die komplizierteste Konstruktion zeigt das **Löwengrab** aus dem frühen 5. Jh. v. Chr. Vom Zugangskorridor gehen drei Nischen und zwei Kammern ab. Er endet in einer Zentralkammer, von der seitlich zwei kurze Korridore mit je einer weiteren kleinen Kammer abgehen. Ein dritter Korridor führt geradeaus zu einer größeren Nebenkammer, von der wiederum ein schmaler Gang abgeht, der in einem Schacht zur Oberfläche endet. Die rechte Seitenkammer der Zentralkammer zeigt im Korridor eine Bankettszene und in der Kammer einen gemalten Giebel mit Raubkatzen – den Namensgebern.

Ein fünftes Grab, **Tomba del Colle Casuccini** (Hügelgrab), befindet sich 1,5 km außerhalb östlich von Chiusi hinter dem Friedhof (GPS N 43.018898, E 11.960678). Es entstand im 5. Jh. v. Chr. und besitzt in der Hauptkammer ein gemaltes Fries von den Trauerfeiern mit Athleten wie Ringern, Speerwerfern und Wagenfahrern, mit Musikanten und Tänzerinnen.

■ **Tombe Etrusche di Chiusi,** Eintrittskarten im Nationalmuseum, Besuch nur geführt möglich, Pilger- und Löwengrab März–Okt. 11 u. 16, sonst 11 u. 14.30 Uhr, im Ticketpreis des Museums enthalten, Affengrab März–Okt. 11 u. 16, sonst 11 u. 14.30 Uhr, 5 €, Hügelgrab März–Okt. 12 u. 17, sonst nur 3. Fr/Monat 12 und 15.30 Uhr, 5 €.

Etruskisches Grab bei Chiusi

287t sk

Sarteano

Das Städtchen Sarteano (575 m üNN, 4500 Einw.) 10 km südwestlich von Chiusi stellt in seinem **Archäologischen Museum** im Palazzo Gabrielli des 16. Jh. Urnen und Keramik von Grabungen der Jahre 1951–1954 in den Nekropolen der Umgebung aus, und von Sammlungen, die ursprünglich in Besitz des Großherzogs *Leopold* waren und von den Florentiner Museen zur Verfügung gestellt wurden. Auch die Funde der letzten Jahre wurden umgehend in die Ausstellung integriert. Bei Verlassen des Palazzo achte man auf die Porta del Morto am rechten Ende der Fassade, eine aus dem Mittelalter stammende Türe, die einzig den Toten vorbehalten war. Starb jemand im Haus, durfte der Sarg nur durch diese Pforte das Gebäude verlassen.

■ **Museo Archeologico,** Via Roma 24, Tel. 0578 269261,www.museoetruscosarteano.it, April–Okt. 10.30–12.30, 16–19 Uhr, sonst nur Sa/So, 4 €, mit Grab, Schloss und Kunstsaal 12 €.

2003 entdeckte man in der Nekropole von **Pianacce** in einem Grab die vergleichsweise gut erhaltene **Quadriga Infernale** aus der zweiten Hälfte des 4. Jh. v. Chr. Ein 19 m langer, in den Travertin gehauener offener Korridor mit vier Nischen gibt Zugang zu einem Gang und zur quadratischen Kammer mit 3,50 m Seitenlänge. Gang und Kammer sind noch in Teilen ausgemalt, und die Bilder sind wirklich von erstaunlicher Qualität. Erblickt man das Gesicht des Wagenlenkers, wird der Name des Grabes klar: wehendes Haar, verzerrtes Gesicht, die Zugtiere zwei Löwen, zwei Greife, und ein übler Schatten macht sich neben dem Lenker zu schaffen. Bankettszenen, Drachen, dreiköpfige Schlangen: Die Malereien haben auch nach zweieinhalbtausend Jahren nichts an Leuchtkraft und erstaunlicher Ausdrucksstärke eingebüßt.

■ **Quadriga Infernale,** Parkplatz der Nekropole 1,5 km außerhalb im Südosten (GPS N 42.985166, E 11.884596), von dort 250 m zu Fuß, geführte Tour (ca. 30 Min.) nur nach Voranmeldung im Museum Juni–Sept. Sa 9.30 u. 18, sonst 15 Uhr, 8 €, mit Museum, Schloss und Kunstsaal 12 €.

Die **Burg** in höchster Position zwischen den Tälern der Orcia und der Chiana ließ Siena Mitte des 15. Jh. errichten. Sie war rein auf Verteidigung ausgerichtet mit 7 m dicken Mauern an der Turmbasis, einem Graben, der mit Feuer gefüllt werden konnte, und einer Wendeltreppe, die von ganz oben nach ganz unten zu einem geheimen Gang führte, der unter den Burgmauern hindurch die letzte Flucht sicherstellen sollte.

■ **Castello di Sarteano,** Via del Forte, Tel. 334 6266850, Mitte April–Mitte Juli/Mitte Aug.–Sept. 10.30–13, 15–19, Mitte Juli–Mitte Aug. 10.30–13, 15–19, 21–23.30, Winter bis 17 Uhr, 4 €, mit Museum, Grab und Kunstsaal 12 €.

In der **Kirche San Martino** ist noch im Sala d'Arte Beccafumi neben anderen Werken von *Jacopo da Mino del Pellicciaio* und *Andrea di Niccolà* die „Verkündigung von Sarteano" (1546) von *Domenico Beccafumi* zu besichtigen, ein wunderschönes Gemälde mit einem ganz unüblichen Lichteinfall von schräg unten und einem Landschaftsausblick in die Unendlichkeit.

■ **Sala d'arte Domenico Beccafumi,** Costa Vallepiatta, Juli/Aug. Di–So, sonst Sa/So (Juni/Sept. auch Fr) 10.30–12.30, 16–18 Uhr, 4 €, mit Museum, Schloss und Grab 12 €.

Cetona

Das malerische Cetona (385 m üNN, 2500 Einw.) zu Füßen des Monte Cetona (1147 m), 7 km südöstlich von Sarteano, war einmal in Besitz der *Aldobrandeschi*, die eine erste Burg errichteten. Im Gegensatz zu den nördlichen Orten gehörte Cetona 100 Jahre lang bis 1354 zum Machtbereich von Orvieto. Es folgte eine unsichere Zeit mit häufigen Wechseln der Besitzer bis ins 15. Jh. (u.a. regierte auch einmal der Kirchenstaat), bis Cetona schließlich dem Schicksal Sienas folgte. Die ovale Stadtanlage mit dem Wehrwall geht auf die Seneser Zeit zurück.

Das **Stadtmuseum für Prähistorie** zeigt im Rathaus eine Ausstellung zur vorgeschichtlichen Besiedelung der Region um den Berg, vom Paläolithikum bis in die Bronzezeit. In den Höhlen des Monte Cetona siedelten Neandertaler, wie Funde von Steinwerkzeug belegen.

■ **Museo Civico per la Preistoria del Monte Cetona,** Via Roma 37, Palazzo Comunale, Tel. 0578 237632, http://preistoriacetona.it, Juli–Sept. Di–So 10–13, 16–19, sonst Mo–Fr 10–13, Di/Do auch 16–18, Sa/So 10–13, 15–18 Uhr, 4 €, mit Arch. Park/Archeodromo 8 €.

Die prähistorische Nekropole liegt 4 km außerhalb, und im **Archeodromo** sind Rekonstruktionen von den Wohnweisen unserer Vorfahren zu sehen (u.a. ein Dorf aus der Bronzezeit).

■ **Parco Archeologico Naturalistico di Belverdere/l'Archeodromo,** Strada della Montagna 4 km außerhalb im Südwesten (GPS N 42.950144, E 11.892680), http://preistoriacetona.it, Juli–Sept. Di–So 10–19, April–Juni/Okt. So 10–13, 15–17 Uhr, 7 €, mit Museum 8 €.

288t sk

Radicòfani

Wer eine fantastische **Aussicht** über das Orcia-Tal genießen will, sollte Radicòfani (780 m üNN, 1100 Einw.) 18 km südwestlich von Sarteano besuchen. Die von Papst *Hadrian IV.* 1155 beauftragte Burg **Rocca di Radicòfani** steht markant (auf den Fundamenten einer karolingischen Vorgängerburg aus dem 9. Jh.) und weithin sichtbar an höchster Stelle einer bewaldeten Kuppe und sollte die Wege im Kirchenstaat schützen. Im 13. Jh. geriet

[<] Radicòfani: Blick vom Stadtplatz auf die Rocca

die Burg unter die Herrschaft des schröcklichen *Ghino di Tacco,* eines Raubritters, den das Volksbewusstsein zum Helden mutieren ließ. Von den Senesern gejagt, soll er nie übermäßig grausam gewesen sein (seinen Opfern nicht auch noch das Hemd genommen) und die Armen beschenkt haben. *Boccaccio* hat ihn im „Decamerone" verewigt und dort als *brigante buono* – als einen der Netteren – bezeichnet. 1458 verfügte Papst *Pius II.,* dass Burg und Stadt an Siena gehen.

Erst wenn man den Weg aus der Altstadt hochläuft (Sentiero Le Scalette, 15 Min.) oder -fährt (von der anderen Seite), kann man sehen, wie riesig die Anlage einmal war. Eine Pulverexplosion zerriss die Burg 1735 in weiten Teilen. Zu den 896 Höhenmetern der Kuppe addieren sich noch einmal 30 m, wenn man die 134 Stufen des Turms (Torre della Penna) ersteigt. Von oben kann man den ehemaligen Grundriss der fünfeckigen Anlage mit vier Außenbastionen erahnen.

■ **Rocca di Radicòfani,** www.fortezzadiradicofani.it, April–Okt. tgl., sonst Sa/So 10–20, Winter bis 17 Uhr, 5 €.

An Südhang der Kuppe liegt der hübsche Ort mit seinen beiden sehenswerten Kirchen. In der barocken **Kirche Sant'Agata** (18. Jh.) hängt an der linken Seitenwand ein Holzkreuz aus dem 14. Jh. (aus Flandern), eine Terrakotta von *Andrea della Robbia* schmückt den Altar. In der romanisch-gotischen **Pfarrkirche San Pietro** (1224) sind gleich drei Werke der *della Robbia* zu sehen, zweimal die Madonna mit Kind zwischen Heiligen an den Seitenaltären und in einer Nische eine weiße Marienfigur. Am Hauptaltar stammt die glasierte Terrakotta einmal nicht von den Brüdern *della Robbia,* sondern von *Benedetto Buglioni,* einem ihrer Schüler: die Kreuzigung mit Maria Magdalena. Außerdem sehenswert ist eine geschnitzte polychrome Marienskulptur von *Francesco di Valdambrino.*

■ **Chiesa di Sant'Agata,** Via Renato Magi, **Pieve di San Pietro,** Piazza San Pietro, 8–13, 16–19 Uhr.

Unterhalb des Ortes steht an der Durchgangstraße SS478 das langgestreckte, von *Bernardo Buontalenti* im 16. Jh. entworfene und mit zwei Arkadenstockwerken ausgestattete Gebäude **La Posta.** Es ersetzte das gegenüber der Zollstation liegende einstige Jagdschloss der *Medici* und sah als Poststation eine Menge illustre Gäste, neben diversen Angehörigen der *Medici* auch gekrönte Häupter, Schriftsteller wie *Stendhal* und *Charles Dickens* und Schürzenjäger wie *de Sade* und *Casanova.*

Zwischen Stadt und SS478 liegt das Wäldchen **Bosco Isabella,** der 2,5 ha große Stadtpark, der als romantischer Garten der Familie *Luchini* ab 1844 entstand. Im Wald entdeckte man 1902 seltsame Steinstrukturen, die man als etruskischen Kultplatz interpretierte. Auch Überreste einer Burg Sienas wurden ausgegraben. Die Pyramide im Garten entstand als Symbol für die Mitgliedschaft der *Luchini* bei den Freimaurern.

San Casciano dei Bagni

Die Altstadt von San Casciano (580 m üNN, 1500 Einw.), 16 km südlich von Sarteano, ist wegen ihrer Panoramalage

Chiusi: Zugabe!

■ **Lago di Chiusi** – der 4 km² große Sumpfsee mit Schilf und Seerosen 6 km nördlich von Chiusi in der romantischen toskanischen Bilderbuchlandschaft ist das Naherholungs- und Naturschutzgebiet (Reiher, Fischadler) der Stadt, ein schöner Fleck für einen Spaziergang – und für ein Abendessen im hochgelobten Fischrestaurant *Pesce d'Oro* (→ Essen und Trinken).

■ **Parco delle Piscine in Sarteano** – Thermalbad mit 24 °C warmem Wasser und Camping am südlichen Ortsrand des mittelalterlichen Städtchens 10 km südwestlich von Chiusi; Via del Santo Bagno 29, Tel. 0578 26971, www.parcodellepiscine.it, Thermalschwimmbad April–Sept. Mo–Fr 9–19 Uhr, 18 €, Kind bis 10 Jahre 10 €, Sa/So 22 €/15 €, ab 14 Uhr 15/12 €.

■ **Chiesa di Santa Maria ad Balnea** in San Casciano dei Bagni – die auch „Chiesa della Colonna" genannte Kirche direkt hinter dem Fonteverde-Thermenparkplatz (links hoch) gilt als ältestes Gebäude San Cascianos, ein unscheinbares Haus mit Veranda, dem man sein Alter nicht ansieht. Es wurde im 5. Jh. auf den Fundamenten eines römischen Tempels errichtet und hat ein perfekt restauriertes Inneres und mehrere Fresken aus dem 13. Jh.; derzeit geschlossen.

■ **Museo Stanze Cassianensi** in San Casciano dei Bagni – die kleine Ausstellung im Palazzo Comunale präsentiert etruskische Funde aus Balena und Doccia della Testa, darunter Grabbeigaben und eine weibliche Votivstatue; theoretisch geöffnet Aug. Do/Fr/Sa 16–18, So 10.30–12.30 Uhr, am besten bei der Touristeninformation nachfragen, die aufschließt und eventuell einige erklärende Worte beisteuern kann.

für eine Mittagsrast hervorragend geeignet. Die Lokale auf der Piazza mit Blick über die Landschaft sind deshalb auch immer gut besetzt. Rund um Casciano entspringen zahlreiche Thermalquellen und liefern zusammen pro Sekunde etwa 70 l im Durchschnitt 40 °C warmes Wasser.

Im November 2022 geriet der Ort in die internationalen Schlagzeilen: Archäologen haben **24 Bronze-Statuen** und über **5000 Münzen aus Gold, Silber und Bronze** ausgegraben (Opfergaben für ein antikes Quellheiligtum) – einer der wichtigsten Funde der letzten Jahrzehnte. Die Arbeiten sind noch nicht abgeschlossen und aktuell entsteht in San Casciano ein **Museum für die Grabungsfunde.**

1,5 km außerhalb Richtung Süden an der SP41 liegt das moderne **Thermalzentrum Fonteverde** mit Hotel, Spa, Wellnesscenter und sieben Becken – eines davon exklusiv für die tierischen Freunde der Gäste.

■ **Centro Termale Fonteverde,** Località Terme 1, Tel. 0578 57241, www.fonteverdespa.com, Mi–Mo 9–19, Di 9–17 Uhr, Mo–Fr 30 €, ab 14 Uhr 25 €, Sa/So 37 €, Kind 16/22 €.

Kostenfrei und rustikal badet man in **Thermalwasser,** wenn man den Ort vom Parkplatz am Ortseingang auf dem Sträßlein Via della Fontaccia zu Fuß nach unten verlässt. Nach 400 m besteht beim ehemaligen bedachten Waschplatz des Ortes die erste Möglichkeit mit einem winzigen Becken (30 °C), etwas größer und wärmer sind die ebenfalls steingefassten beiden Becken 250 m weiter (40 °C).

Praktische Informationen

Touristeninformation

■ **Ufficio Turismo Chiusi,** Via Porsenna 79, Tel. 0578 227667, www.prolocochiusi.it, April–Sept. Mo 9–12.30, Di–So 9.30–12.30, 14–16.30, sonst tgl. 9.30–12.30 Uhr.

■ **Pro Loco San Casciano dei Bagni,** Piazza Matteotti, Tel. 0578 58141, www.sancascianoliving.com, Sommer Mo–Sa 10–13, 15–18, Winter Sa/So 10–13, 15–18 Uhr.

Unterkunft

■ **Albergo La Rosetta**①, Via Gofreddo Mameli 59, Tel. 0578 20077, www.albergolarosettachiusi.com. Kleine Familienpension und Traditionshaus im Ort mit angenehm großen und modernisierten Zimmern und gutem Frühstück.

■ **L'Albero di Gameli B&B**②-③, Nucleo Abitato Giovancorso 26, Tel. 0578 226310, www.gameli.it. Drei hell gestaltete, romantische Zimmer in einem restaurierten Hof aus dem 19. Jh., 1 km nördlich der Altstadt von Chiusi. Nachts herrscht himmlische Ruhe, zum Frühstück gibt's *dolci,* Bio-Marmeladen, frischem Obst, aber auch Schinken und Salami.

■ **Albergo La Sfinge**①, Via Guglielmo Marconi 2, Tel. 0578 20157, www.albergolasfinge.it. Einfaches Zwei-Sterne-Haus mit 15 sauberen Zimmern mit Bad (einige mit Klimaanlage), für den günstigen Preis muss man über die ältliche Einrichtung hinwegsehen, sehr zentrale Lage.

Außerhalb

■ **Sette Querce**③, Viale Manciati 2/5, **San Casciano dei Bagni,** Tel. 0578 58174, www.settequerce.it. Neun sehr farbenfroh gestaltete Suiten, einige mit Kamin, am Rand des Ortes, das Haus stammt aus den 1930er Jahren, besitzt aber dennoch historischen Charme. Gäste bekommen Rabatt im Ristorante Daniela (→ unten).

Camping

■ **Parco delle Piscine,** Via del Bagno Santo 29, Sarteano, Tel. 0578 26971, www.parcodellepiscine.it, April – Sept. Bungalows und Stellplätze für Zelte und Wohnmobile am Thermalbad von Sarteano, ein idealer Campingplatz für Wasserratten.

Essen und Trinken

■ **Pesce d'Oro**③, Via Sbarchino 36, Tel. 0578 21 403, www.ristorantepescedoro.it, Mi–Mo 12.30–14.30, 19.30–21 Uhr. Fisch aus dem Lago di Chiusi steht ganz oben auf der Speisekarte des Seerestaurants, und das in fantasievollen Variationen. Zu empfehlen die *panzanella di pescato* oder *pici* mit Barschragout; wenn es *tegamaccio* gibt, unbedingt probieren: Die Suppe wird u.a.aus Hecht, Aal, Schleie, Barsch mit Tomaten, Wein und Peperoncini zubereitet und mit Knoblauchbrot serviert.

■ **Il Grillo è Buoncantore**②–③, Piazza XX Settembre 10, Tel. 0578 20112, www.facebook.com/ilgrillo.buoncantore, Di–So 12.30–14.30, 19–22 Uhr. Das Restaurant am Hauptplatz überzeugt mit sehr guter Küche und originellen Gerichten, darunter auch Innereien. Mitglied der Slow-Food-Bewegung, serviert aber auch Pizze.

Außerhalb

■ **Chiostro Cennini**②-③, Corso Garibaldi 69, **Sarteano,** Tel. 393 9674427, www.chiostrocennini.it, tgl. 18–2, So auch 12–15 Uhr. Eine konkurrenzlose Location für Restaurant und Bar ist der Kreuzgang aus dem 15. Jh., unter dessen Arkaden man solide Toskana-Küche oder alternativ einen Aperitif zu romantischer Musik genießen kann.

■ **Trattoria del Contadino**②, Strada Pian delle Lamacce 2, **Cetona,** Tel. 0578 238461, www.trattoriadelcontadino.it, Di–So 19–23, Fr–So auch 12–15 Uhr. Das Restaurant an der Straße von Chiusi nach Cetona ist ein angenehmer Zwischenstopp für ein Mittagessen auf der Aussichtsterrasse, die

Küche ist traditionell toskanisch und bodenständig ohne Experimente.

UNSER TIPP: **L'Osteria del Merlo**③, Via Sobborgo 1, **Cetona,** Tel. 0578 238299, www.osteriadelmerlo.it, Di–So 12.30–14.30, 19.30–22.30 Uhr. Besonders günstig ist es ja nicht bei *Elisa* im Herzen der Stadt, dafür aber PERFEKT! Stimmung, Qualität und Service sind auf höchstem Niveau ohne aufdringlich zu werden – es ist also alles da für einen gelungenen Abend zu zweit oder in der Gruppe; leider ist der Freisitz nur klein, aber die Gewölbe sind ja auch nett.

■ **Al Tocco**②, Piazza San Pietro 3, **Radicòfani,** Tel. 3332196627, Di–Fr 11–22, Sa 7.30–22, So 7.30–24 Uhr. Die kleine Bar am Hauptplatz fungiert als Treffpunkt der Einheimischen auf einen Kaffee, empfiehlt sich aber auch für einen Imbiss mit Schinken, Salami und Käse oder Crostini.

■ **Daniela**②-③, Piazza Matteotti 6, **San Casciano dei Bagni,** Tel. 0578 58041, Do–Di 12–15, 19–22 Uhr. Wer etwas feineres Essen sucht, ist bei *Daniela* richtig. Zur gehobenen toskanischen Küche werden exzellente Weine teilweise auch glasweise ausgeschenkt, dem Restaurant ist ein Laden angeschlossen, in dem man toskanische Spezialitäten und Souvenirs erwerben kann.

■ **Bar Centrale**②, Piazza Matteotti, **San Casciano dei Bagni,** Tel. 0578 58234, tgl. 7–24 Uhr. Ob auf einen Espresso, eine Focaccia oder einen Hamburger Chianina – die Bar ist nicht zuletzt dank ihrer herrlichen Aussicht erster Anlaufpunkt in San Casciano.

Süßes

■ **Pegaso Bar,** Piazza Domenico Bargagli 12, **Sarteano,** Tel. 334 5417198, Do–Di 7–23 Uhr. Das Eis stammt aus eigener Herstellung, aber auch für einen Latte Macchiato gut; abends Treffpunkt für die Nachtschwärmer.

■ **Panificio Delize,** Via Isonzo 25, Chiusi, Tel. 0578 20066, Mo–Sa 5.30–13.30 Uhr. Duftende Brioches, knuspriges Brot und verführerische Törtchen zum Hineinlegen.

Verkehr

■ **Bahn:** Stazione Chiusi/Chianciano Terme 2 km südöstl. von Chiusi, Piazza Dante, an der Hauptstrecke Firenze–Roma, Verbindungen nach Arezzo stündl. (45. Min., um 7 €) und Siena ein- bis zweistündl. (80 Min., um 8,50 €); vom Bahnhof nach Chiusi mehrere Buslinien, darunter FT2 und FT4 (7 Min., um 2 €).

■ **Bus:** Von Chiusi nach Cetona und Sarteano werktags etwa stündl. mit Buslinien FT5 und FT9 (10/ 20 Min., um 2,50 €); von Sarteano nach Radicòfani mehrmals am Tag mit Buslinie FT9 (25 Min., um 3 €).

Feste

■ **L'Ars Rock Fest,** zweites Juliwochenende. Auftritte bekannter Bands auf der Piazza XXVI Giugnio. Markt für Vinyl, Street Food und *birra artigianale;* Infos unter www.facebook.com/LarsRockFest.

■ **Orizzonti #mediTERRAnea,** Ende Juli/Anf. August. Festival der darstellenden Künste, von Theater über Tanz, Oper und Konzerte bis zu Ausstellungen und Workshops, www.fondazioneorizzonti.it.

■ **Festa dell'Uva e del Vino,** letzte Septemberwoche. Verkostung von Wein und Spezialitäten an verschiedenen Ständen, dazu Musik, Folklore, Tanz, www.festadelluvaedelvino.com.

■ **Sagra dei Pici,** Celle sul Rigo, San Casciano dei Bagni, Ende Mai. Die Altstadt des Weilers Celle sul Rigo steht ganz im Zeichen dieser köstlichen, hausgemachten Pasta. Infos unter www.sagradeipici.it.

Einkaufen

■ **Ceramica Kamars,** Strada Statale 146 No 59, Località Querce Al Pino, Chiusi, Tel. 0578 222329, www.kamars.it. *Flavio Foderinis* Keramikarbeiten sind sorgfältig gearbeitet; wer sich für die Terrakotten der Familie *della Robbia* in den toskanischen Kirchen begeistert, findet in seinem Atelier 4 km westlich von Chiusi einige gut gemachte Repliken.

■ **Il Granaio di Gabriello,** Via Campo dei Fiori 1, **Sarteano,** Tel. 0578 266149, www.ilgranaiodigabriello.it. *Andrea* und *Marina* haben den Feinkostladen nach ihrem Großvater benannt, dem die Qualität seiner landwirtschaftlichen Produkte über alles ging. Die beiden legen ebenfalls großen Wert darauf, die Produzenten persönlich zu kennen, deren Öl, Wein, Schinken, Würste und Käse sie verkaufen – eine Ali-Baba-Höhle des Genusses!

■ Eine Vielzahl von **Feinkostgeschäften** wie Il Melograno, Il Pozzo oder Ravazzi stellt Besucher von San Casciano dei Bagni vor die Qual der Wahl. Die Qualität ist hoch, die Preise sind meist ebenso.

Aktivitäten

■ **Slowhills,** Strada del Peraio 223, Tel. 0578 238 034, www.slowhills.com. In Vintage-Fahrzeugen rund um Chiusi und Siena – Slowhills vermietet u.a. Betty (einen Fiat 500), Charly und Fred (zwei VW Käfer Kabrios), einen Citroën und Vintage-Vespas, alle Anfang 1970er; macht Spaß.

■ **Centro Equestre Tre Laghi,** Via Fonte Regina, Poggio Belvedere, Querce Al Pino, Chiusi, Tel. 338 2940014, www.trelaghi.net. Reitausflüge für Anfänger und Fortgeschrittene, 2 Std. bis zu 2 Tage.

Arcidosso/ Monte Amiata

■ 680 m üNN, 4200 Einw., Monte Amiata 14 km, Montepulciano 50 km, Grosseto 55 km, Siena 80 km

Alle Wege führen zum Monte Amiata, dem **höchsten Berg der Toskana.** Arcidosso, der größte Ort an seinen Flanken, profitiert vom kühleren Klima und den Wolken, die sich am Gipfel fangen und für häufigere Regenfälle als in der Resttoskana sorgen.

Der Bergort mit den typischen steilen und engen Gassen lädt zu einem gemütlichen Bummel ein, wenn auch Außerordentliches auf der Besuchsagenda nicht zu verzeichnen ist. Am höchsten Punkt steht die im Jahr 960 erstmals errichtete Burg. Der Ort selbst tauchte bereits 860 in den Schriften auf. Der Name setzt sich aus *arx* und *dossum* zusammen und bedeutet „Hügelburg". 1121 übernahmen die *Aldobrandeschi* den Ort und verstärkten die Festung zur Rocca Aldobrandesca. 1331 verleibte sich Siena Arcidosso ein.

Die Burg war ab dem frühen 19. Jh. bis 1960 das Bezirksgefängnis. Heute wird sie für temporäre Ausstellungen genutzt und beherbergt in drei Sälen das **Studienzentrum** zum Leben des berühmtesten Sohnes der Stadt: **Davide Lazzaretti** (1834–1878). Er war ein Prediger und Sektierer, den die Kirche schließlich als Ketzer verstieß. Seine Prophezeiungen verschafften ihm eine nicht kleine Gefolgschaft, die er im Movimento Giurisdavidico zusammenfasste. Er wurde unter nicht geklärten Umständen von Carabinieri bei einer Protestaktion erschossen. Als Prophet von Amiata und Gründer der Glaubensgemeinschaft war er weit über die Grenzen der Region bekannt. Sein sozialistisch und christlich geprägtes Weltbild untermauerte er mit Berichten über mehrere Erscheinungen in der Jugend, seine Anhänger pilgern noch heute zu den diversen „heiligen" Orten des Lazzarettismo. Jedes Jahr am 14. August entzünden sie am Monte Labbro südlich von Arcidosso beim Torre Giurisdavidica ein großes, weithin sichtbares Feuer und halten am

Altar in der Grotte unterhalb eine Messe zu seinem Gedenken.

■ **Centro Studi Davide Lazzaretti,** Piazza del Castello, Tel. 0564 966438, www.centrostudilazzaretti.it, Di–So 9.30–12.30, 15.30–18.30 Uhr, 5 € (regionales Kombiticket 10 €).

Im Burgkomplex befinden sich drei weitere Museen (www.museiamiata.it). Das **Mittelaltermuseum** beleuchtet die Zeit vom 10. bis zum 14. Jh. in der Maremma und rund um den Monte Amiata.

■ **Il Medioevo,** Piazza del Castello, 9.30–12.30, 15.30–18.30 Uhr, 5 € (regionales Kombiticket 10 €).

Das **Museum für orientalische Kunst und Kultur** widmet sich der Himalaya-Region mit deren Musik, Tänzen, Architektur, Medizin und dem tibetanischen Buddhismus.

■ **Museo di Arte e Cultura Orientale/MACO,** Piazza del Castello, April–Okt. Di–So 9.30–12.30, 15.30–18.30 Uhr, sonst nur Fr–So, 9 €.

Zum Burgkomplex gehört auch das **Besuchszentrum des Parco Faunistico del Monte Amiata** mit Informationen zur Geologie, der Flora und Fauna am Monte Amiata und zu dessen Schutzgebieten.

■ **Centro Visite/Museo del Parco Faunistico del Monte Amiata,** Piazza del Castello, 15. Juni–Ende Juni Fr 16–19, Sa/So 10–13, 16–19. Juli Di–Fr 16–19, Sa/So 10–13, 16–19, Aug. Di–So 10–13, 16–19, sonst nach Voranmeldung, 3 € (regionales Kombiticket 10 €).

Im Stadtteil Montelaterone (2,5 km nördlich der Altstadt unterhalb der Straße nach Grosseto) steht im Tal die romanische **Kirche Santa Maria a Lamula** aus dem 9. Jh., die im Jahre 996 das Taufrecht erhielt und zum bedeutendsten religiösen Zentrum jener Zeit in der Region avancierte. Mehrfach umgebaut, mussten wegen eines Feuers 1265 Teile neu errichtet werden. Das dreischiffige Innere schließen drei Apsiden ab, die Pfeiler und Säulen aus der zweiten Hälfte des 12. Jh. sind, abgesehen von farbig abgesetzten Steinen, weitgehend schmucklos und tragen den offenen Dachstuhl direkt. Man beachte ihre angedeuteten spätromanischen Kapitelle. Im 17. Jh. wurde die Kirche barockisiert. Auf dem Stein vor der Türschwelle sind zwei Abdrücke zu sehen – sie sollen von einem knienden Maultier stammen, das so die Muttergottes ehrte. Rechts neben der Kirche entspringt die Fonte Diavolino („Quelle des Teufelchens"). Mystisch Inspirierte sehen in Architektur und Ausgestaltung der Kirche Hinweise darauf, dass sie von Tempelrittern begründet wurde.

■ **Pieve di Santa Maria a Lamula,** Via Provinciale Arcidosso, GPS N 42.883028, E 11.523420, 9–12, 15–18 Uhr.

Parco Faunistico del Monte Amiata

7 km südlich von Arcidosso (am Ende Kiesweg) erstreckt sich der **Tierpark** auf über 200 ha im Tal des Onanzio. An der Kasse erhält man einen kleinen Plan. Markierte Wanderwege verlaufen bergauf und bergab, über Brücken und ent-

Gipfelkreuz des Monte Amiata

lang von Zäunen, hinter denen sich die wilden Tiere in ihren Habitaten verstecken oder herankommen und Besuchern neugierig entgegenschnüffeln. Rehwild, Gämsen, Mufflons, Wildschweine, Dachse und Wölfe leben im Park. Bar/Restaurant am Parkeingang.

Wanderung zum **Monte Labbro:** 3 Std. sollte man für die sonnige Rundwanderung (200 Höhenmeter, 7 km) zum Gipfel rechnen. Zum Besuch der Grotte mit Altar unbedingt Taschenlampe mitnehmen (→ Centro Studi Davide Lazzaretti).

■ **Parco Faunistico del Monte Amiata,** Località Rondinelli (GPS N 42.836328, E 11.527791), Tel. 328 132 7411, www.facebook.com/ParcoFaunisticoAmiata, Sommer Di–So 9 Uhr bis Sonnenuntergang, sonst 8.30–15.30 Uhr, 5 €, Kind 2,50 €.

185tsk

Monte Amiata

An jeder Kreuzung rund um den Berg steht ein Straßenschild und weist den Weg hoch zum höchsten Punkt des ehemaligen **Vulkankegels.** Der Monte Amiata (1738 m üNN) ist allgegenwärtig und in der Osttoskana von überall sichtbar, mal im Dunst nur als Schemen erkennbar, mal mit einer Seite in einen Wolkenumhang gekleidet, mal in den stahlblauen Himmel steigend. Weit ins Land strecken sich seine Flanken, laufen allmählich und immer flacher werdend aus und sorgen dafür, dass der Berg und seine Nebengipfel Monte Labbro (1193 m üNN) und Monte Civitella (1107 m) von der wenige Dutzend Meter über Meereshöhe liegenden Umgebung aus gar nicht so gewaltig wirken. Die Nord- und Ostseite des Berges sind stärker den vom Apennin heranwehenden Lüften und dem Wetter ausgesetzt, sie zeigen sich etwas rauer als die Ost- und Südseite, die, im Windschatten liegend, eher mediterranen Charakter besitzen. Im Winter – und ab und an auch noch bis in den März hinein – ist der Berg weiß überpudert. Und nach guten Schneefällen kommen die **Skifahrer** hoch zur Talstation auf 1370 m üNN, besteigen die Lifte und sausen auf 10 km Pisten wieder bergab. In den unteren Bereichen wachsen Kastanien, weiter oben herrschen hohe Buchen vor, zwischen ihnen liegen bemooste Granitquader, ein ideales Areal auch für **Mountainbiker,** die sich hier für spannende Downhill-Fahrten treffen.

Vor 180.000 Jahren hat der Monte Amiata das letzte Mal gespuckt und an seinen Hängen Schätze aus dem Erdinneren hinterlassen. Um an das aus Zinnober gewonnene **Quecksilber** zu gelangen, gruben sich die Menschen über Jahrtausende in seine Flanken. Die im 19. Jh. schließlich zweitgrößte Quecksilberproduktion der Welt war der bedeutendste Arbeitgeber der Gegend.

Von Arcidosso sind es 14 km durch dichten Mischwald aus Kastanien, Buchen, Eichen und Nadelbäumen auf den höchsten Gipfel der Toskana. Relativ breit und gut unterhalten, mäandriert eine 50 km lange Straße an den Flanken des Monte Amiata. Von ihr führen zwei Straßen auf westlicher, zwei auf der östlichen Seite hoch und enden an einer 10 km langen, einen kleineren Kreis bildenden Straße, von der an der südöstlichen Flanke der einzige Fahrweg hoch zum Gipfel führt.

Die Aussichten auf dem Weg hoch sind eher bescheiden, zu dicht ist der Wald, zu selten von macchiabewachsenen Lichtungen unterbrochen. Vom Parkplatz mit Restaurants und Hotels geht es zu Fuß auf 300 m knapp 50 Höhenmeter hoch zur **Vetta dell'Amiata** mit dem 22 m hohen, 1910 als Gitterstruktur errichteten Gipfelkreuz. Auch hier gibt es zwei Bars, die die „Bergsteiger" versorgen. Zahlreiche Kommunikationseinrichtungen mit Antennen und Schüsseln verteilen sich rund um die höchste Stelle. Spaziert man auf holprigem Waldweg 50 m weiter, gelangt man zur 1961 zwischen die Felsen gestellten **Madonna degli Scouts** (in einer zehntägigen, in Grosseto beginnenden Prozession wurde sie hoch zum Gipfel getragen). In Pietrasanta aus Marmor geschlagen, blickt die Schneemadonna in jungfräulichem Weiß in Richtung Meer – ein Wallfahrtsziel der katholischen Pfadfinderbewegung. An klaren Tagen blickt man im Rund über die Seen im Osten und bis zu den Inseln im Westen – und wenn es sehr kalt ist, reicht der Blick sogar bis Rom.

186t sk

▷ Im Giardino di Daniel Spoerri

Giardino di Daniel Spoerri

UNSER TIPP: Im in den 1990er Jahren angelegten Park des Schweizer Objektkünstlers *Daniel Spoerri* (*1930 in Rumänien), 10 km nördlich von Arcidosso (über die SS323) zwischen Seggiano und Pescina, stehen über **100 Kunstobjekte in der Landschaft.** Auf freiem Feld, in den Wäldern versteckt oder an Hauswänden drapiert – von Künstlern aus aller Welt und den verschiedensten Epochen, begonnen mit einer Kopie des „Steins des guten Glücks" von *Johann*

Wolfgang von Goethe. Der Löwenanteil der Kunst stammt natürlich von *Spoerri* selbst, der als einer der wichtigsten Vertreter der Objektkunst gilt und Erfinder der Eat-Art ist. Mit 60 m ist der Labyrinthische Mauerweg von ihm die größte Installation. 500 m Mauern bilden eine präkolumbische Ritzzeichnung nach, die Vereinigung von Mutter Erde mit dem Himmelsvater. Sehr persönlich wirkt der Nachbau seines Zimmers in einer Pariser Absteige in Originalgröße (1998 für die gigantische Summe von 100.000 Mark in Bronze gegossen). An der Kasse ist ein Katalog mit detaillierten Beschreibungen erhältlich, mit dem Tablet oder Smartphone lassen sich alternativ auf der Website die von *Spoerri* selbst gesprochenen Beschreibungen zu den einzelnen Kunstwerken während des Rundgangs abrufen. Zwei bis drei Stunden sollte man sich für die Erwanderung der Kunst Zeit nehmen und dabei die Ruhe der Landschaft genießen.

Ein ganz eigenes Vergnügen ist der Aufenthalt im Garten in frühester Morgenstunde – wenn man in einem der **Apartments** nächtigt. Das dem Giardino angeschlossene **Restaurant Non solo Eat Art** gilt als perfekt.

■ **Giardino di Daniel Spoerri,** Strada Provinciale Pescina, Tel. 0564 950553, www.danielspoerri.org, April–Okt. 10–17 Uhr, Ostern–1. Juli/Mitte Sept.–Okt. Mo geschl., 12 €; **Restaurant** Tel. 346 944 4869.

Abbadia San Salvatore

Der Ort Abbadia San Salvatore (820 m üNN, 6500 Einw.) 22 Fahrkilometer östlich von Arcidosso verdankt seinen Namen dem im 8. Jh. vom langobardischen König *Rachis* gestiftete Kloster San Salvatore di Monte Amiata, das bis Beginn des 2. Jt. zu einem der mächtigsten der Toskana heranwuchs. Nicht zuletzt, weil die Truppen *Karls des Großen* hier, von einer Seuche geplagt, durchzogen. Die Mönche heilten sie mit Kräutersud, und *Karl* dankte es mit großzügigen Schenkungen von Ländereien.

Die Stadt ist wenig reizvoll, erst, wenn man sich in dem absurden Einbahnstraßensystem bis zur Piazzale Michelangelo mit den alten Klostergebäuden durchgekämpft hat, spürt man einen Hauch von mittelalterlichem Charme.

Nur ein Turm der romanischen, 1036 geweihten **Kirche** wurde vollendet. Durch das schmucklose Portal betritt man den einschiffigen Innenraum mit zwei (eine Art Querschiff bildenden) Seitenkapellen. Als architektonische Besonderheit zeigt er eine **Oberkirche** mit Kreuzgratgewölben und drei Rundbögen, die die Sichtachse zum Chor perspektivisch verlängern. Der Dachstuhl der Unterkirche ist hingegen offen. Im Chor steht ein Holzkreuz vom Ende des 12. Jh. Die meisten Fresken malte Ende des 17. Jh. der Barockmaler *Francesco Nasini.* Sie zeigen unter anderem die Legende des Königs *Rachis.* Die **Krypta** unter der Oberkirche und dem Chor ist der Legende nach die Keimzelle des Klosters. Sie wurde im Jahr 770 angeblich um einen Baum herum gebaut, auf dem König *Rachis* die Dreieinigkeit erschienen war. Die Krypta ist mit ihrem Wald aus 35 Säulen (24 davon Originale), den variantenreichen Schäften und Kapitellen und den groben Kreuzgewölben eine der schönsten Unterkirchen der Toskana.

■ **Abbazia del Santissimo Salvatore,** Via del Monastero 42, Tel. 0577 777352, www.abbaziasansalvatore.it, Sommer 8–20, sonst 8–19 Uhr, Krypta 2 €.

In das **Museum für Sakralkunst** gelangt man über den Kreuzgang und die nach oben führende Treppe. Für die Anzahl und Präsentation der Exponate ist jegliche Eintrittsgebühr nicht gerechtfertigt.

■ **Museo Arte Sacra,** Sa/So 10–12, 16–19 Uhr, Juli/Aug. tgl., 2 €.

Ist man von Westen nach Abbadia San Salvatore gekommen, hat man mit – in ihrem roten Rost durchaus malerischen – Ruinen von Fördertürmen bereits einen ersten Eindruck von der ehemaligen Betriebsamkeit der Stadt erhalten. Hier stand im 19. Jh. der Welt zweitgrößte **Zinnobermine.** In den 1970er Jahren war sie dann nicht mehr konkurrenzfähig. In einem der Verwaltungsgebäude des Bergwerks ist heute das informative Minenmuseum untergebracht. Die bestens ausgestattete, moderne Ausstellung lehrt alles zur Geologie der Region, zur harten Tätigkeit des Zinnoberabbaus unter Tage, der nicht weniger gesundheitsgefährdenden Quecksilberextraktion und zum sozialen Leben der Minenarbeiter mit ihren Arbeitskämpfen und den Krankheiten, die sie heimsuchten. Ein Modell erlaubt einen Überblick der gesamten Minenanlage. Die Führungen leiten ehemalige Minenarbeiter, sodass Authentizität garantiert ist.

■ **Museo Minerario,** Piazzale Rossaro 6, Tel. 0577 778324, www.museominerario.it, 15. Juni–Okt. 9.30–12.30, 15.30–18.30 Uhr, 12 € (Museum und geführte Tour unter Tage); weitere Touren über Tage je 7 €.).

Bagni San Filippo

Nimmt man von Abbadia San Salvatore die SP61 nach Norden Richtung Radicòfani, fährt man nach 8 km durch ein Nest, in dem der Gottseibeiuns zu Hause zu sein scheint. **Heiße Quellen** dünsten intensiven Schwefelgeruch aus und sind so reichlich, dass das Quellwasser sogar in den Rinnstein fließt. Am oberen Ortsrand gegenüber der Bar La Cascata führt ein Fußweg hinunter und vorbei an grellweißen (durch Versinterung entstandenen) Felsen zu kleinen Kaskaden und weißgelben Felsgumpen voller Thermalwasser. Weiter am Bachlauf entlang gelangt man zum **Fosso Bianco** mit Wasserfall, kalkweißen Badebecken mit in Türkis leuchtendem, milchigem Warmwasser. Und alles ist umsonst.

Santa Fiora

7 km südöstlich von Arcidosso gehört Santa Fiora (690 m üNN, 2600 Einw.) zu den lebhafteren Städtchen an den Flanken des Monte Amiata. Geparkt wird am besten im Osten der Altstadt jenseits der Brücke (Via Marconi/Via Roma). Über sie gelangt man zur langgestreckten Piazza Garibaldi in die Gute Stube der Stadt. Entlang ihrer Nordseite steht seit 1575 der Palazzo Sforza Cesarini mit Uhrenturm und weiteren verbliebenen Bauteilen der Rocca Aldobrandesca. In ihm residieren die Stadtverwaltung und das **Bergbaumuseum.** Wie auch das Museum in Abbadia San Salvatore, widmet sich die Ausstellung nicht nur der Technik, sondern auch den sozialen und gesundheitlichen Aspekten der Quecksilbergewinnung.

■ **Museo delle Miniere di Mercurio del Monte Amiata,** Piazza Garibaldi 23/24, Tel. 0564 978823, www.minieredimercurio.it, März–Juni/Mitte Aug.–Okt. Di–So 10.30–12.30, 16/17–19, Juli 10–13, 16–19, Anfang Aug.–Mitte Aug. 10.30–12.30, 17.30–19.30, 21.30–23, Nov.–Feb. Sa/So bzw. Fr–So 10–13, 16/17–19 Uhr, 5 € (regionales Kombiticket 10 €).

Nimmt man von der Piazza die Via Carolina nach Süden und hinunter, geht es kurz vor der Kirche Santa Flora nach links in einen Durchgang und zur Via del Fondaccio mitten im **ehemaligen jüdischen Ghetto.** Früher waren hier fast alle Türstürze mit Mustern, Inschriften oder Gestalten geschmückt, heute ist eigentlich nur noch einer erhalten, wenn auch der schönste (Haus Nr. 5): eine in ihrer Einfachheit an Höhlenmalerei erinnernde Jagdszene mit Tieren.

Die **Pfarrkirche Santa Flora e Lucilla** (12. Jh., mehrfach umgebaut) ist für ihre Della-Robbia-Sammlung bekannt. Als Besonderheit zeigt sich die Kanzelbrüstung mit drei Terrakotta-Reliefs: Abendmahl, Himmelfahrt und Auferstehung. Außerdem: drei Triptychen, Christus am Kreuz, Verkündigung, Tabernakel, Taufbecken, alles von *Andrea della Robbia* bzw. aus seiner Werkstatt, in Blau und Weiß und sparsamen weiteren Farbakzenten.

■ **Pieve di Santa Flora e Lucilla,** Piazza Arcipretura, 7.30–12, 16–19.30 Uhr.

UNSER TIPP: Vom Vorplatz der Kirche nach Westen gehend, gelangt man in die Via Carolina, die in Serpentinen hinunter zur **Peschiera** führt, dem um 1460 für die *Aldobrandeschi* gebauten Fischteich zur Forellenzucht. Die Grafen *Sforza* fügten den Park hinzu. Der Schatten der hohen Kastanienbäume ist ein hervorragender Platz für eine **Pause** - und in der Imbisstube kann man Kleinigkeiten und Erfrischungen erstehen. Im Sommer finden im Auditorium ab und an abends Konzerte mit Grillbuffets statt. Das Ganze organisiert eine rührige Genossenschaft, die auch den Park pflegt. In der Kirche Madonna delle Nevi seitlich des Parkeingangs wurden Fragmente eines Freskenzyklus' (um 1640, **Francesco Nasini**) entdeckt.

■ **Parco della Peschiera,** www.quadrifoglioonlus.it, Sommer 9–22 Uhr, um 2 €.

Roccalbegna

Auf hohem Fels und engem Platz wacht über Roccalbegna (522 m üNN, 1000 Einw.), 15 km südwestlich von Santa Fiora, ein **Turm** (Sasso), das Wahrzeichen des Bergdorfes. Errichtet hatte ihn Siena an den Flanken des Monte Labbro im 14. Jh. mit der darunter liegenden Festung (heute Ruine) und dem regelmäßig angelegten Ort. Ein Treppenweg (Salita Sasso) führt von der Piazza IV Novembre hoch bis fast unterhalb des Turms mit Blick auf Ort und Landschaft. Die **Kirche San Pietro e Paolo** aus dem 12. Jh. besitzt ein (trotz des schiefen Türsturzes) schönes romanisches Portal. Im Inneren sind drei einzelne Tafelbilder (um 1340) von *Ambrogio Lorenzetti* ausgestellt, Überbleibsel eines untergegangenen Polyptychons. 5 km nach Osten thront das **Castello von Triana** kühn auf einem Felssporn in 767 m Höhe. Die im 13. Jh. als Eigentum der *Aldobrandeschi* verzeichnete Burg ging im 14. Jh. an die

Piccolomini aus Siena über und verblieb dort bis 1962. Als hübsches Fotomotiv erheben sich die Zinnen des Wehrturms und der Mauer über die dicht bewaldete Bergflanke. Eine Besichtigung ist nicht möglich.

Praktische Informationen

Touristeninformation

■ **Ufficio Turismo Arcidosso,** Piazza Indipendenza, Tel. 366 7472612, www.facebook.com/locoarcidosso, Di–So 9.30–12.15, 15.30–18.30 Uhr.

■ **Ufficio Turismo Santa Fiora,** Piazza Garibaldi 37, Tel. 0564 977142, www.santafioraturismo.it, Sommer 10–13, 17–19 Uhr.

Unterkunft

■ **Thalassa B&B**②-③, Via Talassese 98, Tel. 0564 966314, www.thalassabeb.com. Fünf geschmackvolle Zimmer mit Holzbalkendecken in einem historischen Haus im äußeren Ring des Bergstädtchens, zur Pension gehört die Osteria Bastarda Rossa (→ „Essen und Trinken").

Außerhalb

Harem B&B③, Località **Casa di Zampero 1,** Tel. 389 0044378, www.facebook.com/bbharem. Die charmanten Gastgeber dieses ländlichen B&B 6 km westlich von Arcidosso vermieten drei hübsch eingerichtete Zimmer, der angeschlossene landwirtschaftliche Betrieb arbeitet nach ökologischen Prinzipien, weshalb die Gäste hier in den Genuss eines wunderbaren Bio-Frühstücks und -Abendessens (auf Vorbestellung) kommen – sogar veganer Wein wird gekeltert, und gelegentlich gibt es Kurse in Amaca Yoga.

■ **Terme San Filippo**②, Via San Filippo 23, **Bagni San Filippo,** Tel. 0577 872982, www.bagnisanfilippoterme.it. Albergo mitten im Weiler, eigene Thermaleinrichtungen, hübscher Innenhof und Garten, Thermalschwimmbad, 20 Komfortzimmer, **Restaurant**② mit Möglichkeit zur Halbpension oder à la carte.

■ **Albergo Generale Cantore**②, Località Secondo Rifugio Cantore, **Monte Amiata,** Tel. 0577 789 789, www.albergogeneralecantore.it. Ganzjährig geöffneter Berggasthof mit fünf gut eingerichteten Zimmern mit Bad unterhalb des Gipfels auf 1450 m Höhe, ursprünglich Pferdestall der Holzfäller, seit den 1940ern Schutzhütte und nach einem Alpini-General benannt; **Restaurant**② mit Pilzgerichten, Fleisch, Polenta und Pasta – gute und schmackhafte Bergkost eben.

■ **Antico Casale Pozzuolo**②-③, Pod. Pozzuolo 1, **Seggiano,** Tel. 0564 950551, www.anticocasalepozzuolo.it. Drei Zimmer und zwei Apartments, ein geräumiger Pool und viel Grün auf einem großzügigen Anwesen an der Flanke des Monte Amiata und gleich neben dem Giardino Spoerri – wer Ruhe und Entspannung sucht, ist hier richtig. Auf Voranmeldung gibt es auch feines toskanisches Essen.

■ **Giardino di Daniel Spoerri**②-③, → gleichnamiger Abschnitt oben, Buchung über Tel. 0564 950805, www.danielspoerri.org. Wer in einem der beiden modisch-schicken Einzimmerapartments oder dem Apartment mit zwei Zimmern am Eingang des Spoerri-Gartens absteigen möchte, muss frühzeitig buchen, denn die Unterkunft ist besonders bei Künstlern sehr begehrt.

■ **Grand Hotel Impero**②-③, Via Roma 7, **Castel del Piano,** Tel. 0564 956429, www.imperoresort. com. 26 modern eingerichtete Zimmer und Suiten, ein gutes Restaurant und die erholsam-ruhige Lage zehn Minuten von Castel del Piano sprechen für dieses Vier-Sterne-Hotel.

■ **Borgo Tepolini B&B**②-③, Strada dei Tepolini 16, **Castel del Piano,** Tel. 349 4752477, www.borgotepolini.it. Vier romantisch dekorierte Zimmer und ein Apartment in einem historischen Stadthaus. Gäste des B&B werden auf Vorbestellung mit einem typisch toskanischen Abendessen verwöhnt, an kühlen Tagen verbringt man die Abende am offenen Kamin in der Bibliothek.

Camping

■ **Camping Lucherino,** Località Lucherino, Monticello Amiata, **Cinigiano,** Tel. 0564 1760178, www. campinglucherino.net, Mai–Sept. 70 auf Terrassen angelegte, schattige Stellplätze mit Stromanschluss, auch drei Bungalows sowie sieben Camper können angemietet werden, eine Pizzeria sorgt fürs leibliche Wohl; kleiner Pool, Tischtennis und MTB-Verleih mit Tipps für Touren am Monte Amiata.

Essen und Trinken

■ **L'Ora del Ghiotto**②-③, Piazza Garibaldi, Tel. 338 7243088, www.facebook.com/oradelghiotto, Mo–Sa 11–21, So 11–13 Uhr. Enoteca mit überschaubarer Karte (Bruschetta, *ribollita*); hierher kommt man auf ein Glas Wein und um dazu Kleinigkeiten zu essen.

UNSER TIPP: **Bastarda Rossa**②, Via Talassese 98, Tel. 0564 966314, www.facebook.com/Bastarda Rossa, Do–Mo 19.30–23, Sa/So auch 12.30–14 Uhr. In der Altstadt versteckt, gibt es Köstlichkeiten wie hausgemachte Pasta mit Pecorino, Pfeffertopf, Hühnchen in Balsamico, mit Wurst und Kastanien gefülltes Kaninchen, und abschließend herrliche Nachspeisen, gute und nicht zu teuere Weine, mit Blick über das Tal auf der Terrasse – ein Genuss. Auch sehr angenehmes **Thalassa B&B** ②-③ mit fünf Zimmern (→ „Unterkunft“).

■ **Osteria del Castello**①-②, Corso Toscana 90, Tel. 324 8368138, So–Mi 12–14, Do/Fr 19–23, Sa 12–23 Uhr. Kleines Lokal mit ebenso kleinem Freisitz, gute Fleischküche wie Würste mit weißen Bohnen, Huhn, Ferkel oder auch Zuppa Arcidossina, eine *ribollita* mit *srigola,* einer Käuterart aus den Kastanienwäldern, und mit Spinat oder Mangold und Ricotta.

Außerhalb

■ **Lo Spugnone**②, Via delle Terme 4, **Bagni San Filippo,** Tel. 0577 872030, www.lospugnone.it, Mi–Mo 12.45–14.45, 19.45–21.45 Uhr. Beste toskanische Landküche mit selbst hergestellter Blutwurst als Vorspeise und Gerichten wie in Milch geschmortem Kaninchen oder Eintopf vom Schwein

☐ Roccalbegna und seine Festung

289t sk

mit Salbei; gemütlich-rustikale Atmosphäre zwischen Holz und Stein, kleine Terrasse.

■ **Primo Rifugio**②, Località I Rifugio 18, **Abbadia San Salvatore,** Tel. 0577 789705, Mi–Fr 10.30–15, 18–23.30, Sa/So 10.30–23.30 Uhr. 6 km außerhalb in den Hangwäldern des Monte Amiata kommt erstklassige Landküche auf die Tische, im Sommer auf der Terrasse, wenn's kalt wird am Kamin – Schinken, Käse, Schnecken, Pilz- und Speckpasta, Fleischtopf.

■ **Il Barilotto**②-③, Via Carolina 12, **Santa Fiora,** Tel. 0564 977089, www.facebook.com/ilbarilottosantafiora, Mi–Mo 12.30–14, 19.30–21 Uhr. Was die Saison hergibt, wird in diesem gemütlich-rustikalen Traditionslokal kunstvoll verarbeitet, so im Herbst die fantastischen *tortelli* aus Kastanienmehl mit Steinpilzen.

■ **Trattoria/Pizzeria La Grotta**②, Via di Monte Amiata 249, **Roccalbegna,** Tel. 0564 989026, Fr–Mi 12.30–14.30, 19.30–21.30 Uhr. Weit mehr als Pizza (obwohl auch diese ausgezeichnet ist); von außen unscheinbares, kleines und feines Lokal mit unaufgeregtem Ambiente und Spezialitätenküche (Kaninchen-Carpaccio!) zu fairen Preisen, dazu aufmerksamer Service und guter Landwein.

■ **Il Silene**②-③, Località Pescina, **Seggiano** (nahe dem Giardino di Daniel Spoerri), Tel. 0564 950805, www.ilsilene.it, Di–Sa 19.15–20.30, Fr–So 12–13.30 Uhr. Schon wegen des selbstproduzierten Olivenöls lohnt sich die Anreise – und der „Rest" ist ebenfalls vorzüglich, der Service ist perfekt und die Weinvorschläge sind exzellent.

Süßes/Salziges

■ **Panaio di Roccalbegna,** Via XXIV Maggio 105, **Roccalbegna,** Tel. 340 9426260. Die „Brezn" *Biscotto Salato* sind ein Muss als Wegzehrung; wem's zu salzig ist, kann aber auch Süßes bekommen.

Biscotto Salato – Brez'n am Berg

Die Form ist genau richtig, nur der Geschmack des salzigen Gebäcks wirkt etwas exotisch. Die zur „Acht" geformten *biscotti* sind eine uralte **Wegzehrung.** Schon im Mittelalter haben sie rund um den Monte Amiata die Bauern auf dem Feld, die Wanderer auf den Pilgerwegen und die Bergmänner in den Minen dabei gehabt. Haltbar, schmackhaft, billig und nährend, waren sie der ideale Proviant. Mehl, Eier, Salz, Olivenöl, Wasser, Hefe und reichlich Anis werden zu einem Teig vermengt und zu langen Fingern gerollt in Brez'n-Form gebracht. Diese legt man in kochendes Wasser und bäckt sie anschließend im Ofen trocken. Wenn den Zwieback inzwischen auch fast jeder Laden in der Toskana verkauft – Roccalbegna ist die Hochburg des Traditionsgebäcks und feiert es drei Tage lang bei der **Sagra del Biscotto Salato** Mitte August (www.prolocoroccalbegna.it).

Apero und Abend

■ **Enoteca Aldobrandesca,** Piazza Garibaldi 36, Santa Fiora, Tel. 339 2008620, www.enotecaaldobrandesca.com, tgl. 11.30–14, 17–23 Uhr. Wein und Aperitivo mit Bruschette, Crostoni, kalten Platten oder einer Spezialität wie Ragout aus Innnereien und Gulasch vom Esel.

Verkehr

■ **Bus:** Haltestelle Piazza Donatori del Sangue; von Grosseto nach Arcidosso (Umsteigen in Paganico Piazzale) ca. zweistündlich mit Linien 50G/52A (ca. 75 Min., um 6 €), von San Quirico nach Arcidosso mehrmals werktäglich mit Umsteigen in Abbadia San Salvatore (Linien R54A/R55A, 110 Min., um

189t sk

5,50 €); von Abbadia San Salvatore nach Bagni San Filippo zweimal werktags mit Linie 54A (15 Min., um 3 €); von Arcidosso mehrmals werktags mit Linie 55A nach Santa Fiora (15 Min., um 2 €).

Feste

- **La Castagna in Festa,** Arcidosso, zweite Oktoberhälfte; was alles man kulinarisch mit Kastanien anstellen kann, dürfen Besucher dieses Festivals an zahllosen Ständen in der Altstadt verkosten.
- **Festa Medievale – Offerta dei Censi,** Abbadia San Salvatore, zweites Wochenende im Juli – die „Offerta dei Censi", die Pflicht, dem Kloster Abgaben in Naturalien zu entrichten, ist Anlass für ein dreitägiges Fest mit einer feierlichen Prozession zum Kloster, einem bunten Mittelaltermarkt, Musik und Tanz, Reiterwettkämpfen und religiösen Zeremonien. Infos unter www.facebook.com/OffertaDeiCensi.
- **Sagra del Biscotto Salato** in Roccalbegna, Mitte August, www.prolocoroccalbegna.it (→ Exkurs).

Einkaufen

- **Fioralpaca** bei **Santa Fiora** – Alpakawolle nach Gewicht oder zu schönen Schals, Umhängen oder Mützen verarbeitet; die Wolle kommt aus der eigenen, 2001 begonnenen Zucht. Podere Raspini, Località Poggi la Bella, 6 km westlich von Santa Fiora, Tel. 339 2254267, www.fioralpaca.it (nach Voranmeldung).

Aktivitäten

- **MTB Amiata Freeride,** Località Macinaie, Castel del Piano, Tel. 338 7792525, www.amiatafreeridebikeresort.com. Der Verein unterhält u.a. mehrere MTB-Strecken am Berg und organisiert Training und Touren und vermietet MTBs nebst Zubehör.

Krypta der Abbadia San Salvatore

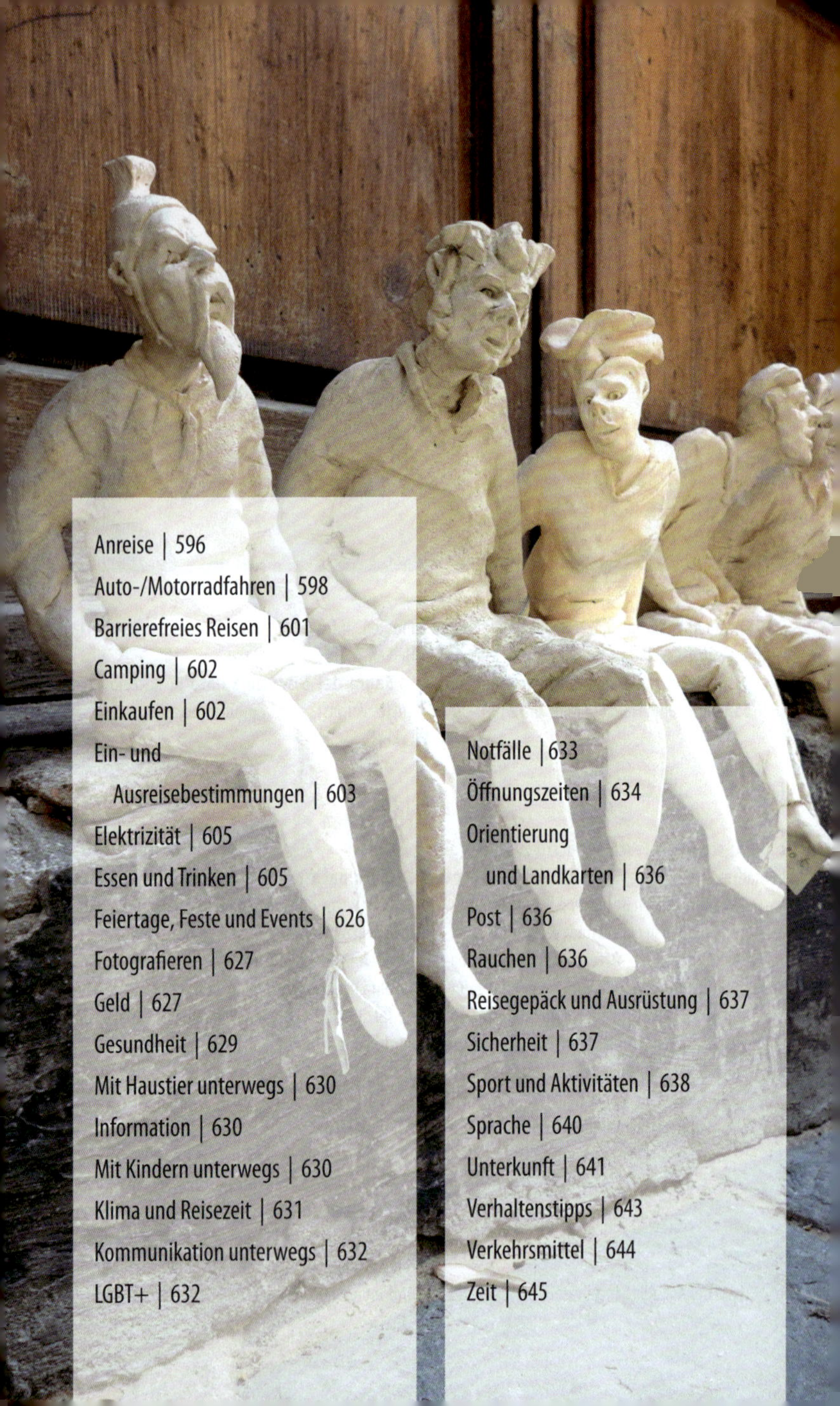

190t sk

10 Praktische Reisetipps von A bis Z

Türschwellen-Kobolde gibt es nur in Cortona

Anreise

→ Auto-/Motorradfahren
→ Verkehrsmittel

Mit dem Flugzeug

Der Flughafen **Aeroporto di Firenze** „Amerigo Vespucci/Peretola" liegt 5 km außerhalb im Nordwesten der Stadt. Er wird von Frankfurt und München (Lufthansa), Wien (Austrian), Zürich (Swiss) und im Sommerhalbjahr von mehreren europäischen Städten aus angeflogen (Ryanair, Eurowings, Air Dolomiti etc.).

Mit der **Straßenbahn** fährt man vom Flughafen ins Stadtzentrum zwischen 5 Uhr und Mitternacht in 20 Min. (Einzelfahrt 1,70 €). Mit dem **Taxi** kostet die 20-minütige Fahrt in die Innenstadt etwa 20 € (nachts und am Wochenende etwas mehr).

■ **Aeroporto di Firenze,** Tel. 055 3061300, www.aeroporto.firenze.it; Tram, Tel. 199 229300 (kostenpflichtig), www.gestramvia.com.

Weitere Flieger landen auf dem **Flughafen Pisa International** „Galileo Galilei" 90 km westlich von Florenz. Nach Pisa fliegt man direkt von München (mit Air Dolomiti), Berlin-Schönefeld (easyJet), Hamburg und Frankfurt-Hahn (Ryanair) sowie Köln-Bonn (TUIfly). Eurowings fliegt von mehreren deutschen Destinationen nach Pisa.

Der Flughafen ist mit mehreren **Zügen** am Tag direkt mit Florenz verbunden (ca. 1 Std. Fahrzeit, um 10 €, Tickets im Informationsbüro in der Flughafenankunftshalle). Weitere Zugverbindungen nach Florenz bestehen vom Hauptbahnhof von Pisa.

■ **Aeroporto di Pisa,** Tel. 050 849300, www.pisa-airport.com.

Mit dem Auto

Florenz liegt direkt an der **Autobahn A1** von Mailand nach Rom. Von **München** fährt man über den Brennerpass und trifft bei Bologna auf die A1 (650 km, italienische Mautgebühr plus Brenner um 50 € und österreichische Zehn-Tages-Vignette, 11,50 €), von **Zürich** nimmt man am besten die Strecke über Bellinzona und Mailand (600 km, ital. Mautgebühr um 35 € und Schweizer Ein-Jahres-Vignette um 40 €), von **Wien** ist die Strecke über Villach, Udine und Padua nach Bologna die schnellste (840 km, ital. Mautgebühr um 45 € und österreichische Zehn- Tages-Vignette 11,50 €). An Wochenenden und bei Ferienbeginn und -ende ist die wichtigste Autobahnachse von Nord nach Süd chronisch überlastet, auch ein Ausweichen auf die Landstraße bringt meist nichts.

Mit dem Zug

Der Bahnhof **Santa Maria Novella** von **Florenz** liegt an der wichtigsten Nord-Süd-Achse des Schienenverkehrs; von München gibt es nur eine Direktverbindung: den **City Night Jet** nach Rom mit Liege- und Schlafwagen. Er fährt gut 9 Std. Wer die Tagesfahrt (um 8 Std.) bevorzugt, muss in Bologna oder Verona umsteigen. Von Wien-Südbahnhof fährt ebenfalls ein Nachtzug direkt (11 Std.),

Kleines „Flug-Know-how"

Check-In

Nicht vergessen: Ohne einen **gültigen Reisepass oder Personalausweis** für EU-Staatsbürger und Schweizer kommt man nicht an Bord. Kinder benötigen einen eigenen Reisepass.

Das (Hand-)Gepäck

Man darf pro Person in der Regel ein Handgepäck- und zusätzlich ein Gepäckstück einchecken. **Aufgepasst:** Informieren Sie sich vor Ihrem Flug bei Ihrer Airline über die **konkreten Bestimmungen,** da diese mitunter voneinander abweichen. Beim Packen des Handgepäcks sollte man darauf achten, dass **Flüssigkeiten** jeder Art nur in geringen Mengen bis zu 100 ml mitdürfen. Diese Substanzen muss man **separat** in einem durchsichtigen Plastikbeutel (z.B. Gefrierbeutel) transportieren, den man beim Durchleuchten in eine der bereitstehenden Schalen auf das Fließband legen sollte. Auch elektronische Geräte müssen in diese Schale gelegt werden, ebenso Gürtel mit Metallschnalle.

Aus Sicherheitsgründen dürfen **scharfe Gegenstände** wie Messer, Nagelfeilen oder Scheren **nicht im Handgepäck** untergebracht werden. Diese Gegenstände sollte man unbedingt zu Hause lassen oder im aufzugebenden Gepäck verstauen, sonst werden sie bei der Sicherheitskontrolle einfach weggeworfen. Darüber hinaus gilt, dass **leicht entzündliche Gase** in Sprühdosen (Schuhspray, Campinggas, Feuerzeugfüllung) und Feuerwerkskörper etc. nicht im Koffer oder dem Handgepäck transportiert werden dürfen. Für Raucher: Ins Handgepäck und auch in den Koffer dürfen bei innereuropäischen Flügen weder Feuerzeug noch Streichhölzer, man darf aber diese pro Person am Körper mitführen.

Ein kleiner Tipp: Um Stress und Ärger zu vermeiden, packen Sie neben den wichtigsten Dingen auch Utensilien ins Handgepäck, die Sie **am ersten Tag** in Ihrem Urlaub gebrauchen könnten. Wenn es an den Strand geht, packen Sie zum Beispiel direkt die Badeutensilien ein. Falls das Gepäck Verspätung hat oder verloren geht, können sie trotzdem schon den ersten Tag genießen und müssen nicht direkt Einkaufen gehen.

CO_2-Fußabdruck

Grundsätzlich gilt beim Thema Umweltschutz: **Vermeiden ist besser als Kompensieren.** Auch längere Strecken lassen sich oft per Bahn, Bus oder Schiff zurücklegen, die allesamt eine bessere Klimabilanz haben als das Flugzeug. Wer nicht aufs Reisen mit dem Flugzeug verzichten will oder kann, hat die Möglichkeit, **zusätzlich Geld für Klimaschutzprojekte** auszugeben. Dabei ist jedoch darauf zu achten, in welche Projekte das Geld geht oder auch wie viel bei der jeweiligen Organisation für die Verwaltung stecken bleibt. Organisationen, die bisher als Gut bewertet wurden, sind u. a. atmos fair.de, myclimate.org sowie goclimate. com.

bei den Tageszügen muss mindestens einmal umgestiegen werden (Bologna oder Venedig, 11 Std.). Will man von Zürich über Nacht reisen, muss man nach Innsbruck und dort in den Münchner Night Jet einsteigen, die Fahrzeit beträgt dann insgesamt 11 Std., der Tageszug benötigt über Mailand zwischen 6 und 7 Std. Für alle genannten Verbindungen besteht Reservierungspflicht.

Innertoskanische Zugverbindungen finden sich unter „Praktische Informationen, Verkehr" in den jeweiligen Ortskapiteln.

Mit dem Bus

Fernbusverbindungen ab München kos-ten ab 30 € (Nachtfahrt, 8 Std.), können aber auch mit 130 € zu Buche schlagen – abhängig von Tageszeit, Buchungssituation und Saison. Extras wie Sitzplatzwahl oder freier Nebensitz sind zubuchbar.

- **www.flixbus.de**

Auto-/ Motorradfahren

→ Anreise
→ Verkehrsmittel

Eigenes Auto

Mit dem Pkw ist man am flexibelsten. Das **Parken** aber kann in den Hochburgen des Tourismus zu einem echten Problem werden; Parkplätze sind rar und oft auch ganz schön teuer (Möglichkeiten sind in den „Praktischen Informationen" der Ortskapitel aufgeführt).

Motorrad

Die Toskana gehört mit ihrer Hügel- und Gebirgswelt und vielen kurvigen Nebenstraßen zu einer der **Top-Destinationen** für Motorradfahrer. Man fahre auf jeden Fall vorausschauend, von aus den Feldwegen einbiegenden landwirtschaftlichen Fahrzeugen wird z.B. des Öfteren Schmutz auf die Fahrbahn transportiert. Auch beachte man, dass hohe Sommertemperaturen die festen Bestandteile des Asphaltbelages absinken lassen und (verschmutzte) Straßen mit glattem Asphalt weniger Halt bieten.

Wohnmobil

Mit dem Wohnmobil genießt man weitgehende Unabhängigkeit. Allerdings ist es verboten, sich einfach am Straßenrand zur Nachtruhe niederzulassen. Die Parkplätze an den Küsten sind explizit für das Nachtparken von Wohnmobilen **gesperrt** (und besitzen teilweise eine die Einfahrt versperrende Höhenkontrolle).

- Der **Wohnmobil-Tourguide „Die schönsten Routen durch die Toskana"** aus dem Reise Know-How Verlag macht Vorschläge für Touren und Unterkunft.

Autobahn

Die Autobahnen sind privatwirtschaftlich finanziert und **mautpflichtig.** Gezahlt wird entweder in bar (spezielle Schalter mit Personal), mit Kreditkarte an Automaten oder prepaid mit freier Durchfahrt auf speziellen, mit **„Viacard"** gekennzeichneten Spuren. Die autobahnähnliche Strada Grande Comunicazione SGC Firenze – Pisa – Livorno (auf Schildern als „FI-PI-LI" gekennzeichnet) ist allerdings kostenlos.

[>] Auf der Straße nicht mehr zu sehen: die elegante Beiwagen-Vespa

Verkehrsregeln

Die **Höchstgeschwindigkeiten** betragen für Pkw und Krafträder außerhalb der Ortschaften 90 km/h (Wohnmobile über 3,5 t 80 km/h, Pkw mit Anhänger 70 km/h), auf Schnellstraßen mit je zwei Fahrstreifen pro Richtung, durch einen Mittelstreifen getrennt, 110 km/h (Wohnmobile über 3,5 t 80 km/h, Pkw mit Anhänger 70 km/h), auf Autobahnen 130 km/h (Wohnmobile über 3,5 t 100 km/h, Pkw mit Anhänger 80 km/h) und innerhalb geschlossener Ortschaften 50 km/h.

Auf Autobahnen sind **Motorräder unter 150 cm³** und das **Abschleppen von Fahrzeugen** verboten. Alle Fahrzeuge müssen auf Landstraßen außerhalb geschlossener Ortschaften und auf Autobahnen tagsüber mit **Abblendlicht** fahren (Tagfahrlicht ist alternativ zulässig). Anhalten oder Spurwechsel sind stets mit dem Blinker anzuzeigen.

Parkverbotszonen werden nicht nur durch Schilder symbolisiert, sondern auch durch **Kennzeichnung der Bordsteine** in Gelb oder Schwarz/Gelb und durch gelbe Kennzeichnung von Flächen. Blau angemalte Randsteine bedeuten, dass eine Parkgebühr fällig ist. Dazu kauft man in Tabacchi-Läden eine Karte und kreuzt an (bzw. rubbelt frei): Stunde, Tag, Monat und Jahr. Vereinzelt sind auch Automaten aufgestellt, an denen man ein Ticket löst. Die Halteverbotsschilder können einen Hinweis tragen, dass zu bestimmten Zeiten die Straße gereinigt wird. Wer zu dieser Zeit dort seinen Wagen stehen hatte, kann ihn bei der Polizei abholen.

Die **Promillegrenze** beträgt 0,5, bei **THC** ist (noch) kein Grenzwert festgelegt (es gilt zurzeit **Nulltoleranz**). Generell werden Verstöße gegen das Halteverbot und auch Übertretungen der vorgeschriebenen Geschwindigkeit sehr streng, sprich **teuer** geahndet.

290t sk

In jedem Fahrzeug müssen **Warnwesten** mitgeführt werden, die bei Pannen, Unfällen und ähnlichen Situationen unmittelbar nach Verlassen des Fahrzeuges anzulegen sind.

Für Autofahrer herrscht **Anschnallpflicht,** Mobiltelefone dürfen nur mit **Freisprecheinrichtung** benutzt werden, Motorradfahrer müssen einen **Helm mit „ECE R 22"-Kennzeichnung** tragen, ansonsten kann das Motorrad für einen ganzen Monat sichergestellt werden (!). Alle nach hinten über das Auto hinausragenden Gegenstände wie z.B. Surfbretter sind mit einer 50x50 cm messenden, rot-weiß gestreiften **Warntafel** zu kennzeichnen.

Das **Wenden, Zurücksetzen und Spurwechseln** auf den Autobahnen im Mautstellenbereich, auf den Autobahn- auf- und -abfahrten und auf den Autobahntankstellen wird mit drakonischen Geldstrafen (oft mehrere Hundert Euro) und zusätzlich mit Fahrverboten geahndet.

Räder am Heck (Klappen- oder Anhängerkupplungsträger), müssen als Ladung mit einer **weiß-rot gestreiften Warntafel** gekennzeichnet sein.

Verkehrsberuhigte Innenstädte sind als **Zone a Traffico Limitato – ZTL** bezeichnet. Die Einfahrt in diese Zonen ist streng reglementiert und wird mit Kameras überwacht. Ungenehmigtes Einfahren wird mit Bußgeldern belegt.

Das Niveau der Bußgelder in Italien liegt beträchtlich über dem in mitteleuropäischen Ländern (wer z.B. 40 km/h zu schnell fährt, muss **etwa 1500 €** berappen; ab 1,5 Promille im Fahrerblut kann das **Fahrzeug konfisziert** und zugunsten des Staates versteigert werden). Die Strafen bzw. Bußgelder werden ab einer Höhe von 70 € (Sonderfall Österreich: ab 25 €) auch im Heimatland vollstreckt. **Bei sofortiger Zahlung** nach Erhalt bekommt man meist einen **Rabatt** (bis 50 %), bei verspäteter Zahlung (ab 60 Tagen) verdoppelt sich der Betrag.

Bei schwereren Verstößen gegen die Straßenverkehrsordnung vergeben die Behörden **Strafpunkte** bzw. streichen vom Guthaben mit generell 20 Punkten einen oder mehrere Punkte. Sind die Punkte innerhalb von drei Jahren aufgebraucht, tritt ein **Fahrverbot in Italien** in Kraft. Bei Bußgeldbescheiden auf der Basis automatischer Verkehrskontrollen, die zu Strafpunkten führen, ist der im Heimatland angeschriebene Halter verpflichtet, den Fahrer zu benennen. Andernfalls drohen weitere Strafen.

Verkehrswege

Die überregionalen Verkehrswege sind in **gutem Zustand** und werden auch relativ gut unterhalten. Es kommt allerdings in den gebirgigen Gegenden bei starken Regenfällen immer wieder zu **Steinschlägen oder Unterspülungen,** sodass Straßen einmal mehrere Kilometer nicht mehr befahrbar sein können und man lange Umwege durch ein Parallеltal in Kauf nehmen muss.

Straßenkategorien

Die Straßen sind durch Buchstaben klassifiziert. **A** steht für Autobahn, **SS** für Staatsstraße, **SP** für Provinzstraße und **SC** für Kommunalstraße. In den Karten sind nur die Nummern der Autobahnen und der Staatsstraßen eingetragen. An den Straßenrändern stehen aber in regelmäßigen Abständen **Kilometersteine** mit Angabe der Straßennummer und der genauen Entfernung entweder vom letzten oder bis zum nächsten Ort, sodass eine exakte Ortsangabe von Abzweigungen möglich ist.

Die **Autobahnen** *(autostrada)* sind bis auf wenige Teilstücke um die Großstädte (meist Autobahnringe) oder die Verbindung von Florenz nach Pisa und Livorno mautpflichtig. **Staatsstraßen** *(strada statale)* sind meist sehr gut ausgebaut. Trotzdem gibt es Gegenden, in denen sie zu kleinen und schmalen Sträßchen werden, die sich um und über die Berge winden. Teilweise haben sie auch autobahnähnlichen Charakter und die Einheimischen nutzen dies gehörig aus. **Provinzstraßen** *(strada provinciale)* sind im Allgemeinen kleinere und kurvenreiche Straßen, auf denen man mit dem Wohnmobil schon mal ins Schwitzen geraten kann. **Kommunalstraßen** *(strada communale)* haben schon fast Feldwegcharakter, kleine Straßen, die fast nicht unterhalten werden und nur landwirtschaftlichem Verkehr oder als Stichstraße dienen.

Barrierefreies Reisen

Viele Institutionen (wie Kirchen und Museen, Behörden oder Hotels) sind in der Toskana mittlerweile mit **barrierefreiem Eingang** versehen. Auch viele **Strände** bieten Menschen mit eingeschränkter Mobilität besondere (meist mit Holzplanken vorbereitete) Zugänge. Entsprechende Einrichtungen tragen das blaue Logo mit einem Rollstuhl bzw. sind mit „Accesso per Disabili" oder „Accesso per Diversamente Abili" gekennzeichnet.

Praktische Informationen zum Beispiel zur Unterkunft für Touristen mit besonderen Bedürfnissen (Rollstuhlfahrer, Blinde, Taube und auch Allergiker) erhält man auf www.turismosenzabarriere.it. Auch die Site www.handysuperabile.org stellt hilfreiche Informationen zur Verfügung.

Der Ponte Buriano ist uralt (1277) und immer noch für den Verkehr freigegeben: Über ihn verläuft die SP1 von Arezzo in den Norden

291t sk

Camping

Besonders an der Küste gibt es viele Plätze, und im Sommer sind diese häufig überfüllt. Die Kategorien reichen von einem bis zu vier Sternen. Wichtige Auswahlkriterien sind vorhandener Schatten, nahe liegende Infrastruktur (Läden und Restaurants) und (bei einem Badeurlaub) die Nähe zum Meer. **Wildzelten** ist in Italien **verboten.** Einige Plätze sind auch auf den Zug des Luxuszeltens gesprungen und bieten unter dem Begriff „Glamping" großzügige Zelte bzw. Hütten teilweise mit Küche und Bad an.

- **www.camping.it**
- **www.campeggi.com**

Einkaufen

→ Essen und Trinken

Weine und **Olivenöle** sind sicherlich die in der Toskana an Touristen meistverkauften Produkte. Beide sind in her-

191tsk

vorragender Qualität erhältlich, und man kann für sie viel Geld ausgeben. Aber auch in anständiger Qualität und zu erträglicheren Preisen sind beide ebenso fast überall zu finden. Im Exkurs „Die Weine der Toskana" (s. S. 612) sind Referenzweine angegeben, die die jeweilige Sorte am besten vertreten und ihre Eigenheiten herausheben.

Würste wie die Fenchelsalami *finocchiona* oder **Käse** wie der Pecorino aus Pienza sind ebenfalls beliebte (wenn auch sehr kurzlebige) „Erinnerungsstücke" an einen Toskana-Aufenthalt. Trüffel und Safran sind im Angebot, Honig und allerlei andere süßgemeine Köstlichkeiten wie Torten, Marzipan und Gebäck, auch **Schnäpse** und Liköre aus den Klosterläden.

Steinmetze aller Klassen versuchen sich an Alabaster (in Volterra) und Marmor (in Carrara und Pietrasanta), lassen Lampen, Schalen und Figuren entstehen und sich in ihren Ateliers über die Schulter schauen. **Alpaka-Schals** oder **Webteppiche** entstehen in der Toskana, Vertreter der Alta Moda sind zugange, Handschuhe werden genäht, Schuhe hergestellt, Handtaschen konfektioniert, und der letzte Schrei bei Bikini, Badeschlappe und Bag hängt in den Läden der Küstenorte. Und eine stumme Armee an mehr oder weniger illegal tätigen Chinesen hat es in **Prato** geschafft, die Stadt zum Zentrum der italienischen Textilindustrie zu machen.

Gold- und Silberschmiede buhlen um die Gunst der Stunde und der Touristen, in den Gassen stehen und sitzen **Kunstmaler** und verkaufen grellbunte Gemälde oder dezente Aquarelle, zeichnen großflächig Klassiker aufs Pflaster und führen die Schere geschickt durch schwarzen Karton und entlang des Profils stillsitzender Kinder.

In Italien macht sich strafbar, wer offensichtliche **Fälschungen** von Modemarken kauft! Also Augen zu, vorbeigehen und seine Lust auf supergünstige Gucci-Handtaschen und eine nachgeschmissene Taucheruhr von Panerai unterdrücken.

Im Reiseteil finden Sie Tipps und Einkaufsadressen bei den „Praktischen Informationen" der jeweiligen Ortskapitel.

⊲ Pecorino kauft man in Pienza

Ein- und Ausreisebestimmungen

Informationen

- **Deutschland:** Auswärtiges Amt, www.auswaertiges-amt.de, Tel. 030 18172000.
- **Österreich:** Bundesministerium Europa Integration Äußeres, www.bmeia.gv.at, Tel. 050 11500.
- **Schweiz:** Department für auswärtige Angelegenheiten, www.eda.admin.ch (Reisehinweise), Tel. 041 800247365.

Dokumente

Ein **gültiger Personalausweis oder Pass** genügt für einen Urlaubsaufenthalt für Deutsche, Österreicher und Schweizer. **Kinder** müssen ein **eigenes Reisedokument** mitführen. Italien ist unter anderem mit Deutschland und Österreich im **Schengener Abkommen** zusammengeschlossen, sodass eigentlich keine Grenzkontrollen stattfinden sollten. Die Welle Asylsuchender hat dies Abkommen allerdings ad absurdum geführt. Seitdem finden an fast jeder Grenze (zumindest sporadisch) wieder Kontrollen statt.

In Deutschland, Österreich oder der Schweiz lebende Staatsbürger anderer Länder sollten sich bei der Botschaft der Republik Italien nach der Notwendigkeit für ein Visum erkundigen:

- **Deutschland:** Hiroshimastr. 1–7, 10785 Berlin, Tel. 030 254400, www.ambberlino.esteri.it, auch Generalkonsulate in Frankfurt/M., Hamburg, Hannover, Köln, München und Stuttgart.
- **Österreich:** Rennweg 27, 1030 Wien, Tel. 01 71 25121, www.ambvienna.esteri.it.
- **Schweiz:** Elfenstr. 14, 3006 Bern, Tel. 031 3500 777, www.ambberna.esteri.it.

Zollbestimmungen

Der private Warenverkehr innerhalb der EU ist frei. Als **Richtmengen für den privaten Gebrauch** gelten folgende Mengengrenzen bei hochsteuerbaren Waren:

- **Tabakwaren:** 800 St. Zigaretten oder 400 St. Zigarillos oder 200 St. Zigarren oder 1 kg Rauchtabak.
- **Alkohol:** 20 l Spirituosen bis 22%, 10 l über 22%, 110 l Bier, 90 l Wein, 60 l davon Schaumwein.
- **Andere Waren:**10 kg Kaffee; 20 l Treibstoff im Ersatzkanister.
- Mehrmengen sind grundsätzlich **nicht einfuhrfähig,** wenn keine glaubhafte Begründung vorliegt, dass die Ware persönlich verwendet wird.

Einzelne nationale Verbote und Beschränkungen sind weiterhin zu beachten. Diese betreffen u.a. verbotene Waffen (z.B. Springmesser, Schlagringe, Wurfsterne), Artenschutzprodukte, Arzneimittel, Drogen (auch Kleinmengen), Markenfälschungen (geringe Stückzahlen zum Eigenbedarf/als Geschenk erlaubt), Feuerwerkskörper, die Mitnahme von Haustieren und eigenen Jagdwaffen.

Derzeit geltende **Freigrenzen** für Reisende aus der Schweiz nach Italien:

- **Tabakwaren:** 200 Zigaretten oder 100 Zigarillos oder 50 Zigarren oder 250 g Tabak oder eine anteilige Zusammenstellung dieser Waren.
- **Alkohol:** 1 l Spirituosen (über 22 Vol.-%) oder 2 l Spirituosen oder ähnliche Getränke (bis 22 Vol.-%) oder 2 l Schaumweine oder Likörweine oder eine anteilige Zusammenstellung dieser Waren und 4 l nicht schäumende Weine (man beachte auch die Regeln für das Handgepäck auf Flügen).
- **Andere Waren:** bis zu einem Wert von insgesamt 430 €, ausgenommen sind Goldlegierungen und Goldplattierungen in unbearbeitetem Zustand oder als Halbfabrikat.

Freimengen bei der Rückkehr in die Schweiz

- **Tabakwaren:** 250 Zigaretten/Zigarren oder 250 g Tabak (jeweils für Personen ab 17 Jahren).
- **Alkohol:** 5 l Alkohol bis 18 Vol.-% und 1 l über 18 Vol.-%.
- **Andere Waren:** 25 l Kraftstoff im Benzinkanister, 1 kg Fleisch/Fisch, 1 kg Butter, 5 kg Speisefette/-öle. Übersteigt der Gesamtwert der mitgeführten Waren (inkl. der Wert aller Lebensmittel) 300 SFr, ist in jedem Fall Mehrwertsteuer zu bezahlen.

Weitere Informationen

- **Deutschland:** www.zoll.de, App „Zoll und Reise".
- **Österreich:** www.bmf.gv.at, BMF-App.
- **Schweiz:** www.ezv.admin.ch, QuickZoll-App.

→ Mit Haustier unterwegs

Elektrizität

Die Stromspannung beträgt **230 V Wechselstrom** wie in Deutschland. Die flachen Eurostecker passen überall, wer Geräte mit Erdung benutzt, benötigt einen Adapter (erhältlich in Kaufhäusern und Ausrüstungsläden). In ländlichen Gebieten kann bei Unwettern der Strom schon mal wegbleiben. Meist dauert der Ausfall nur kurze Zeit, **Taschenlampen** oder Kerzen sind dann hilfreich.

Essen und Trinken

→ Sprachhilfe

Brot und Öl – was braucht es mehr! Die weiten Täler und Ebenen der Südtoskana sind die Kornkammer Italiens, hier wiegt sich der Weizen gelb unter blauem Himmel. Und auf den Hügeln des Chianti und an den Hängen im Osten beißen sich die Wurzeln knorriger Olivenbäume in den Grund und spenden eine Frucht, aus der die Pressen das beste Öl Italiens gewinnen. Nur ein wenig Salz, ein Hauch Knoblauch, das Brot gestippt, am Wein genippt – die Krönung des Tages.

Die toskanische Küche ist bäuerlichen Ursprungs, man verarbeitete, was die gepachteten Felder hergaben. Brot und Gemüse bilden auch heute noch die Basis. Das Brot ist übrigens beinahe immer geschmacksneutral, aus weißem Mehl und ungesalzen, es soll schließlich die Speisen begleiten und ihren Eigengeschmack unterstreichen, nicht überlagern.

Antipasto/Vorspeise

Eines der typischsten Gerichte ist die **Panzanella,** heute ein sommerliches Hauptessen, früher als Antipasto oder Primo genossen. Angefeuchtetes Brot wird gebrochen und mit Tomaten, roten Zwiebeln, Essig, Öl und Basilikum vermengt, darüber kommt Salz und Pfeffer.

Als Vorgericht beliebt ist natürlich **Bruschetta,** geröstete, mit einer Knoblauchzehe abgeriebene Brotscheiben mit Olivenöl, Salz und Pfeffer; mit einem Belag aus Tomaten- und Zwiebelwürfeln,

Pecorino

Der ursprünglich aus **reiner Schafmilch** hergestellte Käse wird in ganz Italien produziert, nur vier Regionen dürfen ihn allerdings mit dem Gütesiegel DOP – Denominazione d'Origine Protetta (geschützte Herkunftsbezeichnung) versehen, darunter die Toskana.

Der Käse wird in unterschiedlichen **Reifegraden** gehandelt, fast weich und mild als junger Käse mit weißer Farbe *(fresco)* oder bis zu ein Jahr alt, hart, gelblich und ungemein würzig, *stagionato.* Jung verspeist man ihn pur und mit Brot, alt und voller Geschmack seiner mehrmonatigen Reife als Würzkäse über Pasta und Suppen.

Pienza ist eine Hochburg der Pecorino-Herstellung, da die Milch der auf den kargen Hügeln der Crete Senesi die Gräser und Kräuter abweidenden Schafe als besonders aromatisch gilt. Die Käsereien von **Siena** produzieren ihn auch als *pecorino senese* mit einer roten Rinde (vom Einreiben mit Tomatenmark) und mit diversen Beifügungen von Gewürzen und Kräutern.

Trüffel satt!

Der Mugello und die Crete Senesi sind die Fundstätten des kostbarsten Aromas der Welt, der **Weißen Trüffel,** der besten und teuersten. Dort machen sich die Trüffelsucher mit ihren Hunden bei Nacht und Nebel auf den Weg in den Wald zu ihren geheim gehaltenen Plätzen und graben die Knolle aus dem Boden.

Trüffelfeste und -märkte gibt es in San Miniato (März), in San Giovanni d'Asso (November) und in Montaione (Oktober). Dann ist es für die Lokale dort Ehrensache, Trüffelgerichte auf die Karte zu stellen.

So manche Kenner können sich übrigens den Genuss der Kostbarkeit nur auf eine Art vorstellen: Das Weiße zweier Eier in einem kleinen irdenen Gefäß mit nur wenig Olivenöl (das tunlichst geschmacksneutral sein sollte) leicht stocken, die Eigelbe in die Mitte setzen, mit einer Prise Salz fest werden lassen, darüber dann die Trüffelscheibchen – noch dampfend servieren.

verfeinert mit Basilikum und Knoblauch, sind sie auch möglich. Die **Crostini,** ebenfalls geröstete Brotscheiben, versehen die Köche traditionell vor dem Rösten mit den unterschiedlichsten Belägen – der Fantasie und der Kunstfertigkeit sind hier keine Grenzen gesetzt. Am „ehrlichsten" sind sie z.B. mit einer Paste aus Hühnerleber (wie in Prato) oder aus Kalbsmilz (wie in Siena). Heute sind die Übergänge zwischen Bruschetti und Crostini übrigens fließend.

Eher eine Wintervorspeise ist die **Aufschnittplatte** – *all'italiano* – aus Würsten (u.a. Fenchelsalami – *finocchiona*) und Schinken (teils auch mit Hartkäse), garniert mit Oliven und sauer eingelegtem Gemüse. Weißes Brot oder Grissini (die knusprigen, portionsweise abgepackten Gebäckstangen) leisten ausgezeichnete Begleitdienste.

Frisch zubereitet ist die **Insalata di Mare** eine Köstlichkeit aus Muschelfleisch, Oktopus, Tintenfisch und Garnelen, verfeinert mit Fenchel, Tomaten und Petersilie (oder Basilikum), kalt oder lauwarm serviert. Hier ist der Brotkorb ebenso unabdinglich.

Büffetvorspeisen mit in Öl eingelegten Fischstücken, Gemüse und Pilzen gibt es in der Toskana traditionell eher nicht, wenngleich die Restaurants der größeren Touristenhotels an der Küste auch dies heute im Angebot haben.

Primo

Suppe und **Pasta** sind die Hauptvertreter des Erstgerichts. Die Nudeln allerdings tauchten irgendwann als neuere toskanische Errungenschaft auf, früher war die Suppe wichtigstes Bindeglied zwischen Antipasto und Secondo.

Ribollita ist eine Suppe, die als Resteverwertung entstand. Man legte eine Schüssel mit Brotscheiben aus, schöpfte Suppenreste vom Vortag darüber, bedeckte das Ganze dann mit Zwiebelringen und bräunte es im Ofen. Heute kommen auf die Brotscheiben in wechselnden Variationen Gemüse wie Grünkohl oder Wirsing, weiße Bohnen, Kartoffeln, Lauch, Sellerie, Möhren, Tomaten und Zwiebeln.

[>] Schmackhafte Meeresfrüchte, serviert in Livorno

Eine Abwandlung ist das **Acquacotta,** das „Gekochte Wasser“ aus der Maremma, ein Feldgericht der Cowboys *(butteri),* das sie aus Brotresten, Schweinespeck oder Stockfisch und allem, was sie unterwegs so fanden, auf offenem Feuer bereiteten: Löwenzahn, Brokkoli, Chicorée, Borretsch, Bohnen ...

Die **Cacciucco** stammt aus Livorno, eine Suppe mit Fischen, Muscheln und Krebsen. Hinein gehören nicht Edelfische, sondern Drachenkopf, Knurrhahn oder Katzenhai, dazu weiteres Meeresgetier und eine Menge Tomaten – mindestens jedoch je ein Vertreter von Kopffüßler (z.B. Tintenfisch), Muschel, Hai, Krebs und Rifffisch. Das Ganze wird auf einem Bett aus Brotscheiben angerichtet und – in Livorno zwingend – mit Rotwein genossen.

In Siena ist man auf die **Zuppa di Fagioli alla Senese** stolz. Weiße Bohnen kochen, bis sie fast zerfallen, währenddessen Kohl nicht zu fein wiegen und mit Karotten, Zwiebeln, Lauch und Sellerie anbraten. Petersilie, gehackte Tomaten, Basilikum und Schweinebauch hinzufügen und langsam köcheln. Die Hälfte der Bohnen pürieren und dann alles zusammenschütten und mit Pfeffer und Salz würzen. Teller oder Schüsseln mit Brotscheiben auslegen, die Suppe darüber und mit einem Spritzer Olivenöl abschließend verfeinern.

Außerdem steht natürlich die italienische Ursuppe, die **Minestrone,** auf vielen Karten. Die Kombinationen der Ingredienzen der dickflüssigen Gemüsesuppe sind so zahlreich wie die Haushalte der Toskana. Für die **Minestrone Lunigianese** aus Massa und Carrara weicht man über Nacht weiße Bohnen und Kastanien aus den Bergen ein und kocht sie fast bis zum Zerfallen. Mit gehacktem Speck, Zwiebeln, Sellerie und Karotten ergibt das eine ausgesprochen nahrhafte Speise, über die man noch Parmesan streut. Varianten enthalten zusätzlich

192t sk

Reis oder Nudeln, eindicken kann man sie statt der Kastanien natürlich auch mit Kartoffeln oder nur mit Bohnen.

Pasta mit Fisch, Fleisch oder Gemüse, nur mit frischen Edeltomaten oder mit Knoblauch, Olivenöl und Peperoncini, mit Sardinen und Fenchel oder mit Pinienkernen, Basilikum und Knoblauch – unendlich viele Variationen sind nicht nur vorstellbar, sondern einfach Realität. In welcher Region Italiens was wann und warum entstanden ist, lässt sich heute teilweise gar nicht mehr sagen, wenn nicht der Name es noch andeutet: Bolognese, alla Genovese, Napoletana. Am wichtigsten allerdings sind die Nudeln, sie müssen hausgemacht und frisch sein – *pasta fresca.* Nur dann nehmen sie ausreichend Aromen auf, um ein Pastagericht zum Erlebnis werden zu lassen. Und schließlich spielt auch noch die Form eine Rolle – keiner wird allerdings ernsthaft jede der über 500 Nudelformen einer speziellen Soße zuordnen. Faustregel: Dicke Soßen – dicke Nudeln, dünne Soßen – dünne Nudeln. Ein gutes Beispiel dafür sind die Pappardelle, die ein Traditionalist vorzugsweise mit Hasenragout bestellen sollte. Einzige toskanische Nudelspezialität sind die aus dem Val d'Orcia bei Montepulciano stammenden **Pici,** eine dickere Spaghetti-Variante, ideal für Pici d'Aglione mit Tomaten, Weißwein und sehr, sehr viel Knoblauch. Sonst noch gut zu wissen: Parmesan auf Pasta mit Fisch oder Meeresgetier geht gar nicht!

Auch der **Risotto** ist kein klassisches Gericht der Toskana, aber die Po-Ebene mit ihren ausgedehnten Reisanbauflächen ist ja nicht fern. Ein Risotto zuzubereiten, ist eine Wissenschaft für sich. *Mamma* zieht eine bestimmte Reissorte vor, benutzt zum initialen Andünsten von Zwiebeln und Reis Butter oder Olivenöl, löscht mit Gemüse-, Rinds- oder Hühnerbrühe ab (davor aber noch mit einem Gläschen Weißwein) und rührt – ganz wichtig (!) – den Reis immer nur in eine Richtung. Was hinein kommt? Fleisch vom Rind oder Huhn, Fisch oder Meeresfrüchte, Gemüse (z.B. Radicchio oder Spargel) oder Pilze (vorzugsweise am frühen Morgen in den Wäldern selbst gesammelt). Abschließend Parmesan hinzu und ein Stück kalte Butter für die Sämigkeit – die Familie dankt es. Weiß kann der Risotto sein, von Safran gelb, blutrot mit Tomaten oder vom Tintenfisch schwarz gefärbt.

Secondo

Fisch oder Fleisch! Besonders **Fleisch!** Die Toskana besitzt sogar eine eigene Rinderrasse, die Chianina-Rinder. Das **Bistecca alla Fiorentina** (→ Kasten „Chiana – ein Tal, ein Rind, ein Steak") ist ein Festtagsessen und beileibe nicht billig. Wer Fleisch liebt, wird aber dennoch zufriedengestellt, denn in praktisch jedem Lokal steht die **Tagliata** auf der Karte. Das dünn geschnittene und nur kurz gebratene Rindfleisch aus der Lende oder vom Filet auf einem Salatbett (meist Rauke) ist in der heißen Jahreszeit eine kalorienarme und leckere Hauptmahlzeit.

Beliebt ist auch **Schmorbraten,** der *brasato,* der in einer Kasserolle mit Gewürzen wie Rosmarin, Lorbeer und Fenchel stundenlang vor sich hin brutzelt und auch noch am nächsten Tag ausgesprochen lecker schmeckt. Rind, Kalb, Huhn und auch Wildschwein oder Kaninchen erhalten aber den richtigen Pfiff erst, wenn man sie beim Anbraten mit Chianti abgelöscht hat.

Innereien *(frattaglie)* sind ja nicht jedermanns Sache, werden von italienischen Köchen aber nicht ungern zu kulinarischen Sensationen hochgekitzelt: Nieren, Leber und natürlich die Kutteln – *trippa alla fiorentina.* Dafür köcheln die Kaldaunen mit Wurzelgemüse, Tomaten, Knoblauch und Weißwein zur perfekten Konsistenz und werden mit gerösteten Brotstückchen und mit Parmesan bestreut verzehrt.

Außerdem: **Grillwürste** *(salsicce)* in Begleitung von weißen Bohnen, **Spanferkel** *(maialino)* vom Spieß, **Porchetta** aus dem Ofen (mit Fenchel gewürzter und gerollter Schweinebauch, in Scheiben geschnitten und mit Brot gegessen).

Fisch gelangte früher nur direkt an der Küste auf die Tische, heute liefern die Kühlwagen auch ins Landesinnere, wobei die hohe Kunst der Zubereitung naturgemäß eher den Köchen am Meer obliegt. **Fisch im Salzmantel** *(pesce in crosta di sale)* ist eine simple (wenn auch zeitaufwendige) Garmethode, die den Eigengeschmack des Fisches bestens bewahrt. Ansonsten sind die Standards der italienischen Küstenküche im Angebot: Garnelen, Oktopus und Edelfisch vom Grill. Wer mehr erwartet, sollte bei **Baccalà alle Maremmana** unbedingt zugreifen – wenn er es denn auf der Karte sieht. Der Stockfisch, getrockneter Kabeljau, wird gewässert (eine wahrlich zum Himmel stinkende Angelegenheit), abgetrocknet, in Mehl gewälzt, angebraten, mit Zwiebeln, Knoblauch und Tomaten geköchelt, Petersilie drüber, Brot dazu und Wein ins Glas – rustikaler geht es nicht!

Beilagen

Beilagen *(contorni)* werden – soweit die Karte es nicht anders sagt – immer gesondert bestellt. Vielen Italienern reicht zu Fisch und Fleisch zusätzlich zum generell servierten Brot ein gemischter **Salat.** Im Gebirge werden zu Grillfleisch neben **Bohnen** auch gerne **Kastanien** serviert, gegart in einer Marinade aus Karotten, Zwiebeln, Thymian, Lorbeer und Knoblauch. **Spinat, Karotten** und auch **Fenchel** passen hervorragend zu Fischgerichten.

Vegetarisch

Vegetarier tun sich in Italien nie besonders schwer – schließlich gibt es auf fast jeder Karte ein paar Gerichte ohne Fisch und Fleisch, und fast überall die Pizzerie mit ihrer Auswahl an Belägen, die man sich selbst zusammenstellen kann. Wer aber mit Pizza und Pasta mit Gemüsesugos nicht auskommt, hat schlechtere Karten. Es gibt **nur wenige rein vegan oder vegetarisch** kochende Lokale – und die dann **nur in den großen Städten.**

Nachspeisen

Der **Castagnaccio alla Toscana** ist die vielleicht typischste Nachspeise. Die Torte backt man aus Kastanienmehl, Eiern, Rosinen, Walnüssen und Pinienkernen, ein wenig Olivenöl und einem Rosmarinzweig. Nach einem Stück ist man „kein-blatt-satt" – garantiert! Mit Früchten haben die **Pfirsiche aus Prato** – *pesche di Prato* – gar nichts am Hut. Es sind zwei mit Crème gefüllte und zusammengefügte Hefeteighalbkugeln. Die Apfelbäume des Garfagnana tragen hingegen tatsächlich etwas zu den **Apfelküchlein** *migliaccio Garfagnino* bei, mit Crème und karamellisierten Apfelschnitzen gefüllte Tartelettes. Passt nur noch wenig in den Magen, ist man vielleicht mit **Cantucci** zufrieden, einem beinharten Mandelgebäck, das man vorzugsweise mit Vin Santo vollgesogen (und damit weich geworden) verzehrt. Eine gute Alternative ist auch frisches **Obst.** Vor der **Eiskarte** der Restaurants sei gewarnt. In den meisten Fällen steht darauf nur industriell gefertigte Massenware (empfehlenswerte Eisdielen finden sich in den „Praktischen Informationen" der jeweiligen Ortskapitel unter „Essen und Trinken, Süßes").

Pizza

Unaufhaltsam war der Siegeszug der Pizza, des Teigfladens aus Neapel, den die Armen mit dem belegten, was sie gerade hatten. Doch erst einmal mussten deutsche Urlauber das Rezept mit nach Hause nehmen, mussten italienische Auswanderer ein paar Pizzerie in Deutschland eröffnen (die erste 1952 in Würzburg). Doch dann brach ein Sturm los. Die deutschen Touristen wollten auch im Urlaub immer mehr Pizza, die Italiener standen ihnen in nichts nach, und heute gibt es in der Toskana kein Dorf ohne Pizzeria, oder zumindest einer Trattoria, die auch Pizza auf der Karte hat. Warum die Langnudel, der zweite Protagonist italienischer Kulinarhegemonie, es nicht in gleichem Maß zu einem weltweiten Siegeszug der Spaghetteria gebracht hat – keiner weiß es.

Viele Lokale, besonders jene, die Wert auf Qualität legen und ihre Backöfen mit Holz beheizen, bieten nur abends Pizza an, das Anschüren mittags wäre zu aufwendig. Will man abends ausgehen und Pizza essen, kann man (muss aber nicht) auch eine Vorspeise bestellen. Teils sind die Sitzbereiche für Restaurant und Pizzeria unterschieden. Wer nur Pizza bestellt, von dem wird irgendwie schon erwartet, dass er sich – besonders zu Stoßzeiten – nicht festquatscht und beizeiten Folgegästen Platz macht.

Frühstück

Die *prima colazione* ist den Italienern keine besonders wichtige Mahlzeit. Ein Espresso oder ein Cappuccino, dazu ein Hörnchen – zu Hause oder am Bartresen. Im schlechtesten Fall wird das Hörnchen aus seiner Plastikummantelung gerissen, erinnert in der Konsistenz stark an Gummi, und seine Füllung stammt aus dem Nutellaglas; im besten Fall duftet es frisch gebacken, ist mit selbstgemachter Marmelade, mit Bitterschokolade oder Pudding gefüllt, und zerfällt in hauchzarte Blätter. Wer es herzhafter mag, dem bieten die meisten Hotels inzwischen ein Buffet mit Wurst, Käse und Panini.

Restaurant-Knigge

Man halte sich an die angegebenen **Restaurant-Öffnungszeiten,** auch wenn die Türe des Lokals schon offen steht. Häufig sitzt das Personal nämlich zusammen am Abendbrottisch, eine Zeit der Ruhe vor Beginn der hektischen Arbeit. Nur selten findet man ein Restaurant, das vor 19.30 Uhr (Ausnahme: Pizzerie) die Küche öffnet. Normale Öffnungszeit ist 20 Uhr, im Sommer teils sogar noch später.

In der Toskana sucht man sich seinen Tisch nicht selbst, sondern **lässt sich platzieren.**

Früher wurde es äußerst ungern gesehen (und konnte zu Anfeindungen führen), wenn sich Gäste nicht an die **Menüfolge** hielten (Antipasto, Primo, Secondo), sondern nur ein Hauptgericht orderten. Heute (mit den vielen US-Amerikanern, die sich zu zweit oder zu dritt ein Gericht teilen) wird es nicht mehr ganz so eng gehandhabt (bzw. hat man kapituliert). Zumindest mittags toleriert das Personal die Bestellung nur eines leichten Gerichtes.

Fast alle Restaurants verlangen eine **Gedeckgebühr** (*coperto,* 1,50–5 €, je nach Restaurantklasse, Brot ist enthalten). Ihre Höhe ist auf der Speisekarte ausgewiesen.

In seltenen Fälle steht dort auch, dass man das **Trinkgeld** *(servizio)* auf den Preis aufschlägt. Meist ist es jedoch enthalten. Dennoch sollte ein zusätzliches Trinkgeld in Höhe von 5–10 % des Rechnungsbetrages gegeben werden. Man lässt es bei Verlassen des Lokals **auf dem Tisch** liegen.

Gastronomietypen

Caffè/Bar

Der **klassische Treffpunkt zu jeder Tages- und Nachtzeit.** Man kehrt morgens für den Espresso ein, mittags für ein Sandwich und ein Glas Wein an der Theke, nachmittags für einen Espresso mit Grappa oder ein Eis, nach der Arbeit, um diese bei einem Cocktail zu vergessen, und am Abend, um Freunde zu treffen, mit denen man gemeinsam zum Essen geht. Nach dem Essen noch ein Digestif – natürlich in der Bar. Sie ist aus dem italienischen Leben nicht wegzudenken und für jeden erschwinglich. Keiner wird schräg angeschaut, wenn er nur ein Glas Mineralwasser schnell im Stehen an der Theke konsumiert. Wer sich setzt, für den wird es etwas teurer (jede Bar hat zwei Listen, die höheren Preise sind für die Gäste an den Tischen. Kaffee, Weine, Spirituosen, Snacks (süß oder salzig), Sandwiches, Toasts – all das ist erhältlich. Offen sind Bars von 6 Uhr morgens bis weit nach Mitternacht, abhängig von der Klientel, die dort ihren Stammplatz hat.

Tavola Calda

In den kleinen Räumlichkeiten – nicht selten ohne Sitzmöglichkeit, manchmal als Anhängsel einer Bar – wird gerade eben gereicht, was satt macht: auf die Schnelle, ohne kulinarische Ansprüche und Bequemlichkeit, mit günstigsten Preisen und oft durchgehend geöffnet.

Rosticceria

Dort, wo die Rosticceria nicht nur ein Hühnchengrill ist, kann sie zum **Gourmettempelchen** mutieren. Kleine und fantasievolle gegrillte oder frittierte Köstlichkeiten munden dann im Stehen oder auf dem Barhocker und sind vergleichsweise billig. Dann ist die Rosticceria auch mittags geöffnet, sie hat aber

Die Weine der Toskana

Text von **Erhard Arbogast,** www.arbovin-ea.de.

In den 1980er-Jahren konnte man in Florenz in einer „Fiaschetteria" **Chianti noch offen kaufen** – abgefüllt in die bastumwickelte „Fiasco", die fast kugelförmige Flasche. Den Korken ersetzte ein bisschen Paraffinöl auf dem Wein, das die Oxydation verhinderte. Vor dem Genuss saugte der beigefügte Strang Hanffasern das Öl auf.

Entwicklung des Weinbaus

Das Verschwinden des Offenweinverkaufs fällt etwa mit der Entstehung des Toskana-Bauernhof-Booms zusammen. Wegen der dortigen Landflucht standen viele Gehöfte leer, und die Deutschen kauften. Sie hatten die Toskana für sich entdeckt und die italienische Lebensweise mit gutem, einfachem Essen und Wein. Und im Weinbau gab es **revolutionäre Umwälzungen.**

Wein stieg vom täglichen, manchmal rustikalen Genussmittel zu einem Prestige- manchmal gar **Kultobjekt** auf. Möglich machten dies, neben dem veränderten Bewusstsein und der größeren Brieftasche der Konsumenten, eine ganze Reihe von Entwicklungen: Nicht nur der Offenweinverkauf verschwand allmählich, auch die über lange Zeit praktizierte Governo-Methode (Beifügung von Most).

Und die Einführung der **Denominazione di Origine Controllata (DOC) nach französischem Vorbild** führte Ende der 1960er Jahre zu einer klareren Identität der einzelnen Weingebiete. Die bessere Ausbildung der französischen Winzer und die Übernahme ihrer modernen Methoden brachten sorgfältiger hergestellte und damit qualitativ bessere Weine hervor. Zwar wurden in dieser Zeit – in direktem Widerspruch zu den neuen Regeln der DOC – auch Anpflanzungen internationaler Rebsorten wie Cabernet Sauvignon und Merlot vorangetrieben. Deren kolossaler Erfolg trug jedoch wesentlich zum Renommee der toskanischen Weine bei.

1968 war der erste Jahrgang des Kultweins Sassicaia, den Marchese *Mario Incisa della Rocchetta* bei der Ortschaft Bolgheri kommerzialisierte. Und die *Antinori* von San Casciano in Val di Pesa lösten sich ebenfalls von den traditionellen Rebsorten und brachten sehr erfolgreich Weine wie den Tignanello und Solaia heraus, auch sie stark vom Cabernet Sauvignon geprägt.

All dies brach mit alten Traditionen, und eine Zeit lang bestand die Gefahr, dass zugunsten einer Internationalität Typisches verloren gehen könnte. Doch heute lässt sich sagen, dass die Toskana (zusammen mit dem Piemont) die **besten Weine Italiens** produziert, und dies sowohl aus der indigenen Sangiovese-Traube als auch aus Cabernet Sauvignon, Merlot und Chardonnay – und sie müssen keinen internationalen Vergleich scheuen.

So, wie die Preise der Immobilien in dieser Zeit gewaltig anzogen, stiegen allerdings auch die der Weine – ganz an der Spitze die der sogenannten „Super-Tuscans". Und plötzlich reichte es auch nicht mehr, nur ein Häuschen in der Toskana zu besitzen. Reiche Industrielle aus Italien, der Schweiz, Deutschland und anderen Ländern investierten in Land und Weingüter.

Etrusker, Römer und die Mönche

Dabei hatten die **Etrusker** vor mehr als 2500 Jahren mit ihrem Weinbau nur im Sinn, fröhliche Trink- und Essgelage zu begehen (und verewigten dies auf Vasen, Amphoren und mit Grabmalereien). Auch den **Römern** waren Wein und Weinbau wichtig. *Plinius* und *Columella* beschrieben in ihren Werken nicht nur bestimmte Weingebiete und Rebsorten, sondern auch Anbau und Weinbereitung. Mit dem Niedergang des Römischen Reiches begann der Zerfall der geordneten Weinwirtschaft der Antike. Erst mit der Errichtung der **Klöster** um die Jahrtausendwende und deren systematischeren Landwirtschaft kam es wieder zu einem strukturierterem Weinbau, z.B. in der Badia a Coltibuono („Abtei der guten Ernte"), die heute noch exzellente Chianti Classico, Chianti Classico Riserva und einige andere Weine produziert.

Weinberge als Teil der toskanischen Gartenlandschaft

Der Weinbau in der Toskana war viele Jahrhunderte lang Bestandteil eines **gartenähnlichen Mischanbaus,** der Teile der Region heute noch prägt. Die zu Zeiten des Feudalismus bis ins 19. Jh. in Halbpacht arbeitenden Bauern versuchten dadurch, Missernten auszugleichen und zugleich autark zu sein, da ihnen der Zugang zu städtischen Märkten verwehrt war. Die Feudalherren hingegen konnten ihren Anteil in den Städten verkaufen, wurden reich und erwarben über die Jahrhunderte riesige Ländereien – die heute noch in Besitz der großen Adelsgeschlechter des Weingeschäfts stehen. Der bäuerliche Mischanbau führte im Norden um Florenz, in den Ausläufern des Apennin und im Chianti zu wunderschönen Landschaften mit zypressenbestandenen Hügeln. Ganz anders wirken die weiten, hügeligen Lehmfelder der Crete, auf denen „nur" Weizen wächst, oder die weiten Ebenen der Maremma, bis vor 100 Jahren noch malariaverseuchte Sumpflandschaft. Und doch sind es gerade diese Gebiete südlich von Siena, die heute dem Chianti den Rang abzulaufen versuchen: mit Vino Nobile di Montepulciano, Brunello di Montalcino, Bolgheri und Morellino di Scansano, und es kommen immer neue hinzu.

Die Neuzeit beginnt mit Cosimo III.

Schon 1716 hatte *Cosimo III.* für den Chianti Classico eine gesetzliche Festlegung mit Gebietsgrenzen, zugelassenen Rebsorten und Regeln für An- und Ausbau getroffen. Auch wenn dieser Erlass wohl in erster Linie dem Schutz seiner eigenen Weinberge diente, zeichnete es doch den Weg vor: **Gesetzliche Regelungen** zu Abgrenzung der Weingebiete in Abhängigkeit von Geologie, Klima, Rebsorten und Vinifikation.

Das führt – wenn auch nicht immer – zu sogenannten **Terroirweinen,** zu Weinen mit Identität, Typizität und Wiedererkennbarkeit. Sie rechtfertigt die Vermarktung der Weine eines Gebiets in einer eigenen DOC. Italien übernahm hierfür das System der geschützten Ursprungsbezeichnung, wie Frankreich es in den 1930er Jahren entwickelt hatte; es ist heute auch die Grundlage der verbindlichen EU-Regelungen.

2013 feierte der DOC sein 50-jähriges **Jubiläum.** Unter den ersten Weinen, denen diese Klassifizierung zuerkannt wurde, befand sich der **Chianti Classico.** Er war auch wieder unter den ersten, denen man eine italienische Sonderform der geschützten Herkunftsbezeichnung gewährte, die **DOCG** (kontrollierte und garantierte Ursprungsbezeichnung). Man kann sich mit Recht fragen, was dieses „G" für „garantiert" bedeuten soll. Auslöser war jedoch sicherlich die Tatsache, dass die Italiener im Übereifer eine Vielzahl an DOCs aus dem Boden stampften, mit Weinen höchst unterschiedlicher Qualität. Von diesen sollten sich besonders gute Gewächse, wie der Brunello, der Chianti Classico oder der Vino Nobile di Montepulciano unterscheiden.

Tradition versus Internationalität

Bald wurde jedoch deutlich, dass die Regeln der DOC zu **Einschränkungen** führten, denen sich nicht jeder Winzer beugen wollte. Ein Konflikt entzündete sich an der Verwendung internationaler Rebsorten, insbesondere des Cabernet Sauvignon (was die Richtlinien verboten). Die Folge war, dass einige der besten toskanischen Tropfen als Tafelwein (Vino da Tavola) in den Verkauf gelangten: Sassicaia, Solaia, Tignanello und weitere sogenannte Super Tuscans. Deren Preise lagen allerdings nicht selten ein Vielfaches über dem der DOC- oder auch DOCG-Weine. Da man aber gebietstypische, qualitativ hochwertige Weine, an die ein Konsument bestimmte Erwartungen an Geschmack, Haltbarkeit etc. knüpfen kann, auszeichnen wollte, änderte man schließlich 2009 die DOC-Regelungen für besonders markante Weingebiete wie das von Bolgheri.

Weinvielfalt

In der Toskana werden heute **Rot-, Weiß-** und **Roséweine** produziert sowie in einigen wenigen DOC-Gebieten sogar flaschenvergorener **Sekt.** Mehr als **70 Rebsorten** sind als geeignet zugelassen. Der Ausbau erfolgt in Stahltanks und in Holzfässern unterschiedlicher Größe (meist als trockener Ausbau, allerdings existieren auch halbsüße und süße Weine). Berühmt ist der **Vin Santo.** Eine ganze Reihe von DOCs und IGTs haben hierfür Produktionsregeln aufgestellt. Für den Vin Santo Toscano werden Weißweintrauben auf Gestellen oder Dachsparren zum Trocknen gehängt und dann gepresst und vergoren. Dies ergibt – je nach Ausgangsmaterial – trockene, halbtrockene oder süße Dessertweine. Gerne reicht man dazu Cantucci, das traditionelle, harte Mandelgebäck. Eine Besonderheit stellt der **Occhio di Pernice** dar, ein Vin Santo aus dunklen Rebsorten, der meist aus Sangiovese, hergestellt wird (u.a. von Avignonesi, www.avignonesi.it/de).

[>] Enoteca in Montalcino

Weinhierarchie

Vino da Tavola

Die qualitative Einstufung der Weine erfolgt auf drei Ebenen. Die unterste Ebene bilden die Weine mit der Bezeichnung „Vino da Tavola" (Tischwein). Auf dem Etikett können Jahrgang und/oder Rebsorte angegeben sein, die Weinbezeichnung enthält aber keine geografischen Bezüge, er kann auch also aus mehreren Gebieten oder Anbauzonen stammen. Außer lebensmittelrechtlicher Aufsicht unterliegen diese Weine keinerlei Qualitätskontrolle, ihre Güte hängt ausschließlich vom Erzeuger ab.

Indicazione Geografica Tipica/Protetta (IGT/IGP)

Die zweite Qualitätsebene umfasst Weine mit geschützter Ursprungsbezeichnung. In der Toskana existieren sechs IGT-Gebiete. Im Rahmen der gesetzlichen Bestimmungen sind ihre Grenzen festgelegt, die Rebsorten, die verwendet, und die Art der Weine, die produziert werden dürfen. Weitere Regelungen sind u.a. Alkoholgehalt und Form der Vinifizierung. Im Gegensatz zu den Weinen aus DOC-Gebieten ist meist die Verwendung einer Vielzahl an Rebsorten, insbesondere auch internationaler Sorten, erlaubt. Qualität und Typizität hängen stark vom Winzer ab, weil zwar die Einhaltung der Vorschriften überwacht wird, darüber hinaus jedoch keinerlei Qualitätskontrolle (beispielsweise durch eine organoleptische Prüfung) stattfindet. In dieser Kategorie findet man nichtsdestotrotz oft erstaunlich gute Weine zu moderaten Preisen. Außerdem gibt es den Super-Tuscans-Effekt: Nominal kleinere Qualitätsstufe, aber qualitativ herausragender Wein. Beispiele sind Tenuta di Bisenzo mit großen Weinen nach Art der Bordeauxweine und Tenuta Campo di Sasso mit hohem Syrah-Anteil. Beide Güter liegen bei Bibbona nur knapp außerhalb des Bolgheri-Gebiets, das bisher nicht als Weingebiet in Erscheinung getreten ist und dementsprechend auch – noch – keine Regelungen besitzt.

DOC oder DOCG-Weine: Denominazione di Origine Controllata (e garantita)

Der Wunsch vieler Weingebiete, in die erste Liga aufzusteigen, traf auf die Regelungsbereitschaft (oder -wut) der römischen Bürokratie, mit der Folge, dass eine Vielzahl an DOCs entstand. Nicht immer werden sie diesem Anspruch bedeutungsmäßig und qualitativ gerecht. In Italien gibt es heute über 350 Weingebiete mit DOC-Status und über 70 mit DOCG. In der Toskana tragen 39 Weingebiete die DOC-, elf die DOCG-Bezeichnung. Wie bei den IGT-Weinen sind detailliert Gebiet, Rebsorten, Weinbereitung und Lagerzeiten in Fass und Flasche vorgeschrieben. Häufig sind nur die einheimischen Rebsorten, ausschließlich oder mit einem hohen Anteil, zugelassen.

195tsk

Riserva, Superiore und Gran Selezione

Diese Kategorien sind spezielle Einstufungen vornehmlich auf dem Gebiet des Chianti Classico. Bei den **Riserva** handelt es sich oft um die besten Partien einer Ernte. Die vorgeschriebene Ausbau- und Lagerzeit ist länger als bei den als „Annata"-Weine bezeichneten normalen Chiantis. Die Hektarerträge liegen niedriger.

Seit 2011 gibt es über diesen Weinen noch die Krönung: **Gran Selezione.** Hier wurden Hektarerträge nochmals (leicht) reduziert und die Ausbau- und Lagerzeiten gegenüber den Riserva-Weinen um sechs Monate auf 30 Monate verlängert. Nachdem die ersten Weine verkostet werden konnten, hat sich die Furcht, dass diese Kategorie zu einem Qualitätsabfall bei Riserva- und Annata-Weinen führt, nicht bestätigt.

Die **DOCG Chianti Superiore** ist eine weitere Besonderheit. Eine etwas systemwidrige Weinkategorie, die nicht geografisch definiert ist: Diese Trauben können aus allen Unterzonen außerhalb des Chianti Classico kommen. Die vorgeschriebene Lagerzeit ist etwas kürzer, ansonsten ist die Hauptrebsorte, wie sonst auch, die Sangiovese-Traube.

Die Weingebiete

Im Folgenden eine **Übersicht** über die wichtigsten Gebiete. Die Preisspannen sollen einen Eindruck des **mittleren Preisniveaus** vermitteln (was nicht heißt, dass es nicht auch ordentliche Weine für weniger Geld gibt). Die angegebenen **Referenzweine** sind typisch und repräsentativ für das jeweilige Gebiet. Wer mehr Tipps und Informationen möchte, dem sei insbesondere das Buch von *Stefan Maus* empfohlen: „Italiens Weinwelten". Sehr empfehlenswerte, komplette und präzise Informationen zu den einzelnen Gebieten findet man auf www.quattrocalici.it.

Chianti

Auch wenn er ziemliche Konkurrenz bekommen hat, der Chianti ist flächenmäßig und vom Bekanntheitsgrad immer noch der **wichtigste Wein der Toskana.** Als „Tschiantiwein" besungen, lange mit dem Fiasco assoziiert, der bastumflochtenen Flasche mit einem alten Florentiner Maß, hat er sich seit seiner ersten Erwähnung im 14. Jh. über alle Wirren, Krisen und Veränderungen erhalten.

Dabei wurde das allgemeingültige **„Rezept"** für den Chianti erst Mitte des 19. Jh. von Baron *von Ricasoli* nach langen Versuchen aufgestellt: 80 % **Sangiovese,** 20 % andere Sorten (meist **Canaiolo** und **Colorino**). Auch Weißweintrauben waren erlaubt, werden heute aber nicht mehr beigemengt. Auch der „Governo", der beim Wein durch Beifügung rosinierter Trauben nach der ersten Gärung eine weitere auslöst, die ihn „süßer" und „geschmeidiger" macht, wird praktisch nicht mehr angewandt. Dies hat die Weine gewichtiger werden lassen. Zwei weitere (eigentlich gegenläufige) Änderungen haben dann dazu geführt, dass die Chianti in die Spitzenklasse der italienischen Weinhierarchie rückten: Es wurde zugelassen, dass auch Weine mit 100 % Sangiovese unter die DOC-Regelungen fallen, und es wurden im Rahmen der 20 % Fremdtrauben auch internationale Rebsorten zugelassen (wie Merlot oder Cabernet Sauvignon). Generell gilt, dass die Sangiovese-Traube reinsortig ganz hervorragende, typische Weine ergeben kann, die Zugabe anderer, insbesondere internationaler Rebsorten dem Chianti aber seine Typizität und Besonderheit nimmt.

Das **Chianti-Gebiet** erstreckt sich von Pistoia im Norden in drei großen Strängen nach Süden bis Arezzo im Osten, in der Mitte bis fast zum Monte Amiata und bis auf die Höhe von Cècina im Westen. Ein so großes Gebiet mit unterschiedlichen Böden und Klimata bringt zwangsläufig auch sehr unterschiedliche Weine hervor. Es ist deshalb zwischenzeitlich aufgeteilt in **acht Unterzonen:** Chianti Classico, Colli Aretini, Colli Fiorentini, Colli Senesi, Colline Pisane, Montalbano, Montespertoli und Rufina.

Chianti Classico

Das Gebiet mit der längsten Tradition und den besten Weinen ist das Chianti Classico, südlich von Florenz in den Monti del Chianti und bis an die Tore Sienas reichend. Das Erkennungszeichen ist die **Banderole mit dem schwarzen Hahn** (Gallo Nero) des sehr rührigen Consorzio del Chianti Classico. Es hat mit einer ganzen Reihe an Maßnahmen die Qualität der Chianti-Classico-Weine in den letzten 30 Jahren erheblich verbessert. Erwähnenswert ist das „Chianti Classico 2000 Projekt", bei dem seit 1987 Weinberge vor einer Neuanpflanzung untersucht werden, um Anbaumethoden (Rebmaterial, Wurzelstöcke, Rebdichte) und Pflege (Rebschnitt, Ertragsreduzierung etc.) qualitativ zu optimieren.

Die besten Rotweine zeichnen sich durch eine schöne rubinrote Farbe aus, sie haben einen angenehmen Duft mit einem Hauch Bittermandel. Im Mund sind sie gut strukturiert, eher elegant

324t sk

mit einem Abgang mit leichten Bittertönen, etwas Tannin und viel Frucht. Riservas mit einer vorgeschriebenen Lagerzeit von mindestens zwei Jahren geraten durch das meist bessere Lesegut und den anderen Ausbau in der Regel etwas voller, runder, reifer.

Referenzwein: Isole e Olena Chianti Classico.

Chianti Rufina

Die Weine aus dem Chianti Rufina weisen eine ähnliche Qualität wie die Chianti Classico auf und sind im Geschmack vielleicht etwas straffer. Dagegen herrschen in den anderen Unterzonen eher leichte, frische Rotweine auf Sangiovese-Basis vor. Allen ist jedoch eigen, dass sie ganz hervorragend zu toskanischen **Speisen** passen: Kaninchen mit Knoblauch, Olivenöl und Rosmarin; Perlhuhnbrust oder eine Bistecca Fiorentina, zu der es aber gerne auch ein etwas kräftigerer Chianti-Vertreter sein darf.

Referenzweine: Fattoria Selvapiana Chianti Rufina und Azienda Agricola La Querce Chianti Colli Fiorentini.

Off-Chianti Weine

Nicht unerwähnt bleiben dürfen die Weine, die im Chianti, speziell im Chianti-Classico-Gebiet produziert werden, aber nicht zu den Chiantis zählen, weil ihr Anteil an internationalen Rebsorten zu hoch ist oder sie überhaupt keinen Sangiovese enthalten. Nichtsdestotrotz sind es große (und teure) Weine, die von bekannten Winzern produziert werden: **Solaia** und **Tignanello** von den Marchesi *Antinori* oder **Mormoreto** von den Marchesi *dei Frescobaldi.*

Preisspanne der Chianti

Die Preisspanne bei Chianti und Chianti Classico ist, der Vielfalt geschuldet, relativ groß: ordentliche Chianti bekommt man ab 8 €, Chianti Classico 10–29 €, Weine aus 100 % Sangiovese sind zum Teil erheblich teurer; Chianti Superiore 10–15 €, Riserva 19–29 €, Gran Selezione über 30 €.

Vino Nobile de Montepulciano

Dieses Gebiet, südöstlich von Siena fast an der Grenze zu Umbrien, hat ebenfalls eine DOCG (nicht zu verwechseln mit dem Montepulciano d'Abruzzo, ein eher einfacherer Wein). Der Vino Nobile besteht, wie seine Brüder aus dem Chianti oder Montalcino, hauptsächlich aus **Sangiovese** (Prugnolo gentile – ein Klon). Die mindestens 70 % können durch klassische Rebsorten wie z.B. **Mammolo, Cannaiolo** oder **Colorino** ergänzt werden, aber auch mit **Merlot.** Die Tuffböden und die etwas andere Sortenzusammensetzung verleihen dem Wein einen besonderen Charakter. Er wirkt ruhiger, ausgeglichener, nicht so extrovertiert wie seine Brüder. Oft zeichnen sich diese Weine durch einen besonderen Duft aus. Preisspanne 15–23 €.

Referenzwein: Poderi Boscarelli, www.poderiboscarelli.com

Cortona

Nicht wenige Winzer aus Montepulciano haben Land um Cortona gekauft und dort Weinberge angelegt. Die DOC lässt relativ **viele Rebsorten** zu, darunter auch sehr viele erfolgreiche internationale Sorten; bei den Weißweinen z.B. Chardonnay und Sauvignon Blanc, bei den Rotweinen Syrah, Cabernet Sauvignon und Merlot. Die Weine werden jedoch aufgrund der Anstrengungen der Winzer immer besser. Preise zwischen 10 und 40 €.

Referenzwein: Tenuta La Braccesca (Antinori), www.antinori.it/de/passione-in-evoluzione/la-braccesca.

◁ Weinverkostung bei Arezzo

Brunello di Montalcino

Die Weine aus Montalcino gehören zu den berühmtesten in Italien. Das Weingebiet liegt südlich von Siena rund um Montalcino etwa auf gleicher Höhe wie Montepulciano (aber etwas weiter westlich). Der Brunello ist das Resultat sorgfältiger Untersuchungen und Experimente des Apothekers *Clemente Santi*. Er und seinen Nachkommen vom Weingut Il Greppo Biondi-Santi gelang es, die Erkenntnisse weitgehend geheim zu halten, und bis Ende des Zweiten Weltkriegs wurden nur vier – allerdings legendäre – Jahrgänge von Biondi-Santi in Flaschen abgefüllt.

Ansonsten bauten einige Bauern Wein an, zogen ihn jedoch nicht auf Flaschen. Durch die Reblausplage in den 1930er Jahren und die Folgen des Krieges kam die Weinproduktion fast völlig zum Erliegen. 1968 gab es 13 Winzer, die 50 ha Rebland bewirtschafteten. Die Abwanderung der Landarbeiter in die Städte ließ ganze Landstriche veröden. Doch dann gründeten zwei US-Importeure Castello di Banfi und erwarben riesige Ländereien. Auch Großkonzerne wie Cinzano oder die *Antinori* kauften große Flächen und legten neue Weinberge an. Heute stehen mehr als 1500 ha für den Anbau von Brunello zur Verfügung. Das relativ kleine Anbaugebiet besteht aus sehr **unterschiedlichen geologischen** und auch **klimatischen Zonen.** Die Ausweitung der Rebflächen führt deshalb zu unterschiedlichen Weinen. Generell brauchen die Weine im kühleren Nordteil länger zum Ausreifen, sind in der Regel etwas karger und benötigen längere Flaschenreife. Im südlichen Teil entstehen oft schmeichlerischere Weine, die Blütenduft bereits in jungen Jahren verströmen und **früher und leichter zugänglich** sind.

[>] Montemassi: Sanfte Hügel und Reben bis zum Horizont

Der Brunello di Montalcino besteht zu 100 % aus einem **Sangiovese-Klon** namens „Brunello" oder „Sangiovese Grosso". Er muss vier (Riserva fünf) Jahre gelagert werden, davon zwei Jahre im Holzfass. Die Weine sind sehr lagerfähig und gewinnen mit dem Alter. Ein reifer Brunello aus einem guten Jahr ist ein Genuss, und das Gericht der Wahl sind Pappardelle mit Ragù vom Wildschwein oder ein Schmorgericht vom Wildschwein in Rotwein-/Rosmarin-Soße. Aber auch eine Bistecca mit Steinpilzen oder ein Stück reifer Parmesan begleiten diese Weine ganz vorzüglich. Preisspanne 19–45 €.

Referenzweine: Tenuta Il Poggione Brunello und Brunello Riserva, www.tenutailpoggione.it.

Rosso di Montalcino und Sant'Antimo

Weniger Geld hinblättern muss man für einen Rosso di Montalcino. Im Prinzip ein kleiner Brunello mit kürzeren Ausbauzeiten und in der Jugend bereits zugänglich. Die DOC Sant'Antimo, nach der wunderschönen und traumhaft gelegenen romanischen Abtei mit ihren Alabastersäulen benannt, bietet den Winzern die Möglichkeit, auch andere Rebsorten als Sangiovese zu verwenden. Preisspanne 12–20 €.

Referenzwein: Tenuta Il Poggione, www.tenutailpoggione.it.

Morellino di Scansano

Dieses DOCG-Weingebiet liegt in den ehemaligen Sumpflandschaften der Maremma. Auch wenn die Etrusker Teilerfolge bei deren Trockenlegung erzielten, gelang es doch erst im 19. Jh., die Sümpfe endgültig urbar zu machen. „Morellino" ist eine andere Bezeichnung für die **Sangiovese-Traube,** und wie im Chianti dürfen andere Traubensorten zugegeben werden (max. 15 %). Die größere Hitze und die lehmigen Böden ergeben jedoch einen Weintyp, der **fülliger** ist, mit mehr **Frucht, Würze und Kraft.** Auch wenn er nicht die Eleganz eines Chianti Classico besitzt, ist es doch ein Wein, mit dem man sich schnell anfreunden kann und ein wunderbarer, unkomplizierter Essensbegleiter, durchaus zu kräftigen Fleischgerichten oder gereiftem Käse. Der Preis für guten Morellino liegt bei 8–15 €.

Referenzwein: Podere 414, www.podere414.it.

Bolgheri

Wenige Kilometer abseits der Küste und der Via Aurelia liegt das mittelalterliche Dörfchen Bolgheri und hat diesem besonderen Weingebiet der Toskana seinen Namen gegeben. Ohne Tradition oder die lange Geschichte des Chianti Classico geht dieses Weingebiet allein auf die Vorliebe eines einzigen Mannes zurück. **Marchese Mario Incisa della Rocchetta,** ein Liebhaber von Bordeauxweinen, pflanzte 1942 zunächst einen Hektar Cabernet Sauvignon auf dem Familienweingut San Guido. Dieser Wein wurde halb italienisch *(governo),* halb französisch *(barriques)* vinifiziert und erwies sich in der Folge als netter Spaßwein, aber überzeugte den Marchese nicht übermäßig. Er wandte sich lieber anderen landwirtschaftlichen Produkten und der Zucht von Rennpferden zu. Einige Jahre später probierte er mit kundigen Freunden die aus jedem Jahrgang aufgehobenen Weine. Trotz deren rustikaler Machart stellten sie fest, dass die gereiften Weine sehr wohl Potenzial hatten. Das entfachte sein Interesse neu, und er erweiterte die Anlage von Weinbergen mit Cabernet-Sauvignon-Reben in einem Gebiet namens **Sassicaia.** Dies aber immer noch nur für den Eigenkonsum. Erst *Piero Antinori,* der junge Neffe des Marchese, überzeugte ihn, den Wein zu vermarkten. Mit fachkundiger Unterstützung durch *Antinori* und französische Weinberater wurde die Weinbereitung umgestellt und 1968 der ers-

197t sk

te Jahrgang abgefüllt. Die 7300 Flaschen des Sassicaia 1968 waren schnell verkauft und erhielten von italienischen Fachleuten überschwängliches Lob. Den 1972er kürte das renommierte britische Weinmagazin „Decanter" aus einer Vergleichsprobe mit 34 Spitzen-Cabernets aus aller Welt zum besten Wein. Damit gehörte er zu den **gesuchtesten und teuersten Weinen Italiens.**

Die italienische **Bürokratie** hatte damit jedoch größere Probleme, denn er führte die bestehenden Regelungen (DOC; DOCG) ein Stück weit ad absurdum. Der beste und teuerste Rotwein Italiens bestand aus nicht zugelassenen Rebsorten und wurde in der untersten Qualitätskategorie als „Vino da tavola" geführt. Immerhin dauerte es mehr als 20 Jahre, bis sich das italienische Weinrecht der Realität anpasste und dem Weingebiet „Bolgheri" die DOC zuerkannte. Den besonderen Verdiensten des Marchese *Incisa della Rocchetta* wurde dadurch Rechnung getragen, dass er für seinen Wein eine eigene DOCG bekam, die DOC „Bolgheri Sassicaia".

Inzwischen ist Sassicaia bei Weitem nicht mehr alleine. Rund **40 Weingüter** produzieren mehr als **180 Weine.** Weine mit dem Zusatz „Superiore" unterliegen den gleichen Regeln, der gesetzlich zulässige Höchstertrag ist jedoch um 10 % niedriger. Mit dem **Masseto** ist dem Sassicaia ein ebenbürtiger Kontrahent erwachsen, er streitet mit dem großen Château Petrus aus Pomerol um die Spitzenposition bei den Merlot-Weinen. Die Preise dieser Bolgheri-Weine liegen im dreistelligen Bereich für eine Flasche. Unter 50 € sind die Weine der anderen Weingüter nicht zu haben, und Zweitweine kosten immer noch 20 €. Seit rund 15 Jahren ist in Bolgheri auch der Weißwein auf dem Vormarsch. Hauptrebsorte ist dabei die italienische Vermentino, oft ergänzt durch Sauvignon Blanc.

Referenzweine: Die im Text genannten, dazu noch Tua Rita und Grattamacco, www.collemassari.it.

Montecucco Sangiovese

In einem aufstrebenden Anbaugebiet, das südlich an Montalcino anschließt und bis an das des Morellino di Scansano reicht, wird ein ordentlicher **Rotwein** hergestellt, der zu mindestens 90 % aus **Sangiovese** und zu 10 % aus anderen einheimischen, **dunklen Rebsorten** hergestellt wird. Vom Typus dem Morellino ähnelnd, fehlt es bisher allerdings an ausreichend vielen Produzenten, die das Potenzial voll ausschöpfen. Preisspanne 9–13 €.

Referenzwein: Campi Nuovi, www.campinuovi.com.

Val di Cornia Rosso und Suvereto

Val di Cornia liegt zusammen mit dem Suvereto südlich von Bolgheri, direkt gegenüber von Elba. Zugelassen für den Rotwein sind **Sangiovese** (mind. 40 %), **Cabernet Sauvignon** und **Merlot** (zusammen oder einzeln max. 60 %) sowie andere toskanische Rotwein-Rebsorten. Die Weine kosten um 10 €.

Suvereto-Rotweine können zu 100 % aus **Cabernet Sauvignon** und/oder **Merlot** bestehen, sie dürfen jedoch auch mit anderen toskanischen Rebsorten verschnitten werden (max. 15 %). Die Weine sind vom Typ verwandt mit denen von Bolgheri, erreichen aber nicht deren Klasse, preislich liegen sie zwischen 15 und 20 € oder darüber.

Referenzwein Val di Cornia Rosso: Gualdo del Re Eliseo, www.gualdodelre.com.

Referenzwein Suvereto: Petra, www.petrawine.it.

[>] „Generationentreff" der Weine

198t sk

Vernaccia di San Gimignano

Aus San Gimignano stammt der **berühmteste Weißwein der Toskana** (der „Pomino" mit einer eigenen DOC aus dem Rufina-Gebiet und ein paar andere mögen diese Einschätzung verzeihen). Bereits seit 1276 gibt es ihn, und es ranken sich viele Geschichten und Anekdoten um ihn: Papst *Martin IV.* legte die von ihm geliebten Aale am liebsten in Vernaccia ein. Ein solches Mahl wurde ihm dann auch zum Verhängnis, was zu erheblichem Spott führte. *Dante* in seiner „Göttlichen Komödie" lässt den Verblichenen für seine Völlerei im Fegefeuer büßen: „... und der Große daneben, mehr als andre mager zwar, hielt einst die Kirche auf dem Schoße. Er stammt aus Tours und büßt mit strengem Fasten die Aale aus Bolsena und den Vernaccia."

Vernaccia di San Gimignano war der erste Wein, der eine DOC erhielt (1966). Heute ist ihm aus vielen anderen Gebieten große Konkurrenz erwachsen, was seiner Popularität etwas geschadet hat. Nach wie vor entstehen aber aus der Vernaccia-Traube gute, **sehr aromatische** Weißweine mit Frische und Länge. Preisspanne 6–9 € (Spezialcuvées 13–15 €).

Referenzwein: Terruzzi & Puthod, www.teruzzieputhod.it/de.

Maremma Vermentino

In Ligurien und Sardinien wird die **Weißweintraube Vermentino** schon lange erfolgreich angebaut. Inzwischen wird aber auch in der Maremma, insbesondere in Küstennähe entlang der Via Aurelia, diese Rebsorte vermehrt kultiviert, oft an Lagen, die vorausschauende Winzer trotz der bislang dort angesagten Rotweinsorten bepflanzt haben. In der mit Weißweinen ansonsten nicht besonders gesegneten Toskana eine wunderbare Sache. Diese Weine passen in ganz besonderer Weise zu gegrilltem Fisch oder Meeresfrüchten. Preisspanne: 10–20 €

Referenzwein: Derzeit gibt es noch keine fassbare Qualitätshierarchie.

Colli di Luni

Ganz im Nordwesten der Toskana, angrenzend an Ligurien, wird Rot- und Weißwein produziert. Meist wird dieses Gebiet zu Ligurien gerechnet, wohl weil der namensgebende Ort auf der ligurischen Seite liegt, unmittelbar neben einer sehr sehenswerten Ausgrabungsstätte der römischen Stadt Luna und ganz in der Nähe der Marmorsteinbrüche von Carrara. Insbesondere der **Weißwein** aus der Vermentino-Traube von hier ist sehr empfehlenswert. Preise für Vermentino um die € 10.

Referenzwein: Cantina Lunae, www.cantinelunae.it.

Weinkauf vor Ort

Viele **Weingüter** haben ihre Keller für den direkten Verkauf geöffnet. Meist kann man die Weine auch **probieren.** Je nach Weingut geschieht dies in einer eher rustikalen Umgebung, nicht selten gibt es jedoch auch Weinprobier-„Stuben", die sehr elegant und mit italienischem Design-Geschmack ausgestattet sind. **Preislich** darf man allerdings nicht erwarten, dass man wesentliche Einsparungen gegenüber den Preisen eines seriösen Händlers in Deutschland herausholen kann.

Auch ist es nicht jedermanns Sache, erst einige Weine des Winzers zu probieren und ihm dann zu sagen, dass man lieber woanders kaufen möchte. Eine sehr segensreiche Einrichtung für solche Fälle sind deshalb die **Enoteche,** die es in vielen Weinorten gibt und die die Weine teilweise zu Erzeugerpreisen anbieten. Auch kann man hier vergleichend diverse Weine probieren, wird beraten, und nicht selten gibt es dazu auch ordentliche lokale Kost, Olivenöl und andere Spezialitäten. Hier eine kleine Auswahl:

- **Enoteca di Consorzio del Vino nobile di Montepulciano:** Alle Weine der im Consorzio zusammengeschlossenen Winzer können probiert und gekauft werden. In der Fortezza, www.consorziovinonobile.it.
- **Enoteca Falorni in Greve:** Ein Ableger der berühmten Metzgerei gleichen Namens und mit einem riesigen Angebot (100 offene Weine) in historischen Gewölben. Zu essen gibt es u.a. die Wurst- und Schinkenwaren der Metzgerei. www.enotecafalorni.it. Es lohnt sich durchaus, auch die anderen Enoteche in Greve zu besuchen.
- **Caffé 1888 Fiaschetteria Italiana in Montalcino:** Besuchenswert wegen des von *Feruccio Biondi-Santi* gegründeten historischen Cafés, aber auch wegen der dort erhältlichen Weine, www.caffefiaschetteriaitaliana.com.
- **Enoteca Scansanese in Scansano:** Gute Auswahl von Morellino di Scansano und Möglichkeit zu probieren, www.enotecascansanese.com.

199t sk

Die ideale Haltung

ihre Stoßzeit erst abends, wenn das familiäre Abendgericht in das Auto geladen wird.

Panineria

Große Auswahl belegter **Brötchen** an einer Theke, meist zum Mitnehmen für den Hunger zwischendurch. Manchmal wird warme Pizza vom Meter verkauft.

Osteria

Einfache Gastwirtschaft auf dem Lande oder in **kleinen Orten** mit meist einheimischen Gästen, bis die Lokalität dann „entdeckt" wird und Besucherzahlen und Preise steigen. Gemeinhin günstiges Essen, wobei man aber Wert darauf legt, dass der Gast es nicht bei einem Teller Pasta belässt. Die Öffnungszeiten entsprechen denen der Restaurants.

Pasticceria

Eis und **Kuchen,** Kuchen und Eis – als Erweiterung einer Bar prima für den Nachmittagskaffee geeignet. Die Süßigkeiten sind mannigfaltig und gehaltvoll. Bei den bekannten Namen stehen lange Schlangen in fiebriger Erwartung vor der Türe.

Pizzeria

Jeder hat seine eigene Pizzeriaempfehlung, nur dort wird sie so zubereitet, dass sie das familiäre Gütesiegel verdient. Die reine Pizzeria bietet nicht viel mehr als Pizza, vielleicht noch Salate und eine kleine Auswahl an Vorspeisen und Desserts. Als Getränkebestellung wird meist ein Bier oder Wasser erwartet, Wein wird aber auch kredenzt. Wenn die Pizzeria geöffnet hat, ist der **Pizzaofen stets beheizt.** Dies ist ein wichtiger Unterschied, denn es gibt viele Lokale, die sich zweifach benennen – Ristorante/Pizzeria oder Trattoria/Pizzeria – und entweder nur abends Pizza servieren oder nur freitags und samstags. Das Essen in der reinen Pizzeria ist im Allgemeinen günstig, häufig kommen Jugendliche und mittags Geschäftsleute, geöffnet wird ab Mittag (12–13 Uhr) bis in den späten Nachmittag und ab 18–20 Uhr.

Spaghetteria

„Schwester" der Pizzeria, nur mit nämlichem Gericht. Viele Jugendliche, mittags Geschäftsleute und kein Ort zum gemütlichen Völlen und Verweilen.

Preiskategorien für Restaurants in diesem Reiseführer

Diese gelten für eine Mahlzeit mit mindestens zwei Gängen pro Person bzw. in einer Pizzeria eine Pizza jeweils ohne Getränke:

- ① bis 15 Euro
- ② 15–30 Euro
- ③ 30–50 Euro
- ④ über 50 Euro

Chiana – ein Tal, ein Rind, ein Steak

Chianina-Rinder sind **ein einziger Superlativ:** Die größte Rinderasse der Welt, die älteste Italiens, das berühmteste T-Bone-Steak, das weißeste Fell. Donetto aus Arezzo ist der schwerste (1,74 t) Stier überhaupt. Und Fiorino aus Rotonda darf sich seit 2007 „größtes Rindvieh auf Gottes Erdboden" nennen (Widerristhöhe 2,05 m).

Ursprünglich aus dem Chiana-Tal stammend (und bereits von Etruskern und Römern gerne verspeist), wird die Rinderrasse heute in ganz Mittelitalien gehegt und gepflegt. Besseres Fleisch gibt es nicht, und es ist alternativlos für ein **Bistecca alla Fiorentina.** Man schneidet es als Ganzes aus dem Zwischenrippenstück, ein massives Teil Fleisch, bis zu 1,5 kg, mindestens aber 600 g schwer, bis zu 6 cm mächtig und mit einem T-förmigen Knochen. Zu viel für eine Person, viel zu viel!

193t sk

Man teilt es sich zu zweit, zu dritt oder zu viert. Allerdings achte man auf die Auswahl der Tischgesellen. Blutscheuen ist die Mahlzeit ein Tal der Tränen, Begriffe wie *à point, medium* oder *ben cotto* gehören nämlich nicht wirklich zum Wortschatz toskanischer Köche. Im Gegenteil, viele Lokale sprechen vorab auf unübersehbaren Schautafeln Warnungen aus: „Wer meint, uns Wünsche für die Zubereitung des Bistecca mitteilen zu müssen, dem servieren wir zwei Grillwürstchen." Oder: „Wenn ich die Meinung meiner Gäste zum Garungsgrad hören will, sage ich ihnen, welche."

Drei bis (aber nur im äußersten Notfall) fünf Minuten darf jede Seite die Grillglut sehen, dann reicht es. Um die Kruste beim Wenden nicht zu durchstechen (und damit den blutroten Fleischsaft nicht zu vergeuden), benutze man eine stumpfe Grillzange. Etwas Salz, ein wenig Olivenöl, Pfeffer aus der Mühle und ab dafür! Keinesfalls Zitrone! Ein Salat aus weißen Bohnen, Brot und Chianti sind die passenden Begleiter.

< Keine Bitte – ein Befehl: Durchgebratenes Fleisch geht gar nicht, bitte beachten Sie unsere Sitten

194t sk

Cucina

In größeren Städten bei den Marktplätzen finden sich noch die echten **gastronomischen Familienbetriebe.** Meist nur mittags geöffnet, bieten sie Bodenständiges für die Einheimischen. Günstige Preise und eine urige Stimmung sorgen für ein nicht nur kulinarisches, sondern auch kulturelles Erlebnis.

Trattoria

Die **städtische Variante der Osteria** und die „günstige Schwester" des Ristorante. Die Trattoria ist überall zu finden. Wer hier weniger als zwei Gänge bestellt, bekommt es öfters mit schlechtgelauntem Personal zu tun. Häufig ist die Trattoria ein Familienbetrieb in echtem Sinne: Die Mutter kocht, der Vater steht hinter der Bar oder an der Kasse, die Kinder servieren. Ein Garant für günstige Preise ist der Name Trattoria allerdings nicht. Es gibt nicht selten Wölfe im Schafspelz. Die Öffnungszeiten sind mit denen der Restaurants identisch.

Ristorante

Das „Flaggschiff" der Lokale, was sich nicht unbedingt im Preis ausdrückt, aber immer öfter. Hier ist der Tisch gedeckt, über den Hauswein hinaus gibt es eine

⌃ Entspannte Pausen sind überall möglich

mehr oder weniger große Auswahl an geistigen Getränken, und die Speisekarte wird unterschiedlichsten lukullischen Bedürfnissen gerecht. In der Toskana gibt es Ristoranti aller Preisklassen bis hinauf zu Gourmettempeln mit Michelin-Sternen.

Feiertage, Feste und Events

Gesetzliche Feiertage

Karfreitag (Venerdì Santo) und Pfingstmontag (Lunedì dell'Angelo) sind in Italien keine Feiertage.

- 1. Jan.: **Neujahr** (Capodanno)
- 6. Jan.: **Dreikönigsfest** (Epifania)
- **Ostermontag** (Pasqua)
- 25. April: **Befreiungstag** (Festa d. Liberazione)
- 1. Mai: **Tag der Arbeit** (Festa del Lavoro)
- 2. Juni: **Tag der Republik** (Festa d. Repubblica)
- 15. Aug.: **Mariä Himmelfahrt** (Ferragosto)
- 1. Nov.: **Allerheiligen** (Ognissanti)
- 8. Dez.: **Mariä Empfängnis** (Festa dell'Immacolata)
- 25. Dez.: **Weihnachten** (Natale)
- 26. Dez.: **Tag des heiligen Stefano**

Feste (Auswahl)

- Der **Carnevale** von **Volterra** (Feb./März) zeigt einen großartigen Umzug.
- **Balestro di Girifalco,** historisches Armbrustschießen in **Massa** in Mai und Aug.
- Der **Calcio** von **Florenz** findet im Juni statt – Rugby ist nichts dagegen.
- In **Pisa** treten beim **Gioco del Ponte** (Juni) zwei Stadtteile gegeneinander an, ein großes Volksfest mit Umzug in historischen Kostümen.
- In **Arezzo** findet im Juni und im Sept. das Reiterturnier **Giostra del Saracino** statt.
- Beim **Palio von Siena** (Juli, Aug.) kämpfen die Stadtviertel im härtesten Pferderennen der Welt.
- **Volterra** kleidet sich anlässlich des **A.D. 1398** jeden Aug. in historische Kostüme.
- **Bravio delle Botte** – am letzten So des Aug. fröhliches Fassrollen in Montepulciano.
- **Luminara di Santa Croce** am 13. Sept. in **Lucca** mit einer feierlichen Prozession.

200t sk

[>] Festlicher Umzug in den Straßen von Montalcino

- Im Aug. und Okt. treten Bogenschützen in **Montalcino** beim **Sagra del Tordo** gegeneinander an.
- Fast jeder größere Ort feiert den Sommer mit einem **Festival:** Estate di Firenze, ... di Pisa, ... di Arezzo. Mit Konzerten auf öffentlichen Plätzen, Straßentheater und Opernaufführungen wird bis weit nach Mitternacht gefeiert und promeniert, in den Gassen palavert und gesungen. Auch kleine Kinder nehmen daran teil und freuen sich – an Schlafen ist nicht zu denken.

Weitere Feste, Festivals und historische Nachstellungen werden in den „Praktischen Informationen" der Ortskapitel vorgestellt.

→ Zu jeder Zeit

Fotografieren

Wer nicht gerade passionierter Fotograf ist, dem reicht eine Kamera mit einem Zoom zwischen leichtem Weitwinkel und leichtem Tele (etwa 28–135 mm). Eine Makroausführung ist nicht falsch, insbesondere dann, wenn man die Pflanzenwelt zum Beispiel im Gebirge fotografieren will. Ein Polarisationsfilter lässt die Farben satter werden (und schützt das Objektiv vor Kratzern).

Wer in den Museen und Ausstellungen fotografieren will (was nicht überall erlaubt ist!), sollte ein Stativ mit sich führen. Die Verwendung eines Blitzes ist in Museen meist untersagt.

In Italien sind alle gängigen **Kamerabatterien** sowie auch die gängigen **digitalen Speichermedien** erhältlich. In Fotoshops kann man digitale Bilder kostengünstig ausdrucken lassen.

Zum **Aufladen der Akkus** benötigt man keinen Zwischenstecker; die Steckdosen in Hotels und Ferienwohnungen entsprechen mitteleuropäischem Standard.

Wer **Menschen fotografiert,** sollte vorher um Erlaubnis fragen, wenn ersichtlich ist, dass man eine spezielle Person oder eine bestimmte Gruppe als Motiv gewählt hat (große Menschenansammlungen fallen natürlich nicht darunter). Wenn die Erlaubnis verweigert wird, muss man sich des Fotografierens enthalten. Menschen sollten prinzipiell nicht in Situationen, die als entwürdigend verstanden werden könnten, abgelichtet werden. Generell ist in Italien das Fotografieren nicht mit besonderen Verhaltensmaßregeln verbunden, doch sollte man z.B. vor Kasernen nicht unbedingt mit der Kamera herumfuchteln.

Geld

→ Notfälle

Die Rückseiten der italienischen **Euro-Centmünzen** zeigen das Castel del Monte bei Andria (1 Cent), den Aussichtsturm Mole Antonelliana in Turin (2 Cent), das Colosseum in Rom (5 Cent), den Kopf der Venus von *Sandro Botticelli* (10 Cent), eine Bronzeskulptur von *Umberto Boccioni* (20 Cent) sowie das Reiterstandbild des *Marcus Aurelius* auf der Piazza del Campidoglio in Rom (50 Cent). Auf den **Euromünzen** sind die Proportionsstudie des menschlichen Körpers von *Leonardo Da Vinci* (1 Euro) und mit *Dante Alighieri* Italiens bedeutendster Dichter (2 Euro) zu sehen.

Die preiswerteste Art der Geldbeschaffung ist die **Barabhebung mit Debit- oder Kreditkarten** an Bankomaten – auch in kleineren Orten.Je nach Hausbank wird dafür pro Abhebung eine Gebühr eingezogen.

Wer mit seiner normalen Bankkarte (statt einer Kreditkarte) im Ausland zahlt, nutzte dafür bisher meist den **Maestro**- oder **VPAY-Standard** (zu erkennen am entsprechenden Zeichen auf der Karte). **Diese** von den Kreditkartenfirmen Mastercard und Visa angebotenen **Systeme laufen aus** und werden durch die neuen Standards **Mastercard debit und Visa debit** ersetzt. Bankkunden erfahren das in der Regel dadurch, dass sie eine entsprechende **neue Karte** ausgestellt bekommen. Ob die neuen Karten dann schon überall funktionieren, lässt sich zurzeit noch nicht sagen. Im Zweifel erkundigen Sie sich vor der Reise bei Ihrer Bank.

Bei Einkäufen und bei Restaurant- oder Bar-Aufenthalten sollten die **Quittungen** aufgehoben werden, um sie bei etwaigen Kontrollen der Finanzpolizei vorzeigen zu können.

Italien ist ein **Eldorado für Kartenzahler,** fast jeder Laden, jede Tankstelle und die meisten Restaurants akzeptieren Kreditkarten und zeigen dies mit dem Aufkleber „Carta Si" am Eingang. Kleinere Beträge sollte man aber in bar begleichen. Auf alle Fälle kann man die Barmittel gering halten.

Museumsbesuche: In größeren Städten achte man auf besondere Angebote beim Besuch mehrerer Museen, **Kombitickets,** die richtig Geld sparen helfen. Besucher unter 18 Jahren haben häufig freien Eintritt, Studenten erhalten in der Regel einen Rabatt. Rentner müssen meist voll zahlen (der ehemals vergünstigte Eintritt wurde im Zuge der Krise der Nullerjahre gekippt).

Reisekosten

Niedrigstes Budget: Verkehrsmittel der Wahl sind der Daumen, der Zug und der Bus. Übernachtet wird auf Zeltplätzen, gegessen in günstigen Pizzerie, an Straßenständen oder aus dem eigenen Kocher. Man sollte ohne Anreise mit **50 € pro Tag** auskommen (allerdings nicht in den Monaten Juli/August).

Niedriges Budget: Zug und Bus sind selbstverständlich, ein voll besetztes Auto, die Benzinkosten auf vier Personen verteilt, ist die Alternative. Neben dem Campingplatz findet sich ab und an eine kleine Pension oder ein Privatzimmer, und gegessen wird häufiger in Lokalen als am Lagerplatz. Exkursionen zu Sehenswürdigkeiten mit Eintritt sind im Budget enthalten. Ohne Anreise verbraucht man dann ca. **50–100 € pro Tag.**

Mittleres Budget: Eigenes Auto oder ein Mietwagen, den man sich zu zweit oder dritt teilt, Pensionen und Hotels mit einem, zwei, vielleicht auch einmal drei Sternen, gutes und tägliches Essengehen, Ausflüge und keine große Zurückhaltung beim Shopping addieren sich ohne Anreise auf **100–150 € pro Tag.**

Hohes Budget: No Limit. Luxushotels für 200 € die Nacht, Leihwagen, Theaterbesuche, Speisungen in den teuersten der besten Lokale (deren es viele gibt), Großorder in den feinen Einkaufsstraßen, individuell geführte Exkursionen usw. Aber auch mit **200 € pro Tag** und Nase lässt sich schon auf großem Fuß leben (die Anreise spielt da ja keine große Rolle mehr).

Treibstoff: Die Kosten liegen etwa 20 % über mitteleuropäischem Niveau, von Tankstelle zu Tankstelle variieren die Preise allerdings stark (um bis zu 25 %); am teuersten sind Autobahntankstellen mit Bedienung, am günstigsten Tankstellen an den Stadträndern mit Selbstbedienung (Achtung: nur in den seltensten Fällen funktioniert bei diesen der Quittungsdrucker).

Strände: Für die Nutzung der *stabilimenti balneari,* der Strandbäder, wird keine direkte Eintrittsgebühr erhoben, man mietet allerdings einen Schirm mit zwei Liegen. Weitere Annehmlichkeiten, häufig ein Parkplatz und fast immer eine Bar mit Snacks oder sogar Restaurantservice und ein kleiner Kinderspielplatz gehören dazu. Für einen Schirm mit zwei Liegen muss man in der Nebensaison pro Tag bis 25 €, pro Woche 150 € rechnen, in der Hochsaison steigen die Preise auf bis zu 50–100 € pro Tag und bis zu 500 € pro Woche.

Parken: Parken an den Stränden kostet um 1 €/Stunde und 10 €/Tag; in den Städten 0,50–2 €/Stunde und 8–20 €/Tag (je nach Zentrumsnähe), in Florenz bis zu 30 €/Tag.

Gesundheit

Wie immer auf Reisen, sollte man einige **Grundregeln** einhalten. Man sollte bei Obst und Gemüse stets darauf achten, wo es herkommt, im Zweifelsfall schälen. Hautschutz mit hohem Lichtschutzfaktor, langsame Gewöhnung der Haut an die Sonne, Vermeiden der heißesten Tageszeit sollten selbstverständlich sein. Sonnenstich und Hitzschlag wird vorgebeugt, indem man genügend Flüssigkeit zu sich nimmt, eine Kopfbedeckung trägt und im Hochsommer auf Spaziergänge in den Mittagsstunden möglichst verzichtet.

Wer doch einmal erkrankt, findet nicht nur in den größeren Städten, sondern in praktisch allen Ortschaften eine Erste-Hilfe-Einrichtung (Krankenhäuser, größere Gesundheitszentren und Apotheken sind in den Ortskapiteln unter „Praktische Informationen" gelistet).

Deutschsprachige Ärzte im Urlaubsort findet man auf Websites wie www.urlaubsortarzt.de (→ Notfälle).

Behandlungen im akuten Krankheitsfall werden von den gesetzlichen Kassen Deutschlands und Österreichs übernommen. Als Anspruchsnachweis benötigt man die **Europäische Krankenversicherungskarte,** die man von seiner Krankenkasse erhält.

Obwohl im Krankheitsfall ein Anspruch auf ambulante oder stationäre Behandlung bei jedem zugelassenen Arzt und in staatlichen Krankenhäusern besteht, kann man auch gebeten werden, zunächst die **Kosten** der Behandlung selbst zu tragen. Bestimmte Beträge werden von der Krankenkasse hinterher rückerstattet. Dennoch kann ein Teil der finanziellen Belastung beim Patienten bleiben. Aus diesem Grund wird der Abschluss einer **Auslandskrankenversicherung** dringend empfohlen. Diese sollte eine zuverlässige Reiserückholversicherung enthalten, denn der Krankenrücktransport wird von den gesetzlichen Krankenkassen nicht übernommen.

Schweizer sollten bei ihrer Krankenversicherungsgesellschaft nachfragen, ob die Auslandsdeckung auch für Italien inbegriffen ist. Sofern man keine Auslandsdeckung hat, kann man sich kostenlos bei Soliswiss (Effingerstrasse 45, 3001 Bern, Tel. +41 313807030, www.soliswiss.ch) über mögliche Krankenversicherer informieren.

Bei leichten Erkrankungen besteht auch noch die Möglichkeit, in der **Apotheke** fachkundigen Rat einzuholen und entsprechende Medikamente zu erwerben (die Rezeptpflicht ist in Italien nicht so restriktiv wie in Mitteleuropa).

Mit Haustier unterwegs

Für alle EU-Länder gilt, dass man eine **Tollwutschutzimpfung** und einen **EU-Heimtierausweis** (Pet Passport) vorweisen muss. Dieser gilt in EU-Staaten und im Nicht-EU-Land Schweiz und kostet 15 €. Darüber hinaus muss das Tier mit einem **Microchip** gekennzeichnet sein. Weitere Infos erteilt der Tierarzt.

Hundestrände sind in den Kapiteln der Küstenorte aufgeführt.

Information

Websites zu Italien und der Toskana (fast alle auch in englisch, teils auch deutsch):

- **www.italia.it**
- **www.enit.de, www.enit.at:** Italienisches Fremdenverkehrsamt.
- **www.toscanapromozione.it:** allgemeine Informationen zur Toskana.
- **www.visittuscany.com:** Veranstaltungen, Adressen usw.
- **www.regione.toscana.it:** Region Toskana.
- **www.autostrade.it:** Infos zur ital. Autobahn.
- **www.trenitalia.com:** Eisenbahn.
- **www.toscanaviva.com:** allgemeine Infos.
- **www.terraditoscana.com:** allgemeine Infos.
- **www.touringclub.it:** Autoclub Touring.
- **www.aci.it:** Autoclub ACI.
- **www.paginegialle.it:** Gelbe Seiten.
- **www.geoplan.it:** ausgezeichnete Karten größerer Städte.
- **www.ilmeteo.it:** Wetterdienst.

Mit Kindern unterwegs

→ Kinder-Tipps, S. 14

Kinder sind in Italien gern gesehen, und es ist eine Selbstverständlichkeit, dass die Kleinen an jeder sozialen Aktivität teilnehmen – **Kinder sind das Wichtigste!** Die weiten, feinsandigen Strände und der meist flache Wasserzugang laden die Allerkleinsten ein für einen Aufenthalt mit Plantschen und Buddeln, mit Sandburgenbauen und Suhlen. Aber auch die Älteren finden in den Discos und auf der Promenade am Lungomare ein reiches Betätigungsfeld für ihre Interessen.

⊳ Seifenblasen-Event für die Kleinen im sommerlichen Viareggio

Klima und Reisezeit

→ Klima (Kapitel „Land und Leute")
→ Reisegepäck und Ausrüstung

Saison ist in der Toskana das ganze Jahr über. Je nachdem, welche Interessen man verfolgt, gibt es bevorzugte Ziele. Im **Hochsommer** auf Entdeckungsreise durch die Städte zu gehen, ist wegen der hohen Temperaturen in der Straßenschluchten oft mühsam. Die Strände sind dann tagsüber sicher die bessere Wahl.

Bei den ganz großen Museen und Sehenswürdigkeiten (u.a. in Florenz, Pisa, Siena oder Arezzo) ist im Hochsommer eine **Reservierung** angeraten (und z.T. sogar Pflicht), will man nicht stundenlang in der Schlange stehen oder gar abgewiesen werden.

Wer sportlich tätig sein und beispielsweise radeln oder wandern will, wählt **Frühling** und **Herbst.** Die Übergangszeiten sind auch hervorragend für eine Reise durch die Kultur, die Museen sind nicht brechend voll und die Temperaturen durchaus angenehm. Wer sich der Kulinarik verschreibt, für den ist sicherlich der Herbst am geeignetsten. Überall wird geerntet, der neue Wein bereitet, die Bauern feiern mit Festivals ihre (hoffentlich üppige) Ernte.

Doch auch im **Winter** hat die Toskana ihren Reiz (obwohl wohl keiner extra zum Skifahren am Monte Amiata herkommt), besonders in den Städten, die sich im November und Dezember herausputzen und dem Jahresende mit Weihnachtsmärkten entgegenfiebern.

292t sk

Kommunikation unterwegs

Telefonieren

Das eigene **Mobiltelefon/Smartphone** lässt sich in Italien problemlos nutzen, die Vertragsbedingungen, inklusive Flatrates des jeweiligen EU-Heimatlandes, gelten eins zu eins auch in Italien - sowohl für Sprache, als auch für Datenverkehr. Die **Netzabdeckung** ist - abgesehen von einigen entlegenen Regionen - sehr gut. **Schweizer Staatsbürger** sollten sich bei ihrem jeweiligen Provider nach den anfallenden Gebühren erkundigen, um keine bösen Überraschungen zu erleben.

Vorwahlnummern

Im Land (und auch bei Telefonaten nach Italien mit der Ländervorwahl) wird in jedem Fall die **Städtevorwahl mit der Null,** dann die Teilnehmernummer gewählt. Dies gilt allerdings nicht für das Mobilnetz. Bei ihm entfällt in jedem Fall die vorangestellte Null.

- **Italien:** 0039
- **Deutschland:** 0049
- **Österreich:** 0043
- **Schweiz:** 0041

Internet

Einige Städte haben in ihrem Zentrum **WiFi-Zonen** eingerichtet, die aber für den Zugang meist eine italienische Mobilfunknummer voraussetzen. So bietet etwa Florenz Besuchern mit italienischer Mobilfunknummer an zahlreichen Plätzen kostenlosen Internet-Zugang. Die Nutzung ist pro Gerät (Smartphone, Tablet etc.) auf 2 Std. und 300 MB am Tag begrenzt.

Fast alle **Unterkünfte** haben WLAN zumindest in der Hotelhalle, häufig auch auf den Zimmern.

LGBT+

Die Toskana als eines der ältesten Reiseziele des europäischen Tourismus ist extrem **weltoffen und tolerant.** Florenz mit seinem reichen Kulturangebot und regen Nachtleben ist natürlich ein Topziel, und nicht wenigen Schwulen und Lesben ist auch die Küste der **Versilia** als Feriendestination Gleichgesinnter bekannt. Besonders das Örtchen Torre del Lago bei Viareggio hat sich zu einem Zentrum des *gay tourism* gemausert und feiert sogar im August einen schnell legendär gewordenen Mardi Gras mit Shows, viel Livemusik und Strandpartys.

- **www.arcigay.it**
- **www.friendlyversilia.it**
- **www.azionegayelesbica.it**

Notfälle

Es gibt zwei hauptsächliche Notrufnummern: **Polizei (112)** und **Unfallrettung/Notarzt/Bergrettung (118).** Zusätzlich ist die landesweite Notrufzentrale vom **Mobiltelefon** unter Tel. 112 erreichbar. Hier muss man rasch sagen, was Sache ist (ob das Herz nicht mehr will, ob es brennt oder ob jemand einem an die Börse geht), Weiteres wird veranlasst.

Notrufnummer für die **Polizei** ist landesweit Tel. 112 (sie führt zu den Carabinieri, die auch in den kleinsten Orten vertreten sind). Weiter gibt es die Polizia Stradale (für Verkehrsüberwachung zuständig) und die Guardia di Finanza (Steuerpolizei, die wegen ihrer weitreichenden Vollmachten in Italien gefürchtet ist). Schließlich sind da auch noch Stadtpolizei, Staatspolizei, Postpolizei, Gefängnispolizei, freiwillige Verkehrshelfer und, und, und.

Erste Hilfe ist über Tel. 118 anzufordern. Das Rettungssystem hat keine eigene allgemeingültige Nummer, da es anders konzipiert ist als bei uns (das jeweilige Hospital bringt einen Rettungswagen auf den Weg). Die Telefonnummern der Hospitäler stehen in Telefonbüchern im Kopfeintrag der jeweiligen Ortschaften unter „Pronto Soccorso" oder „Guardia Medica".

Bei **Feuer** (auch Waldbrände): Vigili del Fuoco, **Tel. 115.**

Über die Numero Blu 1530 – Emergenza in Mare – alarmiert man die Hafenkapitäne bzw. die **Küstenwache.**

Pannenhilfe ist z.B. für ADACPlus-Mitglieder (bis maximal 200 €) oder ÖAMTC-Mitglieder teilweise kostenlos. Die Pannenhilfe des **ACI** in Italien erreicht man mit ausländischen Mobiltelefonen unter Tel. 803 116 oder 800 000 116 (kostenlose Rufnummern, die allerdings nicht von jedem Mobiltelefon funktionieren). Auch die Notrufzentrale des ADAC vermittelt Pannenhilfe (Telefonnummer s.u.). Man kann sich auch direkt an seinen Automobilclub wenden.

- **ADAC,** (D-) Tel. 0049 89 222222, unter (D-) Tel. 089 76 76 76 gibt es Adressen von deutschsprachigen Ärzten in der Nähe des Urlaubsortes (Liste auch vorab anforderbar).
- **ÖAMTC,** (A-) Tel. 0043 1 2512000.
- **TCS,** (CH-)Tel. 0041 588272220.

Bei Verlust oder Diebstahl der **Kredit-** oder **Maestro-Karte** sollte man diese umgehend sperren lassen. Für deutsche Karten gilt die **einheitliche Sperrnummer 0049 116 116** und im Ausland zusätzlich 0049 30 4050 4050. Die Schweiz besitzt keinen zentralen Kartensperrdienst, jede einzelne ausgebende Bank führt eigene Notrufnummern für die Sperrung. Diese sollte man sich natürlich bereits vor Beginn der Reise besorgen. Auch für **österreichische Karten** gelten unterschiedliche Nummern, die man bei seiner ausgebenden Bank erfragt.

- **MasterCard,** (USA-) Tel. 001 636 722 7111.
- **VISA,** (I-) Tel. 800 819014.
- **American Express,** (D-) Tel. 0049 699797 2000.
- **Diners Club,** (A-) Tel. 0043 1 50135135.

Werden **Reisepass** oder **Personalausweis** im Ausland gestohlen, muss man dies unverzüglich bei der örtlichen Polizei melden. Darüber hinaus sollte man sich an eine Diplomatische Vertretung

202t sk

(→ unten) seines Landes wenden, damit Ersatzpapiere zur Rückkehr ausgestellt werden. Auch in **dringenden Notfällen,** z.B. medizinischer oder rechtlicher Art, sind die Konsulate bemüht, zu helfen.

Diplomatische Vertretungen

- **Deutsche Botschaft in Rom,** Via San Martino della Battaglia 4, 00185 Roma, Tel. 06 492131, https://italien.diplo.de
- **Deutsches Honorarkonsulat in Florenz,** Corso dei Tintori 3, 50122 Firenze, Tel. 055 2343543, florenz@hk-diplo.de, Mo–Fr 9.30–12.30 Uhr (nur nach Voranmeldung).
- **Österreichische Botschaft in Rom,** Via Pergolesi 3, 00198 Roma, Tel. 06 8440141, www.bmeia.gv.at/oeb-rom, Mo–Fr 9–12 Uhr.
- **Österreichisches Honorarkonsulat in Florenz,** Lungarno Vespucci 58, 50123 Firenze, Tel. 055 2654222, cons.austria@alpiworld.com, Mo–Fr 10–12 Uhr.
- **Schweizer Botschaft in Rom,** Via Barnaba Oriani 61, 00197 Roma, Tel. 06 809571, www.eda.admin.ch/roma, Mo–Fr 9–12 Uhr.
- **Schweizer Konsulat in Florenz,** Piazzale Galileo 5, c/o Hotel Park Palace, 50125 Firenze, Tel. 055 222434, firenze@honrep.ch.

Öffnungszeiten

Die Öffnungszeiten sind unterschiedlich und auch im selben Ort und in derselben Branche nicht immer gleich. **Lebensmittelgeschäfte/Supermärkte** öffnen zwischen 7 und 9 Uhr und schließen meist gegen 13 Uhr, nachmittags sind sie (außer Mi und Sa) zwischen 17 und 19.30 Uhr noch einmal geöffnet. Sonntags sind die Läden (bis auf Modegeschäfte und Souvenirläden in gut besuchten Feriengebieten) geschlossen. Im Sommer an der Küste und in den großen Städten am Stadtrand haben Hypermärkte auch sonntags offen. Die Öff-

⌃ Kasse als Kunst – im Chianti-Skulpturenpark

nungszeiten sind gesetzlich festgelegt, Ladenbesitzer handhaben sie aber mit einer gewissen Freiheit (je kleiner die Ortschaft, desto variabler die Zeiten).

Postämter öffnen um 8/8.30 Uhr und schließen um 13 Uhr, Sa um 12.30 Uhr. Nachmittags haben sie außer am Sa noch einmal zwischen 15 und 17 Uhr offen (in größeren Städten sind die Filialen in der Regel durchgehend geöffnet).

Banken öffnen Mo bis Fr von 8.30 bis 13.30 Uhr und nachmittags eine Stunde von 15 bis 16 Uhr (Zeiten sind variabel).

Behörden für Parteienverkehr nur Mo–Fr 8.30–13 Uhr geöffnet.

Restaurants öffnen mittags nicht vor 12 Uhr und bleiben dann bis etwa 15/16 Uhr offen. Abends macht kein Restaurant vor 19.30 Uhr auf (Ausnahme: einige Pizzerien). Fast alle haben außerhalb der Saison einen Ruhetag in der Woche, der außen angeschlagen ist. Bars haben sehr unterschiedliche Öffnungszeiten, je nach Lage und Klientel. Sie können bereits um 6 Uhr öffnen und ihre Pforten erst weit nach Mitternacht schließen.

Museen haben unterschiedliche Öffnungszeiten. Oft sind Juli und Aug. Museen bis 22 oder 24 Uhr offen. In größeren Städten sprechen sich viele Museen ab und bieten sich ergänzende Öffnungstage an, sodass jeden Tag immer einige Museen zugänglich sind. Im Winterhalbjahr haben in kleineren Orten die Museen unter der Woche geschlossen.

Im Keramikmuseum von Montelupo

293t sk

Orientierung und Landkarten

Die **Beschilderung** in Italien ist in den Orten als auch Überland sehr gut und sollte keine Probleme bereiten. Auch die Navigationssysteme decken praktisch jeden Feldweg ab und erlauben eine genaue Anfahrt nach Straßenadressen.

Straßenkarte

Für Autofahrer bestens geeignet ist die GPS-taugliche **Straßenkarte „Toskana"** des **world mapping project™** im Maßstab 1:200.000, aus dem Reise Know-How Verlag. Durch die moderne Kartengrafik mit Höhenlinien, Höhenangaben und farbigen Höhenschichten, durch das einheitlich klassifizierte Straßennetz mit Entfernungsangaben, durch einen ausführlichen Ortsindex, der das schnelle Finden des Zieles ermöglicht, sowie durch die Darstellung wichtiger Sehenswürdigkeiten, Orientierungspunkte und Badestrände bietet sie beste Orientierung. Auf reiß- und wasserfestem Papier gedruckt.

Wanderkarten

Wer wandern will, kann sich die **Kompass-Wanderkarten** (Maßstab 1:50.000) im deutschen Buchhandel besorgen.

- **Wanderkarte 2459** Arezzo, Casentino, Parco Nazionale delle Foreste Casentinesi, Monte Falterona, Campigna (März 2020), **Wanderkarte 2440** Toscana (Mai 2019), **Wanderkarte 2469** Costa della Maremma, Piombino, Follonica, Castiglione della Pescaia (August 2018) und **Wanderkarte 2470** Maremma, Grosseto, Monte Argentario, Isola del Giglio (März 2021).

Post

Briefe und Postkarten von Italien ins Ausland werden als *posta prioritaria* für **1,25 €** losgeschickt. Die italienische Post garantiert eine Zustellung innerhalb von drei Tagen. **Briefmarken** erhält man im Postamt, aber auch in Tabacchi- oder Andenkenläden.

Wer Dokumente schnell und zuverlässig versenden muss, nimmt **Kurierdienste** in Anspruch (z.B. DHL). Sie haben gebührenfreie zentrale Telefonnummern *(numero verde nazionale)* und kommen in die kleinsten Orte zur Abholung und Anlieferung.

Rauchen

Rauchen verboten! Die italienische Regierung hat als eines der ersten EU-Länder ein Rauchverbot für alle öffentlichen geschlossenen Räumlichkeiten durchgesetzt. Darunter fallen ausnahmslos alle Bars und Restaurants. Deren Gäste finden keine Aschenbecher mehr, die Strafen sind drakonisch. Wer dennoch rauchen möchte, muss ins Freie ausweichen. An den Tischen der Terrassen und in den Gassen ist Rauchen erlaubt, was die Italiener weidlich ausnutzen.

Reisegepäck und Ausrüstung

→ Gesundheit
→ Klima und Reisezeit
→ Klima (Kapitel „Land und Leute")
→ Orientierung und Landkarten
→ Elektrizität

Die **Kleidung** kann man im Hochsommer auf ein Minimum beschränken, insbesondere, wenn man seine Ferien am Strand verbringen will. Für kühlere Abendstunden kann aber schon ab Mitte August ein leichter Pullover gute Dienste leisten, ab September sind die Temperaturen abends unter Umständen schon recht niedrig. Auch in höheren Lagen kann es im Sommer abends kühl werden.

Badematten aus Stroh sind günstig vor Ort zu erwerben, auch andere **Strandutensilien** wie Sonnenschirme werden in Strandnähe an jeder Straßenecke angeboten. Häufig findet man allerdings keinen Strandabschnitt, der zur freien Verfügung steht. Meist sind die Strände bewirtschaftet und es ist Pflicht, Sonnenschirm und -stuhl zu in der Hochsaison phänomenalen Preisen anzumieten (es sei denn, man wählt die Lösung der italienischen Jugend, die sich auf dem „öffentlichen" Sandstreifen zwischen Liegestühlen und Meer niederlässt).

Der eingefleischte **Camper** weiß, welche Ausrüstung er benötigt, um mehrere Wochen auf einem Campingplatz zu verbringen. Wegen der großen Hitze im Hochsommer und weil nicht alle Plätze ausreichend Schatten bieten, ist ein Überzelt bzw. Vordach für Wohnwagen/Wohnmobil nicht schlecht.

In den Naturschutzgebieten der Toskana lässt es sich hervorragend **wandern.** Selbst wenn man keine größeren Exkursionen vorhat, sind festes Schuhwerk und robuste Kleidung auch bei kleineren Touren hilfreich. Wandert man in großen Höhen, sollten auch bei Tagestouren warme Kleidungsstücke mitgeführt werden.

Sicherheit

→ Notfälle
→ Verhaltenstipps

Die Toskana gilt als **sicheres Reiseziel,** auch wenn es in den größeren Städten sicherlich auch das eine oder andere Viertel gibt, in dem man sich nachts nicht allein aufhalten mag. Die Tag und Nacht belebten Innenstädte gehören nicht dazu, dort kann man sich im Allgemeinen ohne Probleme bewegen.

Aber Gelegenheit macht Diebe! Man sollte nicht mit Schmuck oder wertvollen Kameras beweisen, was man sich alles leisten kann. Im Falle eines **Diebstahls** wende man sich an die überall postierten Polizistinnen und Polizisten, die meist mindestens eine Fremdsprache sprechen, oder gehe zu einer *questura,* dem Polizeirevier, um Anzeige zu erstatten. Dies ist auch für etwaige Ersatzansprüche bei der eigenen Versicherung wichtig.

Sport und Aktivitäten

Thermaltourismus ist die klassischste Form des toskanischen Inlandstourismus, schließlich haben bereits die Etrusker und dann auch die Römer weitere Wege in Kauf genommen, um im temperierten Wasser der artesischen Quellen zu gesunden oder auch nur zu entspannen. Montecatini Terme ist das wahrscheinlich bekannteste Thermalbad und punktet mit wunderschönen Kureinrichtungen in Jugendstil. Wer eher die Renaissance bevorzugt, ist beispielsweise in dem Weiler Bagno Vignoni bei Pienza gut aufgehoben. Und wer nur in freier Natur baden will, findet ganz sicherlich das über die Sinterterrassen von Satùrnia sprudelnde Thermalwasser wunderschön.

Im Süden, wo die Küste felsiger ist, und auf den vorgelagerten Inseln werden **Tauchexkursionen** in kristallklarem Wasser angeboten.

Die Maremma ist für ihre Cowboys berühmt, dass man hier **reiten** kann, ist klar. Für versierte Reiter sind Ausflüge an die Küste im Angebot, wer noch nie auf einem Pferderücken saß, kann einen Kurs buchen.

204t sk

Wer gerne radelt und sich vom Auf und Ab der Straßen über die Hügel und Berge nicht schrecken lässt, für den ist die Toskana ein Dorado, das man sich mit den radbegeisterten Einheimischen teilt. Am Wochenende sind die Straßen **Fahrradland.** Man bedenke aber, dass die Italiener immer in großen (quietschbunt verkleideten) Gruppen radeln und schon durch ihre schiere Zahl den Autoverkehr zum Einlenken zwingen. Ist man alleine unterwegs, kann es schon mal passieren, dass die Autofahrer nicht allzuviel Rücksicht nehmen. Einige längere **Touren** sind im Reiseteil dieses Buches beschrieben.

Endlos lange Strände, Berge, tiefe Wälder und zahlreiche Schutzgebiete mit ausgewiesenen Pfaden laden zu **Wanderungen** geradezu ein. Man kann vor dem Mittagessen nur mal eben kurz von einem im Wald verborgenen Kloster hoch zur Einsiedelei spazieren, zum Abendessen über Stunden den Strand entlang in den Nachbarort wandern oder auf einem Fernwanderweg den Parco Nazionale delle Foreste Casentinesi in der Osttoskana durchwandern. Wer kürzere Spaziergänge bevorzugt und Gärten liebt: die Parks der Medici-Villen sind herrliche Renaissanceanlagen mit Orangerien, Beeten und gestutzten Hecken. Im Reiseteil finden Sie **Hinweise** auf Wanderungen und Spaziergänge.

‹ Cowboy in der Maremma

Auf dem toskanischen Festland kann man in 20 Klubs **Golf spielen** (zwei weitere liegen auf Elba). Detaillierte Angaben zu den Golfplätzen finden Sie im Reiseteil.

Strände

Wenn auch die Toskana für ihre endlosen langen und breiten, fein- und weißsandigen Strände mit vorbildlicher Bewirtschaftung (und meist ausgezeichneter Wasserqualität) berühmt ist, die eine oder andere kleine Bucht, einen weniger bekannten Strandabschnitt oder eine unberührtere Pineta kann man – wenn man es will – dennoch finden. Viele Besucher schätzen aber gerade die **perfekte Ausstattung** mit Schirmen, Liegen, Duschen, Toiletten, Umziehkabinen, Spielplätzen für die Kleinen und Sport- und Spaßangeboten. Doch ist dieses Angebot nicht so sehr auf Lärm und Megaspaß ausgerichtet. Natürlich gibt es Bananenbootritte, die Tret- und Ruderboote aber überwiegen. Man will nicht abfeiern, sondern einen angenehmen Familienurlaub verbringen.

Im Süden sind die Strände auch im Hochsommer – zumindest unter der Woche – nicht so überlaufen wie die Hochburg des rundum bewirtschafteten Strandtourismus zwischen Livorno, Viareggio und Carrara. Häufig sind hier die Strände von den Siedlungsbereichen durch eine Pineta, einen Kiefernwald, getrennt.

Wem an einem Augustsonntag der Trubel dann doch zu heftig wird – je weiter man sich von der Zufahrtsstraße zu den Stränden und den Parkplätzen entfernt, desto wahrscheinlicher ist ein

294t sk

freies Plätzchen. Eine **genaue Beschreibung der Strände** und deren Beschaffenheit finden Sie im Reiseteil.

Sprache

→ Kapitel „Land und Leute"
→ Kleine Sprachhilfe

In der Toskana wird viel **Englisch** gesprochen, sodass eine Verständigung im Normalfall kein Problem ist. **Speisekarten** sind meist zweisprachig (mit englisch), ab und an auch auf Deutsch. Exponate in Museen sind recht häufig mehrsprachig beschriftet, öfter ist auch eine Broschüre mit Erklärungen auf Deutsch erhältlich. Der Kauderwelsch-Sprachführer **„Italienisch – Wort für Wort"** aus dem Reise Know-How Verlag hilft bei der Verständigung, wenn es auch mit Händen und Füßen nicht mehr weiter geht, eine „Kleine Sprachhilfe" ist im Anhang des Reiseführers zu finden.

Am Strand von Pietrasanta

Unterkunft

→ Camping

In der Toskana gibt es jede nur vorstellbare Unterkunftsart, vom hochluxuriösen Fünf-Sterne-Hotel bis zum einfachen Privatzimmer, vom feinsten Agriturismo in herrschaftlicher Villa bis zum ausgebauten Pferdestall mit Waschgelegenheit unter freiem Himmel, von der Apartmentanlage mit allem, was das Touristenherz wünscht, bis zum Campingplatz in der Pineta und dem in blanker Sonne. Alle sind klassifiziert und in offiziellen Listen zu finden. Die Preise legen die Behörden nach gestelltem Antrag für jedes Jahr fest, sie hängen in Zimmern und an der Rezeption gut sichtbar aus, unterscheiden nach Vor-, Neben- und Hauptsaison.

Eine **Auswahl** an Unterkünften unterschiedlicher Preiskategorien finden Sie in den Ortskapiteln im Reiseteil.

Hotels/Alberghi

Hotel und Albergo unterschieden sich nicht. Die Tendenz geht aber dahin, die **luxuriöseren** Einrichtungen als **„Hotel"** zu bezeichnen, die **einfacheren** als **„Albergo"**. Die Klassifikation reicht von einem bis zu fünf Sternen; sie geschieht offiziell, die Hotels müssen bestimmten Anforderungen genügen (Anzahl der Zimmer mit/ohne Bad, Größe und Anzahl der Aufenthaltsräume, Öffnungszeiten, Ausstattung etc.). Nicht berücksichtigt ist allerdings die Zeit seit der letzten Renovierung (!). Es gibt Drei-Sterne-Häuser, die in einem desolaten Zustand sind, andere mit zwei Sternen werden als Familienbetrieb mit hohem Augenmerk auf Sauberkeit und Funktion geführt.

Pensionen

Pensionen werden in der gleichen Kolumne eingestuft wie Hotels, entsprechen deutschen **Gasthäusern** und haben einen niedrigeren Standard als Hotels.

Ferienwohnungen/-häuser

Ferienwohnungen und -häuser können **privat** angemietet werden (über diverse Internetportale) oder werden von **Agenturen** vermittelt. Ihre Zahl ist recht groß, und die Angebote reichen von einfachen Bauernhäusern bis zur edlen Luxusvilla mit Riesenpool und Personal.

- **www.ferienwohnungen.de**
- **www.fewo-direkt.de**

Preiskategorien für Unterkünfte in diesem Reiseführer

Die Angaben beziehen sich dabei stets auf die Unterbringung für zwei Personen in einem Doppelzimmer in der Hauptsaison inkl. Frühstück.

① bis 75 €
② 75–125 €
③ 125–175 €
④ über 175 €

Jugendherbergen/Hostels

Sie sind im Reiseteil bei den jeweiligen Orten beschrieben. Besitzt man einen internationalen **Jugendherbergsausweis** aus dem Heimatland, schläft man in den Jugendherbergen zum günstigeren Tarif, sonst muss man vor Ort eine Tagesmitgliedschaft erwerben. **Hostels** sind moderner, umtriebiger, kleiner, liegen meist zentral und sind als Treffpunkt Gleichgesinnter eine hervorragende Informationsstelle.

■ **www.ostellidellagioventu.com, www.jugendherberge.de, www.oejhv.at, www.youthhostel.ch, www.hostelworld.com, www.hostelbookers.com.**

Privatzimmer (B&B)

Privatzimmer, Affittacamere oder B&B sind neben den Zelten die **billigste Möglichkeit** der Übernachtung. Meist werden um die fünf Zimmer vermietet, die Ausstattung ist naturgemäß unterschiedlich, viele Zimmer verfügen aber über ein eigenes Bad. Die Preise bewegen sich zwischen 15 und 25 €, können aber auch auf 35 € steigen. Viele der früheren Privatzimmervermietungen haben sich in „B&B" umbenannt, bieten das Frühstück aber in einer Bar außerhalb der Wohnung an. Reguläre B&B-Betriebe kümmern sich um ihre Gäste auch mit einem schönen Frühstück, sie sind bei den Behörden angemeldet und zahlen Steuern.

■ **Bed & Breakfast Italia,** Corso Vittorio Emanuele II 282, 00186 Roma, Tel. 066 878618, www.bbitalia.it.

Privatzimmer/-wohnungen

Man kann Glück haben und ein tolles Apartment gegenüber dem Dom bekommen – oder auch die Absteige außerhalb, dreckig und frech überteuert. Auf jeden Fall ist das Angebot groß und variantenreich. Nicht jeder Vermieter ist bereit, seinen Teil an den Staat zu zahlen.

■ **www.airbnb.de, www.wimdu.de** → Infokasten S. 643

Ferien auf dem Bauernhof/Agriturismo

Es gibt mehrere Agroturismus-Portale, darunter Agriturismo und Agriturist. Nicht jeder Bauernhof oder landwirtschaftliche Betrieb kann Mitglied werden, es müssen **Qualitätskriterien** erfüllt sein, bevor man die Portale nutzen darf. Nicht jeder Agriturismo-Betrieb bietet gleichzeitig Unterkunftsmöglichkeiten an. Manche servieren nur Abendmahlzeiten und es gibt Höfe, auf denen man nur einkaufen kann. Da Agriturismo-Häuser durchweg landwirtschaftliche Betriebe sind, gibt es sie naturgemäß nur auf dem Land. Nicht selten sind nur motorisierte Reisende in der Lage, die Bauernhöfe zu erreichen. Die Preise gestalten sich entsprechend dem jeweiligen Standard unterschiedlich. 25 €/Pers. sind möglich, aber auch weit mehr als 100 €.

■ **Agriturist,** Tel. 066 852342, www.agriturist.it
■ **Agriturismo,** Tel. 02 37058202, www.agriturismo.it

Überblick Buchungsportale

Als Ergänzung zu den sorgfältig zusammengetragenen Unterkunftsempfehlungen in diesem Buch können Buchungsportale wie **Booking.com, hrs.de, Agoda.com** oder **AirBnB.de** dazu genutzt werden, aktuelle Preise und die Bewertungen anderer Reisender einzusehen sowie Unterkünfte direkt zu buchen.

Die Plattformen arbeiten mit Unterkünften aller Art zusammen und machen diese für Reisende leicht auffindbar. Bewertungen, Fotos und Filtermöglichkeiten nach zahlreichen Details helfen bei der Auswahl. Auch der Kontakt zwischen Vermietenden und Unterkunftssuchenden sowie die Bezahlung können über die Plattformen abgewickelt werden.

Eine **gewisse Vorsicht** ist bei der Benutzung dennoch geboten. Wann immer möglich, sollten die Angaben **mit zusätzlichen Quellen überprüft werden.** Sind die Bewertungen wirklich auf allen Plattformen und Suchmaschinen so gut? Sind sie so zahlreich, dass ein Missbrauch unwahrscheinlich ist? Weshalb genau fanden die Bewertenden die Unterkunft gut und stimmt das mit meinen Interessen überein? Häufig hilft die jeweils eigene Internetseite der Unterkunft, Google Street View oder ein Anruf, um genauere Informationen zu bekommen.

Wem **einzelne Aspekte** besonders wichtig sind, der sollte auf jeden Fall genau prüfen – z.B. ob der versprochene „geschlossene Parkplatz" wirklich so beschaffen ist, dass man das vollgepackte Auto dort stehenlassen möchte. Auch der angepriesene „Bestpreis" und die durch die Plattformen suggerierte knappe Verfügbarkeit lösen sich bei einem Anruf vielleicht in Luft auf, weil die Vermietenden einen eigenen günstigen Preis bieten, um sich die teure Vermittlungsprovision an die Plattform zu sparen.

Während die Plattformen also eine praktische Hilfe bei der Reiseplanung sein können, empfiehlt sich doch häufig ein kritischer zweiter Blick!

Verhaltenstipps

→ Sicherheit
→ Autofahren
→ Fotografieren

- In der **Natur nichts** (nicht nur keine Abfälle) **zurücklassen!**
- **Wasser sparen** (im Hochsommer kann es an der Küste zu Engpässen kommen)!
- Kein **Feuer** in der Natur (dies steht wegen der extremen Waldbrandgefahr unter hoher Strafe)!
- **FKK ist verboten**, „oben ohne" ist unüblich!
- **Rauchen** in öffentlichen Räumen ist verboten!
- Bei Besuch einer **Kirche** ist angemessene **Kleidung** zu tragen (keine kurzen Hosen, keine Hüte bei Männern, bedeckte Oberarme bei Frauen)!
- **Kein Kirchen-Sightseeing** während der heiligen **Messen!**

Verkehrsmittel

→ Anreise
→ Auto-/Motorradfahren

Die Bahn und das gut ausgebaute Bussystem erlauben die Anfahrt fast jeden Ortes ohne eigenes Fahrzeug. Busse sind meist schneller als Züge, da sie häufig direkte Linien anbieten. Allerdings sind die InterCity-Verbindungen der Bahn auch recht zügig.

Bahn

Den Eisenbahnverkehr bestreitet die FS **(Ferrovie dello Stato),** die staatliche Eisenbahngesellschaft. Die Bahnverbindungen dienen hauptsächlich dem **Berufsverkehr,** sodass auf einigen Strecken an Wochenenden und Feiertagen der Verkehr stark eingeschränkt ist. Viele Bahnhöfe im Landesinneren liegen ein Stück **abseits der Städte** in den Tälern (oft einige Kilometer entfernt). **Fahrscheine** erhält man an den Bahnhöfen nicht nur am Schalter, sondern auch (oder nur) an der Kasse der Bars (viele kleinere Bahnhöfe halten die Schalter nicht mehr besetzt). Keinesfalls sollte man versuchen, seinen Fahrschein im Zug zu lösen: Es droht eine Strafgebühr.

■ **Ferrovie dello Stato,** www.trenitalia.com (auch englisch).

[>] Pisas Hauptbahnhof

Bus

Das Bussystem zwischen den Städten ist **privatisiert** und wird in der Toskana von einer einzigen Gesellschaft unterhalten (die 2022 die Geschäfte der bis dahin zahlreichen Einzelunternehmen übernommen hat): **Autolinee Toscane.** Sie betreibt auch alle innerstädtischen Verbindungen. In den Städten sollte man das **Ticket vor dem Einsteigen kaufen** (Kioske, Tabacchi; Entwerten nicht vergessen!). Tickets an Bord sind um einiges teurer. An Wochenenden und Feiertagen ist der Busverkehr stark eingeschränkt.

■ **Autolinee Toscane,** www.at-bus.it (gut organisierte Site, auch auf englisch).

Taxi

Die Wagen, üblicherweise picobello gepflegt, werden über Telefon (Radio-Taxi!) gerufen. Die Fahrer sind freundlich und wählen normalerweise die kürzeste Strecke. In kleineren Städten ist das Taxifahren allerdings bei kürzeren Strecken unverhältnismäßig teuer, da das Taxiunternehmen die Anfahrt mitrechnet. Auch nachts sind die Tarife deutlich erhöht.

Mietwagen

In jeder größeren Stadt sowie an den internationalen Flughäfen finden sich Autovermietungen. Vor Ort variieren die **Preise** zwischen den Anbietern nur we-

295t sk

nig. Man muss für die kleinste Wagenklasse (z.B. Fiat Punto) in der Nebensaison für eine Woche um 200 € bei unbegrenzter Kilometerleistung und ohne Zusatzversicherungen rechnen. Wer nicht etwa 500 € als Kaution hinterlegen will, muss eine Kreditkarte besitzen. Besser ist es, das Fahrzeug bereits zu Hause zu buchen und eines der im Vergleich zu den „Vor-Ort"-Mieten günstigeren „Alles-Inklusive"-Angebote wahrzunehmen (freie Kilometer, alle Versicherungen, kein Selbstbehalt). **Vergleichsportale** listen die diversen Anbieter. Mit einer sehr guten Übersicht bezüglich der unterschiedlichen Kombinationen, auch gewichtet nach Zusatzgebühren wie Flugplatzbereitstellung, voller Tank, Diebstahlschutz, bringt z.B. **www.billiger-mietwagen.de** Licht in den Angebotsdschungel.

Zeit

Es gilt die **Mitteleuropäische Zeit** (MEZ); wie in Deutschland, Österreich und der Schweiz wird im Sommer (zeitgleich) auf die Mitteleuropäische Sommerzeit (MESZ) umgestellt.

11
Land und Leute

< Uralte Brücke im geschichtsträchtigen Loro Ciuffenna

Geografie

Fein gewellte Hügel, harsche Hangabbrüche, in den Himmel ragende Felstürme, dunkelgrüne Wälder, schroffe Meeresklippen und endlos lange, breite, weiße, feinsandige Strände, träge fließende Flüsse und alles mit sich reißende Gebirgsbäche, domestizierte Sumpflandschaften und schnurgerade gegrabene Kanäle – die Toskana ist so **vielfältig,** wie Landschaften nur sein können.

Die Apuanischen Alpen, der **Apennin** und ihre Ausläufer bestimmen das Höhenprofil der Osttoskana. Bis zu 2000 m hoch sind deren Gipfel, sie laufen in zwei große Ebenen nach Westen aus (Arno-Tal bei Florenz, Chiana-Tal bei Arezzo) und rahmen mit ihnen, einem Halbmond gleich, die **Hügellandschaft** der Westtoskana. Die dritte große Ebene erstreckt sich rund um Grosseto. An der 329 km langen **Küste** wechseln sich – an das Meer herantretende – Berge (bei Carrara und Livorno) und Hügel (Maremma, Monte Argentàrio) mit langen, flachen Abschnitten ab (Viareggio, San Vincenzo), an denen typischerweise und ufernah breite **Pinienwälder** wachsen und wunderschöne **Strände** warten.

Der Toskana vorgelagert sind die Inseln des **Toskanischen Archipels** mit Gorgona, Capraia, Elba, Pianosa, Montecristo, Giannutri und Giglio. Auch die Halbinseln von Piombino und Monte Argentàrio waren einmal vollständig von Wasser umgeben. Der Archipel war bis ins 19. Jh. eigenständig und wurde erst beim Wiener Kongress der Toskana zugeschlagen.

Höchster Berg in der Hügellandschaft der Zentraltoskana ist der **Monte Amiata** mit 1738 m üNN. Der Monte Pisanino in den Apuanischen Alpen ist 1945 m üNN hoch, der Apennin in den Abruzzen mit dem Gran Sasso 2912 m üNN, in der Toskana knapp über 2000 m hoch (Monte Prado 2054 m üNN).

Die **Apuanischen Alpen,** die entstehungsgeschichtlich zum Apennin gehören, falteten sich vor 60 Mio. Jahren auf, als afrikanische und europäische Kontinentalplatten kollidierten. Anders als der Apennin bestehen sie aber in Teilen aus Kalkgestein, das sich vor 240 Mio. Jahren aus Fossiliensedimenten am Grund eines weiten und flachen Meeres bildete und später zu Marmor wurde. Der Apennin enthält zwar auch in Teilen Kalkgestein, doch überwiegen Dolomit, Sandstein und Schiefer. Gebirgslandschaften der Alpi Apuane wie die **Svizzera Pesciatina,** der **Mugello** und die **Garfagnana** nördlich der Arno-Ebene sind ideale Ziele für Wanderbegeisterte und Naturverbundene.

Im Gegensatz zu Apennin und den Apuanischen Alpen ist der Monte Amiata vulkanischen Ursprungs und erkaltete erst vor 180.000 Jahren. Die **Thermalquellen,** die in der ganzen Toskana, besonders aber im Süden, aus dem Boden sprudeln, sind Zeugen dieser Zeit – ebenso wie der Metallreichtum der küstennahen **Colline Metallìfere,** wegen dem sich die Menschen über Jahrtausende in ihre Flanken gegraben haben (heute allerdings rechnet es sich nicht mehr, und viele Bergwerke wurden zu Museen umgewidmet).

☒ Hot Spot: die Quellen von Satùrnia

Die stark gegliederte Hügellandschaft der Zentraltoskana bietet mit ihren zahlreichen Hängen und den Kalkböden ideale Bedingungen für Weinanbau und Olivenkultivierung – den Kern bildet der **Chianti.** Auf den Ebenen findet in Maßen Getreideanbau statt, vornehmlich sind aber Industriebetriebe angesiedelt. Eine der Besonderheiten der Zentraltoskana sind die **Le Crete** südöstlich von Siena. Ihre typische Landschaftsform abgerissener Hänge ist dem Untergrund aus Ton geschuldet, der leicht erodiert und zu Hangabrutschen führt, die steile Flächen hinterlassen, auf denen nichts mehr anwächst. Besonders betroffen ist die Region um Asciano, die außerdem geringe Niederschläge verzeichnet – der Volksmund nennt die Gegend „Deserto di Accona – Accona-Wüste".

Sehnsuchtslandschaft für Natursuchende ist die **Maremma.** Allerdings liegt ihr Ursprung im Wunsch, die verhasste Malaria zurückzudrängen. Die Maremma war einmal Meer (und auf den Hügeln außen herum lagen etruskische Städte), dann Sumpf. Dessen Trockenlegung und Nutzbarmachung hatten bereits die Etrusker begonnen und die Römer fortgesetzt. Aber erst die Österreicher hatten beständigen Erfolg. Heute reiten Cowboys über die weite Ebene.

Die **Hauptflüsse** der Toskana sind der Arno (241 km, Ursprung am Monte Falterone bei Stia auf 1400 m), der Ombrone (157 km, Quelle bei Castelnuovo Berardenga auf 420 m) und der Serchio (106 km, entspringt in den Alpi Apuane auf 1500 m Höhe). Der Canale Maestro della Chiana entwässert mit 62 km Länge das Chiana-Tal und mündet bei Monte Sopra Rondine in den Arno.

Wirtschaft und Politik

Die Toskana gehört zu den Wirtschaftsmotoren Nord- und Mittelitaliens, wobei der **Tourismus** eine nicht ganz unbedeutende Rolle spielt. 20 zum Welterbe der UNESCO zählende Sehenswürdigkeiten, eine ausgezeichnete Weinkultur und perfekt erhaltene Städte aus Mittelalter, Romanik, Gotik und Renaissance locken Touristen jedes Jahr zu Millionen in die Region – per Flugzeug, per Auto, per Bahn und per Kreuzfahrtschiff.

Die **verarbeitende Industrie** ist vornehmlich im Norden der Toskana in den Ebenen rund um die großen Städte angesiedelt, während im dünner besiedelten Süden die Wirtschaftskraft nachlässt.

206t sk

In der **Landwirtschaft** sind, trotz des erfolgreichen Wein- und Ölexports, nur etwa 2 % der arbeitenden Bevölkerung tätig, im **industriellen Sektor** ein Viertel und im **Dienstleistungsbereich** um 65 %. Der einstmals florierende Bergbau ist eingestellt, nur der **Marmorabbau** in den Alpi Apuane spielt wirtschaftlich eine nicht unbeträchtliche Rolle, und am Ombrone bei Grosseto wird noch Braunkohle im Tagebau gefördert.

Prosperierende Industrien sind die **Textilbranche** von Prato (das Zentrum der italienischen Bekleidungsindustrie), die **Goldindustrie** von Arezzo und die **Glasherstellung** und Keramikindustrie bei Empoli und Montelupo Fiorentino. **Holz verarbeitende Betriebe** sind u.a. in der Osttoskana im Valdarno und im Casentino (Pratomagno) bei den dichten und tiefen Wäldern zu finden.

2022 wurden in der Toskana **2 Mio. Hektoliter Wein** produziert, davon etwa zwei Drittel DOC/DOCG- und ein Drittel IGT-Weine, davon wieder etwa 10 % weiße und 90 % Rosé und Rotweine. Etwa 70 % der Produktion gehen in den Export und generieren um 1 Mrd. Euro Umsatz. Den Löwenanteil tragen dazu die Regionen um **Florenz** (ca. 30 %) und **Siena** (etwa 40 %) bei.

Die **Olivenölernte** schwankt über die Jahre stark. 2014/15 war sie beispielsweise wegen des regnerischen Sommers (und Massenangriffs der Olivenfruchtfliege *Bactrocera oleae*) fast vollständig ausgefallen. Auch 2022 gilt mit **8800 t gepresstem Olivenöl** als schlechtes Jahr. Die Erzeugung der Toskana macht etwa 7 % der Gesamtproduktion Italiens aus (Süditalien mit Sardinien, Sizilien, Apulien, Kampanien, Kalabrien und Basilikata produziert um 90 %).

Die **Region Toskana** mit Florenz als Verwaltungszentrum ist in **neun Provinzen** eingeteilt (Arezzo, Grosseto, Livorno, Lucca, Massa-Carrara, Pisa, Pistoia, Prato und Siena), als zehnte Verwaltungseinheit kommt der Großraum Firenze *(città metropolitana)* hinzu. Den **Präsidenten der Toskana** stellt nach der Wahl 2020 der Partido Democratico mit *Eugenio Giani.*

Die Menschen

Die Zurückhaltung der Menschen in der Toskana nicht nur Fremden gegenüber liegt vielleicht darin begründet, dass sie mehr als andere in und **mit der Natur gelebt** haben. Auch wenn man es heute vielen Landstrichen nicht ansieht, die Toskana ist in weiten Teilen eine Kulturlandschaft – wie die Maremma, die man trockenlegte, oder der Chianti, den man rodete und mit Wein und Oliven bepflanzte.

So wie die Landschaft ihre Menschen geprägt hat, haben diese auch immer in einem nicht enden wollenden Kreislauf die Natur geprägt. Sie haben ihr aber nie etwas abverlangt, was sie hätte ausdörren, sie hätte unfruchtbar machen können. Man behielt immer sein Augenmaß und schlug nicht über die Stränge. Natur war etwas, und das schrieb die Renaissance auch den Mächtigen ins Gebetbuch, mit dem man eine Einheit eingeht, das immer präsent sein sollte, nicht nur ernährt, sondern auch beglückt. Nicht umsonst haben die Vermögenden sich neben Palästen in der Stadt Villen auf dem Land zugelegt, die immer weniger

245t sk

geduckte, vermauerte Festungen waren, und immer mehr zu offenen Landhäusern mit großen Fensterflächen wurden, umgeben von Parks mit Sichtachsen in die weite Ferne. Und so schufen sie sich eine ganz eigene Landschaft mit Terrassen, die die Hänge vor dem Abrutschen sicherten und auf deren Flächen Olivenbäume und Weinreben für Ertrag sorgten – und schlugen zwei Fliegen mit einer Klappe.

Der passende Soundtrack zur Besichtigungstour: Straßenmusiker in Florenz

Nur folgerichtig war auch, dass die Landherren den Bauern nicht eine fixe Pacht abpressten, gänzlich uninteressiert, ob das Land es hergab oder nicht. In der Toskana pflegten Herren und Bauern die *mezzadria* **(Halbpacht).** Die Landeigner gaben den Bauern Unterkunft, Gerätschaften und Saat, die Bauern brachten ihre Arbeitskraft ein, und die Ernte erhielt jeder zu gleichen Teilen. So konnten die Bauern ihre Familien ernähren und das, was übrig blieb, auf den Märkten in der Stadt verkaufen. Mit der faktischen Abschaffung der Leibeigenschaft hatte die Toskana das Mittelalter viel früher verlassen als der Rest Europas. Und allen ging es besser. Dass die Grundbesitzer so weitsichtig handelten, mag nicht zuletzt daran gelegen haben, dass sie aus einem städtischen Umfeld kamen und ihr Geld mit Bankiersge-

208t sk

schäften gemacht hatten – wer nicht von der Substanz lebt, sondern investiert und das Interesse aller Beteiligten am Erfolg wach hält, gewinnt hinzu.

Stolz sind sie schon, die Bewohner der Toskana, und sie haben auch jeden Grund dazu. Ihre Denker waren es, die den Rest Europas die Demokratie lehrten, die die Lyrik in die Neuzeit beförderten ebenso wie den Roman, die visionäre Erfinder hervorbrachten, Ideen wie den Humanismus nicht nur entwickelten, sondern auch lebten, den Grundstein für das moderne Bankensystem legten. Man kann sich eigentlich nur wundern, dass sie darüber nicht arrogant geworden sind, sondern sich ihre Bodenständigkeit bewahrt haben.

⌃ Willkommener Schatten

〉 Die Toskana ist Kulturlandschaft

Flora und Fauna

Planzenwelt

Die Toskana ist in weiten Bereichen **Kulturlandschaft,** sogar die Berge im Norden haben einen Wandel durch die Hand des Menschen erlebt, ihre ursprüngliche Pflanzenwelt musste in großen Bereichen einer Monokultur aus Kastanienbäumen weichen. Auf den Hügeln sind es Wein und Oliven, die vorherrschen. Die Landschaftswellen des Chianti lassen die Spaliere der Reben fast „gekämmt“ wirken, auch die silbrig schimmernden Olivenbäume stehen in Reih und Glied mit genau bemessenem Abstand. Nur die Zypressen fallen ein wenig aus der Rolle und stehen einzeln

209t sk

oder in Gruppen wie in die Landschaft getupft – wenn nicht auch sie gezähmt in langen Doppelreihen die Auffahrten zu Villen und Gehöften schmücken und beschatten.

Urwald mit Eichen, Buchen und Nadelbäumen existiert besonders noch im Osten der Toskana im Pratomagno und in den Schutzgebieten des Casentino, ansonsten stammen die Wälder der Toskana aus neuerer Zeit. Bereits in der Antike waren sie weitgehend abgeholzt, aber die **Aufforstungsprogramme** des 20. Jh. haben es geschafft, dass heute immerhin etwas mehr als ein Drittel der Toskana wieder bewaldet ist – damit zählt sie zu den waldreichsten Regionen Italiens.

In den flachen Küstenbereichen grenzen meist **Pinien** wie ein mehrere Hundert Meter breiter und Dutzende Kilometer langer Riegel den Strand vom Landesinneren ab, die *pinete* (Sing. *pineta*). Diese Pinienwälder sind häufig bereits im 19. Jh. gepflanzt worden, um die im Landesinneren küstennah liegenden landwirtschaftlichen Flächen vor feucht-salzigem Meerwind und vor Sand zu schützen. Heute sind sie besonders in den Naturschutzgebieten – und auf dem Manövergelände des US-amerikanischen Camp Darby – auch Rückzugsgebiet für allerlei Säugetiere (wie Wildschweine) und Vogelarten.

Waren die Hügel und die Flanken der Gebirge nicht mehr mit Wald bedeckt, bildete sich als Folge von Brandrodung und Überweidung als Degradation der ursprünglichen Landschaft schließlich ein für die mediterrane Region typischer sekundärer Pflanzenbewuchs heraus, die **Macchia.** Das immergrüne, mit Dornen durchsetzte Gebüsch wächst zwischen knie- und übermannshoch und kann undurchdringlich sein. Im Frühling, wenn die Macchia blüht, bietet sich dem Auge ein unglaubliches Farbenspiel. Und ihr Aroma betört den Geruchssinn. So angenehm es aber ist, wenn in der Tageshitze die leicht flüchtigen Bestandteile die Luft schwängern, so gefährlich ist es auch. Macchia kann schon durch eine glimmende Zigarette Feuer fangen, das sich – von den Harzen und Ölen genährt – mit rasender Geschwindigkeit vorwärts frisst, zu Feuerstürmen entwickelt, die fast nicht mehr aufzuhalten sind (was übrigens auch auf den Pinienwald zutrifft, der ebenfalls hoch feuergefährdet ist). **Hauptpflanzen** der Macchia sind die gelben Zistrosen, Erika, Lavendel und Ginster, Erdbeerbäume, Brombeeren und Gewürzpflanzen wie Myrte, Wacholder, Rosmarin, Thymian, Lorbeer und Salbei.

Botanische Gärten

- Der von *Cosimo I.* gegründete **Orto Botanico** von **Florenz.**
- Der **Rosengarten Roseto Botanico Carla Fineschi** bei **Cavriglia.**
- Der **Botanische Garten** beim **Kloster von Vallombrosa** mit Pflanzen des Pratomagno.
- Der **Botanische Garten** von **Lucca.**
- Der erste **Lehrgarten einer Universität** in Europa in **Pisa.**
- Der **Botanische Garten Pietro Pellegrini** mit Gebirgsflora beim **Passo di Vestitio.**

Tierwelt

Die am häufigsten vorkommenden Säugetiere der Toskana sind wohl das Rind, als **Chianina-Rind** eine kulinarische Köstlichkeit (→ Exkurs S. 624), und das Schwein, dessen vor 1000 Jahre bei Siena begonnene Züchtung **Cinta Senese** ebenfalls geschmacklich hervorragendes Fleisch besitzt – nicht zuletzt, weil es, für Stallhaltung ungeeignet, in der freien Natur aufwächst. Erkennen kann man es an den charakteristischen weißen Streifen an Nacken und Brustkorb. **Lamm** und **Kaninchen** bestücken ebenfalls Flure und Speisekarten. Nicht für Lokale, sondern fürs Reitvergnügen und die Landarbeit ist das ohne Koppeln in der Maremma lebende Pferd bestimmt, das **Maremmano** – eine spezielle Rasse mit kompaktem Körperbau, ausdauernd, gutmütig und trittsicher – ideale Tiere für die Rinderhüter dieser Kulturlandschaft, die toskanischen Cowboys *butteri.*

Wirklich wild lebende Tiere sind hingegen selten geworden. In den Wäldern auf den Bergen abseits der Landwirtschaft äst noch **Rotwild,** nur **Wildschweine** sind wagemutiger und kommen auch in die Hügel des Chianti, sogar bis in die *pinete* an den Küsten, und sind des Öfteren zu beobachten. Den **Wolf** – als „italienischer Wolf" durch häufigere Einkreuzung seines direkten Verwandten, des Haushundes, eine eigene Unterart bildend –wird man allerdings nicht zu Gesicht bekommen. Scheu und nachtaktiv, bewegt er sich vornehmlich oben im Apennin und wagt sich nur selten in die tieferen Regionen. **Hasen, Reh-** und **Damwild** sind da nicht so pingelig, auf Futtersuche nehmen sie auch die Nähe von Menschen in Kauf. Ansonsten bevölkern die Wälder und Felder die in Mitteleuropa ebenfalls vorkommenden Kleinsäuger wie **Mäuse, Iltisse** und **Marder, Füchse** und **Wildkatzen.**

Zahlreiche **Insekten** schwirren durch die Luft, Libellen, Schmetterlinge und leider auch die Stechmücken, die in den Dämmerungsstunden zur Plage werden können, wenn man kein Repellent auf die Haut aufgetragen hat (helle Kleidung schreckt ebenfalls ein wenig ab).

An giftigen Tieren kennt die Toskana den dunkel gefärbten, bis 5 cm langen italienischen **Skorpion,** in der heißen Jahreszeit fast ein Haustier, das die Kühle der Gemäuer sucht. Sein Stich entspricht in der Wirkung einem Bienenstich, kann aber auch, wie dieser, im ungünstigsten Fall einen schweren anaphylaktischen Schock auslösen. Einzige Giftschlange der Toskana (neben der nur auf der Insel Montecristo vorkommenden Montecristo-Viper) ist die **Aspisviper,** deren Gift starke Schmerzen auslöst, bei normaler Konstitution aber nicht zum Tod führen sollte. Maximal 90 cm lang, mit gedrungenem Körperbau und einem kurzen, eher dünnen Schwanz, ist sie wegen ihrer charakteristischen dreieckigen Kopfform relativ leicht von den ungiftigen Schlangen zu unterscheiden. Ihre Färbung reicht von gräulich über rötlichbräunlich bis zu schwarz. Da sie standorttreu und meist tagaktiv ist, hat man im Gelände bei normaler Vorsicht im Allgemeinen keinen Biss zu befürchten. Das Gift wirkt neuro- und hämatotoxisch (auf Nerven, Blutzellen und Gewebe). Bei einem Biss sollte man in jedem Fall einen Arzt bzw. ein Krankenhaus aufsuchen.

Klima

Saison ist in der Toskana das ganze Jahr über. Allerdings hat es seinen Grund, dass die Städter ihre Wohnungen in den Monaten Juli und August Richtung Berge oder Meer verlassen. Wer hitzeempfindlich ist, sollte in dieser Zeit längere Aufenthalte in den Städten meiden und immer wieder Abkühlung an der Küste oder in den Bergen suchen.

Das Klima bestimmen der **Apennin,** der sie gegen schlechtes Wetter von Osten abschirmt, und das **Mittelmeer** mit seiner temperaturausgleichenden Funktion. So entsprechen die Temperaturen einer gemäßigten Zone. Der meiste **Niederschlag** fällt im Winterhalbjahr.

Am schönsten zeigen sich die Landschaften im **Frühjahr** (April bis Juni),

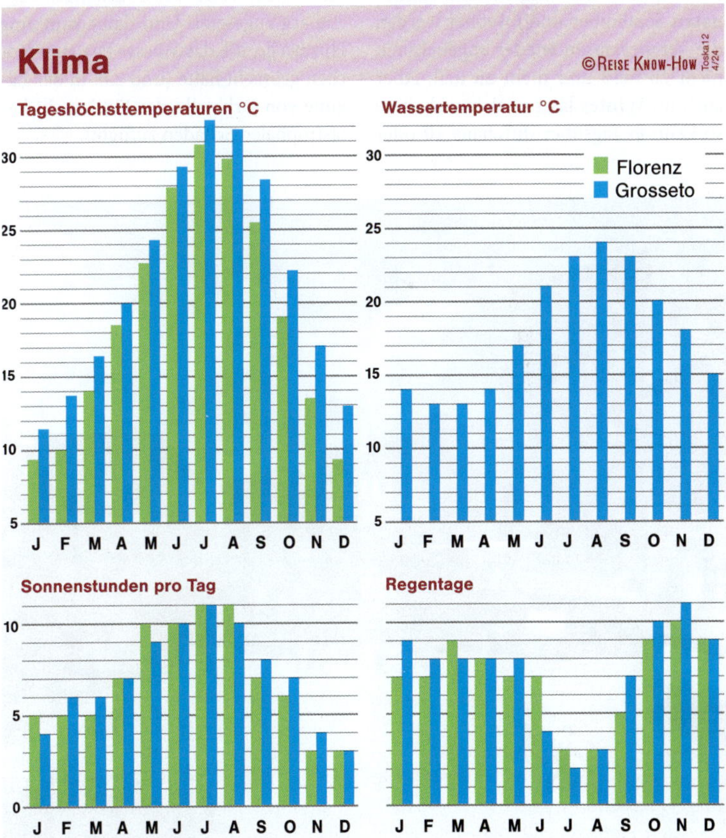

wenn die Pflanzen sattgrün sind und die Blumen blühen. Allerdings regnet es im April noch relativ häufig, und aus den Bergen kann eine steife Brise wehen. Dies bessert sich über den Mai hinweg, und im Juni sollten üblicherweise die Regentage nur noch sehr selten sein. Dann beginnt der heiße **Sommer** mit Höchsttemperaturen um 35 °C, den man am besten beim Badeurlaub an der Küste verbringt (wo sich das Wasser auf bis zu 25 °C erwärmt (und sogar noch im Oktober um 20 °C hat). In den **Herbstmonaten** September und Oktober werden die Temperaturen wieder angenehmer, nicht zu heiß und nicht zu kalt. Aber auch im **Winter** lässt es sich aushalten, so kann es tagsüber durchaus 10 oder 12 °C haben, nachts gefriert es eigentlich nur in den Bergen. Die Durchschnittstemperatur beträgt in Florenz im Dezember und Januar etwa 7 °C. Am Monte Amiata wiederum liegt dann Schnee, und der Skizirkus nimmt seinen Lauf.

Im Sommer regnet es, wie oben erwähnt, eigentlich nur selten, schaut man sich den Durchschnitt der weiter zurückliegenden Jahre an – was allerdings 2014 und 2015 konterkariert haben. Heftige Regenfälle bis in den Frühsommer hinein haben der Tourismusindustrie arg zugesetzt. Und dann kam eine Hitzewelle, die das Wasser fast zum Kochen gebracht hätte (und z.B. in der Lagune von Orbetello der Fischzucht katastrophalen Schaden zufügte).

210t sk

Geschichte

Mittelitalien war immer eine exponierte Region, die im Laufe der Jahrhunderte zahlreiche **Eroberer** anzog. Die einen wollten vom Wohlstand der Bewohner profitieren, die anderen zogen ganz einfach nur auf dem Weg zur Eroberung Roms vorbei. Mit den **Etruskern** entstand hier eine der ersten **Hochkulturen** Europas, die den Stab schließlich an Rom weiterreichte.

Aber dann erlebte auch die Toskana die Zeit des dunklen Mittelalters, bis es erneut aufstieg wie Phönix aus der Asche und zum **Kulturmotor ganz Europas** wurde, zur Wiege der Neuzeit in Kunst und Kultur und in der Ideenwelt. Grandiose Bauwerke entstanden, herrliche Bilder und Plastiken, der Humanismus trat seinen Siegeszug an, es entwickelte sich das Bankenwesen, *Machiavelli* referierte über die Macht, *Petrarca* und *Dante* dichteten, und *Galilei* stellte die Welt auf den Kopf (und hatte recht) – **Renaissance,** Jahrhunderte des Glanzes, untrennbar verbunden mit einer Familie von gnadenlosen Herrschern und gütigen Denkern, Blutsaugern und Förderern, den *Medici.*

[<] Cortona war eine der wichtigsten Städte der Etrusker

An aller Anfang

Bereits in der Stein- und Eisenzeit wussten die Menschen die gewellte Landschaft der Toskana zu schätzen. Vor sich Lagunen mit ruhigem Wasser fürs Fischen, dahinter dichte Wälder fürs Jagen, leicht zu befestigende Kuppen und in deren Flanken Metall – also alles, was das Herz begehrt. Aus der **Steinzeit** stammen Funde, die man bei Arezzo machte: Werkzeug wie Äxte aus Stein und Waffen (Pfeilspitzen) von nomadisierenden Menschen. Die **Bronzezeit** und ihre Belvedere-Cetona-Kultur ist mit den ersten sesshaften Bewohnern verbunden, deren Artefakte man bei Chiusi in der Osttoskana fand. Die **Villanova-Kultur,** um 1000 v. Chr. datiert, läutet die **Eisenzeit** ein, ihre Menschen gelten einigen als direkte Vorfahren der Etrusker.

Etrusker

Die erste **Hochkultur** Mittelitaliens stammt direkt von der Villanova-Kultur ab oder ist um 800 v. Chr. aus Anatolien eingewandert – die Historiker streiten sich. Auf alle Fälle hinterlassen sie fein gearbeiteten Schmuck, herrlich bemalte Keramik und in ihren Grabmälern unglaubliche Fresken. Die etruskische Schrift kann man heute lesen, ihre Sprache ist aber nicht entschlüsselt. Ihre Städte sind nur lose miteinander verbunden und handeln im ganzen Mittelmeerraum. Der **Zwölfstädtebund** könnte eine mächtige Vereinigung sein, beschränkt sich aber in der Zusammenarbeit auf den Handel und agiert außenpolitisch weder gemeinsam noch zielgerichtet. Weswegen die Römer dann leichtes Spiel haben bei ihrem Zug nach Norden und eine Stadt nach der anderen besetzen.

Römer

Von den Römern erobert und assimiliert, verschwinden die Etrusker, und Rom übernimmt in der Toskana die Macht. Seine Soldaten und Verwalter sammeln in den Provinzen in ganz Europa und bei den Mittelmeeranrainern **Reichtum** ein und schaffen ihn ins Kernland. Die Städte der Toskana prosperieren und erhalten Arenen, Theater und Thermen, ihre Bewohner sind als Bürger Roms geadelt (wenn sie auch nicht wählen dürfen), auf Straßen wie der Via Aurelia entlang der Küste ist sicheres Reisen möglich, die Verwaltung ist schnell und effizient. Mit dem **Zerfall des Reiches** in Ostrom (Byzanz/Konstaninopel) und Westrom (Rom) und dem Zusammenbruch Westroms im 5. Jh. und der parallel verlaufenden Christianisierung verlässt auch die Toskana die Antike und tritt in das Mittelalter ein.

Ostgoten

In der ersten Hälfte des 6. Jh. kommen die Ostgoten nach Italien, gerufen vom oströmischen Kaiser *Zenon,* der den nach dem Zusammenbruch Westroms an die Herrschaft gelangten **Odoaker** loswerden will. Der ostgotische Heerführer **Theoderich** soll *Odoaker* vertreiben, Westrom so für Ostrom gewinnen und das Reich wieder einen. *Theoderich* hat andere Pläne. 493 einigt er sich mit *Odoaker* auf Machtteilung, ermordet ihn aber wenige Tage später und erhebt sich selbst zum Herrscher über Westrom.

Langobarden

Der zweiter Versuch, dem Teufel mit dem Beelzebub zu begegnen, endet auch nicht glücklich. Lange Bärte und auch sonst nicht ordentlich – zumindest feuert der oströmische Heerführer **Narses,** nachdem er die Langobarden als Hilfe gegen die Ostgoten angeheuert hat, sie umgehend wieder, da sie keinem Befehl folgen und zu grausam sind (was im tiefsten Mittelalter schon etwas heißt). Als Folge der Dienstenthebung suchen die Langobarden nun ihr Glück in der Toskana und gründen unter ihrem Herrscher **Alboin** in der zweiten Hälfte des 6. Jh. das **Herzogtum Tuscia** mit Lucca als Hauptstadt.

211tsk

Franken, Ottonen, Salier und Staufer

Mit **Karl dem Großen** treten die Franken auf den Plan. Sie erobern Nord- und Mittelitalien, *Karl* lässt sich im Jahr 800 zum römischen Kaiser krönen und erklärt Tuscia zur Markgrafschaft. **Otto I.** (aus dem Geschlecht der Ottonen) erobert Italien im 10. Jh., nachdem das Frankenreich in mehrere Teile zerfallen war. Das neu entstandene **„Heilige Römische Reich Deutscher Nation"** des 10./12. Jh. reicht schließlich von der Nordsee bis Sizilien.

Der Salier **Heinrich IV.** muss im Investiturstreit um das Recht der Amtseinsetzung geistlicher Würdenträger dennoch klein beigeben, 1077 nach Canossa ziehen und vor dem Papst Buße tun. Die Staufer **Friedrich I. Barbarossa** und **Friedrich II.** stehen dem Reich vor, als es seine größte Macht hat.

Die Stadtstaaten

Parallel zur Reichsentstehung entwickeln sich in den Städten der Toskana **Handwerk** und **Handel.** Besonders Pisa hat mit seiner Küstenlage einen Vorteil, den es auch nutzt. Es überflügelt sogar Venedig und Genua und wird größte Handelsmacht des Mittelmeeres. Selbstbewusst beginnen die Städte eine **Eigenverwaltung** aufzubauen und wählen Standesvertreter, die ihre Geschicke bestimmen: den **Podestà** und den **Capitano del Popolo.** Untereinander zeigen die Stadtrepubliken starke Rivalität und versuchen sich gegenseitig zu schwächen und zu erobern. Überlagert wird der Konflikt vom fortdauernden **Streit zwischen weltlicher und geistlicher Macht,** zwischen Kaiser und Papst, zwischen deren Anhängern Ghibellinen und Guelfen. Nicht nur bei den Städten untereinander, auch innerhalb der Städte ist der Streit allgegenwärtig und führt mehrfach zur Verbannung von Schlüsselpersonen (wie *Dante Alighieri*).

[<] Im Park der Villa Reale

Die Medici

Kein Geschlecht prägt die Toskana so wie das der *Medici,* die im 14. Jh. in die Öffentlichkeit treten und über vier Jahrhunderte die Geschicke von Florenz und der ganzen Toskana erst mit-, später dann ganz alleine bestimmen werden. In ihre Zeit fällt die **Renaissance,** und Florenz wird zum Nukleus, von dem aus sich eine neue Ideenwelt in Europa ausbreitet und den ganzen Kontinent revolutioniert – Philosophie, Bildende Kunst, Architektur, Musik und die Geisteshaltung des Humanismus. Extrem machtbewusst, aber auch extrem der Kunst verpflichtet, werden die *Medici* mit den *Borgia* aus Rom zum **Inbegriff eines Familienclans,** der über Generationen hinweg weltliche und geistliche Politik bestimmt und dem Schönen zugewandt die Besten und das Beste ihrer Zeit um sich sammeln.

Bedeutende Medici (Auswahl)

- **Giovanni di Bicci** (1360–1429), der die Geldgeschäfte der Päpste erledigte und den Familienreichtum begründete.
- Giovannis Sohn **Cosimo Il Vecchio** (1389–1464), reichster Mann der Welt und erster Medici, der in die Politik ging.
- Cosimos Enkel **Lorenzo Il Magnifico** (1449–1492), Dichterfürst, Mäzen, Schöngeist und Tyrann.
- Lorenzos Tochter **Lucrezia** (1470–1553), die die Familienpolitik maßgeblich beeinflusste.
- Lorenzos Sohn **Giovanni** (1475–1521), der als Leo X. Papst wurde.
- Cosimos Urenkel **Giulio** (1478–1534), der es ebenfalls zum Papst brachte – Clemens VII.
- Giovanni di Biccis Sohn **Lorenzo** (1395–1440).
- Lorenzos Sohn **Pierfrancesco** (1430–1476).
- Pierfrancescos Urenkel **Cosimo I.** (1519–1574), erster Großherzog der Medici.
- **Caterina** (1519–1589), ab 1547 Königin von Frankreich und später auch dessen Regentin.

Österreicher

Mit dem Aussterben der *Medici* im 18. Jh. gelangt das Großherzogtum Toskana 1737 an die **Habsburger** unter **Kaiser Franz I.** Die Österreicher sind willens, die letzten, für die Bevölkerung recht unerfreulichen Herrschaftsjahre der *Medici* vergessen zu machen. Sie beginnen zahlreiche **Reformen** in der Verwaltung, senken die Steuerlast auf ein erträgliches Maß und führen das fort, was die Etrusker einst begonnen, die Römer recht und schlecht kopiert und die *Medici* schließlich aufgegeben hatten: die Trockenlegung der Sümpfe zur Schaffung neuer Anbauflächen und zur Bekämpfung der Geißel Malaria. Die Habsburger führen die Gleichheit vor dem Gesetz ein, schaffen Inquisition, Folter und Todesstrafe ab und enteignen kirchliche Ländereien. Dass die Söhne des Herzogtums im Gegenzug zu den Verbesserungen **Soldatendienst** im österreichischen Herr leisten müssen, wird seitens der Bevölkerung toleriert, auch wenn der Blutzoll der k&k-Monarchie im Siebenjährigen Krieg hoch ist.

Franzosen

Napoleon kommt 1799 auf seiner European Tour auch in die Toskana, vertreibt Erzherzog *Ferdinand III.* und erklärt die Toskana zwei Jahre später zum **„Königreich Etrurien"**. Er setzt den Erbprinzen von Parma, *Ludwig I.*, als König ein (der mit dieser Stellung abgefunden wird, da *Napoleon* das Herzogtum Parma übernehmen will), und der Habsburger *Ferdinand III.* erhält als Trostpflaster für den Verlust der Toskana das säkularisierte Fürsterzbistum Salzburg. 1808 besinnt sich *Napoleon* anders, teilt die Toskana in **drei Verwaltungseinheiten** auf und erklärt diese als zum **Kaiserreich Frankreich** gehörig. Noch einmal ein Jahr später überlässt er die drei Departments seiner Schwester *Elisa* – diesmal wieder als Großherzogtum. Beim **Wiener Kongress** gelangt die Toskana erneut in die Hände Österreichs, worüber nach all dem Hin und Her wohl jeder froh ist.

Italien

1848 herrscht auch in Italien Revolution – **Märzrevolution.** Die Bevölkerung in ganz Europa steht auf gegen den Absolutismus. Auf dem Stiefel geht es aber auch um nationale Identität und Einheit. Die österreichische Machtausübung wird als Fremdherrschaft gesehen, da nützt es auch nichts, dass diese gerade eben erst der Toskana eine liberale Verfassung zugestanden hat. Die Aufstände münden in einem **Krieg,** den die Österreicher erst zu verlieren scheinen (*Radetzky* muss sich im Mai 1848 zurückziehen, was nicht zuletzt der Kampfkraft von 5000 Studenten und Professoren der Universitäten von Pisa und Siena zu danken ist), dann aber gewinnt *Radetzky* die Oberhand und kann den Habsburger Machtanspruch mit einem Waffenstillstand sichern. Der Zweite Unabhängigkeitskrieg beginnt 1859 und endet 1860 letztlich mit *Garibaldis* „Zug der Tausend" von Genua nach Sizilien, wo er eine neapolitanische Armee schlägt, dann nach Neapel weitermarschiert und eine weitere Schlacht gewinnt. 1861 wird das **Königreich Italien** proklamiert, die Toskana ist Teil von ihr.

Zeittafel

- **ab 1000 v. Chr.:** Eisenzeitliche Villanova-Kultur; die Etrusker wandern aus Ostanatolien ein.
- **ab 750 v. Chr.:** Die Etrusker gründen immer mehr Städte, die sich schließlich zum Zwölfstädtebund Etruriens zusammenschließen.
- **550 v. Chr.:** Der Zwölfstädtebund koaliert mit Karthago gegen Griechenland, zehn Jahre später wird bei der Seeschlacht die griechische Flotte vernichtet.
- **508 v. Chr.:** Der etruskische König *Laris Porsenna* erobert Rom, wird aber nach vier Jahren wieder vertrieben.
- **396 v. Chr.:** Veji, Mitglied des Zwölfstädtebundes, wird von Rom, mit dem es schon länger in Streit liegt, zerstört; Etrurien ist durch eine Niederlage gegen Syrakus und Kelteneinfällen im Norden geschwächt.
- **309 v. Chr.:** Schlacht gegen Rom am Lago Vadimone, die die Etrusker verlieren; Beginn römischer Eroberungszüge gegen etruskische Städte.
- **300 v. Chr.:** Pyrgi vom Zwölfstädtebund wird römische Kolonie, ihm folgen Vulci und Volsinii (alle Latium).
- **260 v. Chr.:** Etrurien verliert die Eigenständigkeit und wird zu Roms „Bundesgenossen".
- **205 v. Chr.:** Etrurien unterstützt den römischen Feldherrn *Scipio* gegen Karthago beim Zweiten Punischen Krieg.
- **183 v. Chr.:** Römische Kolonie in Satùrnia.
- **88 v. Chr.:** Die Bewohner Etruriens werden römische Bürger (ohne Wahlrecht).
- **59 v. Chr.:** Florenz wird römische Kolonie.
- **ab 27 v. Chr.:** Der römische Kaiser *Augustus* reorganisiert die Verwaltung des Imperiums, Etrurien wird zur „VII. Region Etruria".
- **ab 50 n. Chr.:** Beginn der Christianisierung der Toskana.
- **297:** Rom fasst Etruria mit Umbria zur „V. Region Tuscia" zusammen, Florenz wird deren Verwaltungszentrum.
- **395:** Das Römische Reich zerfällt in Ostrom und Westrom.
- **476:** Untergang Westroms.
- **5./6.Jh.:** Im Zuge der Völkerwanderung fallen die Ostgoten in der Toskana ein.
- **568:** Die Langobarden unter *Alboin* erobern die Toskana, übernehmen die römischen Verwaltungsstrukturen und machen Lucca zum Hauptort des Herzogtums Tuscia.
- **774:** *Karl der Große* erobert das Reich der Langobarden, die Toskana wird als Tuscia Provinz des Frankenreiches und später Markgrafschaft.

800: *Karl der Große* lässt sich zum Kaiser krönen und legt die Grundlage für das „Heilige Römische Reich Deutscher Nation".

10. Jh.: Die Kaiser stärken ungewollt die Kirche, indem sie Bischöfe zur Sicherung der Reichansprüche benutzen, in der Folge kommt es mit dem sogenannten Investiturstreit zum Machtkampf zwischen Papst und Kaiser um das Recht der Amtseinsetzung Geistlicher.

11. Jh.: Das Geschlecht der *Canossa* stellt die Markgrafen von Tuscia, Markgräfin *Matilda von Canossa* vermittelt im Investiturstreit, die Städte der Toskana erstarken mit dem zunehmenden Handel.

1060: Florenz entwickelt sich zum Zentrum guelfischer (papsttreuer) Politik und prosperiert, die ersten großen Kirchenbauten entstehen.

1063: Pisa besiegt bei einer Seeschlacht vor Sizilien die Sarazenen und wird zur bedeutendsten Seemacht des Mittelmeeres.

1077: Kaiser *Heinrich IV.* unterwirft sich auf der Burg Canossa Papst *Gregor VII.*

212tsk

12.–14. Jh.: Aufstieg der Städte und Kampf um die Vorherrschaft.

1115: Markgräfin *Matilda* stirbt und vermacht ihren Besitz dem Papst, in der Folge flammen die Streitereien zwischen Papsttreuen und Anhängern des Kaisers (Ghibellinen) wieder auf, Rivalitäten und geschickte Bündnispolitik unterstützen die Entwicklung der Stadtstaaten.

1125: Florenz besiegt Fiesole.

1138: Erstmals wählen die Patrizier in Florenz einen Konsul, den ein „Rat der Hundert" beaufsichtigt, im gleichen Jahr treten mit König *Konrad III.* die Staufer auf die Bühne.

1158: In Florenz wird erstmals ein Podestà benannt (eine Art Bürgermeister), die mächtigen Handelshäuser der Zukunft beginnen sich zu entwickeln.

1194: *Friedrich Barbarossas* Sohn *Heinrich VI.* vereinigt das „Heilige Römische Reich Deutscher Nation", das von Nord- und Ostsee bis Sizilien reicht.

1250: Florenz erhält eine Verfassung.

1260: Schlacht von Montaperti, Sieg Sienas über Florenz.

1269: Nach dem Niedergang der Staufer siegt das guelfische Florenz bei der Schlacht von Colle di Val d'Elsa über das ghibellinische Siena.

1284: In der größten Seeschlacht des Mittelalters bei Meloria verliert Pisa seine gesamte Flotte an Genua und spielt bis zur Eroberung durch Florenz nur noch als Landmacht eine Rolle.

1313: Kaiser *Heinrich VII.* stirbt in Buonconvento.

1343: Bankrott des Florentiner Bank- und Handelshauses Peruzzi, das über an den englischen König ausgereichte Darlehen stolpert, zwei Jahre später folgt ihm das Bankhaus Bardi aus dem gleichen Grund – das Kreditwesen Europas wird erschüttert.

Ende des 14. Jh.: Der Aufstieg der *Medici* beginnt mit Geldgeschäften für den Papst.

1406: Florenz erobert Pisa, nur Lucca und Siena können sich noch Unabhängigkeit bewahren, die anderen Stadtstaaten wie Prato, Arezzo oder Volterra stehen de facto schon unter Florentiner Herrschaft.

■ **1433:** *Cosimo Il Vecchio* wird aus Florenz verbannt, darf aber ein Jahr später zurückkehren und übernimmt die Macht.

■ **1498:** Der Prediger *Savonarola* wird in Florenz hingerichtet.

■ **Ende 15./Anfang 16. Jh.:** Die *Medici* werden mehrfach aus Florenz vertrieben.

■ **1530:** Ende der Republik, Florenz wird zum Herzogtum.

■ **1537:** *Cosimo I.* gelangt an die Macht.

■ **1555:** Florenz besiegt Siena, die letzte freie Stadtrepublik der Toskana.

■ **1569:** Der Papst ernennt *Cosimo I.* zum Großherzog der Toskana.

■ **1737:** Der letzte *Medici* stirbt, die Toskana fällt an Habsburg.

■ **18. Jh.:** Die Habsburger reformieren die Verwaltung und legen die Sümpfe der Südtoskana trocken.

■ **1799:** *Napoleon* erobert die Toskana und setzt seine Schwester als Herzogin von Lucca ein.

■ **1814:** Beim Wiener Kongress erhalten die Habsburger erneut das Großherzogtum.

■ **1848:** Beginn der Revolution, des „Risorgimento = Wiedererwachen", die 1860 nach *Garibaldis* „Zug der Tausend" von Genua nach Sizilien in der Ausrufung des Italienischen Königreiches endet.

■ **1865–71:** Florenz ist Hauptstadt dieses Königreiches.

■ **1918:** Italien gehört zu den Siegermächten des Ersten Weltkrieges.

■ **1922:** Machtergreifung *Mussolinis.*

■ **1936:** *Mussolini* paktiert mit dem Dritten Reich und tritt 1940 an seiner Seite in den Zweiten Weltkrieg ein.

■ **1943:** *Mussolini* wird gestürzt und hingerichtet, Italien erklärt Deutschland den Krieg, Wehrmacht und SS begehen im Partisanenkrieg Gräueltaten an der Zivilbevölkerung.

◁ Das Wappen der Medici ist allgegenwärtig (auch in Arcidosso)

■ **1944/45:** Die Verteidigungslinie der Deutschen Wehrmacht durchquert bei Rückzugsgefechten ganz Italien von Süd nach Nord, letzte Sperrlinie ist die Gotenstellung („Grüne Linie") in der Toskana; alliierte Bomber richten bei Kampfhandlungen schwere Schäden in Livorno, Pisa und San Gimignano an, die Wehrmacht sprengt – bis auf den Ponte Vecchio – alle Arno-Brücken.

■ **1946:** Italien wird per Volksentscheid zur Republik.

■ **1966:** Der Arno überschwemmt Florenz, zerstört zahlreiche Kunstwerke und hinterlässt 34 Tote.

■ **1993:** Bei einem Bombenattentat vor den Uffizien (mutmaßlich von der Mafia zur Destabilisierung des Staates begangen) sterben fünf Unbeteiligte.

■ **2009:** In Viareggios Bahnhof explodiert ein Zug mit Flüssiggas und tötet 32 Menschen.

■ **2015:** *Enrico Rossi* von der demokratischen Partei wird als Präsident der Toskana wiedergewählt, ihm folgt 2020 *Eugenio Giani,* ebenfalls von den Demokraten.

■ **2020/21:** Italien war anfangs von Corona hart betroffen, mauserte sich dann aber zum Schrittmacher in der Bekämpfung.

■ **2023:** Im November führt Starkregen zu einer Überschwemmungskatastrophe mit acht Toten und 500 Mio. € Schaden.

Kunstgeschichte

Nur wenige Gegenden in Europa können mit so geballter Kunst aus drei Jahrtausenden aufwarten. Von den **Etruskern** sind wunderschön gearbeitete, aufwendig und kunstvoll bemalte, vom antiken Griechenland beeinflusste Keramiken erhalten, ihre polychromen Fresken sind in Ausführung und Eleganz extrem staunenswert. Selbst Grabmäler sind ein Fest für die Augen, mit Säulen, Treppen und Bögen. Ihre Urnen aus Alabaster und Tuffstein sind mit Reliefs geschmückt, die einen Blick auf das Weltverständnis der Etrusker erlauben und auf ihren Götterpantheon. Vasen, Goldschmuck, Figürchen oder löwengroße Bronzen (wie die Chimäre von Arezzo): Die erhaltenen Beispiele sind – trotz jahrhundertelanger Grabräuberei – zahlreich und absolut sehenswert.

Etrusker: das Beste

- Nationalmuseum in Chiusi
- Grabstätten bei Chiusi
- Grabstätten bei Sovana
- Etrusker-Museum in Cortona
- Grabungsfelder von Popùlonia
- Archäologisches Museum in Florenz

Noch zahlreicher sind die Hinterlassenschaften der **Römer,** vom fast vollständig erhaltenen Theaterhalbrund bis zum perfekt verlegten Mosaik, vom Fresko bis zur bildreichen Vase, vom kleinen Porträt bis zum lebensgroßen Abbild auf dem Sarkophag. Und wer in den Kirchen genau hinschaut, sieht auch immer wieder Säulenkapitelle, die aus antiker Zeit stammen und nach dem Abbruch altrömischer Gebäude eine neue Aufgabe erhielten.

Römer: das Beste

- Archäologisches Museum in Arezzo
- Römisches Theater in Fiesole
- Santi Giovanni e Reparata in Lucca
- Archäologisches Museum in Piombino
- Archäologisches Museum in Florenz
- Grabungsfelder von Populònia

Frühromanisch mit Rundbögen und offenem Dachstuhl, ab und an mit Tonnengewölben, vom Basilikatyp mit drei Schiffen, meist mit massiven Pfeilern, weniger mit Säulen ausgerüstet, aus dunklem Naturstein mit überschaubarer Fensterfläche und wenig Licht, einfache Apsiden, schmucklos: Irgendwo zwischen Tempel und Festung zeigen sich die Kirchen vom 10. Jh. bis zur zweiten Hälfte des 11. Jh. auf dem Land und mehr oder weniger auch in der Stadt (soweit sie dort noch vorhanden sind).

Frühromanik: das Beste

- San Piero a Grado bei Pisa
- Santissimo Salvatore in Abbadia di San Salvatore
- San Leolino bei Panzano in Chianti
- San Pietro bei Loro Ciuffenna

213t sk

Frühromanik im Frühling: Sant'Antimo bei Castelnuovo dell'Abate

- Santa Maria Assunta bei San Gimignano
- Abbazia di Farneta bei Cortona
- Abtei Sant'Antimo bei Castelnuovo dell'Abate

Ganz anders die um 1050 beginnende **Hochromanik** der Toskana. Sie hat ihren Ausgang in Pisa (siehe Kasten „Romanik à la Pisa“ im Ortskapitel Pisa). Dort entstand ab 1062 mit dem Dom das bedeutendste hochromanische Bauwerk der Toskana, wo auch erstmals ein Baukörper vom Basilika-Typ (drei Längsschiffe) ein Querschiff erhielt. Die kunstvolle Verwendung von Marmor und die orientalischen Einflüsse in der Ornamentik haben in der Kunstwissenschaft sogar zu einer eigene Stilbenennung geführt: Proto-Renaissance. Sie überspringt sozusagen die gotische Stilrichtung und nimmt in der Hochromanik bereits Elemente der Renaissance vorweg – wie das ausgiebige Zitat antiker Baukunst und klassischen Maßwerkes an den Schaufassaden.

Hochromanik: das Beste

- Dom in Pisa
- Baptisterium in Florenz
- San Miniato al Monte in Florenz
- San Michele in Foro in Lucca
- Kreuzgang der Abbazia di Torri bei Sovicille
- Dom in Volterra

Mit der ab dem beginnenden 13. Jh. aufkommenden **Gotik** halten der Spitzbogen, die Verspieltheit und eine ausgefeilte Statik Einzug in die Baukunst. Die Fensterflächen sind größer geworden, die Gewichte des Baukörpers werden nicht mehr mit massiven Pfeilern und Wänden abgefangen, stattdessen haben die Baumeister eine Skelettstruktur entwickelt. Der Spitzbogen als in den Himmel weisendes Element erfährt seine Krönung mit Fialen, spitzen Türmchen, die ihn nach oben verlängern (aber auch die Lastverteilung verbessern). Das simple Tonnengewölbe ist nun durch das Kreuzrippengewölbe abgelöst. Im Gegensatz zur französischen oder deutschen Gotik halten sich die Fensterflächen in Grenzen und lassen an den Mauern ausreichend Platz für die Freskierung, die *Giotto* zu einer ungeahnten Blüte bringt.

Gotik: das Beste

- San Galgano bei Chiusdino
- Dom in Siena
- Campanile in Florenz
- Santa Maria Novella in Florenz
- Santa Maria della Spina in Pisa
- Dom in Massa Marìttima

Die **Renaissance** im 15. und beginnenden 16. Jh. ist schließlich der Baustil, mit dem man die Toskana gemeinhin verbindet. Der Aufbruch in eine neue Zeit, Wohlstand für breitere Bevölkerungsschichten und eine humanistische Geisteshaltung ließ den Einfluss der Klassik in der Architektur wieder stärker werden. Mit der Bezeichnung „Rinascita – Wiedergeburt“ hat *Giorgio Vasari* einer ganzen Epoche ihren Namen gegeben. Der Mensch war nun im Hier und Jetzt verankert, das Leben lebenswert, nicht nur Durchgangsstation für die eigentliche, „wahre“ Existenz nach dem Tode. Folgerichtig entwickelte sich nun auch eine Profanarchitektur – Villen, Paläste und Schlösser entstanden in den Städten und auf dem Land, ja ganze Städte wurden auf dem Reißbrett geplant und verwirklicht, Gärten und Parks gepflanzt. Ab etwa 1530 spricht man von Spätrenaissance bzw. dem **Manierismus.** Gute Beispiele für Architektur dieser Stilrichtung sind die Villa di Castello bei Florenz und das Casa del Vasari.

Renaissance: das Beste

- Stadtanlage von Pienza
- Domkuppel in Florenz
- Biblioteca Laurenziana in Florenz
- Palazzo Ruccelai in Florenz
- Villa La Petraia bei Florenz
- Garten der Villa Demidoff bei Pratolino

Kunsthistorisch bleibt für den **Barock** in der Toskana nicht viel Platz. Zwar wurde das Innere vieler Gotteshäuser im 17. und 18. Jh. barockisiert, nennenswerte Baumeister hat diese Zeit in Mittelitalien aber nicht hervorgebracht, und vieles wurde später zurückgeführt. So sind in den Städten meist nur einzelne Stücke der Innenausstattung interessant bzw. sehenswert – und auf dem Land mag sich der eine oder anderen an bäuerlichem Barock erfreuen.

Der **Jugendstil** (Liberty, Art déco) allerdings kam in der Toskana mit der Werkstatt der Familie *Chini* zu einer seltenen Blüte, die auch heute noch an vielen Stellen sichtbar ist. *Galileo Chini* war dabei einer der Hauptprotagonisten, dessen konzeptionellen Arbeiten zu einem Verkaufserfolg der Manufaktur-Produkte in Europa und Übersee führte.

Jugendstil: das Beste

- Caffè Margherita in Viareggio
- Chini-Museum in Borgo San Lorenzo
- Terme Tettuccio in Montecatini Terme
- Via Fillungo in Lucca
- Hotel Villa Le Maschere bei Barberino di Mugello
- Untergeschoss der Logge dei Banchi in Pisa

☒ Jugendstil in Montecatini Terme

Zeitgenössische Kunstgärten

Die Toskana ist bei zeitgenössischen Künstlern ausgesprochen beliebt für die Gründung großzügiger Landschaftsgärten, in denen fertige Kunst ausgestellt oder für die Installationen passend zur Geländeformation und zum Pflanzenwuchs extra kreiert werden. Tongarten, Meditationspark und Kunstsammlung – das Angebot ist reichhaltig und hochinteressant.

Moderne Kunst in Gärten: das Beste

- Bosco della Ragnaia, Landschaftspark eines US-amerikanischen Konzeptkünstlers in San Giovanni d'Asso
- Steinskulpturenpark Traumwald bei Torri
- Giardino dei Suonio, Klanggarten bei Massa Marìttima
- Giardino di Daniel Spoerri, Kunstpark des Schweizers *Spoerri* beim Monte Amiata
- Chianti Skulpturenpark bei Castellina in Chianti
- Fattoria di Celle, privater Kunstpark bei Pistoia

Protagonisten toskanischer Kultur

- **Fra Angelico** (*Vicchio 1397, †Rom 1455), auch *Beato Angelico* oder Fra *Giovanni di Fiesole,* eigentlich *Guido di Piero.* Freskenmaler der Spätgotik, der neue Wege beschritt und die Malkunst der Frührenaissance stark mit beeinflusste. Nachzuspüren in Florenz (San Marco) und in Fiesole (San Domenico).

■ **Giovanni Boccaccio** (*Certaldo 1313, †Certaldo 1375); Rechtswissenschaftler, Dichter, Diplomat und mit seinem Freund *Petrarca* einer der großen humanistischen Gelehrten, Begründer der Prosa Italiens. Nachzuspüren in Certaldo und im neu übersetzten „Dekameron" (bibliophil aufgelegt mit Holzschnitten des 16. Jh., Ditzingen 2012, Reclam Verlag), seinem deftigen Meisterwerk.

■ **Sandro Botticelli** (*Florenz 1445, †Florenz 1510), eigentlich *Alessandro di Mariano Filipepi;* anfangs Goldschmied, dann Schüler des *Filippo Lippi,* einer der führenden Renaissancemaler, der – vom Humanismus beeinflusst – in seinen Bildern Sinnesfreude und Poesie zum Ausdruck verhalf. Nachzuspüren in den Uffizien (Florenz).

■ **Filippo Brunelleschi** (*Florenz 1377, †Florenz 1446); ursprünglich Goldschmied, dann Bildhauer und schließlich Architekt, der mit klaren Linien die Antike zitierte, die Zentralperspektive entwickelte und als erster Renaissance-Baumeister gilt. Nachzuspüren u.a. in Florenz in der Alten Sakristei von San Lorenzo und auf der Domkuppel.

■ **Buonamico Buffalmacco** (*Florenz 1262, †Florenz 1341); Maler, über den bereits *Boccaccio* im „Decamerone" schrieb, Urheber des Kolossalfreskos „Triumph des Todes". Nachzuspüren in Pisas Campo Santo.

■ **Ferruccio Busoni** (*Empoli 1866, †Berlin 1924); Komponist von Opern und Konzerten, Musiktheoretiker, Pianist und Librettist deutsch-italienischer Abstammung. In Berlin unterrichtete er Meisterklassen, die u.a. *Kurt Weill* absolvierte. Nachzuspüren in Empoli (Casa Natale di Busoni).

■ **Giosuè Carducci** (*Pietrasanta 1835, †Bologna 1907), auch *Enotrio Romano;* Literaturhistoriker, Dichter, begnadeter Redner und Nobelpreisträger für Literatur (1906 v.a. für sein lyrisches Werk). Nachzuspüren in Bolgheri (wo sich die von ihm in einer Ode besungene Zypressenallee befindet) und in Castagneto Carducci (Casa Carducci).

■ **Galileo Chini** (*Florenz 1873, †Florenz 1956), Maler, Bildhauer und Architekt, dessen Werkstatt die ganze Welt mit Keramikarbeiten im Liberty-Stil versorgte, und der für *Puccini* u.a. das Bühnenbild für „Turandot" entwarf. Nachzuspüren in der Chiesa San Lorenzo und im Chini-Museum (Borgo San Lorenzo), an der Strandpromenade von Viareggio und in Montecatini.

■ **Cimabue** (*unbekannt 1272, †unbekannt 1302), eigentlich *Cenno di Pepo;* derjenige, der als Erster das Mittelalterliche in der Malerei überwand, weg von der Flachheit, hin zur Dreidimensionalität, weg vom streng Stilistischen, hin zum Lebendigen – Entdecker von *Giotto.* Nachzuspüren u.a. in Castelfiorentino (Museo d'Arte Sacra), in Arezzo (San Domenico), Pisa (Dom und San Francesco) oder Florenz (Uffizien).

■ **Carlo Collodi** (*Florenz 1826, †Florenz 1890), eigentlich *Carlo Lorenzini,* Journalist und Schriftsteller, dessen – in einer Kinderzeitung als Fortsetzungsroman erschienenes – Werk „Die Abenteuer des Pinocchio" die Welt eroberte. Nachzuspüren im Parco di Pinocchio (im Ort Collodi).

■ **Dante Alighieri** (*Florenz 1265, †Ravenna 1321); sein Versepos „Divina Commedia" war für die europäische Geistesentwicklung wegweisend, dem vorherrschenden Latein die Stirn bietend, in Italienisch verfasst. Nachzuspüren in Florenz (Casa di Dante) und in der „Göttlichen Komödie" (neu über-

214t sk

setzt und bibliophil aufgelegt, Ditzingen 2012, Reclam Verlag).

■ **Donatello** (*Florenz 1386, †Florenz 1466), eigentlich *Donato di Niccolò di Betto Bardi.* Schüler von *Lorenzo Ghiberti,* Freund *Brunelleschis,* größter Bildhauer des 15. Jh., der mit Marmorarbeiten begann, später zu Bronzeguss überging, Naturalismus in die Skulpturenkunst brachte und die Renaissance in der Bildhauerei einläutete.

■ **Taddeo Gaggi** (*Florenz 1290, †Florenz 1366) und Sohn **Agnolo** (*Florenz 1350, †Florenz 1396); *Taddeo* war Schüler und Mitarbeiter *Giottos* und entwickelte die Räumlichkeit hin zu einer freieren Komposition mit zahlreichen, detaillierten Figuren, nachzuspüren in Poppi (Burgkapelle), Pisa (San Francesco) und Florenz (Santa Croce). *Agnolo,* ebenfalls detailversessen, wies in seinem Werk der Malerei schon den Weg ins 15. Jh., er hat sich u.a. in Florenz (Santa Croce) und in Prato (Museo di Pittura Murale) verewigt.

■ **Galileo Galilei** (*Pisa 1564, †Arcetri 1642); Mathematiker, der sich mit der Kirche und dem Glauben, dass die Erde Mittelpunkt von allem sei, anlegte und in einem Prozess („Und sie bewegt sich doch!") von der Inquisition wegen Ketzerei zu lebenslanger Kerkerhaft verurteilt wurde (später zu Hausarrest abgemildert). Nachzuspüren in Pisa (Casa Galileo Galilei, nur von außen zu besichtigen), in Florenz (Grabmal in Santa Croce) und natürlich in seinem „Dialog über die beiden hauptsächlichsten Weltsysteme" (Wiesbaden 2014, Marix-Verlag).

■ **Lorenzo Ghiberti** (*Florenz 1387, †Florenz 1455); Goldschmied, Historiker, Architekt und Bildhauer, dessen Werkstatt sich vornehmlich dem Bronzeguss widmete und zahlreiche Künstler ausbildete. Nachzuspüren in Florenz am Dom (an dem er neben *Brunelleschi* mitarbeitete), Paradiestüre des Baptisteriums und in Siena (San Giovanni).

■ **Domenico Ghirlandaio** (*Florenz 1449, †Florenz 1494), eigentlich *Domenico di Tommaso Bigordi;* Goldschmied und Maler, Zeitgenosse *Botticellis* und mit ihm zusammen die Freskenmalerei des 15. Jh. dominierend (zwei seiner Brüder arbeiteten in seiner Werkstatt mit: *Benedetto* und *Davide*). Sein Markenzeichen ist die Plastizität der Bilder, und er malte Florentiner Zeitgenossen in biblischen Szenen und verband so erstmals die Sakral- mit der Profanmalerei. Nachzuspüren in Florenz (Santa Maria Novella und Palazzo Vecchio), San Gimignano (Cappella di Santa Fina) und Badia di Passignano (Refektorium).

■ **Giambologna** (*Flandern 1529, †Florenz 1608), auch *Giovanni di Bologna,* eigentlich *Jean de Boulogne;* flämisch-italienischer Bildhauer des Manierismus, dessen Marmor- und Bronzeskulpturen nicht mehr nur klassischen, klaren Linien verpflichtet sind, sondern besonders bei seinen Kleinplastiken – sich auch drehend und um Gegenstände schlingend – bereits vom Barock künden. Nachzuspüren in Florenz (Loggia dei Lanzi, Giardino Boboli, Piazza dei Signori) und im Mugello (Villa Demidoff).

■ **Giotto di Bondone** (*Vicchio 1266, †Florenz 1337), Maler, Baumeister und Grenzgänger zwischen Gotik und Renaissance. Mit ihm erhielten die Menschen in den Bildern eine Mimik, er war der Wegbereiter des Realismus und er malte als Erster Räume. Nachzuspüren u.a. in Castelfiorentino (Sakralmuseum), Vicchio (Casa Giotto), Florenz (Akademie, Uffizien) und Borgo San Lorenzo (Chiesa San Lorenzo).

■ **Benozzo Gozzoli** (*Florenz 1420, †Pistoia 1497), eigentlich *Benozzo di Lese;* Maler und Schüler von *Lorenzo Ghiberti* und Mitarbeiter von Fra *Angelico* am Übergang von Gotik zu Renaissance, entwickelte lebendige Erzählungen in Bilderfolgen. Nachzuspüren u.a. in Castelfiorentino (in einem nur ihm gewidmeten Museum), im Dom von San Gimignano und im Palazzo Pretorio in Certaldo.

■ **Fra Filippo Tommaso Lippi** (*Florenz 1406, †Spoleto1469) und sein Sohn **Filippino** (*Prato 1457, †Florenz 1504); der Mönch *Filippo* war ein von der Perspektivenlehre *Brunelleschis* und vom Realismus *Donatellos* stark beeinflusster Maler der Frührenaissance, dessen Gemälde akribisch gestaltete Raumtiefe aufzeigen, über 50-jährig verliebte er sich in eine Nonne (die ihm Modell saß) und zeugte mit ihr *Filippino*. Dieser lernte bei seinem Vater und *Sandro Botticelli*, wurde ebenfalls Maler und gilt als einer der Wegbereiter des Manierismus. Nachzuspüren u.a. in Dom und Stadtmuseum von Prato *(Filippo)* und in der Brancacci- und Strozzi-Kapelle in Florenz *(Filippino)*.

■ **Ambrogio** (*Siena 1290, †Siena 1348) und **Pietro** (*Siena 1280, †Siena 1348) **Lorenzetti;** *Ambrogio* war Apotheker, Arzt und von *Giotto* inspirierter Maler der Seneser Gotik, dessen Figuren nicht mehr streng typisiert sind, die Bilder zeigen bereits Perspektive, nachzuspüren in Siena (Buon Governo/Mal Governo im Palazzo Pubblico, Fresken in der Piccolomini-Kapelle in Sant'Agostino). *Pietro* trat künstlerisch ebenfalls in die Fußstapfen *Giottos* und half seinem Bruder bei der Ausmalung des Palazzo Pubblico, außerdem zu sehen in Arezzo (Santa Maria di Pieve).

■ **Niccolò Machiavelli** (*Florenz 1469, †Florenz 1527), eigentlich *Niccolò di Bernardo dei Machiavelli;* Philosoph, Politiker und Dichter, der mit seinem Werk „Il Principe" auf eine Art Furore machte, die er gar nicht bezweckt hatte. Er wollte nur wertneutral „Macht" analysieren und schuf eine Staatsphilosophie, die für recht unappetitliche Dinge herhalten musste. Nachzuspüren in kleinen Museum in Sant' Andrea in Percussina bei Impruneta und in seinem Buch „Der Fürst" (Berlin 2001, Insel-Verlag)

■ **Giuliano** (*Fiesole 1432, †Neapel 1490) und sein Bruder **Benedetto** (*Fiesole 1442, †Florenz 1497) **da Maiano;** *Giuliano* war Architekt und Bildhauer der Frührenaissance und Freund von *Neri di Bicci*, zehn Jahre lang Dombaumeister in Florenz, nachzuspüren u.a. in der Cappella di Santa Fina in San Gimignano und im Dom von Prato. *Benedetto*, auch Bildhauer, spürt man ebenfalls in Prato auf und in der Prepositura von Scarperia.

■ **Masaccio** (*San Giovanni Valdarno 1401, †Rom 1428), eigentlich *Tommaso di Ser Giovanni Cassai;* Arzt und Apotheker, wichtigster Maler der Frührenaissance und Meister der Perspektive. Nachzuspüren in San Giovanni Valdarno (Casa Masaccio, nur themenfremde Sonderausstellungen), in Cascia (Museo Masaccio) und in Florenz (Santa Maria Novella, in der erstmals überhaupt ein Skelett realistisch und exakt gemalt wurde; Santa Maria del Carmine).

■ **Michelangelo Buonarroti** (*Caprese 1475, †Rom 1564), eigentlich *Michelangiolo di Ludovico di Lionardo di Buonarroti Simoni;* Schüler von *Ghirlandaio*, Maler, Architekt und Bildhauer, als die Renaissance ihre absolute Hochzeit hatte. Nachzuspüren vor allem in Florenz, wo sein „David" mehrfach in Kopie in der Stadt verteilt steht, in den Uffizien, in der Akademie, in der Casa di Michelangelo und in seinem Geburtsort Caprese Michelangelo im Museo Michelangiolesco.

■ **Michelozzo di Bartolomeo** (*Florenz 1396, †Florenz 1472); Architekt und Bildhauer, Schüler von *Lorenzo Ghiberti* und *Brunelleschi*, Gefährte *Donatellos*, zeitweise Dombaumeister in Florenz und Architekt mehrerer Paläste und Villen der *Medici*. Nachzuspüren in Florenz (Palazzo Medici Riccardi), in Montepulciano (Palazzo Comunale), in San Piero a Sieve (Convento del Bosco ai Frati, Villa del Trebbio), Barberino di Mugello (Villa Cafaggiolo) und Prato (Santo Stefano).

■ **Amedeo Modigliani** (*Livorno 1884, †Paris 1920); Bildhauer, Maler und Zeichner, der mit seinen Akten von sich teils lasziv räkelnden Schönen für Skandale sorgte. 2015 erzielte sein „Liegender Akt" von 1918 in New York den bis dahin zweithöchsten je von einem Gemälde bei einer Auktion erreichten Preis: 170,4 Mio. Dollar. Nachzuspüren im Casa Natale di Modigliani in Livorno.

■ **Francesco Petrarca** (*Arezzo 1304, †Arquà Petrarca 1374); Freund *Boccaccios*, Mitbegründer der humanistischen Idee, Poet und Historiker, der die antike Gedankenwelt neu aufleben ließ und der Lyrik der Renaissance in Inhalt und Form den Weg wies. Nachzuspüren in Florenz (Biblioteca Laurenziana), in Arezzo (Casa del Petrarca) und in einem seiner Schlüsselwerke, der Schrift „Die Besteigung des Mont Ventoux", in dem er die Erkenntnis fasst, dass das Dasein des Menschen seinen eigenen Wert besitzt, er das Leben nicht nur als Transitzone auf dem Weg ins Jenseits durchschreitet (bibliophil aufgelegt, Ditzingen 2014, Reclam Verlag).

■ **Piero della Francesca** (*Sansepolcro 1420, †Sansepolcro 1492), eigentlich *Pietro di Benedetto dei Franceschi,* auch *Pietro Borghese;* Maler der Frührenaissance und einer der Wegbereiter der mathematisch exakten Perspektive. Nachzuspüren in Sansepolcro (Stadtmuseum), Arezzo (Dom) und in Monterchi (Museo Madonna del Parto); sein Meisterwerk ist die Ausmalung der Cappella Bacci in Arezzo (San Francesco).

■ **Andrea Pisano** (*Pontedera 1290, †Orvieto 1348), auch *Andrea da Pontedera,* und Sohn **Nino** (*Pisa 1315, †Pisa 1370); *Andrea,* Goldschmied, Architekt und Bildhauer, arbeitete in Pisa an Santa Maria della Spina mit, entwarf eine der Bronzeportale des Florentiner Baptisteriums und folgte seinem Vorbild *Giotto* als Dombaumeister in Florenz nach. *Nino* half seinem Vater u.a. in Pisa bei der berühmten Rosenmadonna (Santa Maria della Spina).

■ **Nicola Pisano** (*Pisa 1205/7, †unbekannt um 1280), auch *Niccolò,* und Sohn **Giovanni** (*Pisa 1250, †Siena 1314); *Nicola,* Architekt und Bildhauer, schuf die einzigartigen Reliefs der Kanzeln in der Taufkirche von Pisa und in Sienas Dom (an der *Giovanni* mitarbeitete). Die Kanzel in Pisas Dom geht auch auf das Konto *Giovannis,* ebenso die Gestaltung der Domfassade von Siena.

215t sk

■ **Giacomo Puccini** (*Lucca 1858, †Brüssel 1924); neben *Verdi* und *Rossini der* Opernkomponist Italiens, jede seiner zwölf Opern wurde schließlich ein Welterfolg, was nicht zuletzt an seiner Fähigkeit lag, eingängige Melodien dramatisch einzubinden und exotische Elemente hinzuzufügen. Nachzuspüren in Viareggio (Villa Puccini), Torre del Lago (Villa Puccini) und Lucca (Casa Puccini).

■ **Jacopo della Quercia** (*Castelnuovo Berardenga um 1370, †Siena 1438); Bildhauer der Frührenaissance, ihr bedeutendster und von *Michelangelo* hochgelobter Protagonist in Siena. Sein schönstes Werk ist das Grabmal für *Ilaria del Carretto* im Dom von Lucca.

■ **Andrea della Robbia** (*Florenz 1425, †Florenz 1525) und sein Onkel **Luca** (*Florenz 1400, †Florenz 1481); *Luca* lernte bei *Lorenzo Ghiberti, Donatello* und *Brunelleschi* und gehört zu den Protagonisten der Florentiner Frührenaissance, sein Neffe *Andrea* führte mit ihm die Werkstatt, deren glasierte, polychrome Terrakotta-Arbeiten überall in der Toskana zu finden sind (und auch nach ganz Europa geliefert wurden).

■ **Antonio der Ältere da Sangallo** (*Florenz um 1460, †Florenz 1534) und Neffe **Antonio der Jüngere** (*Mugello 1484, †Rom 1546); *der Ältere,* Bruder des *Giuliano da Sangallo,* war Architekt (u.a. San Bagio in Montepulciano, Palazzo Orsini in Pitigliano). *Der Jüngere* war ebenfalls Architekt, aber hauptsächlich in Rom tätig (die Fortezza da Basso in Florenz stammt von ihm).

■ **Giuliano da Sangallo** (*Florenz 1445, †Florenz 1516) und Sohn **Francesco** (*Florenz 1494, †Florenz 1576); *Giuliano,* Architekt der Frührenaissance und älterer Bruder von *Antonio da Sangallo (dem Äl-*

◁ Petrarca in den Uffizien ...

▷ ... Nachbar von Michelangelo

teren) war Leibarchitekt des *Medici Lorenzo,* Erbauer von Festungen und Villen, nachzuspüren u.a. bei Prato (Villa Poggio a Caiano) und in der Stadt selbst (Santa Maria delle Carceri). *Francesco* war Bildhauer (u.a. zu sehen im Oratorio Santa Maria Primerana in Fiesole).

■ **Andrea del Sarto** (*Florenz 1486, †Florenz 1530), eigentlich *Andrea d'Agnolo di Francesco;* ursprünglich Goldschmied, dann Freskenmaler und einer der Hauptprotagonisten der Hochrenaissance auf dem Weg zum Manierismus. Nachzuspüren u.a. in Florenz (Santissima Annunziata, Uffizien) und bei Prato (Villa Poggio a Caiano).

■ **Sassetta** (*Siena um 1390, †Siena 1450), eigentlich *Stefano di Giovanni.* Bedeutendster (von *Masaccio* beeinflusster) Seneser Maler des 15. Jh. am Schnittpunkt von Gotik zu Frührenaissance. Nachzuspüren u.a. in Grosseto (Archäologisches Museum), in Massa Marìttima (Sakralmuseum) und in Cortona (Diözesanmuseum).

■ **Girolamo Savonarola** (*Ferrara 1452, †Florenz 1498); Dominikanermönch, Bußprediger und Eiferer, der den Lebenswandel von Adel und Klerus anprangerte, Aufstände anzettelte, zum Herrscher über Florenz aufstieg – und schließlich auf dem Scheiterhaufen endete. Nachzuspüren auf der Piazza della Signoria, wo er den Tod fand.

■ **Sodoma** (*Vercelli 1477, †Siena 1549), eigentlich *Giovanni Antonio Bazzi;* Piemonteser Maler der Hochrenaissance, der das Leben in vollen Zügen genoss und seinen voll Stolz getragenen Beinamen wegen seiner Homosexualität erhielt. Nachzuspüren in der Abbadia Sant'Anna in Camprena, der Abbazia di Monte Oliveto Maggiore, in Montepulciano (Stadtmuseum) und in Asciano (Sant'Agata).

■ **Paolo Uccello** (*Pratovecchio 1397, †Florenz 1475); Bildhauer und Maler aus der Schule *Lorenzo Ghibertis* (Frührenaissance), brachte er die Perspektivenmalerei zur Perfektion. Nachzuspüren in Florenz (Santa Maria Novella) und in Prato (Dom).

■ **Giorgio Vasari** (*Arezzo 1511, †Florenz 1574); Schüler des *Andrea del Sarto,* Maler, Bildhauer und Kunsthistoriker, der mit seinem Werk „Vite de' più eccelente pittori, scultori e architettori" als bedeutendster Biograf der Neuzeit gilt. Nachzuspüren u.a. in Arezzo (Casa del Vasari) und beim Lesen seines 45-bändigen Werkes (neu übersetzt und aufgelegt: Edition Giorgio Vasari, Berlin 2004–2014, Verlag Klaus Wagenbach).

216t sk

■ **Andrea del Verrocchio** (*Florenz 1436, †Venedig 1488), eigentlich *Andrea de' Cioni;* ursprünglich Goldschmied, später neben *Donatello* als bedeutendster Bildhauer der Renaissance und Maler bekannt, der u.a. *Leonardo da Vinci* und *Luca Signorelli* beeinflusste. Nachzuspüren in Florenz in den Uffizien und in der Fürstenkapelle von San Lorenzo (Grabmäler für die *Medici Piero* und *Lorenzo*).

■ **Leonardo da Vinci** (*Vinci 1452, †Cloux/Frankreich 1519); Schüler von *Verrochio* und Universalgenie, das malte, Skulpturen schuf, Festungen plante, erfand und forschte. Nachzuspüren u.a. in seinem Geburtsort Vinci und in den Uffizien von Florenz.

Glossar kunstgeschichtlicher Begriffe
→ **Anhang**

12
Anhang

Zur Mandelblüte im Chianti

Lesetipps

■ *Boccaccio, Giovanni,* **Das Dekameron,** bibliophil neu aufgelegte deftige 100 Novellen, der Kassiker der gehobenen Urlaubslektüre, Reclam Bibliothek, Ditzingen 2014, auch als kostenlose Kindle-Version erhältlich.

■ *Alighieri, Dante,* **Die Göttliche Komödie,** bibliophil neu aufgelegt (aber auch sehr günstig in der „Gelben Reihe" und kostenlos als Kindle-Version) zum Versinken am Strand und Durchbeißen bei Schlaflosigkeit, Reclam Bibliothek, Ditzingen 2012.

■ *Bowen, Rhys,* **Das Kind der Toskana.** Roman über eine junge Frau auf den Spuren ihres Vaters, der im Zweiten Weltkrieg als alliierter Flieger über der Toskana abgeschossen und gerettet wurde, Tinte & Feder Verlag, Amazon Publishing 2021.

■ *Dickens, Charles,* **Bilder aus Italien.** Der Brite kam in der Toskana 1844 durch Florenz, Pisa und Livorno, antiquarisch und als kostenlose Kindle-Version.

■ *Forster, E.M.,* **Zimmer mit Aussicht.** Liebesgeschichte über die Ver(w)irrungen einer jungen Engländerin im Florenz des 20. Jh., Fischer, Frankfurt/M. 2005.

■ *Gernhardt, Robert,* **Die Toscana-Therapie.** Satirische Auseinandersetzung mit „Toskana-Liebhabern", Fischer, Frankfurt/M. 2007.

■ *Goethe, J.W.,* **Italienische Reise.** Der Dichterfürst reiste auf seinem Weg nach Sizilien auch durch die Toskana, Fischer Klassik, Frankfurt/M. 2009, auch als kostenlose Kindle-Version im Projekt Gutenberg.

■ *Heine, Heinrich,* **Die Bäder von Lucca/Die Stadt Lucca.** Sprachgewaltige Auseinandersetzung mit der Toskana und Deutschland, Reclam Gelbe Reihe, Ditzingen 2007.

■ *Hillenbrand, Tom,* **Tödliche Oliven.** Kurzweilig und amüsant ist die Reise des Romanhelden und Detektivkochs *Xavier Kieffer* in die Toskana in die Niederungen der Olivenölpanscher. Kiepenheuer & Witsch Verlag, Köln 2014.

■ *Lawrence, D.H.,* **Etruskische Stätten.** Unterhaltsamer Bericht von „Lawrence von Arabien", der 1927 Latium und Volterra bereiste, Diogenes Verlag, Zürich 2007.

■ *Machiavelli, Niccolò,* **Der Fürst,** Anleitung für Politiker, diverse Ausgaben, auch als kostenlose Version für Kindle.

■ *Nabb, Magdalen,* diverse **Krimis** der britischen Wahl-Florentinerin mit dem Protagonisten Guarnaccia, Diogenes Verlag, Zürich.

■ *Malvaldi, Marco,* diverse **Toskana-Krimis** mit guten Plots und dichter Atmosphäre, Piper Verlag, München.

■ *Twain, Mark,* **Die Arglosen im Ausland.** Ein Kapitel über Florenz, Pisa und Livorno, lustiger geht nicht, Diogenes Verlag, Zürich 1998.

■ *Vasari, Giorgio,* **Edition Giorgio Vasari,** durchaus auch kurzweilig geschriebene **160 Biografien** in 45 Bänden, in neuer Übersetzung; Verlag Klaus Wagenbach, Berlin 2004–2014.

Sprache

■ **Italienisch – Wort für Wort,** von *Ela Strieder,* aus der Reihe Kauderwelsch, Reise Know-How Verlag. Dazu ist separat ein AusspracheTrainer als mp3-Download erhältlich.

■ **Italienisch Slang – das andere Italienisch,** von *Michael Blümke,* Reihe Kauderwelsch, Reise Know-How Verlag. Dazu ist begleitendes Tonmaterial als mp3-Download erhältlich.

Kleine Sprachhilfe Italienisch

Ausspracheregeln

c vor den hellen Vokalen e und i immer tsch (*centro*/tschentro/Zentrum)
c vor den dunklen Vokalen a, o und u immer k (*caldo*/kaldo/heiß)
cc vor den hellen Vokalen e und i immer tsch, aber härter (*seccia*/setscha/ Stoppel)
cc vor den dunklen Vokalen a, o und u immer k (*leccare*/lekare/lecken)
ch immer k (*chiuso*/kiuso/geschlossen)
cch immer k (*vecchio*/wekio/alt)
g vor den hellen Vokalen e und i immer dsch (*gelato*/dschelato/Eis)
g vor den dunklen Vokalen a, o und u immer g (*gusto*/gusto/Geschmack)
gi vor den dunklen Vokalen a, o und u immer dsch (*giorno*/dschorno/Tag)
gh immer g (*ghepardo*/gepardo/Gepard)
gl wie lj (*mille miglia*/mille milja/tausend Meilen)
gn wie nj (*magnifico*/manjifiko/herrlich)
qu wie ku, das u wird gesprochen (*aqua*/akua/Wasser)
v wie w (*vacanze*/wakanse/Ferien)
z wie ds (*zucchero*/dsukkero/Zucker)
h am Wortanfang immer stimmlos (*hangar*/angar/Hangar)
und schließlich das **r** immer richtig rollen, dann kann nichts mehr schief gehen.

Vokabular

Ja	*si*
Nein	*no*
Danke	*grazie*
Bitte/gern geschehen	*prego*
Wie geht es?	*come sta?*
Bis später	*a più tardi*
Hallo, tschüss	*ciao/salve*
Guten Tag	*buon giorno*
Guten Abend	*buona sera* (ab Nachmittag)
Gute Nacht	*buona notte*
gestern	*ieri*
heute	*oggi*
morgen	*domani*
Vormittag	*mattina*
Mittag	*mezzogiorno*
Nachmittag	*pomeriggio*
Abend	*sera*
Nacht	*notte*
gut, schlecht	*buono, cattivo*
heiß, kalt	*caldo, freddo*
schnell, langsam	*presto, lento*
groß, klein	*grande, piccolo*
nah, weit	*vicino, lontano*
viel, wenig	*molto, poco*
Entschuldigung	*scusi*
macht nichts/ bitteschön	*fa niente*
Dürfte ich vorbei	*permesso*
(Kann ich) bitte ...	*per favore, ...*
das ist ...	*è ...*
(sein)	*(essere)*
ich bin, du bist	*io sono, tu sei*
er/sie ist	*egli/ella è*
(haben)	*(avere)*
ich habe, du hast	*io ho, tu hai*
er/sie hat	*egli/ella ha*
(wollen)	*(volere)*
ich will, du willst	*io voglio, tu vuoi*
er/sie will	*egli/ella vuole*
Wieviel	*quanto*
Wo	*dove*

Warum	*perché*
Wie	*come*
Wann	*quando*
Ist es möglich, dass ...?	*È possibile ...?*
Sprechen Sie englisch/ deutsch/ französisch?	*Parla inglese/ tedesco/ francese?*
Wie heißt das?	*Come si chiama?*
Was kostet das	*Quanto costa?*
Haben Sie ...?	*C'è ...?*
Wieviel Uhr ist es?	*Che ora è?*
1	*uno*
2	*due*
3	*tre*
4	*quattro*
5	*cinque*
6	*sei*
7	*sette*
8	*otto*
9	*nove*
10	*dieci*
11	*undici*
12	*dodici*
13	*tredici*
14	*quattordici*
15	*quindici*
16	*sedici*
17	*diciasette*
18	*diciotto*
19	*dicianove*
20	*venti*
21	*ventuno*
22	*ventidue*
23	*ventitre*
24	*ventiquattro*
31	*trentuno*
32	*trentadue*
33	*trentatre*
40	*quaranta*
50	*cinquanta*
60	*sessanta*
70	*settanta*
80	*ottanta*
90	*novanta*
100	*cento*
500	*cinquecento*
1000	*mille*
1.000.000	*centomila*
Montag	*lunedì*
Dienstag	*martedì*
Mittwoch	*mercoledì*
Donnerstag	*giovedì*
Freitag	*venerdì*
Samstag	*sabato*
Sonntag	*domenica*
Januar	*gennaio*
Februar	*febbraio*
März	*marzo*
April	*aprile*
Mai	*maggio*
Juni	*giugno*
Juli	*luglio*
August	*agosto*
September	*settembre*
Oktober	*ottobre*
November	*novembre*
Dezember	*dicembre*

Buchstabier-Alphabet auf Italienisch

A	Ancona
B	Bologna
C	Como
D	Domodossola
E	Empoli
F	Firenze
G	Genova
H	Hotel
I	Italia
J	I lunga
K	Kappa
L	Livorno
M	Milano

N	Napoli
O	Otranto
P	Perugia
Qu	Quarto
R	Roma
S	Savona
T	Torino
U	Udine
V	Venezia
W	Doppia Vu
X	Ics
Y	I greca
Z	Zeta

Mit dem Auto unterwegs

Tankstelle	*distributore, stazione di rifornamento*
Benzin/Diesel/bleifrei	*benzina/gasolio/ senza piombo*
Volltanken	*pieno*
Luftdruck prüfen	*controllare la pressione*
Wasser prüfen	*controllare l'acqua*
Auto	*macchina*
Motorrad	*moto*
Roller	*scooter*
Panne	*guasto*
Unfall	*incidente*
kaputt	*rotto*
funktioniert nicht	*non funziona*
Zündung	*accensione*
Vergaser	*carburatore*
Einspritzpumpe	*pompa d'iniezione*
Lichtmaschine	*dinamo*
Reifen	*pneumatico*
Reifen aufziehen	*montare un pneumatico*
Kupplung	*frizione*
Kupplungsrutschen	*slittamento della frizione*
Bremsen	*freno*
die Bremse greift nicht	*i freni non funzionano*
Motor	*motore*
der Motor springt nicht an	*il motore non si mette in moto*
Autowerkstatt	*officina*
Reifenwerkstatt	*gommista*
Autoelektrowerkstatt	*elettrauto*

Verkehrsregeln

Umleitung	*deviazione*
Alle Richtungen	*tutti le direzioni*
Einbahnstraße	*senso unico*
gesperrt	*sbarrato*
Sackgasse	*strada senza uscita*
gefährlich	*pericoloso*
Steinschlag	*caduta sassi*
Kreuzung	*bivio*
langsam fahren	*rallentare*
Anfang	*inizio*
Fortsetzung	*continua*
Ende	*fine*
Straßenschäden	*strada dissestata*
bei Nebel, Schnee	*in caso di nebbia,* neve

Mit Zug/Bus/Schiff unterwegs

Zug	*treno*
Stadtbus	*bus*
Fernbus	*pullmann*
Fähre	*traghetto*
Schiff	*vaporetto*
Tragflügelboot	*aliscafo*
Flugzeug	*aeroplano*
Bahnhof	*stazione*
Haltestelle	*fermata*
Hafen	*porto*
Flughafen	*aeroporto*
Ausgang	*uscita*
Eingang	*entrada*
Ankunft	*arrivo*
Abfahrt	*partenza*
Verspätung	*ritardo*

Fahrkarte	*biglietto*
einfach	*solo andata*
Rückfahrkarte	*andata e ritorno*
täglich	*giornaliero*
werktäglich	*feriale*
sonn- u. feiertäglich	*festivo*

Im Notfall

Erste Hilfe	*pronto soccorso*
Krankenhaus	*ospedale*
Arzt	*dottore*
Zahnarzt	*dentista*
Apotheke	*farmacia*
Schmerzen	*dolore*
Durchfall	*diarea*
Erbrechen	*vomito*
Erkältung	*raffreddore*
Kopfschmerzen	*mal di testa*
Bauchschmerzen	*mal di ventre*
Zahnschmerzen	*mal di dente*
Sonnenbrand	*scottatura*
Sonnenstich	*insolazione*

Übernachtung

Einzelzimmer	*camera singola*
Doppelzimmer	*camera doppia*
mit/ohne Bad	*con/senza bagno*
ruhig	*tranquillo*
Meerblick	*vista al mare*
Vollpension	*pensione completa*
Halbpension	*mezza pensione*
Frühstück	*colazione*
Schlüssel	*chiave*

Unternehmungen

Strand	*spiaggia*
baden	*prendere un bagno*
wandern	*camminare*
spazierengehen	*andare a passeggio*
segeln	*veleggiare*
tauchen	*immergere*
Tauchsport	*subacqueo*

Navigation

rechts	*a destra*
links	*a sinistra*
geradeaus	*sempre dritto*
nächste Straße/ Ampel	*prossima strada/ prossimo semaforo*
nächste Kreuzung	*prossimo incrocio*

Im Restaurant

Speisekarte	*carta/menu*
Weinkarte	*lista dei vini*
Vorspeise	*antipasto*
Salat	*insalata*
Erster Gang	*primo*
Zweiter Gang	*secondo*
Beilage	*contorni*
Nachspeise	*dolce*
Teigwaren	*pasta*
Fleisch	*carne*
Fisch	*pesce*
Gemüse	*legumi*
Obst	*frutta*
Käse	*formaggio*
Die Rechnung bitte	*il conto per favore*
Gedeck	*coperto*
Bedienungsgeld	*servizio*
Quittung	*ricevuta*
Trinkgeld	*mancia*
veganes/vegetarisches Gericht	piatto vegano/vegetariano

Glossar

Ädikula – Rahmung von Portalen und Fenstern mit Giebel tragenden Säulen und Pfeilern

Akanthus – Blätterornament

Amphitheater – rundum geschlossenes, manegenartiges Theater mit elliptischem Grundriss (im Gegensatz zum halbrunden Theater)

Antependium – Umkleidung des Altarunterbaus

Architrav – auf Säulen/Pfeilern liegender Querbalken zur Lastaufnahme, Türsturz

Archivolte – Ornamentiertes oder profiliertes, nach Innen abgestuftes Bogenfeld eines Rund- oder Spitzbogens

Arkade – Bogenreihe, im Städtebau mit dahinter liegendem Gang

Atlant – Stützfigur e. Säule oder eines Gewölbes

Attika – niedriger, gegliederter, geländerartiger Aufbau an der Dachfront (Sims)

Basilika – Tempel oder Kirche mit mehreren Längsschiffen

Biforium – Doppelfenster mit mittiger Säule

Blendbogen – flaches, vorgeblendetes Gliederungselement in Form eines Bogens

Chor – meist erhöhter Raum vor dem Altar, dem Klerus vorbehalten, teils auch gesamter Altarbereich inklusive Apsiden, die Chorschranke trennt den Bereich des Klerus vom Betraum der Gemeinde

Dombauhütte – Zusammenschluss aller an Dombau oder Domunterhalt tätigen Handwerker und Künstler

Eklektizismus – unreflektierte Verwendung unterschiedlicher Baustile

Empore – zum Betraum hin offenes Obergeschoss für spezielle Gruppen (Nonnen, Sänger, Hofstaat)

Exedra – Altarnische

Fiale – Türmchen auf einem Spitzbogen oder einer Pfeilerkonstruktion zur Zier und zur Verbesserung der Statik

Fresko – Malerei auf feuchtem *(al fresco)* oder trockenem *(al secco)* Putz

Fries – längliches ausgemaltes oder skulpiertes, horizontal verlaufendes Zierband

Gewände – in Ergänzung zur Archivolte im oberen Bereich die ornamentierten oder profilierten, nach innen abgestuften Seiten eines Rund- o. Spitzbogens

Ghibellinen – Kaiserliche Anhänger

Guelfen – Anhänger des Papstes

Hallenkirche – einschiffiges Gebäude oder Kirche mit mehreren Schiffen, die die gleiche Höhe haben

Inkrustation – Verkleidung von rohen Wandflächen mit flachen Schmuckplatten aus z.B. Marmor

Intarsie – Einlegearbeiten aus Stein, Holz, Elfenbein, Perlmutt oder Glas o.Ä.

Kandelaber – vielarmiger Kerzenhalter

Kapitell – Kopfstück einer Säule

Kapitelsaal – Versammlungsraum der Geistlichen eines Klosters für Lesungen

Kolonnade – Säulengang im Unterschied zur Arkade (mit ihren Bögen) mit geradem Gebälk

Die klassische Säulenordnung

Nach der klassischen Säulenordnung sind die Säulen der Fassaden in einem Bauwerk **je nach Etage unterschiedlich geformt.** Zuunterst wird die toskanische Ordnung (schmuckloses Kapitell, keine Basis/Kanellierung), darüber die dorische Ordnung (schmuckloses Kapitell, keine Basis, aber Kanellierung), in der dritten Etage die ionische Ordnung (Schneckenschmuck – Volute – am Kapitell, Basis, Kanellierung) verbaut. Über ihr verwendet man die korinthische Ordnung (Basis, Kanellierung und akanthusgeschmücktes Kapitell) und schließlich zuoberst die komposite Ordnung als Verbindung von ionischer und korinthischer Gestaltung (Kapitellschmuck mit Akanthus-Blättern und Schnecken). Nachvollziehen lässt sich das z.B. am Tempio Madonna di San Biagio in Montepulciano.

Kranzgesims – unter dem Dach vorspringender, umlaufender Mauerstreifen
Kragstein – vorspringender Stein, der eine Last aufnimmt, in mehreren Lagen übereinander (und immer weiter einspringend verbaut) ein Kraggewölbe bildend
Kreuzgang – bedachter Umgang eines Klosterinnenhofes
Krypta – Raum unter dem Kirchenchor, teils für Bestattungen genutzt
Langhaus – Längsschiff einer Kirche zwischen Chor und Fassade bzw. dem Schnittpunkt mit dem Querhaus und Fassade
Laterne – auf einer Kuppel aufgebrachter kleiner Überbau
Lisene – senkrecht verlaufender, schmaler und flacher Mauervorsprung zur Fassadengliederung, häufig ergänzt mit einem Blendbogen
Loggia – kurzer Arkadengang im Parterre oder Oberstock, häufig auch eigenständiges Gebäude
Lünette – Bogenfeld eines Bogens, teils ausgemalt, teils mit Reliefs versehen
Maestà – Darstellung d. thronenden Muttergottes
Majolika – farbig glasierte Tonware
Mezzanin – Zwischen- oder Halbgeschoss
Nekropole – Totenstadt
Obergaden – Fenster an den Seitenwänden des Kirchenmittelschiffes über den Dächern der niedrigeren Seitenschiffe
Oratorium – Privatkapelle Geistlicher o. des Adels
Piano nobile – Beletage, Hauptgeschoss
Pietà – Darstellung der trauernden Gottesmutter
Pilaster – Pfeiler, der teilweise aus der Wand ragt, mit oder ohne statische Funktion
Polyptychon – vielflügelige Altartafel
Portikus – Vorbau an der Hauptfassade
Predella – Sockel des Altarbildes
Presbyterium – Bereich des Hauptaltars
Querhaus – aus einem oder mehreren Schiffen bestehender Querbau einer Kirche
Refektorium – Speisesaal eines Klosters
Reliquiar – Behältnis einer Reliquie
Rotunde – Bau mit kreisförmigem Grundriss
Saalkirche – einschiffiges Gotteshaus
Sakristei – Raum für die Lagerung der Sakralgegenstände und zur Vorbereitung der Messen
Sarkophag – aus unterschiedlichen Materialien gefertigter Prunksarg
Schwibbogen – zur Stabilisierung benachbarter Gebäude zwischengespannter Bogen (z.B. in engen Gassen)
Signoria – Leitender Rat bzw. Regierung eines Stadtstaates
Sinopie – die Skizzierung eines Freskos in Originalgröße mit Rötelstift
Tabernakel – auf Strebepfeiler gesetzte kleine Steingehäuse aus Säulen und Spitzdach zur Verzierung und zur Beschwerung des Tragwerks, um die seitliche Lastaufnahme zu verbessern
Tafelbild – auf Holz gemalte Gemälde (auch als Tafelkreuz)
Tambour – die Seitenwände zwischen Dachkonstruktion von Lang- und Querhaus auf denen die Kuppel einer Kirche aufliegt
Tempera – im Gegensatz zur Ölmalerei bildet nicht Öl, sondern ein Gemisch aus Ei und Leim die Farbbasis
Triforium – dreigeteiltes Fenster mit zwei teilenden Säulen
Tympanon – Bogenfeld e. Portals (a. Giebelfeld)
Vierung – Kreuzungspunkt von Lang- und Querhaus
Volute – schneckenförmiges Schmuckelement (z.B. an einem ionischen Kapitell)
Votivbild – Bild, das die Errettung aus einer misslichen Situation feiert
Wimperg – gotischer Ziergiebel über einem Portal oder Fenster
Ziborium – baldachinartige Bedachung e. Altars
Zenotaph – leeres Grab, Grabmal ohne die Gebeine eines Verstorbenen
Zwerggalerie – teils begehbarer, schmaler Galeriegang direkt unterhalb des Dachansatzes
Zwickel (Pendentiv) – Sphärische Dreiecksfläche eines viereckigen, überkuppelten Raumes am Übergang von seinen Ecken zur Kuppelwölbung

Register

A

B

C

D

E

F

G

M

N

O

P

Q

R

S

W

Z

Die Autoren

Daniela Schetar, Ethnologin, und **Friedrich Köthe,** Soziologe, leben als freischaffende Reisejournalisten in München. Ihre Rechercheреisen führen sie immer wieder nach Italien und sind ihnen keine Last, sondern die reine Lust. Auch ihren Urlaub verbringen sie liebend gerne zwischen Adria und Mittelmeer, bevorzugt in der Toskana.

Im Reise Know-How Verlag sind unter anderem erschienen: „Venetien mit Friaul und Gardasee", „Sizilien", „Florenz", „Pisa, Lucca, Livorno", „Verona" und „Liparische Inseln".

244t sk

Schreiben Sie uns!

Wir hoffen, dass Ihnen dieser Reiseführer gefällt und er Ihnen ein guter Begleiter auf einer außergewöhnlichen und spannenden Reise ist.

Weil ein Reiseführer von Erfahrungen lebt, sind wir an Ihren Erlebnissen interessiert: Haben Sie in unserem Buch ein Restaurant entdeckt, das es nicht mehr gibt, eine Sehenswürdigkeit, die wir noch nicht aufgeführt haben, oder eine falsche Adresse? Dann schreiben Sie uns! **Wir nehmen jeden Hinweis und jede Kritik ernst und arbeiten kontinuierlich daran, die Bücher aktuell zu halten und immer weiter zu verbessern.** Jede Mail wird gelesen und beantwortet. Auch wenn wir nicht jeden Wunsch erfüllen können, machen wir uns immer Gedanken über Ihre Anmerkungen.

Schreiben Sie uns:
per Mail an info@reise-know-how.de oder an
Reise Know-How Verlag Peter Rump GmbH, Postfach 140666, 33626 Bielefeld

Wenn sich Ihre Infos direkt auf das Buch beziehen, würde uns die Angabe der Seitenzahl und der Auflagenzahl bzw. des Erscheinungsjahres Ihrer Ausgabe die Arbeit sehr erleichtern. Besonders hilfreiche Beiträge und Ergänzungen zu den Büchern belohnen wir mit einem Sprachführer Ihrer Wahl aus der über 240 Bände umfassenden „Kauderwelsch"-Reihe.

Herzlichen Dank und gute Reisen
Ihr Reise Know-How Verlag